Jürgen Kraus

Handbuch der Verbände und Truppen des deutschen Heeres 1914 – 1918

Wien 2020

Verlag Militaria

Teil X:
Fußartillerie
Band 2

Bearbeitet von Hartwig Busche und Jürgen Kraus

Wien 2020

Verlag Militaria

Verlag Militaria

© 2020 Verlag Militaria, Wien, Austria
www.militaria.at, office@verlag-militaria.at

ISBN 978-3-903341-06-7

Das Werk einschließlich aller seiner Teile ist urheberrechtlich geschützt. Jede Verwendung außerhalb der Grenzen des Urheberrechtsgesetzes ist ohne Zustimmung des Verlages unzulässig und strafbar. Das gilt insbesondere für Vervielfältigungen, Übersetzungen, Mikroverfilmungen und die Einspeicherung und Verarbeitung in elektronischen Systemen.

Inhaltsverzeichnis

Band 2

Vorwort VII

Quellenübersicht VIII

Hinweise zur Benutzung XII

1. Besondere Fußartillerie-Batterien
   Schwere 15 cm-Kanonen-Batterien 1
   Kurze Marine-Kanonen-Batterien 23
   Schwere Küsten-Mörser-Batterien 35
   Sonderkommandos (Marineformationen) 47
   Überplanmäßige Fußartillerie-Batterien für Festungen 50
   Schützengraben-Kanonen-Abteilungen 62

2. Unterstützungstruppen zum Transport
   Krantrupps für 21 cm- und 24 cm-Schießgerüste 66
   Fußartillerie-Gebirgsstaffeln 70
   Bespannungs-Abteilungen 81

3. Reserve-Formationen
   Reserve-Fußartillerie-Regimenter 92
   Reserve-Fußartillerie-Bataillone 200
   Reserve-Fußartillerie-Batterien 203

4. Landwehr-Formationen
   Landwehr-Fußartillerie-Regimentskommandos 207
   Landwehr-Fußartillerie-Regimenter 212
   Landwehr-Fußartillerie-Bataillone 213

5. Fußartillerie-Ersatztruppen
   Inspektionen der Fußartillerie-Ersatztruppen 302
   Ersatz-Bataillone der Fußartillerie-Regimenter 305
   Fußartillerie-Ersatz-Abteilungen 334

6. Landsturm-Fußartillerie-Bataillone 338

7. Garnisontruppen
   Fußartillerie-Garnison-Bataillone 370
   Fußartillerie-Garnison-Batterien 372
   Garnison-Batterien mit laufender Nummer 385
   Brückenschutz-Batterien 392

8. Parks für Zugmaschinen
   Dampfpflug-Lokomotiv-Parks 393
   Armee-Fußartillerie-Kraftzug-Parks 396

9. Parkformationen der Belagerungsartillerie 401
   Stäbe für Parkkommandos 401
   Stäbe für Park-Bataillone 410
   Parkkompanien der Fußartillerie-Regimenter 413
   Parkkompanien der Reserve-Fußartillerie-Regimenter 420
   Parkkompanien der Landwehr-Fußartillerie-Bataillone 435
   Artillerie-Parkkompanien 443
   Parkkolonnen 461

10. Werkstätten
    Werkstätten der Belagerungsartillerie 464
    Artillerie-Instandsetzungswerkstätten 473
    Fahrbare Artillerie-Instandsetzungswerkstätten 493
    Werkstättenkommandos 502

Anhang 1: Die Geschütze der Fußartillerie 503

Anhang 2: Zeichen für Geschütze 509

Abkürzungen 513

Quellen und Literatur 516

Ortsregister 519

Namensregister 522

Vorwort

Mit diesem Band wird der Teil X – Fußartillerie – des Gesamtwerkes fortgesetzt. Er enthält die umfangreichen Kriegsformationen der Fußartillerie. Neben den Batterien für schweres Flachfeuer und schwerstes Steilfeuer gehörten hierzu die Belagerungsartillerie und die immobilen Formationen in der Heimat. Im Einzelnen werden die Reserve-, Landwehr- und Landsturmtruppen, dann die Ersatz- und Garnisontruppen sowie alle Parkformationen behandelt.

Infolge einer erstaunlich reichen Quellenlage gestalteten sich die Vorarbeiten zu diesem Teil ebenfalls sehr umfangreich. Da die Fußartillerieformationen überwiegend zu den Armeetruppen zählten, mussten hierzu alle erreichbaren Kriegsgliederungen und die seit Herbst 1916 erschienenen monatlichen „Nachweisungen der Fußartillerie" ausgewertet werden. Eine weitere wichtige Quelle bilden die im gleichen Zeitraum erschienenen „Übersichten über die Formationen der Fußartillerie", die durch eine außerordentlich dichte Folge von Deckblättern aktualisiert wurden. Zum anderen wirkten für die Darstellung nicht nur die ständige Zersplitterung der Bataillone und die komplizierten Organisationsänderungen, sondern auch der ständige Wechsel der Unterstellungen äußerst erschwerend. Schließlich war keine Waffengattung derartig häufigen Unterstellungswechseln unterworfen. Aufgrund der geschilderten Quellen konnten aber die Unterstellungsverhältnisse erstaunlich dicht rekonstruiert werden.

In den bisherigen Veröffentlichungen wurde die Entwicklung dieser Spezialtruppen der Fußartillerie im Ersten Weltkrieg recht unterschiedlich behandelt. Als grundlegender Überblick über die Formationsgeschichte bleibt immer noch die 1937 von Hermann Cron herausgegebene „Geschichte des deutschen Heeres im Weltkriege" bestehen, die sich ausschließlich auf Primärquellen stützt und dadurch bis heute besonderen Wert besitzt. Für die einzelnen Truppen sind nur relativ wenig Regiments- und Bataillonsgeschichten erschienen, die partiell einen detaillierten Einblick in die Verhältnisse bei den Truppen gewähren. Eine umfangreiche Übersicht mit detaillierten Angaben zu allen bayerischen Verbänden gibt allerdings das 1928 erschienene „Waffen-Gedenkbuch der Königlich Bayerischen Artillerie". Auch das zweibändige „Ehrenbuch der Deutschen Schweren Artillerie" von 1931/34 enthält wertvolle Informationen zu verschiedenen Aspekten der Fußartillerie einschließlich umfangreicher Truppenübersichten.

Da die Ausstattung mit Geschützen für die Geschichte der Fußartillerie von wesentlicher Bedeutung ist, wird nach Möglichkeit bei jeder Formation die oftmals veränderte Geschützausstattung angegeben. Gleichwohl behandelt diese Untersuchung nicht detailliert die Entwicklung der Geschütze in ihren technischen Aspekten. Zu diesen Fragen sei auf die grundlegende Arbeit von Schirmer sowie die neueren Darstellungen von Fleischer und Cardona verwiesen.

Die Erarbeitung eines solchen Nachschlagewerkes konnte nur dadurch gelingen, dass sich mehrere Mitarbeiter der Aufbereitung einzelner Quellengruppen widmeten. Für die Entstehung dieses Bandes trug wesentlich Herr Gerhard Bauer durch die Auswertung aller Deckblätter der Fußartillerie-Nachweisungen bei. Die Auswertung und Digitalisierung der umfangreichen Daten aus den Feldpostübersichten, aus Kriegsgliederungen sowie aus Leitübersichten einschließlich Deckblättern übernahm Frau Eveline Kraus. Außerdem half Herr Wilhelm Birker auf vielfältige Weise bei der Erstellung des Manuskriptes. Wertvolle Hinweise zu verschiedenen Fragen verdanke ich schließlich Herrn Thierry Ehret. Allen Mitarbeitern sei hiermit für ihre selbstlose und sachgerechte Mithilfe herzlich gedankt, ebenso den Mitarbeitern der herangezogenen Archive, insbesondere des über Jahre intensiv genutzten Kriegsarchivs in München und des Bundesarchiv-Militärarchivs in Freiburg.

Jürgen Kraus

Quellenübersicht

Trotz der großen Aktenverluste im Zweiten Weltkrieg sind zur Formationsgeschichte 1914–1918 doch erstaunlich zahlreiche Quellen erhalten geblieben. Da es sich um sehr unterschiedliche Quellengruppen handelt, sollen sie im Folgenden kurz umrissen werden.
Die Sammlung von Unterlagen zur Truppengeschichte und Kriegsgliederung im Weltkrieg setzte bereits im Dezember 1914 durch eine Sektion des Stellvertretenden Generalstabs der Armee in Berlin ein. Am 23.01.1915 wurde dort eine Prüfungsstelle für Kriegsakten eingerichtet, die alle einlaufenden Kriegsakten auf Vollständigkeit zu prüfen, zu archivieren und fehlenden Akten nachzuspüren hatte. Allerdings stellte sich heraus, dass viele Kriegstagebücher von den Truppen nur mangelhaft geführt waren und vielfach Fragen zu Neuformationen und Änderungen offen ließen. Dies galt insbesondere für die Phase des Bewegungskrieges in den ersten Kriegsmonaten. Andererseits gingen zahlreiche Truppenakten gegen Kriegsende beim Rückmarsch des Heeres und durch die Revolutionswirren verloren.[1] Ende 1919 wurden alle Kriegsakten der preußischen Armee in das Reichsarchiv Potsdam überführt, wo sie durch die Bombardierung im April 1945 zum größten Teil zugrunde gingen. Dieser Aktenverlust wurde durch die Rückgabe zahlreicher Beuteakten aus der Sowjetunion an die Deutsche Demokratische Republik gemildert, die nach 1990 in das Bundesarchiv-Militärarchiv in Freiburg übersiedelten. Sie betreffen vor allem Kriegsgliederungen und Vorarbeiten der kriegsgeschichtlichen Abteilung des Reichsarchivs.[2] Eine wertvolle Parallelüberlieferung bieten außerdem die noch erhaltenen Militärakten der bayerischen, sächsischen und württembergischen Armee. Vor allem im Bayer. Kriegsarchiv in München haben sich neben der kompletten bayerischen Überlieferung auch grundlegende Primärquellen preußischer Provenienz erhalten.[3]

Die wichtigste Grundlage für diese Formationsgeschichte bildet die „*Übersicht der Behörden und Truppen in der Kriegsformation*", da sie sämtliche Truppenteile mit ihren Grunddaten aufführt. Diese Übersicht ist bereits während des Krieges vom preußischen Kriegsministerium geschaffen worden, um überhaupt einen Überblick über die zahllosen Kriegsformationen zu gewinnen. Denn schon nach wenigen Monaten hatte das Kriegsministerium angesichts der zahlreichen Neuformationen, die durch Teilungen oder Umgliederungen im Felde entstanden waren, vollkommen den Überblick über die tatsächlich bestehenden Truppenteile verloren. Zwar sollten gemäß Mobilmachungsplan alle nicht vom Kriegsministerium aufgestellten Neuformationen zur Festlegung der Kopfstärken und Gebührnisse gemeldet werden, doch war dies von Kriegsbeginn an kaum geschehen. So erfuhr die Behörde oftmals verspätet von derartigen Neuaufstellungen, und dies auch nur aus der Feldpostübersicht! Dieser Zustand der Verwirrung steigerte sich derart, dass man sich 1916 entschloss, in einer tabellarischen „Hauptübersicht" die wichtigsten Daten zu allen bestehenden Truppenteilen – einschließlich Umbenennung und Auflösung – zu erfassen; als einzige Grundlage dienten hierzu zunächst nur die Feldpostübersichten.[4] Am 31.03.1916 konnte ein erster Entwurf als „Übersicht der Behörden und Truppen" an die zuständigen Militärbehörden übersandt werden, die entsprechende Korrekturen vornehmen und Lücken schließen sollten.[5] Um eine Verbesserung der Übersicht bemühte sich auch die Prüfungsstelle für Kriegsakten beim Stellvertretenden Generalstab der Armee in Berlin, die mit der Archivierung der Kriegstagebücher und der Aufstellung einer lückenlosen Kriegsgliederung beauftragt war. Da sie – angesichts der nur lückenhaft eingelieferten Kriegstagebücher – ebenfalls keinen Überblick über die Kriegs-

---

[1] Pöhlmann, Kriegsgeschichte, S. 54, 167 f.
[2] BA-MA, Bestand W-10
[3] Bayer. Hauptstaatsarchiv, Abt. IV, Kriegsarchiv in München; Sächs. Hauptstaatsarchiv in Dresden; Württ. Hauptstaatsarchiv in Stuttgart
[4] Vorarbeiten hierzu sind erhalten in: BA-MA, PH 2/448 u. 449
[5] KM Nr. M.J. 5664/16 A 1. KA, Stellv. Gen.Kdo. I. bayer. AK, Bd. 2738

formationen mehr besaß, versandte sie am 18.10.1916 an alle Oberkommandos einen Fragebogen, in dem jeder Truppenteil die wichtigsten Daten zur Aufstellung, Umbenennung und Unterstellung einzutragen hatte.[1] Auf dieser erweiterten Grundlage konnte am 10.07.1917 ein zweiter verbesserter Entwurf der „Übersicht" an die Militärbehörden ausgegeben werden.[2] Dieser enthielt genaue Angaben zur Aufstellung, Umbenennung, Ersatztruppe und Auflösung jedes Truppenteils, jeweils mit den Erlassen des Kriegsministeriums belegt.

Dabei lag die ungeheure Arbeit im Kriegsministerium in der Hand eines einzigen Bearbeiters, des Geheimen Rechnungsrates Wilhelm Thaler, dem es trotz aller Widrigkeiten gelang, im Laufe des Jahres 1918 die komplette, nach Waffengattungen geordnete Endfassung der Übersicht in 18 Bänden vorzulegen.[3] Der Mitte 1918 erschienene Teil 2 (Infanterie) wurde bis zum 15.10.1918 noch durch 173 Berichtigungen aktualisiert. Da das Werk vor Kriegsende nahezu komplett vorlag, diente es den Militärbehörden bereits bei der Demobilmachung 1918/19 als unentbehrliches Hilfsmittel. Auch nach dem Kriegsende und der Auflösung des Kriegsministeriums arbeitete Thaler weiter an der Vervollständigung der „Übersicht", um den noch ausstehenden Teil 19 (Gouvernements) in jahrelanger Arbeit fertigzustellen. Außerdem erschien 1929 eine stark erweiterte Neuauflage des 1. Teils (Oberkommandos), der – ebenso wie Teil 19 – bis 1931 durch Korrekturen ergänzt wurde. Damit konnte die Herausgabe der „Übersichten" als abgeschlossen gelten, die einen einzigartigen Überblick über die Kriegsformationen geben. Durch die Einstufung als Geheimsache, später als „Dienstexemplar", wurde die Übersicht ausschließlich an Militärbehörden verteilt und ist daher heute nur noch in wenigen Exemplaren erhalten.[4]

Während die „Übersichten" genaue Daten zur Formation enthalten, geben sie doch keine Angaben zu den Unterstellungsverhältnissen der Truppenteile. Die Erfassung der ständig wechselnden Kriegsgliederung gehörte zu den Aufgaben der Prüfungsstelle für Kriegsakten. Doch schon nach den ersten Kriegsmonaten stellte sich heraus, dass die eingelieferten Kriegstagebücher nicht in der Form geführt worden waren, um dieser Aufgabe gerecht zu werden. Viele kurzfristig gebildete Truppenverbände wurden nur einmal genannt, ohne dass sich jedoch ihr weiterer Weg oder ihre Zusammensetzung erkennen ließ.[5] Ein wichtiges Hilfsmittel bildeten daher die seit Kriegsbeginn erscheinenden *„Feldpostübersichten"*. Diese seit dem 13.08.1914 erschienenen Übersichten kamen zunächst halbwöchentlich, später wöchentlich zur Ausgabe und erreichten bis Kriegsende 261 Ausgaben. Sie enthielten sämtliche Kriegsformationen im Felde mit ihrem Unterstellungsverhältnis, allerdings verschlüsselt durch eine Feldpostnummer. Alle Einträge wurden vom Reichspostamt aufgrund der von Militärbehörden mitgeteilten Kriegsgliederungen erarbeitet. Bedingt durch die erforderliche Geheimhaltung entstanden in der Übermittlung dieser Daten viele Friktionen, da die Kommandobehörden oftmals Veränderungen nicht oder nur verspätet bekannt gaben. Trotz aller Widrigkeiten bildete die Feldpostübersicht durch die laufende gewissenhafte Neubearbeitung, in der wöchentlich unzählige telegrafische Nachrichten über Truppenverschiebungen eingearbeitet wurden, ein unschätzbares Hilfsmittel, das auch von Militärbehörden gern zurate gezogen wurde, spiegelte sie doch die gesamte Kriegsgliederung des Heeres jeweils auf dem neusten Stand wider. Natürlich unterlagen diese Übersichten strengster Geheimhaltung, sodass beim Verteilen einer Neuausgabe jeweils die ältere vernichtet werden musste.[6] Auf diese Weise sind leider nur die letzten Ausgaben – Nr. 251 vom 04.09.1918 bis Nr. 273 vom 12.03.1919

---

[1] Chef des Stellv. Generalstabs der Armee Nr. 10.277 P.K. KA, HGr. Kronprinz, Bd. 81, Unterakt 16
[2] KM M.J. 16.316/17 A 1. KA, Stellv. Gen.Kdo. I. Bayer. AK, Bd. 2738
[3] Eine Würdigung seiner Arbeit gibt der Präsident des Reichsarchivs im Vorwort zum Neudruck des Teils 1 (1929).
[4] So im BA-MA Freiburg, KA München und HStA Stuttgart
[5] Einzelne Belege von Vorarbeiten zur Kriegsgliederung in: BA-MA, Bestand W-10
[6] Entwicklung und Probleme der Feldpostübersichten schildert Schracke, Feldpost, S. 33–39

– erhalten geblieben.[1] Eine Fortsetzung erfuhr die Feldpostübersicht für die Grenzschutztruppen im Osten mit Ausgabe 273 vom 12.03.1919 bis Ausgabe 283 vom 13.12.1919. Diese enthalten Angaben über die Aufstellung und Unterstellung von Freiwilligenverbänden sowie deren Überführung in die Reichswehr.[2]

Parallel zu den Feldpostübersichten erschien ebenfalls wöchentlich ein *„Verzeichnis der nicht beim Feldheer befindlichen Stäbe und Truppen"* mit insgesamt 273 Ausgaben bis März 1919. Es weist die Standorte der Kriegsbesatzungen und Ersatztruppen in der Heimat nach und bildet ein wichtiges Nachschlagewerk für den Wechsel der Standorte. Erhalten sind auch hier nur die letzten Ausgaben ab Nr. 253 vom 18.09.1918.[3]

Als weitere Übersicht zur Kriegsgliederung der Truppen – gedacht für die richtige Adressierung des Nachschubs und die Weiterleitung von Ersatztruppen zur Front – erschien seit Januar 1915 die *„Übersicht der Formationen des Westheeres"* und seit Februar 1915 die *„Übersicht der Formationen des Ostheeres"*. Kurz als *„Leitübersichten Ost und West"* bezeichnet, enthielten sie die kriegsgliederungsmäßige Unterstellung der Truppen im Felde. Sie wurden parallel zu den Feldpostübersichten vom Stellv. Generalstab des Heeres herausgegeben. Während für das Westheer nur zwei weitere Ausgaben im März und August 1915 erschienen, waren für das Ostheer fünf weitere Neuauflagen vom Mai 1915 bis November 1916 nötig, wobei die letzte Ausgabe 1917 durch sukzessiven Austausch einzelner Abschnitte vom Februar bis Oktober 1917 erneuert wurde. Alle Ausgaben wurden laufend durch immer häufiger erscheinende Deckblätter aktualisiert. Schließlich erschien im Oktober 1916 eine vereinte *„Übersicht der Formationen des Heeres"*, die Truppen der West- und Ostfront umfasste und wiederum durch Deckblätter bis zum 10.11.1918 aktualisiert wurde. Während die Berichtigungen zunächst nur sporadisch ohne feste zeitliche Folge erschienen, erfolgten sie seit September 1917 fast im zweitägigen Rhythmus. Obwohl auch diese „Leitübersichten" strengster Geheimhaltung unterlagen, sind sie sämtlich einschließlich aller Deckblätter erhalten geblieben.[4] Angesichts des hohen Zeitaufwandes für das laufende Einarbeiten der Deckblätter warf die OHL am 13.11.1917 die Frage auf, ob man auf die Leitübersichten nicht überhaupt verzichten könne.[5] Trotz der ähnlich strukturierten Feldpostübersicht entschieden sich die Militärbehörden überwiegend dafür, die Leitübersichten beizubehalten und eine zweitägige Ausgabe von Deckblättern anzustreben, wie die OHL im Abschlussbericht vom 25.11.1917 bekannt gab.[6] Für die Kriegsgliederung der Truppen bilden die Leitübersichten mit den Deckblättern eine wichtige Quelle, wenn auch die Veränderungen mehr oder weniger verspätet gemeldet wurden und erst seit Ende 1917 durch eine dichtere Folge von Korrekturen an Aktualität gewannen.

Anfang Oktober 1916 wurde die Fußartillerie aus den „Leitübersichten" herausgelöst und in eigenen *„Übersichten über die Formationen der Fußartillerie"* zusammengestellt. Insgesamt erschienen drei derartige Übersichten, nämlich im Oktober 1916, Februar 1917 und Februar 1918. Nicht nur der Umfang, auch die besondere Stellung der Fußartillerie hatte die OHL zu diesem Schritt veranlasst. Durch laufend erschienene Deckblätter wurden diese Übersichten ständig aktualisiert. Hierdurch können die zahlreichen Umorganisationen, Unterstellungswechsel und Umbewaffnungen detailliert verfolgt werden.

---

[1] KA, R 2793 und R 2798
[2] KA, R 2794
[3] KA, R 2795
[4] KA, R 1521, 1976, 2009, 2786 u. 2847
[5] Chef des Generalstabes des Feldheeres Ic Nr. 70.228 op. KA, HGr. Kronprinz Bd. 81, Akt 16
[6] Chef des Generalstabes des Feldheeres Ic Nr. 71.424 op. KA, MKr 1751 Prod. 73

Eine besonders wertvolle Quelle für die Veränderungen in der Kriegsgliederung stellen die Ausarbeitungen der kriegsgeschichtlichen Abteilung im Reichsarchiv dar, die in den Jahren 1931 – 1934 unter dem Arbeitstitel „Kriegswerk" entstanden.[1] Dieses umfasst genaue Kriegsgliederungen der Divisionen, erarbeitet von einigen Archivräten anhand der damals noch vorhandenen Kriegstagebücher. Durch den Verlust dieser Unterlagen besitzt die Ausarbeitung heute den Wert einer Primärquelle. Sie entstand zweifellos als eine formationsgeschichtliche Spezialuntersuchung im Rahmen des weitläufigen Projektes zur Geschichte des Ersten Weltkrieges und war vielleicht als möglicher Sonderband gedacht, darf aber nicht mit der ebenfalls als „Kriegswerk" bezeichneten großen Weltkriegsgeschichte des Reichsarchivs verwechselt werden.[2] Durch diese Vorarbeiten können heute zumindest die Unterstellungen der Divisionstruppen exakt nachvollzogen werden.

Als weitere Quelle für die Unterstellungsverhältnisse sind die relativ zahlreich erhaltenen zeitgenössischen *Kriegsgliederungen* von Armeen, Armeekorps und Divisionen zu nennen, wenn sie auch in ihrer Unvollständigkeit nur Momentaufnahmen von begrenzter zeitlicher Gültigkeit darstellen.[3] Seit 01.07.1916 musste jeder höhere Verband (Heeresgruppe, Armee, Armee-Abteilung) den Bestand seiner Fußartillerie monatlich an die OHL melden. Mit dem Auftreten dieser gesonderten *Fußartillerie-Übersichten* führten die Armeen die entsprechenden Abschnitte oftmals nicht mehr in ihren allgemeinen Kriegsgliederungen, doch war dies nicht einheitlich geregelt.[4]

Für die Demobilmachung und Auflösung der Truppenteile bieten die 1919/20 von den Generalkommandos oder Abwicklungsstellen in jedem Armeekorps herausgegebenen *„Demobilmachungsübersichten"* detaillierte Angaben.[5]

Über das Ende der Alten Armee, die Aufstellung von Freiwilligenverbänden und deren Übernahme in die Reichswehr gibt die *„Übersicht über die Entwicklung des Reichsheeres aus den Verbänden des alten Heeres, der Freiwilligen-Truppen, der vorläufigen Reichswehr und des Übergangsheeres"* Auskunft. Nach Waffengattungen geordnet, behandelt sie ausschließlich diejenigen Truppenteile, aus denen Freiwilligenformationen hervorgingen. Die Erarbeitung dieser Übersicht hatte das Reichswehrministerium mit Erl. vom 16.11.1919 befohlen. Am 14.08.1920 konnte Teil I an die militärischen Dienststellen verteilt werden, während der letzte Teil XII am 14.06.1922 zur Ausgabe kam. Von einer Drucklegung der als „Dienstexemplar" klassifizierten Übersicht wurde leider abgesehen.[6] Für die Formationsgeschichte der Freiwilligenverbände und Reichswehr ist diese „Übersicht" bereits von Georg Tessin ausgewertet worden.[7]

---

[1] BA-MA, verstreut im Bestand W-10
[2] Vgl. Pöhlmann, Kriegsgeschichte, S. 163 ff., zu den geplanten Sonderbänden S. 349–355
[3] BA-MA Freiburg, verstreut im Bestand W-10; KA München, vor allem MKr 18.137–18.201
[4] Nahezu vollständig in KA, MKr 13.490–13.492 u. Fußartillerie-Formationen (WK) 9235–3237
[5] Erhalten in KA, III. bayer. AK Bd. 128/I
[6] KA, R 72 Bd. 1–10
[7] Georg Tessin, Deutsche Verbände und Truppen 1918 – 1939. Osnabrück 1974

Hinweise zur Benutzung

Die Darstellung der einzelnen Truppenteile folgt – ähnlich den früheren Stammlisten – einer bestimmten Gliederung, wobei die Rubriken auf folgenden Quellen beruhen, die im Einzelnen nicht mehr aufgeführt sind:

Truppenteil:
Bei der Bezeichnung der Truppenteile wird allgemein der Zusatz „Königlich" fortgelassen, da er bei den Kriegsformationen nicht mehr angewandt wurde. Zur Vereinfachung der Bezeichnungen sind die Truppen ohne Zusatz stets als preußische Truppenteile anzusehen, während diejenigen der anderen Kontingente jeweils als bayerisch, sächsisch oder württembergisch ausgewiesen werden. Auch ist unter „KM" stets das preußische Kriegsministerium zu verstehen, wenn nicht Zusätze auf die anderen Kontingente verweisen.

Standort:
Die Standorte sind nur bei den Fußartillerie-Regimentern angegeben, die schon im Frieden bestanden. Alle übrigen Formationen hatten keine eigenen Standorte, sondern nur ihre Ersatztruppenteile.

Aufstellung:
Die Angaben stammen in erster Linie aus den knappen Daten der *Übersicht der Behörden und Truppen (Üb.Beh.u.Tr.)*. Nur vereinzelt konnten ergänzende Angaben aus anderen Quellen ergänzt werden, die jeweils genannt sind.

Bewaffnung:
Zu den einzelnen Batterien ist nach Möglichkeit ihre Ausstattung mit Geschützen angegeben. In den ersten Kriegsjahren lässt sich diese nur aus den *Leitübersichten Ost und West* sowie aus den noch spärlich erschienenen Kriegsgliederungen entnehmen. Erst ab Sommer 1916 sind durch die monatlichen Übersichten, ab Oktober 1916 dann durch die *Übersichten über die Formationen der Fußartillerie* und ihre Deckblätter genauere Angaben zu Umbewaffnungen möglich.

Unterstellung:
Da die Fußartillerieformationen überwiegend zu den Armeetruppen zählten, bilden die *Leitübersichten West und Ost* mit Deckblättern, dann die *Kriegsgliederungen der Armeen* sowie seit 1916 die gesonderten *Fußartillerie-Übersichten der Armeen* die wichtigste Unterlage. Seit Oktober 1916 geben die *Übersichten über die Formationen der Fußartillerie*, besonders deren Deckblätter, detaillierte Angaben über den Unterstellungswechsel. Für die letzten Wochen des Krieges enthalten schließlich die *Feldpostübersichten* ergänzende Angaben.
Die Daten aus diesen Quellengruppen sind in eckige Klammern [...] gesetzt, da es sich hierbei nicht um das Datum des tatsächlichen Wechsels, sondern um die einige Tage oder Wochen später erfolgte Meldung des Wechsels handelt; diese Daten können also nur als Anhalt dienen.

Zuteilungen:
Hierunter sind taktisch bedingte, zeitlich begrenzte Unterstellungen unter einen fremden Verband zu verstehen, die bei manchen Regimentern beträchtliche Ausmaße annehmen konnten. Berücksichtigt werden allerdings nur solche Zuteilungen, die mindestens den Zeitraum von etwa einer Woche umfassten. Eine Ausnahme hiervon bilden nur die Angaben des *Kriegswerks*, aus dem auch kürzere Zuteilungen übernommen wurden, da die dort verarbeiteten Quellen heute verloren sind. Ansonsten dienen für die Zuteilungen die gleichen Quellen – mit den genannten Einschränkungen – wie für die Unterstellungen.

Verbleib:
Zahlreiche Fußartillerieformationen wurden noch während des Krieges umgewandelt oder ganz aufgelöst. Die übrigen kehrten bei Kriegsende zu ihrem Ersatz-Truppenteil zurück, um dort demobilisiert und bald aufgelöst zu werden. Eine wertvolle Quelle für ihre Auflösung bilden die präzisen *Demobilmachungsübersichten der Armeekorps*, worin sie jedoch nur teilweise erfasst sind. Für einen großen Teil kann die Auflösung nur aus den *Feldpostübersichten* erschlossen werden, wobei jedoch nicht ersichtlich ist, ob die dort aufgeführten Einheiten wirklich noch bestanden oder bereits in Abwicklungsstellen übergegangen waren.

Die Standorte der Abwicklungsstellen enthält das *Verzeichnis der Abwicklungsstellen des deutschen Heeres*.

Freiwilligen-Formation:
Diese Rubrik behandelt die seit Dez. 1918 während der Demobilmachung in der Heimat aufgestellten freiwilligen Fußartillerie-Formationen. Allerdings sind nur wenige derartige Einheiten entstanden, sodass die Rubrik bei den meisten Formationen entfällt. Als grundlegende Quelle dient hierzu die *Übersicht über die Entwicklung des Reichsheeres*. Einige Ergänzungen bieten auch die *Feldpostübersichten*. Für die nähere Zusammensetzung und Verwendung der Freiwilligen-Formationen sei auf die wenig beachtete Arbeit von Tessin, Deutsche Verbände und Truppen 1918 – 1939, verwiesen.

Quellen:
Hier sind nur ergänzende Quellen genannt, auf denen die jeweilige Darstellung beruht, insbesondere Truppengeschichten oder archivalische Hinweise.

1. Besondere Fußartillerie-Batterien

Schwere 15 cm-Kanonen-Batterien

Um den Mangel an schweren weitreichenden Geschützen zu beheben, stellte die Marine nach Kriegsbeginn dem Heer eine größere Anzahl 15 cm-Geschützrohre von ausgemusterten Kriegsschiffen zur Verfügung, die auf Radlafetten gesetzt wurden. Durch die Umbewaffnung bestehender Batterien mit jeweils zwei 15 cm-Schnelllade-Kanonen L/40 entstanden seit 1915 insgesamt 48 „schwere 15 cm-Batterien".

Aufgestellt wurden 1915 die Batterien Nr. 1–9, 1916 Nr. 10–31, 1917 Nr. 32–41 und 1918 Nr. 42–48. Da ihre Geschütze von der Marine stammten, trugen sie in den Kriegsgliederungen den Zusatz „M" oder „Mar.". Die Batterien waren anfangs bespannt, wurden aber später mit Kraftzug ausgestattet.

Nur die Batterien 11, 16, 20, 21 und 39 blieben selbstständig, die Batterie Nr. 17 wurde wieder kurze Marine-Kanonen-Batterie Nr. 8. Alle anderen Batterien wurden spätestens im September 1918 in Fußartillerie-Bataillone (12) oder in Landwehr-Fußartillerie-Bataillone (30) eingegliedert. Nach Erl. vom 20.06.1915 hatte eine Batterie mit Motorzug folgende Stärke:[1]

Schwere 15 cm-Kanonen-Batterie zu 2 Geschützen mit Kraftzug	1915
1 Batterieführer	
3 Leutnants	
1 Ober-, Assistenz oder Unterarzt	
1 Ober-, Veterinär oder Unterveterinär	
1 Unterzahlmeister	
1 Oberfeuerwerker oder Feuerwerker	
1 Feldwebel	
1 Vizefeldwebel	
1 Fähnrich	
22 Unteroffiziere	
27 Obergefreite und Gefreite	darunter: 2 Signaltrompeter,
98 Gemeine	2 Batterieschlosser, 2 Radfahrer,
24 Gemeine (Fahrer)	1 Waffenmeistergehilfe
10 Trainsoldaten	
1 Sanitätsunteroffizier	
6 Zugmaschinen (2 für Geschütze, 2 Bettungs-, 1 Zubehör- u. 1 Bohlenwagen)	
5 vierspännige Fahrzeuge (1 Beobachtungs-, 2 Zubehör-, 1 Vorrats- u. 1 Schmiedewagen)	
4 sechsspännige Munitionswagen	
4 zweispännige Fahrzeuge (1 Lebensmittel-, 1 Futter- u. 1 Packwagen, 1 Feldküche)	
Gesamtstärke: 6 Offz., 187 Unteroffz. u. Mannsch., 19 Reit-, 56 Zugpferde	

1916 wurde die Zusammensetzung der Batterien durch eine Abtrennung des Zugmaschinenpersonals geändert. So erhielt die Batterie Nr. 15 am 26.07.1916 eine Stärke von 5 Offz. sowie 135 Unteroffz. und Mannsch. zuzüglich 47 Mann Kraftzugpersonal.[2]

Eine bespannte Batterie hatte 1917 einen Etat von 8 Offz. und 213 Unteroffz. und Mannsch., eine Batterie mit Kraftzug nur 179 Unteroffz. und Mannsch. Die Ausstattung mit Fahrzeugen richtete sich danach, ob eine Batterie mit Bespannung oder Kraftzug versehen war.[3]

---

[1] KM Nr. 2287/6. 15 A 5. BA-MA, PH 3/1846, Bl. 151 f.
[2] KM Nr. 1320/16 geh. A 5. BA-MA, PH 3/1848, Bl. 205
[3] Zu den genauen Etats vgl. Fußartillerie, Bd. 1, S. 354–361

Schwere 15 cm-Kanonen-Batterie Nr. 1

Aufstellung:	25.02.1915 durch Gouv. Metz (gem. KM v. 25.02.1915) aus 7. Bttr./Fußart.-Rgt. 16, sogleich mobil (bespannt)		
Bewaffnung:	ab Febr. 1915	15 cm Schnelllade-Kan. L/40	*Krgl.*
	ab Okt. 1917	mit Kraftzug	*D.Fußa. 20.10.1917*
	ab Febr. 1918	15 cm Kan. 16	*D.Fußa. 17.02.1918*
Ersatztr.Teil:	Ers.Btl./Fußart.Rgt. 4		
Unterstellung:	[28.02.1915 – 25.03.1915]	11. Ldw.Div. (8. Armee)	*RG/Krgl.*
	[04.06.1915 – 25.06.1915]	III. Res.Korps (9. Armee)	*DO/Krgl.*
	[09.07.1915 – 01.08.1915]	A.Gr. Gallwitz	*Krgl./DO*
	[01.08.1915 – 02.09.1915]	8. Armee	*Krgl./Goes*
	[21.09.1915 – 30.10.1915]	11. Armee	*DO/Krgl.*
	[06.11.1915 – 10.11.1915]	OHL, Köln	*DW*
	[18.12.1915]	Balkanstraße	*DW*
	[14.01.1916]	OHL, Diedenhofen	*DW*
	[03.02.1916 – 22.02.1916]	2. Armee	*DW*
	[11.03.1916]	7. Armee	*DW*
	[02.07.1916 – 01.08.1917]	HGr. Linsingen	*DW/Krgl.*
	[21.08.1917 – 08.10.1917]	8. Armee	*D.Fußa./Krgl.*
	[20.10.1917]	Köln	*D.Fußa.*
	[22.11.1917 – 16.02.1918]	4. Armee	*D.Fußa./Krgl.*
	[17.02.1918]	Köln	*D.Fußa.*
	[24.02.1918]	HGr. Rupprecht	*D.Fußa.*
	[31.03.1918 – 28.05.1918]	2. Armee	*Krgl.*
Verbleib:	28.05.1918 umgewandelt in 3. Bttr./Fußart.Btl. 162		
Quellen:	Rgt.Gesch. Fußart.Rgt. 16		

Schwere 15 cm-Kanonen-Batterie Nr. 2

Aufstellung:	25.02.1915 durch Gouv. Metz (gem. KM v. 25.02.1915) aus 8. Bttr./Fußart.-Rgt. 16, sogleich mobil		
Bewaffnung:	ab Febr. 1915	15 cm Schnelllade-Kan. L/40 (mit Kraftzug)	*Krgl.*
	ab Aug. 1917	mit Kraftzug und Lastenverteiler	*D.Fußa. 26.08.1917*
	ab Febr. 1918	15 cm Kan. 16	*D.Fußa. 17.02.1918*
Ersatztr.Teil:	Ers.Btl./Fußart.Rgt. 7		
Unterstellung:	[01.05.1915 – 30.05.1915]	11. Ldw.Div. (8. Armee)	*RG/Krgl.*
	[04.06.1915 – 14.06.1915]	77. Res.Div. (10. Armee)	*DO*
	[22.06.1915 – 09.08.1915]	6. Armee	*DW/LÜW*
	[19.08.1915]	OHL, 4. Armee	*DW*
	[01.09.1915 – 01.12.1917]	4. Armee	*Krgl.*
	[15.12.1917 – 10.02.1918]	Gent	*D./Üb.Fußa.*
	[17.02.1918]	Köln	*D.Fußa.*
	[24.02.1918]	HGr. Rupprecht	*D.Fußa.*
	[31.03.1918 – 28.05.1918]	2. Armee	*Krgl.*
Verbleib:	28.05.1918 umgewandelt in 3. Bttr./Fußart.Btl. 146		
Quellen:	Rgt.Gesch. Fußart.Rgt. 16		

Schwere 15 cm-Kanonen-Batterie Nr. 3

Aufstellung:	12.04.1915 durch Gouv. Straßburg (gem. KM v. 12.04.1915) aus 7. Bttr./Fußart.-Rgt. 13, sogleich mobil		
Bewaffnung:	ab April 1915	15 cm Schnelllade-Kan. L/40 (mit Kraftzug)	*Krgl.*
	ab Aug. 1917	mit Kraftzug und Lastenverteiler	*D.Fußa. 26.08.1917*
	ab Febr. 1918	15 cm Kan. 16	*D.Fußa. 17.02.1918*
Ersatztr.Teil:	Ers.Btl./Fußart.Rgt. 24		
Unterstellung:	[27.05.1915 – 09.08.1915]	11. Armee	*DW/LÜW*
	[11.09.1915 – 11.10.1915]	OHL, 6. Armee	*DW/DO*
	[01.12.1915 – 10.09.1916]	6. Armee	*Krgl.*
	[13.09.1916 – 07.10.1916]	1. Armee	*Krgl./Üb.Fußa.*
	[15.10.1916 – 03.02.1917]	2. Armee	*Krgl.*
	[01.03.1917 – 01.06.1917]	7. Armee	*Krgl.*
	[12.06.1917 – 01.10.1917]	5. Armee	*Krgl.*
	[29.10.1917 – 22.11.1917]	7. Armee	*D.Fußa./Krgl.*
	[25.11.1917 – 10.12.1917]	2. Armee	*D.Fußa./Krgl.*
	[25.12.1917]	Insmingen	*D.Fußa.*
	[10.02.1918]	Köln	*D.Fußa.*
	[24.02.1918 – 04.03.1918]	HGr. Rupprecht	*Üb.Fußa.*
	[04.04.1918 – 01.05.1918]	17. Armee	*Krgl.*
	[12.05.1918]	18. Armee	*Krgl.*
Verbleib:	28.05.1918 umgewandelt in 3. Bttr./Fußart.Btl. 164		

Schwere 15 cm-Kanonen-Batterie Nr. 4

Aufstellung:	27.06.1915 durch Gen.Insp. der Fußart. (gem. KM v. 27.06.1915) aus 1. Bttr./Fußart.Rgt. 5, sogleich mobil (bespannt)		
Bewaffnung:	ab Juni 1915	15 cm Schnelllade-Kan. L/40	*Krgl.*
	ab Aug. 1917	mit Kraftzug	*D.Fußa. 15.08.1917*
	ab Febr. 1918	15 cm Kan. 16	*D.Fußa. 17.02.1918*
Ersatztr.Teil:	Ers.Btl./Fußart.Rgt. 5		
Unterstellung:	[27.06.1915 – 09.08.1915]	6. Armee	*DW/LÜW*
	[11.09.1915 – 01.07.1916]	3. Armee	*DW/Krgl.*
	[12.07.1916 – 01.03.1917]	2. Armee	*DW/Krgl.*
	[27.03.1917 – 01.04.1917]	OHL Sedan	*D.Fußa./Krgl.*
	[12.04.1917]	7. Armee	*D.Fußa.*
	[21.04.1917 – 28.04.1917]	1. Armee	*Krgl./D.Fußa.*
	[06.05.1917 – 01.06.1917]	7. Armee	*Krgl.*
	[20.06.1917 – 28.06.1917]	4. Armee	*Krgl.*
	[07.08.1917]	Köln	*D.Fußa.*
	[15.08.1917]	Hirson	*D.Fußa.*
	[01.09.1917 – 05.01.1918]	1. Armee	*D.Fußa./Krgl.*
	[11.02.1918 – 14.02.1918]	7. Armee	*Krgl.*
	[17.02.1918]	Köln	*D.Fußa.*
	[24.02.1918]	HGr. Rupprecht	*D.Fußa.*
	[18.04.1918]	Jurbise	*D.Fußa.*
Verbleib:	25.04.1918 umgewandelt in 3. Bttr./Fußart.Btl. 145		

Schwere 15 cm-Kanonen-Batterie Nr. 5

Aufstellung:	25.06.1915 durch Gen.Insp. der Fußart. (gem. KM v. 20.06.1915) aus 5. Bttr./ Fußart.Rgt. 16, sogleich mobil		
Bewaffnung:	15 cm Schnellade-Kan. L/40 (mit Kraftzug)		
Ersatztr.Teil:	Ers.Btl./Fußart.Rgt. 16		
Unterstellung:	[23.06.1915 – 05.07.1915]	Essen	*RG*
	[06.07.1915]	1. Armee	*RG*
	[09.08.1915]	A.Abt. Woyrsch	*LÜW*
	[01.09.1915]	8. Armee	*Krgl.*
	[21.09.1915 – 11.10.1915]	11. Armee	*DO*
	[22.10.1915]	Njemen-Armee	*DO*
	[15.01.1916 – 10.01.1917]	A.Abt. Scholtz	*LÜO/Krgl.*
	[10.01.1917 – 03.08.1917]	A.Abt. D	*Krgl.*
	[26.08.1917 – 05.09.1917]	8. Armee	*D.Fußa./Goes*
	[20.10.1917]	Namur	*D.Fußa.*
	[09.11.1917 – 01.02.1918]	4. Armee	*Krgl.*
	[10.02.1918]	Gent	*Üb.Fußa.*
	[17.02.1918]	Köln	*D.Fußa.*
	[29.03.1918 – 25.04.1918]	Longuyon	*D.Fußa./Krgl.*
Zuteilungen:	[28.12.1915 – 01.09.1916]	78. Res.Div.	*Krgl./LÜO*
Verbleib:	26.02.1918 Teil zu schw. 15 cm-Kan.Bttr. 44		
	25.04.1918 umgewandelt in 3. Bttr./Fußart.Btl. 144		
Quellen:	Rgt.Gesch. Fußart.Rgt. 16		

Schwere 15 cm-Kanonen-Batterie Nr. 6

Aufstellung:	10.09.1915 durch Gen.Insp. der Fußart (gem. KM v. 10.09.1915) aus 3. Bttr./ Res.Fußart.Rgt. 8, sogleich mobil (bespannt)		
	ab Sept. 1917 unbespannt		*D.Fußa. 15.09.1917*
Bewaffnung:	15 cm Schnellade-Kan. L/40		
Ersatztr.Teil:	Ers.Btl./Fußart.Rgt. 6		
Unterstellung:	[21.09.1915]	OHL, Köln	*DW*
	[30.09.1915 – 22.02.1916]	5. Armee	*DW*
	[24.08.1916 – 15.02.1917]	1. Armee	*Krgl.*
	[13.03.1917]	OHL Maubeuge	*D.Fußa.*
	[12.04.1917 – 15.08.1917]	6. Armee	*D.Fußa./Krgl.*
	[26.08.1917]	Maubeuge	*D.Fußa.*
	[15.09.1917]	5. Armee	*D.Fußa.*
	[25.09.1917 – 10.12.1917]	2. Armee	*D.Fußa./Krgl.*
	[31.12.1917 – 01.02.1918]	18. Armee	*D.Fußa./Krgl.*
	[05.02.1918 – 26.03.1918]	2. Armee	*Krgl.*
	[29.03.1918 – 30.05.1918]	6. Armee	*D.Fußa./Krgl.*
	[31.05.1918 – 01.08.1918]	17. Armee	*D.Fußa./Krgl.*
Verbleib:	09.09.1918 umgewandelt in 7. Bttr./Ldw.Fußart.Btl. 57		

Schwere 15 cm-Kanonen-Batterie Nr. 7

Aufstellung:	19.09.1915 durch Gen.Insp. der Fußart. (gem. KM v. 19.09.1915) aus 2. Bttr./ Res.Fußart.Rgt. 14, sogleich mobil		
Bewaffnung:	ab Sept. 1915	15 cm Schnellade-Kan. L/40 (mit Kraftzug)	*Krgl.*
	ab Aug. 1917	mit Kraftzug und Lastenverteiler	*D.Fußa. 26.08.1917*
Ersatztr.Teil:	Ers.Btl./Fußart.Rgt. 14		
Unterstellung:	[19.09.1915 – 30.09.1915]	Köln, dann Essen	*RG*
	[30.09.1915 – 05.07.1917]	6. Armee	*Krgl./AB*
	[07.07.1917 – 11.07.1917]	OHL hinter 2. Armee	*RG/D.Fußa.*
	[01.08.1917 – 26.09.1917]	2. Armee	*Krgl.*
	[02.10.1917 – 10.02.1918]	4. Armee	*Krgl./Üb.Fußa.*
	[12.03.1918]	HGr. Rupprecht	*D.Fußa.*
	[31.03.1918 – 01.08.1918]	2. Armee	*Krgl.*
	[16.08.1918 – 19.08.1918]	Maubeuge	*RG/D.Fußa.*
	[30.08.1918 – 18.09.1918]	Köln	*D.Fußa./FpÜb*
Unterstellung:	30.09.1915 – 24.10.1915	I. bayer. Res.Korps	*WGM*
	25.10.1915 – 09.05.1916	I. bayer. AK	*WGM*
	10.05.1916 – 26.07.1916	Garde-Res.Korps	*WGM*
	27.07.1916 – 20.09.1916	187. Inf.Div.	*WGM*
	21.09.1916 – 04.11.1916	24. Res.Div.	*WGM*
	05.11.1916 – 19.02.1917	12. Res.Div.	*WGM*
	20.02.1917 – 12.04.1917	1. bayer. Res.Div	*WGM*
	13.04.1917 – 25.04.1917	17. Inf.Div.	*WGM*
	26.04.1917 – 08.05.1917	1. Garde-Res.Div.	*WGM*
	09.05.1917 – 03.06.1917	50. Res.Div.	*WGM*
	04.06.1917 – 12.06.1917	6. bayer. Res.Div.	*WGM*
	13.06.1917 – 07.07.1917	5. bayer. Inf.Div.	*WGM*
	08.07.1917 – 08.08.1917	OHL Res.	*WGM*
	09.08.1917 – 30.08.1917	10. bayer. Inf.Div.	*WGM*
Verbleib:	Mitte Sept. 1918 umgewandelt in 1. Bttr./Fußart.Btl. 167		
Quellen:	WGM Archiv Abt. V Nr. 592; Rgt.Gesch. Fußart.Rgt. 14		

Schwere 15 cm-Kanonen-Batterie Nr. 8

Aufstellung:	30.09.1915 durch Gen.Insp. der Fußart. (gem. KM v. 24.09.1915) aus 6. Bttr./ Fußart.Rgt. 16, sogleich mobil (bespannt)		
Bewaffnung:	ab Sept. 1915	15 cm Schnellade-Kan. L/40	*Krgl.*
	ab Okt. 1917	mit Kraftzug	*D.Fußa. 20.10.1917*
Ersatztr.Teil:	Ers.Btl./Fußart.Rgt. 16		
Unterstellung:	[30.09.1915]	OHL, Essen	*DW*
	[10.11.1915]	OHL, Köln	*DW*
	[25.12.1915 – 24.01.1916]	Trsp. zum Balkan, Rücktrsp.	*DW/RG*
	[25.01.1916 – 17.02.1916]	OHL Diedenhofen	*DW/RG*
	[18.02.1916 – 24.03.1916]	5. Armee	*DW/RG*
	[01.05.1916]	4. Armee	*Krgl.*

Unterstellung:	[02.07.1916]	OHL Maubeuge	*DW*
	[12.07.1916 – 31.07.1916]	2. Armee	*DW/Goes*
	[28.08.1916 – 15.02.1917]	1. Armee	*Krgl.*
	[12.03.1917 – 21.04.1917]	HGr.Res. bei 4. Armee	*D.Fußa./Krgl.*
	[23.04.1917 – 05.05.1917]	6. Armee	*AB/Krgl.*
	[24.05.1917 – 09.09.1917]	OHL bei 4. Armee	*D.Fußa./Krgl.*
	[15.09.1917]	Jurbise	*D.Fußa.*
	[02.10.1917 – 16.02.1918]	4. Armee	*Krgl.*
	[17.02.1918]	Köln	*D.Fußa.*
Verbleib:	Mitte Febr. 1918 Teil umgewandelt in 3. Bttr./Fußart.Btl. 139		
	14.03.1918 Teil zu schw. 15 cm-Kan.Bttr. 43		
Quellen:	Rgt.Gesch. Fußart.Rgt. 16		

Schwere 15 cm-Kanonen-Batterie Nr. 9

Aufstellung:	24.09.1915 durch Gen.Insp. der Fußart. (gem. KM v. 24.09.1915) aus 9. Bttr./Fußart.Rgt. 2, sogleich mobil (bespannt)		
	ab Juli 1917 unbespannt		
	April 1918 in der Marinewerft Antwerpen umgerüstet in Prahm-Bttr. mit zwei Wohnschiffen, einem Geschütz- und einem Munitionsprahm[1]		
	18.04.1918 „Brahma"-Fußartillerie-Bttr. Nr. 1 eingegliedert als 1. Zug, bisheriger Prahm bildete den 2. Zug		
Bewaffnung:	ab Sept. 1915	15 cm Schnelllade-Kan. L/40	*Krgl.*
	ab April 1918	zwei schw. 15 cm Schnelllade-Kan. L/45	*RG*
Ersatztr.Teil:	Ers.Btl./Fußart.Rgt. 2		
Unterstellung:	29.09.1915 – 09.10.1915	OHL, Essen	*RG*
	13.10.1915 – 31.10.1915	3. Armee	*RG*
	03.11.1915 – 17.01.1916	Gouv. Namur (Res. OHL)	*RG*
	18.01.1916 – 08.10.1916	5. Armee	*RG*
	09.10.1916 – 09.07.1917	2. Armee	*RG*
	10.07.1917 – 26.07.1917	Üb.Pl. Maubeuge	*RG*
	27.07.1917 – 06.11.1917	4. Armee (Res. OHL)	*RG*
	07.11.1917 – 07.02.1918	Üb.Pl. Jurbise	*RG*
	08.02.1918 – 06.03.1918	6. Armee	*RG*
	07.03.1918 – 11.04.1918	Gouv. Antwerpen	*RG*
	12.04.1918 – 17.04.1918	4. Armee	*RG*
	18.04.1918 – 18.09.1918	6. Armee	*RG*
Verbleib:	18.09.1918 umgewandelt in 8. Bttr./Ldw.Fußart.Btl. 34		
Quellen:	Rgt.Gesch. Fußart.Rgt. 2		

---

[1] Vgl. D.Fußa. v. 18.04.1918

Schwere 15 cm-Kanonen-Batterie Nr. 10

Aufstellung:	01.05.1916 durch Gen.Insp. der Fußart. (gem. KM v. 01.05.1916) aus 2. Bttr./ Fußart.Btl. 32, sogleich mobil (bespannt)		
Bewaffnung:	ab Mai 1916	15 cm Schnelllade-Kan. L/40	*Krgl.*
	ab Ende Juli 1917	mit Kraftzug	*D.Fußa. 30.07.1917*
Ersatztr.Teil:	Ers.Btl./Fußart.Rgt. 7		
Unterstellung:	[01.06.1916 – 31.07.1916]	OHL, 2. Armee	*DW/Goes*
	[28.08.1916 – 15.02.1917]	1. Armee	*Krgl.*
	[13.03.1917]	OHL Maubeuge	*D.Fußa.*
	[12.04.1917 – 28.05.1917]	6. Armee	*D.Fußa./Krgl.*
	[20.06.1917 – 01.07.1917]	4. Armee	*Krgl.*
	[11.07.1917]	Jurbise	*D.Fußa.*
	[03.08.1917 – 01.10.1917]	4. Armee	*D.Fußa./Krgl.*
	[06.11.1917 – 22.11.1917]	7. Armee	*Krgl.*
	[25.11.1917 – 04.01.1918]	2. Armee	*D.Fußa./Krgl.*
	[08.02.1918 – 13.04.1918]	17. Armee	*Krgl./AB*
	[18.04.1918]	2. Armee	*D.Fußa.*
	[06.05.1918]	Hirson	*D.Fußa.*
	[06.06.1918 – 01.08.1918]	2. Armee	*D.Fußa./Krgl.*
	[19.08.1918]	Maubeuge	*D.Fußa.*
	[30.08.1918 – 18.09.1918]	Köln	*D.Fußa.*
Verbleib:	Mitte Sept. 1918 umgewandelt in 2. Bttr./Fußart.Btl. 167		

Schwere 15 cm-Kanonen-Batterie Nr. 11

Aufstellung:	01.05.1916 durch Gen.Insp. der Fußart. (gem. KM v. 01.05.1916) aus 4. Bttr./ Fußart.Btl. 32, sogleich mobil (bespannt)		
Bewaffnung:	15 cm Schnelllade-Kan. L/40		
Ersatztr.Teil:	Ers.Btl./Fußart.Rgt. 16; seit 01.01.1918: Ers.Btl./Fußart.Rgt. 3		
Unterstellung:	[01.06.1916 – 31.07.1916]	OHL, 2. Armee	*DW/Goes*
	[28.08.1916 – 13.11.1916]	1. Armee	*Krgl.*
	[25.11.1916 – 01.12.1916]	9. Armee	*D.Fußa./Krgl.*
	[11.12.1916]	HGr. Below	*D.Fußa.*
	[29.12.1916 – 01.09.1918]	1. bulg. Armee	*Krgl.*
	[18.09.1918 – 25.09.1918]	Köln	*Ers.FpÜb*
Verbleib:	Mitte Sept. 1918 in Köln aufgelöst[1]		*D.Fußa. 13.09.1918*

---

[1] Gem. Demob.Üb. VII. AK erst am 12.11.1918

Schwere 15 cm-Kanonen-Batterie Nr. 12

Aufstellung:	04.06.1916 durch Gouv. Köln (gem. KM v. 04.06.1916) aus 1. Bttr./Fußart.-Btl. 32, sogleich mobil (bespannt)		
Bewaffnung:	ab Juni 1916	15 cm Schnelllade-Kan. L/40	*Krgl.*
	ab Aug. 1917	mit Kraftzug	*D.Fußa. 15.08.1917*
Ersatztr.Teil:	Ers.Btl./Fußart.Rgt. 17		
Unterstellung:	[19.06.1916]	5. Armee	*DW*
	[02.07.1916 – 01.03.1917]	2. Armee	*DW/Krgl.*
	[27.03.1917]	OHL Sedan	*D.Fußa.*
	[01.04.1917]	3. Armee	*Krgl.*
	[12.04.1917 – 03.07.1917]	1. Armee	*D.Fußa./Krgl.*
	[11.07.1917]	Maubeuge	*D.Fußa.*
	[30.07.1917]	2. Armee	*D.Fußa.*
	[15.08.1917]	Maubeuge	*D.Fußa.*
	[26.08.1917 – 11.01.1918]	6. Armee	*D.Fußa./Krgl.*
	[15.01.1918 – 09.09.1918]	2. Armee	*D.Fußa./Krgl.*
Verbleib:	09.09.1918 umgewandelt in 7. Bttr./Ldw.Fußart.Btl. 4		

Schwere 15 cm-Kanonen-Batterie Nr. 13

Aufstellung:	04.06.1916 durch Gouv. Köln (gem. KM v. 04.06.1916) aus 3. Bttr./Fußart.-Btl. 32, sogleich mobil		
Bewaffnung:	ab Juni 1916	15 cm Schnelllade-Kan. L/40 (mit Kraftzug)	*Krgl.*
	ab Aug. 1917	mit Kraftzug und Lastenverteiler	*D.Fußa. 26.08.1917*
	ab Febr. 1918	15 cm Kan. 16	*D.Fußa. 17.02.1918*
Ersatztr.Teil:	Ers.Btl./Fußart.Rgt. 16		
Unterstellung:	[19.06.1916]	5. Armee	*DW*
	[24.09.1916 – 10.12.1916]	2. Armee	*DW/Krgl.*
	[01.02.1917 – 01.07.1917]	7. Armee	*Üb.Fußa./Krgl.*
	[11.07.1917]	Hirson	*D.Fußa.*
	[30.07.1917 – 01.10.1917]	5. Armee	*D.Fußa./Krgl.*
	[17.10.1917 – 24.11.1917]	4. Armee	*D.Fußa./Krgl.*
	[27.11.1917]	2. Armee	*D.Fußa.*
	[25.12.1917]	Insmingen	*D.Fußa.*
	[10.02.1918]	Köln	*Üb.Fußa.*
	[26.02.1918]	17. Armee	*Krgl.*
	[21.03.1918 – 09.04.1918]	18. Armee	*Krgl.*
Verbleib:	ca. 10.03.1918 Teile an schw. 15 cm-Kan.Bttr. 47 abgegeben Anf. Mai 1918 Rest umgewandelt in 3. Bttr./Fußart.Btl. 142		

Schwere 15 cm-Kanonen-Batterie Nr. 14

Aufstellung:	01.07.1916 durch Kdtr. Neubreisach bei Ers.Btl./Fußart.Rgt. 20 (gem. KM v. 01.07.1916) aus Fußart.Bttr. 422, sogleich mobil (bespannt)		
Bewaffnung:	ab Juli 1916	15 cm Schnelllade-Kan. L/40	*Krgl.*
	ab Okt. 1917	unbespannt mit Kraftzug	*D.Fußa.* 29.10.1917
Ersatztr.Teil:	Ers.Btl./Fußart.Rgt. 24		
Unterstellung:	[12.07.1916]	OHL, Köln	*DW*
	[20.07.1916 – 20.09.1917]	A.Abt. Woyrsch	*DW/Krgl.*
	[23.10.1917 – 10.11.1917]	7. Armee	*Krgl.*
	[10.11.1917 – 24.11.1917]	4. Armee	*D.Fußa./Krgl.*
	[27.11.1917 – 01.12.1917]	6. Armee	*D.Fußa./Krgl.*
	[05.12.1917 – 10.12.1917]	2. Armee	*D.Fußa./Krgl.*
	[25.12.1917 – 10.02.1918]	Köln	*D./Üb.Fußa.*
	[17.02.1918 – 22.06.1918]	18. Armee	*D.Fußa./Krgl.*
	[11.07.1918 – 26.08.1918]	1. Armee	*Krgl.*
Verbleib:	09.09.1918 umgewandelt in 7. Bttr./Ldw.Fußart.Btl. 69		

Schwere 15 cm-Kanonen-Batterie Nr. 15

Aufstellung:	26.07.1916 durch Gouv. Köln (gem. KM v. 26.07.1916), sogleich mobil		
Bewaffnung:	15 cm Schnelllade-Kan. L/40 (mit Kraftzug)		
Ersatztr.Teil:	Ers.Btl./Fußart.Rgt. 9		
Unterstellung:	[28.08.1916 – 15.02.1917]	1. Armee	*Krgl.*
	[09.03.1917 – 16.05.1917]	6. Armee	*Krgl./AB*
	[01.06.1917 – 01.07.1917]	2. Armee	*Krgl.*
	[11.07.1917 – 21.07.1917]	5. Armee	*D.Fußa./Krgl.*
	[30.07.1917]	OHL Gent	*D.Fußa.*
	[10.08.1917 – 10.02.1918]	4. Armee	*Krgl./Üb.Fußa.*
	[04.04.1918 – 09.09.1918]	17. Armee	*Krgl.*
Verbleib:	09.09.1918 umgewandelt in 7. Bttr./Ldw.Fußart.Btl. 47		

Schwere 15 cm-Kanonen-Batterie Nr. 16

Aufstellung:	21.08.1916 durch Gouv. Köln bei Ers.Btl./Fußart.Rgt. 7 (gem. KM v. 21.08.1916) aus Fußart.Bttr. 589, sogleich mobil (bespannt)		
Bewaffnung:	15 cm Schnelllade-Kan. L/40		
Ersatztr.Teil:	Ers.Btl./Fußart.Rgt. 17, später Ers.Btl./Fußart.Rgt. 11		
Unterstellung:	[28.08.1916 – 15.10.1916]	2. Armee	*Krgl.*
	[01.12.1916]	HGr. Mackensen	*D.Fußa.*
	[11.12.1916]	HGr. Below	*D.Fußa.*
	[26.12.1916 – 02.11.1918]	11. Armee	*Krgl.*
	[03.11.1918]	Mainz	*D.Fußa.*
Verbleib:	15.03.1919 in Graudenz durch Ers.Btl./Fußart.Rgt. 17 aufgelöst;[1] Abw.Stelle bei Fußart.Rgt. 17		

---

[1] Demob.Üb. XVII. AK v. 15.07.1919; nicht mehr in FpÜb v. 28.12.1918

Schwere 15 cm-Kanonen-Batterie Nr. 17

Aufstellung:	21.08.1916 durch Gouv. Köln bei Ers.Btl./Fußart.Rgt. 7 (gem. KM v. 21.08.1916) aus kurzer Marine-Kan.Bttr. 8, sogleich mobil (bespannt)		
Bewaffnung:	ab Aug. 1916	15 cm Schnelllade-Kan. L/40	*Krgl.*
	ab Okt. 1917	unbespannt, mit Kraftzug	*KTB/D.Fußa. 20.11.1917*
Ersatztr.Teil:	Ers.Btl./2. Garde-Fußart.Rgt.		
Unterstellung:	28.08.1916 – 23.10.1916	1. Armee	*KTB/Krgl.*
	24.10.1916 – 04.11.1916	OHL Namur	*D.Fußa./KTB*
	05.11.1916 – 04.05.1917	2. Armee	*D.Fußa./KTB*
	05.05.1917 – 24.05.1917	Jurbise	*KTB*
	25.05.1917 – 10.10.1917	4. Armee	*KTB/Krgl.*
	11.10.1917 – 19.10.1917	Hirson	*KTB/Krgl.*
	20.10.1917 – 08.02.1918	4. Armee	*KTB/Krgl.*
	10.02.1918 – 04.03.1918	Köln	*KTB/Üb.Fußa.*
Verbleib:	Anf. März 1918 wieder umgewandelt in kurze Marine-Kan.Bttr. 8 (gem. KM v. 01.03.1918)		
Quellen:	KTB in: Zentralarchiv des russ. Verteidigungs-Ministeriums, Bestand 500, Findbuch 12.519, Akte 59		

Schwere 15 cm-Kanonen-Batterie Nr. 18

Aufstellung:	11.09.1916 durch Gouv. Köln bei Ers.Btl./Fußart.Rgt. 7 (gem. KM v. 11.09.1916) aus Fußart.Bttr. 473, sogleich mobil (bespannt)		
Bewaffnung:	ab Sept. 1916	15 cm Schnelllade-Kan. L/40	*Krgl.*
	ab Aug. 1917	unbespannt, mit Kraftzug	*D.Fußa. 15.08.1917*
Ersatztr.Teil:	Ers.Btl./Fußart.Rgt. 18		
Unterstellung:	[13.09.1916 – 24.03.1917]	1. Armee	*DW/Krgl.*
	[17.04.1917 – 01.06.1917]	2. Armee	*Krgl.*
	[20.06.1917 – 03.08.1917]	4. Armee	*Krgl.*
	[15.08.1917]	Maubeuge	*D.Fußa.*
	[28.08.1917 – 23.11.1917]	4. Armee	*Krgl.*
	[27.11.1917 – 10.12.1917]	2. Armee	*D.Fußa./Krgl.*
	[25.12.1917]	Insmingen	*D.Fußa.*
	[10.02.1918 – 01.03.1918]	3. Armee	*Üb.Fußa./Krgl.*
	[21.03.1918 – 22.06.1918]	18. Armee	*Krgl.*
	[11.07.1918 – 14.07.1918]	1. Armee	*Krgl./D.Fußa.*
	[28.07.1918]	9. Armee	*D.Fußa.*
	[08.08.1918 – 09.09.1918]	1. Armee	*D.Fußa./Krgl.*
Verbleib:	09.09.1918 umgewandelt in 7. Bttr./Ldw.Fußart.Btl. 55		

Schwere 15 cm-Kanonen-Batterie Nr. 19

Aufstellung:	11.09.1916 durch Gouv. Köln bei Ers.Btl./Fußart.Rgt. 7 (gem. KM v. 11.09.1916) aus Fußart.Bttr. 565, sogleich mobil (bespannt)		
Bewaffnung:	ab Sept. 1916	15 cm Schnelllade-Kan. L/40	*Krgl.*
	ab Okt. 1917	unbespannt, mit Kraftzug	*Krgl. 10.10.1917*
Ersatztr.Teil:	Ers.Btl./Fußart.Rgt. 20		
Unterstellung:	[19.09.1916 – 24.03.1917]	1. Armee	*Krgl.*
	[17.04.1917]	2. Armee	*Krgl.*
	[24.05.1917 – 01.09.1917]	4. Armee	*Krgl.*
	[15.09.1917 – 18.09.1917]	2. Armee	*D.Fußa./AB*
	[25.09.1917 – 05.10.1917]	Maubeuge	*D.Fußa.*
	[10.10.1917 – 10.12.1917]	2. Armee	*Krgl.*
	[31.12.1917 – 21.03.1918]	18. Armee	*D.Fußa./Krgl.*
	[29.03.1918 – 14.06.1918]	7. Armee	*D.Fußa./Krgl.*
	[19.06.1918 – 09.09.1918]	1. Armee	*Krgl.*
Verbleib:	09.09.1918 umgewandelt in 8. Bttr./Ldw.Fußart.Btl. 55		

Schwere 15 cm-Kanonen-Batterie Nr. 20

Aufstellung:	11.09.1916 durch Gouv. Köln bei Ers.Btl./Fußart.Rgt. 7 (gem. KM v. 11.09.1916) aus Fußart.Bttr. 750, sogleich mobil (unbespannt)		
Bewaffnung:	15 cm Schnelllade-Kan. L/40		
Ersatztr.Teil:	Ers.Btl./Fußart.Rgt. 18		
Unterstellung:	[24.09.1916]	Bulgarien	*DW*
	[01.10.1916 – 26.12.1916]	11. Armee	*Krgl.*
	[20.01.1917]	OHL	*D.Fußa.*
	[01.02.1917]	HGr. Below	*Üb.Fußa.*
	[14.04.1917 – 01.09.1918]	1. bulg. Armee	*Krgl.*
	[18.09.1918 – 30.10.1918]	HGr. Scholtz	*FpÜb*
	[02.11.1918]	11. Armee	*Krgl.*
	[03.11.1918]	Mainz	*D.Fußa.*
Zuteilungen: halbe Bttr.	22.10.1916 – 02.12.1916	Div. Hippel	*KW*
	25.02.1917 – 30.06.1917	101. Inf.Div.	*KW*
Verbleib:	30.11.1918 in Kassel-Niederzwehren aufgelöst;[1] Abw.Stelle bei Fußart.Rgt. 18		

---

[1] Demob.Üb. XI. AK, 1. Berichtigung v. 15.08.1920; nicht mehr in FpÜb v. 28.12.1918

Schwere 15 cm-Kanonen-Batterie Nr. 21

Aufstellung:	11.09.1916 durch Gouv. Köln bei Ers.Btl./Fußart.Rgt. 7 (gem. KM v. 11.09.1916) aus Fußart.Bttr. 751, sogleich mobil (bespannt)		
Bewaffnung:	ab Sept. 1916	15 cm Schnelllade-Kan. L/40	*Krgl.*
	ab Febr. 1918	unbespannt	*Üb.Fußa. 10.02.1918*
Ersatztr.Teil:	Ers.Btl./Fußart.Rgt. 20		
Unterstellung:	[24.09.1916 – 26.06.1917]	2. Armee	*DW/Krgl.*
	[03.08.1917 – 26.11.1917]	4. Armee	*Krgl.*
	[27.11.1917 – 10.12.1917]	2. Armee	*D.Fußa./Krgl.*
	[25.12.1917]	Insmingen	*D.Fußa.*
	[15.01.1918 – 01.10.1918]	5. Armee	*D.Fußa./FpÜb*
	[01.10.1918]	Longuyon	*D.Fußa.*
	[03.11.1918 – 29.01.1919]	5. Armee	*D.Fußa./FpÜb*
Verbleib:	ab Ende Jan. 1919 in Altona, März 1919 (?) aufgelöst[1] Abw.Stelle bei Fußart.Rgt. 20		

Schwere 15 cm-Kanonen-Batterie Nr. 22

Aufstellung:	11.09.1916 durch Gouv. Köln bei Ers.Btl./Fußart.Rgt. 7 (gem. KM v. 11.09.1916) aus Fußart.Bttr. 791, sogleich mobil (unbespannt)		
Bewaffnung:	ab Sept. 1916	15 cm Schnelllade-Kan. L/40	*Krgl.*
	ab Ende Mai 1917	bespannt	*D.Fußa. 31.05.1917*
	ab Ende Aug. 1917	unbespannt, mit Kraftzug	*D.Fußa. 26.08.1917*
Ersatztr.Teil:	Ers.Btl./Fußart.Rgt. 24		
Unterstellung:	[24.09.1916]	Bulgarien	*DW*
	[01.10.1916 – 01.01.1917]	1. bulg. Armee	*Krgl.*
	[01.02.1917]	OHL Metz	*Üb.Fußa.*
	[12.02.1917]	A.Abt. A	*Krgl.*
	[01.03.1917 – 01.08.1917]	7. Armee	*Krgl.*
	[26.08.1917]	Longuyon	*D.Fußa.*
	[12.09.1917 – 10.02.1918]	4. Armee	*Krgl./Üb.Fußa.*
	[12.03.1918]	HGr. Rupprecht	*D.Fußa.*
	[29.03.1918 – 07.05.1918]	6. Armee	*D.Fußa./Krgl.*
	[15.05.1918 – 09.09.1918]	17. Armee	*D.Fußa./Krgl.*
Verbleib:	09.09.1918 umgewandelt in 8. Bttr./Ldw.Fußart.Btl. 57		

---

[1] FpÜb v. 05.02.1919 – 12.03.1919

Schwere 15 cm-Kanonen-Batterie Nr. 23

Aufstellung:	19.09.1916 durch Gouv. Köln bei Ers.Btl./Fußart.Rgt. 7 (gem. KM v. 19.09.1916) aus Fußart.Bttr. 453, sogleich mobil (bespannt)		
Bewaffnung:	ab Sept. 1916	15 cm Schnelllade-Kan. L/40	*Krgl.*
	ab Febr. 1918	unbespannt, mit Kraftzug	*Üb.Fußa. 10.02.1918*
Ersatztr.Teil:	Ers.Btl./Fußart.Rgt. 9		
Unterstellung:	[07.10.1916 – 21.11.1916]	1. Armee	*Üb.Fußa./Krgl.*
	[01.12.1916]	HGr. Mackensen	*D.Fußa.*
	[11.12.1916]	HGr. Below	*D.Fußa.*
	[26.12.1916 – 01.01.1917]	1. bulg. Armee	*Krgl.*
	[20.01.1917]	OHL	*D.Fußa.*
	[01.02.1917]	OHL Metz	*Üb.Fußa.*
	[12.02.1917]	A.Abt. A	*Krgl.*
	[01.03.1917 – 01.08.1917]	7. Armee	*Krgl.*
	[07.08.1917 – 26.08.1917]	A.Abt. C	*D.Fußa.*
	[01.09.1917 – 05.09.1917]	5. Armee	*Krgl./D.Fußa.*
	[01.10.1917]	3. Armee	*Krgl.*
	[17.10.1917 – 12.01.1918]	4. Armee	*Krgl./AB*
	[15.01.1918 – 10.02.1918]	Jurbise	*D./Üb.Fußa.*
	[24.02.1918]	HGr. Rupprecht	*D.Fußa.*
	[29.03.1918 – 13.04.1918]	17. Armee	*D.Fußa./AB*
	[18.04.1918 – 09.09.1918]	2. Armee	*D.Fußa./Krgl.*
Verbleib:	09.09.1918 umgewandelt in 8. Bttr./Ldw.Fußart.Btl. 4		

Schwere 15 cm-Kanonen-Batterie Nr. 24

Aufstellung:	19.09.1916 durch Gouv. Köln bei Ers.Btl./Fußart.Rgt. 7 (gem. KM v. 19.09.1916) aus Fußart.Bttr. 558, sogleich mobil (unbespannt)		
Bewaffnung:	ab Sept. 1916	15 cm Schnelllade-Kan. L/40	*Krgl.*
Ersatztr.Teil:	Ers.Btl./Fußart.Rgt. 11		
Unterstellung:	[01.10.1916 – 13.10.1916]	HGr. Mackensen	*Krgl./D.Fußa.*
	[19.10.1916 – 18.07.1917]	2. bulg. Armee	*D.Fußa./Krgl.*
	[10.11.1917]	Köln	*D.Fußa.*
Verbleib:	01.01.1918 umgewandelt in 3. Bttr./Fußart.Btl. 134		

Schwere 15 cm-Kanonen-Batterie Nr. 25

Aufstellung:	19.09.1916 durch Gouv. Köln bei Ers.Btl./Fußart.Rgt. 7 (gem. KM v. 19.09.1916) aus Fußart.Bttr. 504, sogleich mobil (unbespannt)		
Bewaffnung:	ab Sept. 1916	15 cm Schnelllade-Kan. L/40	*Krgl.*
	ab Ende Mai 1917	bespannt	*D.Fußa. 31.05.1917*
	ab Okt. 1917	unbespannt	*D.Fußa. 20.10.1917*
Ersatztr.Teil:	Ers.Btl./Fußart.Rgt. 17		
Unterstellung:	[07.10.1916]	OHL Bulgarien	*Üb.Fußa.*
	[01.11.1916 – 01.03.1917]	HGr. Mackensen	*Krgl.*
	[28.04.1917]	OHL Maubeuge	*D.Fußa.*
	[12.05.1917]	2. Armee	*Krgl.*
	[24.05.1917 – 10.08.1917]	4. Armee	*Krgl.*
	[20.10.1917 – 01.11.1917]	Hirson	*D.Fußa./Krgl.*
	[10.11.1917 – 11.07.1918]	1. Armee	*D.Fußa./Krgl.*
	[30.08.1918 – 09.09.1918]	3. Armee	*D.Fußa./Krgl.*
Zuteilungen:	31.10.1916 – 16.11.1916	zgs. Div. Goltz	*KW*
Verbleib:	09.09.1918 umgewandelt in 7. Bttr./Ldw.Fußart.Btl. 63		

Schwere 15 cm-Kanonen-Batterie Nr. 26

Aufstellung:	09.10.1916 durch Gouv. Köln bei Ers.Btl./Fußart.Rgt. 7 (gem. KM v. 09.10.1916) aus Fußart.Bttr. 405, sogleich mobil (unbespannt)		
Bewaffnung:	ab Okt. 1916	15 cm Schnelllade-Kan. L/40	*Krgl.*
	ab Ende Mai 1917	bespannt	*D.Fußa. 31.05.1917*
	ab Sept. 1917	unbespannt	*D.Fußa. 05.09.1917*
Ersatztr.Teil:	Ers.Btl./Fußart.Rgt. 10		
Unterstellung:	[09.10.1916 – 01.03.1917]	5. Armee	*Üb.Fußa./Krgl.*
	[13.03.1917 – 01.04.1917]	7. Armee	*D.Fußa./Krgl.*
	[21.04.1917 – 03.07.1917]	1. Armee	*Krgl.*
	[09.07.1917 – 27.08.1917]	3. Armee	*D.Fußa./Krgl.*
	[15.09.1917]	Insmingen	*D.Fußa.*
	[25.09.1917 – 01.11.1917]	7. Armee	*D.Fußa./Krgl.*
	[10.11.1917]	Metz	*D.Fußa.*
	[26.01.1918 – 09.09.1918]	3. Armee	*D.Fußa./Krgl.*
Verbleib:	09.09.1918 umgewandelt in 8. Bttr./Ldw.Fußart.Btl. 35		

Schwere 15 cm-Kanonen-Batterie Nr. 27

Aufstellung:	09.10.1916 durch Gouv. Köln bei Ers.Btl./Fußart.Rgt. 7 (gem. KM v. 09.10.1916) aus Fußart.Bttr. 424, sogleich mobil (unbespannt)		
Bewaffnung:	ab Okt. 1916	15 cm Schnelllade-Kan. L/40	*Krgl.*
	ab Ende Mai 1917	bespannt	*D.Fußa. 31.05.1917*
	ab Ende Juli 1917	unbespannt, mit Kraftzug	*D.Fußa. 30.07.1917*
Ersatztr.Teil:	Ers.Btl./Fußart.Rgt. 2		

Unterstellung:	[09.10.1916 – 01.03.1917]	5. Armee	*Üb.Fußa./Krgl.*
	[27.03.1917 – 08.08.1917]	3. Armee	*D.Fußa./Krgl.*
	[15.08.1917 – 01.10.1917]	5. Armee	*D.Fußa./Krgl.*
	[17.10.1917 – 10.02.1918]	4. Armee	*D.Fußa./Krgl.*
	[12.03.1918]	HGr. Rupprecht	*D.Fußa.*
	[29.03.1918 – 09.09.1918]	6. Armee	*D.Fußa./Krgl.*

Verbleib: 09.09.1918 umgewandelt in 9. Bttr./Ldw.Fußart.Btl. 34

Schwere 15 cm-Kanonen-Batterie Nr. 28

Aufstellung: 23.11.1916 durch Gouv. Köln bei Ers.Btl./Fußart.Rgt. 7 (gem. KM v. 23.11.1916) aus Fußart.Bttr. 734, sogleich mobil

Bewaffnung:	ab Nov. 1916	15 cm Schnelllade-Kan. L/40	*Krgl.*
	ab Ende März 1917	bespannt	*D.Fußa. 27.03.1917*
	ab Febr. 1918	unbespannt	*Üb.Fußa. 10.02.1918*

Ersatztr.Teil: Ers.Btl./Fußart.Rgt. 1

Unterstellung:	[25.11.1916 – 01.12.1916]	6. Armee	*D.Fußa./Krgl.*
	[31.12.1916 – 23.08.1917]	4. Armee	*D.Fußa./Krgl.*
	[24.08.1917 – 04.11.1917]	2. Armee	*Krgl./AB*
	[05.11.1917 – 09.09.1918]	4. Armee	*Krgl.*

Verbleib: 09.09.1918 umgewandelt in 7. Bttr./Ldw.Fußart.Btl. 14

Schwere 15 cm-Kanonen-Batterie Nr. 29

Aufstellung: 23.11.1916 durch Gouv. Köln bei Ers.Btl./Fußart.Rgt. 7 (gem. KM v. 23.11.1916) aus Fußart.Bttr. 736, sogleich mobil

Bewaffnung:	ab Nov. 1916	15 cm Schnelllade-Kan. L/40	*Krgl.*
	ab Ende März 1917	bespannt	*D.Fußa. 27.03.1917*
	ab Aug. 1917	unbespannt, mit Kraftzug	*D.Fußa. 15.08.1917*

Ersatztr.Teil: Ers.Btl./Fußart.Rgt. 5

Unterstellung:	[25.11.1916 – 01.12.1916]	6. Armee	*D.Fußa./Krgl.*
	[31.12.1916 – 02.08.1917]	4. Armee	*D.Fußa./Krgl.*
	[07.08.1917]	Jurbise	*D.Fußa.*
	[26.08.1917 – 01.10.1917]	5. Armee	*D.Fußa./Krgl.*
	[29.10.1917]	7. Armee	*D.Fußa.*
	[10.11.1917]	Hirson	*D.Fußa.*
	[15.12.1917 – 01.06.1918]	7. Armee	*D.Fußa./Krgl.*
	[02.06.1918 – 01.07.1918]	1. Armee	*D.Fußa./Krgl.*
	[14.07.1918 – 16.07.1918]	7. Armee	*D.Fußa./Krgl.*
	[20.07.1918 – 09.09.1918]	9. Armee	*Krgl./D.Fußa.*

Verbleib: 09.09.1918 umgewandelt in 7. Bttr./Ldw.Fußart.Btl. 61

Schwere 15 cm-Kanonen-Batterie Nr. 30

Aufstellung:	23.11.1916 durch Gouv. Köln bei Ers.Btl./Fußart.Rgt. 7 (gem. KM v. 23.11.1916) aus Fußart.Bttr. 703, sogleich mobil		
Bewaffnung:	ab Nov. 1916	15 cm Schnelllade-Kan. L/40	*Krgl.*
	ab Ende März 1917	bespannt	*D.Fußa. 27.03.1917*
	ab Juli 1917	unbespannt	*D.Fußa. 11.07.1917*
	ab Aug. 1917	mit Kraftzug	*D.Fußa. 15.08.1917*
Ersatztr.Teil:	Ers.Btl./Fußart.Rgt. 7		
Unterstellung:	[05.12.1916 – 24.12.1916]	4. Armee	*RG*
	[26.12.1916 – 21.01.1917]	A.Abt. A	*D.Fußa./RG*
	[22.01.1917 – 26.02.1917]	OHL (hinter A.Abt. A)	*D.Fußa./RG*
	[01.03.1917 – 06.06.1917]	7. Armee	*RG/Krgl.*
	[08.06.1917 – 06.02.1918]	5. Armee	*RG/Krgl.*
	[07.02.1918 – 17.05.1918]	3. Armee	*RG/Krgl.*
	[18.05.1918 – 13.06.1918]	7. Armee	*RG/D.Fußa.*
	[19.06.1918]	1. Armee	*D.Fußa.*
	[14.07.1918 – 16.07.1918]	7. Armee	*D.Fußa./Krgl.*
	[20.07.1918 – 09.09.1918]	9. Armee	*D.Fußa./Krgl.*
Verbleib:	09.09.1918 umgewandelt in 8. Bttr./Ldw.Fußart.Btl. 61		
Quellen:	Rgt.Gesch. Fußart.Rgt. 5		

Schwere 15 cm-Kanonen-Batterie Nr. 31

Aufstellung:	23.11.1916 durch Gouv. Köln bei Ers.Btl./Fußart.Rgt. 7 (gem. KM v. 23.11.1916) aus Fußart.Bttr. 730, sogleich mobil		
Bewaffnung:	ab Nov. 1916	15 cm Schnelllade-Kan. L/40	*Krgl.*
	ab Ende März 1917	bespannt	*D.Fußa. 27.03.1917*
	ab Aug. 1917	unbespannt	*D.Fußa. 07.08.1917*
Ersatztr.Teil:	Ers.Btl./Fußart.Rgt. 16, seit 01.01.1918 Ers.Btl./Fußart.Rgt. 3		
Unterstellung:	[11.12.1916]	OHL Courtrai	*D.Fußa.*
	[31.12.1916]	A.Abt. A	*D.Fußa.*
	[22.01.1917 – 12.02.1917]	OHL (hinter A.Abt. A)	*D.Fußa./Krgl.*
	[22.02.1917 – 01.04.1917]	7. Armee	*Krgl.*
	[21.04.1917 – 13.07.1917]	1. Armee	*D.Fußa./Krgl.*
	[30.07.1917 – 04.08.1917]	OHL Hirson	*D.Fußa.*
	[04.08.1917 – 09.09.1918]	4. Armee	*D.Fußa./Krgl.*
Verbleib:	09.09.1918 umgewandelt in 7. Bttr./Ldw.Fußart.Btl. 41		

Schwere 15 cm-Kanonen-Batterie Nr. 32

Aufstellung:	16.02.1917 durch HGr. Kronprinz Rupprecht (gem. KM v. 16.02.1917) aus Fußart.Bttr. 462, sogleich mobil		
Bewaffnung:	ab Febr. 1917	15 cm Schnelllade-Kan. L/40	*Krgl.*
	ab Ende Mai 1917	bespannt	*D.Fußa. 31.05.1917*
	ab Sept. 1917	unbespannt	*D.Fußa. 05.09.1917*
Ersatztr.Teil:	Ers.Btl./Fußart.Rgt. 10		

Unterstellung:	[16.02.1917 – 24.08.1917]	2. Armee	*D.Fußa./AB*
	[25.08.1917 – 18.09.1917]	4. Armee	*Krgl.*
	[01.10.1917 – 10.10.1917]	Maubeuge	*D.Fußa./Krgl.*
	[17.10.1917 – 06.11.1917]	4. Armee	*Krgl.*
	[10.11.1917 – 01.03.1918]	6. Armee	*D.Fußa./Krgl.*
	[04.03.1918 – 18.03.1918]	HGr. Rupprecht	*D.Fußa.*
	[29.03.1918 – 09.09.1918]	6. Armee	*D.Fußa.*
Verbleib:	09.09.1918 umgewandelt in 7. Bttr./Ldw.Fußart.Btl. 26		

Schwere 15 cm-Kanonen-Batterie Nr. 33

Aufstellung:	13.03.1917 durch HGr. Herzog Albrecht von Württemberg (gem. KM v. 13.03.1917) aus Fußart.Bttr. 719 u. Gerät der schw. Küsten-Mörser-Bttr. 8, sogleich mobil (unbespannt)		
Bewaffnung:	ab März 1917	15 cm Schnelllade-Kan. L/40	*Krgl.*
	ab Dez. 1917	mit Kraftzug	*Krgl. 01.12.1917*
Ersatztr.Teil:	Ers.Btl./2. Garde-Fußart.Rgt.		
Unterstellung:	[01.05.1917 – 11.08.1917]	A.Abt. B	*Krgl.*
	[25.09.1917 – 01.10.1917]	5. Armee	*D.Fußa./Krgl.*
	[29.10.1917 – 13.11.1917]	7. Armee	*D.Fußa./Krgl.*
	[18.11.1917]	OHL	*Krgl.*
	[01.12.1917 – 24.03.1917]	3. Armee	*Krgl.*
	[01.04.1918 – 26.08.1918]	1. Armee	*Krgl.*
	[09.09.1918]	Hirson	*D.Fußa.*
Verbleib:	09.09.1918 umgewandelt in 9. Bttr./Ldw.Fußart.Btl. 35		

Schwere 15 cm-Kanonen-Batterie Nr. 34

Aufstellung:	13.03.1917 durch HGr. Kronprinz Rupprecht (gem. KM v. 13.03.1917) aus Fußart.Bttr. 465 u. Gerät der kurzen Marine-Kan.Bttr. 1, sogleich mobil		
Bewaffnung:	ab März 1917	15 cm Schnelllade-Kan. L/40	*Krgl.*
	ab Ende Mai 1917	bespannt	*D.Fußa. 31.05.1917*
	ab Aug. 1917	unbespannt, mit Kraftzug	*D.Fußa. 26.08.1917*
Ersatztr.Teil:	Ers.Btl./Fußart.Rgt. 25		
Unterstellung:	[16.03.1917 – 02.05.1917]	2. Armee	*Krgl./Gef.Kal.*
	[03.05.1917 – 07.08.1917]	4. Armee	*Krgl./Gef.Kal.*
	[15.08.1917]	Maubeuge	*D.Fußa.*
	[01.09.1917 – 19.05.1918]	3. Armee	*Krgl./Gef.Kal.*
	[20.05.1918 – 09.06.1918]	7. Armee	*D.Fußa./Gef.Kal.*
	[10.06.1918 – 09.09.1918]	1. Armee	*Krgl.*
Verbleib:	09.09.1918 umgewandelt in 8. Bttr./Ldw.Fußart.Btl. 69		
Quellen:	Gef.Kal. Fußart.Rgt. 25		

Schwere 15 cm-Kanonen-Batterie Nr. 35

Aufstellung:	13.03.1917 durch HGr. Kronprinz Rupprecht (gem. KM v. 13.03.1917) aus Fußart.Bttr. 562 u. Gerät der kurzen Marine-Kan.Bttr. 2, sogleich mobil		
Bewaffnung:	ab März 1917	15 cm Schnelllade-Kan. L/40	*Krgl.*
	ab Ende Mai 1917	bespannt	*D.Fußa. 31.05.1917*
	ab Aug. 1917	unbespannt, mit Kraftzug	*D.Fußa. 15.08.1917*
Ersatztr.Teil:	Ers.Btl./Fußart.Rgt. 16, seit 01.01.1918 Ers.Btl./Fußart.Rgt. 3		
Unterstellung:	[31.05.1917 – 02.08.1917]	4. Armee	*D.Fußa./Krgl.*
	[07.08.1917]	Jurbise	*D.Fußa.*
	[25.08.1917 – 17.01.1918]	4. Armee	*Krgl.*
	[12.03.1918]	HGr. Rupprecht	*D.Fußa.*
	[29.03.1918]	6. Armee	*D.Fußa.*
	[04.04.1918 – 09.09.1918]	17. Armee	*Krgl.*
Verbleib:	09.09.1918 umgewandelt in 7. Bttr./Ldw.Fußart.Btl. 56		

Sächs. Schwere 15 cm-Kanonen-Batterie Nr. 36

Aufstellung:	13.03.1917 durch HGr. Deutscher Kronprinz (gem. KM v. 13.03.1917) aus sächs. Fußart.Bttr. 752 u. Gerät der schw. Küsten-Mörser-Bttr. 4, sogleich mobil		
Bewaffnung:	ab März 1917	15 cm Schnelllade-Kan. L/40	*Krgl.*
	ab Ende Mai 1917	bespannt	*D.Fußa. 31.05.1917*
	ab Sept. 1917	unbespannt	*D.Fußa. 25.09.1917*
Ersatztr.Teil:	Ers.Btl./Fußart.Rgt. 12		
Unterstellung:	[01.04.1917 – 16.09.1917]	7. Armee	*Krgl.*
	[25.09.1917 – 15.10.1917]	Metz	*D.Fußa./Krgl.*
	[17.10.1917 – 20.10.1917]	4. Armee	*D.Fußa./Krgl.*
Verbleib:	26.10.1917 umgewandelt in 3. Bttr./Fußart.Btl. 72		

Schwere 15 cm-Kanonen-Batterie Nr. 37

Aufstellung:	13.03.1917 durch HGr. Mackensen (gem. KM v. 13.03.1917) aus 6. Bttr. des Ers.Btl./Fußart.Rgt. 5 u. Gerät der schw. Küsten-Mörser-Bttr. 2, sogleich mobil (unbespannt)		
Bewaffnung:	ab März 1917	15 cm Schnelllade-Kan. L/40	*Krgl.*
	ab April 1917	bespannt	*Krgl.*
	ab Juni 1917	unbespannt	*D.Fußa. 26.06.1917*
Ersatztr.Teil:	Ers.Btl./Fußart.Rgt. 5, seit 01.01.1918 Ers.Btl./Fußart.Rgt. 26		
Unterstellung:	[13.03.1917 – 14.04.1917]	HGr. Mackensen	*Gef.Kal.*
	[28.04.1917 – 12.05.1917]	OHL Maubeuge	*D.Fußa./Krgl.*
	[23.05.1917 – 24.06.1917]	6. Armee	*Krgl./Gef.Kal.*
	[26.06.1917 – 18.07.1917]	Maubeuge	*D.Fußa./AB*
	[19.07.1917 – 04.09.1917]	2. Armee	*Krgl./Gef.Kal.*
	[05.09.1917 – 09.09.1918]	4. Armee	*Krgl.*
Verbleib:	09.09.1918 umgewandelt in 7. Bttr./Ldw.Fußart.Btl. 60		
Quellen:	Gef.Kal. Fußart.Rgt. 26		

Schwere 15 cm-Kanonen-Batterie Nr. 38

Aufstellung:	13.03.1917 durch HGr. Mackensen (gem. KM v. 13.03.1917) aus 6. Bttr. des Ers.Btl./Fußart.Rgt. 6 u. Gerät der schw. Küsten-Mörser-Bttr. 3, sogleich mobil (unbespannt)
Bewaffnung:	ab März 1917 15 cm Schnelllade-Kan. L/40 *Krgl.*
Ersatztr.Teil:	Ers.Btl./Fußart.Rgt. 6

Unterstellung:		
[15.04.1917 – 08.10.1917]	9. Armee	*Krgl.*
[20.10.1917]	Jurbise	*D.Fußa.*
[20.11.1917 – 01.03.1918]	6. Armee	*D.Fußa./Krgl.*
[04.03.1918 – 18.03.1918]	HGr. Rupprecht	*D.Fußa.*
[29.03.1918]	6. Armee	*D.Fußa.*
[04.04.1918 – 22.06.1918]	17. Armee	*Krgl.*
[02.08.1918 – 08.08.1918]	18. Armee	*AB/D.Fußa.*
[19.08.1918 – 09.09.1918]	17. Armee	*D.Fußa./FpÜb*

Verbleib: 09.09.1918 umgewandelt in 8. Bttr./Ldw.Fußart.Btl. 56

Schwere 15 cm-Kanonen-Batterie Nr. 39

Aufstellung:	13.03.1917 durch HGr. Mackensen (gem. KM v. 13.03.1917) aus 6. Bttr. des Ers.Btl./Fußart.Rgt. 4 u. Gerät der kurzen Marine-Kan.Bttr. 4, sogleich mobil (bespannt)

Bewaffnung:	ab März 1917	15 cm Schnelllade-Kan. L/40	*Krgl.*
	ab Nov. 1917	unbespannt	*D.Fußa. 20.11.1917*

Ersatztr.Teil: Ers.Btl./Fußart.Rgt. 4

Unterstellung:		
[01.05.1917 – 01.10.1917]	3. bulg. Armee	*Krgl.*
[20.10.1917]	Magdeburg	*D.Fußa.*
[20.11.1917]	Köln	*D.Fußa.*
[05.12.1917 – 10.04.1918]	A.Abt. B	*D.Fußa.*
[26.04.1918 – 01.06.1918]	5. Armee	*D.Fußa./Krgl.*
[01.06.1918 – 12.08.1918]	A.Abt. B	*D.Fußa./Krgl.*
[28.08.1918 – 20.11.1918]	A.Abt. A	*D.Fußa./FpÜb*

Verbleib: 24.11.1918 in Klein-Ottersleben aufgelöst;[1] Abw.Stelle bei Fußart.Rgt. 4

Schwere 15 cm-Kanonen-Batterie Nr. 40

Aufstellung:	13.03.1917 durch HGr. Deutscher Kronprinz (gem. KM v. 13.03.1917) aus Fußart.Bttr. 754, sogleich mobil (unbespannt)

Bewaffnung:	ab März 1917	15 cm Schnelllade-Kan. L/40	*Krgl.*
	ab April 1917	bespannt	*Krgl.*
	ab Sept. 1917	unbespannt	*D.Fußa. 15.09.1917*
	ab Ende Aug. 1918	13 cm Kan.	*D.Fußa. 30.08.1918*

Ersatztr.Teil: Ers.Btl./Fußart.Rgt. 25

---

[1] Demob.Üb. IV. AK v. 25.09.1919; noch in FpÜb v. 12.12.1918 – 22.01.1919

Unterstellung:	[13.03.1917 – 05.04.1917]	3. Armee	*Krgl./Gef.Kal.*
	[12.04.1917 – 02.09.1917]	1. Armee	*D.Fußa./Gef.Kal.*
	[03.09.1917 – 14.09.1917]	Longuyon	*D.Fußa./Gef.Kal.*
	[15.09.1917 – 06.01.1918]	5. Armee	*D.Fußa./Gef.Kal.*
	[07.01.1918 – 17.03.1918]	3. Armee	*D.Fußa./Gef.Kal.*
	[18.03.1918 – 21.03.1918]	18. Armee	*Krgl./Gef.Kal.*
	[29.03.1918 – 01.06.1918]	7. Armee	*D.Fußa./Krgl.*
	[02.06.1918 – 17.07.1918]	1. Armee	*Krgl./Gef.Kal.*
	[20.07.1918 – 30.08.1918]	9. Armee	*D.Fußa./Krgl.*
	[30.08.1918]	OHL Maubeuge	*D.Fußa.*
Verbleib:	09.09.1918 umgewandelt in 8. Bttr./Ldw.Fußart.Btl. 47		

Schwere 15 cm-Kanonen-Batterie Nr. 41

Aufstellung: 13.03.1917 durch HGr. Deutscher Kronprinz (gem. KM v. 13.03.1917) aus Fußart.Bttr. 759, sogleich mobil (unbespannt)

Bewaffnung:	ab März 1917	15 cm Schnelllade-Kan. L/40	*Krgl.*
	ab April 1917	bespannt	*Krgl.*
	ab Juli 1917	mit Kraftzug	*D.Fußa. 11.07.1917*

Ersatztr.Teil: Ers.Btl./Fußart.Rgt. 22

Unterstellung:	[01.04.1917 – 06.04.1917]	3. Armee	*Krgl./Gef.Kal.*
	[12.04.1917 – 30.08.1917]	1. Armee	*D.Fußa./Gef.Kal.*
	[31.08.1917 – 22.11.1917]	7. Armee	*Gef.Kal./Krgl.*
	[27.11.1917 – 17.06.1918]	5. Armee	*D.Fußa./Gef.Kal.*
	[18.06.1918 – 07.08.1918]	2. Armee	*Gef.Kal./D.Fußa.*
	[19.08.1918]	Maubeuge	*D.Fußa.*
	[30.08.1918 – 25.09.1918]	Köln	*D.Fußa./FpÜb*

Verbleib: Mitte Sept. 1918 umgewandelt in 3. Bttr./Fußart.Btl. 167
Quellen: Gef.Kal. Fußart.Rgt. 22

Schwere 15 cm-Kanonen-Batterie Nr. 42

Aufstellung: 14.03.1918 durch HGr. Kronprinz Rupprecht (gem. KM v. 14.03.1918) aus Fußart.Bttr. 315, sogleich mobil

Bewaffnung:	ab März 1918	15 cm Schnelllade-Kan. L/40	*Krgl.*
	ab März 1918	mit Kraftzug und Lastenverteiler	*D.Fußa. 12.03.1918*

Ersatztr.Teil: Ers.Btl./Fußart.Rgt. 2
Unterstellung: [14.03.1918 – 09.09.1918] 4. Armee *Krgl.*
Verbleib: 09.09.1918 umgewandelt in 8. Bttr./Ldw.Fußart.Btl. 14

Schwere 15 cm-Kanonen-Batterie Nr. 43

Aufstellung:	14.03.1918 durch HGr. Kronprinz Rupprecht (gem. KM v. 14.03.1918) aus Fußart.Bttr. 660 u. Teil der schw. 15 cm-Kan.Bttr. 8, sogleich mobil
Bewaffnung:	ab März 1918 15 cm Schnelllade-Kan. L/40 mit Kraftzug und Lastenverteiler *D.Fußa. 12.03.1918*
Ersatztr.Teil:	Ers.Btl./Fußart.Rgt. 6
Unterstellung:	[14.03.1918 – 09.09.1918] 4. Armee *Krgl.*
Verbleib:	09.09.1918 umgewandelt in 8. Bttr./Ldw.Fußart.Btl. 41

Schwere 15 cm-Kanonen-Batterie Nr. 44

Aufstellung:	26.02.1918 durch HGr. Kronprinz Rupprecht (gem. KM v. 14.03.1918) aus Fußart.Bttr. 792 u. Teil der schw. 15 cm-Kan.Bttr. 5, sogleich mobil
Bewaffnung:	ab Febr. 1918 15 cm Schnelllade-Kan. L/40 *Krgl.* ab März 1918 mit Kraftzug und Lastenverteiler *D.Fußa. 12.03.1918*
Ersatztr.Teil:	Ers.Btl./Fußart.Rgt. 1
Unterstellung:	[01.03.1918 – 09.09.1918] 4. Armee *Krgl.*
Verbleib	09.09.1918 umgewandelt in 8. Bttr./Ldw.Fußart.Btl. 60

Schwere 15 cm-Kanonen-Batterie Nr. 45

Aufstellung:	14.03.1918 durch HGr. Kronprinz Rupprecht (gem. KM v. 14.03.1918) aus Fußart.Bttr. 635, sogleich mobil
Bewaffnung:	ab März 1918 15 cm Schnelllade-Kan. L/40 mit Kraftzug und Lastenverteiler *D.Fußa. 12.03.1918*
Ersatztr.Teil:	Ers.Btl./Fußart.Rgt. 22
Unterstellung:	[14.03.1918 – 16.08.1918] 4. Armee *Krgl.* [30.08.1918 – 09.09.1918] 3. Armee *D.Fußa./FpÜb*
Verbleib:	09.09.1918 umgewandelt in 8. Bttr./Ldw.Fußart.Btl. 63

Schwere 15 cm-Kanonen-Batterie Nr. 46

Aufstellung:	14.03.1918 durch Kdtr. des Fußart.Üb.Pl. Insmingen (gem. KM v. 14.03.1918) aus Fußart.Bttr. 593, sogleich mobil
Bewaffnung:	ab März 1918 15 cm Schnelllade-Kan. L/40 mit Kraftzug und Lastenverteiler *D.Fußa. 12.03.1918*
Ersatztr.Teil:	Ers.Btl./Fußart.Rgt. 14
Unterstellung:	[14.03.1918 – 22.06.1918] 18. Armee *Krgl.* [11.07.1918 – 14.07.1918] 1. Armee *Krgl./D.Fußa.* [20.07.1918 – 01.08.1918] 9. Armee *Krgl.* [30.08.1918] Hirson *D.Fußa.*

Zuteilungen:	06.03.1918 – 13.04.1918	45. Res.Div.	*WGM*
	14.04.1918 – 14.05.1918	105. Inf.Div.	*WGM*
	15.05.1918 – 31.05.1918	223. Inf.Div.	*WGM*
	01.06.1918 – 08.06.1918	9. bayer. Res.Div.	*WGM*
	09.06.1918 – 17.06.1918	11. Inf.Div.	*WGM*
	18.06.1918 – 18.07.1918	202. Inf.Div.	*WGM*
	19.07.1918 – 22.08.1918	14. Inf.Div.	*WGM*
	23.08.1918 – 09.09.1918	222. Inf.Div.	*WGM*

Verbleib: 09.09.1918 umgewandelt in 7. Bttr./Ldw.Fußart.Btl. 62

Quellen: WGM Archiv Abt. V Nr. 592

Schwere 15 cm-Kanonen-Batterie Nr. 47

Aufstellung: ca. 10.03.1918 durch Kdtr. des Fußart.Üb.Pl. Insmingen (gem. KM v. 25.02.1918 u. 14.03.1918) aus Fußart.Bttr. 656 u. Teil der schw. 15 cm-Kan.-Bttr. 13, sogleich mobil

Bewaffnung: ab März 1918   15 cm Schnelllade-Kan. L/40
mit Kraftzug und Lastenverteiler   *D.Fußa. 12.03.1918*

Ersatztr.Teil: Ers.Btl./Fußart.Rgt. 1

Unterstellung:	[12.03.1918]	HGr. Rupprecht	*D.Fußa.*
	[21.03.1918]	18. Armee	*Krgl.*
	[06.04.1918 – 22.04.1918]	7. Armee	*Krgl.*
	[26.04.1918 – 08.06.1918]	18. Armee	*D.Fußa./Krgl.*
	[11.07.1918 – 14.07.1918]	1. Armee	*Krgl./D.Fußa.*
	[20.07.1918 – 01.09.1918]	9. Armee	*Krgl.*

Verbleib: 09.09.1918 umgewandelt in 8. Bttr./Ldw.Fußart.Btl. 62

Schwere 15 cm-Kanonen-Batterie Nr. 48

Aufstellung: 14.03.1918 durch Kdtr. des Fußart.Ub.Pl. Hirson (gem. KM v. 14.03.1918) aus Fußart.Bttr. 523, sogleich mobil

Bewaffnung: ab März 1918   15 cm Schnelllade-Kan. L/40
mit Kraftzug und Lastenverteiler   *D.Fußa. 12.03.1918*

Ersatztr.Teil: Ers.Btl./Fußart.Rgt. 5

Unterstellung:	[14.03.1918 – 19.03.1918]	7. Armee	*Krgl.*
	[29.03.1918 – 12.05.1918]	6. Armee	*D.Fußa./RG*
	[14.05.1918 – 24.06.1918]	4. Armee	*D.Fußa./Krgl.*
	[01.07.1918 – 09.09.1918]	6. Armee	*D.Fußa./Krgl.*

Verbleib: 09.09.1918 umgewandelt in 8. Bttr./Ldw.Fußart.Btl. 26

Quellen: Rgt.Gesch. Fußart.Rgt. 5

Kurze Marine-Kanonen-Batterien

Zur Zerstörung betonierter Festungsanlagen und Panzerkuppeln hatte die Firma Krupp bereits vor dem Krieg schwerste Steilfeuergeschütze mit einem Kaliber von 42 cm entwickelt. Mit den wenigen fertiggestellten Exemplaren wurden bei Kriegsbeginn drei „Kurze Marine-Kanonen-Batterien" gebildet. Von dem 42 cm-Mörser gab es zwei Versionen:[1]

a) 42 cm Mörser L/16 (Gamma-Gerät) = kurze Marine-Kanone 12
Der 1909 entwickelte Mörser war ein Rohrrücklaufgeschütz auf eiserner, zerlegbarer Bettung mit 14 km Reichweite, der nur für Eisenbahnbeförderung eingerichtet war. Da die Rohrlänge dem Mörser den Charakter einer Haubitze oder kurzen Kanone verlieh, erhielt er die Bezeichnung „kurze Marine-Kanone 12" nach dem Jahr der Fertigung sowie den Decknamen „γ-Gerät" (Gamma-Gerät). Der Mörser wurde auf zehn Vollbahnwagen für 25 bis 30 Tonnen verladen und bis in die Feuerstellung gefahren. Bei Kriegsausbruch standen fünf Mörser zur Verfügung, zu denen später weitere fünf geliefert wurden.[2]

b) 42 cm Mörser in Radlafette (M-Gerät) = kurze Marine-Kanone 14
Dieser 1912 von Krupp entwickelte Mörser mit 9–12 km Reichweite besaß eine Radlafette und konnte zerlegt auf vier Wagen (Bettungs-, Rohr-, Lafetten- und Spornwagen) transportiert werden. Als Zugmaschine dienten zunächst Dampflokomotiven. Ursprünglich als Minenwerfer konstruiert, wurde er als „M-Gerät" bzw. „kurze Marine-Kanone 14" bezeichnet; im Krieg ist er dann als „Dicke Berta" bekannt geworden. Bei Kriegsausbruch waren erst zwei M-Geräte vorhanden, später konnten zehn weitere geliefert werden.[3]

Insgesamt wurden elf Kurze Marine-Kanonen-Batterien mit einem oder zwei Mörsern aufgestellt. Wenn die Geschütze durch Rohrdetonierer und Beschädigungen längere Zeit ausfielen, erhielten die Batterien ersatzweise eine zweite Bewaffnung mit anderen Geschütztypen oder eine ganz neue Bewaffnung. Von diesen Batterien blieben sechs bis Kriegsende bestehen, während fünf 1917 in Fußartillerie-Batterien aufgingen.

Die Kurzen Marine-Kanonen-Batterien waren unbespannt; ihr Transport erfolgte auf Eisenbahnwagen oder durch Dampfpflug-Lokomotiven, die zunehmend durch Kraftzugschlepper abgelöst wurden. Bei der Mobilmachung besaßen sie folgende Stärke:

Kurze Marine-Kanonen-Batterie 1914	
1 Batterieführer	
3 Leutnants	8 Trainsoldaten
1 Oberarzt oder Assistenzarzt	1 Sanitätsunteroffizier
1 Feuerwerksleutnant	1 Zeughauswaffenmeister
1 Oberfeuerwerker oder Feuerwerker	1 Schirrmeister
1 Feldwebel	2 Gemeine (Fahrer)
1 Vizefeldwebel	
22 Unteroffiziere	1 vierspänniger Beobachtungswagen
16 Obergefreite	1 zweispänniger Packwagen
16 Gefreite } darunter 2 Signaltrompeter,	1 zweispänniger Lebensmittelwagen
164 Gemeine } 2 Radfahrer	
Gesamtstärke: 6 Offz., 234 Unteroffz. u. Mannsch.; 8 Reit- u. 8 Zugpferde	

---

[1] Zur Entwicklung und Verwendung der Batterien vgl. Schindler, Eine 42 cm Mörser-Batterie im Weltkrieg; Wrisberg, Wehr und Waffen, S. 69–74
[2] Schirmer, Das Gerät der schweren Artillerie, S. 134–136; Fleischer, Deutsche Artillerie, S. 44
[3] Schirmer, Das Gerät der schweren Artillerie, S. 150–159; Fleischer, Deutsche Artillerie, S. 43

Bei der Aufstellung der kurzen Marine-Kanonen-Batterie gem. Erl. vom 18.06.1915 wurde die Stärke auf 6 Offiziere sowie 201 Unteroffiziere und Mannschaften reduziert, weil rund 30 Mannschaften weniger erforderlich schienen.[1] Dafür kamen vier weitere Fahrzeuge hinzu: 1 zweispänniger Schmiede-, 1 vierspänniger Futter-, 1 vierspänniger Vorratswagen und 1 zweispännige Feldküche. Dadurch erhöhte sich die Anzahl der Zugpferde auf 22.

Am 07.05.1916 wurde die Stärke einer Gamma-Batterie mit einem Geschütz auf 132 Mann festgelegt.[2] In den Stärkenachweisungen von 1917 hatten die Batterien mit einem Geschütz oder zwei Geschütze, folgenden Bestand:

Kurze Marine-Kanonen-Batterie (Gamma-Gerät) 1917		
mit 1 Geschütz oder 2 Geschützen		
1	1	Batterieführer
4	4	Leutnants
1	1	Ober- oder Assistenzarzt
–	1	Zahlmeister
1	–	Unterzahlmeister
2	2	Oberfeuerwerker oder Feuerwerker
1	1	Feldwebel
1	1	Vizefeldwebel
13	21	Unteroffiziere
8	16	Obergefreite ⎱ darunter 5 Batterieschlosser,
8	16	Gefreite ⎰ 2 Signaltrompeter,
81	163	Gemeine ⎰ 2 Radfahrer
9	10	Trainsoldaten
1	1	Sanitätsunteroffizier
1	1	Waffenmeister
1	1	Waffenmeistergehilfe
1	1	Schirrmeister
1	1	Unteroffizier ⎱ der Fußart., Feldart., Kavallerie
2	2	Gemeine (Fahrer) ⎰ oder des Trains
2	2	Kraftfahrer
1	1	vierspänniger Beobachtungswagen
3	3	zweispännige Fahrzeuge (Pack- u. Lebensmittelwagen, Feldküche)
2	2	Personenkraftwagen
Gesamtstärke bei 1 Geschütz: 6 Offz., 133 Unteroffz. u. Mannsch., 9 Reit- u. 10 Zugpferde		
Gesamtstärke bei 2 Geschützen: 7 Offz., 239 Unteroffz. u. Mannsch., 9 Reit- u. 10 Zugpferde		

Für eine kurze Marine-Kanonen-Batterie 14 mit einem M-Gerät wurde am 07.05.1916 eine Stärke von 134 Mann zuzüglich 42 Mann für den Zugmaschinenpark festgelegt. Nach der Stärkenachweisung von 1917 verfügte eine M-Batterie mit zwei Geschützen über 232 Mann, einschließlich 45 Mann von den Kraftfahrtruppen. An Fahrzeugen gehörten 1917 zu einer M-Batterie:

2 vierspännige Fahrzeuge (Beobachtungs- und Vorratswagen)
4 zweispännige Fahrzeuge (Futter-, Pack- u. Lebensmittelwagen, Feldküche)
4 Personenkraftwagen
4 Lastkraftwagen (4 t) für Bohlen, Vorratsteile zum Artilleriegerät und für Betriebsstoffe
2 Armeelastzüge für Betriebsstoffe und mit schwerer, fahrbarer Werkstatt
12 Zugmaschinen mit Seilzug

---

[1] KM Nr. 899/15 geh. A 5. BA-MA, PH 3/1846, Bl. 155
[2] KM Nr. 774/16 geh. A 5. BA-MA, PH 3/1848, Bl. 82

Nach der Stärkenachweisung von 1918 traten wieder einige Änderungen im Personalstand ein, außerdem waren die bespannten Fahrzeuge vollständig durch Kraftwagen ersetzt:

Kurze Marine-Kanonen-Batterie 14 (M-Gerät) mit zwei Geschützen 1918
1 Batterieführer
4 Leutnants
1 Leutnant der Fußartillerie oder Kraftfahrtruppen
1 Ober- oder Assistenzarzt
1 Zahlmeister
1 Maschinenmeister (Beamtenstellvertreter)
1 Oberfeuerwerker oder Feuerwerker
1 Feldwebel
1 Vizefeldwebel
1 Fähnrich
20 Unteroffiziere
16 Obergefreite ⎫ darunter Nachrichtenpersonal, 10 Mann MG-Trupp, 1 Richtunteroffz.,
16 Gefreite ⎬ 2 Signaltrompeter, 2 Batterieschlosser, 2 Radfahrer,
132 Gemeine ⎭ 10 Begleiter u. 4 Bremser für Kraftfahrzeuge
3 Unteroffiziere ⎫
3 Gefreite ⎬ Artilleriekraftfahrer für Zugmaschinen
21 Gemeine ⎭
1 Unteroffizier (der Fuß- oder Feldartillerie, der Kavallerie oder des Trains)
1 Vizefeldwebel ⎫
3 Unteroffiziere ⎬ der Kraftfahrtrupen, darunter 13 Kraftwagenführer für Pkw und
2 Gefreite ⎟ Lkw, 1 Kraftradfahrer, 7 Fachhandwerker
19 Gemeine ⎭
8 Trainsoldaten
1 Sanitätsunteroffizier
1 Waffenmeister
1 Waffenmeistergehilfe
Gesamtstärke: 9 Offz., 252 Unteroffz. u. Mannsch.; 6 Reitpferde

Fahrzeuge
1 Personenkraftwagen
2 Kleinkraftwagen
1 Kraftrad
1 Lastkraftwagen (3 t) Beobachtungswagen
2 Lastkraftwagen (4 t) für Munition
1 Lastkraftwagen (4 t) für Vorratsteile für Zugmaschinen
1 Lastkraftwagen (4 t) für Vorratsteile zum Artilleriegerät
1 Lastkraftwagen (4 t) für Bohlen usw.
1 Lastkraftwagen (4 t) für Betriebsstoffe
1 Lastkraftwagen (4 t) Lebensmittelwagen
2 Lastkraftwagen (4 t) fahrbare Werkstatt: Werkstatt u. Gerätewagen
2 Anhänger für Betriebsstoffe
2 Anhänger als Pack- und Vorratswagen
1 Feldküche
12 Artillerie-Kraftzugmaschinen

Kurze Marine-Kanonen-Batterie Nr. 1

Aufstellung:	02.08.1914 durch Art.Prüf.Komm. in Kummersdorf (gem. Mob.Plan)		
Bewaffnung:	ab Aug. 1914	zwei Gamma-Geräte (Eisenbahn-Trsp.)	*Schirmer*
	ab Mai 1916	ein Gamma-Gerät	*KM v. 07.05.1916*[1]
	ab Okt. 1916	Gamma-Gerät (in Kummersdorf abgestellt)	*D.Fußa. 28.10.1916*
	ab Okt. 1916	15 cm Schnelllade-Kan. L/40 (unbesp.)	*D.Fußa. 28.10.1916*
	ab Mai 1917	zwei Gamma-Geräte	*KM v. 05.05.1917*[2]
Ersatztr.Teil:	Ers.Btl./Art.Prüf.Komm.		
Unterstellung:	[18.08.1914 – 01.10.1914]	6. Armee	*Krgl.*
	[10.10.1914 – 10.12.1914]	5. Armee	*Krgl.*
	[05.01.1915]	in Saarbrücken abgestellt	*LÜW*
	[20.03.1915]	in Essen abgestellt	*LÜW*
	[27.03.1915 – 03.05.1915]	in Hannover abgestellt	*DW/LÜO*
	[27.05.1915]	OHL Straßburg	*DW*
	[22.06.1915]	OHL Köln	*DW*
	[15.07.1915]	6. Armee	*DW*
	[21.07.1915 – 21.08.1915]	AGr. Beseler	*KW*
	[30.09.1915 – 11.10.1915]	11. Armee	*DW/DO*
	[27.10.1915]	OHL Köln	*DW*
	[21.02.1916 – 19.09.1916]	5. Armee	*Krgl.*
	[01.10.1916]	Essen	*Krgl.*
	[07.10.1916]	Köln	*DW/Üb.Fußa.*
	[28.10.1916 – 15.02.1917]	1. Armee	*D.Fußa./Krgl.*
	[Febr. 1917 – Aug. 1917]	OHL Köln	*Krgl.*
Zuteilungen:	23.08.1914 – 27.08.1914	Gruppe Brug	*KW*
Verbleib:	07.08.1917 aufgegangen in die Fußart.Bttr. 186 u. 187		

---

[1] KM Nr. 774/16 geh. A 5. BA-MA, PH 3/1848, Bl. 80
[2] KM Nr.1021.17 g. A 5. BA-MA, PH 3/1239, Bl. 21

Kurze Marine-Kanonen-Batterie Nr. 2

Aufstellung:	02.08.1914 durch Art.Prüf.Komm. in Kummersdorf (gem. Mob.Plan)		
Bewaffnung:	ab Aug. 1914	zwei Gamma-Geräte (Eisenbahn-Trsp.)	*Schirmer*
	ab Mai 1916	ein Gamma-Gerät (Eisenbahn-Trsp.)	*Krgl. 11.05.1916*[1]
	ab Juli 1916	15 cm Schnelllade-Kan. L/40 (Kraftzug)	*DW 23.07.1916*
	ab März 1917	ein Gamma-Gerät	*KTB*
	ab Juni 1917	15 cm Kan. 16 Kp.	*KTB*
Ersatztr.Teil:	Ers.Btl./Art.Prüf.Komm.		
Unterstellung:	[18.08.1914 – 01.10.1914]	OHL, Kummersdorf	*Krgl.*
	[10.10.1914 – 05.01.1915]	Gen.Gouv. Belgien	*Krgl./LÜW*
	[18.01.1915]	in Brüssel abgestellt	*DW*
	[20.02.1915]	4. Armee	*DW*
	[07.03.1915]	Essen	*DO*
	[20.03.1915]	4. Armee	*LÜW*
	[03.05.1915]	Essen	*LÜO*
	[15.06.1915 – 01.09.1915]	4. Armee	*Krgl.*
	[21.02.1916 – 06.06.1916]	5. Armee	*Krgl.*
Unterstellung:	[23.07.1916]	2. Armee	*DW*
	[28.08.1916 – 07.10.1916]	1. Armee	*Krgl./Üb.Fußa.*
	[09.01.1917 – 15.02.1917]	OHL (hinter 1. Armee)	*D.Fußa./Krgl.*
	März 1917 – Juni 1917	Kummersdorf	*KTB*
	Juni 1917 – Juli 1917	Köln	*KTB*
Zuteilungen:	27.09.1914 – 10.10.1914	Belag.Armee von Antwerpen	*KW*
	20.08.1914 – 25.08.1914	Belag.Armee von Namur	*KW*
Verbleib:	ca. 01.07.1917 aufgegangen in die Fußart.Bttr. 188 u. 189		
Quellen:	KTB im Generallandesarchiv Karlsruhe[2]		

Kurze Marine-Kanonen-Batterie Nr. 3

Aufstellung:	05.08. – 09.08.1914 durch Art.Prüf.Komm. bei Firma Krupp in Essen (gem. Mob.Plan)		
Bewaffnung:	ab Aug. 1914	zwei M-Geräte mit Motorzug	*Schirmer*
	ab Mai 1916	ein M-Gerät (mit Kraftzug)	*Krgl. 11.05.1916*[3]
	27. – 29.10.1916	schw. 15 cm Kan.	*KTB/D.Fußa. 28.10.1916*
	ab Jan. 1917	zwei M-Geräte	*KTB/D.Fußa. 28.10.1916*
	ab Sept. 1918	lange schw. Feldh. 13 (Kraftzug)	*Krgl. 23.09.1918*
Ersatztr.Teil:	Ers.Btl./Art.Prüf.Komm.		

---

[1] KM Nr. 774/16 geh. A 5 vom 07.05.1916. BA-MA, PH 3/1848, Bl. 80
[2] Die Angaben wurden freundlicherweise von Herrn Thierry Ehret zur Verfügung gestellt.
[3] KM Nr. 774/16 geh. A 5 vom 07.05.1916. BA-MA, PH 3/1848, Bl. 80

Unterstellung:	11.08.1914 – 11.10.1914	2. Armee	*KTB*
	12.10.1914 – 17.10.1914	OHL	*KTB*
	18.10.1914 – 24.11.1914	4. Armee	*KTB/Krgl.*
	25.11.1914 – 25.12.1914	OHL im Gen.Gouv. Belgien	*KTB/LÜW*
	28.12.1914 – 09.02.1915	OHL Köln	*KTB*
	10.02.1915 – 01.03.1915	8. Armee	*KTB/DO*
	01.03.1915 – 21.03.1915	Danzig	*KTB/DO*
	22.03.1915 – 13.05.1915	OHL (in Engers abgestellt)	*KTB/DW*
	14.05.1915 – 06.07.1915	11. Armee	*KTB/DW*
	07.07.1915 – 18.07.1915	OHL, bei Breslau	*KTB*
	19.07.1915 – 23.07.1915	AGr. Gallwitz	*KTB*
	24.07.1915 – 28.08.1915	AGr. Beseler	*KTB/KW*
	29.08.1915 – 12.09.1915	8. Armee	*KTB/Krgl.*
	13.09.1915 – 14.10.1915	OHL, Essen	*KTB/DW*
	15.10.1915 – 10.11.1915	Njemen-Armee	*KTB*
	11.11.1915 – 10.01.1916	OHL Danzig	*KTB/DW*
	12.01.1916 – 10.10.1916	5. Armee	*KTB/Krgl.*
	11.10.1916 – 29.10.1916	OHL Mainz	*KTB/Üb.Fußa.*
	30.10.1916 – 14.01.1917	5. Armee	*KTB/Krgl.*
	15.01.1917 – 13.03.1917	OHL Köln	*KTB/Üb.Fußa.*
	14.03.1917 – 04.04.1917	OHL Jurbise	*KTB/D.Fußa.*
	05.04.1917 – 22.07.1917	6. Armee	*KTB/Krgl.*
	[23.07.197 – 30.07.1917]	OHL Metz	*KTB/D.Fußa.*
	[15.08.1917]	OHL hinter A.Abt. B	*D.Fußa.*
	[15.09.1917 – 01.12.1917]	5. Armee	*D.Fußa./Krgl.*
	[05.12.1917 – 10.02.1918]	Diedenhofen	*D./Üb.Fußa.*
Unterstellung:	[24.02.1918]	HGr. Dt. Kronprinz	*D.Fußa.*
	[29.03.1918 – 22.04.1918]	7. Armee	*D.Fußa./Krgl.*
	[26.04.1918]	18. Armee	*D.Fußa.*
	[31.05.1918]	4. Armee	*D.Fußa.*
	[19.06.1918 – 14.07.1918]	1. Armee	*D.Fußa.*
	[28.07.1918]	Sedan	*D.Fußa.*
	[13.09.1918 – 18.12.1918]	Ldw.Fußart.Btl. 1	*D.Fußa./FpÜb*
Zuteilungen:	08.08.1914 – 16.08.1914	Belag.Armee von Lüttich	*KW*
	20.08.1914 – 25.08.1914	Belag.Armee von Namur	*KW*
	25.08.1914 – 07.09.1914	Belag.Armee von Maubeuge	*KW*
Verbleib:	Mitte Sept. 1918 dem Ldw.Fußart.Btl. 1 angegliedert; Mitte Jan. 1919 in Kummersdorf aufgelöst;[1] Abw.Stelle bei Art.Prüf.Komm.		
Quellen:	KTB in: Zentralarchiv des russ. Verteidigungs-Ministeriums, Bestand 500, Findbuch 12.519, Akte 15		

---

[1] Nicht mehr in FpÜb v. 29.01.1919

Kurze Marine-Kanonen-Batterie Nr. 4

Aufstellung:	18.10.1914 durch Art.Prüf.Komm. in Kummersdorf (gem. KM v. 18.10.1914), ab 22.10.1914 in Essen		
Bewaffnung:	ab Okt. 1914	ein Gamma-Gerät (Eisenbahn-Trsp.)	*Schirmer/Krgl.*
	ab Aug. 1916	schw. 15 cm Kan. mit Kraftzug	*DW 10.08.1916*
	ab Juni 1917	zwei Gamma-Geräte	*D.Fußa. 26.06.1917*
	ab Febr. 1918	ein Gamma-Gerät	*Üb.Fußa. 01.02.1917*
	ab Aug. 1918	lange schw. Feldh. 13	*D.Fußa. 19.08.1918*
Ersatztr.Teil:	Ers.Btl./Art.Prüf.Komm.		
Unterstellung:	[29.10.1914 – 10.12.1914]	5. Armee	*Krgl.*
	[05.01.1915 – 20.03.1915]	in Saarbrücken abgestellt	*LÜW*
	[27.03.1915]	in Essen abgestellt	*DW*
	[11.04.1915]	5. Armee	*DW*
	[05.07.1915]	Kummersdorf	*DW*
	[27.07.1915]	Posen	*DW*
	[03.08.1915 – 18.08.1915]	10. Armee	*DO/Goes*
	[30.09.1915 – 11.10.1915]	11. Armee	*DW/DO*
	[06.11.1915 – 10.11.1915]	OHL Essen	*DO/DW*
	[26.11.1915]	OHL Köln	*DW*
	[06.12.1915]	OHL bei A.Abt. Gaede	*DW*
	[03.01.1916 – 06.06.1916]	5. Armee	*DW/Krgl.*
	[10.08.1916 – 01.03.1917]	HGr. Mackensen	*DW/Krgl.*
	[26.06.1917 – 07.08.1917]	4. Armee	*D.Fußa./Krgl.*
	[15.08.1917]	Köln	*D.Fußa.*
	[29.10.1917 – 08.11.1917]	3. Armee	*D.Fußa./Krgl.*
	[10.11.1917 – 16.11.1917]	1. Armee	*D.Fußa./Krgl.*
	[27.11.1917 – 01.12.1917]	5. Armee	*D.Fußa./Krgl.*
	[05.12.1917 – 10.02.1918]	Diedenhofen	*D./Üb.Fußa.*
	[17.02.1918 – 30.03.1918]	17. Armee	*D.Fußa./Krgl.*
	[30.03.1918 – 15.04.1918]	6. Armee	*AB/Krgl.*
Unterstellung:	[18.04.1918]	Jurbise	*D.Fußa.*
	[16.05.1918]	7. Armee	*Krgl.*
	[31.05.1918 – 18.06.1918]	4. Armee	*D.Fußa./Krgl.*
	[11.07.1918 – 14.07.1918]	1. Armee	*Krgl./D.Fußa.*
	[28.07.1918 – 21.08.1918]	6. Armee	*D.Fußa./Krgl.*
	[30.08.1918]	Jurbise	*D.Fußa.*
	[27.09.1918 – 12.12.1918]	19. Armee	*D.Fußa./FpÜb*
Verbleib:	ab Ende Dez. 1918 in Kummersdorf, Anf. Febr. 1919 aufgelöst[1] Abw.Stelle bei Art.Prüf.Komm.		
Quellen:	Schindler, Eine 42 cm Mörser-Batterie, S. 86 f.		

---

[1] FpÜb v. 28.12.1918 – 05.02.1919

Kurze Marine-Kanonen-Batterie Nr. 5

Aufstellung: 15.05.1915 durch Gen.Insp. der Fußart. bei Ers.Btl./Fußart.Rgt. 7 (gem. KM v. 15.05.1915), mobil seit 01.06.1915

Bewaffnung:
ab Mai 1915	ein M-Gerät mit Motorzug	*Schirmer*
ab Mai 1916	zwei M-Geräte	*Krgl. 11.05.1916*
ab Sept. 1918	lange schw. Feldh. 13 (Kraftzug)	*Krgl. 22.09.1918*

Ersatztr.Teil: Ers.Btl./Fußart.Rgt. 7, seit 01.01.1918: Ers.Btl./2. Garde-Fußart.Rgt.

Unterstellung:
[27.05.1915]	5. Armee, in Essen abgestellt	*DW*
[05.07.1915]	6. Armee	*DW*
21.07.1915 – 21.08.1915	AGr. Beseler	*KW*
[01.09.1915]	8. Armee	*Krgl.*
[21.09.1915 – 30.09.1915]	OHL, Thorn	*DO/DW*
[04.10.1915 – 11.10.1915]	11. Armee	*DW/DO*
[22.10.1915 – 25.10.1915]	OHL, Diedenhofen	*DW/DO*
[22.02.1916 – 01.08.1916]	5. Armee	*DW/Krgl.*
[07.10.1916]	OHL Koblenz	*Üb.Fußa.*
[09.10.1916]	OHL Temesvar	*D.Fußa.*
[01.12.1916]	9. Armee	*D.Fußa.*
[11.12.1916 – 01.02.1917]	OHL Mainz	*D./Üb.Fußa.*
[27.03.1917]	Metz	*D.Fußa.*
[31.03.1917]	A.Abt. A	*Krgl.*
[01.05.1917 – 28.05.1917]	6. Armee	*Krgl.*
[01.07.1917 – 29.11.1917]	4. Armee	*Krgl.*
[05.12.1917 – 10.02.1918]	Lüttich	*D./Üb.Fußa.*
[17.02.1918 – 01.04.1918]	17. Armee	*D.Fußa./Krgl.*
[01.04.1918 – 14.05.1918]	6. Armee	*Krgl.*
[31.05.1918 – 08.06.1918]	18. Armee	*D.Fußa./Krgl.*
[14.07.1918 – 05.09.1918]	7. Armee	*D.Fußa./Krgl.*
[07.09.1918]	Metz	*Krgl.*
[13.09.1918 – 04.12.1918]	Garde-Ldw.Fußart.Btl.	*D.Fußa./FpÜb*

Verbleib: Mitte Sept. 1918 dem Garde-Ldw.Fußart.Btl. angegliedert
Anf. Dez. 1918 in Olsberg, ab Anf. Jan. 1919 in Jüterbog, März 1919 (?) aufgelöst;[1] Abw.Stelle bei Lehr-Rgt. der Fußart.Schießschule

---

[1] FpÜb v. 12.12.1918 – 12.03.1919

Kurze Marine-Kanonen-Batterie Nr. 6

Aufstellung:	02. – 04.06.1915 durch Gen.Insp. der Fußart. bei Ers.Btl./Fußart.Rgt. 9 in Ehrenbreitstein (gem. KM v. 18.06.1915)		
Bewaffnung:	ab Juni 1915	zwei M-Geräte mit Motorzug	*Schirmer*
	ab 20.09.1916	15 cm Schnelllade-Kan. L/40 (Kraftzug)	*KTB*
	ab 31.10.1916	zwei M-Geräte	*KTB*
	ab 13.11.1917	schw. Feldh.	*KTB/D.Fußa. 29.10.1917*
	ab 17.02.1918	zwei M-Geräte	*KTB/D.Fußa. 13.02.1918*
Ersatztr.Teil:	Ers.Btl./Fußart.Rgt. 9, seit 01.01.1918: Ers.Btl./2. Garde-Fußart.Rgt.		
Unterstellung:	21.06.1915 – 09.07.1915	OHL, Essen	*KTB*
	11.07.1915 – 24.07.1915	OHL, Posen	*KTB*
	26.07.1915 – 29.07.1915	9. Armee	*KTB*
	30.07.1915 – 31.07.1915	8. Armee	*KTB*
	01.08.1915 – 05.09.1915	10. Armee	*KTB*
	06.09.1915 – 10.09.1915	OHL, Danzig	*KTB*
	13.09.1915 – 21.09.1915	OHL, Essen	*KTB*
	27.09.1915 – 15.10.1915	11. Armee	*KTB/DO*
	19.10.1915 – 12.11.1915	OHL, Diedenhofen	*KTB/DO*
	13.11.1915 – 26.01.1916	OHL, Endorf (Lothringen)	*KTB*
	27.01.1916 – 20.07.1916	5. Armee	*KTB/Krgl.*
	21.07.1916 – 12.08.1916	OHL, Köln	*KTB*
	13.08.1916 – 21.08.1916	OHL, Koblenz	*KTB/DW*
	23.08.1916 – 17.09.1916	1. Armee	*KTB/DW*
	18.09.1916 – 15.10.1916	OHL, Köln	*KTB*
	16.10.1916 – 27.10.1916	1. Armee (15 cm Kan.)	*KTB/Krgl.*
	29.10.1916 – 13.01.1917	5. Armee (mit M-Gerät)	*KTB/Krgl.*
Bttr. geteilt:	14.01.1917 – 18.04.1917	7. Armee (1. Zug)	*KTB*
	14.01.1917 – 19.04.1917	5. Armee (2. Zug)	*KTB*
Bttr. vereint:	20.04.1917 – 06.06.1917	3. Armee	*KTB/Krgl.*
	07.06.1917 – 21.09.1917	5. Armee	*KTB/Krgl.*
	22.09.1917 – 23.11.1917	Gouv. Metz	*KTB/Krgl.*
	24.11.1917 – 16.02.1918	A.Abt. C	*KTB/Üb.Fußa.*
	17.02.1918 – 15.03.1918	Metz	*KTB*
	16.03.1918 – 28.03.1918	2. Armee	*KTB*
	29.03.1918 – 21.04.1918	6. Armee	*KTB/Krgl.*
	22.04.1918 – 11.05.1918	4. Armee	*KTB/Krgl.*
	12.05.1918 – 13.06.1918	Jurbise	*KTB/D.Fußa.*
	14.06.1918 – 21.06.1918	4. Armee	*KTB*
	22.06.1918 – 14.08.1918	7. Armee	*KTB/Krgl.*
	15.08.1918 – 10.09.1918	Metz	*KTB/Krgl.*
	[11.09.1918 – 28.12.1918]	5. Armee	*KTB/FpÜb*
Verbleib:	ab Ende Jan. 1919 in Jüterbog, März 1919 (?) aufgelöst[1]		
	Abw.Stelle bei Lehr-Rgt. der Fußart.Schießschule		
Quellen:	KTB in: Zentralarchiv des russ. Verteidigungs-Ministeriums, Bestand 500, Findbuch 12.519, Akte 108		

---

[1] FpÜb v. 05.02.1919 – 12.03.1919

Kurze Marine-Kanonen-Batterie Nr. 7

Aufstellung:	30.08.1915 durch Gen.Insp. der Fußart. bei Ers.Btl./Fußart.Rgt. 7 (gem. KM v. 30.08.1915), mobil seit 28.09.1915		
Bewaffnung:	ab Dez. 1915	zwei M-Geräte mit Motorzug	*Schirmer/Krgl.*
Ersatztr.Teil:	Ers.Btl./Fußart.Rgt. 7		
Unterstellung:	[11.09.1915]	OHL, Essen	*DW*
	[25.09.1915 – 13.10.1915]	OHL bei 6. Armee	*DO/Goes*
	[22.10.1915]	OHL bei Et.Insp. 6	*DW*
	[01.12.1915 – 18.12.1915]	OHL bei 6. Armee	*Krgl./DW*
	[21.02.1916]	5. Armee	*Krgl.*
Verbleib:	23.03.1916 umgewandelt in Fußart.Bttr. 715 (?)[1]		

Kurze Marine-Kanonen-Batterie Nr. 7 (neu)

Aufstellung:	03.02.1917 bei Ers.Btl./Fußart.Rgt. 7 (gem. KM v. 03.02.1917), sogleich mobil		
Bewaffnung:	ab Febr. 1917	zwei Gamma-Geräte	*Üb.Fußa. 01.02.1917*
Ersatztr.Teil:	Ers.Btl./Fußart.Rgt. 7		
Unterstellung:	[03.02.1917 – 19.07.1917]	OHL Köln	*Üb.Fußa./Üb.Beh.*
Verbleib:	19.07.1917 aufgegangen in die Fußart.Bttr. 184 u. 185		

Kurze Marine-Kanonen-Batterie Nr. 8

Aufstellung:	15.05.1916 durch Gouv. Köln bei Ers.Btl./Fußart.Rgt. 7 (gem. KM v. 07.05.1916)		
Bewaffnung:	ab Mai 1916	ein Gamma-Gerät	*KM v. 07.05.1916*[2]
Ersatztr.Teil:	Ers.Btl./Art.Prüf.Komm.		
Unterstellung:	05.06.1916 – 11.08.1916	5. Armee	*KTB/Krgl.*
	12.08.1916 – 21.08.1916	Köln	*KTB/Üb.Beh.*
Verbleib:	21.08.1916 umgewandelt in schw. 15 cm-Kan.Bttr. 17		
Quellen:	KTB in: Zentralarchiv des russ. Verteidigungs-Ministeriums, Bestand 500, Findbuch 12.519, Akte 59; Schindler, Eine 42 cm Mörser-Batterie, S. 88–92		

---

[1] Unsicher, vgl. Fußartillerie Bd. I, S. 545
[2] KM Nr. 774/16 geh. A 5. BA-MA, PH 3/1848, Bl. 80

Kurze Marine-Kanonen-Batterie Nr. 8 (neu)

Aufstellung:	Anf. März 1918 durch Gouv. Köln (gem. KM v. 01.03.1918) durch Umwandlung der schw. 15 cm-Kan.Bttr. 17		
Bewaffnung:	ab März 1918	zwei schw. 30,5 cm Kartaunen (Beta-M-Gerät) mit Kraftzug	*D.Fußa. 12.03.1918*
	Aug. 1918	lange schw. Feldh. 13	*D.Fußa. 19.08.1918*
Ersatztr.Teil:	Ers.Btl./Art.Prüf.Komm.		
Unterstellung:	[13.03.1918 – 18.04.1918]	6. Armee	*AB/Krgl.*
	[26.04.1918]	4. Armee	*D.Fußa.*
	[31.05.1918 – 14.07.1918]	1. Armee	*D.Fußa.*
	[28.07.1918]	Longuyon	*D.Fußa.*
	[09.09.1918]	A.Abt. C	*D.Fußa.*
	[27.09.1918 – 28.12.1918]	5. Armee	*D.Fußa./FpÜb*
Verbleib:	ab Ende Jan. 1919 in Kummersdorf, Febr. 1919 aufgelöst[1]		

Quellen: Schindler, Eine 42 cm Mörser-Batterie im Weltkrieg, S. 88–92

Kurze Marine-Kanonen-Batterie Nr. 9

Aufstellung:	07.05.1916 durch Gouv. Köln (gem. KM v. 07.05.1916)		
Ersatztr.Teil:	Ers.Btl./Art.Prüf.Komm.		
Bewaffnung:	ab Mai 1916	ein Gamma-Gerät[2]	*KM 17.05.1916*
	ab Juli 1916	15 cm Schnelllade-Kan. L/40 (Kraftzug)[3]	*KM 06.07.1916*
Unterstellung:	[08.06.1916 – 23.06.1916]	5. Armee	*Goes*
	[28.08.1916 – 15.02.1917]	1. Armee	*Krgl.*
	[13.03.1917]	OHL Douai	*D.Fußa.*
	[12.04.1917 – 01.06.1917]	6. Armee	*D.Fußa./Krgl.*
	[08.06.1917 – 26.06.1917]	4. Armee	*AB/Krgl.*
	[20.07.1917]	6. Armee	*D.Fußa./Krgl.*
	[24.07.1917 – 03.10.1917]	4. Armee	*D.Fußa./Krgl.*
	[11.10.1917]	Köln	*D.Fußa.*
Verbleib:	ca. 20.10.1917 umgewandelt in 5. Bttr./Fußart.Btl. 60		*D.Fußa.*

---

[1] FpÜb v. 05.02.1919, nicht mehr 12.03.1919
[2] KM Nr. 774/16 geh. A 5. BA-MA, PH 3/1848, Bl. 80
[3] KM Nr. 1101.16 geh. A 5. BA-MA, PH 3/1848, Bl. 180

Kurze Marine-Kanonen-Batterie Nr. 10

Aufstellung:	07.05.1916 durch Gouv. Köln (gem. KM v. 07.05.1916)		
Bewaffnung:	ab Mai 1916	ein M-Gerät (mit Kraftzug)[1]	*KM v. 07.05.1916*
	ab Dez. 1916	zwei M-Geräte[2]	*KM v. 06.12.1916*
	ab Okt. 1917	belg. 15 cm Kan.	*D.Fußa. 29.10.1917*
	ab Dez. 1917	belg. 12 cm Kan.	*Krgl. 01.12.1917*
	ab März 1918	schw. 30,5 cm Kartaune (Beta-M-Gerät)	*D.Fußa. 04.03.1918*
Ersatztr.Teil:	Ers.Btl./Art.Prüf.Komm.		
Unterstellung:	[02.06.1916 – 21.06.1916]	6. Armee	*Schindler/Krgl.*
	[02.07.1916]	OHL, Namur	*DW*
	[12.07.1916 – 31.07.1916]	2. Armee	*DW/Goes*
	[07.10.1916 – 21.11.1916]	1. Armee	*Üb.Fußa./Krgl.*
	[25.11.1916 – 01.02.1917]	OHL Mainz	*D./Üb.Fußa.*
	[12.03.1917 – 27.03.1917]	Metz	*D.Fußa.*
	[31.03.1917 – 03.05.1917]	A.Abt. A	*Krgl.*
	[31.05.1917 – 01.08.1917]	7. Armee	*D.Fußa./Krgl.*
	[07.08.1917]	Jurbise	*D.Fußa.*
	[15.08.1917 – 22.08.1917]	4. Armee	*D.Fußa./Krgl.*
	[26.08.1917 – 27.10.1917]	6. Armee	*D.Fußa./AB*
	[29.10.1917]	Mainz	*D.Fußa.*
	[27.11.1917 – 05.02.1918]	6. Armee	*D.Fußa./Krgl.*
	[10.02.1918]	Köln	*Üb.Fußa.*
	[04.03.1918]	HGr. Rupprecht	*D.Fußa.*
	[07.04.1918 – 15.04.1918]	6. Armee	*D.Fußa./Krgl.*
	[18.04.1918]	Jurbise	*D.Fußa.*
	[31.05.1918]	4. Armee	*D.Fußa.*
	[19.06.1918 – 14.07.1918]	1. Armee	*D.Fußa.*
	[28.07.1918]	Longuyon	*D.Fußa.*
	[09.09.1918]	5. Armee	*D.Fußa.*
	[13.09.1918 – 28.12.1918]	A.Abt. C	*D.Fußa./FpÜb*
Verbleib:	Mitte Jan. 1919 aufgelöst[3]		
Quellen:	Schindler, Eine 42 cm Mörser-Batterie im Weltkrieg, S. 97–102		

Kurze Marine-Kanonen-Batterie Nr. 11

Aufstellung:	12.04.1917 durch Gouv. Köln bei Ers.Btl./Fußart.Rgt. 7 (gem. KM v. 12.04.1917)[4]		
Bewaffnung:	ab April 1917	ein M-Gerät	*KM-Erl.*
Ersatztr.Teil:	Ers.Btl./Fußart.Rgt. 7		
Unterstellung:	[12.04.1917 – 07.08.1917]	Köln	*D.Fußa.*
Verbleib:	19.07./07.08.1917 aufgegangen in die Fußart.Bttr. 182 u. 183		

---

[1] KM Nr. 774/16 geh. A 5. BA-MA, PH 3/1848, Bl. 80
[2] KM Nr. 2376. 16 geh. A 5. BA-MA, PH 3/1849, Bl. 128
[3] Nicht mehr in FpÜb v. 29.01.1919
[4] Schon in D.Fußa. v. 27.03.1917 aufgeführt

Schwere Küsten-Mörser-Batterien

Zur Bekämpfung betonierter Festungsanlagen waren vor dem Krieg Mörser von 30,5 cm Kaliber entwickelt und in wenigen Exemplaren gefertigt worden. Die fünf bei Kriegsbeginn aufgestellten „schweren Küstenmörser-Batterien" umfassten alle Mörser und Haubitzen von 30,5 cm Kaliber sowie zwei von Krupp bei Kriegsbeginn angekaufte 28 cm-Haubitzen. Diese Geschütze wurden ingesamt als „β-Gerät" (Beta-Gerät) und die Batterien auch als „β-Batterien" (Beta-Batterien) bezeichnet. Von den Beta-Geschützen gab es folgende Ausführungen:[1]

a) Schwerer Küsten-Möser L/8 = Beta-Gerät
Der bereits 1896 konstruierte Mörser von 30,5 cm Kaliber besaß eine Reichweite von 8,8 km und wurde mit Eisenbahnwagen oder Spezialfahrzeugen transportiert. Bei Kriegsausbruch standen neun Mörser zur Verfügung.

b) Schwerer Küsten-Möser 09 L/16 = Beta-Gerät 09
Mit einem von L/8 auf L/16 verlängerten Rohr von 30,5 cm Kaliber erzielte der Mörser eine Reichweite von 12 km, musste aber auf einer schweren Bettung in Stellung gebracht werden. Er konnte sowohl mit Eisenbahnwagen als auch zerlegt auf Straßen transportiert werden. Mit den zwei bei Kriegsbeginn vorhandenen Beta 09-Mörsern wurde die schwere Küsten-Mörser-Batterie Nr. 5 aufgestellt.

c) 30,5 cm Haubitze L/17 in Radlafette = Beta-Gerät i.R.
Von dieser Haubitze mit 11,7 km Schussweite existierte 1914 nur ein Versuchsgeschütz, eingesetzt bei der schweren Küsten-Mörser-Batterie Nr. 6. Weitere Exemplare wurden nicht gefertigt.

d) Schwere 30,5 cm Kartaune = Beta-M-Gerät
Um die Schussweite auf 16,9 km zu steigern, legte die Firma Krupp ein 30,5 cm Rohr L/30 in eine leicht geänderte Lafette der M-Geräte ein. Die in nur zwei Exemplaren gefertigte Kartaune kam erst 1918 in den schweren Küsten-Mörser-Batterien Nr. 8 und 10 zum Einsatz.

e) 28 cm Haubitze L/12 in Radlafette
Diese Haubitze glich im Aufbau dem 21 cm-Mörser und erreichte eine Schussweite von 9,7 km. Das einzige gefertigte Geschütz kam zur schweren Küsten-Mörser-Batterie Nr. 7.

f) 28 cm Haubitze L/14 in Radlafette
Das Rohr dieser zerlegbaren Haubitze – mit einer Reichweite von 9,7 km – wurde wegen seines hohen Gewichts beim Transport in zwei Teile geteilt und anfangs von Dampfpflug-, später von Kraftzugmaschinen gezogen. Das einzige gefertigte Geschütz kam bei der schweren Küsten-Mörser-Batterie Nr. 8 zum Einsatz.

Von den insgesamt zehn schweren Küsten-Mörser-Batterien blieben acht bis Kriegsende bestehen, während zwei 1917 in anderen Fußartillerie-Batterien aufgingen. Bei der Aufstellung waren die Batterien Nr. 1–5 mit zwei 30,5 cm-Mörsern, die Batterien Nr. 6–10 aber mit einem 30,5 cm-Mörser oder einer 28 cm-Haubitze ausgestattet. Im Verlauf des Krieges kam es bei den meisten Batterien zu Umbewaffnungen.

Die schweren Küsten-Mörser-Batterien waren unbespannt; ihr Transport erfolgte auf Eisenbahnwagen, mit Dampfpflug-Lokomotiven oder mit Motorschleppern, später allgemein durch Kraftzugschlepper.

---

[1] Schirmer, Das Gerät der schweren Artillerie, S. 117–125, 139–150, 159–164; Fleischer, Deutsche Artillerie, S. 39–45

Bei der Mobilmachung besaßen sie folgende Stärke:

Schwere Küsten-Mörser-Batterie 1914	
1 Batterieführer	8 Trainsoldaten
3 Leutnants	1 Sanitätsunteroffizier
1 Oberarzt oder Assistenzarzt	1 Zeughauswaffenmeister
1 Zeugleutnant	1 Schirrmeister
1 Oberfeuerwerker oder Feuerwerker	2 Gemeine (Fahrer)
1 Feldwebel	1 vierspänniger Beobachtungswagen
1 Vizefeldwebel	1 zweispänniger Packwagen
13 Unteroffiziere	1 zweispänniger Lebensmittelwagen
20 Obergefreite u. Gefreite	
80 Gemeine	
Gesamtstärke: 6 Offz., 129 Unteroffz. u. Mannsch.; 8 Reit- u. 8 Zugpferde	

Für eine schwere Küsten-Mörser-Batterie mit nur einem Geschütz wurde am 07.05.1916 folgende Stärke bestimmt:[1]

Schwere Küsten-Mörser-Batterie mit einem Geschütz 1916	
1 Batterieführer	Zugmaschinenpark:
3 Leutnants	1 Leutnant (Führer)
1 Feuerwerksleutnant	1 Maschinenmeister (Beamtenstellvertreter)
1 Oberarzt oder Assistenzarzt	1 Vizefeldwebel
1 Zahlmeister	3 Unteroffiziere
1 Oberfeuerwerker oder Feuerwerker	1 Trainsoldat
1 Feldwebel	29 Gefreite und Gemeine
1 Vizefeldwebel	(Kraftwagenführer, Lokomotivführer bzw.
10 Unteroffiziere	Heizer: 5 für Pkw und Kleinautos, 6 für
16 Obergefreite u. Gefreite	Armeelastzüge, 18 für Dampfpflug-
50 Gemeine	Lokomotiven)
11 Trainsoldaten	
1 Sanitätsunteroffizier	3 Personenkraftwagen
1 Zeughauswaffenmeister	1 Armeelastzug für Behelfsstoff, Öle, Bohlen
1 Schirrmeister	mit Anhänger für Werkstatt
2 Gemeine (Fahrer)	2 Armeelastzüge für Munition
	6 Dampfpflug-Lokomotiven
1 vierspänniger Beobachtungswagen	
1 zweispänniger Packwagen	
1 zweispänniger Lebensmittelwagen	
1 zweispännige Feldküche	
Gesamtstärke: 7 Offz., 95 Unteroffz. u. Mannsch.; 9 Reit- u. 12 Zugpferde	1 Offz., 35 Unteroffz. u. Mannsch.

Im Verlauf des Krieges brachten Änderungen in der Geschützausstattung auch immer wieder Änderungen der Personalstärke mit sich. Außerdem trat mit der Zuteilung von Kraftzugschleppern entsprechendes Fahrpersonal der Kraftfahrtruppen dazu.

---

[1] KM Nr. 774/16 geh. A 5. BA-MA, PH 3/1848, Bl. 83

Am 01.03.1918 wurde die Stärkenachweisung für die schweren Küsten-Mörser-Batterien mit einem Geschütz oder zwei Geschützen neu festgelegt:[1]

Schwere Küsten-Mörser-Batterie mit Kraftzug 1918 mit 1 Geschütz oder 2 Geschützen		
1	1	Batterieführer
3	4	Leutnants
1	1	Leutnant der Kraftfahrtruppen
1	1	Ober- oder Assistenzarzt
1	1	Maschinenmeister (oberer Beamter der Kraftfahrtuppen)
1	1	Unterzahlmeister
1	1	Oberfeuerwerker oder Feuerwerker
1	1	Feldwebel
1	1	Vizefeldwebel
1	1	Fähnrich
13	14	Unteroffiziere
8	10	Obergefreite ⎱ darunter 6 Handwerker,
8	10	Gefreite ⎰ 9 Begleitleute u.
72	92	Gemeine 3 Bremser für Kraftfahrzeuge
1	1	Vizefeldwebel
3	5	Unteroffiziere ⎱ der Kraftfahrtrupen, darunter 16 Artilleriekraftfahrer
3	4	Gefreite ⎰ für Zugmaschinen, 12 Kraftwagenführer für Pkw und
22	32	Gemeine Lkw, 1 Kraftradfahrer, 7 Handwerker
6	7	Trainsoldaten
1	1	Sanitätsunteroffzier
1	1	Waffenmeister
–	1	Waffenmeistergehilfe
1	1	Unteroffizier (der Fuß- oder Feldartillerie, der Kavallerie oder des Trains)
Gesamtstärke bei 1 Geschütz: 7 Offz., 144 Unteroffz. u. Mannsch., 5 Reitpferde		
Gesamtstärke bei 2 Geschützen: 8 Offz., 184 Unteroffz. u. Mannsch., 6 Reitpferde		

Als Ausstattung mit Kraftfahrzeugen war vorgesehen:

Schwere Küsten-Mörser-Batterie mit Kraftzug 1918 mit 1 Geschütz oder 2 Geschützen	
–	6–8 Straßenwagen
1	1 Personenkraftwagen
2	2 Kleinkraftwagen
1	1 Kraftrad
1	1 Lastkraftwagen (3 t) Beobachtungswagen
4	10 Lastkraftwagen (4 t)
	1 Lebensmittelwagen, 1 für Betriebsstoffe, 4 für Batteriegerät, 2 für Munition, 2 für Deckungsstoffe und Munition
2	2 Lastkraftwagen (4 t) fahrbare Werkstatt: Werkstatt u. Gerätewagen
3	4 Anhänger zu Lastkraftwagen:
	2 als Hebezeugwagen, 1 als Packwagen, 1 Feldküche
4–6	6–8 Artillerie-Kraftzugmaschinen oder -Kraftschlepper

---

[1] KM Nr. 403/18 geh. A 5. BA-MA, PH 3/1239, Bl. 206–213

Im Einzelnen bestanden zwischen den einzelnen Batterien noch geringe Unterschiede, bedingt durch das zugeteilte Kraftfahrpersonal: So verfügte die Batterie Nr. 5 zusätzlich über 30 und die Batterie Nr. 9 zusätzlich über 15 Kraftfahrer.

Als Einzige waren die Batterien Nr. 5 und 9 nach dem Erl. vom 01.03.1918 noch mit Dampfzugmaschinen ausgestattet, nämlich Batterie Nr. 5 mit 14 und Batterie Nr. 9 mit 10 Dampfzugmaschinen, jeweils mit einem kleinen Tender versehen. Auch bestanden in der Anzahl der Kraftfahrzeuge gewisse Toleranzen, sodass letztlich jede Batterie über einen gesonderten Etat verfügte.

Schwere Küsten-Mörser-Batterie Nr. 1

Aufstellung:	02.08.1914 durch Fußart.Schießschule in Köln (gem. Mob.Plan)		
	zeitweise Parkkomp. des II. Btl./Res.Fußart.Rgt. 2 zgt.		
Bewaffnung:	ab Aug. 1914	zwei 30,5 cm Mörser L/8 (Eisenbahn-Trsp.)	*Schirmer*
	ab Jan. 1918	mit Kraftzug	*Schirmer*
	ab Aug. 1918	franz. 120 mm Kan.	*D.Fußa. 19.08.1918*
	ab Okt. 1918	mit Kraftzug	*Krgl. 22.10.1918*
Ersatztr.Teil:	Ers.Btl./2. Garde-Fußart.Rgt.		
Unterstellung:	[08.08.1914 – 18.08.1914]	2. Armee	*Krgl.*
	[10.12.1914 – 05.01.1915]	Gen.Gouv. Belgien	*Krgl./LÜW*
	[18.01.1915 – 20.03.1915]	OHL (in Köln abgestellt)	*DW*
	[08.08.1915 – 18.08.1915]	10. Armee	*Goes*
	[30.09.1915 – 18.11.1915]	OHL, Friedberg (Hessen)	*DW/KM-Erl.*
	[21.02.1916 – 01.09.1916]	5. Armee	*Krgl.*
	[24.09.1916 – 07.10.1916]	Metz	*DW/Üb.Fußa.*
	[01.12.1916 – 01.12.1917]	5. Armee	*D.Fußa./Krgl.*
	[15.12.1917 – 10.02.1918]	OHL Metz	*Krgl./Üb.Fußa.*
	[17.02.1918]	17. Armee	*D.Fußa.*
	[04.03.1918]	5. Armee	*D.Fußa.*
	[29.03.1918 – 22.04.1918]	7. Armee	*D.Fußa./Krgl.*
	[26.04.1918 – 12.05.1918]	18. Armee	*D.Fußa./Krgl.*
	[31.05.1918]	4. Armee	*D.Fußa.*
	[19.06.1918 – 14.07.1918]	1. Armee	*D.Fußa./Krgl.*
	[08.08.1918]	Diedenhofen	*D.Fußa.*
	[13.09.1918 – 12.12.1918]	Ldw.Fußart.Btl. 17	*D.Fußa./FpÜb*
Zuteilungen:	08.08.1914 – 16.08.1914	Belag.Armee von Lüttich	*KW*
	20.08.1914 – 25.08.1914	Belag.Armee von Namur	*KW*
	25.08.1914 – 07.09.1914	Belag.Armee von Maubeuge	*KW*
	27.09.1914 – 10.10.1914	Belag.Armee von Antwerpen	*KW*
Verbleib:	ab Mitte Dez. 1918 in Jüterbog, Anf. Febr. 1919 aufgelöst[1]		
	Abw.Stelle bei Lehr-Rgt. der Fußart.Schießschule		

---

[1] FpÜb v. 18.12.1918 – 05.02.1919

Schwere Küsten-Mörser-Batterie Nr. 2

Aufstellung: 02.08.1914 durch Fußart.Schießschule in Mainz (gem. Mob.Plan) zeitweise Parkkomp. des II. Btl./Res.Fußart.Rgt. 3 zgt.

Bewaffnung:

ab Aug. 1914	zwei 30,5 cm Mörser L/8 (mit Dampfpflug-Lokomotiven)	*Krgl.*
ab Mai 1916	ein 30,5 cm Mörser (mit Dampfpflug-Lokomotiven)[1]	*KM v. 07.05.1916*
ab Nov. 1916	schw. 15 cm Kan. (unbespannt)	*D.Fußa. 12.11.1916*
ab März 1917	30,5 cm Mörser	*KM v. 13.03.1917*
ab Juni 1917	schw. 12 cm Kan. (unbespannt)	*Krgl. 10.06.1917*
ab Juli 1918	zwei 30,5 cm Mörser	*Krgl. 11.07.1918*
ab Aug. 1918	franz. 120 mm Kan.	*D.Fußa. 19.08.1918*
ab Okt. 1918	mit Kraftzug	*Krgl. 17.10.1918*

Ersatztr.Teil: Ers.Btl./2. Garde-Fußart.Rgt.

Unterstellung:

[07.08.1914 – 22.08.1914]	OHL, Saarbrücken	*Schoen*
[23.08.1914 – 01.10.1914]	6. Armee	*Krgl.*
[08.12.1914 – 05.01.1915]	A.Abt. Strantz	*Krgl./LÜW*
[18.01.1915 – 20.03.1915]	A.Abt. Strantz (in Saarbrücken abgestellt)	*DW/LÜW*
[05.04.1915 – 22.06.1915]	OHL, Metz	*Krgl./DW*
[03.08.1915]	8. Armee	*DO*
[30.09.1915]	OHL, Sennelager	*DW*
[11.10.1915]	OHL	*DO*
[12.10.1915]	5. Armee	*DW*
[10.11.1915 – Jan. 1916]	OHL, Sedan	*DW/Schoen*
[21.02.1916 – 01.10.1916]	5. Armee	*Krgl.*
[07.10.1916 – 01.02.1917]	Diedenhofen (Beta-Gerät dort abgestellt)	*Üb.Fußa.*
[12.11.1916 – 25.11.1916]	HGr. Mackensen (schw. 15 cm Kan.)	*D.Fußa.*
[01.03.1917 – 05.03.1917]	9. Armee (schw. 15 cm Kan.)	*Krgl.*
[27.03.1917]	Mainz	*D.Fußa.*
[28.04.1917 – 15.01.1918]	A.Abt. B	*D.Fußa./Krgl.*
[20.01.1918 – 19.06.1918]	A.Abt. A	*Krgl.*
[03.07.1918]	Mainz	*D.Fußa.*
[11.07.1918 – 14.07.1918]	1. Armee	*Krgl./D.Fußa.*
[08.08.1918]	Diedenhofen	*D.Fußa.*
[13.09.1918 – 16.10.1918]	Ldw.Fußart.Btl. 22	*D.Fußa./FpÜb*
[23.10.1918 – 04.12.1918]	Köln	*Ers.FpÜb*

Verbleib: Mitte Sept. 1918 dem Ldw.Fußart.Btl. 22 angegliedert ab Anf. Dez. 1918 in Jüterbog, Anf. Jan. 1919 aufgelöst[2] Abw.Stelle bei Lehr-Rgt. der Fußart.Schießschule

Quellen: Schoen, Geschichte des Dt. Feuerwerkswesens, S. 807–813

---

[1] KM Nr. 774/16 geh. A 5. BA-MA, PH 3/1848, Bl. 80
[2] Ers.FpÜb v. 12.12.1918 – 03.01.1919

Schwere Küsten-Mörser-Batterie Nr. 3

Aufstellung: 02.08.1914 durch Fußart.Schießschule in Mainz (gem. Mob.Plan)
zeitweise Parkkomp. des I. Btl./Res.Fußart.Rgt. 13 zgt.

Bewaffnung:
ab Aug. 1914	zwei 30,5 cm Mörser L/8 (Eisenbahn-Trsp.)	*Schirmer*
ab Jan. 1916	mit Dampfpflügen	*Schirmer*
ab Mai 1916	ein 30,5 cm Mörser (Dampfpflug)	*KM v. 07.05.1916*
ab Okt. 1916	schw. 15 cm Kan.	*D.Fußa. 28.10.1916*
ab Nov. 1916	zwei 30.5 Mörser	*D.Fußa. 12.11.1916*
ab März 1917	schw. 15 cm Kan.	*Krgl. 01.03.1917*
ab Juni 1917	schw. Feldh.	*Krgl. 10.06.1917*
ab Dez. 1917	schw. 12 cm Kan.	*D.Fußa. 15.12.1917*
ab Dez. 1917	mit Kraftzug	*Schirmer*
ab Febr. 1918	zwei 30,5 cm Mörser	*KTB/Krgl. 01.04.1918*
ab Aug. 1918	lange schw. Feldh. 13 (mit Kraftzug)	*D.Fußa. 19.08.1918*

Ersatztr.Teil: Ers.Btl./2. Garde-Fußart.Rgt.

Unterstellung:
[18.08.1914 – 01.10.1914]	OHL Mainz	*Krgl.*
[10.10.1914 – 10.12.1914]	5. Armee	*Krgl.*
[05.01.1915]	5. Armee (in Saarbrücken)	*LÜW*
[18.01.1915 – 20.03.1915]	in Metz abgestellt	*LÜW*
[27.07.1915]	Posen	*DW*
[03.08.1915 – 18.08.1915]	10. Armee	*DO/Goes*
[30.09.1915 – 18.11.1915]	OHL, Friedberg (Hessen)	*DW/KM-Erl.*
[21.02.1916 – 01.08.1916]	5. Armee	*Krgl.*
[01.09.1916]	OHL Essen	*Krgl.*
[07.10.1916 – 28.10.1916]	OHL Koblenz (Beta-Gerät)	*Üb.Fußa.*
[28.10.1916 – 01.01.1917]	HGr. Mackensen	*D.Fußa./Krgl.*
[22.01.1917 – 01.02.1917]	Mainz	*D./Üb.Fußa.*
[01.03.1917 – 05.03.1917]	9. Armee	*Krgl.*
[22.05.1917]	Mainz	*KTB*
24.05.1917 – 09.10.1917	A.Abt. B	*KTB/Krgl.*
10.10.1917 – 27.11.1917	2. Armee	*KTB/Krgl.*
28.11.1917 – 23.12.1917	OHL Metz	*KTB/D.Fußa.*
24.12.1917 – 14.02.1918	A.Abt. B	*KTB/Krgl.*
15.02.1918 – 09.03.1918	OHL Metz	*KTB*
10.03.1918 – 15.03.1918	5. Armee	*KTB*
17.03.1918 – 25.03.1918	2. Armee	*KTB*
26.03.1918 – 06.05.1918	6. Armee	*KTB/Krgl.*
07.05.1918 – 25.05.1918	OHL-Res. bei 6. Armee	*KTB/Krgl.*
26.05.1918 – 23.06.1918	OHL-Res. bei 18. Armee	*KTB/Krgl.*
24.06.1918 – 19.07.1918	7. Armee	*KTB/Krgl.*
20.07.1918 – 14.08.1918	OHL-Res. bei 7. Armee	*KTB/Krgl.*
14.08.1918 – 31.08.1918	OHL Maubeuge	*KTB/D.Fußa.*
[09.09.1918 – 01.10.1918]	3. Armee	*D.Fußa./Krgl.*
[02.10.1918 – 04.12.1918]	Ldw.Fußart.Btl. 39 (3. Armee)	*FpÜb*

Verbleib: 05.12.1918 aufgelöst (gem. Gen.Kdo. Garde-Korps v. 09.12.1918)
Abw.Stelle bei Lehr-Rgt. der Fußart.Schießschule

Schwere Küsten-Mörser-Batterie Nr. 4

Aufstellung: 02.08.1914 durch Fußart.Schießschule in Kummersdorf (gem. Mob.Plan)

Bewaffnung:
ab Aug. 1914	zwei 30,5 cm Mörser L/8 (Eisenbahn-Trsp.)	*Schirmer*
ab Jan. 1916	Lastverteilergerät und Kraftzug	*Schirmer*
ab Dez. 1916	schw. 15 cm Kan. (Kraftzug)	*D.Fußa. 19.12.1916*
ab März 1917	30,5 cm Mörser	*KM-Erl. 13.03.1917*
ab März 1917	ohne Geschütz	*Üb.Beh.u.Tr.*
ab Juni 1917	schw. Feldh.	*Krgl. 10.06.1917*
ab Sept. 1918	15 cm Kan. 16	*D.Fußa. 25.09.1918*

Ersatztr.Teil: Ers.Btl./2. Garde-Fußart.Rgt.

Unterstellung:
[18.08.1914 – 01.10.1914]	OHL, Kummersdorf	*Krgl.*
[19.10.1914 – 10.12.1914]	5. Armee	*Krgl.*
[05.01.1915 – 18.01.1915]	5. Armee (in Saarbrücken abgestellt)	*LÜW/DW*
[20.03.1915]	5. Armee (in Saarbrücken abgestellt)	*LÜW*
[09.08.1915]	OHL, Kummersdorf)	*LÜW*
[11.10.1915]	OHL	*DO*
[18.12.1915]	OHL, Düsseldorf	*DW*
[21.02.1916 – 01.10.1916]	5. Armee	*Krgl.*
[07.10.1916]	Diedenhofen	*Üb.Fußa.*
[09.10.1916 – 01.12.1916]	5. Armee	*D.Fußa./Krgl.*
[19.12.1916 – 27.03.1917]	OHL Mainz (Beta-Gerät)	*D.Fußa.*
[19.12.1916]	OHL Mainz (schw. 15 cm Kan.)	*D.Fußa.*
[22.01.1917 – 01.02.1917]	OHL Laon (schw. 15 cm Kan.)	*D.Fußa.*
[31.05.1917 – 11.08.1917]	A.Abt. B	*D.Fußa./Krgl.*
[05.09.1917]	Insmingen	*D.Fußa.*
[25.09.1917]	Köln	*D.Fußa.*

Verbleib: 04. – 21.10.1917 umgewandelt in 12. Bttr./2. Garde-Res.Fußart.Rgt.

Schwere Küsten-Mörser-Batterie Nr. 5

Aufstellung:	02.08.1914 durch Art.Prüf.Komm. in Kummersdorf (gem. Mob.Plan)		
Bewaffnung:	ab Aug. 1914	zwei 30,5 cm Mörser 09 L/16 (mit Dampfpflug-Lokomotiven)	*Schirmer*
	ab Okt. 1916	schw. 15 cm Kan.	*Krgl. 15.10.1916*
	ab März 1917	zwei 30,5 cm Mörser	*Krgl. 01.04.1917*
	ab Sept. 1918	mit Kraftzug	*Krgl. 01.10.1918*
Ersatztr.Teil:	Ers.Btl./2. Garde-Fußart.Rgt.		
Unterstellung:	[18.08.1914]	2. Armee	*Krgl.*
	[10.10.1914 – 10.12.1914]	4. Armee	*Krgl.*
	[22.12.1914 – 05.01.1915]	Gen.Gouv. Belgien	*OHL/LÜW*
	[18.01.1915]	OHL (in Köln abgestellt)	*DW*
	[11.10.1915]	11. Armee	*DO*
	[22.02.1916 – 01.10.1916]	5. Armee	*DW/Krgl.*
	[07.10.1916]	Mainz	*Üb.Fußa.*
	[09.10.1916]	5. Armee	*D.Fußa.*
	[11.12.1916 – 01.02.1917]	OHL Mainz	*D./Üb.Fußa.*
	[27.03.1917 – 16.04.1917]	3. Armee	*D.Fußa./Krgl.*
	[21.04.1917 – 14.06.1917]	1. Armee	*Krgl.*
	[26.06.1917 – 12.12.1917]	4. Armee	*D.Fußa./Krgl.*
	[15.12.1917 – 10.02.1918]	Lüttich	*D./Üb.Fußa.*
	[17.02.1918 – 23.03.1918]	2. Armee	*D.Fußa./AB*
	[29.03.1918 – 30.04.1918]	6. Armee	*D.Fußa./AB*
	[10.05.1918 – 11.06.1918]	7. Armee	*Krgl.*
	[19.06.1918 – 14.07.1918]	1. Armee	*Krgl./D.Fußa.*
	[16.07.1918 – 05.09.1918]	7. Armee	*Krgl.*
	[07.09.1918]	Metz	*Krgl.*
	[13.09.1918 – 29.01.1919]	5. Armee	*D.Fußa./FpÜb*
Zuteilungen:	08.08.1914 – 16.08.1914	Belag.Armee von Lüttich	*KW*
	25.08.1914 – 07.09.1914	Belag.Korps von Maubeuge	*KW*
	27.09.1914 – 10.10.1914	Belag.Armee von Antwerpen	*KW*
Verbleib:	Ende Jan. 1919 aufgelöst;[1] Abw.Stelle bei Lehr-Rgt. der Fußart.Schießschule		

---

[1] Nicht mehr in FpÜb v. 05.02.1919

Schwere Küsten-Mörser-Batterie Nr. 6

Aufstellung:	02.09.1914 durch Ers.Btl. der Art.Prüf.Komm. in Essen (gem. KM v. 02.09.1914), sogleich mobil		
Bewaffnung:	ab Aug. 1914	eine 30,5 cm Haub. L/17 in Radlafette (mit Motorzug)	*Schirmer*
	ab Okt. 1916	schw. 15 cm Kan. (Kraftzug)	*Üb.Fußa. 07.10.1916*
	ab April 1917	30,5 cm Mörser	*Krgl. 01.05.1917*
	ab Dez. 1917	schw. 12 cm Kan.	*D.Fußa. 15.12.1917*
	ab April 1918	30,5 cm Mörser	*Krgl. 09.04.1918*
	ab Aug. 1918	lange schw. Feldh. 13 (mit Kraftzug)	*D.Fußa. 19.08.1918*
Ersatztr.Teil:	Ers.Btl./Fußart.Rgt. 7, seit 01.01.1918: Ers.Btl. der Art.Prüf.Komm.		
Unterstellung:	[10.10.1914]	6. Armee	*Krgl.*
	[10.12.1914]	4. Armee	*Krgl.*
	[05.01.1915]	OHL (in Valenciennes)	*LÜW*
	[01.03.1915]	8. Armee	*DO*
	[03.05.1915]	Essen	*LÜO*
	[27.05.1915]	6. Armee	*DW*
	[21.07.1915 – 21.08.1915]	AGr. Gallwitz	*DO/KW*
	[30.09.1915 – 11.10.1915]	11. Armee	*DW/DO*
	[10.11.1915 – 22.11.1915]	OHL, Karlsruhe	*DW/DO*
	[26.11.1915]	OHL, Düsseldorf	*DW*
	[21.02.1916 – 26.07.1916]	5. Armee	*Krgl.*
	[15.09.1916]	1. Armee	*DW*
	[07.10.1916 – 01.11.1916]	2. Armee	*Üb.Fußa./Krgl.*
	[25.11.1916]	1. Armee	*D.Fußa.*
	[10.12.1916 – 03.02.1917]	2. Armee	*Üb.Fußa./Krgl.*
	[08.02.1917 – 15.02.1917]	1. Armee	*D.Fußa./Krgl.*
	[27.03.1917]	Maubeuge	*D.Fußa.*
	[12.04.1917 – 01.09.1917]	7. Armee	*D.Fußa./Krgl.*
	[05.09.1917 – 01.11.1917]	5. Armee	*D.Fußa./Krgl.*
	[10.11.1917 – 16.11.1917]	1. Armee	*D.Fußa./Krgl.*
	[27.11.1917 – 10.02.1918]	Diedenhofen	*D./Üb.Fußa.*
	[29.03.1918]	17. Armee	*D.Fußa.*
	[07.04.1918 – 07.05.1918]	6. Armee	*D.Fußa./Krgl.*
	[31.05.1918 – 08.06.1918]	18. Armee	*D.Fußa./Krgl.*
	[14.07.1918 – 16.07.1918]	7. Armee	*D.Fußa./Krgl.*
	[28.07.1918 – 10.08.1918]	6. Armee	*D.Fußa./Krgl.*
	[30.08.1918]	Jurbise	*D.Fußa.*
	[13.09.1918 – 12.12.1918]	Ldw.Fußart.Btl. 32	*D.Fußa./FpÜb*
	[18.12.1918 – 22.01.1919]	A.Abt. C	*FpÜb*
Zuteilungen:	25.08.1914 – 07.09.1914	Belag.Korps von Maubeuge	*KW*
	27.09.1914 – 10.10.1914	Belag.Armee von Antwerpen	*KW*
Verbleib:	Mitte Sept. 1918 dem Ldw.Fußart.Btl. 32 angegliedert Ende Jan. 1919 aufgelöst;[1] Abw.Stelle bei Art.Prüf.Komm.		

---

[1] Nicht mehr in FpÜb v. 29.01.1919

Schwere Küsten-Mörser-Batterie Nr. 7

Aufstellung: 27.08.1914 durch Ers.Btl. der Art.Prüf.Komm. in Essen (gem. KM v. 25.08.1914), sogleich mobil

Bewaffnung:
ab Aug. 1914	eine 28 cm Haub. L/12 in Radlafette (mit Dampfpflügen, später Kraftzug)	*Schirmer*
ab Dez. 1916	30,5 cm Mörser	*KTB*
ab März 1917	28 cm Haub. L/12 in Radlafette	*KTB*
ab Aug. 1918	lange schw. Feldh. 13 (mit Kraftzug)	*D.Fußa. 19.08.1918*

Ersatztr.Teil: Ers.Btl./2. Garde-Fußart.Rgt.

Unterstellung:
04.09.1914 – 05.12.1914	A.Abt. Strantz	*KTB*
06.12.1914 – 27.02.1915	Metz	*KTB*
28.02.1915 – 29.03.1915	A.Abt. Strantz	*KTB*
30.03.1915 – 19.04.1915	Metz	*KTB*
20.04.1915 – 19.05.1915	A.Abt. Strantz	*KTB*
20.05.1915 – 23.06.1915	Metz	*KTB*
24.06.1915 – 30.11.1915	A.Abt. Strantz	*KTB*
01.12.1915 – 17.12.1915	Metz	*KTB*
18.12.1915 – 16.01.1916	OHL, Essen	*DW/KTB*
17.01.1916 – 24.01.1916	Lüttich	*KTB*
25.01.1916 – 17.09.1916	5. Armee	*KTB/Krgl.*
18.09.1916 – 10.10.1916	OHL Metz	*DW/KTB*
11.10.1916 – 25.02.1917	1. Armee	*KTB/D.Fußa.*
26.02.1917 – 25.04.1917	OHL Mainz	*KTB/D.Fußa.*
26.04.1917 – 07.06.1917	7. Armee	*KTB/Krgl.*
08.06.1917 – 13.10.1917	5. Armee	*KTB/Krgl.*
14.10.1917 – 21.10.1917	3. Armee	*KTB*
22.10.1917 – 01.01.1918	7. Armee	*KTB/Krgl.*
02.01.1918 – 14.03.1918	Diedenhofen	*KTB/D.Fußa.*
15.03.1918 – 02.05.1918	2. Armee	*KTB/Krgl.*
03.05.1918 – 03.06.1918	7. Armee	*KTB/Krgl.*
04.06.1918 – 07.08.1918	1. Armee	*KTB/Krgl.*
[08.08.1918 – 01.09.1918]	Metz	*KTB/Krgl.*
[13.09.1918 – 12.12.1918]	Ldw.Fußart.Btl. 44	*D.Fußa./Krgl.*

Verbleib: Mitte Sept. 1918 dem Ldw.Fußart.Btl. 44 angegliedert
Mitte Dez. 1918 aufgelöst;[1] Abw.Stelle bei Lehr-Rgt. der Fußart.Schießschule

Quellen: KTB in: Zentralarchiv des russ. Verteidigungs-Ministeriums, Bestand 500, Findbuch 12.519, Akte 63

---

[1] Nicht mehr in FpÜb v. 18.12.1918

Schwere Küsten-Mörser-Batterie Nr. 8

Aufstellung: 04.01. – 25.01.1915 durch Ers.Btl. der Art.Prüf.Komm. in Essen (gem. KM v. 03.01.1915), sogleich mobil

Bewaffnung:
ab Jan. 1915	eine 28 cm Haub. L/14 (zerlegbar) in Radlafette (mit Motorpflügen)	*Schirmer*
ab 18.12.1916	schw. 15 cm Kan. (Kraftzug)	*KTB/D.Fußa. 31.12.1916*
ab 24.03.1917	28 cm Haub.	*KTB/D.Fußa. 27.03.1917*
ab 25.05.1917	17 cm Schnelllade-Kan.	*KTB*
ab 12.07.1917	28 cm Haub.	*KTB*
ab 08.12.1917	schw. 12 cm Kan.	*KTB/D.Fußa. 15.12.1917*
ab 13.03.1918	28 cm Haub.	*KTB/Krgl. 04.04.1918*
ab Aug. 1918	lange schw. Feldh. 13 (mit Kraftzug)	*D.Fußa. 19.08.1918*

Ersatztr.Teil: Ers.Btl./Fußart.Rgt. 3, seit 01.01.1918: Ers.Btl. der Art.Prüf.Komm.

Unterstellung:
04.01.1915 – 21.02.1915	OHL, Essen	*KTB*
26.02.1915 – 20.03.1915	11. Ldw.Div. (8. Armee)	*KTB/DO*
21.03.1915 – 12.05.1915	OHL, Nakel (Netze)	*KTB/DW*
13.05.1915 – 29.06.1915	11. Armee	*KTB/DO*
30.06.1915 – 21.07.1915	OHL, Essen u. Posen	*KTB*
22.07.1915 – 28.07.1915	9. Armee	*KTB*
29.07.1915 – 30.07.1915	8. Armee	*KTB*
31.07.1915 – 24.08.1915	10. Armee	*KTB/DO*
25.08.1915 – 21.09.1915	OHL, Essen	*KTB*
22.09.1915 – 01.11.1915	11. Armee	*KTB/Krgl.*
02.11.1915 – 19.01.1916	OHL, Mannheim	*KTB/DO*
20.01.1916 – 11.10.1916	5. Armee	*KTB/Krgl.*
12.10.1916 – 13.12.1916	1. Armee	*KTB/Krgl.*
14.12.1916 – 28.01.1917	OHL, Mainz	*KTB/D.Fußa.*
29.01.1917 – 19.02.1917	A.Abt. B	*KTB/Krgl.*
20.02.1917 – 04.04.1917	OHL, Mainz	*KTB/D.Fußa.*
05.04.1917 – 27.04.1917	7. Armee	*KTB/D.Fußa.*
28.04.1917 – 01.06.1917	OHL, Köln	*KTB*
02.06.1917 – 28.06.1917	7. Armee	*KTB*
29.06.1917 – 16.07.1917	OHL, Köln	*KTB/D.Fußa.*
17.07.1917 – 21.02.1918	4. Armee	*KTB/Krgl.*
22.02.1918 – 08.03.1918	Jurbise	*KTB/D.Fußa.*
[09.03.1918 – 13.04.1918]	17. Armee	*KTB/Krgl.*
[18.04.1918]	2. Armee	*D.Fußa.*
[10.05.1918 – 01.06.1918]	7. Armee	*Krgl.*
[02.06.1918 – 14.07.1918]	1. Armee	*Krgl./D.Fußa.*
[28.07.1918 – 01.10.1918]	3. Armee	*D.Fußa./FpÜb*
[13.09.1918 – 04.12.1918]	Ldw.Fußart.Btl. 43	*D.Fußa./FpÜb*

Verbleib: ab Anf. Dez. 1918 in Kummersdorf, Mitte Jan. 1919 aufgelöst[1] Abw.Stelle bei Art.Prüf.Komm.

Quellen: KTB in: Zentralarchiv des russ. Verteidigungs-Ministeriums, Bestand 500, Findbuch 12.519, Akte 107

---

[1] FpÜb v. 12.12.1918 – 22.01.1919

Schwere Küsten-Mörser-Batterie Nr. 9

Aufstellung:	07.05.1916 durch Gouv. Köln (gem. KM v. 07.05.1916), sogleich mobil		
Bewaffnung:	ab Mai 1916	ein 30,5 cm Mörser L/8 (mit Dampfpflug-Lokomotiven)[1]	*Schirmer/KM v. 07.05.1916*
	ab März 1918	zwei 30,5 cm Mörser L/8	*KM v. 01.03.1918*[2]
	ab Aug. 1918	lange schw. Feldh. 13 (mit Kraftzug)	*D.Fußa. 19.08.1918*
Ersatztr.Teil:	Ers.Btl./2. Garde-Fußart.Rgt.		
Unterstellung:	[19.06.1916]	OHL, Valenciennes	*DW*
	[02.07.1916]	OHL, Namur	*DW*
	[12.07.1916 – 20.03.1917]	2. Armee	*DW/Krgl.*
	[12.04.1917]	OHL Namur	*D.Fußa.*
	[15.04.1917]	3. Armee	*Krgl.*
	[21.04.1917 – 23.07.1917]	1. Armee	*D.Fußa./Krgl.*
	[07.08.1917 – 14.02.1918]	252. Inf.Div.	*KW*
	[24.02.1918]	HGr. Dt. Kronprinz	*D.Fußa.*
	[01.03.1918 – 21.03.1918]	18. Armee	*Krgl.*
	[29.03.1918 – 22.04.1918]	7. Armee	*D.Fußa./Krgl.*
	[26.04.1918 – 12.05.1918]	18. Armee	*D.Fußa./Krgl.*
	[31.05.1918]	4. Armee	*D.Fußa.*
	[19.06.1918 – 14.07.1918]	1. Armee	*D.Fußa./Krgl.*
	[28.07.1918 – 01.09.1918]	Metz	*D.Fußa./Krgl.*
	[13.09.1918 – 18.12.1918]	Ldw.Fußart.Btl. 48	*D.Fußa./FpÜb*
Verbleib:	Mitte Sept. 1918 dem Ldw.Fußart.Btl. 48 angegliedert		
	ab Ende Dez. 1918 in Chemnitz, März 1919 (?) aufgelöst[3]		
	Abw.Stelle bei Fußart.Rgt. 7		

Schwere Küsten-Mörser-Batterie Nr. 10

Aufstellung:	07.05.1916 durch Gouv. Köln (gem. KM v. 07.05.1916), sogleich mobil		
Bewaffnung:	ab Mai 1916	ein 30,5 cm Mörser L/8 (mit Dampfpflug-Lokomotiven)[4]	*Schirmer KM v. 07.05.1916*
	ab Mai 1917	9 cm Kan.	*Krgl. 10.06.1917*
Ersatztr.Teil:	Ers.Btl./2. Garde-Fußart.Rgt.		
Unterstellung:	[19.06.1916 – 01.08.1916]	5. Armee	*DW/Krgl.*
	[01.09.1916]	OHL Metz	*Krgl.*
	[09.10.1916 – 01.03.1917]	2. Armee[5]	*D.Fußa./Krgl.*
	[12.04.1917 – 11.08.1917]	A.Abt. B	*D.Fußa./Krgl.*
Verbleib:	21.10.1917 umgewandelt in 13. Bttr./2. Garde-Res.Fußart.Rgt.		

---

[1] KM Nr. 774/16 geh. A 5. BA-MA, PH 3/1848, Bl. 80
[2] KM Nr. 403.18 geh. A 5. BA-MA, PH 3/1239, Bl. 206 ff.
[3] FpÜb v. 28.12.1918 – 12.03.1919
[4] KM Nr. 774/16 geh. A 5. BA-MA, PH 3/1848, Bl. 80
[5] In Krgl. abweichend erst ab 03.02.1917

Sonderkommandos (Marineformationen)

Als die OHL Ende 1914 Geschütze mit einer Reichweite von über 30 km für eine Beschießung von Zielen weit hinter der Front forderte, wurden von der Firma Krupp Schiffsgeschütze von 38 cm Kaliber mit entsprechenden Gerüsten bereitgestellt. Zunächst auf Beton- und Eisenbettungen angewiesen, wurden einige 38 cm-Schnellladekanonen L/45 seit 1917 auch zu Eisenbahn- und Bettungsgeschützen umgebaut. Für jede der sechs seit 1915 gelieferten 38 cm-Kanonen stellte die Marine die Bedienungsmannschaften in Form eines „Sonderkommandos" in einer Stärke von durchschnittlich 1–3 Offizieren und 90 Mann bereit. Anfangs nach ihren Führern benannten, wurden sie Ende 1917 in die Sonderkomandos Nr. 5000–5009 umbezeichnet, blieben aber Marineformationen. Im Juni 1918 erfolgte schließlich ihre Umbenennung in Fußartillerie-Batterie Nr. 1112–1120.[1]

Sonderkommando Nr. 5000

Aufstellung:	19.12.1917 bei 7. Armee (gem. OHL v. 19.12.1917) durch Umbenennung des Marine-Abt.Stabes Schulte; Stab in Stärke von 4 Offz. u. 14 Mann, unterstellt die Sonderkdos. 5004, 5006 u. 5007
Bewaffnung:	–
Ersatztr.Teil:	II. Matrosen-Art.Abt. (Wilhelmshaven)
Unterstellung:	[19.12.1917 – 19.06.1918] 7. Armee *Krgl.*
Verbleib:	19.06.1918 umgewandelt in Fußart.Btl.Stab 1100

Sonderkommando Nr. 5001

Aufstellung:	19.12.1917 bei 6. Armee (gem. OHL v. 19.12.1917) durch Umbenennung des Marine-Sonderkdo. A (Falkenried)
Bewaffnung:	38 cm Schnelllade-Kan. L/45
Ersatztr.Teil:	II. Matrosen-Art.Abt. (Wilhelmshaven)
Unterstellung:	19.12.1917 – 19.06.1918 6. Armee *Ehret/Krgl.*
Verbleib:	19.06.1918 umgewandelt in Fußart.Bttr. 1117

Sonderkommando Nr. 5002

Aufstellung:	19.12.1917 bei 7. Armee (gem. OHL v. 19.12.1917) durch Umbenennung des Marine-Sonderkdo. C (Loßnitzer 2)
Bewaffnung:	38 cm Schnelllade-Kan. L/45
Ersatztr.Teil:	II. Matrosen-Art.Abt. (Wilhelmshaven)
Unterstellung:	[19.12.1917] 7. Armee *Ehret* 24.12.1917 – 19.06.1918 6. Armee *Ehret/Krgl.*
Verbleib:	19.06.1918 umgewandelt in Fußart.Bttr. 1118

---

[1] Ehret/Schalich, S. 56–81

Sonderkommando Nr. 5003

Aufstellung:	19.12.1917 bei 7. Armee (gem. OHL v. 19.12.1917) durch Umbenennung des Marine-Sonderkdo. 3 (Schulte 1)
Bewaffnung:	38 cm Schnelllade-Kan. L/45
Ersatztr.Teil:	II. Matrosen-Art.Abt. (Wilhelmshaven)

Unterstellung:	[01.01.1918]	2. Armee	*Krgl.*
	[01.03.1918]	18. Armee	*Krgl.*
	[09.04.1918 – 15.06.1918]	6. Armee	*Krgl.*

Verbleib:	19.06.1918 umgewandelt in Fußart.Bttr. 1116

Sonderkommando Nr. 5004

Aufstellung:	19.12.1917 bei 7. Armee (gem. OHL v. 19.12.1917) durch Umbenennung des Marine-Sonderkdo. Schulte 2
Bewaffnung:	38 cm Schnelllade-Kan. L/45
Ersatztr.Teil:	I. Matrosen-Art.Abt. (Friedrichsort bei Kiel)
Unterstellung:	[19.12.1917 – 19.06.1918] 7. Armee *Krgl.*
Verbleib:	19.06.1918 umgewandelt in Fußart.Bttr. 1112

Sonderkommando Nr. 5005

Aufstellung:	19.12.1917 bei 2. Armee (gem. OHL v. 19.12.1917) durch Umbenennung des Marine-Sonderkdo. 5 (Schulte 3)
Bewaffnung:	38 cm Schnelllade-Kan. L/45
Ersatztr.Teil:	II. Matrosen-Art.Abt. (Wilhelmshaven)

Unterstellung:	[04.01.1918]	2. Armee	*Krgl.*
	[08.02.1918 – 24.04.1918]	17. Armee	*Krgl./AB*
	[18.06.1918 – 19.06.1918]	2. Armee	*Krgl./AB*

Verbleib:	19.06.1918 umgewandelt in Fußart.Bttr. 1120

Sonderkommando Nr. 5006

Aufstellung:	19.12.1917 bei 7. Armee (gem. OHL v. 19.12.1917) durch Umbenennung des Marine-Sonderkdo. der A.Abt. A (Loßnitzer 1)
Bewaffnung:	38 cm Schnelllade-Kan. L/45
Ersatztr.Teil:	II. Matrosen-Art.Abt. (Wilhelmshaven)

Unterstellung:	[01.01.1918 – 03.05.1918]	7. Armee	*Krgl.*
	[03.05.1918 – 19.06.1918]	18. Armee	*Krgl.*

Verbleib:	19.06.1918 umgewandelt in Fußart.Bttr. 1119

Sonderkommando Nr. 5007

Aufstellung:	Dez. 1917 durch I. Matrosen-Art.Abt., gem. OHL v. 19.12.1917 bezeichnet als Sonderkdo. 5007
Bewaffnung:	38 cm Schnelllade-Kan. L/45
Ersatztr.Teil:	I. Matrosen-Art.Abt. (Friedrichsort bei Kiel)
Unterstellung:	[17.01.1918 – 19.06.1918]　　　7. Armee　　　　　　　　*Krgl.*
Verbleib:	19.06.1918 umgewandelt in Fußart.Bttr. 1113

Sonderkommando Nr. 5008

Aufstellung:	1915 (?) durch Marine-Luftabwehr-Abt. als Flakzug des Sonderkdo. Schulte, gem. OHL v. 19.12.1917 umbenannt in Sonderkdo. 5008
Bewaffnung:	8,8 cm Schnelllade-Kan. L/45 (Marineflak)
Ersatztr.Teil:	Marine-Luftabwehr-Abt. (Cuxhaven)
Unterstellung:	[14.06.1918 – 19.06.1918]　　　7. Armee　　　　　　　　*Krgl.*
Verbleib:	19.06.1918 umgewandelt in Fußart.Bttr. 1114

Sonderkommando Nr. 5009

Aufstellung:	1915 (?) durch Marine-Luftabwehr-Abt. als Flakzug des Sonderkdo. 5, gem. OHL v. 19.12.1917 umbenannt in Sonderkdo. 5009
Bewaffnung:	8,8 cm Schnelllade-Kan. L/45 (Marineflak)
Ersatztr.Teil:	Marine-Luftabwehr-Abt. (Cuxhaven)
Unterstellung:	[14.06.1918 – 19.06.1918]　　　7. Armee　　　　　　　　*Krgl.*
Verbleib:	19.06.1918 umgewandelt in Fußart.Bttr. 1115

Überplanmäßige Fußartillerie-Batterien für Festungen

Als Ergänzung zum Mob.Plan legte das KM am 28.10.1913 in den Mobilmachungsbestimmungen für 1914/15 fest, dass in den größeren Festungen überplanmäßige Fußartillerie-Batterien aufzustellen seien:[1]

I. AK	Königsberg	8 Bttr.	XVI. AK	Metz	10 Bttr.
V. AK	Posen	4 Bttr.	XVI. AK	Diedenhofen	1 Bttr.
VII. AK	Köln	6 Bttr.	XVII. AK	Thorn	7 Bttr.
XV. AK	Straßburg	7 Bttr.	XVIII. AK	Mainz	1 Bttr.
XV. AK	Neubreisach	3 Bttr.			

Die Aufstellung erfolgte durch das jeweilige Fußartillerie-Ersatz-Bataillon in der Festung mit einem besonderen Etat für unbespannte Batterien:

Überplanmäßige Fußartillerie-Batterie 1914	
1	Batterieführer
2	Leutnants
1	Feldwebel
1	Vizefeldwebel
16	Unteroffiziere
28	Gefreite
103	Gemeine
1	Sanitätsunteroffizier
Gesamtstärke: 3 Offz., 150 Unteroffz. u. Mannsch.	

Zumeist wurden die Batterien nach dem aufstellenden Regiment, manchmal auch nur nach der Festung benannt. 1915 kamen noch einige überplanmäßige Batterien dazu. Sobald die Festungen als nicht mehr bedroht galten, rückten auch die überplanmäßigen Batterien ins Feld. Im Herbst 1915 wurden sie in reguläre Fußartillerie-Batterien umgewandelt.

I. AK: Königsberg

1. überplanmäßige Batterie/Fußartillerie-Regiment Nr. 1
(auch überpl. Fußart.Bttr. 1 Königsberg genannt)

Aufstellung: 02.08.1914 durch Gouv. Königsberg (gem. Mob.Plan), mobil seit 23.02.1915
Bewaffnung: 9 cm Kan.
Ersatztr.Teil: 1. Ers.Btl./Fußart.Rgt. 1
Unterstellung: [26.06.1915 – 01.08.1915] Njemen-Armee *DO/Krgl.*
[06.08.1915 – 01.03.1916] Gouv. Libau *Krgl./LÜO*
Verbleib: 01.03.1916 aufgegangen in die Fußart.Bttr. 144 u. 145

---

[1] KM MJ Nr. 5139/13 A 1. KA, MKr 1612, Prod. 23

2. überplanmäßige Batterie/Fußartillerie-Regiment Nr. 1
(auch überpl. Fußart.Bttr. 2 Königsberg genannt)

Aufstellung:	02.08.1914 durch Gouv. Königsberg (gem. Mob.Plan), mobil seit 23.02.1915		
Bewaffnung:	schw. 12 cm Kan.		
Ersatztr.Teil:	1. Ers.Btl./Fußart.Rgt. 1		
Unterstellung:	[26.06.1915 – 09.12.1915]	Njemen-Armee	*DO/Krgl.*
	[15.01.1916 – 01.03.1916]	A.Abt. Scholtz	*LÜO*
Verbleib:	01.03.1916 aufgegangen in die Fußart.Bttr. 677		

3. überplanmäßige Batterie/Fußartillerie-Regiment Nr. 1
(auch überpl. Fußart.Bttr. 3 Königsberg genannt)

Aufstellung:	02.08.1914 durch Gouv. Königsberg (gem. Mob.Plan), mobil seit 23.02.1915		
Bewaffnung:	schw. 12 cm Kan.		
Ersatztr.Teil:	1. Ers.Btl./Fußart.Rgt. 1		
Unterstellung:	[26.06.1915 – 09.12.1915]	Njemen-Armee	*Krgl./DO*
	[15.01.1916 – 01.03.1916]	8. Armee	*LÜO*
Verbleib:	01.03.1916 aufgegangen in die Fußart.Bttr. 714		

4. überplanmäßige Batterie/Fußartillerie-Regiment Nr. 1
(auch überpl. Fußart.Bttr. 4 Königsberg genannt)

Aufstellung:	02.08.1914 durch Gouv. Königsberg (gem. Mob.Plan), mobil seit 23.02.1915		
Bewaffnung:	9 cm Kan.		
Ersatztr.Teil:	1. Ers.Btl./Fußart.Rgt. 1		
Unterstellung:	[03.09.1915]	XXXX. Res.Korps	*DO*
	[22.10.1915]	10. Armee	*DO*
	[29.10.1915 – 15.01.1916]	Gouv. Kowno	*DO/LÜO*
Verbleib:	01.02.1916 aufgegangen in die Fußart.Bttr. 656		

5. überplanmäßige Batterie/Fußartillerie-Regiment Nr. 1
(auch überpl. Fußart.Bttr. 5 Königsberg genannt)

Aufstellung:	02.08.1914 durch Gouv. Königsberg (gem. Mob.Plan), mobil seit 23.02.1915		
Bewaffnung:	9 cm Kan.		
Ersatztr.Teil:	1. Ers.Btl./Fußart.Rgt. 1		
Unterstellung:	[09.10.1914 – 15.12.1914]	Truppenkdo. Tilsit	*KW*
	[22.02.1915 – 01.05.1915]	Ldw.Div. Königsberg	*LÜO/Krgl.*
	[03.05.1915 – 03.09.1915]	77. Res.Div.	*LÜO/DO*
	[27.09.1915 – 29.10.1915]	Gouv. Kowno	*DO*
	[20.11.1915 – 09.12.1915]	XXXX. Res.Korps	*Krgl./DO*
	[01.01.1916]	89. Inf.Div.	*LÜO*
Verbleib:	01.01.1916 aufgegangen in die Fußart.Bttr. 651		

6. überplanmäßige Batterie/Fußartillerie-Regiment Nr. 1
(auch überpl. Fußart.Bttr. 6 Königsberg und Fußart.Bttr. Glodschei genannt)

Aufstellung:	02.08.1914 durch Gouv. Königsberg (gem. Mob.Plan), mobil seit 23.02.1915		
Bewaffnung:	9 cm Kan.		
Ersatztr.Teil:	1. Ers.Btl./Fußart.Rgt. 1		
Unterstellung:	[03.05.1915 – 03.09.1915]	77. Res.Div.	*LÜO/DO*
	[27.09.1915 – 29.10.1915]	Gouv. Kowno	*DO*
	[20.11.1915 – 15.01.1916]	XXXX. Res.Korps	*Krgl./LÜO*
Verbleib:	01.02.1916 aufgegangen in die Fußart.Bttr. 655		

7. überplanmäßige Batterie/Fußartillerie-Regiment Nr. 1
(auch überpl. Fußart.Bttr. 7 Königsberg genannt)

Aufstellung:	02.08.1914 durch Gouv. Königsberg (gem. Mob.Plan), mobil seit 23.02.1915		
Bewaffnung:	9 cm Kan.		
Ersatztr.Teil:	1. Ers.Btl./Fußart.Rgt. 1		
Unterstellung:	[03.09.1915]	XXXX. Res.Korps	*DO*
	[22.10.1915]	10. Armee	*DO*
	[29.10.1915 – 20.11.1915]	Gouv. Kowno	*DO/Krgl.*
	[09.12.1915]	XXXX. Res.Korps	*DO*
	[15.01.1916 – 01.03.1916]	A.Abt. Scholtz	*LÜO*
Verbleib:	01.03.1916 aufgegangen in die Fußart.Bttr. 676		

8. überplanmäßige Batterie/Fußartillerie-Regiment Nr. 1
(auch überpl. Fußart.Bttr. 8 Königsberg sowie 9 cm Kan.Bttr. Lüddemann u. Treutler genannt)

Aufstellung:	02.08.1914 durch Gouv. Königsberg (gem. Mob.Plan)		
Bewaffnung:	9 cm Kan.		
Ersatztr.Teil:	1. Ers.Btl./Fußart.Rgt. 1		
Unterstellung:	[01.12.1914 – 22.02.1915]	Truppenkdo. Tilsit	*KW/LÜO*
	[07.03.1915 – 16.03.1915]	Truppenabt. Esebeck	*DO/Krgl.*
	[03.05.1915]	halb Truppenkdo. Tilsit	*LÜO*
		halb Abt. Lenski	*LÜO*
	[06.07.1915]	Gouv. Libau	*DO*
	[03.09.1915]	halb Truppenkdo. Tilsit	*DO*
		halb Gouv. Libau	*DO*
	[30.09.1915]	182. gem. Ldw.Brig.	*DO*
	[11.12.1915 – 15.01.1916]	6. Ldw.Brig.	*Krgl./LÜO*
Verbleib:	01.03.1916 aufgegangen in die Fußart.Bttr. 146		

9. überplanmäßige Batterie der Festung Königsberg
ab Juni 1915: überplanmäßige Fußartillerie-Batterie 8 (Königsberg)
(auch Fußart.Bttr. Ruppel genannt)

Aufstellung:	Frühjahr 1915 (?) durch Gouv. Königsberg		
Bewaffnung:	9 cm Kan.		
Ersatztr.Teil:	Ers.Btl./Fußart.Rgt. 1		
Unterstellung:	[26.06.1915 – 06.11.1915]	Truppenabt. Esebeck	*Krgl./KW*
	[06.11.1915 – 15.01.1916]	17. Ldw.Div.	*LÜO*
Verbleib:	01.02.1916 umgewandelt in Fußart.Bttr. 140		

1. u. 2. fahrende Fußartillerie-Batterie Königsberg (überplanmäßig)

Aufstellung:	Mai 1915 (?) durch Gouv. Königsberg[1]		
Bewaffnung:	9 cm Kan.		
Ersatztr.Teil:	1. Ers.Btl./Fußart.Rgt. 1		
Unterstellung:	[03.05.1915 – 02.11.1915]	Ldw.Div. Königsberg	*LÜO/Krgl.*
Verbleib:	02.11.1915 umgewandelt in 7. u. 8. Bttr./Feldart.Rgt. 101		

V. AK: Posen

1. – 4. überplanmäßige Batterie/Fußartillerie-Regiment Nr. 5
(auch 1.–4. überpl. Fußart.Btt. Posen genannt)

Aufstellung:	02.08.1914 durch Gouv. Posen (gem. Mob.Plan), blieben immobil
Ersatztr.Teil:	Ers.Btl./Fußart.Rgt. 5
Unterstellung:	Gouv. Posen
Verbleib:	01.09.1915 aufgegangen in die Fußart.Bttr. 437 – 439 u. 443 – 446

VI. AK: Breslau

1. überplanmäßige Batterie/Fußartillerie-Regiment Nr. 6
(auch überpl. 9 cm Kanonen-Bttr. Breslau 1 genannt)

Aufstellung:	17.04.1915 durch Ers.Btl./Fußart.Rgt. 6 (gem. Oberost v. 17.04.1915)		
Bewaffnung:	9 cm Kan.		
Ersatztr.Teil:	Ers.Btl./Fußart.Rgt. 6		
Unterstellung:	[03.05.1915 – 01.09.1915]	Ldw.Div. Bredow	*LÜO/DO*
Verbleib:	01.09.1915 umgewandelt in Fußart.Bttr. 451		

---

[1] Nicht in der Üb.Beh.u.Tr.

2. überplanmäßige Batterie/Fußartillerie-Regiment Nr. 6
(auch überpl. 9 cm Kanonen-Bttr. Breslau 2 genannt)

Aufstellung:	17.04.1915 durch Ers.Btl./Fußart.Rgt. 6 (gem. Ob.Ost v. 17.04.1915)		
Bewaffnung:	9 cm Kan.		
Ersatztr.Teil:	Ers.Btl./Fußart.Rgt. 6		
Unterstellung:	[03.05.1915 – 01.09.1915]	Ldw.Div. Bredow	*LÜO/DO*
Verbleib:	01.09.1915 umgewandelt in Fußart.Bttr. 452		

VII. AK: Köln

1. überplanmäßige Batterie/Fußartillerie-Regiment Nr. 7
(auch überpl. Fußart.Bttr. 1 Köln genannt)

Aufstellung:	02.08.1914 durch Gouv. Köln (gem. Mob.Plan)		
Bewaffnung:	Festungs-Geschütze, schw. Feldh. u. 9 cm Kan.		
Ersatztr.Teil:	Ers.Btl./Fußart.Rgt. 7		
Unterstellung:	[05.01.1915 – 01.09.1915]	Gouv. Namur	*LÜW/DW*
Verbleib:	01.09.1915 umgewandelt in Fußart.Bttr. 387		

2. überplanmäßige Batterie/Fußartillerie-Regiment Nr. 7
(auch überpl. Fußart.Bttr. 2 Köln genannt)

Aufstellung:	02.08.1914 durch Gouv. Köln (gem. Mob.Plan)		
Ersatztr.Teil:	Ers.Btl./Fußart.Rgt. 7		
Unterstellung:	[05.01.1915 – 01.08.1915]	Gen.Gouv. Belgien	*LÜW*
	[31.08.1915]	Gouv. Antwerpen	*DW*
Verbleib:	01.09.1915 umgewandelt in Fußart.Bttr. 385		

3. überplanmäßige Batterie/Fußartillerie-Regiment Nr. 7
(auch überpl. Fußart.Bttr. 3 Köln genannt)

Aufstellung:	02.08.1914 durch Gouv. Köln (gem. Mob.Plan)		
Bewaffnung:	Festungs-Geschütze, schw. Feldh. u. 9 cm Kan.		
Ersatztr.Teil:	Ers.Btl./Fußart.Rgt. 7		
Unterstellung:	[09.08.1915 – 01.09.1915]	Gouv. Namur	*LÜW*
Verbleib:	01.09.1915 umgewandelt in Fußart.Bttr. 388		

4. überplanmäßige Batterie/Fußartillerie-Regiment Nr. 7
(auch überpl. Fußart.Bttr. 4 Köln genannt)

Aufstellung:	02.08.1914 durch Gouv. Köln (gem. Mob.Plan)
Bewaffnung:	franz. 90 mm Kan.
Ersatztr.Teil:	Ers.Btl./Fußart.Rgt. 7
Unterstellung:	[05.01.1915 – 20.03.1915] Gen.Gouv. Belgien *LÜW*
	[09.08.1915 – 01.09.1915] Maubeuge *LÜW*
Verbleib:	01.09.1915 umgewandelt in Fußart.Bttr. 386

5. überplanmäßige Batterie/Fußartillerie-Regiment Nr. 7
(auch überpl. Fußart.Bttr. 5 Köln genannt)

Aufstellung:	02.08.1914 durch Gouv. Köln (gem. Mob.Plan)
Bewaffnung:	Festungs-Geschütze
Ersatztr.Teil:	Ers.Btl./Fußart.Rgt. 7
Unterstellung:	[05.01.1915 – 01.09.1915] Gouv. Lüttich *LÜW*
Verbleib:	01.09.1915 umgewandelt in Fußart.Bttr. 382

6. überplanmäßige Batterie/Fußartillerie-Regiment Nr. 7
(auch überpl. Fußart.Bttr. 6 Köln genannt)

Aufstellung:	02.08.1914 durch Gouv. Köln (gem. Mob.Plan)
Bewaffnung:	9 cm Kan.
Ersatztr.Teil:	Ers.Btl./Fußart.Rgt. 7
Unterstellung:	[05.01.1915 – 01.09.1915] Gouv. Lüttich *LÜW*
Verbleib:	01.09.1915 umgewandelt in Fußart.Bttr. 383

XV. AK: Straßburg

1. – 3. überplanmäßige Batterie/Fußartillerie-Regiment Nr. 10
(auch überpl. Fußart.Bttr. 1 – 3 Straßburg genannt)

Aufstellung:	02.08.1914 durch Ers.Btl./Fußart.Rgt. 10 in Straßburg (gem. Mob.Plan)
Bewaffnung:	9 cm Kan.
Ersatztr.Teil:	Ers.Btl./Fußart.Rgt. 10
Unterstellung:	Aug. 1914 – 01.09.1915 A.Abt. Falkenhausen *Üb.Beh.u.Tr.*
Verbleib:	01.09.1915 umgewandelt in Fußart.Bttr. 392, 393, 394 u. 395

1. – 3. überplanmäßige Batterie/Fußartillerie-Regiment Nr. 14

Aufstellung:	02.08.1914 durch Ers.Btl./Fußart.Rgt. 14 in Straßburg (gem Mob.Plan), blieben immobil (?)
Ersatztr.Teil:	Ers.Btl./Fußart.Rgt. 14
Unterstellung:	Gouv. Straßburg
Verbleib:	1915 (?) zu Ers.Btl./Fußart.Rgt. 10 übergetreten

4. überplanmäßige Batterie/Fußartillerie-Regiment Nr. 14
(auch überpl. Fußart.Bttr. 4 Straßburg genannt)

Aufstellung:	02.08.1914 durch Ers.Btl./Fußart.Rgt. 14 in Straßburg (gem. Mob.Plan)
Ersatztr.Teil:	Ers.Btl./Fußart.Rgt. 14
Unterstellung:	[27.06.1915 – 01.09.1915] A.Abt. Falkenhausen *Krgl.*
Verbleib:	01.09.1915 umgewandelt in Fußart.Bttr. 396

5. überplanmäßige Batterie/Fußartillerie-Regiment Nr. 14
(auch überpl. Fußart.Bttr. 5 Straßburg und Fußart.Bttr. Donon genannt)

Aufstellung:	02.08.1914 durch Ers.Btl./Fußart.Rgt. 14 in Straßburg (gem. Mob.Plan)
Ersatztr.Teil:	Ers.Btl./Fußart.Rgt. 14
Unterstellung:	[27.06.1915] A.Abt. Falkenhausen *Krgl.*
Verbleib:	01.11.1915 umgewandelt in Fußart.Bttr. 400, Teile zu Fußart.Bttr. 513

6. überplanmäßige Batterie/Fußartillerie-Regiment Nr. 14
(auch überpl. Fußart.Bttr. 6 Straßburg genannt)

Aufstellung:	02.08.1914 durch Ers.Btl./Fußart.Rgt. 14 in Straßburg (gem. Mob.Plan)
Ersatztr.Teil:	Ers.Btl./Fußart.Rgt. 14
Unterstellung:	[27.06.1915] A.Abt. Falkenhausen *Krgl.*
Verbleib:	20.10.1915 umgewandelt in Fußart.Bttr. 401, Teile zu Fußart.Bttr. 400 u. 513

7. überplanmäßige Batterie/Fußartillerie-Regiment Nr. 14
(auch überpl. Fußart.Bttr. 7 Straßburg genannt)

Aufstellung:	02.08.1914 durch Ers.Btl./Fußart.Rgt. 14 in Straßburg (gem. Mob.Plan)
Ersatztr.Teil:	Ers.Btl./Fußart.Rgt. 14
Unterstellung:	Gouv. Straßburg
Verbleib:	16.10.1915 umgewandelt in Fußart.Bttr. 513, Teile zu Fußart.Bttr. 400

XV. AK: Neubreisach

8. – 10. überplanmäßige Batterie des II. Btl./Fußartillerie-Rgt. Nr. 13

Aufstellung:	02.08.1914 durch Ers.Btl./Fußart.Rgt. 13 in Neubreisach (gem. Mob.Plan)
Ersatztr.Teil:	Ers.Btl./Fußart.Rgt. 13
Unterstellung:	[04.02.1915 – 20.03.1915] A.Abt. Gaede *DW/LÜW*
10. Bttr.	27.08.1914 – 27.01.1915 51. Ldw.Brig. *KW*
Verbleib:	01.09.1915 aufgelöst und zur Bildung der Fußart.Bttr. 422 verwendet (gem. KM v. 31.08.1915)

11. überplanmäßige Batterie des II. Btl./Fußartillerie-Regiment Nr. 13

Aufstellung: 1915 (?) durch Kdtr. Neubreisach[1]
Ersatztr.Teil: Ers.Btl./Fußart.Rgt. 13
Unterstellung: Kdtr. Neubreisach
Verbleib: 13.01.1916 umgewandelt in 2. Bttr./Fußart.Btl. 25

XVI. AK: Metz

Überplanmäßige Batterie A der Festung Metz
(auch 1. überpl. Bttr. Metz genannt)

Aufstellung: 02.08.1914 durch Gouv. Metz (gem. Mob.Plan)
Ersatztr.Teil: 2. Ers.Abt./Feldart.Rgt. 33/34
Unterstellung: Gouv. Metz
Verbleib: 01.09.1915 umgewandelt in Fußart.Bttr. 414

Überplanmäßige Batterie B der Festung Metz
(auch 2. überpl. Bttr. Metz u. Fußart.Bttr. Hueveler genannt)

Aufstellung: 02.08.1914 durch Gouv. Metz (gem. Mob.Plan)
Ersatztr.Teil: 2. Ers.Abt./Feldart.Rgt. 33/34
Unterstellung: Gouv. Metz
Verbleib: 01.09.1915 umgewandelt in Fußart.Bttr. 415

Überplanmäßige Batterie C der Festung Metz
(auch 3. überpl. Bttr. Metz genannt)

Aufstellung: 02.08.1914 durch Gouv. Metz (gem. Mob.Plan)
Ersatztr.Teil: –
Unterstellung: [05.01.1915 – 31.08.1915]   Gouv. Lille   *LÜW/DW*
Verbleib: 01.09.1915 umgewandelt in Fußart.Bttr. 378

Überplanmäßige Batterie D der Festung Metz
(auch 4. überpl. Bttr. Metz genannt)

Aufstellung: 02.08.1914 durch Gouv. Metz (gem. Mob.Plan)
Ersatztr.Teil: 2. Ers.Abt./Feldart.Rgt. 33/34
Unterstellung: Gouv. Metz
Verbleib: 01.09.1915 umgewandelt in Fußart.Bttr. 416

---

[1] Nicht in Üb.Beh.u.Tr.

Überplanmäßige Batterie E der Festung Metz
(auch 5. überpl. Bttr. Metz u. Fußart.Bttr. Ritter genannt)

Aufstellung:	02.08.1914 durch Gouv. Metz (gem. Mob.Plan)		
Ersatztr.Teil:	–		
Unterstellung:	[05.01.1915 – 31.08.1915]	Gouv. Lille	*LÜW/DW*
Verbleib:	01.09.1915 umgewandelt in Fußart.Bttr. 379		

Überplanmäßige Batterie F der Festung Metz
(auch 6. überpl. Bttr. Metz genannt)

Aufstellung: 02.08.1914 durch Gouv. Metz (gem. Mob.Plan)
Ersatztr.Teil: 2. Ers.Abt./Feldart.Rgt. 33/34
Unterstellung: Gouv. Metz
Verbleib: 01.09.1915 umgewandelt in Fußart.Bttr. 417

Überplanmäßige Batterie G der Festung Metz
(auch 7. überpl. Bttr. Metz u. Fußart.Bttr. Kluempen bzw. Schiele genannt)

Aufstellung: 02.08.1914 durch Gouv. Metz (gem. Mob.Plan)
Ersatztr.Teil: 2. Ers.Abt./Feldart.Rgt. 33/34
Unterstellung: Gouv. Metz
Verbleib: 01.09.1915 umgewandelt in Fußart.Bttr. 418

Überplanmäßige Batterie H der Festung Metz
(auch 8. überpl. Bttr. Metz genannt)

Aufstellung: 02.08.1914 durch Gouv. Metz (gem. Mob.Plan)
Ersatztr.Teil: 2. Ers.Abt./Feldart.Rgt. 33/34
Unterstellung: Gouv. Metz
Verbleib: 01.09.1915 umgewandelt in Fußart.Bttr. 419

Überplanmäßige Batterie J der Festung Metz
(auch 9. überpl. Bttr. Metz genannt)

Aufstellung: 02.08.1914 durch Gouv. Metz (gem. Mob.Plan)
Ersatztr.Teil: 2. Ers.Abt./Feldart.Rgt. 69/70
Unterstellung: Gouv. Metz
Verbleib: 01.09.1915 umgewandelt in Fußart.Bttr. 420

Überplanmäßige Batterie K der Festung Metz
(auch 10. überpl. Bttr. Metz genannt)

Aufstellung:	02.08.1914 durch Gouv. Metz (gem. Mob.Plan)
Ersatztr.Teil:	2. Ers.Abt./Feldart.Rgt. 69/70
Unterstellung:	Gouv. Metz
Verbleib:	01.09.1915 umgewandelt in Fußart.Bttr. 421

XVI. AK: Diedenhofen
1. überplanmäßige Fußartillerie-Batterie der Festung Diedenhofen

Aufstellung:	02.08.1914 durch Kdtr. Diedenhofen (gem. Mob.Plan), mobil verwendet vom 02.08.1914 bis 31.01.1915
Ersatztr.Teil:	Ers.Btl./Fußart.Rgt. 16
Unterstellung:	Kdtr. Diedenhofen
Verbleib:	05.09.1915 umgewandelt in Fußart.Bttr. 434

XVII. AK: Thorn
1. überplanmäßige Batterie/Fußartillerie-Regiment Nr. 11
(auch überpl. Fußart.Bttr. 1 Thorn genannt)

Aufstellung:	02.08.1914 durch Ers.Btl./Fußart.Rgt. 11 in Thorn (gem. Mob.Plan)
Bewaffnung:	9 cm Kan.
Ersatztr.Teil:	Ers.Btl./Fußart.Rgt. 11
Unterstellung:	Gouv. Thorn
Verbleib:	Anf. Mai 1915 (?) umgewandelt in 5. Bttr./Ldw.Fußart.Btl. 11

2. überplanmäßige Batterie/Fußartillerie-Regiment Nr. 11
(auch überpl. Fußart.Bttr. 2 Thorn genannt)

Aufstellung:	02.08.1914 durch Ers.Btl./Fußart.Rgt. 11 in Thorn (gem. Mob.Plan)		
Bewaffnung:	9 cm Kan.		
Ersatztr.Teil:	Ers.Btl./Fußart.Rgt. 11		
Unterstellung:	[05.04.1915 – 20.08.1915]	Korps Dickhuth	*Krgl.*
	[31.08.1915 – 22.10.1915]	Brückenkopf Plock	*DO*
Zuteilungen:	[05.04.1915 – 19.05.1915]	Brückenkopf Plock	*Krgl.*
Verbleib:	01.12 1915 umgewandelt in Fußart.Bttr. 135		

3. überplanmäßige Batterie/Fußartillerie-Regiment Nr. 11
(auch überpl. Fußart.Bttr. 3 Thorn genannt)

Aufstellung:	02.08.1914 durch Ers.Btl./Fußart.Rgt. 11 in Thorn (gem. Mob.Plan)		
Bewaffnung:	9 cm Kan.		
Ersatztr.Teil:	Ers.Btl./Fußart.Rgt. 11		
Unterstellung:	[05.04.1915 – 20.08.1915]	Korps Dickhuth	*Krgl.*
	[31.08.1915 – 22.10.1915]	Brückenkopf Plock	*DO*
Zuteilungen:	[05.04.1915 – 19.05.1915]	Brückenkopf Plock	*Krgl.*
Verbleib:	01.12.1915 umgewandelt in Fußart.Bttr. 136		

4. überplanmäßige Batterie/Fußartillerie-Regiment Nr. 11
(auch überpl. Fußart.Bttr. 4 Thorn genannt)

Aufstellung:	02.08.1914 durch Ers.Btl./Fußart.Rgt. 11 in Thorn (gem. Mob.Plan)
Bewaffnung:	9 cm Kan.
Ersatztr.Teil:	Ers.Btl./Fußart.Rgt. 11
Unterstellung:	Gouv. Thorn
Verbleib:	01.09.1915 umgewandelt in 5. Bttr./Ldst.Fußart.Btl. II. AK

5. überplanmäßige Batterie/Fußartillerie-Regiment Nr. 11
(auch überpl. Fußart.Bttr. 5 Thorn genannt)

Aufstellung:	02.08.1914 durch Ers.Btl./Fußart.Rgt. 11 in Thorn (gem. Mob.Plan)
Bewaffnung:	9 cm Kan.
Ersatztr.Teil:	Ers.Btl./Fußart.Rgt. 11
Unterstellung:	Gouv. Thorn
Verbleib:	Aug. 1915 (?) umgewandelt in 9. Bttr./Fußart.Rgt. 11

6. überplanmäßige Batterie/Fußartillerie-Regiment Nr. 11
(auch überpl. Fußart.Bttr. 6 Thorn genannt)

Aufstellung:	02.08.1914 durch Ers.Btl./Fußart.Rgt. 11 in Thorn (gem. Mob.Plan)		
Bewaffnung:	9 cm Kan.		
Ersatztr.Teil:	Ers.Btl./Fußart.Rgt. 11		
Unterstellung:	[05.04.1915 – 20.08.1915]	Korps Dickhuth	*Krgl.*
	[31.08.1915 – 22.10.1915]	Brückenkopf Plock	*DO*
Zuteilungen:	[05.04.1915 – 19.05.1915]	Brückenkopf Plock	*Krgl.*
Verbleib:	01.12.1915 umgewandelt in Fußart.Bttr. 137		

7. überplanmäßige Batterie/Fußartillerie-Regiment Nr. 11
(auch überpl. Fußart.Bttr. 7 Thorn genannt)

Aufstellung:	02.08.1914 durch Ers.Btl./Fußart.Rgt. 11 in Thorn (gem. Mob.Plan)
Bewaffnung:	9 cm Kan.
Ersatztr.Teil:	Ers.Btl./Fußart.Rgt. 11

Unterstellung:	[25.06.1915 – 20.08.1915]	Korps Dickhuth	*Krgl.*
	[31.08.1915 – 22.10.1915]	Brückenkopf Plock	*DO*

Verbleib:	01.12.1915 umgewandelt in Fußart.Bttr. 138

XVIII. AK: Mainz
Überplanmäßige Fußartillerie-Batterie Mainz
(= 7. überpl. Bttr. des Ers.Btl./Fußart.Rgt. 3)

XX. AK: Lötzen
Überplanmäßige Fußartillerie-Batterie Lötzen
(auch Fußart.Bttr. Zoche genannt)[1]

Aufstellung:	1915 (?) durch Gouv. Lötzen
Bewaffnung:	9 cm Kan.
Ersatztr.Teil:	Ers.Btl./Fußart.Rgt. 1

Unterstellung:	[30.06.1915 – 10.09.1915]	11. Ldw.Div.	*Krgl.*
	[22.10.1915 – 18.12.1915]	Gouv. Grodno	*DO*

Verbleib:	18.12.1915 umgewandelt in Fußart.Bttr. 132

Libau
1. überplanmäßige Fußartillerie-Batterie der Festung Libau
(auch überpl. Fußart.Bttr. Libau 1 genannt)

Aufstellung:	22.08.1915 durch Gouv. Libau (gem. Gouv.Befehl v. 22.08.1915)
Bewaffnung:	9 cm Kan.
Ersatztr.Teil:	Ers.Btl./Fußart.Rgt. 1

Unterstellung:	[09.12.1915]	Njemen-Armee	*LÜO*
	[15.01.1916]	3. Kav.Brig.	*LÜO*

Verbleib:	01.03.1916 umgewandelt in Fußart.Bttr. 147

---
[1] Vgl. Fußartillerie Bd. 1, S. 597

Schützengraben-Kanonen-Abteilungen
(auch Revolverkanonen-Abteilungen genannt)

Seit Mitte des Jahres 1915 stellte die Fußartillerie zur Unterstützung der Infanterie im Nahkampf 18 Schützengraben-Kanonen-Abteilungen mit 3,7 cm-Grabenkanonen auf, deren Rohre aus den Revolverkanonen der Festungen stammten. Wegen ihrer geringen Geschosswirkung wurden die Kanonen im Jahre 1918 wieder abgeschafft, da inzwischen ein brauchbares Infanterie-Geschütz eingeführt worden war.[1]
Eine Abteilung mit fünf Geschützen bestand nach Erlass vom 16.06.1915 aus 1 Unteroffizier und 5 Gefreiten/Obergefreiten der Fußartillerie sowie 15 Gemeinen der Infanterie.[2] Da die Abteilungen aus kommandierten Soldaten der Infanterie und Fußartillerie bestanden, erfolgte der Ersatz durch diejenigen Truppenteile, denen die Abteilungen zugeteilt waren. Einige Abteilungen wurden bereits Ende 1916, die übrigen im Februar 1918 aufgelöst. Das Fußartilleriepersonal trat zum Ersatz-Btl./Fußartillerie-Rgt. 3.

Schützengraben-Kanonen-Abteilung Nr. 1

Formation:	16.06.1915 durch Gouv. Mainz bei Ers.Btl./Fußart.Rgt. 3 (gem. KM v. 16.06.1915), sogleich mobil		
Ersatztr.Teil:	–		
Unterstellung:	[22.06.1915 – 25.07.1915]	6. Armee	*DW/Krgl.*
	[14.01.1916 – 05.11.1916]	2. Armee	*DW/Krgl.*
Verbleib:	Febr. 1918 aufgelöst (gem. KM v. 11.02.1918)		

Schützengraben-Kanonen-Abteilung 2

Formation:	16.06.1915 durch Gouv. Mainz bei Ers.Btl./Fußart.Rgt. 3 (gem. KM v. 16.06.1915), sogleich mobil		
Ersatztr.Teil:	–		
Unterstellung:	[22.06.1915 – 09.03.1917]	6. Armee	*DW/Krgl.*
	[24.05.1917 – 08.11.1917]	4. Armee	*Krgl.*
	[08.11.1917]	6. Armee	*Krgl.*
Verbleib:	Febr. 1918 aufgelöst (gem. KM v. 11.02.1918)		

Schützengraben-Kanonen-Abteilung Nr. 3

Formation:	16.06.1915 durch Gouv. Mainz bei Ers.Btl./Fußart.Rgt. 3 (gem. KM v. 16.06.1915), sogleich mobil Nov. 1915 zerstört, April 1916 (?) neu aufgestellt[3]		
Ersatztr.Teil:	–		
Unterstellung:	[22.06.1915 – 01.11.1915]	6. Armee	*DW/Krgl.*
	[01.03.1916 – 01.12.1916]	6. Armee	*Krgl.*
Verbleib:	Dez. 1916 aufgelöst[1]		

---

[1] Cron, Geschichte des deutschen Heeres im Weltkriege, S. 157
[2] KM Nr. 2410/6. 15 A 5. KA, AOK 6 Bd. 2007
[3] Krgl. 01.12.1915 u. 05.05.1916

Schützengraben-Kanonen-Abteilung Nr. 4

Formation:	16.06.1915 durch Gouv. Mainz bei Ers.Btl./Fußart.Rgt. 3 (gem. KM v. 16.06.1915), sogleich mobil
Ersatztr.Teil:	–
Unterstellung:	[22.06.1915 – 01.11.1916] 6. Armee *DW/Krgl.* [06.11.1916 – 10.11.1916] 1. Armee *Krgl.*
Verbleib:	Nov. 1916 durch HGr. Kronprinz Rupprecht aufgelöst

Schützengraben-Kanonen-Abteilung Nr. 5

Formation:	16.06.1915 durch Gouv. Mainz bei Ers.Btl./Fußart.Rgt. 3 (gem. KM v. 16.06.1915), sogleich mobil
Ersatztr.Teil:	–
Unterstellung:	[22.06.1915 – 25.07.1915] 6. Armee *DW/Krgl.* [14.01.1916 – 05.11.1916] 2. Armee *DW/Krgl.*
Verbleib:	Febr. 1918 aufgelöst (gem. KM v. 11.02.1918)

Schützengraben-Kanonen-Abteilung Nr. 6

Formation:	16.06.1915 durch Gouv. Mainz bei Ers.Btl./Fußart.Rgt. 3 (gem. KM v. 16.06.1915), sogleich mobil
Ersatztr.Teil:	–
Unterstellung:	[22.06.1915 – 01.11.1916] 6. Armee *DW/Krgl.* [06.11.1916 – 10.11.1916] 1. Armee *Krgl.*
Verbleib:	Nov. 1916 durch HGr. Kronprinz Rupprecht aufgelöst

Schützengraben-Kanonen-Abteilung Nr. 7

Formation:	16.06.1915 durch Gouv. Mainz bei Ers.Btl./Fußart.Rgt. 3 (gem. KM v. 16.06.1915), sogleich mobil
Ersatztr.Teil:	–
Unterstellung:	[22.06.1915 – 01.12.1916] 6. Armee *DW/Krgl.*
Verbleib:	Dez. 1916 aufgelöst[2]

Schützengraben-Kanonen-Abteilung Nr. 8

Formation:	16.06.1915 durch Gouv. Mainz bei Ers.Btl./Fußart.Rgt. 3 (gem. KM v. 16.06.1915), sogleich mobil
Ersatztr.Teil:	–
Unterstellung:	[22.06.1915 – 25.07.1915] 6. Armee *DW/Krgl.* [14.01.1916 – 27.10.1917] 7. Armee *DW/Krgl.*
Verbleib:	Febr. 1918 aufgelöst (gem. KM v. 11.02.1918)

---

[1] Krgl. Fußart. 01.01.1917
[2] Krgl. Fußart. 01.01.1917

Schützengraben-Kanonen-Abteilung Nr. 9

Formation:	16.06.1915 durch Gouv. Mainz bei Ers.Btl./Fußart.Rgt. 3 (gem. KM v. 16.06.1915), sogleich mobil
Ersatztr.Teil:	–
Unterstellung:	[22.06.1915 – 01.12.1916] 6. Armee *DW/Krgl.*
Verbleib:	Dez. 1916 aufgelöst[1]

Schützengraben-Kanonen-Abteilung Nr. 10

Formation:	16.06.1915 durch Gouv. Mainz bei Ers.Btl./Fußart.Rgt. 3 (gem. KM v. 16.06.1915), sogleich mobil
Ersatztr.Teil:	–
Unterstellung:	[22.06.1915 – 01.12.1916] 6. Armee *DW/Krgl.*
Verbleib:	Dez. 1916 aufgelöst[2]

Schützengraben-Kanonen-Abteilung Nr. 11

Formation:	21.09.1915 durch Gouv. Mainz bei Ers.Btl./Fußart.Rgt. 3 (gem. KM v. 21.09.1915), sogleich mobil
Ersatztr.Teil:	–
Unterstellung:	[12.10.1915 – 01.11.1916] 5. Armee *DW/Krgl.*
Verbleib:	Febr. 1918 aufgelöst (gem. KM v. 11.02.1918)

Schützengraben-Kanonen-Abteilung Nr. 12

Formation:	21.09.1915 durch Gouv. Mainz bei Ers.Btl./Fußart.Rgt. 3 (gem. KM v. 21.09.1915), sogleich mobil
Ersatztr.Teil:	–
Unterstellung:	[12.10.1915 – 01.11.1916] 5. Armee *DW/Krgl.* [19.03.1917 – 01.03.1918] 3. Armee *Krgl.*
Verbleib:	Anf. März 1918 aufgelöst (gem. KM v. 11.02.1918)

Schützengraben-Kanonen-Abteilung Nr. 13

Formation:	21.09.1915 durch Gouv. Mainz bei Ers.Btl./Fußart.Rgt. 3 (gem. KM v. 21.09.1915), sogleich mobil
Ersatztr.Teil:	–
Unterstellung:	[12.10.1915 – 01.11.1916] 5. Armee *DW/Krgl.* [19.03.1917 – 01.03.1918] 3. Armee *Krgl.*
Verbleib:	Anf. März 1918 aufgelöst (gem. KM v. 11.02.1918)

---

[1] Krgl. Fußart. 01.01.1917
[2] Krgl. Fußart. 01.01.1917

Schützengraben-Kanonen-Abteilung Nr. 14

Formation:	21.09.1915 durch Gouv. Mainz bei Ers.Btl./Fußart.Rgt. 3 (gem. KM v. 21.09.1915), sogleich mobil
Ersatztr.Teil:	–
Unterstellung:	[12.10.1915 – 01.11.1916] 5. Armee *DW/Krgl.*
Verbleib:	Febr. 1918 aufgelöst (gem. KM v. 11.02.1918)

Schützengraben-Kanonen-Abteilung Nr. 15

Formation:	21.09.1915 durch Gouv. Mainz bei Ers.Btl./Fußart.Rgt. 3 (gem. KM v. 21.09.1915), sogleich mobil
Ersatztr.Teil:	–
Unterstellung:	[12.10.1915 – 28.05.1916] 5. Armee *DW/Krgl.* [29.05.1916 – 10.02.1918] A.Abt. B *Krgl.*
Verbleib:	Febr. 1918 aufgelöst (gem. KM v. 11.02.1918)

Schützengraben-Kanonen-Abteilung Nr. 16

Formation:	21.09.1915 durch Gouv. Mainz bei Ers.Btl./Fußart.Rgt. 3 (gem. KM v. 21.09.1915), sogleich mobil
Ersatztr.Teil:	–
Unterstellung:	[12.10.1915 – 01.03.1917] 5. Armee *DW/Krgl.*
Verbleib:	Febr. 1918 aufgelöst (gem. KM v. 11.02.1918)

Schützengraben-Kanonen-Abteilung Nr. 17

Formation:	21.09.1915 durch Gouv. Mainz bei Ers.Btl./Fußart.Rgt. 3 (gem. KM v. 21.09.1915), sogleich mobil
Ersatztr.Teil:	–
Unterstellung:	[12.10.1915 – 01.11.1916] 5. Armee *DW/Krgl.*
Verbleib:	Febr. 1918 aufgelöst (gem. KM v. 11.02.1918)

Schützengraben-Kanonen-Abteilung Nr. 18

Formation:	21.09.1915 durch Gouv. Mainz bei Ers.Btl./Fußart.Rgt. 3 (gem. KM v. 21.09.1915), sogleich mobil
Ersatztr.Teil:	–
Unterstellung:	[12.10.1915 – 01.03.1917] 5. Armee *DW/Krgl.*
Verbleib:	Febr. 1918 aufgelöst (gem. KM v. 11.02.1918)

2. Unterstützungstruppen zum Transport

Krantrupps für 21 cm- und 24 cm-Schießgerüste

Zum Aufbau und Abbau der Schießgerüste für 21 cm- und 24 cm-Schnellladekanonen (Eisenbahn- und Bettungsgeschütze) waren Spezialkräne von 40 t Zugkraft erforderlich. Zur dauerhaften Begleitung dieser Kräne wurden mit Erl. vom 07.03.1917 besondere Krantrupps in Stärke von 1 Unteroffizier und 4 Mann aufgestellt.[1] Insgesamt kamen 13 Trupps zur Aufsttellung. Da sie kaum in den monatlichen Meldungen der Fußartillerie erscheinen, können nur für wenige Trupps Unterstellungen angegeben werden. Auch liegen über ihre Auflösung keine Angaben vor.

Krantrupp Nr. 1

Aufstellung: Jan. 1917 durch Gouv. Köln bei Ers.Btl./Fußart.Rgt. 7 (gem. KM v. 07.03.1917) mobil seit 26.01.1917

Ersatztr.Teil: Ers.Btl./Fußart.Rgt. 7

Unterstellung: [01.08.1918 – 01.10.1918]   3. Armee   *Krgl.*

Verbleib: Nov. 1918 aufgelöst

Krantrupp Nr. 2 (für 24 cm Kan.)

Aufstellung: 07.03.1917 durch Gouv. Köln bei Ers.Btl./Fußart.Rgt. 7 (gem. KM v. 07.03.1917) mobil seit 28.11.1917

Ersatztr.Teil: Ers.Btl./Fußart.Rgt. 7

Unterstellung:
[01.06.1917]	7. Armee	*Krgl.*
[01.07.1917]	3. Armee	*Krgl.*
[01.08.1917]	7. Armee	*Krgl.*
[Aug. 1917]	3. Armee	*Krgl.*
[01.09.1917]	5. Armee	*Krgl.*
[01.10.1917]	3. Armee	*Krgl.*
[01.11.1917]	5. Armee	*Krgl.*
[01.12.1917]	3. Armee	*Krgl.*
[01.01.1918]	7. Armee	*Krgl.*
[01.09.1918 – 01.10.1918]	3. Armee	*Krgl.*

Verbleib: Nov. 1918 aufgelöst

Krantrupp Nr. 3

Aufstellung: 07.03.1917 durch Gouv. Köln bei Ers.Btl./Fußart.Rgt. 7 (gem. KM v. 07.03.1917), mobil seit 15.04.1917

Ersatztr.Teil: Ers.Btl./Fußart.Rgt. 7

Unterstellung: ?

Verbleib: Nov. 1918 aufgelöst

---

[1] KM Nr. 599. 17 geh. A 5. BA-MA, PH 3/1849, Bl. 356

Krantrupp Nr. 4

Aufstellung: 07.03.1917 durch Gouv. Köln bei Ers.Btl./Fußart.Rgt. 7 (gem. KM v. 07.03.1917)
Ersatztr.Teil: Ers.Btl./Fußart.Rgt. 7
Unterstellung: ?
Verbleib: Nov. 1918 aufgelöst

Krantrupp Nr. 5

Aufstellung: Jan. 1917 durch Gouv. Köln bei Ers.Btl./Fußart.Rgt. 7 (gem. KM v. 07.03.1917), mobil seit 15.01.1917
Ersatztr.Teil: Ers.Btl./Fußart.Rgt. 7
Unterstellung: ?
Verbleib: Nov. 1918 aufgelöst

Krantrupp Nr. 6

Aufstellung: Jan. 1917 durch Gouv. Köln bei Ers.Btl./Fußart.Rgt. 7 (gem. KM v. 07.03.1917), mobil seit 25.02.1917
Ersatztr.Teil: Ers.Btl./Fußart.Rgt. 7
Unterstellung: ?
Verbleib: Nov. 1918 aufgelöst

Krantrupp Nr. 7 (für 24 cm Kan.)

Aufstellung: Jan. 1917 durch Gouv. Köln bei Ers.Btl./Fußart.Rgt. 7 (gem. KM v. 07.03.1917), mobil seit 09.01.1917
Ersatztr.Teil: Ers.Btl./Fußart.Rgt. 7
Unterstellung:
[Juli 1917]	5. u. 3. Armee	*Krgl.*
[01.08.1917]	5. Armee	*Krgl.*
[Aug. 1917]	3. Armee	*Krgl.*
[01.09.1917]	1. Armee	*Krgl.*
[Sept. 1917]	5. Armee	*Krgl.*
[01.10.1917]	3. Armee	*Krgl.*
[01.11.1917]	7. Armee	*Krgl.*
[01.12.1917 – 01.01.1918]	3. Armee	*Krgl.*
[01.09.1918]	3. Armee	*Krgl.*
[01.10.1918]	5. Armee	*Krgl.*

Verbleib: Nov. 1918 aufgelöst

Krantrupp Nr. 8 (für 24 cm Kan.)

Aufstellung:	Jan. 1917 durch Gouv. Köln bei Ers.Btl./Fußart.Rgt. 7 (gem. KM v. 07.03.1917), mobil seit 15.01.1917
Ersatztr.Teil:	Ers.Btl./Fußart.Rgt. 7

Unterstellung:

[April 1918]	Köln	*Krgl.*
[01.05.1918 – 01.06.1918]	3. Armee	*Krgl.*
[01.07.1918]	18. Armee	*Krgl.*

Verbleib: Nov. 1918 aufgelöst

Krantrupp Nr. 9 (für 21 cm Kan.)

Aufstellung:	07.03.1917 durch Gouv. Köln bei Ers.Btl./Fußart.Rgt. 7 (gem. KM v. 07.03.1917), mobil seit 23.03.1917
Ersatztr.Teil:	Ers.Btl./Fußart.Rgt. 7

Unterstellung:

[01.06.1917 – 16.07.1917]	3. Armee	*Krgl.*

Verbleib: 16.07.1917 umbenannt in Krantrupp Nr. 12

Krantrupp Nr. 10

Aufstellung:	07.03.1917 durch Gouv. Köln bei Ers.Btl./Fußart.Rgt. 7 (gem. KM v. 07.03.1917), mobil seit 03.06.1917
Ersatztr.Teil:	Ers.Btl./Fußart.Rgt. 7
Unterstellung:	?
Verbleib:	Nov. 1918 aufgelöst

Krantrupp Nr. 11 (für 24 cm Kan.)

Aufstellung:	16.07.1917 durch Gouv. Köln bei Ers.Btl./Fußart.Rgt. 7 (gem. KM v. 16.07.1917)
Ersatztr.Teil:	Ers.Btl./Fußart.Rgt. 7

Unterstellung:

[März 1918]	Köln	*Krgl.*
[01.04.1918]	3. Armee	*Krgl.*
[01.05.1918]	6. Armee	*Krgl.*

Verbleib: Nov. 1918 aufgelöst

Krantrupp Nr. 12

Aufstellung: 16.07.1917 durch Umbenennung des Krantrupps Nr. 9 (gem. KM v. 16.07.1917), sogleich mobil

Ersatztr.Teil: Ers.Btl./Fußart.Rgt. 7

Unterstellung:
[01.08.1917 – 01.11.1917]	3. Armee	*Krgl.*
[01.12.1917]	1. Armee	*Krgl.*
[01.01.1918 – 01.02.1918]	3. Armee	*Krgl.*
[01.03.1918 – 01.04.1918]	18. Armee	*Krgl.*
[01.05.1918 – 01.10.1918]	3. Armee	*Krgl.*

Verbleib: Nov. 1918 aufgelöst

Krantrupp Nr. 13

Aufstellung: 16.07.1917 durch Gouv. Köln bei Ers.Btl./Fußart.Rgt. 7 (gem. KM v. 16.07.1917), sogleich mobil

Ersatztr.Teil: Ers.Btl./Fußart.Rgt. 7

Unterstellung: ?

Verbleib: Nov. 1918 aufgelöst

Fußartillerie-Gebirgsstaffeln

Für einen Einsatz im Gebirge war die schwere Artillerie bei Kriegsbeginn nicht vorbereitet. Auf Straßen ohne festen Untergrund und auf schmalen Pfaden konnten die schweren Geschütze und Munitionswagen mit den vorhandenen Gespannen nicht transportiert werden. Für den Feldzug gegen Serbien wurden daher im Herbst 1915 Gebirgsstaffeln mit besonderer Gebirgsausrüstung eingeführt. Sie verfügten über Wagen mit geringer Achsbreite, um die Geschützrohre und Lafetten getrennt zu befördern, und über schmalspurige zweirädrige Karren zum Munitionstransport. Dadurch konnten 10 cm-Kanonen und schwere Feldhaubitzen im Hochgebirge abseits von Straßen in Stellung gebracht und mit Munition versorgt werden.[1]

Insgesamt kamen folgende Gebirgsstaffeln zur Aufstellung:

Fußart.Gebirgsstaffel	aufgestellt	für
Nr. 1 – 20	Okt./Nov. 1915	11. Armee
Nr. 21 – 25	Aug./Okt. 1916	Karpathenkorps
Nr. 26 – 29	Dez. 1916	HGr. Below
Nr. 30 – 34	Sept. 1917	14. Armee

Die Gebirgsstaffeln blieben am jeweiligen Kriegsschauplatz und wurden nach Bedarf verschiedenen Batterien zugeteilt. Von den 34 Staffeln bestanden nur vier bis Kriegsende, die übrigen verfielen vorher der Auflösung.

Zur Ausrüstung der Staffeln gehörten jeweils 8 schmalspurige Wagen („Gebirgsgeräte") für den Transport der zerlegten Geschütze und 24 (später 48) leichte Karren für den Transport der Munition und Geräte. Beim Erreichen des Hochgebirges sollten die Karren mit den zerlegten Geschützen (Rohr und Lafette) von jeweils drei, die Karren für die Geräte von jeweils zwei Pferden gezogen werden. Sobald die Munitionskarren nicht mehr vorwärts kamen, übernahmen die leichten Zugpferde als Tragtiere den Transport der Munition.

Bei den ersten Aufstellungen hatten die Staffeln gem. Erl. vom 02.10.1915 folgenden Etat:[2]

Fußartillerie-Gebirgsstaffel 1915
1 Leutnant, Führer
1 Vizewachtmeister
2 Unteroffiziere
2 Obergefreite ⎫ darunter:
1 Gefreiter ⎬ 2 Batterieschlosser, 1 Sattler,
18 Gemeine ⎭ 1 Beschlagschmied, 1 Radfahrer
26 Fahrer vom Bock
1 Sanitätsgefreiter
8 zweispännige Gebirgsgeräte (4 für Rohre, 4 für Lafetten)
24 einspännige leichte Karren (16 für Munition, 8 für Beobachtungs- u. Fernsprech-Gerät, Vorratssachen, Futter, Lebensmittel usw.)
1 zweispännige kleine Feldküche
Gesamtstärke: 1 Offz., 51 Unteroffz. u. Mannsch., 3 Reit-, 30 Zugpferde

---

[1] Cron, Geschichte des deutschen Heeres im Weltkriege, S. 157; EB schw. Art. Bd. II, S. 193
[2] KM Nr. 1851.15 geh. A 5. BA-MA, PH 3/1848, Bl. 51 ff.

Bei der Zuteilung zu einzelnen Batterien mit besonderer Geschützausstattung erhielten die Staffeln abweichende Etats, wie dies am 07.08.1916 für zwei Staffeln festgelegt wurde:[1]

Fußartillerie-Gebirgsstaffel 23 für vier 10 cm Kan. 14
    28 Gemeine u. 66 Fahrer vom Bock, 64 Zugpferde, 36 leichte Karren für Munition und 12 für Geräte

Fußartillerie-Gebirgsstaffel 24 für zwei 10 cm Kan. 04
    35 Fahrer vom Bock, 38 Zugpferde, 4 Gebirgsgeräte für Rohre und Lafetten, 31 leichte Karren (21 für Munition und 10 für Geräte)

In den Stärkenachweisungen von 1917 waren zwei verschiedene Etats vorgesehen:[2]

A. Fußartillerie-Gebirgsstaffel (Fußart.Gebirgsstaffel 1–19 u. 32)	1917–1918
1 Leutnant, Führer	
1 Vizewachtmeister (Wachtmeisterdiensttuender)	
5 Unteroffiziere	
3 Obergefreite ⎫ darunter:	
2 Gefreite ⎬ 2 Batterieschlosser, 1 Sattler,	
24 Gemeine ⎭ 1 Beschlagschmied,1 Radfahrer	
7 Traingefreite (Fahrer)	
60 Trainsoldaten	
1 Sanitätsunteroffizier	
8 zweispännige Gebirgsgeräte (4 für Rohre, 4 für Lafetten)	
48 einspännige leichte Karren (36 für Munition, 12 für Beobachtungs- u. Fernsprech-Gerät, Vorratssachen, Futter, Lebensmittel usw.)	
1 zweispännige kleine Feldküche	
Gesamtstärke: 1 Offz., 102 Unteroffz. u. Mannsch., 5 Reit-, 66 Zugpferde	

Dagegen erhielten die seit August 1916 aufgestellten Gebirgsstaffeln Nr. 21 – 34 einen geringeren Etat, da sie nur mit 24 leichten Karren und entsprechend weniger Zugpferden ausgestattet wurden:

B. Fußartillerie-Gebirgsstaffel (Fußart.Gebirgsstaffeln 21–31, 33 u. 34)	1917
1 Leutnant, Führer	
1 Vizewachtmeister (Wachtmeisterdiensttuender)	
3 Unteroffiziere	
2 Obergefreite ⎫ darunter:	
1 Gefreiter ⎬ 2 Batterieschlosser, 1 Sattler,	
17 Gemeine ⎭ 1 Beschlagschmied,1 Radfahrer	
3 Traingefreite (Fahrer)	
25 Trainsoldaten	
1 Sanitätsunteroffizier	
8 zweispännige Gebirgsgeräte (4 für Rohre, 4 für Lafetten)	
24 einspännige Karren (16 für Munition, 8 für Beobachtungs- u. Fernsprech-Gerät, Vorratssachen, Futter, Lebensmittel usw.)	
1 zweispännige kleine Feldküche	
Gesamtstärke: 1 Offz., 53 Unteroffz. u. Mannsch., 3 Reit-, 30 Zugpferde	

---

[1] KM Nr. 1398/16 geh. A 5. BA-MA, PH 3/1848, Bl. 216 ff.
[2] Stärkenachweisungen der Fußartillerie-Formationen, Berlin 1917 u. 1918

Abweichend hiervon traten bei den Gebirgsstaffeln 27–29 noch 24 Karren (16 für Munition und 8 für Gerät) dazu. Nachdem die Staffeln 21–34 aufgelöst waren, galt im Jahr 1918 nur noch der stärkere Etat.

Fußartillerie-Gebirgsstaffel Nr. 1

Aufstellung:	02.10.1915 durch Gen.Insp. der Fußart. bei 2. Ers.Btl./Fußart.Rgt. 4 (gem. KM v. 02.10.1915), mobil seit 15.10.1915
Ersatztr.Teil:	Ers.Btl./Fußart.Rgt. 4
Unterstellung:	[22.11.1915 – 17.01.1916] 11. Armee *DO/Krgl.*
Verbleib:	Ende Jan. 1916 aufgelöst (gem. KM v. 29.12.1915), in Fußart.Geb.Staffel 1 (neu) aufgegangen

Fußartillerie-Gebirgsstaffel Nr. 1 (neu)

Aufstellung:	13.02.1916 durch Gen.Insp. der Fußart. bei 2. Ers.Btl./Fußart.Rgt. 4 (gem. KM v. 09.02.1916) aus Fußart.Geb.Staffel 1 u. 2, mobil seit 14.04.1916 Ausstattung für 10 cm Kan. 14
Ersatztr.Teil:	Ers.Btl./Fußart.Rgt. 14
Unterstellung:	[15.04.1916 – 01.09.1916] 11. Armee *WGM/Krgl.* [01.10.1916 – 13.10.1916] 1. bulg. Armee *Krgl./D.Fußa.* [05.11.1916 – 23.10.1918] 11. Armee *Krgl./FpÜb*
Zuteilungen:	[15.04.1916 – 29.07.1916] 101. Inf.Div. *WGM/Krgl.*
Verbleib:	Ende Okt. 1918 aufgelöst *(D.Fußa. 25.10.1918)*

Fußartillerie-Gebirgsstaffel Nr. 2

Aufstellung:	02.10.1915 durch Gen.Insp. der Fußart. bei 2. Ers.Btl./Fußart.Rgt. 4 (gem. KM v. 02.10.1915), mobil seit 15.10.1915
Ersatztr.Teil:	Ers.Btl./Fußart.Rgt. 4
Unterstellung:	[22.11.1915 – 17.01.1916] 11. Armee *DO/Krgl.*
Verbleib:	Ende Jan. 1916 aufgelöst (gem. KM v. 29.12.1915), in Fußart.Geb.Staffel 1 (neu) aufgegangen

Fußartillerie-Gebirgsstaffel Nr. 3

Aufstellung:	02.10.1915 durch Gen.Insp. der Fußart. bei 2. Ers.Btl./Fußart.Rgt. 4 (gem. KM v. 02.10.1915), mobil seit 15.10.1915
Ersatztr.Teil:	Ers.Btl./Fußart.Rgt. 4
Unterstellung:	[22.11.1915 – 17.01.1916] 11. Armee *DO/Krgl.*
Zuteilungen:	[17.01.1916] Alpenkorps *Krgl.*
Verbleib:	Mitte Jan. 1916 aufgelöst (gem. KM v. 29.12.1915)[1]

---

[1] DW v. 14.01.1916

Fußartillerie-Gebirgsstaffel Nr. 4

Aufstellung:	02.10.1915 durch Gen.Insp. der Fußart. bei 2. Ers.Btl./Fußart.Rgt. 4 (gem. KM v. 02.10.1915), mobil seit 17.10.1915 Ausstattung für 10 cm Kan. 04		
Ersatztr.Teil:	Ers.Btl./Fußart.Rgt. 14		
Unterstellung:	[18.11.1915 – 01.09.1916]	11. Armee	*Krgl.*
	[01.10.1916 – 01.09.1918]	1. bulg. Armee	*Krgl.*
	[08.08.1918]	Straßburg	*D.Fußa.*
Zuteilungen:	[18.11.1915 – 17.01.1916]	Fußart.Bttr. 114	*Krgl.*
Verbleib:	Anf. Sept. 1918 aufgelöst[1]		

Fußartillerie-Gebirgsstaffel Nr. 5

Aufstellung:	09.10.1915 durch Gen.Insp. der Fußart. bei 2. Ers.Btl./Fußart.Rgt. 4 (gem. KM v. 09.10.1915), mobil seit 22.10.1915		
Ersatztr.Teil:	Ers.Btl./Fußart.Rgt. 4		
Unterstellung:	[22.11.1915 – 22.02.1916]	11. Armee	*DO/DW*
Zuteilungen:	[17.01.1916]	Alpenkorps	*Krgl.*
Verbleib:	Mitte Mai 1916 aufgelöst (gem. KM v. 23.05.1916)[2]		

Fußartillerie-Gebirgsstaffel Nr. 6

Aufstellung:	09.10.1915 durch Gen.Insp. der Fußart. bei 2. Ers.Btl./Fußart.Rgt. 4 (gem. KM v. 09.10.1915), mobil seit 22.10.1915 Ausstattung für schw. Feldh. 13		
Ersatztr.Teil:	Ers.Btl./Fußart.Rgt. 14		
Unterstellung:	26.10.1915 – 01.11.1915	HGr. Mackensen	*WGM*
	[02.11.1915 – 01.09.1916]	11. Armee	*WGM/Krgl.*
	[01.10.1916 – 01.12.1916]	1. bulg. Armee	*Krgl.*
	[26.12.1916 – 23.10.1918]	11. Armee	*Krgl./FpÜb*
Zuteilungen:	02.11.1915 – 04.07.1916	101. Inf.Div.	*WGM*
Verbleib:	Ende Okt. 1918 aufgelöst[3]		

Fußartillerie-Gebirgsstaffel Nr. 7

Aufstellung:	09.10.1915 durch Gen.Insp. der Fußart. bei 2. Ers.Btl./Fußart.Rgt. 4 (gem. KM v. 09.10.1915), mobil seit 22.10.1915		
Ersatztr.Teil:	Ers.Btl./Fußart.Rgt. 4		
Unterstellung:	[18.11.1915 – 22.02.1916]	11. Armee	*Krgl./DW*
Verbleib:	Mitte Mai 1916 aufgelöst (gem. KM v. 23.05.1916)[4]		

---

[1] D.Fußa. v. 09.09.1918
[2] DW v. 17.05.1916
[3] D.Fußa. v. 25.10.1918
[4] DW v. 17.05.1916

Fußartillerie-Gebirgsstaffel Nr. 8

Aufstellung:	09.10.1915 durch Gen.Insp. der Fußart. bei 2. Ers.Btl./Fußart.Rgt. 4 (gem. KM v. 09.10.1915), mobil seit 22.10.1915 Ausstattung für schw. Feldh. 13		
Ersatztr.Teil:	Ers.Btl./Fußart.Rgt. 14		
Unterstellung:	[02.11.1915 – 01.09.1916]	11. Armee	*WGM/Krgl.*
	[01.10.1916 – 13.10.1916]	1. bulg. Armee	*Krgl./D.Fußa.*
	[05.11.1916 – 23.10.1918]	11. Armee	*Krgl./FpÜb*
Zuteilungen:	[30.10.1915 – 26.11.1915]	105. Inf.Div.	*Krgl./DW*
Verbleib:	Ende Okt. 1918 aufgelöst[1]		

Fußartillerie-Gebirgsstaffel Nr. 9

Aufstellung:	20.10.1915 durch Gen.Insp. der Fußart. bei 2. Ers.Btl./Fußart.Rgt. 4 (gem. KM v. 20.10.1915), mobil seit 29.10.1915		
Ersatztr.Teil:	Ers.Btl./Fußart.Rgt. 4		
Unterstellung:	[22.11.1915 – 09.03.1916]	11. Armee	*DO/Krgl.*
Zuteilungen:	[08.12.1915 – 09.03.1916]	103. Inf.Div.	*Krgl.*
Verbleib:	Mitte Mai 1916 aufgelöst (gem. KM v. 23.05.1916)[2]		

Fußartillerie-Gebirgsstaffel Nr. 10

Aufstellung:	20.10.1915 durch Gen.Insp. der Fußart. bei 2. Ers.Btl./Fußart.Rgt. 4 (gem. KM v. 20.10.1915), mobil seit 30.10.1915		
Ersatztr.Teil:	Ers.Btl./Fußart.Rgt. 4		
Unterstellung:	[22.11.1915 – 22.02.1916]	11. Armee	*DO/DW*
Verbleib:	Mitte Mai 1916 aufgelöst (gem. KM v. 23.05.1916)[3]		

Fußartillerie-Gebirgsstaffel Nr. 11

Aufstellung:	20.10.1915 durch Gen.Insp. der Fußart. bei 2. Ers.Btl./Fußart.Rgt. 4 (gem. KM v. 20.10.1915), mobil seit 30.10.1915		
Ersatztr.Teil:	Ers.Btl./Fußart.Rgt. 4		
Unterstellung:	[18.11.1915 – 29.04.1916]	11. Armee	*Krgl./DW*
Zuteilungen:	[08.12.1915 – 29.04.1916]	101. Inf.Div.	*Krgl.*
Verbleib:	Mitte Mai 1916 aufgelöst (gem. KM v. 23.05.1916)[4]		

---

[1] D.Fußa. v. 25.10.1918
[2] DW v. 17.05.1916
[3] DW v. 17.05.1916
[4] DW v. 17.05.1916

Fußartillerie-Gebirgsstaffel Nr. 12

Aufstellung:	20.10.1915 durch Gen.Insp. der Fußart. bei 2. Ers.Btl./Fußart.Rgt. 4 (gem. KM v. 20.10.1915), mobil seit 30.10.1915
Ersatztr.Teil:	Ers.Btl./Fußart.Rgt. 4
Unterstellung:	[22.11.1915 – 22.02.1916] 11. Armee *DO/DW*
Zuteilungen:	[17.01.1916] Alpenkorps *Krgl.*
Verbleib:	Mitte Mai 1916 aufgelöst (gem. KM v. 23.05.1916)[1]

Fußartillerie-Gebirgsstaffel Nr. 13

Aufstellung:	28.10.1915 durch Gen.Insp. der Fußart. bei 2. Ers.Btl./Fußart.Rgt. 4 (gem. KM v. 28.10.1915), mobil seit 11.11.1915
Ersatztr.Teil:	Ers.Btl./Fußart.Rgt. 4
Unterstellung:	[22.11.1915] 11. Armee *DO*
Verbleib:	Anf. Jan. 1916 aufgelöst (gem. KM v. 29.12.1915) u. in Fußart.Geb.Staffel 7, 8, 12 u. 20 aufgegangen[2]

Fußartillerie-Gebirgsstaffel Nr. 14

Aufstellung:	28.10.1915 durch Gen.Insp. der Fußart. bei 2. Ers.Btl./Fußart.Rgt. 4 (gem. KM v. 28.10.1915), mobil seit 11.11.1915
Ersatztr.Teil:	Ers.Btl./Fußart.Rgt. 4
Unterstellung:	[22.11.1915] 11. Armee *DO*
Verbleib:	Anf. Jan. 1916 aufgelöst (gem. KM v. 29.12.1915) u. in Fußart.Geb.Staffel 7, 8, 12 u. 20 aufgegangen[3]

Fußartillerie-Gebirgsstaffel Nr. 15

Aufstellung:	28.10.1915 durch Gen.Insp. der Fußart. bei 2. Ers.Btl./Fußart.Rgt. 4 (gem. KM v. 28.10.1915), mobil seit 10.11.1915
Ersatztr.Teil:	Ers.Btl./Fußart.Rgt. 4
Unterstellung:	[22.11.1915] 11. Armee *DO*
Verbleib:	Anf. Jan. 1916 aufgelöst (gem. KM v. 29.12.1915) u. in Fußart.Geb.Staffel 7, 8, 12 u. 20 aufgegangen[4]

---

[1] DW v. 17.05.1916
[2] DW v. 14.01.1916
[3] DW v. 14.01.1916
[4] DW v. 14.01.1916

Fußartillerie-Gebirgsstaffel Nr. 16

Aufstellung:	28.10.1915 durch Gen.Insp. der Fußart. bei 2. Ers.Btl./Fußart.Rgt. 4 (gem. KM v. 28.10.1915), mobil seit 10.11.1915
Ersatztr.Teil:	Ers.Btl./Fußart.Rgt. 4

Unterstellung: [22.11.1915]   11. Armee   *DO*

Verbleib: Anf. Jan. 1916 aufgelöst (gem. KM v. 29.12.1915) u. in Fußart.Geb.Staffel 7, 8, 12 u. 20 aufgegangen[1]

Fußartillerie-Gebirgsstaffel Nr. 17

Aufstellung:	31.10.1915 durch Gen.Insp. der Fußart. bei 2. Ers.Btl./Fußart.Rgt. 4 (gem. KM v. 31.10.1915), mobil seit 24.11.1915; Ausstattung für schw. Feldh. 13
Ersatztr.Teil:	Ers.Btl./Fußart.Rgt. 4

Unterstellung:
[22.11.1915]   11. Armee   *DO*
[26.11.1915]   HGr. Mackensen   *DW*

Verbleib: Anf. Jan. 1916 aufgelöst (gem. KM v. 29.12.1915)[2]

Fußartillerie-Gebirgsstaffel Nr. 18

Aufstellung:	31.10.1915 durch Gen.Insp. der Fußart. bei 2. Ers.Btl./Fußart.Rgt. 4 (gem. KM v. 31.10.1915), mobil seit 24.11.1915; Ausstattung für schw. Feldh. 13
Ersatztr.Teil:	Ers.Btl./Fußart.Rgt. 4

Unterstellung:
[22.11.1915]   11. Armee   *DO*
[26.11.1915]   HGr. Mackensen   *DW*

Verbleib: Anf. Jan. 1916 aufgelöst (gem. KM v. 29.12.1915)[3]

Fußartillerie-Gebirgsstaffel Nr. 19

Aufstellung:	10.11.1915 durch Gen.Insp. der Fußart. bei 2. Ers.Btl./Fußart.Rgt. 4 (gem. KM v. 10.11.1915), mobil seit 26.11.1915 Ausstattung für schw. Feldh. 13, ab Nov. 1916 für 10 cm Kan. 14 *(D.Fußa. 18.11.1916)*
Bewaffnung:	18.11.1916
Ersatztr.Teil:	Ers.Btl./Fußart.Rgt. 14

Unterstellung:
[26.11.1915]   HGr. Mackensen   *DW*
[08.12.1915 – 25.05.1916]   11. Armee   *DW/WGM*
[26.05.1916 – 01.09.1916]   1. bulg. Armee   *WGM/Krgl.*
[01.10.1916 – 01.09.1918]   11. Armee   *Krgl.*
[18.09.1918 – 23.10.1918]   HGr. Scholtz   *FpÜb*

Verbleib: Ende Okt. 1918 aufgelöst[4]

---

[1] DW v. 14.01.1916
[2] DW v. 14.01.1916
[3] DW v. 14.01.1916
[4] D.Fußa. v. 25.10.1918

Fußartillerie-Gebirgsstaffel Nr. 20

Aufstellung:	10.11.1915 durch Gen.Insp. der Fußart. bei 2. Ers.Btl./Fußart.Rgt. 4 (gem. KM v. 10.11.1915), mobil seit 23.11.1915		
Ersatztr.Teil:	Ers.Btl./Fußart.Rgt. 4		
Unterstellung:	[26.11.1915]	HGr. Mackensen	*DW*
	[08.12.1915 – 22.02.1916]	11. Armee	*Krgl./DW*
Verbleib:	Mitte Mai 1916 aufgelöst (gem. KM v. 23.05. 1916)[1]		

Fußartillerie-Gebirgsstaffel Nr. 21

Aufstellung:	07.08.1916 durch Gen.Insp. der Fußart. bei 2. Ers.Btl./Fußart.Rgt. 4 (gem. KM v. 07.08.1916), mobil seit 26.08.1916 Ausstattung für schw. Feldh. 02		
Ersatztr.Teil:	Ers.Btl./Fußart.Rgt. 14		
Unterstellung:	[16.08.1916 – 01.09.1916]	Karpathenkorps	*DW/LÜO*
	[07.10.1916]	Heeresfront Erzherzog Karl	*Üb.Fußa.*
	[25.11.1916 – 01.05.1917]	öst.ung. 7. Armee	*D.Fußa./Krgl.*
	[15.09.1917]	Diedenhofen	*D.Fußa.*
Zuteilungen:	[16.08.1916 – 01.05.1917]	1. Inf.Div.	*DW/Krgl.*
Verbleib:	12.03.1918 aufgelöst (gem. KM v. 12.03.1918)		

Fußartillerie-Gebirgsstaffel Nr. 22

Aufstellung:	07.08.1916 durch Gen.Insp. der Fußart. bei 2. Ers.Btl./Fußart.Rgt. 4 (gem. KM v. 07.08.1916), mobil seit 26.08.1916 Ausstattung für schw. Feldh. 02		
Ersatztr.Teil:	Ers.Btl./Fußart.Rgt. 14		
Unterstellung:	[16.08.1916 – 01.09.1916]	Karpathenkorps	*DW/LÜO*
	[07.10.1916]	Heeresfront Erzherzog Karl	*Üb.Fußa.*
	[25.11.1916 – 10.07.1917]	öst.ung. 7. Armee	*D.Fußa./Krgl.*
	[15.09.1917]	Diedenhofen	*D.Fußa.*
Zuteilungen:	[16.08.1916 – 01.05.1917]	1. Inf.Div.	*DW/Krgl.*
Verbleib:	Okt. 1917 (?) aufgelöst		

---

[1] DW v. 17.05.1916

Fußartillerie-Gebirgsstaffel Nr. 23

Aufstellung:	07.08.1916 durch Gen.Insp. der Fußart. bei 2. Ers.Btl./Fußart.Rgt. 4 (gem. KM v. 07.08.1916), mobil seit 26.08.1916 Ausstattung für 10 cm Kan. 14		
Ersatztr.Teil:	Ers.Btl./Fußart.Rgt. 14		
Unterstellung:	[26.08.1916 – 01.09.1916]	Karpathenkorps	*WGM/LÜO*
	[07.10.1916]	Heeresfront Erzherzog Karl	*Üb.Fußa.*
	[25.11.1916 – 01.02.1917]	öst.ung. 1. Armee	*D./Üb.Fußa.*
	[15.09.1917]	Straßburg	*D.Fußa.*
Zuteilungen:	[29.09.1916 – 31.08.1917]	2. Bttr./Fußart.Rgt. 2	*Krgl.*
Verbleib:	Okt. 1917 (?) aufgelöst		

Fußartillerie-Gebirgsstaffel Nr. 24

Aufstellung:	07.08.1916 durch Gen.Insp. der Fußart. bei 2. Ers.Btl./Fußart.Rgt. 4 (gem. KM v. 07.08.1916), mobil seit 26.08.1916 Ausstattung für 10 cm Kan. 04		
Ersatztr.Teil:	Ers.Btl./Fußart.Rgt. 14		
Unterstellung:	[26.08.1916 – 01.09.1916]	Karpathenkorps	*WGM/LÜO*
	[07.10.1916]	Heeresfront Erzherzog Karl	*Üb.Fußa.*
	[25.11.1916 – 01.02.1917]	9. Armee	*D./Üb.Fußa.*
	[15.09.1917]	Diedenhofen	*D.Fußa.*
Zuteilungen:	[16.08.1916 – 25.12.1916]	Fußart.Bttr. 139	*DW/Krgl.*
Verbleib:	Okt. 1917 (?) aufgelöst		

Fußartillerie-Gebirgsstaffel Nr. 25

Aufstellung:	27.10.1916 durch Gen.Insp. der Fußart. bei 2. Ers.Btl./Fußart.Rgt. 4 (gem. KM v. 27.10.1916), mobil seit 29.11.1916 Ausstattung für schw. Feldh. 02		
Ersatztr.Teil:	Ers.Btl./Fußart.Rgt. 14		
Unterstellung:	[27.10.1916]	Heeresfront Erzherzog Karl	*Üb.Fußa.*
	[25.11.1916 – 01.02.1917]	öst.ung. 1. Armee	*D./Üb.Fußa.*
	[01.05.1917 – 10.07.1917]	öst.ung. 7. Armee	*Krgl.*
	[15.09.1917]	Straßburg	*D.Fußa.*
	[03.10.1917 – 28.01.1918]	bayer. Fußart.Btl. 11	*Bayer. WGB*
Verbleib:	Febr. 1918 (?) aufgelöst		

Fußartillerie-Gebirgsstaffel Nr. 26

Aufstellung:	22.12.1916 durch Gen.Insp. der Fußart. bei 2. Ers.Btl./Fußart.Rgt. 4 (gem. KM v. 22.12.1916), mobil seit 27.12.1916 Ausstattung für schw. Feldh. 02
Ersatztr.Teil:	Ers.Btl./Fußart.Rgt. 14
Unterstellung:	[31.12.1916 – 01.02.1917] HGr. Below *D./Üb.Fußa.* [06.02.1917 – 31.12.1917] 11. Armee *Krgl.*
Verbleib:	31.12.1917 aufgelöst (gem. KM v. 09.12.1917)

Fußartillerie-Gebirgsstaffel Nr. 27

Aufstellung:	22.12.1916 durch Gen.Insp. der Fußart. bei 2. Ers.Btl./Fußart.Rgt. 4 (gem. KM v. 22.12.1916), mobil seit 27.12.1916 Ausstattung für schw. Feldh. 13
Ersatztr.Teil:	Ers.Btl./Fußart.Rgt. 4
Unterstellung:	[31.12.1916 – 01.02.1917] HGr. Below *D./Üb.Fußa.* [06.02.1917 – 20.06.1918] 11. Armee *Krgl.*
Verbleib:	Ende Aug. 1918 aufgelöst[1]

Fußartillerie-Gebirgsstaffel Nr. 28

Aufstellung:	22.12.1916 durch Gen.Insp. der Fußart. bei 2. Ers.Btl./Fußart.Rgt. 4 (gem. KM v. 22.12.1916), mobil seit 27.12.1916 Ausstattung für schw. Feldh. 13
Ersatztr.Teil:	Ers.Btl./Fußart.Rgt. 4
Unterstellung:	[31.12.1916 – 01.02.1917] HGr. Below *D./Üb.Fußa.* [06.02.1917 – 31.12.1917] 11. Armee *Krgl.*
Verbleib:	31.12.1917 aufgelöst (gem. KM v. 09.12.1917)

Fußartillerie-Gebirgsstaffel Nr. 29

Aufstellung:	22.12.1916 durch Gen.Insp. der Fußart. bei 2. Ers.Btl./Fußart.Rgt. 4 (gem. KM v. 22.12.1916), mobil seit 27.12.1916 Ausstattung für schw. Feldh. 13
Ersatztr.Teil:	Ers.Btl./Fußart.Rgt. 4
Unterstellung:	[31.12.1916 – 01.02.1917] HGr. Below *D./Üb.Fußa.* [06.02.1917 – 31.12.1917] 11. Armee *Krgl.*
Verbleib:	31.12.1917 aufgelöst (gem. KM v. 09.12.1917)

---

[1] D.Fußa. 30.08.1918; noch in FpÜb v. 18.09. – 06.11.1918

Bayerische Fußartillerie-Gebirgsstaffel Nr. 30

Aufstellung:	11.09.1917 durch Ers.Btl./1. bayer. Fußart.Rgt. (gem. preuß. KM v. 13.09.1917 u. bayer. KM v. 11.09.1917), mobil seit 23.09.1917 Ausstattung für schw. Feldh. 02		
Ersatztr.Teil:	Ers.Btl./1. bayer. Fußart.Rgt		
Unterstellung:	[15.09.1917]	Straßburg	*D.Fußa.*
	[03.10.1917 – 28.01.1918]	bayer. Fußart.Btl. 11	*Bayer. WGB*
Verbleib:	28.01.1918 aufgelöst (gem. bayer. KM v. 14.01.1918)		

Fußartillerie-Gebirgsstaffel Nr. 31

Aufstellung:	18.09.1917 durch Gouv. Straßburg bei Ers.Btl./Fußart.Rgt. 10 (gem. KM v. 18.09.1917), mobil seit 29.09.1917 Ausstattung für schw. Feldh. 02		
Ersatztr.Teil:	Ers.Btl./Fußart.Rgt. 14		
Unterstellung:	[18.09.1917]	Straßburg	*D.Fußa.*
	[01.10.1917]	III. bayer. AK	*WGM*
Zuteilungen:	[01.10.1917]	1. Bttr./Fußart.Btl. 54	*KM-Erl.*
Verbleib:	02.02.1918 umgewandelt in Teil der Fußart.Mun.Kol. 280		

Fußartillerie-Gebirgsstaffel Nr. 32

Aufstellung:	18.09.1917 durch Gouv. Straßburg bei Ers.Btl./Fußart.Rgt. 10 (gem. KM v. 18.09.1917), mobil seit 29.09.1917 Ausstattung für schw. Feldh. 02		
Ersatztr.Teil:	Ers.Btl./Fußart.Rgt. 14		
Unterstellung:	[18.09.1917]	Straßburg	*D.Fußa.*
	[01.10.1917]	III. bayer. AK	*WGM*
Zuteilungen:	[01.10.1917]	2. Bttr./Fußart.Btl. 54	*KM-Erl.*
Verbleib:	02.02.1918 umgewandelt in Teil der Fußart.Mun.Kol. 280		

Fußartillerie-Gebirgsstaffel Nr. 33

Aufstellung:	18.09.1917 durch Gouv. Straßburg bei Ers.Btl./Fußart.Rgt. 10 (gem. KM v. 18.09.1917), mobil seit 03.10.1917 Ausstattung für 10 cm Kan. 04		
Ersatztr.Teil:	Ers.Btl./Fußart.Rgt. 14		
Unterstellung:	[18.09.1917]	Straßburg	*D.Fußa.*
	[24.10.1917]	5. Inf.Div. (14. Armee)	*WGM*
	[10.02.1918]	Straßburg	*Üb.Fußa.*
Zuteilungen:	[01.10.1917]	3. Bttr./Fußart.Btl. 67	*KM-Erl.*
Verbleib:	Mitte Febr. 1918 aufgelöst[1]		

---

[1] D.Fußa. vom 17.02.1918

Fußartillerie-Gebirgsstaffel Nr. 34

Aufstellung:	18.09.1917 durch Gouv. Straßburg bei Ers.Btl./Fußart.Rgt. 10 (gem. KM v. 18.09.1917), mobil seit 03.10.1917 Ausstattung für 10 cm Kan. 04
Ersatztr.Teil:	Ers.Btl./Fußart.Rgt. 14

Unterstellung:	[18.09.1917]	Straßburg	*D.Fußa.*
	[24.10.1917]	12. Div. (14. Armee)	*WGM*
	[10.02.1918]	Diedenhofen	*Üb.Fußa.*
Zuteilungen:	[01.10.1917]	3. Bttr./Fußart.Btl. 94	*KM-Erl.*
Verbleib:	12.03.1918 aufgelöst (gem. KM v. 12.03.1918)		

Bespannungs-Abteilungen

Da nicht alle Neuformationen der Fußartillerie mit Bespannungen versehen werden konnten, wurden in den Festungen im Westen Festungs-Bespannungs-Abteilungen bereitgestellt, um als Reserve unbespannten Batterien aushelfen zu können.[1] Besonders für die zahlreichen in den Jahren 1915/16 aufgestellten, oftmals unbespannten selbstständigen Batterien mussten bei Bedarf für einen Stellungswechsel Bespannungen zur Verfügung gestellt werden.

Anfang 1916 befahl die OHL, diese Bespannungen in neue Abteilungen und Züge zu organisieren, wobei ein Zug jeweils eine Batterie beweglich machen konnte. Mit Erl. vom 06.01.1916 legte das KM die neue Gliederung und Stärke der Abteilungen fest:[2]

Festungs-Besp.Abt.	Offz./Unteroffz. u. Mannsch.	Pferde	umgewandelt in Besp.Abt.
Antwerpen (I)	1/32	56	Nr. 1 (drei Züge)
Antwerpen (II)	1/59	114	Nr. 2 (zwei Züge)
Brabant	1/36	67	Nr. 3 (ein Zug)
Maubeuge	1/37	68	Nr. 4 (ein Zug)
Germersheim	1/91	166	Nr. 5 (vier Züge)
Neubreisach	1/61	115	Nr. 6 (drei Züge)
Straßburg I – VI	je 1/78	je 144	Nr. 7–12 (je vier Züge)
Straßburg VII	– /62	120	
Metz A	2/109	201	Nr. 13–18 (je vier Züge)
Metz B	2/152	279	
Metz C	2/182	334	
Metz D	2/164	301	
Köln	1/67	123	Nr. 19 (drei Züge)
Lille	5/170	292	Nr. 20 u. 21 (je drei Züge)
Namur I	1/71	68	Nr. 22 (ein Zug)
Namur II	1/50	50	Nr. 23 (ein Zug)
Mainz	1/116	103	Nr. 24 (zwei Züge)
Diedenhofen	– /105	184	Nr. 25 (vier Züge)

Eine neue Bespannungs-Abteilung bestand aus 1 Leutnant, 4 Unteroffizieren sowie 21 Mann (Fahrer), dazu 5 Reit- und 40 Zugpferden.

---

[1] Unabhängig davon bestanden Bespannungs-Abteilungen bei den Ersatz-Bataillonen (s. dort).
[2] KM Nr. 2501/15 g. A 5. KA, MKr 13.487, Prod. 1061

Die Bespannungs-Abteilungen wurden zum Teil bereits 1916, überwiegend dann 1917 wieder aufgelöst, um zur Bespannung einzelner Fußartillerie-Batterien und Munitions-Kolonnen zu dienen.[1]

Einen sehr hohen Etat erhielt die mit Erl. vom 15.03.1917 aufgestellte Bayer. Ersatz-Bespannungs-Abteilung der schweren Artillerie. Sie diente zur Ausbildung der Mannschaften und Pferde, die zur Auffüllung der Bespannungs-Abteilungen der Fußartillerie-Ersatz-Bataillone vorgesehen waren:[2]

Bayer. Ersatz-Bespannungs-Abt. 1917	
1 Abteilungsführer (Stabsoffz. oder Hptm.)	21 Trainsoldaten
6 Oberleutnante oder Leutnante	3 Fahnenschmiede
1 Oberarzt oder Assistenzarzt	2 Sanitäts-Unteroffz.
1 Oberveterinär oder Veterinär	14 Handwerker
1 Unterzahlmeister	
1 Wachtmeister	120 Reitpferde
3 Vizewachtmeister	450 Zugpferde
47 Unteroffiziere	
40 Gefreite	3 vierspännige Futterwagen
400 Mannschaften (Fahrer der Fußart.)	3 vierspännige Lebensmittelwagen
9 Offiziere, 532 Unteroffz. u. Mannsch.	

Bespannungs-Abteilung Nr. 1 Antwerpen

Aufstellung: 06.01.1916 durch Gouv. Antwerpen (gem. KM v. 06.01.1916) mit 1.–3. Zug aus Besp.Abt. Antwerpen, sogleich mobil

Ersatztr.Teil: Ers.Btl./Fußart.Rgt. 7

Unterstellung: Gouv. Antwerpen

Verbleib:
1. Zug	23.01.1916 abgegeben an Ers.Btl./Fußart.Rgt. 16 in Diedenhofen
2. Zug	03.03.1916 abgegeben an Ers.Btl./Fußart.Rgt. 7 in Köln
3. Zug	09.03.1916 abgegeben an Gouv. Köln

Bespannungs-Abteilung Nr. 2 Antwerpen

Aufstellung: 06.01.1916 durch AOK. 3 (gem. KM v. 06.01.1916 u. 23.01.1916) mit 1. u. 2. Zug aus Besp.Abt. Antwerpen, sogleich mobil

Ersatztr.Teil: Ers.Btl./Fußart.Rgt. 7

Unterstellung:
1. Zug	[22.02.1916 – 01.04.1917]	3. Armee	*DW/Krgl.*
1. Zug	[12.04.1917]	1. Armee	*D.Fußa.*
2. Zug	[22.02.1916 – 01.12.1916]	3. Armee	*DW/Krgl.*
2. Zug	[01.01.1917 – 21.03.1917]	5. Armee	*Krgl.*

Verbleib:
1. Zug	03.08.1917 aufgelöst u. zur Bespannung der 10. Bttr./Fußart.Rgt. 25 verwendet
2. Zug	05.04.1917 aufgegangen in 10. Bttr./Res.Fußart.Rgt. 20

---

[1] Cron, Geschichte des deutschen Heeres, S. 156
[2] Bayer. KM Nr. 37.685. KA, MKr 13.492, Prod. 2152

Bespannungs-Abteilung Nr. 3 Brabant

Aufstellung: 06.01.1916 (gem. KM v. 06.01.1916) nur mit 1. Zug aus Besp.Abt. Brabant, sogleich mobil
Ersatztr.Teil: Ers.Btl./Fußart.Rgt. 7
Unterstellung: Gen.Gouv. Belgien
Verbleib: 21.01.1916 aufgelöst (gem. KM v. 08.10.1916), das Personal wurde dem Gen.Gouv. Belgien zur Verfügung gestellt

Bespannungs-Abteilung Nr. 4 Maubeuge

Aufstellung: 06.01.1916 durch Kdtr. Maubeuge (gem. KM v. 06.01.1916) nur mit 1. Zug aus Besp.Abt. Maubeuge, sogleich mobil; diente zur Deckung des Fuhrbedarfs der Festung Maubeuge.
Ersatztr.Teil: Ers.Btl./Fußart.Rgt. 7
Unterstellung: Kdtr. Maubeuge
Verbleib: 21.01.1916 aufgelöst (gem. KM v. 08.10.1916), das Personal wurde dem Gen.Gouv. Belgien zur Verfügung gestellt

Bayerische Bespannungs-Abteilung Nr. 5 Germersheim

Aufstellung: 06.01.1916 durch Gouv. Germersheim (gem. KM v. 06.01.1916 u. 23.01.1916 sowie bayer. KM v. 18.01.1916 u. 31.01.1916) mit 1.–4. Zug aus Besp.Abt. Germersheim, sogleich mobil
Ersatztr.Teil: Ers.Btl./3. bayer. Fußart.Rgt.

Unterstellung			
	[22.02.1916]	5. Armee	*DW*
1.–4. Zug	[15.03.1916 – 07.10.1916]	A.Abt. Strantz	*Krgl./Üb.Fußa.*
1. u. 2. Zug	[28.10.1916 – 21.03.1917]	5. Armee	*D.Fußa./Krgl.*
3. u. 4. Zug	[01.02.1917 – 12.04.1917]	A.Abt. C	*Üb.Fußa./Krgl.*

Verbleib: 12.04.1917 aufgelöst und zur Bespannung der 3. Bttr./bayer. Fußart.Btl. 12 mit Mun.Kol. verwendet

Bespannungs-Abteilung Nr. 6 Neubreisach

Aufstellung: 06.01.1916 durch Kdtr. Neubreisach (gem. KM v. 06.01.1916) mit 1.–3. Zug aus Besp.Abt. Neubreisach, sogleich mobil
Ersatztr.Teil: Ers.Esk/Drag.Rgt. 14
Unterstellung: [11.03.1916]   2. Armee   *DW*
Verbleib: 27.05.1916 aufgelöst und zur Bespannung des Fußart.Btl. 51 verwendet

Bespannungs-Abteilung Nr. 7 Straßburg

Aufstellung: 06.01.1916 durch Gouv. Straßburg (gem. KM v. 06.01.1916 u. 23.01.1916) mit 1.–4. Zug aus Besp.Abt. Straßburg I–VII, sogleich mobil

Ersatztr.Teil: Ers.Esk./Drag.Rgt. 15

Unterstellung:
1. – 4. Zug	[22.02.1916 – 01.06.1916]	3. Armee	*DW/Krgl.*
1. – 4 Zug	[01.07.1916 – 14.10.1916]	A.Abt. A	*DW/Krgl.*
1. u. 3. Zug	[29.11.1916 – 20.01.1917]	5. Armee	*Krgl.*
2. u. 4. Zug	[29.11.1916 – 12.02.1917]	A.Abt. A	*Krgl.*

Verbleib:
1. u. 3. Zug 24.01.1917 aufgelöst und zur Bespannung der 3. Bttr./Fußart.Btl. 52 verwendet
2. u. 4. Zug 17.03.1917 aufgelöst u. zur Bespannung der 10. Bttr./Res.Fußart.Rgt. 17 verwendet

Bespannungs-Abteilung Nr. 8 Straßburg

Aufstellung: 06.01.1916 durch Gouv. Straßburg (gem. KM v. 06.01.1916 u. 23.01.1916) mit 1.–4. Zug aus Besp. Abt. Straßburg I–VII, sogleich mobil

Ersatztr.Teil: Ers.Esk./Drag.Rgt. 15

Unterstellung: [22.02.1916 – 30.01.1917]   5. Armee   *DW/Krgl.*

Verbleib: 30.01.1917 aufgelöst und zur Bespannung der 9. Bttr./Fußart.Rgt. 17 nebst Mun.Kol. verwendet

Bespannungs-Abteilung Nr. 9 Straßburg

Aufstellung: 06.01.1916 durch Gouv. Straßburg (gem. KM v. 06.01.1916 u. 23.01.1916) mit 1.–4. Zug aus Besp.Abt. Straßburg I–VII, sogleich mobil

Ersatztr.Teil: Ers.Esk./Drag.Rgt. 15

Unterstellung:
[22.02.1916 – 01.06.1916]	6. Armee	*DW/Krgl.*
[01.07.1916 – 01.02.1917]	4. Armee	*Krgl./Üb.Fußa.*

Verbleib: 06.02.1917 aufgelöst und zur Bespannung der 3. Bttr./Fußart.Btl. 153 nebst Mun.Kol. verwendet

Bespannungs-Abteilung Nr. 10 Straßburg

Aufstellung: 06.01.1916 durch Gouv. Straßburg (gem. KM v. 06.01.1916) mit 1.–4. Zug aus Besp.Abt. Straßburg I–VII, sogleich mobil

Ersatztr.Teil: Ers.Esk./Drag.Rgt. 15

Unterstellung:
[11.03.1916 – 15.03.1916]	Fußart.Btl. 25 (A.Abt. Strantz)	*DW/Krgl.*
[11.05.1916]	Fußart.Btl. 25 (5. Armee)	*Krgl.*

Verbleib: Ende Mai 1916 aufgelöst (?)

Bespannungs-Abteilung Nr. 11 Straßburg

Aufstellung:	06.01.1916 durch Gouv. Straßburg (gem. KM v. 06.01.1916 u. 23.01.1916) mit 1.–4. Zug aus Besp.Abt. Straßburg I–VII, sogleich mobil
Ersatztr.Teil:	Ers.Esk./Drag.Rgt. 15
Unterstellung:	[22.02.1916 – 09.03.1917] 6. Armee *DW/Krgl.*
Verbleib:	17.03.1917 aufgelöst und zur Bespannung der 9. Bttr./Res.Fußart.Rgt. 2 sowie 11. Bttr./Res.Fußart.Rgt. 14 verwendet

Bespannungs-Abteilung Nr. 12 Straßburg

Aufstellung:	06.01.1916 durch Gouv. Straßburg (gem. KM v. 06.01.1916) mit 1.–4. Zug aus Besp.Abt. Straßburg I–VII, sogleich mobil
Ersatztr.Teil:	Ers.Esk./Drag.Rgt. 15
Unterstellung:	[24.03.1916] Fußart.Btl. 41 *DW*
Verbleib:	April 1916 aufgelöst (gem. KM v. 04.04.1916 u. 07.06.1916) und zur Bespannung des Fußart.Btl. 41 verwendet

Bespannungs-Abteilung Nr. 13 Metz

Aufstellung:	06.01.1916 durch Gouv. Metz (gem. KM v. 06.01.1916 u. 23.01.1916) mit 1.–4. Zug aus Besp.Abt. Metz A, B, C u. D, sogleich mobil
Ersatztr.Teil:	Ers.Btl./Fußart.Rgt. 8
Unterstellung:	[22.02.1916 – 21.03.1917] 5. Armee *DW/Krgl.*
Verbleib:	
1. – 3. Zug	05.04.1917 aufgelöst und zur Bespannung der 12. Bttr./Res.Fußart.Rgt. 9 sowie 10. Bttr./Res.Fußart.Rgt. 20 verwendet
4. Zug	17.03.1917 aufgelöst und zur Bespannung der 10. Bttr./Res.Fußart.Rgt. 17 verwendet

Sächsische Bespannungs-Abteilung Nr. 14 Metz

Aufstellung:	06.01.1916 durch Gouv. Metz (gem. KM v. 06.01.1916 u. 23.01.1916 sowie sächs. KM v. 13.01.1916) mit 1.–4. Zug aus Besp.Abt. Metz A, B, C u. D, sogleich mobil
Ersatztr.Teil:	Ers.Btl./Fußart.Rgt. 12
Unterstellung:	
1. u. 2. Zug	[22.02.1916 – 01.02.1917] 5. Armee *DW/Üb.Fußa.*
1. u. 2. Zug	[08.02.1917 – 03.04.1917] 7. Armee *D.Fußa./Krgl.*
Verbleib:	
1. u. 2. Zug	03.04.1917 aufgelöst (gem. KM v. 27.03.1917) und zur Bespannung der 3. Bttr./Fußart.Btl. 96 nebst Kolonne verwendet
3. u. 4. Zug	Ende März 1917 aufgelöst (gem. KM v. 27.03.1917)

Bespannungs-Abteilung Nr. 15 Metz

Aufstellung: 06.01.1916 durch Gouv. Metz (gem. KM v. 06.01.1916) mit 1.–4. Zug aus Besp.Abt. Metz A, B, C u. D, sogleich mobil
Ersatztr.Teil: Ers.Btl./Fußart.Rgt. 8
Unterstellung: Gouv. Metz (?)[1]
Verbleib: Ende März 1917 aufgelöst (gem. KM v. 27.03.1917)

Bespannungs-Abteilung Nr. 16 Metz

Aufstellung: 06.01.1916 durch Gouv. Metz (gem. KM v. 06.01.1916) mit 1.–4. Zug aus Besp.Abt. Metz A, B, C u. D, sogleich mobil
Ersatztr.Teil: Ers.Btl./Fußart.Rgt. 8
Unterstellung: Gouv. Metz (?)[2]
Verbleib: Ende März 1917 aufgelöst (gem. KM v. 27.03.1917)

Bespannungs-Abteilung Nr. 17 Metz

Aufstellung: 06.01.1916 durch Gouv. Metz (gem. KM v. 06.01.1916) mit 1.–4. Zug aus Besp.Abt. Metz A, B, C u. D, sogleich mobil
Ersatztr.Teil: Ers.Btl./Fußart.Rgt. 8
Unterstellung: Gouv. Metz (?)[3]
Verbleib: Ende März 1917 aufgelöst (gem. KM v. 27.03.1917)

Bayerische Bespannungs-Abteilung Nr. 18 Metz

Aufstellung: 21.01.1916 durch Gouv. Metz bei 2. mob. Ers.Btl./2. bayer. Fußart.Rgt. (gem. KM v. 06.01.1916 u. 23.01.1916 sowie bayer. KM v. 20.01.1916) mit 1.–4. Zug aus Besp.Abt. Metz A, B, C u. D, sogleich mobil
Ersatztr.Teil: 2. mob. Ers.Btl./2. bayer. Fußart.Rgt.
Unterstellung: [22.02.1916 – 01.03.1917]   5. Armee   *DW/Krgl.*
Verbleib: 15.03.1917 aufgelöst (gem. bayer. KM v. 05.03.1917) und zur Bespannung der 3. Bttr./bayer. Fußart.Btl. 5 verwendet

---

[1] Nicht in Krgl. u. Üb.Fußa.
[2] Nicht in Krgl. u. Üb.Fußa.
[3] Nicht in Krgl. u. Üb.Fußa.

Bespannungs-Abteilung Nr. 19 Köln

Aufstellung:

1.–3. Zug	06.01.1916 durch Gouv. Köln (gem. KM v. 06.01.1916 u. 23.01.1916) aus Besp.Abt. Köln, sogleich mobil
4. Zug (sächs.)	08.07.1917 durch Kdtr. der Mun.Kol. u. Trains XII. AK. (gem. KM v. 08.07.1917 u. sächs. KM v. 12.07.1917) aus der Besp. Abt. Köln, sogleich mobil
Ersatztr.Teil:	Ers.Esk./Kürassier-Rgt. 8

Unterstellung:

1. – 3. Zug	[22.02.1916 – 22.02.1917]	7. Armee	*DW/Krgl.*

Verbleib: 08.07.1917 aufgelöst und zur Bespannung der 3. Bttr./sächs. Fußart.Btl. 404 verwendet

Bespannungs-Abteilung Nr. 20 Lille

Aufstellung: 06.01.1916 (gem. KM v. 06.01.1916 u. 23.01.1916) mit 1.–3. Zug aus Besp.Abt. Lille, sogleich mobil

Ersatztr.Teil: Ers.Btl./Fußart.Rgt. 7

Unterstellung:

[22.02.1916]	6. Armee	*DW*
[01.06.1916]	3. Armee	*Krgl.*
[01.07.1916 – 09.09.1916]	A.Abt. A	*Krgl.*

Verbleib: 22.09.1916 aufgelöst und zur Bespannung des Fußart.Btl. 90 verwendet

Bespannungs-Abteilung Nr. 21 Lille

Aufstellung: 06.01.1916 (gem. KM v. 06.01.1916) mit 1.–3. Zug aus Besp.Abt. Lille, sogleich mobil

Ersatztr.Teil: Ers.Btl./Fußart.Rgt. 7

Unterstellung:

[22.02.1916 – 01.06.1916]	3. Armee	*DW/Krgl.*
[01.07.1916]	A.Abt. Gaede	*DW*

Verbleib: Mitte Juli 1916 aufgelöst und zur Bespannung der 1. Bttr./Fußart.Rgt. 16 verwendet[1]

---

[1] DW v. 12.07.1916

Bespannungs-Abteilung Nr. 22 Namur

Aufstellung:
1. Zug 06.01.1916 (gem. KM v. 06.01.1916) durch Kdtr. Namur aus Besp.Abt. Namur I, sogleich mobil
2. Zug 14.07.1916 durch AOK 3 (gem. KM v. 14.07.1916), sogleich mobil
3. Zug 14.07.1916 durch A.Abt. Strantz (gem. KM v. 14.07.1916), sogleich mobil

Ersatztr.Teil: Ers.Btl./Fußart.Rgt. 7

Unterstellung:
1. Zug	[22.02.1916 – 20.09.1916]	3. Armee	*DW/Krgl.*
2. Zug	[12.07.1916 – 20.09.1916]	3. Armee	*DW/Krgl.*
3. Zug	[12.07.1916 – 01.09.1916]	A.Abt. Strantz	*DW/Krgl.*
3. Zug	[20.09.1916]	3. Armee	*Krgl.*

Verbleib: 20.09.1916 aufgelöst und zur Bespannung des Fußart.Btl. 81 verwendet

Bespannungs-Abteilung Nr. 23 Namur

Aufstellung: 06.01.1916 durch Kdtr. Namur (gem. KM v. 06.01.1916) nur mit 1. Zug aus Besp.Abt. Namur II, sogleich mobil

Ersatztr.Teil: Ers.Btl./Fußart.Rgt. 7

Unterstellung: [22.02.1916 – 01.06.1916]   3. Armee   *DW/Krgl.*

Verbleib: 03.09.1916 aufgelöst und zur Bespannung der 2. Bttr./Fußart.Btl. 63 verwendet

Bespannungs-Abteilung Nr. 24 Mainz

Aufstellung: 06.01.1916 durch AOK 3 (gem. KM v. 06.01.1916 u. 23.01.1916) mit 1. u. 2. Zug aus Besp.Abt. Mainz, sogleich mobil

Ersatztr.Teil: Ers.Abt./Feldart.Rgt. 27

Unterstellung:
[22.02.1916 – 07.10.1916]	3. Armee	*DW/Üb.Fußa.*
[01.11.1916]	5. Armee	*Krgl.*
[04.12.1916]	3. Armee	*Krgl.*
[01.01.1917 – 20.01.1917]	5. Armee	*Krgl.*

Verbleib: 03.08.1917 aufgelöst und zur Bespannung der 10. Bttr./Fußart.Rgt. 25 nebst Mun.Kol. verwendet

Bespannungs-Abteilung Nr. 25 Diedenhofen

Aufstellung: 06.01.1916 durch Kdtr. Diedenhofen bei Ers.Btl./Fußart.Rgt. 16 (gem. KM v. 06.01.1916 u. 23.01.1916) mit 1.–4. Zug aus Besp.Abt. der Festung Diedenhofen, sogleich mobil

Ersatztr.Teil: Ers.Btl./Fußart.Rgt. 16

Unterstellung:
1.–4. Zug	[22.02.1916 – 01.06.1916]	3. Armee	*DW/Krgl.*
1.–4. Zug	[12.07.1916 – 20.09.1916]	A.Abt. Gaede	*DW*
1. u. 2. Zug	[21.09.1916 – 24.01.1917]	A.Abt. B	*Üb.Fußa.*

Verbleib:
1. u. 2. Zug 24.01.1917 aufgelöst und zur Bespannung der 3. Bttr./Fußart.Btl. 52 verwendet
3. u. 4. Zug 21.09.1916 aufgelöst und zur Bespannung der 1. u. 2. Bttr./Fußart.Btl. 82 verwendet

Bespannungs-Abteilung Nr. 26 Diedenhofen

Aufstellung: 21.02.1916 durch Ers.Btl./Fußart.Rgt. 16 (gem. KM v. 17.02.1916 u. 21.02.1916) mit 1.–4. Zug, sogleich mobil

Ersatztr.Teil: Ers.Btl./Fußart.Rgt. 16

Unterstellung: [11.03.1916 – 20.01.1917] 5. Armee *DW/Krgl.*

Verbleib: 24.01.1917 aufgelöst und zur Bespannung der 3. Bttr./Fußart.Btl. 91 verwendet

Bespannungs-Abteilung Nr. 27 (7. Armee)

Aufstellung: 27.03.1916 durch AOK 7 (gem. KM v. 27.03.1916) mit 1.–4. Zug, sogleich mobil

Ersatztr.Teil: Ers.Btl./Fußart.Rgt. 9

Unterstellung: [27.03.1916] Fußart.Btl. 42 *DW*[1]

Verbleib: Mai 1916 (?) aufgelöst und zur Bespannung des Fußart.Btl. 42 verwendet

Bespannungs-Abteilung Nr. 28 (7. Armee)

Aufstellung: 27.03.1916 durch AOK 7 (gem. KM v. 27.03.1916) mit 1.–4. Zug, sogleich mobil

Ersatztr.Teil: Ers.Btl./Fußart.Rgt. 9

Unterstellung: [27.03.1916 – 11.05.1916] Fußart.Btl. 43 (5. Armee) *DW/Krgl.*[2]

Verbleib: Ende Mai 1916 aufgelöst und zur Bespannung des Fußart.Btl. 43 verwendet[3]

---

[1] DW v. 16.03.1916
[2] DW v. 16.03.1916
[3] DW v. 01.06.1916

Bespannungs-Abteilung Nr. 29 (7. Armee)

Aufstellung:	27.03.1916 durch AOK 7 (gem. KM v. 27.03.1916) mit 1.–4. Zug, sogleich mobil
Ersatztr.Teil:	Ers.Btl./Fußart.Rgt. 9
Unterstellung:	[27.03.1916 – 15.04.1916] Fußart.Btl. 44 (6. Armee) *DW/Krgl.*[1]
Verbleib:	Mitte April 1916 aufgelöst und zur Bespannung des Fußart.Btl. 44 verwendet

Bespannungs-Abteilung Nr. 30 Straßburg

Aufstellung:	27.03.1916 durch Gouv. Straßburg (gem. KM v. 27.03.1916) mit 1. u. 2. Zug, sogleich mobil; der zunächst geplante 3. u. 4. Zug wurde nicht aufgestellt.[2]
Ersatztr.Teil:	Ers.Esk./Drag.Rgt. 15
Unterstellung:	
1. Zug	[23.07.1916 – 31.12.1916] Fußart.Bttr. 351 *DW/D.Fußa.*
2. Zug	[23.07.1916 – 31.12.1916] Fußart.Bttr. 682 *DW/D.Fußa.*
Verbleib:	Ende Dez. 1916 aufgelöst und zur Bespannung der Fußart.Bttr. 351 u. 682 verwendet[3]

Bespannungs-Abteilung Nr. 31 (6. Armee)

Aufstellung:	14.07.1916 durch AOK 6 (gem. KM v. 14.07.1916) mit 1.–4. Zug (3. Zug bayer., 4. Zug sächs.), sogleich mobil
Ersatztr.Teil:	1. u. 2. Zug: Ers.Btl./Fußart.Rgt. 4 3. Zug (bayer.): 2. mob. Ers.Btl./2. bayer. Fußart.Rgt. 4. Zug (sächs.): Ers.Btl./Fußart.Rgt. 12
Unterstellung:	[14.07.1916 – 09.03.1917] 6. Armee *DW/Krgl.*
Verbleib:	
1. u. 2. Zug	05.04.1917 aufgelöst und zur Bespannung der 12. Bttr./Res.Fußart.Rgt. 9 sowie 10. Bttr./Res.Fußart.Rgt. 20 verwendet
3. Zug (bayer.)	15.03.1917 aufgelöst (gem. bayer. KM v. 05.03.1917) und zur Bespannung der 3. Bttr./bayer. Fußart.Btl. 5 verwendet
4. Zug (sächs.)	03.04.1917 aufgelöst (gem. KM v. 27.03.1917 u. sächs. KM v. 03.04.1917) und zur Bespannung der 3. Bttr./Fußart.Btl. 96 verwendet

Bespannungs-Abteilung Nr. 32 (7. Armee)

Aufstellung:	14.07.1916 durch AOK 7 (gem. KM v. 14.07.1916) mit 1.–3. Zug, sogleich mobil
Ersatztr.Teil:	Stellv. Gen.Kdo. VII. AK
Unterstellung:	[14.07.1916 – 23.09.1916] 7. Armee *DW/Krgl.*
Verbleib:	23.09.1916 aufgelöst und zur Bespannung der 1. Bttr./Fußart.Btl. 89 verwendet

---

[1] DW v. 16.03.1916
[2] DW v. 01.06.1916
[3] D.Fußa. v. 31.12.1916

Bespannungs-Abteilung Donon

Aufstellung: Mai 1915 durch Gouv. Straßburg (gem. KM v. 28.06.1915) aus Abgaben der Train-Abt. Straßburg, sogleich mobil
Ersatztr.Teil: Train-Ers.Abt. 15
Unterstellung: [Mai 1915 – 13.11.1918]   A.Abt. A   *FpÜb*
Verbleib: Ende Nov. 1918 aufgelöst (gem. Vfg. Stellv. Gen.Kdo. XV. AK)[1]

Bespannungs-Abteilung der Fußartillerie-Schießschule Wahn

Aufstellung: Febr. 1918 durch Fußart.Schießschule Wahn (gem. KM v. 21.01.1918 u. 14.02.1918)
Ersatztr.Teil: –
Unterstellung: Fußart.Schießschule Wahn
Verbleib: Ende Nov. 1918 aufgelöst

Bayerische Ersatz-Bespannungs-Abteilung der schweren Artillerie

Aufstellung: 15.03.1917 durch bayer. immobile Fußart.Brig (gem. bayer. KM v. 15.03.1917) mit Standort in Grafenwöhr
Ersatztr.Teil: –
Unterstellung: Bayer. immobile Fußart.Brig.
Verbleib: Juli 1918 umgewandelt in Besp.Abt. für bayer. Art.Schießschule Grafenwöhr

Bespannungs-Abt. für die bayer. Artillerie-Schießschule Grafenwöhr

Aufstellung: Juli 1918 durch Stellv. Gen.Kdo. III. bayer. AK (gem. bayer. KM v. 19.07.1918) aus bayer. Ersatz-Besp.Abt. der schweren Artillerie
Ersatztr.Teil: –
Unterstellung: Bayer. Art.Schießschule Grafenwöhr
Verbleib: Nov. 1918 aufgelöst

Überplanmäßige Bespannungs-Abteilung I u. II des XII. AK

Aufstellung: Mitte März 1917 durch AOK 3, sogleich mobil
Ersatztr.Teil: –
Unterstellung: [19.03.1917 – 01.06.1917]   3. Armee   *Krgl.*
Verbleib: Juni 1917 aufgelöst[2]

---

[1] Nicht mehr in FpÜb v. 04.12.1918
[2] Nicht mehr in Krgl. v. 01.07.1917

3. Reserve-Formationen

Reserve-Fußartillerie-Regimenter

Bei der Mobilmachung stellten jedes Fußartillerie-Regiment – außer den beiden sächsischen Regimentern – und das Lehr-Regiment der Fußartillerie-Schießschule ein Reserve-Fußartillerie-Regiment auf. Die sächsischen Regimenter Nr. 12 und 19 formierten stattdessen jeweils ein Reserve-Bataillon, das erst 1916/1917 zu einem Regiment ausgebaut wurde. Die Regimenter bestanden in der Regel aus zwei Bataillonen zu je vier Batterien. Abweichend gliederten sich die Regimenter Nr. 7 und 10 in drei Bataillone, wobei zwei Bataillone wegen ihrer Bewaffnung mit 13 cm-Kanonen nur zwei Batterien umfassten. Jedes Bataillon wurde mit einer Parkkompanie ausgestattet; auch war die Mehrzahl der Bataillone bespannt und erhielt eine Reserve-Munitions-Kolonne.

Eine Besonderheit bestand darin, dass für einige Reserve-Regimenter der Regimentsstab vom aktiven Regiment übertrat, also zunächst kein eigener Stab aufgestellt wurde.
Die Reserve-Regimenter waren als Kriegsbesatzungen der Festungen vorgesehen. Als sie dort infolge der Kriegslage entbehrlich wurden, zog die Heeresleitung sie im Herbst 1914 zu den Armeen im Felde nach.

Von den insgesamt 50 Reserve-Bataillonen waren 11 mit 10 cm-Kanonen, fünf mit Mörsern, vier mit 13 cm-Kanonen, die übrigen aber mit schweren Feldhaubitzen bewaffnet.

Der Stab eines Reserve-Fußartillerie-Regiments und Reserve-Bataillons hatte die gleiche Stärke wie beim aktiven Fußartillerie-Regiment. Abweichungen bestanden dagegen bei den Batterien, wobei die bespannten Batterien folgenden Etat besaßen:

Bespannte Batterie eines Reserve-Fußartillerie-Regiments 1914 (schwere Feldhaubitze 02 und 10 cm Kanonen 04)			
1	Batterieführer	1 Leutnant	
4	Leutnante	1 Vizewachtmeister	der Fußartillerie,
1	Oberveterinär oder Veterinär	7 Unteroffiziere	der Feldartillerie,
1	Feldwebel	2 Trompeter	der Kavallerie
1	Vizefeldwebel	4 Gefreite	oder des Trains
1	Fähnrich	49 Gemeine (Fahrer)	
18	Unteroffiziere	9 Trainsoldaten	
18	Obergefreite ⎫ einschließlich:	1 Unterzahlmeister	
	2 Signaltrompeter,	1 Fahnenschmied	
16	Gefreite ⎬ 2 Batterieschlosser,	1 Sanitätsunteroffizier	
	1 Waffenmeistergehilfe,		
120	Gemeine ⎭ 2 Radfahrer		
4 Geschütze (sechsspännig)			
9 sechsspännige Fahrzeuge (8 Munitions-, 1 Vorrats-Wagen)			
3 vierspännige Fahrzeuge (1 Beobachtungs-, 1 Schmiede-, 1 Futter-Wagen)			
2 zweispännige Fahrzeuge (1 Pack-, 1 Lebensmittel-Wagen)			
Gesamtstärke: 7 Offz., 250 Unteroff. u. Mannsch.; 20 Reit- u. 102 Zugpferde			

Demgegenüber war für eine bespannte 13 cm Kanonen-Batterie durch eine Verstärkung der Mannschaften ein gering erhöhter Etat von 7 Offizieren sowie 279 Unteroffizieren und Mannschaften vorgesehen.

Ab 01.01.1916 galt für die Reserve-Fußartillerie-Batterien (außer 13 cm-Kanonen und Mörser) der Etat wie für schwere Feldhaubitz-Batterien mit nur 6 Offizieren sowie 224 Unteroffizieren und Mannschaften.[1]

Unbespannte Reserve-Fußartillerie-Batterien besaßen einen geringeren Etat, da sie ohne Bespannung waren und dementsprechend nur wenige Fahrer benötigten:

Unbespannte Batterie eines Reserve-Fußartillerie-Regiments 1914 (schwere Feldhaubitze, schwere Feldhaubitze 02 und Mörser)
1 Batterieführer
4 Leutnante
1 Feldwebel
1 Vizefeldwebel
1 Fähnrich
18 Unteroffiziere
18 Obergefreite ⎤ einschließlich:
2 Signaltrompeter,
16 Gefreite ⎬ 2 Batterieschlosser,
1 Waffenmeistergehilfe,
120 Gemeine ⎦ 2 Radfahrer
1 Unteroffizier ⎤ der Feld- oder Fußartillerie,
2 Gemeine (Fahrer) ⎦ der Kavallerie oder des Trains
7 Trainsoldaten
1 Sanitätsunteroffizier
4 Geschütze schw. Feldh. 02 oder 6 Geschütze schw. Feldh. oder 4 Mörser (mit 4 Lafetten-, 4 Rohr- u. 4 Gürtelwagen)
1 vierspänniger Beobachtungs-Wagen
2 zweispännige Fahrzeuge (1 Pack-, 1 Lebensmittel-Wagen)
2 unbespannte Fahrzeuge (1 Vorrats-, 1 Schmiede-Wagen)
Gesamtstärke: 5 Offz., 186 Unteroffz. u. Mannsch.; 7 Reit- u. 8 Zugpferde

Diese Stärken verloren im Verlauf des Krieges ihre Gültigkeit, da die Heeresleitung die Etats der Fußartillerie-Batterien mehr und mehr vereinheitlichte. Auch musste der Etat angeglichen werden, wenn eine Bespannung hinzutrat oder eine Umbewaffnung erfolgte. Spätestens seit der Stärkenachweisung von 1917 bestand kein Unterschied mehr zwischen einer Reserve- und aktiven Fußartillerie-Batterie.[2]

---

[1] KM Nr. 25/16 geh. A 5 vom 08.01.1916. KA, MKr 13.487, Prod. 1045
[2] Zu den Etats vgl. Fußartillerie Bd. 1, S. 348–361

1. Garde-Reserve-Fußartillerie-Regiment

Formation:

Rgt.	Rgt.Stab, I. u. II. Btl. 02.08.1914 aufgestellt durch 1. Garde-Fußart.Rgt. in Spandau (gem. Mob.Plan)
Rgt.Stab	02.08.1914 aufgestellt; März 1916 umgewandelt in Fußart.Rgt.Stab 107
neuer Rgt.Stab	23.03.1916 aufgestellt durch Ers.Btl./1. Garde-Fußart.Rgt. (gem. KM v. 23.03.1916), sogleich mobil
I. Btl.	02.08.1914 aufgestellt mit 1.–4. Bttr. u. Park-Komp. (bis 19.12.1917)
leichte Mun.Kol.	01.02.1915 aufgestellt, am 25.01.1916 aufgelöst
1.–4. Bttr.	ab Jan./Febr. 1916 mit Mun.Kol.
3. Bttr.	04.11.1916 abgegeben an III. Btl.
	Btl. jetzt mit 1., 2. u. 4. Bttr.
II. Btl.	02.08.1914 aufgestellt mit 5.–8. Bttr. u. Park-Komp. (bis 19.12.1917)
leichte Mun.Kol.	Nov. 1914 zgt., am 25.01.1916 aufgelöst
5.–8. Bttr.	ab Jan./Febr. 1916 mit Mun.Kol.
5. Bttr.	04.11.1916 abgegeben an III. Btl.
	Btl. jetzt mit 6.–8. Bttr.
III. Btl., Stab	04.11.1916 aufgestellt durch Gen.Insp. der Fußart. bei Ers.Btl./1. Garde-Fußart.Rgt. (gem. KM v. 04.11.1916), sogleich mobil
3. u. 5. Bttr.	04.11.1916 von I. u. II. Btl. übergetreten
9. Bttr.	16.05.1917 aufgestellt durch Oberost bei AOK 8 (gem. KM v. 16.05.1917) aus 8. Bttr./2. Garde-Res.Fußart.Rgt., mit Mun.Kol., sogleich mobil
	Btl. jetzt mit 3., 5. u. 9. Bttr.

Bewaffnung:

1. – 4. Bttr.	ab Aug. 1914	schw. Feldh.	*EB schw. Art.*
1. Bttr.	ab Dez. 1917	lange schw. Feldh. 13	*D.Fußa. 05.12.1917*
2. Bttr.	ab Juli 1917	Versuchs-Haub. 99	*D.Fußa. 30.07.1917*
2. Bttr.	ab Dez. 1917	lange schw. Feldh. 13	*D.Fußa. 05.12.1917*
3. Bttr.	ab Aug. 1917	schw. Feldh. 02	*D.Fußa. 26.08.1917*
3. Bttr.	ab Juli 1918	lange schw. Feldh. 13	*Krgl. 20.07.1918*
4. Bttr.	ab Dez. 1917	10 cm Kan. 04	*D.Fußa. 05.12.1917*
4. Bttr.	ab Febr. 1918	10 cm Kan. 14	*Üb.Fußa. 10.02.1918*
5. – 8. Bttr.	ab Aug. 1914	schw. Feldh. 02	*EB schw. Art.*
5. Bttr.	ab Juli 1917	schw. Feldh. 13	*D.Fußa. 11.07.1917*
5. Bttr.	ab Febr. 1918	schw. Feldh. 02	*Üb.Fußa. 10.02.1918*
7. Bttr.	ab Juli 1917	schw. Feldh. 13	*D.Fußa. 11.07.1917*
7. Bttr.	ab Febr. 1918	schw. Feldh. 02	*Üb.Fußa. 10.02.1918*
8. Bttr.	ab Aug. 1918	10 cm Kan. 04	*D.Fußa. 19.08.1918*
9. Bttr.	ab Mai 1917	10 cm Kan. 04	*D.Fußa. 31.05.1917*
9. Bttr.	ab Juni 1917	10 cm Kan. 14	*D.Fußa. 26.06.1917*
Ersatztr.Teil:	Ers.Btl./1. Garde-Fußart.Rgt.		

Unterstellung:

Rgt.Stab	[02.08.1914]	Gouv. Königsberg	*Krgl.*
	[21.11.1914 – 25.06.1915]	Ldw.Div. Königsberg	*Krgl.*
	[01.08.1915 – 22.10.1915]	10. Armee	*DO*
	[09.12.1915 – 15.01.1916]	16. Ldw.Div.	*DO/LÜO*
	[22.02.1916]	5. Armee	*DW*
	[24.03.1916 – 01.06.1917]	3. Armee	*DW/Krgl.*
	[03.06.1917 – 01.04.1918]	1. Armee	*D.Fußa./Krgl.*
	[26.04.1918]	Metz	*D.Fußa.*
	[01.07.1918 – 18.08.1918]	3. Armee	*Krgl.*
	[19.08.1918 – 01.09.1918]	Longuyon	*D.Fußa./Krgl.*
	[10.09.1918 – 18.12.1918]	A.Abt. C	*Krgl./FpÜb*
	[28.12.1918 – 05.02.1919]	7. Armee	*FpÜb*
I. Btl.			
St.,1.–4. Bttr.	[02.08.1914]	Gouv. Königsberg	*Krgl.*
St.,1.–3. Bttr.	07.02.1915 – 19.02.1915	Ers.Brig. Tilsit	*KW*
St.,1.–3. Bttr.	20.02.1915 – 24.02.1915	Truppen-Abt. Esebeck	*KW*
4. Bttr.	[22.02.1915]	8. Armee	*LÜO*
St.,1.,2.,4. Bttr.	[01.03.1915 – 26.09.1915]	8. Armee	*DO/Krgl.*
3. Bttr.	[01.03.1915 – 28.08.1915]	8. Armee	*DO/Krgl.*
3. Bttr.	[29.08.1915 – 04.11.1916]	10. Armee	*Krgl./D.Fußa.*
St.,1.,2.,4. Bttr.	[29.09.1915 – 07.10.1916]	12. Armee	*Krgl./Üb.Fußa.*
St.,1.,2.,4. Bttr.	[01.11.1916 – 01.02.1917]	9. Armee	*Krgl.*
St.,1.,2.,4. Bttr.	[01.02.1917 – 01.10.1917]	A.Abt. Scheffer	*Üb.Fußa.*
St.,1.,2.,4. Bttr.	[20.10.1917]	10. Armee	*D.Fußa.*
St.,1.,2.,4. Bttr.	[05.12.1917]	Köln	*D.Fußa.*
St.,1.,2.,4. Bttr.	[15.01.1918 – 14.02.1918]	7. Armee	*D.Fußa./Krgl.*
St.,1.,2.,4. Bttr.	[21.02.1918 – 18.12.1918]	5. Garde-Inf.Div.	*KW/FpÜb*
II. Btl.			
St.,6.–8. Bttr.	[02.08.1914]	Gouv. Königsberg	*Krgl.*
St.,6.,8. Bttr.	[22.02.1915]	10. Armee	*LÜO/DO*
7. Bttr.	[22.02.1915]	8. Armee	*LÜO*
St.,6.,7.,8. Bttr.	[07.03.1915 – 01.09.1916]	10. Armee	*LÜO/DO*
St.,6.,7.,8. Bttr.	[09.09.1916 – 22.09.1916]	A.Abt. Scholtz	*DO/Krgl.*
St.,6.,7.,8. Bttr.	[01.10.1916 – 08.10.1916]	9. Armee	*Krgl./Üb.Fußa.*
St.,6.,7.,8. Bttr.	[11.10.1916]	OHL Königsberg	*D.Fußa.*
Stab,7.,8. Bttr.	[01.02.1917 – 20.04.1918]	9. Armee	*Üb.Fußa./Krgl.*
5. Bttr.	[22.02.1915 – 03.05.1915]	10. Armee	*LÜO*
5. Bttr.	[04.06.1915 – 22.10.1915]	Njemen-Armee	*DO*
5. Bttr.	[28.10.1915 – 15.06.1916]	A.Abt. Scholtz	*DO/Krgl.*
5. Bttr.	[05.07.1916 – 07.10.1916]	Südarmee	*DW/Üb.Fußa.*
5. Bttr.	[19.10.1916 – 04.11.1916]	8. Armee	*D.Fußa.*
6. Bttr.	[01.12.1916 – 01.01.1917]	Heeresfront Erzh. Joseph	*Krgl.*
6. Bttr.	[09.01.1917 – 01.07.1917]	öst.ung. 1. Armee	*D.Fußa./Krgl.*
6. Bttr.	[15.07.1917 – 08.08.1917]	öst.ung. 2. Armee	*Krgl.*
6. Bttr.	[01.09.1917 – 01.11.1917]	öst.ung. 1. Armee	*Krgl.*
6. Bttr.	[27.11.1917 – 20.04.1918]	9. Armee	*D.Fußa./Krgl.*
St.,6.,7.,8. Bttr.	[26.04.1918]	Sedan	*D.Fußa.*

St.,6.,7.,8. Bttr.	[31.05.1918]	7. Armee	*D.Fußa.*
St.,6.,7.,8. Bttr.	[01.06.1918]	3. Armee	*Krgl.*
St.,6.,7.,8. Bttr.	[06.06.1918 – 10.07.1918]	18. Armee	*D.Fußa./Krgl.*
St.,6.,7.,8. Bttr.	[14.07.1918 – 01.08.1918]	3. Armee	*D.Fußa./Krgl.*
St.,6.,7.,8. Bttr.	[19.08.1918 – 01.09.1918]	Longuyon	*D.Fußa./Krgl.*
St.,6.,7.,8. Bttr.	[10.09.1918 – 04.12.1918]	A.Abt. C	*Krgl./FpÜb*

III. Btl.

St., 5. Bttr.	[12.11.1916 – 19.12.1916]	8. Armee	*D.Fußa.*
3. Bttr.	[04.11.1916 – 12.11.1916]	10. Armee	*D.Fußa.*
St.,3.,5. Bttr.	[19.12.1916 – 01.09.1917]	8. Armee	*D.Fußa./Krgl.*
9. Bttr.	[31.05.1917 – 28.09.1917]	8. Armee	*D.Fußa./Krgl.*
St.,3.,5. Bttr.	[20.09.1917 – 15.12.1917]	A.Abt. Woyrsch	*Krgl.*
9. Bttr.	[11.10.1917 – 10.02.1918]	A.Abt. Gronau	*D./Üb.Fußa.*
St.,3.,5. Bttr.	[15.12.1917 – 05.02.1918]	Abschnitt Slonim	*Krgl.*
St.,3.,5. Bttr.	[10.02.1918 – 12.03.1918]	HGr. Linsingen	*Üb.Fußa./Krgl.*
St.,3.,5.,9. Bttr.	[07.04.1918 – 21.05.1918]	4. Armee	*D.Fußa./AB*
St.,3.,5.,9. Bttr.	[31.05.1918 – 20.07.1918]	18. Armee	*D.Fußa. /Krgl.*
St.,3.,5.,9. Bttr.	[20.07.1918 – 01.09.1918]	9. Armee	*Krgl.*
St.,3.,5.,9. Bttr.	[18.09.1918 – 02.10.1918]	18. Armee	*FpÜb*
St.,3.,5.,9. Bttr.	[07.10.1918 – 15.10.1918]	1. Armee	*Krgl.*
St.,3.,5.,9. Bttr.	[23.10.1918 – 20.11.1918]	7. Armee	*FpÜb*
St.,3.,5.,9. Bttr.	[04.12.1918 – 18.12.1918]	84. Inf.Div.	*FpÜb*

Zuteilungen:
I. Btl.

Stab	[21.05.1915]	10. Ldw.Div.	*DO*
	[03.09.1915]	75. Res.Div.	*DO*
	[16.10.1915 – 22.10.1915]	83. Inf.Div.	*DO*
	[09.12.1915]	HKK 3	*DO*
	[15.01.1916]	10. Ldw.Div.	*LÜO*
	05.03.1916 – 05.12.1917	11. Ldw.Div.	*KW*
	07.02.1918 – 22.02.1918	3. bayer. Inf.Div.	*KA*
1. Bttr.	24.11.1914 – 29.11.1914	Truppen-Kdo. Tilsit	*KW*
	[06.03.1915 – 30.06.1915]	3. Res.Div.	*Krgl./LÜO*
	[03.09.1915 – 22.10.1915]	1. Ldw.Div.	*DO*
	[09.12.1915 – 15.01.1916]	HKK 3	*DO/LÜO*
	[26.01.1916 – 14.04.1916]	XVII. Res.Korps	*DO*
	[06.05.1916]	11. Ldw.Div.	*DO*
	[01.09.1916]	83. Inf.Div.	*LÜO*
	03.10.1916 – 05.12.1917	11. Ldw.Div.	*KW*
2. Bttr.	21.03.1915 – 31.08.1915	10. Ldw.Div.	*KW*
	[03.09.1915]	75. Res.Div.	*DO*
	[16.10.1915 – 22.10.1915]	83. Inf.Div.	*DO*
	[09.12.1915 – 15.01.1916]	HKK 3	*DO/LÜO*
	19.05.1916 – 05.12.1917	11. Ldw.Div.	*KW*
3. Bttr.	21.03.1915 – 30.04.1916	10. Ldw.Div.	*KW*
	[22.05.1916]	III. Res.Korps	*DO*
	[10.08.1916]	XXI. AK	*DO*
	18.02.1918 – 02.03.1918	9. Kav.Brig.	*KW*

4. Bttr.	22.10.1914 – 05.11.1914	Truppen-Kdo. Tilsit	*KW*
	04.02.1915 – 20.03.1915	10. Ldw.Div.	*KW*
	[05.04.1915 – 30.06.1915]	3. Res.Div.	*Krgl./LÜO*
	[03.09.1915 – 22.10.1915]	1. Ldw.Div.	*DO*
	[22.11.1915]	83. Inf.Div.	*DO*
	[09.12.1915]	HKK 3	*DO*
	27.12.1915 – 05.12.1917	11. Ldw.Div.	*KW*
II. Btl.			
Stab,7.,8. Bttr.	14.05.1917 – 10.08.1917	12. bayer. Inf.Div.	*KA*
St.,6.,7.,8. Bttr.	07.10.1917 – 12.04.1918	Arko 212 (212. Inf.Div.)	*KW*
Stab	[21.11.1914 – 01.09.1915]	Ldw.Div. Königsberg	*Krgl./LÜO*
	[03.09.1915 – 22.10.1915]	halb XXXX. Res.Korps	*DO*
		halb 16. Ldw.Div.	*DO*
	[09.12.1915 – 01.09.1916]	16. Ldw.Div.	*DO/LÜO*
5. Bttr.	[21.11.1914 – 03.05.1915]	Ldw.Div. Königsberg	*Krgl./LÜO*
	03.06.1915 – 08.11.1915	80. Res.Feldart.Brig. (zgs. Div.Beckmann)	*KW*
	[09.12.1915]	XXXIX. Res.Korps	*DO*
	[15.01.1916]	88. Inf.Div.	*LÜO*
	25.06.1916 – 11.09.1917	1. Res.Div.	*KW*
6. Bttr.	[21.11.1914 – 25.06.1915]	Ldw.Div. Königsberg	*Krgl./LÜO*
	[01.08.1915 – 03.09.1915]	76. Res.Div.	*Krgl./DO*
	[21.09.1915 – 22.10.1915]	77. Res.Div.	*DO*
	[20.11.1915 – 01.09.1916]	16. Ldw.Div.	*Krgl./LÜO*
7. Bttr.	[13.01.1915 – 15.01.1916]	3. Res.Div.	*Krgl./DO*
	[22.05.1916]	III. Res.Korps	*DO*
8. Bttr.	[21.11.1914 – 01.10.1915]	Ldw.Div. Königsberg	*Krgl./DO*
	[01.10.1915 – 01.09.1916]	16. Ldw.Div.	*DO/LÜO*
III. Btl.			
St.,3.,5. Bttr.	11.01.1916 – 26.04.1917	1. Res.Div.	*KW*
Stab	18.02.1918 – 02.03.1918	9. Kav.Brig.	*KW*
St.,3.,5.,9. Bttr.	14.04.1918 – 22.04.1918]	6. bayer. Inf.Div.	*KA*
St.,3.,5.,9. Bttr.	07.05.1918 – 25.05.1918]	11. bayer. Inf.Div.	*KA*

Demobil: Rgt. ab Ende Dez. 1918 in Döberitz, Mitte Febr. 1919 aufgelöst;[1] Abw.Stelle bei Garde-Fußart.Rgt.

Freiw.Form.: keine

Verbleib: keine Übernahme in die Rw.

---

[1] FpÜb v. 28.12.1918 – 05.02.1919

2. Garde-Reserve-Fußartillerie-Regiment

Formation:

Rgt.	Rgt.Stab, I. u. II. Btl. 02.08.1914 aufgestellt aus Lehr-Rgt. der Fußart.-Schießschule in Jüterbog (gem. Mob.Plan)
Rgt.Stab	02.08.1914 aufgestellt aus Stab des Lehr-Rgt. der Fußart.Schießschule
I. Btl.	02.08.1914 aufgestellt mit 1.–4. Bttr. u. Park-Komp. (bis 19.12.1917)
1.,2.,4. Bttr.	ab Febr. 1916 mit Mun.Kol.
3. Bttr.	18.10.1916 abgegeben an III. Btl.
	Btl. jetzt mit 1., 2. u. 4. Bttr.
4. Bttr.	Aug. 1918 Teile abgegeben zur Aufstellung der 15. Bttr.
15. Bttr.	Aug. 1918 aufgestellt durch HGr. Deutscher Kronprinz (gem. KM v. 20.08.1918) aus Teilen der 4. Bttr, mit Mun.Kol., sogleich mobil
	Btl. jetzt mit 1., 2., 4. u. 15. Bttr.
II. Btl.	02.08.1914 aufgestellt mit 5.–8. Bttr. u. Park-Komp. (bis 31.12.1917)
Mun.Kol.	01.09.1914 Fest.Fußart.Mun.Kol. Thorn 1 zgt., am 31.12.1915 aufgelöst
überpl. 9. Bttr.	Aug. 1915 (?) aufgestellt[1]
5.–8. Bttr.	ab Febr. 1916 mit Mun.Kol.
9. Bttr.	25.02.1916 aufgestellt durch A.Abt. Scholtz (gem. KM v. 25.02.1916) aus bisheriger überpl. 9. Bttr./2. Garde-Res.Fußart.Rgt., mit Mun.Kol.
5. Bttr.	18.04.1917 umgewandelt in 4. Bttr./Fußart.Btl. 53
8. Bttr.	16.05.1917 umgewandelt in 9. Bttr./1. Garde-Res.Fußart.Rgt.
	Btl. jetzt mit 6., 7. u. 9. Bttr.
III. Btl., Stab	18.10.1916 aufgestellt durch Ers.Btl./2. Garde-Fußart.Rgt. (gem. KM v. 18.10.1916), sogleich mobil
3. Bttr.	18.10.1916 von I. Btl. übergetreten, mit Mun.Kol.
10. Bttr.	18.10.1916 aufgestellt durch Fußart.Schießschule Jüterbog bei Ers.Btl./2. Garde-Fußart.Rgt. (gem. KM v. 18.10.1916) aus Fußart.Bttr. 541, mit Mun.Kol.
11. Bttr.	15.01.1917 aufgestellt durch Gen.Insp. der Fußart. bei Ers.Btl./1. Garde-Fußart.-Rgt. (gem. KM v. 15.01.1917), mit Mun.Kol.
	Btl. jetzt mit 3., 10. u. 11. Bttr.
IV. Btl., Stab	05.10. – 21.10.1917 aufgestellt durch Gouv. Köln bei Ers.Btl./Fußart.Rgt. 7 (gem. KM v. 21.10.1917), sogleich mobil
12. u. 13. Bttr.	05.10. – 21.10.1917 aufgestellt (gem. KM v. 21.10.1917) aus schw. Küsten-Mörser-Bttr. 4 u. 10 (mit Kraftzug)
14. Bttr.	31.10.1917 aufgestellt (gem. KM v. 31.10.1917) aus Fußart.Bttr. 592
	Btl. jetzt mit 12.–14. Bttr.

Bewaffnung:

1.–4. Bttr.	ab Aug. 1914	schw. Feldh.	*EB schw. Art.*
1.,2. Bttr.	ab Dez. 1917	schw. Feldh. 02	*D.Fußa. 15.12.1917*
3. Bttr.	ab Febr. 1915	schw. 12 cm Kan.	*LÜO 22.02.1915*
3. Bttr.	ab Jan. 1917	schw. Feldh. 13	*Üb.Fußa. 01.02.1917*
4. Bttr.	ab Aug. 1914	schw. Feldh.	*Krgl.*
4. Bttr.	ab Dez. 1917	schw. Feldh. 02	*D.Fußa. 15.12.1917*
5.–8. Bttr.	ab Aug. 1914	10 cm Kan. 04	*EB schw. Art.*
7. Bttr.	ab Dez. 1917	schw. Feldh. 13	*D.Fußa. 05.12.1917*
7. Bttr.	ab Mai 1918	lange schw. Feldh. 13	*D.Fußa. 14.05.1918*

---

[1] Genannt in LÜW v. 09.08.1915

8. Bttr.	ab Jan. 1916	10 cm Kan. 14	*Krgl. 13.01.1916*
9. Bttr.	ab Aug. 1915	schw. Feldh.	*LÜW 09.08.1915*
9. Bttr.	ab Dez. 1917	schw. Feldh. 02	*D.Fußa. 05.12.1917*
9. Bttr.	ab Mai 1918	lange schw. Feldh. 13	*D.Fußa. 14.05.1918*
10. Bttr.	ab Okt. 1916	schw. Feldh. 13	*Üb.Fußa. 07.10.1916*
11. Bttr.	ab Jan. 1917	schw. Feldh. 13	*Krgl. 09.03.1917*
11. Bttr.	ab Juni 1917	10 cm Kan. 14	*D.Fußa. 26.06.1917*
12.,13. Bttr.	ab Okt. 1917	15 cm Kan. 16 Kp. (Kraftzug)	*D.Fußa. 05.10.1917*
14. Bttr.	ab Nov. 1917	15 cm Kan. 16 Kp. (Kraftzug)	*D.Fußa. 10.11.1917*
15. Bttr.	ab Aug. 1918	schw. Feldh. 02	*D.Fußa. 28.07.1918*
15. Bttr.	ab Okt. 1918	10 cm Kan. 04	*D.Fußa. 10.10.1918*

Ersatztr.Teil: Ers.Btl./2. Garde-Fußart.Rgt.

Unterstellung:

Rgt.Stab	[02.08.1914]	Gouv. Thorn	*Krgl.*
	[21.11.1914 – 03.05.1915]	XX. AK	*LÜO*
	[22.06.1915 – 03.09.1915]	Südarmee	*DW/DO*
	[11.09.1915 – 09.03.1916]	11. Armee	*DO/Krgl.*
	[01.04.1916 – 19.10.1916]	5. Armee	*DW/Krgl.*
	[31.12.1916]	A.Abt. Strantz	*D.Fußa.*
	[09.01.1917 – 01.03.1917]	5. Armee	*D.Fußa./Krgl.*
	[27.03.1917 – 06.05.1917]	7. Armee	*D.Fußa./Krgl.*
	[15.05.1917 – 01.06.1917]	3. Armee	*Krgl.*
	[12.06.1917 – 01.03.1918]	5. Armee	*D.Fußa./Krgl.*
	[29.03.1918 – 07.05.1918]	6. Armee	*D.Fußa./Krgl.*
	[14.05.1918 – 24.06.1918]	4. Armee	*D.Fußa./Krgl.*
	[01.07.1918 – 16.08.1918]	6. Armee	*D.Fußa./Krgl.*
	[19.08.1918]	4. Armee	*D.Fußa.*
	[30.08.1918]	17. Armee	*D.Fußa.*
	[18.09.1918 – 12.12.1918]	4. Armee	*FpÜb*
I. Btl.			
St.,1.–4. Bttr.	[02.08.1914]	Gouv. Thorn (Kriegsbes.)	*Krgl.*
St.,1.,2.,3. Bttr.	[22.02.1915]	Gouv. Thorn (Kriegsbes.)	*LÜO*
4. Bttr.	07.02.1915 – 19.08.1915	Brig. Griepenkerl	*KW*
St.,1.,2. Bttr.	[03.05.1915]	Gouv. Thorn (Kriegsbes.)	*LÜO*
3. Bttr.	[05.04.1915 – 28.07.1915]	Korps Dickhuth	*Krgl.*
St.,1.,2. Bttr.	[01.07.1915 – 19.08.1915]	14. Ldw.Div.	*KW*
St.,1.,2. Bttr.	[01.09.1915 – 22.10.1915]	8. Armee	*Krgl./DO*
3. Bttr.	[03.09.1915 – 25.10.1915]	Oberost	*DO*
3. Bttr.	[20.11.1915 – 15.01.1916]	Gouv. Kowno	*Krgl./LÜO*
4. Bttr.	[03.09.1915]	10. Armee	*DO*
4. Bttr.	[22.10.1915 – 09.11.1915]	A.Abt. Scholtz	*DO*
St.,1.,2.,4. Bttr.	[09.11.1915 – 15.09.1916]	A.Abt. Scholtz	*DO/Krgl.*
3. Bttr.	[01.05.1916 – 22.09.1916]	A.Abt. Scholtz	*Krgl./DO*
St.,1.,4. Bttr.	[20.09.1916 – 25.11.1917]	10. Armee	*Krgl.*
2. Bttr.	[15.09.1916 – 11.12.1916]	A.Abt. Scholtz	*Krgl.*
2. Bttr.	[01.01.1917 – 08.09.1917]	A.Abt. D	*Krgl.*
St.,1.,2.,4. Bttr.	[26.11.1917 – 27.01.1918]	10. Armee	*Krgl.*
St.,1.,2.,4. Bttr.	[03.02.1918 – 24.02.1918]	A.Abt. D	*Krgl.*
St.,1.,2.,4. Bttr.	[24.02.1918]	Longuyon	*D.Fußa.*

St.,1.,2. Bttr.	[04.03.1918]	HGr. Kronprinz	*D.Fußa.*
4. Bttr.	[04.03.1918]	8. Armee	*D.Fußa.*
St.,1.,2. Bttr.	[29.03.1918 – 06.07.1918]	7. Armee	*D.Fußa./Krgl.*
St.,1.,2. Bttr.	[31.05.1918]	Maubeuge	*D.Fußa.*
4. Bttr.	11.03.1918 – 13.09.1918	Ostsee-Div.	*KW*
4. Bttr.	13.09.1918 – 05.12.1918	Dt. General in Finnland	*KW*
St.,1.,2. Bttr.	[02.06.1918 – 23.08.1918]	1. Armee	*Krgl.*
15. Bttr.	[28.07.1918]	1. Armee	*D.Fußa.*
St.,1.,2.,15. Bttr.	[30.08.1918 – 16.10.1918]	7. Armee	*D.Fußa./FpÜb*
St.,1.,2.,15. Bttr.	[23.10.1918 – 18.12.1918]	3. Armee	*FpÜb*

II. Btl.

St.,5.–8. Bttr.	[02.08.1914]	Gouv. Thorn	*Krgl.*
Stab	[01.09.1914 – 03.05.1915]	I. Res.Korps	*EB/LÜO*
	[03.09.1915 – 24.11.1915]	10. Armee	*DO/LÜO*
	[25.11.1915 – 07.10.1916]	12. Armee	*Krgl./Üb.Fußa.*
	[15.10.1916 – 01.11.1916]	A.Abt. Scheffer	*Krgl.*
	[18.11.1916 – 23.10.1917]	Südarmee	*D.Fußa./Krgl.*
	[29.10.1917 – 01.11.1917]	öst.ung. 1. Armee	*D.Fußa./Krgl.*
5. Bttr.	[01.09.1914 – 03.05.1915]	I. Res.Korps	*EB/LÜO*
	[14.06.1915 – 09.11.1915]	Njemen-Armee	*DO*
	[09.12.1915 – 22.09.1916]	A.Abt. Scholtz	*DO/Krgl.*
	[24.09.1916]	OHL Maubeuge	*DW*
	[30.09.1916 – 05.12.1916]	1. Armee	*Krgl.*
	[31.12.1916]	OHL (hinter 1. Armee)	*D.Fußa.*
	[09.01.1917 – 15.03.1917]	3. Armee	*D.Fußa./Krgl.*
	[27.03.1917]	öst.ung. 1. Armee	*D.Fußa.*
6. Bttr.	[01.09.1914 – 03.05.1915]	I. Res.Korps	*EB/LÜO*
	[25.05.1915 – 06.08.1915]	AGr. Gallwitz	*DO*
	[07.08.1915 – 03.09.1915]	12. Armee	*DO/Krgl.*
7. Bttr.	[01.09.1914 – 25.03.1915]	XX. AK	*EB/LÜO*
	[03.05.1915]	8. Armee	*LÜO*
	[09.07.1915 – 28.07.1915]	AGr. Gallwitz	*Krgl.*
	[03.09.1915]	12. Armee	*DO*
6.,7. Bttr.	[11.10.1915 – 22.10.1915]	Njemen-Armee	*DO*
	[09.12.1915 – 03.11.1916]	A.Abt. Scholtz	*DO/Krgl.*
	[01.02.1917]	OHL Buzau	*Üb.Fußa.*
	[12.11.1916]	Rollen nach Südosten	*D.Fußa.*
	[18.11.1916]	HGr. Mackensen	*D.Fußa.*
	[01.12.1916]	9. Armee	*D.Fußa.*
	[11.12.1916]	3. bulg.Armee	*D.Fußa.*
	[01.01.1917 – 01.03.1917]	HGr. Mackensen	*Krgl.*
	[01.04.1917 – 01.11.1917]	öst.ung. 1. Armee	*Krgl.*
8. Bttr.	[01.09.1914 – 25.03.1915]	XX. AK	*EB/LÜO*
	[03.05.1915]	8. Armee	*LÜO*
	[03.09.1915]	10. Armee	*DO*
	[21.09.1915 – 12.08.1916]	12. Armee	*DO/Krgl.*
	[13.08.1916 – 20.05.1917]	A.Abt. Gronau	*Krgl.*

9. Bttr.	[01.09.1915]	8. Armee	*Krgl.*
	[03.09.1915]	10. Armee	*DO*
	[21.09.1915 – 22.10.1915]	8. Armee	*DO*
	[09.12.1915 – 10.08.1916]	A.Abt. Scholtz	*DO/Krgl.*
	[01.09.1916 – 25.11.1917]	öst.ung. 2. Armee	*LÜO/Krgl.*
St.,6.,7.,9. Bttr.	[27.11.1917]	Koblenz	*D.Fußa.*
St.,6.,7.,9. Bttr.	[26.01.1918 – 23.02.1918]	2. Armee	*D.Fußa./KA*
St.,6.,7.,9. Bttr.	[23.02.1918 – 30.09.1918]	1. Garde-Res.Div.	*KW*
St.,6.,7.,9. Bttr.	[01.10.1918]	Maubeuge	*D.Fußa.*
St.,6.,7.,9. Bttr.	[16.10.1918 – 12.12.1918]	2. Armee	*FpÜb*

III. Btl.

St.,3.,10. Bttr.	[07.10.1916]	OHL Jüterbog	*Üb.Fußa.*
St.,3.,10. Bttr.	[19.10.1916 – 29.11.1916]	A.Abt. A	*D.Fußa./Krgl.*
St.,3.,10. Bttr.	[01.12.1916 – 11.12.1916]	OHL Straßburg	*D.Fußa.*
St.,3.,10. Bttr.	[31.12.1916 – 09.03.1917]	A.Abt. A	*D.Fußa./Krgl.*
11. Bttr.	[01.02.1917 – 09.03.1917]	A.Abt. A	*Üb.Fußa./Krgl.*
St.,3.,10.,11. Bttr.	[01.04.1917]	7. Armee	*Krgl.*
St.,3.,10.,11. Bttr.	[12.04.1917 – 25.05.1917]	1. Armee	*D.Fußa./Krgl.*
St.,3.,10.,11. Bttr.	[31.05.1917]	Longyon	*D.Fußa.*
St.,3.,10.,11. Bttr.	[26.06.1917 – 28.09.1917]	4. Armee	*D.Fußa./Krgl.*
St.,3.,10.,11. Bttr.	[01.10.1917]	2. Armee	*Krgl.*
St.,3.,10.,11. Bttr.	[05.10.1917 – 10.10.1917]	Maubeuge	*D.Fußa./Krgl.*
St.,3.,10.,11. Bttr.	[05.11.1917 – 11.05.1918]	6. Armee	*D.Fußa./AB*
St.,3.,10.,11. Bttr.	[14.05.1918 – 12.08.1918]	4. Armee	*D.Fußa./Krgl.*
St.,3.,10.,11. Bttr.	[15.08.1918 – 19.08.1918]	2. Armee	*Krgl./D.Fußa.*
St.,3.,10.,11. Bttr.	[30.08.1918 – 18.09.1918]	18. Armee	*D.Fußa./FpÜb*
St.,3.,10.,11. Bttr.	[23.09.1918 – 18.12.1918]	A.Abt. C	*Krgl./FpÜb*

IV. Btl.

Stab, 12.,13. Bttr.	[05.10.1917]	Köln	*D.Fußa.*
Stab, 12.,13. Bttr.	[20.10.1917 – 30.12.1917]	5. Armee	*D.Fußa./Krgl.*
14. Bttr.	[10.11.1917 – 30.12.1917]	7. Armee	*D.Fußa./Krgl.*
St.,12.,13.,14. Bttr.	[31.12.1917 – 01.05.1918]	5. Armee	*D.Fußa./Krgl.*
St.,12.,13.,14. Bttr.	[31.05.1918]	Maubeuge	*D.Fußa.*
St.,12.,13.,14. Bttr.	[19.06.1918 – 04.12.1918]	4. Armee	*D.Fußa.*

Zuteilungen:
I. Btl.

St.,1.,2. Bttr.	[03.09.1915]	14. Ldw.Div.	*DO*
	[16.10.1915 – 22.10.1915]	Gouv. Grodno	*DO*
	[09.11.1915 – 09.12.1915]	108. Inf.Div.	*DO*
	[15.01.1916]	77. Res.Div.	*LÜO*
	[06.05.1916]	108. Inf.Div.	*DO*
	[20.06.1916 – 01.09.1916]	2. Inf.Div.	*DO/LÜO*
	[22.09.1916]	78. Inf.Div.	*DO*
2. Bttr. halb	01.02.1917 – 30.07.1917	17. Kav.Brig.	*KW*
3. Bttr.	[22.09.1915]	37. Inf.Div.	*DO*
	[24.03.1916 – 01.09.1916]	77. Res.Div.	*DO/LÜO*
4. Bttr.	20.08.1915 – 30.04.1916	87. Inf.Div.	*KW*
	[06.05.1916]	108. Inf.Div.	*DO*

4. Bttr.	[20.06.1916]	2. Inf.Div.	*DO*
	[01.09.1916]	77. Res.Div.	*LÜO*
	[22.09.1916]	78. Inf.Div.	*DO*
II. Btl.			
St.,6.,7.,9. Bttr.	01.02.1918 – 23.02.1918	9. bayer. Res.Div.	*KA*
Stab	09.08.1915 – 30.11.1915	89. Inf.Div.	*KW*
5. Bttr.	[14.06.1915 – 22.10.1915]	halb 1. Res.Div.	*DO*
	[03.09.1915]	halb XIII. AK	*DO*
	[10.09.1915 – 09.11.1915]	1. Res.Div.	*DO*
	[09.12.1915]	I. AK	*DO*
	[07.03.1916]	2. Inf.Div.	*DO*
	[05.07.1916 – 01.09.1916]	XXXIX. Res.Korps	*DO/LÜO*
	[22.09.1916]	88. Inf.Div.	*DO*
6. Bttr.	[25.05.1915 – 03.09.1915]	XIII.AK	*DO*
	[09.12.1915]	I. AK	*DO*
	[07.03.1916 – 01.09.1916]	78. Res.Div.	*DO/LÜO*
7. Bttr.	[03.05.1915]	halb 41.Inf.Div., halb 10. Ldw.Div.	*LÜO*
	25.06.1915 – 08.07.1915	41. Inf.Div.	*KW*
	[21.09.1915]	3. Res.Div.	*DO*
	[09.12.1915 – 01.01.1916]	2. Inf.Div.	*DO/LÜO*
	[07.03.1916]	108. Inf.Div.	*DO*
	[24.03.1916 – 01.09.1916]	2. Inf.Div.	*DO/LÜO*
8. Bttr.	25.06.1915 – 08.07.1915	41. Inf.Div.	*KW*
	[03.09.1915]	10. Ldw.Div.	*DO*
	[21.09.1915 – 22.10.1915]	1. Ldw.Div.	*DO*
	[22.11.1915 – 07.03.1916]	XVII. Res.Korps	*DO/LÜO*
	[20.04.1916]	HKK 3	*DO*
9. Bttr.	[03.09.1915]	87. Inf.Div.	*DO*
	[16.10.1915 – 22.10.1915]	Gouv. Grodno	*DO*
	[09.11.1915 – 09.12.1915]	108. Inf.Div.	*DO*
	[15.01.1916 – 07.03.1916]	77. Res.Div.	*LÜO*
	13.08.1916 – 19.11.1916	2. Kav.Div.	*KW*

Demobil: Rgt.Stab, I. u. III. Btl. ab Ende Dez. 1918 in Jüterbog, II. Btl. in Berlin, Febr. 1919 aufgelöst;[1] IV. Btl. Anf. Dez. 1918 aufgelöst.[2]
Abw.Stelle beim Lehr-Rgt. der Fußart.Schießschule in Jüterbog

Freiw.Form.: Jan. 1919 (?) Aufstellung des Freiw. Garde-Res.Fußart.Btl. 2 (1.–3. Bttr.?)[3]
4. Bttr. ab Ende Dez. 1918 in Striegau (Schlesien), März 1919 als Freiw. Bttr. zu Inf.Brig. z.b.V. Nr. 5 im Grenzschutz Posen und Schlesien[4]

Verbleib: 4. Bttr. wurde Juni 1919 2. Bttr./schw. Rw.Art.Abt. 26

Quellen: EB der schw. Art.

---

[1] FpÜb v. 28.12.1918–05.02.1919
[2] Nicht mehr in FpÜb v. 12.12.1918
[3] Bestand fraglich, nur im EB schw. Art. ohne weitere Hinweise
[4] FpÜb v. 12.03.1919

Reserve-Fußartillerie-Regiment Nr. 1

Formation:
Rgt.	Rgt.Stab, I. u. II. Btl. 02.08.1914 aufgestellt durch Fußart.Rgt. 1 in Königsberg (gem. Mob.Plan)
Rgt.Stab	02.08.1914 aufgestellt aus Rgt.Stab/Fußart.Rgt. 1
I. Btl.	02.08.1914 aufgestellt mit Stab, 1.–4. Bttr., leichter Mun.Kol. u. Park-Komp. (bis 19.12.1917)
Mun.Kol. Nr. 1	04.02.1915 zgt., ab Mai 1915 bei 2. Bttr. (= Ldw.Fußart.Mun.Kol. 1)
2. Bttr.	02.08.1915 umgewandelt in Fußart.Bttr. 103
	Btl. jetzt mit 1., 3. u. 4. Bttr.
leichte Mun.Kol.	25.02.1916 aufgelöst, dafür jede Bttr. mit Mun.Kol.
II. Btl.	02.08.1914 aufgestellt mit Stab, 5.–8. Bttr., leichter Mun.Kol. u. Park-Komp. (bis 19.12.1917)
leichte Mun.Kol.	Febr./April 1916 aufgelöst, dafür jede Bttr. mit Mun.Kol.
6. Bttr.	30.08.1917 umgewandelt in 13. Bttr./Fußart.Rgt. 1
	Btl. jetzt mit 5., 7. u. 8. Bttr.

Bewaffnung:
1.–4. Bttr.	ab Aug. 1914	schw. Feldh. 02	*EB schw. Art.*
1. Bttr.	ab Juli 1918	10 cm Kan. 04	*D.Fuß a. 03.07.1918*
3.,4. Bttr.	ab Juli 1918	lange schw. Feldh. 13	*D.Fuß a. 14.07.1918*
5.–8. Bttr.	ab Aug. 1914	10 cm Kan. 04	*EB schw. Art.*
5. Bttr.	ab Juli 1917	schw. Feldh. 13	*D.Fuß a. 11.07.1917*
5. Bttr.	ab Nov. 1918	lange schw. Feldh. 13	*D.Fuß a. 03.11.1918*
7. Bttr.	ab Juli 1917	schw. Feldh. 13	*D.Fuß a. 11.07.1917*

Ersatztr.Teil: Ers.Btl./Fußart.Rgt. 1

Unterstellung:
Rgt.Stab	[02.08.1914]	Gouv. Königsberg	*Krgl.*
	[22.02.1915 – 03.05.1915]	8. Armee	*LÜO*
	[26.06.1915 – 22.10.1915]	Njemen-Armee	*Krgl./DO*
	[09.12.1915 – 15.01.1916]	I. AK	*DO/LÜO*
	[22.02.1916 – 06.06.1916]	5. Armee	*DW/Krgl.*
	[01.07.1916 – 29.11.1916]	A.Abt. A	*Krgl.*
	[11.12.1916]	3. bulg. Armee	*D.Fuß a.*
	[01.02.1917 – 01.03.1917]	HGrp. Mackensen	*Üb.Fuß a./Krgl.*
	[15.04.1917 – 01.04.1918]	9. Armee	*Krgl.*
	[18.04.1918 – 12.12.1918]	18. Armee	*D.Fuß a./FpÜb*
I. Btl.			
St.,1.–4. Bttr.	[02.08.1914 – 19.08.1914]	Gouv. Königsberg	*Krgl.*
Stab	[26.09.1914 – 29.08.1915]	8. Armee	*Krgl./LÜO*
	[30.08.1915 – 10.08.1916]	10. Armee	*DO/Krgl.*
	[12.08.1916 – 01.12.1916]	8. Armee	*Krgl.*
	[31.12.1916]	öst.ung. 2. Armee	*D.Fuß a.*
	[30.01.1917 – 09.11.1917]	8. Armee	*D.Fuß a./Krgl.*
1. Bttr.	[22.02.1915 – 03.05.1915]	8. Armee	*LÜO*
	[21.05.1915]	10. Armee	*DO*
	[04.06.1915 – 22.10.1915]	Njemen-Armee	*DO*
	[09.12.1915 – 01.07.1916]	A.Abt. Scholtz	*DO/Krgl.*

1. Bttr.	[10.08.1916 – 19.02.1917]	HGr. Linsingen	*DO/Krgl.*
	[23.04.1917 – 24.06.1917]	8. Armee	*Krgl.*
	[15.07.1917 – 28.07.1917]	öst.ung. 2. Armee	*Krgl.*
	[21.08.1917 – 24.11.1917]	8. Armee	*Krgl.*
2. Bttr.	[22.02.1915]	8. Armee	*LÜO*
	[03.05.1915]	AGr. Gallwitz	*LÜO*
	[17.05.1915 – 05.07.1915]	11. Armee	*DO/DW*
3. Bttr.	[22.02.1915 – 29.08.1915]	8. Armee	*LÜO*
	[30.08.1915 – 10.08.1916]	10. Armee	*DO/Krgl.*
	[12.08.1916 – 01.12.1916]	8. Armee	*Krgl.*
	[31.12.1916]	öst.ung. 2. Armee	*D.Fußa.*
	[30.01.1917 – 24.11.1917]	8. Armee	*D.Fußa./ Krgl.*
4. Bttr.	[22.02.1915 – 29.08.1915]	8. Armee	*LÜO*
	[03.09.1915 – 10.08.1916]	10. Armee	*DO*
	[01.09.1916 – 25.04.1917]	öst.ung. 2. Armee	*LÜO/Krgl.*
	[07.05.1917 – 24.11.1917]	8. Armee	*Krgl.*
St.,1.,3.,4. Bttr.	[05.12.1917]	Metz	*D.Fußa.*
St.,1.,3.,4. Bttr.	[31.12.1917 – 01.04.1918]	5. Armee	*D.Fußa./ Krgl.*
St.,1.,3.,4. Bttr.	[07.04.1918 – 18.04.1918]	6. Armee	*D.Fußa./ Krgl.*
St.,1.,3.,4. Bttr.	[31.05.1918 – 18.12.1918]	Arko 8 (8. Inf.Div.)	*KW/FpÜb*

II. Btl.

St.,5.–8. Bttr.	[02.08.1914]	Gouv. Königsberg	*Krgl.*
Stab	[22.02.1915 – 03.05.1915]	8. Armee	*LÜO*
	[03.09.1915 – 07.10.1916]	10. Armee	*DO/Üb.Fußa.*
5. Bttr.	[22.02.1915 – 22.10.1915]	10. Armee	*LÜO/DO*
	[09.12.1915]	Njemen-Armee	*DO*
	[15.01.1916 – 07.10.1916]	8. Armee	*DO/Üb.Fußa.*
6. Bttr.	[22.02.1915 – 01.02.1917]	10. Armee	*LÜO/Üb.Fußa.*
	[01.05.1916 – 01.07.1917]	10. Armee	*Krgl.*
	[03.07.1917]	A.Abt. D	*D.Fußa.*
	[21.08.1917 – 23.09.1917]	8. Armee	*Krgl.*
7. Bttr.	[22.02.1915 – 03.05.1915]	8. Armee	*LÜO*
	[03.09.1915 – 07.10.1916]	10. Armee	*DO/Üb.Fußa.*
8. Bttr.	[26.09.1914 – 01.09.1915]	8. Armee	*Krgl./LÜO*
	[16.10.1915 – 22.10.1915]	A.Abt. Scheffer	*DO*
	[09.12.1915 – 29.12.1915]	Njemen-Armee	*DO*
	[30.12.1915 – 07.10.1916]	8. Armee	*LÜO/Üb.Fußa.*
St.,5.,7.,8. Bttr.	[11.10.1916]	OHL Königsberg	*D.Fußa.*
St.,5.,7.,8. Bttr.	[28.10.1916 – 01.02.1917]	5. Armee	*D./Üb.Fußa.*
St., 7. Bttr.	[19.03.1917 – 01.04.1917]	3. Armee	*Krgl.*
5.,8. Bttr.	[08.02.1917 – 01.03.1917]	3. Armee	*D.Fußa./Krgl.*
5.,8. Bttr.	[20.03.1917 – 01.05.1917]	A.Abt. B	*Krgl.*
St.,7. Bttr.	[12.04.1917]	HGr Albrecht	*D.Fußa.*
St.,7. Bttr.	[28.04.1917]	A.Abt. B	*D.Fußa.*
St.,7.,8. Bttr.	[25.05.1917 – 13.07.1917]	1. Armee	*Krgl.*
5. Bttr.	[31.05.1917 – 13.07.1917]	1. Armee	*Krgl.*

St.,5.,7.,8. Bttr.	[01.08.1917 – 08.08.1917]	3. Armee	*Krgl.*
St.,5.,7.,8. Bttr.	[15.08.1917 – 01.09.1917]	5. Armee	*D.Fußa./Krgl.*
St.,5.,7.,8. Bttr.	[22.09.1917 – 20.10.1917]	7. Armee	*Krgl.*
St.,5.,7.,8. Bttr.	[29.10.1917 – 25.11.1917]	Hirson	*D.Fußa./Krgl.*
St.,5.,7.,8. Bttr.	[27.11.1917]	2. Armee	*D.Fußa.*
St.,5.,7.,8. Bttr.	[15.12.1917 – 01.04.1918]	1.Armee	*D.Fußa./Krgl.*
St.,5.,7.,8. Bttr.	[26.04.1918]	Hirson	*D.Fußa.*
St.,5.,7.,8. Bttr.	[27.04.1918 – 09.05.1918]	7. Armee	*Krgl.*
St.,5.,7.,8. Bttr.	[31.05.1918 – 08.06.1918]	18. Armee	*D.Fußa./Krgl.*
St.,5.,7.,8. Bttr.	[20.06.1918 – 18.12.1918]	1. Res.Div.	*KW/FpÜb*

Zuteilungen:

Rgt.Stab	[03.05.1915]	11. Ldw.Div.	*LÜO*
I. Btl.			
Stab	[22.02.1915]	3. Res.Div.	*LÜO*
	[03.05.1915 – 10.08.1916]	10. Ldw.Div.	*LÜO/DO*
1. Bttr.	[13.01.1915 – 22.02.1915]	3. Res.Div	*Krgl./LÜO*
	[23.02.1915 – 03.05.1915]	11. Ldw.Div.	*Krgl./LÜO*
	15.05.1915 – 08.11.1915	80. Res.Feldart.Brig. (zgs. Div.Beckmann)	*KW*
	[07.03.1916]	87. Inf.Div.	*DO*
	[10.08.1916]	10. Ldw.Div.	*DO*
	[01.09.1916]	75. Res.Div.	*LÜO*
2. Bttr.	[13.01.1915 – 22.02.1915]	1. Ldw.Div.	*Krgl./LÜO*
	[03.05.1915]	9. Ldw.Brig.	*LÜO*
	05.05.1915 – 11.08.1915	103. Inf.Div.	*KW*
3. Bttr.	[13.01.1915 – 22.02.1915]	1. Ldw.Div.	*Krgl./LÜO*
	[03.05.1915 – 10.08.1916]	10. Ldw.Div.	*DO*
4. Bttr.	[13.01.1915 – 30.06.1915]	3. Res.Div	*LÜO/Krgl.*
	[03.09.1915 – 15.09.1916]	10. Ldw.Div.	*DO/KW*
St.,1.,3.,4. Bttr.	01.04.1918 – 22.04.1918	8. bayer. Res.Div.	*KW*
II. Btl.			
Stab	[22.02.1915]	1. Ldw.Div.	*LÜO*
	[05.04.1915 – 01.09.1916]	3. Res.Div.	*Krgl./DO*
	[22.10.1915]	10. Ldw.Div.	*DO*
	[09.11.1915 – 15.01.1916]	3. Res.Div.	*DO/LÜO*
	[22.05.1916]	III. Res.Korps	*DO*
5. Bttr.	[22.02.1915]	je ein Geschütz bei Tuppen-Kdo. Tilsit u. Bttr. Puttkammer, zwei bei XXI. AK	*LÜO*
	16.03.1915 – 02.06.1915	halb Truppen-Abt. Esebeck	*KW*
	[03.05.1915]	halb Ldw.Div. Königsberg	*LÜO*
	[08.05.1915 – 22.10.1915]	halb Gouv. Libau	*KW/DO*
	[03.09.1915 – 22.10.1915]	halb Ldw.Div. Königsberg	*DO*
	[15.01.1916]	3. Kav.Brig.	*LÜO*
6. Bttr.	04.02.1915 – 20.03.1915	halb 10. Ldw.Div., halb 11. Ldw.Div.	*KW* *LÜO*
	[03.05.1915 – 25.06.1915]	halb XXI. AK, halb 77. Res.Div	*LÜO/Krgl.*

6. Bttr.	[08.08.1915 – 03.09.1915]	XXXX. Res.Korps	*Krgl./DO*
	[21.09.1915 – 15.01.1916]	XXI. AK	*DO/LÜO*
7. Bttr.	[13.01.1915 – 22.02.1915]	je ein Geschütz bei Truppen-Kdo. Tilsit	
		u. 3. Res.Div., zwei bei 1. Ldw.Div.	*Krgl./LÜO*
	21.03.1915 – 31.08.1915	halb 10. Ldw.Div.	*KW*
	[05.04.1915 – 30.06.1915]	halb 3. Res.Div.	*LÜO/Krgl.*
	[01.08.1915 – 15.01.1916]	3. Res.Div.	*Krgl./LÜO*
	[22.05.1916]	III. Res.Korps	*DO*
8. Bttr.	[08.11.1914 – 01.01.1915]	I. AK	*Krgl.*
	[13.01.1915 – 22.02.1915]	je ein Geschütz bei 3. Res.Div. u.	
		10. Ldw.Div., drei bei 2. Inf.Div.	*Krgl./LÜO*
	[05.04.1915 – 30.06.1915]	halb I. AK, halb 3. Res.Div.	*Krgl./LÜO*
	[03.09.1915]	1. Ldw.Div.	*DO*
	[16.10.1915 – 22.10.1915]	11. Ldw.Div.	*DO*
	[09.12.1915 – 15.01.1916]	41. Inf.Div.	*DO/LÜO*
St.,5.,7.,8. Bttr.	22.04.1918 – 02.05.1918	4. bayer. Inf.Div.	*KA*
St.,5.,7.,8. Bttr.	09.06.1918 – 16.06.1918	3. bayer. Inf.Div.	*KA*

Demobil: Rgt. ab Ende Dez. 1918 in Königsberg, Ende Jan. 1919 aufgelöst[1]
Abw.Stelle bei Fußart.Rgt. 1

Freiw.Form.: Jan. 1919 (?) Aufstellung der Freiw. Bttr. Sembach des schw. Art.Det. Österreich

Verbleib: wurde 1. Bttr./Freiw. Fußart.Rgt. 22

Quellen: EB der schw. Art.

Reserve-Fußartillerie-Regiment Nr. 2

Formation:

Rgt.	Rgt.Stab, I. u. II. Btl. 02.08.1914 aufgestellt durch Fußart.Rgt. 2 in Emden (gem. Mob.Plan)
Rgt.Stab	02.08.1914 aufgestellt aus Rgt.Stab/Fußart.Rgt. 2; Anf. Juli 1916 umgewandelt in General der Fußart. 28
neuer Rgt.Stab	10.07.1916 aufgestellt durch Ers.Btl./Fußart.Rgt. 2[2] (gem. KM v. 30.06.1916), sogleich mobil
I. Btl.	02.08.1914 aufgestellt mit Stab, 1.–4. Bttr. u. Park-Komp. (bis Dez. 1917 ?)
Mun.Kol. 1–3	Sept. 1914 Fest.Fußart.Mun.Kol. Köln Nr. 1–3 zgt. (= Mun.Kol. 1–3 des I. Btl.)
1. Bttr.	02.08.1915 umgewandelt in Fußart.Bttr. 105
	Btl. jetzt mit 2.–4. Bttr.
Mun.Kol. 1–3	28.11.1915/13.03.1916 aufgelöst
2.–4. Bttr.	ab Jan./März 1916 mit Mun.Kol.
II. Btl.	02.08.1914 aufgestellt mit Stab, 5.–8. Bttr. u. Park-Komp. (bis 19.12.1917)
5. u. 6. Bttr.	02.02.1915 Mun.Kol. zgt. (= Mun.Kol. 1 u. 2 des II. Btl.)
7. u. 8. Bttr.	04.02.1915 Mun.Kol. zgt. (= Mun.Kol. 7 u. 8)
7. u. 8. Bttr.	04.11.1916 abgegeben an III. Btl.

---

[1] FpÜb v. 18.12.1918 – 29.01.1919
[2] Aufgestellt in Kowel bei Korps Bernhardi

9. Bttr.	17.03.1917 aufgestellt durch HGr. Kronprinz Rupprecht (gem. KM v. 17.03.1917) aus Fußart.Bttr. 774 mit Besp.Abt. 11 u. Mun.Kol., sogleich mobil Btl. jetzt mit 5., 6. u. 9. Bttr.		
III. Btl., Stab	04.11.1916 aufgestellt durch Kdtr. Swinemünde bei Ers.Btl./Fußart.Rgt. 2 (gem. KM v. 04.11.1916), mobil seit 09.11.1916		
7. u. 8. Bttr.	04.11.1916 übergetreten von II. Btl., mit Mun.Kol.		
10. Bttr.	06.11.1917 aufgestellt (gem. KM v. 30.09.1917) aus 2. Bttr./Fußart.Rgt. 2, mit Mun.Kol. Btl. jetzt mit 7., 8. u. 10. Bttr.		

Bewaffnung:

1.–4. Bttr.	ab Aug. 1914	schw. Feldh. 02	*EB schw. Art.*
1.–4. Bttr.	ab Aug. 1915	schw. Feldh. 13	*LÜW 09.08.1915*
2. Bttr.	ab Nov. 1917	schw. Feldh. 02	*D.Fußa. 27.11.1917*
2. Bttr.	ab April 1918	lange schw. Feldh. 13	*D.Fußa. 18.04.1918*
3. Bttr.	ab Febr. 1918	schw. Feldh. 13	*Üb.Fußa. 10.02.1918*
3. Bttr.	ab April 1918	lange schw. Feldh. 13	*D.Fußa. 18.04.1918*
4. Bttr.	ab Dez. 1917	schw. Feldh. 02	*D.Fußa. 05.12.1917*
4. Bttr.	ab April 1918	10 cm Kan. 04	*D.Fußa. 26.04.1918*
5.,6. Bttr.	ab Aug. 1914	schw. Feldh. 02	*EB schw. Art.*
5.,6. Bttr.	ab Jan. 1915	schw. Feldh. 13	*LÜW 05.01.1915*
5.,6. Bttr.	ab Juli 1917	lange schw. Feldh. 13	*D.Fußa. 30.07.1917*
5.,6. Bttr.	ab Sept. 1918	lange Mörser	*D.Fußa. 09.09.1918*
7.,8. Bttr.	ab Aug. 1914	schw. Feldh. 02	*EB schw. Art.*
7.,8. Bttr.	ab März 1918	lange schw. Feldh. 13	*D.Fußa. 12.03.1918*
9. Bttr.	ab Mai 1917	schw. Feldh. 13	*Krgl. 24.05.1917*
9. Bttr.	ab Juli 1917	10 cm Kan. 14	*D.Fußa. 11.07.1917*
9. Bttr.	ab Aug. 1918	15 cm Kan. 16 Kp. (Kraftzug)	*D.Fußa. 19.08.1918*
10. Bttr.	ab Sept. 1917	10 cm Kan. 04	*D.Fußa. 25.09.1917*

Ersatztr.Teil: Ers.Btl./Fußart.Rgt. 2

Unterstellung:

Rgt. Stab	07.08.1914 – 17.08.1914	Gouv. Köln	*RG*
	18.08.1914 – 03.09.1914	Gouv. Lüttich	*RG*
	03.09.1914 – 10.10.1914	III. Res.Korps	*RG*
	11.10.1914 – 11.09.1915	Gouv. Antwerpen	*RG*
	[12.09.1915 – 21.09.1915]	3. Armee	*RG/DW*
	[Sept. 1915 – Jan. 1916]	A.Abt. Falkenhausen	*RG*
	[14.01.1916 – 01.07.1916]	6. Armee	*DW/RG*
	[12.07.1916 – 07.10.1916]	HGr. Linsingen	*DO/Üb.Fußa.*
	[10.10.1916 – 07.04.1917]	8. Armee	*Krgl.*
	[25.09.1917 – 05.11.1917]	6. Armee	*D.Fußa./Krgl.*
	[05.11.1917 – 23.12.1917]	2. Armee	*AB*
	[25.12.1917 – 10.02.1918]	Köln	*D./Üb.Fußa.*
	[13.02.1918 – 31.03.1918]	2. Armee	*D.Fußa./Krgl.*
	[07.04.1918 – 01.06.1918]	3. Armee	*D.Fußa./Krgl.*
	[06.07.1918 – 11.08.1918]	7. Armee	*Krgl.*
	[19.08.1918]	9. Armee	*D.Fußa.*
	[30.08.1918]	18. Armee	*D.Fußa.*
	[09.09.1918 – 13.11.1918]	2. Armee	*D.Fußa./FpÜb*
	[20.11.1918 – 28.12.1918]	18. Armee	*FpÜb*

I. Btl.

St.,1.–4. Bttr.	[07.08.1914 – 17.08.1914]	Gouv. Köln	*RG*
St.,1.–4. Bttr.	[27.09.1914 – 03.05.1915]	III. Res.Korps	*KW/LÜO*
Stab	[03.09.1915 – 10.12.1917]	10. Armee	*DO/Krgl.*
2. Bttr.	[07.06.1915 – 10.06.1915]	11. Armee	*DW/DO*
	[03.09.1915 – 10.12.1917]	10. Armee	*LÜO/Krgl.*
3. Bttr.	[14.06.1915 – 30.12.1915]	Njemen-Armee	*DO/LÜO*
	[30.12.1915 – 24.12.1917]	8. Armee	*DO/Krgl.*
4. Bttr.	[03.09.1915 – 11.08.1917]	10. Armee	*DO/Krgl.*
	[21.08.1917 – 24.12.1918]	8. Armee	*Krgl.*
St.,2.,3.,4. Bttr.	[24.12.1917 – 08.03.1918]	8. Armee	*Krgl.*
St.,2.,3.,4. Bttr.	[15.04.1918]	A.Abt. A	*Krgl.*
St.,2.,3.,4. Bttr.	[18.04.1918]	Jurbise	*D.Fußa.*
St.,2.,3.,4. Bttr.	[10.05.1918 – 01.08.1918]	7. Armee	*Krgl.*
St.,2.,3.,4. Bttr.	[08.08.1918]	9. Armee	*D.Fußa.*
St.,2.,3.,4. Bttr.	[30.08.1918]	18. Armee	*D.Fußa.*
St.,2.,3.,4. Bttr.	[03.09.1918]	18. Armee	*Krgl.*
St.,2.,3.,4. Bttr.	[19.09.1918 – 13.11.1918]	2. Armee	*D.Fußa./FpÜb*
St.,2.,3.,4. Bttr.	[20.11.1918 – 28.12.1918]	18. Armee	*FpÜb*

II. Btl.

St.,5.–8. Bttr.	[07.08.1914 – 17.08.1914]	Gouv. Köln	*RG*
St.,5.,6. Bttr.	[25.08.1914 – 22.02.1916]	VII. Res.Korps	*KW/DW*
St.,5.,6. Bttr.	[01.07.1916 – 01.02.1917]	5. Armee	*Üb.Fußa.*
5. Bttr.	[01.03.1917]	3. Armee	*Krgl.*
6. Bttr.	[27.03.1917]	OHL hinter 5. Armee	*D.Fußa.*
St.,5.,6. Bttr.	[12.04.1917 – 01.05.1917]	3. Armee	*D.Fußa./Krgl.*
St.,5.,6. Bttr.	[23.05.1917 – 12.06.1917]	5. Armee	*Krgl.*
9. Bttr.	[24.05.1917 – 28.06.1917]	4. Armee	*Krgl.*
St.,5.,6.,9. Bttr.	[28.06.1917 – 05.07.1917]	4. Armee	*Krgl.*
St.,5.,6.,9. Bttr.	[11.07.1917]	Jurbise	*D.Fußa.*
St.,5.,6.,9. Bttr.	[27.07.1917 – 15.10.1917]	4. Armee	*Krgl.*
St.,5.,6.,9. Bttr.	[20.10.1917]	Jurbise	*D.Fußa.*
St.,5.,6.,9. Bttr.	[01.11.1917]	Maubeuge	*Krgl.*
St.,5.,6.,9. Bttr.	[15.11.1917 – 23.02.1918]	4. Armee	*Krgl.*
St.,5.,6.,9. Bttr.	[24.02.1918]	HGr. Rupprecht	*D.Fußa.*
St.,5.,6.,9. Bttr.	[01.03.1918 – 23.05.1918]	17. Armee	*Krgl./AB*
St.,5.,6.,9. Bttr.	[31.05.1918 – 13.07.1918]	7. Armee	*D.Fußa./Krgl.*
St.,5.,6.,9. Bttr.	[20.07.1918]	9. Armee	*Krgl.*
St.,5.,6.,9. Bttr.	[28.07.1918]	Maubeuge	*D.Fußa.*
St.,5.,6.,9. Bttr.	[30.08.1918]	6. Armee	*D.Fußa.*
St.,5.,6.,9. Bttr.	[19.09.1918 – 13.11.1918]	2. Armee	*D.Fußa./FpÜb*
St.,5.,6.,9. Bttr.	[20.11.1918 – 28.12.1918]	18. Armee	*FpÜb*
7.,8. Bttr.	[01.09.1914 – 15.01.1915]	X. Res.Korps	*Krgl./LÜW*
7. Bttr.	[04.02.1915 – 20.03.1915]	VII. Res.Korps	*DW/LÜW*
8. Bttr.	[04.02.1915 – 20.03.1915]	37. Res.Inf.Brig.	*DW/LÜW*
7.,8. Bttr.	[29.04.1915]	X. Res.Korps	*DW*
7.,8. Bttr.	[07.06.1915 – 22.02.1916]	19. Res.Div.	*LÜW/DW*
7. Bttr.	[27.04.1916 – 01.07.1916]	5. Armee	*Krgl.*

8. Bttr.	[01.07.1916]	5. Armee	*Krgl.*
7.,8. Bttr.	[23.07.1916]	2. Armee	*DW*
7.,8. Bttr.	[28.08.1916 – 07.10.1916]	1. Armee	*Krgl./Üb.Fußa.*

III. Btl.

St.,7.,8. Bttr.	[12.11.1916]	Oberost	*D.Fußa.*
St.,7.,8. Bttr.	[18.11.1916 – 09.09.1917]	A.Abt. Scheffer	*D.Fußa./Krgl.*
St.,7.,8. Bttr.	[20.09.1917 – 01.10.1917]	A.Abt. Woyrsch	*Krgl.*
St.,7.,8.,10. Bttr.	[20.10.1917]	Diedenhofen	*D.Fußa.*
10. Bttr.	[10.11.1917]	5. Armee	*D.Fußa.*
St.,7.,8.,10. Bttr.	[20.11.1917 – 01.04.1918]	A.Abt. C	*D.Fußa./Krgl.*
St.,7.,8.,10. Bttr.	[26.04.1918]	Metz	*D.Fußa.*
St.,7.,8.,10. Bttr.	[09.05.1918 – 16.07.1918]	7. Armee	*Krgl.*
St.,7.,8.,10. Bttr.	[28.07.1918 – 23.08.1918]	1. Armee	*D.Fußa./Krgl.*
St.,7.,8.,10. Bttr.	[30.08.1918 – 03.09.1918]	18. Armee	*D.Fußa./Krgl.*
St.,7.,8.,10. Bttr.	[18.09.1918 – 30.10.1918]	2. Armee	*FpÜb/AB*
St.,7.,8.,10. Bttr.	[03.11.1918 – 06.11.1918]	Lüttich	*D.Fußa./FpÜb*

Zuteilungen:

Rgt.Stab	25.05.1918 – 29.06.1918	1. bayer. Inf.Div.	*KA*

I. Btl.

Stab	[09.12.1915 – 15.01.1916]	XXI. AK	*DO/LÜO*
	[07.04.1916]	III. Res.Korps	*DO*
	[10.08.1916]	XXI. AK	*DO*
1. Bttr.	15.05.1915 – 11.08.1915	105. Inf.Div.	*KW*
2. Bttr.	[03.05.1915]	6. Res.Div.	*LÜO*
	[07.06.1915 – 10.06.1915]	107. Inf.Div.	*DW/DO*
	[09.12.1915 – 15.01.1916]	XXI. AK	*DO/LÜO*
	[07.04.1916]	III. Res.Korps	*DO*
3. Bttr.	20.04.1915 – 27.04.1917	6. Res.Div.	*KW*
4. Bttr.	[09.12.1915 – 15.01.1916]	XXI. AK	*DO/LÜO*
	[07.04.1916]	III. Res.Korps	*DO*

Demobil:	Rgt. ab Ende Dez. 1918 in Swinemünde, Mitte Febr. 1919 aufgelöst[1]
	9. Bttr. Dez. 1918 aufgelöst (gem. Stellv. Gen.Kdo. II. AK v. 11.12.1918)
	Abw.Stelle bei Fußart.Rgt. 2
Freiw.Form.:	keine
Verbleib:	keine Übernahme in die Rw.
Quellen:	Rgt.Gesch. Fußart.Rgt. 2

---

[1] FpÜb v. 03.01.1919 – 05.02.1919

Reserve-Fußartillerie-Regiment Nr. 3

Formation:

Rgt.	Rgt.Stab, I. u. II. Btl. 02.08.1914 aufgestellt durch Fußart.Rgt. 3 in Mainz (gem. Mob.Plan)
Rgt.Stab	02.08.1914 aufgestellt; Ende März 1917 umgewandelt in Arko 243 (neuer)
neuer Rgt.Stab	24.02.1917 aufgestellt durch Gouv. Mainz bei Ers.Btl./Fußart.Rgt. 3 (gem. KM v. 24.02.1917), mobil seit 07.03.1917
I. Btl.	02.08.1914 aufgestellt mit Stab, 1.–4. Bttr. u. Park-Komp. (bis 19.12.1917)
1.–4. Bttr.	ab 01.07.1915 mit Mun.Kol.
3. u. 4. Bttr.	ab 28.08.1915 ohne Mun.Kol.
3. u. 4. Bttr.	Ende Sept. 1915 abgegeben zu III. Btl.
9. Bttr.	07.08.1917 aufgestellt durch Platz-Kdtr. des Fußart.Üb.Pl. Longuyon (gem. KM v. 07.08.1917) aus Fußart.Bttr. 548, ab 06.09.1917 mit Mun.Kol. Btl. jetzt mit 1., 2. u. 9. Bttr.
II. Btl.	02.08.1914 aufgestellt mit Stab, 5.–8. Bttr., leichter Mun.Kol. u. Park-Komp. (bis 19.12.1917)
6. u. 7. Bttr.	18.03.1915 umgewandelt in 2. u. 3. Bttr./Fußart.Btl. 26
für 6. Bttr.	01.04.1915 6. Bttr./Fußart.Rgt. 9 zgt., seit 17.06.1915 mit Mun.Kol. Btl. jetzt mit 5., 6. u. 8. Bttr.
6. Bttr. (neu)	19.07.1917 aufgestellt durch AOK. 3 (gem. KM v. 19.07.1917) aus bisher zgt. 6. Bttr./ Fußart.Rgt. 9
leichte Mun.Kol.	01.07.1915 aufgelöst, dafür jede Bttr. mit Mun.Kol.
III. Btl., Stab	03.09.1915 aufgestellt durch Ers.Btl./Fußart.Rgt. 3 (gem. KM v. 28.08.1915), mobil seit 17.09.1915
3. u. 4. Bttr.	Ende Sept. 1915 übergetreten von I. Btl.
10. Bttr.	31.10.1917 aufgestellt (gem. KM v. 31.10.1917) aus 3. Bttr./Res.Fußart.Rgt. 10 Btl. jetzt mit 3., 4. u. 10. Bttr.
3., 4., 10. Bttr.	ab Febr. 1918 mit Mun.Kol.

Bewaffnung:

1.–4. Bttr.	ab Aug. 1914	10 cm Kan. 04	*RG*
1. Bttr.	ab Dez. 1915	10 cm Kan. 14	*RG*
	ab Aug. 1917	schw. Feldh. 13	*RG*
	ab Jan. 1918	lange schw. Feldh. 13	*RG*
2. Bttr.	ab Mai 1916	10 cm Kan. 14	*Krgl. 11.05.1916*
	ab Aug. 1917	schw. Feldh. 13	*RG*
	ab Jan. 1918	lange schw. Feldh. 13	*RG*
3. Bttr.	ab 24.06.1915	schw. 12 cm Kan.	*RG*
	ab Sept. 1915	13 cm Kan.	*RG*
	ab April 1916	schw. 15 cm Kan.	*DW 15.04.1916*
	ab Juli 1916	13 cm Kan.	*DW 02.07.1916*
4. Bttr.	Aug. 1915	13 cm Kan.	*DW 31.08.1915*
5.–8. Bttr.	ab Aug. 1914	schw. Feldh. 02	*RG*
8. Bttr.	ab Aug. 1917	10 cm Kan. 14	*D.Fußa. 15.08.1917*
9. Bttr.	ab Juli 1917	10 cm Kan. 04	*D.Fußa. 30.07.1917*
9. Bttr.	ab Jan. 1918	10 cm Kan. 14	*D.Fußa. 10.02.1918*
10. Bttr.	ab Nov. 1917	13 cm Kan.	*D.Fußa. 10.11.1917*

Ersatztr.Teil:	Ers.Btl./Fußart.Rgt. 3		
Unterstellung:			
Rgt.Stab	02.08.1914 – 31.08.1914	Gouv. Mainz	*RG*
	01.09.1914 – 26.09.1914	A.Abt. Falkenhausen	*RG*
	26.09.1914 – 10.10.1914	III. Res.Korps	*RG*
	11.10.1914 – 23.11.1914	XXVII. Res.Korps	*RG*
	24.11.1914 – 16.02.1917	4. Armee	*RG*
Rgt.Stab (neu)	[13.03.1917]	7. Armee	*D.Fußa.*
	[12.04.1917 – 01.09.1917]	1. Armee	*D.Fußa./Krgl.*
	[15.09.1917]	Diedenhofen	*D.Fußa.*
	[05.10.1917]	14. Armee	*D.Fußa.*
	[25.12.1917]	Diedenhofen	*D.Fußa.*
	[10.02.1918]	6. Armee	*Üb.Fußa.*
	[26.04.1918 – 10.09.1918]	7. Armee	*D.Fußa./Krgl.*
	[18.09.1918 – 19.09.1918]	9. Armee	*FpÜb/D.Fußa.*
	[25.09.1918 – 12.12.1918]	7. Armee	*Krgl./FpÜb*
I. Btl.			
St.,1.–4. Bttr.	[02.08.1914 – 31.08.1914]	Gouv. Mainz	*Krgl.*
Stab	01.09.1914 – 25.09.1914	A.Abt. Falkenhausen	*RG*
	26.09.1914 – 10.10.1914	5. Res.Div.	*RG*
	11.10.1914 – 06.10.1916	4. Armee	*RG*
	07.10.1916 – 10.10.1916	Gouv. Metz	*RG*
	[11.10.1916 – 15.10.1916]	1. Armee	*D.Fußa./Krgl.*
	[28.10.1916 – 01.04.1917]	2. Armee	*D.Fußa./RG*
	02.04.1917 – 08.05.1917	Gouv. Straßburg	*RG*
	09.05.1917 – 24.08.1917	7. Armee	*RG*
	25.08.1917 – 21.09.1917	Üb.Pl. Hirson	*RG*
1. Bttr.	26.09.1914 – 10.10.1914	III. Res.Korps	*RG*
	11.10.1914 – Jan. 1916	4. Armee	*RG*
	[22.02.1916 – 01.09.1916]	5. Armee	*DW/Krgl.*
	[07.10.1916]	OHL Metz	*Üb.Fußa.*
	[11.10.1916]	OHL hinter 1. Armee	*D.Fußa.*
	[19.10.1916 – 13.11.1916]	1. Armee	*D.Fußa./Krgl.*
	[20.11.1916]	2. Armee	*Krgl.*
	[23.11.1916 – 01.12.1916]	6. Armee	*Krgl.*
	[11.12.1916 – 01.03.1917]	2. Armee	*D.Fußa./Krgl.*
2. Bttr.	26.09.1914 – 10.10.1914	III. Res.Korps	*RG*
	11.10.1914 – 10.10.1915	4. Armee	*RG*
	[12.10.1915]	3. Armee	*DW*
	[10.11.1915]	OHL Namur	*DW*
	[18.01.1916 – 01.07.1916]	5. Armee	*RG/Krgl.*
	[12.07.1916]	2. Armee	*DW*
	[01.09.1916 – 10.09.1916]	6. Armee	*Krgl.*
	[19.09.1916 – 13.11.1916]	1. Armee	*Krgl.*
	[01.12.1916 – 01.03.1917]	2. Armee	*Krgl.*
3., 4. Bttr.	26.09.1914 – 10.10.1914	III. Res.Korps	*RG*
	11.10.1914 – Sept. 1915	4. Armee	*RG*

St.,1.,2. Bttr.	[27.03.1917]	OHL Straßburg	*D.Fußa.*
St.,1.,2. Bttr.	[01.06.1917 – 22.09.1917]	7. Armee	*Krgl.*
9. Bttr.	[30.07.1917]	OHL Longuyon	*D.Fußa.*
9. Bttr.	[07.08.1917 – 03.09.1917]	7. Armee	*D.Fußa./Krgl.*
St.,1.,2.,9. Bttr.	[25.09.1917 – 01.12.1917]	4. Armee	*D.Fußa./Krgl*
St.,1.,2.,9. Bttr.	[03.01.1918 – 10.02.1918]	Antwerpen	*D./Üb.Fußa.*
St.,1.,2.,9. Bttr.	[24.02.1918 – 20.11.1918]	10. Res.Div.	*KW/FpÜb*
St.,1.,2.,9. Bttr.	[04.12.1918 – 18.12.1918]	3. Marine-Div.	*FpÜb*
9. Bttr.	[03.01.1916]	Balkanstraße	*DW*
9. Bttr.	24.03.1916 – 19.06.1916	Türkei	*DW*

II. Btl.

St.,5.–8. Bttr.	[02.08.1914]	Gouv. Mainz	*Krgl.*
St.,5.–8. Bttr.	[15.08.1914 – 01.12.1914]	XII. Res.Korps	*RG*
St.,5.,8. Bttr.	[10.12.1914 – 22.02.1916]	XII. Res.Korps	*Krgl./DW*
6.,7. Bttr.	[10.12.1914]	6. Armee	*Krgl.*
6.,7. Bttr.	[05.01.1915 – 20.03.1915]	4. Armee	*LÜW*
6. Bttr.	[20.03.1915 – 09.08.1915]	4. Armee	*LÜW*
6. Bttr.	[22.02.1916]	XII. Res.Korps	*DW*
St.,5., 6.,8. Bttr.	[09.03.1916 – 01.07.1916]	5. Armee	*RG/Krgl.*
St.,5.,6.,8. Bttr.	[12.07.1916 – 01.08.1916]	2. Armee	*DW/Krgl.*
St.,5.,6.,8. Bttr.	[28.08.1916 – 07.10.1916]	1. Armee	*Krgl./Üb.Fußa.*
St.,5.,8. Bttr.	[15.10.1916 – 01.03.1917]	2. Armee	*Krgl.*
6. Bttr.	[07.10.1916 – 01.12.1916]	1. Armee	*Krgl.*
6. Bttr.	[11.12.1916 – 01.03.1917]	2. Armee	*D.Fußa./Krgl.*
St.,5.,6.,8. Bttr.	[27.03.1917]	OHL Straßburg	*D.Fußa.*
St.,5.,6.,8. Bttr.	[12.04.1917 – 28.05.1917]	6. Armee	*D.Fußa.*
St.,5.,6.,8. Bttr.	[05.06.1917 – 30.07.1917]	4. Armee	*AB/ Krgl*
St.,5.,6.,8. Bttr.	[07.08.1917]	Jurbise	*D.Fußa.*
St.,5.,6.,8. Bttr.	[28.08.1917 – 21.11.1917]	4. Armee	*Krgl.*
St.,5.,6.,8. Bttr.	[25.11.1917 – 24.01.1918]	2. Armee	*Krgl./AB*
St.,5.,6.,8. Bttr.	[26.01.1918 – 10.02.1918]	Maubeuge	*D./Üb.Fußa.*
St.,5.,6.,8. Bttr.	[24.02.1918]	HGr. Rupprecht	*D.Fußa.*
St.,5.,6.,8. Bttr.	[15.03.1918 – 13.04.1918]	17. Armee	*Krgl.*
St.,5.,6.,8. Bttr.	[18.04.1918]	2. Armee	*D.Fußa.*
St.,5.,6.,8. Bttr.	[06.05.1918]	Hirson	*D.Fußa.*
St.,5.,6.,8. Bttr.	[31.05.1918]	18. Armee	*D.Fußa.*
St.,5.,6.,8. Bttr.	[14.07.1918 – 01.08.1918]	7. Armee	*D.Fußa./Krgl.*
St.,5.,6.,8. Bttr.	[05.08.1918 – 25.09.1918]	9. Armee	*Krgl./FpÜb*
St.,5.,6.,8. Bttr.	[27.09.1918 – 09.10.1918]	7. Armee	*D.Fußa./FpÜb*
St.,5.,6.,8. Bttr.	[10.10.1918 – 12.12.1918]	18. Armee	*D.Fußa./FpÜb*
St.,5.,6.,8. Bttr.	[18.12.1918]	105. Inf.Div.	*FpÜb*

III. Btl.

St.,3.,4. Bttr.	17.09.1915 – 18.01.1916	4. Armee	*RG*
St.,3.,4. Bttr.	19.01.1916 – 06.09.1916	5. Armee	*RG*
St.,3.,4. Bttr.	06.09.1916 – 06.11.1916	2. Armee	*RG*
St.,3.,4. Bttr.	07.11.1916 – 17.11.1916	OHL Lüttich	*RG*
St.,3.,4. Bttr.	18.11.1916 – 30.11.1916	4. Armee	*RG*
St.,3.,4. Bttr.	[01.12.1916]	OHL Courtrai	*D.Fußa.*
St.,3.,4. Bttr.	[18.12.1916 – 31.12.1916]	6. Armee	*AB/Krgl.*

St.,3.,4. Bttr.	[31.12.1916]	OHL Douai	*D.Fußa.*
St.,3.,4. Bttr.	04.01.1917 – 08.03.1917	5. Armee	*RG.*
St.,3.,4. Bttr.	08.03.1917 – 12.04.1917	Üb.Pl. Insmingen	*RG*
St.,3.,4. Bttr.	13.04.1917 – 12.08.1917	6. Armee	RG
St.,3.,4. Bttr.	[13.08.1917 – 01.11.1917]	4. Armee	*RG/Krgl.*
St.,3.,4. Bttr.	[10.11.1917 – 01.01.1918]	A.Abt. C	*D.Fußa./Krgl.*
10. Bttr.	[01.12.1917 – 01.01.1918]	5. Armee	*Krgl.*
St.,3.,4.,10. Bttr.	[15.01.1918 – 26.08.1918]	4. Armee	*D.Fußa./AB*
St.,3.,4.,10. Bttr.	[30.08.1918 – 04.12.1918]	17. Armee	*D.Fußa./FpÜb*

Zuteilungen:

Rgt.Stab	11.10.1914 – 23.11.1914	XXVII. Res.Korps	*RG*
	24.11.1914 – 16.01.1917	Marine-Korps	*RG*

I. Btl.

1. Bttr.	26.09.1914 – 10.10.1914	6. Res.Div.	*RG*
	11.10.1914	XXIII. Res.Korps	*RG*
2. Bttr.	26.09.1914 – 10.10.1914	5. Res.Div.	*RG*
	11.10.1914 – 10.10.1915	XXVI. Res.Korps	*RG*
3. Bttr.	26.09.1914 – 10.10.1914	6. Res.Div.	*RG*
	11.10.1914 – Nov. 1914	XXII. Res.Korps	*RG*
4. Bttr.	26.09.1914 – 10.10.1914	5. Res.Div.	*RG*
	11.10.1914	XXVII. Res.Korps	*RG*

II. Btl.

	15.08.1914 – 09.03.1916	24. Res.Div.	*RG*
	22.04.1917 – 11.06.1917	26. Inf.Div.	*RG*
	12.06.1917 – 04.08.1917	17. Inf.Div.	*RG*
	01.10.1917 – 19.11.1917	233. Inf.Div.	*RG*
Stab	[05.01.1915 – 09.08.15]	XII. Res.Korps	*LÜW*
	[26.01.1915]	XXXXI. Res.Korps	*DW*
	[22.02.1916]	XII. Res.Korps	*DW*
	[11.03.1916]	OHL Sedan	*DW*
7. Bttr.	[11.05.1916]	3. Res.Div.	*DO*

III. Btl.

Stab, 3.,4. Bttr.	06.09.1916 – 17.09.1916	IX. AK	*RG*
	20.09.1916 – 06.11.1916	10. Ers.Div.	*RG*
	22.01.1917 – 08.03.1917	192. Inf.Div.	*RG*
	13.04.1917 – Juli 1917	220. Inf.Div.	*RG*
	25.08.1917 – 05.08.1918	Garde-Korps	*RG*

Demobil: Rgt.Ende Dez. 1918 im Raum Gelnhausen aufgelöst:[1]
Rgt.Stab 07.–12.12.1918 in Meerholz
I. Btl. 19.–27.12.1918 in Lieblos
II. Btl. 19.12.1918 – 10.01.1919 in Schlierbach, Hesseldorf u. Weilers
III. Btl. 19.–23.12.1918 in Lieblos u. Roth
Abw.Stelle bei Fußart.Rgt. 3

Freiw.Form.: keine

Verbleib: keine Übernahme in die Rw.

Quellen: Rgt.Gesch.

---

[1] Demob.Üb. XVIII. AK v. 20.11.1919; noch in FpÜb v. 12.03.1919

Reserve-Fußartillerie-Regiment Nr. 4

Formation:

Rgt.	Rgt.Stab, I. u. II. Btl. 02.08.1914 aufgestellt durch Fußart.Rgt. 4 in Groß Ottersleben (bei Magdeburg) (gem. Mob.Plan)
Rgt.Stab	02.08.1914 aufgestellt
I. Btl.	02.08.1914 aufgestellt mit Stab, 1.–4. Bttr., leichter Mun.Kol. u. Park-Komp. (bis 19.12.1917)
leichte Mun.Kol.	25.02.1916 aufgelöst, dafür jede Bttr. mit Mun.Kol.
1. u. 2. Bttr.	20.11.1916 abgegeben an III. Btl.
10. Bttr.	30.09.1917 aufgestellt (gem. KM v. 30.09.1917) aus Fußart.Bttr. 455, mit Mun.Kol., ab 20.12.1917 beim Btl.
	Btl. jetzt mit 3., 4. u. 10. Bttr.
II. Btl.	02.08.1914 aufgestellt mit Stab, 5.–8. Bttr. u. Park-Komp. (bis Febr. 1915)
leichte Mun.Kol.	17.09.1914 aufgestellt
6. Bttr.	ab 31.12.1915 mit Mun.Kol. bis 25.02.1916
leichte Mun.Kol.	März 1916 aufgelöst, dafür jede Bttr. mit Mun.Kol.
6. Bttr.	04.11.1916 abgegeben an III. Btl.
	Btl. jetzt mit 5., 7. u. 8. Bttr.
8. Bttr.	18.11.1917 bei Überfahrt von Ösel nach Libau mit Transportschiff versenkt
neue 8. Bttr.	08.01.1918 aufgestellt durch Gouv. Köln bei Ers.Btl./Fußart.Rgt. 7 (gem. KM v. 08.01.1918) aus Fußart.Bttr. 457 u. Resten der bisherigen 8. Bttr.; trat am 17.03.1918 zum Btl.
III. Btl., Stab	08.11.1916 aufgestellt durch Gen.Insp. der Fußart. bei Ers.Btl./Fußart.Rgt. 4 (gem. KM v. 04.11.1916), mobil seit 10.11.1916
1. u. 2. Bttr.	20.11.1916 übergetreten von I. Btl., mit Mun.Kol.
6. Bttr.	04.11.1916 übergetreten von II. Btl., ab 14.11.1916 mit neuer Mun.Kol.
6. Bttr.	14.04.1917 umgewandelt in 3. Bttr./Fußart.Btl. 407
9. Bttr.	30.09.1917 aufgestellt in Köln (gem. KM v. 30.09.1917) aus Fußart.Bttr. 456, mit Mun.Kol.
	Btl. jetzt mit 1., 2. u. 9. Bttr.

Bewaffnung:

1.–4. Bttr.	ab Aug. 1914	schw. Feldh. 02	*RG*
3.,4. Bttr.	ab März 1918	lange schw. Feldh. 13	*D.Fußa. 04.03.1918*
5.–8. Bttr.	ab Aug. 1914	schw. Feldh. 02	*RG*
5. Bttr.	ab Jan. 1918	lange schw. Feldh. 13	*D.Fußa. 03.01.1918*
7. Bttr.	ab Jan. 1918	lange schw. Feldh. 13	*D.Fußa. 03.01.1918*
8. Bttr.	ab Jan. 1918	10 cm Kan. 14	*D.Fußa. 03.01.1918*
9. Bttr.	ab Sept. 1917	10 cm Kan. 14	*D.Fußa. 05.09.1917*
10. Bttr.	ab Sept. 1917	10 cm Kan. 04	*D.Fußa. 25.09.1917*

Ersatztr.Teil: Ers.Btl./Fußart.Rgt. 4

Unterstellung:

Rgt.Stab	12.08.1914 – 14.08.1914	Gouv. Königsberg	*RG*
	14.08.1914 – 14.09.1915	I. Res.Korps	*RG/DO*
	15.09.1915 – 14.12.1915	XXI. AK	*RG/DO*
	[15.12.1915 – 01.05.1916]	I. Res.Korps	*RG/LÜO*
	[01.05.1916 – 20.04.1917]	8. Armee	*Krgl./RG*
	[28.04.1917 – 01.05.1917]	3. Armee	*D.Fußa./Krgl.*

Rgt.Stab	[31.05.1917 – 01.10.1917]	7. Armee	*D.Fußa./Krgl.*
	[22.10.1917 – 30.10.1917]	4. Armee	*Krgl.*
	[06.11.1917 – 15.04.1918]	7. Armee	*Krgl.*
	[18.04.1918]	Köln	*D.Fußa.*
	[17.07.1918 – 25.09.1918]	2. Armee	*AB/FpÜb*
	[01.10.1918 – 20.11.1918]	A.Abt. B	*FpÜb*
	[04.12.1918 – 28.12.1918]	91. Inf.Div.	*FpÜb*

I. Btl.

St.,1.–4. Bttr.	12.08.1914 – 14.08.1914	Gouv. Königsberg	*RG*
St.,1.–4. Bttr.	14.08.1914 – 07.11.1914	I. Res.Korps	*RG*
St.,1.–4. Bttr.	08.11.1914 – 27.02.1915	Ldw.Div. Königsberg	*RG*
St.,3.,4. Bttr.	28.02.1915 – 10.10.1916	37. Inf.Div.	*RG/KW*
1. Bttr.	28.02.1915 – 06.12.1915	10. Armee	*RG/Krgl.*
1. Bttr.	07.12.1915 – 29.12.1915	Njemen-Armee	*RG/Krgl.*
1. Bttr.	30.12.1915 – 22.09.1916	8. Armee	*RG/Krgl.*
1. Bttr.	23.09.1916 – 20.11.1916	9. Armee	*Üb.Fußa.*
2. Bttr.	28.02.1915 – 15.08.1915	8. Armee	*RG/Krgl.*
2. Bttr.	16.08.1915 – 03.12.1915	10. Armee	*RG/Krgl.*
2. Bttr.	04.12.1915 – 29.12.1915	Njemen-Armee	*RG/Krgl.*
2. Bttr.	30.12.1915 – 22.09.1916	8. Armee	*RG/Krgl.*
2. Bttr.	23.09.1916 – 20.11.1916	9. Armee	*Üb.Fußa.*
St.,3. Bttr.	11.10.1916 – 10.01.1917	A.Abt. Scholtz	*RG*
4. Bttr.	[11.10.1916]	A.Abt. Scholtz	*Üb.Fußa.*
4. Bttr.	[25.11.1916 – 07.09.1917]	öst.ung. 2. Armee	*Krgl.*
St.,3. Bttr.	10.01.1917 – 20.04.1917	A.Abt. D	*RG*
St.,3. Bttr.	23.04.1917 – 20.09.1917	öst.ung. 2. Armee	*RG*
St.,3.,4. Bttr.	30.09.1917 – 19.10.1917	Magdeburg	*RG*
10. Bttr.	[25.09.1917 – 02.12.1917]	4. Armee	*D.Fußa./Krgl.*
St.,3.,4. Bttr.	20.10.1917 – 24.11.1917	4. Armee	*RG/Krgl.*
St.,3.,4. Bttr.	25.11.1917 – 04.01.1918	2. Armee	*RG/Krgl.*
10. Bttr.	[03.12.1917 – 04.01.1918]	2. Armee	*AB/Krgl.*
St.,3.,4.,10. Bttr.	05.01.1918 – 11.03.1918	18. Armee	*RG/Krgl.*
St.,3.,4.,10. Bttr.	12.03.1918 – Dez. 1918	Arko 36 (36. Inf.Div.)	*RG/KW*

II. Btl.

St.,5.–8. Bttr.	12.08.1914 – 13.10.1914	Gouv. Königsberg	*RG*
St.,5.–8. Bttr.	14.10.1914 – 04.11.1914	50. Res.Div.	*RG*
St.,5.–8. Bttr.	05.11.1914 – 01.02.1915	1. Ldw.Div.	*RG*
St.,6.–8. Bttr.	02.02.1915 – 17.02.1915	XXXX. Res.Korps	*RG*
Stab	18.02.1915 – 17.04.1915	XXXX. Res.Korps	*RG*
Stab	[03.09.1915 – 15.01.1916]	XXXIX. Res.Korps	*DO/LÜO*
5. Bttr.	02.02.1915 – 25.06.1915	8. Armee	*RG/Krgl.*
5. Bttr.	25.06.1915 – 30.12.1915	Njemen-Armee	*RG/Krgl.*
6. Bttr.	19.02.1915 – 03.07.1915	8. Armee	*RG*
6. Bttr.	04.07.1915 – 06.08.1915	AGr. Gallwitz	*DO/RG*
6. Bttr.	07.08.1915 – 01.10.1915	12. Armee	*Krgl./RG*
6. Bttr.	02.10.1915 – 10.04.1916	XVII. Res.Korps (12. Armee)	*DO*
6. Bttr.	[11.04.1916 – 07.10.1916]	12. Armee	*RG/Üb.Fußa.*
6. Bttr.	[15.10.1916]	A.Abt. Scheffer	*Krgl.*

7. Bttr.	19.02.1915 – 26.05.1915	8. Armee	RG
7. Bttr.	31.05.1915 – 30.12.1915	Njemen-Armee	RG
8. Bttr.	22.02.1915 – 26.11.1915	10. Armee	RG
8. Bttr.	27.11.1915 – 30.12.1915	Njemen-Armee	RG
5.,7.,8. Bttr.	[30.12.1915 – 01.12.1917]	8. Armee	RG/Krgl.
Stab	[05.04.1916 – 01.12.1917]	8. Armee	RG/Krgl.
St.,5.,7.,8. Bttr.	12.12.1917 – 10.01.1918	Magdeburg	RG
St.,5.,7.,8. Bttr.	10.01.1918 – 11.02.1918	Köln-Lindenthal	RG
St.,5.,7.,8. Bttr.	[12.02.1918 – 31.03.1918]	2. Armee	RG/Krgl.
Stab	[01.04.1918 – 09.04.1918]	6. Armee	Krgl.
8. Bttr.	[07.04.1918 – 09.04.1918]	6. Armee	D.Fußa./Krgl.
St.,5.,7. Bttr.	[18.04.1918 – 03.05.1918]	2. Armee	D.Fußa./RG
8. Bttr.	[18.04.1918 – 30.04.1918]	4. Armee	D.Fußa./AB
St.,5.,7.,8. Bttr.	04.05.1918 – 27.09.1918	Arko 29 (108. Inf.Div.)	RG
St.,5.,7.,8. Bttr.	28.09.1918 – 12.12.1918	5. Armee	RG/FpÜb

III. Btl.

Stab	[12.11.1916]	öst.ung. 1. Armee	D.Fußa.
St.,1.,2. Bttr.	20.11.1917 – 16.08.1917	9. Armee	RG
6. Bttr.	[12.11.1916]	OHL Laon	D.Fußa.
6. Bttr.	[25.11.1916 – 04.12.1916]	3. Armee	D.Fußa./Krgl.
6. Bttr.	[11.12.1916 – 01.04.1917]	7. Armee	D.Fußa./Krgl.
St.,1.,2. Bttr.	17.08.1917 – 06.09.1917	Arko 217 (217. Inf.Div.)	RG
St.,1.,2.,9. Bttr.	14.09.1917 – 08.10.1917	Üb.Pl. Longuyon	RG
St.,1.,2.,9. Bttr.	09.10.1917 – 22.03.1918	4. Armee	RG
St.,1.,2.,9. Bttr.	23.03.1918 – 10.04.1918	6. Armee	RG
St.,1.,2.,9. Bttr.	11.04.1918 – 11.05.1918	4. Armee	RG
St.,1.,2.,9. Bttr.	12.05.1918 – 09.12.1918	Arko 72 (36. Inf.Div.)	RG

Zuteilungen:

Rgt.Stab	15.01.1917 – 20.02.1917	2. bayer. Ldw.Div.	KA
	16.05.1917 – 28.05.1917	2. bayer. Inf.Div.	KA
1. Bttr.	19.12.1914 – 08.02.1915	Truppen-Kdo. Tilsit	RG
	08.02.1915 – 15.03.1915	Abt. Hoffmann	KW
	15.03.1915 – 21.08.1915	Ldw.Div. Königsberg	RG
	22.08.1915 – 29.08.1915	Truppen-Abt. Esebeck	RG
	30.08.1915 – 04.09.1915	1. Kav.Div.	RG
	05.09.1915 – 09.09.1915	115. Inf.Div.	RG
	09.09.1915 – 12.09.1915	31. Inf.Div.	RG
	13.09.1915 – 18.10.1915	Truppen-Abt. Esebeck	RG
	18.10.1915 – 06.11.1915	182. Ldw.Brig.	RG
	06.11.1915 – 28.11.1915	17. Ldw.Div.	RG
	07.12.1915 – 14.11.1916	76. Res.Div.	RG
	15.11.1916 – 20.11.1916	216. Inf.Div.	RG
2. Bttr.	03.11.1914 – 03.02.1915	9. Ldw.Brig.	RG
	04.02.1915 – 19.02.1915	10. Ldw.Div.	RG
	20.02.1915 – 20.07.1915	1. Ldw.Div.	RG
	21.07.1915 – 15.08.1915	10. Ldw.Div.	RG
	16.08.1915 – 03.09.1915	3. Res.Div.	RG
	04.09.1915 – 08.09.1915	76. Res.Div.	RG

2. Bttr.	08.09.1915 – 06.10.1915	79. Res.Div.	*RG*
	06.10.1915 – 06.12.1915	3. Res.Div.	*RG*
	07.12.1915 – 14.11.1916	76. Res.Div.	*RG*
	15.11.1916 – 20.11.1916	216. Inf.Div.	*RG*
St.,3.,4. Bttr.	20.10.1917 – 27.10.1917	40. Inf.Div.	*RG*
	28.10.1917 – 07.11.1917	8. bayer. Res.Div	*RG*
	08.11.1917 – 17.11.1917	40. Inf.Div.	*RG*
	18.11.1917 – 24.11.1917	8. bayer. Res.Div.	*RG*
	27.11.1917 – 03.12.1917	28. Inf.Div.	*RG*
	20.12.1917 – 04.01.1918	185. Inf.Div.	*RG*
II. Btl.			
Stab	15.04.1916 – 31.10.1916	41. Inf.Div.	*KW*
5. Bttr.	02.02.1915 – 22.02.1915	1. Ldw.Div.	*RG*
	22.02.1915 – 31.10.1916	41. Inf.Div.	*KW*
	31.10.1916 – 14.08.1917	105. Inf.Div.	*RG*
6. Bttr.	19.02.1915 – 03.07.1915	11. Ldw.Div.	*RG*
	[07.03.1915]	80. Res.Div.	*DO*
	04.07.1915 – 13.08.1915	36. Inf.Div.	*RG*
	14.08.1915 – 22.08.1915	35.Inf.Div.	*RG*
	23.08.1915 – 01.10.1915	36. Inf.Div.	*RG*
	02.10.1915 – Dez. 1915	85. Ldw.Div.	*RG*
	Dez. 1915 – 06.04.1916	86. Inf.Div.	*RG*
	15.04.1916 – 31.10.1916	41. Inf.Div.	*KW*
7. Bttr.	19.02.1915 – 26.05.1915	11. Ldw.Div.	*RG*
	31.05.1915 – 07.06.1915	HKK 1	*RG*
	08.06.1915 – 09.07.1915	1. Res.Div.	*RG*
	10.07.1915 – 10.09.1915	41. Inf.Div.	*RG*
	11.09.1915 – 29.11 1915	8. Kav.Div.	*RG*
	30.11.1915 – 31.10.1916	41. Inf.Div.	*RG/KW*
	31.10.1916 – 18.08.1917	105. Inf.Div.	*RG*
8. Bttr.	10.10.1914 – 17.10.1914	I. Res.Korps	*RG*
	08.11.1914 – 16.11.1914	70. Ldw.Brig.	*RG*
	22.02.1915 – 25.02.1915	4. Kav.Div.	*RG*
	26.02.1915 – 07.03.1915	79. Res.Div.	*RG*
	[07.03.1915]	80. Res.Div.	*DO*
	[01.05.1915 – 25.06.1915]	XXI. AK	*Krgl.*
	01.08.1915 – 18.08.1915	XXXX. Res.Korps	*RG*
	19.08.1915 – 26.11.1915	42. Inf.Div.	*RG*
	27.11.1915 – 21.12.1915	36. Res.Div.	*RG*
	24.12.1915 – 13.10.1916	6. Kav.Div.	*RG/KW*
St.,5.,7.,8. Bttr.	12.08.1917 – 31.08.1917	14. bayer. Inf.Div.	*RG*
	01.09.1917 – 30.10.1917	42. Inf.Div.	*RG*
	01.11.1917 – 01.12.1917	Gouv. Oesel	*RG*
	12.02.1918 – 14.04.1918	9. Res.Div.	*RG*
	15.04.1918 – 27.04.1918	77. Res.Div.	*RG*
	28.04.1918 – 03.05.1918	109. Inf.Div.	*RG*
	04.05.1918 – 27.09.1918	Arko 29 (108. Inf.Div.)	*RG*

St.,5.,7.,8. Bttr.	28.09.1918 – 08.10.1918	37. Inf.Div.	*RG*
	09.10.1918 – 31.10.1918	115. Inf.Div.	*RG*
	01.11.1918 – Dez. 1918	88. Res.Div.	*RG*
III. Btl.	20.11.1916 – 05.12.1916	216. Inf.Div.	*RG*
	06.12.1916 – 30.03.1917	Alpenkorps	*RG*
	01.04.1917 – 04.08.1917	216. u. 212. Inf.Div.	*RG*
	05.08.1917 – 08.10.1917	217. Inf.Div.	*KW*
	09.10.1917 – 19.10.1917	119. Inf.Div.	*RG*
	20.10.1917 – 27.10.1917	40. Inf.Div.	*RG*
	28.10.1917 – 21.12.1917	8. bayer. Res.Div.	*KA*
	Jan. 1918 – Febr. 1918	54. Res.Div.	*RG*
	01.03.1918 – 22.03.1918	1. bayer. Res.Div.	*KA*
	22.03.1918 – 23.03.1918	214. Inf.Div.	*RG*
	23.03.1918 – 29.03.1918	35. Inf.Div.	*RG*
	30.03.1918 – 10.04.1918	42. Inf.Div.	*RG*
	11.04.1918 – 18.04.1918	36. Res.Div.	*RG/KW*
	22.04.1918 – 07.05.1918	Alpenkorps	*KW*

Demobil:
I. Btl. ab 21.12.1918 in Meitzendorf (bei Magdeburg), am 30.12.1918 aufgelöst
II. Btl. ab 15.12.1918 in Magdeburg, am 23.12.1918 aufgelöst.
III. Btl. ab 19.12.1918 in Dahlenwarsleben und Hohenwarsleben (bei Magdeburg), am 28.12.1918 aufgelöst; Abw.Stelle bei Fußart.Rgt. 4

Freiw.Form.: keine
Verbleib: keine Übernahme in die Rw.
Quellen: Rgt.Gesch.

Reserve-Fußartillerie-Regiment Nr. 5

Formation:

Rgt.	Rgt.Stab, I. u. II. Btl. 02.08.1914 aufgestellt durch Fußart.Rgt. 5 in Posen (gem. Mob.Plan)
Rgt.Stab	02.08.1914 aufgestellt
I. Btl.	02.08.1914 aufgestellt mit Stab, 1.–4. Bttr. u. Park-Komp. (bis 24.12.1917)
Fest.Fußart.Mun.Kol. Nr. 1 u. 16	Posen Sept.1914 als leichte Mun.Kol. des 1. Halb-Btl. (St., 1. u. 3. Bttr.) zgt., am 11.12.1915 aufgelöst
Fest.Fußart.Mun.Kol. Nr. 7 u. 18	Posen Sept.1914 als leichte Mun.Kol. des 2. Halb-Btl. (2. u. 4. Bttr.) zgt., am 31.12.1915 aufgelöst
1.–4. Bttr.	ab 31.12.1915 mit Mun.Kol.
4. Bttr.	16.05.1917 umgewandelt in 3. Bttr./Fußart.Btl. 92
	Btl. jetzt mit 1.–3. Bttr.
II. Btl.	02.08.1914 aufgestellt mit Stab, 5.–8. Bttr. u. Park-Komp. (bis 19.12.1917)
leichte Mun.Kol.	Jan. 1915 (?) zgt.
6. Bttr.	02.08.1915 umgewandelt in Fußart.Bttr. 84
7. Bttr.	02.08.1915 umgewandelt in Fußart.Bttr. 83
leichte Mun.Kol.	01.01.1916 aufgelöst, dafür 5. u. 8. Bttr. mit Mun.Kol.
9. Bttr.	16.05.1917 aufgestellt bei öst.ung. 2. Armee (gem. KM v. 16.05.1917) aus 9. Bttr./Res.Fußart.Rgt. 16, mit Mun.Kol.
	Btl. jetzt mit 5., 8. u. 9. Bttr.

Bewaffnung:

1.–4. Bttr.	ab Aug. 1914	10 cm Kan. 04	*EB schw. Art.*
1.,2. Bttr. [1]	ab Juli 1918	lange schw. Feldh. 13	*D.Fußa. 03.07.1918*
5.–8. Bttr.	ab Aug. 1914	schw. Feldh.	*EB schw. Art.*
5., 8. Bttr.	ab Febr. 1916	schw. Feldh. 02	*DW 22.02.1916*
9. Bttr.	ab Mai 1917	10 cm Kan. 04	*D.Fußa. 31.05.1917*

Ersatztr.Teil: Ers.Btl./Fußart.Rgt. 5

Unterstellung:

Rgt.Stab	[21.11.1914 – 03.09.1915]	XVII. AK	*Krgl./DO*
	[16.10.1915]	11. Ldw.Div.	*DO*
	[22.10.1915 – 15.01.1916]	Gouv. Warschau	*DO/LÜO*
	[08.02.1916 – 10.01.1917]	A.Abt. Scholtz	*DO/Krgl.*
	[10.01.1917 – 08.09.1917]	A. Abt. D	*Krgl.*
	[20.09.1917 – 01.10.1917]	2. Armee	*AB/Krgl.*
	[17.10.1917 – 25.11.1917]	4. Armee	*Krgl.*
	[27.11.1917 – 10.12.1917]	2. Armee	*D.Fußa./Krgl.*
	[26.01.1918 – 10.02.1918]	18. Armee	*D./Üb.Fußa.*
	[07.04.1918]	7. Armee	*D.Fußa.*
	[26.04.1918 – 04.12.1918]	18. Armee	*D.Fußa./FpÜb*
I. Btl.			
St.,1.–4. Bttr.	[02.08.1914 – 08.09.1914]	Gouv. Posen	*Krgl.*
St.,1.–4. Bttr.	[01.10.1914]	9. Armee	*Krgl.*
St.,1.,3. Bttr.	[05.12.1914 – 03.05.1915]	XXV. Res.Korps	*Krgl./LÜO*
2.,4. Bttr.	[21.11.1914 – 09.05.1915]	XI. AK	*Krgl./LÜO*
St.,1.,3. Bttr.	[21.07.1915 – 06.08.1915]	AGr. Gallwitz	*DO/Goes*

---

[1] Lt. Tabelle EB schw. Art. (wohl irrtümlich) auch 3. Bttr.

2. Bttr.	[09.07.1915 – 06.08.1915]	AGr. Gallwitz	*Krgl./Goes*
St.,1.,3. Bttr.	[03.09.1915 – 01.09.1916]	12. Armee	*DO/Krgl.*
2. Bttr.	[03.09.1915]	12. Armee	*DO*
2. Bttr.	[21.09.1915 – 01.09.1916]	10. Armee	*DO/LÜO*
4. Bttr.	[25.08.1915 – 24.11.1915]	10. Armee	*DO/LÜO*
4. Bttr.	[25.11.1915 – 01.09.1916]	12. Armee	*LÜO/Üb.Fußa.*
3.,4. Bttr.	[01.09.1916 – 07.10.1916]	12. Armee	*DO/Üb.Fußa.*
3.,4. Bttr.	[15.10.1916 – 01.04.1917]	A.Abt. Scheffer	*Krgl.*
3. Bttr.	[10.05.1917 – 26.06.1917]	10. Armee	*Krgl./D.Fußa.*
3. Bttr.	[15.07.1917 – 08.10.1917]	öst.ung. 2. Armee	*Krgl.*
3. Bttr.	[20.10.1917]	Posen	*D.Fußa.*
St.,1.,2. Bttr.	[24.09.1916]	OHL Maubeuge	*DW*
St.,1.,2. Bttr.	[30.09.1916 – 15.02.1917]	1. Armee	*Krgl.*
St.,1.,2. Bttr.	[27.03.1917]	OHL hinter 4. Armee	*D.Fußa.*
St.,1.,2. Bttr.	[04.04.1917 – 01.06.1917]	6. Armee	*AB/Krgl.*
St.,1.,2. Bttr.	[20.06.1917 – 14.09.1917]	4. Armee	*Krgl.*
St.,1.,2. Bttr.	[15.09.1917 – 25.09.1917]	Straßburg	*D.Fußa./Krgl.*
Stab	[05.10.1917 – 01.12.1917]	6. Armee	*D.Fußa./AB*
Stab	[01.12.1917 – 10.12.1917]	2. Armee	*AB*
Stab	[11.12.1917 – 02.02.1918]	6. Armee	*AB/Krgl.*
1. Bttr.	[05.10.1917 – 15.01.1918]	6. Armee	*D.Fußa./Krgl.*
2. Bttr.	[05.12.1917 – 10.12.1917]	2. Armee	*D.Fußa./AB*
2. Bttr.	[11.12.1917 – 15.01.1918]	6. Armee	*AB/Krgl.*
3. Bttr.	[29.10.1917 – 04.11.1917]	Maubeuge	*D.Fußa./Krgl.*
3. Bttr.	[20.11.1917 – 15.01.1918]	6. Armee	*D.Fußa./Krgl.*
St.,1.,2.,3. Bttr.	[08.02.1918 – 01.03.1918]	17. Armee	*Krgl.*
St.,1.,2.,3. Bttr.	[09.04.1918 – 18.04.1918]	6. Armee	*Krgl.*
St.,1.,2.,3. Bttr.	[28.03.1918 – 04.12.1918]	11. Res.Div.	*KW/FpÜb*

II. Btl.

St.,5.–8. Bttr.	[02.08.1914]	Gouv. Posen	*Krgl.*
St.,5.–8. Bttr.	[21.01.1915 – 17.03.1915]	Korps Posen	*KW/LÜO*
St.,6.,7. Bttr.	[05.04.1915 – 03.05.1915]	Korps Posen	*Krgl./LÜO*
St.,6.,7. Bttr.	[14.06.1915 – 02.08.1915]	9. Armee	*DO/Krgl.*
5.,8. Bttr.	[05.04.1915 – 03.09.1915]	Beskidenkorps	*DW/DO*
St.,5.,8. Bttr.	[11.10.1915 – 06.04.1916]	25. Res.Div.	*DO/Krgl.*
St.,5.,8. Bttr.	[10.08.1916 – 01.09.1916]	8. Armee	*DW/LÜO*
St.,5.,8. Bttr.	[01.09.1916 – 28.07.1917]	öst.ung. 2. Armee	*Krgl./Goes*
9. Bttr.	[31.05.1917 – 28.07.1917]	öst.ung. 2. Armee	*D.Fußa./Goes*
St.,5.,8.,9. Bttr.	[01.08.1917]	Südarmee	*Krgl.*
St.,8.,9. Bttr.	[21.08.1917 – 25.09.1917]	8. Armee	*Krgl.*
St.,8. Bttr.	[20.10.1917 – 10.02.1918]	öst.ung. 2. Armee	*D./Üb.Fußa.*
5. Bttr.	[01.01.1918 – 10.02.1918]	öst.ung. 2. Armee	*Krgl./Üb.Fußa.*
9. Bttr.	[25.09.1917 – 15.08.1918]	8. Armee	*Krgl.*
St.,5.,8. Bttr.	[13.02.1918]	Lüttich	*D.Fußa.*
St.,5.,8. Bttr.	[12.03.1918]	HGr. Rupprecht	*D.Fußa.*
St.,5.,8. Bttr.	[29.03.1918]	17. Armee	*D.Fußa.*
St.,5.,8. Bttr.	[01.04.1918]	3. Armee	*Krgl.*
St.,5.,8. Bttr.	[14.04.1918]	17. Armee	*Krgl.*

St.,5.,8. Bttr.	[12.05.1918 – 20.07.1918]	18. Armee	*Krgl.*
St.,5.,8. Bttr.	[28.07.1918]	17. Armee	*D.Fußa.*
St.,5.,8.,9. Bttr.	[19.08.1918 – 23.10.1918]	17. Armee	*D.Fußa./FpÜb*
St.,5.,8.,9. Bttr.	[25.10.1918]	Straßburg	*D.Fußa.*
St.,5.,8.,9. Bttr.	[30.10.1918 – 20.11.1918]	A.Abt. A	*FpÜb*

Zuteilungen:

Rgt.Stab	21.02.1917 – 30.07.1917	17. Kav.Brig.	*KW*
	20.05.1918 – 27.05.1918	9. bayer. Res.Div.	*KA*
I. Btl.			
Stab	20.01.1915 – 29.09.1915	50. Res.Div.	*KW*
	[16.10.1915 – 22.10.1915]	83. Inf.Div.	*DO*
	[09.12.1915 – 15.01.1916]	HKK 3	*DO/LÜO*
1. Bttr.	20.01.1915 – 29.09.1915	50. Res.Div.	*KW*
	[06.10.1915]	XVII. Res.Korps	*DO*
	[16.10.1915 – 22.10.1915]	83. Inf.Div.	*DO*
	[09.12.1915 – 15.01.1916]	HKK 3	*DO/LÜO*
2. Bttr.	[01.09.1915 – 15.01.1916]	10. Ldw.Div.	*KW/LÜO*
	17.05.1916 – 11.06.1916	halb 9. Kav.Div.	*KW*
	[22.05.1916]	III. Res.Korps	*DO*
	[10.08.1916]	XXI. AK	*DO*
3. Bttr.	20.01.1915 – 29.09.1915	50. Res.Div.	*KW*
	[16.10.1915 – 22.10.1915]	83. Inf.Div.	*DO*
	[09.12.1915 – 15.01.1916]	HKK 3	*DO/LÜO*
4. Bttr.	[22.02.1915 – 03.05.1915]	XI. AK	*LÜO*
	[25.08.1915 – 15.01.1916]	89. Inf.Div.	*DO/LÜO*
St.,1.,2. Bttr.	31.05.1917 – 12.06.1917	6. bayer. Inf.Div.	*KA*
St.,1.,2. Bttr.	15.07.1917 – 27.08.1917	16. bayer. Inf.Div.	*KA*
St.,1.,2.,3. Bttr.	13.12.1917 – 09.01.1918	5. bayer. Res.Div.	*KA*
II. Btl.			
Stab	[03.05.1915]	Korps Posen	*LÜO*
	[10.08.1916 – 01.09.1916]	197. Inf.Div.	*DW/LÜO*
5.,8. Bttr	[10.08.1916 – 01.09.1916]	197. Inf.Div.	*DW/LÜO*
6. Bttr.	[03.05.1915]	Korps Posen	*LÜO*
	[04.06.1915 – 02.08.1915]	84. Inf.Div.	*DO/KW*
7. Bttr.	[03.05.1915]	Korps Posen	*LÜO*
	[04.06.1915 – 02.08.1915]	83. Inf.Div.	*DO*
St.,5.,8. Bttr.	06.08.1916 – 15.05.1917	197. Inf.Div.	*KW*
St.,5.,8.,9. Bttr.	16.05.1917 – 14.02.1918	197. Inf.Div.	*KW*
St.,5.,8.,9. Bttr.	23.03.1918 – 03.05.1918	204. Inf.Div.	*KW*
St.,5.,8.,9. Bttr.	02.08.1918 – 17.08.1918	16. Res.Div.	*KW*

Demobil: Rgt.Stab u. I. Btl. am 07.12.1918, II. Btl. am 25.11.1918 in Rogasen aufgelöst[1]
Abw.Stelle bei Fußart.Rgt. 5

Freiw.Form.: keine

Verbleib: keine Übernahme in die Rw.

---

[1] Demob.Üb. V. AK v. 15.06.1919

Reserve-Fußartillerie-Regiment Nr. 6

Formation:

Rgt.	Rgt.Stab, I. u. II. Btl. 02.08.1914 aufgestellt durch Fußart.Rgt. 6 in Neiße (gem. Mob.Plan)
Rgt.Stab	02.08.1914 aufgestellt
I. Btl.	02.08.1914 aufgestellt mit Stab, 1.–4. Bttr. u. Park-Komp. (bis 19.12.1917)
leichte Mun.Kol.	Okt. 1914 zgt.
3. u. 4. Bttr.	11.09.1915 abgegeben zu III. Btl.
leichte Mun.Kol.	31.12.1915 aufgelöst, dafür 1. u. 2. Bttr. mit Mun.Kol.
10. Bttr.[1]	24.01.1917 aufgestellt durch HGr. Mackensen (gem. KM v. 24.01.1917) aus Fußart.Bttr. 105, mit Mun.Kol.
	Btl. jetzt mit 1., 2. u. 10. Bttr.
II. Btl.	02.08.1914 aufgestellt mit Stab, 5.–8. Bttr. u. Park-Komp. (bis 19.12.1917)
leichte Mun.Kol.	Sept. 1914 zgt.
Fest.Fußart.Mun.Kol.	2–5 u. 11–14 Posen (Ldw.Div. Bredow) ab Dez. 1914 zgt. bis Jan. 1916
5. u. 6. Bttr.	ab 11.08.1915 mit Mun.Kol.
leichte Mun.Kol.	28.01.1916 aufgelöst, dafür 7. u. 8. Bttr. mit Mun.Kol.
7. u. 8. Bttr.	18.10.1916 abgegeben an IV. Btl.
12. Bttr.	30.09.1917 aufgestellt (gem. KM v. 30.09.1917) aus mob. 6. Bttr. des Ers.Btl./Fußart.Rgt. 6, mit Mun.Kol.
	Btl. jetzt mit 5., 6. u. 12. Bttr.
III. Btl., Stab	11.09.1915 aufgestellt (gem. KM v. 11.09.1915) aus halbem Stab des I. Btl./Res.Fußart.Rgt. 6
3. u. 4. Bttr.	11.09.1915 von I. Btl. übergetreten, ab 01.11.1915 mit Mun.Kol.
leichte Mun.Kol.	23.09.1914 zgt.
leichte Mun.Kol.	14.07.1915 aufgelöst
11. Bttr.	14.04.1917 aufgestellt (gem. KM v. 14.04.1917) aus Fußart.Bttr. 622, mit Mun.Kol.
	Btl. jetzt mit 3., 4. u. 11. Bttr.
IV. Btl., Stab	18.10.1916 aufgestellt durch Kdtr. Breslau bei Ers.Btl./Fußart.Rgt. 6 (gem. KM v. 18.10.1916)
7. u. 8. Bttr.	18.10.1916 von II. Btl. übergetreten, mit Mun.Kol.
9. Bttr.	24.01.1917 aufgestellt durch AOK 1 (gem. KM v. 24.01.1917) aus Fußart.Bttr. 133, mit Mun.Kol.
	Btl. jetzt mit 7. – 9. Bttr.

Bewaffnung:

1.–4. Bttr.	ab Aug. 1914	schw. Feldh. 02	*EB schw. Art.*
1.,2. Bttr.	ab Dez. 1914	schw. Feldh. 13	*Krgl.*
1.,2. Bttr.	ab Juni 1918	lange Mörser	*D.Fußa. 06.06.1918*
3.,4. Bttr.	ab Okt. 1917	lange schw. Feldh. 13	*D.Fußa. 20.10.1917*
5.–8. Bttr.	ab Aug. 1914	schw. Feldh. 02	*EB schw. Art.*
5.,6. Bttr.	ab Aug. 1915	schw. Feldh. 13	*LÜW 09.08.1915*
5.,6. Bttr.	ab Febr. 1916	schw. Feldh. 02	*DW 22.02.1916*
5.,6. Bttr.	ab Aug. 1916	schw. Feldh. 13	*Krgl. 28.08.1916*
7. Bttr.	ab Aug. 1916	schw. Feldh. 13	*DW 16.08.1916*
8. Bttr.	ab April 1918	schw. Feldh. 13	*D.Fußa. 26.04.1918*

---

[1] Bespannung der 10. Bttr. abgegeben an 1. Bttr./Fußart.Btl. 170

8. Bttr.	ab Okt. 1918	lange schw. Feldh. 13	*D.Fußa. 10.10.1918*
9. Bttr.	ab Jan. 1917	schw. Feldh. 02	*D.Fußa. 30.01.1917*
9. Bttr.	ab Juni 1917	10 cm Kan. 04	*D.Fußa. 26.06.1917*
10. Bttr.	ab Jan. 1917	schw. Feldh. 13	*D.Fußa. 30.01.1917*
10. Bttr.	ab Sept. 1917	10 cm Kan. 04	*D.Fußa. 15.09.1917*
10. Bttr.	ab Juni 1918	lange Mörser	*D.Fußa. 19.06.1918*
10. Bttr.	ab Sept. 1918	15 cm Kan. 16 Kp. (Kraftzug)	*D.Fußa. 13.09.1918*
11. Bttr.	ab April 1917	10 cm Kan. 04	*D.Fußa. 28.04.1917*
12. Bttr.	ab Sept. 1917	schw. Feldh. 02	*D.Fußa. 15.09.1917*
12. Bttr.	ab Okt. 1917	schw. Feldh. 13	*D.Fußa. 20.10.1917*

Ersatztr.Teil: Ers.Btl./Fußart.Rgt. 6

Unterstellung:

Rgt.Stab	[02.08.1914]	Gouv. Posen	*Krgl.*
	[21.01.1915 – 03.05.1915]	Korps Posen	*KW/LÜO*
	[14.06.1915]	9. Armee	*DO*
	[01.07.1915]	Ldw.Korps	*DO*
	[15.07.1915]	AGr. Gallwitz	*DO*
	[03.09.1915]	12. Armee	*DO*
	[29.10.1915 – 09.12.1915]	10. Armee	*DO*
	[13.01.1916 – 15.01.1916]	12. Armee	*Krgl./LÜO*
	[22.02.1916]	5. Armee	*DW*
	[29.05.1916 – 01.09.1916]	A.Abt. Gaede	*Krgl.*
	[07.10.1916 – 01.12.1916]	1. Armee	*Üb.Fußa./Krgl.*
	[11.12.1916]	HGr. Rupprecht	*D.Fußa.*
	[01.02.1917]	1. Armee	*Üb.Fußa.*
	[22.02.1917]	7. Armee	*Krgl.*
	[17.04.1917 – 10.02.1918]	2. Armee	*Krgl./Üb.Fußa.*
	[24.02.1918]	HGr. Rupprecht	*D.Fußa.*
	[07.04.1918]	6. Armee	*D.Fußa.*
	[18.04.1918 – 17.07.1918]	2. Armee	*D.Fußa./AB*
	[26.07.1918 – 18.09.1918]	4. Armee	*Krgl./FpÜb*
	[19.09.1918 – 30.10.1918]	2. Armee	*D.Fußa./FpÜb*
	[06.11.1918 – 18.12.1918]	18. Armee	*FpÜb*
I. Btl.			
St.,1.–4. Bttr.	[02.08.1914]	Gouv. Posen	*Krgl.*
Stab	[21.11.1914 – 03.05.1915]	XXV. Res.Korps	*Krgl./LÜO*
	[15.07.1915]	A.Abt. Woyrsch	*DW*
	[21.07.1915 – 06.08.1915]	AGr. Gallwitz	*DO*
	[07.08.1915 – 21.09.1916]	12. Armee	*DO/Krgl.*
1. Bttr.	[21.11.1914 – 01.07.1915]	XXV. Res.Korps	*Krgl./DO*
	[21.07.1915 – 12.08.1916]	12. Armee	*DO/Krgl.*
	[13.08.1916 – 01.09.1916]	AGr. Gronau	*Krgl./LÜO*
	[07.09.1916 – 21.09.1916]	12. Armee	*KTB*
2. Bttr.	[21.11.1914 – 01.07.1915]	XXV. Res.Korps	*Krgl./DO*
	[21.07.1915 – 21.09.1916]	12. Armee	*DO/KTB*
3.,4. Bttr.	[08.02.1915 – 11.09.1915]	Ldw.Korps (A.Abt. Woyrsch)	*Krgl./DW*
St.,1.,2. Bttr.	[25.09.1916 – 01.03.1917]	HGr. Mackensen	*DO/Krgl.*

10. Bttr.	[30.01.1917 – 01.03.1917]	HGr. Mackensen	*D.Fußa./Krgl.*
St.,1., 2.,10. Bttr.	[05.03.1917 – 01.09.1917]	9. Armee	*Krgl.*
St.,1., 2.,10. Bttr.	[05.09.1917]	Straßburg	*D.Fußa.*
St.,1., 2.,10. Bttr.	[15.09.1917]	Longuyon	*D.Fußa.*
St.,1.,2. Bttr.	[03.10.1917 – 24.01.1918]	4. Armee	*Krgl.*
10. Bttr.	[17.10.1917 – 24.01.1918]	4. Armee	*Krgl.*
St.,1., 2.,10. Bttr.	[26.01.1918 – 10.02.1918]	Antwerpen	*D./Üb.Fußa.*
St.,1., 2.,10. Bttr.	[26.02.1918 – 08.06.1918]	3. Marine-Div.	*KW*
St.,1., 2.,10. Bttr.	[06.06.1918]	Maubeuge	*D.Fußa.*
St.,1., 2.,10. Bttr.	[14.07.1918]	1. Armee	*D.Fußa.*
St.,1., 2.,10. Bttr.	[20.07.1918 – 01.09.1918]	9. Armee	*Krgl.*
St.,1., 2. Bttr.	[13.09.1918]	18. Armee	*D.Fußa.*
10. Bttr.	[13.09.1918]	Köln	*D.Fußa.*
10. Bttr.	[18.09.1918]	9. Armee	*FpÜb*
St.,1., 2. Bttr.	[19.09.1918 – 20.11.1918]	19. Armee	*D.Fußa./FpÜb*
10. Bttr.	[25.09.1918]	19. Armee	*FpÜb*
10. Bttr.	[02.10.1918]	18. Armee	*FpÜb*
10. Bttr.	[09.10.1918]	Köln	*FpÜb*
10. Bttr.	[16.10.1918 – 06.11.1918]	19. Armee	*FpÜb*

II. Btl.

St.,5.–8. Bttr.	[02.08.1914 – 08.09.1914]	Gouv. Posen	*Krgl.*
St.,5.–8. Bttr.	[01.10.1914]	9. Armee	*Krgl.*
St.,5.–8. Bttr.	[05.12.1914 – 03.05.1915]	Ldw.Div. Bredow	*Krgl./LÜO*
St.,5.–8. Bttr.	[07.05.1915]	A.Abt. Woyrsch	*DW*
St.,7.,8. Bttr.	[15.07.1915 – 22.10.1915]	11. Armee	*DW/DO*
5.,6. Bttr.	[15.07.1915 – 09.08.1915]	6. Armee	*DW/LÜW*
5.,6. Bttr.	[21.09.1915 – 22.10.1915]	11. Armee	*DO*
St.,5.–8. Bttr.	[09.12.1915 – 18.12.1915]	HGr. Mackensen (OHL)	*DO/DW*
St.,5.–8. Bttr.	[03.01.1916 – 06.06.1916]	5. Armee	*DW/Krgl.*
St.,5.–8. Bttr.	[19.06.1916]	OHL Köln	*DW*
St.,5.–8. Bttr.	[12.07.1916 – 31.07.1916]	2. Armee	*DW/Goes*
St.,5.,6. Bttr.	[16.08.1916 – 01.10.1916]	1. Armee	*DW/Krgl.*
7.,8. Bttr.	[28.08.1916 – 01.10.1916]	2. Armee	*Krgl.*
St.,5.,6. Bttr.	[07.10.1916]	OHL Sedan	*Üb.Fußa.*
St.,5.,6. Bttr.	[19.10.1916 – 08.03.1917]	A.Abt. Gronau	*D.Fußa./Krgl.*
St.,5.,6. Bttr.	[27.03.1917 – 01.09.1917]	A.Abt. Woyrsch	*D.Fußa./Krgl.*
St.,5.,6. Bttr.	[15.09.1917]	Longuyon	*D.Fußa.*
12. Bttr.	[15.09.1917]	Longuyon	*D.Fußa.*
St.,5.,6. Bttr.	[11.10.1917 – 15.10.1917]	6. Armee	*D.Fußa./Krgl.*
St.,5.,6. Bttr.	[20.10.1917 – 21.11.1917]	4. Armee	*D.Fußa./Krgl.*
12. Bttr.	[29.10.1917 – 21.11.1917]	4. Armee	*D.Fußa./Krgl.*
St.,5.,6.,12. Bttr.	[25.11.1917 – 10.12.1917]	2. Armee	*Krgl.*
St.,5.,6.,12. Bttr.	[31.12.1917 – 10.02.1918]	18. Armee	*D./Üb.Fußa.*
St.,5.,6.,12. Bttr.	[24.02.1918]	HGr. Dt. Kronprinz	*D.Fußa.*
St.,5.,6.,12. Bttr.	[11.03.1918 – 18.12.1918]	9. Inf.Div.	*KW/FpÜb*

III. Btl.

St.,3.,4. Bttr.	[16.09.1915 – 20.09.1916]	3. Ldw.Div.	*DO/KW*
St.,3.,4. Bttr.	[01.10.1916 – 25.03.1917]	HGr. Linsingen	*Krgl.*
St.,3.,4.,11. Bttr.	[28.04.1917]	OHL Longuyon	*D.Fußa.*

St.,3.,4.,11. Bttr.	[01.05.1917 – 15.05.1917]	3. Armee	*Krgl.*
St.,3.,4.,11. Bttr.	[31.05.1917 – 20.07.1917]	7. Armee	*D.Fußa./Krgl.*
St.,3.,4.,11. Bttr.	[30.07.1917]	OHL hinter 7. Armee	*D.Fußa.*
St.,3.,4.,11. Bttr.	[03.08.1917 – 01.10.1917]	4. Armee	*Krgl.*
St.,3.,4.,11. Bttr.	[11.10.1917]	Longuyon	*D.Fußa.*
St.,3.,4.,11. Bttr.	[05.11.1917 – 10.02.1918]	4. Armee	*Krgl./Üb.Fußa.*
St.,3.,4.,11. Bttr.	[04.03.1918]	HGr. Rupprecht	*D.Fußa.*
St.,3.,4.,11. Bttr.	[31.03.1918 – 20.12.1918]	Arko 240 (240. Inf.Div.)	*KW*

IV. Btl.

St.,7.,8. Bttr.	[07.10.1916]	OHL Vermand	*Üb.Fußa.*
St.,7.,8. Bttr.	[11.10.1916]	OHL Namur	*D.Fußa.*
St.,7.,8. Bttr.	[28.10.1916 – 20.01.1917]	5. Armee	*D.Fußa./Krgl.*
St.,7.,8. Bttr.	[22.01.1917 – 01.02.1917]	OHL Laon	*D./Üb.Fußa.*
9. Bttr.	[30.01.1917 – 01.02.1917]	1. Armee	*D./Üb.Fußa.*
St.,7.,8.,9. Bttr.	[01.02.1917 – 26.05.1918]	7. Armee	*Krgl./KW*
St.,7.,8.,9. Bttr.	[31.05.1917]	Hirson	*D.Fußa.*
St.,7.,8.,9. Bttr.	[26.06.1917 – 09.05.1918]	7. Armee	*D.Fußa./Krgl.*
St.,7.,8.,9. Bttr.	[31.05.1918 – 19.06.1918]	1. Armee	*D.Fußa./Krgl.*
St.,7.,8.,9. Bttr.	[06.07.1918 – 14.07.1918]	7. Armee	*D.Fußa./Krgl.*
St.,7.,8.,9. Bttr.	[28.07.1918 – 09.08.1918]	1. Armee	*D.Fußa./Krgl.*
St.,7.,8.,9. Bttr.	[19.08.1918]	Jurbise	*D.Fußa.*
St.,7.,8.,9. Bttr.	[18.09.1918 – 09.10.1918]	Soignies (Belgien)	*FpÜb*
St.,7.,8.,9. Bttr.	[10.10.1918 – 07.01.1919]	2. Inf.Div.	*KW*

Zuteilungen:

Rgt.Stab	[03.05.1915]	Korps Posen	*LÜO*
	[14.06.1915]	84. Inf.Div.	*DO*
	[01.07.1915]	3. Ldw.Div.	*DO*
	[29.10.1915]	III. Res.Korps	*DO*
	[09.12.1915]	XXXX. Res.Korps	*DO*
	[15.01.1916]	89. Inf.Div.	*LÜO*

I. Btl.

Stab halb	28.09.1914 – 27.09.1915	3. Ldw.Div.	*KW*
Stab	[21.07.1915 – 03.09.1915]	50. Res.Div.	*DO*
	[16.09.1915]	XIII. AK	*DO*
	[16.10.1915 – 15.01.1916]	XVII. Res.Korps	*DO/LÜO*
	15.03.1916 – 19.09.1916	zgs. 86. Inf.Div.	*KW*
	[22.09.1916]	217. Inf.Div.	*DO*
1. Bttr.	[21.07.1915 – 03.09.1915]	50. Res.Div.	*DO*
	[11.09.1915 – 16.09.1915]	XIII. AK	*DO*
	[06.10.1915 – 09.12.1915]	XVII. Res.Korps	*DO*
	[15.01.1916]	HKK 3	*LÜO*
	02.08.1916 – 30.08.1916	9. Kav.Div.	*KW*
	[22.09.1916]	217. Inf.Div.	*DO*
2. Bttr.	[21.07.1915 – 03.09.1915]	50. Res.Div.	*DO*
	[11.09.1915 – 16.09.1915]	XIII. AK	*DO*
	[06.10.1915 – 22.10.1915]	XVII. Res.Korps	*DO*
	[09.12.1915 – 15.01.1916]	89. Inf.Div.	*DO/LÜO*
	[22.09.1916]	217. Inf.Div.	*DO*

3. Bttr.	28.09.1914 – 27.09.1915	3. Ldw.Div.	*KW*
	[30.03.1916 – 05.04.1916]	119. Inf.Div.	*DO/DW*
	[02.07.1916]	3. Ldw.Div.	*DW*
4. Bttr.	28.09.1914 – 27.09.1915	3. Ldw.Div.	*KW*
II. Btl.			
St.,7.,8. Bttr.	[21.06.1915 – 30.10.1915]	X. Res.Korps	*Krgl./DO*
5.,6. Bttr.	[11.10.1915 – 22.10.1915]	III. AK	*DO*
St.,5.–8. Bttr.	[12.07.1916]	3. Garde-Inf.Div.	*DW*
III. Btl.			
St.,3.,4. Bttr.	24.09.1916 – 18.11.1916	115. Inf.Div.	*KW*
St.,3.,4.,11. Bttr.	10.08.1917 – 18.08.1917	5. bayer. Inf.Div.	*KA*
IV. Btl.			
St.,7.,8.,9. Bttr.	08.05.1917 – 26.05.1917	11. bayer. Inf.Div.	*KA*

Demobil: Rgt.Stab am 22.12.1918, I. Btl. am 16.12.1918, II. Btl. am 04.01.1919, III. Btl. am 14.01.1919 u. IV. Btl. am 15.01.1919 in Neiße aufgelöst[1]
Abw.Stelle bei Fußart.Rgt. 6

Freiw.Form.: keine

Verbleib: keine Übernahme in die Rw.

Reserve-Fußartillerie-Regiment Nr. 7

Formation:
Rgt.	Rgt.Stab, I., II. u. III. Btl. 02.08.1914 aufgestellt durch Fußart.Rgt. 7 in Köln (gem. Mob.Plan)
Rgt.Stab	02.08.1914 aufgestellt
I. Btl.	02.08.1914 aufgestellt mit Stab, 1.–4. Bttr. u. Park-Komp. (bis 01.11.1915)
leichte Mun.Kol.	15.08.1914 aufgestellt, am 18.05.1915 aufgelöst
Mun.Kol. 6	Anf. März 1915 zgt. bis 20.10.1915
Mun.Kol. 11	Anf. März 1915 (?) zgt. bis 01.07.1915
2. u. 4. Bttr.	ab 01.07.1915 mit Mun.Kol.
1. u. 3. Bttr.	ab 20.10.1915 mit Mun.Kol.
1. u. 3. Bttr.	12.03.1916 abgegeben an V. Btl.
19. Bttr.	21.09.1917 aufgestellt durch A.Abt. A (gem. KM v. 21.09.1917) aus Fußart.Bttr. 192 (mit Kraftzug)
	Btl. jetzt mit 2., 4. u. 19. Bttr.
II. Btl.	02.08.1914 aufgestellt mit Stab, 5. u. 6. Bttr., leichter Mun.Kol. u. Park-Komp. (bis 01.11.1915)
Mun.Kol.	17.08.1914 zgt. bis 01.07.1915
Stab	23.10.1914 übergetreten zu IV. Btl., am 03.02.1915 zurück
9. u. 12. Bttr.	23.10.1914 formiert durch Umbenennung der 5. u. 6. Bttr. (gem. KM v. 29.10.1914)
	Btl. jetzt mit 9. u. 12. Bttr., ohne Stab
5. u. 6. Bttr.	03.02.1915 erneut formiert durch Umbenennung der 9. u. 12. Bttr.
	Btl. jetzt mit Stab, 5. u. 6. Bttr.
leichte Mun.Kol.	01.02.1915 aufgelöst, dafür 6. Bttr. mit Mun.Kol. bis 05.10.1915

---
[1] Demob.Üb. VI. AK v. 01.03.1919

5. Bttr.	ab 31.07.1915 mit Mun.Kol. bis 04.10.1915
5. Bttr. halb	04.10.1915 umgewandelt in Fußart.Bttr. 191
6. Bttr. halb	05.10.1915 umgewandelt in Fußart.Bttr. 124
10. u. 11. Bttr.	Ende Jan. 1917 dem Btl. angegliedert[1]
	Btl. jetzt mit 5., 6., 10. u. 11. Bttr.
5. Bttr.	ab Febr. 1918 mit neuer Mun.Kol.
11. Bttr.	25.09.1917 umgewandelt in 1. Bttr./Ldw.Fußart.Btl. 71
10. Bttr.	ab 05.12.1917 mit Mun.Kol.
6. Bttr.	ab 27.12.1917 mit neuer Mun.Kol.
III. Btl.	02.08.1914 aufgestellt mit Stab, 7. u. 8. Bttr., leichter Mun.Kol. u. Park-Komp. (bis 19.12.1917)
leichte Mun.Kol.	09.07.1915 aufgelöst, dafür 7. u. 8. Bttr. mit Mun.Kol. bis 28.08.1915
Stab	30.12.1916 umgewandelt in Stab des III. Btl./Fußart.Rgt. 15
neuer Stab	30.12.1916 aufgestellt durch Gouv. Köln bei Ers.Btl./Fußart.Rgt. 7 (gem. KM v. 30.12.1916), mobil seit 12.01.1917
15. Bttr.	24.10.1916 aufgestellt (gem. KM v. 24.10.1916) aus Fußart.Bttr. 460
16.–18. Bttr.	30.12.1916 aufgestellt durch AOK 4 (gem. KM v. 30.12.1916) aus Fußart.Bttr. 382, 383 u. 708
	Btl. jetzt mit 7., 8., 15.–18. Bttr.
16.–18. Bttr.	25.09.1917 umgewandelt in 2.–4. Bttr./Ldw.Fußart.Btl. 71
	Btl. jetzt mit 7., 8. u. 15. Bttr.
7. u. 8. Bttr.	ab 30.09.1917 mit neuer Mun.Kol.
IV. Btl., Stab	23.10.1914 aufgestellt durch Gouv. Metz (gem. KM v. 29.10.1914) aus Stab des II. Btl. (gem. KM v. 01.02.1915), sogleich mobil
10. u. 11. Bttr.	23.10.1914 aufgestellt durch Gouv. Metz (gem. KM v. 29.10.1914) aus Abgaben der 5. u. 6. Bttr., sogleich mobil
13. u. 14. Bttr.	23.10.1914 aufgestellt durch Gouv. Metz (gem. KM v. 29.10.1914) aus Abgaben der 5. u. 6. Bttr., sogleich mobil
	Btl. mit 10., 11., 13. u. 14. Bttr.
leichte Mun.Kol.	22.10.1914 aufgestellt, am 01.02.1915 aufgelöst
Stab	03.02.1915 abgegeben an II. Btl. (gem. KM v. 01.02.1915), Btl. seitdem ohne Stab
10. u. 11. Bttr.	Ende Jan. 1917 zu II. Btl. übergetreten[2]
13. u. 14. Bttr.	30.01.1917 umgewandelt in 9 u. 10. Bttr./Fußart.Rgt. 17
Btl.	damit aufgelöst
V. Btl., Stab	18.05.1915 (gem. KM v. 18.05.1915) aus Stab/Mörser-Btl. Pulkowski[3]
leichte Mun.Kol.	18.05.1915 aufgestellt, am 20.10.1915 aufgelöst
1. u. 3. Bttr.	12.03.1916 übergetreten von I. Btl., 3. Bttr. mit Mun.Kol.
9. Bttr.[4]	12.03.1916 durch AOK. 3 (gem. KM v. 12.03.1916), aus Abgaben der 1. u. 3. Battr, mit Mun.Kol. (bis 28.05.1918), sogleich mobil
	Btl. mit 1., 3. u. 9. Bttr.

---

[1] D.Fußa. 30.01.1917; Üb.Fußa. v. 01.02.1917
[2] D.Fußa. 30.01.1917
[3] Gem. Rgt.Gesch. Nach Üb.Beh.u.Tr. wurde der Stab erst am 12.03.1916 durch AOK 3 etatisiert und umbenannt.
[4] Bespannung der 9. Bttr. an 2. Bttr./Fußart.Btl. 163 abgegeben

Bewaffnung:

1.–4. Bttr.	ab Aug. 1914	Mörser	*RG*
1.,3. Bttr.	ab Juli 1918	lange Mörser	*D.Fußa. 28.07.1918*
2.,4. Bttr.	ab Sept. 1917	lange Mörser	*D.Fußa. 15.09.1917*
5.–8. Bttr.	ab Aug. 1914	13 cm Kan.	*RG*
5. Bttr.	ab 16.03.1916	10 cm Kan. 04	*RG*
5. Bttr.	ab 01.07.1916	13 cm Kan.	*RG*
6. Bttr.	ab 30.10.1917	lange Mörser	*RG*
7. Bttr.	ab März 1916	russ. lange 15 cm Kan.	*DW 11.03.1916*
7. Bttr.	ab April 1917	russ. 10 cm Schnellfeuer-Kan.	*D.Fußa. 12.04.1917*
7. Bttr.	ab Juli 1917	franz. 120 mm Kan.	*D.Fußa. 11.07.1917*
7. Bttr.	ab Aug. 1917	15 cm Kan. 16	*D.Fußa. 15.08.1917*
7. Bttr.	ab Sept. 1917	lange Mörser	*D.Fußa. 05.09.1917*
8. Bttr.	ab März 1916	russ. lange 15 cm Kan.	*DW 11.03.1916*
8. Bttr.	ab Juli 1917	franz. 120 mm Kan.	*D.Fußa. 11.07.1917*
8. Bttr.	ab Aug. 1917	15 cm Kan. 16	*D.Fußa. 15.08.1917*
8. Bttr.	ab Sept. 1917	lange Mörser	*D.Fußa. 05.09.1917*
9. Bttr.	ab März 1916	Mörser	*RG*
9. Bttr.	ab 10.06.1918	15 cm Kan. 16 Kp. (Kraftzug)	*RG*
10.–14. Bttr.	ab Okt. 1914	lange 15 cm Kan.	*Krgl.*
10. Bttr.	ab Okt. 1917	lange Mörser	*RG*
14. Bttr.	ab Jan. 1917	10 cm Kan.	*D.Fußa. 22.01.1917*
15. Bttr.	ab Okt. 1916	russ. lange 15 cm Kan.	*D.Fußa. 28.10.1916*
15. Bttr.	ab Aug. 1917	15 cm Kan. 16 Kp. (Kraftzug)	*D.Fußa. 26.08.1917*
16.,17. Bttr.	ab Dez. 1916	franz. 155 mm Kan.	*D.Fußa. 09.01.1917*
17. Bttr.	ab Juni 1917	russ. 10 cm Kan.	*D.Fußa. 26.06.1917*
18. Bttr.	ab Dez. 1916	russ. schw. 15 cm Kan.	*D.Fußa. 09.01.1917*
18. Bttr.	ab März 1917	franz. 120 mm Kan.	*D.Fußa. 13.03.1917*
19. Bttr.	ab Sept. 1917	15 cm Kan. 16 Kp. (Kraftzug)	*D.Fußa. 15.09.1917*

Ersatztr.Teil: Ers.Btl./Fußart.Rgt. 7

Unterstellung:

Rgt.Stab	02.08.1914 – 24.08.1914	Gouv. Köln	*Krgl.*
	25.08.1914 – 07.09.1914	VII. Res.Korps	*KW*
	07.09.1914 – 15.10.1914	VIII. AK	*RG*
	[16.10.1914 – 01.09.1915]	4. Armee	*RG/Krgl.*
	[01.12.1915 – 22.09.1916]	3. Armee	*Krgl./RG*
	23.09.1916 – 24.03.1917	1. Armee	*Krgl./RG*
	26.03.1917 – 09.11.1917	5. Armee	*RG/Krgl.*
	10.11.1917 – 26.06.1918	A.Abt. B	*RG/Krgl.*
	28.06.1918 – 16.07.1918	3. Armee	*RG/D.Fußa.*
	16.07.1918 – 31.07.1918	4. Armee	*RG/Krgl.*
	07.08.1918 – 12.08.1918	2. Armee	*RG*
	15.08.1918 – 05.09.1918	Tr.Üb.Pl. Lüttich	*RG*
	06.09.1918 – 03.01.1919	A.Abt. C	*RG/FpÜb*

I. Btl.

St.,1.–4. Bttr.	02.08.1914 – 31.08.1914	Gouv. Köln (Kriegsbes.)	*RG*
St.,1.–4. Bttr.	03.09.1914 – 10.09.1914	VII. Res.Korps	*RG*
St.,1.–4. Bttr.	11.09.1914 – 14.10.1914	III. Res.Korps	*RG*
St.,2.,4. Bttr.[1]	14.10.1914 – 18.01.1916	4. Armee	*RG/LÜW*
St.,2.,4. Bttr.	20.01.1916 – 13.07.1916	5. Armee	*RG*
St.,2.,4. Bttr.	14.07.1916 – 17.10.1916	2. Armee	*RG*
St.,2.,4. Bttr.	17.10.1916 – 01.11.1916	OHL Lüttich	*RG/Krgl.*
St.,2.,4. Bttr.	05.11.1916 – 22.11.1916	OHL Laon	*RG*
St.,2.,4. Bttr.	22.11.1916 – 29.11.1916	3. Armee	*RG/Krgl.*
St.,2.,4. Bttr.	29.11.1916 – 05.01.1917	OHL Laon	*RG/Krgl.*
St.,2.,4. Bttr.	06.01.1917 – 12.09.1917	5. Armee	*RG*
St.,2.,4.,19. Bttr.	12.09.1917 – 22.09.1917	Kdtr. Diedenhofen	*RG/D.Fußa.*
St.,2.,4.,19. Bttr.	25.09.1917 – 11.01.1918	14. Armee	*RG/Krgl.*
St.,2.,4.,19. Bttr.	17.01.1918 – 03.03.1918	Kdtr. Diedenhofen	*RG/D.Fußa.*
St.,2.,4.,19. Bttr.	06.03.1918 – 05.07.1918	18. Armee	*RG/Krgl.*
St.,2.,4.,19. Bttr.	06.07.1918 – 16.07.1918	3. Armee	*RG/D.Fußa.*
St.,2.,4.,19. Bttr.	18.07.1917 – 05.09.1918	4. Armee	*Rg/Krgl.*
St.,2.,4.,19. Bttr.	08.09.1918 – 03.12.1918	A.Abt. C	*RG/Krgl.*

1. u 3. Bttr. schieden am 14.10.1914 aus I. Btl. aus und formierten ein Halb-Btl. (Mörser-Btl. Pulkowski);

1.,3. Bttr.	14.10.1914 – 01.12.1914	4. Armee	*RG*
1.,3. Bttr.	08.12.1914 – 02.02.1915	Angerburg u. Lötzen	*RG*
1.,3. Bttr.	11.02.1915 – 11.03.1915	8. Armee	*RG/Krgl.*
1.,3. Bttr.	12.03.1915 – 17.05.1915	A.Gr. Gallwitz	*RG/LÜO*

II. Btl.

St.,5.–8. Bttr.	13.08.1914 – 27.08.1914	X. AK	*RG*
St.,5.–8. Bttr.	28.08.1914 – 27.09.1914	VII. Res.Korps	*RG*
St.,5.–8. Bttr.	27.09.1914 – 16.10.1914	6. Res.Div. (III. Res.Korps)	*RG*
St.,5.–8. Bttr.	16.10.1914 – 23.10.1914	Gouv. Metz, Btl. neu formiert	*RG*
9.,12. Bttr.	23.10.1914 – 02.02.1915	4. Armee	*RG*
9.,12. Bttr.	03.02.1915 – 12.02.1915	Gouv. Köln, Btl. neu formiert	*RG*
St.,5.,6. Bttr.	13.02.1915 – 18.04.1915	3. Armee	*RG/LÜW*
St.,5.,6. Bttr.	18.04.1915 – 14.05.1915	7. Armee	*RG*
St.,5. Bttr.	15.05.1915 – 15.08.1915	6. Armee	*RG*
Stab	16.08.1915 – 26.12.1915	6. Armee	*RG*
Stab	27.12.1915 – 16.01.1916	3. Armee	*RG*
5. Bttr.	16.08.1915 – 29.08.1915	2. Armee	*RG/DW*
5. Bttr.	30.08.1915 – 03.10.1915	7. Armee	*RG/DW*
5. Bttr.	04.10.1915 – 16.01.1916	3. Armee	*RG*
6. Bttr.	15.05.1915 – 22.07.1915	6. Armee	*RG*
6. Bttr.	23.07.1915 – 16.01.1916	3. Armee	*RG/DW*
St.,5.,6. Bttr.	16.01.1916 – 22.01.1916	OHL Sedan	*RG*
St.,5.,6. Bttr.	24.01.1916 – 04.10.1916	5. Armee	*RG*
St.,5. Bttr.	05.10.1916 – 10.01.1917	5. Armee	*RG*
6. Bttr.	05.10.1916 – 09.02.1917	1. Armee	*RG/Krgl.*
St.,5. Bttr.	[10.01.1917 – 22.03.1917]	OHL Longuyon	*RG/Üb.Fußa.*

---

[1] Auch Halb-Btl. Seeger genannt

6. Bttr.	10.02.1917 – 06.03.1917	OHL Longuyon	*RG/Üb.Fußa.*
10.,11. Bttr.	31.01.1917 – 07.08.1917	5. Armee	*RG*
Stab	23.03.1917 – 20.04.1917	3. Armee	*RG/Krgl.*
5. Bttr.	23.03.1917 – 12.04.1917	3. Armee	*RG*
6. Bttr.	07.03.1917 – 13.03.1917	5. Armee	*RG*
Stab	[21.04.1917 – 02.10.1917]	1. Armee	*Krgl.*
5. Bttr.	[12.04.1917 – 21.04.1917]	1. Armee	*D.Fußa.*
5. Bttr.	[28.04.1917 – 01.07.1917]	3. Armee	*D.Fußa.*
6. Bttr.	14.03.1917 – 08.06.1917	3. Armee	*RG*
6. Bttr.	09.06.1917 – 03.07.1917	OHL Sedan	*RG*
5. Bttr.	[11.07.1917 – 01.08.1917]	1. Armee	*D.Fußa./Krgl.*
5. Bttr.	15.08.1917 – 23.10.1917	5. Armee	*RG*
6. Bttr.	04.07.1917 – 10.10.1917	5. Armee	*RG*
10. Bttr.	[08.08.1917 – 01.09.1917]	1. Armee	*RG/Krgl.*
10. Bttr.	[15.09.1917 – 24.10.1917]	3. Armee	*RG/Krgl.*
11. Bttr.	08.08.1917 – 06.09.1917	1. Armee	*RG/Krgl.*
11. Bttr.	07.09.1917 – 25.09.1917	Insmingen	*RG*
Stab	[20.10.1917]	3. Armee	*D.Fußa.*
5. Bttr.	24.10.1917 – 29.11.1917	OHL Sedan	*RG*
6. Bttr.	11.10.1917 – 24.10.1917	OHL Sedan	*RG*
St.,6.,10. Bttr.	25.10.1917 – 14.01.1918	Gouv. Köln	*RG*
5. Bttr.	30.11.1917 – 14.01.1918	Gouv. Köln	*RG*
St.,5.,6.,10. Bttr.	[16.01.1918 – 18.03.1918]	6. Armee	*RG/Krgl.*
Stab	[07.03.1918 – 30.07.1918]	2. Armee	*Krgl./AB*
5.,6.,10. Bttr.	[31.03.1918 – 30.07.1918]	2. Armee	*Krgl./AB*
St.,5.,6.,10. Bttr.	[28.07.1918 – 23.09.1918]	Lüttich	*D.Fußa./RG*
St.,5.,6.,10. Bttr.	[23.09.1918 – 30.09.1918]	OHL Diedenhofen	*RG*
St.,5.,6.,10. Bttr.	[01.10.1918 – 18.12.1918]	5. Armee	*RG/FpÜb*

III. Btl.

St.,7.,8. Bttr.	11.08.1914 – 13.09.1914	Gouv. Köln (Kriegsbes.)	*RG*
St.,7.,8. Bttr.	14.09.1914 – 06.10.1914	X. AK	*RG*
St.,7.,8. Bttr.	07.10.1914 – 27.10.1914	III. Res.Korps	*RG*
St.,7.,8. Bttr.	02.11.1914 – 06.08.1916	4. Armee	*RG/Krgl.*
Stab	07.08.1916 – 30.12.1916	Karpathen-Korps	*KW*
Stab (neu)	12.01.1917 – 15.08.1917	4. Armee	*RG/Krgl.*
7.,8. Bttr.	07.08.1916 – 15.08.1917	4. Armee	*RG/Krgl.*
15. Bttr.	26.10.1916 – 25.08.1917	4. Armee	*RG*
16.,17.,18. Bttr.	[09.01.1917 – 02.09.1917]	4. Armee	*D.Fußa./Krgl.*
16.,17.,18. Bttr.	[05.09.1917 – 25.09.1917]	Insmingen	*D.Fußa.*
7.,8. Bttr.	16.08.1917 – 04.09.1917	Gouv. Köln	*RG*
15. Bttr.	26.08.1917 – 12.09.1917	Gouv. Köln	*RG*
St.,7.,8. Bttr.	05.09.1917 – 23.09.1917	Gouv. Metz	*RG*
15. Bttr.	13.09.1917 – 23.09.1917	Gouv. Metz	*RG*
St.,7.,8. Bttr.	29.09.1917 – 10.11.1917	14. Armee	*RG/D.Fußa.*
15. Bttr.	29.09.1917 – 06.12.1917	14. Armee	*RG/D.Fußa.*
St.,7.,8. Bttr.	11.11.1917 – 10.12.1917	öst.ung. III. Korps	*RG*
St.,7.,8. Bttr.	11.12.1917 – 14.01.1918	öst.ung. 11. Armee	*RG/D.Fußa.*
15. Bttr.	13.12.1917 – 30.12.1917	Gouv. Metz	*RG/D.Fußa.*
15. Bttr.	31.12.1917 – 12.01.1918	7. Armee	*RG/D.Fußa.*
St.,7.,8. Bttr.	16.01.1918 – 16.02.1918	Gouv. Metz	*RG*

15. Bttr.	12.01.1917 – 16.02.1918	Gouv. Metz	*RG/D.Fußa.*
St.,7.,8.,15. Bttr.	17.02.1918 – 02.07.1918	18. Armee	*RG/Krgl.*
St.,7.,8.,15. Bttr.	03.07.1918 – 16.07.1918	3. Armee	*RG/Krgl.*
St.,7.,8.,15. Bttr.	18.07.1918 – 07.09.1918	4. Armee	*RG/Krgl.*
St.,7.,8.,15. Bttr.	09.09.1918 – 26.12.1918	A.Abt. C	*RG/FpÜb*

IV. Btl.

Stab	23.10.1914 – 31.01.1915	V. Res.Korps (5. Armee)	*RG*
10.,11. Bttr.	23.10.1914 – 31.01.1917	V. Res.Korps (5. Armee)	*RG*
13.,14. Bttr.	23.10.1914 – 30.01.1917	V. Res.Korps (5. Armee)	*RG*

V. Btl.

St.,1.,3. Bttr.	18.05.1915 – 30.09.1915	XIII. AK	*RG/LÜO*
St.,1.,3. Bttr.	01.10.1915 – 10.10.1915	Gouv. Köln	*RG/DW*
St.,1.,3. Bttr.	11.10.1915 – 29.06.1916	3. Armee	*RG/DW*
9. Bttr.	12.03.1916 – 22.08.1916	3. Armee	*RG*
St.,1.,3. Bttr.	30.06.1916 – 05.07.1916	Maubeuge	*RG*
St.,1.,3. Bttr.	05.07.1916 – 22.08.1916	2. Armee	*RG*
St.,3.,9. Bttr.	22.08.1916 – 02.10.1917	2. Armee	*RG/Krgl.*
1. Bttr.	23.08.1916 – 13.10.1916	3. Armee	*RG/Krgl.*
St.,3.,9. Bttr.	03.10.1916 – 08.04.1917	1. Armee	*RG/Krgl.*
1. Bttr.	14.10.1916 – 07.03.1917	1. Armee	*RG/Krgl.*
1. Bttr.	08.03.1917 – 17.04.1917	6. Armee	*RG/Krgl.*
St.,3.,9. Bttr.	08.04.1917 – 08.05.1917	Maubeuge	*RG*
1. Bttr.	18.04.1917 – 08.05.1917	Maubeuge	*RG*
St.,1.,3.,9. Bttr.	08.05.1917 – 15.07.1917	6. Armee	*RG/Krgl.*
St.,1.,3.,9. Bttr.	16.07.1917 – 26.09.1917	4. Armee	*RG/Krgl.*
St.,1.,3.,9. Bttr.	27.09.1917 – 23.10.1917	2. Armee	*RG/Krgl.*
St.,1.,3.,9. Bttr.	24.10.1917 – 28.10.1917	6. Armee	*RG/Krgl.*
St.,1.,3.,9. Bttr.	28.10.1917 – 25.11.1917	4. Armee	*RG/Krgl.*
St.,1.,3.,9. Bttr.	26.11.1917 – 23.12.1917	2. Armee	*RG/Krgl.*
St.,1.,3.,9. Bttr.	24.12.1917 – 03.02.1918	Hirson	*RG/Krgl.*
St.,1.,3.,9. Bttr.	04.02.1918 – 13.03.1918	3. Armee	*RG/Üb.Fußa.*
St.,1.,3.,9. Bttr.	14.03.1918 – 24.03.1918	2. Armee	*RG/Krgl.*
St.,1.,3.,9. Bttr.	25.03.1918 – 29.03.1918	17. Armee	*RG/D.Fußa.*
St.,1.,3.,9. Bttr.	29.03.1918 – 09.04.1918	6. Armee	*RG/D.Fußa.*
St.,1.,3.,9. Bttr.	09.04.1918 – 31.07.1918	4. Armee	*RG/Krgl.*
St.,1.,3.,9. Bttr.	01.08.1918 – 09.10.1918	2. Armee	*RG/D.Fußa.*
St.,1.,3.,9. Bttr.	11.10.1918 – 11.11.1918	Schießplatz Gembloux	*RG/D.Fußa.*
St.,1.,3.,9. Bttr.	[12.11.1918 – 04.12.1918]	2. Armee	*FpÜb*

Zuteilungen:

Rgt.Stab			
Rgt.Stab	27.09.1914 – 10.10.1914	III. Res.Korps	*KW*
Rgt.Stab	25.10.1917 – 22.06.1918	bayer. Arko 20 (30. Res.Div.)	*KW*
Rgt.Stab	28.06.1918 – 16.07.1918	Garde-Kav.Div.	*RG*
Rgt.Stab	16.07.1918 – 31.07.1918	Garde-Res.Korps	*RG*

I. Btl.
St.,1.–4. Bttr.	20.08.1914 – 25.08.1914	AGr. Gallwitz	KW
1.,3. Bttr.	14.10.1914 – Dez. 1914	XVI. AK	RG
St.,2.,4. Bttr.	24.02.1915 – 12.04.1915	XXVII. Res.Korps	RG
St.,2.,4. Bttr.	13.04.1915 – 04.05.1915	XXIII. Res.Korps	RG
St.,2.,4. Bttr.	14.07.1916 – 17.10.1916	Div. Liebert	RG
St.,2.,4. Bttr.	22.11.1916 – 29.11.1916	52. Res.Div.	RG
1.,3. Bttr.	17.02.1915 – 12.03.1915	11. Ldw.Div.	RG
1.,3. Bttr.	12.03.1915 – 21.03.1915	76. Res.Div.	RG
1.,3. Bttr.	21.03.1915 – 01.09.1915	26. Inf.Div.	RG
St.,2.,4.,19. Bttr.	04.12.1917 – 16.12.1917	Alpenkorps	KW

II. Btl.
Stab	22.11.1914 – 16.05.1915	5. bayer. Res.Div.	KA
Stab	09.06.1915 – 19.07.1915	5. bayer. Res.Div.	KA
2. Bttr.	03.02.1917 – 25.02.1917	3. Armee	RG/D.Fußa.
5. Bttr.	13.02.1915 – 18.04.1915	12. Inf.Div.	RG
5. Bttr.	16.08.1915 – 29.08.1915	I. bayer. AK	RG
5. Bttr.	30.08.1915 – 03.10.1915	VII. Res.Korps	RG
5. Bttr.	04.10.1915 – 12.01.1916	X. AK	RG
5. Bttr.	23.03.1917 – 15.08.1917	13. Inf.Div.	RG
6. Bttr.	13.02.1915 – 18.04.1915	12. Inf.Div.	RG

III. Btl.
Stab	07.08.1916 – 30.12.1916	1. Inf.Div.	KW
St.,7.,8.,15. Bttr.	09.09.1918 – 01.10.1918	10. Inf.Div.	RG
St.,7.,8.,15. Bttr.	01.10.1918 – 11.11.1918	3. bayer. Inf.Div.	RG

V. Btl.
1. Bttr.	10.09.1915 – 22.09.1915	1. Garde-Res.Div.	RG
1. Bttr.	20.12.1916 – 07.03.1917	Fußart.Schieß-Schule Guise	RG
St.,1.,3. Bttr.	05.07.1916 – 01.10.1916	11. Inf.Div.	RG
St.,1.,3. Bttr.	03.10.1916 – 08.04.1917	4. Ers.Div.	RG
St.,1.,3. Bttr.	08.05.1917 – 16.07.1917	19. Ldw.Div.	RG
St.,1.,3. Bttr.	24.10.1917 – 26.11.1917	54. Res.Div.	RG
St.,1.,3. Bttr.	27.11.1917 – 05.12.1917	34. Inf.Div.	RG
St.,1.,3. Bttr.	14.03.1918 – 29.03.1918	5. bayer. Res.Div.	RG
St.,1.,3. Bttr.	29.03.1918 – 09.04.1918	1. bayer. Res.Div.	RG
St.,1.,3. Bttr.	09.04.1918 – 24.06.1918	214. Inf.Div.	RG
St.,1.,3. Bttr.	09.08.1918 – 09.10.1918	107. Inf.Div.	RG

Demobil: Rgt.Stab ab Mitte Jan. 1919 im Sennelager, März 1919 (?) aufgelöst;[1]
I. u. II. Btl. am 27./28.12.1918, III. Btl. am 03.01.1919 im Sennelager aufgelöst;[2]
V. Btl. ab Anf. Dez. 1918 im Sennelager, Jan. 1919 aufgelöst.[3]
Abw.Stelle bei Fußart.Rgt. 7

Freiw.Form.: keine

Verbleib: keine Übernahme in die Rw.

Quellen: Rgt.Gesch. Fußart.Rgt. 7

---

[1] FpÜb v. 19.01.1919 – 12.03.1919
[2] Demob.Üb. VII. AK v. 02.01., 06.01. u. 23.01.1919
[3] FpÜb v. 12.12.1918–12.03.1919

Reserve-Fußartillerie-Regiment Nr. 8

Formation:

Rgt.	Rgt.Stab, I. u. II. Btl. 02.08.1914 aufgestellt durch Fußart.Rgt. 8 in Metz (gem. Mob.Plan)
Rgt.Stab	02.08.1914 aufgestellt
Rgt.Stab	Anf. Juli 1916 umgewandelt in General der Fußart. Nr. 26
neuer Rgt.Stab	30.06.1916 aufgestellt durch Ers.Btl./Fußart.Rgt. 8 (gem. KM v. 30.06.1916), sogleich mobil
I. Btl.	02.08.1914 aufgestellt mit Stab, 1.–4. Bttr., leichter Mun.Kol. u. Park-Komp. (bis 19.12.1917)
leichte Mun.Kol.	1. Hälfte 28.08.1914 abgegeben an I. Btl./Res.Fußart.Rgt. 14
leichte Mun.Kol.	2. Hälfte 25.09.1915 aufgelöst
1. u. 2. Bttr.	ab 07.07.1915 mit Mun.Kol. bis 29.12.1915
3. Bttr.	10.09.1915 umgewandelt in schw. 15 cm-Kan.Bttr. 6
4. Bttr.	ab 27.01.1916 mit Mun.Kol.
1. u. 2. Bttr.	ab 03.01.1917 mit neuer Mun.Kol.
4. Bttr.	14.04.1917 umgewandelt in 3. Bttr./Fußart.Btl. 158
9. Bttr.	18.04.1917 aufgestellt durch HGr. Below (gem. KM v. 18.04.1917) aus Fußart.Bttr. 110, ab 20.05.1917 mit Mun.Kol.
	Btl. jetzt mit 1., 2., u. 9. Bttr.
II. Btl.	02.08.1914 aufgestellt mit Stab, 5.–8. Bttr., leichter Mun.Kol. u. Park-Komp. (bis 31.12.1917)
Mun.Kol. 2	Dez. 1914 zgt. bis 07.09.16
Mun.Kol. 3	Mai 1915 zgt. bis Ende Dez. 1915
2. überpl. Fest.Fußart.Mun.Kol. aus Metz ab Jan. 1915 (?) zeitweise zgt.	
7. Bttr.	03.03.1915 umgewandelt in 1. Bttr./Fußart.Btl. 52
	Btl. jetzt mit 5., 6. u. 8. Bttr.
leichte Mun.Kol. 24.09.1915 aufgelöst, dafür 5., 6. u. 8. Bttr. mit Mun.Kol.	

Bewaffnung:

1.–4. Bttr.	ab Aug. 1914	10 cm Kan. 04	*RG*
2. Bttr.	ab Okt. 1916 (?)	10 cm Kan. 14	*Üb.Fußa. 07.10.1916*
4. Bttr.	ab Juli 1915	12 cm Kan. u. 9 cm Kan.	*RG*
4. Bttr.	ab Aug. 1915	13 cm Kan.	*DW 19.08.1915*
4. Bttr.	ab Dez. 1915	10 cm Kan. 04	*RG*
5.–8. Bttr.	ab Aug. 1914	schw. Feldh. 02	*EB schw. Art.*
5.,6. Bttr.	ab März 1918	lange schw. Feldh. 13	*D.Fußa. 12.03.1918*
8. Bttr.	ab März 1918	10 cm Kan. 04	*D.Fußa. 12.03.1918*
9. Bttr.	ab April 1917	10 cm Kan. 14	*D.Fußa. 28.04.1917*

Ersatztr.Teil: Ers.Btl./Fußart.Rgt. 8

Unterstellung:

Rgt.Stab:	[02.08.1914]	Gouv. Metz	*Krgl.*
	[05.01.1915 – 11.10.1915]	A.Abt. Strantz	*LÜW/KTB*
	[12.10.1915]	7. Armee	*DW*
	[06.12.1915]	HGr. Mackensen	*DW*
	[17.12.1915 – 09.03.1916]	11. Armee	*KW/Krgl.*
	[24.03.1916]	OHL Metz	*DW*
	[19.06.1916]	5. Armee	*DW*
	[02.07.1916 – 12.04.1917]	HGr. Linsingen	*DW/Krgl.*

Rgt.Stab:	[07.05.1917 – 30.10.1918]	1. Armee	*Krgl./FpÜb*
	[03.11.1918 – 28.12.1918]	3. Armee	*D.Fußa./FpÜb*
I. Btl.			
St.,1.,2. Bttr.	02.08.1914 – 23.08.1914	Gouv. Metz	*RG*
	24.08.1914 – 27.08.1914	Ldw.Div. Francke	*RG*
	28.08.1914 – 14.09.1914	33. Res.Div.	*RG*
	15.09.1914 – 29.09.1915	A.Abt. Strantz	*RG/LÜW*
	30.09.1915 – 03.11.1915	3. Armee	*RG*
	04.11.1915 – 20.12.1915	Gouv. Metz	*RG*
	21.12.1915 – 24.01.1916	Transport in die Türkei (HGr. Mackensen)	*RG* *DW*
	25.01.1916 – 13.03.1916	OHL-Res. in Sofia	*RG*
	14.03.1916 – 19.03.1916	HGr. Mackensen	*RG*
	20.03.1916 – 26.09.1916	1. bulgar. Armee	*RG*
	27.09.1916 – 30.06.1917	11. Armee	*RG*
	[01.07.1917 – 18.12.1918]	Gen.Kdo. z.b.V. 62	*RG/FpÜb*
3., 4. Bttr.	02.08.1914 – 17.09.1914	Gouv. Metz	*RG*
3., 4. Bttr.	18.09.1914 – 22.05.1915	A.Abt. Strantz	*RG*
3., 4. Bttr.	23.05.1915 – 04.06.1915	OHL-Res. in Metz	*RG*
3. Bttr.	08.06.1915 – 09.09.1915	11. Armee	*RG/DO*
4. Bttr.	08.06.1915 – 04.07.1915	11. Armee	*RG*
	05.07.1915 – 16.08.1915	OHL-Res. bei 6. Armee	*RG/LÜW*
	[17.08.1915 – 20.09.1915]	A.Abt. Strantz	*RG/DW*
	[30.09.1915 – 01.12.1915]	3. Armee	*DW/Krgl.*
	04.12.1915 – 08.12.1915	Ers.Btl./Fußart.Rgt. 7	*RG*
	09.12.1915 – 24.01.1916	3. Armee	*RG*
	25.01.1916 – 19.09.1916	5. Armee	*RG/Krgl.*
	20.09.1916 – 22.12.1916	2. Armee	*RG/Krgl.*
	23.12.1916 – 07.04.1917	A.Abt. A	*RG/Krgl.*
9. Bttr.	[28.04.1917]	HGr. Scholtz	*D.Fußa.*
9. Bttr.	[01.05.1917 – 04.12.1918]	11. Armee	*Krgl./FpÜb*
II. Btl.			
St.,5.–8. Bttr.	[02.08.1914]	Gouv. Metz	*Krgl.*
St.,5.–8. Bttr.	[11.10.1914 – 20.03.1915]	VI. Res.Korps	*Krgl./LÜW*
St.,5.,6.,8. Bttr.	[20.04.1915 – 09.08.1915]	11. Armee	*DW/LÜW*
St.,5.,6.,8. Bttr.	[03.09.1915]	OHL bei 11. Armee	*DO*
St.,5.,6.,8. Bttr.	[11.09.1915]	OHL bei 7. Armee	*DW*
St.,5.,6.,8. Bttr.	[30.09.1915 – 01.12.1915]	3. Armee	*DW/Krgl.*
St.,5.,6.,8. Bttr.	[22.02.1916 – 06.06.1916]	5. Armee	*DW/Krgl.*
St.,5.,6.,8. Bttr.	[02.07.1916]	OHL Metz	*DW*
St.,5.,6.,8. Bttr.	[12.07.1916 – 28.07.1916]	2. Armee	*DW/Krgl.*
St.,5.,6.,8. Bttr.	[28.08.1916 – 26.12.1916]	1. Armee	*Krgl.*
St.,5.,6.,8. Bttr.	[31.12.1916 – 01.03.1917]	2. Armee	*D.Fußa./Krgl.*
St.,5.,6.,8. Bttr.	[27.03.1917]	OHL Metz	*D.Fußa.*
St.,5.,6.,8. Bttr.	[12.04.1917 – 03.05.1917]	A.Abt. A	*D.Fußa./Krgl.*
St.,5.,6.,8. Bttr.	[25.05.1917 – 25.10.1917]	1. Armee	*Krgl.*
St.,5.,6.,8. Bttr.	[01.11.1917]	7. Armee	*Krgl.*
St.,5.,6.,8. Bttr.	[10.11.1917]	1. Armee	*D.Fußa.*

St.,5.,6.,8. Bttr.	[20.11.1917 – 30.12.1918]	7. Armee	*D.Fußa./Krgl.*
St.,5.,6.,8. Bttr.	[31.12.1917]	Longuyon	*D.Fußa.*
St.,5.,6.,8. Bttr.	[15.01.1918 – 01.04.1918]	5. Armee	*D.Fußa./Krgl.*
St.,5.,6.,8. Bttr.	[26.04.1918 – 01.05.1918]	Longuyon	*D.Fußa./Krgl.*
St.,5.,6.,8. Bttr.	[09.05.1918 – 16.05.1918]	7. Armee	*Krgl.*
St.,5.,6.,8. Bttr.	[31.05.1918 – 19.06.1918]	1. Armee	*D.Fußa./Krgl.*
St.,5.,6.,8. Bttr.	[03.07.1918 – 13.01.1919]	Arko 203 (203. Inf.Div.)	*D.Fußa./KW*
Zuteilungen:			
Rgt.Stab	28.09.1914 – 10.10.1915	6. bayer. Inf.Div.	*KA*
	17.12.1915 – 09.03.1916	Alpenkorps	*KA*
	[02.07.1916 – 22.09.1916]	XXII. Res.Korps	*DO*
St.,1.,2.Bttr.	24.08.1914 – 27.08.1914	Ldw.Div. Francke	*RG*
	28.08.1914 – 14.09.1914	33. Res.Div.	*RG*
	15.09.1914 – 26.09.1915	V. AK	*RG*
	27.09.1915 – 29.09.1915	33. Res.Div.	*RG*
	30.09.1915 – 14.10.1915	X. AK	*RG*
	15.10.1915 – 03.11.1915	IX. AK	*RG*
	[01.07.1916 – 01.09.1916]	1. bulg. Armee	*Krgl.*
1. Bttr.	15.09.1914 – 26.09.1914	9. Inf.Div.	*RG*
2. Bttr.	15.09.1914 – 26.09.1914	10. Inf.Div.	*RG*
	22.10.1916 – 31.12.1916	Div. Hippel	*RG/KW*
	01.01.1917 – 02.01.1917	Div.Kdo. z.b.V. 302	*KW*
	24.04.1917 – 30.06.1917	Gen.Kdo. z.b.V. 62	*RG*
3. Bttr.	16.08.1914 – 22.08.1914	13. württ. Ldw.Brig.	*RG*
	18.09.1914 – 23.02.1915	6. bayer. Inf.Div.	*RG*
	24.02.1915 – 22.05.1915	10. Inf.Div.	*RG*
	08.06.1915 – 11.06.1915	119. Inf.Div.	*RG*
	12.06.1915 – 23.06.1915	56. Inf.Div.	*RG*
	24.06.1915 – 09.09.1915	X. AK	*RG*
4. Bttr.	18.09.1914 – 23.02.1915	6. bayer. Inf.Div.	*RG*
	24.02.1915 – 22.05.1915	10. Inf.Div.	*RG*
	20.06.1915 – 04.07.1915	43. Res.Div.	*RG*
	17.08.1915 – 03.12.1915	6. bayer. Inf.Div.	*RG*
	09.12.1915 – 24.01.1916	23. Res.Div.	*RG*
	20.09.1916 – 27.09.1916	1. Garde-Inf.Div.	*RG*
9. Bttr.	14.04.1917 – 23.07.1917	Div.Kdo. z.b.V. 302	*KW*
	27.04.1918 – 26.05.1918	zgs. bulgar. Div. Minkoff[1]	*RG*
	[18.09.1918 – 16.10.1918]	Div.Kdo. z.b.V. 302	*FpÜb*
	[23.10.1918 – 18.12.1918]	6. Res.Div.	*FpÜb*

Demobil: Stab u. I. Btl. ab 13.12.1918, II. Btl. ab Mitte Jan. 1919 in Loburg (bei Magdeburg), Mitte Febr. 1919 aufgelöst.[2] Abw.Stelle bei Fußart.Rgt. 8

Freiw.Form.: keine

Verbleib: keine Übernahme in die Rw.

Quellen: Geschichte des I. Btl./Res.Fußart.Rgt. 8

---

[1] Expedition nach Albanien
[2] Rgt.Gesch.; FpÜb v. 22.01.1919 – 05.02.1919

Reserve-Fußartillerie-Regiment Nr. 9

Formation:

Rgt.	Rgt.Stab, I. u. II. Btl. 02.08.1914 aufgestellt durch Fußart.Rgt. 9 in Köln (gem. Mob.Plan)
Rgt.Stab	02.08.1914 aufgestellt
I. Btl.	02.08.1914 aufgestellt mit Stab, 1.–4. Bttr., leichter Mun.Kol. (trat zu 4. Bttr./Res.Fußart.Rgt. 18) u. Park-Komp. (bis 19.12.1917)
1. Bttr.	ab 25.09.1915 mit Mun.Kol.
2. Bttr.	ab 09.07.1915 mit Mun.Kol.
3. u. 4. Bttr.	25.08.1915 abgegeben an III. Btl.
14. Bttr.	29.01.1918 aufgestellt (gem. KM v. 29.01.1918) aus Fußart.Bttr. 195 (mit Kraftzug)
	Btl. jetzt mit 1., 2. u. 14. Bttr.
II. Btl.	02.08.1914 aufgestellt mit Stab, 5.–8. Bttr., leichter Mun.Kol. u. Park-Komp. (bis 19.12.1917)
Mun.Kol. für Halb-Btl. Schleicher	(5. u. 6. Bttr.) Dez. 1914 zgt. (aus Fest.Fußart.Mun.Kol. 7 Köln) bis 14.07.1915
leichte Mun.Kol.	14.07.1915 aufgelöst, dafür 5.–8. Bttr. mit Mun.Kol.
5. u. 6. Bttr.	01.09.1916 abgegeben an IV. Btl.
13. Bttr.	07.08.1917 aufgestellt durch Platz-Kdtr. des Fußart.Üb.Pl. Jurbise (gem. KM v. 07.08.1917) aus Fußart.Bttr. 454, mit Mun.Kol.
	Btl. jetzt mit 7., 8. u. 13. Bttr.
III. Btl., Stab	25.08.1915 aufgestellt durch Ers.Btl./Fußart.Rgt. 9 (gem. KM v. 25.08.1915), sogleich mobil
3. u. 4. Bttr.	25.08.1915 übergetreten von I. Btl., ab 01.09.1915 mit Mun.Kol.
3. Bttr.	30.01.1916 aufgegangen in 10. u. 11. Bttr./Res.Fußart.Rgt. 9
4. Bttr.	01.03.1916 aufgegangen in 1. u. 2. Bttr./Fußart.Btl. 37
9. Bttr.	30.01.1916 aufgestellt durch AOK 5 (gem. KM v. 30.01.1916) aus Abgaben des II. Btl., mit Mun.Kol., sogleich mobil
10. u. 11. Bttr.	30.01.1916 aufgestellt durch AOK 5 (gem. KM v. 30.01.1916) aus der bisherigen 3. Bttr., mit Mun.Kol., sogleich mobil
	Btl. jetzt mit 9.–11. Bttr.
11. Bttr.	25.04.1918 Mun.Kol. abgegeben
IV. Btl., Stab	01.09.1916 aufgestellt durch AOK 5 (gem. KM v. 01.09.1916) aus Stab des Halb-Btl. Schleicher, sogleich mobil
5. u. 6. Bttr.	01.09.1916 übergetreten von II. Btl., mit Mun.Kol.
12. Bttr.	05.04.1917 aufgestellt durch HGr. Kronprinz Rupprecht (gem. KM v. 05.04.1917) aus Fußart.Bttr. 334, mit Mun.Kol.
	Btl. jetzt mit 5., 6. u. 12. Bttr.

Bewaffnung:

1.–4. Bttr.	ab Aug. 1914	Mörser	*EB schw. Art.*
4. Bttr.	ab Dez. 1915 für den Einsatz an den Dardanellen Sonderausstattung als Küsten-Bttr. zum Seeschießen, ab 20.02.1916 wieder abgegeben		*BG*
5.–8. Bttr.	ab Aug. 1914	10 cm Kan. 04	*EB schw. Art.*
5. Bttr.	ab Sept. 1918	lange schw. Feldh. 13/02	*D.Fußa. 13.09.1918*
6.,7., 8. Bttr.	ab Juli 1916	10 cm Kan. 14	*DW 12.07.1916*
8. Bttr.	ab Juni 1918	schw. Feldh. 02	*D.Fußa. 19.06.1918*
9.–11. Bttr.	ab Jan. 1916	Mörser	*Krgl. 06.02.1916*
9. Bttr.	ab Okt. 1917	lange Mörser	*D.Fußa. 20.10.1917*

10. Bttr.	ab April 1918	lange Mörser	*D.Fußa. 26.04.1918*
11. Bttr.	ab Okt. 1917	lange Mörser	*D.Fußa. 20.10.1917*
11. Bttr.	ab März 1918	15 cm Kan. 16 Kp. (Kraftzug)	*D.Fußa. 29.03.1918*
12. Bttr.	ab April 1917	10 cm Kan. 04	*D.Fußa. 12.04.1917*
12. Bttr.	ab Sept. 1918	lange schw. Feldh. 13/02	*D.Fußa. 13.09.1918*
13. Bttr.	ab Aug. 1917	10 cm Kan. 04	*D.Fußa. 30.07.1917*
13. Bttr.	ab Juli 1918	schw. Feldh. 02	*D.Fußa. 14.07.1918*
14. Bttr.	ab Jan. 1918	15 cm Kan. 16 Kp. (Kraftzug)	*D.Fußa. 26.01.1918*

Ersatztr.Teil: Ers.Btl./Fußart.Rgt. 9

Unterstellung:

Rgt.Stab	[02.08.1914]	Gouv. Köln	*Krgl.*
	[05.01.1915]	Gouv. Lüttich	*LÜW*
	[04.02.1915 – 01.09.1916]	5. Armee	*DW/Krgl.*
	[24.09.1916]	1. Armee	*DW*
	[07.10.1916 – 10.02.1918]	HGr. Rupprecht	*Üb.Fußa.*
	[14.07.1918]	3. Armee	*D.Fußa.*
	[28.07.1918 – 23.08.1918]	1. Armee	*D.Fußa./Krgl.*
	[30.08.1918 – 01.09.1918]	Longuyon	*D.Fußa./Krgl.*
	[18.09.1918 – 25.09.1918]	5. Armee	*FpÜb*
	[01.10.1918 – 18.12.1918]	A.Abt. C	*FpÜb*
I. Btl.			
St.,1.–4. Bttr.	10.08.1914 – 31.08.1914	Gouv. Köln	*BG*
St.,1.–4. Bttr.	01.09.1914 – 25.09.1914	VII. Res.Korps	*BG*
St.,1.–4. Bttr.	27.09.1914 – 10.10.1914	III. Res.Korps	*KW*
St.,3.,4. Bttr.	14.10.1914 – 02.06.1915	4. Armee	*BG*
Stab	[09.08.1915 – 03.09.1915]	11. Armee	*LÜW/DO*
1. Bttr.	[07.06.1915 – 03.09.1915]	11. Armee	*DW/DO*
2.,3.,4. Bttr.	[02.06.1915 – 17.06.1915]	4. Armee	*DW/BG*
2. Bttr.	[22.06.1915 – 15.07.1915]	5. Armee	*DW*
3.,4. Bttr.	[18.06.1915 – 26.07.1915]	6. Armee	*DW/BG*
2. Bttr.	[09.08.1915]	OHL Diedenhofen	*LÜW*
3.,4. Bttr.	[27.07.1915 – 01.09.1915]	4. Armee	*LÜW/Krgl.*
Stab	[11.09.1915 – 03.11.1915]	OHL bei 3. Armee	*DW/Goes*
1. Bttr.	[21.09.1915]	OHL Diedenhofen	*DW*
1. Bttr.	[30.09.1915 – 03.11.1915]	OHL bei 3. Armee	*DW/Goes*
2. Bttr.	[11.09.1915 – 03.11.1915]	OHL bei 3. Armee	*DW/Goes*
4. Bttr.	01.09.1915 – 10.10.1915	4. Armee	*BG*
4. Bttr.	11.10.1915 – 01.11.1915	3. Armee	*BG/DW*
4. Bttr.	02.11.1915 – 21.11.1915	OHL Namur	*BG/DW*
St.,1.,2. Bttr.	[17.11.1915 – 04.01.1916]	3. Armee	*Krgl./AB*
St.,1.,2. Bttr.	[22.02.1916 – 01.11.1916]	5. Armee	*DW/Krgl.*
St.,1.,2. Bttr.	[25.11.1916 – 04.12.1916]	3. Armee	*D.Fußa./Krgl.*
St.,1.,2. Bttr.	[11.12.1916]	OHL hinter 5. Armee	*D.Fußa.*
St.,1.,2. Bttr.	[19.12.1916 – 01.02.1917]	5. Armee	*D./Üb.Fußa.*
St.,1.,2. Bttr.	[08.02.1917 – 01.04.1917]	3. Armee	*D.Fußa./Krgl.*
St.,1.,2. Bttr.	[12.04.1917 – 14.06.1917]	1.Armee	*D.Fußa./Krgl.*
St.,1.,2. Bttr.	[30.07.1917]	OHL Longuyon	*D.Fußa.*
St.,1.,2. Bttr.	[05.08.1917 – 20.09.1917]	2. Armee	*AB/Krgl.*
St.,1.,2. Bttr.	[25.09.1917 – 11.10.1917]	4. Armee	*Krgl.*

St.,1.,2. Bttr.	[11.10.1917 – 01.11.1917]	Metz	*D.Fußa./Krgl.*
St.,1.,2. Bttr.	[10.11.1917 – 01.12.1917]	5. Armee	*D.Fußa./Krgl.*
Bttr. 195	[10.11.1917 – 26.01.1918]	1. Armee	*D.Fußa./Krgl.*
St.,1.,2. Bttr.	[05.12.1917 – 01.03.1918]	1. Armee	*D.Fußa./Krgl.*
14. Bttr.	[26.01.1918 – 01.03.1918]	1. Armee	*D.Fußa./Krgl.*
St.,1.,2.,14. Bttr.	[12.03.1918]	HGr. Kronprinz	*D.Fußa.*
St.,1.,2.,14. Bttr.	[21.03.1918 – 10.07.1918]	18. Armee	*Krgl.*
St.,1.,2.,14. Bttr.	[14.07.1918]	3. Armee	*D.Fußa.*
St.,1.,2.,14. Bttr.	[28.07.1918 – 23.08.1918]	1. Armee	*D.Fußa./Krgl.*
St.,1.,2.,14. Bttr.	[30.08.1918 – 01.09.1918]	Longuyon	*D.Fußa./Krgl.*
St.,1.,2.,14. Bttr.	[18.09.1918 – 25.09.1918]	5. Armee	*FpÜb*
St.,1.,2.,14. Bttr.	[01.10.1918 – 18.12.1918]	A.Abt. C	*FpÜb*
4. Bttr.	22.11.1915 – 31.12.1915	OHL Koblenz	*BG*
4. Bttr.	05.01.1916 – 23.02.1916	HGr. Mackensen	*BG/DW*
4. Bttr.	01.03.1916 – 03.03.1916	OHL Koblenz	*BG/DW*
II. Btl.			
St.,5.–8. Bttr.	[02.08.1914]	Gouv. Köln	*Krgl.*
St.,5.–8. Bttr.	08.08.1914 – 16.08.1914	Belag.Armee von Lüttich	*KW*
St.,5.–8. Bttr.	[18.08.1914]	2. Armee	*Krgl.*
St.,5.–8. Bttr.	25.08.1914 – 07.09.1914	VII. Res.Korps	*KW*
St.,7, 8. Bttr.	[21.09.1914]	2. Armee	*Krgl.*
5., 6. Bttr.	[10.10.1914 – 10.12.1914]	1. Armee	*Krgl.*
St.,5.–8. Bttr.	[08.12.1914]	1. Armee	*Krgl.*
Stab halb[1]	[05.01.1915 – 01.12.1915]	3. Armee	*LÜW/Krgl.*
5.,6. Bttr.	[10.12.1914 – 03.11.1915]	3. Armee	*Krgl./Goes*
5.,6. Bttr.	[22.02.1916 – 01.09.1916]	5. Armee	*DW/Krgl.*
Stab halb	[05.01.1915 – 20.03.1915]	7. Armee	*LÜW*
Stab	[09.08.1915 – 22.02.1916]	7. Armee	*LÜW/DW*
7.,8. Bttr.	[05.01.1915 – 01.07.1916]	7. Armee	*LÜW/Krgl.*
St., 8. Bttr.	[12.07.1916 – 07.10.1916]	2. Armee	*DW/Üb.Fußa.*
7. Bttr.	[12.07.1916 – 28.07.1916]	2. Armee	*DW/Krgl.*
7. Bttr.	[10.09.1916 – 15.09.1916]	6. Armee	*DW/Krgl.*
7. Bttr.	[19.09.1916 – 07.10.1916]	1. Armee	*DW/Üb.Fußa.*
St.,8. Bttr.	[13.10.1916 – 01.11.1916]	OHL Antwerpen	*D.Fußa./Krgl.*
St.,8. Bttr.	[15.11.1916 – 01.03.1917]	2. Armee	*D.Fußa./Krgl.*
7. Bttr.	[01.02.1917 – 01.03.1917]	2. Armee	*Üb.Fußa./Krgl.*
St.,7.,8. Bttr.	[27.03.1917]	OHL hinter 2. Armee	*D.Fußa.*
St.,7.,8. Bttr.	[12.04.1917 – 01.07.1917]	6. Armee	*D.Fußa./Krgl.*
St.,7.,8. Bttr.	[18.07.1917 – 08.11.1917]	4. Armee	*Krgl.*
13. Bttr.	[30.07.1917]	OHL Jurbise	*D.Fußa.*
13. Bttr.	[07.08.1917 – 08.11.1917]	4. Armee	*Krgl.*
St.,7.,8.,13. Bttr.	[10.11.1917 – 01.02.1918]	OHL Lüttich	*D.Fußa./Krgl.*
St.,7.,8.,13. Bttr.	[13.02.1918 – 01.03.1918]	17. Armee	*D.Fußa./Krgl.*
St.,7.,8.,13. Bttr.	[04.03.1918]	HGr. Rupprecht	*D.Fußa.*
St.,7.,8.,13. Bttr.	[07.04.1918 – 13.04.1918]	6. Armee	*D.Fußa./AB*
St.,7.,8.,13. Bttr.	[13.04.1918 – 04.06.1918]	4. Armee	*Krgl.*
St.,7.,8.,13. Bttr.	15.06.1918 – Dez. 1918	Arko 67 (29. Inf.Div.)	*KW*

---

[1] Auch Stab des Halb-Btl. Schleicher (mit 5. u. 6. Bttr.) genannt

III. Btl.

St.,3.,4. Bttr.	[31.08.1915 – 30.01.1916]	4. Armee	*DW*
St.,10.,11. Bttr.	[06.02.1916 – 07.08.1916]	4. Armee	*DW/Krgl.*
9. Bttr.	[06.02.1916 – 22.02.1916]	5. Armee	*DW/Krgl.*
9. Bttr.	[17.05.1916]	OHL Koblenz	*DW*
9. Bttr.	[02.07.1916 – 01.09.1917]	Südarmee	*DW/Krgl.*
St.,10.,11. Bttr.	[24.08.1916 – 01.02.1917]	1. Armee	*Krgl.*
St.,10.,11. Bttr.	[08.02.1917 – 01.10.1917]	7. Armee	*D.Fußa./Krgl.*
9. Bttr.	[01.10.1917 – 10.10.1917]	7. Armee	*Krgl.*
10. Bttr.	[01.10.1917 – 05.10.1917]	3. Armee	*Krgl./D.Fußa.*
St.,9.,11. Bttr.	[11.10.1917]	Hirson	*D.Fußa.*
10. Bttr.	[20.10.1917]	5. Armee	*D.Fußa.*
St.,9.,11. Bttr.	[29.10.1917 – 01.01.1918]	7. Armee	*D.Fußa./Krgl.*
10. Bttr.	[10.11.1917 – 01.01.1918]	7. Armee	*D.Fußa. /Krgl.*
St.,9.,10.,11. Bttr.	[26.01.1918 – 01.03.1918]	Longuyon	*D.Fußa./Krgl.*
St.,9.,10.,11. Bttr.	[04.03.1918]	HGr. Gallwitz	*D.Fußa.*
St.,9.,10.,11. Bttr.	[07.05.1918 – 16.07.1918]	7. Armee	*Krgl.*
St.,9.,10.,11. Bttr.	[20.07.1918 – 25.09.1918]	9. Armee	*Krgl./FpÜb*
St.,9.,10.,11. Bttr.	[27.09.1918 – 20.11.1918]	7. Armee	*D.Fußa./FpÜb*
St.,9.,10.,11. Bttr.	[04.12.1918 – 18.12.1918]	26. Inf.Div.	*FpÜb*

IV. Btl.

St.,5.,6. Bttr.	[01.09.1916]	5. Armee	*Krgl.*
St.,5.,6. Bttr.	[15.09.1916 – 15.12.1916]	2. Armee	*DW/D.Fußa.*
St.,5.,6. Bttr.	[19.12.1916]	OHL Köln	*D.Fußa.*
St.,5.,6. Bttr.	[31.12.1916 – 01.02.1917]	OHL hinter 6. Armee	*D./Üb.Fußa.*
St.,5.,6. Bttr.	[13.03.1917]	HGr. Rupprecht	*D.Fußa.*
St.,5.,6. Bttr.	[27.03.1917 – 01.11.1917]	6. Armee	*D.Fußa./Krgl.*
12. Bttr.	[12.04.1917 – 01.11.1917]	6. Armee	*D.Fußa./AB*
St.,5.,6.,12. Bttr.	[05.11.1917 – 22.11.1917]	4. Armee	*Krgl.*
St.,5.,6.,12. Bttr.	[25.11.1917 – 10.12.1917]	2. Armee	*Krgl.*
St.,5.,6.,12. Bttr.	[31.12.1917 – 15.01.1918]	18. Armee	*D.Fußa.*
St.,5.,6.,12. Bttr.	[22.01.1918]	4. Armee	*AB*
St.,5.,6.,12. Bttr.	[10.02.1918 – 08.06.1918]	18. Armee	*Üb.Fußa./Krgl.*
Stab	[11.06.1918]	7. Armee	*Krgl.*
St.,5.,6.,12. Bttr.	[01.07.1918 – 14.07.1918]	3. Armee	*Krgl./D.Fußa.*
St.,5.,6.,12. Bttr.	[28.07.1918 – 23.08.1918]	1. Armee	*D.Fußa./Krgl.*
St.,5.,6.,12. Bttr.	[30.08.1918 – 01.10.1918]	Longuyon	*D.Fußa./Krgl.*
St.,5.,6.,12. Bttr.	[09.10.1918 – 18.12.1918]	5. Armee	*FpÜb*

Zuteilungen:
I. Btl.

St.,1.–4. Bttr.	20.08.1914 – 25.08.1914	AGr. Gallwitz	*KW*
St.,3.,4. Bttr.	14.10.1914 – 27.01.1915	XXIII. Res.Korps	*RG*
St.,3.,4. Bttr.	28.01.1915 – 13.04.1915	52. Res.Div.	*RG*
St.,3.,4. Bttr.	14.04.1915 – 02.06.1915	51. Res.Div.	*RG*
4. Bttr.	03.06.1915 – 17.06.1915	51. Res.Div.	*RG*

II. Btl.
St.,7.,8.,13. Bttr. 02.04.1918 – 15.04.1918   1. bayer. Res.Div.   *KA*
St.,7.,8.,13. Bttr. 22.04.1918 – 02.05.1918   4. bayer. Inf.Div.   *KA*

III. Btl.
St.,9.,10.,11. Bttr. 29.09.1916 – 11.10.1916   6. bayer. Res.Div.   *KA*
St.,9.,10.,11. Bttr. 28.01.1917 – 15.04.1917   Bayer. Ers.Div.   *KA*
St.,9.,10.,11. Bttr. 09.06.1918 – 15.06.1918   11. bayer. Inf.Div. *KA*
St.,9.,10.,11. Bttr. 03.08.1918 – 11.08.1918   1. bayer. Inf.Div.   *KA*

IV. Btl.
St.,5.,6.,12. Bttr. 30.06.1918 – 15.07.1918   6. bayer. Res.Div.   *KA*

Demobil: ab Ende Dez. 1918 in Bersenbrück, Jan. 1919 (?) aufgelöst[1]
                  Abw.Stelle bei Fußart.Rgt. 9

Freiw.Form.: keine

Verbleib: keine Übernahme in die Rw.

Quellen: Gesch. Fußart.Btl. 37 (für I. Btl.)

---

[1] FpÜb v. 03.01.1919 – 12.03.1919

Reserve-Fußartillerie-Regiment Nr. 10

Formation:

Rgt.	Rgt.Stab, I., II. u. III. Btl. 02.08.1914 aufgestellt durch Fußart.Rgt. 10 in Straßburg (gem. Mob.Plan)
Rgt.Stab	02.08.1914 übergetreten von Fußart.Rgt. 10, am 12.10.1916 zurückgetreten zu Fußart.Rgt. 10
neuer Rgt.Stab	12.10.1916 aufgestellt durch Gouv. Straßburg bei Ers.Btl./Fußart.Rgt. 10 (gem. KM v. 12.10.1916 u. 19.10.1916)
I. Btl.	02.08.1914 aufgestellt mit Stab, 1. u. 2. Bttr., leichter Mun.Kol. u. Park-Komp. (bis 19.12.1917)
Mun.Kol. 1	ab Juni 1915 zu 1. Bttr. (?), bis 30.10.1915
2. Bttr.	ab Juni 1915 (?) mit Mun.Kol., bis 10.09.1915
leichte Mun.Kol.	30.10.1915 aufgelöst
3. u. 4. Bttr.	ca. 20.12.1915 übergetreten von II. Btl. Btl. jetzt mit 1.–4. Bttr.
1. Bttr.	31.10.1917 umgewandelt in 3. Bttr./Fußart.Btl. 106
2. Bttr.	12.11.1917 umgewandelt in 3. Bttr./Fußart.Btl. 124 (gem. AOK 4 v. 06.11.1917)
3. Bttr.	31.10.1917 umgewandelt in 10. Bttr./Res.Fußart.Rgt. 3
4. Bttr.	31.10.1917 umgewandelt in 3. Bttr./Fußart.Btl. 75 Btl. damit aufgelöst
II Btl.	02.08.1914 aufgestellt mit Stab, 3. u. 4. Bttr., leichter Mun.Kol. u. Park-Komp. (bis 01.11.1915)
leichte Mun.Kol.	01.07.1915 aufgelöst
3. Bttr.	ab 04.07.1915 mit Mun.Kol. bis 18.08.1915
4. Bttr.	ab 05.07.1915 mit Mun.Kol. bis 01.09.1915
Stab	ca. 20.12.1915 aufgelöst (gem. KM v. 14.12.1915)
3. u. 4. Bttr.	ca. 20.12.1915 übergetreten zu I. Btl. Btl. damit aufgelöst
III. Btl.	02.08.1914 aufgestellt mit Stab, 5.–8. Bttr., leichter Mun.Kol. u. Park-Komp. (bis 01.11.1915)
9. Bttr.	02.01.1915 aufgestellt (gem. KM v. 02.01.1915)
7. Bttr.	03.03.1915 umgewandelt in 2. Bttr./Fußart.Btl. 56
5.,6.,8.,9. Bttr.	ab 17.06.1915 mit Mun.Kol.
leichte Mun.Kol.	09.07.1915 aufgelöst
5. Bttr.	18.10.1916 abgegeben an IV. Btl. Btl. jetzt mit 6., 8. u. 9. Bttr.
IV. Btl., Stab	18.10.1916 aufgestellt durch Gouv. Straßburg bei Ers.Btl./Fußart.Rgt. 10 (gem. KM v. 18.10.1916)
5. Bttr.	18.10.1916 übergetreten von III. Btl.
10. Bttr.	18.10.1916 aufgestellt durch Gouv. Straßburg bei Ers.Btl./Fußart.Rgt. 10 (gem. KM v. 18.10.1916) aus Fußart.Bttr. Apel beim XIV. Res.Korps, mit Mun.Kol., mobil seit 02.11.1916
11. Bttr.	24.01.1917 aufgestellt durch AOK 1 (gem. KM v. 24.01.1917) aus Fußart.Bttr. 113, mit Mun.Kol., sogleich mobil Btl. jetzt mit 5., 10. u. 11. Bttr.

Bewaffnung:

1.–4. Bttr.	ab Aug. 1914	13 cm Kan.	*EB schw. Art.*
5.–8. Bttr.	ab Aug. 1914	schw. Feldh. 02	*EB schw. Art.*
6. Bttr.	ab Febr. 1918	18 cm Versuchs-Haub.	*Üb.Fußa. 10.02.1918*

8. Bttr.	ab Febr. 1918	18 cm Versuchs-Haub.	*Üb.Fuβa. 10.02.1918*
9. Bttr.	ab Jan. 1915	schw. Feldh. 02	*LÜW 05.01.1915*
9. Bttr.	ab Febr. 1918	18 cm Versuchs-Haub.	*Üb.Fuβa. 10.02.1918*
10. Bttr.	ab Okt. 1916	schw. Feldh. 02	*Üb.Fuβa. 07.10.1916*
11. Bttr.	ab Jan. 1917	schw. Feldh. 02	*D.Fuβa. 30.01.1917*
11. Bttr.	ab Juli 1918	10 cm Kan. 04	*D.Fuβa. 14.07.1918*
Ersatztr.Teil:	Ers.Btl./Fußart.Rgt. 10		

Unterstellung:

Rgt.Stab	02.08.1914 – 25.08.1914	Gouv. Straßburg	*RG*[1]
	26.08.1914 – 14.09.1914	6. Armee	*RG*
	15.09.1914 – 17.10.1914	Gouv. Straßburg	*RG*
	18.10.1914 – 20.10.1914	A.Abt. Falkenhausen	*RG*
	23.10.1914 – 13.07.1916	5. Armee	*RG/Krgl.*
	15.07.1916 – 19.07.1916	2. Armee	*RG*
	[19.07.1916 – 15.10.1916]	1. Armee	*RG/Krgl.*
	[17.10.1916 – 20.10.1917]	4. Armee	*Krgl.*
	[29.10.1917 – 05.02.1918]	2. Armee	*D.Fuβa./Krgl.*
	[10.02.1918]	6. Armee	*Üb.Fuβa.*
	[13.02.1918]	2. Armee	*D.Fuβa.*
	[18.02.1918 – 27.07.1918]	4. Armee	*Krgl.*
	[28.07.1918]	Lüttich	*D.Fuβa.*
	[19.09.1918 – 28.12.1918]	19. Armee	*D.Fuβa./FpÜb*

I. Btl.

St.,1.,2. Bttr.	[02.08.1914]	Gouv. Straßburg	*Krgl.*
Stab	[05.01.1915 – 11.09.1915]	A.Abt. Falkenhausen	*LÜW/DW*
1. Bttr.	20.11.1914 – 07.12.1914	Brig. Ipfelkofer	*KW*
	[08.12.1914 – 09.08.1915]	A.Abt. Falkenhausen	*KW/LÜW*
	[12.10.1915 – 01.07.1916]	5. Armee	*DW/Krgl.*
	[12.07.1916 – 01.01.1917]	2. Armee	*DW/Krgl.*
	[09.01.1917]	OHL hinter 2. Armee	*D.Fuβa.*
	[01.02.1917]	OHL bei 1. Armee	*Üb.Fuβa.*
	[01.04.1917]	6. Armee	*Krgl.*
	[12.05.1917]	2. Armee	*Krgl.*
	[31.05.1917 – 30.10.1917]	4. Armee	*D.Fuβa./Krgl.*
2. Bttr.	02.08.1914 – 26.08.1914	Gouv. Straßburg	*Gesch.*[2]
	27.08.1914 – 14.09.1914	I. bayer. Res.Korps	*Gesch.*
	15.09.1914 – 24.09.1914	Gouv. Straßburg	*Gesch.*
	25.09.1914 – 19.01.1916	A.Abt. Gaede	*Gesch.*
	20.01.1916 – 17.09.1916	5. Armee	*Gesch.*
	18.09.1916 – 29.03.1917	XIV. Res.Korps (1. Armee)	*Gesch.*
	30.03.1917 – 03.06.1917	6. Armee	*Gesch.*
	04.06.1917 – 12.11.1917	4. Armee	*Gesch.*
3. Bttr.	[20.12.1915 – 01.07.1916]	A.Abt. Strantz	*LÜW/Krgl.*
	[02.07.1916]	OHL Metz	*DW*
	[12.07.1916]	2. Armee	*DW*

---

[1] Rgt.Gesch. Fußart.Rgt. 10
[2] Blümner, 2. Res.Bttr. des niedersächsischen Fußart.Rgt. 10 (1936)

3. Bttr.	[01.09.1916 – 01.10.1916]	1. Armee	*Krgl.*
	[07.10.1916 – 01.02.1917]	5. Armee	*Üb.Fuβa.*
	[27.03.1917]	3. Armee	*D.Fuβa.*
	[12.04.1917 – 14.06.1917]	1. Armee	*D.Fuβa./Krgl.*
	[26.06.1917 – 01.08.1917]	7. Armee	*D.Fuβa./Krgl.*
	[15.08.1917 – 31.10.1917]	5. Armee	*D.Fuβa./Krgl.*
4. Bttr.	20.12.1915 – 31.05.1916	3. Armee	*Btl.Gesch.*[1]
	01.06.1916 – 15.06.1916	VII. Res.Korps	*Btl.Gesch.*
	16.06.1916 – 22.06.1916	3. Armee	*Btl.Gesch.*
	26.06.1916 – 16.09.1916	A.Abt. Woyrsch	*Btl.Gesch.*
	17.09.1916 – 13.10.1917	Südarmee	*Btl.Gesch.*
	23.10.1917 – 09.11.1917	Gouv. Lüttich	*Btl.Gesch.*

II. Btl.

St.,3.,4. Bttr.	[02.08.1914]	Gouv. Straßburg	*Krgl.*
Stab	[05.01.1915 – 20.03.1915]	10. Ers.Div.	*LÜW*
	28.04.1915 – 10.12.1915	Garde-Ers.Div.	*KTB*
	[18.12.1915]	OHL Köln	*DW*
3. Bttr.	[05.01.1915 – 20.03.1915]	10. Ers.Div.	*LÜW*
	[09.08.1915 – 20.12.1915]	A.Abt. Strantz	*LÜW/Krgl.*
4. Bttr.	26.08.1914 – 27.09.1914	III. bayer. AK	*Btl.Gesch.*[2]
	28.09.1914 – 19.12.1914	A.Abt. Falkenhausen	*Btl.Gesch.*
	20.12.1914 – 05.10.1915	A.Abt. Strantz	*Btl.Gesch.*
	06.10.1915 – 20.12.1915	3. Armee	*Btl.Gesch.*

III. Btl.

St.,5.–8. Bttr.	[02.08.1914]	Gouv. Straßburg	*Krgl.*
St.,5.–8. Bttr.	25.08.1914 – 07.09.1914	VII. Res.Korps	*KW*
St.,6.–9. Bttr.	[11.10.1914 – 03.03.1915]	XIV. Res.Korps	*Krgl./LÜW*
5. Bttr.	[05.01.1915 – 22.03.1916]	XV. Res.Korps	*LÜW*[3]
St.,6.,8.,9. Bttr.	[20.03.1915 – 22.02.1916]	XIV. Res.Korps	*LÜW/DW*
St.,6.,8.,9. Bttr.	[11.03.1916]	OHL Hirson	*DW*
St.,6.,8.,9. Bttr.	[24.03.1916 – 01.07.1916]	5. Armee	*DW/Krgl.*
5. Bttr.	[01.07.1916]	5. Armee	*Krgl.*
St.,6.,8.,9. Bttr.	[12.07.1916 – 15.10.1916]	2. Armee	*DW/Krgl.*
5. Bttr.	[12.07.1916]	2. Armee *DW*	
5. Bttr.	[28.08.1916 – 15.10.1916]	1. Armee	*Krgl./Üb.Fuβa.*
St.,6.,8.,9. Bttr.	[20.10.1916 – 10.11.1916]	6. Armee	*AB/Krgl.*
St.,6.,8.,9. Bttr.	[12.11.1916]	OHL bei 3. Armee	*D.Fuβa.*
St.,6.,8.,9. Bttr.	[25.11.1916 – 10.12.1916]	3. Armee	*D.Fuβa./Krgl.*
St.,6.,8.,9. Bttr.	[11.12.1916 – 01.09.1917]	öst.ung. 1. Armee	*D.Fuβa./Krgl.*
St.,6.,8.,9. Bttr.	[10.10.1917 – 15.11.1917]	öst.ung. 7. Armee	*Krgl.*
St.,6.,8.,9. Bttr.	[27.11.1917]	Straßburg	*D.Fuβa.*
St.,6.,8.,9. Bttr.	[10.02.1918]	Köln	*Üb.Fuβa.*
St.,6.,8.,9. Bttr.	[12.03.1918]	HGr. Dt. Kronprinz	*D.Fuβa.*
St.,6.,8.,9. Bttr.	[21.03.1918]	18. Armee	*Krgl.*

---

[1] Gesch. Fußart.Btl. 75
[2] Quelle: Gesch. Fußart.Btl. 75
[3] Gemäß LÜW gehörte die 5. Bttr. zumindest Jan. bis März 1915 zum II. Btl.

St.,6.,8.,9. Bttr.	[29.03.1918 – 09.05.1918]	7. Armee	*D.Fußa./Krgl.*
St.,6.,8.,9. Bttr.	[26.04.1918]	Hirson	*D.Fußa.*
St.,6.,8.,9. Bttr.	[31.05.1918 – 08.06.1918]	18. Armee	*D.Fußa./Krgl.*
St.,6.,8.,9. Bttr.	[19.06.1918 – 27.07.1918]	4. Armee	*D.Fußa./Krgl.*
St.,6.,8.,9. Bttr.	[28.07.1918]	Lüttich	*D.Fußa.*
St.,6.,8.,9. Bttr.	[18.09.1918 – 19.09.1918]	19. Armee	*FpÜb/D.Fußa.*
St.,6.,8.,9. Bttr.	[14.10.1918 – 04.12.1918]	A.Abt. C	*Krgl./FpÜb*
6.,8.,9. Bttr.	[12.12.1918]	10. Inf.Div.	*FpÜb*

IV. Btl.

St.,10. Bttr.	[18.10.1916 – 15.02.1917]	1. Armee	*Üb.Fußa./Krgl.*
5. Bttr.	[18.10.1916]	1. Armee	*Üb.Fußa.*
5. Bttr.	[28.10.1916]	6. Armee	*D.Fußa.*
5. Bttr.	[21.11.1916 – 01.02.1917]	1. Armee	*Krgl./Üb.Fußa.*
11. Bttr.	[30.01.1917 – 15.02.1917]	1. Armee	*D.Fußa./Krgl.*
St.,10.,11. Bttr.	[24.03.1917 – 05.05.1917]	6. Armee	*AB/Krgl.*
5. Bttr.	[09.03.1917 – 28.05.1917]	6. Armee	*Krgl.*
St.,10.,11. Bttr.	[09.05.1917 – 31.05.1917]	Maubeuge	*AB/D.Fußa.*
Stab	[11.06.1917]	4. Armee	*AB*
Stab	[20.06.1917 – 17.10.1917]	2. Armee	*Krgl./AB*
5. Bttr.	[20.06.1917 – 29.07.1917]	4. Armee	*Krgl./AB*
5. Bttr.	[08.08.1917 – 10.10.1917]	2. Armee	*Krgl.*
10. Bttr.	[01.07.1917 – 10.10.1917]	2. Armee	*AB/Krgl.*
11. Bttr.	[31.05.1917 – 17.10.1917]	2. Armee	*D.Fußa./Krgl.*
St.,5.,10.,11. Bttr.	[22.10.1917 – 01.07.1918]	4. Armee	*Krgl.*
St.,5.,10.,11. Bttr.	[28.07.1918]	Lüttich	*D.Fußa.*
St.,5.,10.,11. Bttr.	[18.09.1918 – 20.11.1918]	19. Armee	*FpÜb*

Zuteilungen:

Rgt.Stab	13.08.1914 – 16.08.1914	6. Armee	*RG[1]*
	26.08.1914 – 28.08.1914	I. bayer. Res.Korps	*RG*
	28.08.1914 – 02.09.1914	III. bayer. AK	*RG*
	03.09.1914 – 14.09.1914	I. bayer. Res.Korps	*RG*
	23.10.1914 – 23.05.1916	V. Res.Korps	*RG*
	24.05.1916 – 16.06.1916	X. Res.Korps	*RG*
	17.06.1916 – 28.06.1916	XV. AK	*RG*
	28.06.1916 – 13.07.1916	X. Res.Korps	*RG*
	15.07.1916 – 22.07.1916	10. bayer. Inf.Div.	*RG*
	22.07.1916 – 29.07.1916	117. Inf.Div.	*RG*
	03.08.1916 – 26.08.1916	XIII. AK	*RG*
	26.08.1916 – 17.09.1916	XII. Res.Korps	*RG*
	17.09.1916 – 29.09.1916	XXVI. Res.Korps	*RG*
	29.09.1916 – 11.10.1916	IX. Res.Korps	*RG*
	08.05.1917 – 14.07.1917	Bayer. Ers.Div.	*KA*
	15.07.1917 – 31.07.1917	6. bayer. Res.Div.	*KA*
	12.08.1917 – 29.07.1917	10. bayer. Inf.Div.	*KA*
	06.10.1917 – 13.10.1917	10. bayer. Inf.Div.	*KA*

---

[1] Rgt.Gesch. Fußart.Rgt. 10

1. Bttr.	08.12.1914 – 16.05.1915	61. Res.Inf.Brig.	*KW*
2. Bttr. halb	03.10.1914 – 01.12.1914	Det. Ferling	*KW*
2. Bttr. halb	01.12.1914 – 27.03.1915	52. Ldw.Brig.	*KW*
2. Bttr. halb	28.03.1915 – 24.11.1915	61. Ldw.Brig.	*KW*
2. Bttr.	02.01.1915 – 14.02.1915	Div. Fuchs	*Gesch.*[1]
	15.02.1915 – 01.04.1915	8. bayer. Res.Div.	*Gesch.*
	02.04.1915 – 19.01.1916	6. bayer. Ldw.Div.	*Gesch.*
	20.01.1916 – 19.02.1916	19. Res.Div.	*Gesch.*
	20.02.1916 – 17.09.1916	VII. Res.Korps	*Gesch.*
	18.09.1916 – 12.03.1917	26. Res.Div.	*Gesch.*
	13.03.1917 – 29.03.1917	50. Res.Div.	*Gesch.*
	20.04.1917 – 11.05.1917	I. bayer. Res.Korps	*Gesch.*
	12.05.1917 – 03.06.1917	III. bayer. Res.Korps	*Gesch.*
	04.06.1917 – 08.06.1917	238. Inf.Div.	*Gesch.*
	08.06.1917 – 12.06.1917	1. Garde-Res.Div.	*Gesch.*
	13.06.1917 – 15.06.1917	207. Inf.Div.	*Gesch.*
	15.06.1917 – 28.06.1917	11. Inf.Div.	*Gesch.*
	29.06.1917 – 03.07.1917	207. Inf.Div.	*Gesch.*
	04.07.1917 – 11.08.1917	18. Res.Div.	*Gesch.*
	12.08.1917 – 17.08.1917	24. Inf.Div.	*Gesch.*
	18.08.1917 – 31.08.1917	207. Inf.Div.	*Gesch.*
	21.10.1917 – 12.11.1917	8. Inf.Div.	*Gesch.*
3. Bttr.	28.04.1915 – 29.06.1916	Garde-Ers.Div.	*KTB*
4. Bttr.	01.10.1914 – 27.04.1915]	Garde-Ers.Div.	*KTB*
	27.06.1916 – 04.07.1916	Ldw.Div. Bredow	*Btl.Gesch.*
	05.07.1916 – 15.09.1916	3. Ldw.Div.	*Btl.Gesch.*
	20.09.1916 – 06.10.1916	208. Inf.Div.	*Btl.Gesch.*
	07.10.1916 – 28.10.1916	öst.ung. 55. Inf.Tr.Div.	*Btl.Gesch.*
III. Btl.			
5. Bttr.	21.08.1914 – 30.08.1914	Div. Ferling	*KW*
5. Bttr.	27.09.1914 – 02.10.1914	Bayer. Ers.Div.	*KA*
5. Bttr.	18.03.1915 – 25.06.1916	30. Res.Div.	*KW*
9. Bttr.	28.09.1915 – 18.10.1915	zgs. Div. Hartz	*KW*
St.,6.,8.,9. Bttr.	12.07.1916 – 19.07.1916	zgs. Div. Liebert	*KW*
IV. Btl.			
St.,5.,10.,11. Bttr.	12.08.1917 – 28.09.1917	10. bayer. Inf.Div.	*KW*
St.,5.,10.,11. Bttr.	17.09.1918 – 05.10.1918	Arko 129 (Abschnitt Mailly)	*KW*

Demobil: Rgt.Stab, III. u. IV. Btl. ab Mitte Dez. 1918 in Arolsen, Ende Jan. 1919 aufgelöst;[2] Abw.Stelle bei Fußart.Rgt. 10

Freiw.Form.: keine

Verbleib: keine Übernahme in die Rw.

Quellen: Rgt.Gesch. Fußart.Rgt. 10; Gesch. Fußart.Btl. 75

---

[1] Blümner, 2. Res.Bttr. des niedersächsischen Fußart.Rgt. 10 (1936)
[2] FpÜb v. 18.12.1918 – 29.01.1919

Reserve-Fußartillerie-Regiment Nr. 11

Formation:

Rgt.	Rgt.Stab, I. u. II. Btl. 02.08.1914 aufgestellt durch Fußart.Rgt. 11 in Thorn (gem. Mob.Plan)
Rgt.Stab	02.08.1914 übergetreten von Fußart.Rgt. 11
Rgt.Stab	Anf. Juli 1916 umgewandelt in General der Fußart. 22
neuer Rgt.Stab	30.06.1916 aufgestellt durch Ers.Btl./Fußart.Rgt. 11 (gem. KM v. 30.06.1916), mobil seit 05.07.1916
I. Btl.	02.08.1914 aufgestellt mit Stab, 1.–4. Bttr., leichter Mun.Kol. u. Park-Komp. (bis 19.12.1917)
3. Bttr.	ab 05.04.1915 mit Mun.Kol.
3. Bttr.	02.08.1915 umgewandelt in Fußart.Bttr. 115
	Btl. jetzt mit 1., 2. u. 4. Bttr.
leichte Mun.Kol.	30.08.1915 aufgelöst, dafür 1. u. 2. Bttr. mit Mun.Kol.
4. Bttr.	ab 31.12.1915 mit Mun.Kol.
II. Btl.	02.08.1914 aufgestellt mit Stab, 5.–8. Bttr., leichter Mun.Kol. u. Park-Komp. (bis 19.12.1917)
7. u. 8. Bttr.	01.12.1914 abgegeben an Halb-Btl. Grach (später III. Btl.)
leichte Mun.Kol.	Nov. 1915 aufgelöst, dafür 5. u. 6. Bttr. mit Mun.Kol.
9. Bttr.	15.01.1917 aufgestellt durch Gouv. Thorn bei Ers.Btl./Fußart.Rgt. 11 (gem. KM v. 15.01.1917), mit Mun.Kol.
	Btl. jetzt mit 5., 6. u. 9. Bttr.
III. Btl.	01.12.1915 aufgestellt als Halb-Btl. Grach mit Stab, 7. u. 8. Bttr.
Stab	aufgestellt durch I. Btl./2.Garde-Res.Fußart.Rgt.
7. u. 8. Bttr.	01.12.1914 übergetreten von II. Btl. mit leichter Mun.Kol.
leichte Mun.Kol.	Nov. 1915 aufgelöst, dafür 7. u. 8. Bttr. mit Mun.Kol.
III. Btl.	30.12.1915 aufgestellt aus bisherigem Halb-Btl. Grach
neuer Stab	30.12.1915 aufgestellt durch AOK 9 (gem. KM v. 30.12.1915), sogleich mobil
10. Bttr.	24.01.1917 aufgestellt durch HGr. Linsingen (gem. KM v. 24.01.1917) aus Fußart.Bttr. 121, mit Mun.Kol.
	Btl. jetzt mit 7., 8. u. 10. Bttr.

Bewaffnung:

1.–4. Bttr.	ab Aug. 1914	schw. Feldh. 02	*EB schw. Art.*
4. Bttr.	ab Febr. 1915	schw. Feldh.	*Krgl. 15.02.1915*
4. Bttr.	ab Jan. 1918	10 cm Kan. 04	*D.Fußa. 03.01.1918*
5.–8. Bttr.	ab Aug. 1914	schw. Feldh. 02	*RG*
5.,6. Bttr.	ab Okt. 1918	lange schw. Feldh. 13	*D.Fußa. 10.10.1918*
7. Bttr.	ab April 1918	lange schw. Feldh. 13	*D.Fußa. 26.04.1918*
9. Bttr.	ab Jan. 1917	schw. Feldh. 13	*RG*
9. Bttr.	ab Juni 1917	10 cm Kan. 14	*D.Fußa. 26.06.1917*
9. Bttr.	ab Okt. 1918	10 cm Kan. 17	*D.Fußa. 10.10.1918*
10. Bttr.	ab Jan. 1917	schw. Feldh. 13	*D.Fußa. 30.01.1917*
10. Bttr.	ab Nov. 1917	schw. Feldh. 02	*D.Fußa. 20.11.1917*

Ersatztr.Teil: Ers.Btl./Fußart.Rgt. 11

Unterstellung:

Rgt.Stab	05.09.1914 – 03.11.1914	Garde-Res.Korps	*RG*
	03.11.1914 – 15.11.1914	Gouv. Thorn	*RG*
	16.11.1914 – 26.11.1914	Div. Westernhagen	*RG*
	27.11.1914 – 04.12.1914	Gouv. Thorn	*RG*
	05.12.1914 – 20.08.1915	Korps Dickhuth	*RG*
	21.08.1915 – 30.09.1915	87. Inf.Div. (10. Armee)	*RG/DO*
	04.10.1915 – 06.07.1916	6. Armee	*RG/DW*
	15.07.1916 – 17.07.1916	5. Armee	*RG/DW*
	17.07.1916 – 25.09.1916	6. Armee	*RG/Krgl.*
	25.09.1916 – 15.03.1917	1. Armee	*RG/Krgl.*
	[16.03.1917 – 20.05.1917]	6. Armee	*RG/Krgl.*
	[23.05.1917 – 10.06.1917]	2. Armee	*RG/Krgl.*
	[20.06.1917 – 25.11.1917]	4. Armee	*RG/Krgl.*
	[28.11.1917 – 10.12.1917]	2. Armee	*AB/Krgl.*
	[31.12.1917 – 12.12.1918]	18. Armee	*D.Fußa./FpÜb*
I. Btl.			
St.,1.–4. Bttr.	02.08.1914 – 22.08.1914	35. Res.Div.	*RG*
St.,1.–3. Bttr.	23.08.1914 – 04.09.1914	Det. Mülmann	*RG*
St.,1.–3. Bttr.	05.09.1914 – 28.10.1914	35. Res.Div.	*RG*
St.,1.,2. Bttr.	29.10.1914 – 27.03.1915	35. Res.Div.	*RG*
3. Bttr.	10.11.1914 – 28.03.1915	II. Btl./Fußart.Rgt. 11	*RG*
4. Bttr.	26.09.1914 – 10.11.1914	II. Btl./Fußart.Rgt. 11	*RG*
St.,1.,2. Bttr.	28.03.1915 – 15.03.1916	A.Abt. Woyrsch	*RG*
St.,1.,2. Bttr.	16.03.1916 – 21.06.1916	10. Armee	*RG/Krgl.*
St.,2. Bttr.	22.06.1916 – 13.03.1917	A.Abt. Woyrsch	*RG/Krgl.*
1. Bttr.	[27.06.1916 – 20.02.1917]	Südarmee	*RG/Krgl.*
St.,1. Bttr.	14.03.1917 – 26.12.1917	A.Abt. Gronau	*RG/Krgl.*
2. Bttr.	[01.07.1917 – 09.08.1917]	öst.ung. 2. Armee	*RG/Krgl.*
2. Bttr.	[13.08.1917 – 07.10.1917]	8. Armee	*RG/D.Fußa.*
2. Bttr.	[08.10.1917 – 01.12.1917]	A.Abt. Woyrsch	*RG/Krgl.*
2. Bttr.	[25.12.1917]	HGr Linsingen	*D.Fußa.*
3. Bttr.	01.04.1915 – 02.08.1915	115. Inf.Div.	*RG/KW*
4. Bttr.	27.11.1914 – 08.08.1915	Det. Westernhagen	*KW*
4. Bttr.	[15.01.1916 – 01.09.1916]	12. Armee	*LÜO/Krgl.*
4. Bttr.	[18.09.1916 – 15.02.1917]	10. Armee	*DO/Krgl.*
4. Bttr.	[24.03.1917 – 22.12.1917]	A.Abt. Gronau	*Krgl.*
St.,1.,2.,4. Bttr.	28.12.1917 – 20.01.1918	Gouv. Thorn	*RG*
St.,1.,2.,4. Bttr.	25.01.1918 – 15.04.1918	18. Armee	*RG/Krgl.*
St.,1.,2.,4. Bttr.	16.04.1918 – 12.12.1918	Arko 51 (51. Res.Div.)	*KW/FpÜb*
II. Btl.			
St.,5.–8. Bttr.	03.08.1914 – 04.09.1914	Gouv. Thorn	*RG*
St.,5.–8. Bttr.	05.09.1914 – 07.11.1914	Garde-Res.Korps	*RG*
St.,5.–8. Bttr.	07.11.1914 – 16.11.1914	Gouv. Thorn	*RG*
St.,5.–8. Bttr.	17.11.1914 – 26.11.1914	Korps Dickhuth–Harrach	*RG*
7.,8. Bttr.	27.11.1914 – 30.12.1914	Gouv. Thorn	*RG*
St.,5.,6. Bttr.	27.11.1914 – 03.02.1915	1. Inf.Div.	*RG*
St.,5.,6. Bttr.	03.05.1915 – 17.06.1915	3. Garde-Inf.Div.	*RG*
St.,5.,6. Bttr.	18.06.1915 – 17.04.1916	1. Inf.Div.	*RG*

St.,5.,6. Bttr.	18.04.1916 – 15.07.1916	5. Armee	*RG*
	16.07.1916 – 09.08.1916	2. Armee	*RG*
	10.08.1916 – 19.08.1916	7. Armee	*RG*
	20.08.1916 – 17.12.1916	1. Armee	*RG*
	18.12.1916 – 13.01.1917	3. Armee	*RG*
St.,5.,6.,9. Bttr.	14.01.1917 – 24.03.1917	5. Armee	*RG*
	25.03.1917 – 04.04.1917	3. Armee	*RG*
	05.04.1917 – 12.05.1917	1. Armee	*RG*
	13.05.1917 – 07.06.1917	Trp.Üb.Pl. Insmingen	*RG*
	08.06.1917 – 28.06.1917	A.Abt. C	*RG*
	29.06.1917 – 12.08.1917	7. Armee	*RG*
	13.08.1917 – 31.08.1917	Trp.Üb.Pl. Hirson	*RG*
	01.09.1917 – 23.11.1917	7. Armee	*RG*
	24.11.1917 – 17.03.1918	3. Armee	*RG*
	18.03.1918 – 26.03.1918	18. Armee	*RG*
	27.03.1918 – 12.04.1918	7. Armee	*RG*
	13.04.1918 – 09.10.1918	Arko 2 (2. Inf.Div.)	*RG/KW*
	10.10.1918 – 13.11.1918	Kdtr. Trp.Üb.Pl. Lüttich	*RG*

Halb-Btl. Grach

St.,7.,8. Bttr.	03.12.1914 – 30.12.1915	9. Armee	*RG*

III. Btl.

St.,7.,8. Bttr.	30.12.1915 – 08.06.1916	9. Armee	*RG*
St.,7.,8. Bttr.	08.06.1916 – 30.12.1917	HGr. Linsingen	*RG/Krgl.*
10. Bttr.	10.04.1917 – 31.12.1917	HGr. Linsingen	*RG/Krgl.*
St.,7.,8.,10. Bttr.	03.01.1918 – 17.01.1918	Gouv. Thorn	*RG*
St.,7.,8.,10. Bttr.	18.01.1918 – 17.03.1918	18. Armee	*RG/Krgl.*
St.,7.,8.,10. Bttr.	18.03.1918 – 28.12.1918	Arko 103 (103. Inf.Div.)	*RG/FpÜb*

Zuteilungen:

Rgt.Stab	19.08.1915 – 12.09.1915	87. Inf.Div.	*RG*
	28.09.1916 – 02.03.1917	7. Inf.Div.	*RG*
	03.03.1917 – 16.03.1917	2. Garde-Res.Div.	*RG*
	16.03.1917 – 01.04.1917	23. Res.Div.	*RG*
	10.04.1917 – 24.04.1917	3. Bayer. Inf.Div.	*KA*
	08.12.1917 – 14.03.1918	30. Inf.Div.	*RG*
	14.03.1918 – 23.03.1918	4. Garde-Inf.Div.	*RG*
	30.03.1918 – 03.08.1918	33. Inf.Div.	*RG*
	03.08.1918 – 03.09.1918	197. Inf.Div.	*RG*
	03.09.1918 – 11.11.1918	208. Inf.Div.	*RG*

I. Btl.

3. Bttr.	14.10.1914 – 22.10.1914	21. Ldw.Brig.	*KW*
St.,1.,2. Bttr.	28.03.1915 – 17.06.1915	4. Ldw.Div.	*RG*
St.,1.,2. Bttr.	22.06.1915 – 15.03.1916	18. Ldw.Div.	*RG*
4. Bttr.	[25.08.1915 – 15.01.1916]	89. Inf.Div.	*DO/LÜO*
St.,1.,2. Bttr.	16.03.1916 – 01.04.1916	119. Inf.Div.	*RG*
2. Bttr.	17.04.1916 – 03.05.1916	9. Kav.Div.	*KW*
St.,2. Bttr.	22.06.1916 – 03.07.1916	18. Ldw.Div.	*RG*
St.,2. Bttr.	04.07.1916 – 13.03.1917	5. Res.Div.	*RG*
St.,1.,2. Bttr.	14.03.1917 – 26.12.1917	82. Res.Div.	*RG*

St.,1.,2.,4. Bttr.	25.01.1918 – 27.01.1918	238. Inf.Div.	*RG*
St.,1.,2.,4. Bttr.	28.01.1918 – 21.03.1918	36. Inf.Div.	*RG*
St.,1.,2.,4. Bttr.	23.03.1918 – 28.03.1918	10. Inf.Div.	*RG*
St.,1.,2.,4. Bttr.	30.03.1918 – 15.04.1918	242. Inf.Div.	*RG*
St.,1.,2.,4. Bttr.	01.05.1918 – 28.05.1918	2. Inf.Div.	*RG*
St.,1.,2.,4. Bttr.	10.06.1918 – 14.06.1918	11. bayer. Inf.Div.	*RG*
St.,1.,2.,4. Bttr.	15.06.1918 – 10.07.1918	1. Res.Div.	*RG*
St.,1.,2.,4. Bttr.	11.07.1918 – 17.07.1918	103. Inf.Div.	*RG*
St.,1.,2.,4. Bttr.	21.07.1918 – 27.08.1918	19. Ers.Div.	*RG*
St.,1.,2.,4. Bttr.	28.08.1918 – 01.09.1918	242. Inf.Div.	*RG*
II. Btl.	05.09.1914 – 25.10.1914	1. Garde-Res.Div.	*RG*
	25.10.1914 – 30.10.1914	3. Garde-Inf.Div.	*RG*
	16.11.1914 – 17.11.1914	Div. Westernhagen	*KW*
	24.11.1914 – 26.11.1914	Div. Westernhagen	*KW*
	21.01.1915 – 24.01.1915	öst.ung. 55. Inf.Tr.Div.	*RG*
	08.08.1915 – 10.08.1915	35. Res.Div.	*RG*
	01.09.1915 – 30.09.1915	82. Inf.Div.	*RG*
	01.10.1915 – 17.04.1916	22. Inf.Div.	*RG*
	18.04.1916 – 27.05.1916	Gen. d. Fußart. Nr. 7	*RG*
	28.05.1916 – 15.07.1916	Gen. d. Fußart. Nr. 1	*RG*
	16.07.1916 – 09.08.1916	35. Inf.Div.	*RG*
	10.08.1916 – 19.08.1916	XVIII. AK	*RG*
	30.09.1916 – 11.10.1916	19. Res.Div.	*RG*
	12.10.1916 – 05.12.1916	24. Res.Div.	*RG*
	30.12.1916 – 04.01.1917	103. Inf.Div.	*RG*
	05.01.1917 – 13.01.1917	Fußart.Rgt.Stab 218	*RG*
	14.01.1917 – 24.03.1917	13. Inf.Div.	*RG*
	25.03.1917 – 04.04.1917	214. Inf.Div.	*RG*
	05.04.1917 – 24.04.1917	Feldart.Rgt. Nr. 106	*RG*
	08.06.1917 – 28.06.1917	45. Res.Div.	*RG*
	29.06.1917 – 12.08.1917	47. Res.Div.	*RG*
	01.09.1917 – 05.09.1917	XI. AK	*RG*
	06.09.1917 – 04.10.1917	5. Garde-Inf.Div.	*RG*
	05.10.1917 – 26.10.1917	2. Garde-Inf.Div.	*RG*
	27.10.1917 – 23.11.1917	6. Inf.Div.	*RG*
	24.11.1917 – 05.01.1918	XXVI. Res.Korps	*RG*
	18.03.1918 – 24.03.1918	13. Ldw.Div.	*RG*
	27.03.1918 – 28.03.1918	14. Res.Div.	*RG*
	29.03.1918 – 30.03.1918	6. Res.Div.	*RG*
	30.03.1918 – 31.03.1918	211. Inf.Div.	*RG*
	01.04.1918 – 12.04.1918	14. Res.Div.	*RG*
	13.04.1918 – 19.04.1918	2. Inf.Div.	*RG*
	20.04.1918 – 02.05.1918	51. Inf.Div.	*RG*
	08.06.1918 – 11.06.1918	28. Inf.Div.	*KW*
Stab	02.09.1916 – 29.09.1916	18. Res.Div.	*RG*
	21.01.1917 – 04.03.1917	2. Ldw.Div.	*RG*
	27.06.1917 – 12.08.1917	XI. AK	*RG*
	06.01.1918 – 14.03.1918	28. Inf.Div.	*RG*

5. Bttr.	04.03.1915 – 03.05.1915	3. Garde-Inf.Div.	*RG*
	18.06.1915 – 17.04.1916	1. Inf.Div.	*KW*
	20.08.1916 – 29.09.1916	27. Inf.Div.	*RG*
	12.03.1917 – 24.03.1917	214. Inf.Div.	*RG*
	06.01.1918 – 17.03.1918	Schießpl. Vendresse	*RG*
6. Bttr.	18.06.1915 – 17.04.1916	1. Inf.Div.	*KW*
	20.08.1916 – 29.09.1916	27. Inf.Div.	*RG*
	05.02.1917 – 04.03.1917	1. Armee	*RG*
	05.03.1917 – 24.04.1917	4. Armee	*RG*
	28.05.1917 – 09.06.1917	4. Armee	*RG*
	20.06.1917 – 16.07.1917	4. Armee	*RG*
	14.09.1917 – 20.09.1917	6. Armee	*RG*
	06.01.1918 – 23.02.1918	51. Res.Div.	*RG*
	24.02.1918 – 17.03.1918	11. Inf.Div.	*RG*
	29.05.1918 – 29.06.1918	4. Armee	*RG*
	22.09.1918 – 02.10.1918	6. Armee	*RG*
9. Bttr.	23.05.1917 – 26.05.1917	1. bayer. Ldw.Div.	*RG*
	06.01.1918 – 23.02.1918	51. Res.Div.	*RG*
	24.02.1918 – 17.03.1918	11. Inf.Div.	*RG*
	01.04.1918 – 10.04.1918	211. Inf.Div.	*RG*
Halb-Btl. Grach			
St.,7.,8. Bttr.	03.12.1914 – 28.01.1915	25. Res.Div.	*RG*
	29.01.1915 – 05.02.1915	4. Inf.Div.	*RG*
	06.02.1915 – 17.03.1915	25. Res.Div.	*RG*
	17.03.1915 – 21.05.1915	Korps Posen	*RG*
	21.05.1915 – 30.12.1915	5. Res.Div.	*RG*
III. Btl.			
St.,7.,8. Bttr.	30.12.1915 – 08.06.1916	5. Res.Div.	*RG*
St.,7.,8. Bttr.	08.06.1916 – 10.12.1917	108. Inf.Div.	*RG*
10. Bttr.	10.04.1917 – 10.12.1917	108. Inf.Div.	*RG*
St.,7.,8.,10. Bttr.	10.12.1917 – 31.12.1917	10. Ldw.Div.	*RG*
St.,7.,8.,10. Bttr.	23.10.1918 – 25.10.1918	Arko 63	*RG*
St.,7.,8.,10. Bttr.	26.10.1918 – 05.11.1918	213. Inf.Div.	*RG*
St.,7.,8.,10. Bttr.	05.11.1918 – 12.11.1918	1. bayer. Inf.Div.	*RG*

Demobil: Rgt.Stab ab 14.12.1918 in Thorn
I. Btl. ab Anf. Jan. 1919 in Thorn, Jan. 1919 (?) aufgelöst[1]
II. Btl. ab 01.12.1918 in Thorn, am 07.12.1918 aufgelöst
III. Btl. ab Mitte Jan. 1919 in Danzig, am 19.01.1919 aufgelöst
Abw.Stelle bei Fußart.Rgt. 11

Freiw.Form.: keine

Verbleib: keine Übernahme in die Rw.

Quellen: Rgt.Gesch. Fußart.Rgt. 11

---

[1] Noch in FpÜb v. 12.03.1919

Sächs. Reserve-Fußartillerie-Regiment Nr. 12

Formation:

Rgt.	31.03.1916 aufgestellt durch Gouv. Metz bei Ers.Btl./Fußart.Rgt. 12 (gem. KM v. 31.03.1916 u. sächs. KM v. 31.03.1916) mit I.–III. Btl. durch Ausbau des bisherigen Res.Fußart.Btl. 12, sogleich mobil
Rgt.Stab	31.03.1916 aufgestellt durch Gouv. Metz bei Ers.Btl./Fußart.Rgt. 12 (gem. KM v. 31.03.1916 u. sächs. KM v. 31.03.1916)
I. Btl.	
Stab, 1. u. 3. Bttr.	31.03.1916 aufgestellt (gem. KM v. 31.03.1916 u. sächs. KM v. 31.03.1916) aus Stab, 1. u. 3. Bttr./Res.Fußart.Btl. 12, mit Mun.Kol., sogleich mobil
5. Bttr.	31.03.1916 aufgestellt durch Gouv. Metz bei Ers.Btl./Fußart.Rgt. 12 (gem. KM v. 31.03.1916 u. sächs. KM v. 31.03.1916) aus Abgaben der 1. u. 3. Bttr., mit Mun.Kol.
Btl.	jetzt mit 1., 3. u. 5. Bttr.
II. Btl., Stab	31.03.1916 aufgestellt durch Gouv. Metz bei Ers.Btl./Fußart.Rgt. 12 (gem. KM v. 31.03.1916 u. sächs. KM v. 31.03.1916)
2. u. 4. Bttr.	31.03.1916 aufgestellt (gem. KM v. 31.03.1916 u. sächs. KM v. 31.03.1916) aus 2. u. 4. Bttr./Res.Fußart.Btl. 12, mit Mun.Kol.
6. Bttr.	28.10.1917 aufgestellt durch Ers.Btl./Fußart.Rgt. 12 (gem. KM v. 29.10.1917 u. sächs. KM v. 27.10.1917) aus Fußart.Garnison-Bttr. 441, mit Mun.Kol., sogleich mobil; Bespannung abgegeben an die 2. Bttr./Fußart.Btl. 161
Btl.	jetzt mit 2., 4. u. 6. Bttr.
III. Btl., Stab	31.03.1916 aufgestellt durch Gouv. Metz bei Ers.Btl./Fußart.Rgt. 12 (gem. KM v. 31.03.1916 u. sächs. KM v. 31.03.1916)
7. Bttr.	31.03.1916 aufgestellt durch AOK 8 (gem. KM v. 13.03.1916 u. sächs. KM v. 19.03.1916) aus Abgaben der 5. u. 6. Bttr./Fußart.Rgt. 12, mit Mun.Kol., sogleich mobil
8. Bttr.	13.03.1916 aufgestellt durch A.Abt. Gaede (gem. KM v. 13.03.1916 u. sächs. KM v. 17.03.1916), aus Abgaben der 8. Bttr./Fußart.Rgt. 12, mit Mun.Kol., sogleich mobil
9. Bttr.	31.03.1916 aufgestellt durch Gouv. Metz bei Ers.Btl./Fußart.Rgt. 12 (gem. KM v. 31.03.1916) aus Abgaben der 5. u. 6. Bttr. des Ers.Btl./Fußart.Rgt. 12, mit Mun.Kol., sogleich mobil; Bespannung abgegeben an die 3. Bttr./Fußart.Btl. 161
Btl.	jetzt mit 7. – 9. Bttr.

Bewaffnung:

1.–5. Bttr.	ab April 1916	Mörser	*Krgl.*
1. Bttr.	ab Juni 1918	lange Mörser	*D.Fußa. 19.06.1918*
1. Bttr.	ab Juli 1918	lange schw. Feldh. 13	*D.Fußa. 03.07.1918*
3. Bttr.	ab Juli 1918	lange schw. Feldh. 13	*D.Fußa. 03.07.1918*
5. Bttr.	ab Juni 1918	15 cm Kan. 16 Kp. (Kraftzug)	*D.Fußa. 19.06.1918*
5. Bttr.	ab Juli 1918	10 cm Kan. 04	*D.Fußa. 03.07.1918*
6. Bttr.	ab Nov. 1917	lange Mörser	*D.Fußa. 10.11.1917*
6. Bttr.	ab April 1918	15 cm Kan. 16 Kp. (Kraftzug)	*D.Fußa. 18.04.1918*
7.–9. Bttr.	ab April 1916	Mörser	*Krgl.*
7., 8. Bttr.	ab Juli 1918	lange Mörser	*D.Fußa. 14.07.1918*
9. Bttr.	ab Mai 1918	15 cm Kan. 16 Kp. (Kraftzug)	*D.Fußa. 06.05.1918*

Ersatztr.Teil: Ers.Btl./Fußart.Rgt. 12

Unterstellung:

Rgt.Stab	[02.07.1916 – 01.02.1917]	HGr. Linsingen	*DW/Üb.Fuβa.*
	[21.04.1917]	1. Armee	*Krgl.*
	[28.04.1917 – 15.10.1917]	6. Armee	*D.Fuβa./Krgl.*
	[20.10.1917 – 22.11.1917]	4. Armee	*D.Fuβa./Krgl.*
	[25.11.1917 – 10.02.1918]	2. Armee	*Krgl./Üb.Fuβa.*
	[13.02.1918 – 01.05.1918]	17. Armee	*D.Fuβa./Krgl.*
	[31.05.1918 – 04.12.1918]	7. Armee	*D.Fuβa./FpÜb*
	[12.12.1918 – 18.12.1918]	3. Armee	*FpÜb*
I. Btl.			
St.,1.,3.,5. Bttr.	[24.03.1916 – 05.04.1916]	OHL Metz	*DW*
St.,1.,3.,5. Bttr.	[01.05.1916 – 01.07.1916]	5. Armee	*DW/Krgl.*
St.,1.,3.,5. Bttr.	[23.07.1916 – 07.10.1916]	6. Armee	*DW/Üb.Fuβa.*
St.,1.,3.,5. Bttr.	[15.10.1916 – 15.02.1917]	1. Armee	*Krgl*
St.,1.,3.,5. Bttr.	[09.03.1917 – 01.09.1917]	6. Armee	*Krgl.*
St.,1.,3.,5. Bttr.	[02.10.1917 – 10.12.1917]	4. Armee	*Krgl.*
St.,1.,3.,5. Bttr.	[15.12.1917 – 10.02.1918]	Lüttich	*D./Üb.Fuβa.*
St.,1.,3.,5. Bttr.	[01.03.1918]	17. Armee	*Krgl.*
St.,1.,3.,5. Bttr.	[07.04.1918 – 13.04.1918]	6. Armee	*D.Fuβa./AB*
St.,1.,3.,5. Bttr.	[13.04.1918 – 01.06.1918]	4. Armee	*AB/Krgl.*
St.,1.,3.,5. Bttr.	[06.06.1918]	Jurbise	*D.Fuβa.*
St.,1.,3.,5. Bttr.	[28.07.1918 – 01.08.1918]	18. Armee	*D.Fuβa./Krgl.*
St.,1.,3.,5. Bttr.	[19.08.1918]	2. Armee	*D.Fuβa.*
St.,1.,3.,5. Bttr.	[09.09.1918 – 30.10.1918]	18. Armee	*D.Fuβa./FpÜb*
St.,1.,3.,5. Bttr.	[03.11.1918 – 18.12.1918]	7. Armee	*FpÜb*
II. Btl.			
Stab	[05.04.1916 – 26.07.1916]	5. Armee	*DW/Krgl.*
2.,4. Bttr.	[01.04.1916 – 01.07.1916]	5. Armee	*Krgl.*
2. Bttr.	[23.07.1916]	2. Armee	*DW*
2. Bttr.	[28.08.1916 – 18.09.1916]	1. Armee	*Krgl.*
4. Bttr.	[12.07.1916 – 28.08.1916]	2. Armee	*DW/Krgl.*
St.,2.,4. Bttr.	[24.09.1916 – 01.02.1917]	1. Armee	*DW/Üb.Fuβa.*
St.,2.,4. Bttr.	[09.03.1917 – 05.05.1917]	6. Armee	*Krgl.*
St.,2.,4. Bttr.	[24.05.1917]	4. Armee	*Krgl.*
St.,2.,4. Bttr.	[31.05.1917]	Maubeuge	*D.Fuβa.*
St.,2.,4. Bttr.	[26.06.1917]	Oberost	*D.Fuβa.*
St.,2.,4. Bttr.	[15.07.1917 – 26.10.1917]	öst.ung. 2. Armee	*Krgl.*
St.,2.,4.,6. Bttr.	[10.11.1917]	Metz	*D.Fuβa.*
6. Bttr.	[20.11.1917]	Insmingen	*D.Fuβa.*
St.,2.,4.,6. Bttr.	[05.12.1917 – 10.04.1918]	A.Abt. B	*D.Fuβa./Krgl.*
St.,2.,4. Bttr.	[14.04.1918 – 18.04.1918]	17. Armee	*Krgl./D.Fuβa.*
6. Bttr.	[18.04.1918]	Metz	*D.Fuβa.*
St.,2.,4. Bttr.	[26.04.1918]	Insmingen	*D.Fuβa.*
St.,2.,4.,6. Bttr.	[14.05.1918 – 31.05.1918]	7. Armee	*D.Fuβa./Krgl.*
St.,2.,4.,6. Bttr.	[06.06.1918 – 08.06.1918]	18. Armee	*D.Fuβa.*
St.,2.,4.,6. Bttr.	[14.07.1918 – 10.09.1918]	7. Armee	*D.Fuβa./Krgl.*
St.,2.,4.,6. Bttr.	[13.09.1918 – 18.09.1918]	9. Armee	*D.Fuβa./FpÜb*
St.,2.,4.,6. Bttr.	[25.09.1918 – 04.12.1918]	7. Armee	*FpÜb*
St.,2.,4.,6. Bttr.	[12.12.1918 – 28.12.1918]	3. Armee	*FpÜb*

III. Btl.

Stab	[05.04.1916]	OHL Metz	*DW*
7. Bttr.	[24.03.1916 – 01.05.1916]	8. Armee	*DO/Krgl.*
8. Bttr.	[24.03.1916 – 05.04.1916]	A.Abt. Gaede	*DW*
9. Bttr.	[05.04.1916]	OHL Metz	*DW*
Stab	[15.04.1916 – 01.07.1916]	5. Armee	*DW/Krgl.*
7. Bttr.	[17.05.1916]	OHL Metz	*DW*
8. Bttr.	[19.06.1916]	OHL Metz	*DW*
9. Bttr.	[01.05.1916 – 01.07.1916]	5. Armee	*DW/Krgl.*
7.,8. Bttr.	[01.07.1916 – 12.07.1916]	5. Armee	*Krgl./DW*
St.,7.,8.,9. Bttr.	[23.07.1916 – 31.07.1916]	2. Armee	*DW/Goes*
St.,7.,8.,9. Bttr.	[16.08.1916 – 27.03.1917]	1. Armee	*DW/D.Fußa.*
St.,7.,8.,9. Bttr.	[12.04.1917]	Longuyon	*D.Fußa.*
St.,7.,8.,9. Bttr.	[20.04.1917]	5. Armee	*Krgl.*
St.,7.,8.,9. Bttr.	[01.05.1917]	3. Armee	*Krgl.*
St.,7.,8.,9. Bttr.	[25.05.1917 – 01.08.1917]	1. Armee	*Krgl.*
St.,7.,8.,9. Bttr.	[07.08.1917]	Longuyon	*D.Fußa.*
St.,7.,8.,9. Bttr.	[26.08.1917 – 05.09.1917]	Hirson	*D.Fußa.*
St.,7.,8.,9. Bttr.	[25.09.1917]	7. Armee	*D.Fußa.*
St.,7.,8.,9. Bttr.	[29.10.1917]	Hirson	*D.Fußa.*
St.,7.,8.,9. Bttr.	[25.11.1917 – 13.04.1918]	2. Armee	*Krgl.*
9. Bttr.	[06.05.1918]	Metz	*D.Fußa.*
St.,7.,8.,9. Bttr.	[16.05.1918 – 01.06.1918]	7. Armee	*Krgl.*
St.,7.,8.,9. Bttr.	[06.06.1918 – 08.06.1918]	18. Armee	*D.Fußa./Krgl.*
St.,7.,8.,9. Bttr.	[14.07.1918 – 27.07.1918]	7. Armee	*D.Fußa.*
St.,7.,8.,9. Bttr.	[28.07.1918 – 18.09.1918]	9. Armee	*D.Fußa./FpÜb*
St.,7.,8.,9. Bttr.	[25.09.1918 – 04.12.1918]	7. Armee	*FpÜb*
St.,7.,8.,9. Bttr.	[12.12.1918 – 28.12.1918]	3. Armee	*FpÜb*

Zuteilungen:

Rgt.Stab	22.10.1918 – 06.11.1918	2. Bayer. Inf.Div.	*KA*
I. Btl.	12.03.1917 – 23.03.1917	16. bayer. Inf.Div.	*KA*
	09.10.1917 – 02.11.1917	1. bayer. Res.Div.	*KA*
	18.11.1917 – 25.11.1917	8. bayer. Res.Div.	*KA*
II. Btl.	06.05.1917 – 10.05.1917	5. bayer. Inf.Div.	*KA*
	22.10.1918 – 06.11.1918	2. bayer. Inf.Div.	*KA*
III. Btl.	23.07.1916 – 15.08.1916	8. bayer. Res.Div.	*KA*
	22.10.1918 – 06.11.1918	2. bayer. Inf.Div.	*KA*
4. Bttr.	05.07.1917 – 11.07.1917	223. Inf.Div.	*KW*
7. Bttr.	[07.04.1916]	6. Ldw.Brig.	*DO*

Demobil: Rgt.Stab u. I. Btl. ab Mitte Dez. 1918 in Frankenberg (Sachsen), II. u. III. Btl. ab Ende Dez. 1918 in Chemnitz, Jan. 1919 (?) aufgelöst[1]
Abw.Stelle bei Fußart.Rgt. 12

Freiw.Form.: keine

Verbleib: keine Übernahme in die Rw.

---

[1] FpÜb v. 28.12.1918 u. 03.01.1919

Württ. Reserve-Fußartillerie-Regiment Nr. 13

Formation:

Rgt.	Rgt.Stab, I. u. II. Btl. 02.08.1914 aufgestellt durch Fußart.Rgt. 13 in Ulm (gem. Mob.Plan)
Rgt.Stab	02.08.1914 übergetreten von Fußart.Rgt. 13
I. Btl.	02.08.1914 aufgestellt mit Stab, 1.–4. Bttr., leichter Mun.Kol. u. Park-Komp. (bis 19.12.1917)
leichte Mun.Kol.	17.06.1915 aufgelöst, dafür 2. u. 4. Bttr. mit Mun.Kol.
1. u. 3. Bttr.	ab 11.08.1915 mit Mun.Kol.
1. u. 3. Bttr.	22.08.1915 abgegeben an III. Btl.
12. Bttr.	24.01.1917 aufgestellt durch AOK 5 (gem. KM v. 24.01.1917) aus Fußart.-Bttr. 239, mit Mun.Kol.
Btl.	jetzt mit 2., 4. u. 12. Bttr.
II. Btl.	02.08.1914 aufgestellt mit Stab, 5.–8. Bttr. u. Park-Komp. (bis 19.12.1917)
9.–11. Bttr.	01.07.1915 aufgestellt durch AOK 5 (gem. KM v. 07.07.1915), aus Abgaben der 5., 6. u. 8. Bttr., sogleich mobil
Btl.	jetzt mit 5.–11. Bttr.
8. Bttr.	ab 10.11.1916 mit Mun.Kol.
6.–8. Bttr.	16.06.1917 abgegeben an IV. Btl.
Btl.	jetzt mit 5., 9.–11. Bttr.
5., 9., 10. Bttr.	ab 12.11.1917 mit Mun.Kol.
11. Bttr.	12.11.1917 umgewandelt in 5. Bttr./Ldw.Fußart.Btl. 43
III. Btl., Stab	26.08.1915 aufgestellt (gem. KM v. 22.08.1915) aus Stab II. Btl./Fußart.Rgt. 16, sogleich mobil
1. u. 3. Bttr.	22.08.1915 übergetreten von I. Btl., mit Mun.Kol.
13. Bttr.	24.01.1917 aufgestellt durch HGr. Below (gem. KM v. 24.01.1917) aus Fuß-art.Bttr. 101, mit Mun.Kol.
Btl.	jetzt mit 1., 3. u. 13. Bttr.
IV. Btl., Stab	16.06.1917 aufgestellt durch HGr. Dt. Kronprinz (gem. KM v. 16.06.1917), sogleich mobil
6.–8. Bttr.	16.06.1917 übergetreten von II. Btl., mit Mun.Kol.

Bewaffnung:

1.–4. Bttr.	ab Aug. 1914	schw. Feldh. 02	*EB schw. Art.*
1.–3. Bttr.	ab Aug. 1915	schw. Feldh. 13	*LÜW 09.08.1915*
4. Bttr.	ab April 1917	schw. Feldh. 13	*Krgl. 21.04.1917*
5.–8. Bttr.	ab Aug. 1914	schw. Feldh.	*Mob.Plan*
5.–8. Bttr.	ab Jan. 1915	12 cm Kan.	*LÜW 05.01.1915*
5. Bttr.	ab Aug. 1915	schw. 12 cm Kan.	*LÜW 09.08.1915*
5. Bttr.	ab Okt. 1917	schw. Feldh. 02	*D.Fußa. 20.10.1917*
6. Bttr.	ab Aug. 1915	schw. 12 cm Kan.	*LÜW 09.08.1915*
6. Bttr.	ab Jan. 1917	10 cm Kan.	*D.Fußa. 22.01.1917*
6. Bttr.	ab Juni 1917	lange schw. Feldh. 13	*D.Fußa. 26.06.1917*
7. Bttr.	ab Aug. 1915	15 cm Ring-Kan.	*LÜW 09.08.1915*
7. Bttr.	ab Jan. 1917	10 cm Kan.	*D.Fußa. 22.01.1917*
7. Bttr.	ab Juni 1917	lange schw. Feldh. 13	*D.Fußa. 26.06.1917*
8. Bttr.	ab Febr. 1916	schw. 12 cm Kan.	*DW 22.02.1916*
8. Bttr.	ab Nov. 1916	10 cm Kan. 04	*D.Fußa. 05.11.1916*
8. Bttr.	ab Dez. 1917	10 cm Kan. 14	*D.Fußa. 25.12.1917*

9.,10.,11. Bttr.	ab Juli 1915	12 cm Kan.	*LÜW 09.08.1915*
9.,10.,11. Bttr.	ab Febr. 1916	schw. 12 cm Kan.	*DW 22.02.1916*
9. Bttr.	ab Nov. 1917	schw. Feldh. 02	*D.Fußa. 27.11.1917*
10. Bttr.	ab Nov. 1917	schw. Feldh. 02	*Krgl. 16.11.1917*
12. Bttr.	ab Jan. 1917	schw. Feldh.	*D.Fußa. 30.01.1917*
12. Bttr.	ab April 1917	schw. Feldh. 13	*Krgl. 21.04.1917*
13. Bttr.	ab Jan. 1917	schw. Feldh. 02	*D.Fußa. 30.01.1917*
Ersatztr.Teil:	Ers.Btl./Fußart.Rgt. 13		

Unterstellung:

Rgt.Stab	[02.08.1914]	Gouv. Straßburg	*Krgl.*
	25.08.1914 – 07.09.1914	VII. Res.Korps	*KW*
	27.09.1914 – 10.10.1914	III. Res.Korps	*KW*
	[06.12.1914]	XXIII. Res.Korps	*KTB*
	[05.01.1915 – 15.07.1916]	4. Armee	*LÜW/Krgl.*
	[31.07.1916 – 10.06.1917]	10. Armee	*Krgl.*
	[25.09.1917 – 19.12.1917]	HGr. Linsingen	*Krgl.*
I. Btl.			
St.,1.–4. Bttr.	[02.08.1914]	Gouv. Straßburg	*Krgl.*
St.,1.–4. Bttr.	25.08.1914 – 07.09.1914	VII. Res.Korps	*KW*
St.,1.–4. Bttr.	25.09.1914 – 18.10.1914	1. bayer. Ldw.Div.	*KA*
St.,1.–4. Bttr.	[19.10.1914 – 11.11.1914]	5. Armee	*Krgl.*
St.,1.–4. Bttr.	[05.01.1915]	A.Abt. Falkenhausen	*LÜW*
St.,2., 4. Bttr.	[18.01.1915 – 20.03.1915]	A.Abt. Gaede	*DW/LÜW*
Stab	[27.03.1915 – 22.02.1916]	A.Abt. Falkenhausen	*DW*
Stab	[02.07.1916 – 01.02.1917]	5. Armee	*DW/Üb.Fußa.*
1.,3. Bttr.	[18.01.1915]	5. Armee	*DW*
1.,3. Bttr.	[20.03.1915]	6. Armee	*LÜW*
1.,3. Bttr.	[07.05.1915]	OHL bei 5. Armee	*DW*
1.,3. Bttr.	[15.05.1915 – 09.08.1915]	OHL bei 6. Armee	*DW/LÜW*
1.,3. Bttr.	[19.08.1915]	4. Armee	*DW*
2. Bttr.	[09.08.1915]	A.Abt. Gaede	*LÜW*
2. Bttr.	[17.11.1915 – 01.12.1915]	3. Armee	*Krgl.*
2. Bttr.	[08.12.1915 – 29.07.1916]	11. Armee	*Krgl.*
2. Bttr.	[01.09.1916]	10. Armee	*LÜO*
2. Bttr.	[01.10.1916 – 01.03.1917]	HGr. Mackensen	*Krgl.*
4. Bttr.	[27.03.1915 – 22.02.1916]	A.Abt. Falkenhausen	*DW*
4. Bttr.	[05.04.1916]	OHL Straßburg	*DW*
4. Bttr.	[01.05.1916 – 01.07.1916]	5. Armee	*DW/Krgl.*
4. Bttr.	[12.07.1916 – 28.07.1916]	2. Armee	*DW/Krgl.*
4. Bttr.	[01.09.1916 – 01.12.1916]	7. Armee	*Krgl.*
4. Bttr.	[11.12.1916]	OHL Laon	*D.Fußa.*
4. Bttr.	[09.01.1917 – 01.02.1917]	5. Armee	*D./Üb.Fußa.*
4. Bttr.	[08.02.1917]	3. Armee	*D.Fußa.*
12. Bttr.	[30.01.1917 – 01.02.1917]	5. Armee	*D./Üb.Fußa.*
St.,2.,4.,12. Bttr.	[21.04.1917 – 02.10.1917]	1. Armee	*Krgl.*
St.,2.,4.,12. Bttr.	[20.10.1917 – 04.11.1917]	Maubeuge	*D.Fußa./Krgl.*
St.,2.,4.,12. Bttr.	[10.11.1917 – 01.12.1917]	4. Armee	*D.Fußa./Krgl.*

II. Btl.

St.,5.–8. Bttr.	[02.08.1914]	Gouv. Straßburg	*Krgl.*
St.,5.–8. Bttr.	[11.11.1914 – 09.08.1915]	5. Armee	*Krgl./LÜW*
St.,5.–11. Bttr.	[09.08.1915 – 07.10.1916]	5. Armee	*LÜW/Üb.Fußa.*
St.,5. Bttr.	[07.10.1916 – 01.08.1917]	5. Armee	*Krgl.*
St.,6.,7. Bttr.	[07.10.1916 – 15.06.1917]	5. Armee	*Krgl.*
8. Bttr.	[11.10.1916]	OHL Sedan	*D.Fußa.*
8. Bttr.	[19.10.1916]	OHL Straßburg	*D.Fußa.*
8. Bttr.	[05.11.1916]	OHL Laon	*D.Fußa.*
8. Bttr.	[25.11.1916 – 01.01.1917]	6. Armee	*D.Fußa./Krgl.*
8. Bttr.	[09.01.1917 – 13.01.1917]	1. Armee	*D.Fußa./Krgl.*
8. Bttr.	[22.01.1917 – 15.06.1917]	5. Armee	*Krgl.*
9.,10. Bttr.	[11.05.1916 – 01.08.1917]	5. Armee	*Krgl.*
11. Bttr.	[07.10.1916 – 19.10.1916]	5. Armee	*Krgl.*
11. Bttr.	[01.12.1916 – 01.01.1917]	3. Armee	*D.Fußa./Krgl.*
11. Bttr.	[22.01.1917 – 01.08.1917]	5. Armee	*D.Fußa./Krgl.*
St.,5.,9.–11. Bttr.	[07.08.1917 – 20.10.1917]	7. Armee	*D.Fußa./Krgl.*
St.,5.,9.–11. Bttr.	[29.10.1917]	Straßburg	*D.Fußa.*
St.,5.,9.,10. Bttr.	[10.11.1917]	Hirson	*D.Fußa.*
10. Bttr.	[16.11.1917 – 25.11.1917]	7. Armee	*Krgl.*
St.,5.,9.,10. Bttr.	[25.11.1917 – 10.12.1917]	2. Armee	*Krgl.*

III. Btl.

St.,1.,3. Bttr.	[22.08.1915 – 31.08.1915]	OHL bei 4. Armee	*DW*
St.,1.,3. Bttr.	[27.09.1915 – 18.11.1915]	11. Armee	*DO/Krgl.*
St.,1.,3. Bttr.	[09.12.1915]	HGr. Mackensen	*DO*
St.,1.,3. Bttr.	[17.01.1916 – 01.09.1916]	11. Armee	*Krgl.*
St.,1.,3. Bttr.	[01.10.1916 – 22.11.1917]	1. bulg. Armee	*Krgl.*
13. Bttr.	[01.02.1917 – 22.11.1917]	1. bulg. Armee	*Üb.Fußa./Krgl.*

IV. Btl.

St.,6.,7.,8. Bttr.	[26.06.1917 – 01.08.1917]	5. Armee	*D.Fußa./Krgl.*
St.,6.,7.,8. Bttr.	[26.08.1917]	Insmingen	*D.Fußa.*
St.,6.,7.,8. Bttr.	[25.09.1917]	Straßburg	*D.Fußa.*
St.,6.,7.,8. Bttr.	[17.10.1917 – 01.12.1917]	4. Armee	*Krgl.*

Zuteilungen:
I. Btl.

St.,1.–4. Bttr.	24.08.1914 – 02.09.1914	1. bayer. Inf.Div.	*KA*
Stab	24.11.1914 – 03.07.1916	1. bayer. Ldw.Div.	*KW/KA*
2. Bttr.	[24.11.1914 – 27.06.1915]	1. bayer. Ldw.Div.	*KW/Krgl.*
2. Bttr.	31.08.1916 – 09.09.1916	Kav.Det. Kaufmann	*KW*
2. Bttr.	29.09.1916 – 08.10.1916	42. Kav.Brig.	*KW*
3. Bttr.	22.09.1914 – 02.10.1914	Bayer. Ers.Div.	*DW*
4. Bttr.	24.11.1914 – 25.03.1916]	1. bayer. Ldw.Div.	*KW/KA*

II. Btl.

7. Bttr.	19.09.1914 – 02.10.1914	Bayer. Ers.Div.	*KA*

III. Btl.

St.,1.,3. Bttr.	[11.10.1915]	105. Inf.Div.	*DO*
St.,1.,3. Bttr.	[22.10.1915]	IV. Res.Korps	*DO*
St.,1.,3.,9. Bttr.	20.11.1916 – 30.06.1916	101. Inf.Div.	*KW*
St.,1.,3.,9. Bttr.	29.07.1916 – 19.11.1916	101. Inf.Div.	*KW*
13. Bttr.	27.05.1917 – 30.06.1917	101. Inf.Div.	*KW*

Verbleib: 19.12.1917 umbenannt in Res.Fußart.Rgt. 24 (gem. KM v. 19.12.1917)

Reserve-Fußartillerie-Regiment Nr. 14

Formation:

Rgt.	Rgt.Stab, I. u. II. Btl. 02.08.1914 aufgestellt durch Fußart.Rgt. 14 in Straßburg (gem. Mob.Plan)
Rgt.Stab	02.08.1914 aufgestellt
I. Btl.	02.08.1914 aufgestellt mit Stab, 1.–4. Bttr., leichter Mun.Kol. u. Park-Komp. (bis 19.12.1917)
3. Bttr.	ab 27.02.1915 mit Mun.Kol.
leichte Mun.Kol.	Juli 1915 aufgelöst, dafür 4. Bttr. mit Mun.Kol.
Stab	20.01.1916 umgewandelt in Stab/schw. Korps-Art.Btl. 2 (Marineformation), wieder neu aufgestellt
2. Bttr.	19.09.1915 umgewandelt in schw. 15 cm-Kan.Bttr. 7
Btl.	jetzt mit 1., 3. u. 4. Bttr.
1. Bttr.	ab 29.02.1916 mit Mun.Kol.
14. Bttr.	Ende Juli 1918 aufgestellt durch HGr. Deutscher Kronprinz (gem. KM v. 20.08.1918) aus Teilen der 1. Battr, mit Mun.Kol., sogleich mobil
Btl.	jetzt mit 1.,3.,4. u. 14. Bttr.
II. Btl.	02.08.1914 aufgestellt mit Stab, 5.–8. Bttr., leichter Mun.Kol. u. Park-Komp. (bis 01.11.1915)
leichte Mun.Kol.	17.06.1915 aufgelöst, dafür 6. u. 8. Bttr. mit Mun.Kol.
5. u. 7. Bttr.	ab 25.09.1915 mit Mun.Kol.
7. Bttr.	08.11.1916 abgegeben an IV. Btl.
6. Bttr.	08.12.1916 abgegeben an IV. Btl.
12. Bttr.	30.09.1917 aufgestellt (gem. KM v. 30.09.1917) aus Fußart.Bttr. 309
Btl.	jetzt mit 5., 8. u. 12. Bttr.
12. Bttr.	ab 27.12.1917 mit Mun.Kol.
III. Btl.	01.02.1915 aufgestellt durch Gouv. Straßburg bei Ers.Btl./Fußart.Rgt. 14 (gem. KM v. 01.02.1915), mit leichter Mun.Kol.
Stab	aus Stab des Mörser-Halb-Btl. Nitsche, mobil seit 15.02.1915
9. Bttr.	aus 8. Bttr./Fußart.Rgt. 13
10. Bttr.	aus 1. Bttr./Mörser-Halb-Btl. Nitsche
leichte Mun.Kol.	06.10.1915 aufgelöst
9. Bttr.	ab 04.11.1915 mit Mun.Kol.
10. Bttr.	ab Sept. 1915 mit Mun.Kol.
13. Bttr.	08.12.1917 aufgestellt in Köln (gem. KM v. 08.12.1917) aus Fußart.Bttr. 560
Btl.	jetzt mit 9., 10. u. 13. Bttr.

IV. Btl., Stab	04.11.1916 aufgestellt durch Gouv. Straßburg bei Ers.Btl./Fußart.Rgt. 14 (gem. KM v. 04.11.1916), sogleich mobil	
7. Bttr.	08.11.1916 übergetreten von II. Btl., mit Mun.Kol.	
6. Bttr.	08.12.1916 übergetreten von II. Btl., mit Mun.Kol.	
11. Bttr.	17.03.1917 aufgestellt durch HGr. Kronprinz Rupprecht (gem. KM v. 17.03.1917) aus Fußart.Bttr. 215 u. Besp.Abt. 11, mit Mun.Kol.; ab 05.05.1917 zum Btl.	
Btl.	jetzt mit 6., 7. u. 11. Bttr.	

Bewaffnung:

1.–4. Bttr.	ab Aug. 1914	10 cm Kan. 04	*RG*
1. Bttr.	ab Mai 1916	10 cm Kan. 14	*Krgl. 11.05.1916*
1. Bttr.	ab April 1918	schw. Feldh. 02	*D.Fußa. 26.04.1918*
3. Bttr.	ab Mai 1916	10 cm Kan, 14	*DW 01.05.1916*
4. Bttr.	ab April 1918	schw. Feldh. 02	*D.Fußa. 26.04.1918*
4. Bttr.	ab Juni 1918	10 cm Kan. 14	*Krgl. 08.06.1918*
4. Bttr.	ab Aug. 1918	schw. Feldh. 02	*Krgl. 01.08.1918*
5.–8. Bttr.	ab Aug. 1914	schw. Feldh. 02	*RG*
5. Bttr.	ab 24.04.1918	lange schw. Feldh. 13	*RG*
6. Bttr.	ab 15.03.1918	lange schw. Feldh. 13	*RG*
6. Bttr.	ab Okt. 1918	schw. Feldh. 13	*D.Fußa. 25.10.1918*
7. Bttr.	ab 15.03.1918	lange schw. Feldh. 13	*RG*
8. Bttr.	ab 24.04.1918	lange schw. Feldh. 13	*RG*
9.,10. Bttr.	ab März 1915	Mörser	*LÜW 20.03.1915*
9.,10. Bttr.	ab Aug. 1917	lange Mörser	*D.Fußa. 07.08.1917*
11. Bttr.	ab März 1917	schw. Feldh. 13	*RG*
11. Bttr.	ab 01.07.1917	10 cm Kan. 14	*RG/Krgl. 03.07.1917*
12. Bttr.	ab Sept. 1917	schw. Feldh. 02	*RG*
12. Bttr.	ab 24.04.1918	10 cm Kan. 14	*RG*
13. Bttr.	ab Dez. 1917	15 cm Kan. 16 Kp. (Kraftzug)	*D.Fußa. 10.11.1917*
14. Bttr.	ab Juli 1918	schw. Feldh. 02	*D.Fußa. 28.07.1918*

Ersatztr.Teil: Ers.Btl./Fußart.Rgt. 14

Unterstellung:

Rgt.Stab	02.08.1914 – 26.08.1914	Gouv. Straßburg	*WGM*
	27.08.1914 – 13.10.1914	III. Res.Korps	*WGM*
	14.10.1914 – 12.10.1917	4. Armee	*WGM*
	13.10.1917 – 27.10.1917	6. Armee	*Krgl./WGM*
	28.10.1917 – 17.02.1918	4. Armee	*Krgl./WGM*
	18.02.1918 – 20.08.1918	2. Armee	*Krgl./WGM*
	21.08.1918 – 03.10.1918	Jurbise	*D.Fußa./WGM*
	04.10.1918 – 05.12.1918	4. Armee	*FpÜb/WGM*
I. Btl.			
Stab	02.08.1914 – 18.08.1914	Gouv. Straßburg	*WGM*
	19.08.1914 – 02.09.1914	Det. Ferling	*RG*
	02.09.1914 – 01.12.1914	Korps Eberhardt	*RG*
	01.12.1914 – 15.01.1916	XV. Res.Korps	*WGM*
	16.01.1916 – 15.01.1917	4. Armee	*WGM/Krgl.*
	23.01.1917 – 27.06.1917	öst.ung. 4. Armee	*WGM*

1. Bttr.	02.08.1914 – 16.08.1914	Gouv. Straßburg	*WGM*
	17.08.1914 – 08.11.1914	XIV. AK	*WGM*
	09.11.1914 – 01.08.1915	6. Armee	*WGM*
	07.08.1915 – 26.01.1916	öst.ung. 5. Armee	*WGM/LÜW*
	31.01.1916 – 28.02.1916	OHL Straßburg	*RG/WGM*
	01.03.1916 – 20.08.1916	5. Armee	*RG/WGM*
	21.08.1916 – 20.11.1916	Südarmee	*RG/WGM*
	20.11.1916 – 07.12.1916	öst.ung. Korps Hoffmann	*RG/WGM*
	10.12.1916 – 21.01.1917	öst.ung. 1. Armee	*RG/WGM*
	22.01.1917 – 01.07.1917	öst.ung. 4. Armee	*RG/WGM*
	01.07.1917 – 02.02.1918	Abschnitt Zloczow	*WGM*
	03.02.1918 – 10.03.1918	A.Abt. D	*WGM/Krgl.*
	10.03.1918 – 13.09.1918	Ostsee-Div.	*KW*
	13.09.1918 – 05.12.1918	Dt. General in Finnland	*KW*
2. Bttr.	02.08.1914 – 18.08.1914	Gouv. Straßburg	*WGM*
	19.08.1914 – 18.04.1915	7. Armee	*WGM*
	19.04.1915 – 29.04.1915	OHL	*WGM*
	30.04.1915 – 04.05.1915	öst.ung. VI. Korps	*WGM*
	05.05.1915 – 24.06.1915	11. Armee	*WGM*
	25.06.1915 – 04.09.1915	Bugarmee	*WGM*
	04.09.1915 – 15.09.1915	Marsch nach Köln	*WGM*
3. Bttr.	02.08.1914 – 08.03.1916	30. Res.Div.	*WGM*
	09.03.1916 – 29.04.1916	Gouv. Straßburg	*WGM*
	30.04.1916 – 09.06.1916	OHL	*WGM*
	10.06.1916 – 18.01.1917	HGr. Linsingen	*WGM/Krgl.*
	19.01.1917 – 12.02.1917	8. Armee	*WGM/Krgl.*
	13.02.1917 – 30.06.1917	HGr. Linsingen	*WGM/Krgl.*
4. Bttr.	11.08.1914 – 15.08.1914	30. Res.Div.	*WGM*
	16.08.1914 – 01.09.1914	Gouv. Straßburg	*WGM*
	02.09.1914 – 30.11.1914	Korps Eberhardt	*WGM*
	01.12.1914 – 13.10.1915	XV. Res.Korps	*WGM/LÜW*
	14.10.1915 – 03.11.1915	3. Armee	*WGM/DW*
	04.11.1915 – 20.11.1915	Kdtr. Diedenhofen	*WGM*
	21.11.1915 – 05.08.1916	Bugarmee	*WGM/DW*
	05.08.1916 – 11.04.1917	A.Abt. Gronau	*Krgl./LÜO*
	12.04.1917 – 04.07.1917	HGr. Linsingen	*Krgl.*
St.,3.,4. Bttr.	01.07.1917 – 02.02.1918	öst.ung. 2. Armee	*WGM*
St.,3.,4. Bttr.	03.02.1918 – 10.04.1918	A.Abt. D	*WGM/Krgl.*
St.,3.,4. Bttr.	16.04.1918 – 05.05.1918	Hirson	*WGM/D.Fußa.*
St.,3.,4. Bttr.	06.05.1918 – 31.05.1918	7. Armee	*WGM/Krgl.*
St.,3.,4. Bttr.	01.06.1918 – 18.07.1918	18. Armee	*WGM/Krgl.*
St.,3.,4.,14. Bttr.	19.07.1918 – 09.08.1918	3. Armee	*WGM/Krgl.*
St.,3.,4.,14. Bttr.	10.08.1918 – 05.09.1918	OHL	*WGM*
St.,3.,4.,14. Bttr.	06.09.1918 – 03.10.1918	Jurbise	*WGM*
St.,3.,4.,14. Bttr.	04.10.1918 – 04.12.1918	4. Armee	*WGM/FpÜb*

II. Btl.

St.,5.–8. Bttr.	02.08.1914 – 17.08.1914	Gouv. Straßburg	*WGM/RG*
	18.08.1914 – 25.08.1914	29. Inf.Div.	*WGM/RG*
	26.08.1914 – 18.09.1914	I. bayer. Res.Korps	*WGM/RG*
	19.09.1914 – 19.10.1914	Garde-Ers.Div., 19. Ers.Div.	*WGM/RG*
	19.10.1914 – 21.10.1914	Gouv. Straßburg	*WGM/RG*
	22.10.1914 – 31.12.1914	5. Armee	*WGM/RG*
Stab	01.01.1915 – 30.08.1916	5. Armee	*RG/DW*
	07.09.1916 – 11.01.1917	XXXIX. Res.Korps	*WGM/RG*
	12.01.1917 – 29.11.1917	öst.ung. 1. Armee	*WGM/Krgl.*
5.,7. Bttr.	01.01.1915 – 14.04.1915	3. Armee	*RG/LÜW*
	15.04.1915 – 22.04.1915	OHL (Transport)	*WGM*
	23.04.1915 – 04.09.1915	11. Armee	*DW/RG*
	04.09.1915 – 10.09.1915	OHL	*DW/RG*
	[11.09.1915]	OHL bei 3. Armee	*DW*
	22.09.1915 – 06.10.1915	2. Armee	*WGM/RG*
	07.10.1915 – 23.01.1916	6. Armee	*WGM/RG*
5. Bttr.	24.01.1916 – 30.08.1916	5. Armee	*DW/RG*
	07.09.1916 – 12.02.1917	XXXIX. Res.Korps	*WGM/RG*
	13.02.1917 – 01.12.1917	öst.ung. 1. Armee	*WGM/Krgl.*
6. Bttr.	01.01.1915 – 23.09.1915	V. Res.Korps	*RG/DW*
	24.09.1915 – 03.07.1916	5. Armee	*RG/Krgl.*
	10.07.1916 – 22.08.1916	2. Armee	*WGM/DW*
	23.08.1916 – 21.09.1916	3. Armee	*WGM/DW*
	23.09.1915 – 29.09.1916	Sedan	*RG/DW*
	03.10.1916 – 12.10.1916	9. Armee	*RG/WGM*
	13.10.1916 – 05.11.1916	Südarmee	*RG/D.Fußa.*
	09.11.1916 – 07.12.1916	9. Armee	*RG/WGM*
7. Bttr.	24.01.1916 – 24.10.1916	5. Armee	*DW/RG*
	29.10.1916 – 06.11.1916	Südarmee	*RG/D.Fußa.*
8. Bttr.	01.01.1915 – 04.04.1915	V. Res.Korps	*WGM/DW*
	06.04.1915 – 17.07.1915	A.Abt. Strantz	*WGM/DW*
	18.07.1915 – 01.09.1916	5. Armee	*RG/Krgl.*
	[07.09.1916 – 01.10.1916]	Südarmee	*RG/Krgl.*
	[07.10.1916 – 23.03.1917]	9. Armee	*Üb.Fußa./Krgl.*
	23.03.1917 – 25.11.1917	öst.ung. 1. Armee	*WGM/Krgl.*
12. Bttr.	[11.10.1917]	öst.ung. 7. Armee	*D.Fußa.*
	[29.10.1917 – 24.11.1917]	öst.ung. 1. Armee	*D.Fußa./WGM*
St., 5.,8.,12. Bttr.	08.12.1917 – 21.02.1918	Straßburg	*RG/Üb.Fußa.*
	22.02.1918 – 29.03.1918	18. Armee	*D.Fußa./Krgl.*
	29.03.1918 – 18.04.1918	7. Armee	*D.Fußa./Krgl.*
	19.04.1918 – 06.05.1918	Hirson	*D.Fußa.*
	09.05.1918 – 12.09.1918	7. Armee	*RG/Krgl.*
	13.09.1918 – 04.10.1918	Jurbise	*RG/Krgl.*
	04.10.1918 – 04.12.1918	4. Armee	*RG/FpÜb*

III. Btl.

St.,9.,10. Bttr.	01.02.1915 – 28.02.1915	Gouv. Straßburg	*RG/WGM*
	01.03.1915 – 17.04.1915	3. Armee	*RG/WGM*
	22.04.1915 – 12.09.1915	11. Armee	*RG/WGM*
	17.09.1915 – 22.01.1916	3. Armee	*RG/WGM*
	23.01.1916 – 16.07.1916	5. Armee	*RG/WGM*
	17.07.1916 – 19.07.1916	2. Armee	*RG/WGM*
	19.07.1916 – 27.08.1916	1. Armee	*RG/WGM*
Stab	[28.08.1916 – 01.10.1916]	4. Armee	*RG/Krgl.*
	[07.10.1916]	OHL Gent	*Üb.Fußa.*
	[19.10.1916]	1. Armee	*D.Fußa.*
	[28.10.1916 – 14.01.1917]	2. Armee	*D.Fußa./RG*
	[14.01.1917 – 07.02.1917]	6. Armee	*RG/Krgl.*
	[07.02.1917 – 15.02.1917]	1. Armee	*AB/Krgl.*
	[27.03.1917 – 01.04.1917]	7. Armee	*D.Fußa./WGM*
9. Bttr.	28.08.1916 – 09.10.1916	1. Armee	*DW/RG*
	10.10.1916 – 28.10.1916	OHL Gent	*RG/D.Fußa.*
	28.10.1916 – 25.01.1917	5. Armee	*RG/Krgl.*
	25.01.1917 – 27.02.1917	OHL hinter 1. Armee	*WGM/D.Fußa.*
	28.02.1917 – 01.04.1917	7. Armee	*RG/D.Fußa.*
10. Bttr.	27.08.1916 – 30.09.1916	4. Armee	*DW/WGM*
	01.10.1916 – 16.10.1916	OHL Gent	*WGM/Üb.Fußa.*
	17.10.1916 – 17.03.1917	1. Armee	*WGM/Krgl.*
	18.03.1917 – 01.04.1917	OHL Hirson	*RG/WGM*
St.,9.,10. Bttr.	01.04.1917 – 31.07.1917	7. Armee	*WGM/Krgl.*
St.,9.,10. Bttr.	01.08.1917 – 18.08.1917	Hirson	*WGM/D.Fußa.*
St.,9.,10. Bttr.	19.08.1917 – 29.10.1917	6. Armee	*WGM/Krgl.*
St.,9.,10. Bttr.	30.10.1917 – 28.11.1917	4. Armee	*WGM/Krgl.*
St.,9.,10. Bttr.	29.11.1917 – 14.09.1918	6. Armee	*RG/Krgl.*
13. Bttr.	15.12.1917 – 14.09.1918	OHL Hirson	*RG/WGM*
St.,9.,10.,13. Bttr.	15.09.1918 – 14.10.1918	Jurbise	*RG/D.Fußa.*
St.,9.,10.,13. Bttr.	15.10.1918 – 04.12.1918	4. Armee	*RG/FpÜb*

IV. Btl.

St.,6.,7. Bttr.	08.11.1916 – 31.01.1917	9. Armee	*WGM/RG*
St.,6.,7. Bttr.	22.03.1917 – 12.04.1917	A.Abt. A	*WGM/Krgl.*
11. Bttr.	26.03.1917 – 01.05.1917	6. Armee	*WGM/Krgl.*
St.,6.,7. Bttr.	13.04.1917 – 19.05.1917	A.Abt. C	*WGM/Krgl.*
11. Bttr.	02.05.1917 – 19.07.1917	OHL	*WGM*
St.,6.,7.,11. Bttr.	20.05.1917 – 08.07.1917	1. Armee	*WGM/Krgl.*
St.,6.,7.,11. Bttr.	09.07.1917 – 29.07.1917	Longuyon	*WGM/D.Fußa.*
St.,6.,7.,11. Bttr.	30.07.1917 – 19.11.1917	7. Armee	*WGM/Krgl.*
St.,6.,7.,11. Bttr.	20.11.1917 – 24.03.1918	1. Armee	*RG/Krgl.*
St.,6.,7.,11. Bttr.	25.03.1918 – 27.05.1918	7. Armee	*RG/Krgl.*
St.,6.,7.,11. Bttr.	28.05.1918 – 22.06.1918	18. Armee	*WGM/D.Fußa.*
St.,6.,7.,11. Bttr.	23.06.1918 – 06.12.1918	3. Res.Div.	*WGM/RG*

Zuteilungen:

Rgt.Stab	14.10.1914 – 01.06.1915	XXII. Res.Korps	*WGM*
	30.01.1916 – 31.07.1916	26. Inf.Div.	*WGM*
	01.08.1916 – 27.09.1916	4. Ers.Div.	*WGM*
	28.09.1916 – 21.10.1916	58. Inf.Div.	*WGM*
	22.10.1916 – 26.11.1916	4. Ers.Div.	*WGM*
	27.11.1916 – 01.02.1917	204. Inf.Div.	*WGM*
	03.03.1917 – 10.06.1917	204. Inf.Div.	*WGM*
	11.06.1917 – 23.07.1917	195. Inf.Div.	*WGM*
	24.07.1917 – 02.08.1917	22. Res.Div.	*WGM*
	03.08.1917 – 20.08.1917	12. Inf.Div.	*WGM*
	21.08.1917 – 22.09.1917	9. Res.Div.	*WGM*
	23.09.1917 – 12.10.1917	25. Inf.Div.	*WGM*
	28.10.1917 – 12.12.1917	Marine-Korps	*WGM*
	13.12.1917 – 19.12.1917	11. Res.Div.	*WGM*
	20.12.1917 – 01.01.1918	12. Res.Div.	*WGM*
	02.01.1918 – 19.01.1918	11. Res.Div.	*WGM*
	20.01.1918 – 03.02.1918	31. Inf.Div.	*WGM*
	04.02.1918 – 13.02.1918	12. Res.Div.	*WGM*
	14.02.1918 – 17.02.1918	31. Inf.Div.	*WGM*
	18.02.1918 – 16.06.1918	XIII. AK	*WGM*
	17.06.1918 – 09.07.1918	Gen.Kdo. z.b.V. 54	*WGM*
	10.07.1918 – 28.07.1918	Gen.Kdo. z.b.V. 51	*WGM*
	29.07.1918 – 09.08.1918	109. Inf.Div.	*WGM*
	10.08.1918 – 15.08.1918	5. bayer. Inf.Div.	*WGM*
	16.08.1018 – 20.08.1918	Gen.Kdo. z.b.V. 51	*WGM*
	04.10.1918 – 10.11.1918	Marine-Korps	*WGM*
	11.11.1918 – 27.11.1918	13. Res.Div.	*WGM*
	28.11.1918 – 04.12.1918	Garde-Korps	*WGM*
I. Btl.			
Stab	26.09.1914 – 15.01.1916	61. Ldw.Brig.	*WGM*
	16.01.1916 – 25.07.1916	2. Marine-Div.	*WGM*
	26.07.1916 – 18.08.1916	XXVI. Res.Korps	*WGM*
	19.08.1916 – 31.08.1916	3. Garde-Inf.Div.	*WGM*
	01.09.1916 – 30.09.1916	206. Inf.Div.	*WGM*
	01.10.1916 – 15.01.1917	20. Ldw.Div.	*WGM*
	23.01.1917 – 24.04.1917	15. Inf.Div.	*WGM*
	25.04.1917 – 17.05.1917	86. Inf.Div.	*WGM*
	18.05.1917 – 27.06.1917	7. Ldw.Div.	*WGM*
	11.07.1917 – 04.08.1917	1. Garde-Inf.Div.	*WGM*
	05.08.1917 – 06.10.1917	22. Inf.Div.	*WGM*
	07.10.1917 – 14.01.1918	Bayer. Ers.Div.	*WGM*
	03.02.1918 – 09.02.1918	23. Ldw.Div.	*WGM*
	10.02.1918 – 09.04.1918	87. Inf.Div.	*WGM*
	05.05.1918 – 20.05.1918	231. Inf.Div.	*WGM*
	21.05.1918 – 31.05.1918	IV. Res.Korps	*WGM*
	01.06.1918 – 08.06.1918	VIII. AK	*WGM*
	09.06.1918 – 17.06.1918	17. Res.Div.	*WGM*
	18.06.1918 – 26.06.1918	222. Inf.Div.	*WGM*
	09.07.1918 – 18.07.1918	I. bayer. AK	*WGM*

Stab	19.07.1918 – 01.08.1918	7. Res.Div.	*WGM*
	02.08.1918 – 09.08.1918	XII. AK	*WGM*
	04.10.1918 – 11.11.1918	2. Marine-Div.	*WGM*
1. Bttr.	17.08.1914 – 07.10.1914	29. Inf.Div.	*RG*
	08.10.1914 – 02.02.1915	14. Inf.Div.	*RG*
	03.02.1915 – 21.03.1915	XIV. AK	*WGM*
	22.03.1915 – 01.08.1915	VII. AK	*WGM*
	07.08.1915 – 14.11.1915	öst.ung. 28. Inf.Tr.Div.	*WGM*
	15.11.1915 – 25.01.1916	öst.ung. 61. Inf.Tr.Div.	*WGM*
	01.03.1916 – 08.08.1916	XV. AK	*WGM*
	09.08.1916 – 20.08.1916	XVII. Res.Korps	*WGM*
	21.08.1916 – 22.09.1916	1. Res.Div.	*WGM*
	23.09.1916 – 15.10.1916	208. Inf.Div.	*WGM*
	16.10.1916 – 20.11.1916	49. Res.Div.	*WGM*
	20.11.1916 – 07.12.1916	öst.ung. 55. Inf.Trp.Div.	*WGM*
	10.12.1916 – 21.01.1917	8. bayer. Res.Div.	*WGM*
	22.01.1917 – 30.06.1917	VIII. AK	*WGM*
	01.07.1917 – 13.07.1917	223. Inf.Div.	*WGM*
	14.07.1917 – 02.08.1917	1. Garde-Inf.Div.	*WGM*
	03.08.1917 – 22.11.1917	232. Inf.Div.	*WGM*
	23.11.1917 – 31.01.1918	197. Inf.Div.	*WGM*
2. Bttr.	10.08.1914 – 11.08.1914	39. Inf.Div.	*WGM*
	19.08.1914 – 10.10.1914	XV. AK	*WGM*
	11.10.1914 – 14.04.1915	15. Res.Div.	*WGM*
	05.05.1915 – 24.06.1915	XXXXI. Res.Korps	*WGM*
	25.06.1915 – 13.07.1915	11. bayer. Inf.Div.	*WGM*
	14.07.1915 – 04.09.1915	XXIV. Res.Korps	*WGM*
3. Bttr.	10.06.1916 – 18.01.1917	X. AK	*WGM*
	19.01.1917 – 12.02.1917	1. Res.Div.	*WGM*
	13.02.1917 – 10.04.1917	1. Ldw.Div.	*WGM*
	11.04.1917 – 30.06.1917	107. Inf.Div.	*WGM*
	01.07.1917 – 13.07.1917	96. Inf.Div.	*WGM*
	14.07.1917 – 19.07.1917	1. Garde-Inf.Div.	*WGM*
	20.07.1917 – 03.10.1917	6. Inf.Div.	*WGM*
	04.10.1917 – 16.12.1917	14. bayer. Inf.Div.	*WGM*
	17.12.1917 – 15.01.1918	6. Res.Div.	*WGM*
	16.01.1918 – 31.01.1918	12. Ldw.Div.	*WGM*
	01.02.1918 – 13.02.1918	23. Ldw.Div.	*WGM*
	14.02.1918 – 18.02.1918	87. Inf.Div.	*WGM*
	05.05.1918 – 28.05.1918	231. Inf.Div.	*WGM*
	29.05.1918 – 02.06.1918	202. Inf.Div.	*WGM*
	03.06.1918	84. Inf.Div.	*WGM*
	04.06.1918 – 08.06.1918	4. Garde-Inf.Div.	*WGM*
	09.06.1918 – 20.06.1918	17. Res.Div.	*WGM*
	21.06.1918 – 24.06.1918	222. Inf.Div.	*WGM*
	09.07.1918 – 15.07.1918	30. Inf.Div.	*WGM*
	16.07.1918 – 17.07.1918	1. bayer. Inf.Div.	*WGM*
	04.10.1918 – 11.11.1918	2. Marine-Div.	*WGM*
	12.11.1918 – 10.12.1918	13. Res.Div.	*WGM*

4. Bttr.	21.08.1914 – 01.12.1915	Div. Ferling	*WGM/KW*
	01.12.1914 – 28.03.1915	52. Ldw.Brig.	*WGM/KW*
	28.03.1915 – 13.10.1915	61. Ldw.Brig.	*WGM/KW*
	14.10.1915 – 24.10.1915	23. Res.Div.	*WGM*
	25.10.1915 – 03.11.1915	7. Res.Div.	*WGM*
	21.11.1915 – 27.02.1916	3. Kav.Div.	*WGM*
	28.02.1916 – 11.04.1917	81. Res.Div.	*WGM*
	12.04.1917 – 13.05.1917	107. Inf.Div.	*WGM*
	14.05.1917 – 04.07.1917	215. Inf.Div.	*WGM*
	05.07.1917 – 12.07.1917	96. Inf.Div.	*WGM*
	13.07.1917 – 19.07.1917	1. Garde-Inf.Div.	*WGM*
	20.07.1917 – 04.10.1917	22. Inf.Div.	*WGM*
	05.10.1917 – 13.01.1918	bayer. Ers.Div.	*WGM*
	14.01.1918 – 04.02.1918	12. Ldw.Div.	*WGM*
	05.02.1918 – 15.04.1918	23. Inf.Div.	*WGM*
	07.05.1918 – 02.06.1918	231. Inf.Div.	*WGM*
	03.06.1918 – 11.06.1918	84. Inf.Div	*WGM*
	12.06.1918 – 19.06.1918	17. Res.Div.	*WGM*
	20.06.1918 – 29.06.1918	222. Inf.Div.	*WGM*
	06.07.1918 – 08.07.1918	I, bayer. AK	*WGM*
	09.07.1918 – 17.07.1918	2. bayer. Inf.Div.	*WGM*
	18.07.1918 – 19.07.1918	30. Inf.Div.	*WGM*
	20.07.1918 – 01.08 1918	7. Res.Div.	*WGM*
	05.10.1918 – 11.11.1918	2. Marine-Div.	*WGM*
	12.11.1918 – 06.12.1918	13. Res.Div.	*WGM*
II. Btl.			
Stab	26.08.1914 – 18.09.1914	5. bayer. Res.Div.	*WGM*
	30.09.1914 – 18.10.1914	19. Ers.Div.	*WGM*
	22.10.1914 – 05.11.1914	V. Res.Korps	*WGM*
	06.11.1914 – 28.11.1914	9. Res.Div.	*WGM*
	29.11.1914 – 31.12.1914	bayer. Fußart.Brig. Kdo. 2	*WGM*
	01.01.1915 – 14.01.1915	15. Inf.Div.	*WGM*
	15.01.1915 – 27.01.1915	bayer. Fußart.Brig. Kdo. 2	*WGM*
	28.01.1915 – 22.02.1915	9. Res.Div.	*WGM*
	23.02.1915 – 25.05.1915	Gen. d. Fußart. eines AOK 1	*WGM*
	26.05.1915 – 06.09.1916	Gen. d. Fußart. 8	*WGM*
	07.09.1916 – 04.10.1916	187. Inf.Div.	*WGM*
	05.10.1916 – 04.11.1916	76. Res.Div.	*WGM*
	05.11.1916 – 19.11.1916	öst.ung. 51. Inf.Tr.Div.	*WGM*
	20.11.1916 – 11.01.1917	187. Inf.Div.	*WGM*
	12.01.1917 – 02.04.1917	XXXX. Res.Korps	*WGM*
	03.04.1917 – 30.11.1917	Gr. Gerok	*WGM*
	29.03.1918 – 05.04.1918	241. Inf.Div.	*WGM*
	06.04.1918 – 09.04.1918	14. Res.Div.	*WGM*
	10.04.1918 – 06.05.1918	OHL	*WGM*
	07.05.1918 – 28.05.1918	6. bayer. Res.Div.	*WGM*
	29.05.1918 – 30.05.1918	AOK 18	*WGM*
	31.05.1918 – 01.06.1918	XXXVIII. Res.Korps	*WGM*
	02.06.1918 – 05.06.1918	106. Inf.Div.	*WGM*
	06.06.1918 – 07.06.1918	14. Inf.Div.	*WGM*
	08.06.1918 – 09.06.1918	106. Inf.Div.	*WGM*

Stab	12.06.1918 – 28.07.1918	10. Ldw.Div.	*WGM*
	29.07.1918 – 01.08.1918	216. Inf.Div.	*WGM*
	02.08.1918 – 17.08.1918	29. Inf.Div.	*WGM*
	18.08.1918 – 02.09.1918	4. Garde-Inf.Div.	*WGM*
	03.09.1918 – 12.09.1918	VIII. Res.Korps	*WGM*
	13.09.1918 – 04.10.1918	OHL	*WGM*
	05.10.1918 – 11.11.1918	38. Ldw.Div.	*WGM*
	12.11.1918 – Dez. 1918	13. Res.Div.	*RG*
5. Bttr.	21.08.1914 – 25.08.1914	I. bayer. AK	*WGM*
	26.08.1914 – 14.09.1914	III. bayer. AK	*WGM*
	15.09.1914 – 30.09.1914	Garde-Ers.Div.	*WGM*
	01.10.1914 – 17.10.1914	19. Ers.Div.	*WGM*
	18.10.1914 – 19.10.1914	19. Res.Div.	*WGM*
	20.10.1914 – 22.10.1914	OHL	*WGM*
	23.10.1914 – 30.10.1914	9. Res.Div.	*WGM*
	07.11.1914 – 28.11.1914	9. Res.Div.	*WGM*
	29.11.1914 – 31.12.1914	V. Res.Korps	*WGM*
	01.01.1915 – 08.01.1915	15. Inf.Div.	*WGM*
	09.01.1915 – 12.01.1915	16. Inf.Div.	*WGM*
	13.01.1915 – 14.04.1915	16. Res.Div.	*WGM*
	22.04.1915 – 11.05.1915	119. Inf.Div.	*WGM*
	12.05.1915 – 13.05.1915	11. bayer. Inf.Div.	*WGM*
	14.05.1915 – 17.05.1915	81. Res.Div.	*WGM*
	18.05.1915 – 04.06.1915	82. Res.Div.	*WGM*
	05.06.1915 – 10.06.1915	11. bayer. Inf.Div.	*WGM*
	11.06.1915 – 07.07.1915	Beskidenkorps	*WGM*
	08.07.1915 – 29.08.1915	öst.ung. VI. Korps	*WGM*
	30.08.1915 – 11.09.1915	X. AK	*WGM*
	22.09.1915 – 17.01.1916	1. bayer. Inf.Div.	*WGM*
	18.01.1916 – 28.01.1916	OHL	*WGM*
	29.01.1916 – 29.08.1916	Gen. d. Fußart. 1	*WGM*
	07.09.1916 – 09.09.1916	XXIX. Res.Korps	*WGM*
	10.09.1916 – 12.02.1917	187. Inf.Div.	*RG*
	13.02.1917 – 31.03.1917	öst.ung. 39. Feldart.Brig.	*WGM*
	01.04.1917 – 14.04.1917	Gr. Gerok	*WGM*
	15.04.1917 – 31.07.1917	öst.ung. 92. Feldart.Brig	*WGM*
	01.08.1917 – 30.11.1917	öst.ung. 37. Honved-Div.	*WGM*
	22.02.1918 – 14.03.1918	88. Inf.Div.	*WGM*
	15.03.1918 – 23.03.1918	OHL	*WGM*
	24.03.1918 – 30.03.1918	241. Inf.Div.	*WGM*
	31.03.1918 – 01.06.1918	XXXVIII. Res.Korps	*WGM*
	02.06.1918 – 05.06.1918	105. Inf.Div.	*WGM*
	06.06.1918 – 08.06.1918	14. Inf.Div.	*WGM*
	09.06.1918 – 22.07.1918	10. Ldw.Div.	*WGM*
	23.07.1918 – 28.07.1918	23. Inf.Div.	*WGM*
	29.07.1918 – 01.08.1918	12. bayer. Inf.Div.	*WGM*
	02.08.1918 – 17.08.1918	29. Inf.Div.	*WGM*
	18.08.1918 – 12.09.1918	4. Garde-Inf.Div.	*WGM*
	05.10.1918 – 11.11.1918	38. Ldw.Div.	*RG*
	12.11.1918 – Dez. 1918	13. Res.Div.	*RG*

6. Bttr.	01.01.1915 – April 1915	V. Res.Korps	*RG*
	April 1915 – 23.09.1915	10. Res.Div.	*RG*
	24.09.1915 – 05.01.1916	21. Res.Div.	*RG*
	06.01.1916 – 05.07.1916	22. Res.Div.	*WGM*
	06.07.1916 – 07.07.1916	1. Garde-Res.Div.	*WGM*
	08.07.1916	121. Inf.Div.	*WGM*
	09.07.1916	22. Res.Div.	*WGM*
	10.07.1916 – 24.07.1916	17. Inf.Div.	*WGM*
	25.07.1916 – 08.08.1916	36. Inf.Div.	*WGM*
	09.08.1916 – 24.08.1916	35. Inf.Div.	*WGM*
	25.08.1916 – 02.10.1916	29. Inf.Div.	*WGM*
	03.10.1916 – 20.11.1916	216. Inf.Div.	*WGM*
	21.11.1916 – 05.12.1916	15. bayer. Res.Inf.Brig.	*WGM*
	06.12.1916 – 08.12.1916	10. bosn. Geb.Brig.	*WGM*
7. Bttr.	26.08.1914 – 18.09.1914	5. bayer. Res.Div.	*WGM*
	19.09.1914 – 26.09.1914	Garde-Ers.Div.	*WGM*
	27.09.1914 – 28.09.1914	bayer. Ldw.Div.	*WGM*
	29.09.1914 – 17.10.1914	5. Bayer. Ldw.Brig.	*WGM/KW*
	22.10.1914 – 31.01.1915	9. Res.Div.	*WGM*
	01.02.1915 – 15.04.1915	16. Res.Div.	*WGM*
	23.04.1915 – 12.05.1915	119. Inf.Div.	*WGM*
	13.05.1915 – 14.05.1915	11. bayer. Inf.Div.	*WGM*
	15.05.1915	81. Inf.Div.	*WGM*
	16.05.1915 – 04.06.1915	82. Inf.Div.	*WGM*
	05.06.1915 – 10.06.1915	11. Inf.Div.	*WGM*
	11.06.1915 – 07.07.1915	35. Res.Div.	*WGM*
	08.07.1915 – 29.08.1915	öst.ung. VI. Korps	*WGM*
	30.08.1915 – 21.09.1915	X. AK	*WGM*
	22.09.1915 – 24.10.1915	12. Inf.Div.	*WGM*
	25.10.1915 – 23.01.1916	Div. Hartz	*WGM*
	24.01.1916 – 05.02.1916	10. Res.Div.	*WGM*
	06.02.1916 – 26.03.1916	XVIII. AK	*WGM*
	27.03.1916 – 25.05.1916	X. Res.Korps	*WGM*
	26.05.1916 – 11.09.1916	Gen. d. Fußart. 1	*WGM*
	12.09.1916 – 03.10.1916	Gen. d. Fußart. 30	*WGM*
	06.10.1916 – 17.10.1916	9. Ldw.Div.	*WGM*
	18.10.1916 – 23.10.1916	OHL Longuyon	*WGM*
	29.10.1916 – 06.11.1916	49. Res.Div.	*WGM*
8. Bttr.	26.08.1914 – 18.09.1914	5. bayer. Res.Div.	*WGM*
	19.09.1914 – 18.10.1914	9. Ers.Div.	*WGM*
	31.10.1914 – 04.11.1914	V. Res.Korps	*WGM*
	05.11.1914 – 11.11.1914	9. Res.Div.	*WGM*
	12.11.1914 – 29.11.1914	III. Res.Korps	*WGM*
	30.11.1914 – 05.04.1916	V. Res.Korps	*WGM*
	06.04.1916 – 17.07.1915	8. Ers.Div.	*WGM*
	18.07.1915 – 31.03.1916	21. Res.Div.	*WGM*
	01.04.1916 – 10.04.1916	11. Res.Div.	*WGM*
	11.04.1916 – 08.09.1916	22. Res.Div.	*WGM*
	09.09.1916 – 03.01.1917	216. Inf.Div.	*WGM*
	04.01.1917 – 15.01.1917	89. Inf.Div.	*WGM*

8. Bttr.	16.01.1917 – 29.02.1916	216. Inf.Div.	*WGM*
	23.03.1917 – 04.08.1917	218. Inf.Div.	*WGM*
	05.08.1917 – 25.08.1917	117. Inf.Div.	*WGM*
	26.08.1917 – 24.11.1917	225. Inf.Div.	*WGM*
	21.02.1918 – 11.03.1918	88. Inf.Div.	*WGM*
	12.03.1918 – 28.03.1918	26. Inf.Div.	*WGM*
	29.03.1918 – 17.04.1918	241. Inf.Div.	*WGM*
	13.05.1918 – 27.05.1918	6. bayer. Res.Div.	*WGM*
	28.05.1918 – 01.06.1918	OHL	*WGM*
	02.06.1918 – 04.06.1918	223. Inf.Div.	*WGM*
	05.06.1918 – 09.06.1918	14. Inf.Div.	*WGM*
	10.06.1918 – 12.06.1918	OHL	*WGM*
	13.06.1918 – 22.07.1918	10. Ldw.Div.	*WGM*
	23.07.1918 – 28.07.1918	23. Inf.Div.	*WGM*
	29.07.1918 – 01.08.1918	11. bayer. Inf.Div.	*WGM*
	02.08.1918 – 17.08.1918	29. Inf.Div.	*WGM*
	18.08.1918 – 30.08.1918	4. Garde-Inf.Div.	*WGM*
12. Bttr.	30.09.1917 – 23.10.1917	OHL	*WGM*
	24.10.1917 – 24.11.1917	225. Inf.Div.	*WGM*
	25.02.1918 – 11.03.1918	88. Inf.Div.	*WGM*
	12.03.1918 – 29.03.1918	28.Inf.Div.	*WGM*
	30.03.1918 – 18.04.1918	241. Inf.Div.	*WGM*
	11.05.1918 – 05.06.1918	6. bayer. Inf.Div.	*WGM*
	06.06.1918 – 11.06.1918	14. Inf.Div.	*WGM*
	12.06.1918 – 28.07.1918	10. Ldw.Div.	*WGM*
	29.07.1918 – 01.08.1918	216. Inf.Div.	*WGM*
	02.08.1918 – 17.08.1918	29. Inf.Div.	*WGM*
	18.08.1918 – 02.09.1918	4. Garde-Inf.Div.	*WGM*
	03.09.1918 – 12.09.1918	VIII. Res.Korps	*WGM*
	13.09.1918 – 04.10.1918	OHL	*WGM*
	05.10.1918 – 11.11.1918	38. Ldw.Div.	*WGM*
	12.11.1918 – Dez. 1918	13. Res.Div.	*WGM*
III. Btl.			
Stab	01.03.1915 – 31.03.1915	16. Inf.Div.	*WGM*
	01.04.1915 – 21.04.1915	19. Res.Div.	*WGM*
	22.04.1915 – 10.05.1915	119. Inf.Div.	*WGM*
	11.05.1915 – 13.05.1915	öst.ung. 39. Inf.Tr.Div.	*WGM*
	14.05.1915 – 21.05.1915	Garde-Korps	*WGM*
	22.05.1915 – 25.05.1915	81. Res.Div.	*WGM*
	26.05.1915 – 04.06.1915	11. bayer. Inf.Div.	*WGM*
	05.06.1915 – 23.06.1915	Garde-Korps	*WGM*
	24.06.1915 – 26.07.1915	XXII. Res.Korps	*WGM*
	27.07.1915 – 28.07.1915	X. Res.Korps	*WGM*
	29.07.1915 – 08.08.1915	XXII. Res.Korps	*WGM*
	09.08.1915 – 03.09.1915	X. Res.Korps	*WGM*
	16.09.1915 – 22.01.1916	XII. Res.Korps	*RG*
	17.07.1916 – 22.07.1916	IV. AK	*RG*
	23.07.1916 – 27.08.1916	IX. Res.Korps	*RG*
	28.08.1916 – 27.10.1916	4. Armee	*RG*
	28.10.1916 – 08.02.1917	24. Res.Div.	*WGM*

Stab	09.02.1917 – 09.03.1917	OHL	*WGM*
	10.03.1917 – 11.04.1917	222. Inf.Div.	*WGM*
	12.04.1917 – 22.04.1917	25. Ldw.Div.	*WGM*
	23.04.1917 – 06.05.1917	44. Res.Div.	*WGM*
	07.05.1917 – 21.05.1917	206. Inf.Div.	*WGM*
	22.05.1917 – 28.05.1917	2. bayer. Inf.Div.	*WGM*
	29.05.1917 – 04.06.1917	15. Inf.Div.	*WGM*
	05.06.1917 – 27.06.1917	41. Inf.Div.	*WGM*
	28.06.1917 – 31.07.1917	5. Res.Div.	*WGM*
	18.08.1917 – 29.10.1917	36. Res.Div.	*WGM*
	30.10.1917 – 01.11.1917	8. bayer. Res.Div.	*WGM*
	02.11.1917 – 28.11.1917	35. u. 58. Inf.Div.	*WGM*
	29.11.1917 – 20.12.1917	236. Inf.Div.	*WGM*
9. Bttr.	02.09.1914 – 11.09.1914	Fußart.Brig.Kdo. 4	*WGM*
	01.03.1915 – 21.04.1915	16. Inf.Div.	*WGM*
	22.04.1915 – 06.05.1915	119. Inf.Div.	*WGM*
	07.05.1915 – 10.05.1915	11. bayer. Inf.Div.	*WGM*
	11.05.1915 – 14.05.1915	öst.ung. VI. Korps	*WGM*
	15.05.1915 – 12.06.1915	Garde-Korps	*WGM*
	13.06.1915 – 22.06.1915	2. Garde-Inf.Div.	*WGM*
	23.06.1915 – 16.07.1915	XXII. Res Korps	*WGM*
	17.07.1915 – 12.09.1915	Garde-Korps	*WGM*
	22.09.1915 – 07.01.1916	XII. Res.Korps	*WGM*
	08.01.1916 – 21.01.1916	OHL	*WGM*
	22.01.1916 – 29.06.1916	VII. Res.Korps	*WGM*
	30.06.1916 – 16.07.1916	Gen. d. Fußart. 5	*WGM*
	28.08.1916 – 02.10.1916	45. Res.Div.	*WGM*
	03.10.1916 – 06.10.1916	3. bayer. Inf.Div.	*WGM*
	07.10.1916 – 27.10.1916	OHL	*WGM*
	28.10.1916 – 24.01.1917	192. Inf.Div.	*WGM*
	25.01.1917 – 27.02.1917	OHL	*WGM*
	28.02.1917 – 08.04.1917	222. Inf.Div.	*WGM*
	09.04.1917 – 22.04.1917	25. Ldw.Div.	*WGM*
	23.04.1917 – 08.05.1917	44. Res.Div.	*WGM*
	09.05.1917 – 21.05.1917	206. Inf.Div.	*WGM*
	22.05.1917 – 29.05.1917	2. bayer. Inf.Div.	*WGM*
	30.05.1917 – 08.06.1917	15. Inf.Div.	*WGM*
	09.06.1917 – 26.06.1917	41. Inf.Div.	*WGM*
	27.06.1917 – 31.07.1917	5. Res.Div.	*WGM*
	19.08.1917 – 17.10.1917	36. Res.Div.	*WGM*
	18.10.1917 – 31.10.1917	17. Inf.Div.	*WGM*
	01.11.1917 – 04.11.1917	35. Inf.Div.	*WGM*
	05.11.1917 – 10.11.1917	8. bayer. Res.Div.	*WGM*
	11.11.1917 – 13.11.1917	185. Inf.Div.	*WGM*
	14.11.1917 – 19.11.1917	35. Inf.Div.	*WGM*
	20.11.1917 – 28.11.1917	58. Inf.Div.	*WGM*
	29.11.1917 – 19.12.1917	256. Inf.Div.	*WGM*
	20.12.1917 – 31.03.1918	4. Inf.Div.	*WGM*

10. Bttr.	01.03.1915 – 28.03.1915	VIII. AK	*WGM*
	29.03.1915 – 14.04.1915	X. Res.Korps	*WGM*
	01.05.1915 – 14.05.1915	119. Inf.Div.	*WGM*
	15.05.1915 – 21.05.1915	2. Garde-Inf.Div.	*WGM*
	22.05.1915 – 25.05.1915	81. Res.Div	*WGM*
	26.05.1915 – 04.06.1915	11. bayer. Inf.Div.	*WGM*
	05.06.1915 – 10.06.1915	2. Garde-Inf.Div.	*WGM*
	11.06.1915 – 13.06 1915	öst.ung. VI. Korps	*WGM*
	14.06.1915 – 23.06.1915	2. Garde-Inf.Div.	*WGM*
	24.06.1915 – 09.08.1915	XXII. Res.Korps	*WGM*
	10.08.1915 – 03.09.1915	X. AK	*WGM*
	04.09.1915 – 22.09.1915	OHL	*WGM*
	23.09.1915 – 03.01.1916	XII. Res.Korps	*WGM*
	04.01.1916 – 11.01.1916	XIV. AK	*WGM*
	23.01.1916 – 16.07.1916	13. Res.Div.	*WGM*
	17.07.1916 – 25.07.1916	7. Inf.Div.	*WGM*
	26.07.1916 – 10.08.1916	18. Res.Div.	*WGM*
	11.08.1916 – 26.08.1916	24. Inf.Div.	*WGM*
	27.08.1916 – 31.08.1916	46. Res.Div.	*WGM*
	01.09.1916 – 14.09.1916	52. Res.Div.	*WGM*
	15.09.1916 – 30.09.1916	1. Garde-Res.Div.	*WGM*
	01.10.1916 – 16.10.1916	OHL	*WGM*
	17.10.1916 – 19.10.1916	9. Res.Div.	*WGM*
	20.10.1916 – 11.11.1916	103. Inf.Div.	*WGM*
	12.11.1916 – 14.12.1916	111. Inf.Div.	*WGM*
	15.12.1916 – 27.01.1917	9. Res.Div.	*WGM*
	28.01.1917 – 17.03.1917	32. Inf.Div.	*WGM*
	11.04.1917 – 24.04.1917	25. Ldw.Div.	*WGM*
	25.04.1917 – 07.05.1917	44. Res.Div.	*WGM*
	08.05.1917 – 22.05.1917	206. Inf.Div.	*WGM*
	23.05.1917 – 30.07.1917	Gen.Kdo. z.b.V. 65	*WGM*
	19.08.1917 – 29.10.1917	VI. Res.Korps	*WGM*
	30.10.1917 – 13.11.1917	XVIII. AK	*WGM*
	14.11.1917 – 26.11.1917	35. Inf.Div.	*WGM*
	27.11.1917 – 19.12.1917	I. bayer. Res.Korps	*WGM*
	20.12.1917 – 13.01.1918	4. Inf.Div.	*WGM*
	14.01.1918 – 16.01.1918	38. Ldw.Div.	*WGM*
St.,9.,10.,13. Bttr.	09.02.1918 – 24.02.1918	6. bayer. Inf.Div.	*KA*
	02.04.1918 – 15.04.1918	1. bayer. Res.Div.	*KA*
	16.04.1918 – 13.08.1918	Gen.Kdo. z.b.V. 55	*RG*
	14.08.1918 – 14.09.1918	1. bayer. Res.Div.	*RG*
	19.10.1918 – 11.11.1918	11. Res.Div.	*RG*
	12.11.1918 – 29.11.1918	13. Res.Div.	*RG*
13. Bttr.	08.12.1917 – 14.12.1917	Gouv. Köln	*WGM*
	16.12.1917 – 13.01.1918	6. Armee	*WGM*
	14.01.1918 – 16.01.1918	38. Ldw.Div.	*WGM*
	29.05.1918 – 30.06.1918	44. Res.Div.	*RG*
	01.07.1918 – 16.07.1918	39. Inf.Div.	*RG*

IV. Btl.

Stab	08.11.1916 – 04.12.1916	216. Inf.Div.	*WGM*
	05.12.1916 – 07.12.1916	Alpenkorps	*WGM*
	08.12.1916 – 14.12.1916	216. Inf.Div.	*WGM*
	15.12.1916 – 28.12.1916	76. Res.Div.	*WGM*
	29.12.1916 – 02.01.1917	216. Inf.Div.	*WGM*
	03.01.1917 – 16.01.1917	89. Inf.Div.	*WGM*
	17.01.1917 – 31.01.1917	216. Inf.Div.	*WGM*
	19.03.1917 – 21.03.1917	41. Inf.Div.	*WGM*
	22.03.1917 – 13.04.1917	Tr.Üb.Pl. Insmingen	*WGM*
	14.04.1917 – 23.04.1917	1. bayer. Inf.Div.	*WGM*
	09.05.1917 – 19.05.1917	10. Ers.Div.	*WGM*
	20.05.1917 – 04.06.1917	54. Res.Div.	*WGM*
	05.06.1917 – 08.07.1917	7. Res.Div.	*WGM*
	31.07.1917 – 10.08.1917	Gen.Kdo. z.b.V. 65	*WGM*
	11.08.1917 – 19.11.1917	Gen.Kdo. z.b.V. 54	*WGM*
	25.02.1918 – 01.03.1918	213. Inf.Div.	*WGM*
	22.03.1918 – 29.03.1918	222. Inf.Div.	*WGM*
	30.03.1918 – 06.04.1918	5. Res.Div.	*WGM*
	07.04.1918 – 04.05.1918	241. Inf.Div.	*WGM*
	05.05.1918 – 28.05.1918	5. bayer. Res.Div.	*WGM*
	29.05.1918 – 22.06.1918	XVII. AK	*WGM*
	28.09.1918 – 29.09.1918	38. Ldw.Div.	*WGM*
	02.11.1918 – 09.11.1918	16. Res.Div.	*WGM*
6. Bttr.	09.12.1916 – 15.12.1916	216. Inf.Div.	*WGM*
	16.12.1916 – 12.01.1917	76. Res.Div.	*WGM*
	13.01.1917 – 16.01.1917	89. Inf.Div.	*WGM*
	17.01.1917 – 31.01.1917	216. Inf.Div.	*WGM*
	17.03.1917 – 21.03.1917	41. Inf.Div.	*WGM*
	13.04.1917 – 08.05.1917	1. bayer. Inf.Div.	*WGM*
	09.05.1917 – 19.05.1917	10. Ers.Div.	*WGM*
	20.05.1917 – 07.06.1917	54. Res.Div.	*WGM*
	08.06.1917 – 09.07.1917	7. Res.Div.	*WGM*
	10.07.1917 – 31.07.1917	Fußart.Rgt.Stab 117	*WGM*
	01.08.1917 – 09.08.1917	5. Res.Div.	*WGM*
	10.08.1917 – 02.11.1917	47. Res.Div.	*WGM*
	03.11.1917 – 20.11.1917	3. bayer. Inf.Div.	*WGM*
	01.01.1918 – 24.03.1918	213. Inf.Div.	*WGM*
	25.03.1918 – 29.03.1918	222. Inf.Div.	*WGM*
	30.03.1918 – 06.04.1918	5. Res.Div.	*WGM*
	07.04.1918 – 08.04.1918	241. Inf.Div.	*WGM*
	09.04.1918 – 05.05.1918	222. Inf.Div.	*WGM*
	06.05.1918 – 27.05.1918	6. bayer. Res.Div.	*WGM*
	28.05.1918 – 31.05.1918	XVII. Res.Korps	*WGM*
	01.06.1918 – 12.06.1918	227. Inf.Div.	*WGM*
	13.06.1918 – 24.06.1918	7. Inf.Div.	*WGM*
	28.09.1918 – 29.09.1918	38. Ldw.Div.	*WGM*
	02.11.1918 – 15.11.1918	16. Res.Div.	*WGM*

7. Bttr.	07.11.1916 – 11.11.1916	216. Inf.Div.	*WGM*
	12.11.1916 – 01.12.1916	Alpenkorps	*WGM*
	02.12.1916 – 16.12.1916	216. Inf.Div.	*WGM*
	17.12.1916 – 27.12.1916	76. Inf. Div.	*WGM*
	28.12.1916 – 01.01.1917	216. Inf.Div.	*WGM*
	02.01.1917 – 15.01.1918	87. Inf.Div.	*WGM*
	16.01.1918 – 30.01.1918	216. Inf.Div.	*WGM*
	31.01.1018 – 21.03.1918	41. Res.Div.	*WGM*
	22.03.1918 – 29.03.1918	222. Inf.Div.	*WGM*
	30.03.1918 – 06.04.1918	5. Res.Div.	*WGM*
	07.04.1918 – 04.05.1918	241. Inf.Div.	*WGM*
	05.05.1918 – 28.05.1918	5. bayer. Res.Div.	*WGM*
	29.05.1918 – 22.06.1918	XVII. AK	*WGM*
	28.09.1918 – 29.09.1918	38. Ldw.Div.	*WGM*
	02.11.1918 – 09.11.1918	16. Res.Div.	*WGM*
11. Bttr.	17.03.1917 – 27.03.1917	11. Res.Div.	*WGM*
	28.03.1917 – 01.05.1917	80. Res.Div.	*WGM*
	19.05.1917 – 08.06.1917	54. Inf.Div.	*WGM*
	09.06.1917 – 09.07.1917	7. Inf.Div.	*WGM*
	10.07.1917 – 09.08.1917	OHL	*WGM*
	10.08.1917 – 24.09.1917	47. Res.Div.	*WGM*
	25.09.1917 – 05.10.1917	50. Inf.Div.	*WGM*
	06.10.1917 – 10.10.1917	103. Inf.Div.	*WGM*
	11.10.1917 – 25.10.1917	13. Inf.Div.	*WGM*
	26.10.1917 – 25.11.1917	Tr.Üb.Pl. Hirson	*WGM*
	25.02.1918 – 25.03.1918	215. Inf.Div.	*WGM*
	26.03.1918 – 29.03.1918	222. Inf.Div.	*WGM*
	30.03.1918 – 06.04.1918	5. Res.Div.	*WGM*
	07.04.1918 – 08.04.1918	241. Inf.Div.	*WGM*
	09.04.1918 – 04.05.1918	222. Inf.Div.	*WGM*
	05.05.1918 – 18.05.1918	6. bayer. Res.Div.	*WGM*
	19.05.1918 – 12.06.1918	XVII. Res.Korps	*WGM*
	18.09.1918 – 29.09.1918	38. Ldw.Div.	*WGM*
	02.11.1918 – 15.11.1918	16. Res.Div.	*WGM*

Demobil:
I. Btl.	ab 16.12.1918 in Offenburg, am 08.01.1919 aufgelöst
II. Btl.	ab 26.12.1918 in Offenburg, Ende Dez. 1918 nach Freiburg, Jan. 1919 aufgelöst
III. Btl.	ab 26.12.1918 in Offenburg, am 30.12.1918 aufgelöst
IV. Btl.	ab 06.12.1918 in Freiburg, am 13.12.1918 aufgelöst
	Abw.Stelle bei Fußart.Rgt. 14

Freiw.Form.: keine

Verbleib: keine Übernahme in die Rw.

Quellen: Rgt.Gesch.; WGM Archiv, Abt. V Nr. 592

Reserve-Fußartillerie-Regiment Nr. 15

Formation:

Rgt.	Rgt.Stab, I. u. II. Btl. 02.08.1914 aufgestellt durch Fußart.Rgt. 15 in Thorn (gem. Mob.Plan)
Rgt.Stab	02.08.1914 aufgestellt
I. Btl.	02.08.1914 aufgestellt mit Stab, 1.–4. Bttr., leichter Mun.Kol. u. Park-Komp. (bis 19.12.1917)
überpl. leichte Mun.Kol.	04.09.1914 aufgestellt, am 01.11.1915 aufgelöst
1. u. 3. Bttr.	ab 01.11.1915 mit Mun.Kol.
leichte Mun.Kol.	12.01.1916 aufgelöst, dafür 4. Bttr. mit Mun.Kol.
2. Bttr.	ab 25.01.1915 mit Mun.Kol.
4. Bttr.	16.05.1917 umgewandelt in 3. Bttr./Fußart.Btl. 401
2. Bttr.	Ende Mai 1917 abgegeben an II. Btl.[1]
9. Bttr.	04.09.1917 aufgestellt (gem. KM v. 04.09.1917) aus Fußart.Bttr. 354, mit Mun.Kol.
Btl.	jetzt mit 1.,3. u. 9. Bttr.
II. Btl.	02.08.1914 aufgestellt mit Stab, 5.–8. Bttr., leichter Mun.Kol. u. Park-Komp. (bis 19.12.1917)
8. Bttr.	ab 05.04.1915 mit Mun.Kol.
5. Bttr.	02.08.1915 umgewandelt in Fußart.Bttr. 107
8. Bttr.	02.08.1915 umgewandelt in Fußart.Bttr. 117
leichte Mun.Kol.	05.11.1915 aufgelöst, dafür 6. u. 7. Bttr. mit Mun.Kol.
2. Bttr.	Ende Mai 1917 übergetreten von I. Btl., mit Mun.Kol.
Btl.	jetzt mit 2., 6. u. 7. Bttr.

Bewaffnung:

1.–4. Bttr.	ab Aug. 1914	10 cm Kan. 04	*EB schw. Art.*
3. Bttr.	ab Okt. 1917	lange schw. Feldh. 13	*Krgl. 17.10.1917*
5.–8. Bttr.	ab Aug. 1914	schw. Feldh. 02	*EB schw. Art.*
9. Bttr.	ab Sept. 1917	schw. Feldh. 02	*D.Fußa. 15.09.1917*
9. Bttr.	ab Juli 1918	schw. Feldh. 13	*D.Fußa. 14.07.1918*

Ersatztr.Teil: Ers.Btl./Fußart.Rgt. 15

Unterstellung:

Rgt.Stab	[02.08.1914]	Gouv. Thorn	*Krgl.*
	[22.02.1915 – 03.05.1915]	XXV. Res.Korps	*LÜO*
	[03.09.1915 – 09.12.1915]	11. Ldw.Div. (8. Armee)	*DO*
	[10.12.1915 – 13.08.1916]	84. Inf.Div.	*KW*
	[13.08.1916 – 07.10.1916]	12. Armee	*Krgl./Üb.Fußa.*
	[10.10.1916 – 01.11.1916]	öst.ung. 2. Armee	*Krgl.*
	[30.01.1917 – 10.02.1918]	Südarmee	*D./Üb.Fußa.*
	[13.02.1918]	A.Abt. D	*D.Fußa.*
	[17.02.1918 – 01.03.1918]	5. Armee	*D.Fußa./Krgl.*
	[07.03.1918 – 08.06.1918]	18. Armee	*Krgl.*
	[11.07.1918 – 14.07.1918]	1. Armee	*Krgl./D.Fußa.*
	[08.08.1918 – 01.09.1918]	9. Armee	*D.Fußa./Krgl.*
	[18.09.1918 – 19.09.1918]	18. Armee	*FpÜb/D.Fußa.*
	[25.09.1918 – 18.12.1918]	17. Armee	*FpÜb*

---

[1] D.Fußa. v. 31.05.1917

I. Btl.

St.,1.–4. Bttr.	[02.08.1914]	Gouv. Thorn	*Krgl.*
Stab	[01.03.1915 – 03.09.1915]	8. Armee	*DO/LÜO*
	[10.11.1915]	OHL bei 6. Armee	*DW*
	[21.02.1916 – 19.09.1916]	5. Armee	*DW/Krgl.*
	[24.09.1916 – 01.11.1916]	3. Armee	*DW/Krgl.*
	[21.11.1916 – 17.03.1917]	1. Armee	*Krgl./AB*
1. Bttr.	[22.02.1915]	35. Res.Div.	*LÜO*
	[01.03.1915 – 03.09.1915]	8. Armee	*DO*
	[10.11.1915 – 01.12.1915]	OHL bei 6. Armee	*DW/Krgl.*
	[21.02.1916 – 01.07.1916]	5. Armee	*Krgl.*
	[12.07.1916]	2. Armee	*DW*
	[28.08.1916 – 15.02.1917]	1. Armee	*Krgl.*
2. Bttr.	24.11.1914 – 08.08.1915	Det. Westernhagen	*KW*
	[25.08.1915 – 31.12.1916]	10. Armee	*LÜO/Krgl.*
	[15.01.1917 – 23.05.1917]	8. Armee	*Krgl.*
3. Bttr.	[01.03.1915 – 03.09.1915]	8. Armee	*DO*
	[10.11.1915 – 10.01.1916]	OHL bei 6. Armee	*DW/Krgl.*
	[21.02.1916 – 01.07.1916]	5. Armee	*DW/Krgl.*
	[23.07.1916 – 01.11.1916]	2. Armee	*DW/Krgl.*
	[18.11.1916 – 15.02.1917]	1. Armee	*D.Fußa./Krgl.*
4. Bttr.	17.10.1914 – 22.10.1914	21. Ldw.Brig.	*KW*
	[08.02.1915 – 07.11.1915]	35. Res.Div.	*Krgl./KW*
	[10.11.1915 – 22.02.1916]	A.Abt. Woyrsch	*DW/DO*
	[30.03.1916 – 15.06.1916]	10. Armee	*DO/Krgl.*
	[02.07.1916 – 16.05.1917]	A.Abt. Woyrsch	*DW/Krgl.*
St.,1.,3. Bttr.	[27.03.1917 – 01.06.1917]	6. Armee	*D.Fußa./Krgl.*
St.,1.,3. Bttr.	[08.06.1917 – 10.08.1917]	4. Armee	*AB/Krgl.*
St.,1.,3. Bttr.	[15.08.1917]	Maubeuge	*D.Fußa.*
9. Bttr.	[15.08.1917 – 15.09.1917]	Maubeuge	*D.Fußa.*
St.,1.,3. Bttr.	[15.09.1917 – 08.12.1917]	4. Armee	*D.Fußa./Krgl.*
9. Bttr.	[11.10.1917 – 07.12.1917]	4. Armee	*D.Fußa./Krgl.*
St.,1.,3.,9. Bttr.	[15.12.1917 – 07.03.1918]	2. Armee	*D.Fußa./Krgl.*
St.,1.,3.,9. Bttr.	[07.03.1918 – 21.03.1918]	18. Armee	*AB/Krgl.*
St.,1.,3.,9. Bttr.	[22.03.1918]	17. Armee	*AB*
St.,1.,3.,9. Bttr.	[26.03.1918 – 18.12.1918]	Arko 118 (23. Res.Div.)	*KW/FpÜb*

II. Btl.

St.,5.–8. Bttr.	[02.08.1914]	Gouv. Thorn	*Krgl.*
St.,5.–8. Bttr.	[25.08.1914 – 15.09.1914]	I. AK	*Krgl.*
Stab	10.11.1914 – 15.06.1915	XXV. Res.Korps	*LÜO/KW*
Stab	[09.07.1915 – 28.07.1915]	AGr. Gallwitz	*Krgl.*
Stab	[03.09.1915]	12. Armee	*DO*
Stab	[21.09.1915 – 22.10.1915]	10. Armee	*DO*
5. Bttr.	10.11.1914 – 15.06.1915	XXV. Res.Korps	*LÜO/KW*
5. Bttr.	[22.06.1915]	107. Inf.Div.	*DW*
6.,7. Bttr.	[10.11.1914 – 06.11.1915]	XXV. Res.Korps	*DO/LÜO*
8. Bttr.	[10.11.1914 – 22.02.1915]	XXV. Res.Korps	*LÜO/KW*
8. Bttr.	01.04.1915 – 02.08.1915	117. Inf.Div.	*KW*

St.,6.,7. Bttr.	[06.11.1915 – 01.09.1916]	XXV. Res.Korps	*DO/LÜO*
St.,6.,7. Bttr.	[18.09.1916]	A.Gr. Gronau	*DO*
St.,6.,7. Bttr.	[07.10.1916]	A.Abt. Woyrsch	*Üb.Fußa.*
St.,6.,7. Bttr.	[11.10.1916 – 01.04.1917]	A.Abt. Gronau	*D.Fußa./Krgl.*
Stab	[01.04.1917 – 01.08.1917]	A.Abt. Gronau	*Krgl.*
2. Bttr.	[31.05.1917 – 20.09.1917]	A.Abt. Gronau	*D.Fußa./Krgl.*
6. Bttr.	[10.05.1917 – 11.08.1917]	10. Armee	*Krgl.*
7. Bttr.	[01.04.1917 – 20.09.1917]	A.Abt.Gronau	*D.Fußa./Krgl.*
Stab	[21.08.1917 – 08.10.1917]	8. Armee	*Krgl.*
6. Bttr.	[21.08.1917 – 25.09.1917]	8. Armee	*Krgl.*
St.,2.,6.,7. Bttr.	[18.10.1917 – 01.01.1918]	7. Armee	*Krgl.*
St.,2.,6.,7. Bttr.	[20.10.1917]	Hirson	*D.Fußa.*
St.,2.,6.,7. Bttr.	[10.11.1917]	7. Armee	*D.Fußa.*
St.,2.,6.,7. Bttr.	[15.01.1918 – 10.03.1918]	3. Armee	*D.Fußa./Krgl.*
St.,2.,6.,7. Bttr.	[02.04.1918 – 09.04.1918]	7. Armee	*Krgl.*
St.,2.,6.,7. Bttr.	[18.04.1918]	18. Armee	*D.Fußa.*
St.,2.,6.,7. Bttr.	[27.04.1918 – 22.10.1918]	Arko 127 (25. Res.Div.)	*KW*

Zuteilungen:
I. Btl.

Stab	[03.05.1915 – 03.09.1915]	11. Ldw.Div.	*DO/LÜO*
1. Bttr.	[03.09.1915]	11. Ldw.Div.	*DO*
2. Bttr.	[15.02.1915 – 25.06.1915]	Brig. Rintelen	*Krgl.*
	[25.08.1915 – 22.10.1915]	89. Inf.Div.	*DO*
	[15.01.1916]	16. Ldw.Div.	*LÜO*
	[24.03.1916]	XXXIX. Res.Korps	*DO*
	[07.04.1916]	XXXX. Res.Korps	*DO*
	[10.08.1916]	III. Res.Korps	*DO*
3. Bttr.	[03.05.1915 – 03.09.1915]	11. Ldw.Div.	*LÜO*
4. Bttr.	[06.11.1915 – 09.12.1915]	Ldw.Korps	*DO*
	[15.01.1916]	Ldw. Div. Bredow	*LÜO*
	[22.02.1916]	35. Res.Div.	*DW*
	[30.03.1916]	119. Inf.Div.	*DO/DW*
	[01.04.1916 – 01.10.1916]	Beskiden-Korps	*Krgl.*
St.,1.,3. Bttr.	15.07.1917 – 31.07.1917	6. bayer. Res.Div.	*KW*

II. Btl.

St.,5.,6.,7. Bttr.	10.11.1914 – 15.06.1915	50. Res.Div.	*KW*
St.,6.,7. Bttr.	08.07.1915 – 31.08.1916	49. Res.Div.	*KW*
7. Bttr.	31.08.1916 – 05.10.1917	9. Kav.Div.	*KW*
8. Bttr.	01.03.1915 – 12.03.1915	22. Inf.Div.	*KW*
St.,2.,6.,7. Bttr.	14.04.1918 – 26.04.1918	6. bayer. Res.Div.	*KW*

Demobil: Rgt.Stab u. I. Btl. ab Ende Dez. 1918 in Bromberg, II. Btl. ab Anf. Jan. 1919 in Filehne; Rgt. Ende Jan. 1919 aufgelöst;[1] Abw.Stelle bei Fußart.Rgt. 15

Freiw.Form.: keine

Verbleib: keine Übernahme in die Rw.

---

[1] FpÜb v. 28.12.1918 – 29.01.1919

Reserve-Fußartillerie-Regiment Nr. 16

Formation:

Rgt.	Rgt.Stab, I. u. II. Btl. 02.08.1914 aufgestellt durch Fußart.Rgt. 16 in Diedenhofen (gem. Mob.Plan)
Rgt.Stab	02.08.1914 übergetreten von Fußart.Rgt. 16, Anf. Juli 1916 umgewandelt in General der Fußart. 23
neuer Rgt.Stab	30.06.1916 aufgestellt durch Ers.Btl./Fußart.Rgt. 16 (gem. KM v. 30.06.1916)
I. Btl.	02.08.1914 aufgestellt mit Stab, 1.–4. Bttr. u. Park-Komp. (bis 19.12.1917), sogleich mobil
leichte Mun.Kol.	28.08.1914 aufgestellt, am 17.06.1915 aufgelöst
überpl. leichte Mun.Kol.	21.09.1914 aufgestellt, am 01.08.1915 aufgelöst
1.–4. Bttr.	ab 17.06.1915/01.07.1915 mit Mun.Kol.
1. Bttr.	16.05.1917 umgewandelt in 12. Bttr./Fußart.Rgt. 11
Btl.	jetzt mit 2.–4 Bttr.
II. Btl.	02.08.1914 aufgestellt mit Stab, 5.–8. Bttr., leichter Mun.Kol. u. Park-Komp. (bis 01.11.1915), sogleich mobil
8. Bttr.	03.03.1915 umgewandelt in 2. Bttr./Fußart.Btl. 52
leichte Mun.Kol.	04.07.1915 aufgelöst, dafür 5.–7. Bttr. mit Mun.Kol.
9. Bttr.	07.07.1915 aufgestellt durch XVIII. Res.Korps (gem. KM v. 07.07.1915) aus überpl. Bttr. des Ers.Btl./Fußart.Rgt. 16 (Scherrer), mit Mun.Kol., sogleich mobil
9. Bttr.	16.05.1917 umgewandelt in 9. Bttr./Res.Fußart.Rgt. 5
Btl.	jetzt mit 5. – 7. Bttr.

Bewaffnung:

1.–4. Bttr.	ab Aug. 1914	10 cm Kan. 04	*RG*
1.,2.,4. Bttr.	ab Aug. 1915	10 cm Kan. 14	*LÜW 09.08.1915*
2. Bttr.	ab April 1917	10 cm Kan. 04	*D.Fußa. 12.04.1917*
2. Bttr.	ab Febr. 1918	10 cm Kan. 14	*Üb.Fußa. 10.02.1918*
2. Bttr.	ab Okt. 1918	lange schw. Feldh. 13	*Krgl. 09.10.1918*
3. Bttr.	ab Febr. 1916	10 cm Kan. 14	*DW 22.02.1916*
3. Bttr.	ab Okt. 1918	lange schw. Feldh. 13	*Krgl. 09.10.1918*
4. Bttr.	ab Okt. 1918	10 cm Kan. 17	*Krgl. 09.10.1918*
5.–8. Bttr.	ab Aug. 1914	schw. Feldh. 02	*RG/Mob.Plan*
5.–8. Bttr.	ab Jan. 1915	schw. Feldh. 13	*LÜW 05.01.1915*
5. Bttr.	ab Juli 1918	10 cm Kan. 04	*D.Fußa. 03.07.1918*
9. Bttr.	ab Juli 1915	10 cm Kan. 04	*LÜW 09.08.1915*
9. Bttr.	ab März 1916	10 cm Kan. 14	*DW 11.03.1916*

Ersatztr.Teil: Ers.Btl./Fußart.Rgt. 16

Unterstellung:

Rgt.Stab	02.08.1914 – 19.09.1914	Gouv. Metz	*RG*
	[20.09.1914 – 22.02.1916]	A.Abt. Strantz	*RG/DW*
	[12.07.1916 – 20.11.1918]	4. Armee	*DW/FpÜb*
	[04.12.1918 – 05.02.1919]	Garde-Ers.Div.	*FpÜb*
I. Btl.			
St.,1.–4. Bttr.	16.08.1914 – 21.08.1914	Gouv. Metz	*RG*
St.,1.–4. Bttr.	[26.08.1914 – 04.01.1915]	5. Armee	*RG/Krgl.*
Stab	[05.01.1915 – 20.03.1915]	V. Res.Korps	*LÜW*
1.,3.	[05.01.1915 – 07.05.1915]	V. Res.Korps	*LÜW/DW*
2.,4. Bttr.	[05.01.1915 – 20.03.1915]	A.Abt. Strantz	*LÜW*

St.,2.,4. Bttr.	[27.03.1915]	OHL Metz	*DW*
St.,2.,4. Bttr.	[07.05.1915]	A.Abt. Strantz	*DW*
St.,2.,4. Bttr.	[27.05.1915 – 09.08.1915]	OHL bei 6. Armee	*DW/LÜW*
1.,3. Bttr.	[09.08.1915]	5. Armee	*LÜW*
2.,3.,4. Bttr.	[21.09.1915 – 22.10.1915]	11. Armee	*DW/DO*
2. Bttr.	[09.12.1915]	11. Armee	*DO*
3.,4. Bttr.	[09.12.1915]	HGr. Mackensen	*DO*
St.,1. Bttr.	[22.02.1916 – 26.07.1916]	5. Armee	*DW/Krgl.*
2.,3.,4. Bttr.	[17.01.1916 – 01.09.1916]	11. Armee	*Krgl.*
1. Bttr.	[10.08.1916 – 16.05.1917]	öst.ung. 2. Armee	*RG/DO*
St.,2.,3.,4. Bttr.	[01.10.1916 – 15.08.1918]	1. bulg. Armee	*Krgl.*
St.,2.,3.,4. Bttr.	19.08.1918 – 02.10.1918	OHL Köln	*RG/D.Fußa.*
St.,2.,3.,4. Bttr.	[09.10.1918 – 20.10.1918]	A.Abt. A	*Krgl./FpÜb*
St.,2.,3.,4. Bttr.	22.10.1918 – 13.12.1918	bayer. Arko 21 (39. Res.Div.)	*KW*
II. Btl.			
St.,5.–8. Bttr.	02.08.1914 – 23.08.1914	Gouv. Metz	*RG*
St.,5.–8. Bttr.	[11.10.1914 – 05.01.1915]	V. Res.Korps	*Krgl./LÜW*
St.,5.–7. Bttr.	[20.03.1915 – 11.05.1916]	V. Res.Korps	*DW/Krgl.*
9. Bttr.	[09.08.1915 – 26.07.1916]	5. Armee	*LÜW/Krgl.*
St.,5.–7. Bttr.	[01.06.1916]	OHL Straßburg	*DW*
St.,5.–7. Bttr.	[02.07.1916 – 10.07.1917]	HGr. Linsingen	*DW/Krgl.*
9. Bttr.	[01.09.1916 – 01.02.1917]	öst.ung. 2. Armee	*Krgl./Üb.Fußa.*
St.,5.–7. Bttr.	[25.07.1917 – 11.08.1917]	10. Armee	*Krgl.*
St.,5.–7. Bttr.	[21.08.1917 – 08.10.1917]	8. Armee	*Krgl.*
St.,5.–7. Bttr.	[20.10.1917 – 20.11.1917]	OHL Diedenhofen	*D.Fußa./RG*
St.,5.–7. Bttr.	[20.11.1917]	4. Armee	*D.Fußa.*
St.,5.–7. Bttr.	[25.12.1917 – 23.01.1918]	2. Armee	*Krgl./RG*
St.,5.–7. Bttr.	[08.02.1918 – 01.04.1918]	17. Armee	*Krgl.*
St.,5.–7. Bttr.	[01.04.1918 – 12.12.1918]	Arko 185 (185. Inf.Div.)	*KW*
9. Bttr	06.08.1916 – 16.05.1917	197. Inf.Div.	*KW*
Zuteilungen:			
Rgt.Stab	20.09.1914 – 27.09.1914	6. bayer. Inf.Div.	*RG*
Rgt.Stab	28.09.1914 – 06.10.1915	5. bayer. Inf.Div.	*KA*
Rgt.Stab	06.10.1915 – 10.12.1915	Bayer. Ers.Div.	*KA*
1. Bttr.	24.08.1916 – 29.04.1917	195. Inf.Div.	*KW*
2.,4. Bttr.	[08.12.1914 – 10.02.1915]	V. AK	*Krgl.*
2. Bttr.	[22.10.1915]	X. Res.Korps	*DO*
2. Bttr.	[09.12.1915 – 09.03.1916]	IV. Res.Korps	*DO/Krgl.*
3. Bttr.	[22.10.1915 – 09.03.1916]	IV. Res.Korps	*DO/Krgl.*
3. Bttr.	23.10.1918 – 20.12.1918	Arko 46 (61. Ldw.Brig.)	*KW*

Demobil: II. Btl. ab Ende Dez. 1918, I. Btl. ab Ende Jan. 1919 in Olvenstedt (Kreis Wolmirstedt), Rgt. Mitte Febr. 1919 aufgelöst;[1] Abw.Stelle bei Fußart.Rgt. 16

Freiw.Form.: keine

Verbleib: keine Übernahme in die Rw.

Quellen: Rgt.Gesch. Fußart.Rgt. 16

---

[1] FpÜb v. 28.12.1918 – 05.02.1919

Reserve-Fußartillerie-Regiment Nr. 17

Formation:

Rgt.	Rgt.Stab, I. u. II. Btl. 02.08.1914 aufgestellt durch Fußart.Rgt. 17 in Danzig (gem. Mob.Plan)
Rgt.Stab	02.08.1914 übergetreten von Fußart.Rgt. 17; Anf. Juli 1916 umgewandelt in General der Fußart. 20
neuer Rgt.Stab	30.06.1916 aufgestellt durch Ers.Btl./Fußart.Rgt. 17 (gem. KM v. 30.06.1916)
I. Btl.	02.08.1914 aufgestellt mit Stab, 1.–4. Bttr. u. Park-Komp. (bis 19.12.1917)
leichte Mun.Kol.	Aug. 1914 aufgestellt, am 13.03.1916 aufgelöst
1. u. 2. Bttr.	ab 01.11.1915 mit Mun.Kol.
3. u. 4. Bttr.	ab 13.03.1916 mit Mun.Kol.
1. u. 2. Bttr.	04.11.1916 abgegeben an IV. Btl.
11. Bttr.	18.04.1917 aufgestellt durch AOK Südarmee (gem. KM v. 18.04.1917) aus Fußart.Bttr. 682
Btl.	jetzt mit 3., 4. u. 11. Bttr.
11. Bttr.	ab 21.06.1917 mit Mun.Kol.
II. Btl.	02.08.1914 aufgestellt mit Stab, 5.–8. Bttr. u. Park-Komp. (bis 19.12.1917)
leichte Mun.Kol.	27.08.1914 zgt., am 01.11.1915 aufgelöst
Mun.Kol. 4 des I. Btl./Fußart.Rgt. 18	Mai 1915 zgt. bis Jan. 1916
5. u. 6. Bttr.	ab 01.11.1915 mit Mun.Kol.
7. u. 8. Bttr.	01.01.1916 abgegeben an III. Btl.
9. Bttr.	05.01.1917 aufgestellt durch Kdtr. Diedenhofen bei Ers.Btl./Fußart.Rgt. 16 (gem. KM v. 11.12.1916 u. 15.01.1917), mit Mun.Kol., mobil seit 06.03.1917
Btl.	jetzt mit 5., 6. u. 9. Bttr.
III. Btl., Stab	01.01.1916 aufgestellt durch AOK. 10 (gem. KM v. 31.12.1915), sogleich mobil
7. u. 8. Bttr.	01.01.1916 übergetreten von II. Btl., ab 25.01.1916 mit Mun.Kol.
12. Bttr.	18.04.1917 aufgestellt durch AOK 10 (gem. KM v. 18.04.1917) aus Fußart.-Bttr. 129
Btl.	jetzt mit 7., 8. u. 12. Bttr.
12. Bttr.	ab 12.12.1917 mit Mun.Kol.
IV. Btl., Stab	04.11.1916 aufgestellt durch Kdtr. Marienburg bei Ers.Btl./Fußart.Rgt.17 (gem. KM v. 04.11.1916)
1. u. 2. Bttr.	04.11.1916 übergetreten von I. Btl., mit Mun.Kol.
10. Bttr.	17.03.1917 aufgestellt durch Gouv. Metz bei Ers.Btl./Fußart.Rgt. 8 (gem. KM v. 17.03.1917) aus Fußart.Bttr. 258, 2. u. 4. Zug der Besp.Abt. 7 sowie 4. Zug der Besp.Abt. 13, mit Mun.Kol.
Btl.	jetzt mit 1., 2. u. 10. Bttr.

Bewaffnung:

1.–4. Bttr.	ab Aug. 1914	schw. Feldh. 02	*EB schw. Art.*
3. Bttr.	ab Juli 1917	schw. Feldh. 13	*D.Fußa. 30.07.1917*
3. Bttr.	ab Aug. 1917	schw. Feldh. 02	*D.Fußa. 26.08.1917*
3. Bttr.	ab April 1918	lange schw. Feldh. 13	*D.Fußa. 26.04.1918*
4. Bttr.	ab April 1918	lange schw. Feldh. 13	*D.Fußa. 26.04.1918*
5.–8. Bttr.	ab Aug. 1914	schw. Feldh. 02	*EB schw. Art.*
5.,6. Bttr.	ab Okt. 1918	lange Mörser	*D.Fußa. 01.10.1918*
9. Bttr.	ab Jan. 1917	schw. Feldh. 13	*Üb.Fußa. 01.02.1917*
9. Bttr.	ab Dez. 1917	schw. Feldh. 02	*D.Fußa. 25.12.1917*
9. Bttr.	ab Aug. 1918	15 cm Kan. Rh.	*D.Fußa. 08.08.1918*

10. Bttr.	ab März 1917	schw. Feldh. 13	*Krgl.*
10. Bttr.	ab Juni 1917	10 cm Kan. 14	*D.Fußa. 26.06.1917*
11. Bttr.	ab April 1917	schw. Feldh.	*D.Fußa. 28.04.1917*
11. Bttr.	ab Febr. 1918	schw. Feldh. 02	*D.Fußa. 13.02.1918*
11. Bttr.	ab Mai 1918	10 cm Kan. 04	*D.Fußa. 06.05.1918*
12. Bttr.	ab April 1917	10 cm Kan. 04	*D.Fußa. 28.04.1917*

Ersatztr.Teil: Ers.Btl./Fußart.Rgt. 17

Unterstellung:

Rgt.Stab

	[02.08.1914]	Gouv. Graudenz	*Krgl.*
	[21.11.1914 – 05.04.1915]	XI. AK	*Krgl.*
	[03.05.1915 – 03.09.1915]	XXV. Res.Korps	*LÜO/DO*
	[11.09.1915 – 16.01.1916]	10. Armee	*DO/LÜO*
	[24.03.1916]	HKK 6	*DO*
	[01.05.1916 – 01.07.1916]	10. Armee	*Krgl.*
	[12.07.1916 – 04.11.1917]	8. Armee	*Krgl.*
	[10.11.1917 – 01.05.1918]	4. Armee	*D.Fußa./Krgl.*
	[09.05.1918 – 28.12.1918]	7. Armee	*Krgl./FpÜb*

I. Btl.

St.,1.–4. Bttr.	[02.08.1914]	Gouv. Graudenz	*Krgl.*
St.,1.–4. Bttr.	[22.02.1915]	Korps Zastrow	*LÜO*
St.,3.,4. Bttr.	[01.03.1915 – 30.08.1916]	I. Res.Korps	*DO/Krgl.*
St.,3.,4. Bttr.	[01.09.1916 – 07.10.1916]	8. Armee	*Krgl./Üb.Fußa.*
1.,2. Bttr.	[03.05.1915]	Korps Zastrow	*LÜO*
1. Bttr.	[14.06.1915]	I. Res.Korps	*DO*
1.,2. Bttr.	[03.09.1915]	12. Armee	*DO*
1.,2. Bttr.	[14.10.1915 – 01.08.1916]	6. Armee	*DW/Krgl.*
1.,2. Bttr.	[28.08.1916 – 15.10.1916]	1. Armee	*Krgl.*
1. Bttr.	[19.10.1916 – 04.11.1916]	A.Abt. A	*D.Fußa.*
2. Bttr.	[19.10.1916 – 04.11.1916]	5. Armee	*Krgl.*
St.,3.,4. Bttr.	[19.10.1916 – 10.01.1918]	Südarmee	*D./Üb.Fußa.*
11. Bttr.	[25.04.1917 – 10.01.1918]	Südarmee	*Krgl.*
St.,3.,4.,11. Bttr.	[01.02.1918 – 08.02.1918]	öst.ung. 2. Armee	*Krgl.*
St.,3.,4. Bttr.	[13.02.1918]	Longuyon	*D.Fußa.*
11. Bttr.	[13.02.1918 – 24.02.1918]	Longuyon	*D.Fußa.*
St., 3.,4. Bttr.	[24.02.1918]	HGr. Dt. Kronprinz	*D.Fußa.*
St.,3.,4.,11. Bttr.	[01.03.1918 – 21.03.1918]	18. Armee	*Krgl.*
St.,3.,4.,11. Bttr.	[02.04.1918 – 10.04.1918]	7. Armee	*Krgl.*
St.,3.,4.,11. Bttr.	[18.04.1918]	Hirson	*D.Fußa.*
St.,3.,4.,11. Bttr.	[16.05.1918 – 28.12.1918]	7. Armee	*Krgl./FpÜb*

II. Btl.

St.,5.–8. Bttr.	[02.08.1914]	Kdtr. Marienburg	*Krgl.*
St.,5.,6. Bttr.	21.09.1914 – 08.10.1915	1. Res.Div.	*Neumann*
St.,5.,6. Bttr.	13.11.1914 – 04.06.1916	3. Garde-Inf.Div.	*KW*
7.,8. Bttr.	[21.11.1914 – 09.05.1915]	XI. AK	*Krgl.*
7.,8. Bttr.	[08.08.1915 – 01.01.1916]	XXXX. Res.Korps	*Krgl./LÜO*
St.,5.,6. Bttr.	[05.06.1916 – 19.06.1916]	OHL bei 6. Armee	*Krgl./DW*
St.,5.,6. Bttr.	[02.07.1916 – 01.02.1917]	Südarmee	*DW/Krgl.*
St.,5.,6.,9. Bttr.	[01.02.1917 – 10.01.1918]	Südarmee	*Üb.Fußa./Krgl.*

St.,5.,6.,9. Bttr.	[01.02.1918 – 10.02.1918]	öst.ung. 2. Armee	*Krgl./Üb.Fußa.*
St.,5.,6.,9. Bttr.	[13.02.1918]	Longuyon	*D.Fußa.*
St.,5.,6.,9. Bttr.	[24.02.1918]	HGr. Dt. Kronprinz	*D.Fußa.*
St.,5.,6.,9. Bttr.	[01.03.1918 – 09.04.1918]	18. Armee	*Krgl.*
St.,5.,6.,9. Bttr.	[15.04.1918 – 15.07.1918]	Arko 52 (52. Inf.Div.)	*KW*
St.,5.,6.,9. Bttr.	[08.09.1918 – 28.12.1918]	7. Armee	*Krgl./FpÜb*

III. Btl.

St.,7.,8. Bttr.	[15.01.1916 – 27.01.1918]	10. Armee	*LÜO/Krgl.*
12. Bttr.	[25.04.1917 – 26.11.1917]	10. Armee	*Krgl.*
St.,7.,8.,12. Bttr.	[03.02.1918 – 24.03.1918]	A.Abt. D	*Krgl.*
St.,7.,8.,12. Bttr.	[26.04.1918 – 01.05.1918]	Longuyon	*D.Fußa./Krgl.*
St.,7.,8.,12. Bttr.	[16.05.1918 – 28.12.1918]	7. Armee	*Krgl./FpÜb*

IV. Btl.

St.,1. Bttr.	[12.11.1916 – 20.01.1917]	A.Abt. A	*D.Fußa./Krgl.*
2. Bttr.	[12.11.1916]	5. Armee	*Krgl.*
2. Bttr.	[20.01.1917]	A.Abt. A	*Krgl.*
St.,1.,2. Bttr.	[22.01.1917 – 01.02.1917]	OHL Metz	*D./Üb.Fußa.*
St.,1.,2. Bttr.	[13.03.1917 – 15.05.1917]	7. Armee	*D.Fußa./Krgl.*
10. Bttr.	[12.04.1917 – 15.05.1917]	7. Armee	*D.Fußa./Krgl.*
St.,1.,2.,10. Bttr.	[31.05.1917]	Hirson	*D.Fußa.*
St.,1.,2.,10. Bttr.	[26.06.1917 – 12.12.1917]	7. Armee	*D.Fußa./Krgl.*
St.,1.,2.,10. Bttr.	[15.12.1917 – 01.03.1918]	1. Armee	*D.Fußa./Krgl.*
St.,1.,2.,10. Bttr.	[29.03.1918 – 09.04.1918]	7. Armee	*D.Fußa./Krgl.*
St.,1.,2.,10. Bttr.	[16.04.1918 – 18.12.1918]	Arko 90 (5. Res.Div.)	*KW/FpÜb*
St.,1.,2.,10. Bttr.	[28.12.1918]	7. Armee	*FpÜb*

Zuteilungen:

Rgt.Stab	19.11.1915 – 14.09.1916	36. Res.Div.	*KW*
	22.04.1918 – 02.05.1918	4. bayer. Inf.Div.	*KW*
	02.08.1918 – 10.08.1918	2. bayer. Inf.Div.	*KW*

I. Btl.

Stab	25.03.1915 – 05.04.1915	1. Res.Div.	*Neumann*
Stab	17.05.1915 – 25.05.1915	1. Res.Div.	*Neumann*
Stab	14.06.1915 – 15.11.1915	1. Res.Div.	*Neumann*
Stab	[09.12.1915 – 19.05.1917]	36. Res.Div.	*DO/KW*
1. Bttr. halb	01.03.1915 – 12.03.1915	22. Inf.Div.	*KW*
1. Bttr.	[14.06.1915]	1. Res.Div.	*DO*
1.,2. Bttr.	[03.09.1915]	86. Inf.Div.	*DO*
1.,2. Bttr.	[04.10.1915 – 07.05.1916]	4. Garde-Inf.Div.	*DW/KW*
1.,2. Bttr.	[15.05.1916 – 28.08.1916]	Garde-Res.Korps	*Krgl.*
1.,2. Bttr.	15.09.1916 – 19.05.1917	36. Res.Div.	*KW*
3. Bttr.	[03.06.1915 – 22.10.1915]	1. Res.Div.	*Krgl./DO*
3. Bttr.	18.11.1915 – 19.05.1917	36. Res.Div.	*DO/KW*
4. Bttr.	12.05.1915 – 06.04.1917	36. Res.Div.	*KW*
11. Bttr.	25.04.1917 – 09.05.1917	36. Res.Div.	*KW*

II. Btl.

Stab	[03.05.1915]	XI. AK	*LÜO*
Stab halb	[03.09.1915 – 09.12.1915]	10. Armee	*DO*
St.,5.,6.,9. Bttr.	[30.06.1918 – 15.07.1918]	6. bayer. Res.Div.	*KA*

III. Btl.

St.,7.,8. Bttr.	[15.01.1916]	XXXX. Res.Korps	*LÜO*
St.,7.,8. Bttr.	[20.04.1916 – 01.09.1916]	3. Res.Div.	*DO/LÜO*
St.,7.,8.,12. Bttr.	12.03.1918 – 18.03.1918	1. Garde-Kav.Brig.	*KW*
St.,7.,8.,12. Bttr.	30.06.1918 – 15.07.1918	6. bayer. Res.Div.	*KA*

Demobil: Rgt. ab Ende Dez. 1918 in Thorn, II. Btl. Mitte Jan. 1919 nach Graudenz; Rgt. Ende Jan. 1919 aufgelöst.[1] 10. Bttr. am 21.01.1919 in Graudenz aufgelöst.[2] Abw.Stelle bei Fußart.Rgt. 17

Freiw.Form.: Dez. 1918 Aufstellung einer Freiw. 10 cm Bttr. des Freiw.Det. Hasse (Grenzschutz in Schlesien)

Verbleib: keine Übernahme in die Rw.

Quellen: H. Neumann, Geschichte der Kgl. Preuß. 1. Res.Inf.Div.; EB der schw. Art.

Reserve-Fußartillerie-Regiment Nr. 18

Formation:

Rgt.	Rgt.Stab, I. u. II. Btl. 02.08.1914 aufgestellt durch Fußart.Rgt. 18 in Mainz (gem. Mob.Plan)
Rgt.Stab	02.08.1914 aufgestellt
I. Btl.	02.08.1914 aufgestellt mit Stab, 1.–4. Bttr. u. Park-Komp. (bis 01.09.1915)
leichte Mun.Kol.	08.09.1914 aufgestellt, am 13.03.1916 aufgelöst
Mun.Kol. 7 des I. Btl./Fußart.Rgt. 18 zgt. bis Jan. 1916	
3. u. 4. Bttr.	ab 01.07.1915 mit Mun.Kol.
2. Bttr.	ab 25.01.1916 mit Mun.Kol.
1. Bttr.	ab 13.03.1916 mit Mun.Kol.
2. Bttr.	09.07.1917 umgewandelt in 11. Bttr./Fußart.Rgt. 10
Btl.	jetzt mit 1., 3. u. 4. Bttr.
II. Btl.	02.08.1914 aufgestellt mit Stab, 5.–8. Bttr. u. Park-Komp. (bis 19.12.1917)
5. u. 6. Bttr.	ab 17.06.1915 mit Mun.Kol.
7. u. 8. Bttr.	ab 09.07.1915 mit Mun.Kol.
5. Bttr.	28.06.1916 halbe Bttr. abgegeben zur Aufstellung der 1. Bttr./Fußart.Btl. 49
7. u. 8. Bttr.	08.09.1915 abgegeben an III. Btl.
10. Bttr.	11.07.1916 aufgestellt durch Gouv. Köln (gem. KM v. 11.07.1916) aus Abgaben der 6. Bttr., ab 14.08.1916 mit Mun.Kol.
Btl.	jetzt mit 5., 6. u. 10. Bttr.
III. Btl., Stab	08.09.1915 aufgestellt durch Gouv. Metz bei Ers.Btl./Fußart.Rgt. 18 (gem. KM v. 08.09.1915), mobil seit 23.09.1915
7. u. 8. Bttr.	08.09.1915 übergetreten von II. Btl., mit Mun.Kol.
11. Bttr.	21.09.1917 aufgestellt (gem. KM v. 21.09.1917) aus Fußart.Bttr. 196
Btl.	jetzt mit 7., 8. u. 11. Bttr.
9. Bttr.	wurde nicht aufgestellt

Bewaffnung:

1.–4. Bttr.	ab Aug. 1914	10 cm Kan. 04	*EB schw. Art.*
1. Bttr.	ab Aug. 1917	schw. Feldh. 02	*D.Fußa. 15.08.1917*

---

[1] FpÜb v. 03.01.1919 – 29.01.1919
[2] Demob.Üb. XVII. AK v. 15.07.1919

1. Bttr.	ab Juli 1918	lange schw. Feldh. 13		*D.Fußa. 28.07.1918*
2. Bttr.	ab März 1916	10 cm Kan. 14		*DW 11.03.1916*
3. Bttr.	ab Mai 1915	10 cm Kan. 14		*Krgl. 06.05.1915*
3. Bttr.	ab Aug. 1917	schw. Feldh. 02		*D.Fußa. 15.08.1917*
4. Bttr.	ab Mai 1915	10 cm Kan. 14		*Krgl. 06.05.1915*
5.–8. Bttr.	ab Aug. 1914	Mörser		*EB schw. Art.*
7.,8. Bttr.	ab Sept. 1917	lange Mörser		*D.Fußa. 15.09.1917*
10. Bttr.	ab Juli 1916	Mörser		*Üb.Fußa. 07.10.1916*
10. Bttr.	ab Mai 1918	15 cm Kan. 16 Kp. (Kraftzug)		*D.Fußa. 06.05.1918*
11. Bttr.	ab Sept. 1917	15 cm Kan. 16 Kp. (Kraftzug)		*D.Fußa. 15.09.1917*

Ersatztr.Teil: Ers.Btl./Fußart.Rgt. 18

Unterstellung:

Rgt.Stab	25.08.1914 – 07.09.1914	VII. Res.Korps	*KW*
	27.09.1914 – 10.10.1914	AGr. Beseler	*KW*
	[05.01.1915 – 12.04.1915]	4. Armee	*LÜO/Krgl.*
	[21.06.1916 – 09.12.1915]	XXII. Res.Korps	*Krgl./DO*
	[03.02.1916 – 30.12.1916]	A.Abt. Gaede[1]	*DW/Krgl.*
	[31.12.1916 – 01.02.1917]	OHL bei 2. Armee	*D./Üb.Fußa.*
	[01.04.1917]	6. Armee	*Krgl.*
	[21.04.1917 – 13.07.1917]	1. Armee	*Krgl.*
	[16.07.1917 – 10.02.1918]	3. Armee	*Krgl./Üb.Fußa.*
	[13.02.1918 – 08.06.1918]	18. Armee	*D.Fußa./Krgl.*
	[06.07.1918 – 16.07.1918]	7. Armee	*Krgl.*
	[20.07.1918 – 02.10.1918]	9. Armee	*Krgl./FpÜb*
	[09.10.1918 – 20.11.1918]	7. Armee	*FpÜb*
I. Btl.			
St.,1.–4. Bttr.	[Aug. 1914]	Gouv. Köln	*Krgl.*
St.,1.–4. Bttr.	25.08.1914 – 07.09.1914	VII. Res.Korps	*KW*
Btl. halb	27.09.1914 – 10.10.1914	AGr. Beseler	*KW*
St.,1.–4. Bttr.	[13.10.1914 – 23.10.1914]	2. Armee	*KW*
Stab halb	[05.01.1915]	4. Armee	*LÜW*
1.,2. Bttr.	[05.01.1915]	4. Armee	*LÜW*
Stab halb	[22.02.1915 – 03.05.1915]	XXI. AK	*LÜO*
1. Bttr.	[22.02.1915]	XXI. AK	*LÜO*
1. Bttr.	[03.05.1915]	XXXX. Res.Korps	*LÜO*
2. Bttr.	[22.02.1915 – 03.05.1915]	XXI. AK	*LÜO*
Stab	[03.09.1915 – 22.10.1915]	10. Armee	*DO*
	[09.12.1915]	Njemen-Armee	*DO*
	[15.01.1916 – 04.11.1916]	8. Armee	*LÜO/Krgl.*
	[12.11.1916 – 01.02.1917]	9. Armee	*D./Üb.Fußa.*
	[27.03.1917]	HGr. Rupprecht	*D.Fußa.*
	[12.04.1917 – 01.06.1917]	6. Armee	*D.Fußa./Krgl.*
	[20.06.1917 – 10.08.1917]	4. Armee	*Krgl.*
1. Bttr.	[04.06.1915 – 15.01.1916]	Njemen-Armee	*DO/LÜO*
	[01.05.1916 – 04.11.1916]	8. Armee	*Krgl.*
	[12.11.1916 – 01.02.1917]	9. Armee	*D./Üb.Fußa.*
	[27.03.1917]	OHL Maubeuge	*D.Fußa.*

---

[1] Zeitweise verwendet als Arko der 8. Ldw.Div.

1. Bttr.	[12.04.1917 – 01.06.1917]	6. Armee	*D.Fußa./Krgl.*
	[20.06.1917 – 10.08.1917]	4. Armee	*Krgl.*
2. Bttr.	[04.06.1915 – 01.08.1916]	10. Armee	*DO/Krgl.*
	[12.08.1916 – 22.09.1916]	8. Armee	*Krgl.*
	[24.09.1916]	OHL Maubeuge	*DW*
	[30.09.1916 – 01.01.1917]	1. Armee	*Krgl.*
	[01.02.1917 – 23.05.1917]	2. Armee	*Üb.Fußa./Krgl.*
	[28.05.1917]	Maubeuge	*AB*
	[26.06.1917 – 29.06.1917]	4. Armee	*Krgl.*
Stab halb	[05.01.1915 – 20.03.1915]	2. Armee	*LÜW*
3.,4. Bttr.	[10.10.1914 – 20.09.1915]	2. Armee	*Krgl.*
3.,4. Bttr.	[22.02.1916 – 01.07.1916]	5. Armee	*DW/Krgl.*
3.,4. Bttr.	[12.07.1916 – 01.03.1917]	2. Armee	*DW/Krgl.*
3.,4. Bttr.	[27.03.1917]	HGr. Rupprecht	*D.Fußa.*
3.,4. Bttr.	[17.04.1917 – 12.05.1917]	2. Armee	*Krgl.*
3. Bttr.	[28.05.1917 – 31.05.1917]	6. Armee	*Krgl./D.Fußa.*
3. Bttr.	[20.06.1917 – 10.08.1917]	4. Armee	*Krgl.*
4. Bttr.	[24.05.1917 – 10.08.1917]	4. Armee	*Krgl.*
St.,1.,3.,4. Bttr.	[15.08.1917]	Jurbise	*D.Fußa.*
St.,1.,3.,4. Bttr.	[15.09.1917 – 20.09.1917]	6. Armee	*D.Fußa./AB*
St.,1.,3.,4. Bttr.	[25.09.1917 – 04.02.1918]	4. Armee	*D.Fußa./Krgl.*
St.,1.,3.,4. Bttr.	[05.02.1918 – 20.03.1918]	6. Armee	*AB/Krgl.*
St.,1.,3.,4. Bttr.	[28.03.1918 – 01.12.1918]	Arko 35 (35. Inf.Div.)	*KW*
II. Btl.			
St.,5.–8. Bttr.	[02.08.1914]	Gouv. Straßburg	*Krgl.*
St.,5.–8. Bttr.	25.08.1914 – 07.09.1914	VII. Res.Korps	*KW*
St.,5.–8. Bttr.	[19.10.1914 – 08.09.1915]	5. Armee	*Krgl./LÜW*
St.,5.,6. Bttr.	[08.09.1915 – 01.07.1916]	5. Armee	*DW/Krgl.*
5. Bttr.	[02.07.1916]	OHL Köln	*DW*
Stab	[28.07.1916 – 01.12.1916]	2. Armee	*Krgl.*
5.,6. Bttr.	[12.07.1916 – 28.07.1916]	2. Armee	*DW/Krgl.*
6. Bttr.	[10.08.1916]	OHL Köln	*DW*
Stab	[10.12.1916 – 24.03.1917]	1. Armee	*Krgl.*
5. Bttr.	[24.08.1916 – 24.03.1917]	1. Armee	*Krgl.*
6., 10. Bttr.	[09.09.1916 – 24.03.1917]	1. Armee	*Krgl.*
St.,5.,6.,10. Bttr.	[17.04.1917 – 05.08.1917]	2. Armee	*Krgl./AB*
St.,6.,10. Bttr.	[07.08.1917]	Maubeuge	*D.Fußa.*
5. Bttr.	[26.08.1917 – 05.09.1917]	Maubeuge	*D.Fußa.*
St.,6.,10. Bttr.	[31.08.1917 – 10.02.1918]	4. Armee	*Krgl./Üb.Fußa.*
5. Bttr.	[25.09.1917 – 10.02.1918]	4. Armee	*Krgl./Üb.Fußa.*
St.,5.,6.,10. Bttr.	[04.03.1918]	HGr. Rupprecht	*D.Fußa.*
St.,5.,6.,10. Bttr.	[04.04.1918 – 14.04.1918]	17. Armee	*Krgl.*
St.,5.,6.,10. Bttr.	[18.04.1918]	2. Armee	*D.Fußa.*
10. Bttr.	[06.05.1918]	Maubeuge	*D.Fußa.*
St.,5., 6. Bttr.	[10.05.1918 – 31.05.1918]	7. Armee	*Krgl./D.Fußa.*
10. Bttr.	[16.05.1918 – 31.05.1918]	7. Armee	*Krgl./D.Fußa.*
St.,5.,6.,10. Bttr.	[06.06.1918 – 08.06.1918]	18. Armee	*D.Fußa./Krgl.*
5. Bttr.	[22.06.1918]	18. Armee	*Krgl.*

5. Bttr.	[11.07.1918 – 28.07.1918]	1. Armee	*Krgl./D.Fußa.*
6. Bttr.	[19.06.1918]	Maubeuge	*D.Fußa.*
St.,5.,6.,10. Bttr.	[30.07.1918 – 12.12.1918]	6. Armee	*Krgl./FpÜb*
III. Btl.			
St.,7.,8. Bttr.	[21.09.1915 – 07.10.1916]	5. Armee	*DW/Üb.Fußa.*
St.,7.,8. Bttr.	[09.01.1917 – 01.02.1917]	OHL Laon	*D.Fußa./Krgl.*
St.,7.,8. Bttr.	[01.02.1917 – 16.04.1917]	3. Armee	*Krgl.*
St.,7.,8. Bttr.	[21.04.1917 – 14.06.1917]	1. Armee	*Krgl.*
St.,7.,8. Bttr.	[11.07.1917]	Longuyon	*D.Fußa.*
St.,7.,8. Bttr.	[21.07.1917]	5. Armee	*Krgl.*
St.,7.,8. Bttr.	[25.07.1917]	10. Armee	*Krgl.*
St.,7.,8. Bttr.	[08.08.1917 – 21.08.1917]	8. Armee	*Krgl.*
Stab	[14.09.1917 – 01.12.1917]	14. Armee	*Krgl.*
7.,8. Bttr.	[14.09.1917 – 27.10.1917]	14. Armee	*Krgl.*
11. Bttr.	[14.09.1917 – 01.01.1918]	14. Armee	*Krgl.*
St.,7.,8. Bttr.	[05.12.1917]	Diedenhofen	*D.Fußa.*
Stab	[01.01.1918 – 01.02.1918]	5. Armee	*Krgl.*
St.,7.,8.,11. Bttr.	[10.02.1918]	Diedenhofen	*Üb.Fußa.*
St.,7.,8.,11. Bttr.	[13.02.1918 – 08.06.1918]	18. Armee	*D.Fußa./Krgl.*
St.,7.,8.,11. Bttr.	[13.07.1918 – 16.07.1918]	7. Armee	*Krgl.*
St.,7.,8.,11. Bttr.	[20.07.1918 – 01.09.1918]	9. Armee	*Krgl.*
St.,7.,8.,11. Bttr.	[07.09.1918]	7. Armee	*Krgl.*
St.,7.,8.,11. Bttr.	[13.09.1918 – 20.10.1918]	18. Armee	*D.Fußa./Krgl.*
St.,7.,8.,11. Bttr.	[25.10.1918]	Mainz	*D.Fußa.*
Zuteilungen:			
I. Btl.			
Stab	[03.09.1915 – 22.10.1915]	XXXX. Res.Korps	*DO*
	[09.12.1915 – 15.01.1916]	41. Inf.Div.	*DO/LÜO*
	[20.04.1916]	76. Res.Div.	*DO*
	[06.05.1916]	6. Ldw.Brig.	*DO*
1. Bttr.	15.05.1915 – 25.06.1915	80. Res.Div.	*DO/KW*
	03.08.1915 – 05.11.1916	6. Res.Div.	*DO/KW*
2. Bttr.	[04.06.1915 – 15.01.1916]	XXXX. Res.Korps	*DO/LÜO*
	[10.08.1916]	III. Res.Korps	*DO*
4. Bttr.	[07.04.1915 – 10.07.1915]	XVIII. AK	*Krgl.*
St.,1.,3.,4. Bttr.	28.10.1917 – 05.11.1917	5. bayer. Res.Div.	*KA*
II. Btl.			
St.,5.,6.,10. Bttr.	04.04.1918 – 10.04.1918	5. bayer. Res.Div.	*KA*
St.,5.,6.,10. Bttr.	09.09.1918 – 28.09.1918	1. bayer. Res.Div.	*KA*

Demobil: Rgt.Stab u. I. Btl. am 14.12.1918 in Kassel, II. Btl. am 15.11.1918 in Barmen, III. Btl. am 28.11.1918 in Kassel, aufgelöst.[1] Abw.Stelle bei Fußart.Rgt. 18

Freiw.Form.: Jan. 1919 Aufstellung der Freiw. schw. Grenzschutz-Bttr. 18 (Roeseler), trat zur 36. Freiw. Inf.Div.

Verbleib: wurde 1. Bttr./Freiw. Fußart.Btl. 35

Quellen: EB der schw. Art.

---

[1] Demob.Üb. XI. AK v. 20.01.1920 u. Berichtigung vom 15.08.1920

Sächs. Reserve-Fußartillerie-Regiment Nr. 19

Formation:

Rgt. 15.01.1917 aufgestellt mit I.–III. Btl. (gem. KM v. 15.01.1915 u. sächs. KM v. 19.01.1917) durch Ausbau des Res.Fußart.Btl. 19, mobil seit 22.02.1917

Rgt.Stab 15.01.1917 aufgestellt durch Ers.Btl./Fußart.Rgt. 19

I. Btl.

Stab,1.,2.,4. Bttr. 15.01.1917 aufgestellt aus Stab, 1.,2.,4. Bttr./Res.Fußart.Btl. 19, mit Mun.Kol. u. Park-Komp. (bis 20.12.1917)

II. Btl.,

Stab, 5.–7. Bttr. 15.01.1917 aufgestellt durch Ers.Btl./Fußart.Rgt. 19, mit Mun.Kol.

III. Btl.

Stab, 8., 9. Bttr. 15.01.1917 aufgestellt durch Ers.Btl./Fußart.Rgt. 12 aus Sächs. Fußart.Btl. U, mit Mun.Kol.

10. Bttr. 15.10.1917 aufgestellt durch Ers.Btl./Fußart.Rgt. 19 (gem. KM v. 16.10.1917 u. sächs. KM v. 15.10.1917) aus 4. Bttr. /Ldw.Fußart.Btl. 19
mit Mun.Kol. bis 27.04.1918

Bewaffnung:

1.,2.,4. Bttr.	ab Jan. 1917	schw. Feldh. 02	*Üb.Fußa.01.02.1917*
4. Bttr.	ab Aug. 1918	10 cm Kan. 04	*D.Fußa. 19.08.1918*
5.–7. Bttr.	ab Jan. 1917	schw. Feldh. 13	*Üb.Fußa. 01.02.1917*
5.–7. Bttr.	ab Mai 1917	lange schw. Feldh. 13	*D.Fußa. 31.05.1917*
8.,9. Bttr.	ab Jan. 1917	Mörser	*Üb.Fußa. 01.02.1917*
8.,9. Bttr.	ab Aug. 1917	lange Mörser	*D.Fußa. 15.08.1917*
10. Bttr.	ab Okt. 1917	lange Mörser	*D.Fußa. 20.10.1917*
10. Bttr.	ab April 1918	15 cm Kan. 16 Kp. (Kraftzug)	*D.Fußa. 18.04.1918*

Ersatztr.Teil: Ers.Btl./Fußart.Rgt. 19

Unterstellung:

Rgt.Stab			
	[01.03.1917 – 28.10.1917]	7. Armee	*Krgl.*
	[06.11.1917 – 06.05.1918]	A.Abt. C	*Krgl.*
	[02.06.1918 – 11.07.1918]	1. Armee	*Krgl.*
	[19.08.1918]	Jurbise	*D.Fußa.*
	[18.09.1918]	17. Armee	*FpÜb*
	[25.09.1918 – 02.10.1918]	19. Armee	*FpÜb*
	[09.10.1918 – 04.12.1918]	5. Armee	*FpÜb*
	[12.12.1918 – 28.12.1918]	15. Inf.Div.	*FpÜb*

I. Btl.

St.,1.,2.,4. Bttr.	[15.01.1917 – 10.02.1918]	HGr. Linsingen	*Üb.Fußa.*
	[17.02.1918]	Hirson	*D.Fußa.*
	[07.03.1918 – 13.04.1918]	2. Armee	*Krgl.*
	[06.05.1918]	Maubeuge	*D.Fußa.*
	[31.05.1918]	7. Armee	*D.Fußa.*
	[06.06.1918 – 22.06.1918]	18. Armee	*D.Fußa./Krgl.*
	[14.07.1918 – 01.08.1918]	3. Armee	*D.Fußa./Krgl.*
	[05.08.1918]	9. Armee	*Krgl.*
	[19.08.1918]	Jurbise	*D.Fußa.*
	[18.09.1918]	17. Armee	*FpÜb*
	[25.09.1918 – 02.10.1918]	19. Armee	*FpÜb*

St.,1.,2.,4. Bttr.	[09.10.1918 – 04.12.1918]	5. Armee	*FpÜb*
	[12.12.1918 – 28.12.1918]	15. Inf.Div.	*FpÜb*

II. Btl.

St.,5.,6.,7. Bttr.	[01.03.1917 – 06.05.1917]	7. Armee	*Krgl.*
	[11.05.1917]	OHL Hirson	*D.Fußa.*
	[24.05.1917 – 27.10.1917]	4. Armee	*Krgl.*
	[29.10.1917]	Longuyon	*D.Fußa.*
	[10.11.1917]	Maubeuge	*D.Fußa.*
	[25.11.1917 – 22.03.1918]	2. Armee	*Krgl./AB*
	[29.03.1918]	17. Armee	*D.Fußa.*
	[30.03.1918 – 26.07.1918]	Bayer. Arko 17 (5. bayer. Res.Div.)	*KW/KA*
	[28.07.1918]	Jurbise	*D.Fußa.*
	[19.08.1918 – 24.08.1918]	6. Armee	*D.Fußa./AB*
	[24.08.1918 – 18.09.1918]	17. Armee	*AB/FpÜb*
	[25.09.1918 – 02.10.1918]	19. Armee	*FpÜb*
	[09.10.1918 – 04.12.1918]	5. Armee	*FpÜb*
	[12.12.1918 – 28.12.1918]	15. Inf.Div.	*FpÜb*

III. Btl.

St.,8.,9. Bttr.	[01.03.1917 – 01.06.1917]	7. Armee	*Krgl.*
St.,8.,9. Bttr.	[26.06.1917]	Hirson	*D.Fußa.*
St.,8.,9. Bttr.	[20.07.1917 – 01.08.1917]	7. Armee	*Krgl.*
St.,8.,9. Bttr.	[07.08.1917]	Longuyon	*D.Fußa.*
St.,8.,9. Bttr.	[15.08.1917 – 10.02.1918]	5. Armee	*D./Üb.Fußa.*
10. Bttr.	[20.10.1917 – 01.11.1917]	Köln	*D.Fußa./Krgl.*
10. Bttr.	[27.11.1917 – 10.02.1918]	5. Armee	*D./Üb.Fußa.*
St.,8.,9.,10. Bttr.	[01.03.1918 – 04.03.1918]	A.Abt. C	*Krgl./D.Fußa.*
St.,8.,9.,10. Bttr.	[01.04.1918]	5. Armee	*Krgl.*
St.,8.,9. Bttr.	[26.04.1918]	Longuyon	*D.Fußa.*
10. Bttr.	[18.04.1918 – 15.06.1918]	Metz	*D.Fußa.*
St.,8.,9. Bttr.	[16.05.1918 – 19.06.1918]	7. Armee	*Krgl.*
St.,8.,9.,10. Bttr.	[19.06.1918 – 05.09.1918]	7. Armee	*D.Fußa./Krgl.*
St.,8.,9.,10. Bttr.	[18.09.1918]	17. Armee	*FpÜb*
St.,8.,9.,10. Bttr.	[25.09.1918 – 02.10.1918]	19. Armee	*FpÜb*
St.,8.,9.,10. Bttr.	[09.10.1918 – 04.12.1918]	5. Armee	*FpÜb*
St.,8.,9.,10. Bttr.	[12.12.1918]	15. Inf.Div.	*FpÜb*

Zuteilungen:

Rgt.Stab	07.03.1917 – 21.04.1917	Bayer. Ers.Div.	*KA*
Rgt.Stab	15.08.1917 – 16.09.1917	11. bayer. Inf.Div.	*KA*
II. u. III. Btl.	07.03.1917 – 21.04.1917	Bayer. Ers.Div.	*KA*
III. Btl.	13.10.1917 – 29.12.1917	Garde-Ers.Div.	*KTB*
III. Btl.	30.06.1918 – 15.07.1918	6. bayer. Res.Div.	*KA*

Demobil: Rgt.Stab, I. u. III. Btl. ab Ende Dez. 1918 in Dresden, II. Btl. in Großenhain; Rgt. Jan. 1919 (?) aufgelöst.[1] Abw.Stelle bei Fußart.Rgt. 19

Freiw.Form.: keine

Verbleib: keine Übernahme in die Rw.

---

[1] FpÜb v. 03.01.1919 – 12.03.1919

Reserve-Fußartillerie-Regiment Nr. 20

Formation:

Rgt.	Rgt.Stab, I. u. II. Btl. 02.08.1914 aufgestellt durch Fußart.Rgt. 20 auf Tr.Üb.Pl. Lockstedt (gem. Mob.Plan)
Rgt.Stab	02.08.1914 aufgestellt
I. Btl.	02.08.1914 aufgestellt mit Stab, 1.–4. Bttr. u. Park-Komp. (bis 19.12.1917)
Mun.Kol. 1 u. 2	Aug. 1914 (?) zgt. bis Juli 1915
Mun.Kol. 3 u. 4	Aug. 1914 (?) zgt. bis 01.03.1915
1. Bttr.	12.04.1915 umgewandelt in 1. Bttr./Res.Fußart.Btl. 36
3. Bttr	12.04.1915 umgewandelt in 3. Bttr./Res.Fußart.Btl. 36
2. u. 4. Bttr.	ab Juli 1915 mit Mun.Kol.
9. Bttr.	05.12.1916 aufgestellt (gem. KM v. 05.12.1916) aus Fußart.Bttr. 359, mit Mun.Kol.
Btl.	jetzt mit 2., 4. u. 9. Bttr.
II. Btl.	02.08.1914 aufgestellt mit Stab, 5.–8. Bttr. u. Park-Komp. (bis 19.12.1917)
5. u. 6. Bttr.	01.02.1915 abgegeben an III. Btl.
11. Bttr.	31.10.1917 aufgestellt (gem. KM v. 31.10.1917) aus Fußart.Bttr. 183
Btl.	jetzt mit 7., 8. u. 11. Bttr.
III. Btl., Stab	01.02.1915 aufgestellt durch Gouv. Köln bei Ers.Btl./Fußart.Rgt. 7 (gem. KM v. 01.02.1915)
5. u. 6. Bttr.	01.02.1915 übergetreten von II. Btl.
leichte Mun.Kol.	08.02.1915 aufgestellt, am 01.10.1915 aufgelöst
5. u. 6. Bttr.	ab 01.10.1915 mit Mun.Kol.
10. Bttr.	05.04.1917 aufgestellt durch HGr. Kronprinz Rupprecht (gem. KM v. 05.04.1917) aus Fußart.Bttr. 335 u. 2. Zug der Besp.Abt. 2 Antwerpen, mit Mun.Kol.
Btl.	jetzt mit 5., 6. u. 10. Bttr.

Bewaffnung:

1.–4. Bttr.	ab Aug. 1914	schw. Feldh. 02	*EB schw. Art.*
5.–8. Bttr.	ab Aug. 1914	schw. Feldh.	*Mob.Plan*
5., 6. Bttr.	ab Febr. 1915	10 cm Kan. 04	*DW 11.02.1915*
5. Bttr.	ab Okt. 1917	lange schw. Feldh. 13	*D.Fußa. 20.10.1917*
6. Bttr.	ab Juli 1918	lange schw. Feldh. 13	*D.Fußa. 03.07.1918*
7., 8. Bttr.	ab Jan. 1915	lange 15 cm Kan.	*LÜW 05.01.1915*
7.,8. Bttr.	ab Juni 1917	15 cm Kan. 16 Kp. (Kraftzug)	*D.Fußa. 26.06.1917*
9. Bttr.	ab Dez. 1916	schw. Feldh. 02	*D.Fußa. 11.12.1916*
9. Bttr.	ab Sept. 1918	10 cm Kan. 04	*D.Fußa. 13.09.1918*
10. Bttr.	ab April 1917	10 cm Kan. 04	*D.Fußa. 12.04.1917*
11. Bttr.	ab Nov. 1917	15 cm Kan. 16 Kp. (Kraftzug)	*D.Fußa. 10.11.1917*

Ersatztr.Teil: Ers.Btl./Fußart.Rgt. 20

Unterstellung:

Rgt.Stab	[02.08.1914]	Gouv. Mainz	*Krgl.*
	[18.01.1915 – 20.03.1915]	Gouv. Lille	*DW/LÜW*
	[07.04.1915 – 06.09.1916]	A.Abt. Gaede	*KW/Krgl.*
	[06.09.1916 – 07.10.1916]	A.Abt. B	*Krgl./Üb.Fußa.*
	[11.10.1916 – 24.03.1917]	1. Armee	*D.Fußa./Krgl.*
	[17.04.1917 – 23.05.1917]	2 .Armee	*Krgl.*
	[20.06.1917 – 25.11.1917]	4. Armee	*Krgl.*

Rgt.Stab	[27.11.1917 – 04.01.1918]	2. Armee	*D.Fußa./Krgl.*
	[15.01.1918 – 07.05.1918]	6. Armee	*Krgl.*
	[14.05.1918 – 27.08.1918]	4. Armee	*D.Fußa./Krgl.*
	[09.09.1918 – 28.12.1918]	17. Armee	*D.Fußa./FpÜb*
I. Btl.			
St.,1.–4. Bttr.	[02.08.1914]	Gouv. Mainz	*Krgl.*
St.,1.–4. Bttr.	[21.09.1914]	4. Armee	*Krgl.*
St.,2.,4. Bttr.	[10.12.1914 – 22.10.1915]	VIII. Res.Korps	*Krgl./DW*
1.,3. Bttr.	[08.12.1914 – 05.04.1915]	XVIII. Res.Korps	*Krgl./LÜW*
St.,2.,4. Bttr.	[22.02.1916]	16. Res.Div.	*DW*
St.,2.,4. Bttr.	[19.06.1916]	OHL bei 7. Armee	*DW*
St.,2.,4. Bttr.	[02.07.1916 – 01.04.1917]	2. Armee	*DW/Krgl.*
9. Bttr.	[10.12.1916 – 01.04.1917]	2. Armee	*Krgl.*
St.,2.,4.,9. Bttr.	[12.04.1917]	Maubeuge	*D.Fußa.*
St.,2.,4.,9. Bttr.	[31.05.1917 – 28.10.1917]	2. Armee	*D.Fußa./AB*
St.,2.,4.,9. Bttr.	[31.10.1917 – 12.03.1918]	4. Armee	*Krgl.*
St.,2.,4.,9. Bttr.	[01.04.1918 – 07.09.1918]	Arko 7 (7. Inf.Div.)	*KW*
St.,2.,4.,9. Bttr.	[09.09.1918]	Hirson	*D.Fußa.*
St.,2.,4.,9. Bttr.	[27.09.1918 – 10.10.1918]	17. Armee	*D.Fußa./AB*
St.,2.,4.,9. Bttr.	[10.10.1918 – 20.11.1918]	2. Armee	*AB/FpÜb*
St.,2.,4.,9. Bttr.	[04.12.1918 – 18.12.1918]	17. Armee	*FpÜb*
II. Btl.			
St.,5.–8. Bttr.	[02.08.1914]	Gouv. Mainz	*Krgl.*
St.,5.–8. Bttr.	[08.12.1914 – 05.01.1915]	6. Armee	*Krgl./LÜW*
St.,7.,8. Bttr.	[11.02.1915 – 22.02.1916]	6. Armee	*DW/LÜW*
St.,7.,8. Bttr.	[24.03.1916 – 21.04.1917]	4. Armee	*DW/Krgl.*
St.,7.,8. Bttr.	[31.05.1917]	OHL Köln	*D.Fußa.*
St.,7.,8. Bttr.	[20.06.1917 – 05.11.1917]	4. Armee	*Krgl.*
St.,7.,8. Bttr.	[05.11.1917 – 10.01.1918]	6. Armee	*Krgl.*
11. Bttr.	[10.11.1917 – 01.12.1917]	Hirson (7. Armee)	*D.Fußa./Krgl.*
11. Bttr.	[11.12.1917 – 04.01.1918]	2. Armee	*AB/Krgl.*
St.,7.,8.,11. Bttr.	[11.01.1918 – 01.03.1918]	6. Armee	*Krgl.*
St.,7.,8.,11. Bttr.	[04.03.1918]	HGr. Rupprecht	*D.Fußa.*
St.,7.,8.,11. Bttr.	[31.03.1918 – 01.07.1918]	2. Armee	*Krgl.*
St.,7.,8.,11. Bttr.	[28.07.1918]	Jurbise	*D.Fußa.*
St.,7.,8.,11. Bttr.	[26.08.1918 – 04.12.1918]	17. Armee	*AB/FpÜb*
III. Btl.			
St.,5.,6. Bttr.	[11.02.1915]	Köln	*DW*
St.,5.,6. Bttr.	[20.02.1915 – 20.03.1915]	3. Armee	*DW/LÜW*
St.,5.,6. Bttr.	[20.04.1915 – 22.06.1915]	11. Armee	*DW/Goes*
5. Bttr.	[23.06.1915 – 03.09.1915]	11. Armee	*LÜO/DO*
St.,6. Bttr.	[29.07.1915 – 03.09.1915]	Bugarmee	*Krgl./DO*
St.,5.,6. Bttr.	[21.09.1915 – 01.07.1916]	5. Armee	*DW/Krgl.*
St.,5.,6. Bttr.	[23.07.1916 – 31.07.1916]	2. Armee	*DW/Goes*
St.,5.,6. Bttr.	[28.08.1916 – 07.10.1916]	1. Armee	*Krgl./Üb.Fußa.*
St.,5.,6. Bttr.	[09.10.1916]	OHL Maubeuge	*D.Fußa.*
St.,5.,6. Bttr.	[05.11.1916]	OHL Rethel	*D.Fußa.*
St.,5.,6. Bttr.	[18.11.1916 – 10.12.1916]	2. Armee	*D.Fußa./Krgl.*
St.,5.,6. Bttr.	[31.12.1916]	OHL hinter 2. Armee	*D.Fußa.*
St.,5.,6. Bttr.	[01.02.1917]	OHL hinter 1. Armee	*Üb.Fußa.*

St.,5.,6. Bttr.	[13.03.1917 – 28.05.1917]	6. Armee	*D.Fußa./Krgl.*
10. Bttr.	[12.04.1917 – 28.05.1917]	6. Armee	*D.Fußa./Krgl.*
St.,5.,6.,10. Bttr.	[20.06.1917 – 25.09.1917]	4. Armee	*Krgl.*
St.,5.,6.,10. Bttr.	[05.10.1917]	Jurbise	*D.Fußa.*
St.,5.,6.,10. Bttr.	[25.10.1917 – 21.11.1917]	4. Armee	*Krgl.*
St.,5.,6.,10. Bttr.	[25.11.1917 – 31.03.1918]	2. Armee	*Krgl.*
St.,5.,6.,10. Bttr.	[18.04.1918 – 22.06.1918]	17. Armee	*D.Fußa./Krgl.*
St.,5.,6.,10. Bttr.	[14.07.1918 – 27.07.1918]	4. Armee	*Krgl.*
St.,5.,6.,10. Bttr.	[28.07.1918]	Jurbise	*D.Fußa.*
St.,5.,6.,10. Bttr.	[26.08.1918 – 18.12.1918]	17. Armee	*AB/FpÜb*

Zuteilungen:

Rgt.Stab	07.04.1915 – 06.04.1916	12. Ldw.Div.	*KW*
	15.08.1916 – 03.10.1916	12. bayer. Inf.Div.	*KA*
II. Btl.	04.09.1916 – 23.11.1916	26. Inf.Div.	*KW*
	28.06.1917 – 03.08.1917	10. bayer. Inf.Div.	*KA*
III. Btl.	12.05.1917 – 01.06.1917	6. bayer. Inf.Div.	*KA*
5. Bttr.	12.03.1917 – 10.04.1917	1. bayer. Res.Div.	*KA*

Demobil: Rgt. ab Ende Dez. 1918 in Altona-Bahrenfeld, Jan. 1919 (?) aufgelöst[1]
Abw.Stelle bei Fußart.Rgt. 20

Freiw.Form.: keine

Verbleib: keine Übernahme in die Rw.

Reserve-Fußartillerie-Regiment Nr. 24

Formation:
Rgt.	19.12.1917 aufgestellt durch Umbenennung des Württ. Res.Fußart.Rgt. 13
Rgt.Stab	
I. Btl.	mit Stab, 2., 4. u. 12. Bttr., jeweils mit Mun.Kol.
II. Btl.	mit Stab, 5., 9. u. 10. Bttr., jeweils mit Mun.Kol.
III. Btl.	mit Stab, 1., 3. u. 13. Bttr., jeweils mit Mun.Kol.
IV. Btl.	mit Stab, 6., 7. u. 8. Bttr., jeweils mit Mun.Kol.

Bewaffnung:

1. Bttr.	ab Dez. 1917	schw. Feldh. 13	*Üb.Fußa. 10.02.1918*
2. Bttr.	ab Febr. 1918	lange schw. Feldh. 13	*Üb.Fußa. 10.02.1918*
3. Bttr.	ab Dez. 1917	schw. Feldh. 13	*Üb.Fußa. 10.02.1918*
4. Bttr.	ab Febr. 1918	lange schw. Feldh. 13	*Üb.Fußa. 10.02.1918*
4. Bttr.	ab Juli 1918	10 cm Kan. 04	*D.Fußa. 03.07.1918*
5. Bttr.	ab Dez. 1917	schw. Feldh. 02	*Üb.Fußa. 10.02.1918*
5. Bttr.	ab Juli 1918	10 cm Kan. 04	*D.Fußa. 03.07.1918*
6. Bttr.	ab Dez. 1917	lange schw. Feldh. 13	*Üb.Fußa. 10.02.1918*
7. Bttr.	ab Dez. 1917	lange schw. Feldh. 13	*Üb.Fußa. 10.02.1918*
8. Bttr.	ab Dez. 1917	10 cm Kan. 14	*Üb.Fußa. 10.02.1918*
9. Bttr.	ab Dez. 1917	schw. Feldh. 02	*Üb.Fußa. 10.02.1918*
10. Bttr.	ab Dez. 1917	schw. Feldh. 02	*Üb.Fußa. 10.02.1918*
12. Bttr.	ab Febr. 1918	lange schw. Feldh. 13	*Üb.Fußa. 10.02.1918*

---

[1] FpÜb v. 28.12.1918 – 12.03.1919

13. Bttr.	ab Dez. 1917	schw. Feldh. 02	*Üb.Fußa. 10.02.1918*
13. Bttr.	ab Aug. 1918	10 cm Kan. 17	*D.Fußa. 30.08.1918*

Ersatztr.Teil: Ers.Btl./Fußart.Rgt. 13

Unterstellung:

Rgt.Stab	[10.01.1918 – 11.02.1918]	HGr. Linsingen	*Krgl.*
	[17.02.1918]	Maubeuge	*D.Fußa.*
	[24.02.1918]	HGr. Rupprecht	*D.Fußa.*
	[07.04.1918]	6. Armee	*D.Fußa.*
	[08.05.1918 – 20.11.1918]	4. Armee	*Krgl./FpÜb*
	[04.12.1918 – 28.12.1918]	16. bayer. Inf.Div.	*FpÜb*
I. Btl.			
St.,2.,4.,12. Bttr.	[19.12.1917 – 14.02.1918]	4. Armee	*Krgl.*
	[19.02.1918 – 18.12.1918]	Arko 25 (25. Inf.Div.)	*KW/FpÜb*
II. Btl.			
St.,5.,9.,10. Bttr.	[31.12.1917]	18. Armee	*D.Fußa.*
	[10.02.1918]	Maubeuge	*Üb.Fußa.*
	[17.02.1918 – 07.09.1918]	Arko 70 (54. Res.Div.)	*D.Fußa./KW*
	[09.09.1918 – 25.09.1918]	Maubeuge	*D.Fußa./FpÜb*
	[01.10.1918 – 28.12.1918]	5. Armee	*Krgl./FpÜb*
III. Btl.			
St.,1.,3.,13. Bttr.	[10.02.1918]	HGr. Scholtz	*Üb.Fußa.*
	[13.02.1918]	Insmingen	*D.Fußa.*
	[24.02.1918]	HGr. Kronprinz	*D.Fußa.*
	[01.03.1918 – 08.06.1918]	18. Armee	*Krgl.*
	[08.06.1918 – 01.08.1918]	Arko 46 (46. Res.Div.)	*KW*
	[09.08.1918]	1. Armee	*Krgl.*
	[19.08.1918]	Hirson	*D.Fußa.*
	[06.09.1918 – 22.01.1919]	Dt. Jäger-Div.	*KW/FpÜb*
IV. Btl.			
St.,6.,7.,8. Bttr.	[19.12.1917 – 24.01.1918]	4. Armee	*Krgl.*
	[26.01.1918 – 05.02.1918]	2. Armee	*D.Fußa./Krgl.*
	[10.02.1918]	4. Armee	*Üb.Fußa.*
	[01.03.1918]	17. Armee	*Krgl.*
	[28.03.1918 – 14.09.1918]	Arko 155 (53. Res.Div.)	*KW*
	[15.09.1918 – 03.01.1919]	Arko 7 (7. Inf.Div.)	*KW/FpÜb*

Zuteilungen:

I. Btl.	01.09.1918 – 09.09.1918	14. Res.Div.	*KW*
IV. Btl.	30.04.1918 – 14.06.1918	Bayer. Ers.Div.	*KA*

Demobil: I. Btl. ab Ende Dez. 1918 in Karlsruhe, III. u. IV. Btl. ab Mitte Jan. 1919 in Bühl (Baden); Rgt. Febr. 1919 (?) aufgelöst.[1] Abw.Stelle bei Fußart.Rgt. 24

Freiw.Form.: Jan. 1919 (?) Aufstellung des Freiw. Res.Fußart.Btl. 24
1. Bttr. = 1. bad. Fußart.Bttr. Ost (Bttr. Aust)
2. Bttr. = Bttr. Lueckmann vom Freiw.Fußart.Btl. 28

Verbleib: 1. Bttr. wurde 2. Bttr./Marine-Feldart.Abt. der 2. Marine-Brigade (Ehrhardt) im Garde-Kav.Schützen-Korps

Quellen: EB der schw. Art.

---

[1] FpÜb v. 03.01.1919 – 12.03.1919

Bayer. Reserve-Fußartillerie-Regiment Nr. 1

Formation:

Rgt.	Rgt.Stab, I. u. II. Btl. 02.08.1914 aufgestellt durch 1. bayer. Fußart.Rgt. in München (gem. Mob.Plan)
Rgt.Stab	02.08.1914 aufgestellt in München
I. Btl.	02.08.1914 aufgestellt mit Stab, 1.–4. Bttr. u. Park-Komp. (bis 01.09.1915)
leichte Mun.Kol.	20.08.1914 aufgestellt, Sept./Okt. 1914 aufgelöst
2. Bttr.	09.03.1915 abgegeben an III. Btl./1. bayer. Fußart.Rgt.
2. Bttr.	26.07.1915 umbenannt in 9. Bttr./1. bayer. Fußart.Rgt.
Btl.	jetzt mit 1., 3. u. 4. Bttr.
Mun.Kol. 1, 3, 4, 6–8 des I. Btl.	Mai/Juni 1915 aufgestellt, Juli/Aug. 1915 aufgelöst
1.,3.,4. Bttr.	ab 28.07.1915 mit Mun.Kol.
II. Btl.	02.08.1914 aufgestellt mit Stab, 5.–8. Bttr. u. Park-Komp. (bis 01.11.1915)
leichte Mun.Kol.	25.08.1914 aufgestellt, Sept./Okt. 1914 aufgelöst
5. u. 6. Bttr.	ab 28.07.1915 mit Mun.Kol.
7. Bttr.	ab 08.10.1915 mit Mun.Kol.
8. Bttr.	ab 11.08.1915 mit Mun.Kol.
7. Bttr.	05.11.1917 umgewandelt in 1. Bttr./bayer. Res.Fußart.Rgt. 2
Btl.	jetzt mit 5., 6. u. 8. Bttr.

Bewaffnung:

1.–4. Bttr.	ab Aug. 1914	schw. Feldh. 02	*Bayer. WGB*
1.–4. Bttr.	ab Sept. 1915	schw. Feldh. 13	*KM 07./29.09.1915*
1. Bttr.	ab Juli 1918	lange schw. Feldh. 13	*D.Fußa. 14.07.1918*
4. Bttr.	ab Aug. 1917	10 cm Kan. 04	*D.Fußa. 07.08.1917*
5.–8. Bttr.	ab Aug. 1914	10 cm Kan. 04	*LÜW 05.01.1915*
5. Bttr.	ab Febr. 1916	10 cm Kan. 14	*Krgl. 01.02.1916*
5. Bttr.	ab Sept. 1917	schw. Feldh. 13	*D.Fußa. 05.09.1917*
6. Bttr.	ab Okt. 1915	10 cm Kan. 14	*KM 24.10.1915*
6. Bttr.	ab Sept. 1917	schw. Feldh. 02	*D.Fußa. 05.09.1917*
6. Bttr.	ab Okt. 1917	schw. Feldh. 13	*D.Fußa. 20.10.1917*
7. Bttr.	ab Okt. 1916	10 cm Kan. 14	*Üb.Fußa. 07.10.1916*
7. Bttr.	ab Febr. 1917	10 cm Kan. 04	*D.Fußa. 08.02.1917*
8. Bttr.	ab Juli 1916	10 cm Kan. 14	*Krgl. 01.07.1916*

Ersatztr.Teil: Ers.Btl./1. Bayer. Fußart.Rgt.

Unterstellung:

Rgt.Stab	15.08.1914 – 19.08.1914	Gouv. Germersheim	*Bayer. WGB*
	19.08.1914 – 14.09.1916	6. Armee	*Bayer. WGB*
	15.09.1916 – 17.02.1917	2. Armee	*Bayer. WGB*
	18.02.1917 – 20.05.1917	6. Armee	*Bayer. WGB*
	21.05.1917 – 15.06.1917	2. Armee	*Bayer. WGB*
	16.06.1917 – 23.09.1917	Maubeuge	*Bayer. WGB*
	[24.09.1917 – 24.12.1917]	A.Abt. D	*Krgl.*
	[31.12.1917 – 01.02.1918]	2. Armee	*D.Fußa./Krgl.*
	[03.02.1918 – 04.12.1918]	6. Armee	*Krgl./FpÜb*

I. Btl.

St.,1.–4. Bttr.	15.08.1914 – 19.08.1914	Gouv. Germersheim	*Bayer. WGB*
St.,1.–4. Bttr.	19.08.1914 – 09.03.1915	6. Armee	*LÜW*
St.,1.,3.,4. Bttr.	[09.03.1915 – 20.07.1916]	6. Armee	*LÜW/Krgl.*
St.,1.,3.,4. Bttr.	[23.07.1916 – 01.01.1917]	2. Armee	*DW/Krgl.*
St.,1.,3. Bttr.	[01.02.1917 – 01.03.1917]	2. Armee	*Krgl.*
4. Bttr.	[01.02.1917 – 01.03.1917]	7. Armee	*Üb.Fußa./Krgl.*
St.,1.,3.,4. Bttr.	[07.03.1917 – 01.08.1917]	7. Armee	*Krgl.*
St.,1.,3.,4. Bttr.	[07.08.1917 – 01.09.1917]	Longuyon	*D.Fußa./Krgl.*
St.,1.,3.,4. Bttr.	[05.09.1917 – 01.10.1917]	5. Armee	*D.Fußa.*
St.,1.,3.,4. Bttr.	[29.10.1917]	Insmingen	*D.Fußa.*
St.,1.,3.,4. Bttr.	[27.11.1917 – 19.01.1918]	A.Abt. B	*D.Fußa./Krgl.*
St.,1.,3.,4. Bttr.	[10.02.1918]	Insmingen	*Üb.Fußa.*
St.,1.,3.,4. Bttr.	03.03.1918 – 09.04.1918	A.Abt. A	*Bayer. WGB*
St.,1.,3.,4. Bttr.	12.04.1918 – 26.11.1918	Bayer. Arko 7 (Alpenkorps)	*KW/Bayer. WGB*

II. Btl.

St.,5.–8. Bttr.	12.08.1914 – 19.08.1914	Gouv. Germersheim	*Bayer. WGB*
St.,5.–8. Bttr.	20.08.1914 – 22.04.1915	6. Armee	*LÜW/Krgl.*
St.,5.,6.,8. Bttr.	[23.04.1915 – 01.08.1916]	6. Armee	*DW/Krgl.*
St.,6.,8. Bttr.	[01.08.1916 – 10.09.1916]	6. Armee	*Krgl.*
5. Bttr.	[24.08.1916 – 01.01.1917]	1. Armee	*Krgl./Üb.Fußa.*
Stab	[24.09.1916 – 01.01.1917]	2. Armee	*DW/Krgl.*
6.,8. Bttr.	[15.09.1916 – 01.01.1917]	2. Armee	*DW/Krgl.*
St. 5.,6.,8. Bttr.	[09.01.1917]	OHL hinter 2. Armee	*D.Fußa.*
St.,5.,6.,8. Bttr.	[01.02.1917 – 11.04.1917]	1. Armee	*Üb.Fußa./Krgl.*
St.,5.,6.,8. Bttr.	12.04.1917 – 28.05.1917	2. Armee	*Bayer. WGB*
St.,5.,6.,8. Bttr.	28.05.1917 – 31.05.1917	6. Armee	*Bayer. WGB*
St.,5.,6.,8. Bttr.	01.06.1917 – 02.09.1917	4. Armee	*Bayer. WGB*
St.,5.,6.,8. Bttr.	03.09.1917 – 25.09.1917	Jurbise	*Bayer. WGB*
St.,5.,6.,8. Bttr.	[26.09.1917 – 21.11.1917]	4. Armee	*Krgl.*
St.,5.,6.,8. Bttr.	[22.11.1917 – 12.01.1918]	2. Armee	*AB/Krgl.*
St.,5.,6.,8. Bttr.	[13.01.1918 – 10.02.1918]	Jurbise	*D./Üb.Fußa.*
St.,5.,6.,8. Bttr.	21.02.1918 – 10.01.1919	Bayer. Arko 6 (6. bayer. Inf.Div.)	*KW*

7. Bttr.	01.04.1915 – 20.04.1915	II. bayer. AK	*Meiler*
	28.04.1915 – 07.09.1915	11. Armee	*Meiler*
	08.09.1915 – 16.09.1915	OHL	*Meiler*
	17.09.1915 – 15.01.1916	6. Armee	*Meiler*
	16.01.1916 – 10.09.1916	5. Armee	*Meiler*
	[17.09.1916 – 12.12.1916]	9. Armee	*Krgl./Meiler*
	[19.12.1916 – 01.09.1917]	öst.ung. 1. Armee	*D.Fußa./Krgl.*
	[10.10.1917]	öst.ung. 7. Armee	*Krgl.*

Zuteilungen:

Rgt.Stab	19.08.1914 – 08.08.1916	I. bayer. Res.Korps	*Bayer. WGB*
	08.08.1916 – 14.09.1916	IV. AK	*Bayer. WGB*
	15.09.1916 – 01.12.1916	XXIII. Res.Korps	*Bayer. WGB*
	01.12.1916 – 17.02.1917	XVIII. AK	*Bayer. WGB*
	18.02.1917 – 20.05.1917	I. bayer. Res.Korps	*Bayer. WGB*
	21.05.1917 – 15.06.1917	208. Inf.Div.	*Bayer. WGB*
	31.12.1917 – 31.01.1918	XIV. AK	*Bayer. WGB*

I. Btl.	19.08.1914 – 20.07.1916	I. bayer. Res.Korps	*Bayer. WGB*
	13.10.1917 – 29.10.1917	Garde-Ers.Div.	*KTB*
II. Btl.	20.08.1914 – 26.09.1914	I. bayer. Res.Korps	*Bayer. WGB*
	27.09.1914 – 14.10.1914	XIV. Res.Korps	*Bayer. WGB*
	[15.10.1914 – 20.07.1916]	I. bayer. Res.Korps	*Bayer. WGB*
	18.03.1917 – 14.04.1917	9. Res.Div.	*Bayer. WGB*
	15.04.1917 – 22.05.1917	22. Res.Div.	*Bayer. WGB*
	01.06.1917 – 10.06.1917	XII. Res.Korps	*Bayer. WGB*
	11.06.1917 – 02.09.1917	III. bayer. AK	*Bayer. WGB*
	30.11.1917 – 07.12.1917	9. bayer. Res.Div.	*KA*
	21.12.1917 – 12.01.1918	208. Inf.Div.	*Bayer. WGB*
	09.04.1918 – 22.04.1918	214. Inf.Div.	*KW*
	24.04.1918 – 12.05.1918	4. bayer. Inf.Div.	*Bayer. WGB*
	13.06.1918 – 20.06.1918	8. bayer. Res.Div.	*KA*
7. Bttr.	12.09.1914 – 20.09.1914	bayer. Ers.Div.	*Meiler*
	30.09.1914 – 12.10.1914	28. Res.Div.	*Meiler*
	10.11.1914 – 13.11.1914	II. bayer. AK	*Meiler*
	14.11.1914 – 31.03.1915	6. bayer. Res.Div.	*Meiler*
	01.04.1915 – 20.04.1915	II. bayer. AK	*Meiler*
	28.04.1915 – 04.05.1915	82. Res.Div.	*Meiler*
	05.05.1915 – 14.05.1915	119. Inf.Div.	*Meiler*
	15.05.1915 – 11.08.1915	öst.ung. 39. Inf.Tr.Div.	*Meiler*
	14.08.1915 – 02.09.1915	105. Inf.Div.	*Meiler*
	03.09.1915 – 07.09.1915	X. AK	*Meiler*
	17.09.1916 – 22.09.1916	Alpenkorps	*Meiler*
	23.09.1916 – 01.10.1916	öst.ung. 1. Kav.Tr.Div.	*Meiler*
	02.10.1916 – 08.12.1916	187. Inf.Div.	*Meiler*
	09.12.1916 – 12.12.1916	89. Inf.Div.	*Meiler*

Demobil: I. Btl. ab 26.11.1918 in Kaufering, am 09.01.1919 aufgelöst; Rgt.Stab u. II. Btl. ab 26./30.12.1918 in Neu-Ulm aufgelöst.[1] Abw.Stelle bei 1. bayer. Fußart.Rgt.

Freiw.Form.: keine

Verbleib: keine Übernahme in die Rw.

Quellen: Meiler, Die Kriegsfahrten der 7. Batterie Bayer. Res.Fußart.Rgt. Nr. 1 im Weltkrieg 1914 – 1918, München 1927

---

[1] Demob.Meldung I. bayer. AK v. 09.12. u. 30.12.1918, 07.01.1919; FpÜb v. 28.12.1918 – 12.03.1919

Bayer. Reserve-Fußartillerie-Regiment Nr. 2

Formation:

Rgt.	Rgt.Stab, I. u. II. Btl. 02.08.1914 aufgestellt durch 2. bayer. Fußart.Rgt. in Metz (gem. Mob.Plan)
Rgt.Stab	02.08.1914 aufgestellt
I. Btl.	02.08.1914 aufgestellt mit Stab, 1.–4. Bttr., leichter Mun.Kol. u. Park-Komp. (bis 05.01.1918)
3. Bttr.	ab 25.03.1915 mit Mun.Kol.
leichte Mun.Kol.	07.07.1915 aufgelöst, dafür 1., 2. u. 4. Bttr. mit Mun.Kol.
3. Bttr.	02.08.1915 umgewandelt in bayer. Fußart.Bttr. 119
1. Bttr.	01.03.1917 abgegeben an II. Btl./2. bayer. Fußart.Rgt.
1. Bttr.	12.04.1917 umbenannt in 10. Bttr./2. bayer. Fußart.Rgt.
neue 1. Bttr.	05.11.1917 aufgestellt (gem. KM v. 15.10.1917 u. bayer. KM v. 12.10.1917) aus 7. Bttr./bayer. Res.Fußart.Rgt. 1, mit Mun.Kol.
Btl.	jetzt mit 1., 2. u. 4. Bttr.
II. Btl.	02.08.1914 aufgestellt mit Stab, 5.–8. Bttr., leichter Mun.Kol. u. Park-Komp. (bis 01.11.1915)
Mun.Kol. 1–3 des II. Btl.	10.12.1914 aufgestellt, am 09.07.1915 aufgelöst
5. Bttr.	ab 05.04.1915 mit Mun.Kol.
leichte Mun.Kol.	09.07.1915 aufgelöst, dafür 6.–8. Bttr. mit Mun.Kol.
5. Bttr.	12.08.1915 umgewandelt in bayer. Fußart.Bttr. 11
Btl.	jetzt mit 6.–8. Bttr.

Bewaffnung:

1.–4. Bttr.	ab Aug. 1914	schw. Feldh. 02	*Bayer. WGB*
1. Bttr.	ab Okt. 1917	10 cm Kan. 14	*D.Fußa. 20.10.1917*
1. Bttr.	ab Juli 1918	15 cm Kan. 16 Rh.	*D.Fußa. 28.07.1918*
2. Bttr.	ab April 1918	lange schw. Feldh. 13	*D.Fußa. 18.04.1918*
2. Bttr.	ab Juni 1918	lange Mörser	*D.Fußa. 19.06.1918*
4. Bttr.	ab April 1918	lange schw. Feldh. 13	*D.Fußa. 18.04.1918*
4. Bttr.	ab Juni 1918	lange Mörser	*D.Fußa. 19.06.1918*
5.–8. Bttr.	ab Aug. 1914	schw. Feldh. 02	*Bayer. WGB*
7. Bttr.	ab Juli 1918	lange schw. Feldh. 13	*D.Fußa. 28.07.1918*
8. Bttr.	ab Juni 1918	lange schw. Feldh. 13	*D.Fußa. 19.06.1918*

Ersatztr.Teil: 2. mob. Ers.Btl./2. bayer. Fußart.Rgt.

Unterstellung:

Rgt.Stab	20.08.1914 – 21.01.1915	33. Res.Div.	*Bayer. WGB*
	22.01.1915 – 24.07.1916	A.Abt. Strantz	*Bayer. WGB*
	27.07.1916 – 15.11.1916	1. Armee	*Bayer. WGB*
	16.11.1916 – 18.02.1917	6. Armee	*Bayer. WGB*
	[19.02.1917 – 26.06.1917]	2. Armee	*D.Fußa.*
	22.07.1917 – 12.05.1918	5. Armee	*Bayer. WGB*
	14.05.1918 – 29.08.1918	1. Armee	*Bayer. WGB*
	[30.08.1918 – 15.09.1918]	18. Armee	*D.Fußa./Krgl.*
	[19.09.1918 – 04.12.1918]	2. Armee	*D.Fußa./FpÜb*

I. Btl.

St.,1.–4. Bttr.	[20.08.1914 – 11.01.1915]	33. Res.Div.	*Krgl./LÜW*
St.,1.,2.,4. Bttr.	[11.01.1915 – 05.08.1915]	33. Res.Div.	*DW/Krgl.*
3. Bttr.	[11.01.1915 – 20.03.1915]	Garde-Ers.Div.	*Bayer. WGB*
3. Bttr.	25.03.1915 – 02.08.1915	119. Inf.Div.	*DW/KW*
St.,1.,2.,4. Bttr.	[09.08.1915 – 01.11.1915]	A.Abt. Strantz	*LÜW/DW*
St., 2.,4. Bttr.	[10.11.1915]	OHL Diedenhofen	*DW*
St., 2.,4. Bttr.	[10.12.1915]	3. Armee	*DW*
1. Bttr.	[08.12.1915 – 22.02.1916]	A.Abt. Strantz	*Krgl./DW*
St., 2.,4. Bttr.	[18.12.1915]	OHL bei A.Abt. Strantz	*DW*
St.,1.,2.,4. Bttr.	[22.02.1916 – 07.07.1916]	A.Abt. Strantz	*DW/Krgl.*
St., 1.,2.,4. Bttr.	[12.07.1916 – 26.07.1916]	5. Armee	*DW/Krgl.*
St.,2.,4. Bttr.	[10.08.1916 – 01.09.1916]	öst.ung. 3. Armee	*DW/LÜO*
St.,2.,4. Bttr.	[01.09.1916]	Südarmee	*Krgl.*
St.,2.,4. Bttr.	[09.10.1916 – 07.04.1918]	8. Armee	*Üb.Fußa./Krgl.*
1. Bttr.	[01.10.1916 – 14.10.1916]	A.Abt. A	*Krgl.*
1. Bttr.	[19.10.1916 – 18.12.1916]	1. Armee	*D.Fußa./Krgl.*
1. Bttr.	[19.12.1916 – 01.03.1917]	7. Armee	*D.Fußa./Krgl.*
1. Bttr.	[05.11.1917 – 07.04.1918]	8. Armee	*D.Fußa./Krgl.*
St.,1.,2.,4. Bttr.	[14.04.1918 – 13.05.1918]	Maubeuge	*Bayer. WGB*
St.,1.,2.,4. Bttr.	[14.05.1918 – 18.06.1918]	7. Armee	*Bay.WGB/Krgl.*
St.,1.,2.,4. Bttr.	[19.06.1918 – 10.07.1918]	OHL Longuyon	*D.Fußa./Krgl.*
St.,1.,2.,4. Bttr.	[13.07.1918 – 29.07.1918]	4. Armee	*Krgl.*
St.,1.,2.,4. Bttr.	[01.08.1918 – 08.08.1918]	18. Armee	*Krgl./D.Fußa.*
St.,2.,4. Bttr.	[15.08.1918 – 04.12.1918]	2. Armee	*Krgl./FpÜb*
1. Bttr.	[29.07.1918 – 29.08.1918]	18. Armee	*Meiler/Krgl.*
1. Bttr.	[30.08.1918 – 04.12.1918]	2. Armee	*Meiler/FpÜb*

II. Btl.

St.,5.–8. Bttr.	19.08.1914 – 11.09.1914	33. Res.Div.	*Bayer. WGB*
St.,5.–8. Bttr.	12.09.1914 – 16.03.1915	A.Abt. Strantz	*Bayer. WGB*
St.,6.–8. Bttr.	17.03.1915 – 19.08.1916	A.Abt. Strantz	*Bayer. WGB*
5. Bttr.	07.04.1915 – 12.08.1915	11. bayer. Inf.Div.	*KA/KW*
St.,6.–8. Bttr.	20.08.1916 – 08.10.1916	2. Armee	*Bayer. WGB*
St.,6.–8. Bttr.	09.10.1916 – 19.03.1917	1. Armee	*Bayer. WGB*
St.,6.–8. Bttr.	20.03.1917 – 11.04.1917	OHL Metz	*Bayer. WGB*
St.,6.–8. Bttr.	11.04.1917 – 31.05.1917	6. Armee	*Bayer. WGB*
St.,6.–8. Bttr.	01.06.1917 – 17.09.1917	4. Armee	*Bayer. WGB*
St.,6.–8. Bttr.	18.09.1917 – 15.10.1917	6. Armee	*Bayer. WGB*
St.,6.–8. Bttr.	16.10.1917 – 05.03.1918	4. Armee	*Bayer. WGB*
St.,6.–8. Bttr.	07.03.1918 – 25.03.1918	2. Armee	*Bayer. WGB*
St.,6.–8. Bttr.	26.03.1918 – 31.03.1918	6. Armee	*Bayer. WGB.*
St.,6.–8. Bttr.	02.04.1918 – 02.10.1918	Bayer. Arko 13 (1. bayer. Res.Div.)	*KW*
St.,6.–8. Bttr.	[03.10.1918 – 04.12.1918]	2. Armee	*Krgl./FpÜb*

Zuteilungen:

Rgt.Stab	[10.02.1915 – 05.04.1916]	III. bayer. AK	*Krgl.*
	27.07.1916 – 08.10.1916	26. Res.Div.	*Bayer. WGB*
	09.10.1916 – 23.10.1916	28. Res.Div.	*Bayer. WGB*

Rgt.Stab	24.10.1916 – 15.11.1916	38. Inf.Div.	*Bayer. WGB*
	16.11.1916 – 19.12.1916	VI. Res.Korps	*Bayer. WGB*
	14.05.1918 – 15.06.1918	213. Inf.Div.	*Bayer. WGB*
	07.09.1918 – 21.09.1918	5. bayer. Inf.Div.	*KA*
	22.09.1918 – 07.10.1918	21. Res.Div.	*Bayer. WGB*
	10.10.1918 – 24.10.1918	30. Res.Div.	*Bayer. WGB*
	25.10.1918 – 05.11.1918	185. Inf.Div.	*Bayer. WGB*
I. Btl.			
St.,1.,2.,4. Bttr.	15.12.1915 – 18.07.1916	6. bayer. Inf.Div.	*KA*
St.,2.,4. Bttr.	05.08.1916 – 23.10.1916	105. Inf.Div.	*KW*
St.,2.,4. Bttr.	09.08.1918 – 30.08.1918	5. bayer. Inf.Div.	*KW*
1. Bttr.	11.08.1918 – 16.08.1918	204. Inf.Div.	*Meiler*
1. Bttr.	17.08.1918 – 29.08.1918	79. Res.Div.	*Meiler*
St.,1.,2.,4. Bttr.	07.09.1918 – 21.09.1918	5. bayer. Inf.Div.	*KA*
St.,1.,2.,4. Bttr.	11.10.1918 – 19.10.1918	208. Inf.Div.	*Meiler*
II. Btl.			
St.,6.,7. Bttr.	19.09.1914 – 14.07.1916	5. bayer. Inf.Div.	*Bayer. WGB*
8. Bttr.	19.09.1914 – 14.07.1916	8. Ers.Div.	*Bayer. WGB*
St.,6.–8. Bttr.	15.07.1916 – 19.08.1916	2. bayer. Inf.Div.	*Bayer. WGB*
St.,6.–8. Bttr.	03.10.1916 – 08.10.1916	15. Inf.Div.	*Bayer. WGB*
St.,6.–8. Bttr.	09.10.1916 – 24.12.1916	2. bayer. Inf.Div.	*Bayer. WGB*
St.,6.–8. Bttr.	01.06.1917 – 13.06.1917	4. bayer. Inf.Div.	*Bayer. WGB*
St.,6.–8. Bttr.	14.06.1917 – 24.06.1917	22. Res.Div.	*Bayer. WGB*
St.,6.–8. Bttr.	25.06.1917 – 18.08.1917	16. bayer. Inf.Div.	*Bayer. WGB*
St.,6.–8. Bttr.	16.10.1917 – 09.11.1917	8. Inf.Div.	*Bayer. WGB*
St.,6.–8. Bttr.	10.11.1917 – 13.12.1917	26. Res.Div.	*Bayer. WGB*
St.,6.–8. Bttr.	14.12.1917 – 26.02.1918	54. Res.Div.	*Bayer. WGB*
St.,6.–8. Bttr.	27.02.1918 – 05.03.1918	1. bayer. Res.Div.	*Bayer. WGB*
St.,6.–8. Bttr.	07.03.1918 – 25.03.1918	18. Inf.Div.	*Bayer. WGB*
St.,6.–8. Bttr.	02.04.1918 – 15.04.1918	1. bayer. Res.Div.	*KA*
St.,6.–8. Bttr.	15.04.1918 – 23.04.1918	239. Inf.Div.	*Bayer. WGB*
St.,6.–8. Bttr.	24.04.1918 – 22.05.1918	15. Res.Div.	*Bayer. WGB*
St.,6.–8. Bttr.	07.07.1918 – 30.09.1918	1. bayer. Res.Div.	*KW*
St.,6.–8. Bttr.	09.10.1918 – 24.10.1918	185. Inf.Div.	*Bayer. WGB*
St.,6.–8. Bttr.	25.10.1918 – 16.11.1918	4. Inf.Div.	*Bayer. WGB*

Demobil: Rgt.Stab, I. u. II. Btl. ab 20.12.1918 in Hammelburg, am 12.01.1919 aufgelöst Abw.Stelle bei 2. bayer. Fußart.Rgt.

Freiw.Form.: keine

Verbleib: keine Übernahme in die Rw.

Quellen: Meiler, Die Kriegsfahrten der 7. Batterie Bayer. Res.Fußart.Rgt. Nr. 1 im Weltkrieg 1914 – 1918, München 1927

Bayer. Reserve-Fußartillerie-Regiment Nr. 3

Formation:

Rgt.	Rgt.Stab, I. u. II. Btl. 02.08.1914 aufgestellt durch 3. bayer. Fußart.Rgt. in Ingolstadt (gem. Mob.Plan)
Rgt.Stab	02.08.1914 übergetreten von 3. bayer. Fußart.Rgt.
I. Btl.	02.08.1914 aufgestellt mit Stab, 1.–4. Bttr. u. Park-Komp. (bis 05.01.1918)
3. Bttr.	06.03.1915 umgewandelt in 2. Bttr./bayer. Fußart.Btl. 10
Btl.	jetzt mit 1., 2. u. 4. Bttr.
1., 2., 4. Bttr.	ab 01.08.1915 mit Mun.Kol.
II. Btl.	02.08.1914 aufgestellt mit Stab, 5.–8. Bttr. u. Park-Komp. (bis 01.11.1915)
leichte Mun.Kol.	15.10.1914 aufgestellt, am 01.08.1915 aufgelöst
5.–8. Bttr.	ab 01.08.1915 mit Mun.Kol.
8. Bttr.	28.01.1916 abgegeben an III. Btl.
Btl.	jetzt mit 5.–7. Bttr.
III. Btl., Stab	28.01.1916 aufgestellt durch Ers.Btl./3. bayer. Fußart.Rgt. in Straßburg (gem. KM v. 28.01.1916 u. bayer. KM v. 30.01.1916), mobil seit 19.02.1916
8. Bttr.	28.01.1916 übergetreten von II. Btl., mit Mun.Kol.
9. u. 10. Bttr.	28.01.1916 aufgestellt durch AOK 6 (gem. KM v. 28.01.1916 u. bayer. KM v. 30.01.1916) aus halber 5. u. 6. Bttr. des Rgt, mobil seit 01.03.1916
9. u. 10. Bttr.	ab Febr./März 1916 mit Mun.Kol.
IV. Btl., Stab	28.01.1916 aufgestellt durch Ers.Btl./3. bayer. Fußart.Rgt. in Straßburg (gem. KM v. 28.01.1916 u. bayer. KM v. 30.01.1916), mobil seit 19.02.1916
11.–13. Bttr.	28.01.1916 aufgestellt durch AOK 6 (gem. KM v. 28.01.1916 u. bayer. KM v. 30.01.1916): 11. Bttr. aus halber 7. Bttr. des Rgt., mit Mun.Kol., mobil seit 13.02.1916 12. Bttr. aus halber 8. Bttr. des Rgt., mit Mun.Kol., mobil seit 01.03.1916 13. Bttr. in Straßburg aus halber 5. Bttr./3. bayer. Fußart.Rgt., mit Mun.Kol., mobil seit 07.02.1916

Anf. Nov. 1918 (bayer. KM v. 04.11.1918) wurde eine Umgliederung des Rgt. befohlen, die aber infolge des Kriegsendes nicht mehr zustande kam:[1]

I. Btl. mit 1., 2. u. 4. Bttr. (lange schw. Feldh. 13 u. 10 cm Kan. 04)
II. Btl. mit 5., 6. u. 11. Bttr. (lange Mörser)
III. Btl. mit 8., 9. u. 12. Bttr. (lange schw. Feldh. 13)
IV. Btl. mit 7., 10. u. 13. Bttr. (15 cm K 16 Kp.)

Bewaffnung:

1.–4. Bttr.	ab Aug. 1914	schw. Feldh. 02	*Bayer. WGB*
1.,2. Bttr.	ab Juli 1915	schw. Feldh. 13	*Bayer. WGB*
1.,2. Bttr.	ab März 1917	lange schw. Feldh. 13	*D.Fußa. 27.03.1917*
4. Bttr.	ab Juli 1915	schw. Feldh. 13	*Bayer. WGB*
4. Bttr.	ab März 1917	lange schw. Feldh. 13	*D.Fußa. 27.03.1917*
4. Bttr.	ab Aug. 1917	10 cm Kan. 04	*D.Fußa. 15.08.1917*
5.–8. Bttr.	ab Aug. 1914	Mörser	*Bayer. WGB*
5.,6. Bttr.	ab Nov. 1918	lange Mörser	*D.Fußa. 03.11.1918*
7. Bttr.	ab Juni 1918	15 cm Kan. 16 Kp. (Kraftzug)	*D.Fußa. 19.06.1918*
8. Bttr.	ab Juni 1917	lange Mörser	*D.Fußa. 26.06.1917*
8. Bttr.	ab Nov. 1918	lange schw. Feldh. 13	*D.Fußa. 03.11.1918*

---

[1] D.Fußa. 03.11.1918; Bayer. WGB, S. 592

9.–13. Bttr.	ab Febr. 1916	Mörser	*DW 22.02.1916*
9. Bttr.	ab Nov. 1918	lange schw. Feldh. 13	*D.Fußa. 03.11.1918*
10. Bttr.	ab Okt. 1918	15 cm Kan. 16 Kp. (Kraftzug)	*D.Fußa. 25.10.1918*
11. Bttr.	ab Nov. 1918	lange Mörser	*D.Fußa. 03.11.1918*
12. Bttr.	ab Nov. 1918	lange schw. Feldh. 13	*D.Fußa. 03.11.1918*
13. Bttr.	ab 25.07.1918	15 cm Kan. 16 Kp. (Kraftzug)	*Bayer. WGB*
Ersatztr.Teil:	Ers.Btl./3. bayer. Fußart.Rgt.		

Unterstellung:

Rgt.Stab	10.08.1914 – 19.08.1914	Gouv. Metz	*Bayer. WGB*
	20.08.1914 – 30.08.1914	33. Res.Div.	*Bayer. WGB*
	01.09.1914 – 15.09.1914	10. Ers.Div.	*Bayer. WGB*
	15.09.1914 – 19.10.1914	Gouv. Metz	*Bayer. WGB*
	22.10.1914 – 11.03.1915	6. Armee	*Bayer. WGB*
	14.03.1915 – 03.03.1916	A.Abt. Gaede	*Bayer. WGB*
	04.03.1916 – 06.03.1917	5. Armee	*Bayer. WGB*
	08.03.1917 – 16.02.1918	1. Armee	*Bayer. WGB*
	18.02.1918 – 15.05.1918	3. Armee	*Bayer. WGB*
	16.05.1918 – 18.06.1918	1. Armee	*Bayer. WGB*
	18.06.1918 – 19.07.1918	7. Armee	*Bayer. WGB*
	19.07.1918 – 07.08.1918	9. Armee	*Bayer. WGB*
	10.08.1918 – 16.09.1918	18. Armee	*Bayer. WGB*
	17.09.1918 – 12.12.1918]	5. Armee	*Bayer. WGB*
I. Btl.			
St.,1.–4. Bttr.	10.08.1914 – 19.08.1914	Gouv. Metz	*Bayer. WGB*
St.,1.–4. Bttr.	20.08.1914 – 30.08.1914	33. Res.Div.	*Bayer. WGB*
St.,1.–4. Bttr.	30.08.1914 – 15.09.1914	10. Ers.Div.	*Bayer. WGB*
St.,1.–4. Bttr.	16.09.1914 – 01.10.1914	Gouv. Metz	*Bayer. WGB*
St.,1.–4. Bttr.	02.10.1914 – 14.10.1914	III. Res.Korps	*Bayer. WGB*
St.,1.–4. Bttr.	[14.10.1914 – 06.03.1915]	4. Armee	*Bayer. WGB*
St.,1.,2.,4. Bttr.	[20.03.1915 – 09.08.1915]	6. Armee	*LÜW/Krgl.*
St.,1.,2.,4. Bttr.	[03.09.1915]	8. Armee	*DO*
St.,1.,2.,4. Bttr.	[22.10.1915 – 07.10.1916]	12. Armee	*Krgl./Üb.Fußa.*
St.,1.,2.,4. Bttr.	[15.10.1916]	A.Abt. Scheffer	*Krgl.*
St.,1.,2.,4. Bttr.	[07.11.1916 – 15.02.1917]	1. Armee	*Krgl.*
St.,1.,2.,4. Bttr.	[17.03.1917 – 27.03.1917]	OHL hinter 6. Armee	*AB/D.Fußa.*
St.,1.,2.,4. Bttr.	[07.04.1917 – 15.06.1917]	6. Armee	*Bay. WGB/Krgl.*
St.,1.,2.,4. Bttr.	[20.06.1917 – 02.08.1917]	4. Armee	*Krgl.*
St.,1.,2.,4. Bttr.	[07.08.1917]	Maubeuge	*D.Fußa.*
St.,1.,2.,4. Bttr.	[04.09.1917 – 28.10.1917]	4. Armee	*Krgl./D.Fußa.*
St.,1.,2.,4. Bttr.	[28.10.1917]	4. Armee	*D.Fußa.*
St.,1.,2.,4. Bttr.	[04.11.1917 – 10.12.1917]	2. Armee	*Krgl.*
St.,1.,2.,4. Bttr.	[31.12.1917 – 14.01.1918]	18. Armee	*D.Fußa./AB*
St.,1.,2.,4. Bttr.	[15.01.1918]	Maubeuge	*D.Fußa.*
St.,1.,2.,4. Bttr.	[05.02.1918 – 01.04.1918]	2. Armee	*Krgl.*
St.,1.,2.,4. Bttr.	[02.04.1918 – 12.12.1918]	Bayer. Arko 2 (2. bayer. Inf.Div.)	*KW/FpÜb*
II. Btl.			
St.,5.–8. Bttr.	10.08.1914 – 29.08.1914	Gouv. Metz	*Bayer. WGB*
St.,5.–8. Bttr.	29.08.1914 – 10.09.1914	III. bayer. AK	*Bayer. WGB*

St.,5.–8. Bttr.	11.09.1914 – 01.10.1914	Gouv. Metz	*Bayer. WGB*
St.,5.–8. Bttr.	02.10.1914 – 14.10.1914	III. Res.Korps	*Bayer. WGB*
St.,5.–7. Bttr.	[16.10.1914 – 20.03.1915]	6. Armee	*Bay. WGB/LÜW*
8. Bttr.	[05.01.1915 – 12.04.1915]	XV. AK (4. Armee)	*LÜW/Krgl.*
St.,5.–8. Bttr.	[27.05.1915 – 28.01.1916]	6. Armee	*DW/LÜW*
St.,5.–7. Bttr.	[28.01.1916 – 01.08.1916]	6. Armee	*DW/Krgl.*
St.,5.–7. Bttr.	[24.08.1916 – 10.03.1917]	1. Armee	*DW/Krgl.*
St.,5.–7. Bttr.	[12.03.1917 – 01.04.1917]	OHL hinter 6. Armee	*AB/Bayer. WGB*
St.,5.–7. Bttr.	[04.04.1917 – 01.10.1917]	6. Armee	*AB/Krgl.*
St.,5.–7. Bttr.	[05.10.1917 – 24.01.1918]	4. Armee	*D.Fußa./Krgl.*
St.,5.–7. Bttr.	[26.01.1918 – 10.02.1918]	Jurbise	*D./Üb.Fußa.*
St.,5.–7. Bttr.	[12.03.1918]	HGr. Kronprinz	*D.Fußa.*
St.,5.–7. Bttr.	[21.03.1918 – 01.04.1918]	18. Armee	*Krgl.*
St.,5.–7. Bttr.	[07.04.1918 – 09.05.1918]	7. Armee	*D.Fußa./Krgl.*
St.,5.–7. Bttr.	[31.05.1918]	Maubeuge	*D.Fußa.*
St.,5.–7. Bttr.	[02.06.1918 – 10.08.1918]	1. Armee	*Krgl.*
St.,5.–7. Bttr.	[19.08.1918]	Maubeuge	*D.Fußa.*
St.,5.–7. Bttr.	[30.08.1918]	Hirson	*D.Fußa.*
St.,5.–7. Bttr.	[18.09.1918]	9. Armee	*FpÜb*
St.,5.–7. Bttr.	[25.09.1918]	7. Armee	*FpÜb*
St.,5.–7. Bttr.	[01.10.1918 – 04.12.1918]	5. Armee	*D.Fußa./FpÜb*

III. Btl.

St.,8.–10. Bttr.	[22.02.1916 – 21.06.1916]	6. Armee	*DW/Krgl.*
St.,8.–10. Bttr.	[01.07.1916 – 10.10.1916]	HGr. Linsingen	*Krgl.*
St.,8.–10. Bttr.	[05.11.1916]	A.Abt. Woyrsch	*D.Fußa.*
St.,8.–10. Bttr.	[18.11.1916]	OHL Sedan	*D.Fußa.*
St.,8.–10. Bttr.	[25.11.1916 – 04.12.1916]	3. Armee	*D.Fußa./Krgl.*
St.,8.–10. Bttr.	[11.12.1916]	OHL Straßburg	*D.Fußa.*
St.,8.–10. Bttr.	[31.12.1916 – 20.01.1917]	A.Abt. A	*D.Fußa./Krgl.*
St.,8.–10. Bttr.	[22.01.1917 – 01.02.1917]	OHL (hinter A.Abt. A)	*D./Üb.Fußa.*
St.,8.–10. Bttr.	[01.03.1917 – 01.04.1917]	7. Armee	*Krgl.*
St.,8.–10. Bttr.	[12.04.1917 – 25.05.1917]	1. Armee	*D.Fußa.*
St.,8.–10. Bttr.	[31.05.1917]	OHL Sedan	*D.Fußa.*
St.,8.–10. Bttr.	[24.06.1917 – 20.08.1917]	Südarmee	*Krgl.*
St.,8.,9. Bttr.	[21.08.1917 – 01.12.1917]	8. Armee	*Krgl.*
10. Bttr.	[21.08.1917 – 25.09.1917]	8. Armee	*Krgl.*
10. Bttr.	[10.10.1917]	10. Armee	*Krgl.*
10. Bttr.	[20.10.1917 – 01.11.1917]	A.Abt. Woyrsch	*D.Fußa./Krgl.*
10. Bttr.	[27.11.1917]	10. Armee	*D.Fußa.*
St.,8.–10. Bttr.	[05.12.1917 – 10.02.1918]	Maubeuge	*D./Üb.Fußa.*
St.,8.–10. Bttr.	[17.02.1918 – 24.07.1918]	2. Armee	*D.Fußa./AB*
St.,8.–10. Bttr.	[28.07.1918 – 03.09.1918]	18. Armee	*D.Fußa./Krgl.*
St.,8.–10. Bttr.	[09.09.1918]	Maubeuge	*D.Fußa.*
St.,8.–10. Bttr.	[18.09.1918 – 25.09.1918]	18. Armee	*FpÜb*
St.,8.–10. Bttr.	[01.10.1918 – 12.12.1918]	5. Armee	*D.Fußa./Krgl.*

IV. Btl.

St.,11.–13. Bttr.	[22.02.1916 – 05.07.1916]	6. Armee	*DW/Krgl.*
St.,11.–13. Bttr.	[14.07.1916 – 23.07.1916]	2. Armee	*Bayer. WGB/DW*
St.,11.–13. Bttr.	[24.08.1916 – 01.01.1917]	1. Armee	*Krgl.*
St.,11.–13. Bttr.	[09.01.1917 – 01.02.1917]	OHL (hinter 1. Armee)	*D./Üb.Fußa.*

St.,11.–13. Bttr.	[24.02.1917 – 15.05.1917]	6. Armee	*Bay. WGB/Krgl.*
St.,11.–13. Bttr.	[15.05.1917 – 30.05.1917]	Maubeuge	*Bayer. WGB*
St.,11.–13. Bttr.	[31.05.1917 – 01.11.1917]	4. Armee	*D.Fußa./Krgl.*
St.,11.–13. Bttr.	[05.11.1917 – 15.03.1918]	6. Armee	*Krgl./Bay. WGB*
St.,11.–13. Bttr.	[15.03.1918 – 13.07.1918]	2. Armee	*Krgl./Bay. WGB*
St.,11.–13. Bttr.	[13.07.1918 – 27.07.1918]	6. Armee	*Bayer. WGB*
St.,11.–13. Bttr.	[28.07.1918 – 18.09.1918]	18. Armee	*D.Fußa./FpÜb*
St.,11.–13. Bttr.	[19.09.1918 – 18.12.1918]	5. Armee	*D.Fußa./FpÜb*

Zuteilungen:

Rgt.Stab	28.10.1914 – 24.11.1914	26. Inf.Div.	*Bayer. WGB*
	25.11.1914 – 11.03.1915	6. Res.Div.	*Bayer. WGB*
	14.03.1915 – 03.01.1916	6. bayer. Ldw.Div.	*Bayer. WGB*
	03.01.1916 – 13.02.1916	8. bayer. Res.Div.	*Bayer. WGB*
	14.02.1915 – 03.03.1916	6. bayer. Ldw.Div.	*Bayer. WGB*
I. Btl.			
St.,1.,2.,4. Bttr.	[22.10.1915 – 15.01.1916]	HKK 3	*DO/LÜO*
	04.06.1917 – 12.06.1917	6. bayer. Res.Div.	*KA*
	02.04.1918 – 29.05.1918	2. bayer. Inf.Div.	*KW/KA*
II. Btl.			
Stab	11.10.1915 – 07.05.1916	1. bayer. Inf.Div.	*KA*
St.,5.–7. Bttr.	06.10.1917 – 13.10.1917	10. bayer. Inf.Div.	*KA*
	20.10.1917 – 27.10.1917	10. bayer. Inf.Div.	*KA*
III. Btl.			
St.,8.–10. Bttr.	21.12.1916 – 31.12.1916	1. bayer. Ldw.Div.	*KA*
	10.04.1918 – 29.04.1918	228. Inf.Div.	*Bayer. WGB*
	30.04.1918 – 06.06.1918	13. Inf.Div.	*Bayer. WGB*
	07.06.1918 – 04.07.1918	223. Inf.Div.	*Bayer. WGB*
	14.07.1918 – 28.07.1918	13. Res.Div.	*Bayer. WGB*
	29.07.1918 – 03.08.1918	17. Res.Div.	*Bayer. WGB*
	03.08.1918 – 23.08.1918	54. Inf.Div.	*Bayer. WGB*
IV. Btl.			
St.,11.–13. Bttr.	04.08.1916 – 03.09.1916	2. bayer. Fußart.Rgt.	*KA*
	09.09.1916 – 19.09.1916	5. bayer. Inf.Div.	*KA*
	16.10.1916 – 05.11.1916	2. bayer. Inf.Div.	*KA*
	10.04.1917 – 24.04.1917	3. bayer. Inf.Div.	*KA*
	13.06.1917 – 27.08.1917	16. bayer. Inf.Div.	*KA*
	15.03.1918 – 21.03.1918	79. Res.Div.	*Bayer. WGB*
	02.04.1918 – 08.04.1918	54. Inf.Div.	*Bayer. WGB*
	09.04.1918 – 16.05.1918	200. Inf.Div.	*Bayer. WGB*
	17.05.1918 – 07.06.1918	192. Inf.Div.	*Bayer. WGB*

Demobil: Rgt.Stab ab 13.12.1918 in Grafenwöhr, am 18.01.1919 aufgelöst
I. u. IV. Btl. ab Ende Dez. 1918 in Grafenwöhr, Jan. 1919 aufgelöst[1]
II. Btl. ab 07.12.1918 in Grafenwöhr, am 10.01.1919 aufgelöst
III. Btl. am 20.12.1918 in Grafenwöhr aufgelöst
Abw.Stelle bei 3. bayer. Fußart.Rgt.

Freiw.Form.: keine

Verbleib: keine Übernahme in die Rw.

---

[1] FpÜb v. 28.12.1918 – 29.01.1919

Reserve-Fußartillerie-Bataillone

Bei der Mobilmachung wurden nur die sächs. Reserve-Fußartillerie-Bataillone Nr. 12 und 19 sowie das bayer. Reserve-Fußartillerie-Bataillon Nr. 6 aufgestellt. Sie sind später in den Fußartillerie-Regimentern gleicher Nummer aufgegangen. Seit Februar 1915 entsanden zur Ausstattung der Reserve-Korps noch die Reserve-Fußartillerie-Bataillone Nr. 21–24, 26, 27, 36, 38–40; diese wurden mit Erl. v. 26.08.1915 in Fußartillerie-Bataillone gleicher Nummer umbenannt. Für Stäbe und Batterien galt der bei den Reserve-Fußartillerie-Regimentern aufgeführte Etat.

Sächs. Reserve-Fußartillerie-Bataillon Nr. 12

Formation: 02.08.1914 aufgestellt durch sächs. Fußart.Rgt. 12 in Metz (gem. Mob.Plan) mit Stab, 1.–4. Bttr. u. Park-Komp. (bis 01.11.1915)
leichte Mun.Kol. 28.09.1914 aufgestellt, Aug. 1915 aufgelöst, dafür jede Bttr. mit Mun.Kol.

Bewaffnung: 1.– 4. Bttr. Mörser *LÜW*

Ersatztr.Teil: Ers.Btl./Fußart.Rgt. 12

Unterstellung:
St.,1.–4. Bttr.	[Aug. 1914]	Gouv. Metz	*Krgl.*
St.,1.–4. Bttr.	25.08.1914 – 07.09.1914	VII. Res.Korps	*KW*
St.,1.–4. Bttr.	[19.10.1914 – 20.03.1915]	5. Armee	*Krgl./LÜW*
St.,1.,3. Bttr.	[15.05.1915 – 09.08.1915]	6. Armee	*DW/LÜW*
2.,4. Bttr.	[15.05.1915 – 31.03.1916]	5. Armee	*DW/LÜW*
St.,1.,3. Bttr.	[19.08.1915 – 01.09.1915]	OHL bei 4. Armee	*DW/Krgl.*
St.,1.,3. Bttr.	[21.09.1915 – 09.03.1916]	11. Armee	*DO/Krgl.*
St.,1.,3. Bttr.	[24.03.1916 – 31.03.1916]	OHL Metz	*DW*

Zuteilungen:
Stab	[11.10.1915]	11. bayer. Inf.Div.	*DO*
	[22.10.1915 – 03.11.1915]	IV. Res.Korps	*DO*
1. Bttr.	[11.10.1915]	11. bayer. Inf.Div.	*DW*
	[22.10.1915]	IV. Res.Korps	*DO*
3. Bttr	[11.10.1915]	101. Inf.Div.	*DO*
	[22.10.1915]	X. Res.Korps	*DO*

Verbleib: 31.03.1916 aufgegangen in sächs. Res.Fußart.Rgt. 12

Sächs. Reserve-Fußartillerie-Bataillon Nr. 19

Formation:

Stab, 1.–4. Bttr.	02.08.1914 aufgestellt durch sächs. Fußart.Rgt. 19 in Dresden, mit leichter Mun.Kol. u. Park-Komp. (gem. Mob.Plan)
Stab	auch Btl.Stab Zabikowo genannt
3. Bttr.	ab 05.04.1915 mit Mun.Kol.
3. Bttr.	02.08.1915 umgewandelt in Fußart.Bttr. 123
leichte Mun.Kol.	25.02.1916 aufgelöst, dafür 1., 2. u. 4. Bttr. mit Mun.Kol.

Bewaffnung: 1.–4. Bttr. schw. Feldh. 02 *LÜW*

Ersatztr.Teil: Ers.Btl./Fußart.Rgt. 19

Unterstellung:

St.,1.–4. Bttr.	[02.08.1914]	Gouv. Posen	*Krgl.*
St.,1.,2.,4. Bttr.	[21.11.1914 – 03.05.1915]	XVII. AK (9. Armee)	*Krgl./LÜO*
3. Bttr.	[27.03.1915 – 02.08.1915]	123. Inf.Div.	*DW/KW*
St.,1.,2.,4. Bttr.	[09.07.1915 – 06.08.1915]	A.Gr. Gallwitz	*Krgl./Goes*
St.,1.,2.,4. Bttr.	[03.09.1915]	12. Armee	*DO*
St.,1.,2.,4. Bttr.	[10.09.1915]	Njemen-Armee	*DO*
St.,1.,2.,4. Bttr.	[16.09.1915 – 22.10.1915]	I. Res.Korps	*DO*
St.,1.,2.,4. Bttr.	[09.12.1915 – 01.08.1916]	A.Abt. Scholtz	*DO/Krgl.*
Stab	[01.08.1916 – 01.10.1917]	HGr. Linsingen	*Krgl.*
1.,4. Bttr.	[12.08.1916 – 22.09.1916]	8. Armee	*Krgl.*
2. Bttr.	[01.09.1916 – 01.10.1916]	HGr. Linsingen	*Krgl.*
St.,1.,2.,4. Bttr.	[01.10.1916 – 15.01.1917]	HGr. Linsingen	*Krgl.*

Zuteilungen:

Stab, 1. Bttr.	[09.12.1915 – 15.01.1916]	37. Inf.Div.	*DO/LÜO*
2. Bttr.	09.11.1915 – 15.12.1915	119. Inf.Div.	*KW*
2. Bttr.	[16.12.1915 – 15.01.1916]	37. Inf.Div.	*DO/LÜO*
4. Bttr.	[09.12.1915]	I. AK	*DO*
4. Bttr.	[15.01.1916]	37. Inf.Div.	*LÜO*

Verbleib: 15.01.1917 umgewandelt in I. Btl./Res.Fußart.Rgt. 19

Reserve-Fußartillerie-Bataillon Nr. 21–24, 26, 27, 36, 38–40

s. Fußart.Btl. Nr. 21–24, 26, 27, 36, 38–40

Bayer. Reserve-Fußartillerie-Bataillon Nr. 6

Formation:

Stab, 1., 2. Bttr.	01.09.1914 aufgestellt durch Ers.Btl./3. bayer. Fußart.Rgt. in Ingolstadt (gem. bayer. KM v. 24.08.1914), mit leichter Mun.Kol. sowie Res.Mun.Kol. 1 u. 2, mobil seit 10.09.1914	
Stab	09.12.1915 umgewandelt in Stab des IV. Btl./1. bayer. Fußart.Rgt.	
neuer Stab	14.12.1915 aufgestellt durch bayer. immob. Fußart.Brig. (gem. KM v. 14.12.1915 u. bayer. KM v. 08.12.1915), sogleich mobil	
3. Bttr.	24.12.1914 aufgestellt durch Ers.Btl./3. bayer. Fußart.Rgt. (gem. bayer. KM v. 22.12.1914), mobil seit 22.01.1915	
Res.Mun.Kol. 1	10.02.1915 umbenannt in bayer. Res.Mun.Kol. 5, ab 28.07.1915 Bttr.Kol.	
Res.Mun.Kol. 2	15.10.1914 abgegeben	
leichte Mun.Kol.	28.07.1915 aufgelöst, dafür 1. u. 2. Bttr. mit Mun.Kol.	
3. Bttr.	ab 11.09.1915 mit Mun.Kol.	
zwei überpl. Bttr.	März 1915 im Felde aufgestellt (9 cm u. 120 mm Kan.), am 01.09.1915 umgewandelt in Fußart.Bttr. 426 u. 428	

Bewaffnung:

1. u. 2. Bttr.	ab Sept. 1914	schw. Feldh.	*Bayer. WGB*
1. u. 2. Bttr.	ab März 1915	schw. Feldh. 13	*Bayer. WGB*
3. Bttr.	ab Dez. 1914	schw. Feldh.	*Krgl. 27.01.1915*
3. Bttr.	ab Aug. 1915	schw. Feldh. 13	*LÜW 09.08.1915*
3. Bttr.	ab Juli 1917	10 cm Kan. 04	*D.Fußa. 11.07.1917*
3. Bttr.	ab März 1918	10 cm Kan. 14	*D.Fußa. 04.03.1918*

Ersatztr.Teil: Ers.Btl./3. bayer. Fußart.Rgt.

Unterstellung:

Stab	22.10.1914 – 24.09.1916	6. bayer. Res.Div.	*KA*
	25.09.1916 – 29.09.1916	5. bayer. Inf.Div.	*KA*
	[30.09.1916 – 15.02.1917]	1. Armee	*Krgl.*
1.,2. Bttr.	10.09.1914 – 28.06.1916	6. bayer. Res.Div.	*KA*
1.,2. Bttr.	[28.08.1916 – 15.02.1917]	1. Armee	*Krgl.*
3. Bttr.	20.01.1915 – 27.03.1916	8. bayer. Res.Div.	*KA*
3. Bttr.	[05.04.1916]	OHL Straßburg	*DW*
3. Bttr.	[01.05.1916 – 01.08.1916]	5. Armee	*DW/Krgl.*
3. Bttr.	[15.09.1916 – 01.02.1917]	HGr. Mackensen	*DW/Üb.Fußa.*
St.,1.,2.,3. Bttr.	[17.03.1917]	Jurbise	*AB/Bayer. WGB*
St.,1.,2.,3. Bttr.	[24.03.1917 – 27.03.1917]	OHL hinter 1. Armee	*Krgl./D.Fußa.*
St.,1.,2.,3. Bttr.	[04.04.1917 – 28.05.1917]	6. Armee	*AB/Krgl.*
St.,1.,2.,3. Bttr.	[31.05.1917]	4. Armee	*D.Fußa.*
St.,1.,2.,3. Bttr.	[20.06.1917 – 29.07.1917]	2. Armee	*Krgl./AB*
St.,1.,2.,3. Bttr.	[05.08.1917 – 20.10.1917]	4. Armee	*Krgl.*
St.,1.,2.,3. Bttr.	[20.10.1917 – 21.11.1917]	6. Armee	*D.Fußa./AB*
St.,1.,2.,3. Bttr.	[27.11.1917 – 07.03.1918]	2. Armee	*D.Fußa./Krgl.*
St.,1.,2.,3. Bttr.	[10.04.1918 – 28.05.1918]	Arko 157 (107. Inf.Div.)	*KW*

Zuteilungen:

St.,1.,2.,3. Bttr.	03.08.1917 – 31.08.1917	12. bayer. Inf.Div.	*KA*

Verbleib: 28.05.1918 umgewandelt in I. Btl./6. bayer. Fußart.Rgt.

Quellen: Bayer. WGB

Reserve-Fußartillerie-Batterien

Zur Ausstattung der im Herbst 1914 formierten Reserve-Korps wurden vom September bis Dezember 1914 insgesamt 14 Reserve-Fußartillerie-Batterien aufgestellt. Sie hatten den gleichen Etat wie Batterien der Reserve-Fußartillerie-Regimenter. Im Jahre 1915 wurden sie in Fußartillerie-Batterie Nr. 109–120 umbenannt oder in Fußartillerie-Bataillone eingegliedert.

1. Reserve-Fußartillerie-Batterie Nr. 22

Formation:	05.09.1914 aufgestellt durch Stellv. Gen.Kdo. XVIII. AK bei Ers.Btl./Fußart.-Rgt. 3 (gem. KM v. 05.09.1914 u. 10.10.1914) mit Res.Mun.Kol., sogleich mobil		
Bewaffnung:	schw. Feldh. 13		
Ersatztr.Teil:	Ers.Btl./Fußart.Rgt. 3		
Unterstellung:	04.10.1914 – 10.04.1915	XXII. Res.Korps	*RG/LÜW*
Zuteilungen:	04.10.1914 – 18.10.1914	44. Res.Div.	*RG*
	19.10.1914 – 18.12.1914	43. Res.Div.	*RG*
	19.12.1914 – 10.04.1915	Marinekorps	*RG*
Verbleib:	10.04.1915 umgewandelt in 1. Bttr./(Res.)Fußart.Btl. 22		
Quellen:	Rgt.Gesch. Fußart.Rgt. 22		

2. Reserve-Fußartillerie-Batterie Nr. 22
ab 21.04.1915: 4. Reserve-Fußartillerie-Batterie Nr. 22

Formation:	10.10.1914 aufgestellt durch 2. Ers.Btl./1. Garde-Fußart.Rgt. (gem. KM v. 10.10.1914), mit Res.Mun.Kol., sogleich mobil gem. KM v. 21.04.1915 umbenannt in 4. Res.Fußart.Bttr. 22, da die 1. Res.Fußart.Bttr. Nr. 22 zum Res.Fußart.Btl. Nr. 22 getreten war[1]		
Bewaffnung:	10 cm Kan. 04		
Ersatztr.Teil:	2. Ers.Btl./1. Garde-Fußart.Rgt.		
Unterstellung:	12.11.1914 – 01.12.1914	21. Ldw.Brig. (Gouv. Thorn)	*KW*
	[22.02.1915]	XIII. AK	*LÜO*
	[05.04.1915 – 03.05.1915]	III. Res.Korps	*Krgl./LÜO*
Verbleib:	02.08.1915 umbenannt in Fußart.Bttr. 109		

1. Reserve-Fußartillerie-Batterie Nr. 23

Formation:	05.09.1914 aufgestellt durch Stellv. Gen.Kdo. XI. AK bei Ers.Btl./Fußart.Rgt. 18 (gem. KM v. 05.09.1914 u. 10.10.1914), mit Res.Mun.Kol., sogleich mobil		
Bewaffnung:	schw. Feldh. 13		
Ersatztr.Teil:	Ers.Btl./Fußart.Rgt. 18		
Unterstellung:	[10.10.1914 – 10.04.1915]	XXIII. Res.Korps	*Krgl./LÜW*
Verbleib:	10.04.1915 umgewandelt in 1. Bttr./(Res.)Fußart.Btl. 23		

---

[1] KM Nr. 562/15 geh. A 5. BA-MA, PH 3/1846, Bl. 191. Vgl. DW v. 29.04.1915

2. Reserve-Fußartillerie-Batterie Nr. 23
ab 21.04.1915: 4. Reserve-Fußartillerie-Batterie Nr. 23

Formation:	10.10.1914 aufgestellt durch 2. Ers.Btl./1. Garde-Fußart.Rgt. (gem. KM v. 10.10.1914), mit Res.Mun.Kol., sogleich mobil
	gem. KM v. 21.04.1915 umbenannt in 4. Res.Fußart.Bttr. 23. da die 1. Res.Fußart.Bttr. Nr. 23 zum Res.Fußart.Btl. Nr. 23 getreten war [1]
Bewaffnung:	10 cm Kan. 04
Ersatztr.Teil:	2. Ers.Btl./1. Garde-Fußart.Rgt.

Unterstellung:	08.11.1914 – 03.12.1914	Gouv. Thorn	*Erler*
	03.12.1914 – 11.03.1914	XIII. AK	*Erler/LÜO*
	12.03.1915 – 06.07.1915	XVII. AK	*Erler/LÜO*
	07.07.1915 – 02.09.1915	XXV. Res.Korps	*Erler*
Zuteilungen:	08.11.1914 – 30.11.1914	21. Ldw.Brig	*Erler*
	03.12.1914 – 16.12.1914	25. Res.Div.	*Erler*
	17.12.1914 – 11.03.1915	26. Res.Div–	*Erler*
	12.03.1915 – 06.07.1915	36. Inf.Div.	*Erler*
	07.07.1915 – 25.07.1915	49. Res.Div.	*Erler*
	26.07.1915 – 04.08.1915	84. Inf.Div.	*Erler*
	05.08.1915 – 02.09.1915	49. Res.Div.	*Erler*

Verbleib:	02.09.1915 umbenannt in Fußart.Bttr. 110
Quellen:	J. Erler, Geschichte der Garde-Fußart.Bttr. 110

1. Reserve-Fußartillerie-Batterie Nr. 24

Formation:	05.09.1914 aufgestellt durch Stellv. Gen.Kdo. XV. AK bei Ers.Btl./Fußart.-Rgt. 10 (gem. KM v. 05.09.1914) mit Res.Mun.Kol., sogleich mobil
Bewaffnung:	schw. Feldh. 13
Ersatztr.Teil:	Ers.Btl./Fußart.Rgt. 10

Unterstellung:	[10.10.1914 – 01.04.1915]	XXIV. Res.Korps	*Krgl./LÜO*
	[05.04.1915 – 16.08.1915]	Südarmee	*DW/LÜO*
Zuteilungen:	[10.09.1914 – 16.08.1915]	48. Res.Div.	*KW/LÜO*

Verbleib:	16.08.1915 umbenannt in Fußart.Bttr. 118

2. Reserve-Fußartillerie-Batterie Nr. 24

Formation:	10.10.1914 aufgestellt durch 2. Ers.Btl./1. Garde-Fußart.Rgt. (gem. KM v. 10.10.1914), mit Res.Mun.Kol., sogleich mobil
Bewaffnung:	10 cm Kan. 04
Ersatztr.Teil:	2. Ers.Btl./1. Garde-Fußart.Rgt.

Unterstellung:	[25.11.1914 – 14.06.1915]	Korps Posen	*KW/Krgl.*
	[14.06.1915 – 02.08.1915]	83. Inf.Div.	*DO/KW*

Verbleib:	02.08.1915 umbenannt in Fußart.Bttr. 112

---

[1] KM Nr. 562/15 geh. A 5. BA-MA, PH 3/1846, Bl. 191.Vgl. DW v. 29.04.1915

Reserve-Fußartillerie-Batterie Nr. 25

Formation:	05.09.1914 aufgestellt durch Stellv. Gen.Kdo. VII. AK bei Ers.Btl./Fußart.Rgt. 7 (gem. KM v. 05.09.1914 u. 10.10.1914), mit Res.Mun.Kol., sogleich mobil
Bewaffnung:	schw. Feldh. 13
Ersatztr.Teil:	Ers.Btl./Fußart.Rgt. 7
Unterstellung:	[10.10.1914 – 01.01.1915] XXV. Res.Korps *Krgl.*
	06.01.1915 – 16.08.1915 48. Res.Div. *KW/LÜO*
Verbleib:	16.08.1915 umbenannt in Fußart.Bttr. 120

1. Reserve-Fußartillerie-Batterie Nr. 26
(auch Res.Fußart.Bttr. Senftleben genannt)

Formation:	05.09.1914 aufgestellt durch Stellv. Gen.Kdo XVI. AK bei Ers.Btl./Fußart.Rgt. 8 (gem. KM v. 05.09.1914), mit leichter Res.Mun.Kol., sogleich mobil
Bewaffnung:	schw. Feldh. 02
Ersatztr.Teil:	Ers.Btl./Fußart.Rgt. 8
Unterstellung:	[10.10.1914 – 18.03.1915] XXVI. Res.Korps *Krgl./LÜW*
Verbleib:	18.03.1915 umgewandelt in 1. Bttr./Fußart.Btl. 26

2. Reserve-Fußartillerie-Batterie Nr. 26
ab 21.04.1915: **4. Reserve-Fußartillerie-Batterie Nr. 26**

Formation:	10.10.1914 aufgestellt durch 2. Ers.Btl./1. Garde-Fußart.Rgt. (gem. KM v. 10.10.1914), mit Res.Mun.Kol., sogleich mobil
	gem. KM v. 21.04.1915 umbenannt in 4. Res.Fußart.Bttr. 26[1]
Bewaffnung:	10 cm Kan. 04
Ersatztr.Teil:	2. Ers.Btl./1. Garde-Fußart.Rgt.
Unterstellung:	[25.11.1914 – 13.06.1915] Korps Posen *KW/Krgl.*
	[14.06.1915 – 02.08.1915] 84. Inf.Div. *KW*
Zuteilungen:	[05.04.1915 – 03.05.1915] Det. Westernhagen *LÜO*
Verbleib:	02.08.1915 umbenannt in Fußart.Bttr. 114

Sächs. schwere Reserve-Feldhaubitz-Batterie Nr. 27

Formation:	12.09.1914 aufgestellt durch Ers.Btl./Fußart.Rgt.12 (gem. KM v. 17.09.1914 u. sächs. KM v. 12.09.1914), mit Res.Mun.Kol., sogleich mobil
Bewaffnung:	schw. Feldh. 13
Ersatztr.Teil:	Ers.Btl./Fußart.Rgt. 12
Unterstellung:	[10.12.1914 – 10.04.1915] XXVII. Res.Korps *Krgl./LÜW*
Verbleib:	10.04.1915 umgewandelt in 1. Bttr./Fußart.Btl. 27

---

[1] Vgl. DW v. 29.04.1915

Reserve-Fußartillerie-Batterie Nr. 28

Formation:	14.12.1914 aufgestellt durch 2. Ers.Btl./Fußart.Rgt. 4 (gem. KM v. 12.12.1914), mit Res.Mun.Kol., sogleich mobil
Bewaffnung:	schw. Feldh. 02
Ersatztr.Teil:	Ers.Btl./Fußart.Rgt. 4
Unterstellung:	[05.01.1915 – 01.02.1915]　　XXXX. Res.Korps　　*LÜW*
Verbleib:	01.02.1915 umgewandelt in 3. Bttr./Fußart.Btl. 40

Reserve-Fußartillerie-Batterie Nr. 29

Formation:	14.12.1914 aufgestellt durch 2. Ers.Btl./Fußart.Rgt. 4 (gem. KM v. 12.12.1914), mit Res.Mun.Kol., sogleich mobil
Bewaffnung:	schw. Feldh. 02
Ersatztr.Teil:	Ers.Btl./Fußart.Rgt. 4
Unterstellung:	[05.01.1915]　　XXXXI. Res.Korps　　*LÜW*
Verbleib:	01.02.1915 umgewandelt in 3. Bttr./(Res.)Fußart.Btl. 21

Reserve-Fußartillerie-Batterie Nr. 30

Formation:	18.12.1914 aufgestellt durch Ers.Btl./Fußart.Rgt. 18 (gem. KM v. 12.12.1914), mit Res.Mun.Kol., sogleich mobil
Bewaffnung:	schw. Feldh. 02
Ersatztr.Teil:	Ers.Btl./Fußart.Rgt. 3
Unterstellung:	[29.12.1914 – 01.02.1915]　　XXXVIII. Res.Korps　　*Krgl./LÜW*
Verbleib:	01.02.1915 umgewandelt in 3. Bttr./Fußart.Btl. 38

Reserve-Fußartillerie-Batterie Nr. 31

Formation:	14.12.1914 aufgestellt durch Ers.Btl./Fußart.Rgt. 18 (gem. KM v. 12.12.1914), mit Res.Mun.Kol., sogleich mobil
Bewaffnung:	schw. Feldh. 02
Ersatztr.Teil:	Ers.Btl./Fußart.Rgt. 18
Unterstellung:	[29.12.1914 – 01.02.1915]　　XXXIX. Res.Korps　　*Krgl./LÜW*
Verbleib:	01.02.1915 umgewandelt in 3. Bttr./Fußart.Btl. 39

4. Landwehr-Formationen

Landwehr-Fußartillerie-Regimentskommandos

Um im Bedarfsfall Landwehr-Fußartillerie-Bataillone zu Regimentern zusammenziehen zu können, wurden bei der Mobilmachung planmäßig 12 Landwehr-Fußartillerie-Regimentskommandos aufgestellt, welche die Nummer des aufstellenden Regiments trugen; vier weitere kamen bis 1915 dazu. Mit 3 Offizieren, 2 Unteroffizieren und 4 Trainsoldaten war ihr Etat schwächer als der eines regulären Fußartillerie-Regimentsstabes. Zunächst blieben sie in Festungen und fungierten als Artilleriekommandeure für einzelne Festungsabschnitte, wurden aber schon bald dem Feldheer überwiesen. Dort kamen sie nicht als Kommandostellen für Landwehr-Fußartillerie-Bataillone, sondern je nach Bedarf als Artilleriekommandeure bei Korps oder Divisionen, als artilleristische Berater oder für sonstige besondere Aufgaben zum Einsatz.[1] Dementsprechend erfolgte im Februar 1917 ihre Umbenennung in die Fußartillerie-Regimentsstäbe Nr. 111–125.

Landwehr-Fußartillerie-Regimentskommando Nr. 1

Aufstellung:	02.08.1914 durch Fußart.Rgt. 1 in Königsberg (gem. Mob.Plan)		
Ersatztr.Teil:	Ers.Btl./Fußart.Rgt. 1		
Unterstellung:	[02.08.1914 – 03.05.1915]	Gouv. Königsberg	*Krgl./LÜO*
	[04.06.1915 – 22.10.1915]	10. Armee	*DO*
	[20.11.1915 – 01.08.1916]	Gouv. Kowno	*Krgl.*
	[23.08.1916 – 26.01.1917]	8. Armee	*Krgl.*
Zuteilungen:	[04.06.1915]	XXXX. Res.Korps	*DO*
Verbleib:	Febr. 1917 umgewandelt in Fußart.Rgt.Stab 111		

Landwehr-Fußartillerie-Regimentskommando Nr. 3

Aufstellung:	02.08.1914 durch Fußart.Rgt. 3 in Mainz (gem. Mob.Plan)		
Ersatztr.Teil:	Ers.Btl./Fußart.Rgt. 3		
Unterstellung:	[02.08.1914]	Gouv. Mainz	*Krgl.*
	[05.01.1915 – 20.03.1915]	6. Armee	*LÜW*
	[07.05.1915 – 09.08.1915]	Gouv. Antwerpen	*DW/LÜW*
	[12.10.1915 – 07.10.1916]	A.Abt. Strantz	*DW/Üb.Fußa.*
	[11.10.1916 – 13.01.1917]	1. Armee	*D.Fußa./Krgl.*
	[20.01.1917]	A.Abt. Strantz	*Krgl.*
Zuteilungen:	11.10.1915 – 18.07.1916	6. bayer. Inf.Div.	*KA*
	19.07.1916 – 07.10.1916	1. bayer. Ldw.Div.	*KA*
Verbleib:	Febr. 1917 umgewandelt in Fußart.Rgt.Stab 112		

---

[1] Zu ihrer Tätigkeit vgl. Bayer. WGB, S. 615–619

Landwehr-Fußartillerie-Regimentskommando Nr. 4

Aufstellung:	02.08.1914 durch Fußart.Rgt. 4 in Magdeburg (gem. Mob.Plan)		
Ersatztr.Teil:	Ers.Btl./Fußart.Rgt. 4		
Unterstellung:	[22.02.1915 – 03.09.1915]	Gouv. Königsberg	*Krgl./DO*
	[10.09.1915 – 09.12.1915]	Njemen-Armee	*DO*
	[11.12.1915 – 01.09.1916]	Gouv. Libau	*Krgl./LÜO*
	[07.10.1916 – 10.12.1916]	2. Armee	*Üb.Fußa./Krgl.*
	[09.01.1917 – 20.02.1917]	A.Abt. B	*D.Fußa./Krgl.*
Verbleib:	Febr. 1917 umgewandelt in Fußart.Rgt.Stab 113		

Landwehr-Fußartillerie-Regimentskommando Nr. 5

Aufstellung:	02.08.1914 durch Fußart.Rgt. 5 in Posen (gem. Mob.Plan)		
Ersatztr.Teil:	Ers.Btl./Fußart.Rgt. 5		
Unterstellung:	[02.08.1915 – 09.12.1915]	Gouv. Posen (Kriegs-Bes.)	*Krgl./DO*
	[14.01.1916]	HGr. Kronprinz	*DW*
	[22.02.1916 – 19.10.1916]	5. Armee	*DW/Krgl.*
	[31.12.1916 – 12.02.1917]	A.Abt. A	*D.Fußa./Krgl.*
Verbleib:	Febr. 1917 umgewandelt in Fußart.Rgt.Stab 114		

Landwehr-Fußartillerie-Regimentskommando Nr. 7

Aufstellung:	02.08.1914 durch Fußart.Rgt. 7 in Köln (gem. Mob.Plan)		
Ersatztr.Teil:	Ers.Btl./Fußart.Rgt. 7		
Unterstellung:	[02.08.1914]	Gouv. Köln	*Krgl.*
	[27.08.1914]	Gouv. Namur	*Krgl.*
	[05.01.1915 – 15.07.1916]	4. Armee	*LÜW/Krgl.*
	[10.08.1916]	HGr. Gallwitz	*DW*
	[28.08.1916 – 19.09.1916]	1. Armee	*Krgl.*
	[01.10.1916 – 18.11.1916]	6. Armee	*Krgl.*
	[25.11.1916 – 10.12.1916]	3. Armee	*D.Fußa./Krgl.*
	[11.12.1916]	OHL Laon	*D.Fußa.*
Verbleib:	Febr. 1917 umgewandelt in Fußart.Rgt.Stab 115		

Landwehr-Fußartillerie-Regimentskommando Nr. 8

Aufstellung:	02.08.1914 durch Fußart.Rgt. 8 in Metz (gem. Mob.Plan)		
Ersatztr.Teil:	Ers.Btl./Fußart.Rgt. 8		
Unterstellung:	[02.08.1914 – 09.08.1915]	Gouv. Metz (Kriegsbes.)	*Krgl./LÜW*
	[22.02.1916 – 20.01.1917]	5. Armee	*DW/Krgl.*
Verbleib:	Febr. 1917 umgewandelt in Fußart.Rgt.Stab 116		

Landwehr-Fußartillerie-Regimentskommando Nr. 10

Aufstellung:	02.08.1914 durch Fußart.Rgt. 10 in Straßburg (gem. Mob.Plan)		
Ersatztr.Teil:	Ers.Btl./Fußart.Rgt. 10		
Unterstellung:	[02.08.1914]	Gouv. Straßburg (Kriegsbes.)	*Krgl.*
	[20.10.1914 – 05.01.1915]	5. Armee	*Krgl./LÜW*
	[20.03.1915 – 09.08.1915]	Gouv. Straßburg (Kriegsbes.)	*LÜW*
	[10.11.1915 – 22.02.1916]	A.Abt. Falkenhausen	*DW*
	[24.03.1916 – 31.12.1916]	5. Armee	*DW/Krgl.*
	[22.01.1917]	OHL Longuyon	*D.Fußa.*
Verbleib:	Febr. 1917 umgewandelt in Fußart.Rgt.Stab 117		

Landwehr-Fußartillerie-Regimentskommando Nr. 11

Aufstellung:	02.08.1914 durch Fußart.Rgt. 11 in Thorn (gem. Mob.Plan)		
Ersatztr.Teil:	Ers.Btl./Fußart.Rgt. 11		
Unterstellung:	[02.08.1914]	Gouv. Thorn	*Krgl.*
	[22.02.1915 – 03.05.1915]	Det. Westerhagen	*LÜO*
	[15.07.1915]	Div. Wernitz	*DO*
	[03.09.1915]	86. Inf.Div.	*DO*
	[22.10.1915 – 09.12.1915]	XVII. Res.Korps	*DO*
	[15.01.1916]	XXXIX. Res.Korps	*LÜO*
	[01.05.1916 – 01.08.1916]	A.Abt. Scholtz	*Krgl.*
	[01.09.1916 – 08.01.1917]	A.Abt. Gronau	*LÜO/Krgl.*
Verbleib:	Febr. 1917 umgewandelt in Fußart.Rgt.Stab 118		

Landwehr-Fußartillerie-Regimentskommando Nr. 14

Aufstellung:	02.08.1914 durch Fußart.Rgt. 14 in Straßburg (gem. Mob.Plan)		
Ersatztr.Teil:	Ers.Btl./Fußart.Rgt. 14		
Unterstellung:	04.08.1914 – 27.10.1914	Gouv. Straßburg	*WGM*
	28.10.1914 – 20.03.1916	5. Armee	*WGM*
	21.03.1916 – 25.04.1916	A.Abt. Falkenhausen	*WGM*
	25.04.1916 – 02.01.1917	A.Abt. A	*WGM*
	03.01.1917 – 20.02.1917	A.Abt. B	*WGM/Krgl.*
Zuteilungen:	28.10.1914 – 21.02.1916	V. Res.Korps	*WGM*
	22.02.1916 – 20.03.1916	XV. AK	*WGM*
	21.03.1916 – 02.01.1917	XV. Res.Korps	*WGM*
	dabei: 09.04.1916 – 13.10.1916	61. Ldw.Brig.	*KW*
Verbleib:	Febr. 1917 umgewandelt in Fußart.Rgt.Stab 119		

Landwehr-Fußartillerie-Regimentskommando Nr. 15

Aufstellung:	02.08.1914 durch Fußart.Rgt. 15 in Bromberg (gem. Mob.Plan)		
Ersatztr.Teil:	Ers.Btl./Fußart.Rgt. 15		
Unterstellung:	[02.08.1914 – 22.02.1915]	Gouv. Graudenz	*Krgl./LÜO*
	[03.05.1915]	Korps Zastrow	*LÜO*
	[15.07.1915 – 03.09.1915]	XI. AK	*DO*
	[16.10.1915 – 13.01.1916]	XVII. Res.Korps	*DO/LÜO*
	[13.01.1916 – 07.10.1916]	12. Armee	*Krgl./Üb.Fußa.*
	[15.10.1916 – 01.02.1917]	A.Abt. Scheffer	*Krgl.*
Zuteilungen:	01.10.1916 – 08.11.1916	93. Inf.Div.	*KW*
Verbleib:	Febr. 1917 umgewandelt in Fußart.Rgt.Stab 120		

Landwehr-Fußartillerie-Regimentskommando Nr. 16

Aufstellung:	02.08.1914 durch Fußart.Rgt. 16 in Diedenhofen (gem. Mob.Plan)		
Ersatztr.Teil:	Ers.Btl./Fußart.Rgt. 16		
Unterstellung:	07.08.1914 – 19.10.1914	Gouv. Metz	*RG*
	20.10.1914 – 23.07.1916	5. Armee	*RG/Krgl.*
	24.07.1916 – 06.09.1916	A.Abt. Gaede	*RG*
	[06.09.1916 – 15.12.1916]	A.Abt. B	*RG/Krgl.*
	[30.12.1916 – 13.01.1917]	1. Armee	*Krgl.*
Zuteilungen:	20.10.1914 – 23.07.1916	10. Res.Div.	*RG*
	24.07.1916 – 15.12.1916	12. Ldw.Div.	*RG*
Verbleib:	Febr. 1917 umgewandelt in Fußart.Rgt.Stab 121		
Quellen:	Rgt.Gesch. Fußart.Rgt. 16		

Landwehr-Fußartillerie-Regimentskommando Nr. 20

Aufstellung:	Juni 1915 durch Ers.Btl./Fußart.Rgt. 20 (gem. KM v. 10.06.1915), sogleich mobil		
Ersatztr.Teil:	Ers.Btl./Fußart.Rgt. 20		
Unterstellung:	[22.06.1915 – 01.09.1916]	A.Abt. Gaede	*DW/Krgl.*
	[06.09.1916 – 24.01.1917]	A.Abt. B	*Krgl.*
	[03.02.1917 – 01.02.1917]	2. Armee	*Krgl.*
Verbleib:	Febr. 1917 umgewandelt in Fußart.Rgt.Stab 122		

Immobiles Landwehr-Fußartillerie-Regimentskommando Jüterbog

Aufstellung:	Anf. Nov. 1916 durch Gen.Insp. der Fußart. (gem. KM v. 09.11.1916)
Ersatztr.Teil:	Ers.Btl./2. Garde-Fußart.Rgt.
Unterstellung:	Fußart.Schießschule Jüterbog
Verbleib:	Sept. 1917 aufgelöst (gem. KM v. 14.09.1917)

Bayer. Landwehr-Fußartillerie-Regimentskommando Nr. 1

Aufstellung: 28.02.1915 in Straßburg durch Ers.Btl./1. bayer. Fußart.Rgt. (gem. KM v. 19.02.1915), sogleich mobil

Ersatztr.Teil: Ers.Btl./1. bayer. Fußart.Rgt.

Unterstellung:
[09.08.1915 – 31.12.1916]   5. Armee   *LÜW/Krgl.*
[09.01.1917 – 23.01.1917]   A.Abt. B   *D.Fußa./Krgl.*

Verbleib: 23.01.1917 umgewandelt in bayer. Fußart.Rgt.Stab 123

Quellen: Bayer. WGB

Bayerisches Landwehr-Fußartillerie-Regimentskommando Nr. 2

Aufstellung: 28.10.1914 in Germersheim durch Ers.Btl./1. bayer. Fußart.Rgt. (gem. bayer. KM v. 27.10.1914), sogleich mobil

Ersatztr.Teil: Ers.Btl./1. bayer. Fußart.Rgt.

Unterstellung:
29.10.1914 – 25.04.1916   A.Abt. Falkenhausen   *Bayer. WGB*
25.04.1916 – 01.02.1917   A.Abt. A   *Bayer. WGB*

Zuteilungen:
30.11.1914 – 16.09.1915   1. bayer. Ldw.Div.   *KA*
01.01.1916 – 01.02.1917   1. bayer. Ldw.Div.   *KA*

Verbleib: 01.02.1917 umgewandelt in bayer. Fußart.Rgt.Stab 124

Quellen: Bayer. WGB

Bayerisches Landwehr-Fußartillerie-Regimentskommando Nr. 3

Aufstellung: 08.08.1914 in Germersheim durch 3. bayer. Fußart.Rgt. (gem. Mob.Plan), sogleich mobil

Ersatztr.Teil: Ers.Btl./3. bayer. Fußart.Rgt.

Unterstellung:
08.08.1914 – 31.08.1914   Gouv. Germersheim   *Bayer. WGB*
01.09.1914 – 05.09.1914   Ersatzkorps   *Bayer. WGB*
05.09.1914 – Okt. 1914   Gouv. Straßburg   *Bayer. WGB*
[20.10.1914 – 10.12.1916]   5. Armee   *Bayer. WGB*
[19.12.1916]   OHL Longuyon   *D.Fußa.*
04.01.1917 – 01.02.1917   A.Abt. Strantz   *Bayer. WGB*

Verbleib: 01.02.1917 umgewandelt in bayer. Fußart.Rgt.Stab 125

Quellen: Bayer. WGB

Landwehr-Fußartillerie-Regimenter

Erst im Juli 1918 kam es zur Aufstellung eines Landwehr-Fußartillerie-Regiments, als man verschiedene Landwehr-Batterien zu einem Regiment als Kriegsbesatzung der Insel Borkum zusammenzog.

Landwehr-Fußartillerie-Regiment Borkum

Aufstellung:	Mitte Juli 1918 durch Kdtr. Borkum (gem. KM v. 11.07.1918) mit Rgt.Stab, I. u. II. Btl., blieb immobil
Rgt.Stab	aus Fußart.Rgt.Stab 218
I. Btl.	Stab aus Stab/Ldw.Fußart.Btl. 31
	1. Bttr. aus 13. Bttr./Fußart.Rgt. 2
	2. Bttr. aus 14. Bttr./Fußart.Rgt. 2
	3. Bttr. aus 2. Bttr./Ldw.Fußart.Btl. 23
	4. Bttr. aus 2. Bttr./Ldw.Fußart.Btl. 31
	5. Bttr. aus 3. Bttr./Ldw.Fußart.Btl. 31
II. Btl.	Stab aus Stab IV. Btl./Fußart.Rgt. 2
	6. Bttr. aus 15. Bttr./Fußart.Rgt. 2
	7. Bttr. aus 1. Bttr./Ldw.Fußart.Btl. 23
8. Bttr.	14.10.1918 durch Kdtr. Borkum (gem. KM v. 02.11.1918) aus 1. Bttr./Ldw.-Fußart.Btl. 33[1]
9. Bttr.	14.10.1918 durch Kdtr. Borkum (gem. KM v. 02.11.1918) aus 2. Bttr./Ldw.-Fußart.Btl. 33
Bewaffnung:	Küstengeschütze
Ersatztr.Teil:	Ers.Btl./Fußart.Rgt. 25
Unterstellung:	
St.,1.–7. Bttr.	[28.07.1918 – 10.12.1918] Kdtr. Borkum *D.Fußa./RG*
8. Bttr.	[18.09.1918 – 10.12.1918] Kdtr. Borkum *FpÜb/RG*
9. Bttr.	[14.10.1918 – 10.12.1918] Kdtr. Borkum *FpÜb/RG*
Verbleib:	Rgt.Stab 27.11.1918 in Kassel aufgelöst;[2] Rgt. am 10.12.1918 aufgelöst Abw.Stelle bei Fußart.Rgt. 25
Quellen:	Rgt.Gesch. Fußart.Rgt. 2

---

[1] Bereits in Ers.FpÜb v. 18.09.1918
[2] Demob.Üb. XI. AK, Berichtigung v. 15.08.1920

Landwehr-Fußartillerie-Bataillone

Bei der Mobilmachung stellten jedes Fußartillerie-Regiment (außer Regiment Nr. 12) und das Lehr-Regiment der Fußartillerie-Schießschule ein Landwehr-Fußartillerie-Bataillon gleicher Nummer auf. Zu diesen 24 Landwehr-Bataillonen kamen später über 60 weitere dazu. Es wurden aufgestellt:

1914: 1. u. 2. Garde-Ldw.Fußart.Btl.
Ldw.Fußart.Btl. Nr. 1–11, 13–20
bayer. Ldw.Fußart.Btl. 1–3
1915: 3. u. 4. Garde-Ldw.Fußart.Btl.
Ldw.Fußart.Btl. Nr. 1, 4, 22, 26–28
1916: Ldw.Fußart.Btl. Nr. 6, 21, 23–25, 29–36, 38–45
1917: Ldw.Fußart.Btl. Nr. 12, 37, 46–71
1918: Ldw.Fußart.Btl. Nr. 72–76

Zu jedem Bataillon mit Stab und vier Batterien gehörte eine Park-Kompanie, die jedoch bald vom Bataillon getrennt wurde und zu den Armeetruppen trat; die Park-Kompanien werden in einem besonderen Abschnitt behandelt.

Sämtliche Landwehr-Fußartillerie-Bataillone gehörten zunächst zu Festungsbesatzungen und waren mit schweren Feldhaubitzen ausgestattet. Sobald die Festungen nicht mehr als bedroht galten, wurden sie dem Feldheer überwiesen und häufig nach Bedarf umbewaffnet. Nur relativ wenig Bataillone erhielten bei ihrer Feldverwendung eigene Munitionskolonnen.
Von den insgesamt 85 Landwehr-Fußartillerie-Bataillonen blieben 55 bis zum Kriegsende bestehen. 30 Bataillone wurden vorzeitig aufgelöst, indem sie in anderen Bataillonen oder selbstständigen Batterien aufgingen.[1]

Entsprechend ihrer Verwendung als Festungsbesatzung verfügten die Landwehr-Bataillone anfangs über einen schwächeren Etat als die aktiven Fußartillerie-Bataillone:

Stab eines Landwehr-Fußartillerie-Bataillons 1914			
1	Bataillonskommandeur,	2	Unteroffiziere
1	Leutnant	3	Gemeine (2 Fahrer, 1 Radfahrer)
1	Feuerwerksoffizier	8	Trainsoldaten
1	Bataillonsarzt	1	Waffenmeister
1	Oberarzt oder Assistenzarzt		
1	Zahlmeister	2	Fahrzeuge
Gesamtstärke: 6 Offz., 14 Unteroffz. u. Mannsch.			

Mit dem Ausrücken ins Feld wurde der Etat erhöht und an die aktiven Bataillonsstäbe angeglichen; seit 1916 entsprach er dem eines mobilen Bataillonsstabes.[2]

Für eine Landwehr-Fußartillerie-Batterie war der Etat einer unbespannten Batterie vorgesehen:

---

[1] Einige Bataillone wurden geteilt oder nach ihrer Auflösung neu formiert.
[2] Vgl. Fußartillerie Bd. 1, S. 179

Landwehr-Fußartillerie-Batterie 1914			
1	Batterieführer	16 Obergefreite ⎫	einschl. 2 Signaltrompeter,
3	Leutnante	12 Gefreite ⎬	2 Batterieschlosser,
1	Feldwebel	103 Gemeine ⎭	1 Waffenmeistergehilfe,
1	Vizefeldwebel		2 Radfahrer
1	Fähnrich	2 Gemeine (Fahrer)	
16	Unteroffiziere	6 Trainsoldaten	
		1 Sanitätsunteroffizier	
1 vierspänniger Beobachtungswagen, 2 zweispännige Wagen (Pack- und Lebensmittelwagen)			
Gesamtstärke: 4 Offz., 159 Unteroffz. u. Mannsch.; 5 Reit- u. 8 Zugpferde			

Sobald die Batterien mobile Verwendung fanden, richtete sich ihr Etat – zunächst als unbespannte schwere Feldhaubitz-Batterie – nach der Art der Bewaffnung und änderte sich, wenn eine Bespannung hinzutrat oder eine Umbewaffnung erfolgte. Ihre Etats entsprachen damit denen der aktiven Fußartillerie-Batterien.[1]

1. Garde-Landwehr-Fußartillerie-Bataillon

Formation: 02.08.1914 aufgestellt in Spandau durch Garde-Fußart.Rgt. (gem. Mob.Plan) mit Stab, 1.–4. Bttr. u. Park-Komp. (bis 19.12.1917)

1. Bttr.	ab 19.04.1916 mit Mun.Kol.		
2.–4. Bttr.	ab 25.01.1916 mit Mun.Kol.		

Bewaffnung:

1.–4. Bttr.	ab Febr. 1915	schw. Feldh.	*LÜO 22.02.1915*

Ersatztr.Teil: Ers.Btl./1. Garde-Fußart.Rgt.

Unterstellung:

St.,1.–4. Bttr.	Aug. 1914	Gouv. Königsberg	*Krgl.*
St.,1.–4. Bttr.	[22.02.1915 – 27.02.1915]	AGr. Gallwitz	*Goes*
St.,2.–4. Bttr.	[07.03.1915 – 03.05.1915]	Korps Zastrow	*DO/LÜO*
St.,2.–4. Bttr.	[13.07.1915 – 19.08.1915]	AGr. Gallwitz	*Goes*
St.,2.–4. Bttr.	[31.08.1915 – 01.09.1916]	14. Ldw.Div.	*DO/LÜO*
St.,2.–4. Bttr.	[07.10.1916 – 19.12.1917]	10. Armee	*Üb.Fußa./Krgl.*
1. Bttr.	[07.03.1915]	10. Ldw.Div.	*LÜO/DO*
	[03.05.1915]	Truppen-Kdo. Tilsit	*LÜO*
	[14.06.1915 – 07.08.1915]	Njemen-Armee	*DO/Goes*
	[03.09.1915]	1. Res.Div.	*DO*
	[10.09.1915]	Njemen-Armee	*DO*
	[22.10.1915]	174. Inf.Brig.	*DO*
	[09.12.1915]	Njemen-Armee	*DO*
	[15.01.1916]	29. Ldw.Brig.	*LÜO*
	[01.05.1916 – 04.11.1916]	8. Armee	*Krgl.*
	[19.12.1916 – 01.01.1917]	10. Armee	*D./Üb.Fußa.*

Zuteilungen:

St.,1.–4. Bttr.	[22.02.1915]	10. Ldw.Div.	*LÜO*
2. Bttr.	[03.05.1915]	2. Kav.Div.	*LÜO*
2.–4. Bttr.	21.07.1915 – 21.08.1915	Belag.Korps von Modlin	*KW*

---

[1] Zu den Etats s. Fußartillerie Bd. 1, S. 349–357

Verbleib:	Btl. 19.12.1917 aufgelöst:
Stab	19.12.1917 umgewandelt in Stab des I. Btl./3. Garde-Fußart.Rgt.
1. Bttr.	01.01.1918 umgewandelt in 1. Bttr./Fußart.Btl. 137
2. – 4. Bttr.	19.12.1917 umgewandelt in 1.–3. Bttr./ 3. Garde-Fußart.Rgt.

2. Garde-Landwehr-Fußartillerie-Bataillon

Formation:	02.08.1914 aufgestellt in Jüterbog durch Lehr-Rgt. der Fußart.Schießschule (gem. Mob.Plan) mit Stab, 1.–4. Bttr. u. Park-Komp. (bis 19.12.1917)
Mun.Kol.	Nr. 1.,2.,4 ab 06.02.1916 zgt., am 15.02.1916 umgewandelt in Mun.Kol. der Bttr.
1.–4. Bttr.	ab 15.02.1916 mit Mun.Kol.

Bewaffnung:

1.–4. Bttr.	ab Febr. 1915	schw. Feldh.	*LÜO 22.02.1915*

Ersatztr.Teil:	Ers.Btl./2. Garde-Fußart.Rgt.

Unterstellung:

St.,1.–4. Bttr.	Aug. 1914	Kdtr. Kulm	*Krgl.*
2.–4. Bttr.	[22.02.1915]	Div. Breugel	*LÜO*
St.,2.–4. Bttr.	[03.05.1915 – 28.07.1915]	Korps Zastrow	*LÜO/Krgl.*
St.,2.,3. Bttr.	[03.09.1915 – 01.10.1916]	XVII. Res.Korps	*DO/Krgl.*
4. Bttr.	[03.09.1915 – 15.01.1916]	XVII. Res.Korps	*DO/LÜO*
4. Bttr.	[12.07.1916]	Oberost bei A.Abt. Woyrsch	*DW*
4. Bttr.	[21.07.1916]	A.Abt. Woyrsch	*DO*
4. Bttr.	[13.08.1916 – 10.02.1917]	A.Abt. Gronau	*Krgl.*
St.,2.,3. Bttr.	[07.10.1916]	12. Armee	*Üb.Fußa.*
St.,2.,3. Bttr.	[01.02.1917]	A.Abt. Scheffer	*Üb.Fußa.*
St.,2.–4. Bttr.	[01.03.1917 – 01.07.1917]	A.Abt. Scheffer	*Krgl.*
St.,2.–4. Bttr.	[30.07.1917]	Südarmee	*D.Fußa.*
St.,2.–4. Bttr.	[26.09.1917 – 19.12.1917]	10. Armee	*Krgl.*
1. Bttr.	[24.10.1914 – 19.05.1915]	Brig. Pfeil	*Krgl./LÜO*
	[03.09.1915 – 15.01.1916]	XVII. Res.Korps	*DO*
	[24.03.1916]	10. Armee	*DO*
	[20.04.1916]	12. Armee	*DO*
	[28.05.1916]	XVII. Res.Korps	*DO*
	[10.08.1916]	Oberost	*DO*
	[01.09.1916 – 19.02.1917]	HGr. Linsingen	*DO/Üb.Fußa.*
	[01.05.1917 – 01.07.1917]	A.Abt. Scheffer	*Krgl.*
	[30.07.1917]	Südarmee	*D.Fußa.*
	[20.09.1917]	A.Abt. Woyrsch	*Krgl.*
	[20.11.1917 – 19.12.1917]	10. Armee	*D.Fußa.*

Verbleib:	Btl. 19.12.1917 aufgelöst:
Stab	19.12.1917 umgewandelt in Stab des II. Btl./3. Garde-Fußart.Rgt.
1.,3.,4. Bttr.	19.12.1917 umgewandelt in 4.–6. Bttr./3. Garde-Fußart.Rgt.
2. Bttr.	01.01.1918 umgewandelt in 2. Bttr./Fußart.Btl. 137

3. Garde-Landwehr-Fußartillerie-Bataillon

Formation:
Stab, 3.–6. Bttr. 18.12.1915 aufgestellt durch Ers.Btl./1. Garde-Fußart.Rgt. (gem. KM v. 18.12.1915) aus Stab. 3.–6. Bttr. des 1. Ers.Btl./1. Garde-Fußart.Rgt., sogleich mobil

Bewaffnung:
3.,4. Bttr.	ab Dez. 1915	schw. Feldh.	*DW 27.12.1915*
5. Bttr.	ab Dez. 1915	schw 12 cm Kan. u. lange 15 cm Kan.	*LÜO 15.01.1916*
5. Bttr.	ab Mai 1916	lange 15 cm Kan.	*Krgl. 01.05.1916*
6. Bttr.	ab Dez. 1915	schw. Feldh.	*DW 27.12.1915*

Ersatztr.Teil: Ers.Btl./1. Garde-Fußart.Rgt.

Unterstellung:
Stab	[01.01.1916 – 15.01.1916]	Gouv. Kowno	*Krgl./LÜO*
3. Bttr.	[15.01.1916]	XXI. AK	*LÜO*
4. Bttr.	[15.01.1916]	III. Res.Korps	*LÜO*
5. Bttr.	[01.01.1916 – 15.01.1916]	Gouv. Kowno	*Krgl./LÜO*
6. Bttr.	[15.01.1916]	XXI. AK	*LÜO*
Stab	[24.03.1916]	HKK 6	*DO*
5. Bttr.	[24.03.1916]	HKK 6	*DO*
St.,3.,4.,6. Bttr.	[01.05.1916 – 10.11.1917]	10. Armee	*Krgl.*
5. Bttr.	[01.05.1916 – 01.09.1916]	10. Armee	*Krgl.*
5. Bttr.	[01.10.1916 – 27.10.1917]	HGr. Linsingen	*Krgl.*
St.,3.–6. Bttr.	[24.11.1917 – 19.12.1917]	A.Abt. D	*Krgl.*

Verbleib: Btl. 19.12.1917 aufgelöst:
Stab 19.12.1917 umgewandelt in Stab des III. Btl./3.Garde-Fußart.Rgt.
3.,4.,6. Bttr. 19.12.1917 umgewandelt in 7., 8. u. 9. Bttr./3. Garde-Fußart.Rgt.
5. Bttr. 15.11.1917 umgewandelt in 6. Bttr./Ldst.Fußart.Btl. VI. AK

4. Garde-Landwehr-Fußartillerie-Bataillon

Formation:
Stab, 1.–4. Bttr. 18.12.1915 aufgestellt durch Ers.Btl./2. Garde-Fußart.Rgt. (gem. KM v. 18.12.1915), sogleich mobil
Stab neu aufgestellt
1.–4. Bttr. aus 1.–4. Bttr. des 1. Ers.Btl./2. Garde-Fußart.Rgt, sogleich mobil
Mun.Kol. Dez. 1915 (?) zgt. bis 08.02.1916
5. Bttr. 04.03.1917 aufgestellt durch HGr. Woyrsch (gem. KM v. 04.03.1917) aus 7. Bttr./Ldst.Fußart.Btl. XV. AK, sogleich mobil
6. Bttr. 04.09.1917 aufgestellt durch Kdtr. Diedenhofen (gem. KM v. 04.09.1917) aus 6. Bttr. des Ers.Btl./Fußart.Rgt. 16, sogleich mobil

Bewaffnung:
1.–4. Bttr.	ab Dez. 1915	15 cm Ring-Kan.	*DW 27.12.1915*
5. Bttr.	ab Jan. 1917	9 cm Kan.	*D.Fußa. 30.01.1917*
6. Bttr.	ab Sept. 1917	Mörser	*Krgl. 20.09.1917*

Ersatztr.Teil: Ers.Btl./2. Garde-Fußart.Rgt.

Unterstellung:

Stab	[15.01.1916 – 01.05.1916]	12. Armee	*LÜO/Krgl.*
	[01.09.1916]	A.Abt. Woyrsch	*LÜO*
	[18.09.1916 – 19.12.1917]	A.Abt. Gronau	*DO/Krgl.*
1.,4. Bttr.	[15.01.1916 – 01.05.1916]	12. Armee	*LÜO/Krgl.*
	[01.09.1916 – 15.12.1917]	A.Abt. Woyrsch	*LÜO/Krgl.*
	[15.12.1917 – 19.12.1917]	Abschnitt Slonim	*Krgl.*
2.,3. Bttr.	[01.01.1916 – 10.11.1917]	10. Armee	*LÜO/Krgl.*
2.,3. Bttr.	[01.12.1917 – 19.12.1917]	A.Abt. Gronau	*Krgl.*
5. Bttr.	[04.03.1917 – 15.12.1917]	A.Abt. Woyrsch	*Krgl.*
6. Bttr.	[20.09.1917 – 15.12.1917]	A.Abt. Woyrsch	*Krgl.*
5. u. 6. Bttr.	[15.12.1917 – 19.12.1917]	Abschnitt Slonim	*Krgl.*

Zuteilungen:

St.,1.,4. Bttr.	[15.01.1916 – 01.05.1916]	Gouv. Grodno	*LÜO/Krgl.*
2.,3. Bttr.	[01.01.1916 – 15.01.1916]	Gouv. Kowno	*LÜO/Krgl.*
2.,3. Bttr.	[05.07.1916]	HKK 6	*DO*
2. Bttr.	02.09.1916 – 19.12.1917	16. Kav.Brig.	*KW*

Verbleib: 19.12.1917 umbenannt in Garde-Ldw.Fußart.Btl.

Garde-Landwehr-Fußartillerie-Bataillon

Formation:
Stab, 1.–6. Bttr. 19.12.1917 aufgestellt (gem. KM v. 19.12.1917) durch Umbenennung des 4. Garde-Ldw.Fußart.Btl., sogleich mobil
5. Bttr. Anf. Nov. 1918 umgewandelt in 3. Bttr./Fußart.Btl. 172
Kurze Marine-Kan.Bttr. 5 Mitte Sept. 1918 angegliedert (gem. KM v. 09.09.1918)[1]

Bewaffnung:

1.–4. Bttr.	ab Dez. 1917	15 cm Ring-Kan.	*Üb.Fußa. 10.02.1918*
1. Bttr.	ab Juni 1918	schw. Feldh. 02	*D.Fußa. 19.06.1918*
2. Bttr.	ab Juni 1918	Mörser	*D.Fußa. 19.06.1918*
3. Bttr.	ab Juni 1918	Mörser	*D.Fußa. 19.06.1918*
4. Bttr.	ab Juni 1918	schw. Feldh. 02	*D.Fußa. 19.06.1918*
5. Bttr.	ab Dez. 1917	9 cm Kan.	*Üb.Fußa. 10.02.1918*
5. Bttr.	ab Juni 1918	belg. 15 cm Kan.	*D.Fußa. 19.06.1918*
5. Bttr.	ab Sept. 1918	10 cm Kan. 04	*D.Fußa. 09.09.1918*
6. Bttr.	ab Dez. 1917	21 cm Mörser	*Üb.Fußa. 10.02.1918*
6. Bttr.	ab Juni 1918	belg. 15 cm Kan.	*D.Fußa. 19.06.1918*

Ersatztr.Teil: Ers.Btl./1. Garde-Fußart.Rgt.

Unterstellung:

St.,1.,4.–6. Bttr.	[19.12.1917 – 05.02.1918]	Abschnitt Slonim	*Krgl.*
2.,3. Bttr.	[19.12.1917 – 10.02.1918]	A.Abt. Gronau	*Krgl./D.Fußa.*
St.,1.,4.–6. Bttr.	[10.02.1918 – 12.03.1918]	HGr. Linsingen	*Üb./Fußa./Krgl.*
St.,1.,4.–6. Bttr.	[23.03.1918]	10. Armee	*Krgl.*
2.,3. Bttr.	[01.04.1918]	HGr. Linsingen	*Krgl.*
St.,1.–6. Bttr.	[26.04.1918 – 10.06.1918]	A.Abt. B	*D.Fußa./Krgl.*

---

[1] D.Fußa. 13.09.1918

St.,1.–6. Bttr.	[19.06.1918 – 01.07.1918]	Longuyon	*D.Fußa./Krgl.*
St.,1.–6. Bttr.	[16.07.1918 – 25.07.1918]	4. Armee	*Krgl.*
St.,1.–6. Bttr.	[28.07.1918]	6. Armee	*D.Fußa.*
St.,1.–6. Bttr.	[01.08.1918 – 12.12.1918]	2. Armee	*Krgl./FpÜb*

Zuteilungen:
5. Bttr.	[10.10.1918 – 16.10.1918]	Gembloux (Belgien)	*D.Fußa./FpÜb*

Demobil: ab Mitte Dez. 1918 in Jüterbog, Ende Jan. 1919 aufgelöst[1]
Abw.Stelle bei Lehr-Rgt. der Fußart.Schießschule

Landwehr-Fußartillerie-Bataillon Nr. 1
ab 18.12.1915: 1. Landwehr-Fußartillerie-Bataillon Nr. 1

Formation: 02.08.1914 aufgestellt in Königsberg durch Fußart.Rgt. 1 (gem. Mob.Plan) mit Stab, 1.–4. Bttr. u. Park-Komp. (bis 06.12.1917)
1. Bttr. ab 28.04.1916 mit Mun.Kol.
2. Bttr. ab 25.01.1916 mit Mun.Kol.
4. Bttr. ab 17.04.1916 mit Mun.Kol.
3. Bttr. 30.09.1917 umgewandelt in 9. Bttr./2. Ldw.Fußart.Btl. 1

Bewaffnung;
1.–4. Bttr.	ab Aug. 1914	schw. Feldh.	*EB schw. Art.*
3. Bttr.	ab Dez. 1915	schw. 12 cm Kan.	*DO 09.12.1915*

Ersatztr.Teil: Ers.Btl./Fußart.Rgt. 1

Unterstellung:
St.,1.–4. Bttr.	[02.08.1915 – 03.05.1915]	Gouv. Königsberg	*Krgl./LÜO*
Stab	[03.09.1915]	10. Armee	*DO*
	[10.09.1915 – 12.10.1915]	Truppen-Abt. Esebeck	*KW*
	[22.10.1915]	182. Ldw.Brig.	*DO*
	[09.11.1915 – 15.01.1916]	17. Ldw.Div.	*DO/LÜO*
	[24.03.1916 – 22.05.1916]	HKK 6	*DO*
	[01.05.1916 – 19.12.1917]	10. Armee	*Krgl.*
1. Bttr.	[03.05.1915]	Truppen-Abt. Esebeck	*LÜO*
	[14.06.1915 – 22.10.1915]	½ Njemen-Armee	*DO*
	[14.06.1915 – 22.10.1915]	½ Gouv. Libau	*DO*
	[09.11.1915]	17. Ldw.Div.	*DO*
	[09.12.1915]	Njemen-Armee	*DO*
	[15.01.1916]	29. Ldw.Brig.	*LÜO*
	[01.05.1916 – 19.12.1917]	8. Armee	*Krgl.*
2. Bttr.	[14.06.1915]	Njemen-Armee	*DO*
	[06.07.1915]	Truppen-Abt. Esebeck	*DO*
	[03.09.1915]	Truppen-Kdo. Tilsit	*DO*
	[30.09.1915 – 22.10.1915]	182. Ldw.Brig.	*DO*
	[09.11.1915]	17. Ldw.Div.	*DO*
	[09.12.1915]	Njemen-Armee	*DO*
	[15.01.1916]	3. Kav.Div.	*LÜO*
	[01.05.1916 – 19.12.1917]	10. Armee	*Krgl.*

---
[1] FpÜb v. 18.12.1918 – 29.01.1919

3. Bttr.	[26.06.1915 – 09.12.1915]	Njemen-Armee	*Krgl./DO*
	[15.01.1916 – 22.09.1916]	8. Armee	*LÜO/Krgl.*
	[01.10.1916 – 05.02.1917]	öst.ung. 2. Armee	*Krgl.*
	[07.05.1917 – 30.09.1917]	8. Armee	*Krgl.*
4. Bttr.	[14.06.1915]	Njemen-Armee	*DO*
	[26.06.1915 – 22.10.1915]	Gouv. Libau	*Krgl./Üb.Fußa.*
	[09.12.1915]	Njemen-Armee	*DO*
	[15.01.1916 – 19.12.1917]	8. Armee	*LÜO/Krgl.*

Zuteilungen:
St.,1.–4. Bttr.	06.11.1915 – 25.02.1917	17. Ldw.Div.	*KW*
3. u. 4. Bttr.	[24.03.1916]	HKK 6	*DO*

Verbleib: Btl. 19.12.1917 aufgelöst:
Stab,1.,2.,4. Bttr. 19.12.1917 umgewandelt in Stab, 1., 2. u. 3. Bttr./Fußart.Btl. 108

2. Landwehr-Fußartillerie-Bataillon Nr. 1

Formation:
Btl. 18.12.1915 aufgestellt durch Ers.Btl./Fußart.Rgt. 1 (gem. KM v. 18.12.1915) mit
Stab, 3.,4.,7. u. 8. Bttr., sogleich mobil
Stab aus Stab des 2. Ers.Btl./Fußart.Rgt. 1
3. u. 4. Bttr. aus 3. u. 4. Bttr. des 1. Ers.Btl./Fußart.Rgt. 1
7. u. 8. Bttr. aus 7. u. 8. Bttr. des 2. Ers.Btl./Fußart.Rgt. 1
1. Bttr. 09.12.1916 aufgestellt durch Ers.Btl./Fußart.Rgt. 1 (gem. KM v. 09.12.1916) aus
Fußart.Bttr. 678, sogleich mobil
9. Bttr. 30.09.1917 aufgestellt durch Ers.Btl./Fußart.Rgt. 1 (gem. KM v. 30.09.1917) aus
3. Bttr./1. Ldw.Fußart.Btl. 1, sogleich mobil

Bewaffnung:
1. Bttr.	ab Dez. 1916	schw. 12 cm Kan.	*Üb.Fußa. 01.02.1917*
3. u. 4. Bttr.	ab Dez. 1915	9 cm Kan. u. schw. 12 cm Kan.	*DW 27.12.1915*
3. u. 4. Bttr.	ab Mai 1916	schw. 12 cm Kan.	*Krgl. 01.05.1916*
7. u. 8. Bttr.	ab Dez. 1915	15 cm Ring-Kan.	*DW 27.12.1915*
7. u. 8. Bttr.	ab Febr. 1916	lange 15 cm Kan.	*DW 22.02.1916*
9. Bttr.	ab Sept. 1917	schw. 12 cm Kan.	*D.Fußa. 25.09.1917*

Ersatztr.Teil: Ers.Btl./Fußart.Rgt. 1

Unterstellung:
Stab	[15.01.1916 – 19.12.1917]	10. Armee	*Krgl.*
1. Bttr.	[19.12.1916 – 19.12.1917]	10. Armee	*D.Fußa.*
3.,4. Bttr.	[15.01.1916 – 19.12.1917]	10. Armee	*Krgl.*
7.,8. Bttr.	[15.01.1916 – 19.12.1917]	10. Armee	*Krgl.*
9. Bttr.	[25.09.1917]	8. Armee	*D.Fußa.*
9. Bttr.	[20.11.1917 – 19.12.1917]	10. Armee	*D.Fußa.*

Zuteilungen:
St.,3.,4. Bttr.	[01.01.1916 – 15.01.1916]	Gouv. Kowno	*Krgl./LÜO*
7.,8. Bttr.	[18.12.1915 – 01.07.1916]	XXI. AK	*LÜO/Krgl.*

Verbleib: 19.12.1917 umbenannt in Landwehr-Fußartillerie-Bataillon 1

Landwehr-Fußartillerie-Bataillon Nr. 1 (neu)

Formation: 19.12.1917 aufgestellt durch Umbenennung des 2. Ldw.Fußart.Btl. Nr. 1 mit Stab, 1.,3.,4.,7.–9. Bttr.
kurze Marine-Kan.Bttr. 3 Mitte Sept. 1918 angegliedert (gem. KM v. 09.09.1918)

Bewaffnung:

1. Bttr.	ab Dez. 1917	schw. 12 cm Kan.	*Üb.Fuß a. 10.02.1918*
1. Bttr.	ab Mai 1918	russ. 10 cm Kan.	*D.Fuß a. 31.05.1918*
3. u. 4. Bttr.	ab Dez. 1917	schw. 12 cm Kan.	*Üb.Fuß a. 10.02.1918*
3. u. 4. Bttr.	ab Mai 1918	russ. 10 cm Kan.	*D.Fuß a. 31.05.1918*
7. u. 8. Bttr.	ab Dez. 1917	lange 15cm Kan.	*Üb.Fuß a. 10.02.1918*
7. u. 8. Bttr.	ab Mai 1918	schw. Feldh. 02	*D.Fuß a. 31.05.1918*
9. Bttr.	ab Dez. 1917	schw. 12 cm Kan.	*D.Fuß a. 10.02.1918*
9. Bttr.	ab Mai 1918	schw. Feldh. 02	*D.Fuß a. 31.05.1918*

Ersatztr.Teil: Ers.Btl./Fußart.Rgt. 1

Unterstellung:

Btl.	[19.12.1917 – 25.02.1918]	10. Armee	*Krgl.*
	[24.03.1918 – 11.05.1918]	A.Abt. D	*Krgl.*
	[31.05.1918]	Hirson	*D.Fuß a.*
	[14.07.1918 – 07.08.1918]	7. Armee	*D.Fuß a./Krgl.*
	[19.08.1918]	9. Armee	*D.Fuß a.*
	[09.09.1918 – 18.12.1918]	A.Abt. C	*D.Fuß a./FpÜb*

Demobil: ab Ende Dez. 1918 in Königsberg, Mitte Jan. 1919 aufgelöst[1]
Abw.Stelle bei Fußart.Rgt. 1

Landwehr-Fußartillerie-Bataillon Nr. 2

Formation: 02.08.1914 aufgestellt in Emden durch Fußart.Rgt. 2 (gem. Mob.Plan) mit Stab, 1.–4. Bttr. u. Park-Komp. (bis 19.12.1917)
ab Jan. 1915 (?) leichte Mun.Kol. zgt. *LÜW*

Bewaffnung:

1.–4. Bttr.	ab Aug. 1914	schw. Feldh.	*RG*

Ersatztr.Teil: Ers.Btl./Fußart.Rgt. 2

Unterstellung:

St.,1.–4. Bttr.	10.08.1914 – 25.08.1914	Gouv. Köln	*RG*
	25.08.1914 – 02.09.1914	Gouv. Lüttich	*RG*
	03.09.1914 – 10.10.1914	III. Res.Korps	*RG*
	11.10.1914 – 21.04.1915	4. Armee	*RG*

Zuteilungen:

2. u. 4. Bttr.	17.10.1914 – 21.04.1915	XXVI. Res.Korps	*RG*
1. u. 3. Bttr.	17.10.1914 – 21.04.1915	XXVII. Res.Korps	*RG*

Verbleib: Btl. 10./21.04.1915 aufgelöst:
Stab umgewandelt in Stab/Fußart.Btl. 22
1. u. 3. Bttr. umgewandelt in 2. u. 3. Bttr./(Res.)Fußart.Btl. 27
2. u. 4. Bttr. umgewandelt in 2. u. 3. Bttr./(Res.)Fußart.Btl. 22

Quellen: Rgt.Gesch. Fußart.Rgt. 2

---

[1] FpÜb v. 28.12.1918 – 15.01.1919

Landwehr-Fußartillerie-Bataillon Nr. 3

Formation:	02.08.1914 aufgestellt in Mainz durch Fußart.Rgt. 3 (gem. Mob.Plan) mit Stab, 1.–4. Bttr. u. Park-Komp. (bis Okt.1917)		
Bewaffnung:			
1.–4. Bttr.	ab Aug. 1914	Festungsgeschütze	*EB schw. Art.*
1.–4. Bttr.	ab Sept. 1914	schw. Feldh.	*Krgl. 08.10.1914*
Ersatztr.Teil:	Ers.Btl./Fußart.Rgt. 3		
Unterstellung:			
St.,1.–4. Bttr.	04.08.1914 – 30.08.1914	Gouv. Mainz (Kriegsbes.)	*RG*
	01.09.1914 – 24.09.1914	Gouv. Metz (Kriegsbes.)	*RG*
	25.09.1914 – 01.10.1914	29. Inf.Div.	*RG*
	02.10.1914 – 27.04.1915	Garde-Ers.Div.	*RG/KTB*
	28.04.1915 – 01.07.1915	A.Abt. Strantz	*RG*
Zuteilungen:			
St.,1.,2. Bttr.	04.09.1914 – 09.09.1914	31. Ldw.Brig.	*RG/KW*
2. Bttr.	04.04.1915 – Mai 1915	5. Ldw.Div.	*RG*
Verbleib:	Btl. 01.07.1915 aufgelöst:		
	Stab umgewandelt in Fußart.Btl.Stab 201		
	1. Bttr. umgewandelt in Fußart.Bttr. 291		
	2. Bttr. umgewandelt in Fußart.Bttr. 294		
	3. Bttr. umgewandelt in Fußart.Bttr. 292		
	4. Bttr. umgewandelt in Fußart.Bttr. 293		
Quellen:	Rgt.Gesch. Fußart.Rgt. 3; KTB Garde-Ers.Div.		

Landwehr-Fußartillerie-Bataillon Nr. 4
ab 18.12.1915 1. Landwehr-Fußartillerie-Bataillon Nr. 4

Formation:	02.08.1914 aufgestellt in Magdeburg durch Fußart.Rgt. 4 (gem. Mob.Plan) mit Stab, 1.–4. Bttr. u. Park-Komp. (bis 19.12.1917)		
1. Bttr.	ab 01.05.1916 mit Mun.Kol.		
2. Bttr.	ab 24.01.1915 mit Mun.Kol.		
3., 4. Bttr.	ab 20.04.1916 mit Mun.Kol.		
Bewaffnung:			
1.–4. Bttr.	ab Aug. 1914	schw. Feldh.	*EB schw. Art.*
3. Bttr.	ab Sept. 1915	schw. Feldh. 02	*DO 03.09.1915*
3. Bttr.	ab März 1916	schw. Feldh.	*DO 24.03.1916*
Ersatztr.Teil:	Ers.Btl./Fußart.Rgt. 4		
Unterstellung:			
St.,1.–4. Bttr.	[Aug. 1914 – 03.05.1915]	Gouv. Königsberg	*LÜO*
St.,1.–4. Bttr.	[08.05.1915 – 22.10.1915]	Gouv. Libau	*KW/DO*
St.,1.–4. Bttr.	[09.12.1915]	Njemen-Armee	*DO*
St.,3., 4. Bttr.	[15.01.1916]	3. Kav.Brig.	*LÜO*
1.,2. Bttr.	[15.01.1916]	6. Ldw.Brig.	*LÜO*
St.,1.–4. Bttr.	[10.03.1916 – 25.09.1917]	8. Armee	*Krgl.*
St.,1.–3. Bttr.	[25.09.1917 – 19.12.1917]	A.Abt. D	*Krgl.*

4. Bttr.	[25.09.1917 – 01.11.1917]	A.Abt. D	*Krgl.*
4. Bttr.	[10.11.1917 – 19.12.1917]	10. Armee	*Krgl.*

Zuteilungen:
1. Bttr.	01.07.1915 – 31.07.1915	3. Kav.Brig.	*KW*
4. Bttr.	12.01.1917 – 19.12.1917	16. Kav.Brig.	*KW*

Verbleib: Btl. 19.12.1917 aufgelöst:
Stab, 1.–3. Bttr. umgewandelt in Stab, 1.–3. Bttr./Fußart.Btl. 109
4. Bttr. 01.01.1918 umgewandelt in 3. Bttr./Fußart.Btl. 137

2. Landwehr-Fußartillerie-Bataillon Nr. 4

Formation:
Stab, 1.–6. Bttr. 18.12.1915 aufgestellt (gem. KM v. 18.12. 1915) aus Stab, 1.–6. Bttr. des
1. Ers.Btl./Fußart.Rgt. 4, mobil seit 01.03.1915

Bewaffnung:
1. Bttr.	ab Dez. 1915	15 cm Ring-Kan.	*DW 27.12.1915*
2. Bttr.	ab Dez. 1915	lange 15 cm Kan.	*DW 27.12.1915*
2. Bttr.	ab April 1917	russ.10 cm Kan.	*Krgl. 23.04.1917*
3. Bttr.	ab Dez. 1915	15 cm Ring-Kan.	*DW 27.12.1915*
3. Bttr.	ab April 1916	schw. 12 cm Kan.	*DO 07.04.1916*
4. Bttr.	ab Dez. 1915	15 cm Ring-Kan.	*DW 27.12.1915*
5.,6. Bttr.	ab Dez. 1915	schw. 12 cm Kan.	*DW 27.12.1915*

Ersatztr.Teil: Ers.Btl./Fußart.Rgt. 4

Unterstellung:
Stab	[15.01.1916 – 01.09.1916]	Gouv. Libau	*LÜO*
	[09.09.1916 – 01.11.1917]	8. Armee	*DO/Krgl.*
	[08.11.1917 – 19.12.1917]	A.Abt. D	*Krgl.*
1.,4. Bttr.	[01.01.1916 – 01.07.1916]	Gouv. Kowno	*Krgl./LÜO*
	[13.08.1916 – 01.11.1917]	A.Abt. Gronau	*Krgl.*
	[26.11.1917 – 19.12.1917]	10. Armee	*Krgl.*
2. Bttr.	[15.01.1916]	6. Ldw.Brig.	*LÜO*
	[01.07.1916 – 01.08.1916]	Gouv. Kowno	*Krgl.*
	[01.09.1916 – 19.12.1917]	8. Armee	*LÜO/Krgl.*
3.,5.,6. Bttr.	[15.01.1916 – 20.08.1916]	Gouv. Libau	*LÜO/Krgl.*
	[23.08.1916 – 01.11.1917]	8. Armee	*DO/Krgl.*
	[08.11.1917 – 19.12.1917]	A.Abt. D	*Krgl.*

Verbleib: 19.12.1917 umbenannt in Ldw.Fußart.Btl. Nr. 4

Landwehr-Fußartillerie-Bataillon Nr. 4 (neu)

Formation:

Stab, 1.–6. Bttr.	19.12.1917 aufgestellt (gem. KM v. 19.12. 1917) durch Umbenennung des 2. Ldw.Fußart.Btl. 4	
7. u. 8. Bttr.	09.09.1918 aufgestellt (gem. KM v. 09.09.1918) aus schw. 15 cm-Kan.Bttr. 12 u. 23, sogleich mobil	
1. u. 2. Bttr.	Anf. Okt. 1918 umgewandelt in 1. u. 2. Bttr./Fußart.Btl. 169	

Bewaffnung:

1. Bttr.	ab Dez. 1917	15 cm Ring-Kan.	*Üb.Fußa. 10.02.1918*
1. Bttr.	ab April 1918	schw. Feldh. 02	*D.Fußa. 26.04.1918*
2. Bttr.	ab Dez. 1917	russ. 10 cm Kan.	*Üb.Fußa. 10.02.1918*
2. Bttr.	ab April 1918	schw. Feldh. 02	*D.Fußa. 26.04.1918*
3. Bttr.	ab Dez. 1917	schw. 12 cm Kan.	*Üb.Fußa. 10.02.1918*
3. Bttr.	ab April 1918	10 cm Kan. 04	*D.Fußa. 26.04.1918*
4. Bttr.	ab Dez. 1917	15 cm Ring-Kan.	*Üb.Fußa. 10.02.1918*
4 Bttr.	ab Mai 1918	10 cm Kan. 04	*D.Fußa. 06.05.1918*
5.,6. Bttr.	ab Dez. 1917	schw. 12 cm Kan.	*Üb.Fußa. 10.02.1918*
5.,6. Bttr.	ab April 1918	lange Mörser	*D.Fußa. 26.04.1918*
5. Bttr.	ab Aug. 1918	Mörser	*D.Fußa. 30.08.1918*
7.,8. Bttr.	ab Sept. 1918	schw. 15 cm Kan. (Kraftzug)	*D.Fußa. 13.09.1918*

Ersatztr.Teil: Ers.Btl./Fußart.Rgt. 4

Unterstellung:

Stab	[19.12.1917 – 26.04.1918]	A.Abt. D	*Üb.Fußa./Krgl.*
1.,4. Bttr.	[19.12.1917 – 25.02.1918]	10. Armee	*D.Fußa./Krgl.*
1.,4. Bttr.	[24.03.1918 – 26.04.1918]	A.Abt. D	*Krgl.*
2. Bttr.	[19.12.1917 – 25.04.1918]	8. Armee	*Üb.Fußa./Krgl.*
3.,5.,6. Bttr.	[19.12.1917 – 26.04.1918]	A.Abt. D	*Üb.Fußa./Krgl.*
St.,1.–6. Bttr.	[26.04.1918]	Maubeuge	*D.Fußa.*
St.,3.–6. Bttr.	[15.05.1918 – 12.12.1918]	2. Armee	*AB /FpÜb*
1.,2. Bttr.	[15.05.1918 – 18.09.1918]	2. Armee	*AB /FpÜb*
7. Bttr.	[13.09.1918 – 06.11.1918]	2. Armee	*D.Fußa./FpÜb*
7. Bttr.	[13.11.1918 – 12.12.1918]	17. Armee	*FpÜb*
8. Bttr.	[13.09.1918 – 12.12.1918]	2. Armee	*D.Fußa./FpÜb*

Zuteilungen:

1.,2. Bttr.	[25.09.1918 – 09.10.1918]	Köln	*Ers.FpÜb*

Demobil: Stab, 3.–8. Bttr. 18.–28.12.1918 in Groß Ottersleben aufgelöst[1]
Abw.Stelle bei Fußart.Rgt. 4

---

[1] Demob.Üb. IV. AK v. 25.09.1919; nicht mehr in FpÜb v. 18.12.1918

Landwehr-Fußartillerie-Bataillon Nr. 5

Formation: 02.08.1914 aufgestellt in Posen durch Fußart.Rgt. 5 (gem. Mob.Plan) mit Stab, 1.–4. Bttr. u. Park-Komp. (bis 19.12.1917)
1., 2. u. 4. Bttr. ab 09.01.1917 mit Mun.Kol.
3. Bttr. ab 09.06.1917 mit Mun.Kol.
4. Bttr. 30.09.1917 umgewandelt in 5. Bttr./Ldw.Fußart.Btl. 15

Bewaffnung:
1.–4. Bttr.	ab Aug. 1914	schw. Feldh.	*EB schw. Art.*

Ersatztr.Teil: Ers.Btl./Fußart.Rgt. 5

Unterstellung:
St.,1.–4. Bttr.	[02.08.1914 – 03.05.1915]	Gouv. Posen (Kriegsbes.)	*Krgl./LÜO*
St.,1.–4. Bttr.	[21.05.1915 – 06.08.1915]	9. Armee	*DO/Krgl.*
St.,1.–4. Bttr.	[03.09.1915 – 22.10.1915]	Gouv. Warschau	*DO*
St.,1.–4. Bttr.	[06.11.1915 – 20.07.1916]	9. Armee	*DO/Krgl.*
St.,1.,3. Bttr.	[21.07.1916 – 01.09.1916]	A.Abt. Woyrsch	*DO/LÜO*
2.,4. Bttr.	[12.08.1916 – 01.09.1916]	12. Armee	*LÜO/Krgl.*
St.,1.–3. Bttr.	[01.10.1916 – 10.12.1917]	HGr. Linsingen	*Krgl.*
4. Bttr.	[01.10.1916 – 30.09.1917]	HGr. Linsingen	*Krgl.*

Zuteilungen:
St.,1.–4. Bttr.	[25.05.1915 – 15.01.1916]	XXV. Res.Korps	*DO/LÜO*

Verbleib: 19.12.1917 Stab, 1.–3. Bttr. umgewandelt in Stab, 1.–3.Bttr./Fußart.Btl. 110

Landwehr-Fußartillerie-Bataillon Nr. 6

Formation: 02.08.1914 aufgestellt durch Fußart.Rgt. 6 (gem. Mob.Plan) mit Stab, 1.–4. Bttr. u. Park-Komp. (bis 19.12.1917)
Ldw.Fußart.Mun.Kol. Nr. 1–4 ab 19.08.1914 zgt.
Ldw.Fußart.Mun.Kol. Nr. 9 ab 02.08.1915 zgt.
überpl. 5. u. 6. Bttr. Jan. 1916 (?) aus Abgaben der 1.–4. Bttr. aufgestellt[1]

Bewaffnung:
1.–4. Bttr.	ab Aug. 1914	schw. Feldh.	*EB schw. Art.*
Überpl. 5.,6. Bttr.	ab Jan. 1916	schw. Feldh.	*LÜO 15.01.1916*

Ersatztr.Teil: Ers.Btl./Fußart.Rgt. 6

Unterstellung:
St.,1.–4. Bttr.	Aug. 1914 – Sept. 1914	Kdtr. Breslau	*Krgl.*
St.,1.–4. Bttr.	24.09.1914 – 14.10.1914	Ldw.Korps	*Heye*
St.,1.–4. Bttr.	[22.02.1915 – 01.08.1915]	Div. Menges	*LÜO*
St.,1.–4. Bttr.	02.08.1915 – 01.03.1916	88. Inf.Div.	*DO/KW*

Zuteilungen:
1. Bttr. halb	16.11.1914 – 26.02.1915	Brig. Paczenski	*KW*
1. Bttr. halb	16.11.1914 – 26.02.1915	Brig.Schmiedecke	*KW*
2. Bttr.	16.11.1914 – 26.02.1915	Brig. Paczenski	*KW*
3. Bttr.	16.11.1914 – 26.02.1915	Brig.Schmiedecke	*KW*

Verbleib: 01.03.1916 geteilt in 1. u. 2. Ldw.Fußart.Btl. 6 (gem. KM v. 25.02.1916)

---

[1] 5. u. 6. Bttr. erstmals erwähnt in LÜO v. 15.01.1916

1. Landwehr-Fußartillerie-Bataillon Nr. 6

Formation: 01.03.1916 formiert durch Teilung des Ldw.Fußart.Btl. 6 (gem. KM v. 25.02.1916) mit Stab, 1.–3. Bttr., jeweils mit Mun.Kol.

Bewaffnung:
1.–3. Bttr.   ab März 1916   schw. Feldh.   *DW 25.02.1916*

Ersatztr.Teil: Ers.Btl./Fußart.Rgt. 6

Unterstellung:
St.,1.,2. Bttr.	[01.03.1916 – 01.09.1916]	88. Inf.Div.	*DO/LÜO*
3. Bttr.	[07.04.1916 – 01.09.1916]	88. Inf.Div.	*DO/LÜO*
St.,1.–3. Bttr.	[07.10.1916 – 10.01.1917]	A.Abt. Scholtz	*Üb./D.Fußa.*
St.,1.–3. Bttr.	[01.01.1917 – 19.12.1917]	A.Abt. D	*Üb.Fußa./Krgl.*

Zuteilungen:
St.,1.–3. Bttr.	[01.09.1916 – 30.04.1917]	88. Inf.Div.	*KW*
1. Bttr.	[01.05.1916 – 08.12.1917]	88. Inf.Div.	*KW*

Verbleib: 19.12.1917 umgewandelt in Stab, 1.–3. Bttr./Fußart.Btl. 111

2. Landwehr-Fußartillerie-Bataillon Nr. 6

Formation:
St.,4.–6. Bttr.   01.03.1916 formiert durch A.Abt. Scholtz (gem. KM v. 25.02.1916) durch Teilung des Ldw.Fußart.Btl. 6
Stab neu aufgestellt
4.–6. Bttr. übernommen von Ldw.Fußart.Rgt. 6, jeweils mit Mun.Kol.

Bewaffnung:
4.–6. Bttr.   ab März 1916   schw. Feldh.   *DW 22.02.1916*

Ersatztr.Teil: Ers.Btl./Fußart.Rgt. 6

Unterstellung:
St.,4.–6. Bttr.	[01.03.1916 – 01.09.1916]	88. Inf.Div.	*DO/LÜO*
St.,4.–6. Bttr.	[07.10.1916 – 10.01.1917]	A.Abt. Scholtz	*Üb.Fußa./Krgl.*
St.,4.–6. Bttr.	[10.01.1917 – 08.09.1917]	A.Abt. D	*Üb.Fußa./Krgl.*
St.,4.–6. Bttr.	[11.10.1917 – 19.12.1917]	öst.ung. 2. Armee	*D.Fußa./Krgl.*

Zuteilungen: 12.10.1917 – 06.12.1917   Bayer. Ers.Div.   *KW*

Verbleib: 19.12.1917 umgewandelt in Stab, 1.–3. Bttr./Fußart.Btl. 112

Landwehr-Fußartillerie-Bataillon Nr. 7

Formation: 02.08.1914 aufgestellt in Köln durch Fußart.Rgt. 7 (gem. Mob.Plan) mit Stab, 1.– 4. Bttr. u. Park-Komp. (bis 06.09.1914)
ab Jan. 1915 (?) leichte Mun.Kol. zgt.
Stab 2. Halb-Btl. Frühjahr 1915 (?) aufgestellt
überpl. Stab   10.04.1915 (?) aufgestellt
5. Bttr.   Jan. 1915 (?) aufgestellt[1]
Park-Komp. (neu) April 1915 aufgestellt

---

[1] Fraglich, nur LÜW v. 05.01. – 20.03.1915 aufgeführt, nicht in Üb.Beh.u.Tr.

Bewaffnung:
1.–4. Bttr.	ab Aug. 1914	schw.Feldh.	*EB schw. Art.*

Ersatztr.Teil: Ers.Btl./Fußart.Rgt. 7

Unterstellung:
St.,1.–4. Bttr.	Aug. 1914	Gouv. Köln	*Krgl.*
St.,1.–4. Bttr.	[27.08.1914 – 07.10.1914]	Gouv. Namur	*Krgl.*
St.,1.–4. Bttr.	[05.01.1915 – 10.04.1915]	4. Armee	*LÜW*
2.,3. Bttr.	[10.04.1915 – 15.06.1915]	4. Armee	*Krgl.*
5. Bttr.	[05.01.1915 – 20.03.1915]	Gen. Gouv. Belgien	*LÜW*

Zuteilungen:
St.,1.–4. Bttr.	27.09.1914 – 10.10.1914	Belag.Armee von Antwerpen	*KW*

Verbleib: Btl. 10.04.1915/01.07.1915 aufgelöst:
Stab	10.04.1915 umgewandelt in Stab/(Res.)Fußart.Btl. 27
Stab 2. Halb-Btl.	10.04.1915 umgewandelt in Stab/(Res.)Fußart.Btl. 23
1. u. 4. Bttr.	10.04.1915 umgewandelt in 2. u. 3. Bttr./(Res.)Fußart.Btl. 23
überpl. Stab	Juli 1915 umgewandelt in Fußart.Btl.Stab 206
2. u. 3. Bttr.	01.07.1915 umgewandelt in Fußart.Bttr. 316 u. 317

Landwehr-Fußartillerie-Bataillon Nr. 7 (neu)

Formation:
Stab, 1. Bttr.	30.12.1915 aufgestellt durch Stv. Gen.Kdo. VII. AK (gem. KM v. 30.12.1915), sogleich mobil
2. Bttr.	10.01.1916 aufgestellt durch Stv. Gen.Kdo. VII. AK (gem. KM v. 30.12.1915), mobil seit 23.04.1916
3. Bttr.	26.10.1916 aufgestellt (gem. KM v. 26.10.1916) aus Fußart.Bttr. 421, sogleich mobil
4. Bttr.	26.10.1916 aufgestellt (gem. KM v. 26.10.1916) aus Ers.Bttr./Ldst.Fußart.Btl. XI. AK, sogleich mobil
5. u. 6. Bttr.	08.12.1916 aufgestellt (gem. KM v. 08.12.1916) aus Fußart.Bttr. 417 u. 720, sogleich mobil

Bewaffnung:
1. Bttr.	ab Dez. 1915	Festungsgeschütze	*Krgl.*
1. Bttr.	ab Juli 1917	10 cm Turm-Kan.	*D.Fußa. 30.07.1917*
2. Bttr.	ab Okt. 1916	9 cm Kan.	*D.Fußart. 28.10.1916*
2. Bttr.	ab Juli 1917	zwei lange 15 cm Küsten-Kan. und vier russ. 15 cm Kan.	*D.Fußa. 30.07.1917*
2. Bttr.	ab Okt. 1917	belg. 12 cm Kan.	*D.Fußa. 20.10.1917*
2. Bttr.	ab Sept. 1918	lange 15 cm Kan.	*D.Fußa. 27.09.1918*
3.,4. Bttr.	ab Okt. 1915	Festungsgeschütze	*Krgl.*
3.,4. Bttr.	ab Juli 1917	10 cm Turm-Kan.	*D.Fußa. 30.07.1917*
5.,6. Bttr.	ab Dez. 1916	Festungsgeschütze	*Krgl.*
5. Bttr.	ab Sept. 1917	9 cm Kan.	*D.Fußa. 15.09.1917*
5. Bttr.	ab Okt. 1917	schw. Feldh.	*D.Fußa. 29.10.1917*
5. Bttr.	ab Okt. 1918	russ. 10 cm Kan.	*D.Fußa. 01.10.1918*
6. Bttr.	ab Febr. 1918	russ. schw. 15 cm Kan.	*Üb.Fußa. 10.02.1918*

Ersatztr.Teil:	Ers.Btl./Fußart.Rgt. 7		
Unterstellung:			
St.,1.,2. Bttr.	[14.01.1916 – 22.02.1916]	Kriegs-Bes. Wesel	*DW*
St.,1. Bttr.	[01.07.1916 – 09.09.1918]	Gouv. Metz	*Krgl.*
2. Bttr.	[01.07.1916 – 09.10.1916]	Gouv. Metz	*Krgl./D.Fußa.*
2. Bttr.	[28.10.1916 – 02.02.1917]	A.Abt.Strantz	*D.Fußa./Krgl.*
2. Bttr.	[02.02.1917 – 03.07.1917]	A.Abt. C	*Krgl.*
2. Bttr.	[01.09.1917 – 20.01.1918]	A.Abt. A	*Krgl.*
2. Bttr.	[08.02.1918 – 12.12.1918]	19. Armee	*Krgl./FpÜb*
3.,4. Bttr.	[28.10.1916 – 09.09.1918]	Gouv. Metz	*D.Fußa./Krgl.*
5.,6. Bttr.	[19.12.1916 – 01.09.1917]	Gouv. Metz	*D.Fußa./Krgl.*
5. Bttr.	[25.09.1917 – 06.05.1918]	A.Abt. C	*D.Fußa./Krgl.*
6. Bttr.	[13.02.1918 – 12.12.1918]	19. Armee	*D.Fußa./FpÜb*
St.,1.,3.–5. Bttr.	[18.09.1918 – 09.10.1918]	19. Armee	*FpÜb*
St.,1.,3.–5. Bttr.	[16.10.1918 – 12.12.1918]	A.Abt. C	*FpÜb*
Verbleib:	ab 21.12.1918 im Sennelager, am 22.12.1918 aufgelöst[1]		
	Abw.Stelle bei Fußart.Rgt. 7		

Landwehr-Fußartillerie-Bataillon Nr. 8

Formation:	02.08.1914 aufgestellt in Metz durch Fußart.Rgt. 8 (gem Mob.Plan) mit Stab, 1.–4. Bttr. u. Park-Komp.		
1. u. 2. Bttr.	01.07.1915 umgewandelt in Fußart.Bttr. 295 u. 286		
5. Bttr.	04.05.1915 aufgestellt im Felde (gem. KM v. 04.05.1915) aus einer 9 cm Bttr., sogleich mobil		
Bewaffnung:			
1.–4. Bttr.	ab Aug. 1914	schw.Feldh.	*EB schw. Art.*
5. Bttr.	ab Mai 1915	9 cm Kan.	*Üb.Beh.u.Tr.*
5. Bttr.	ab Aug. 1915	schw. Feldh.	*LÜW 09.08.1915*
Ersatztr.Teil:	Ers.Btl./Fußart.Rgt. 8		
Unterstellung:			
St.,1.–4. Bttr.	Aug. 1914	Gouv. Metz (Kriegsbes.)	*Krgl.*
St.,1.–4. Bttr.	[11.11.1914]	5. Armee	*Krgl.*
St.,3.,4. Bttr.	[05.01.1915 – 01.09.1915]	A.Abt. Strantz	*LÜW*
1.,2. Bttr.	[05.01.1915 – 01.07.1915]	A.Abt. Strantz	*LÜW*
5. Bttr.[2]	[09.08.1915 – 01.09.1915]	A.Abt. Strantz	*LÜW*
Verbleib:	Btl. 01.09.1915 aufgelöst		
	Stab umgewandelt in Fußart.Btl.Stab 219		
	3.–5. Bttr. aufgegangen in Fußart.Bttr. 402–409		

---

[1] Demob.Üb. VII. AK v. 02.01.1919 u. 29.06.1919; FpÜb v. 18.12.1918 – 12.03.1919
[2] LÜW v. 09.08.1915 führt auch eine 6. Bttr. an, jedoch nicht in Üb.Beh.u.Tr.

Landwehr-Fußartillerie-Bataillon Nr. 8 (neu)
ab 26.07.1916 1. Landwehr-Fußartillerie-Bataillon Nr. 8
ab 30.08.1917 Landwehr-Fußartillerie-Bataillon Nr. 8

Formation:	22.10.1915 aufgestellt (gem. KM v. 22.10.1915) mit Stab, 1.–6. Bttr. aus Stab, 1.–6. Bttr. des 2. Ers.Btl./Fußart.Rgt. 8
4.–6. Bttr.	26.07.1916 abgegeben an 2. Ldw.Fußart.Btl. 8
7. Bttr.	18.10.1916 aufgestellt durch AOK. 4 (gem. KM v. 18.10.1916) aus Fußart.Bttr. 293, sogleich mobil
11. u. 12. Bttr.	04.03.1917 aufgestellt durch AOK. 4 (gem. KM v. 04.03.1917), sogleich mobil
	11. Bttr. aus 1. Bttr./Ldst.Fußart.Btl. IV. AK
	12. Bttr. aus 3. Bttr./1. Ldst.Fußart.Btl. VII. AK

Bewaffnung:

1.–6. Bttr.	ab Okt. 1915	Festungsgeschütze	*DW 22.02.1916*
1.–3. Bttr.	ab Febr. 1916	schw. Feldh.	*DW 22.02.1916*
1.–3. Bttr.	ab März 1918	schw. Feldh. 02	*D.Fußa. 12.03.1918*
7. Bttr.	ab Okt. 1916	schw. Feldh.	*D.Fußa. 28.10.1916*
7. Bttr.	ab März 1918	schw. Feldh. 02	*D.Fußa. 18.03.1918*
7. Bttr.	ab Aug. 1918	schw. Feldh.	*D.Fußa. 30.08.1918*
11.,12. Bttr.	ab März 1917	schw. Feldh.	*Üb.Fußa. 01.02.1917*
11. Bttr.	ab Nov. 1917	21 cm Mörser	*D.Fußa. 27.11.1917*
12. Bttr.	ab Jan. 1918	21 cm Mörser	*D.Fußa. 15.01.1918*

Ersatztr.Teil:	Ers.Btl./Fußart.Rgt. 8

Unterstellung:

St.,1.–6. Bttr.	[10.11.1915 – 01.01.1916]	Kriegsbes. Metz	*DW/Krgl.*
Stab	[01.01.1916 – 01.07.1916]	Kriegsbes. Metz	*DW/Krgl.*
Stab	[23.07.1916 – 02.08.1917]	4. Armee	*DW/Krgl.*
1.–3. Bttr.	[14.01.1916 – 02.08.1917]	4. Armee	*DW/Krgl.*
4.–6. Bttr.	[01.01.1916 – 26.07.1916]	Kriegsbes. Metz	*DW*
7. Bttr.	[28.10.1916 – 02.08.1917]	4. Armee	*D.Fußa./Krgl.*
11.,12. Bttr.	[12.03.1917 – 02.08.1917]	4. Armee	*Krgl.*
St.,1.–3. Bttr.	[15.08.1917 – 01.10.1917]	A.Abt. C	*Krgl.*
7.,11.,12. Bttr.	[15.08.1917 – 01.10.1917]	A.Abt. C	*Krgl.*
St.,1.–3. Bttr.	[05.10.1917 – 04.12.1918]	5. Armee	*D.Fußa./FpÜb*
7.,11.,12. Bttr.	[05.10.1917 – 04.12.1918]	5. Armee	*D.Fußa./FpÜb*

Zuteilungen:

Stab	13.10.1917 – 07.11.1917	Garde-Ers.Div.	*KTB*
1. Bttr.	[15.08.1917]	A.Abt. A	*D.Fußa.*
2. Bttr.	13.10.1917 – 29.12.1917	Garde-Ers.Div.	*KTB*

Demobil:	07.12.1918 selbstständig im Munsterlager aufgelöst[1]
	Abw.Stelle bei Fußart.Rgt. 8
Quellen:	KTB Garde-Ers.Div.

---

[1] Demob.Üb. XVI. AK v. 09.05.1919; nicht mehr in FpÜb v. 05.02.1919

2. Landwehr-Fußartillerie-Bataillon Nr. 8

Formation:	26.07.1916 aufgestellt (gem. KM v. 26.07.1916) mit Stab, 4.–6. Bttr.		
	Stab neu aufgestellt durch Ers.Btl./Fußart.Rgt. 8		
	4.–6. Bttr. übergetreten von 1. Ldw.Fußart.Btl. 8		
8.–10. Bttr.	08.12.1916 aufgestellt (gem. KM v. 08.12.1916) aus Fußart.Bttr. 415, 416 u. 418		
10. Bttr.	30.01.1917 umgewandelt in Fußart.Bttr. 1007		

Bewaffnung:

4.–6. Bttr.	ab Juli 1916	Festungsgeschütze	*Üb.Fußa. 07.10.1916*
4. Bttr.	ab April 1917	schw. Feldh.	*D.Fußa. 12.04.1917*
5. Bttr.	ab Juli 1917	21 cm Mörser	*D.Fußa. 30.07.1917*
8.–10. Bttr.	ab Dez. 1916	Festungsgeschütze	*Üb.Fußa. 01.02.1917*

Ersatztr.Teil: Ers.Btl./Fußart.Rgt. 8

Unterstellung:

St.,4.–6. Bttr.	[01.08.1916 – 30.08.1917]	Gouv. Metz	*Krgl.*
8.,9. Bttr.	[19.12.1916 – 30.08.1917]	Gouv. Metz	*D.Fußa./Krgl.*

Zuteilungen:

4. Bttr.	[12.04.1917 – 30.08.1917]	A.Abt. A	*D.Fußa./Krgl.*

Verbleib: Btl. 30.08.1917 umbenannt in Ldw.Fußart.Btl. 70
Stab, 4.–6. Bttr. umbenannt in Stab, 1.–3. Bttr./Ldw.Fußart.Btl. 70
8. u. 9. Bttr. umbenannt in 4. u. 5. Bttr./Ldw.Fußart.Btl. 70

Landwehr-Fußartillerie-Bataillon Nr. 9

Formation:	02.08.1914 aufgestellt in Köln durch Fußart.Rgt. 9 (gem. Mob.Plan) mit Stab, 1.–4. Bttr. u. Park-Komp.

Bewaffnung:

1.–4. Bttr.	ab Aug. 1914	schw. Feldh.	*EB schw. Art.*

Ersatztr.Teil: Ers.Btl./Fußart.Rgt. 9

Unterstellung:

St.,1.–4. Bttr.	[02.08.1914 – 29.08.1914]	Gouv. Köln	*Krgl.*
St.,1.–4. Bttr.	[01.09.1914]	Gouv. Metz	*Krgl.*
St.,1.–4. Bttr.	[05.01.1915 – 01.07.1915]	A.Abt. Strantz	*LÜW/Krgl.*

Zuteilungen:

St.,1.,2. Bttr.	[05.01.1915 – 20.03.1915]	8. Ers.Div.	*LÜW*
3.,4. Bttr.	[05.01.1915 – 20.03.1915]	10. Ers.Div.	*LÜW*

Verbleib: Btl. 01.07.1915 aufgelöst:
Stab umgewandelt in Fußart.Btl.Stab 202
1.–4. Bttr. umgewandelt in Fußart.Bttr. 287, 288, 289 u. 290

Landwehr-Fußartillerie-Bataillon Nr. 10

Formation:	02.08.1914 aufgestellt in Straßburg durch Fußart.Rgt. 10 (gem. Mob.Plan) mit Stab, 1.–4. Bttr. u. Park-Komp. (bis 19.12.1917)		
2. Bttr.	01.07.1915 umgewandelt in Fußart.Bttr. 323		
5. Bttr.	18.10.1916 aufgestellt (gem. KM v. 15.10.1916) aus Fußart.Bttr. 557, sogleich mobil		
6. u. 7. Bttr.	09.12.1916 aufgestellt (gem. KM v. 09.12.1916) aus Fußart.Bttr. 390 u. 499, sogleich mobil		

Bewaffnung:

1.–4. Bttr.	ab Aug. 1914	Festungsgeschütze	*EB schw. Art.*
1. Bttr.	ab Juli 1916	schw. 12 cm Kan.	*DW 23.07.1916*
1. Bttr.	ab Jan. 1918	10 cm Kan. 04	*D.Fußa. 03.01.1918*
3.,4. Bttr.	ab Juli 1916	15 cm Ring-Kan.	*DW 23.07.1916*
3.,4. Bttr.	ab Jan. 1918	10 cm Kan. 04	*D.Fußa. 03.01.1918*
3. Bttr.	ab Juli 1918	schw. Feldh. 02	*D.Fußa. 14.07.1918*
3. Bttr.	ab Okt. 1918	russ. schw. Feldh.	*D.Fußa. 01.10.1918*
5. Bttr.	ab Okt. 1916	schw. 12 cm Kan.	*D.Fußa. 28.10.1916*
5. Bttr.	ab Jan. 1918	schw. Feldh. 02	*D.Fußa. 03.01.1918*
5. Bttr.	ab Okt. 1918	russ. schw. Feldh.	*D.Fußa. 01.10.1918*
6.,7. Bttr.	ab Dez.1916	schw. 12 cm Kan.	*D.Fußa. 19.12.1916*
6.,7. Bttr.	ab Jan. 1918	schw.Feldh. 02	*D.Fußa. 03.01.1918*
6. Bttr.	ab Okt. 1918	schw. Feldh.	*D.Fußa. 01.10.1918*

Ersatztr.Teil:	Ers.Btl./Fußart.Rgt. 10

Unterstellung:

St.,1.–4. Bttr.	[02.08.1914 – 02.10.1914]	Gouv. Straßburg (Kriegsbes.)	*Krgl.*
St.,1.,3.,4. Bttr.	[05.01.1915 – 05.07.1916]	Gouv. Straßburg (Kriegsbes.)	*LÜW/Krgl.*
2. Bttr.	03.10.1914 – 01.12.1914	Det. Ferling	*KW*
2. Bttr.	01.12.1914 – 27.03.1915	52. Ldw.Brig.	*KW*
2. Bttr.	28.03.1915 – 26.06.1915	61. Ldw.Brig.	*KW*
St.,3.,4. Bttr.	[23.07.1916 – 24.05.1917]	4. Armee	*DW/Krgl.*
1. Bttr.	[01.09.1916]	A.Abt. A	*Krgl.*
1. Bttr.	[24.09.1916 – 24.05.1917]	4. Armee	*DW/Krgl.*
5. Bttr.	[28.10.1916 – 24.05.1917]	4. Armee	*D.Fußa./Krgl.*
6.,7. Bttr.	[18.12.1916 – 24.05.1917]	4. Armee	*Krgl.*
St.,1.,3.–7 Bttr.	[15.06.1917 – 15.01.1918]	6. Armee	*AB/Krgl.*
St.,1.,3.–7 Bttr.	[08.02.1918 – 01.03.1918]	17. Armee	*Krgl.*
St.,1.,3.–7 Bttr.	[04.03.1918]	HGr. Rupprecht	*D.Fußa.*
St.,1.,3.–7 Bttr.	[07.04.1918 – 12.12.1918]	6. Armee	*D.Fußa./FpÜb*

Zuteilungen:

1.,7. Bttr.	[05.12.1917 – 10.12.1917]	2. Armee	*D.Fußa./Krgl.*

Demobil:	15.12.1918 in Arolsen aufgelöst;[1] Abw.Stelle bei Fußart.Rgt. 10

---

[1] Demob.Üb. XV. AK v. 11.01.1919; FpÜb v. 18.12.1918 – 29.01.1919

Landwehr-Fußartillerie-Bataillon Nr. 11

Formation:	02.08.1914 aufgestellt in Thorn durch Fußart.Rgt. 11 (gem. Mob.Plan) mit Stab, 1.–4. Bttr. (unbespannt) u. Park-Komp. (bis 19.12.1917)		
1. Bttr.	ab 26.02.1915 bespannt		
2. u. 3. Bttr.	ab 01.02.1916 bespannt		
1.–3. Bttr.	ab 09./25.01.1917 mit Mun.Kol.		
5. Bttr.	Anf. Mai 1915 (?) aufgestellt aus 1. überpl. Bttr./Fußart.Rgt. 11 (Thorn)		
5. Bttr.	01.09.1915 umgewandelt in Fußart.Bttr. 478		
4. Bttr.	30.09.1917 umgewandelt in 6. Bttr./Ldst.Fußart.Btl. XVII. AK		
Bewaffnung:			
1.–4. Bttr.	ab Aug. 1914	schw. Feldh.	*RG*
1. Bttr.	ab 04.07.1918	lange schw. Feldh. 13	*RG*
1. Bttr.	ab 25.10.1918	schw. Feldh. 02	*RG*
2. Bttr.	ab 04.07.1918	lange schw. Feldh. 13	*RG*
3. Bttr.	ab 04.07.1918	10 cm Kan. 17	*RG*
3. Bttr.	ab 25.10.1918	10 cm Kan. 14	*RG*
4. Bttr.	ab 16.10.1915	schw. 12 cm Kan.	*RG*
Ersatztr.Teil:	Ers.Btl./Fußart.Rgt. 11		
Unterstellung:			
St.,1.–4. Bttr.	02.08.1914 – 24.02.1915	Gouv. Thorn	*RG*
St.,1.–4. Bttr.	25.02.1915 – 13.07.1915	Korps Dickhuth	*RG*
5. Bttr.	[03.05.1915 – 01.09.1915]	Gouv. Thorn	*LÜO*
St.,2.–4. Bttr.	14.07.1915 – 02.08.1915	Kdtr. Plock (12. Armee)	*RG*
1. Bttr.	14.07.1915 – 02.08.1915	Korps Dickhuth	*RG*
St.,1.–4. Bttr.	03.08.1915 – 20.08.1915	Korps Dickhuth	*RG*
St.,1.–4. Bttr.	21.08.1915 – 29.08.1915	Oberost	*RG*
St.,1.,3.,4. Bttr.	30.08.1915 – 10.09.1915	8. Armee	*RG*
2. Bttr.	30.08.1915 – 10.11.1915	Oberost	*RG*
St.,1.,3.,4. Bttr.	11.09 1915 – 18.03.1916	Gouv. Grodno	*RG*
2. Bttr.	11.11.1915 – 18.03.1916	Gouv. Grodno	*RG*
St.,1.–3. Bttr.	19.03.1916 – 07.08.1916	10. Armee	*RG*
St.,1.–3. Bttr.	08.08.1916 – 13.08.1916	Oberost	*RG*
4. Bttr.	19.03.1916 – 30.09.1917	8. Armee	*LÜO*
St.,1.–3. Bttr.	14.08.1916 – 19.12.1917	öst.ung. 4. Armee	*RG*
Zuteilungen:			
1. Bttr.	24.02.1915 – 19.08.1915	Det. Plantier	*KW*
St.,1.,2. Bttr.	19.03.1916 – 02.05.1916	42. Inf.Div.	*RG*
3. Bttr.	19.03.1916 – 02.05.1916	bayer. Kav.Div.	*RG*
4. Bttr.	19.03.1916 – 30.09.1917	109. Inf.Div.	*RG*
St.,2.,3. Bttr.	03.05.1916 – 07.08.1916	79. Res.Div.	*RG*
1. Bttr.	03.05.1916 – 07.08.1916	16. Ldw.Div.	*RG*
St.,2.,3. Bttr.	14.08.1916 – 05.10.1916	70. ung. Honvéd Inf.Tr.Div.	*RG*
1. Bttr.	14.08.1916 – 13.02.1917	öst.ung. 11. Inf.Tr.Div.	*RG*
St.,2.,3. Bttr.	06.10.1916 – 08.12.1917	10. Ldw.Div.	*RG*
St.,3. Bttr.	09.12.1917 – 19.12.1917	224. Inf.Div.	*RG*
1. Bttr.	14.02.1917 – 19.12.1917	224. Inf.Div.	*RG*
Verbleib:	Stab, 1.–3. Bttr. 19.12.1917 umgewandelt in Stab, 1.–3. Bttr./Fußart.Btl. 113		
Quellen:	Rgt.Gesch. Fußart.Rgt. 11		

Sächsisches Landwehr-Fußartillerie-Bataillon Nr. 12

Formation:	21.01.1917 aufgestellt (gem. KM v. 29.01.1917 u. sächs. KM v. 21.01.1917), sogleich mobil		
	Stab aus Fußart.Btl.Stab 222		
	1.–6. Bttr. aus Fußart.Bttr. 278, 279, 566, 576, 598 u. 685, sogleich mobil		
2. Bttr.	ab 29.01.1917 mit Mun.Kol. (bis 26.12.1917)		
Park-Komp.	19.04.1917 aufgestellt (bestand bis 11.01.1918)		
Bewaffnung:			
1. Bttr.	ab Jan. 1917	10 cm Kan.	*D.Fußa. 30.01.1917*
1. Bttr.	ab Okt. 1917	russ. 10 cm Kan.	*D.Fußa. 05.10.1917*
1. Bttr.	ab Dez. 1917	lange schw. Feldh. 13	*D.Fußa. 25.12.1917*
2. Bttr.	ab Jan. 1917	10 cm Kan.	*D.Fußa. 30.01.1917*
2. Bttr.	ab Mai 1917	10 cm Kan. 14	*D.Fußa. 31.05.1917*
2. Bttr.	ab Dez. 1917	lange schw. Feldh. 13	*D.Fußa. 25.12.1917*
3. Bttr.	ab Jan. 1917	15 cm Ring-Kan.	*D.Fußa. 30.01.1917*
3. Bttr.	ab Juli 1917	lange 15 cm Kan.	*D.Fußa. 30.07.1917*
3. Bttr.	ab Nov. 1917	10 cm Kan. 04	*D.Fußa. 10.11.1917*
4. Bttr.	ab Jan. 1917	russ. 10 cm Kan.	*D.Fußa. 30.01.1917*
4. Bttr.	ab Dez. 1917	lange schw. Feldh. 13	*D.Fußa. 25.12.1917*
5. Bttr.	ab Jan. 1917	russ. lange 15 cm Kan.	*D.Fußa. 30.01.1917*
5. Bttr.	ab Mai 1917	schw. Feldh.	*Krgl. 25.05.1917*
5. Bttr.	ab Dez. 1917	lange schw. Feldh. 13	*D.Fußa. 25.12.1917*
6. Bttr.	ab Jan. 1917	15 cm Ring-Kan.	*D.Fußa. 30.01.1917*
6. Bttr.	ab Juli 1917	lange 15 cm Kan.	*D.Fußa. 30.07.1917*
6. Bttr.	ab Nov. 1917	10 cm Kan. 04	*D.Fußa. 10.11.1917*
Ersatztr.Teil:	Ers.Btl./Fußart.Rgt. 12		
Unterstellung:	Btl.		
St.,1.–6. Bttr.	[30.01.1917 – 01.04.1917]	3. Armee	*D.Fußa.*
Stab	[21.04.1917 – 31.05.1917]	1. Armee	*Krgl.*
Stab	[15.06.1917 – 01.11.1917]	3. Armee	*Krgl.*
1. Bttr.	[01.04.1917 – 19.11.1917]	3. Armee	*D.Fußa./Krgl.*
2. Bttr.	[12.04.1917 – 31.05.1917]	1. Armee	*D.Fußa./Krgl.*
2. Bttr.	[26.06.1917 – 01.10.1917]	3. Armee	*D.Fußa./Krgl.*
3. Bttr.	[01.04.1917 – 01.09.1917]	3. Armee	*D.Fußa./Krgl.*
3. Bttr.	[15.09.1917 – 02.10.1917]	1. Armee	*D.Fußa.*
3. Bttr.	[10.11.1917]	Sedan	*D.Fußa.*
4. Bttr.	[01.04.1917 – 01.11.1917]	3. Armee	*D.Fußa./Krgl.*
5. Bttr.	[12.04.1917 – 14.06.1917]	1. Armee	*D.Fußa./Krgl.*
5. Bttr.	[26.06.1917 – 01.11.1917]	3. Armee	*D.Fußa./Krgl.*
6. Bttr.	[30.01.1917 – 01.09.1917]	3. Armee	*D.Fußa./Krgl.*
6. Bttr.	[15.09.1917 – 02.10.1917]	1. Armee	*D.Fußa.*
6. Bttr.	[10.11.1917 – 01.12.1917]	3. Armee	*D.Fußa./Krgl.*
St.,1.,4.,5. Bttr.	[20.11.1917]	Metz	*D.Fußa.*
2., 3. Bttr.	[10./27.11.1917]	Metz	*D.Fußa.*
6. Bttr.	[05.12.1917]	Metz	*D.Fußa.*
Verbleib:	Btl. 06.01.1918 aufgelöst:		
	Stab, 1.–3. Bttr. umgewandelt in Stab, 1.–3. Bttr./Fußart.Btl. 102		
	4.–6. Bttr. umgewandelt in 1.–3. Bttr./Fußart.Btl. 103		

Landwehr-Fußartillerie-Bataillon Nr. 13

Formation:	04.08. – 07.08.1914 aufgestellt in Ulm durch Fußart.Rgt. 13 (gem. Mob.Plan) mit Stab, 1.–4. Komp. u. Park-Komp. (bis 01.10.1915)		
2.–4. Komp.	17.12.1914 bespannt		
leichte Mun.Kol.	ab Jan. 1915 zgt.		*LÜW*
Bewaffnung:			
1.–4. Bttr.	ab Aug. 1914	schw. Feldh.	*Btl.Gesch.*
Ersatztr.Teil:	Ers.Btl./Fußart.Rgt. 13		
Unterstellung:			
St.,1.–4. Bttr.	08.08.1914 – 21.08.1914	Gouv. Ulm	*Btl.Gesch.*
St.,1.–4. Bttr.	22.08.1914 – 25.08.1914	Stellv. Gen.Kdo. XIV. AK	*Btl.Gesch.*
St.,1.–4. Bttr.	26.08.1914 – 16.12.1914	Kdtr. Feste Istein	*Btl.Gesch.*
St.,2.–4. Bttr.	18.12.1914 – 24.01.1915	56. Ldw.Brig.	*Btl.Gesch.*
St.,2.–4. Bttr.	24.01.1915 – 07.07.1915	8. Ldw.Div.	*Btl.Gesch.*
1. Bttr.	18.12.1914 – 01.10.1915	Kdtr. Feste Istein	*Btl.Gesch.*
Zuteilungen:			
3. Bttr.	24.08.1914 – 24.10.1914	55. Ldw.Brig.	*Btl.Gesch.*
3. Bttr.	25.10.1914 – Nov. 1914	Kdtr. Neuenburg	*Btl.Gesch.*
3. Bttr.	14.12.1914 – 19.12.1914	Brig. Matthy	*Btl.Gesch.*
4. Bttr.	24.08.1914 – 30.08.1914	55. Ldw.Brig.	*Btl.Gesch.*
4. Bttr.	31.08.1914 – 05.01.1915	Kdtr. Feste Istein	*Btl.Gesch.*
Verbleib:	Btl. durch Vfg. v. 07.07.1915 aufgelöst:		
Stab	Juli 1915 umgewandelt in Fußart.Btl.Stab 213		
1. Bttr.	01.10.1915 umgewandelt in Fußart.Bttr. 512		
2.–4. Bttr.	01.08.1915 umgewandelt in Fußart.Bttr. 355, 356 u. 357		
Quellen:	Btl.Gesch.		

Württembergisches Landwehr-Fußartillerie-Bataillon Nr. 13

Formation:
Stab,1.u.2. Bttr.	04.01. – 07.02.1917 aufgestellt durch Gouv. Straßburg bei Ers.Btl./Fußart.Rgt. 13 (gem. KM v. 15.01.1917 u. württ. KM v. 04.01.1917), mobil seit 09.02.1917
3. u. 4. Bttr.	21.01. – 07.02.1917 aufgestellt durch Gouv. Straßburg bei Ers.Btl./Fußart.Rgt. 13 (gem. württ. KM v. 21.01.1917), mobil seit 23.02.1917
5. u. 6. Bttr.	27.04.1917 aufgestellt durch Gouv. Straßburg bei Ers.Btl./Fußart.Rgt. 13 (gem. KM v. 03.05.1917 u. württ. KM v. 27.04.1917), mobil seit 07.05.1917

Bewaffnung:

1.–3. Bttr.	ab Jan. 1917	franz. 90 mm Kan.	*Üb.Fußa. 01.02.1917*
1.,2. Bttr.	ab Dez. 1917	Mörser	*D.Fußa. 05.12.1917*
4. Bttr.	ab Jan. 1917	franz. 95 mm Kan.	*Üb.Fußa. 01.02.1917*
4. Bttr.	ab Juli 1917	franz. 90 mm Kan.	*D.Fußa. 07.08.1917*
4. Bttr.	ab Dez. 1917	Mörser	*D.Fußa. 05.12.1917*
5. Bttr.	ab Mai 1917	franz. 95 mm Kan.	*D.Fußa. 11.05.1917*
5. Bttr.	ab Juli 1917	franz. 90 mm Kan.	*D.Fußa. 07.08.1917*
5. Bttr.	ab Dez. 1917	Mörser	*D.Fußa. 05.12.1917*
6. Bttr.	ab Mai 1917	franz. 95 mm Kan.	*D.Fußa. 11.05.1917*
6. Bttr.	ab Aug. 1917	9 cm Kan.	*D.Fußa. 15.08.1917*

Ersatztr.Teil: Ers.Btl./Fußart.Rgt. 13

Unterstellung:

St.,1.,2. Bttr.	[08.02.1917]	OHL hinter 7. Armee	*D.Fußa.*
St.,1.,2. Bttr.	[01.03.1917 – 20.11.1917]	7. Armee	*Krgl.*
3.,4. Bttr.	[01.03.1917 – 01.04.1917]	7. Armee	*Krgl.*
3. Bttr.	[12.04.1917 – 14.06.1917]	1. Armee	*D.Fußa./Krgl.*
3. Bttr.	[01.08.1917 – 20.11.1917]	7. Armee	*Krgl.*
4. Bttr.	[12.04.1917 – 13.07.1917]	1. Armee	*D.Fußa./Krgl.*
4. Bttr.	[01.08.1917 – 20.11.1917]	7. Armee	*Krgl.*
5.,6. Bttr.	[11.05.1917 – 20.11.1917]	7. Armee	*D.Fußa./Krgl.*
St.,1.–6. Bttr.	23.11.1917 – 05.01.1918	Gouv. Straßburg	*RG/D.Fußa.*

Zuteilungen:

Stab	22.02.1917 – 04.03.1917	Bayer. Ers.Div.	*RG*
	04.03.1917 – 19.03.1917	19.Res.Div.	*RG*
	19.03.1917 – 23.04.1917	5. Garde-Inf.Div.	*RG*
	23.04.1917 – 08.05.1917	2. Garde-Inf.Div.	*RG*
	09.05.1917 – 17.05.1917	2. bayer. Inf.Div.	*RG*
	18.05.1917 – 04.06.1917	11. bayer. Inf.Div.	*RG*
	05.06.1917 – 03.08.1917	13. Inf.Div.	*RG*
	04.08.1917 – 10.08.1917	50. Inf.Div.	*RG*
	11.08.1917 – 05.09.1917	10. Inf.Div.	*RG*
	06.09.1917 – 23.11.1917	22. Inf.Div.	*RG*

Verbleib: 05.01.1918 umgewandelt in I. u. II. Btl./württ. Fußart.Rgt. 13:
Stab umgewandelt in Stab des I. Btl./württ. Fußart.Rgt. 13
1.–6. Bttr. umgewandelt in 1.–6. Bttr./württ. Fußart.Rgt. 13

Quellen: Rgt.Gesch. (Landauer, Württembergs Fußartillerie)

Landwehr-Fußartillerie-Bataillon Nr. 14

Formation: 02.08.1914 aufgestellt in Straßburg durch Fußart.Rgt. 14 (gem. Mob.Plan) mit Stab, 1.–4. Bttr. u. Park-Komp. (bis 31.12.1917)
5. u. 6. Bttr. 09.12.1916 aufgestellt (gem. KM v. 09.12.1916) aus Fußart.Bttr. 318 u. 510
7. u. 8. Bttr. 09.09.1918 aufgestellt (gem. KM v. 09.09.1918) aus schw. 15 cm-Kan.Bttr. 28 u. 42, sogleich mobil

Bewaffnung:

1. Bttr.	ab Juni 1916	10 cm Kan. 04	*DW 19.06.1916*
2. Bttr.	ab Juni 1916	lange 15 cm Kan.	*DW 19.06.1916*
2. Bttr.	ab Sept. 1917	schw. 12 cm Kan.	*D.Fußa. 15.09.1917*
2. Bttr.	ab Dez. 1917	10 cm Kan. 04	*D.Fußa. 25.12.1917*
3. Bttr.	ab Juli 1916	Versuchs-Haub. 99	*DW 23.07.1916*
3. Bttr.	ab März 1917	schw. Feldh.	*Krgl. 21.03.1917*
3. Bttr.	ab Febr. 1918	schw. Feldh. 02	*Üb.Fußa. 10.02.1918*
4. Bttr.	ab Juli 1916	15 cm Ring-Kan.	*DW 23.07.1916*
4. Bttr.	ab Mai 1917	10 cm Kan. 14	*D.Fußa. 31.05.1917*
4. Bttr.	ab Dez. 1917	10 cm Kan. 04	*D.Fußa. 15.12.1917*
5. Bttr	ab Dez. 1916	15 cm Ring-Kan.	*D.Fußa. 19.12.1916*
5. Bttr.	ab Mai 1917	10 cm Kan. 14	*D.Fußa. 31.05.1917*
5. Bttr.	ab Dez. 1917	10 cm Kan. 04	*D.Fußa. 05.12.1917*
5. Bttr.	ab Juni 1918	Mörser	*D.Fußa. 19.06.1918*
6. Bttr	ab Dez. 1916	15 cm Ring-Kan.	*D.Fußa. 19.12.1916*
6. Bttr.	ab Mai 1917	10 cm Kan.	*D.Fußa. 11.05.1917*
6. Bttr.	ab Jan. 1918	21 cm Mörser	*D.Fußa. 03.01.1918*
7. Bttr.	ab Sept. 1918	schw. 15 cm Kan.	*D.Fußa. 13.09.1918*
8. Bttr.	ab Sept. 1918	schw. 15 cm Kan. (Kraftzug)	*D.Fußa. 13.09.1918*

Ersatztr.Teil: Ers.Btl./Fußart.Rgt. 14

Unterstellung:

St.,1.–4. Bttr.	02.08.1914 – 31.12.1914	Gouv. Straßburg	*WGM*
1.–4. Bttr.	01.01.1915 – 30.01.1915	Gouv. Straßburg	*LÜW/WGM*
Stab	01.01.1915 – 31.07.1915	19. Ers.Div.	*WGM*
Stab	01.08.1915 – 28.01.1916	Gouv. Straßburg	*WGM*
Stab	29.01.1916 – 25.08.1916	3. Armee	*DW/WGM*
Stab	26.08.1916 – 10.10.1916	5. Armee	*WGM*
1. Bttr.	31.01.1915 – 09.02.1915	A.Abt. Strantz	*WGM*
2. Bttr.	01.02.1915 – 09.02.1915	5. Armee	*DW/WGM*
1.,2. Bttr.	10.02.1915 – 07.05.1915	5. Armee	*DW/WGM*
1. Bttr.	08.05.1915 – 23.06.1916	OHL Metz	*DW/WGM*
2. Bttr.	12.05.1915 – 24.06.1916	OHL Metz	*DW/WGM*
1.,2. Bttr.	25.06.1916 – 10.10.1916	5. Armee	*WGM*
3. Bttr.	01.02.1915 – 19.07.1916	Gouv. Straßburg	*DW/WGM*
3. Bttr.	20.07.1916 – 10.10.1916	A.Abt. A	*WGM*
4. Bttr.	01.02.1915 – 16.07.1916	Gouv. Straßburg	*DW/WGM*
4. Bttr.	17.07.1916 – 04.10.1916	4. Armee	*DW/WGM*
4. Bttr.	05.10.1916 – 10.10.1916	4. Armee	*WGM*
St.,1.–4. Bttr.	11.10.1916 – 15.12.1917	5. Armee	*WGM/Krgl.*
5.,6. Bttr.	09.12.1916 – 15.12.1917	5. Armee	*D.Fußa./WGM*
St.,1.,6. Bttr.	15.12.1917 – 25.01.1918	OHL Straßburg	*D.Fußa./WGM*

2.–5. Bttr.	01.01.1918 – 25.01.1918	OHL Straßburg	*D.Fußa./WGM*
St.,1.–6. Bttr.	[26.01.1918 – 20.11.1918]	4. Armee	*Krgl./FpÜb*
7.,8. Bttr.	[26.09.1918 – 20.11.1918]	4. Armee	*Krgl./FpÜb*
1.,6.,7. Bttr.	[04.12.1918 – 28.12.1918]	16. bayer. Inf.Div.	*FpÜb*
St.,2.–5.,8. Bttr.	[04.12.1918 – 18.12.1918]	16. Res.Div.	*FpÜb*
Zuteilungen:			
Stab	29.01.1916 – 21.07.1916	29. Inf.Div.	*WGM*
	22.07.1916 – 25.08.1916	22. Res.Div.	*WGM*
	26.08.1916 – 24.09.1916	6. Inf.Div.	*WGM*
	25.09.1916	215. Inf.Div.	*WGM*
	26.09.1916 – 01.10.1916	22. Res.Div.	*WGM*
	02.10.1916 – 05.11.1916	9. Inf.Div.	*WGM*
	06.11.1916 – 12.12.1916	5. Inf.Div.	*WGM*
	13.12.1916 – 18.12.1916	39. Inf.Div.	*WGM*
	19.12.1916 – 21.12.1916	21. Res.Div.	*WGM*
	22.12.1916 – 19.04.1917	10. Ers.Div.	*WGM*
	20.04.1917 – 23.10.1917	192. Inf.Div.	*WGM*
	24.10.1917 – 24.11.1917	228. Inf.Div.	*WGM*
	25.11.1917 – 15.12.1917	123. Inf.Div.	*WGM*
	26.01.1918 – 15.02.1918	53. Res.Div.	*WGM*
	16.02.1918 – 05.03.1918	36. Res.Div.	*WGM*
	06.03.1918	1. Ldw.Div.	*WGM*
	07.03.1918 – 21.04.1918	6. bayer. Inf.Div.	*WGM*
	22.04.1918 – 13.07.1918	83. Inf.Div.	*WGM*
	14.07.1918 – 25.07.1918	35. Inf.Div.	*WGM*
	26.07.1918 – 10.11.1918	38. Ldw.Div.	*WGM*
	11.11.1918 – Dez. 1918	16. Res.Div.	*WGM*
1. Bttr.	24.06.1916 – 24.10.1916	XV. AK	*WGM*
	25.10.1916 – 04.11.1916	XVIII. Res.Korps	*WGM*
	05.11.1916 – 31.12.1916	50. Inf.Div.	*WGM*
	01.01.1917 – 09.03.1917	4. Inf.Div.	*WGM*
	10.03.1917 – 20.04.1917	10. Ers.Div.	*WGM*
	21.04.1917 – 24.11.1917	192. Inf.Div.	*WGM*
	25.11.1917 – 06.12.1917	46. Res.Div.	*WGM*
	07.12.1917 – 14.12.1917	2. bayer. Inf.Div.	*WGM*
	26.01.1918 – 15.02.1918	26. Res.Div.	*WGM*
	16.02.1918 – 21.03.1918	35. Inf.Div.	*WGM*
	22.03.1918 – 23.03.1918	1. Ldw.Div.	*WGM*
	24.03.1918 – 05.04.1918	214. Inf.Div.	*WGM*
	06.04.1918 – 21.04.1918	6. bayer. Inf.Div.	*WGM*
	22.04.1918 – 04.05.1918	83. Inf.Div.	*WGM*
	05.05.1918 – 15.11.1918	38. Ldw.Div.	*WGM*
	16.11.1918 – Dez. 1918	16. bayer. Inf.Div.	*WGM*
2. Bttr.	01.02.1915 – 11.05.1915	V. Res.Korps	*WGM*
	25.06.1916 – 12.09.1917	Angriffsgruppe Ost	*WGM*
	13.09.1917 – 07.10.1917	Kdtr. Maubeuge	*WGM*
	08.10.1917 – 31.12.1917	Fußart.Btl. 80	*WGM*

3. Bttr.	07.10.1914 – 12.12.1914	39. Res.Div.	*WGM*
	20.07.1916 – 19.09.1916	30. Res.Div.	*WGM*
	20.09.1916 – 10.10.1916	19. Ers.Div.	*WGM*
	03.11.1916 – 03.12.1916	XIV. AK	*WGM*
	04.12.1916 – 10.04.1917	192. Inf.Div.	*WGM*
	11.04.1917 – 22.10.1917	19. Ers.Div.	*WGM*
	23.10.1917 – 29.12.1917	13. Res.Div.	*WGM*
	30.12.1917 – 02.01.1918	1. Inf.Div.	*WGM*
	26.01.1918 – 15.02.1918	53. Res.Div.	*WGM*
	16.02.1918 – 04.04.1918	36. Res.Div.	*WGM*
	05.04.1918 – 21.04.1918	1. Ldw.Div.	*WGM*
	22.04.1918 – 17.07.1918	83. Inf.Div.	*WGM*
	18.07.1918 – 26.07.1918	35. Inf.Div.	*WGM*
	27.07.1918 – 10.11.1918	38. Ldw.Div.	*WGM*
	11.11.1918 – Dez. 1918	16. Res.Div.	*WGM*
4. Bttr.	17.07.1916 – 04.10.1916	2. Marine-Div.	*WGM*
	05.10.1916 – 31.12.1917	III. Btl./Fußart.Rgt. 14	*WGM*
	26.01.1918 – 15.02.1918	26. Res.Div.	*WGM*
	16.02.1918 – 19.03.1918	35. Inf.Div.	*WGM*
	20.03.1918 – 04.04.1918	1. Ldw.Div.	*WGM*
	05.04.1918 – 22.04.1918	6. bayer. Inf.Div.	*WGM*
	23.04.1918 – 04.05.1918	83. Inf.Div.	*WGM*
	05.05.1918 – ?	38. Ldw.Div.	*WGM*
6. Bttr.	09.12.1916 – 26.02.1917	XIV. AK	*WGM*
	27.02.1917 – 18.09.1917	28. Inf.Div.	*WGM*
	19.09.1917 – 12.10.1917	78. Res.Div.	*WGM*
	13.10.1917 – 14.12.1917	Garde-Ers.Div.	*WGM*
	04.02.1918 – 23.02.1918	54. Res.Div.	*WGM*
	24.02.1918 – 21.03.1918	1. bayer. Res.Div.	*WGM*
	22.03.1918 – 05.04.1918	214. Inf.Div.	*WGM*
	06.04.1918 – 23.04.1918	6. bayer. Inf.Div.	*WGM*
	24.04.1918 – 19.07.1918	83. Inf.Div.	*WGM*
	20.07.1918 – 27.07.1918	35. Inf.Div.	*WGM*
	28.07.1918 – 19.10.1918	38. Ldw.Div.	*WGM*
	20.10.1918 – 11.11.1918	14. bayer. Inf.Div.	*WGM*
	12.11.1918 – Dez. 1918	16. bayer. Inf.Div.	*WGM*
7., 8. Bttr.	09.09.1918 – 10.11.1918	38. Ldw.Div.	*WGM*

Demobil: Ende Dez. 1918 aufgelöst;[1] Abw.Stelle bei Fußart.Rgt. 14

Quellen: WGM Abt. V Nr. 592

---

[1] Nicht mehr in FpÜb v. 03.01.1919

Landwehr-Fußartillerie-Bataillon Nr. 15

Formation:	02.08.1914 aufgestellt durch Fußart.Rgt. 15 (gem. Mob.Plan) mit Stab, 1.–4. Bttr. u. Park-Komp. (bis 19.12.1917)	
1. u. 2. Bttr.	ab 30.12.1915 mit Mun.Kol.	
3. u. 4. Bttr.	30.09.1917 umgewandelt in 5. u. 6. Bttr./Ldst.Fußart.Btl. XVIII. AK	
5. Bttr.	30.09.1917 aufgestellt (gem. KM v. 30.09.1917) aus 4. Bttr./Ldw.Fußart.Btl. 5, mit Mun.Kol.	

Bewaffnung:

1.–4. Bttr.	ab Aug. 1914	Festungsgeschütze	*EB schw. Art.*
1.,2. Bttr.	ab Sept. 1915	schw. Feldh.	*DO 03.09.1915*
3.,4. Bttr.	ab Sept. 1915	15 cm Ring-Kan.	*DO 03.09.1915*
3.,4. Bttr.	ab Mai 1916	schw. 12 cm Kan.	*Krgl. 01.05.1916*
5. Bttr.	ab Sept. 1917	schw. Feldh.	*D.Fußa. 25.09.1917*

Ersatztr.Teil: Ers.Btl./Fußart.Rgt. 15

Unterstellung:

St.,1.–4. Bttr.	[02.08.1914 – 03.05.1915]	Gouv. Thorn (Kriegsbes.)	*Krgl./LÜO*
St.,1.–4. Bttr.	[21.05.1915]	9. Armee	*DO*
St.,1.,2. Bttr.	[03.09.1915]	10. Ldw.Div.	*DO*
	[21.09.1915 – 22.10.1915]	1. Ldw.Div.	*DO*
	[22.11.1915 – 01.09.1916]	XVII. Res.Korps	*DO*
	[16.09.1916 – 19.12.1917]	HGr. Linsingen	*Krgl.*
3. Bttr.	[25.05.1915]	XIII. AK	*DO*
	[03.09.1915]	12. Armee	*DO*
	[21.09.1915]	Oberost	*DO*
	[20.11.1915 – 15.01.1916]	Gouv. Kowno	*Krgl./LÜO*
	[30.03.1916]	76. Res.Div.	*DO*
	[01.05.1916 – 30.09.1917]	8. Armee	*Krgl.*
4. Bttr.	[25.05.1915]	Korps Zastrow	*DO*
	[03.09.1915]	Et. Insp. 12	*DO*
	[21.09.1915]	Oberost	*DO*
	[20.11.1915 – 15.01.1916]	Gouv. Kowno	*Krgl./LÜO*
	[30.03.1916]	6. Ldw.Brig.	*DO*
	[01.05.1916 – 22.09.1916]	8. Armee	*Krgl.*
	[01.10.1916 – 08.05.1917]	öst.ung. 2. Armee	*Krgl.*
	[24.05.1917 – 05.09.1917]	HGr. Linsingen	*Krgl.*
5. Bttr.	[30.09.1917 – 10.12.1917]	HGr. Linsingen	*D.Fußa./Krgl.*

Zuteilungen:

St.,1.,2. Bttr.	01.12.1915 – 05.09.1916	89. Inf.Div.	*KW*
1. Bttr. halb	[03.05.1915]	öst.ung. 3. Kav.Div.	*LÜO*
1. Bttr. halb	04.07.1915 – 19.08.1915	Brig. Stamford	*KW*
1.,2. Bttr.	[24.06.1917 – 10.12.1917]	Abschnitt Lipa	*Krgl.*
3.–5. Bttr.	21.07.1915 – 21.08.1915	Belag.Korps von Modlin	*KW*

Verbleib:
Stab, 1.,2.,5. Bttr. 19.12.1917 umgewandelt in Stab, 1., 2. u. 3. Bttr./Fußart.Btl. 114

Landwehr-Fußartillerie-Bataillon Nr. 16

Formation:	02.08.1914 aufgestellt in Diedenhofen durch Fußart.Rgt. 16 (gem. Mob.Plan) mit Stab, 1.–4. Bttr. u. Park-Komp.		
Bewaffnung:			
1.–4. Bttr.	schw. Feldh.		*EB schw. Art.*
Ersatztr.Teil:	Ers.Btl./Fußart.Rgt. 16		
Unterstellung:			
St.,1.–4. Bttr.	Aug. 1914	Gouv. Metz	*RG*
Stab	[05.01.1915 – 10.07.1915]	A.Abt. Strantz	*LÜW*
1.–4. Bttr.	[05.01.1915 – 01.07.1915]	A.Abt. Falkenhausen	*LÜW*
Zuteilungen:			
Stab	[18.01.1915 – 20.03.1915]	5. Ldw.Div.	*DW/LÜW*
1.,2. Bttr.	[05.01.1915]	19. Ers.Div.	*LÜW*
1. Bttr.	26.02.1915 – 16.05.1915	5. bayer. Ldw.Brig.	*KW*
3. Bttr.	26.02.1915 – 11.03.1915	5. bayer. Ldw.Brig.	*KW*
Verbleib:	Btl. 01.07.1915 aufgelöst		
	Stab umgewandelt in Fußart.Btl.Stab 203		
	1.–4. Bttr. umgewandelt in Fußart.Bttr. 340, 341, 342 u. 343		
Quellen:	Rgt.Gesch. Fußart.Rgt. 16		

Landwehr-Fußartillerie-Bataillon Nr. 17

Formation:	02.08.1914 aufgestellt in Danzig durch Fußart.Rgt. 17 (gem. Mob.Plan) mit Stab, 1.–4. Bttr. u. Park-Komp. (bis 31.12.1917)		
2. Park-Komp.	01.02.1916 aufgestellt (bestand bis 19.12.1917)		
5. u. 6. Bttr.	09.12.1916 aufgestellt (gem. KM v. 09.12.1916) aus Fußart.Bttr. 218 u. 251, sogleich mobil		
3. Bttr.	Anf. Nov. 1918 umgewandelt in 1. Bttr./Fußart.Btl. 173		
schw. Küst.Mrs.Bttr. 1 Mitte Sept. 1918 angegliedert (gem. KM v. 09.09.1918)			
Bewaffnung:			
1.–4. Bttr.	ab Aug. 1914	schw. Feldh.	*EB schw. Art.*
1. Bttr.	ab Aug. 1918	russ. 10 cm Kan.	*D.Fußa. 08.08.1918*
2. Bttr.	ab März 1918	schw. Feldh. 02	*D.Fußa. 12.03.1918*
5. Bttr.	ab Dez. 1916	schw. Feldh.	*D.Fußa. 19.12.1916*
5. Bttr.	ab Sept. 1917	jap. schw. Feldh.	*D.Fußa. 15.09.1917*
5. Bttr.	ab Okt. 1917	schw. Feldh. 02 u. jap. schw. Feldh.	*Krgl. 01.10.1917*
5. Bttr.	ab April 1918	schw. Feldh. 02	*D.Fußa. 18.04.1918*
6. Bttr.	ab Dez. 1916	schw. Feldh.	*D.Fußa. 19.12.1916*
6. Bttr.	ab Aug. 1918	russ. 10 cm Kan.	*D.Fußa. 08.08.1918*
6. Bttr.	ab Sept. 1918	belg. 21 cm Haub.	*D.Fußa. 09.09.1918*
Ersatztr.Teil:	Ers.Btl./Fußart.Rgt. 17		

Unterstellung:

St.,1.,2. Bttr.	[Aug. 1914 – 16.02.1916]	Kriegsbes. Danzig	*Krgl./LÜO/DO*
3.,4. Bttr.	[Aug. 1914 – 16.02.1916]	Kriegsbes. Pillau	*LÜO/DW*
St.,1.–4. Bttr.	[22.02.1916]	OHL Köln	*DO*
St.,1.–4. Bttr.	[16.03.1916 – 01.09.1917]	5. Armee	*DW/Krgl.*
5.,6. Bttr.	[19.12.1916 – 01.09.1917]	5. Armee	*D.Fußa./Krgl.*
St.,1.,3.,4. Bttr.	[15.09.1917 – 15.12.1917]	1. Armee	*D.Fußa./Krgl.*
2. Bttr.	[15.09.1917 – 02.10.1917]	1. Armee	*Krgl.*
2. Bttr.	[29.10.1917 – 15.12.1917]	6. Armee	*D.Fußa./Krgl.*
5.,6. Bttr.	[15.09.1917 – 30.12.1917]	3. Armee	*D.Fußa./Krgl.*
St.,1.–6. Bttr.	[31.12.1917 – 01.07.1918]	3. Armee	*D.Fußa./Krgl.*
St.,1.–6. Bttr.	[22.07.1918 – 02.08.1918]	4. Armee	*Krgl.*
St.,1.–6. Bttr.	[11.08.1918 – 12.12.1918]	2. Armee	*AB/FpÜb*

Zuteilungen:

St.,1.–4. Bttr.	25.08.1917 – 05.09.1917	15. bayer. Inf.Div.	*KA*
St.,1.–4. Bttr.	06.09.1918 – 19.09.1918	Alpenkorps	*KW*
3. Bttr.	[01.10.1918]	Namur	*D.Fußa.*
3. Bttr.	[25.10.1918]	Gembloux	*D.Fußa.*

Demobil: ab Mitte Dez. 1918 in Thorn, Anf. Jan. 1919 aufgelöst[1]
Abw.Stelle bei Fußart.Rgt. 17

Landwehr-Fußartillerie-Bataillon Nr. 18

Formation:	02.08.1914 aufgestellt in Mainz durch Fußart.Rgt. 18 (gem. Mob.Plan) mit Stab, 1.–4. Bttr. u. Park-Komp.
	ab Jan. 1915 leichte Mun.Kol. zgt. *LÜW*
Ersatztr.Teil:	Ers.Btl./Fußart.Rgt. 18

Bewaffnung:

1.–4. Bttr.	ab Aug. 1914	schw. Feldh.	*EB schw. Art.*

Unterstellung:

St.,1.–4. Bttr.	Aug. 1914	Gouv. Straßburg (Kriegsbes.)	*Krgl.*
St.,1.–4. Bttr.	28.09.1914 – 01.07.1915	A.Abt. Falkenhausen	*KA/LÜW*

Zuteilungen:

Stab	28.09.1914 – 17.05.1915	1. bayer. Ldw.Div.	*KA/LÜW*
1.,3. Bttr.	28.09.1914 – 07.12.1914	Brig. Ipfelkofer	*KW*
1.,3. Bttr.	08.12.1914 – 16.05.1915	61. Res.Inf.Brig.	*KW/LÜW*
2.,4. Bttr.	29.09.1914 – 17.05.1915	1. bayer. Ldw.Div.	*KA/LÜW*
St.,1.–4. Bttr.	[27.05.1915]	13. Ldw.Div.	*DW*

Verbleib: Btl. 01.07.1915 aufgelöst:
Stab umgewandelt in Fußart.Btl.Stab 210
1.–4. Bttr. umgewandelt in Fußart.Bttr. 344, 345, 346 u. 347

---

[1] FpÜb v. 18.12.1918 – 03.01.1919

Sächsisches Landwehr-Fußartillerie-Bataillon Nr. 19

Formation:	02.08.1914 aufgestellt in Dresden durch Fußart.Rgt. 19 (gem. Mob.Plan) mit Stab, 1.–4. Bttr. u. Park-Komp. (bis 20.12.1917)		
1.–4. Bttr.	ab 09.01.1917 mit Mun.Kol.		
4. Bttr.	15.10.1917 umgewandelt in 10. Bttr./Res.Fußart.Rgt. 19		
Bewaffnung:			
1.–4. Bttr.	ab Sept. 1915	schw. Feldh.	*DO 03.09.1915*
4. Bttr.	ab Okt. 1917	Mörser	*D.Fußa. 20.10.1917*
Ersatztr.Teil:	Ers.Btl./Fußart.Rgt. 19		
Unterstellung:			
St.,1.–4. Bttr.	[Aug. 1914 – 03.05.1915]	Gouv. Posen (Kriegsbes.)	*Krgl./LÜO*
St.,1.–4. Bttr.	[25.05.1915]	III. Res.Korps (9. Armee)	*DO*
St.,1.–4. Bttr.	21.07.1915 – 21.08.1915	Belag.Korps von Modlin	*KW*
St.,1.–4. Bttr.	[03.09.1915 – 22.10.1915]	89. Inf.Div.	*DO*
St.,1.–3. Bttr.	[22.11.1915 – 15.12.1917]	A.Abt. Woyrsch	*DO/Krgl.*
4. Bttr.	[22.11.1915 – 15.10.1917]	A.Abt. Woyrsch	*DO/Krgl.*
St.,1.–3. Bttr.	[15.12.1917 – 26.12.1917]	Abschnitt Slonim	*Krgl.*
Zuteilungen:			
St.,1.,2. Bttr.	10.11.1915 – 31.03.1916	35. Res.Div.	*KW/LÜO*
3.,4. Bttr.	[09.12.1915 – 15.01.1916]	119. Inf.Div.	*DO/LÜO*
3.,4. Bttr.	[30.03.1916]	3. Ldw.Div.	*DO*
Verbleib:	Btl. 26.12.1917 aufgelöst: Stab umgewandelt in Stab/sächs. Fußart.Btl. 107 1.–3. Bttr. umgewandelt in 1.–3. Bttr./ sächs. Fußart.Btl. 107		

Landwehr-Fußartillerie-Bataillon Nr. 20

Formation:	02.08.1914 aufgestellt durch Fußart.Rgt. 20 (gem. Mob.Plan) mit Stab, 1.–4. Bttr. u. Park-Komp.		
leichte Mun.Kol. ab Febr. 1915 zgt.			*DW/LÜW*
Bewaffnung:			
1.–4. Bttr.	ab Aug. 1914	schw. Feldh.	*EB schw. Art.*
Ersatztr.Teil:	Ers.Btl./Fußart.Rgt. 20		
Unterstellung:			
St.,1.–4. Bttr.	Aug. 1914	Kdtr. Neubreisach	*Krgl.*
St.,1., 2. Bttr.	[05.01.1915 – 01.08.1915]	A.Abt. Gaede	*LÜW/KW*
3. Bttr.	[05.01.1915]	A.Abt. Gaede	*LÜW*
3. Bttr.	[04.02.1915 – 11.10.1915]	Kdtr. Neubreisach	*DW/Krgl.*
4. Bttr.	[02.10.1914 – 01.08.1915]	A.Abt. Gaede	*LÜW/KW*
Zuteilungen:			
St.,1.,2.,4. Bttr.	27.01.1915 – 01.08.1915	6. bayer. Ldw.Div.	*KW*
4. Bttr.	02.10.1914 – 27.01.1915	51. Ldw.Brig.	*KW*
Verbleib:	Btl. 01.08.1915 aufgelöst: Stab Juli 1915 umgewandelt in Fußart.Btl.Stab 214 1., 2. u. 4. Bttr. 01.08.1915 umgewandelt in Fußart.Bttr. 358, 359 u. 360 3. Bttr. 13.01.1916 umgewandelt in Fußart.Bttr. 652		

Landwehr-Fußartillerie-Bataillon Nr. 21

Formation:

Stab,1.–3. Bttr.	02.03.1916 aufgestellt (gem. KM v. 29.02.1916), mobil seit 12.03.1916 Stab neu aufgestellt durch Ers.Btl./Fußart.Rgt. 16 1. Bttr. aus 6. Bttr. des Ers.Btl./Fußart.Rgt. 16 2. Bttr. aus 6. Bttr. des Ers.Btl./Fußart.Rgt. 8 3. Bttr. aus 6. Bttr. des Ers.Btl./Fußart.Rgt. 18
4. Bttr.	18.10.1916 aufgestellt (gem. KM v. 18.10.1916) aus Fußart.Bttr. 234, sogleich mobil
5. u. 6. Bttr.	09.12.1916 (gem. KM v. 09.12.1916) aus Fußart.Bttr. 555 u. 232, sogleich mobil

Bewaffnung:

1.–3. Bttr.	ab März 1916	schw. Feldh.	*DW 11.03.1916*
1. Bttr.	ab Mai 1918	lange 15 cm Kan.	*Krgl. 22.05.1918*
2. Bttr.	ab Mai 1918	franz. 120 mm Kan.	*Krgl. 22.05.1918*
3. Bttr.	ab Aug. 1918	engl. 8,4 cm Feldkan.	*D.Fußa. 08.08.1918*
3. Bttr.	ab Aug. 1918	schw. Feldh.	*D.Fußa. 19.08.1918*
4. Bttr.	ab Okt. 1916	schw. Feldh.	*D.Fußa. 28.10.1916*
4. Bttr.	ab Aug. 1917	9 cm Kan.	*D.Fußa. 15.08.1917*
4. Bttr.	ab Sept. 1917	schw. Feldh.	*D.Fußa. 25.09.1917*
4. Bttr.	ab Aug. 1918	engl. 8,4 cm Feldkan.	*D.Fußa. 08.08.1918*
4. Bttr.	ab Aug. 1918	schw. Feldh.	*D.Fußa. 19.08.1918*
5. Bttr.	ab Dez. 1916	10 cm Kan.	*D.Fußa. 19.12.1916*
6. Bttr.	ab Dez. 1916	schw. 12 cm Kan.	*D.Fußa. 19.12.1916*
6. Bttr.	ab Nov. 1917	russ. 20 cm Haub. 77	*D.Fußa. 27.11.1917*
6. Bttr.	ab April 1918	lange Mörser	*D.Fußa. 18.04.1918*
6. Bttr.	ab Juni 1918	Mörser	*D.Fußa. 19.06.1918*

Ersatztr.Teil: Ers.Btl./Fußart.Rgt. 21, seit 01.01.1918 Ers.Btl./Fußart.Rgt. 26

Unterstellung:

St.,1.–3. Bttr.	[13.03.1916 – 25.06.1916]	5. Armee	*Krgl./Gef.Kal.*
St.,1.–3. Bttr.	[26.06.1916 – 01.11.1917]	A.Abt. A	*Krgl./Gef.Kal.*
4. Bttr.	[28.10.1916 – 01.11.1917]	A.Abt. A	*D.Fußa./Krgl.*
5.,6. Bttr.	[19.12.1916 – 01.11.1917]	A.Abt. A	*D.Fußa./Krgl.*
Stab	[01.11.1917 – 20.11.1918]	A.Abt. A	*Krgl./FpÜb*
1.,2. Bttr.	[01.11.1917 – 20.01.1918]	A.Abt. A	*Krgl.*
1.,2. Bttr.	[08.02.1918 – 01.04.1918]	19. Armee	*Krgl.*
1.,2. Bttr.	[01.05.1918 – 20.11.1918]	A.Abt. A	*Krgl./FpÜb*
3. Bttr.	[05.12.1917 – 10.02.1918]	A.Abt. B	*D./Üb.Fußa.*
3. Bttr.	[13.02.1918 – 20.11.1918]	A.Abt. A	*D.Fußa./FpÜb*
4.,5. Bttr.	[01.11.1917 – 20.11.1918]	A.Abt. A	*Krgl./FpÜb*
6. Bttr.	[01.11.1917 – 20.11.1918]	A.Abt. A	*Krgl./FpÜb*

Zuteilungen:

St.,1.–6. Bttr.	01.05.1917 – 19.07.1917	9. bayer. Res.Div.	*KA*
6. Bttr.	[31.05.1918]	19. Armee	*D.Fußa.*

Demobil: 18.01.1919 in Landsberg (Warthe) aufgelöst;[1] Abw.Stelle bei Fußart.Rgt. 26

Quellen: Gefechtskalender Fußart.Rgt. 21

---

[1] Demob.Üb. III. AK v. 01.06.1919; nicht mehr in FpÜb v. 12.12.1918

Landwehr-Fußartillerie-Bataillon Nr. 22

Formation:

Stab, 2.–4., 7. Bttr. 18.12.1915 aufgestellt (gem. KM v. 18.12.1915), sogleich mobil
                Stab durch Ers.Btl./Fußart.Rgt. 22, mobil seit 02.01.1916
                2.–4. u. 7. Bttr. aus 2.–4. u. 7. Bttr./Fußart.Ers.Btl. 22

1., 5. u. 6. Bttr.	nicht aufgestellt
4. Bttr.	ab 31.12.1915 mit Mun.Kol.
4. Bttr.	14.04.1917 umgewandelt in 3. Bttr./Fußart.Btl. 405
7. Bttr.	ab 13.03.1916 mit Mun.Kol. (bis März 1918)
8.–10. Bttr.	04.09.1917 aufgestellt (gem. KM v. 04.09.1917):[1]
	8. Bttr. aus 6. Bttr. des Ers.Btl./Fußart.Rgt. 4
	9. Bttr. aus 6. Bttr. des Ers.Btl./Fußart.Rgt. 5
	10. Bttr. aus 6. Bttr. des Ers.Btl./Fußart.Rgt. 21
	sogleich mobil

schw. Küst.Mrs.Bttr. 2 Mitte Sept. 1918 angegliedert (gem. KM v. 09.09.1918)

Bewaffnung:

2.,3. Bttr.	ab Dez. 1915	schw. 12 cm Kan.	*DW 27.12.1915*
2.,3. Bttr.	ab Jan. 1916	15 cm Ring-Kan.	*LÜO 15.01.1916*
2. Bttr.	ab Mai 1916	schw. 12 cm Kan.	*DO 19.05.1916*
2. Bttr.	ab April 1918	schw. Feldh.	*D.Fußa. 18.04.1918*
3. Bttr.	ab Juli 1916	schw. 12 cm Kan.	*Krgl. 01.07.1916*
3. Bttr.	ab April 1918	schw. Feldh.	*D.Fußa. 18.04.1918*
3. Bttr.	ab April 1918	Mörser	*D.Fußa. 26.04.1918*
4. Bttr.	ab Dez. 1915	schw. Feldh.	*DW 27.12.1915*
7. Bttr.	ab Dez. 1915	schw. Feldh.	*DW 27.12.1915*
8.–10. Bttr.	ab Aug. 1917	schw. Feldh.	*D.Fußa. 07.08.1917*
9. Bttr.	ab April 1918	13 cm Kan.	*D.Fußa. 18.04.1918*
10. Bttr.	ab April 1918	Mörser	*D.Fußa. 18.04.1918*
10. Bttr.	ab Mai 1918	13 cm Kan.	*D.Fußa. 06.05.1918*

Ersatztr.Teil: Ers.Btl./Fußart.Rgt. 22

Unterstellung:

St.,2.,3. Bttr.	[15.01.1916 – 01.07.1916]	Gouv. Libau	*LÜO/Krgl.*
St.,2.,3. Bttr.	[23.07.1916 – 01.11.1917]	8. Armee	*DO/Krgl.*
St.,2.,3. Bttr.	[10.11.1917 – 10.04.1918]	10. Armee	*Krgl.*
4. Bttr.	[13.01.1916 – 07.10.1916]	12. Armee	*Krgl./Üb.Fußa.*
4. Bttr.	[15.10.1916 – 01.11.1916]	A.Abt. Scheffer	*Krgl.*
4. Bttr.	[18.11.1916]	OHL Saarburg	*D. Fußa.*
4. Bttr.	[01.12.1916 – 01.02.1917]	A.Abt. B	*D./Üb.Fußa.*
4. Bttr.	[01.04.1917 – 12.04.1917]	7. Armee	*Krgl./D.Fußa.*
7. Bttr.	[15.01.1916]	6. Ldw.Brig.	*LÜO*
7. Bttr.	[28.05.1916 – 01.09.1916]	6. Res.Div.	*DO/LÜO*
7. Bttr.	[07.10.1916 – 09.11.1917]	8. Armee	*Üb.Fußa./Krgl.*
7. Bttr.	[26.11.1917 – 25.02.1918]	10. Armee	*Krgl.*
7. Bttr.	[12.03.1918]	Longuyon	*D.Fußa.*
7. Bttr.	[07.04.1918 – 16.05.1918]	5. Armee	*D.Fußa.*

---

[1] Gem. D.Fußa. v. 07.08.1917 und 15.08.1917 bereits Anf. Aug. 1917 aufgestellt

8.,9.,10. Bttr.	[07.08.1917]	8. Armee	*D.Fußa.*
8.,9.,10. Bttr.	[15.08.1917 – 10.04.1918]	10. Armee	*D.Fußa./Krgl.*
St.,2.,3.,8.–10. Bttr.	[18.04.1918 – 01.05.1918]	OHL Longuyon	*D.Fußa./Krgl.*
St.,2.,3.,7.–10. Bttr.	[16.05.1918 – 31.05.1918]	7. Armee	*Krgl./D.Fußa.*
St.,2.,3.,7.–10. Bttr.	[06.06.1918 – 19.06.1918]	1. Armee	*D.Fußa./Krgl.*
St.,2.,3.,7.–10. Bttr.	[01.07.1918 – 14.07.1918]	3. Armee	*Krgl./D.Fußa.*
St.,2.,3.,7.–10. Bttr.	[22.07.1918 – 31.07.1918]	4. Armee	*Krgl.*
St.,2.,3.,7.–10. Bttr.	[01.08.1918 – 12.12.1918]	2. Armee	*Krgl./FpÜb*

Zuteilungen:

4. Bttr.	[15.01.1916]	HKK 3	*LÜO*

Demobil: ab Mitte Dez. 1918 in Lötzen, Ende Dez. 1918 in Allenstein, Anf. Febr. 1919 aufgelöst;[1] Abw.Stelle bei Fußart.Rgt. 22

Landwehr-Fußartillerie-Bataillon Nr. 23

Formation:
Stab, 1.u.2. Bttr. 06.06.1916 durch Kdtr. Marienburg bei Ers.Btl./Fußart.Rgt. 17 (gem. KM v. 06.06.1916), mobil seit 15.06.1916

Bewaffnung:

1. u. 2. Bttr.	ab Juni 1916	24 cm Küsten-Kan.	*DW 19.06.1916*
1. u. 2. Bttr.	ab Febr. 1918	24 cm Schnellade-Kan. L/40	*Üb.Fußa. 10.02.1918*

Ersatztr.Teil: Ers.Btl./Fußart.Rgt. 23

Unterstellung:

St.,1.,2. Bttr.	[19.06.1916 – 13.05.1918]	Gouv. Libau	*DO/Krgl.*
St.,1.,2. Bttr.	[15.05.1918 – 15.07.1918]	Inselkdtr. Borkum	*RG*

Verbleib:

Stab	13.06.1918 umgewandelt in Stab/Ldst.Fußart.Btl. XIV. AK
1. Bttr.	Mitte Juli 1918 umgewandelt in 7. Bttr./Ldw.Fußart.Rgt. Borkum
2. Bttr.	Mitte Juli 1918 umgewandelt in 3. Bttr./Ldw.Fußart.Rgt. Borkum

Quellen: Rgt.Gesch. Fußart.Rgt. 2

---
[1] FpÜb v. 18.12.1918 – 05.02.1919

Landwehr-Fußartillerie-Bataillon Nr. 24

Formation:

Stab, 1.–3. Bttr.	09.06.1916 aufgestellt (gem. KM v. 06.06.1916), sogleich mobil
	Stab durch Ers.Btl./Fußart.Rgt. 9
	1. Bttr. aus 1. Garnison-Bttr. beim Ers.Btl./Fußart.Rgt. 9
	2. Bttr. aus Abgaben der Garnison-Bttr. beim Ers.Btl./Fußart.Rgt. 3
	3. Bttr. aus Garnison-Bttr. beim Ers.Btl./Fußart.Rgt. 14
4. Bttr.	26.10.1916 aufgestellt (gem. KM v. 26.10.1916) aus Fußart.Bttr. 420, sogleich mobil
5. Bttr.	08.12.1916 aufgestellt (gem. KM v. 08.12.1916) aus Fußart.Bttr. 725, sogleich mobil

Bewaffnung:

1.–3. Bttr.	ab Juni 1916	Festungsgeschütze	
1.–3. Bttr.	ab Juli 1917	Feldgeschütze	*D.Fußa. 30.07.1917*
1.–3. Bttr.	ab Okt. 1917	9 cm Kan.	*D.Fußa. 11.10.1917*
4.,5. Bttr.	ab Okt./Dez. 1916	Festungsgeschütze	
4.,5. Bttr.	ab Juli 1917	Feldgeschütze	*D.Fußa. 30.07.1917*
4. Bttr.	ab Okt. 1917	9 cm Kan.	*D.Fußa. 11.10.1917*
4. Bttr.	ab Febr. 1918	schw. Feldh.	*Üb.Fußa. 10.02.1918*
4. Bttr.	ab März 1918	Mörser	*D.Fußa. 18.03.1918*
5. Bttr.	ab Aug. 1917	russ. 20 cm Haub. 77	*D.Fußa. 26.08.1917*

Ersatztr.Teil: Ers.Btl./Fußart.Rgt. 8

Unterstellung:

St.,1.,2.,3. Bttr.	[19.06.1916 – 09.09.1918]	Gouv. Metz	*DW/Krgl.*
St.,1.,2.,3. Bttr.	[18.09.1918 – 09.10.1918]	Gruppe Metz (19. Armee)	*FpÜb*
St.,1.,2.,3. Bttr.	[16.10.1918 – 28.12.1918]	Gruppe Metz (A.Abt. C)	*FpÜb*
4. Bttr.	[28.10.1916 – 01.12.1917]	Gouv. Metz	*D.Fußa./Krgl.*
5. Bttr.	[19.12.1916 – 01.11.1917]	Gouv. Metz	*D.Fußa./Krgl.*
5. Bttr.	[27.11.1917]	A.Abt. B	*D.Fußa.*
4.,5. Bttr.	[15.12.1917]	A.Abt. A	*D.Fußa.*
4.,5. Bttr.	[13.02.1918 – 18.09.1918]	19. Armee	*D.Fußa./FpÜb*
4. Bttr.	[25.09.1918 – 28.12.1918]	A.Abt. C	*FpÜb*
5. Bttr.	[25.09.1918 – 30.10.1918]	19. Armee	*FpÜb*
5. Bttr.	[06.11.1918 – 12.12.1918]	A.Abt. C	*FpÜb*

Zuteilungen:

5. Bttr.	25.06.1917 – 02.11.1918	Arko 129	*KW*

Demobil: Stab, 2. u. 3. Bttr. ab Mitte Jan. 1919 in Loburg (Bez. Magdeburg), 5. Bttr. ab Ende Dez. in Kassel, Btl. Febr. 1919 aufgelöst[1]
Abw.Stelle bei Fußart.Rgt. 8

---

[1] FpÜb v. 28.12.1918 – 22.01.1919, nicht mehr in FpÜb v. 12.03.1919

Landwehr-Fußartillerie-Bataillon Nr. 25

Formation:
Stab, 1.,2. Bttr.	01.07.1916 aufgestellt auf Sylt (gem. KM v. 18.06.1916), sogleich mobil
	Stab durch Gen.Insp. der Fußart. bei Ers.Btl./Fußart.Rgt. 2 in Swinemünde, mobil seit 29.06.1916
	1. Bttr. aus 11. Bttr./Fußart.Rgt. 2
	2. Bttr. aus 5. Bttr. des Ers.Btl./Fußart.Rgt. 2
3. Bttr.	07.09.1916 aufgestellt durch Kdtr. Swinemünde bei Ers.Btl./Fußart.Rgt. 2 (gem. KM v. 07.09.1916), mobil seit 09.09.1916
4. Bttr.	25.11.1916 aufgestellt durch Gen.Insp. der Fußart. (gem. KM v. 22.11.1916), mobil seit 15.12.1916
5. Bttr.	20.10.1918 aufgestellt (gem. KM v. 02.11.1918) aus 1. Küsten-Garnison-Bttr. I. AK

Bewaffnung:
1.–5. Bttr.	Küstengeschütze

Ersatztr.Teil: Ers.Btl./Fußart.Rgt. 2, ab 01.01.1918 Ers.Btl./Fußart.Rgt. 20

Unterstellung:
St.,1.–3. Bttr.	[01.07.1916 – 28.12.1918]	Inselkdtr. Sylt	*RG/FpÜb*
4. Bttr.	[01.12.1916 – 28.12.1918]	Inselkdtr. Sylt	*D.Fußa./FpÜb*
5. Bttr.	[30.10.1918 – 28.12.1918]	Inselkdtr. Sylt	*FpÜb*

Demobil: Ende Dez. 1918 aufgelöst;[1] Abw.Stelle bei Fußart.Rgt. 20

Quellen: Rgt.Gesch. Fußart.Rgt. 2

Landwehr-Fußartillerie-Bataillon Nr. 26

Formation:
Stab, 1.–4. Bttr.	18.12.1915 aufgestellt (gem. KM v. 18.12.1915), sogleich mobil
	Stab aus Stab/Fußart.Ers.Btl. 26
	1.–4. Bttr. aus 1.–4. Bttr./Fußart.Ers.Btl. 26, sogleich mobil
5. u. 6. Bttr.	09.12.1916 aufgestellt (gem. KM v. 09.12.1916) aus Fußart.Bttr. 677 u. 796, sogleich mobil
7. u. 8. Bttr.	09.09.1918 aufgestellt (gem. KM v. 09.09.1918) aus schw. 15 cm-Kan.Bttr. 32 u. 48, sogleich mobil

Bewaffnung:
1. Bttr.	ab Dez. 1915	schw. 12 cm Kan.	*DW 27.12.1915*
1. Bttr.	ab Jan. 1916	15 cm Ring-Kan.	*LÜO 15.01.1916*
1. Bttr.	ab Febr. 1918	russ. schw. 15 cm Kan.	*Üb.Fußa. 10.02.1918*
1. Bttr.	ab April 1918	schw. Feldh. 02	*D.Fußa. 26.04.1918*
2. Bttr.	ab Dez. 1915	schw. 12 cm Kan.	*DW 27.12.1915*
2. Bttr.	ab April 1918	schw. Feldh. 02	*D.Fußa. 26.04.1918*
3. Bttr.	ab Dez. 1915	lange 15 cm Kan.	*DW 27.12.1915*
3. Bttr.	ab Mai 1918	10 cm Kan. 04	*D.Fußa. 06.05.1918*
3. Bttr.	ab Okt. 1918	13 cm Kan.	*D.Fußa. 10.10.1918*
4. Bttr.	ab Dez. 1915	15 cm Ring-Kan.	*DW 27.12.1915*

---

[1] Nicht mehr in Ers.FpÜb v. 03.01.1919

4. Bttr.	ab Mai 1918	10 cm Kan. 04	*D.Fußa. 06.05.1918*
4. Bttr.	ab Okt. 1918	13 cm Kan.	*D.Fußa. 10.10.1918*
5.,6. Bttr.	ab Dez. 1916	schw. 12 cm Kan.	*D.Fußa. 19.12.1916*
5.,6. Bttr.	ab April 1918	schw. Feldh. 02	*D.Fußa. 26.04.1918*
5.,6. Bttr.	ab Juni 1918	Mörser	*D.Fußa. 19.06.1918*
7. Bttr.	ab Sept. 1918	schw. 15 cm Kan.	*D.Fußa. 13.09.1918*
8. Bttr.	ab Sept. 1918	schw. 15 cm Kan. (Kraftzug)	*D.Fußa. 13.09.1918*

Ersatztr.Teil: Ers.Btl./Fußart.Rgt. 22

Unterstellung:

Stab	[15.01.1916 – 10.01.1917]	A.Abt. Scholtz	*LÜO/Krgl.*
Stab	[10.01.1917 – 26.04.1918]	A.Abt. D	*Krgl.*
1. Bttr.	[15.01.1916 – 01.08.1916]	Gouv. Libau	*LÜO/Krgl.*
1. Bttr.	[01.09.1916 – 07.10.1916]	A. Abt Woyrsch	*LÜO/Üb.Fußa.*
1. Bttr.	[11.10.1916 – 01.03.1917]	A.Abt. Scheffer	*D.Fußa./Krgl.*
1. Bttr.	[27.03.1917 – 25.02.1918]	10. Armee	*D.Fußa./Krgl.*
1. Bttr.	[24.03.1918 – 26.04.1918]	A.Abt. D	*Krgl.*
2. Bttr.	[15.01.1916 – 10.01.1917]	A.Abt. Scholtz	*LÜO/Krgl.*
2. Bttr.	[10.01.1917 – 26.04.1918]	A.Abt. D	*Krgl.*
3. Bttr.	[15.01.1916]	29. Ldw.Brig.	*LÜO*
3. Bttr.	[01.05.1916 – 25.04.1918]	8. Armee	*Krgl.*
4. Bttr.	[15.01.1916 – 10.01.1917]	A.Abt. Scholtz	*LÜO/Krgl.*
5.,6. Bttr.	[19.12.1916 – 10.01.1917]	A.Abt. Scholtz	*D.Fußa./Krgl.*
4.,5.,6. Bttr.	[10.01.1917 – 26.04.1918]	A.Abt. D	*Krgl./Üb.Fußa.*
St.,1.–6. Bttr.	[01.05.1918]	Maubeuge	*Krgl.*
St.,1.,2.,3. Bttr.	[14.05.1918 – 25.07.1918]	4. Armee	*D.Fußa./Krgl.*
4.,5.,6. Bttr.	[14.05.1918 – 24.06.1918]	4. Armee	*D.Fußa./Krgl.*
Stab	[30.07.1918]	6. Armee	*Krgl.*
Stab	[19.08.1918 – 28.12.1918]	4. Armee	*D.Fußa./FpÜb*
1.,2.,3. Bttr.	[30.07.1918 – 12.12.1918]	6. Armee	*Krgl./FpÜb*
4.,5.,6. Bttr.	[01.07.1918 – 12.12.1918]	6. Armee	*Krgl./FpÜb*
7.,8. Bttr.	[13.09.1918 – 12.12.1918]	6. Armee	*D.Fußa./FpÜb*

Zuteilungen:

Stab	[07.03.1916 – 01.09.1916]	4. Kav.Div.	*DO/LÜO*
2. Bttr.	18.12.1915 – 30.01.1917	4. Kav.Div.	*KW/LÜO*
2. Bttr.	01.02.1917 – 07.05.1917	17. Kav.Brig.	*KW*
4. Bttr.	[07.03.1916 – 01.09.1916]	2. Inf.Div.	*DO/LÜO*

Demobil: ab Ende Dez. 1918 in Lötzen, Ende Jan. 1919 aufgelöst[1]
Abw.Stelle bei Fußart.Rgt. 22

Quellen: Gefechtskalender Fußart.Rgt. 22

---

[1] FpÜb v. 28.12.1918 – 22.01.1919

Landwehr-Fußartillerie-Bataillon Nr. 27

Formation:
Stab, 1.–4. Bttr.   18.12.1915 aufgestellt (gem. KM v. 18.12.1915), sogleich mobil
                  Stab aus Stab/Fußart.Ers.Btl. 27
                  1.–4. Bttr. aus 1.–4. Bttr./Fußart.Ers.Btl. 27
5. u. 6. Bttr.   09.12.1916 aufgestellt (gem. KM v. 09.12.1916) aus Fußart.Bttr. 647 u. 694, sogleich mobil

Bewaffnung:

1. Bttr.	ab Dez. 1915	9 cm Kan. u. 15 cm Ring-Kan.	*DW 27.12.1915*
1. Bttr.	ab Mai 1916	lange 15 cm Kan.	*Krgl. 01.05.1916*
1. Bttr.	ab Okt. 1917	9 cm Kan.	*D.Fußa. 11.10.1917*
1. Bttr.	ab Okt. 1917	franz. 120 mm Kan.	*D.Fußa. 20.10.1917*
2.–4. Bttr.	ab Dez. 1915	schw. Feldh.	*DW 27.12.1915*
5.,6. Bttr.	ab Dez. 1916	russ. leichte 15 cm Kan.	*D.Fußa. 19.12.1916*
5. Bttr.	ab Nov. 1917	10 cm Kan.	*D.Fußa. 20.11.1917*
6. Bttr.	ab Nov. 1917	10 cm Kan. 04	*D.Fußa. 27.11.1917*
6. Bttr.	ab Dez. 1917	10 cm Kan. 14	*D.Fußa. 15.12.1917*

Ersatztr.Teil: Ers.Btl./Fußart.Rgt. 1

Unterstellung:

St.,2.–4. Bttr.	[30.03.1916 – 19.12.1917]	8. Armee	*DO/Krgl.*
1. Bttr.	[30.03.1916 – 08.10.1917]	8. Armee	*DO/Krgl.*
1. Bttr.	[11.10.1917 – 01.12.1917]	6. Armee	*D.Fußa./Krgl.*
1. Bttr.	[05.12.1917 – 01.01.1918]	Mainz	*D.Fußa.*
5.,6. Bttr.	[19.12.1916 – 08.10.1917]	8. Armee	*D.Fußa./Krgl.*
5.,6. Bttr.	[10.10.1917 – 01.12.1917]	6. Armee	*AB/Krgl.*
5.,6. Bttr.	[05.12.1917 – 01.01.1918]	Mainz	*D.Fußa.*

Zuteilungen:

St.,1.–4. Bttr.	[15.01.1916]	Gouv. Kowno	*LÜO*
St.,2.–4. Bttr.	[30.03.1916]	41. Inf.Div.	*DO*
1. Bttr.	[30.03.1916 – 05.06.1916]	36. Res.Div.	*DO*
4. Bttr.	19.11.1917 – 19.12.1917	3. Garde-Kav.Brig.	*KW*

Verbleib: Btl. 19.12.1917 aufgelöst:
Stab   19.12.1917   umgewandelt in Stab/Fußart.Btl. 115
2.–4. Bttr.   19.12.1917   umgewandelt in 1.–3. Bttr./Fußart.Btl. 115
1., 5. u. 6. Bttr.   01.01.1918   umgewandelt in 1.–3. Bttr./Fußart.Btl. 127

Landwehr-Fußartillerie-Bataillon Nr. 28

Formation:
Stab, 1.,2.,4. Bttr. 18.12.1915 aufgestellt (gem. KM v. 18.12.1915), sogleich mobil
                Stab aus Stab/Fußart.Ers.Btl. 28
                1., 2. u. 4. Bttr. aus 1., 2. u. 4. Bttr./Fußart.Ers.Btl. 28
3. Bttr.   nicht aufgestellt
1. u. 2. Bttr.   ab 01.03.1916 mit Mun.Kol.
4. Bttr.   ab 09.01.1917 mit Mun.Kol.

Bewaffnung:
1.,2.,4. Bttr.   ab Dez. 1915   schw. Feldh.   *DW 27.12.1915*

Ersatztr.Teil: Ers.Btl./Fußart.Rgt. 23

Unterstellung:
St.,1.,2. Bttr.   [15.01.1916 – 19.12.1917]   8. Armee   *DO/Krgl.*
4. Bttr.   [15.01.1916 – 01.02.1917]   8. Armee   *Üb.Fußa./Krgl.*
4. Bttr.   [16.02.1917 – 08.09.1917]   A.Abt. D   *Krgl.*
4. Bttr.   [01.10.1917 – 19.12.1917]   8. Armee   *Krgl.*

Zuteilungen:
St.,1.,2.,4. Bttr.   18.12.1915 – 25.10.1916   109. Inf.Div.   *KW/LÜO*

Verbleib: 19.12.1917 umgewandelt in Fußart.Btl. 116 (Stab, 1.–3. Bttr.)

Landwehr-Fußartillerie-Bataillon Nr. 29

Formation:
Stab   18.06.1916 aufgestellt (gem. KM v. 18.06.1916) durch Ers.Btl./Fußart.Rgt. 2, mobil seit 29.06.1916
1. Bttr.   16.07.1916 aufgestellt durch Ers.Btl./Fußart.Rgt. 2 (gem. KM v. 16.07.1916), mobil seit 25.07.1916
2. Bttr.   07.09.1916 aufgestellt durch Ers.Btl./Fußart.Rgt. 2 (gem. KM v. 07.09.1916), sogleich mobil
3. Bttr.   22.11.1916 aufgestellt durch Gen.Insp. der Fußart (gem. KM v. 22.11.1916), mobil seit 15.12.1916
4. Bttr.   Anf. Nov. 1918 aufgestellt (gem. KM v. 02.11.1918) aus 2. Küsten-Garnison-Bttr. II. AK

Bewaffnung:
1.–4. Bttr.   Küstengeschütze

Ersatztr.Teil: Ers.Btl./Fußart.Rgt. 2, seit 01.01.1918 Ers.Btl./Fußart.Rgt. 25

Unterstellung:
Stab   [02.07.1916 – 12.03.1919]   Stellv. Gen.Kdo. X. AK (Norderney)   *DW/FpÜb*
1. Bttr.   [23.07.1916 – 12.03.1919]   Stellv. Gen.Kdo. X. AK (Norderney)   *DW/FpÜb*
2. Bttr.   [15.09.1916 – 12.03.1919]   Stellv. Gen.Kdo. X. AK (Norderney)   *DW/FpÜb*
3. Bttr.   [01.02.1917 – 12.03.1919]   Stellv. Gen.Kdo. X. AK (Norderney)
                                                                                                         Üb.Fußa./FpÜb
4. Bttr.   [22.11.1918 – 12.03.1919]   Stellv. Gen.Kdo. X. AK (Norderney)   *FpÜb*

Demobil: März 1919 (?) aufgelöst;[1] Abw.Stelle bei Fußart.Rgt. 25

---

[1] Noch in Ers.FpÜb v. 12.03.1919

Landwehr-Fußartillerie-Bataillon Nr. 30

Formation:

Stab u. 1. Bttr.	11.08.1916 aufgestellt durch Kdtr. Diedenhofen bei Ers.Btl./Fußart.Rgt. 16 (gem. KM v. 11.08.1916), sogleich mobil
2. Bttr.	17.08.1916 aufgestellt durch Gouv. Königsberg bei Ers.Btl./Fußart.Rgt. 1 (gem. KM v. 17.08.1916), sogleich mobil
3. Bttr.	17.08.1916 aufgestellt durch Kdtr. Breslau bei Ers.Btl./Fußart.Rgt. 6 (gem. KM v. 17.08.1916), sogleich mobil
4. Bttr.	26.10.1916 aufgestellt (gem. KM v. 26.10.1916) aus Fußart.Bttr. 324, sogleich mobil
5. u. 6. Bttr.	09.12.1916 aufgestellt (gem. KM v. 09.12.1916) aus Fußart.Bttr. 276 u. 277

Bewaffnung:

1.–3. Bttr.	ab Aug. 1916	10 cm Kan.	*DW 27.08.1916*
1. Bttr.	ab Febr. 1918	10 cm Kan. 04	*D.Fußa. 17.02.1918*
2. Bttr.	ab Aug. 1918	franz. 120 mm Kan.	*D.Fußa. 30.08.1918*
2. Bttr.	ab Sept. 1918	10 cm Kan. 04	*D.Fußa. 27.09.1918*
4. Bttr.	ab Okt. 1916	10 cm Kan.	*D.Fußa. 28.10.1916*
4. Bttr.	ab März 1918	10 cm Kan. 04	*D.Fußa. 12.03.1918*
4. Bttr.	ab Aug. 1918	franz. 120 mm Kan.	*D.Fußa. 30.08.1918*
4. Bttr.	ab Sept. 1918	Mörser	*D.Fußa. 27.09.1918*
5. Bttr.	ab Dez. 1916	schw. 12 cm Kan.	*D.Fußa. 19.12.1916*
5. Bttr.	ab Dez. 1917	russ. 20 cm Haub. 77	*D.Fußa. 15.12.1917*
5. Bttr.	ab Sept. 1918	Mörser	*D.Fußa. 27.09.1918*
6. Bttr.	ab Dez. 1916	schw. 12 cm Kan.	*D.Fußa. 19.12.1916*
6. Bttr.	ab Nov. 1917	belg. 15 cm Haub. 90	*D.Fußa. 20.11.1917*
6. Bttr.	ab Febr. 1918	schw. Feldh.	*D.Fußa. 17.02.1918*
6. Bttr.	ab März 1918	schw. Feldh 02	*D.Fußa. 12.03.1918*
6. Bttr.	ab Sept. 1918	Mörser	*D.Fußa. 27.09.1918*

Ersatztr.Teil: Ers.Btl./Fußart.Rgt. 16

Unterstellung:

Stab	[12.08.1916 – 02.02.1917]	A.Abt. Strantz	*Krgl.*
1.–3. Bttr.	[27.08.1916 – 02.02.1917]	A.Abt. Strantz	*DW/Krgl.*
4. Bttr.	[28.10.1916 – 02.02.1917]	A.Abt. Strantz	*D.Fußa./Krgl.*
5.,6. Bttr.	[19.12.1916 – 02.02.1917]	A.Abt. Strantz	*D.Fußa./Krgl.*
St.,1.–6. Bttr.	[02.02.1917 – 02.10.1918]	A.Abt. C	*Krgl./FpÜb*
Stab	[09.10.1918 – 04.12.1918]	5. Armee	*FpÜb*
1.,3. Bttr.	[02.10.1918 – 04.12.1918]	A.Abt. C	*FpÜb*
2.,4.–6. Bttr.	[09.10.1918 – 04.12.1918]	5. Armee	*FpÜb*

Zuteilungen:

St.,1.–6. Bttr.	13.05.1918 – 17.06.1918	8. bayer. Res.Div.	*KA*
2. Bttr.	01.09.1916 – 04.11.1916	Garde-Ers.Div.	*KTB*
2. Bttr.	16.05.1917 – 20.07.1917	Garde-Ers.Div.	*KTB*
2. Bttr.	17.10.1918 – Dez. 1918	224. Inf.Div.	*KW*
6. Bttr.	16.05.1917 – 20.07.1917	Garde-Ers.Div.	*KTB*

Demobil: Anf. Dez. 1918 aufgelöst;[1] Abw.Stelle bei Fußart.Rgt. 16

Quellen: KTB Garde-Ers.Div.

---

[1] Nicht mehr in FpÜb v. 12.12.1918

Landwehr-Fußartillerie-Bataillon Nr. 31

Formation:
Stab, 1.–4. Bttr. 03.09.1916 aufgestellt durch Gen.Insp. der Fußart. bei Kdtr. Pillau (gem. KM v. 03.09.1916)
Stab neu aufgestellt, mobil seit 22.05.1918
1. Bttr. aus 1. Garnison-Bttr. des Fußart.Rgt. 7
2. Bttr. aus Fußart.Bttr. 443, mobil seit 22.03.1918
3. Bttr. aus Küsten-Garnison-Bttr. I. AK, mobil seit 22.03.1918
4. Bttr. aus Fußart.Bttr. 445. 2. u. 3. Bttr., mobil seit 26.10.1917

Bewaffnung:
1.–4. Bttr.	ab Sept. 1916	Küstengeschütze	
2. Bttr.	ab März 1918	franz. 120 mm Kan.	*D.Fußa. 12.03.1918*
2. Bttr.	ab April 1918	schw. Feldh. 02	*D.Fußa. 07.04.1918*
3. Bttr.	ab März 1918	franz. 120 mm Kan.	*D.Fußa. 12.03.1918*
3. Bttr.	ab April 1918	schw. Feldh.	*D.Fußa. 07.04.1918*
4. Bttr.	ab März 1918	russ. 15 cm u. 28 cm Küstenkan.	*Krgl. 04.03.1918*

Ersatztr.Teil: 03.09.1916 Ers.Btl./Fußart.Rgt. 17, seit 01.01.1918 Ers.Btl./Fußart.Rgt. 1

Unterstellung:
St.,1.–3. Bttr.	[09.09.1916 – 10.02.1918]	Kdtr. Pillau	*DO/Üb.Fußa.*
4. Bttr.	[15.09.1916 – 01.10.1917]	Kdtr. Pillau	*Krgl.*
4. Bttr.	[29.10.1917 – 10.02.1918]	Dünamünde	*D./Üb.Fußa.*
4. Bttr.	[04.03.1918 – 01.06.1918]	Gouv. Riga	*Krgl.*
1. Bttr.	[10.02.1918 – 27.05.1918]	Kdtr. Pillau	*Üb.Fußa.*
2.,3. Bttr.	[12.03.1918]	Mainz	*D.Fußa.*
2.,3. Bttr.	[29.03.1918 – 01.05.1918]	5. Armee	*D.Fußa./Krgl.*
St.,2.,3. Bttr.	[08.06.1918 – 15.07.1918]	Inselkdtr. Borkum	*D.Fußa./RG*

Verbleib:
Stab Juli 1918 umgewandelt in Stab des I. Btl./Ldw.Fußart.Rgt. Borkum
1. Bttr. 27.05.1918 umgewandelt in 1. Küsten-Garnison-Bttr. I. AK
2. u. 3. Bttr. Juli 1918 umgewandelt in 4. u. 5. Bttr./Ldw.Fußart.Rgt. Borkum
4. Bttr. 11.07.1918 umgewandelt in 2. Küsten-Garnison-Bttr. I. AK

Quellen: Rgt.Gesch. Fußart.Rgt. 2

Landwehr-Fußartillerie-Bataillon Nr. 32

Formation:
Stab, 1.–3. Bttr. 31.08.1916 aufgestellt durch Gouv. Posen bei Ers.Btl./Fußart.Rgt. 5 (gem. KM v. 31.08.1916), mobil seit 04.09.1916
Stab neu aufgestellt
1. u. 2. Bttr. aus Fußart.Bttr. 709 u. 718
3. Bttr. aus 6. Bttr. des Ers.Btl./Fußart.Rgt. 5

1. Bttr. Anf. Okt. 1918 umgewandelt in 3. Bttr./Fußart.Btl. 168[1]
2. Bttr. Mitte Sept. 1918 umgewandelt in 2. Bttr./Fußart.Btl. 165[2]

---

[1] *D.Fußa. v. 10.10.1918*
[2] *D.Fußa. v. 13.09.1918*

4. Bttr.	18.10.1916 aufgestellt (gem. KM v. 18.101.1916) aus Fußart.Bttr. 773, sogleich mobil		
5. u. 6. Bttr.	09.12.1916 aufgestellt (gem. KM v. 09.12.1916) aus Fußart.Bttr. 776 u. 785, sogleich mobil		
5. Bttr.	30.01.1917 umgewandelt in Fußart.Bttr. 1021		
7. Bttr.	04.03.1917 aufgestellt (gem. KM v. 04.03.1917) aus 1. Bttr./Ldst.Fußart.Btl. II. AK, sogleich mobil[1]		

Schw. Küsten-Mörser-Bttr. 6 Mitte Sept. 1918 angegliedert (gem. KM v. 09.09.1918)

Bewaffnung:

1.–3. Bttr.	ab Sept. 1916	russ. leichte 15 cm Kan.	*DW 04.09.1916*
1.–3. Bttr.	ab März 1917	franz. 120 mm Kan.	*D.Fußa. 13.03.1917*
1. Bttr.	ab Mai 1918	10 cm Kan.	*D.Fußa. 14.05.1918*
2. Bttr.	ab Sept. 1917	9 cm Kan.	*D.Fußa. 05.09.1917*
2. Bttr.	ab Okt. 1917	franz. 120 mm Kan.	*D.Fußa. 20.10.1917*
3. Bttr.	ab Nov. 1917	10 cm Kan.	*D.Fußa. 27.11.1917*
4. Bttr.	ab Okt. 1916	russ. leichte 15 cm Kan.	*D.Fußa. 11.10.1916*
4. Bttr.	ab März 1917	franz. 120 mm Kan.	*D.Fußa. 13.03.1917*
4. Bttr.	ab April 1918	schw. Feldh. 02	*D.Fußa. 26.04.1918*
5. Bttr.	ab Dez. 1916	russ. leichte 15cm Kan. u. 24 cm Kan.	*D.Fußa. 19.12.1916*
6. Bttr.	ab Dez. 1916	russ. leichte 15 cm Kan.	*D.Fußa. 19.12.1916*
6. Bttr.	ab Nov. 1917	schw. Feldh.	*D.Fußa. 27.11.1917*
6. Bttr.	ab April 1918	schw. Feldh. 02	*D.Fußa. 18.04.1918*
7. Bttr.	ab März 1917	schw. 12 cm Kan.	*D.Fußa. 30.01.1917*
7. Bttr.	ab April 1917	franz. 120 mm Kan.	*D.Fußa. 12.04.1917*
7. Bttr.	ab Nov. 1917	belg. schw. Feldh.	*D.Fußa. 27.11.1917*
7. Bttr.	ab Dez. 1917	franz. 120 mm Kan.	*D.Fußa. 15.12.1917*
7. Bttr.	ab April 1918	10 cm Kan. 04	*D.Fußa. 26.04.1918*

Ersatztr.Teil: Ers.Btl./Fußart.Rgt. 21, seit 01.01.1918 Ers.Btl./Fußart.Rgt. 9

Unterstellung:

St.,1.–3. Bttr.	[04.09.1916 – 17.08.1917]	4. Armee	*DW/Krgl.*
4. Bttr.	[18.10.1916 – 17.08.1917]	4. Armee	*D.Fußa./Krgl.*
5. Bttr.	[18.12.1916 – 01.01.1917]	4. Armee	*Krgl.*
5. Bttr.	[01.01.1917 – 30.01.1917]	6. Armee	*Krgl.*
6. Bttr.	[18.12.1916 – 17.08.1917]	4. Armee	*Krgl.*
7. Bttr.	[15.03.1917 – 11.07.1917]	6. Armee	*Krgl./AB*
7. Bttr.	[30.07.1917 – 17.08.1917]	4. Armee	*D.Fußa./Krgl.*
St.,1.,3.,4. Bttr.	[26.08.1917 – 24.11.1917]	2. Armee	*D.Fußa./AB*
2. Bttr.	[19.08.1917 – 26.08.1917]	Maubeuge	*AB/D.Fußa.*
2. Bttr.	[11.09.1917 – 24.11.1917]	2. Armee	*AB*
6.,7. Bttr.	[26.08.1917 – 24.11.1917]	2. Armee	*D.Fußa./AB*
St.,1.–4.,6.,7. Bttr.	[27.11.1917]	Metz	*D.Fußa.*
4.,7. Bttr.	[05.12.1917 – 11.12.1917]	2. Armee	*Krgl.*
St.,2.,3.,6. Bttr.	[15.12.1917]	5. Armee	*D.Fußa.*
St.,1.–4.,6. Bttr.	[31.12.1917 – 01.07.1918]	5. Armee	*D.Fußa./Krgl.*
7. Bttr.	[31.12.1917]	5. Armee	*D.Fußa.*
7. Bttr.	[07.01.1918]	A.Abt. C	*Krgl.*

---

[1] Schon in D.Fußa. v. 30.01.1917 aufgeführt

7. Bttr.	[01.02.1918 – 01.07.1918]	5. Armee	*Krgl.*
St.,1.,3.,4.,6.,7. Bttr.	[03.07.1918]	Longuyon	*D.Fußa.*
2. Bttr.	[03.07.1918]	19. Armee	*D.Fußa.*
2. Bttr.	[08.08.1918 – 25.09.1918]	Köln	*D.Fußa./FpÜb*
St.,1.,3.,4.,6.,7. Bttr.	[12.07.1918 – 28.07.1918]	4. Armee	*Krgl.*
St.,1.,3.,4.,6.,7. Bttr.	[30.07.1918 – 07.09.1918]	6. Armee	*Krgl.*
Stab	[13.09.1918 – 12.12.1918]	A.Abt. C	*D.Fußa./FpÜb*
1. Bttr.	[13.09.1918 – 14.10.1918]	A.Abt. C	*D.Fußa./Krgl.*
3.,4.,6.,7. Bttr.	[13.09.1918 – 12.12.1918]	A.Abt. C	*D.Fußa./FpÜb*

Zuteilungen:
St.,1.,3.,4.,6.,7. Bttr.	08.08.1918 – 28.09.1918	1. bayer. Res.Div.	*KA*

Demobil: ab Mitte Dez. 1918 in Hannover, März 1919 (?) aufgelöst[1] Abw.Stelle bei Fußart.Rgt. 9

Landwehr-Fußartillerie-Bataillon Nr. 33

Formation:
Stab, 1.–6. Bttr. 03.09.1916 aufgestellt durch Gen.Insp. der Fußart. bei Kdtr. Danzig (gem. KM v. 03.09.1916)
  Stab aus Fußart.Btl.Stab 234
  1. Bttr. aus Garnison-Bttr. Graudenz u. Resten der 1. Bttr./Fußart.Rgt. 17
  2. Bttr. aus Fußart.Bttr. 446
  3. Bttr. aus 2. Bttr./Ldst.Fußart.Btl. IV. AK
  4. Bttr. aus 1. Bttr./Ldst.Fußart.Btl. X. AK
  5. u. 6. Bttr. aus 1. u. 2. Küsten-Garnison-Bttr. XVII. AK (Danzig)
1. u. 2. Bttr. 14.10.1918 umgewandelt in 7. u. 8. Bttr./Ldw.Fußart.Rgt. Borkum[2]
6. Bttr. 22.06.1918 umgewandelt in 8. Bttr./Ldw.Fußart.Btl. 46

Bewaffnung:
1.–6. Bttr.	ab Sept. 1916	Küstengeschütze	*Krgl. 15.09.1916*
6. Bttr.	ab März 1918	russ. leichte 15 cm Kan.	*D.Fußa. 12.03.1918*
6. Bttr.	ab April 1918	21 cm Mörser	*D.Fußa. 07.04.1918*

Ersatztr.Teil: Ers.Btl./Fußart.Rgt. 17

Unterstellung:
St.,1.–5. Bttr.	[09.09.1916 – 16.10.1918]	Kdtr. Danzig	*DO/FpÜb*
St.,3.–5. Bttr.	[16.10.1918 – 05.02.1919]	Kdtr. Danzig	*FpÜb*
6. Bttr.	[09.09.1916 – 10.02.1918]	Kdtr. Danzig	*DO/Üb.Fußa.*
6. Bttr.	[12.03.1918]	Gouv. Mainz	*D.Fußa.*
6. Bttr.	[29.03.1918 – 01.06.1918]	5. Armee	*D.Fußa./Krgl.*

Demobil: Mitte Febr. 1919 aufgelöst;[3] Abw.Stelle bei Fußart.Rgt. 17

---

[1] FpÜb v. 18.12.1918 – 12.03.1919
[2] Bereits in Ers.FpÜb v. 18.09.1918
[3] Nicht mehr in FpÜb v. 19.02.1919

Landwehr-Fußartillerie-Bataillon Nr. 34

Formation:

Stab, 1.–3. Bttr. 16.09.1916 aufgestellt durch Gouv. Köln bei Ers.Btl./Fußart.Rgt. 7 (gem. KM v. 16.09.1916), mobil seit 25.09.1916
Stab neu aufgestellt
1. Bttr. aus Fußart.Bttr. 472
2. Bttr. aus Fußart.Bttr. 458
3. Bttr. aus Fußart.Bttr. 459

4. Bttr. 26.10.1916 aufgestellt (gem. KM v. 26.10.1916), unter Fortfall der Fußart.Bttr. 364, sogleich mobil

5. u. 6. Bttr. 18.04.1917 aufgestellt (gem. KM v. 18.04.1917), unter Fortfall der Fußart.Bttr. 386 u. 474, sogleich mobil

7.–9. Bttr. 09.09.1918 aufgestellt (gem. KM v. 09.09.1918), sogleich mobil
7. Bttr. aus Fußart.Bttr. 650 (Prahm-Bttr.)
8. Bttr. aus schw. 15 cm-Kan.Bttr. 9
9. Bttr. aus schw. 15 cm-Kan.Bttr. 27

Bewaffnung:

1.–3. Bttr.	ab Sept. 1916	10 cm Kan.	*DW 24.09.1916*
1.,2. Bttr.	ab Okt. 1917	21 cm Mörser	*D.Fußa. 20.10.1917*
4. Bttr.	ab Okt. 1916	10 cm Kan.	*D.Fußa. 28.10.1916*
5. Bttr.	ab April 1917	russ. 10 cm Kan.	*D.Fußa. 28.04.1917*
5. Bttr.	ab Febr. 1918	schw. Feldh. 02	*D.Fußa. 17.02.1918*
6. Bttr.	ab April 1917	russ. 10 cm Kan.	*D.Fußa. 28.04.1917*
6. Bttr.	ab Febr. 1918	10 cm Kan. 04	*D.Fußa. 17.02.1918*
7. Bttr. (Prahm)	ab Sept. 1918	15 cm Schnellade-Kan. L/45	*D.Fußa. 13.09.1918*
8. Bttr. (Prahm)	ab Sept. 1918	schw. 15 cm Kan.	*D.Fußa. 13.09.1918*
9. Bttr.	ab Sept. 1918	schw. 15 cm Kan. (Kraftzug)	*D.Fußa. 13.09.1918*

Ersatztr.Teil: Ers.Btl./Fußart.Rgt. 4

Unterstellung:

St.,1.–3. Bttr.	[01.10.1916 – 01.10.1917]	5. Armee	*Krgl.*
4. Bttr.	[28.10.1916 – 01.10.1917]	5. Armee	*D.Fußa./Krgl.*
5.,6. Bttr.	[28.04.1917 – 01.10.1917]	5. Armee	*D.Fußa./Krgl.*
1.,2.,5.,6. Bttr.	[20.10.1917 – 29.10.1917]	Longuyon	*D.Fußa./Krgl.*
St.,3.,4. Bttr.	[29.10.1917]	Longuyon	*D.Fußa.*
St.,1.–6. Bttr.	[04.11.1917 – 04.01.1918]	2. Armee	*AB/ Krgl.*
St.,1.–6. Bttr.	[10.02.1918 – 01.03.1918]	17. Armee	*Üb.Fußa./Krgl.*
St.,1.–6. Bttr.	[07.04.1918 – 04.12.1918]	6. Armee	*D.Fußa./FpÜb*
7.,8.,9. Bttr.	[13.09.1918 – 04.12.1918]	6. Armee	*D.Fußa./FpÜb*

Zuteilungen:

St.,1.–6. Bttr.	24.10.1917 – 08.01.1918	15. bayer. Inf.Div.	*KA*
St.,1.–6. Bttr.	02.03.1918 – 20.03.1918	16. bayer. Inf.Div.	*KA*

Demobil: 28.11. – 20.12.1918 in Lemsdorf und Klein Ottersleben aufgelöst[1]
Abw.Stelle bei Fußart.Rgt. 4

---

[1] Demob.Üb. IV. AK v. 25.09.1919; noch in FpÜb v. 28.12.1918 – 12.03.1919

Landwehr-Fußartillerie-Bataillon Nr. 35

Formation:

Stab, 1.u.2. Bttr.	17.09.1916 aufgestellt durch Gouv. Posen bei Ers.Btl./Fußart.Rgt. 5 (gem. KM v. 17.09.1917), sogleich mobil
	Stab neu aufgestellt
	1. Bttr. aus 6. Bttr. des Ers.Btl/Fußart.Rgt. 11
	2. Bttr. aus 6. Bttr. des Ers.Btl/Fußart.Rgt. 6
2. Bttr.	30.01.1917 umgewandelt in Fußart.Bttr. 1023
3. u. 4. Bttr.	18.10.1916 aufgestellt (gem. KM v. 18.10.1916) aus Fußart.Bttr. 704 u. 705, sogleich mobil
3. Bttr.	Anf. Nov. 1918 umgewandelt in 2. Bttr./Fußart.Btl. 173
Park-Komp.	24.11.1916 aufgestellt (bestand bis 19.12.1917)
5. u. 6. Bttr.	09.12.1916 aufgestellt (gem. KM v. 09.12.1916) aus Fußart.Bttr. 595 u. 596, sogleich mobil
7. Bttr.	18.04.1917 aufgestellt (gem. KM v. 18.04.1917) aus Fußart.Bttr. 599, sogleich mobil
7. Bttr.	Anf. Nov. 1918 umgewandelt in 3. Bttr./Fußart.Btl. 173
8. u. 9. Bttr.	09.09.1918 aufgestellt (gem. KM v. 09.09.1918) aus schw. 15 cm-Kan.Bttr. 26 u. 33, sogleich mobil

Bewaffnung:

1. Bttr.	ab Sept. 1916	russ. schw. 15 cm Kan.	*DW 24.09.1916*
1. Bttr.	ab Juli 1917	russ. lange 15 cm Kan.	*Krgl. 01.07.1917*
1. Bttr.	ab Okt. 1918	russ. Feldh.	*D.Fußa. 10.10.1918*
2. Bttr.	ab Sept. 1916	russ. schw. 15 cm Kan.	*DW 24.09.1916*
2. Bttr.	ab Dez. 1916	russ. schw. 15 cm Kan. und 24 cm Kan.	*D.Fußa. 01.12.1916*
3. Bttr.	ab Okt. 1916	russ. schw. 15 cm Kan.	*D.Fußa. 28.10.1916*
3. Bttr.	ab Mai 1918	russ. lange 15 cm Kan.	*D.Fußa. 06.05.1918*
4. Bttr.	ab Okt. 1916	russ. schw. 15 cm Kan.	*D.Fußa. 28.10.1916*
4. Bttr.	ab Febr. 1918	russ. lange 15 cm Kan.	*D.Fußa. 17.02.1918*
4. Bttr.	ab Okt. 1918	russ. Feldh.	*D.Fußa. 10.10.1918*
5. Bttr.	ab Dez. 1916	russ. lange 15 cm Kan.	*D.Fußa. 19.12.1916*
5. Bttr.	ab Okt. 1918	russ. Feldh.	*D.Fußa. 10.10.1918*
6. Bttr.	ab Dez. 1916	russ. lange 15 cm Kan.	*D.Fußa. 19.12.1916*
6. Bttr.	ab Mai 1918	russ. schw. 15 cm Kan.	*D.Fußa. 06.05.1918*
6. Bttr.	ab Okt. 1916	russ. Feldh.	*D.Fußa. 10.10.1918*
7. Bttr.	ab April 1917	russ. lange 15 cm Kan.	*D.Fußa. 28.04.1917*
7. Bttr.	ab Juli 1918	russ. 20 cm Haub. 92	*D.Fußa. 28.07.1918*
7. Bttr.	ab Sept. 1918	Mörser	*D.Fußa. 09.09.1918*
8. Bttr.	ab Sept. 1918	schw. 15 cm Kan.	*D.Fußa. 13.09.1918*
9. Bttr.	ab Sept. 1918	schw. 15 cm Kan. (Kraftzug)	*D.Fußa. 13.09.1918*

Ersatztr.Teil: Ers.Btl./Fußart.Rgt. 23

Unterstellung:

Stab	[01.10.1916 – 01.12.1917]	3. Armee	*Krgl.*
1. Bttr.	[01.10.1916 – 01.01.1918]	3. Armee	*Krgl.*
2. Bttr.	[01.10.1916 – 07.10.1916]	3. Armee	*Krgl./Üb.Fußa.*
2. Bttr.	[19.12.1916 – 20.01.1917]	5. Armee	*D.Fußa./Krgl.*
3.,4. Bttr.	[28.10.1916 – 01.12.1917]	3. Armee	*D.Fußa./Krgl.*
5. Bttr.	[19.12.1916 – 01.01.1918]	3. Armee	*D.Fußa./Krgl.*

6. Bttr.	[19.12.1916 – 01.12.1917]	3. Armee	*D.Fußa./Krgl.*
7. Bttr.	[24.04.1917 – 01.12.1917]	3. Armee	*Krgl.*
Stab	[31.12.1917 – 19.06.1918]	1. Armee	*D.Fußa./Krgl.*
1. Bttr.	[15.01.1918 – 19.06.1918]	1. Armee	*D.Fußa./Krgl.*
3.,4. Bttr.	[31.12.1917 – 19.06.1918]	1. Armee	*D.Fußa./Krgl.*
5. Bttr.	[15.01.1918 – 19.06.1918]	1. Armee	*D.Fußa./Krgl.*
6.,7. Bttr.	[31.12.1917 – 19.06.1918]	1. Armee	*D.Fußa./Krgl.*
St.,1.,3.–6. Bttr.	[14.07.1918 – 18.09.1918]	3. Armee	*D.Fußa./FpÜb*
St.,1.,4.–6. Bttr.	[10.10.1918]	Longuyon	*D.Fußa.*
3.,7. Bttr.	[01.10.1918]	Namur	*D.Fußa.*
St.,1.,4.–6. Bttr.	[25.10.1918 – 03.11.1918]	Diedenhofen	*D.Fußa./Krgl.*
St.,1.,4.–6. Bttr.	[06.11.1918 – 28.12.1918]	A.Abt. C	*FpÜb*
8. Bttr.	[13.09.1918 – 28.12.1918]	3. Armee	*D.Fußa./FpÜb*
9. Bttr.	[13.09.1918 – 09.10.1918]	Hirson	*D.Fußa./FpÜb*
9. Bttr.	[16.10.1918 – 20.11.1918]	3. Armee	*FpÜb*

Zuteilungen:
St.,1.,3.–6. Bttr.   01.09.1918 – 05.10.1918   12. bayer. Inf.Div.   *KA*

Demobil: Btl. Dez. 1918 in Posen aufgelöst; 1., 4.–6. Bttr. ab Mitte Jan. 1919 in Fürstenwalde (Spree)[1]
9. Bttr. am 01.12.1918 in Jüterbog durch Ers.Btl./2. Garde-Fußart.Rgt. aufgelöst[2]
Abw.Stelle bei Fußart.Rgt. 23

Quelle: Gefechtskalender Fußart.Rgt. 23

Landwehr-Fußartillerie-Bataillon Nr. 36

Formation:
Stab, 1.–3. Bttr.   09.10.1916 aufgestellt durch Gouv. Köln bei Ers.Btl./Fußart.Rgt. 7 (gem. KM v. 09.10.1916), sogleich mobil
Stab neu aufgestellt
1.–3. Bttr. aus Fußart.Bttr. 526, 543 u. 553
4. Bttr.   09.12.1916 aufgestellt (gem. KM v. 09.12.1916) aus Fußart.Bttr. 672, sogleich mobil
5. u. 6. Bttr.   04.03.1917 aufgestellt (gem. KM v. 04.03.1917) aus 2. u. 3. Bttr./Ldst.Fußart.-Btl. II. AK, sogleich mobil

Bewaffnung:

1.–3. Bttr.	ab Okt. 1916	10 cm Kan. 97	*Üb.Fußa. 07.10.1916*
4. Bttr.	ab Dez. 1916	russ. 10 cm Kan.	*D.Fußa. 19.12.1916*
4. Bttr.	ab Nov. 1917	lange schw. Feldh. 13	*D.Fußa. 20.11.1917*
5. Bttr.	ab März 1917	schw. 12 cm Kan.	*D.Fußa. 30.01.1917*
5. Bttr.	ab Nov. 1917	lange schw. Feldh. 13	*D.Fußa. 20.11.1917*
6. Bttr.	ab März 1917	schw. 12 cm Kan.	*D.Fußa. 30.01.1917*
6. Bttr.	ab Nov. 1917	10 cm Kan. 04	*D.Fußa. 20.11.1917*
6. Bttr.	ab Dez. 1917	10 cm Kan. 14	*D.Fußa. 15.12.1917*

Ersatztr.Teil: Ers.Btl./Fußart.Rgt. 6

---
[1] Demob.Üb. V. AK v. 15.06.1919; FpÜb v. 03.01.1919 – 12.03.1919
[2] Demob.Üb. Garde-Korps v. 24.05.1919

Unterstellung:

St.,1.,2.,3. Bttr.	[09.10.1916]	Oberost	*D.Fußa.*
St.,2. Bttr.	[13.10.1916 – 19.12.1917]	10. Armee	*Krgl.*
1.,3. Bttr.	[19.10.1916 – 19.12.1917]	8. Armee	*D.Fußa./Krgl.*
4. Bttr.	[19.12.1916 – 26.10.1917]	10. Armee	*D.Fußa./Krgl.*
5.,6. Bttr.	[04.03.1917 – 26.10.1917]	10. Armee	*Krgl.*
4. Bttr.	[29.10.1917]	6. Armee	*D.Fußa.*
4.,5.,6. Bttr.	[10.11.1917]	Köln	*D.Fußa.*
4.,5.,6. Bttr.	[27.11.1917]	Wahn	*D.Fußa.*

Verbleib:
Stab, 1.–3. Bttr. 19.12.1917 umgewandelt in Stab, 1.–3. Bttr./Fußart.Btl. 117
4.–6. Bttr. 01.01.1918 umgewandelt in 1.–3. Bttr./Fußart.Btl. 125

Landwehr-Fußartillerie-Bataillon Nr. 37

Formation:
Stab, 1.–4. Bttr. 15.01.1917 aufgestellt durch Gouv. Posen (gem. KM v. 15.01.1817), mobil seit 05.02.1918
  Stab, 1. u. 2. Bttr. bei Ers.Btl./Fußart.Rgt. 5
  3. u. 4. Bttr. bei Ers.Btl./Fußart.Rgt. 23
5. u. 6. Bttr. 04.03.1917 aufgestellt (gem. KM v. 04.03.1917) aus Fußart.Bttr. 321 u. 388, sogleich mobil

Bewaffnung:

1.–4. Bttr.	ab Jan. 1917	schw. 15 cm Kan. L/30	*Üb.Fußa. 01.02.1917*
1.,2. Bttr.	ab Juli 1917	schw. Feldh.	*D.Fußa. 11.07.1917*
1.,2. Bttr.	ab Nov. 1917	15 cm Ring-Kan.	*D.Fußa. 27.11.1917*
1.,2. Bttr.	ab Dez. 1917	franz. 120 mm Kan.	*D.Fußa. 25.12.1917*
1. Bttr.	ab April 1918	schw. Feldh. 13	*D.Fußa. 26.04.1918*
1. Bttr.	ab Juli 1918	schw. Feldh. 02	*D.Fußa. 03.07.1918*
2. Bttr.	ab April 1918	schw. Feldh. 02	*D.Fußa. 26.04.1918*
2. Bttr.	ab Aug. 1918	13 cm Kan.	*D.Fußa. 19.08.1918*
3. Bttr.	ab Juli 1917	belg. 15 cm Kan.	*D.Fußa. 11.07.1917*
3. Bttr.	ab Aug. 1917	leichte russ. 15 cm Kan.	*D.Fußa. 15.08.1917*
3. Bttr.	ab Nov. 1917	15 cm Ring-Kan.	*D.Fußa. 27.11.1917*
3. Bttr.	ab Dez. 1917	franz. 120 mm Kan.	*D.Fußa. 25.12.1917*
3. Bttr.	ab April 1918	schw. Feldh. 02	*D.Fußa. 26.04.1918*
4. Bttr.	ab Febr. 1917	schw. 15 cm Kan. L/30	*Üb.Fußa. 01.02.1917*
4. Bttr.	ab Juli 1917	franz. 120 mm Kan.	*D.Fußa. 11.07.1917*
4. Bttr.	ab Nov. 1917	schw. 12 cm Kan.	*D.Fußa. 27.11.1917*
4. Bttr.	ab Dez. 1917	franz. 120 mm Kan.	*D.Fußa. 25.12.1917*
4. Bttr.	ab April 1918	lange Mörser	*D.Fußa. 26.04.1918*
5. Bttr.	ab März 1917	15 cm Ring-Kan.	*Üb.Fußa. 01.02.1917*
5. Bttr.	ab Juni 1917	schw. 12 cm Kan.	*Krgl. 20.06.1917*
5. Bttr.	ab Nov. 1917	belg. schw. 12 cm Kan.	*D.Fußa. 27.11.1917*
5. Bttr.	ab Dez.1917	franz. 120 mm Kan.	*D.Fußa. 25.12.1917*
6. Bttr.	ab März 1917	franz. 120 mm Kan.	*Üb.Fußa. 01.02.1917*

Ersatztr.Teil: Ers.Btl./Fußart.Rgt. 5

Unterstellung:
St.,1.–4. Bttr.	[03.02.1917 – 26.03.1917]	OHL hinter 4. Armee	*D.Fußa./RG*
St.,1.–4. Bttr.	[27.03.1917]	6. Armee	*D.Fußa.*
St.,1.–4. Bttr.	[17.04.1917 – 24.11.1917]	2. Armee	*Krgl./AB*
5.,6. Bttr.	[15.03.1917 – 25.08.1917]	4. Armee	*Krgl.*
5. Bttr.	[10.10.1917 – 24.11.1917]	2. Armee	*Krgl./AB*
6. Bttr.	[05.09.1917]	Maubeuge	*D.Fußa.*
6. Bttr.	[25.09.1917 – 24.11.1917]	2. Armee	*D.Fußa./Krgl.*
St.,1.–6. Bttr.	[28.11.1917 – 25.12.1917]	Diedenhofen	*D.Fußa./Gef.Kal.*
St.,1.–5. Bttr.	[25.12.1917 – 27.04.1918]	6. Armee	*D.Fußa./Gef.Kal.*
6. Bttr.	[26.01.1918 – 27.04.1918]	6. Armee	*D.Fußa./Gef.Kal.*
St.,1.–6. Bttr.	[28.04.1918 – 19.05.1918]	Jurbise	*D.Fußa./Gef.Kal.*
St.,1.–6. Bttr.	[20.05.1918 – 18.08.1918]	2. Armee	*D.Fußa./Gef.Kal.*
St.,1.–6. Bttr.	[19.08.1918 – 02.09.1918]	Maubeuge	*D.Fußa./Gef.Kal.*
St.,1.–6. Bttr.	[03.09.1918 – 03.10.1918]	Köln	*Gef.Kal.*

Zuteilungen:
St.,1.–6. Bttr.	09.02.1918 – 24.02.1918	6. bayer. Inf.Div.	*KA*
St.,1.–6. Bttr.	24.05.1918 – 20.06.1918	14. bayer. Inf.Div.	*KA*
St.,1.–6. Bttr.	23.07.1918 – 10.08.1918	14. bayer. Inf.Div.	*KA*

Verbleib: Stab Sept. 1918 umgewandelt in Stab/Fußart.Btl. 167
1.–6. Bttr. Anf. Okt. 1918 in Köln aufgelöst;[1] Abw.Stelle bei Fußart.Rgt. 5

Quellen: Rgt.Gesch. Fußart.Rgt. 5; Gefechtskalender Fußart.Rgt. 22

Landwehr-Fußartillerie-Bataillon Nr. 38

Formation:
Stab 04.11.1916 aufgestellt durch Gen.Insp. der Fußart. bei Ers.Btl./Fußart.Rgt. 4 (gem. KM v. 04.11.1916), mobil seit 11.11.1916
1.–3. Bttr. 04.11.1916 aufgestellt durch HGr. Below (gem. KM v. 04.11.1916) aus Fußart.-Bttr. 219, 340 u. 491, sogleich mobil

Bewaffnung:
1.–3. Bttr.	ab Nov. 1916	schw. Feldh.	*D.Fußa. 12.11.1916*

Ersatztr.Teil: Ers.Btl./Fußart.Rgt. 4

Unterstellung:
Stab	[12.11.1916]	HGr. Below	*D.Fußa.*
1.,3. Bttr.	[12.11.1916]	11. Armee	*D.Fußa.*
2. Bttr.	[12.11.1916]	1. bulg.Armee	*D.Fußa.*
Stab	[01.12.1916 – 06.02.1917]	11. Armee	*Krgl.*
1.–3. Bttr.	[26.12.1916 – 06.02.1917]	11. Armee	*Krgl.*
St.,1.–3. Bttr.	[14.04.1917 – 22.11.1917]	1. bulg. Armee	*Krgl.*

Zuteilungen:
2. Bttr.	01.01.1917 – 06.02.1917	Div.Kdo. z.b.V. 302	*KW*
3. Bttr.	03.12.1916 – 31.12.1916	Div. Hippel	*KW*
3. Bttr.	01.01.1917 – 23.01.1917	Div.Kdo. z.b.V. 302	*KW*
3. Bttr.	23.02.1917 – 30.06.1917	101. Inf.Div.	*KW*

Verbleib: 19.12.1917 umgewandelt in Stab, 1.–3. Bttr./Fußart.Btl. 118

---
[1] Gem. D.Fußa. v. 30.08.1918

Landwehr-Fußartillerie-Bataillon Nr. 39

Formation:

Stab, 1.–3. Bttr.	13.10.1916 aufgestellt durch Gouv. Straßburg bei Ers.Btl./Fußart.Rgt. 10 (gem. KM v. 13.10.1916), sogleich mobil
	Stab neu aufgestellt
	1. u. 2. Bttr. aus Fußart.Bttr. 148 u. 723
	3. Bttr. aus 6. Bttr. des Ers.Btl./Fußart.Rgt. 10
4. Bttr.	04.11.1916 aufgestellt durch Ers.Btl./Fußart.Rgt. 4 (gem. KM v. 04.11.1916) aus 6. Bttr. des Ers.Btl./Fußart.Rgt. 4, mobil seit 07.11.1916
5. u. 6. Bttr.	09.12.1916 aufgestellt (gem. KM v. 09.12.1916) aus Fußart.Bttr. 601 u. 605, sogleich mobil
Park-Komp.	27.04.1917 aufgestellt (bestand bis 19.12.1917)
Stab, 4.–6. Bttr.	Anf. Okt. 1918 umgewandelt in Stab, 1.–3. Bttr./Fußart.Btl. 170[1]
Schw. Küsten-Mörser-Bttr. 3 Mitte Sept. 1918 angegliedert (gem. KM v. 09.09.1918)	

Bewaffnung:

1. Bttr.	ab Okt. 1916	schw. Feldh.	*Üb.Fußa. 07.10.1916*
1. Bttr.	ab April 1918	schw. Feldh. 02	*D.Fußa. 26.04.1918*
1. Bttr.	ab Aug. 1918	13 cm Kan.	*D.Fußa. 08.08.1918*
2. Bttr.	ab Okt. 1916	schw. Feldh.	*Üb.Fußa. 07.10.1916*
2. Bttr.	ab April 1918	schw. Feldh. 02	*D.Fußa. 26.04.1918*
2. Bttr.	ab Okt. 1918	13 cm Kan.	*Krgl. 01.10.1918*
3. Bttr.	ab Okt. 1916	schw. Feldh.	*D.Fußa. 28.10.1916*
3. Bttr.	ab April 1918	schw. Feldh. 02	*D.Fußa. 26.04.1918*
3. Bttr.	ab Sept. 1918	13 cm Kan.	*D.Fußa. 27.09.1918*
4. Bttr.	ab Nov. 1916	schw. Feldh.	*D.Fußa. 05.11.1916*
4. Bttr.	ab April 1918	schw. Feldh. 02	*D.Fußa. 26.04.1918*
5. Bttr.	ab Dez. 1916	schw. Feldh.	*D.Fußa. 19.12.1916*
5. Bttr.	ab April 1918	10 cm Kan. 04	*D.Fußa. 26.04.1918*
5. Bttr.	ab Juli 1918	schw. Feldh. 02	*D.Fußa. 28.07.1918*
5. Bttr.	ab Aug. 1918	lange Mörser	*D.Fußa. 30.08.1918*
6. Bttr.	ab Dez. 1916	schw. Feldh.	*D.Fußa. 19.12.1916*
6. Bttr.	ab April 1918	franz. 120 mm Kan.	*D.Fußa. 26.04.1918*
6. Bttr.	ab Aug. 1918	lange Mörser	*D.Fußa. 30.08.1918*

Ersatztr.Teil: Ers.Btl./Fußart.Rgt. 10

Unterstellung:

St.,1.,2. Bttr.	[19.10.1916 – 02.02.1917]	A.Abt. Strantz	*D.Fußa./Krgl.*
3. Bttr.	[28.10.1916 – 02.02.1917]	A.Abt. Strantz	*D.Fußa./Krgl.*
4. Bttr.	[05.11.1916 – 02.02.1917]	A.A.Strantz	*D.Fußa./Krgl.*
5.,6. Bttr.	[19.12.1916 – 02.02.1917]	A.A.Strantz	*D.Fußa./Krgl.*
St., 2.–6. Bttr.	[02.02.1917 – 31.07.1917]	A.Abt. C	*Krgl.*
1. Bttr.	[02.02.1917 – 05.06.1917]	A.Abt. C	*Krgl.*
1. Bttr.	[29.06.1917 – 30.07.1917]	A.Abt. A	*Krgl./D.Fußa.*
St.,1.–4. Bttr.	[03.08.1917 – 10.01.1918]	4. Armee	*Krgl./AB*
5.,6. Bttr.	[03.08.1917 – 01.11.1917]	4. Armee	*Krgl.*
5.,6. Bttr.	[05.11.1917 – 15.01.1918]	6. Armee	*Krgl.*
St.,1.–6. Bttr.	[15.01.1918 – 10.02.1918]	6. Armee	*D./Üb.Fußa.*
St.,1.–6. Bttr.	[13.02.1918 – 07.03.1918]	2. Armee	*D.Fußa./Krgl.*

---

[1] D.Fußa v. 10.10.1918, FpÜb v. 23.10.1918

St.,1.–6. Bttr.	[22.03.1918 – 29.03.1918]	17. Armee	*AB/D.Fußa.*
St.,1.–6. Bttr.	[07.04.1918 – 18.04.1918]	6. Armee	*D.Fußa./Krgl.*
St.,1.–6. Bttr.	[26.04.1918 – 15.05.1918]	Jurbise	*D.Fußa./RG*
St.,1.–6. Bttr.	[31.05.1918 – 19.06.1918]	1. Armee	*D.Fußa./Krgl.*
St.,1.–6. Bttr.	[14.07.1918 – 20.07.1918]	9. Armee	*D.Fußa./Krgl.*
St.,1.–6. Bttr.	[28.07.1918]	Maubeuge	*D.Fußa.*
Stab	[11.08.1918 – 05.09.1918]	7. Armee	*Krgl.*
1.–3. Bttr.	[09.09.1918 – 23.10.1918]	3. Armee	*D.Fußa./FpÜb*
1.–3. Bttr.	[30.10.1918 – 18.12.1918]	1. Armee	*FpÜb*
St.,4.–6. Bttr.	[18.09.1918 – 02.10.1918]	18. Armee	*FpÜb*
St.,4.–6. Bttr.	[09.10.1918 – 16.10.1918]	2. Armee	*FpÜb*

Zuteilungen:
4. Bttr.	22.07.1918 – 04.10.1918	Maubeuge (Neuformierung)	*RG*
6. Bttr.	16.05.1917 – 20.07.1917	Garde-Ers.Div.	*KTB*

Demobil: 1.–3. Bttr. 20.12.1918 in Arolsen aufgelöst;[1] Abw.Stelle bei Fußart.Rgt. 10

Quellen: Rgt.Gesch. Fußart.Rgt. 5; KTB Garde-Ers.Div.

Landwehr-Fußartillerie-Bataillon Nr. 40

Formation:
Stab	13.10.1916 aufgestellt durch Gouv. Köln bei Ers.Btl./Fußart.Rgt. 7 (gem. KM v. 13.10.1916), sogleich mobil
1. Bttr.	13.10.1916 aufgestellt durch Gouv. Köln bei Ers.Btl./Fußart.Rgt. 7 (gem. KM v. 13.10.1916) aus Fußart.Bttr. 662, sogleich mobil
2. Bttr.	13.10.1916 aufgestellt durch Gouv. Metz bei Ers.Btl./Fußart.Rgt. 8 (gem. KM v. 13.10.1916) aus Fußart.Bttr. 732, sogleich mobil
3. Bttr.	04.11.1916 aufgestellt durch Ers.Btl./Fußart.Rgt. 15 (gem. KM v. 04.11.1916) aus 6. Bttr. des Ers.Btl./Fußart.Rgt. 15, sogleich mobil
4. Bttr.	04.11.1916 aufgestellt durch Ers.Btl./Fußart.Rgt. 20 (gem. KM v. 04.11.1916) aus 6. Bttr. des Ers.Btl./Fußart.Rgt. 20, sogleich mobil
5. u. 6. Bttr.	30.08.1917 aufgestellt durch A.Abt. A (gem. KM v. 30.08.1917) aus 7. u. 9. Bttr./Ldst.Fußart.Btl. V. AK, sogleich mobil

Bewaffnung:
1.,2. Bttr.	ab Okt. 1916	10 cm Kan.	*Üb.Fußa. 07.10.1916*
1.,2. Bttr.	ab Juni 1918	schw. Feldh. 02	*D.Fußa. 19.06.1918*
3.,4. Bttr.	ab Nov. 1916	10 cm Kan.	*D.Fußa. 18.11.1916*
5. Bttr.	ab Sept. 1917	9 cm Kan.	*D.Fußa. 05.09.1917*
5. Bttr.	ab Okt. 1917	schw. 12 cm Kan.	*D.Fußa. 20.10.1917*
5. Bttr.	ab Jan. 1918	10 cm Kan.	*D.Fußa. 03.01.1918*
5. Bttr.	ab März 1918	schw. 12 cm Kan.	*D.Fußa. 18.03.1918*
5. Bttr.	ab Juni 1918	Mörser	*D.Fußa. 19.06.1918*
6. Bttr.	ab Sept. 1917	schw. 12 cm Kan.	*D.Fußa. 05.09.1917*
6. Bttr.	ab Juni 1918	Mörser	*D.Fußa. 19.06.1918*

Ersatztr.Teil: Ers.Btl./Fußart.Rgt. 18

---
[1] Demob.Üb. XV. AK v. 11.01.1919; FpÜb v. 03.01.1919, nicht mehr in FpÜb v. 12.03.1919

Unterstellung:

St.,1.,2. Bttr.	[19.10.1916 – 10.12.1917]	2. Armee	*D.Fußa./Krgl.*
3.,4. Bttr.	[18.11.1916 – 10.12.1917]	2. Armee	*D.Fußa./Krgl.*
5. Bttr.	[05.09.1917]	4. Armee	*D.Fußa.*
5. Bttr.	[26.09.1917 – 10.12.1917]	2. Armee	*AB/Krgl.*
6. Bttr.	[05.09.1917]	Maubeuge	*D.Fußa.*
6. Bttr.	[18.09.1917 – 10.12.1917]	2. Armee	*AB/Krgl.*
St.,1.–6. Bttr.	[31.12.1917 – 21.03.1918]	18. Armee	*D.Fußa./Krgl.*
St.,1.–6. Bttr.	[29.03.1918 – 10.09.1918]	7. Armee	*D.Fußa./Krgl.*
St.,1.–6. Bttr.	[13.09.1918 – 18.09.1918]	9. Armee	*D.Fußa./FpÜb*
St.,1.–6. Bttr.	[25.09.1918 – 30.10.1918]	7. Armee	*FpÜb*
St.,1.–6. Bttr.	[03.11.1918]	Köln	*D.Fußa.*

Zuteilungen:

St.,1.–6. Bttr.	30.06.1918 – 15.07.1918	6. bayer. Res.Div.	*KA*

Demobil: 12.11.1918 in Köln aufgelöst;[1] Abw.Stelle bei Fußart.Rgt. 18

Landwehr-Fußartillerie-Bataillon Nr. 41

Formation:

Stab, 1.–3. Bttr.	13.10.1916 aufgestellt durch Gouv. Metz bei Ers.Btl./Fußart.Rgt. 8 (gem. KM v. 13.10.1916), sogleich mobil
	Stab neu aufgestellt
	1. u. 2. Bttr. aus Fußart.Bttr. 531 u. 729
	3. Bttr. aus 6. Bttr. des Ers.Btl./Fußart.Rgt. 15
1. Bttr.	Ende Okt. 1918 umgewandelt in 1. Bttr./Fußart.Btl. 174[2]
4. Bttr.	01.11.1916 aufgestellt durch Ers.Btl./Fußart.Rgt. 16 (gem. KM v. 04.11.1916 u. 27.10.1916) aus 6. Bttr. des Ers.Btl./Fußart.Rgt. 16, sogleich mobil
5. u. 6. Bttr.	09.12.1916 aufgestellt (gem. KM v. 09.12.1916) aus Fußart.Bttr. 586 u. 654, sogleich mobil
7. u. 8. Bttr.	09.09.1918 aufgestellt (gem. KM v. 09.09.1918) aus schw. 15 cm-Kan.Bttr. 31 u. 43, sogleich mobil

Bewaffnung:

1.–3. Bttr.	ab Okt. 1916	schw. Feldh.	*Üb.Fußa. 07.10.1916*
1.–3. Bttr.	ab Dez. 1917	schw. Feldh. 02	*D.Fußa. 15.12.1917*
1.,2. Bttr.	ab Okt. 1918	lange Mörser	*D.Fußa. 10.10.1918*
3. Bttr.	ab Sept. 1918	engl. schw. Feldh.	*D.Fußa. 27.09.1918*
3. Bttr.	ab Nov. 1918	schw. Feldh. 02	*D.Fußa. 03.11.1918*
4. Bttr.	ab Nov. 1916	schw. Feldh.	*D.Fußa. 05.11.1916*
4. Bttr.	ab März 1918	schw. Feldh. 02	*D.Fußa. 12.03.1918*
4. Bttr.	ab Sept. 1918	engl. schw. Feldh.	*D.Fußa. 27.09.1918*
4. Bttr.	ab Nov. 1918	schw. Feldh. 02	*D.Fußa. 03.11.1918*
5. Bttr.	ab Dez. 1916	schw. Feldh.	*D.Fußa. 19.12.1916*
5. Bttr.	ab Juni 1918	Mörser	*D.Fußa. 19.06.1918*
6. Bttr.	ab Dez. 1916	schw. Feldh.	*D.Fußa. 19.12.1916*

---

[1] Demob.Üb. XI. AK, Berichtigung v. 15.08.1920; nicht mehr in FpÜb v. 04.12.1918
[2] FpÜb v. 30.10.1918

6. Bttr.	ab Mai 1918	Mörser	*D.Fußa. 31.05.1918*
7. Bttr.	ab Sept. 1918	schw. 15 cm Kan.	*D.Fußa. 13.09.1918*
8. Bttr.	ab Sept. 1918	schw. 15 cm Kan. (Kraftzug)	*D.Fußa. 13.09.1918*

Ersatztr.Teil: Ers.Btl./Fußart.Rgt. 15

Unterstellung:

St.,1.–3. Bttr.	[19.10.1916 – 01.09.1917]	5. Armee	*D.Fußa./Krgl.*
4. Bttr.	[05.11.1916 – 21.07.1917]	5. Armee	*D.Fußa./Krgl.*
5.,6. Bttr.	[19.12.1916 – 21.07.1917]	5. Armee	*D.Fußa./Krgl.*
St.,1.–6. Bttr.	[02.10.1917 – 15.04.1918]	A.Abt. C	*Krgl./Krgl.*
St.,1.–6. Bttr.	[26.04.1918]	Metz	*D.Fußa.*
St.,3.–6. Bttr.	[28.05.1918 – 20.11.1918]	4. Armee	*Krgl./FpÜb*
1. Bttr.	[28.05.1918 – 16.10.1918]	4. Armee	*Krgl./FpÜb*
2. Btr.	[28.05.1918 – 23.10.1918]	4. Armee	*Krgl./FpÜb*
7.,8. Bttr.	[13.09.1918 – 20.11.1918]	4. Armee	*D.Fußa./FpÜb*

Zuteilungen:

St.,1.–6. Bttr.	18.09.1918 – 30.09.1918	6. bayer. Res.Div.	*KA*

Demobil:

St.,2.–7. Bttr.	Ende Nov. 1918 aufgelöst (gem. Stellv. Gen.Kdo. II. AK v. 09.12.1918)[1]
	Abw.Stelle bei Fußart.Rgt. 15
8. Bttr.	30.11.1918 in Breslau aufgelöst (gem. Gen.Kdo. VII. AK v. 07.12.1918)[2]
	Abw.Stelle bei Fußart.Rgt. 6

Landwehr-Fußartillerie-Bataillon Nr. 42

Formation:

Stab, 1.–4. Bttr.	23.11.1916 aufgestellt durch Gouv. Metz bei Ers.Btl./Fußart.Rgt. 8 (gem. KM v. 23.11.1916), sogleich mobil
	Stab neu aufgestellt
	1.–4. Bttr. aus Fußart.Bttr. 741, 745, 748 u. 602
5. u. 6. Bttr.	18.04.1917 (gem. KM v. 18.04.1917) aus Fußart.Bttr. 280 u. 295, sogleich mobil

Bewaffnung:

1.–4. Bttr.	ab Nov. 1916	schw. Feldh.	*D.Fußa. 01.12.1916*
1. Bttr.	ab Febr. 1918	Versuchs-Haub. 99	*Üb.Fußa. 10.02.1918*
1. Bttr.	ab Aug. 1918	15 cm Kan. in Schirm-Laf.	*D.Fußa. 08.08.1918*
2. Bttr.	ab Sept. 1917	Versuchs-Haub. 99	*D.Fußa. 15.09.1917*
2. Bttr.	ab Aug. 1918	15 cm Kan. in Schirm-Laf.	*D.Fußa. 08.08.1918*
2. Bttr.	ab Sept. 1918	belg. 12 cm Kan.	*D.Fußa. 27.09.1918*
2. Bttr.	ab Nov. 1918	russ. 10 cm Kan.	*Krgl. 03.11.1918*
3. Bttr.	ab Febr. 1918	Versuchs-Haub. 99	*Üb.Fußa. 10.02.1918*
4. Bttr.	ab Febr. 1918	Versuchs-Haub. 99	*Üb.Fußa. 10.02.1918*
4. Bttr.	ab Sept. 1918	21 cm Mörser	*D.Fußa. 27.09.1918*
5. Bttr.	ab April 1917	russ. leichte 15 cm Kan.	*D.Fußa. 28.04.1917*
5. Bttr.	ab März 1918	schw. Feldh. 02	*D.Fußa. 12.03.1918*

---

[1] Nicht mehr in FpÜb v. 04.12.1918
[2] Demob.Üb. VI. AK v. 01.03.1919

5. Bttr.	ab Aug. 1918	belg. 21 cm Haub.	*D.Fußa. 30.08.1918*
5. Bttr.	ab Sept. 1918	russ. leichte 15 cm Kan.	*D.Fußa. 27.09.1918*
6. Bttr.	ab April 1917	lange 15 cm Kan.	*D.Fußa. 28.04.1917*
6. Bttr.	ab Aug. 1917	russ. leichte 15 cm Kan.	*D.Fußa. 07.08.1917*
6. Bttr.	ab März 1918	schw. Feldh. 02	*D.Fußa. 12.03.1918*
6. Bttr.	ab Aug. 1918	belg. 21 cm Haub.	*D.Fußa. 30.08.1918*
6. Bttr.	ab Nov. 1918	russ. leichte 15 cm Kan.	*Krgl. 03.11.1918*

Ersatztr.Teil: Ers.Btl./Fußart.Rgt. 8, seit 01.01.1918 Ers.Btl./Fußart.Rgt. 3

Unterstellung:

St.,1.–3. Bttr.	[01.12.1916 – 02.02.1917]	A.A.Strantz	*Krgl.*
4. Bttr.	[01.12.1916]	OHL Longuyon	*D.Fußa.*
4. Bttr.	[11.12.1916 – 02.02.1917]	A.A.Strantz	*D.Fußa./Krgl.*
St.,1.–4. Bttr.	[02.02.1917 – 05.09.1917]	A.Abt. C	*Krgl.*
5. Bttr.	[28.04.1917]	A.Abt. C	*D.Fußa.*
5. Bttr.	[30.07.1917]	3. Armee	*D.Fußa.*
5. Bttr.	[15.08.1917]	Metz	*D.Fußa.*
5. Bttr.	[26.08.1917 – 05.09.1917]	A.Abt. C	*D.Fußa./Krgl.*
6. Bttr.	[28.04.1917 – 07.08.1917]	A.Abt. C	*D.Fußa./Krgl.*
6. Bttr.	[07.08.1917]	Metz	*D.Fußa.*
St.,1.–6. Bttr.	[05.09.1917 – 25.09.1918]	A.Abt. C	*Krgl./FpÜb*
St.,2.,4.–6. Bttr.	[27.09.1918 – 06.11.1918]	5. Armee	*D.Fußa./FpÜb*
St.,2.,4.–6. Bttr.	[13.11.1918 – 20.11.1918]	A.Abt. C	*FpÜb*
1.,3. Bttr.	[01.10.1918 – 20.11.1918]	A.Abt. C	*FpÜb*

Zuteilungen:

Stab	05.04.1917 – 03.05.1917	2. bayer. Inf.Div.	*KA*
Stab	05.05.1918 – 07.10.1917	5. bayer. Res.Div.	*KA*

Demobil: ab 29.11.1918 in Gelnhausen, am 16.12.1918 aufgelöst[1] Abw.Stelle bei Fußart.Rgt. 3

---

[1] Demob.Üb. XVIII. AK v. 20.11.1919; Ers.FpÜb v. 04.12.1918 – 03.01.1919

Landwehr-Fußartillerie-Bataillon Nr. 43

Formation:

Stab, 1.–4. Bttr. 07.12.1916 aufgestellt durch Gouv. Metz bei Ers.Btl./Fußart.Rgt. 8 (gem. KM v. 07.12.1916), sogleich mobil
    Stab neu aufgestellt
    1. Bttr. aus 6. Bttr. des Ers.Btl./Fußart.Rgt. 1
    2. Bttr. aus 6. Bttr. des Ers.Btl./Fußart.Rgt. 4
    3. u. 4. Bttr. aus Fußart.Bttr. 259 u. 794
1. Bttr.   Anf. Nov. 1918 umgewandelt in 1. Bttr./Fußart.Btl. 172
5. Bttr.   12.11.1917 aufgestellt (gem. KM v. 12.11.1917) aus 11. Bttr./Res.Fußart.Rgt. 13
6. Bttr.   12.11.1917 aufgestellt (gem. KM v. 12.11.117) aus Fußart.Bttr. 681
Schw. Küsten-Mörser-Bttr. 8 Mitte Sept. 1918 angegliedert (gem. KM v. 09.09.1918)

Bewaffnung:

1.–4. Bttr.	ab Dez. 1916	21 cm Mörser	*D.Fußa. 11.12.1916*
5. Bttr.	ab Nov. 1917	russ. leichte 15 cm Kan.	*D.Fußa. 20.11.1917*
5. Bttr.	ab Juni 1918	10 cm Kan.	*D.Fußa. 19.06.1918*
6. Bttr.	ab Nov. 1917	franz. 90 mm Kan.	*D.Fußa. 20.10.1917*
6. Bttr.	ab Dez. 1917	russ. leichte 15 cm Kan.	*D.Fußa. 05.12.1917*
6. Bttr.	ab Juni 1918	10 cm Kan.	*D.Fußa. 19.06.1918*

Ersatztr.Teil: Ers.Btl./Fußart.Rgt. 4

Unterstellung:

St.,1.,2. Bttr.	[11.12.1916]	OHL Metz	*D.Fußa.*
St.,1.,2. Bttr.	[19.12.1916]	OHL hinter 3.Armee	*D.Fußa.*
St.,1.,2. Bttr.	[01.01.1917]	3. Armee	*Krgl.*
St.,1.,2. Bttr.	[09.01.1917 – 01.09.1917]	5. Armee	*D.Fußa./Krgl.*
St.,1.,2. Bttr.	[15.09.1917]	Metz	*D.Fußa.*
St.,1.,2. Bttr.	[11.10.1917 – 31.12.1917]	7. Armee	*D.Fußa./Krgl.*
3.,4. Bttr.	[11.12.1916]	5. Armee	*D.Fußa.*
3.,4. Bttr.	[09.01.1917 – 01.02.1917]	OHL Longuyon	*D./Üb.Fußa.*
3.,4. Bttr.	[01.03.1917 – 01.10.1917]	5. Armee	*Krgl.*
3. Bttr.	[28.10.1917 – 31.12.1917]	7. Armee	*Krgl.*
4. Bttr.	[11.10.1917 – 29.10.1917]	Metz	*D.Fußa.*
4. Bttr.	[16.11.1917 – 31.12.1917]	7. Armee	*Krgl.*
5. Bttr.	[20.11.1917]	Metz	*D.Fußa.*
5. Bttr.	[05.12.1917 – 31.12.1917]	7. Armee	*D.Fußa./Krgl.*
6. Bttr.	[20.11.1917 – 31.12.1917]	7. Armee	*D.Fußa./Krgl.*
St.,1.–6. Bttr.	[01.01.1918 – 18.09.1918]	7. Armee	*Krgl./FpÜb*
St.,2.–6. Bttr.	[25.09.1918 – 25.10.1918]	7. Armee	*FpÜb*
St.,2.–6. Bttr.	[30.10.1918 – 13.11.1918]	Lüttich	*FpÜb*
1. Bttr.	[27.09.1918]	Maubeuge	*D.Fußa.*
1. Bttr.	[01.10.1918]	Namur	*D.Fußa.*
1. Bttr.	[09.10.1918 – 06.11.1918]	2. Armee	*FpÜb*

Demobil: St., 2.–6. Bttr. ab Mitte Nov. 1918 in Brauweiler, bis Ende Nov. 1918 selbstständig aufgelöst;[1] Abw.Stelle bei Fußart.Rgt. 4

---

[1] Demob.Üb. IV. AK v. 25.09.1919; Ers.FpÜb v. 22.11.1918 – 03.01.1919

Landwehr-Fußartillerie-Bataillon Nr. 44

Formation:

Stab,1.u.2. Bttr.	27.12.1916 aufgestellt durch Gouv. Mainz bei Ers.Btl./Fußart.Rgt. 3 (gem. KM v. 27.12.1916). sogleich mobil Stab neu aufgestellt 1. Bttr. aus 6. Bttr. des Ers.Btl./Fußart.Rgt. 3, 2. Bttr. aus 6. Bttr. des 1. Ers.Btl./Fußart.Rgt. 13
3. Bttr.	27.12.1916 aufgestellt durch Gen.Insp. der Fußart. bei Ers.Btl./Fußart.Rgt. 18 (gem. KM v. 27.12.1916) aus 6. Bttr. des Ers.Btl./Fußart.Rgt. 18, sogleich mobil
3. Bttr.	Anf. Nov. 1918 umgewandelt in 2. Bttr./Fußart.Btl. 172
4.–6. Bttr.	22.09.1917 aufgestellt (gem. KM v. 22.09.1917) aus Fußart.Bttr. 243, 537 u. 561, sogleich mobil

Schw. Küsten-Mörser-Bttr. 7 Mitte Sept. 1918 angegliedert (gem. KM v. 09.09.1918)

Bewaffnung:

1.–3. Bttr.	ab Dez. 1916	belg. 8,7 cm Kan.	*D.Fußa. 31.12.1916*
1.–3. Bttr.	ab Dez. 1917	9 cm Kan.	*D.Fußa. 05.12.1917*
1.–3. Bttr.	ab April 1918	franz. 120 mm Kan.	*D.Fußa. 26.04.1918*
1.,2. Bttr.	ab Okt. 1918	15 cm Kan. 16 Rh.	*D.Fußa. 10.10.1918*
4.–6. Bttr.	ab Sept. 1917	9 cm Kan.	*D.Fußa. 25.09.1917*
4.,5. Bttr.	ab April 1918	schw. Feldh. 02	*D.Fußa. 26.04.1918*
6. Bttr.	ab April 1918	Mörser	*D.Fußa. 26.04.1918*
6. Bttr.	ab Juni 1918	schw. Feldh. 02	*Krgl. 01.06.06.1918*

Ersatztr.Teil: Ers.Btl./Fußart.Rgt. 15, seit 01.01.1918 Ers.Btl./1. Garde-Fußart.Rgt.

Unterstellung:

St.,1.–3. Bttr.	[31.12.1916]	OHL Mainz	*D.Fußa.*
St.,1.–3. Bttr.	[09.01.1917 – 01.02.1917]	HGr. Mackensen	*D./Üb.Fußa.*
St.,1.–3. Bttr.	[01.03.1917 – 20.04.1918]	9. Armee	*Krgl.*
4.–6. Bttr.	[25.09.1917 – 20.04.1918]	9. Armee	*D.Fußa./Krgl.*
St.,1.–6. Bttr.	[26.04.1918]	Hirson	*D.Fußa.*
St.,1.–6. Bttr.	[09.05.1918 – 16.05.1918]	7. Armee	*Krgl.*
St.,1.–6. Bttr.	[24.05.1918 – 20.11.1918]	6. Armee	*AB/FpÜb*

Zuteilungen:

St.,1.–3. Bttr.	26.09.1917 – 17.03.1918	Div.Kdo. z.b.V. 303	*KW*
3. Bttr.	[27.09.1918]	Maubeuge	*D.Fußa.*
3. Bttr.	[10.10.1918]	Namur	*D.Fußa.*
3. Bttr.	[16.10.1918 – 23.10.1918]	Gembloux (Belgien)	*FpÜb*
3. Bttr.	[30.10.1918 – 06.11.1918]	2. Armee	*D.Fußa./FpÜb*
6. Bttr.	08.12.1917 – 17.03.1918	Div.Kdo. z.b.V. 303	*KW*

Demobil: ab Ende Dez. 1918 in Döberitz Üb.Pl., Ende Febr. 1919 aufgelöst[1]
Abw.Stelle bei Garde-Fußart.Rgt.

---

[1] FpÜb v. 03.01.1919 – 19.02.1919

Landwehr-Fußartillerie-Bataillon Nr. 45

Formation:

Stab, 1.–3. Bttr.	27.12.1916 aufgestellt (gem. KM v. 27.12.1916), sogleich mobil
	Stab durch Kdtr. Breslau bei Ers.Btl./Fußart.Rgt. 6
	1. Bttr. durch Gen.Insp. der Fußart. bei Ers.Btl./2. Garde-Fußart.Rgt. aus 6. Bttr. des Ers.Btl./2. Garde-Fußart.Rgt.
	2. Bttr. durch Gouv. Graudenz bei Ers.Btl./Fußart.Rgt. 15 aus 6. Bttr. des Ers.Btl./Fußart.Rgt. 15
	3. Bttr. durch Kdtr. Marienburg bei Ers.Btl./Fußart.Rgt. 17 aus 6. Bttr. des Ers.Btl./Fußart.Rgt. 17
4.–6. Bttr.	29.04.1918 aufgestellt (gem. KM v. 29.04.1918) aus Fußart.Bttr. 452, 637 u. 733, sogleich mobil

Bewaffnung:

1.–3. Bttr.	ab Dez. 1916	franz. 90 mm Kan.	*D.Fußa. 31.12.1916*
1.,2. Bttr.	ab Aug. 1918	schw. Feldh. 02	*D.Fußa. 08.08.1918*
3. Bttr.	ab Juni 1918	13 cm Kan.	*D.Fußa. 06.06.1918*
4. Bttr.	ab Juni 1918	10 cm Kan. 04	*D.Fußa. 06.06.1918*
5.,6. Bttr.	ab Juni 1918	lange Mörser	*D.Fußa. 06.06.1918*
5.,6. Bttr.	ab Aug. 1918	Mörser	*D.Fußa. 08.08.1918*

Ersatztr.Teil: Ers.Btl./Fußart.Rgt. 6

Unterstellung:

St.,1.–3. Bttr.	[31.12.1916]	OHL Breslau	*D.Fußa.*
St.,1.–3. Bttr.	[09.01.1917 – 01.02.1917]	HGr. Mackensen	*D./Üb.Fußa.*
St.,1.–3. Bttr.	[01.03.1917 – 20.04.1918]	9. Armee	*Krgl.*
St.,1.–3. Bttr.	[26.04.1918]	Köln	*D.Fußa.*
St.,1.–3. Bttr.	[31.05.1918 – 09.06.1918]	17. Armee	*D.Fußa./AB*
4.–6. Bttr.	[29.04.1918 – 09.06.1918]	Köln	*D.Fußa./AB*
St.,1.–6. Bttr.	[19.06.1918 – 20.11.1918]	4. Armee	*D.Fußa./FpÜb*

Zuteilungen:

1. Bttr. halb	15.10.1917 – 31.12.1917	216. Inf.Div.	*KW*
2.,3. Bttr.	07.01.1918 – 17.03.1918	Div.Kdo. z.b.V. 303	*KW*

Demobil: 11. – 14.12.1918 in Neiße aufgelöst;[1] Abw.Stelle bei Fußart.Rgt. 6

---

[1] Demob.Üb. VI. AK v. 01.03.1919; nicht mehr in FpÜb v. 04.12.1918

Landwehr-Fußartillerie-Bataillon Nr. 46

Formation:

Stab, 1.–4. Bttr.	07.01.1917 aufgestellt (gem. KM v. 07.01.1917), sogleich mobil
	Stab durch Oberkdo. der Küstenverteidigung aus Art.Stab Toftlund
	1. Bttr. durch Ers.Btl./Fußart.Rgt. 14
	2. Bttr. durch Ers.Btl./Fußart.Rgt. 20
	3. u. 4. Bttr. durch Oberkdo. der Küstenverteidigung aus Fußart.Bttr. 769
1. u. 2. Bttr.	27.05.1918 umgewandelt in Garnison-Bttr. 14 u. 15
5.–7. Bttr.	13.01.1917 aufgestellt (gem. KM v. 13.01.1917), sogleich mobil
	5. Bttr. durch Gen.Insp. der Fußart. bei Ers.Btl./1. Garde-Fußart.Rgt.
	6. Bttr. durch Kdtr. Swinemünde bei Ers.Btl./Fußart.Rgt. 2
	7. Bttr. durch Gouv. Posen bei Ers.Btl./Fußart.Rgt. 5, mobil seit 24.01.1918
8. Bttr.	22.06.1918 aufgestellt (gem. KM v. 22.06.1918) aus 6. Bttr./Ldw.Fußart.Btl. 33, sogleich mobil

Bewaffnung:

1.–3. Bttr.	ab Jan. 1917	24 cm Kan. L/35	*D.Fuja. 22.01.1917*
1.,2. Bttr.	ab Juni 1918	schw. Feldh. 02	*D.Fuja. 19.06.1918*
3. Bttr.	ab Febr. 1917	9 cm Kan.	*D.Fuja. 08.02.1917*
3. Bttr.	ab Febr. 1918	schw. Feldh.	*D.Fuja. 17.02.1918*
3. Bttr.	ab Juni 1918	schw. Feldh. 02	*D.Fuja. 19.06.1918*
3. Bttr.	ab Juli 1918	engl. schw. Feldh.	*D.Fuja. 28.07.1918*
4. Bttr.	ab Jan. 1917	9 cm Kan. u. 15 cm Ring-Kan.	*D.Fuja. 22.01.1917*
4. Bttr.	ab Febr. 1917	nur 15 cm Ring-Kan.	*D.Fuja. 08.02.1917*
4. Bttr.	ab Jan. 1918	russ. schw. Feldh.	*D.Fuja. 03.01.1918*
4. Bttr.	ab Febr. 1918	schw. Feldh.	*D.Fuja. 17.02.1918*
4. Bttr.	ab Juli 1918	engl. schw. Feldh.	*D.Fuja. 28.07.1918*
5.–7. Bttr.	ab Jan. 1917	9 cm Kan.	*D.Fuja. 22.01.1917*
5.–7. Bttr.	ab Febr. 1918	schw. Feldh.	*D.Fuja. 17.02.1918*
5. Bttr.	ab Juli 1918	engl. schw. Feldh.	*D.Fuja. 28.07.1918*
6.,7. Bttr.	ab Juli 1918	13 cm Kan.	*D.Fuja. 28.07.1918*
8. Bttr.	ab Juli 1918	21 cm Mörser	*D.Fuja. 03.07.1918*
8. Bttr.	ab Juli 1918	Mörser	*D.Fuja. 28.07.1918*

Ersatztr.Teil: Ers.Btl./Fußart.Rgt. 20

Unterstellung:

St.,1.–7. Bttr.	[22.01.1917 – 10.02.1918]	Oberkdo. Küstenvtdg.	*D./Üb.Fuja.*
St.,3.–7. Bttr.	[17.02.1918]	OHL Longuyon	*D.Fuja.*
St.,3.–5. Bttr.	[01.04.1918 – 01.07.1918]	5. Armee	*Krgl.*
6.–8. Bttr.	[01.04.1918 – 01.08.1918]	5. Armee	*Krgl.*
St.,3.–5. Bttr.	[03.07.1918]	Longuyon	*D.Fuja.*
St.,3.–5. Bttr.	[01.08.1918]	5. Armee	*Krgl.*
6.–8. Bttr.	[19.08.1918 – 01.09.1918]	Longuyon	*D.Fuja.*
St.,3.–5. Bttr.	[30.08.1918 – 20.11.1918]	A.Abt. B	*D.Fuja./FpÜb*
6.,7. Bttr.	[09.09.1918 – 20.11.1918]	A.Abt. B	*D.Fuja./FpÜb*
8. Bttr.	[09.09.1918 – 25.09.1918]	A.Abt. B	*D.Fuja./FpÜb*
8. Bttr.	[01.10.1918]	18. Armee	*FpÜb*

8. Bttr.	[09.10.1918 – 16.10.1918]	2. Armee	*FpÜb*
8. Bttr.	[23.10.1918 – 20.11.1918]	A.Abt. B	*FpÜb*
St.,5.,7.,8. Bttr.	[04.12.1918 – 12.12.1918]	44. Ldw.Div.	*FpÜb*
Demobil:	Anf. Dez. 1918 aufgelöst;[1] Abw.Stelle bei Fußart.Rgt. 20		

Landwehr-Fußartillerie-Bataillon Nr. 47

Formation:
Stab, 1.–4. Bttr.	15.01.1917 aufgestellt (gem. KM v. 15.01.1917)
	Stab durch Kdtr. Breslau bei Ers.Btl./Fußart.Rgt. 6
	1. u. 2. Bttr. durch Gen.Insp. der Fußart. bei Ers.Btl./1. Garde-Fußart.Rgt.
	3. u. 4. Bttr. durch Gen.Insp. der Fußart. bei Ers.Btl./2. Garde-Fußart.Rgt.
5. u. 6. Bttr.	04.03.1917 aufgestellt (gem. KM v. 04.03.1917), sogleich mobil
	5. Bttr. aus 4. Bttr./Ldst.Fußart.Btl. II. AK
	6. Bttr. aus 4. Bttr./Ldst.Fußart.Btl. XV. AK
Park-Komp.	22.04.1917 aufgestellt (bestand bis 19.12.1917)
7. u. 8. Bttr.	09.09.1918 aufgestellt (gem. KM v. 09.09.1918) aus schw. 15 cm-Kan.Bttr. 15 u. 40, sogleich mobil

Bewaffnung:
1.–4. Bttr.	ab Jan. 1917	schw. Feldh.	*Üb.Fußa. 01.02.1917*
1.–3. Bttr.	ab Mai 1918	russ. 10 cm Kan.	*D.Fußa. 31.05.1918*
1.,2. Bttr.	ab Okt. 1918	10 cm Kan. 97	*D.Fußa. 01.10.1918*
4. Bttr.	ab Mai 1918	schw. Feldh. 02	*D.Fußa. 31.05.1918*
5. Bttr.	ab März 1917	schw. Feldh.	*Üb.Fußa. 01.02.1917*
5. Bttr.	ab Mai 1918	schw. Feldh. 02	*D.Fußa. 31.05.1918*
6. Bttr.	ab März 1917	schw. Feldh.	*Üb.Fußa. 01.02.1917*
6. Bttr.	ab März 1918	lange schw. Feldh. 13	*D.Fußa. 29.03.1918*
7. Bttr.	ab Sept. 1918	schw. 15 cm Kan. (Kraftzug)	*D.Fußa. 13.09.1918*
8. Bttr.	ab Sept. 1918	13 cm Kan. (Kraftzug)	*D.Fußa. 13.09.1918*

Ersatztr.Teil: Ers.Btl./1. Garde-Fußart.Rgt.

Unterstellung:
St.,1.–4. Bttr.	[01.02.1917]	OHL hinter 1. Armee	*Üb.Fußa.*
St.,1.,2. Bttr.	[09.03.1917 – 01.11.1917]	6. Armee	*Krgl.*
3. Bttr.	[09.03.1917]	6. Armee	*Krgl.*
3. Bttr.	[19.05.1917]	Jurbise	*AB*
3. Bttr.	[31.05.1917 – 01.11.1917]	6. Armee	*D.Fußa./Krgl.*
4.–6. Bttr.	[09.03.1917 – 01.11.1917]	6. Armee	*Krgl.*
St.,1.–5. Bttr.	[01.12.1917 – 13.05.1918]	8. Armee	*Krgl.*
St.,1.–5. Bttr.	[31.05.1918]	Hirson	*D.Fußa.*
6. Bttr.	[01.11.1917 – 01.01.1918]	6. Armee	*Krgl.*
6. Bttr.	[09.01.1918 – 21.03.1918]	18. Armee	*AB/Krgl.*
6. Bttr.	[29.03.1918]	Metz	*D.Fußa.*
6. Bttr.	[29.03.1918]	5. Armee	*D.Fußa.*
6. Bttr.	[06.05.1918 – 08.06.1918]	18. Armee	*D.Fußa./Krgl.*
Stab	[11.06.1918 – 03.07.1918]	7. Armee	*Krgl.*

---

[1] Nicht mehr in FpÜb v. 18.12.1918

St.,1.–6. Bttr.	[06.08.1918 – 06.11.1918]	17. Armee	*AB/FpÜb*
St.,1.–6. Bttr.	[13.11.1918 – 12.12.1918]	6. Armee	*FpÜb*
7. Bttr.	[13.09.1918 – 06.11.1918]	17. Armee	*D.Fußa./FpÜb*
8. Bttr.	[13.09.1918]	Maubeuge	*D.Fußa.*
8. Bttr.	[27.09.1918 – 06.11.1918]	17. Armee	*D.Fußa./FpÜb*
7.,8. Bttr.	[13.11.1918 – 12.12.1918]	6. Armee	*FpÜb*

Demobil: am 27.11.1918 in Graudenz durch Ers.Btl./Fußart.Rgt. 21 aufgelöst[1]
Abw.Stelle bei Garde-Fußart.Rgt.

Landwehr-Fußartillerie-Bataillon Nr. 48

Formation:
Stab. 1.u.2. Bttr. 15.01.1917 aufgestellt durch Gouv. Mainz bei Ers.Btl./Fußart.Rgt. 3 (gem. KM v. 15.01.1917)
3. u. 4. Bttr. 15.01.1917 aufgestellt durch Gouv. Straßburg bei Ers.Btl./Fußart.Rgt. 14 (gem. KM v. 15.01.1917)
5. Bttr. 04.03.1917 aufgestellt (gem. KM v. 04.03.1917) aus Fußart.Bttr. 360
6. Bttr. 04.03.1917 aufgestellt (gem. KM v. 04.03.1917) aus 2. Bttr./1. Ldst.Fußart.Btl. VII. AK

Schw. Küsten-Mörser-Bttr. 9 Mitte Sept. 1918 angegliedert (gem. KM v. 09.09.1918)

Bewaffnung:
1.–4. Bttr.	ab Jan. 1917	schw. Feldh.	*Üb.Fußa. 01.02.1917*
1.–3. Bttr.	ab Juli 1918	schw. Feldh. 02	*Krgl. 30.07.1918*
2.,3. Bttr.	ab Sept. 1918	eng. schw. Feldh.	*D.Fußa. 27.09.1918*
4. Bttr.	ab Jan. 1918	lange 15 cm Kan.	*D.Fußa. 03.01.1918*
5.,6. Bttr.	ab März 1917	schw. Feldh.	*Üb.Fußa. 01.02.1917*
5. Bttr.	ab Jan. 1918	lange 15 cm Kan.	*D.Fußa. 03.01.1918*
6. Bttr.	ab Jan. 1918	10 cm Kan. 04	*D.Fußa. 03.01.1918*
6. Bttr.	ab Juli 1918	lange 15 cm Kan.	*D.Fußa. 03.07.1918*

Ersatztr.Teil: Ers.Btl./Fußart.Rgt. 3

Unterstellung:
St.,1.–4. Bttr.	[08.02.1917]	OHL Straßburg	*D.Fußa.*
5.,6. Bttr.	[04.03.1917 – 23.09.1917]	A.Abt. B	*Üb.Fußa./AB*
1.–4. Bttr.	[20.03.1917 – 23.09.1917]	A.Abt. B	*Krgl./AB*
St.,1.–6. Bttr.	[25.09.1917 – 07.05.1918]	6. Armee	*D.Fußa./Krgl.*
St.,1.–6. Bttr.	[11.05.1918 – 17.05.1918]	4. Armee	*Krgl.*
St.,1.–6. Bttr.	[01.06.1918 – 18.12.1918]	6. Armee	*Krgl./FpÜb*

Zuteilungen:
St.,1.–6. Bttr.	18.06.1917 – 21.07.1917	Alpenkorps	*KW*
St.,1.–6. Bttr.	01.06.1918 – 06.07.1918	1. bayer. Res.Div.	*KA*

Demobil: ab 18.12.1918 bei Büdingen, am 08.01.1919 aufgelöst[2]
Abw.Stelle bei Fußart.Rgt. 3

---

[1] Demob.Üb. Garde-Korps v. 24.05.1919; noch in FpÜb v. 18.12.1918 – 29.01.1919
[2] Demob.Üb. XVIII. AK v. 20.11.1919; FpÜb v. 15.01.1919 – 12.03.1919

Landwehr-Fußartillerie-Bataillon Nr. 49

Formation:

Stab, 1.u.2. Bttr.	15.01.1917 aufgestellt durch Gouv. Mainz bei Ers.Btl./Fußart.Rgt. 3 (gem. KM v. 15.01.1917)
3. u. 4. Bttr.	15.01.1917 aufgestellt durch Gouv. Straßburg bei Ers.Btl./Fußart.Rgt. 14 (gem. KM v. 15.01.1917)
5. u. 6. Bttr.	04.03.1917 aufgestellt (gem. KM v. 04.03.1917) aus Fußart.Bttr. 227 u. 240

Bewaffnung:

1.–4. Bttr.	ab Jan. 1917	schw. Feldh.	*Üb.Fußa. 01.02.1917*
1.,2. Bttr.	ab März 1918	schw. Feldh. 02	*D.Fußa. 12.03.1918*
3. Bttr.	ab Aug. 1917	9 cm Kan.	*D.Fußa. 07.08.1917*
3. Bttr.	ab Okt. 1917	schw. Feldh.	*D.Fußa. 20.10.1917*
5.,6. Bttr.	ab März 1917	schw. Feldh.	*Üb.Fußa. 01.02.1917*
6. Bttr.	ab Aug. 1917	9 cm Kan.	*D.Fußa. 07.08.1917*
6. Bttr.	ab Okt. 1917	10 cm Kan.	*D.Fußa. 20.10.1917*

Ersatztr.Teil: Ers.Btl./Fußart.Rgt. 8, seit 01.01.1918 Ers.Btl./Fußart.Rgt. 3

Unterstellung:

St.,1.,2.,4. Bttr.	[15.01.1917]	1. Armee	*D.Fußa.*
St.,1.–4. Bttr.	[08.02.1917 – 01.09.1917]	A.Abt. A	*D.Fußa./Krgl.*
5.,6. Bttr.	[09.03.1917 – 01.09.1917]	A.Abt. A	*Krgl.*
St.,2.,4.,5. Bttr.	[20.10.1917]	1. Armee	*D.Fußa.*
1.,3.,6. Bttr.	[20.10.1917]	Metz	*D.Fußa.*
St.,1.–6. Bttr.	[20.11.1917 – 23.10.1918]	1. Armee	*D.Fußa./FpÜb*
St.,1.–6. Bttr.	[25.10.1918]	Köln	*D.Fußa.*
St.,1.–6. Bttr.	[30.10.1910 – 06.11.1918]	Lüttich	*FpÜb*

Zuteilungen:

St.,1.–6. Bttr.	03.04.1917 – 10.05.1917	15. bayer. Inf.Div.	*KW*
St.,1.–6. Bttr.	29.08.1918 – 17.10.1918	8. bayer. Res.Div.	*KA*

Demobil: 06. – 14.11.1918 in Köln durch Ers.Btl./Fußart.Rgt. 7 aufgelöst[1]
Abw.Stelle bei Fußart.Rgt. 7

---

[1] Demob.Üb. XVIII. AK v. 20.11.1919; nicht mehr in FpÜb v. 12.12.1918

Landwehr-Fußartillerie-Bataillon Nr. 50

Formation:

Stab, 1. u.2. Bttr.	15.01.1917 aufgestellt durch Gouv. Straßburg bei Ers.Btl./Fußart.Rgt. 13 (gem. KM v. 15.01.1917)
3. u. 4. Bttr.	15.01.1917 aufgestellt durch Gouv. Straßburg bei Ers.Btl./Fußart.Rgt. 10 (gem. KM v. 15.01.1917)
5. u. 6. Bttr.	18.04.1917 aufgestellt (gem. KM v. 18.04.1917) aus Fußart.Bttr. 559 u. 597
Park-Komp.	22.06.1917 aufgestellt (bestand bis 19.12.1917)

Bewaffnung:

1.–4. Bttr.	ab Jan. 1917	schw. Feldh.	*Üb.Fußa. 01.02.1917*
1. Bttr.	ab Juli 1917	schw. Feldh. 02	*D.Fußa. 30.07.1917*
2.–4. Bttr.	ab Dez. 1917	schw. Feldh. 02	*D.Fußa. 05.12.1917*
5. Bttr.	ab April 1917	schw. 12 cm Kan.	*D.Fußa. 28.04.1917*
5. Bttr.	ab Febr. 1918	russ. schw. 15 cm Kan.	*Üb.Fußa. 10.02.1918*
6. Bttr.	ab April 1917	russ. lange 15 cm Kan.	*D.Fußa. 28.04.1917*
6. Bttr.	ab Aug. 1917	russ. schw. 15 cm Kan.	*D.Fußa. 07.08.1917*
6. Bttr.	ab Jan. 1918	21 cm Kan.	*D.Fußa. 03.01.1918*
6. Bttr.	ab Aug. 1918	10 cm Kan. 04	*D.Fußa. 08.08.1918*

Ersatztr.Teil: 1. Ers.Btl./Fußart.Rgt. 24

Unterstellung:

St.,1.–4. Bttr.	[08.02.1917]	OHL Straßburg	*D.Fußa.*
St.,1.–4. Bttr.	[01.03.1917 – 01.04.1917]	3. Armee	*Krgl.*
St.,1.–4. Bttr.	[12.04.1917 – 07.05.1917]	1. Armee	*D.Fußa./Krgl.*
Stab	[08.06.1917 – 03.01.1919]	1. Armee	*Krgl./FpÜb*
1.,4. Bttr.	[31.05.1917]	Longuyon	*D.Fußa.*
1.,4. Bttr.	[12.06.1917]	5. Armee	*Krgl.*
1.,4. Bttr.	[03.07.1917 – 03.01.1919]	1. Armee	*Krgl./FpÜb*
2.,3. Bttr.	[25.05.1917 – 03.01.1919]	1. Armee	*Krgl./FpÜb*
5. Bttr.	[24.04.1917 – 01.06.1917]	3. Armee	*Krgl.*
5. Bttr.	[08.06.1917 – 03.01.1919]	1. Armee	*Krgl./FpÜb*
6. Bttr.	[24.04.1917 – 01.06.1917]	3. Armee	*Krgl.*
6. Bttr.	[03.07.1917 – 01.01.1918]	1. Armee	*Krgl.*
6. Bttr.	[03.01.1918 – 10.02.1918]	Köln	*D./Üb.Fußa.*
6. Bttr.	[13.02.1918]	17. Armee	*D.Fußa.*
6. Bttr.	[17.02.1918 – 07.03.1918]	2. Armee	*D.Fußa./Krgl.*
6. Bttr.	[28.03.1918 – 01.08.1918]	4. Armee	*AB/Krgl.*
6. Bttr.	[09.08.1918 – 03.01.1919]	1. Armee	*Krgl./FpÜb*

Zuteilungen:

St.,1.–6. Bttr.	23.08.1918 – 23.09.1918	15. bayer. Inf.Div.	*KA*

Demobil: ab Anf. Jan. 1919 in Bühl (Baden), Ende Jan. 1919 aufgelöst[1]
Abw.Stelle bei Fußart.Rgt. 24

Freiw. Form.: Jan. 1919 (?) Aufstellung der Freiw. Fußart.Bttr. Zeiß

Verbleib: Juni 1919 zu 1. Bttr./schw. Rw.Art.Rgt. 5

Quellen: EB schw. Artillerie

---

[1] FpÜb v. 15.01.1919 – 29.01.1919

Landwehr-Fußartillerie-Bataillon Nr. 51

Formation:
Stab, 1.u.2. Bttr. 15.01.1917 aufgestellt durch Gouv. Graudenz bei Ers.Btl./Fußart.Rgt. 15 (gem. KM v. 15.01.1917), mobil seit 11.02.1917
3. u. 4. Bttr. 15.01.1917 aufgestellt durch Gouv. Marienburg bei Ers.Btl./Fußart.Rgt. 17 (gem. KM v. 15.01.1917), mobil seit 11.02.1917
5. u. 6. Bttr. 18.04.1917 aufgestellt (gem. KM v. 18.04.1917) aus Fußart.Bttr. 638 u. 675, sogleich mobil

Bewaffnung:

1.–4. Bttr.	ab Jan. 1917	schw. Feldh.	*Üb.Fußa. 01.02.1917*
1. Bttr.	ab Mai 1918	Versuchs-Haub. 99	*D.Fußa. 31.05.1918*
1. Bttr.	ab Sept. 1918	schw. Feldh.	*D.Fußa. 27.09.1918*
2. Bttr.	ab Aug. 1918	russ. schw. Feldh.	*D.Fußa. 08.08.1918*
2. Bttr.	ab Sept. 1918	schw. Feldh.	*D.Fußa. 27.09.1918*
3. Bttr.	ab Aug. 1918	Versuchs-Haub. 99	*D.Fußa. 30.08.1918*
3. Bttr.	ab Sept. 1918	schw. Feldh.	*D.Fußa. 27.09.1918*
4. Bttr.	ab Aug. 1918	Versuchs-Haub. 99	*D.Fußa. 30.08.1918*
4. Bttr.	ab Sept. 1918	russ. leichte 15 cm Kan.	*D.Fußa. 27.09.1918*
5.,6. Bttr.	ab April 1917	russ. 10 cm Kan.	*D.Fußa. 28.04.1917*

Ersatztr.Teil: Ers.Btl./Fußart.Rgt. 15, seit 01.01.1918 Ers.Btl./Fußart.Rgt. 25

Unterstellung:

St.,1.–4. Bttr.	[19.02.1917 – 12.03.1918]	HGr. Linsingen	*Krgl.*
5.,6. Bttr.	[23.04.1917 – 12.03.1918]	HGr. Linsingen	*Krgl.*
St.,1.–6. Bttr.	[07.04.1918]	Bromberg	*D.Fußa.*
St.,1.–6. Bttr.	[26.04.1918 – 18.09.1918]	A.Abt. C	*D.Fußa./FpÜb*
St.,1.–5. Bttr.	[27.09.1918 – 01.10.1918]	Longuyon	*D.Fußa./Krgl.*
St.,1.–5. Bttr.	[09.10.1918 – 16.10.1918]	5. Armee	*FpÜb*
St.,1.–5. Bttr.	[23.10.1918 – 06.11.1918]	A.Abt. C	*FpÜb*
St.,1.–5. Bttr.	[13.11.1918 – 04.12.1918]	Köln	*D.Fußa./FpÜb*
6. Bttr.	[25.09.1918 – 12.12.1918]	A.Abt. C	*FpÜb*

Zuteilungen:
St.,1.–6. Bttr. 13.05.1918 – 17.06.1918 8. bayer. Res.Div. *KA*

Demobil: St.,1.–5. Bttr. Anf. Dez. 1918 aufgelöst;[1] 6. Bttr. ab Mitte Dez. 1918 in Oldenburg, Anf. Febr. 1919 aufgelöst[2]
Abw.Stelle bei Fußart.Rgt. 25

---
[1] Nicht mehr in Ers.FpÜb v. 12.12.1918
[2] FpÜb v. 18.12.1918 – 05.02.1919

Sächsisches Landwehr-Fußartillerie-Bataillon Nr. 52

Formation:
Stab, 1. u.2. Bttr. 15.01.1917 aufgestellt durch Ers.Btl./Fußart.Rgt. 12 (gem. KM v. 15.01.1917 u. sächs. KM v. 16.12.1916), sogleich mobil
3. u. 4. Bttr. 22.01.1917 aufgestellt durch Ers.Btl./Fußart.Rgt. 19 (gem. sächs. KM v. 19.01.1917), mobil seit 08.02.1917
5. u. 6. Bttr. 08.02.1917 aufgestellt (gem. KM v. 08.02.1917) aus Fußart.Bttr. 587 u. 757, sogleich mobil

Bewaffnung:
1.–4. Bttr.	ab Jan. 1917	schw. Feldh.	*Üb.Fuβa. 01.02.1917*
1.–3. Bttr.	ab Okt. 1917	schw. Feldh. 02	*D.Fuβa. 20.10.1917*
1.,2. Bttr.	ab Jan. 1918	russ. leichte 15 cm Kan.	*Krgl. 01.01.1918*
3. Bttr.	ab Febr. 1918	schw. Feldh.	*Üb.Fuβa. 10.02.1918*
5. Bttr.	ab Febr. 1917	jap. schw. Feldh.	*Üb.Fuβa. 01.02.1917*
5. Bttr.	ab April 1917	jap. schw. Feldh. u. schw. Feldh. 02	*Krgl. 01.04.1917*
5. Bttr.	ab Sept. 1917	schw. Feldh.	*D.Fuβa. 15.09.1917*
5. Bttr.	ab Dez. 1917	belg. schw. 12 cm Kan.	*D.Fuβa. 05.12.1917*
5. Bttr.	ab Jan. 1918	russ. 20 cm Haub.	*Krgl. 01.01.1918*
6. Bttr.	ab Febr. 1917	9 cm Kan.	*Üb.Fuβa. 01.02.1917*
6. Bttr.	ab März 1917	schw. Feldh.	*D.Fuβa. 27.03.1917*
6. Bttr.	ab Dez. 1917	belg. 12 cm Kan.	*D.Fuβa. 15.12.1917*
6. Bttr.	ab Jan. 1918	russ. schw. 15 cm Kan.	*Krgl. 01.01.1918*

Ersatztr.Teil: Ers.Btl./Fußart.Rgt. 12

Unterstellung:
St.,1.–4. Bttr.	[01.03.1917 – 01.04.1917]	3. Armee	*Krgl.*
5.,6. Bttr.	[08.02.1917 – 01.09.1917]	3. Armee	*Üb.Fuβa./Krgl.*
St.,1.–4. Bttr.	[12.04.1917 – 01.09.1917]	1. Armee	*D.Fuβa./Krgl.*
St.,1.–3. Bttr.	[15.09.1917 – 01.12.1917]	5. Armee	*D.Fuβa./Krgl.*
St.,1.–3. Bttr.	[01.12.1917 – 15.12.1917]	A.Abt. Woyrsch	*Krgl./D.Fuβa.*
St.,1.,2. Bttr.	[01.01.1918]	Abschnitt Slonim	*Krgl.*
St.,1.,2. Bttr.	[03.01.1918 – 12.03.1918]	HGr. Linsingen	*D.Fuβa./Krgl.*
3. Bttr.	[01.01.1918 – 05.02.1918]	Abschnitt Slonim	*Krgl.*
St.,1.,2. Bttr.	[23.03.1918]	10. Armee	*Krgl.*
3. Bttr.	[23.03.1918 – 25.04.1918]	10. Armee	*Krgl.*
4.–6. Bttr.	[15.09.1917 – 01.04.1918]	5. Armee	*D.Fuβa./Krgl.*
4.–6. Bttr.	[27.04.1918]	Metz	*Krgl.*

Zuteilungen:
St.,1.–6. Bttr. 05.09.1917 – 17.10.1917 15. bayer. Inf.Div. *KA*

Verbleib:
Stab 27.04.1918 umgewandelt in Stab/sächs. Fußart.Btl. 160
1.–3. Bttr. 02.05.1918 umgewandelt in 1.–3. Bttr./sächs. Fußart.Btl. 161
4.–6. Bttr. 27.04.1918 umgewandelt in 1.–3. Bttr./sächs. Fußart.Btl. 160

Landwehr-Fußartillerie-Bataillon Nr. 53

Formation:
Stab, 1.u.2. Bttr.   15.01.1917 aufgestellt durch Gouv. Königsberg bei Ers.Btl./Fußart.Rgt. 1 (gem. KM v. 15.01.1917), mobil seit 10.03.1917
3. u. 4. Bttr.   15.01.1917 aufgestellt durch Kdtr. Lötzen bei Ers.Btl./Fußart.Rgt. 22 (gem. KM v. 15.01.1917), mobil seit 10.03.1917
5. u. 6. Bttr.   04.03.1917 aufgestellt (gem. KM v. 04.03.1917) aus Fußart.Bttr. 319 u. 639, sogleich mobil

Bewaffnung:
1.–4. Bttr.	ab Jan. 1917	belg. schw. 12 cm Kan.	*Üb.Fußa. 01.02.1917*
1.,2. Bttr.	ab April 1918	10 cm Kan.	*D.Fußa. 18.04.1918*
5. Bttr.	ab März 1917	15 cm Ring-Kan.	*Üb.Fußa. 01.02.1917*
5. Bttr.	ab April 1917	belg. schw. 12 cm Kan.	*D.Fußa. 28.04.1917*
5. Bttr.	ab Febr. 1918	belg. 12 cm Kan.	*Üb.Fußa. 10.02.1918*
6. Bttr.	ab März 1917	russ. lange 15 cm Kan.	*Üb.Fußa. 01.02.1917*

Ersatztr.Teil: Ers.Btl./Fußart.Rgt. 1

Unterstellung:
St.,1.–4. Bttr.	[27.03.1917 – 01.09.1917]	A.Abt. A	*D.Fußa./Krgl.*
5.,6. Bttr.	[04.03.1917 – 01.09.1917]	A.Abt. A	*Üb.Fußa./Krgl.*
St.,1.–5. Bttr.	[25.09.1917 – 09.10.1918]	5. Armee	*D.Fußa./FpÜb*
6. Bttr.	[25.09.1917 – 01.09.1918]	5. Armee	*D.Fußa./Krgl.*
6. Bttr.	[01.10.1918]	Longuyon	*D.Fußa.*
Stab	[10.10.1918 – 06.11.1918]	Gembloux (Belgien)	*D.Fußa./FpÜb*

Verbleib:
Stab   Anf. Nov. 1918 umgewandelt in Stab/Fußart.Btl. 172
1.–6. Bttr.   Anf. Okt. 1918 aufgelöst (gem. KM v. 05.10.1918); Personal an Fußart.Ers.Abt. des Üb.Pl. Longuyon überwiesen.

Landwehr-Fußartillerie-Bataillon Nr. 54

Formation:

Stab, 1.u.2. Bttr.	15.01.1917 aufgestellt durch Kdtr. Koblenz bei Ers.Btl./Fußart.Rgt. 9 (gem. KM v. 15.01.1917), sogleich mobil
3. u. 4. Bttr.	15.01.1917 aufgestellt durch Ers.Btl./Fußart.Rgt. 4 (gem. KM v. 15.01.1917), mobil seit 10.02.1917 bzw. 08.03.1917
5. u. 6. Bttr.	07.04.1917 aufgestellt (gem. KM v. 07.04.1917) aus Fußart.Bttr. 329 u. 509, sogleich mobil

Bewaffnung:

1.–4. Bttr.	ab Jan. 1917	belg. 12 cm Kan.	*Üb.Fußa. 01.02.1917*
2. Bttr.	ab Juni 1918	schw. Feldh.	*D.Fußa. 06.06.1918*
4. Bttr.	ab Juni 1918	schw. Feldh. 02	*D.Fußa. 06.06.1918*
5. Bttr.	ab April 1917	belg. schw. 12 cm Kan.	*D.Fußa. 12.04.1917*
5. Bttr.	ab Aug. 1917	belg. 12 cm Kan.	*D.Fußa. 15.08.1917*
6. Bttr.	ab April 1917	belg. schw. 12 cm Kan.	*D.Fußa. 12.04.1917*
6. Bttr.	ab Jan. 1918	belg. 15 cm Kan.	*D.Fußa. 03.01.1918*

Ersatztr.Teil: Ers.Btl./Fußart.Rgt. 9

Unterstellung:

St.,1.–4. Bttr.	[09.03.1917 – 01.01.1918]	A.Abt. A	*Krgl.*
5.,6. Bttr.	[12.04.1917 – 01.01.1918]	A.Abt. A	*D.Fußa./Krgl.*
St.,1.–6. Bttr.	[26.01.1918 – 16.10.1918]	5. Armee	*D.Fußa./FpÜb*
St.,2.,4. Bttr.	[16.10.1918 – 28.12.1918]	5. Armee	*FpÜb*
1.,3.,5.,6. Bttr.	[23.10.1918 – 04.12.1918]	A.Abt. C	*FpÜb*

Zuteilungen:

St.,1.–6. Bttr.	07.04.1918 – 02.07.1918	Bayer. Ers.Div.	*KA*
6. Bttr.	[01.10.1918]	Longuyon	*D.Fußa.*
1.,3.,5.,6. Bttr.	[25.10.1918]	Diedenhofen	*D.Fußa.*

Demobil: 1.,3.,5.,6. Bttr. ab Anf. Dez. 1918 in Gehrde (Kreis Bersenbrück); Stab, 2. u. 4. Bttr. ab Mitte Jan. 1919 in Bersenbrück; Btl. März 1919 (?) aufgelöst.[1]
Abw.Stelle bei Fußart.Rgt. 9

---

[1] FpÜb v. 12.12.1918 – 12.03.1919

Landwehr-Fußartillerie-Bataillon Nr. 55

Formation:
Stab, 1.u.2. Bttr.	15.01.1917 aufgestellt durch Gouv. Köln bei Ers.Btl./Fußart.Rgt. 7 (gem. KM v. 15.01.1917), mobil seit 23.02.1917
3. u. 4. Bttr.	15.01.1917 aufgestellt durch Fußart.Schießschule Wahn bei Ers.Btl./Fußart.-Rgt. 18 (gem. KM v. 15.01.1917), mobil seit 23.02.1917 bzw. 26.03.1917
5. u. 6. Bttr.	04.03.1917 aufgestellt (gem. KM v. 04.03.1917) aus 2. u. 3. Bttr./Ldst.Fußart.-Btl. XV. AK, sogleich mobil
Park-Komp.	22.04.1917 aufgestellt (bestand bis 19.12.1917)
7. u. 8. Bttr.	09.09.1918 aufgestellt (gem. KM v. 09.09.1918) aus schw. 15 cm-Kan.Bttr. 18 u. 19, sogleich mobil

Bewaffnung:
1.–4. Bttr.	ab Jan. 1917	belg. 12 cm Kan.	*Üb.Fußa. 01.02.1917*
1. Bttr.	ab Dez. 1917	russ. leichte Feldh.	*Üb.Fußa. 15.12.1917*
1. Bttr.	ab Jan. 1918	belg. 12 cm Kan.	*D.Fußa. 15.01.1918*
1. Bttr.	ab April 1918	schw. Feldh. 02	*D.Fußa. 26.04.1918*
1. Bttr.	ab Sept. 1918	russ. schw. Feldh.	*D.Fußa. 13.09.1918*
2. Bttr.	ab Juli 1918	belg. 21 cm Haub.	*Krgl. 11.07.1918*
3. Bttr.	ab Juli 1918	21 cm Mörser	*Krgl. 11.07.1918*
5. Bttr.	ab März 1917	schw. 12 cm Kan.	*Üb.Fußa. 01.02.1917*
5. Bttr.	ab Mai 1917	belg. 12 cm Kan.	*Krgl. 07.05.1917*
6. Bttr.	ab März 1917	schw. 12 cm Kan.	*Üb.Fußa. 01.02.1917*
6. Bttr.	ab Mai 1917	belg. 12 cm Kan.	*Krgl. 07.05.1917*
6. Bttr.	ab Jan. 1918	russ. schw. 15 cm Kan.	*D.Fußa. 15.01.1918*
7.,8. Bttr.	ab Sept. 1918	schw. 15 cm Kan.	*D.Fußa. 13.09.1918*

Ersatztr.Teil: Ers.Btl./Fußart.Rgt. 7

Unterstellung:
St.,1.–3. Bttr.	[01.03.1917 – 01.04.1917]	3. Armee	*Krgl.*
4. Bttr.	[01.04.1917]	3. Armee	*Krgl.*
5.,6. Bttr.	[04.03.1917 – 24.04.1917]	3. Armee	*Üb.Fußa./Krgl.*
St.,1.–4. Bttr.	[12.04.1917 – 23.10.1918]	1. Armee	*D.Fußa./FpÜb*
5.,6. Bttr.	[07.05.1917 – 23.10.1918]	1. Armee	*Krgl./FpÜb*
7.,8. Bttr.	[09.09.1918 – 06.11.1918]	1. Armee	*Krgl./FpÜb*
St.,1.–6. Bttr.	[30.10.1918 – 06.11.1918]	Lüttich	*FpÜb*
St.,1.–8. Bttr.	[13.11.1918 – 04.12.1918]	Köln	*Ers.FpÜb*

Zuteilungen:
St.,1.–6. Bttr.	23.08.1918 – 23.09.1918	15. bayer. Inf.Div.	*KA*

Demobil: 28.12.1918 im Sennelager aufgelöst;[1] Abw.Stelle bei Fußart.Rgt. 7

---

[1] Demob.Üb. VII. AK v. 29.06.1919; nicht mehr in Ers.FpÜb v. 12.12.1918

Landwehr-Fußartillerie-Bataillon Nr. 56

Formation:

Stab, 1.u.2. Bttr.	15.01.1917 aufgestellt durch Kdtr. Neubreisach bei Ers.Btl./Fußart.Rgt. 20 (gem. KM v. 15.01.1917), sogleich mobil
3. u. 4. Bttr.	05.01.1917 aufgestellt durch Kdtr. Diedenhofen bei Ers.Btl./Fußart.Rgt. 16 (gem. KM v. 11.12.1916 u. 15.01.1917), sogleich mobil
5. u. 6. Bttr.	04.03.1917 aufgestellt (gem. KM v. 04.03.1817) aus Fußart.Bttr. 244 u. 378, sogleich mobil[1]
5. u. 6. Bttr.	Okt. 1918 umgewandelt in 2. u. 3. Bttr./Fußart.Btl. 171
7. u. 8. Bttr.	09.09.1918 aufgestellt (gem. KM v. 09.09.1918) aus schw. 15 cm-Kan.Bttr. 35 u. 38, sogleich mobil

Bewaffnung:

1.–4. Bttr.	ab Jan. 1917	belg. schw. 12 cm Kan.	*Üb.Fuβa. 01.02.1917*
1. Bttr.	ab April 1918	belg. 21 cm Kan.	*Krgl. 12.04.1918*
1. Bttr.	ab Juli 1918	Mörser	*D.Fuβa. 14.07.1918*
2. Bttr.	ab Juli 1918	schw. Feldh. 02	*D.Fuβa. 14.07.1918*
3. Bttr.	ab Juli 1918	Mörser	*D.Fuβa. 03.07.1918*
4. Bttr.	ab Juli 1918	schw. Feldh. 02	*D.Fuβa. 03.07.1918*
5.,6. Bttr.	ab März 1917	schw. 12 cm Kan.	*Üb.Fuβa. 01.02.1917*
5.,6. Bttr.	ab April 1918	10 cm Kan. 97	*D.Fuβa. 18.04.1918*
7. Bttr.	ab Sept. 1918	schw. 15 cm Kan. (Kraftzug)	*D.Fuβa. 13.09.1918*
8. Bttr.	ab Sept. 1918	schw. 15 cm Kan.	*D.Fuβa. 13.09.1918*

Ersatztr.Teil: Ers.Btl./Fußart.Rgt. 20

Unterstellung:

St.,1.–4. Bttr.	[10.04.1917 – 01.07.1918]	A.Abt. B	*Krgl.*
5.,6. Bttr.	[04.03.1917 – 01.07.1918]	A.Abt. B	*Üb.Fuβa./Krgl.*
St.,1.–6. Bttr.	[03.07.1918]	Hirson	*D.Fuβa.*
St.,2.–4. Bttr.	[18.07.1918 – 30.08.1918]	4. Armee	*Krgl.*
1.,5.,6. Bttr.	[18.07.1918 – 25.07.1918]	4. Armee	*Krgl.*
1.,5.,6. Bttr.	[28.07.1918 – 08.08.1918]	Hirson	*D.Fuβa.*
1.,5.,6. Bttr.	[19.08.1918]	4. Armee	*D.Fuβa.*
St.,1.–4. Bttr.	[30.08.1918 – 18.12.1918]	17. Armee	*AB/FpÜb*
5.,6. Bttr.	[30.08.1918 – 25.09.1918]	17. Armee	*AB/FpÜb*
5.,6. Bttr.	[02.10.1918]	Köln	*Ers.FpÜb*
7.,8. Bttr.	[13.09.1918 – 18.12.1918]	17. Armee	*D.Fuβa./FpÜb*

Demobil: ab Ende Dez. 1918 in Altona, Anf. Jan. 1919 aufgelöst[2]
Abw.Stelle bei Fußart.Rgt. 20

---

[1] In Fußartillerie Bd. 1, S. 436 ist das Datum bei Batterie Nr. 378 entsprechend zu korrigieren.
[2] FpÜb 28.12.1918 – 03.01.1919

Landwehr-Fußartillerie-Bataillon Nr. 57

Formation:

Stab, 1.–4. Bttr.	15.01.1917 aufgestellt (gem. KM v. 15.01.1917): Stab durch Gouv. Thorn bei Ers.Btl./Fußart.Rgt. 11, mobil seit 28.02.1917 1. u. 2. Bttr. durch Kdtr. Swinemünde bei Ers.Btl./Fußart.Rgt. 2, mobil seit 28.02.1917 bzw. 02.03.1917 3. Bttr. durch Gouv. Mainz bei Ers.Btl./Fußart.Rgt. 3, mobil seit 02.03.1917 4. Bttr. durch Gouv. Posen bei Ers.Btl./Fußart.Rgt. 5, mobil seit 27.02.1917
2. Bttr.	Anf. Nov. 1918 umgewandelt in 3. Bttr./Fußart.Btl. 174
5. u. 6. Bttr.	04.03.1917 aufgestellt (gem. KM v. 04.03.1917), sogleich mobil: 5. Bttr. aus 4. Bttr./1. Ldst.Fußart.Btl. VII. AK 6. Bttr. aus Fußart.Bttr. 237
7. u. 8. Bttr.	09.09.1918 aufgestellt (gem. KM v. 09.09.1918) aus schw. 15 cm-Kan-Bttr. 6 u. 22, sogleich mobil

Bewaffnung:

1.–4. Bttr.	ab Jan. 1917	belg. 15 cm Haub. 90	*Üb.Fußa. 01.02.1917*
1.–4. Bttr.	ab Juli 1917	schw. Feldh.	*D.Fußa. 11.07.1917*
1. Bttr.	ab Dez. 1917	10 cm Kan. 97	*D.Fußa. 25.12.1917*
1. Bttr.	ab Sept. 1918	13 cm Kan.	*D.Fußa. 13.09.1918*
2. Bttr.	ab Juni 1918	Mörser	*D.Fußa. 19.06.1918*
2. Bttr.	ab Okt. 1918	15 cm Kan. 16 Kp. (Kraftzug)	*D.Fußa. 10.10.1918*
3. Bttr.	ab Juni 1918	Mörser	*D.Fußa. 19.06.1918*
4. Bttr.	ab Juni 1918	schw. Feldh. 02	*D.Fußa. 19.06.1918*
5. Bttr.	ab März 1917	schw. Feldh.	*Üb.Fußa. 01.02.1917*
5. Bttr.	ab Juni 1918	schw. Feldh. 02	*D.Fußa. 19.06.1918*
6. Bttr.	ab März 1917	schw. Feldh.	*Üb.Fußa. 01.02.1917*
6. Bttr.	ab Nov. 1917	10 cm Kan. 04	*D.Fußa. 10.11.1917*
6. Bttr.	ab Sept. 1918	13 cm Kan.	*D.Fußa. 13.09.1918*
7. Bttr.	ab Sept. 1918	13 cm Kan.	*D.Fußa. 13.09.1918*
8. Bttr.	ab Sept. 1918	schw. 15 cm Kan. (Kraftzug)	*D.Fußa. 13.09.1918*

Ersatztr.Teil: Ers.Btl./Fußart.Rgt. 2, seit 01.01.1918 Ers.Btl./Fußart.Rgt. 25

Unterstellung:

St., 1.–4. Bttr.	[01.03.1917 – 28.10.1917]	7. Armee	*Krgl.*
5.,6. Bttr.	[04.04.1917 – 28.10.1917]	7. Armee	*Üb.Fußa./Krgl.*
St.,1.–6. Bttr.	[29.10.1917]	Diedenhofen	*D.Fußa.*
St.,1.–6. Bttr.	[01.12.1917 – 01.06.1918]	8. Armee	*Krgl.*
St.,1.–6. Bttr.	[13.07.1918 – 02.08.1918]	4. Armee	*Krgl.*
St.,1.–6. Bttr.	[06.08.1918 – 09.10.1918]	17. Armee	*AB/FpÜb*
7. Bttr.	[13.09.1918]	Jurbise	*D.Fußa.*
7. Bttr.	[25.09.1918 – 09.10.1918]	17. Armee	*FpÜb*
8. Bttr.	[13.09.1918 – 09.10.1918]	17. Armee	*D.Fußa./FpÜb*
St.,1.–8. Bttr.	[11.10.1918 – 06.11.1918]	4. Armee	*Krgl./FpÜb*
St.,4.,6.,7. Bttr.	[13.11.1918 – 04.12.1918]	4. Armee	*FpÜb*
1.,3.,5.,8. Bttr.	[13.11.1918 – 12.12.1918]	18. Armee	*FpÜb*
2. Bttr.	[10.10.1918 – 06.11.1918]	Köln	*D.Fußa./FpÜb*

Zuteilungen:

St.,1.–6. Bttr.	06.08.1917 – 16.09.1917	11. bayer. Inf.Div.	*KA*
St.,1.–6. Bttr.	18.08.1918 – 31.08.1918	4. bayer. Inf.Div.	*KA*

Demobil: 1.,3.,5.,8. Bttr. ab Ende Dez. 1918 in Oldenburg, März 1919 (?) aufgelöst;[1] Rest des Btl. Anf. Dez. 1918 aufgelöst[2]
Abw.Stelle bei Fußart.Rgt. 25

Quellen: Gefechtskalender Fußart.Rgt. 25

Landwehr-Fußartillerie-Bataillon Nr. 58

Formation:

Stab, 1.–4. Bttr.	15.01.1917 aufgestellt (gem. KM v. 11.12.1916 u. 15.01.1917), sogleich mobil: Stab durch Kdtr. Diedenhofen bei Ers.Btl./Fußart.Rgt. 16 1. u. 2. Bttr. durch Gouv. Graudenz bei Ers.Btl./Fußart.Rgt. 21 3. u. 4. Bttr. durch Kdtr. Breslau bei Ers.Btl./Fußart.Rgt. 6
5. u. 6. Bttr.	04.03.1917 aufgestellt (gem. KM v. 04.03.1917) aus Fußart.Bttr. 701 u. 702, sogleich mobil
Park-Komp.	22.04.1917 aufgestellt (bestand bis 19.12.1917)

Bewaffnung:

1.–6. Bttr.	ab Jan. 1917	russ. leichte 15 cm Kan.	*Üb.Fußa. 01.02.1917*
1.,2. Bttr.	ab April 1918	schw. Feldh. 02	*D.Fußa. 26.04.1918*
1.,2. Bttr.	ab Aug. 1918	franz. 120 mm Kan.	*D.Fußa. 30.08.1918*

Ersatztr.Teil: Ers.Btl./Fußart.Rgt. 21, seit 01.01.1918 Ers.Btl./Fußart.Rgt. 9

Unterstellung:

St.,1.,2. Bttr.	[11.02.1917]	6. Armee	*AB*
St.,1.–4. Bttr.	[01.03.1917 – 14.06.1918]	7. Armee	*Krgl.*
5.,6. Bttr.	[09.03.1917 – 17.05.1917]	6. Armee	*Krgl./AB*
5.,6. Bttr.	[31.05.1917]	Jurbise	*D.Fußa.*
5.,6. Bttr.	[30.06.1917 – 14.06.1918]	7. Armee	*Krgl.*
St.,1.–6. Bttr.	[19.06.1918]	1. Armee	*D.Fußa.*
St.,1.–6. Bttr.	[14.07.1918 – 06.09.1918]	9. Armee	*D.Fußa./Krgl.*
St.,1.–6. Bttr.	[18.09.1918]	18. Armee	*FpÜb*
St.,1.,2. Bttr.	[25.09.1918]	Köln	*Ers.FpÜb*

Verbleib:

Stab, 1., 2. Bttr.	Anf. Okt. 1918 umgewandelt in Stab, 1. u. 2. Bttr./Fußart.Btl. 168
3.–6. Bttr.	Mitte Sept. 1918 aufgelöst (gem. KM v. 14.09.1918), Personal an die Fußart.-Ers.Abt. des Fußart.Üb.Pl. Maubeuge überwiesen.

---

[1] FpÜb v. 28.12.1918 – 12.03.1919
[2] Nicht mehr in FpÜb v. 12.12.1918

Landwehr-Fußartillerie-Bataillon Nr. 59

Formation:

Stab	18.04.1917 aufgestellt durch Gouv. Straßburg bei 1. Ers.Btl./Fußart.Rgt. 13 (gem. KM v. 18.04.1917), sogleich mobil
1.–6. Bttr.	18.04.1917 aufgestellt durch A.Abt. B (gem. KM v. 18.04.1917), sogleich mobil
	1. Bttr. aus Fußart.Bttr. 247
	2. Bttr. aus Fußart.Bttr. 763
	3. Bttr. aus Fußart.Bttr. 764
	4. Bttr. aus Fußart.Bttr. 767
	5. Bttr. aus Fußart.Bttr. 389[1]
	6. Bttr. aus Fußart.Bttr. 783

Bewaffnung:

1.–4. Bttr.	ab April 1917	15 cm Ring-Kan.	*D.Fußa. 28.04.1917*
1. Bttr.	ab Nov. 1917	russ. 20 cm Haub. 77	*D.Fußa. 20.11.1917*
1. Bttr.	ab April 1918	lange Mörser	*D.Fußa. 18.04.1918*
1. Bttr.	ab Juni 1918	Mörser	*D.Fußa. 19.06.1918*
2. Bttr.	ab Dez. 1917	russ. 20 cm Haub. 77	*D.Fußa. 05.12.1917*
3.,4. Bttr.	ab Nov. 1917	lange 15 cm Kan.	*D.Fußa. 10.11.1917*
5.,6. Bttr.	ab April 1917	franz. 155 mm Kan.	*D.Fußa. 28.04.1917*

Ersatztr.Teil: 1. Ers.Btl./Fußart.Rgt. 24

Unterstellung:

St.,1.–6. Bttr.	[28.04.1917 – 01.07.1918]	A.Abt. B	*D.Fußa./Krgl.*
St.,1.–3. Bttr.	[01.07.1918 – 20.11.1918]	A.Abt. B	*Krgl./FpÜb*
4. Bttr.	[01.08.1918 – 10.09.1918]	19. Armee	*Krgl.*
4. Bttr.	[18.09.1918]	A.Abt. B	*FpÜb*
4. Bttr.	[23.09.1918 – 20.11.1918]	A.Abt. C	*Krgl./FpÜb*
5.,6. Bttr.	[01.07.1918 – 20.11.1918]	A.Abt. B	*Krgl./FpÜb*
St.,1.,3. Bttr.	[04.12.1918 – 18.12.1918]	26. Ldw.Div.	*FpÜb*
2. Bttr.	[12.12.1918 – 18.12.1918]	25. Ldw.Div.	*FpÜb*
4. Bttr.	[04.12.1918 – 12.12.1918]	44. Ldw.Div.	*FpÜb*

Zuteilungen:

St.,1.–6. Bttr.	11.08.1917 – 12.10.1917	6. bayer. Res.Div.	*KA*

Demobil: Mitte Dez. 1918 aufgelöst;[2] Abw.Stelle bei Fußart.Rgt. 24

---

[1] In Fußartillerie Bd. 1, S. 439 ist die Angabe bei Batterie Nr. 398 entsprechend zu korrigieren.
[2] Nicht mehr in FpÜb v. 18.12.1918

Landwehr-Fußartillerie-Bataillon Nr. 60

Formation:

Stab, 1.–6. Bttr.	05.05.1917 aufgestellt (gem. KM v. 05.05.1917), sogleich mobil:
	Stab durch Kdtr. Breslau aus Stab des Ers.Btl./Fußart.Rgt. 6
	1. Bttr. durch Gouv. Straßburg bei Ers.Btl./Fußart.Rgt. 14
	2.–5. Bttr. durch A.Abt. B aus Fußart.Bttr. 241, 397, 552 u. 665[1]
	6. Bttr. durch A.Abt. B aus 8. Bttr./Ldst.Fußart.Btl. V. AK
7. u. 8. Bttr.	09.09.1918 aufgestellt (gem. KM v. 09.09.1918) aus schw. 15 cm-Kan.Bttr. 37 u. 44, sogleich mobil

Bewaffnung:

1. Bttr.	ab Mai 1917	schw. Feldh.	*D.Fußa. 11.05.1917*
1. Bttr.	ab Juni 1918	lange Mörser	*D.Fußa. 19.06.1918*
1. Bttr.	ab Sept. 1918	Mörser	*D.Fußa. 09.09.1918*
2. Bttr.	ab Mai 1917	9 cm Kan.	*D.Fußa. 11.05.1917*
2. Bttr.	ab Juni 1917	10 cm K.	*D.Fußa. 26.06.1917*
2. Bttr.	ab Juli 1917	9 cm Kan.	*D.Fußa. 11.07.1917*
2. Bttr.	ab Sept. 1917	belg. 15 cm Kan.	*D.Fußa. 05.09.1917*
2. Bttr.	ab Juni 1918	lange Mörser	*D.Fußa. 19.06.1918*
2. Bttr.	ab Sept. 1918	Mörser	*D.Fußa. 09.09.1918*
3. Bttr.	ab Mai 1917	franz. 90 mm Kan.	*D.Fußa. 11.05.1917*
3. Bttr.	ab Juni 1917	10 cm Kan.	*D.Fußa. 26.06.1917*
4. Bttr.	ab Mai 1917	9 cm Kan.	*D.Fußa. 11.05.1917*
4. Bttr.	ab Juni 1917	10 cm Kan.	*D.Fußa. 26.06.1917*
4. Bttr.	ab April 1918	schw. Feldh. 13	*D.Fußa. 18.04.1918*
4. Bttr.	ab Sept. 1918	engl. schw. Feldh.	*D.Fußa. 09.09.1918*
5. Bttr.	ab Mai 1917	russ. 10 cm Kan.	*D.Fußa. 11.05.1917*
5. Bttr.	ab Juni 1917	10 cm Kan.	*Krgl. 10.06.1917*
5. Bttr.	ab April 1918	schw. Feldh. 13	*D.Fußa. 18.04.1918*
5. Bttr.	ab Sept. 1918	engl. schw. Feldh.	*D.Fußa. 27.09.1918*
6. Bttr.	ab Mai 1917	schw. 12 cm Kan.	*D.Fußa. 11.05.1917*
6. Bttr.	ab Jan. 1918	10 cm Kan. 04	*D.Fußa. 15.01.1918*
7. Bttr.	ab Sept. 1918	schw. 15 cm Kan.	*D.Fußa. 13.09.1918*
8. Bttr.	ab Sept. 1918	schw. 15 cm Kan. (Kraftzug)	*D.Fußa. 13.09.1918*

Ersatztr.Teil: Ers.Btl./Fußart.Rgt. 5, seit 01.01.1918 Ers.Btl./Fußart.Rgt. 18

Unterstellung:

St.,3.–6. Bttr.	[05.05.1917 – 01.10.1917]	A.Abt. B	*D.Fußa./Krgl.*
1.,2. Bttr.	[05.05.1917 – 11.08.1917]	A.Abt. B	*Krgl.*
1.,2. Bttr.	[25.09.1917 – 11.10.1917]	Insmingen	*D.Fußa.*
St.,3.–6. Bttr.	[11.10.1917]	Insmingen	*D.Fußa.*
1.,6. Bttr.	[20.10.1917 – 29.10.1917]	5. Armee	*D.Fußa.*
St.,1.–6. Bttr.	[29.10.1917 – 01.05.1918]	5. Armee	*D.Fußa./Krgl.*
1.–3. Bttr.	[01.05.1918 – 01.06.1918]	5. Armee	*Krgl.*
1.–3. Bttr.	[19.06.1918]	Longuyon	*D.Fußa.*
St.,4.–6. Bttr.	[06.05.1918 – 22.06.1918]	18. Armee	*D.Fußa./Krgl.*
St.,1.–6. Bttr.	[03.07.1918 – 14.07.1918]	3. Armee	*RG/D.Fußa.*
St.,1.–6. Bttr.	[27.07.1918 – 20.11.1918]	4. Armee	*Krgl./FpÜb*
7.,8. Bttr.	[13.09.1918 – 20.11.1918]	4. Armee	*D.Fußa./FpÜb*

---

[1] In Fußartillerie Bd. 1, S. 398 ist die Angabe bei Batterie Nr. 241 entsprechend zu korrigieren.

St.,1.–8. Bttr.	[04.12.1918 – 12.12.1918]	21. Inf.Div.	*FpÜb*

Zuteilungen:

St.,1.–6. Bttr.	24.10.1917 – 08.01.1918	15. bayer. Inf.Div.	*KA*

Demobil: Btl. ab 15.12.1918 in Kassel, am 17.–19.12.1918 aufgelöst[1]
Abw.Stelle bei Fußart.Rgt. 18

Quellen: Rgt.Gesch. Fußart.Rgt. 5

Landwehr-Fußartillerie-Bataillon Nr. 61

Formation:
Stab, 1.–6. Bttr. 05.05.1917 aufgestellt (gem. KM v. 05.05.1917), sogleich mobil
   Stab durch Gouv. Königsberg aus Stab des 1. Ers.Btl./Fußart.Rgt.1
   1. Bttr. durch Kdtr. Koblenz bei Ers.Btl./Fußart.Rgt. 9
   2. Bttr. durch Gouv. Straßburg bei Ers.Btl./Fußart.Rgt. 10
   3. Bttr. durch Kdtr. Neubreisach bei Ers.Btl./Fußart.Rgt. 20
   4.–6. Bttr. durch AOK. 2 aus Fußart.Bttr. 461, 574 u. 664[2]

1. Bttr. Okt. 1918 umgewandelt in 1. Bttr./Fußart.Btl. 171

7. u. 8. Bttr. 09.09.1918 (gem. KM v. 09.09.1918) aus schw. 15 cm-Kan.Bttr. 29 u. 30, sogleich mobil

Bewaffnung:

1.–6. Bttr.	ab Mai 1917	9 cm Kan.	*D.Fußa. 11.05.1917*
1. Bttr.	ab Nov. 1917	schw. 12 cm Kan.	*D.Fußa. 27.11.1917*
1. Bttr.	ab Dez. 1917	russ. 10 cm Kan.	*D.Fußa. 25.12.1917*
1. Bttr.	ab April 1918	schw. Feldh.	*D.Fußa. 26.04.1918*
1. Bttr.	ab Juli 1918	russ. 10 cm Kan.	*D.Fußa. 03.07.1918*
2. Bttr.	ab Nov. 1917	schw. 12 cm Kan.	*D.Fußa. 20.11.1917*
2. Bttr.	ab Jan. 1918	10 cm Kan.	*D.Fußa. 03.01.1918*
2. Bttr.	ab Sept. 1918	belg. 12 cm Kan.	*D.Fußa. 19.09.1918*
3. Bttr.	ab Sept. 1917	schw. 12 cm Kan.	*D.Fußa. 25.09.1917*
3. Bttr.	ab April 1918	schw. Feldh. 02	*D.Fußa. 26.04.1918*
4. Bttr.	ab Nov. 1917	15 cm Ring-Kan.	*D.Fußa. 20.11.1917*
4. Bttr.	ab Juli 1918	Mörser	*Krgl. 13.07.1918*
5. Bttr.	ab Nov. 1917	15 cm Ring-Kan.	*D.Fußa. 20.11.1917*
5. Bttr.	ab Juni 1918	Mörser	*D.Fußa. 19.06.1918*
6. Bttr.	ab Okt. 1917	belg. 21 cm Haub.	*D.Fußa. 29.10.1917*
6. Bttr.	ab Nov. 1917	schw. 12 cm Kan.	*D.Fußa. 27.11.1917*
6. Bttr.	ab Juni 1918	lange 15 cm Kan.	*D.Fußa. 19.06.1918*
7. Bttr.	ab Sept. 1918	schw. 15 cm Kan. (Kraftzug)	*D.Fußa. 13.09.1918*
8. Bttr.	ab Sept. 1918	schw. 15 cm Kan. (Kraftzug)	*D.Fußa. 13.09.1918*

Ersatztr.Teil: Ers.Btl./Fußart.Rgt. 20

Unterstellung:

St.,3.–5. Bttr.	[12.05.1917 – 10.12.1917]	2. Armee	*Krgl.*
1.,2.,6. Bttr.	[12.05.1917 – 04.11.1917]	2. Armee	*Krgl.*
1.,2.,6. Bttr.	[27.11.1917]	Metz	*D.Fußa.*

---

[1] Demob.Üb. XI. AK v. 20.01.1920; nicht mehr in FpÜb v. 12.03.1919
[2] In Fußartillerie Bd. 1, S. 501 sind die Angaben bei Batterie Nr. 574 entsprechend zu korrigieren.

6. Bttr.	[15.12.1917]	2. Armee	*D.Fußa.*
St.,2.–6. Bttr.	[31.12.1917 – 21.03.1918]	18. Armee	*D.Fußa./Krgl.*
1. Bttr.	[26.01.1918 – 21.03.1918]	18. Armee	*D.Fußa./Krgl.*
St.,1.–6. Bttr.	[07.04.1918 – 06.07.1918]	7. Armee	*D.Fußa./Krgl.*
St.,1.–6. Bttr.	[20.07.1918 – 18.09.1918]	9. Armee	*Krgl./FpÜb*
7.,8. Bttr.	[13.09.1918 – 18.09.1918]	9. Armee	*D.Fußa./FpÜb*
St.,2.–6. Bttr.	[25.09.1918 – 28.12.1918]	7. Armee	*FpÜb*
1. Bttr.	[02.10.1918]	7. Armee	*FpÜb*
7.,8. Bttr.	[02.10.1918]	9. Armee	*FpÜb*
7. Bttr.	[09.10.1918 – 20.11.1918]	7. Armee	*FpÜb*
8. Bttr.	[17.10.1918 – 30.10.1918]	7. Armee	*Krgl./FpÜb*
8. Bttr.	[06.11.1918 – 20.11.1918]	18. Armee	*FpÜb*

Demobil: 5., 7. u. 8. Bttr. 24.–27.11.1918 aufgelöst (gem. Stellv. Gen.Kdo. IX. AK v. 14.12.1918)
Rest des Btl. ab Ende Dez. 1918 in Altona, März 1919 (?) aufgelöst[1]
Abw.Stelle bei Fußart.Rgt. 20

Landwehr-Fußartillerie-Bataillon Nr. 62

Formation:
Stab, 1.–6. Bttr.   05.05.1917 aufgestellt (gem. KM v. 05.05.1917), sogleich mobil
Stab durch Kdtr. Swinemünde aus Stab des Ers.Btl./Fußart.Rgt. 2
1.–6. Bttr. durch AOK 7 unter Fortfall der Fußart.Bttr. 266, 271, 297, 323, 366 u. 706

7. u. 8. Bttr.   09.09.1918 aufgestellt (gem. KM v. 09.09.1918) aus schw. 15 cm-Kan.Bttr. 46 u. 47, sogleich mobil

Bewaffnung:
1.–3. Bttr.	ab Mai 1917	15 cm Ring-Kan.	*D.Fußa. 11.05.1917*
1. Bttr.	ab Jan. 1918	schw. Feldh. 02	*D.Fußa. 03.01.1918*
2. Bttr.	ab Mai 1917	lange 15 cm Kan.	*D.Fußa. 31.05.1917*
2. Bttr.	ab Okt. 1917	15 cm Ring-Kan.	*D.Fußa. 29.10.1917*
2. Bttr.	ab Jan. 1918	schw. Feldh. 02	*D.Fußa. 03.01.1918*
2. Bttr.	ab Okt. 1918	lange schw. Feldh. 13	*D.Fußa. 10.10.1918*
3. Bttr.	ab Febr. 1918	lange 15 cm Kan.	*Üb.Fußa. 10.02.1918*
4. Bttr.	ab Mai 1917	lange 15 cm Kan.	*D.Fußa. 11.05.1917*
4. Bttr.	ab Aug. 1918	schw. Feldh. 02	*D.Fußa. 08.08.1918*
5. Bttr.	ab Mai 1917	lange 15 cm Kan.	*D.Fußa. 11.05.1917*
6. Bttr.	ab Mai 1917	belg. 15 cm Kan.	*D.Fußa. 11.05.1917*
6. Bttr.	ab Mai 1917	lange 15 cm Kan.	*D.Fußa. 31.05.1917*
7. Bttr.	ab Sept. 1918	13 cm Kan. (Kraftzug)	*D.Fußa. 13.09.1918*
8. Bttr.	ab Sept. 1918	schw. 15 cm Kan. (Kraftzug)	*D.Fußa. 13.09.1918*

Ersatztr.Teil: Ers.Btl./Fußart.Rgt. 11, seit 01.01.1918 Ers.Btl./Fußart.Rgt. 26

Unterstellung:
St.,1.–6. Bttr.	[11.05.1917 – 01.06.1918]	7. Armee	*D.Fußa./Krgl.*
St.,1.–6. Bttr.	[06.06.1918]	1. Armee	*D.Fußa.*

---
[1] FpÜb v. 03.01.1919 – 12.03.1919

St.,1.–6. Bttr.	[19.06.1918 – 04.08.1918]	7. Armee	*D.Fußa./Krgl.*
St.,1.–6. Bttr.	[05.08.1918 – 09.10.1918]	9. Armee	*Krgl./FpÜb*
Stab	[23.10.1918 – 20.11.1918]	7. Armee	*FpÜb*
1. Bttr.	[17.10.1918 – 12.12.1918]	7. Armee	*Krgl./FpÜb*
2. Bttr.	[22.10.1918 – 20.11.1918]	7. Armee	*Krgl./FpÜb*
3. Bttr.	[16.10.1918 – 12.12.1918]	7. Armee	*FpÜb*
4. Bttr.	[17.10.1918 – 20.11.1918]	7. Armee	*Krgl./FpÜb*
5. Bttr.	[17.10.1918 – 06.11.1918]	7. Armee	*Krgl./FpÜb*
5. Bttr.	[13.11.1918 – 20.11.1918]	1. Armee	*FpÜb*
5. Bttr.	[04.12.1918 – 12.12.1918]	7. Armee	*FpÜb*
6. Bttr.	[17.10.1918 – 06.11.1918]	7. Armee	*Krgl./FpÜb*
7. Bttr.	[13.09.1918]	Hirson	*D.Fußa.*
7. Bttr.	[10.10.1918]	3. Armee	*D.Fußa.*
7. Bttr.	[17.10.1918 – 06.11.1918]	7. Armee	*Krgl./FpÜb*
8. Bttr.	[13.09.1918 – 09.10.1918]	9. Armee	*D.Fußa./FpÜb*
8. Bttr.	[16.10.1918 – 23.10.1918]	18. Armee	*FpÜb*
8. Bttr.	[30.10.1918]	7. Armee	*FpÜb*
St.,2.,4. Bttr.	[04.12.1918 – 12.12.1918]	18. Armee	*FpÜb*
6.,7. Bttr.	[13.11.1918 – 12.12.1918]	18. Armee	*FpÜb*
8. Bttr.	[06.11.1918 – 12.12.1918]	18. Armee	*FpÜb*

Demobil: ab Mitte Dez. 1918 in Landsberg (Warthe), am 18.01.1919 aufgelöst[1]
Abw.Stelle bei Fußart.Rgt. 26

Quellen: Gefechtskalender Fußart.Rgt. 26

Landwehr-Fußartillerie-Bataillon Nr. 63

Formation:
Stab, 1.–6. Bttr. 05.05.1917 aufgestellt (gem. KM v. 05.05.1917), sogleich mobil
  Stab durch Gouv. Posen aus Stab des Ers.Btl./Fußart.Rgt. 5
  1.–6. Bttr. durch AOK 3 aus Fußart.Bttr. 325, 326, 333, 619, 620 u. 621
2. Bttr. Anf. Okt. 1918 umgewandelt in 3. Bttr./Fußart.Btl. 169
7. u. 8. Bttr. 09.09.1918 (gem. KM v. 09.09.1918) aus schw. 15 cm-Kan.Bttr. 25 u. 45, sogleich mobil

Bewaffnung:

1.–3. Bttr.	ab Mai 1917	schw. 12 cm Kan.	*D.Fußa. 11.05.1917*
1. Bttr.	ab Juli 1918	russ. 10 cm Kan.	*D.Fußa. 28.07.1918*
2. Bttr.	ab Nov. 1917	schw. Feldh.	*D.Fußa. 27.11.1917*
3. Bttr.	ab Aug. 1918	engl. schw. Feldh.	*D.Fußa. 19.08.1918*
4.–6. Bttr.	ab Mai 1917	russ. 10 cm Kan.	*D.Fußa. 11.05.1917*
5. Bttr.	ab Nov. 1918	10 cm Kan.	*D.Fußa. 03.11.1918*
7. Bttr.	ab Sept. 1918	schw. 15 cm Kan.	*D.Fußa. 13.09.1918*
7. Bttr.	ab Okt. 1918	schw. Feldh.	*D.Fußa. 10.10.1918*
7. Bttr.	ab Okt. 1918	schw. 15 cm Kan.	*D.Fußa. 25.10.1918*
7. Bttr.	ab Nov. 1918	schw. 15 cm Kan. (Kraftzug)	*D.Fußa. 03.11.1918*
8. Bttr.	ab Sept. 1918	schw. 15 cm Kan. (Kraftzug)	*D.Fußa. 13.09.1918*

Ersatztr.Teil: Ers.Btl./Fußart.Rgt. 15

---

[1] Demob.Üb. III. AK v. 01.06.1919; FpÜb v. 18.12.1918 – 12.03.1919

Unterstellung:

St.,1.–6. Bttr.	[11.05.1917 – 30.08.1918]	3. Armee	*D.Fußa./FpÜb*
St.,1.,3.–6. Bttr.	[30.08.1918 – 16.10.1918]	3. Armee	*D.Fußa./FpÜb*
2. Bttr.	[30.08.1918 – 02.10.1918]	Köln	*D.Fußa./FpÜb*
St.,1.,4. Bttr.	[30.10.1918 – 18.12.1918]	5. Armee	*FpÜb*
3.,5.,6. Bttr.	[23.10.1918 – 18.12.1918]	5. Armee	*FpÜb*
7. Bttr.	[13.09.1918 – 01.10.1918]	3. Armee	*D.Fußa./Krgl.*
7. Bttr.	[10.10.1918 – 25.10.1918]	Longuyon	*D.Fußa.*
7. Bttr.	[03.11.1918 – 18.12.1918]	5. Armee	*D.Fußa./FpÜb*
8. Bttr.	[13.09.1918 – 18.12.1918]	3. Armee	*D.Fußa./FpÜb*

Zuteilungen:

St.,1.–6. Bttr.	27.06.1917 – 02.09.1917	2. bayer. Inf.Div.	*KA*
St.,1.–6. Bttr.	14.10.1918 – 05.11.1918	15. bayer. Inf.Div.	*KA*

Demobil: ab Ende Dez. 1918 in Bromberg, Anf. Febr. 1919 aufgelöst[1]
Abw.Stelle bei Fußart.Rgt. 15

Landwehr-Fußartillerie-Bataillon Nr. 64

Formation:
Stab, 1.–6. Bttr.   05.05.1917 aufgestellt (gem. KM v. 05.05.1917), sogleich mobil
Stab durch Stellv. Gen.Kdo. IV. AK bei Ers.Btl./Fußart.Rgt. 4
1.–6. Bttr. durch AOK 5 aus Fußart.Bttr. 327, 328, 330, 331, 623 u. 782[2]

Bewaffnung:

1.–4. Bttr.	ab Mai 1917	schw. 12 cm Kan.	*D.Fußa. 11.05.1917*
1. Bttr.	ab Aug. 1918	engl. schw. Feldh.	*D.Fußa. 19.08.1918*
2. Bttr.	ab Nov. 1917	russ. 10 cm Kan.	*D.Fußa. 27.11.1917*
2. Bttr.	ab Sept. 1918	engl. schw. Feldh.	*D.Fußa. 09.09.1918*
3. Bttr.	ab Juli 1918	russ. 10 cm Kan.	*D.Fußa. 03.07.1918*
4. Bttr.	ab Dez. 1917	21 cm Mörser	*D.Fußa. 15.12.1917*
5. Bttr.	ab Mai 1917	russ. 10 cm Kan.	*D.Fußa. 11.05.1917*
6. Bttr.	ab Mai 1917	russ. leichte 15 cm Kan.	*D.Fußa. 11.05.1917*
6. Bttr.	ab Okt. 1917	russ. 10 cm Kan.	*D.Fußa. 20.10.1917*

Ersatztr.Teil: Ers.Btl./Fußart.Rgt. 6

Unterstellung:

St.,1.–6. Bttr.	[11.05.1917 – 01.09.1917]	5. Armee	*D.Fußa./Krgl.*
St.,1.–6. Bttr.	[01.10.1917 – 09.10.1918]	3. Armee	*Krgl./FpÜb*
St.,1.,2.,5. Bttr.	[10.10.1918 – 18.12.1918]	5. Armee	*D.Fußa./FpÜb*
3.,4.,6. Bttr.	[25.10.1918 – 18.12.1918]	5. Armee	*D.Fußa./FpÜb*

Demobil: ab Ende Dez. 1918 in Breslau, am 09.01.1919 in Neiße aufgelöst[3]
Abw.Stelle bei Fußart.Rgt. 6

---

[1] FpÜb v. 28.12.1918 – 05.02.1919
[2] In Fußartillerie Bd. 1, S. 515 ist das Datum bei Batterie Nr. 623 entsprechend zu korrigieren.
[3] Demob.Üb. VI. AK v. 01.03.1919; FpÜb v. 28.12.1918 – 12.03.1919

Landwehr-Fußartillerie-Bataillon Nr. 65

Formation:
Stab	21.04.1917 aufgestellt durch Kdtr. Diedenhofen bei Ers.Btl./Fußart.Rgt. 16 (gem. KM v. 19.04.1917 u. 05.05.1917), sogleich mobil
1.–6. Bttr.	05.05.1917 aufgestellt durch AOK 6 (gem. KM v. 19.04.1917 u. 05.05.1917) aus Fußart.Bttr. 311, 489, 273, 312, 313 u. 512

Bewaffnung:
1.,2. Bttr.	ab Mai 1917	schw. 12 cm Kan.	*D.Fußa. 11.05.1917*
1.,2. Bttr.	ab Jan. 1918	belg. schw. 15 cm Kan.	*D.Fußa. 03.01.1918*
1.,2. Bttr.	ab Febr. 1918	schw. Feldh. 13	*D.Fußa. 17.02.1918*
1. Bttr.	ab Juli 1918	schw. Feldh. 02	*D.Fußa. 28.07.1918*
1.,2. Bttr.	ab Okt. 1918	engl. schw. Feldh.	*D.Fußa. 10.10.1918*
3. Bttr.	ab Mai 1917	15 cm Ring-Kan.	*D.Fußa. 11.05.1917*
3. Bttr.	ab Febr. 1918	schw. Feldh. 13	*D.Fußa. 17.02.1918*
3. Bttr.	ab Okt. 1918	engl. schw. Feldh.	*D.Fußa. 10.10.1918*
4. Bttr.	ab Mai 1917	15 cm Ring-Kan.	*D.Fußa. 11.05.1917*
4. Bttr.	ab Jan. 1918	belg. 21 cm Haub.	*D.Fußa. 03.01.1918*
4. Bttr.	ab Febr. 1918	10 cm Kan. 04	*D.Fußa. 17.02.1918*
4. Bttr.	ab Juli 1918	schw. Feldh. 02	*D.Fußa. 14.07.1918*
4. Bttr.	ab Okt. 1918	engl. schw. Feldh.	*D.Fußa. 10.10.1918*
5. Bttr.	ab Mai 1917	15 cm Ring-Kan.	*D.Fußa. 11.05.1917*
5. Bttr.	ab Febr. 1918	10 cm Kan. 04	*D.Fußa. 17.02.1918*
5. Bttr.	ab Okt. 1918	franz. 120 mm Kan.	*D.Fußa. 10.10.1918*
6. Bttr.	ab Mai 1917	15 cm Ring-Kan.	*D.Fußa. 11.05.1917*
6. Bttr.	ab Febr. 1918	10 cm Kan. 04	*D.Fußa. 17.02.1918*
6. Bttr.	ab Okt. 1918	franz. 120 mm Kan.	*D.Fußa. 10.10.1918*

Ersatztr.Teil: Ers.Btl./Fußart.Rgt. 23

Unterstellung:
St.,1.–6. Bttr.	[11.05.1917 – 08.11.1917]	6. Armee	*D.Fußa./Krgl./Gef.Kal.*
St.,1.–6. Bttr.	[10.11.1917 – 31.01.1918]	2. Armee	*D.Fußa./Krgl./Gef.Kal.*
St.,1.–6. Bttr.	[08.02.1918 – 31.03.1918]	17. Armee	*Krgl./Gef.Kal.*
St.,1.–6. Bttr.	[07.04.1918 – 03.05.1918]	6. Armee	*D.Fußa./Krgl./Gef.Kal.*
St.,1.–6. Bttr.	[04.05.1918 – 05.08.1918]	17. Armee	*Krgl./Gef.Kal.*
St.,1.–6. Bttr.	[07.09.1918 – 20.11.1918]	4. Armee	*Krgl./FpÜb*
St.,1.–6. Bttr.	[04.12.1918 – 18.12.1918]	7. Armee	*FpÜb*

Zuteilungen:
St.,1.–6. Bttr.	16.12.1917 – 02.02.1918	16. bayer. Inf.Div.	*KA*
St.,1.–6. Bttr.	02.03.1918 – 20.03.1918	16. bayer. Inf.Div.	*KA*

Demobil: Dez. 1918 in Posen aufgelöst;[1] Abw.Stelle bei Fußart.Rgt. 23

Quellen: Gefechtskalender Fußart.Rgt. 23

---

[1] Demob.Üb. V. AK v. 15.06.1919; FpÜb v. 28.12.1918 – 12.03.1919

Landwehr-Fußartillerie-Bataillon Nr. 66

Formation:
Stab	23.04.1917 aufgestellt durch Gouv. Mainz (gem. KM v. 05.05.1917) aus Stab des Ers.Btl./Fußart.Rgt. 3, mobil seit 04.05.1917
1.–6. Bttr.	05.05.1917 aufgestellt durch Oberost bei öst.ung. 2. Armee (gem. KM v. 05.05.1917) aus Fußart.Bttr. 525, 588, 594, 640, 714 u. 648, sogleich mobil

Bewaffnung:

1. Bttr.	ab Mai 1917	9 cm Kan.	*D.Fußa. 11.05.1917*
1. Bttr.	ab Febr. 1918	schw. Feldh. 02	*D.Fußa. 17.02.1918*
2.,3. Bttr.	ab Mai 1917	schw. 12 cm Kan.	*D.Fußa. 11.05.1917*
2.,3. Bttr.	ab Febr. 1918	schw. Feldh. 02	*D.Fußa. 17.02.1918*
2. Bttr.	ab Juli 1918	10 cm Kan. 04	*D.Fußa. 03.07.1918*
3. Bttr.	ab Okt. 1918	10 cm Kan. 04	*Krgl. 24.10.1918*
4.,5. Bttr.	ab Mai 1917	schw. 12 cm Kan.	*D.Fußa. 11.05.1917*
4.,5. Bttr.	ab Febr. 1918	10 cm Kan. 04	*D.Fußa. 17.02.1918*
4. Bttr.	ab Juli 1918	schw. Feldh. 02	*D.Fußa. 03.07.1918*
5. Bttr.	ab Okt. 1918	schw. Feldh. 02	*Krgl. 24.10.1918*
6. Bttr.	ab Mai 1917	russ. leichte 15 cm Kan.	*D.Fußa. 11.05.1917*
6. Bttr.	ab Febr. 1918	10 cm Kan. 04	*D.Fußa. 17.02.1918*
6. Bttr.	ab Juli 1918	schw. Feldh. 02	*D.Fußa. 03.07.1918*

Ersatztr.Teil: Ers.Btl./Fußart.Rgt. 22, seit 01.01.1918 Ers.Btl./Fußart.Rgt. 18

Unterstellung:

St.,1.–6. Bttr.	[11.05.1917 – 10.02.1918]	öst.ung. 2. Armee	*D./Üb.Fußa.*
St.,1.–6. Bttr.	[13.02.1918]	Lüttich	*D.Fußa.*
St.,4.–6. Bttr.	[15.03.1918 – 12.12.1918]	6. Armee	*Krgl./FpÜb*
1.–3. Bttr.	[01.04.1918 – 12.12.1918]	6. Armee	*Krgl./FpÜb*

Zuteilungen:

1. Bttr.	[03.04.1918 – 17.05.1918]	4. Armee	*Krgl./AB*

Demobil: ab Mitte Dez. 1918 in Kassel, am 19.12.1918 aufgelöst[1]
Abw.Stelle bei Fußart.Rgt. 18

Quellen: Rgt.Gesch. Fußart.Rgt. 5; Gefechtskalender Fußart.Rgt. 22

---

[1] Demob.Üb. XI. AK v. 20.01.1920; FpÜb v. 18.12.1918 – 05.02.1919

Sächsisches Landwehr-Fußartillerie-Bataillon Nr. 67

Formation:

Stab	20.04.1917 aufgestellt durch Ers.Btl./Fußart.Rgt. 12 (gem. KM v. 05.05.1917 u. sächs. KM v. 21.04.1917), mobil seit 02.05.1917
1.–4. Bttr.	ca. 10.06.1917 aufgestellt (gem. KM v. 05.05.1917 u. sächs. KM v. 21.04.1917) aus sächs. Fußart.Bttr. 646, 661, 740 u. 789, sogleich mobil
5. Bttr.	22.07.1917 aufgestellt (gem. sächs. KM v. 22.07.1917), durch Ers.Btl./Fußart.-Rgt. 12, mobil seit 25.07.1917
6. Bttr.	31.07.1917 aufgestellt durch Ers.Btl./Fußart.Rgt. 19 (gem. sächs. KM v. 31.07.1917), mobil seit 08.08.1917

Bewaffnung:

1.,2. Bttr.	ab Juli 1917	russ. leichte 15 cm Kan.	*D.Fußa. 30.07.1917*
3. Bttr.	ab Juli 1917	russ. 20 cm Haub.	*D.Fußa. 30.07.1917*
4. Bttr.	ab Juli 1917	russ. schw. 15 cm Kan.	*D.Fußa. 30.07.1917*
5.,6. Bttr.	ab Juli 1917	schw. Feldh.	*Krgl. 20.09.1917*

Ersatztr.Teil: Ers.Btl./Fußart.Rgt. 19

Unterstellung:

St.,1.–4. Bttr.	[01.07.1917 – 15.12.1917]	A.Abt. Woyrsch	*Krgl.*
5.,6. Bttr.	[26.08.1917 – 15.12.1917]	A.Abt. Woyrsch	*D.Fußa./Krgl.*
1.–4. Bttr.	[20.12.1917]	Abschnitt Slonim	*Krgl.*
St.,5.,6. Bttr.	[15.12.1917 – 20.12.1917]	Abschnitt Slonim	*Krgl.*
St.,1.–6. Bttr.	[25.12.1917]	Dresden	*D.Fußa.*

Verbleib:

Stab, 1.–3. Bttr.	08.01.1918 umgewandelt in Stab, 1.–3. Bttr./sächs. Fußart.Btl. 104
4.–6. Bttr.	08.01.1918 umgewanelt in 1.–3. Bttr./sächs. Fußart.Btl. 105

Landwehr-Fußartillerie-Bataillon Nr. 68

Formation:

Stab, 1.–6. Bttr.	16.05.1917 aufgestellt (gem. KM v. 16.05.1917), sogleich mobil
	Stab durch Gouv. Thorn bei Ers.Btl./Fußart.Rgt. 11
	1.–6. Bttr. durch AOK 3 aus Fußart.Bttr. 401, 573, 575, 332, 449 u. 632

Bewaffnung:

1.–3. Bttr.	ab Mai 1917	russ. 10 cm Kan.	*D.Fußa. 31.05.1917*
1. Bttr.	ab Okt. 1917	russ. leichte 15 cm Kan.	*D.Fußa. 20.10.1917*
1. Bttr.	ab Febr. 1918	schw. Feldh.	*D.Fußa. 24.02.1918*
2. Bttr.	ab Juni 1917	schw. 12 cm Kan.	*Krgl. 01.06.1917*
2. Bttr.	ab Jan. 1918	russ. leichte 15 cm Kan.	*D.Fußa. 03.01.1918*
2. Bttr.	ab Febr. 1918	schw. Feldh.	*D.Fußa. 24.02.1918*
2. Bttr.	ab Aug. 1918	21 cm Mörser	*D.Fußa. 19.08.1918*
3. Bttr.	ab Okt. 1917	russ. 10 cm Kan.	*D.Fußa. 20.10.1917*
3. Bttr.	ab Febr. 1918	10 cm Kan.	*D.Fußa. 24.02.1918*
4. Bttr.	ab Mai 1917	schw. 12 cm Kan.	*Krgl. 01.06.1917*
4. Bttr.	ab Jan. 1918	russ. leichte 15 cm Kan.	*D.Fußa. 03.01.1918*

4. Bttr.	ab Febr. 1918	10 cm Kan.	*D.Fußa. 24.02.1918*
4. Bttr.	ab April 1918	schw. Feldh.	*D.Fußa. 18.04.1918*
5.,6. Bttr.	ab Mai 1917	schw. 12 cm Kan.	*Krgl. 01.06.1917*
5.,6. Bttr.	ab Jan. 1918	belg. 15 cm Haub. 90	*D.Fußa. 03.01.1918*
5.,6. Bttr.	ab Febr. 1918	belg. 12 cm Kan.	*D.Fußa. 24.02.1918*

Ersatztr.Teil: Ers.Btl./Fußart.Rgt. 14, seit 01.01.1918 Ers.Btl./Fußart.Rgt. 3

Unterstellung:

St.,1.–6. Bttr.	[01.06.1917 – 04.10.1917]	3. Armee	*Krgl.*
St.,1.–6. Bttr.	[05.10.1917 – 10.02.1918]	5. Armee	*D./Üb.Fußa.*
St.,1.–6. Bttr.	[13.02.1918 – 01.05.1918]	19. Armee	*D.Fußa./Krgl.*
St.,1.–6. Bttr.	[14.05.1918 – 23.10.1918]	5. Armee	*D.Fußa./FpÜb*
St.,1.–6. Bttr.	[25.10.1918 – 30.10.1918]	Kdtr. Neubreisach	*D.Fußa./WGM*
St.,1.–6. Bttr.	[06.11.1918 – 20.11.1918]	A.Abt. B	*FpÜb*

Zuteilungen:

Stab	16.05.1917 – 25.07.1917	214. Inf.Div.	*WGM*
	26.07.1917 – 02.09.1917	19. Inf.Div.	*WGM*
	03.09.1917 – 30.09.1917	28. Res.Div.	*WGM*
	01.10.1917 – 19.10.1917	2. bayer. Inf.Div.	*WGM*
	20.10.1917 – 20.12.1917	19. Res.Div.	*WGM*
	21.12.1917 – 14.01.1918	13. Inf.Div.	*WGM*
	15.01.1918 – 18.02.1918	OHL	*WGM*
	19.02.1918 – 19.04.1918	46. Res.Div.	*WGM*
	20.04.1918 – 12.05.1918	84. Ldw.Brig.	*WGM*
	13.05.1918 – 14.05.1918	22. Inf.Div.	*WGM*
	15.05.1918 – 04.08.1918	6. bayer. Inf.Div.	*WGM*
	05.08.1918 – 21.08.1918	123. Inf.Div.	*WGM*
	22.08.1918 – 08.10.1918	öst.ung. 1. Inf.Tr.Div.	*WGM*
	09.10.1918 – 17.10.1918	32. Inf.Div.	*WGM*
	18.10.1918 – 29.10.1918	OHL	*WGM*
1. Bttr.	16.05.1917 – 02.07.1917	20. Inf.Div.	*WGM*
	03.07.1917 – 01.10.1917	41. Inf.Div.	*WGM*
	02.10.1917 – 15.10.1917	54. Res.Div	*WGM*
	16.10.1917 – 17.12.1917	19. Res.Div.	*WGM*
	18.12.1917 – 20.02.1918	HGr. Dt. Kronprinz	*WGM*
	21.04.1918 – 10.05.1918	84. Ldw.Brig.	*WGM/KW*
	15.05.1918 – 04.08.1918	6. bayer. Inf.Div.	*WGM/KA*
2. Bttr.	16.05.1917 – 28.05.1917	54. Inf.Div.	*WGM*
	29.05.1917 – 12.06.1917	29. Inf.Div.	*WGM*
	13.06.1917 – 12.08.1917	51. Res.Div.	*WGM*
	13.08.1917 – 16.09.1917	8. Inf.Div.	*WGM*
	17.09.1917 – 01.10.1917	80. Inf.Div.	*WGM*
	02.10.1917 – 03.11.1917	2. bayer. Inf.Div.	*WGM*
	04.11.1917 – 14.01.1918	56. Inf.Div.	*WGM*
	15.01.1918 – 14.02.1918	Stab/2. Garde-Res.Fußart.Rgt.	*WGM*
	21.04.1918 – 10.05.1918	84. Ldw.Brig.	*WGM/KW*
	15.05.1918 – 04.08.1918	6. bayer. Inf.Div.	*WGM/KA*

3. Bttr.	16.05.1917 – 28.05.1917	30. Inf.Div.	*WGM*
	29.05.1917 – 28.07.1917	214. Inf.Div.	*WGM*
	29.07.1917 – 31.08.1917	19. Inf.Div.	*WGM*
	01.09.1917 – 30.09.1917	28. Res.Div.	*WGM*
	01.10.1917 – 19.10.1917	54. Inf.Div.	*WGM*
	20.10.1917 – 20.12.1917	19. Res.Div.	*WGM*
	21.12.1917 – 13.01.1918	13. Inf.Div.	*WGM*
	14.01.1918 – 17.02.1918	OHL	*WGM*
	21.04.1918 – 10.05.1918	84. Ldw.Brig.	*WGM/KW*
	15.05.1918 – 04.08.1918	6. bayer. Inf.Div.	*WGM/KA*
4. Bttr.	16.05.1917 – 31.12.1917	7. Res.Div.	*WGM*
	01.01.1918 – 13.01.1918	56. Inf.Div.	*WGM*
	14.01.1918 – 18.02.1918	OHL	*WGM*
	19.02.1918 – 20.04.1918	46. Res.Div.	*WGM*
	21.04.1918 – 11.05.1918	84. Ldw.Brig.	*WGM/KW*
	12.05.1918 – 29.06.1918	19. Ers.Div.	*WGM*
	30.06.1918 – 23.08.1918	232. Inf.Div.	*WGM*
	24.08.1918 – 02.09.1918	123. Inf.Div	*WGM*
5. Bttr.	16.05.1917 – 01.10.1917	23. Res.Div.	*WGM*
	02.10.1917 – 31.12.1917	26. Inf.Div.	*WGM*
	01.01.1918 – 14.01.1918	56. Inf.Div	*WGM*
	15.01.1918 – 14.02.1918	OHL	*WGM*
	21.04.1918 – 10.05.1918	84. Ldw.Brig.	*WGM/KW*
	15.05.1918 – 04.08.1918	6. bayer. Inf.Div.	*WGM/KA*
6. Bttr.	16.05.1917 – 23.07.1917	214. Inf.Div.	*WGM*
	24.07.1917 – 01.09.1917	19. Inf.Div.	*WGM*
	02.09.1917 – 01.10.1917	28. Res.Div.	*WGM*
	02.10.1917 – 17.10.1917	2. bayer. Inf.Div.	*WGM*
	18.10.1917 – 20.12.1917	19. Res.Div.	*WGM*
	21.12.1917 – 18.02.1918	13. Inf.Div.	*WGM*
	19.02.1918 – 20.04.1918	46. Res.Div.	*WGM*
	21.04.1918 – 10.05.1918	84. Ldw.Brig.	*WGM/KW*
	15.05.1918 – 04.08.1918	6. bayer. Inf.Div.	*WGM/KA*

Demobil: 09. – 13.12.1918 in Gelnhausen aufgelöst;[1] Abw.Stelle bei Fußart.Rgt. 3

---

[1] Demob.Üb. XVIII. AK v. 20.11.1919; nicht mehr in FpÜb v. 04.12.1918

Landwehr-Fußartillerie-Bataillon Nr. 69

Formation:
Stab, 1.–6. Bttr.	23.06.1917 aufgestellt durch AOK 1 (gem. KM v. 23.06.1917), sogleich mobil
	Stab aus Stab/Ldst.Fußart.Btl. V. AK
	1. Bttr. aus 6. Bttr. des Ers.Btl./Fußart.Rgt. 10
	2. Bttr. aus 6. Bttr. des 1. Ers.Btl./Fußart.Rgt. 13
	3. Bttr. aus 6. Bttr. des Ers.Btl./Fußart.Rgt. 20
	4.–6. Bttr. aus Fußart.Bttr. 395, 400 u. 447
4. Bttr.	Ende Okt. 1918 aufgelöst[1]
7. u. 8. Bttr.	09.09.1918 aufgestellt (gem. KM v. 09.09.1918) aus schw.15 cm-Kan.Bttr. 14 u. 34, sogleich mobil

Bewaffnung:
1.–3. Bttr.	ab Juni 1917	schw. Feldh.	*Krgl. 03.07.1917*
2. Bttr.	ab April 1918	schw. Feldh. 02	*D.Fußa. 26.04.1918*
4. Bttr.	ab Juni 1917	9 cm Kan.	*Krgl. 03.07.1917*
4. Bttr.	ab Aug. 1917	10 cm Kan.	*D.Fußa. 07.08.1917*
5. Bttr.	ab Juni 1917	schw. Feldh.	*D.Fußa. 30.07.1917*
5. Bttr.	ab April 1918	schw. Feldh. 02	*D.Fußa. 26.04.1918*
6. Bttr.	ab Juni 1917	9 cm Kan.	*Krgl. 03.07.1917*
6. Bttr.	ab Juli 1917	japan. leichte Feldh.	*D.Fußa. 30.07.1917*
6. Bttr.	ab April 1918	schw. Feldh. 02	*D.Fußa. 26.04.1918*
7. Bttr.	ab Sept. 1918	schw. 15 cm Kan. (Kraftzug)	*D.Fußa. 13.09.1918*
8. Bttr.	ab Sept. 1918	schw. 15 cm Kan.	*D.Fußa. 13.09.1918*

Ersatztr.Teil: Ers.Btl./Fußart.Rgt. 10, seit 01.01.1918 Ers.Btl./Fußart.Rgt. 25

Unterstellung:
St.,1.–6. Bttr.	[03.07.1917 – 30.10.1918]	1. Armee	*Krgl./FpÜb*
St.,1.–3. Bttr.	[06.11.1917 – 12.12.1918]	1. Armee	*Krgl./FpÜb*
5.,6. Bttr.	[06.11.1917 – 12.12.1918]	1. Armee	*Krgl./FpÜb*
7.,8. Bttr.	[01.10.1918 – 12.12.1918]	1. Armee	*FpÜb*
St.,2.,5.–8. Bttr.	[18.12.1918 – 28.12.1918]	3. Armee	*FpÜb*

Zuteilungen:
St.,1.–6. Bttr.	20.07.1918 – 15.08.1918	15. bayer. Inf.Div.	*KA*
St.,1.–6. Bttr.	21.08.1918 – 02.09.1918	8. bayer. Res.Div.	*KA*
1.,3. Bttr.	[04.12.1918 – 12.12.1918]	84. Inf.Div.	*FpÜb*
4. Bttr.	[16.10.1918]	3. Armee	*FpÜb*
5. Bttr.	[11.07.1917 – 01.08.1917]	Hirson	*D.Fußa.*

Demobil: 1.,3.,5. u. 8. Bttr. ab Mitte Dez. 1918, Rest des Btl. ab Anf. Jan. 1919 in Oldenburg, Btl. Ende Jan. 1919 aufgelöst[2]
Abw.Stelle bei Fußart.Rgt. 25

Quellen: Gefechtskalender Fußart.Rgt. 25

---
[1] D.Fußa. v. 25.10.1918, nicht mehr in FpÜb v. 06.11.1918
[2] FpÜb v. 18.12.1918 – 22.01.1919

Landwehr-Fußartillerie-Bataillon Nr. 70

Formation:
Stab, 1.–6. Bttr. 30.08.1917 aufgestellt durch A.Abt. A (gem. KM v. 30.08.1917), sogleich mobil
Stab aus Stab/2. Ldw.Fußart.Btl. 8
1.–5. Bttr. aus 4., 5., 6., 8. u. 9. Bttr./2. Ldw.Fußart.Btl. 8
6. Bttr. aus 10. Bttr./Ldst.Fußart.Btl. V. AK

Bewaffnung:

1. Bttr.	ab Okt. 1917	schw. Feldh.	*Krgl. 10.10.1917*
1. Bttr.	ab Juli 1918	belg. 21 cm Haub.	*D.Fußa. 03.07.1918*
2. Bttr.	ab Okt. 1917	21 cm Mörser	*Krgl. 10.10.1917*
3.,4. Bttr.	ab Okt. 1917	belg. 15 cm Kan.	*Krgl. 10.10.1917*
3.,4. Bttr.	ab März 1918	15 cm Ring-Kan.	*D.Fußa. 12.03.1918*
3.,4. Bttr.	ab Juni 1918	10 cm Kan. 97	*D.Fußa. 19.06.1918*
5. Bttr.	ab Sept. 1917	schw. Feldh.	*D.Fußa. 15.09.1917*
5. Bttr.	ab Juli 1918	10 cm Kan. 97	*D.Fußa. 14.07.1918*
6. Bttr.	ab Sept. 1917	franz. 120 mm Kan.	*D.Fußa. 05.09.1917*
6. Bttr.	ab Febr. 1918	franz. 155 mm Kan.	*Üb.Fußa. 10.02.1918*
6. Bttr.	ab April 1918	21 cm Mörser	*D.Fußa. 07.04.1918*

Ersatztr.Teil: Ers.Btl./Fußart.Rgt. 8, seit 01.01.1918 Ers.Btl./Fußart.Rgt. 16

Unterstellung:

St.,1.–6. Bttr.	[05.09.1917]	Metz	*D.Fußa.*
St.,1.–6. Bttr.	[15.09.1917 – 20.11.1918]	A.Abt. B	*D.Fußa./FpÜb*
1. Bttr.	[04.12.1918 – 12.12.1918]	44. Ldw.Div.	*FpÜb*
4. Bttr.	[12.12.1918]	25. Ldw.Div.	*FpÜb*

Demobil: Stab, 2., 3. u. 5. Bttr. Ende Nov. 1918, Rest des Btl. Mitte Dez. 1918 aufgelöst[1]
Abw.Stelle bei Fußart.Rgt. 16

---

[1] FpÜb 04.12.1918 – 18.12.1918

Landwehr-Fußartillerie-Bataillon Nr. 71

Formation:
Stab	25.09.1917 aufgestellt durch Ers.Btl./Fußart.Rgt. 6 (gem. KM v. 25.09.1917), mobil seit 26.10.1917
1.–6. Bttr.	25.09.1917 aufgestellt (gem. KM v. 25.09.1917), sogleich mobil
	1.–4. Bttr. aus 11., 16., 17. u. 18. Bttr./Res.Fußart.Rgt. 7
	5. u. 6. Bttr. aus Fußart.Bttr. 304 u. 618

Bewaffnung:

1. Bttr.	ab Sept. 1917	lange 15 cm Kan.	*D.Fußa. 25.09.1917*
1. Bttr.	ab Juni 1918	schw. Feldh.	*Krgl. 01.06.1918*
2. Bttr.	ab Sept. 1917	franz. 155 mm Kan.	*D.Fußa. 25.09.1917*
3. Bttr.	ab Sept. 1917	russ. 10 cm Kan.	*D.Fußa. 25.09.1917*
4. Bttr.	ab Sept. 1917	franz. 120 mm Kan.	*D.Fußa. 25.09.1917*
4. Bttr.	ab Aug. 1918	engl. 8,4 cm Feldkan.	*D.Fußa. 08.08.1918*
4. Bttr.	ab Aug. 1918	schw. Feldh.	*D.Fußa. 19.08.1918*
5. Bttr.	ab Sept. 1917	russ. leichte 15 cm Kan.	*D.Fußa. 25.09.1917*
5. Bttr.	ab Nov. 1917	10 cm Kan.	*D.Fußa. 27.11.1917*
6. Bttr.	ab Sept. 1917	russ. 10 cm Kan.	*D.Fußa. 25.09.1917*

Ersatztr.Teil: Ers.Btl./Fußart.Rgt. 7

Unterstellung:

Stab	[11.10.1917]	Breslau	*D.Fußa.*
Stab	[01.11.1917 – 27.11.1917]	A.Abt. B	*Krgl./D.Fußa.*
Stab	[20.01.1918 – 20.11.1918]	A.Abt. A	*Krgl./FpÜb*
1. Bttr.	[25.09.1917]	Insmingen	*D.Fußa.*
1. Bttr.	[01.10.1917 – 11.10.1917]	A.Abt. B	*Krgl./D.Fußa.*
1. Bttr.	[29.10.1917 – 10.02.1918]	A.Abt. A	*D./Üb.Fußa.*
1. Bttr.	[13.02.1918 – 01.04.1918]	19.Armee	*D.Fußa./Krgl.*
1. Bttr.	[01.05.1918 – 20.11.1918]	A.Abt. A	*Krgl./FpÜb*
2. Bttr.	[25.09.1917 – 12.12.1917]	A.Abt. B	*D.Fußa./Krgl.*
2. Bttr.	[20.01.1918 – 06.11.1918]	A.Abt. A	*Krgl.*
3. Bttr.	[25.09.1917]	Insmingen	*D.Fußa.*
3. Bttr.	[11.10.1917 – 12.12.1917]	A.Abt. B	*Krgl.*
3. Bttr.	[20.01.1918 – 06.11.1918]	A.Abt. A	*Krgl.*
4. Bttr.	[25.09.1917]	Insmingen	*D.Fußa.*
4. Bttr.	[11.10.1917 – 10.04.1918]	A.Abt. B	*Krgl.*
4. Bttr.	[01.05.1918 – 06.11.1918]	A.Abt. A	*Krgl.*
5. Bttr.	[25.09.1917 – 10.04.1918]	A.Abt. B	*D.Fußa.*
5. Bttr.	[24.04.1918 – 04.12.1918]	A.Abt. A	*Krgl./FpÜb*
6. Bttr.	[25.09.1917]	Longuyon	*D.Fußa.*
6. Bttr.	[11.10.1917 – 12.12.1917]	A.Abt. B	*D.Fußa.*
6. Bttr.	[20.01.1918 – 04.12.1918]	A.Abt. A	*Krgl./FpÜb*

Zuteilungen:

4. Bttr.	16.08.1918 – 20.12.1918	61. Ldw.Brig.	*KW*

Demobil: 08.12.1918 im Sennelager aufgelöst;[1] Abw.Stelle bei Fußart.Rgt. 7

---

[1] Demob.Üb. VII. AK v. 29.06.1919; nicht mehr in FpÜb v. 12.03.1919

Landwehr-Fußartillerie-Bataillon Nr. 72

Formation:
Stab, 1.–6. Bttr.   Anf. Mai 1918 aufgestellt durch Ers.Btl./Fußart.Rgt. 7 (gem. KM v. 29.04.1918):
Stab aus Stab/Ldst.Fußart.Btl. III. AK (III. 1)
1.–6. Bttr. aus Fußart.Bttr. 514, 516, 698, 517, 518 u. 519, sogleich mobil

Bewaffnung:
1.–3. Bttr.	ab Mai 1918	schw. Feldh. 02	*D.Fußa. 06.05.1918*
4.,5. Bttr.	ab Mai 1918	10 cm Kan. 04	*D.Fußa. 06.05.1918*
6. Bttr.	ab Mai 1918	Mörser	*D.Fußa. 06.05.1918*

Ersatztr.Teil: Ers.Btl./Fußart.Rgt. 22

Unterstellung:
St.,1.–3. Bttr.	[06.05.1918]	Lüttich	*D.Fußa.*
4.,5. Bttr.	[06.05.1918]	Köln	*D.Fußa.*
6. Bttr.	[06.05.1918]	Jurbise	*D.Fußa.*
St.,1.–6. Bttr.	[27.05.1918 – 01.06.1918]	7. Armee	*D.Fußa./Gef.Kal.*
St.,1.–6. Bttr.	[06.06.1918 – 23.08.1918]	1. Armee	*D.Fußa./Krgl.*
St.,1.–6. Bttr.	[30.08.1918]	Insmingen	*D.Fußa.*
St.,1.–6. Bttr.	[03.09.1918 – 12.12.1918]	19. Armee	*Gef.Kal./FpÜb*

Demobil: ab Dez. 1918 in Lötzen, Febr. 1919 aufgelöst,[1] Abw.Stelle bei Fußart.Rgt. 22

Quellen: Gefechtskalender Fußart.Rgt. 22

Landwehr-Fußartillerie-Bataillon Nr. 73

Formation:
Stab, 1.–6. Bttr.   Anf. Mai 1918 aufgestellt durch Ers.Btl./Fußart.Rgt. 7 (gem. KM v. 29.04.1918):
Stab aus Stab/Ldst.Fußart.Btl. VI. AK (VI. 1),
1.–6. Bttr. aus Fußart.Bttr. 532, 655, 367, 673, 609 u. 777, sogleich mobil

Bewaffnung:
1.,2. Bttr.	ab Mai 1918	schw. Feldh. 02	*D.Fußa. 06.05.1918*
3.,4. Bttr.	ab Mai 1918	10 cm Kan.	*D.Fußa. 06.05.1918*
5. Bttr.	ab Mai 1918	Mörser	*D.Fußa. 06.05.1918*
6. Bttr.	ab Mai 1918	21 cm Mörser	*D.Fußa. 06.05.1918*
6. Bttr.	ab Juli 1918	Mörser	*D.Fußa. 28.07.1918*

Ersatztr.Teil: Ers.Btl./Fußart.Rgt. 28

Unterstellung:
St.,1.–6. Bttr.	[06.05.1918]	Köln	*D.Fußa.*
St.,1.–6. Bttr.	[22.05.1918 – 31.05.1918]	7. Armee	*Gef.Kal./D.Fußa.*
St.,1.–5. Bttr.	[02.06.1918 – 12.12.1918]	1. Armee	*Krgl./FpÜb*
6. Bttr.	[01.06.1918 – 01.07.1918]	3. Armee	*Krgl.*
6. Bttr.	[18.07.1918 – 03.08.1918]	Hirson	*D.Fußa./RG*
6. Bttr.	[26.08.1918 – 12.12.1918]	1. Armee	*Krgl./FpÜb*

Demobil: ab Mitte Dez. 1918 in Sangerhausen, am 01.01.1919 aufgelöst[2]
Abw.Stelle bei Fußart.Rgt. 16

Quellen: Rgt.Gesch. Fußart.Rgt. 5; Gefechtskalender Fußart.Rgt. 27 u. 28

---

[1] FpÜb v. 18.12.1918 – 05.02.1919
[2] Demob.Üb. XXI. AK v. 20.05.1919; FpÜb v. 18.12.1918 – 05.02.1919

Landwehr-Fußartillerie-Bataillon Nr. 74

Formation:
Stab, 1.–6. Bttr.   Anf. Mai 1918 aufgestellt durch Ers.Btl./Fußart.Rgt. 7 (gem. KM v. 29.04.1918), sogleich mobil
                Stab aus Stab/Ldst.Fußart.Btl. XIV. AK (XIV. 1)
                1.–6. Bttr. aus Fußart.Bttr. 533, 611, 728, 527, 528 u. 671, sogleich mobil

Bewaffnung:

1.–3. Bttr.	ab Mai 1918	13 cm Kan.	*D.Fußa. 06.05.1918*
4.,5. Bttr.	ab Mai 1918	lange Mörser	*D.Fußa. 06.05.1918*
4.,5. Bttr.	ab Aug. 1918	Mörser	*D.Fußa. 08.08.1918*
6. Bttr.	ab Mai 1918	russ. 20 cm Haub. 72	*D.Fußa. 06.05.1918*

Ersatztr.Teil: Ers.Btl./Fußart.Rgt. 28

Unterstellung:

St.,1.–3. Bttr.	[06.05.1918]	Köln	*D.Fußa.*
Stab	[21.05.1918 – 18.12.1918]	5. Armee	*Gef.Kal./Krgl./FpÜb*
1. Bttr.	[21.05.1918 – 01.09.1918]	5. Armee	*Gef.Kal./Krgl.*
1. Bttr.	[01.10.1918]	Longuyon	*D.Fußa.*
1. Bttr.	[03.11.1918 – 18.12.1918]	5. Armee	*D.Fußa./FpÜb*
2.,3. Bttr.	[21.05.1918 – 12.12.1918]	5. Armee	*Gef.Kal./Krgl./FpÜb*
4.,5. Bttr.	[06.05.1918 – 01.06.1918]	5. Armee	*D.Fußa./Krgl.*
4.,5. Bttr.	[14.06.1918 – 17.08.1918]	4. Armee	*AB/Krgl.*
4.,5. Bttr.	[19.08.1918 – 18.12.1918]	5. Armee	*D.Fußa./FpÜb*
6. Bttr.	[06.05.1918]	3. Armee	*D.Fußa.*
6. Bttr.	[21.05.1918 – 18.12.1918]	5. Armee	*Gef.Kal./Krgl./FpÜb*

Demobil: 20.12.1918 in Sangerhausen aufgelöst;[1] Abw.Stelle bei Fußart.Rgt. 16

Quellen: Gefechtskalender Fußart.Rgt. 27 u. 28

Landwehr-Fußartillerie-Bataillon Nr. 75

Formation:
Stab, 1.–6. Bttr.   Ende Juli 1918 aufgestellt durch Kdtr. des Fußart.Üb.Pl. Lüttich (gem. KM v. 12.07.1918), sogleich mobil
                Stab neu aufgestellt
                1.–6. Bttr. aus Fußart.Bttr. 307, 530, 727, 696. 529 u. 715, sogleich mobil

Bewaffnung:

1. Bttr.	ab Juli 1918	lange Mörser	*D.Fußa. 28.07.1918*
2. Bttr.	ab Juli 1918	21 cm Mörser	*D.Fußa. 28.07.1918*
3. Bttr.	ab Juli 1918	Mörser	*D.Fußa. 28.07.1918*
4. Bttr.	ab Juli 1918	russ. leichte 15 cm Kan.	*D.Fußa. 28.07.1918*
4. Bttr.	ab Aug. 1918	schw. Feldh. 02	*D.Fußa. 08.08.1918*
5.,6. Bttr.	ab Juli 1918	13 cm Kan.	*D.Fußa. 28.07.1918*

Ersatztr.Teil: Ers.Btl./Fußart.Rgt. 1

---

[1] Demob.Üb. XXI. AK v. 20.05.1919; FpÜb v. 28.12.1918 – 05.02.1919

Unterstellung:

Stab	[28.07.1918]	Lüttich	*D.Fuβa.*
1.,2. Bttr.	[28.07.1918]	4. Armee	*D.Fuβa.*
3. Bttr.	[28.07.1918]	6. Armee	*D.Fuβa.*
4.–6. Bttr.	[28.07.1918]	4. Armee	*D.Fuβa.*
St.,1.–6. Bttr.	[08.08.1918 – 23.10.1918]	18. Armee	*D.Fuβa./FpÜb*
St.,2.,3.,5. Bttr.	[25.10.1918]	Lüttich	*D.Fuβa.*
St.,2.,3.,5. Bttr.	[30.10.1918 – 04.12.1918]	1. Armee	*FpÜb*
1.,4.,6. Bttr.	[23.10.1918 – 04.12.1918]	18. Armee	*FpÜb*

Demobil: ab Anf. Dez. 1918 in Königsberg, Ende Dez. 1918 aufgelöst[1]
Abw.Stelle bei Fußart.Rgt. 1

Landwehr-Fußartillerie-Bataillon Nr. 76

Formation:
Stab, 1.–6. Bttr. Mitte Juli 1918 aufgestellt durch Kdtr. des Fußart.Üb.Pl. Longuyon (gem. KM v. 12.07.1918), sogleich mobil
Stab neu aufgestellt
1. Bttr. aus 6. Ers.Bttr./1. Garde-Fußart.Rgt.
2. Bttr. aus Fußart.Bttr. 403
3. Bttr. aus 6. Ers.Bttr./Fußart.Rgt. 5
4. Bttr. aus 6. Ers.Bttr./Fußart.Rgt. 6
5. Bttr. aus 6. Ers.Bttr./Fußart.Rgt. 17
6. Bttr. aus 6. Ers.Bttr./Fußart.Rgt. 20

Bewaffnung:

1. Bttr.	ab Juli 1918	schw. Feldh. 02	*D.Fuβa. 28.07.1918*
2. Bttr.	ab Juli 1918	21 cm Mörser	*D.Fuβa. 28.07.1918*
3.,4. Bttr.	ab Juli 1918	Mörser	*D.Fuβa. 28.07.1918*
4. Bttr.	ab Okt. 1918	lange Mörser	*D.Fuβa. 10.10.1918*
5.,6. Bttr.	ab Juli 1918	10 cm Kan. 04	*D.Fuβa. 28.07.1918*

Ersatztr.Teil: Ers.Btl./Fußart.Rgt. 21

Unterstellung:

Stab	[28.07.1918 – 01.08.1918]	Longuyon	*D.Fuβa./AB*
Stab	[08.08.1918 – 28.12.1918]	3. Armee	*D.Fuβa./FpÜb*
1.,2. Bttr.	[28.07.1918 – 12.12.1918]	3. Armee	*D.Fuβa./FpÜb*
3.–6. Bttr.	[28.07.1918 – 23.10.1918]	3. Armee	*D.Fuβa./FpÜb*
3.–5. Bttr.	[30.10.1918 – 12.12.1918]	1. Armee	*FpÜb*

Zuteilungen:

St.,1.–6. Bttr.	01.09.1918 – 01.10.1918	Bayer. Ers.Div.	*KA*

Demobil: ab Mitte Dez. 1918 in Altona, am 16.01.1919 in Graudenz aufgelöst[2]
Stab Dez. 1918 aufgelöst (gem. Stellv. Gen.Kdo. XVII. AK v. 04.12.1918)
Abw.Stelle bei Fußart.Rgt. 21

Quellen: Gefechtskalender Fußart.Rgt. 21

---

[1] Ers.FpÜb v. 12.12.1918 – 18.12.1918
[2] FpÜb v. 18.12.1918 – 15.01.1919; Demob.Üb. XVII. AK v. 15.07.1919

Bayerisches Landwehr-Fußartillerie-Bataillon Nr. 1

Formation: 04.08.1914 aufgestellt in Neu-Ulm durch 1. bayer. Fußart.Rgt. (gem. Mob.Plan) mit Stab, 1.–4. Bttr. u. Park-Komp. (bis 28.11.1915)

Bewaffnung:
1.–4. Bttr.	ab Sept. 1914	schw. Feldh.	*Bayer. WGB*
2. Bttr.	ab Mai 1915	franz. Beutegschütze	*Bayer. WGB*

Ersatztr.Teil: Ers.Btl./1. bayer. Fußart.Rgt.

Unterstellung:
St.,1.–4. Bttr.	10.08.1914 – 02.09.1914	Gouv. Germersheim	*Bayer. WGB*
St.,1.–4. Bttr.	03.09.1914 – 16.10.1914	Gouv. Straßburg (Kriegsbes.)	*Bayer. WGB*
St.,1.,3.,4. Bttr.	18.10.1914 – 01.07.1915	1. bayer. Ldw.Div.	*Bayer. WGB*
2. Bttr.	16.10.1914 – 08.05.1915	XV. Res.Korps	*Bayer. WGB*
2. Bttr.	09.05.1915 – 01.07.1915	1. bayer. Ldw.Div.	*Bayer. WGB*

Verbleib:
Stab   05.08.1915 umgewandelt in bayer. Fußart.Btl.Stab 211
1.–4. Bttr.   01.07.1915 umgewandelt in bayer. Fußart.Bttr. 350, 351, 352 u. 353[1]

Bayerisches Landwehr-Fußartillerie-Bataillon Nr. 2

Formation:
Stab, 1.–4. Bttr.	02.–08.08.1914 aufgestellt in Metz durch 2. bayer. Fußart.Rgt. (gem. Mob.Plan)
Park-Komp.	02.08.1914 aufgestellt in Metz (bestand bis 05.01.1918)
5. Bttr.	30.11.1916 aufgestellt (gem. KM v. 26.11.1916 u. bayer. KM v. 21.11.1916) aus bayer. Fußart.Bttr. 631, sogleich mobil
6. Bttr.	27.12.1916 aufgestellt (gem. KM v. 06.01.1917 u. bayer. KM v. 27.12.1916) aus bayer. Fußart.Bttr. 581, sogleich mobil

Bewaffnung:
1. Bttr.	ab April 1916	21 cm Mörser u. lange 15 cm Kan.	*Bayer. WGB*
1. Bttr.	ab Juli 1917	lange 15 cm Kan.	*D.Fußa. 11.07.1917*
1. Bttr.	ab Dez. 1917	21 cm Mörser	*Krgl. 12.12.1917*
2. Bttr.	ab April 1916	lange 15 cm Kan.	*DW 05.04.1916*
2. Bttr.	ab Nov. 1916	schw. Feldh.	*D.Fußa. 25.11.1916*
2. Bttr.	ab Jan. 1918	russ. schw. 15 cm Kan.	*D.Fußa. 03.01.1918*
2. Bttr.	ab Sept. 1918	russ. schw. Feldh.	*D.Fußa. 09.09.1918*
2. Bttr.	ab Okt. 1918	russ. leichte 15 cm Kan.	*D.Fußa. 10.10.1918*
2. Bttr.	ab Nov. 1918	russ. schw. Feldh.	*D.Fußa. 03.11.1918*
3. Bttr.	ab April 1916	lg. 15 cm Kan.	*DW 05.04.1916*
3. Bttr.	ab Okt. 1917	belg. 12 cm Haub.	*D.Fußa. 29.10.1917*
3. Bttr.	ab März 1918	schw. Feldh.	*D.Fußa. 18.03.1918*
3. Bttr.	ab Sept. 1918	russ. schw. Feldh.	*D.Fußa. 09.09.1918*
4. Bttr.	ab April 1916	schw. Feldh.	*Bayer. WGB*
4. Bttr.	ab Sept. 1918	russ. schw. Feldh.	*D.Fußa. 09.09.1918*
4. Bttr.	ab Okt. 1918	schw. Feldh.	*D.Fußa. 10.10.1918*
4. Bttr.	ab Nov. 1918	russ. schw. Feldh.	*D.Fußa. 03.11.1918*

---

[1] Gem. Bayer. WGB erst am 05.10.1915 umbenannt

5. Bttr.	ab Okt. 1917	russ. leichte 15 cm Kan.	*D.Fußa. 20.10.1917*
6. Bttr.	ab Jan. 1917	franz. 155 mm Kan.	*D.Fußa. 09.01.1917*

Ersatztr.Teil: Ers.Btl./2. bayer. Fußart.Rgt.

Unterstellung:

Stab	[08.08.1914 – 01.07.1917]	Gouv. Metz	*LÜW/Krgl.*
Stab	[11.07.1917 – 10.02.1918]	A.Abt. A	*D./Üb.Fußa.*
1. Bttr.	[08.08.1914 – 01.07.1917]	Gouv. Metz	*LÜW/Krgl.*
1. Bttr.	[11.07.1917]	A.Abt. A	*D.Fußa.*
1. Bttr.	[27.11.1917 – 10.02.1918]	A.Abt. B	*D./Üb.Fußa.*
2. Bttr.	[08.08.1914 – 04.04.1916]	Gouv. Metz	*Bayer. WGB*
2. Bttr.	[05.04.1916 – 07.10.1916]	5. Armee	*Bayer. WGB/Üb.Fußa.*
2. Bttr.	[25.11.1916 – 01.01.1917]	OHL Metz	*D.Fußa./Krgl.*
2. Bttr.	[09.01.1917 – 21.03.1917]	5. Armee	*D.Fußa./Krgl.*
2. Bttr.	[27.03.1917]	A.Abt. A	*D.Fußa.*
2. Bttr.	[20.04.1917 – 01.08.1917]	5. Armee	*Krgl.*
2. Bttr.	[05.09.1917]	Insmingen	*D.Fußa.*
2. Bttr.	[11.10.1917 – 01.12.1918]	A.Abt. A	*D.Fußa./Krgl.*
2. Bttr.	[05.12.1917 – 10.02.1918]	A.Abt. B	*D./Üb.Fußa.*
3. Bttr.	[08.08.1914 – 04.04.1916]	Gouv. Metz	*Bayer. WGB*
3. Bttr.	[05.04.1916 – 08.06.1917]	5. Armee	*Bayer. WGB*
3. Bttr.	[08.06.1917 – 20.06.1917]	Longuyon	*Bayer. WGB*
3. Bttr.	[21.06.1917 – 03.10.1917]	3. Armee	*Bayer. WGB*
3. Bttr.	[04.10.1916 – 12.06.1917]	5. Armee	*Üb.Fußa./Krgl.*
3. Bttr.	[26.06.1917 – 10.02.1918]	A.Abt. A	*D./Üb.Fußa.*
4. Bttr.	[08.08.1914 – 01.04.1917]	Gouv. Metz	*Bayer. WGB/Krgl.*
4. Bttr.	[12.04.1917 – 10.02.1918]	A.Abt. A	*D./Üb.Fußa.*
5. Bttr.	[01.12.1916 – 01.12.1917]	Gouv. Metz	*D.Fußa./Krgl.*
5. Bttr.	[10.02.1918]	A.Abt. A	*Üb.Fußa.*
6. Bttr.	[09.01.1917 – 31.03.1917]	A.Abt. A	*D.Fußa./Krgl.*
6. Bttr.	[17.04.1917 – 12.05.1917]	2. Armee	*Krgl.*
6. Bttr.	[31.05.1917 – 10.02.1918]	A.Abt. A	*Krgl.*
St.,1.–6. Bttr.	[13.02.1918 – 18.09.1918]	19. Armee	*D.Fußa./FpÜb*
1.,3.,6. Bttr.	[18.09.1918 – 20.11.1918]	19. Armee	*D.Fußa./FpÜb*
Stab	[25.09.1918 – 06.11.1918]	A.Abt. C	*FpÜb*
Stab	[13.11.1918 – 20.11.1918]	19. Armee	*FpÜb*
2. Bttr.	[23.09.1918 – 16.10.1918]	A.Abt. C	*Krgl./FpÜb*
2. Bttr.	[23.10.1918 – 20.11.1918]	19. Armee	*FpÜb*
4.,5. Bttr.	[25.09.1918 – 21.10.1918]	A.Abt. C	*FpÜb/Krgl.*
4.,5. Bttr.	[23.10.1918 – 20.11.1918]	19. Armee	*FpÜb*

Zuteilungen:

4. Bttr.	[05.01.1915 – 27.03.1915]	8. Ers.Div.	*DW/LÜW*
4. Bttr.	[15.05.1915]	A.Abt. Strantz	*DW*

Demobil: ab 01.12.1918 in Weißenburg, am 07.02.1919 aufgelöst[1]
Abw.Stelle bei 2. bayer. Fußart.Rgt.

---

[1] Demob.Meldung II. bayer. AK v. 17.02.1919; Ers.FpÜb v. 04.12.1918 – 03.01.1919

Bayerisches Landwehr-Fußartillerie-Bataillon Nr. 3

Formation:

Stab, 1.–4. Bttr.	02.08.1914 aufgestellt in Ingolstadt durch 3. bayer. Fußart.Rgt. (gem. Mob.Plan)	
Park-Komp.	02.08.1914 aufgestellt (bestand bis 10.11.1915)	
1. Bttr.	ab 02.06.1916 mit Mun.Kol. (bis 14.10.1917)	
2. Bttr.	25.09.1915 umgewandelt in bayer. Fußart.Bttr. 411 u. 412	
2. Bttr. (neu)	27.12.1916 aufgestellt (gem. KM v. 06.01.1917 u. bayer. KM v. 27.12.1916) aus bayer. Fußart.Bttr. 299	
4. Bttr.	01.07.1915 umgewandelt in bayer. Fußart.Bttr. 275	
4. Bttr. (neu)	27.12.1916 aufgestellt (gem. KM v. 06.01.1917 u. bayer. KM v. 27.12.1916) aus bayer. Fußart.Bttr. 582	
5. u. 6. Bttr.	27.12.1916 aufgestellt (gem. KM v. 06.01.1917 u. bayer. KM v. 27.12.1916) 5. Bttr. aus bayer. Fußart.Bttr. 583 6. Bttr. aus 1. Bttr./2. bayer. Ldst.Fußart.Btl. I. bayer. AK	
Park-Komp. (neu)	08.06.1917 aufgestellt (bestand bis 05.01.1918)	

Bewaffnung:

1.–4. Bttr.	ab Aug. 1914	schw. Feldh.	*Bayer. WGB*
1. Bttr.	ab April 1916	10 cm Kan. 04	*DW 05.04.1916*
2. Bttr.	ab Febr. 1915	franz. 120 mm Kan., dann franz. 95 mm Kan.	*Bayer. WGB*
2. Bttr. (neu)	ab Jan. 1917	schw. 12 cm Kan.	*D.Fußa. 09.01.1917*
2. Bttr.	ab März 1917	10 cm Kan. 04	*Krgl. 19.03.1917*
2. Bttr.	ab Aug. 1918	russ. 10 cm Kan.	*D.Fußa. 30.08.1918*
3. Bttr.	ab April 1916	lange 15 cm Kan.	*DW 05.04.1916*
3. Bttr.	ab Sept. 1917	schw. 12 cm Kan.	*D.Fußa. 15.09.1917*
3. Bttr.	ab Nov. 1917	21 cm Mörser	*D.Fußa. 20.11.1917*
4.,5. Bttr.	ab Jan. 1917	russ. 20 cm Haub. 92	*D.Fußa. 09.01.1917*
6. Bttr.	ab Jan. 1917	schw. Feldh.	*D.Fußa. 09.01.1917*
6. Bttr.	ab Mai 1918	russ. 20 cm Haub. 92	*D.Fußa. 31.05.1918*

Ersatztr.Teil: Ers.Btl./3. bayer. Fußart.Rgt.

Unterstellung:

St.,1.–4. Bttr.	10.08.1914 – 01.09.1914	Gouv. Germersheim	*Bayer. WGB*
St.,1.–4. Bttr.	02.09.1914 – 17.10.1914	Gouv. Straßburg (Kriegsbes.)	*Bayer. WGB*
4. Bttr.	18.10.1914 – 01.07.1915	A.Abt. Strantz	*Bayer. WGB*
St.,1.–3. Bttr.	18.10.1914 – 07.02.1915	Gouv. Straßburg (Kriegsbes.)	*Bayer. WGB*
2. Bttr.	08.02.1915 – 25.09.1915	A.Abt. Strantz	*Bayer. WGB*
St.,1.,3. Bttr.	[08.02.1915 – 01.05.1915]	Gouv. Straßburg (Kriegsbes.)	*DW/LÜW*
Stab	[07.05.1915 – 01.01.1916]	Gouv. Metz (Kriegsbes.)	*LÜW*
Stab	[26.01.1916 – 23.10.1918]	3. Armee	*DW/FpÜB*
1. Bttr.	[07.05.1915 – 05.04.1916]	Gouv. Metz (Kriegsbes.)	*DW/LÜW*
1. Bttr.	[01.05.1916]	OHL Hirson	*DW*
1. Bttr.	[01.05.1916 – 01.09.1917]	A.Abt. Gronau	*Krgl.*
1. Bttr.	[01.10.1916 – 25.03.1917]	HGr. Linsingen	*Krgl.*
1. Bttr.	[28.04.1917]	A.Abt. Gronau	*D.Fußa.*
1. Bttr.	[11.10.1917]	3. Armee	*D.Fußa.*
2. Bttr. (neu)	[01.01.1917 – 01.04.1917]	3. Armee	*Krgl.*
2. Bttr.	[12.04.1917 – 14.06.1917]	1. Armee	*D.Fußa./Krgl.*
2. Bttr.	[26.06.1917]	Longuyon	*D.Fußa.*

2. Bttr.	[15.07.1917 – 10.10.1917]	3. Armee	*Krgl.*
3. Bttr.	[07.05.1915 – 22.02.1916]	Gouv. Metz (Kriegsbes.)	*DW*
3. Bttr.	[05.04.1916]	HGr. Kronprinz	*DW*
3. Bttr.	[11.05.1916 – 01.10.1916]	5. Armee	*Krgl.*
3. Bttr.	[07.10.1916 – 31.05.1917]	A.Abt. A	*Üb.Fußa./Krgl.*
3. Bttr.	[31.05.1917]	Insmingen	*D.Fußa.*
3. Bttr.	[15.06.1917 – 10.10.1917]	3. Armee	*Krgl.*
St.,1.–3. Bttr.	[11.10.1917 – 23.10.1918]	3. Armee	*Krgl./FpÜb*
4.–6. Bttr.	[01.01.1917 – 23.10.1918]	3. Armee	*Krgl./FpÜb*
St.,1.–6. Bttr.	[25.10.1918]	Diedenhofen	*D.Fußa.*
St.,1.–6. Bttr.	[30.10.1918 – 20.11.1918]	A.Abt. C	*FpÜb*

Zuteilungen:

Stab	[14.01.1917 – 30.03.1917]	Garde-Ers.Div.	*KTB*
1. Bttr.	[27.03.1915]	XV. Res.Korps	*DW*
2. Bttr.	[20.03.1915 – 27.03.1915]	8. Ers.Div.	*LÜW/DW*
4. Bttr.	18.10.1914 – 01.07.1915	8. Ers.Div.	*Bayer. WGB*

Demobil: ab Anf. Dez. 1918 in Neustadt a. Kulm, 22.01.1919 in Grafenwöhr aufgelöst[1] Abw.Stelle bei 3. bayer. Fußart.Rgt.

Quellen: Bayer. WGB

Überpl. Landwehr-Fußartillerie-Bataillon Königsberg
(auch Ldw.Mörser-Btl. Königsberg und Fußart.Btl. Splittgerber genannt)

Formation: 15.10.1914 aufgestellt durch Gouv. Königsberg mit Stab, 1. u. 2. Bttr. aus:
Teile des 1. Garde-Ldw.Fußart.Btl.
Teile des 1. Ers.Btl./1. Garde-Fußart.Rgt.
Teile des Ers.Btl./Fußart.Rgt. 1 u. Fußart.Rgt. 4
Teile des Ldw.Fußart.Btl. 1 u. 4

schw. Mun.Kol. April 1915 zgt. (= Et.Mun.Kol. 51)

Bewaffnung:

1.,2. Bttr.	Mörser		*LÜO 22.02.1915*

Ersatztr.Teil: 1. Ers.Btl./1. Garde-Fußart.Rgt. (?)

Unterstellung:

[21.11.1914]	II. AK (9. Armee)	*Krgl.*
[22.02.1915]	Oberost	*LÜO*
[01.03.1915]	8. Armee	*DO*
[05.04.1915 – 30.06.1915]	3. Res.Div.	*Krgl.*
[09.07.1915 – 28.07.1915]	AGr. Gallwitz	*Krgl.*
[06.08.1915 – 01.09.1915]	8. Armee	*Goes/Krgl.*

Zuteilungen: 21.07.1915 – 21.08.1915 Belag.Korps von Modlin *KW*

Verbleib: 01.09.1915 umgewandelt in (Res.)Fußart.Btl. 24

---

[1] Demob.Üb. III. bayer. AK v. 15.07.1919; FpÜb v. 12.12.1918 – 05.02.1919

Überpl. Landwehr-Fußartillerie-Bataillon Posen I

Formation:	30.10.1914 aufgestellt durch Gouv. Posen mit Stab, 1.–4. Bttr. aus überpl. Batterien des Ers.Btl./Fußart.Rgt. 5
Anf. April 1915	Fußart.Mun.Kol. Posen I zgt.

Bewaffnung:
1.,2. Bttr.   schw. Feldh.

Ersatztr.Teil: Ers.Btl./Fußart.Rgt. 5

Unterstellung: 21.01.1915 – 31.05.1915   47. Res.Div.   *KW/LÜO*

Verbleib: 01.06.1915 umgewandelt in III. Btl./Fußart.Rgt. 5

Überpl. Landwehr-Fußartillerie-Bataillon Posen II (sächs.)

Formation: 01.11.1914 aufgestellt durch Gouv. Posen bei Ers.Btl./Fußart.Rgt. 19 mit Stab, 1.–4. Bttr.
27.01.1915 geteilt: 1. Halb-Btl. mit 1. u. 2. Bttr., 2. Halb-Btl. mit Stab, 3. u. 4. Bttr.

Bewaffnung:
1.,2. Bttr.   schw. Feldh.

Ersatztr.Teil: Ers.Btl./Fußart.Rgt. 19

Unterstellung:
1.,2. Bttr.   05.02.1915 – 01.06.1915   Korps Dickhuth   *Üb.Beh.*
St.,3.,4. Bttr.   [22.02.1915 – 01.06.1915]   Ldw.Div. Bredow   *LÜO/Krgl.*

Verbleib: 01.06.1915 umgewandelt in III. Btl./sächs. Fußart.Rgt. 19 (St., 9.–12. Bttr.)

Überpl. Landwehr-Fußartillerie-Bataillon XX. Armeekorps

Formation: Herbst 1914 (?) aufgestellt durch Stellv. Gen.Kdo. XX. AK mit Stab, 1.–4. Bttr.

Ersatztr.Teil: Ers.Btl./Fußart.Rgt. 1

Unterstellung:
St.,1.,2. Bttr.   [22.02.1915 – 15.01.1916]   Kdtr. Lötzen (Kriegsbes.)   *LÜO*

Verbleib: Febr. 1916 aufgelöst[1]

---

[1] DO v. 22.02.1916

5. Fußartillerie-Ersatztruppen

Inspektionen der Fußartillerie-Ersatztruppen

Die im Frieden bestehenden Inspektionen der Fußartillerie wurden bei der Mobilmachung aufgelöst. Da angesichts des steigenden Ersatzbedarfs bald entsprechende Aufsichtsbehörden für die Ersatz-Bataillone fehlten, befahl das KM am 02.10.1915 die Aufstellung von vier immobilen Inspektionen der Fußartillerie-Ersatztruppen, die jeweils mehrere Ersatz-Bataillone beaufsichtigten; die Inspekteure im Rang eines Regimentskommandeurs besaßen keine eigenen Stäbe, sondern mussten Schreiber, Ordonnanzen usw. von den Ersatztruppen anfordern.[1] Als kurz darauf die zweiten Ersatz-Bataillone fortfielen, legte das KM am 03.11.1915 eine neue Verteilung im Bereich der 1. und 2. Inspektion fest.[2] Am 19.03.1918 kam es zur Aufstellung von zwei weiteren Inspektionen, wobei die Inspektionen gleichzeitig zu Immobilen Inspekteuren der Fußartillerie-Ersatztruppen Nr. 1–6 umbenannt wurden. Die Inspekteure im Rang eines Regimentskommandeurs erhielten nunmehr 2 Unteroffizere als Schreiber, 1 Gefreiten/Gemeinen als Boten und 1 Trainsoldaten etatmäßig zugeteilt.[3]

In Bayern erfolgte erst 1917 die Aufstellung eines Inspekteurs der Artillerie mit 2 Offizieren sowie 6 Unteroffizieren und Mannschaften; ihm oblag die Überwachung der Ausbildung aller Ersatztruppen und Schießschulen der Artillerie in der Heimat.[4]

1. Inspektion der Fußartillerie-Ersatztruppen

Aufstellung: 02.10.1915 durch Gen.Insp. der Fußart (gem. KM v. 02.10.1915), Standort Graudenz; anfangs unterstellt: 1. Ers.Btl./1. u. 2. Garde-Fußart.Rgt.,
1. u. 2. Ers.Btl./Fußart.Rgt. 1, 1. Ers.Btl./Fußart.Rgt. 4,
Ers.Btl./Fußart.Rgt. 11, 15 u. 17
seit 03.11.1915 Standort Thorn, unterstellt: Ers.Btl./Fußart.Rgt. 1, 5, 11, 15, 17 u. 19
seit Nov. 1916 Standort Posen (gem. KM v. 01.11.1916)

Ersatztr. Teil: –

Unterstellung: Generalinspektion der Fußart.

Verbleib: 19.03.1918 umgewandelt in Immob. Inspekteur der Fußart.Ersatztruppen Nr. 1

2. Inspektion der Fußartillerie-Ersatztruppen

Aufstellung: 02.10.1915 durch Gen.Insp. der Fußart (gem. KM v. 02.10.1915), Standort Posen; anfangs unterstellt: 2. Ers.Btl./1. u. 2. Garde-Fußart.Rgt.,
2. Ers.Btl./Fußart.Rgt. 4, 1. u. 2. Ers.Btl./Fußart.Rgt. 6,
Ers.Btl./Fußart.Rgt. 2, 5 u. 19
seit 03.11.1915 Standort Küstrin, unterstellt: Ers.Btl./1. u. 2. Garde-Fußart.Rgt.,
Ers.Btl./Fußart.Rgt. 2, 4 u. 6

Ersatztr. Teil: –

Unterstellung: Generalinspektion der Fußart.

Verbleib: 19.03.1918 umgewandelt in Immob. Inspekteur der Fußart.Ersatztruppen Nr. 2

---

[1] KM Nr. 2942. 9. 15 A 5. KA, MKr 13.485, Prod. 769
[2] KM Nr. 4195. 10. 15 A 5. KA, MKr 13.486, Prod. 870
[3] KM Nr. 564/18 geh. A 5. KA, MKr 13.498, Prod. 3371
[4] Bayer. KM Nr. 101.406 A 17. KA, MKr 13.494, Prod. 2438

3. Inspektion der Fußartillerie-Ersatztruppen

Aufstellung: 02.10.1915 durch Gen.Insp. der Fußart. (gem. KM v. 02.10.1915), Standort Metz; mobil seit 01.10.1917
unterstellt: 1. u. 2. Ers.Btl./Fußart.Rgt. 8, Ers.Btl./Fußart.Rgt. 7, 9, 12, 16 u. 18
Ersatztr. Teil: Ers.Btl./Fußart.Rgt. 8
Unterstellung: Generalinspektion der Fußart.
Verbleib: 19.03.1918 umgewandelt in Immob. Inspekteur der Fußart.Ersatztruppen Nr. 3

4. Inspektion der Fußartillerie-Ersatztruppen

Aufstellung: 02.10.1915 durch Gen.Insp. der Fußart (gem. KM v. 02.10.1915), Standort Straßburg; unterstellt: Ers.Btl./Fußart.Rgt. 3, 10, 13, 14 u. 20
Ersatztr. Teil: –
Unterstellung: Generalinspektion der Fußart.
Verbleib: 19.03.1918 umgewandelt in Immob. Inspekteur der Fußart.Ersatztruppen Nr. 4

Immobiler Inspekteur der Fußartillerie-Ersatztruppen Nr. 1

Aufstellung: 19.03.1918 (gem. KM v. 19.03.1918) aus 1. Inspektion der Fußart.Ersatztruppen, Standort Posen; unterstellt: Ers.Btl./Fußart.Rgt. 2, 5, 6, 23 u. 26
Ersatztr. Teil: –
Unterstellung: Inspektion der Fußart.Schießschulen
Demobil: Ende Nov. 1918 aufgelöst;[1] Abw.Stelle bei Abw.Amt V. AK

Immobiler Inspekteur der Fußartillerie-Ersatztruppen Nr. 2

Aufstellung: 19.03.1918 (gem. KM v. 19.03.1918) aus 2. Inspektion der Fußart.Ersatztruppen, Standort Magdeburg; unterstellt:
Ers.Btl./1. Garde-Fußart.Rgt., Ers.Btl./Fußart.Rgt. 4, 19 u. 25
Ersatztr. Teil: –
Unterstellung: Inspektion der Fußart.Schießschulen
Demobil: 24.11.1918 aufgelöst;[2] Abw.Stelle bei Fußart.Rgt. 4

Immobiler Inspekteur der Fußartillerie-Ersatztruppen Nr. 3

Aufstellung: 19.03.1918 (gem. KM v. 19.03.1918) aus 3. Inspektion der Fußart.Ersatztruppen, Standort Metz; unterstellt: Ers.Btl./Fußart.Rgt. 8, 12, 16 u. 28
Ersatztr. Teil: –
Unterstellung: Inspektion der Fußart.Schießschulen
Demobil: ab Anf. Okt. 1918 in Mainz, ab Ende Dez. 1918 in Loburg (bei Magdeburg), März 1919 (?) aufgelöst;[3] Abw.Stelle bei Fußart.Rgt. 8

---

[1] Nicht mehr in Ers.FpÜb v. 04.12.1918
[2] Demob.Üb. IV. AK v. 25.09.1919; nicht mehr in Ers.FpÜb v. 15.01.1919
[3] Ers.FpÜb v. 09.10.1918 – 12.03.1919

Immobiler Inspekteur der Fußartillerie-Ersatztruppen Nr. 4

Aufstellung: 19.03.1918 (gem. KM v. 19.03.1918) aus 4. Inspektion der Fußart.Ersatztruppen, Standort Straßburg, unterstellt: Ers.Btl./Fußart.Rgt. 10, 13, 14, 20 u. 24
Ersatztr. Teil: –
Unterstellung: Inspektion der Fußart.Schießschulen
Demobil: ab Ende Nov. 1918 in Kassel, März 1919 (?) aufgelöst;[1] Abw.Stelle bei Abw.Amt XV. AK

Immobiler Inspekteur der Fußartillerie-Ersatztruppen Nr. 5

Aufstellung: 19.03.1918 (gem. KM v. 19.03.1918), Standort Bromberg, unterstellt: Ers.Btl./Fußart.Rgt. 1, 15, 17, 21 u. 22
Ersatztr. Teil: –
Unterstellung: Inspektion der Fußart.Schießschulen
Demobil: März 1919 (?) aufgelöst;[2] Abw.Stelle bei Fußart.Rgt. 15

Immobiler Inspekteur der Fußartillerie-Ersatztruppen Nr. 6

Aufstellung: 19.03.1918 (gem. KM v. 19.03.1918), Standort Köln unterstellt: Ers.Btl./Fußart.Rgt. 3, 7, 9 u. 18
Ersatztr. Teil: –
Unterstellung: Inspektion der Fußart.Schießschulen
Demobil: 16.11.1918 in Köln aufgelöst;[3] Abw.Stelle bei Insp. der Fußart.Schießschulen

Bayer. Inspekteur der Artillerie

Aufstellung: 12.04.1917 (gem. bayer. KM v. 12.04.1917), Standort München
Ersatztr. Teil: –
Unterstellung: Bayer. Kriegsministerium
Verbleib: Nov. 1918 (?) aufgelöst

---

[1] Ers.FpÜb v. 04.12.1918 – 12.03.1919
[2] Noch in Ers.FpÜb v. 12.03.1919
[3] Demob.Üb. VII. AK v. 29.06.1919; nicht mehr in Ers.FpÜb v. 15.01.1919

Ersatz-Bataillone der Fußartillerie-Regimenter

Bei der Mobilmachung stellte jedes Fußartillerie-Regiment ein Ersatz-Bataillon mit sechs Batterien, ein oder zwei Rekruten-Depots und einer Bespannungs-Abteilung auf. Außerdem enstand für die schweren Küsten-Mörser-Batterien und die kurzen Marine-Kanonen-Batterien ein Ersatz-Bataillon bei der Artillerie-Prüfungs-Kommission, zunächst nur mit zwei Batterien. Zur Verstärkung der Fußartillerie in den Festungen im Osten wurden im November 1914 durch das Zusammenziehen bestehender Ersatz-Batterien die Fußartillerie-Ersatz-Bataillone Nr. 21–28 aufgestellt, die allerdings im Dezember 1915 wieder aufgelöst wurden. Für die neu errichteten Fußartillerie-Regimenter Nr. 21–26 und 28 entstanden seit Nov. 1916 erneut Ersatz-Bataillone mit gleicher Nummer.

Die Ersatz-Bataillone sorgten für die Ausbildung der Ersatzmannschaften und die Auffüllung der ensprechenden Fußartillerieformationen. Außerdem besorgten sie die Aufstellung neuer Batterien, wobei oft Ersatz-Batterien komplett abgegeben wurden. In der Bespannungs-Abteilung wurden Fahrer ausgebildet und Pferde an den Wagenzug gewöhnt. Bedingt durch die große Anzahl verschiedener Kaliber und Geschützarten der schweren Artillerie mussten sich die Ersatz-Bataillone bald spezialisieren, sodass bestimmte Ersatz-Batterien nur Ersatz für schwere Feldhaubitzen, für Mörser oder für mittleres Flachfeuer ausbildeten. In der Regel gehörten zur Ausbildung auch zwei- bis vierwöchige Schießübungen den Fußartillerie-Schießschulen.[1]

Infolge der hohen Nachfrage nach Neuformationen erfolgte vereinzelt die Aufstellung eines zweiten Ersatz-Bataillons. Wenn die abgegebenen Batterien auch zumeist wieder neu formiert wurden, so unterlag die Anzahl der Batterien innerhalb eines Ersatz-Bataillons doch stärkeren Schwankungen. Am 12.11.1915 ordnete das KM daher folgenden festen Bestand an: 5 Ersatz-Batterien, 2–4 Rekruten-Depots, 1 Bespannungs-Abteilung, außerdem Gensenen-Batterien nach Bedarf. Neu war eine 6. Ersatz-Batterie zu formieren, die für eine Verwendung im Felde ständig abrufbereit sein sollte und bei Abruf sogleich neu aufzustellen war.[2] Da nunmehr die 6. Ersatz-Batterie alle Neuaufstellungen übernahm, wurden die Stämme der Batterie bei manchen Ersatz-Bataillonen immer wieder neu gebildet, beim Ersatz-Bataillon des Fußartillerie-Regiments Nr. 11 allein 13 Mal, und häufig zur Unterscheidung mit Buchstaben versehen, z. B. Batterie 6 a – 6 m.[3] Auch nach dieser Regelung unterlag die Stärke der Bataillone immer wieder Schwankungen, umfasste aber im Durchschnitt:[4]

2–3 Ersatz-Batterien für den Ersatz
3–5 Rekruten-Depots zur Ausbildung von Rekruten
3–5 Genesenen-Batterien zur Wiederherstellung Verwundeter
1 Bespannungs-Abteilung

Für ein Ersatz-Bataillon waren bei der Mobilmachung folgende Stärken festgelegt:

Stab eines Fußartillerie-Ersatz-Bataillons 1914	
1 Bataillonskommandeur	1 Unteroffizier
1 Leutnant (Adjutant)	8 Gemeine
1 Bataillonsarzt	1 Musikmeister
1 Ober- oder Assistenzarzt	8 Hornisten
1 Zahlmeister	2 Unterzahlmeister
	1 Waffenmeister
Summe: 5 Offz., 21 Unteroffz. u. Mannsch.	

---

[1] Wrisberg, Heer und Heimat, S. 61 f.; EB der schweren Art. Bd. I, S. 100 f.
[2] KM Nr. 2213/15 g. A 5. KA, MKr 14.488 Prod. 892
[3] Vgl. Rgt.Gesch. Fußart.Rgt. 11
[4] Bayer. WGB, S. 699

Eine Ersatz-Batterie besaß etwa die Stärke einer mobilen Fußartillerie-Batterie, doch fehlten die Trainsoldaten und Fahrzeuge. Erheblich umfangreicher war dagegen ein Rekruten-Depot.

Batterie eines Fußart.Ers.Btl. 1914	Rekruten-Depot eines Fußart.Ers.Btl. 1914
1 Batterieführer	1 Batterieführer
3 Leutnante	2 Leutnante
1 Feldwebel	1 Feldwebel
1 Vizefeldwebel	2 Vizefeldwebel
16 Unteroffiziere	16 Unteroffiziere
16 Obergefreite	14 Obergefreite
12 Gefreite	12 Gefreite
102 Gemeine	200 Rekruten (davon 40 für die Besp.Abt.)
1 Sanitätsunteroffizier	
2 Handwerker	
Summe: 4 Offz., 151 Unteroffz. u. Mannsch.	3 Offz., 245 Unteroffz. u. Mannsch.

Für die am 12.11.1915 eingeführte, ständig abrufbereite 6. Ersatz-Batterie wurde eine etwas geringere Stärke von 3 Offizieren sowie 109 Unteroffizieren und Mannschaften festgelegt.
Eine völlig andere Zusammensetzung wies eine Bespannungs-Abteilung auf:

Bespannungs-Abteilung eines Fußartillerie-Ersatz-Bataillons 1914	
1 Abteilungsführer	2 Trompeter
2 Leutnante	14 Gefreite
1 Wachtmeister	76 Gemeine
1 Vizewachtmeister	1 Fahnenschmied
14 Unteroffiziere	1 Sanitätsunteroffizier
	5 Handwerker
Summe: 3 Offz., 115 Unteroffz. u. Mannsch.; 39 Reit- u. 120 Zugpferde	

Die Stärke einer Genesenen-Batterie richtete sich jeweils nach dem Bedarf. Dass die Stärken in der Praxis oftmals überschritten wurden, zeigt eine Übersicht der bayerischen Fußartillerie-Ersatz-Bataillone vom November 1917:[1]

	Ersatz-Btl. des 1. bayer. Fußart.Rgt.	Ersatz-Btl. des 2. bayer. Fußart.Rgt.	Ersatz-Btl. des 3. bayer. Fußart.Rgt.
Ersatz-Batterien	200–220	120	250–300
Rekruten-Depots	250–350	200–400	250–300
Genesenen-Batterien	250–300	300–380	350–380
Bespannungs-Abt.	250	200	150

Außerdem waren mehreren Ersatz-Bataillonen Garnison-Batterien angegliedert, die in einem eigenen Abschnitt behandelt werden. Da im Verlauf des Krieges die Nachrichtenmittel immer stärker an Bedeutung gewannen, wurde mit Erl. vom 11.10.1918 die Ausbildung der Fernsprecher und Funker bei jedem Ersatz-Bataillon in jeweils einer Batterie konzentriert.[2]
Die Ersatz-Bataillone unterstanden dem Stellvertretenden Generalkommando, hinsichtlich der Ausbildung aber den Inspekteuren der Fußartillerie-Ersatztruppen.
Nach Kriegsende übernahmen die Ersatz-Bataillone die Demobilmachung und Auflösung der von ihnen aufgestellten Formationen. Allerdings mussten einige Bataillone ihren Friedensstandort

---

[1] Meldung der immob. bayer. Fußart.Brig. v. 11.11.1917. KA, MKr 13.496, Prod. 2909
[2] KM Nr. 3135. 9. 18 A 5. BA-MA, PH 3/1239, Bl. 333

verlassen, da das gesamte linksrheinische Gebiet von Truppen zu räumen war. Ab Ende November 1918 wurden daher verlegt:[1]

Armeekorps	Ersatz-Btl. des	Standort	verlegt nach
VII. AK	Fußart.Rgt. 7	Köln	Sennelager
VIII. AK	Fußart.Rgt. 9	Ehrenbreitstein	Bersenbrück
XIV. AK	Fußart.Rgt. 14	Straßburg bzw. Breisach	Freiburg
XV. AK	Fußart.Rgt. 10	Straßburg	Arolsen
XVI. AK	Fußart.Rgt. 8	Metz	Loburg
XVI. AK	Fußart.Rgt. 16	Diedenhofen	Olvenstedt
XVIII. AK	Fußart.Rgt. 3	Mainz	Gelnhausen
XXI. AK	Fußart.Rgt. 28	Saarbrücken	Sangerhausen
II. bayer. AK	2. bayer. Fußart.Rgt.	Metz bzw. Germersheim	Weißenburg (Bayern)

1. Ersatz-Bataillon/1. Garde-Fußartillerie-Regiment

Standort: Stab, 3.–6. Bttr. Königsberg; 1. u. 2. Bttr. Graudenz

Formation:
Stab, 1.–6. Bttr.   02.08.1914 aufgestellt (gem. Mob.Plan)
Bttr. Küntzel   Anf. Mai 1915 aufgestellt aus Teilen der 1. u. 2. Bttr. (zgs. Bttr.),
   22./29.10.1915 aufgegangen in Fußart.Bttr. 534 u. 535
1. u. 2. Bttr.   03.09.1915 Teile abgegeben zur Aufstellung der 1. Bttr./Feldart.Rgt. 93
1. u. 2. Bttr.   22./29.10.1915 aufgelöst und in Fußart.Bttr. 534–537 aufgegangen (gem. KM v. 22.10.1915)

Bewaffnung:
Bttr. Küntzel	ab Mai 1915	9 cm Kan.	*Krgl. 25.06.1915*
3.,4. Bttr.	ab Juni 1915	schw. Feldh.	*DO 03.09.1915*
5.,6. Bttr.	ab Juni 1915	schw. 12 cm Kan.	*DO 03.09.1915*

Unterstellung (mobil):
Stab	[09.12.1915]	Gouv. Kowno	*DO*
1.,2. Bttr.	[22.02.1915 – 03.05.1915]	Kriegsbes. Graudenz	*LÜO*
1.,2. Bttr.	[25.05.1915]	2. Kav.Div.	*DO*
Bttr. Küntzel	[03.05.1915]	2. Kav.Div.	*LÜO*
Bttr. Küntzel	[25.06.1915 – 03.09.1915]	14. Ldw.Div.	*Krgl./DO*
3.–6. Bttr.	[22.02.1915 – 03.05.1915]	Kriegsbes. Königsberg	*LÜO*
3.–6. Bttr.	[04.06.1915]	XXXX. Res.Korps	*DO*
3.–6. Bttr.	[03.09.1915 – 09.12.1915]	10. Armee	*DO*

Zuteilungen:
3.,4. Bttr.	[22.10.1915]	Gouv. Kowno	*DO*
3. Bttr.	[20.11.1915 – 01.01.1916]	XXI. AK	*DO/Krgl.*
4. Bttr.	[09.12.1915]	III. Res.Korps	*DO*
5. Bttr.	[20.11.1915 – 09.12.1915]	Gouv. Kowno	*Krgl./DO*
6. Bttr.	[20.11.1915 – 18.12.1915]	XXI. AK	*DO/Krgl.*

Verbleib: Btl. 18.12.1915 aufgelöst:
Stab umgewandelt in Stab/3. Garde-Ldw.Fußart.Btl.
3.–6. Bttr. umgewandelt in 3.–6. Bttr./3. Garde-Ldw.Fußart.Btl.

---

[1] Übersicht des KM v. 14.12.1918. KA, MKr 12.895, Prod. 132

2. Ersatz-Bataillon/1. Garde-Fußartillerie-Regiment
ab 22.10.1915: **Ersatz-Bataillon/1. Garde-Fußartillerie-Regiment**

Standort: Spandau, ab Nov. 1914 Döberitz

Formation:
Stab, 1.–5. Bttr.	20.08.1914 aufgestellt durch 1. Ers.Btl./1. Garde-Fußart.Rgt. (gem. KM v. 12.08.1914)
6. Bttr.	Nov. 1915 aufgestellt
6. Bttr.	Juli 1918 umgewandelt in 1. Bttr./Ldw.Fußart.Btl. 76, wieder neu aufgestellt

Bewaffnung:
6. Bttr.	ab April 1918	schw. Feldh. 02	*Krgl. 01.04.1918*

Unterstellung (mobil):
6. Bttr.	[01.04.1918]	5. Armee	*Krgl.*
6. Bttr.	[12.05.1918 – 08.06.1918]	18. Armee	*Krgl.*

Demobil: Anf. Febr. 1919 aufgelöst;[1] Abw.Stelle bei Garde-Fußart.Rgt.

1. Ersatz-Bataillon/2. Garde-Fußartillerie-Regiment

Standort: Marienburg

Formation:
Stab, 1.–6. Bttr.	02.08.1914 aufgestellt (gem. Mob.Plan)
5.–6. Bttr.	26./27.10.1915 aufgelöst und zur Bildung der Fußart.Bttr. 538–542 verwendet (gem. KM v. 22.10.1915), wieder neu aufgestellt
7. Bttr.	14.08.1914 aufgestellt durch Gouv. Graudenz (gem. Gouv. Graudenz v. 14.08.1914)
7. Bttr.	Aug. 1915 umgewandelt in 9 cm Kan.Bttr. Breitenbach u. Goebel,[2] 03.09.1915 umgewandelt in 2. u. 3. Bttr./Feldart.Rgt. 93

Bewaffnung:
1.–4. Bttr.	ab Mai 1915	15 cm Ring-Kan.	*DO 03.09.1915*
7. Bttr.	ab Mai 1915	9 cm Kan.	*DO 03.09.1915*

Unterstellung (mobil):
1. Bttr.	[22.02.1915 – 03.05.1915]	Kriegsbes. Marienburg	*LÜO*
	[17.05.1915 – 03.09.1915]	8. Armee	*DO*
	[22.10.1915]	Oberost	*DO*
	[09.12.1915]	Gouv. Grodno	*DO*
2. Bttr.	[04.06.1915]	XXXX. Res.Korps	*DO*
	[03.09.1915]	XXI. AK	*DO*
	[21.09.1915 – 09.12.1915]	Gouv. Kowno	*DO*
3. Bttr.	[04.06.1915 – 03.09.1915]	77. Res.Div.	*DO*
	[27.09.1915 – 09.12.1915]	Gouv. Kowno	*DO*

---

[1] Nicht mehr in Ers.FpÜb v. 19.02.1919
[2] Vgl. Fußartillerie Bd. 1, S. 593 f.

4. Bttr.	[17.05.1915]	8. Armee	*DO*
	[03.09.1915]	11. Ldw.Div.	*DO*
	[21.09.1915 – 22.10.1915]	Oberost	*DO*
	[09.12.1915]	Gouv. Grodno	*DO*
7. Bttr.	[25.05.1915]	2. Kav.Div.	*DO*

Verbleib: Btl. 18.12.1915 aufgelöst:
1.–4. Bttr. umgewandelt in 1.–4. Bttr./4. Garde-Ldw.Fußart.Btl.

2. Ersatz-Bataillon/2. Garde-Fußartillerie-Regiment
ab 22.10.1915: **Ersatz-Bataillon/2. Garde-Fußartillerie-Regiment**

Standort: Jüterbog

Formation:
Stab, 1.–6. Bttr. 20.08.1914 aufgestellt durch Gen.Insp. der Fußart. (gem. KM v. 12.08.1914)
1.–3. Bttr. 13.11.1914 umgewandelt in 1.–3. Bttr./Fußart.Ers.Btl. 21 sowie 1. u. 2. Bttr./ Fußart.Ers.Btl. 22; Bttr. wieder neu aufgestellt
6. Bttr. (a) 22.11.1915 umgewandelt in Fußart.Bttr. 602, Bttr. wieder neu aufgestellt
6. Bttr. (b) 27.12.1916 umgewandelt in 1. Bttr./Ldw.Fußart.Btl. 45, wieder neu aufgestellt
6. Bttr. (c) Juli 1918 umgewandelt in 1. Bttr./Ldw.Fußart.Btl. 76

Bewaffnung: –

Unterstellung (mobil): –

Demobil: Ende Jan. 1919 aufgelöst;[1] Abw.Stelle bei Lehr-Rgt. der Fußart.Schießschule

1. Ersatz-Bataillon/Fußartillerie-Regiment Nr. 1
ab 22.10.1915: **Ersatz-Bataillon/Fußartillerie-Regiment Nr. 1**

Standort: Königsberg

Formation:
Stab, 1.–6. Bttr. 02.08.1914 aufgestellt (gem. Mob.Plan)
Stab 05.05.1917 umgewandelt in Stab/Ldw.Fußart.Btl. 61
3. u. 4. Bttr. 18.12.1915 umgewandelt in 3. u. 4. Bttr./2. Ldw.Fußart.Btl. 1, Bttr. später wieder neu aufgestellt
4. Bttr. Anf. Sept. 1918 eingegliedert in 3. Bttr./Fußart.Btl. 166[2]
5. Bttr. 20.09.1915 umgewandelt in Fußart.Bttr. 498, Bttr.[3] wieder neu aufgestellt
6. Bttr. (a) 27.10.1915 umgewandelt in Fußart.Bttr. 548, Bttr. wieder neu aufgestellt
6. Bttr. (b) 21.04.1916 umgewandelt in Fußart.Bttr. 734, Bttr. wieder neu aufgestellt
6. Bttr. (c) 07.12.1916 umgewandelt in 1. Bttr./Ldw.Fußart.Btl. 43, wieder neu aufgestellt
6. Bttr. (d) Sept. 1918 eingegliedert in 16. Bttr./Fußart.Rgt. 2 und 3. Bttr./Fußart.Btl. 166[4]

---

[1] Nicht mehr in Ers.FpÜb v. 05.02.1919
[2] Nur erwähnt in Ers.FpÜb v. 18.09.1918
[3] In Üb.Beh.u.Tr. wird sowohl die 2. Bttr. wie auch die 5. Bttr. genannt.
[4] Nur in Ers.FpÜb v. 18.09.1918 erwähnt

Bewaffnung:

3. Bttr.	ab Juni 1915	9 cm Kan.	*DO 03.09.1915*
4. Bttr.	ab Juni 1916	12 cm Kan.	*DO 03.09.1915*
6. Bttr.	ab April 1918	10 cm Kan. 04	*Krgl. 01.04.1918*

Unterstellung:

Stab,1.,2. Bttr.	[Aug. 1914]	Gouv. Königsberg	*Mob.Plan*
Stab,1.,2. Bttr.	[22.02.1915 – 15.01.1916]	Kdtr. Lötzen	*LÜO*
	[07.03.1916]	Gouv. Königsberg	*DO*
3.,4. Bttr.	[Aug. 1914 – 03.05.1915]	Gouv. Königsberg	*LÜO*
	[04.06.1915]	XXXX. Res.Korps	*DO*
	[03.09.1915 – 22.10.1915]	10. Armee	*DO*
	[20.11.1915 – 09.12.1915]	Gouv. Kowno	*Krgl./DO*
5.,6. Bttr.	[Aug. 1914 – 15.01.1916]	Kdtr. Lötzen	*LÜO*
	[07.03.1916]	Gouv. Königsberg	*DO*
6. Bttr.	[01.04.1918 – 01.05.1918]	5. Armee	*Krgl.*
6. Bttr.	[12.05.1918 – 22.06.1918]	18. Armee	*Krgl.*
6. Bttr.	[01.08.1918]	3. Armee	*Krgl.*
6. Bttr.	[18.09.1918 – 09.10.1918]	Köln	*Ers.FpÜb*

Demobil: Anf. Febr. 1919 aufgelöst;[1] Abw.Stelle bei Fußart.Rgt. 1

Freiw. Form.: Febr. 1919 (?) Aufstellung der Freiw. Bttr./Ers.Fußart.Rgt. 1 bei Abt. v. Randow (Brig. Schaulen)

Quellen: EB der schw. Art.

2. Ersatz-Bataillon/Fußartillerie-Regiment Nr. 1

Standort: Königsberg

Formation:
Stab, 7.u.8. Bttr. 12.08.1914 aufgestellt durch 1. Ers.Btl/Fußart.Rgt. 1 (gem. Stellv. Gen.Kdo. I. AK v. 21.08.1914)

Bewaffnung:

7. u. 8. Bttr.	ab Sept. 1915	15 cm Ring-Kan.	*DO 03.09.1915*

Unterstellung (mobil):

Stab	[09.12.1915]	Gouv. Kowno	*DO*
7. u. 8. Bttr.	[03.09.1915 – 22.10.1915]	10. Armee	*DO*

Verbleib:
Stab, 7.u.8. Bttr. 18.12.1915 umgewandelt in Stab, 7. u. 8. Bttr./2. Ldw.Fußart.Btl. 1[2]

---

[1] Nicht mehr in Ers.FpÜb v. 19.02.1919
[2] Bereits in DO v. 29.10.1915 genannt.

Ersatz-Bataillon/Fußartillerie-Regiment Nr. 2

Standort: ab 10.08.1914 Küstrin, ab 31.01.1916 Swinemünde

Formation:

Stab, 1.–6. Bttr.	02.08.1914 aufgestellt (gem. Mob.Plan)
Stab	05.05.1917 umgewandelt in Stab/Ldw.Fußart.Btl. 62
1. Bttr.	01.09.1915 umgewandelt in Fußart.Bttr. 220
1. Bttr. (neu)	Nov. 1915 wieder neu aufgestellt
3. Bttr.	20.12.1917 umgewandelt in 4. Bttr. des Ers.Btl./Fußart.Rgt. 25
3. Bttr. (neu)	Jan. 1918 wieder neu aufgestellt
4. Bttr.	02.01.1917 umgewandelt in 14. Bttr./Fußart.Rgt. 2, Bttr. wieder neu aufgestellt
5. Bttr.	18.12.1915 umgewandelt in Fußart.Bttr. 608
5. Bttr. (neu)	18.12.1915 wieder aufgestellt durch Umbenennung der 6. Bttr.
5. Bttr. (neu)	01.07.1916 umbenannt in 2. Bttr./Ldw.Fußart.Btl. 25
6. Bttr.	18.12.1915 umbenannt in 5. Bttr., Bttr. wieder neu aufgestellt
6. Bttr. (neu)	22.12.1915 umgewandelt in Fußart.Bttr. 620
1.,2. überpl. Bttr.	01.10.1914 aufgestellt durch Ers.Btl./Fußart.Rgt. 2 (gem. KM v. 07.08.1914)
1.,2. überpl. Bttr.	22.01.1915 umgewandelt in 11. u. 10. Bttr./Fußart.Rgt. 2, wieder neu aufgestellt
überpl. Bttr. auf Pellworm	03.12.1915 aufgestellt durch Ers.Btl./Fußart.Rgt. 2 (gem. Gen.Insp. der Fußart. v. 02.12.1914) als Kriegsbes. auf Pellworm, am 05.08.1916 aufgelöst

Bewaffnung:

5. Bttr.	ab Mai 1915	15 cm Ring-Kan.	*DO 03.09.1915*

Ersatztr. Teil:

Unterstellung:

1. Bttr.	02.08.1914 – 14.03.1915	Kdtr. Swinemünde	*RG*
	15.03.1915 – 01.09.1915	Marine-Korps (4. Armee)	*RG*
1. Bttr. (neu)	Nov. 1915 – Dez. 1918	Kdtr. Swinemünde	*RG*
2.,3. Bttr.	10.08.1914 – 31.01.1916	Kriegsbes. Küstrin	*LÜO*
	31.01.1916 – Dez. 1918	Kdtr. Swinemünde	*RG*
4. Bttr.	05.08.1914 – 02.01.1917	Inselkdtr. Borkum	*RG*
	Jan. 1917 – Dez. 1918	Kdtr. Swinemünde	*RG*
5. Bttr.	07.08.1914 – 05.11.1914	Inselkdtr. Pellworm	*RG*
	05.11.1914 – 12.05.1915	Kriegsbes. Posen	*RG*
	[13.05.1915 – 03.09.1915]	XXV. Res.Korps	*DO*
	[30.09.1915 – 22.10.1915]	Gen.Gouv. Warschau	*DO*
	[06.11.1915 – 09.12.1915]	9. Armee	*DO*
5. Bttr. (neu)	18.12.1915 – 01.07.1916	Inselkdtr. Sylt	*RG*
6. Bttr.	06.08.1914 – 18.12.1915	Inselkdtr. Sylt	*RG*
1.,2. überpl. Bttr.	13.10.1914 – 22.01.1915	Kdtr. Swinemünde	*LÜO*

Demobil: März 1919 (?) aufgelöst;[1] Abw.Stelle bei Fußart.Rgt. 2

Quellen: Rgt.Gesch. Fußart.Rgt. 2

---

[1] Noch in Ers.FpÜb v. 12.03.1919

Ersatz-Bataillon/Fußartillerie-Regiment Nr. 3

Standort: Mainz

Formation:

Stab, 1.–6. Bttr.	02.08.1914 aufgestellt (gem. Mob.Plan)
Stab	23.04.1917 umgewandelt in Stab/Ldw.Fußart.Btl. 66
4. Bttr.	16.11.1916 umgewandelt in 3. Bttr. des Ers.Btl./Fußart.Rgt. 21, Bttr. wieder neu aufgestellt
6. Bttr.	20.11.1915 umgewandelt in Fußart.Bttr. 603, Bttr. wieder neu aufgestellt
6. Bttr. (neu)	27.12.1916 umgewandelt in 1. Bttr./Ldw.Fußart.Btl. 44, wieder neu aufgestellt
7. Bttr.	02.08.1914 aufgestellt (gem. Mob.Plan), auch überpl. Fußart.Bttr. Mainz genannt
	18.01.1916 umgewandelt in 1. Garnison-Bttr.
8. Bttr. überpl.	09.08.1915 aufgestellt durch Ers.Btl./Fußart.Rgt. 3 (gem. KM v. 26.10.1914), auch BAK-Bttr. genannt
	18.01.1916 umgewandelt in 2. Garnison-Bttr.

Bewaffnung: ?

Unterstellung (mobil):

1. u. 2. Bttr.	[22.02.1915 – 03.05.1915]	Fußart.Ers.Btl. 22 (Lötzen)	*LÜO*
eine Bttr.	[22.02.1915 – 03.05.1915]	Fußart.Ers.Btl. 25 (Graudenz)	*LÜO*
eine Bttr.	06.10.1914 – 07.12.1914	Brig. Ipfelkofer	*KW*
	08.12.1914 – 16.05.1915	61. Res.Inf.Brig.	*KW*

Demobil: ab Ende Nov. 1918 in Gelnhausen, März 1919 (?) aufgelöst;[1] Abw.Stelle bei Fußart.Rgt. 3

1. Ersatz-Bataillon/Fußartillerie-Regiment Nr. 4

Standort: Königsberg

Formation:

Stab, 1.–6. Bttr.	02.08.1914 aufgestellt (gem. Mob.Plan)

Bewaffnung:

1. Bttr.	ab Sept. 1915	15 cm Ring-Kan.	*DO 03.09.1915*
2. Bttr.	ab Sept. 1915	lange 15 cm Kan.	*DO 03.09.1915*
3. Bttr.	ab Sept. 1915	schw. 12 cm Kan. u. 15 cm Ring-Kan.	*DO 03.09.1915*
4. Bttr.	ab Sept. 1915	15 cm Ring-Kan.	*DO 03.09.1915*
5. u. 6. Bttr.	ab Sept. 1915	schw. 12 cm Kan.	*DO 03.09.1915*

Unterstellung (mobil):

St.,1.–6. Bttr.	[06.07.1915]	Gouv. Libau	*DO*
Stab	[10.09.1915 – 09.12.1915]	Njemen-Armee	*DO*
1. Bttr.	[26.06.1915 – 09.12.1915]	Njemen-Armee	*Krgl./DO*
2. Bttr.	[26.06.1915 – 22.10.1915]	Gouv. Libau	*Krgl./DO*
	[09.12.1915]	Njemen-Armee	*DO*

---

[1] Ers.FpÜb v. 04.12.1918 – 12.03.1919

3. Bttr.	[22.02.1915 – 03.05.1915]	1. Ldw.Div.	*LÜO*
	[26.06.1915 – 22.10.1915]	Njemen-Armee	*Krgl./DO*
	[09.12.1915]	Gouv. Libau	*DO*
4. Bttr.	[26.06.1915 – 09.12.1915]	Njemen-Armee	*Krgl./DO*
5. u. 6. Bttr.	[26.06.1915 – 22.10.1915]	Njemen-Armee	*Krgl./DO*
	[09.12.1915]	Gouv. Libau	*DO*
Verbleib:	18.12.1915 umgewandelt in Stab, 1.–6. Bttr./2. Ldw.Fußart.Btl. 4		

2. Ersatz-Bataillon/Fußartillerie-Regiment Nr. 4
ab 18.12.1915: Ersatz-Bataillon/Fußartillerie-Regiment Nr. 4

Standort:	Magdeburg
Formation:	
Stab	16.08.1914 aufgestellt durch Ers.Btl./Inf.Rgt. 26 (gem. KM v. 12.08.1914)
1.–6. Bttr.	16.08.1914 durch Ers.Btl./Fußart.Rgt. 4 (gem. KM v. 12.08.1914)
1. Bttr.	14.12.1914 umgewandelt in Res.Fußart.Bttr. 28, Bttr. wieder neu aufgestellt
2. Bttr.	14.12.1914 umgewandelt in Res.Fußart.Bttr. 29, Bttr. wieder neu aufgestellt
3., 4. u. 5. Bttr.	13.11.1914 umgewandelt in 6., 4. u. 5. Bttr./Fußart.Ers.Btl. 21, wieder neu aufgestellt
6. Bttr. (a)	13.11.1914 umgewandelt in 7. Bttr./Fußart.Ers.Btl. 22, wieder neu aufgestellt
6. Bttr. (b)	26.04.1915 umgewandelt in Fußart.Bttr. 231, wieder neu aufgetellt
6. Bttr. (c)	04.11.1916 umgewandelt in 4. Bttr./Ldw.Fußart.Btl. 39, wieder neu aufgestellt
6. Bttr. (d)	07.12.1916 umgewandelt in 2. Bttr./Ldw.Fußart.Btl. 43, wieder neu aufgestellt
6. Bttr. (e)	04.09.1917 umgewandelt in 8. Bttr./Ldw.Fußart.Btl. 22, wieder neu aufgestellt
6. Bttr. (f)	22.06.1918 umgewandelt in 16. Bttr./Fußart.Rgt. 2, wieder neu aufgestellt
Bewaffnung:			

6. Bttr.	ab April 1918	schw. Feldh. 02	*Krgl. 01.04.1918*
Unterstellung (mobil):			
6. Bttr.	[01.04.1918 – 01.06.1918]	5. Armee	*Krgl.*
6. Bttr.	[18.09.1918 – 02.10.1918]	Köln	*Ers.FpÜb*
6. Bttr.	[16.10.1918 – 20.11.1918]	2. Armee	*FpÜb*
Demobil:	08.01.1919 in Magdeburg aufgelöst;[1] Abw.Stelle bei Fußart.Rgt. 4		

---

[1] Demob.Üb. IV. AK v. 25.09.1919; noch in Ers.FpÜb v. 12.03.1919

Ersatz-Bataillon/Fußartillerie-Regiment Nr. 5

Standort: Posen

Formation:
Stab, 1.–6. Bttr.	02.08.1914 aufgestellt (gem. Mob.Plan)
Stab	05.05.1917 umgewandelt in Stab/Ldw.Fußart.Btl. 63, wieder neu aufgestellt
2. Bttr.	18.12.1915 umgewandelt in Fußart.Bttr. 609, Bttr. wieder neu aufgestellt
5. Bttr.	18.12.1917 umgewandelt in 1. Bttr. des Ers.Btl./Fußart.Rgt. 26, wieder neu aufgestellt
6. Bttr. (a)	26.09.1915 umgewandelt in Fußart.Bttr. 500, wieder neu aufgestellt
6. Bttr. (b)	31.08.1916 umgewandelt in 3. Bttr./Ldw.Fußart.Btl. 32, wieder neu aufgestellt
6. Bttr. (c)	04.09.1917 umgewandelt in 9. Bttr./Ldw.Fußart.Btl. 22, wieder neu aufgestellt
6. Bttr. (d)	11.02.1918 aufgestellt durch Gouv. Posen (gem. KM v. 09.02.1918)
6. Bttr. (d)	Juli 1918 umgewandelt in 3. Bttr./Ldw.Fußart.Btl. 76, wieder neu aufgestellt

Bewaffnung:
2. Bttr.	ab Sept. 1915	9 cm Kan.	*DO 03.09.1915*
6. Bttr.	ab Juli 1918	Mörser	*Krgl. 16.07.1918*

Unterstellung (mobil):
2. Bttr.	[03.09.1915]	12. Armee	*DO*
2. Bttr.	[22.10.1915 – 09.12.1915]	Oberost	*DO*
6. Bttr.	[16.07.1918 – 05.09.1918]	7. Armee	*Krgl.*

Demobil: ab Mitte Jan. 1919 in Küstrin, März 1919 (?) aufgelöst;[1]
Abw.Stelle bei Fußart.Rgt. 5

1. Ersatz-Bataillon/Fußartillerie-Regiment Nr. 6
ab 22.10.1915: Ersatz-Bataillon/Fußartillerie-Regiment Nr. 6

Standort: Breslau

Formation:
Stab, 1.–6. Bttr.	02.08.1914 aufgestellt (gem. Mob.Plan)
Stab	05.05.1917 umgewandelt in Stab/Ldw.Fußart.Btl. 60, wieder neu aufgestellt
6. Bttr. (a)	06.01.1916 umgewandelt in Fußart.Bttr. 634, Bttr. wieder neu aufgestellt
6. Bttr. (b)	17.09.1916 umgewandelt in 2. Bttr./Ldw.Fußart.Btl. 35, wieder neu aufgestellt
6. Bttr. (c)	30.09.1917 umgewandelt in 12. Bttr./Res.Fußart.Rgt. 6, wieder neu aufgestellt
6. Bttr. (d)	Juli 1918 umgewandelt in 4. Bttr./Ldw.Fußart.Btl. 76

Bewaffnung:
6. Bttr.	ab Aug. 1917	schw. Feldh.	*Krgl. 27.08.1917*

Unterstellung (mobil):
6. Bttr.	[26.08.1917 – 03.09.1917]	7. Armee	*D.Fußa./Krgl.*
6. Bttr.	[01.04.1918 – 01.06.1918]	5. Armee	*Krgl.*
6. Bttr.	[01.07.1918]	Longuyon	*Krgl.*

Demobil: Jan./Febr. 1919 (?) selbstständig in Neiße aufgelöst;[2]
Abw.Stelle bei Fußart.Rgt. 6

---
[1] Ers.FpÜb v. 29.01.1919 – 12.03.1919
[2] Demob.Üb. VI. AK v. 01.03.1919; noch in Ers.FpÜb v. 12.03.1919

2. Ersatz-Bataillon/Fußartillerie-Regiment Nr. 6

Standort: Breslau

Formation:
Stab, 1.–6. Bttr. 20.08.1914 aufgestellt durch 1. Ers.Btl./Fußart.Rgt. 6

Bewaffnung: –

Unterstellung (mobil): –

Verbleib: 20.10.1915 Stab, 1.–6. Bttr. teils umgewandelt in Fußart. Bttr. 543–545, teils aufgegangen in 1. Ers.Btl./Fußart.Rgt. 6

Ersatz-Bataillon/Fußartillerie-Regiment Nr. 7

Standort: Köln; 1. u. 4. Bttr. Sept. 1918 Rodenkirchen

Formation:
Stab, 1.–6. Bttr.	02.08.1914 aufgestellt (gem. Mob.Plan)
1. Bttr.	01.09.1915 umgewandelt in Fußart.Bttr. 384, Bttr. wieder neu aufgestellt
1. Bttr.	Aug. 1918 Schwenkbahnbettungs-Kdo. 1–6 angegliedert
2. Bttr.	24.11.1915 umgewandelt in 1. Garnison-Bttr. beim Ers.Btl./Fußart.Rgt. 7, Bttr. wieder neu aufgestellt
3. u. 4. Bttr.	13.11.1914 umgewandelt in 5. u. 6. Bttr./Fußart.Ers.Btl. 22, Bttr. wieder neu aufgestellt
6. Bttr.	24.11.1914 umgewandelt in 2. Garnison-Bttr. beim Ers.Btl./Fußart.Rgt. 7, Bttr. wieder neu aufgestellt
Besp.Abt.	03.03.1916 2. Zug der Besp.Abt. 1 eingegliedert

Bewaffnung: ?

Unterstellung (mobil):
1. Bttr.	[07.05.1915 – 01.09.1915]	Gen.Gouv. Belgien	*DW/LÜW*
vier Bttr.	[10.12.1914 – 01.07.1915]	Marine-Korps[1]	*Krgl.*

Demobil: ab Ende Nov. 1918 im Sennelager, Mitte Jan. 1919 aufgelöst;[2] Abw.Stelle bei Fußart.Rgt. 7

1. Ersatz-Bataillon/Fußartillerie-Regiment Nr. 8
ab 22.10.1915: Ersatz-Bataillon/Fußartillerie-Regiment Nr. 8

Standort: Metz; ab Ende Okt. 1918 Köln

Formation:
Stab, 1.–6. Bttr	02.08.1914 aufgestellt (gem. Mob.Plan)
1. Bttr. (a)	05.09.1914 umgewandelt in 1. Res.Fußart.Bttr. 26, Bttr. wieder neu aufgestellt
1. Bttr. (b)	13.11.1914 umgewandelt in 1. Bttr./Fußart.Ers.Btl. 26, Bttr. wieder neu aufgestellt
1. Bttr. (c)	29.05.1916 umgewandelt in Fußart.Bttr. 759, Bttr. wieder neu aufgestellt
2. u. 3. Bttr.	13.11.1914 umgewandelt in 2. u. 3. Bttr./Fußart.Ers.Btl. 26, Bttr. wieder neu aufgestellt

---

[1] Als Bttr. Bolte, Eyles, Burchardi u. Kadler, am 01.07.1915 umgewandelt in Fußart.Bttr. 305–308 (vgl. Fußartillerie Bd. 1, S. 592 ff.)

[2] Demob.Üb. VII. AK v. 23.01.1919; Ers.FpÜb v. 04.12.1918 – 29.01.1919; 4. Ers.Bttr. am 12.03.1919 in Lage (Lippe) genannt

4. Bttr.	09.09.1914 umgewandelt in 1. Res.Mun.Kol. 26, Bttr. wieder neu aufgestellt		
5. Bttr.	06./24.04.1915 aufgegangen in Fußart.Bttr. 205 u. 206		
6. Bttr. (a)	06./15.04.1915 aufgegangen in Fußart.Bttr. 207 u. 208, wieder neu aufgestellt		
6. Bttr. (b)	29.02.1916 umgewandelt in 2. Bttr./Ldw.Fußart.Btl. 21, wieder neu aufgestellt		

Bewaffnung:
1. Bttr.	ab Febr. 1916	schw. 12 cm Kan.	*DW 22.02.1916*

Unterstellung (mobil):
1. u. 4. Bttr.	02.03.1915 – 27.04.1915	Garde-Ers.Div.	*KTB/Krgl.*
1. Bttr.	[22.02.1916 – 29.05.1916]	5. Armee	*DW/Krgl.*
3. Bttr.	01.06.1918 – 24.06.1918	84. Ldw.Brig.	*KW*
5. u. 6. Bttr.	01.10.1914 – 02.03.1915	Garde-Ers.Div.	*KTB/Krgl.*

Demobil: ab Ende Dez. 1918 in Loburg (bei Magdeburg), Anf. Febr. 1919 aufgelöst;[1] Abw.Stelle bei Fußart.Rgt. 8

2. Ersatz-Bataillon/Fußartillerie-Regiment Nr. 8

Standort: Metz

Formation:
Stab, 1.–6. Bttr. 08.03.1915 aufgestellt durch 1. Ers.Btl./Fußart.Rgt. 8 (gem. KM v. 08.03.1915)

Bewaffnung: –

Unterstellung (mobil): –

Verbleib: 22.10.1915 Stab, 1.–6. Bttr. umgewandelt in Stab, 1.–6. Bttr./Ldw.Fußart.Btl. 8

Ersatz-Bataillon/Fußartillerie-Regiment Nr. 9

Standort: Koblenz-Ehrenbreitstein

Formation:
Stab, 1.–6. Bttr.	02.08.1914 aufgestellt (gem. Mob.Plan)
1. Bttr.	01.07.1915 umgewandelt in Fußart.Bttr. 338, Bttr. wieder neu aufgestellt
6. Bttr.	01.09.1915 umgewandelt in Fußart.Bttr. 377, Bttr. wieder neu aufgestellt
6. Bttr.	30.09.1917 umgewandelt in 13. Bttr./Fußart.Rgt. 18

Bewaffnung:
6. Bttr.	ab Sept. 1917	10 cm Kan. 04	*Krgl. 01.09.1917*

Unterstellung: zwei Bttr. [Aug. 1914]   Kdtr. Wesel   *Mob.Plan*

Unterstellung (mobil):
1. Bttr.	[05.01.1915 – 20.03.1915]	Gouv. Lille	*LÜW*
1. Bttr.	[29.04.1915 – 01.07.1915]	6. Armee	*DW/LÜW*
6. Bttr.	[05.01.1915 – 31.08.1915]	Gouv. Lille	*LÜW/DW*
6. Bttr.	[01.09.1917 – 05.09.1917]	3. Armee	*Krgl./D.Fuβa.*
6. Bttr.	[15.09.1917]	5. Armee	*D.Fuβa.*

Demobil: ab Ende Nov. 1918 in Bersenbrück, März 1919 (?) aufgelöst;[2] Abw.Stelle bei Fußart.Rgt. 9

---

[1] Ers.FpÜb v. 28.12.1918 – 05.02.1919
[2] Ers.FpÜb v. 04.12.1918 – 12.03.1919

Ersatz-Bataillon/Fußartillerie-Regiment Nr. 10

Standort: Straßburg; 2. u. 6. Bttr. Sept. 1918 Eckbolsheim

Formation:
Stab, 1.–6. Bttr. 02.08.1914 aufgestellt (gem. Mob.Plan)
1. Bttr. 13.11.1914 umgewandelt in 1. Bttr./Fußart.Ers.Btl. 23, wieder neu aufgestellt
1. Bttr. (neu) 29.05.1916 umgewandelt in Fußart.Bttr. 760, wieder neu aufgestellt
2. Bttr. 29.05.1916 umgewandelt in Fußart.Bttr. 761, wieder neu aufgestellt
3. Bttr. 13.11.1914 umgewandelt in 2. Bttr./Fußart.Ers.Btl. 23, wieder neu aufgestellt
5. Bttr. 13.11.1914 umgewandelt in 2. Bttr./Fußart.Ers.Btl. 25, wieder neu aufgestellt
6. Bttr. (a) 19.11.1915 umgewandelt in Fußart.Bttr. 592, wieder neu aufgestellt
6. Bttr. (b) 13.10.1916 umgewandelt in 3. Bttr./Ldw.Fußart.Btl. 39, wieder neu aufgestellt
6. Bttr. (c) 23.06.1917 umgewandelt in 1. Bttr./Ldw.Fußart.Btl. 69, wieder neu aufgestellt

Bewaffnung:
1. u. 2. Bttr. ab Febr. 1916   schw. Feldh.   *DW 22.02.1916*

Unterstellung (mobil):
1. u. 2. Bttr. [22.02.1916 – 29.05.1916]   5. Armee   *DW*

Demobil: ab Ende Nov. 1918 in Arolsen. Mitte Jan. 1919 aufgelöst;[1] Abw.Stelle bei Fußart.Rgt. 10

Ersatz-Bataillon/Fußartillerie-Regiment Nr. 11

Standort: Thorn

Formation:
Stab, 1.–6. Bttr. 02.08.1914 aufgestellt (gem. Mob.Plan)
5. Bttr. 18.12.1917 umgewandelt in 5. Bttr. des Ers.Btl./Fußart.Rgt. 26, wieder neu aufgestellt
6. Bttr. (a) 22.12.1915 umgewandelt in Fußart.Bttr. 649, wieder neu aufgestellt
6. Bttr. (b) 17.09.1916 umgewandelt in 1. Bttr./Ldw.Fußart.Btl. 35, wieder neu aufgestellt

Bewaffnung: ?

Unterstellung (mobil):
1. Bttr. [06.05.1916 – 01.09.1916]   Gen.Gouv. Warschau   *DO/LÜO*

Demobil: März 1919 (?) aufgelöst;[2] Abw.Stelle bei Fußart.Rgt. 11

---

[1] Ers.FpÜb v. 04.12.1918 – 15.01.1919
[2] Noch in Ers.FpÜb v. 12.03.1919

Ersatz-Bataillon/Sächs. Fußartillerie-Regiment Nr. 12

Standort: Metz, ab Okt. 1918 Chemnitz; 1. Bttr. ab Mitte Nov. 1918 Leipzig

Formation:
Stab, 1.–6. Bttr.	02.08.1914 aufgestellt (gem. Mob.Plan)
4. u. 5. Bttr.	01.07.1915 umgewandelt in sächs. Fußart.Bttr. 278 u. 279, wieder neu aufgestellt
7. u. 8. Bttr.	07.06.1918 aufgestellt durch Ers.Btl./Fußart.Rgt. 12 als Garnison-Bttr. (gem. Stellv. Gen.Kdo. XIX. AK v. 07.06.1918), sogleich mobil

Bewaffnung: ?

Unterstellung (mobil):
4. u. 5. Bttr.	[08.10.1914 – 20.03.1915]	8. Ers.Div.	*Krgl./LÜW*
4. Bttr.	08.04.1915 – 29.07.1915	44. Ldw.Brig.	*KW*

Demobil: März 1919 (?) aufgelöst;[1] Abw.Stelle bei Fußart.Rgt. 12

1. Ersatz-Bataillon/Fußartillerie-Regiment Nr. 13

Standort: Illkirch-Grafenstaden (bei Straßburg), später (1917) Straßburg-Neudorf

Formation:
Stab, 1.–6. Bttr.	02.08.1914 aufgestellt (gem. Mob.Plan)
1. Bttr.	13.11.1914 umgewandelt in 3. Bttr./Fußart.Ers.Btl. 25, wieder neu aufgestellt
2. Bttr.	29.05.1916 umgewandelt in Fußart.Bttr. 762, wieder neu aufgestellt
3. Bttr.	13.11.1914 umgewandelt in 3. Bttr./Fußart.Ers.Btl. 23, wieder neu aufgestellt
3. Bttr. (neu)	29.05.1916 umgewandelt in Fußart.Bttr. 763, wieder neu aufgestellt
5. Bttr.	29.05.1916 umgewandelt in Fußart.Bttr. 764, wieder neu aufgestellt
6. Bttr. (a)	13.11.1914 umgewandelt in 4. Bttr./Fußart.Ers.Btl. 23, wieder neu aufgestellt
6. Bttr. (b)	27.12.1916 umgewandelt in 2. Bttr./Ldw.Fußart.Btl. 44, wieder neu aufgestellt
6. Bttr. (c)	23.06.1917 umgewandelt in 2. Bttr./Ldw.Fußart.Btl. 69, wieder neu aufgestellt

Bewaffnung:
2. Bttr.	ab Jan. 1916	schw. Feldh.	*DW 14.01.1916*
3. Bttr.	ab Jan. 1916	15 cm Ring-Kan.	*DW 14.01.1916*
5. Bttr.	ab Jan. 1916	15 cm Ring-Kan.	*DW 14.01.1916*

Unterstellung (mobil):
2. Bttr.	[10.01.1916 – 29.05.1916]	6. Armee	*Krgl.*
3. Bttr.	[14.01.1916]	5. Armee	*DW*
3. Bttr.	[26.01.1916 – 29.05.1916]	A.Abt. Gaede	*DW/Krgl.*
5. Bttr.	[14.01.1916]	5. Armee	*DW*
5. Bttr.	[26.01.1916 – 29.05.1916]	A.Abt. Gaede	*DW/Krgl.*

Verbleib: 19.12.1917 Stab, 1.–6. Bttr. umbenannt in Stab, 1.–6. Bttr. des Ers.Btl./Fußart.Rgt. Nr. 24

---

[1] Noch in Ers.FpÜb v. 12.03.1919

2. (württ.) Ersatz-Bataillon/Fußartillerie-Regiment Nr. 13
ab Jan. 1918: Ersatz-Bataillon/württ. Fußartillerie-Regiment Nr. 13

Standort: Illkirch-Grafenstaden (bei Straßburg), ab Anf. Okt. 1918 Ulm

Formation:
Stab, 1., 2. Bttr.	11.08.1916 aufgestellt durch Gouv. Straßburg u. Stellv. Gen.Kdo. XIII. AK (gem. KM v. 22.07.1916 u. württ. KM v. 17.07.1916), sogleich mobil
3. Bttr.	17.08.1916 aufgestellt durch Gouv. Straßburg u. Stellv. Gen.Kdo. XIII. AK als Garnison-Bttr. (gem. württ. KM v. 17.08.1916) *(s. Garnison-Batterien)*
6. Bttr.	31.10.1917 aufgestellt durch Gouv. Straßburg u. Stellv. Gen.Kdo. XIII. AK, (gem. württ. KM v. 31.10.1917), sogleich mobil; auch Feld-Bttr. 6 a genannt
6. Bttr.	20.09.1918 aufgelöst (gem. württ. KM v. 12.09.1918)

Bewaffnung:
6. Bttr.	ab März 1918	schw. Feldh. 02	*Krgl. 10.03.1918*

Unterstellung (mobil):
6. Bttr.	[10.03.1918 – 10.04.1918]	A.Abt. B	*Krgl.*
6. Bttr.	[10.05.1918 – 25.06.1918]	19. Armee	*KW/Krgl.*
6. Bttr.	[01.08.1918 – 01.09.1918]	3. Armee	*Krgl.*
6. Bttr.	[18.09.1918 – 02.10.1918]	18. Armee	*FpÜb*
6. Bttr.	[09.10.1918 – 13.11.1918]	2. Armee	*FpÜb*

Demobil: März 1919 (?) aufgelöst;[1] Abw.Stelle bei Fußart.Rgt. 13

Ersatz-Bataillon/Fußartillerie-Regiment Nr. 14

Standort: Straßburg, ab Juli 1918 Breisach

Formation:
Stab, 1.–6. Bttr.	02.08.1914 aufgestellt (gem. Mob.Plan)
3. Bttr.	13.11.1914 umgewandelt in 1. Bttr./Fußart.Ers.Btl. 24, wieder neu aufgestellt
3. Bttr.	29.05.1916 umgewandelt in Fußart.Bttr. 765, wieder neu aufgestellt
4. Bttr.	13.11.1914 umgewandelt in 2. Bttr./Fußart.Ers.Btl. 24, wieder neu aufgestellt
4. Bttr.	29.05.1916 umgewandelt in Fußart.Bttr. 766, wieder neu aufgestellt
5. Bttr.	13.11.1914 umgewandelt in 4. Bttr./Fußart.Ers.Btl. 25, wieder neu aufgestellt
5. Bttr.	01.06.1916 umgewandelt in Fußart.Bttr. 767, wieder neu aufgestellt
6. Bttr.	18.11.1915 umgewandelt in Fußart.Bttr. 593, wieder neu aufgestellt
7. Bttr.	01.02.1915 aufgestellt durch Ers.Btl./Fußart.Rgt. 14 (gem. KM v. 01.02.1915), mobil seit 15.02.1915

Bewaffnung:
3. u. 4. Bttr.	ab Febr. 1916	21 cm Mörser	*DW 22.02.1916*
5. Bttr.	ab Febr. 1916	15 cm Ring-Kan.	*DW 22.02.1916*

Unterstellung (mobil):
3. u. 4. Bttr.	[22.02.1916 – 29.05.1916]	5. Armee	*DW*
5. Bttr.	[22.02.1916 – 01.06.1916]	A.Abt. Gaede	*DW/Krgl.*
St.,1.–6. Bttr.	[18.09.1918 – 13.11.1918]	A.Abt. B	*FpÜb*

Demobil: Btl. ab Ende Nov. 1918 komplett in Breisach, ab Mitte Dez. 1918 in Freiburg, März 1919 (?) aufgelöst;[2] Abw.Stelle bei Fußart.Rgt. 14

---
[1] Noch in Ers.FpÜb v. 12.03.1919
[2] Ers.FpÜb v. 04.12.1918 – 12.03.1919

Ersatz-Bataillon/Fußartillerie-Regiment Nr. 15

Standort: Graudenz, seit 01.12.1917 Bromberg

Formation:
Stab, 1.–6. Bttr.	02.08.1914 aufgestellt (gem. Mob.Plan)
6. Bttr. (a)	13.10.1916 umgewandelt in 3. Bttr./Ldw.Fußart.Btl. 41, wieder neu aufgestellt
6. Bttr. (b)	04.11.1916 umgewandelt in 3. Bttr./Ldw.Fußart.Btl. 40, wieder neu aufgestellt
6. Bttr. (c)	27.12.1916 umgewandelt in 2. Bttr./Ldw.Fußart.Btl. 45, wieder neu aufgestellt

Bewaffnung:
6. Bttr.	ab April 1918	10 cm Kan. 04	*Krgl. 06.04.1918*

Unterstellung (mobil):
2. Bttr.	[03.09.1915]	12. Armee	*DO*
	[21.09.1915 – 01.09.1916]	Oberost	*DO/LÜO*
6. Bttr.	[06.04.1918 – 06.07.1918]	7. Armee	*Krgl.*

Demobil: Anf. Febr. 1919 aufgelöst;[1] Abw.Stelle bei Fußart.Rgt. 15

Ersatz-Bataillon/Fußartillerie-Regiment Nr. 16

Standort: Diedenhofen

Formation:
Stab, 1.–6. Bttr.	02.08.1914 aufgestellt (gem. Mob.Plan)
1. u. 2. Bttr.	13.11.1914 umgewandelt in 3. u. 4. Bttr./Fußart.Ers.Btl. 27, wieder neu aufgestellt
4. Bttr.	27.02.1918 umgewandelt in 1. Bttr. des Ers.Btl./Fußart.Rgt. 28, wieder neu aufgestellt
5. Bttr.	06.01.1915 umgewandelt in Fußart.Bttr. 324, wieder neu aufgestellt[2]
6. Bttr. (a)	13.11.1914 umgewandelt in 4. Bttr./Fußart.Ers.Btl. 26, wieder neu aufgestellt
6. Bttr. (b)	02.03.1916 umgewandelt in 1. Bttr./Ldw.Fußart.Btl. 21, wieder neu aufgestellt
6. Bttr. (c)	01.11.1916 umgewandelt in 4. Bttr./Ldw.Fußart.Btl. 41, wieder neu aufgestellt
6. Bttr. (d)	04.09.1917 umgewandelt in 6. Bttr./4. Garde-Ldw.Fußart.Btl., wieder neu aufgestellt
Besp.Abt.	23.01.1916 1. Zug der Besp.Abt. 1 eingegliedert

Bewaffnung: ?

Unterstellung (mobil):
5. Bttr.	[07.05.1915]	5. Armee	*DW*

Demobil: ab Anf. Dez. 1918 in Olvenstedt (bei Magdeburg), Anf. Febr. 1919 aufgelöst;[3] Abw.Stelle bei Fußart.Rgt. 16

---

[1] Nicht mehr in Ers.FpÜb v. 19.02.1919
[2] In Fußartillerie Bd. 1, S. 421 ist bei Fußart.Bttr. 324 die Angabe entsprechend zu korrigieren.
[3] Ers.FpÜb v. 12.12.1918 – 05.02.1919

Ersatz-Bataillon/Fußartillerie-Regiment Nr. 17

Standort: Marienwerder, ab Sept. 1915 Marienburg, ab Ende Sept. 1918 Podgorz

Formation:
Stab, 1.–6. Bttr.	02.08.1914 aufgestellt (gem. Mob.Plan)
7. Bttr.	Jan. 1915 (?) aufgestellt mit leichter Mun.Kol.[1]
Mun.Kol.	13.02.1917 zgt.
6. Bttr.	27.12.1916 umgewandelt in 3. Bttr./Ldw.Fußart.Btl. 45, wieder neu aufgestellt
6. Bttr. (neu)	Juli 1918 umgewandelt in 5. Bttr./Ldw.Fußart.Btl. 76, wieder neu aufgestellt
7. Bttr.	18.12.1915 umgewandelt in Fußart.Bttr. 122

Bewaffnung:
6. Bttr.	ab März 1918	10 cm Kan. 04	*Krgl. 10.03.1918*
7. Bttr.	ab Mai 1915	10 cm Kan. 04	*LÜO 03.05.1915*

Unterstellung (mobil):
Stab, 1.–6. Bttr.	[Aug. 1914]	Kriegsbes. Marienburg	*Mob.Plan*
2. Bttr.	[22.02.1915]	Div. Wernitz	*LÜO*
5. u. 6. Bttr.	[22.02.1915 – 03.05.1915]	Kriegsbes. Marienburg	*LÜO*
7. Bttr.	[03.05.1915]	Korps Zastrow	*LÜO*
7. Bttr.	[03.09.1915 – 22.10.1915]	86. Inf.Div.	*DO*
7. Bttr.	[09.12.1915]	1. Res.Div.	*DO*
6. Bttr.	[10.03.1918 – 10.04.1918]	A.Abt. B	*Krgl*
6. Bttr.	[01.06.1918]	19. Armee	*Krgl.*

Demobil: Ende Nov. 1918 aufgelöst; Demob.Kdo. ab Ende Nov. 1918 in Danzig-Neufahrwasser, Anf. Febr. 1919 aufgelöst;[2] Abw.Stelle bei Fußart.Rgt. 17

Ersatz-Bataillon/Fußartillerie-Regiment Nr. 18

Standort: Mainz, ab 01.04.1915 Metz, ab 01.07.1916 Schießplatz Wahn, ab Juni 1918 Kassel-Niederzwehren

Formation:
Stab, 1.–6. Bttr.	02.08.1914 aufgestellt (gem. Mob.Plan)
2. Bttr.	13.11.1914 umgewandelt in 3. Bttr./Fußart.Ers.Btl. 24, wieder neu aufgestellt
2. Bttr. (neu)	28.06.1916 umgewandelt in 2. Bttr./Fußart.Btl. 49, wieder neu aufgestellt
4. Bttr.	13.11.1914 umgewandelt in 4. Bttr./Fußart.Ers.Btl. 24, wieder neu aufgestellt
5. Bttr.	13.11.1914 umgewandelt in 4. Bttr./Fußart.Ers.Btl. 28, wieder neu aufgestellt
5. Bttr. (neu)	(= Bttr. Schwier) 20.04.1916 umgewandelt in Fußart.Bttr. 754
6. Bttr. (a)	20.11.1915 umgewandelt in Fußart.Bttr. 596, wieder neu aufgestellt
6. Bttr. (b)	29.02.1916 umgewandelt in 3. Bttr./Ldw.Fußart.Btl. 21, wieder neu aufgestellt
6. Bttr. (c)	27.12.1916 umgewandelt in 3. Bttr./Ldw.Fußart.Btl. 44, wieder neu aufgestellt

Bewaffnung:
2. Bttr.	ab April 1916	Mörser	*DW 15.04.1916*
5. Bttr.	ab Febr. 1916	schw. 12 cm Kan.	*DW 22.02.1916*

Unterstellung (mobil):
2. Bttr.	[15.04.1916 – 28.06.1916]	2. Armee	*Krgl./DW*
5. Bttr.	[22.02.1916]	5. Armee	*DW*

Demobil: 19.12.1918 selbstständig aufgelöst;[1] Abw.Stelle bei Fußart.Rgt. 18

---

[1] In Üb.Beh.u.Tr. ohne Angabe
[2] Ers.FpÜb v. 04.12.1918 – 05.02.1919

Ersatz-Bataillon/Fußartillerie-Regiment Nr. 19

Standort: Posen, ab 01.12.1916 Dresden

Formation:
Stab, 1.–6. Bttr.	02.08.1914 aufgestellt
6. Bttr.	01.11.1915 umgewandelt in Fußart.Bttr. 567, wieder neu aufgestellt

Bewaffnung:
6. Bttr.	ab April 1918	10 cm Kan. 04	*Krgl. 01.04.1918*
6. Bttr.	ab Aug. 1918	lange Mörser	*Krgl. 01.08.1918*

Unterstellung (mobil):
6. Bttr.	[01.04.1918]	5. Armee	*Krgl.*
6. Bttr.	[01.05.1918]	Longuyon	*Krgl.*
6. Bttr.	[01.08.1918 – 25.09.1918]	3. Armee	*Krgl./FpÜb*
6. Bttr.	[01.10.1918 – 03.01.1919]	Gouv. Metz	*Krgl./FpÜb*

Demobil: Ende Febr. 1919 aufgelöst;[2] Abw.Stelle bei Fußart.Rgt. 19

Ersatz-Bataillon/Fußartillerie-Regiment Nr. 20

Standort: Neubreisach, ab Juni 1918 Altona-Bahrenfeld

Formation:
Stab, 1.–6. Bttr.	02.08.1914 aufgestellt (gem. Mob.Plan)
1.–3. Bttr.	13.11.1914 umgewandelt in 1.–3. Bttr./Fußart.Ers.Btl. 28, wieder neu aufgestellt
1. Bttr.	13.01.1916 umgewandelt in Fußart.Bttr. 653, wieder neu aufgestellt
3. Bttr.	10.05.1915 aufgegangen in Fußart.Bttr. 243, wieder neu aufgestellt
4. Bttr.	10.05.1915 aufgegangen in Fußart.Bttr. 245 u. 246, wieder neu aufgestellt
5. Bttr. (a)	10.05.1915 aufgegangen in Fußart.Bttr. 244, wieder neu aufgestellt
5. Bttr. (b)	Aug. 1915 mobil als Bttr. Reger, 01.09.1915 umgewandelt in Fußart.Bttr. 389
5. Bttr. (c)	13.01.1916 umgewandelt in Fußart.Bttr. 654, wieder neu aufgestellt
6. Bttr. (a)	10.05.1915 aufgegangen in Fußart.Bttr. 242 u. 244, wieder neu aufgestellt
6. Bttr. (b)	04.11.1916 umgewandelt in 4. Bttr./Ldw.Fußart.Btl. 40, wieder neu aufgestellt
6. Bttr. (c)	23.06.1917 umgewandelt in 3. Bttr./Ldw.Fußart.Btl. 69, wieder neu aufgestellt
6. Bttr. (d)	Juli 1918 umgewandelt in 6. Bttr./Ldw.Fußart.Btl. 76

Bewaffnung:
5. Bttr.	Aug. 1915	franz. 155 mm Kan.	*DW 31.08.1915*
6. Bttr.	ab März 1918	10 cm Kan. 04	*Krgl. 10.03.1918*

Unterstellung (mobil):
2. Bttr.	14.01.1915 – 25.01.1915	56. Ldw.Brig.	*KW*
3. u. 6. Bttr.	14.01.1915 – 26.01.1915	55. Ldw.Brig.	*KW*
3., 5. u. 6. Bttr.	27.01.1915 – 10.05.1915	7. Ldw.Div.	*KW/Krgl.*
4. Bttr.	25.01.1915 – 10.05.1915	8. Ldw.Div.	*KW/Krgl.*
5. Bttr.	29.11.1914 – 26.01.1915	55. Ldw.Brig.	*KW*
5. Bttr.	[31.08.1915]	A.Abt. Gaede	*DW*
6. Bttr.	[10.03.1918 – 10.04.1918]	A.Abt. B	*Krgl.*
6. Bttr.	[01.06.1918]	19. Armee	*Krgl.*

Demobil: März 1919 (?) aufgelöst;[1] Abw.Stelle bei Fußart.Rgt. 20

---

[1] Demob.Üb. XI. AK v. 20.01.1920; nicht mehr in Ers.FpÜb v. 29.01.1919
[2] Nicht mehr in Ers.FpÜb v. 12.03.1919

Fußartillerie-Ersatz-Bataillon Nr. 21

Standort: Lötzen

Formation:
Stab, 1.–6. Bttr. 13.11.1914 aufgestellt durch Kdtr. Lötzen (gem. KM v. 13.11.1914)
Stab neu aufgestellt
1.–3. Bttr. aus 1.–3. Bttr. des 2. Ers.Btl./2. Garde-Fußart.Rgt.
4. u. 5. Bttr. aus 4. u. 5. Bttr. des 2. Ers.Btl./Fußart.Rgt. 4
6. Bttr. aus 3. Bttr. des 2. Ers.Btl./Fußart.Rgt. 4
2. Bttr. 28.07.1915 umgewandelt in Fußart.Bttr. 366

Bewaffnung:
3. Bttr.   Dez. 1915   schw. Feldh.   *DO 09.12.1915*

Ersatztr. Teil: Ers.Btl./Fußart.Rgt. 1

Unterstellung (mobil):
3. Bttr.   [03.09.1915]   75. Res.Div.   *DO*
3. Bttr.   [16.10.1915 – 22.10.1915]   83. Inf.Div.   *DO*
3. Bttr.   [09.12.1915 – 18.12.1915]   HKK 3   *DO*

Verbleib: Btl. 22.10./18.12.1915 aufgelöst:
1. Bttr.   22.10.1915 umgewandelt in Fußart.Bttr. 519
3. Bttr.   18.12.1915 umgewandelt in Fußart.Bttr. 126
4. Bttr.   21.10.1915 umgewandelt in Fußart.Bttr. 515
5. Bttr.   22.10.1915 umgewandelt in Fußart.Bttr. 514
6. Bttr.   21.10.1915 umgewandelt in Fußart.Bttr. 516

Ersatz-Bataillon/Fußartillerie-Regiment Nr. 21 (neu)

Standort: Graudenz

Formation:
Stab, 1.–6. Bttr. 16.11.1916 aufgestellt durch Stellv. Gen.Kdo. XVII. AK (gem. KM v. 16.11.1916)
Stab u. 1. Bttr. bei Ers.Btl./Fußart.Rgt. 15
2. Bttr. bei Ers.Btl./Fußart.Rgt. 2
3. Bttr. aus 4. Bttr. des Ers.Btl./Fußart.Rgt. 3
4. Bttr. bei Ers.Btl./Fußart.Rgt. 7
5. Bttr. bei Ers.Btl./Fußart.Rgt. 9
6. Bttr. bei Ers.Btl./Fußart.Rgt. 11
1. Bttr.   18.12.1917 umgewandelt in 3. Bttr. des Ers.Btl./Fußart.Rgt. 26, wieder neu aufgestellt
6. Bttr.   04.09.1917 umgewandelt in 10. Bttr./Ldw.Fußart.Btl. 22, wieder neu aufgestellt

Bewaffnung: –

Unterstellung (mobil): –

Demobil: März 1919 (?) aufgelöst;[2] Abw.Stelle bei Fußart.Rgt. 21

---

[1] Noch in Ers.FpÜb v. 12.03.1919
[2] Noch in Ers.FpÜb v. 12.03.1919

Fußartillerie-Ersatz-Bataillon Nr. 22

Standort: Lötzen

Formation:
Stab, 1.–6. Bttr. 13.11.1914 aufgestellt durch Gouv. Graudenz (gem. KM v. 13.11.1914)
  Stab neu aufgestellt
  1. u. 2. Bttr. aus 1. u. 2. Bttr. des 2. Ers.Btl./2. Garde-Fußart.Rgt.
  3. u. 4. Bttr. jeweils aus einer zgs. Bttr. des Ers.Btl./Fußart.Rgt. 3
  5. u. 6. Bttr. aus 3. u. 4. Bttr. des Ers.Btl./Fußart.Rgt. 7
  7. Bttr. aus 6. Bttr. des 2. Ers.Btl./Fußart.Rgt. 4
1. Bttr. 01.08.1915 umgewandelt in Fußart.Bttr. 367
5. u. 6. Bttr. 22.10.1915 zur Aufstellung der Fußart.Bttr. 520–522 verwendet

Bewaffnung:
2. u. 3. Bttr.	ab Aug 1915	schw. 12 cm Kan.	*LÜW 09.08.1915*
7. Bttr.	ab Aug. 1915	schw. Feldh.	*LÜW 09.08.1915*

Ersatztr. Teil: Ers.Btl./Fußart.Rgt. 17

Unterstellung (mobil):
2. u. 3. Bttr.	[06.08.1915 – 11.12.1915]	Gouv. Libau	*Krgl./DO*
4. Bttr.	[03.09.1915]	75. Res.Div.	*DO*
	[21.09.1915]	8. Armee	*DO*
	[22.10.1915]	83. Inf.Div.	*DO*
	[09.12.1915]	HKK 3	*DO*
7. Bttr.	[14.06.1915 – 22.10.1915]	Gouv. Libau	*DO*
	[09.12.1915]	Njemen-Armee	*DO*

Verbleib: Btl. 18.12.1915 aufgelöst:
2., 3. u. 4. Bttr. 18.12.1915 umgewandelt in 2., 3. u. 4. Bttr./Ldw.Fußart.Btl. 22
7. Bttr. 18.12.1915 umgewandelt in 7. Bttr./Ldw.Fußart.Btl. 22

Ersatz-Bataillon/Fußartillerie-Regiment Nr. 22 (neu)

Standort: Lötzen

Formation:
Stab, 1.–6. Bttr. 16.11.1916 aufgestellt durch Stellv. Gen.Kdo. XX. AK (gem. KM v. 16.11.1916)
  Stab bei Ers.Btl./Fußart.Rgt. 1
  1. Bttr. bei Ers.Btl./1. Garde-Fußart.Rgt.
  2. Bttr. aus 3. Bttr. des Ers.Btl./2. Garde-Fußart.Rgt.
  3. Bttr. bei Ers.Btl./Fußart.Rgt. 1   5. Bttr. bei Ers.Btl./Fußart.Rgt. 6
  4. Bttr. bei Ers.Btl./Fußart.Rgt. 4   6. Bttr. bei Ers.Btl./Fußart.Rgt. 17
2. Bttr. 18.12.1917 umgewandelt in 4. Bttr. des Ers.Btl./Fußart.Rgt. 26, wieder neu aufgestellt
6. Bttr. 30.09.1917 umgewandelt in 3. Bttr./Fußart.Btl. 48, wieder neu aufgestellt

Bewaffnung: 6. Bttr. Sept. 1917 10 cm Kan. 04 *Krgl. 01.09.1917*

Unterstellung (mobil):
6. Bttr. [01.09.1917 – 30.09.1917] 3. Armee *Krgl.*

Demobil: März 1919 (?) aufgelöst;[1] Abw.Stelle bei Fußart.Rgt. 22

---
[1] Noch in Ers.FpÜb v. 12.03.1919

Fußartillerie-Ersatz-Bataillon Nr. 23

Standort: Posen

Formation:
Stab, 1.–4. Bttr. 13.11.1914 aufgestellt durch Gouv. Posen (gem. KM v. 13.11.1914)
Stab neu aufgestellt
1. u. 2. Bttr. aus 1. u. 3. Bttr. des Ers.Btl./Fußart.Rgt. 10
3. u. 4. Bttr. aus 3. u. 6. Bttr. des 1. Ers.Btl./Fußart.Rgt. 13
3. u. 4. Bttr. 24.10.1915 aufgegangen in Fußart.Bttr. 523–525

Bewaffnung:
1. u. 2. Bttr. Dez. 1915 schw. Feldh. *DO 09.12.1915*

Ersatztr. Teil: Ers.Btl./Fußart.Rgt. 5

Unterstellung (mobil):
1. u. 2. Bttr. [03.09.1915] 89. Inf.Div. *DO*
[21.09.1915 – 22.10.1915] Oberost *DO*
[09.11.1915 – 18.12.1915] 17. Ldw.Div. *DO*

Verbleib: Btl. 18.12.1915 aufgelöst:
1. u. 2. Bttr. 18.12.1915 umgewandelt in Fußart.Bttr. 127 u. 128

Ersatz-Bataillon/Fußartillerie-Regiment Nr. 23 (neu)

Standort: Posen

Formation:
Stab, 1.–6. Bttr. 16.11.1916 aufgestellt durch Gouv. Posen (gem. KM v. 16.11.1916)
Stab u. 1. Bttr. bei Ers.Btl./Fußart.Rgt.5
2. Bttr. bei Ers.Btl./Fußart.Rgt. 10
3. Bttr. bei 1. Ers.Btl./Fußart.Rgt. 13
4. Bttr. bei Ers.Btl./Fußart.Rgt. 14
5. Bttr. bei Ers.Btl./Fußart.Rgt. 18
6. Bttr. bei Ers.Btl./Fußart.Rgt. 20
3. Bttr. 18.12.1917 umgewandelt in 2. Bttr. des Ers.Btl./Fußart.Rgt. 26

Bewaffnung: –

Unterstellung (mobil): –

Demobil: ab Anf. Jan. 1919 Fürstenwalde (Spree), Anf. Febr. 1919 aufgelöst;[1]
Abw.Stelle bei Fußart.Rgt. 23

---

[1] Ers.FpÜb v. 15.01.1919 – 05.02.1919

Fußartillerie-Ersatz-Bataillon Nr. 24

Standort: Posen

Formation:
Stab   13.11.1914 aufgestellt durch Gouv. Posen (gem. KM v. 13.11.1914)
Stab neu aufgestellt
1. u. 2. Bttr. aus 1. u. 2. Bttr. des Ers.Btl./Fußart.Rgt. 14
3. u. 4. Bttr. aus 2. u. 4. Bttr. des Ers.Btl./Fußart.Rgt. 18

Bewaffnung:
1. u. 2. Bttr.	ab Aug. 1915	15 cm Ring-Kan.	*LÜW 09.08.1915*
3. Bttr.	ab Aug. 1915	9 cm Kan.	*LÜW 09.08.1915*

Ersatztr. Teil: Ers.Btl./Fußart.Rgt. 5

Unterstellung (mobil):
1. Bttr.	[21.05.1915]	XVII. AK	*DO*
	[03.09.1915 – 22.10.1915]	Gen.Gouv. Warschau	*DO/DW*
	[25.10.1915 – 09.12.1915]	4. Ldw.Div.	*DO*
2. Bttr.	[21.05.1915]	III. Res.Korps	*DO*
	[03.09.1915]	5. Res.Div.	*DO*
	[11.09.1915 – 22.10.1915]	Nowo-Georgiewsk (Oberost)	*DO*
	[09.12.1915]	Gouv. Grodno	*DO*
3. Bttr.	[03.09.1915]	12. Armee	*DO*
	[21.09.1915 – 22.10.1915]	Oberost	*DO*
	[09.12.1915]	XVII. Res.Korps	*DO*
4. Bttr.	[16.10.1915]	83. Inf.Div.	*DO*

Verbleib:
1. Bttr.   18.12.1915 umgewandelt in Fußart.Bttr. 610
2. Bttr.   26.12.1915 umgewandelt in Fußart.Bttr. 611
3. Bttr.   18.12.1915 umgewandelt in Fußart.Bttr. 612
4. Bttr.   ca. 18.12.1915 aufgelöst[1]

Ersatz-Bataillon/Fußartillerie-Regiment Nr. 24 (neu)

Standort: Straßburg

Formation:
Stab, 1.–6. Bttr.   19.12.1917 aufgestellt (gem. KM v. 19.12.1917) durch Umbenennung von Stab, 1.–6. Bttr. des 1. Ers.Btl./Fußart.Rgt. 13

Bewaffnung: –

Unterstellung (mobil): –

Demobil: ab Ende Nov. 1918 in Bühl (Baden), Ende Febr. 1919 aufgelöst;[2]
Abw.Stelle bei Fußart.Rgt. 24 (XIV. AK)

---

[1] DW 27.12.1915
[2] Ers.FpÜb v. 04.12.1918 – 19.02.1919

Fußartillerie-Ersatz-Bataillon Nr. 25

Standort: Graudenz

Formation:
Stab, 1.–4. Bttr. 13.11.1914 aufgestellt durch Gouv. Graudenz (gem. KM v. 13.11.1914)
　　　　　　　　Stab neu aufgestellt
　　　　　　　　1. Bttr. aus zgs. Bttr. des Ers.Btl./Fußart.Rgt. 3
　　　　　　　　2. Bttr. aus 5. Bttr. des Ers.Btl./Fußart.Rgt. 10
　　　　　　　　3. Bttr. aus 1. Bttr. des Ers.Btl./Fußart.Rgt. 13
　　　　　　　　4. Bttr. aus 5. Bttr. des Ers.Btl./Fußart.Rgt. 14

Bewaffnung:
3. Bttr.　　　　ab Sept. 1915　　10 cm Kan. 04　　　　　　　　　　　*DO 03.09.1915*

Ersatztr. Teil: Ers.Btl./Fußart.Rgt. 15

Unterstellung (mobil):
3. Bttr. (ein Zug) [25.05.1915]　　　　Korps Zastrow　　　　*DO*
3. Bttr.　　　　[03.09.1915 – 09.12.1915]　　XVII. Res.Korps　　*DO*
4. Bttr.　　　　[22.02.1915 – 22.10.1915]　　Kriegsbes. Kulm　　*DO*

Verbleib:
1. u. 2. Bttr.　　01.08.1915　umgewandelt in Fußart.Bttr. 363 u. 364
3. Bttr. halb　　03.08.1915　umgewandelt in Fußart.Bttr. 365
3. Bttr. halb　　26.12.1915　umgewandelt in Fußart.Bttr. 131 (Flak-Bttr.)
4. Bttr.　　　　ca. 20.12.1915 aufgelöst[1]

Ersatz-Bataillon/Fußartillerie-Regiment Nr. 25 (neu)

Standort: Straßburg, seit März 1918 Oldenburg

Formation:
Stab, 1.–5. Bttr. 20.12.1917 aufgestellt durch Gouv. Straßburg (gem. KM v. 10.12.1917)
　　　　　　　　Stab bei Ers.Btl./Fußart.Rgt. 10
　　　　　　　　1. Bttr. aus 3. Bttr. des Ers.Btl./Fußart.Rgt. 16
　　　　　　　　2. Bttr. aus einer Bttr. des Ers.Btl./Fußart.Rgt. 10
　　　　　　　　3. Bttr. bei 1. Ers.Btl./Fußart.Rgt. 13
　　　　　　　　4. Bttr. aus 3. Bttr. des Ers.Btl./Fußart.Rgt. 2
　　　　　　　　5. Bttr. bei Ers.Btl./Fußart.Rgt. 14

Bewaffnung: –

Unterstellung (mobil): –

Demobil: März 1919 (?) aufgelöst;[2] Abw.Stelle bei Fußart.Rgt. 25

---

[1] DW 27.12.1915
[2] Noch in Ers.FpÜb v. 12.03.1919

Fußartillerie-Ersatz-Bataillon Nr. 26

Standort: Königsberg

Formation:
Stab, 1.–4. Bttr. 13.11.1914 aufgestellt durch Gouv. Königsberg (gem. KM v. 13.11.1914), mobil seit 26.02.1915
Stab neu aufgestellt
1.–3. Bttr. aus 1.–3. Bttr. des 1. Ers.Btl./Fußart.Rgt. 8
4. Bttr. aus 6. Bttr. des Ers.Btl./Fußart.Rgt. 16

Bewaffnung:
1. u. 2. Bttr.	ab Juli 1915	schw. 12 cm Kan.	*LÜW 09.08.1915*
3. Bttr.	ab Juli 1915	lange 15 cm Kan.	*LÜW 09.08.1915*
4. Bttr.	ab Juli 1915	15 cm Ring-Kan.	*LÜW 09.08.1915*

Ersatztr. Teil: Ers.Btl./Fußart.Rgt. 1

Unterstellung (mobil):
Stab,1.–4. Bttr.	[26.06.1915]	Njemen-Armee	*Krgl.*
Stab	[06.07.1915 – 09.12.1915]	Njemen-Armee	*DO*
1. Bttr.	[27.06.1915 – 09.12.1915]	Gouv. Libau	*KW/DO*
2. Bttr.	[06.07.1915 – 09.12.1915]	Njemen-Armee	*Krgl.DO*
3. Bttr.	[27.06.1915 – 11.12.1915]	Gouv. Libau	*KW/Krgl.*
4. Bttr.	[06.07.1915 – 10.09.1915]	Njemen-Armee	*DO/Krgl.*
4. Bttr.	[22.10.1915]	Gouv. Grodno	*DO*
4. Bttr.	[09.12.1915]	Njemen-Armee	*DO*

Verbleib:
Stab, 1.–4. Bttr. 18.12.1915 umgewandelt in Stab, 1.–4. Bttr./Ldw.Fußart.Btl. 26

Ersatz-Bataillon/Fußartillerie-Regiment Nr. 26 (neu)

Standort: Thorn, ab Juli 1918 Landsberg (Warthe)
2. Bttr. u. Besp.Abt. Nov. 1918 Thorn, 3. Bttr. Nov. 1918 Podgorz

Formation:
Stab, 1.–5. Bttr. 18.12.1917 aufgestellt durch Gouv. Thorn u. Stellv. Gen.Kdo. XVII. AK (gem. KM v. 10.12.1917)
Stab neu aufgestellt
1. Bttr. aus 5. Bttr. des Ers.Btl./Fußart.Rgt. 5
2. Bttr. aus 3. Bttr. des Ers.Btl./Fußart.Rgt. 23
3. Bttr. aus 1. Bttr. des Ers.Btl./Fußart.Rgt. 21
4. Bttr. aus 2. Bttr. des Ers.Btl./Fußart.Rgt. 22
5. Bttr. aus 5. Bttr. des Ers.Btl./Fußart.Rgt. 11

Bewaffnung: –

Unterstellung (mobil): –

Demobil: März 1919 (?) aufgelöst;[1] Abw.Stelle bei Fußart.Rgt. 26

---

[1] Noch in Ers.FpÜb v. 12.03.1919

Fußartillerie-Ersatz-Bataillon Nr. 27

Standort: Königsberg

Formation:
Stab, 1.–4. Bttr. 13.11.1914 aufgestellt durch Gouv. Königsberg (gem. KM v. 13.11.1914), mobil seit 01.03.1915
Stab neu aufgestellt
1. u. 2. Bttr. aus zwei Bttr. des Ers.Btl./Fußart.Rgt. 9
3. u. 4. Bttr. aus 1. u. 2. Bttr. des Ers.Btl./Fußart.Rgt. 16

Bewaffnung:
1. Bttr.	ab Aug. 1915	9 cm Kan.u. 15 cm Ring-Kan.	*LÜW 09.08.1915*
2.–4. Bttr.	ab Aug. 1915	schw. Feldh.	*LÜW 09.08.1915*

Ersatztr. Teil: Ers.Btl./Fußart.Rgt. 1

Unterstellung (mobil):
2. Bttr.	15.04.1915 – 25.04.1915	Truppen-Abt. Esebeck	*KW*
1.–4. Bttr.	26.04.1915 – 02.06.1915	Truppen-Abt. Esebeck	*KW*
2.–4. Bttr.	[04.06.1915 – 14.06.1915]	XXXX. Res.Korps	*DO*
Stab, 1.,2. Bttr.	[03.09.1915 – 22.10.1915]	10. Armee	*DO*
3.,4. Bttr.	[03.09.1915]	10. Armee	*DO*
Stab, 1.,2. Bttr.	[29.10.1915 – 18.12.1915]	Gouv. Kowno	*DO*
3.,4. Bttr.	[22.10.1915 – 18.12.1915]	Gouv. Kowno	*DO*

Verbleib: Stab, 1.–4. Bttr. 18.12.1915 umgewandelt in Stab, 1.–4. Bttr./Ldw.Fußart.Btl. 27

Fußartillerie-Ersatz-Bataillon Nr. 28

Standort: Thorn

Formation:
Stab, 1.–4. Bttr. 13.11.1914 aufgestellt durch Gouv. Thorn (gem. KM v. 13.11.1914)
Stab neu aufgestellt
1.–3. Bttr. aus 1.–3. Bttr. des Ers.Btl./Fußart.Rgt. 20
4. Bttr. aus 5. Bttr. des Ers.Btl./Fußart.Rgt. 18
3. Bttr. 22.10.1915 umgewandelt in Fußart.Bttr. 531

Bewaffnung:
1. Bttr.	ab Dez. 1915	schw. Feldh.	*DO 09.12.1915*
2. Bttr.	ab Aug. 1915	schw. 12 cm Kan.	*LÜW 09.08.1915*
2. Bttr.	ab Dez. 1915	schw. Feldh.	*DO 09.12.1915*
3. Bttr.	ab Dez. 1915	schw. Feldh.	*DO 09.12.1915*
4. Bttr.	ab Aug. 1915	schw. Feldh.	*LÜW 09.08.1915*

Ersatztr. Teil: Ers.Btl./Fußart.Rgt. 11

Unterstellung (mobil):
Stab	[21.09.1915 – 22.10.1915]	Oberost	*DW*
1. Bttr.	[03.09.1915]	89. Inf.Div	*DO*
	[21.09.1915 – 22.10.1915]	Oberost	*DO*
2. Bttr.	[22.02.1915 – 19.08.1915]	Korps Dickhuth	*LÜO/KW*
	[03.09.1915]	87. Inf.Div.	*DO*
	[21.09.1915 – 22.10.1915]	Oberost	*DO*

3. Bttr.	[22.10.1915]	Oberost	*DO*
4. Bttr.	[15.07.1915]	Div. v. Wernitz	*DO*
	[01.09.1915 – 22.10.1915]	Gouv. Grodno	*Krgl./DO*
St.,1.,2.,4. Bttr.	13.11.1915 – 17.12.1915	109. Inf.Div.	*KW*

Verbleib:
Stab, 1.,2.,4. Bttr. 18.12.1915 umgewandelt in Stab, 1.,2.,4. Bttr./Ldw.Fußart.Btl. 28

Ersatz-Bataillon/Fußartillerie-Regiment Nr. 28 (neu)

Standort: Saarbrücken

Formation:
Stab, 1.–3. Bttr. 27.02.1918 aufgestellt durch Stellv. Gen.Kdo. XXI. AK bei Ers.Btl./Fußart.-Rgt. 16 (gem. KM v. 27.02.1918)
Stab neu aufgestellt
1. Bttr. aus 4. Bttr. des Ers.Btl./Fußart.Rgt. 16
2. u. 3. Bttr. aus je einer Bttr. des Ers.Btl./Fußart.Rgt. 8
Besp.Abt. neu aufgestellt

Bewaffnung: –

Unterstellung (mobil): –

Demobil: ab Ende Nov. 1918 in Sangerhausen, März 1919 (?) aufgelöst[1]
Abw.Stelle bei Fußart.Rgt. 16

Ersatz-Bataillon der Artillerie-Prüfungskommission

Standort: Kummersdorf Schießplatz

Formation:
1. u. 2. Bttr. 02.08.1914 aufgestellt (gem. Mob.Plan)
3. Bttr. 30.10.1915 aufgestellt durch Ers.Btl./Art.Prüf.Komm. (gem. KM v. 30.10.1915)
4. Bttr. 19.02.1916 aufgestellt durch Ers.Btl./Art.Prüf.Komm. (gem. KM v. 19.02.1916)
5. Bttr. 01.02.1917 aufgestellt durch Ers.Btl./Art.Prüf.Komm. (gem. KM v. 21.12.1916) als selbstständige Ers.Bttr. in Berlin; zgt. Seismischer Versuchstrupp der Art.Prüf.-Komm.
6. Bttr. 01.03.1918 aufgestellt durch Ers.Btl./Art.Prüf.Komm. (gem. KM v. 12.12.1917) als Minenwerfer-Komp.

Unterstellung: Generalinspektion der Fußart.

Demobil: März 1919 (?) aufgelöst;[2] Abw.Stelle bei Art.Prüf.Komm.

---

[1] Ers.FpÜb v. 04.12.1918 – 12.03.1919
[2] Noch in Ers.FpÜb v. 12.03.1919

Ersatz-Bataillon/1. bayerisches Fußartillerie-Regiment

Standort: Germersheim, ab 03.02.1915 Straßburg, ab 16.09.1915 Mainz, ab 06.03.1918 Neu-Ulm

Formation:
Stab, 1.–4. Bttr.	02.08.1914 aufgestellt in München (gem. Mob.Plan)
1. Bttr.	23.08.1915 umgewandelt in bayer. Fußart.Bttr. 368, wieder neu aufgestellt durch Umbenennung der 3. Bttr.
2. Bttr.	08.01.1915 umgewandelt in 3. Bttr. des mob. Ers.Btl./3. bayer. Fußart.Rgt., wieder neu aufgestellt
2. Bttr. (neu)	23.08.1915 umgewandelt in bayer. Fußart.Bttr. 369 u. 372, wieder neu aufgestellt durch Umbenennung der 5. Bttr.
3. Bttr.	23.08.1915 umbenannt in 1. Bttr.
4. Bttr.	08.01.1915 umgewandelt in 4. Bttr. des mob. Ers.Btl./3. bayer. Fußart.Rgt., wieder neu aufgestellt
4. Bttr. (neu)	23.08.1915 umgewandelt in bayer. Fußart.Bttr. 370
5. u. 6. Bttr.	01.05.1915 aufgestellt aus Rekr.Depot 1–3 des Ers.Btl./1. bayer. Fußart.Rgt. (gem. bayer. KM v. 27.04.1915)
5. Bttr.	23.08.1915 umbenannt in 2. Bttr.
6. Bttr.	23.08.1915 umgewandelt in bayer. Fußart.Bttr. 371

1. u. 2. Rekr.Depot 02.08.1914 aufgestellt
3. Rekr.Depot   05.09.1914 aufgestellt (gem. Stellv. Gen.Kdo. I. bayer. AK v. 05.09.1914)
4. Rekr.Depot   01.12.1915 aufgestellt (gem. Stellv. Gen.Kdo. I. bayer. AK v. 22.11.1915)

1. Genesenen-Bttr. 15.03.1916 aufgestellt (gem. Stellv. Gen.Kdo. I. bayer. AK v. 05.02.1916)
2. Genesenen-Bttr. Dez. 1916 aufgestellt (gem. Stellv. Gen.Kdo. I. bayer. AK v. 21.12.1916)
3. Genesenen-Bttr. 26.09.1917 aufgestellt (gem. Stellv. Gen.Kdo. I. bayer. AK v. 26.09.1917)
4. u. 5. Genesenen-Bttr. Juli 1918 aufgestellt

Bewaffnung: ?

Unterstellung (mobil):
eine Bttr.	06.10.1914 – 07.12.1914	Brig. Ipfelkofer	*KW*
eine Bttr.	08.12.1914 – 16.05.1915	61. Res.Inf.Brig.	*KW*

Demobil: 02.03.1919 im Lager Lechfeld aufgelöst;[1] Abw.Stelle bei 1. bayer. Fußart.Rgt.

Quellen: Bayer. WGB

Ersatz-Bataillon/2. bayerisches Fußartillerie-Regiment
ab 06.09.1914: **1. mobiles Ersatz-Btl./2. bayer. Fußartillerie-Regiment**

Standort: Metz

Formation:
Stab, 1.–4. Bttr. 02.08.1914 aufgestellt (gem. Mob.Plan)
06.09.1914 zwei Rekr.Depots und Besp.Abt. abgegeben an 2. Ers.Btl./2. bayer. Fußart.-Rgt.

Bewaffnung: ?

Unterstellung (mobil):
Stab, 1.–4. Bttr.	[15.10.1914 – 20.03.1915]	5. Ldw.Div.	*LÜW*
	[01.06.1915]	10. Inf.Div.	*KTB*

---
[1] Demob.Meldung I. bayer. AK v. 26.03.1919; noch in Ers.FpÜb v. 12.03.1919

Verbleib:
Stab   Juli 1915 umgewandelt in bayer. Fußart.Btl.Stab 204
1.–4. Bttr.   20.07.1915 umgewandelt in Fußart.Bttr. 282–285
Quellen: Bayer. WGB

2. Ersatz-Bataillon/2. bayer. Fußartillerie-Regiment
ab März 1915: **2. mobiles Ersatz-Btl./2. bayer. Fußartillerie-Regiment**

Standort: Metz, aber Okt. 1918 Germersheim
                 Genesenen-Bttr. ab Sept. 1918 Germersheim; 6. Bttr. Sept. 1918 Ingelheim
Formation:
Btl.   06.09.1914 aufgestellt durch Abtrennung des mobilen 1. Ers.Btl. (gem. bayer. KM v. 30.08.1914), zunächst nur mit zwei Rekr.Depots und einer Besp.Abt.
Stab   15.09.1914 aufgestellt durch 1. Ers.Btl./2. bayer. Fußart.Rgt. (gem. bayer. KM v. 30.08.1914), blieb immobil
1. Bttr.   01.04.1915 aufgestellt durch 1. Ers.Btl./2. bayer. Fußart.Rgt. (gem. bayer. KM v. 01.04.1915) aus 1. Rekr.Depot des 1. mob. Ers.Btl./2. bayer. Fußart.Rgt., sogleich mobil
1. Bttr.   21.12.1915 umgewandelt in bayer. Fußart.Bttr. 630, wieder neu aufgestellt durch Umbenennung der 3. Bttr.
2. Bttr.   01.04.1915 aufgestellt durch 1. Ers.Btl./2. bayer. Fußart.Rgt. (gem. bayer. KM v. 01.04.1915), sogleich mobil
2. Bttr.   21.12.1915 umgewandelt in bayer. Fußart.Bttr. 631, wieder neu aufgestellt durch Umbenennung der 4. Bttr.
3. Bttr.   18.06.1915 aufgestellt durch 1. Ers.Btl./2. bayer. Fußart.Rgt. (gem. bayer. KM v. 18.06.1915), sogleich mobil
3. Bttr.   24.09.1915 umgewandelt in bayer. Fußart.Bttr. 493, wieder neu aufgestellt
3. Bttr.   21.12.1915 umbenannt in 1. Bttr.
4. Bttr.   Juni 1915 (?) aufgestellt
4. Bttr.   21.12.1915 umbenannt in 2. Bttr.
5. Bttr.   aufgestellt?
1.,2. überpl. Bttr. 31.12.1915 aufgestellt durch 2. mob. Ers.Btl./2. bayer. Fußart.Rgt. (gem. bayer. KM v. 24.12.1915), sogleich mobil
6. Bttr.   02.03.1918 aufgestellt durch 2. mob. Ers.Btl./2. bayer. Fußart.Rgt. (gem. bayer. KM v. 10./17.02.1918), sogleich mobil
6. Bttr.   07.11.1918 in Longuyon aufgelöst (gem. bayer. KM v. 28.10.1918)
1.,2. Rekr.Depot 06.09.1914 übernommen von 1. Ers.Btl./2. bayer. Fußart.Rgt.
1. Rekr.Depot   01.04.1915 umgewandelt in 1. Bttr. des 2. mob. Ers.Btl./2. bayer. Fußart.Rgt.
3. Rekr.Depot   15.10.1914 aufgestellt
4. Rekr.Depot   15.12.1914 aufgestellt, am 22.03.1915 aufgelöst
4. Rekr.Depot (neu) 10.12.1916 aufgestellt
5. Rekr.Depot   21.12.1916 aufgestellt, am 02.06.1917 aufgelöst
Bewaffnung: ?

Unterstellung (mobil):

5. Bttr.	[06.10.1915]	Gen.Gouv. Warschau	*DO*
6. Bttr.	[18.09.1918 – 07.11.1918]	19. Armee	*FpÜb*

Demobil: ab 25.11.1918 nach Weißenburg, am 20.03.1919 aufgelöst;[1] Abw.Stelle bei 2. bayer. Fußart.Rgt.

Ersatz-Bataillon/3. bayerisches Fußartillerie-Regiment

Standort: Ingolstadt, ab 06.02.1915 Straßburg, ab März 1917 Grafenwöhr

Formation:
Stab, 1.–4. Bttr. 02.08.1914 aufgestellt in Ingolstadt (gem. Mob.Plan)
1.–4. Bttr. 27.08.1915 umgewandelt in bayer. Fußart.Bttr. 373–376
1. u. 2. Bttr. 27.08.1915 wieder neu aufgestellt
5. Bttr. 14.08.1914 aufgestellt durch Ers.Btl./3. bayer. Fußart.Rgt. (gem. bayer. KM v. 11.08.1914)
5. Bttr. 08.01.1915 umgewandelt in 2. Bttr. des mob. Ers.Btl./3. bayer. Fußart.Rgt

Unterstellung (mobil): –

Demobil: März 1919 (?) aufgelöst;[2] Abw.Stelle bei 3. bayer. Fußart.Rgt.

Quellen: Bayer. WGB

Mobiles Ersatz-Bataillon/3. bayer. Fußartillerie-Regiment

Formation:
Stab, 1.–4. Bttr. 08.01.1915 aufgestellt (gem. bayer. KM v. 06.01.1915), sogleich mobil
  Stab u. 1. Bttr. durch Ers.Btl./3. bayer. Fußart.Rgt.
  2. Bttr. aus 5. Bttr. des Ers.Btl./3. bayer. Fußart.Rgt.
  3. Bttr. aus 2. Bttr. des Ers.Btl./1. bayer. Fußart.Rgt.
  4. Bttr. aus 4. Bttr. des Ers.Btl./1. bayer. Fußart.Rgt.

Bewaffnung: 15 cm Ring-Kan., schw. 12 cm Kan., franz. 120 mm Kan.

Ersatztr. Teil: Ers.Btl./3. Bayer. Fußart.Rgt.

Unterstellung:

Stab, 1.–4. Bttr.	24.01.1915 – 15.07.1915	3. Armee	*DW/Bayer. WGB*

Verbleib:
Stab 17.07.1915 umgewandelt in bayer. Fußart.Btl.Stab 205
1. Bttr. 15.07.1915 umgewandelt in bayer. Fußart.Bttr. 303
2. u. 3. Bttr. 11./15.07.1915 umgewandelt in bayer. Fußart.Bttr. 301 u. 302
4. Bttr. 11./15.07.1915 umgewandelt in bayer. Fußart.Bttr. 299 u. 300

Quellen: Bayer. WGB

---

[1] Demob.Meldung II. bayer. AK v. 24.03.1919; noch in Ers.FpÜb v. 12.03.1919
[2] Noch in Ers.FpÜb v. 12.03.1919

Fußartillerie-Ersatz-Abteilungen

Um den großen Personalbedarf der Fußartillerie in der Schlacht bei Verdun möglichst rasch decken zu können, befahl das KM am 02.05.1916 die Aufstellung von 20 preußischen Fußartillerie-Ersatz-Depots, dem das bayer. KM am 03.05.1916 mit drei bayerischen Depots folgte. Sie waren zunächst für die 5. Armee vorgesehen, doch erhielten bald auch die in schwere Kämpfe verwickelte 1. und 2. Armee sowie die 11. Armee derartige Depots.[1] Ein Depot sollte jeweils 5 Unteroffiziere und 95 Mann umfassen.[2] Mit Erl. vom 06.11.1916 wurden diese Depots in Fußartillerie-Ersatz-Abteilungen zu je drei Batterien umorganisiert.[3] Aus diesen Abteilungen entstanden mit Erl. vom 09.03.1917 die Fußartillerie-Ersatz-Abteilungen Nr. 1–5, die auf den Fußartillerie-Übungsplätzen im Westen lagen.[4] Sie stellten Ersatzmannschaften an Truppen, wenn diese nicht rechtzeitig aus der Heimat eintrafen, und betreuten die Auffrischung der abgekämpften Einheiten auf den Übungsplätzen.[5] Im Jahr 1918 kam noch eine 6. Abteilung dazu. Durch Erl. vom 19.10.1917 trat zu jeder Ersatz-Abteilung eine Mess-Abteilung (1 Vizefeldwebel, 18 Unteroffiziere und Mannschaften) zur Ausbildung im Schießen mit Messplan.[6]

Fußartillerie-Ersatz-Abteilung der 1. Armee

Formation:
Stab, 1.–3. Bttr.   06.11.1916 aufgestellt durch AOK 1 (gem. KM v. 06.11.1916) aus den Fußart.Ers.Depots der 1. Armee, sogleich mobil
4. Bttr. (bayer.)   30.11.1916 aufgestellt durch AOK 1 (gem. KM v. 06.11.1916 u. bayer. KM v. 30.11.1916) bei Ers.Btl./3. bayer. Fußart.Rgt., sogleich mobil[7]

Ersatztr. Teil: Ers.Btl./Fußart.Rgt. 4,
für 4. Bttr. Ers.Btl./3. bayer. Fußart.Rgt.

Unterstellung: 1. Armee

Verbleib:
Stab,1.,2.,4. Bttr.   09.03.1917 umgewandelt in Stab, 1.–3. Bttr./Fußart.Ers.Abt. 1
3. Bttr.   09.03.1917 umgewandelt in 3. Bttr./Fußart.Ers.Abt. 4

Fußartillerie-Ersatz-Abteilung der 2. Armee

Formation:
Stab, 1.u.2. Bttr.   06.11.1914 aufgestellt durch AOK 2 (gem. KM v. 06.11.1916) aus den Fußart.Ers.Depots der 2. Armee, sogleich mobil
3. Bttr. (bayer.)   30.11.1916 aufgestellt durch AOK 2 (gem. bayer. KM v. 30.11.1916) aus bayer. Fußart.Ers.Depot der 2. Armee

Ersatztr. Teil: Ers.Btl./Fußart.Rgt. 2
für 3. Bttr. Ers.Btl./1. bayer. Fußart.Rgt.

Unterstellung: 2. Armee

Verbleib: 09.03.1917 Stab, 1.–3. Bttr. umgewandelt in Stab, 1.–3. Bttr./Fußart.Ers.Abt. 2

---

[1] Bei der 5. Armee bestanden lt. Krgl. vom 11.05.1916 – 19.10.1916 die Ers.Depots A–C
[2] KM Nr. 417/5. 16 A 5 u. bayer. KM Nr. 46.216. KA, MKr 13.488, Prod. 1330
[3] KM Nr. 2148. 16 geh. A 5. KA, MKr 13.491, Prod. 1838
[4] KM Nr. 482/17 geh. A 5. KA, MKr 13.493, Prod. 2315
[5] Vgl. Bayer. WGB, S. 697 f.
[6] KM Nr. 2043/17 geh. A 5. KA, MKr 13.496, Prod. 2823
[7] Gem. Üb.Beh.u.Tr. u. FpÜb aus bayer. Fußart.Bttr. 428, was unerklärlich ist.

Fußartillerie-Ersatz-Abteilung der 5. Armee

Formation:

Stab, 1.–4. Bttr.   06.11.1916 aufgestellt durch AOK 5 (gem. KM v. 06.11.1916) aus den Fußart.Ers.Depots A–C der 5. Armee, sogleich mobil

5. Bttr. (bayer.)   17.11.1916 aufgestellt (gem. bayer. KM v. 17.11.1916) aus bayer. Fußart.Ers.Depot der 5. Armee, sogleich mobil

6. Bttr. (sächs.)   10.11.1916 aufgestellt (gem. KM v. 06.11.1916 u. sächs. KM v. 10.11.1916) aus den Fußart.Ers.Depots der 5. Armee, sogleich mobil

Ersatztr. Teil: Ers.Btl./Fußart.Rgt. 5,
für 5. Bttr. 2. Ers.Btl./2. bayer. Fußart.Rgt.,
für 6. Bttr. Ers.Btl./Fußart.Rgt. 19

Unterstellung: 5. Armee

Verbleib:
Stab,1.,2.,5. Bttr.   09.03.1917 umgewandelt in Stab, 1.–3. Bttr./Fußart.Ers.Abt. 5
3., 4., 6. Bttr.   09.03.1917 umgewandelt in 1.–3. Bttr./Fußart.Ers.Abt. 3

Fußartillerie-Ersatz-Abteilung der Heeresgruppe Below
ab 22.04.1917 **Fußartillerie-Ersatz-Abt. der Heeresgruppe Scholtz**
ab Mitte Okt.1918 **Fußartillerie-Ersatz-Abt. der 11. Armee**

Formation:

Stab, 1.u.2. Bttr.   06.11.1916 aufgestellt durch HGr. Below (gem. KM v. 06.11.1916), aus den Fußart.Ers.Depots der 11. Armee, sogleich mobil

Ersatztr. Teil: Ers.Btl./Fußart.Rgt. 6

Unterstellung: 06.11.1916 – 22.04.1917   HGr. Below   *Üb.Beh.*
[22.04.1917 – 16.10.1918]   HGr. Scholtz   *Üb.Beh./FpÜb*
[23.10.1918 – 18.12.1918]   Et.Insp. 11   *FpÜb*

Demobil: 20.12.1918 in Neiße aufgelöst;[1] Abw.Stelle bei Fußart.Rgt. 6

Fußartillerie-Ersatz-Abteilung Nr. 1

Formation:

Stab, 1.u.2. Bttr.   09.03.1917 aufgestellt durch AOK 1 (gem. KM v. 09.03.1917) aus Stab, 1. u. 2. Bttr. der Fußart.Ers.Abt. der 1. Armee, sogleich mobil

3. Bttr. (bayer.)   01.04.1917 aufgestellt durch AOK 1 (gem. bayer. KM v. 01.04.1917) aus 4. bayer. Bttr. der Fußart.Ers.Abt. der 1. Armee, sogleich mobil

Garnison-Bttr.   28.06.1918 aufgestellt durch Kdtr. des Fußart.Üb.Pl. Jurbise bei Fußart.Ers.-Abt. 1 (gem. KM v. 28.06.1918), sogleich mobil

Ersatztr. Teil: Ers.Btl./Fußart.Rgt. 4, für 3. (bayer.) Bttr. Ers.Btl./1. bayer. Fußart.Rgt.,
für Garnison-Bttr. Ers.Btl./Fußart.Rgt. 7

Unterstellung: Kdtr. des Fußart.Üb.Pl. Jurbise

---

[1] Demob.Üb. VI. AK v. 01.03.1919; nicht mehr in FpÜb v. 28.12.1918

Demobil:	Stab, 1. u. 2. Bttr. ab Anf. Nov. 1918 im Sennelager, am 28.11.1918 aufgelöst.[1]
	3. Bttr. (bayer.) 28.11. – 10.12.1918 aufgelöst[2]
	Abw.Stelle bei Fußart.Rgt. 4, für 3. (bayer.) Bttr. 1. bayer. Fußart.Rgt.

Fußartillerie-Ersatz-Abteilung Nr. 2

Formation:

Stab, 1.u.2. Bttr.	09.03.1917 aufgestellt durch AOK 2 (gem. KM v. 09.03.1917) aus Stab, 1. u. 2. Bttr. der Fußart.Ers.Abt. der 2. Armee, sogleich mobil
3. Bttr. (bayer.)	01.04.1917 aufgestellt durch AOK 2 (gem. bayer. KM v. 01.04.1917) aus 3. (bayer.) Bttr. der Fußart.Ers.Abt. der 2. Armee, sogleich mobil
Garnison-Bttr.	28.06.1917 aufgestellt durch Kdtr. des Fußart.Üb.Pl. Maubeuge bei Fußart.Ers.Abt. 2 (gem. KM v. 28.06.1918), sogleich mobil
Ersatztr. Teil:	Ers.Btl./Fußart.Rgt. 2, für 3. Bttr. (bayer.) 2. mob. Ers.Btl./2. bayer. Fußart.Rgt., für Garnison-Bttr. Ers.Btl./Fußart.Rgt. 18
Unterstellung:	Kdtr. des Fußart.Üb.Pl. Maubeuge; ab Okt. 1918 Fußart.Üb.Pl. Lüttich
Demobil:	Stab, 1. u. 2. Bttr. Anf. Dez. 1918 aufgelöst (gem. Stellv. Gen.Kdo. II. AK v. 11.12.1918);[3] 3. Bttr. (bayer.) am 12.12.1918 aufgelöst.[4]
	Abw.Stelle bei Fußart.Rgt. 2, für 3. (bayer.) Bttr. bei 2. bayer. Fußart.Rgt.

Fußartillerie-Ersatz-Abteilung Nr. 3

Formation:

Stab	09.03.1917 aufgestellt durch Gouv. Köln bei Ers.Btl./Fußart.Rgt. 7 (gem. KM v. 09.03.1917), sogleich mobil
1. u. 2. Bttr.	09.03.1917 aufgestellt durch AOK 5 (gem. KM v. 09.03.1917) aus 3. u. 4. Bttr. der Fußart.Ers.Abt. der 5. Armee, sogleich mobil
3. Bttr. (sächs.)	09.03.1917 aufgestellt durch AOK. 5 (gem. KM v. 09.03.1917 u. sächs. KM v. 22.03.1917) aus 6. (sächs.) Bttr. der Fußart.Abt. der 5. Armee, sogleich mobil
Garnison-Bttr.	26.08.1918 aufgestellt durch Kdtr. des Fußart.Üb.Pl. Hirson bei Fußart.Ers.-Abt. 3 (gem. KM v. 28.06.1918), sogleich mobil
Ersatztr. Teil:	Ers.Btl./Fußart.Rgt. 7, für 3. (sächs.) Bttr. Ers.Btl./Fußart.Rgt. 19, für Garnison-Bttr. Ers.Btl./Fußart.Rgt. 16

Unterstellung:

1. Bttr.	[11.05.1917]	Kdtr. des Fußart.Üb.Pl. Namur	*D.Fußa.*
2. u. 3. Bttr.	[11.05.1917]	Kdtr. des Fußart.Üb.Pl. Hirson	*D.Fußa.*
1.–3. Bttr.	[31.05.1917 – 13.11.1918]	Kdtr. des Fußart.Üb.Pl. Hirson	*D.Fußa./FpÜb*

Demobil:	10.12.1918 im Sennelager aufgelöst,;[5] Abw.Stelle bei Fußart.Rgt. 7, für 3. Bttr. bei (sächs.) Fußart.Rgt. 19

---

[1] Demob.Üb. VII. AK v. 14.12.1918. Ers.FpÜb v. 13.11.1918 – 03.01.1919
[2] Demob.Meldung I. bayer. AK v. 09./15.12.1918
[3] Nicht mehr in FpÜb v. 12.12.1918
[4] Demob.Meldung II. bayer. AK v. 18.12.1918
[5] Demob.Üb. VII. AK v. 29.06.1919; nicht mehr in FpÜb v. 04.12.1918

Fußartillerie-Ersatz-Abteilung Nr. 4

Formation:
Stab, 1.u.2. Bttr. 09.03.1917 aufgestellt durch A.Abt. A (gem. KM v. 09.03.1917), sogleich mobil
Stab u. 1. Bttr. bei Ers.Btl./1. Garde-Fußart.Rgt.
2. Bttr. bei Ers.Btl./2. Garde-Fußart.Rgt.
3. Bttr. 09.03.1917 aufgestellt durch AOK 1 (gem. KM v. 09.03.1917) aus 3. Bttr. der Fußart.Ers.Abt. der 1. Armee, mit sächs. Anteil, sogleich mobil
Garnison-Bttr. 26.08.1918 aufgestellt durch Kdtr. des Fußart.Üb.Pl. Insmingen bei Fußart.Ers.-Abt. 4 (gem. KM v. 28.06.1918), sogleich mobil

Ersatztr. Teil: Ers.Btl./1. Garde-Fußart.Rgt., für Garnison-Bttr. Ers.Btl./Fußart.Rgt. 8
Unterstellung: Kdtr. des Fußart.Üb.Pl. Insmingen
Demobil: Ende Nov. 1918 aufgelöst;[1] Abw.Stelle bei Garde-Fußart.Rgt., für sächs. Teil der 3. Bttr. bei Fußart.Rgt. 12

Fußartillerie-Ersatz-Abteilung Nr. 5

Formation:
Stab, 1.u.2. Bttr. 09.03.1917 aufgestellt durch AOK 5 (gem. KM v. 09.03.1917) aus Stab, 1. u. 2. Bttr. der Fußart.Ers.Abt. der 5. Armee, sogleich mobil
3. Bttr. (bayer.) 01.04.1917 aufgestellt durch AOK 5 (gem. bayer. KM v. 01.04.1917) aus 5. bayer. Bttr. der Fußart.Ers.Abt. der 5. Armee, sogleich mobil
Garnison-Bttr. 26.08.1918 aufgestellt durch Kdtr. des Fußart.Üb.Pl. Longuyon bei Fußart.Ers.-Abt. 5 (gem. KM v. 28.06.1918), sogleich mobil

Ersatztr. Teil: Ers.Btl./Fußart.Rgt. 5, für 3. (bayer.) Bttr. Ers.Btl./3. bayer. Fußart.Rgt.
Unterstellung: Kdtr. des Fußart.Üb.Pl. Longuyon
Demobil: 01.12.1918 in Posen aufgelöst;[2] Abw.Stelle bei Fußart.Rgt. 5
3. Bttr. (bayer.) am 20.01.1919 in Grafenwöhr aufgelöst.[3] Abw.Stelle bei 3. bayer. Fußart.Rgt.

Fußartillerie-Ersatz-Abteilung Nr. 6

Formation:
Stab, 1.–3. Bttr. 18.02.1918 aufgestellt (gem. KM v. 15.12.1917 u. 18.02.1918), sogleich mobil
Stab u. 1. Bttr. durch Stellv. Gen.Kdo. Garde-Korps bei Ers.Btl./2. Garde-Fußart.Rgt.
2. Bttr. durch Stellv. Gen.Kdo. IV. AK bei Ers.Btl./Fußart.Rgt. 4
3. Bttr. durch Kdtr. Breslau bei Ers.Btl./Fußart.Rgt. 6
Garnison-Bttr. 28.06.1918 aufgestellt durch Kdtr. des Fußart.Üb.Pl. Lüttich bei Fußart.Ers.-Abt. 6 (gem. KM v. 28.06.1918), sogleich mobil

Ersatztr. Teil: Ers.Btl./Fußart.Rgt. 9
Unterstellung: Kdtr. des Fußart.Üb.Pl. Lüttich
Demobil: Anf. Dez. 1918 aufgelöst:[4] Abw.Stelle bei Fußart.Rgt. 9

---

[1] Nicht mehr in FpÜb v. 04.12.1918
[2] Demob.Üb. V. AK v. 15.06.1919; Ers.FpÜb v. 13.11.1918 – 03.01.1919
[3] Demob.Üb III. bayer. AK v. 15.07.1919
[4] Nicht mehr in FpÜb. v. 12.12.1918

6. Landsturm-Fußartillerie-Bataillone

Bei der Mobilmachung stellte jedes Armeekorps (außer Garde-Korps, XVI. und XXI. AK) ein Landsturm-Fußartillerie-Bataillon auf, das I. bayer. AK sogar zwei Bataillone. Die insgesamt 23 Bataillone blieben zunächst als Kriegsbesatzungen in Festungen, wurden aber 1915/16 zum größten Teil zur Feldarmee abgestellt. Etwa die Hälfte der Bataillone verfiel bereits vor Kriegsende der Auflösung.
Eine unbespannte Landsturm-Fußartillerie-Batterie hatte die gleiche Stärke wie eine Landwehr-Fußartillerie-Batterie. Beim Ausrücken ins Feld konnte eine Bespannung mit entsprechendem Trainpersonal dazukommen. Ihre genaue Stärke richtete sich dann nach der Art der Bewaffnung und entsprach damit dem Etat der aktiven Fußartillerie-Batterien.[1] Auch der Stab eines mobilen Landsturm-Fußartillerie-Bataillons besaß die gleiche Stärke wie ein aktiver Bataillonsstab.

Landsturm-Fußartillerie-Bataillon I. AK (I. 1)

Formation:

Stab, 1.–4. Bttr.	02.08.1914 aufgestellt durch Fußart.Rgt. 1 in Königsberg (gem. Mob.Plan), mobil seit 26.02.1915
2. Bttr.	01.03.1916 aufgegangen in Fußart.Bttr. 148 u. 149
5.–7. Bttr.	30.09.1917 (gem. KM v. 30.09.1917) aus 2.–4. Bttr./Ldst.Fußart.Btl. X. AK, sogleich mobil
6. Bttr.	Anf. Nov. 1918 befohlene Umbenennung in Garnison-Bttr. Nr. 28 (gem. KM v. 05.11.1918) wurde nicht mehr vollzogen[2]

Bewaffnung:

1. Bttr.	ab Dez. 1915	15 cm Ring-Kan.	*DO 09.12.1915*
1. Bttr.	ab April 1917	schw. 10 cm Kan.	*Krgl. 23.04.1917*
1. Bttr.	ab Sept. 1917	schw. Feldh.	*Krgl. 25.09.1917*
1. Bttr.	ab Sept. 1918	belg. schw. 12 cm Kan.	*D.Fußa. 09.09.1918*
2. Bttr.	ab Dez. 1915	9 cm Kan.	*DO 09.12.1915*
3. Bttr.	ab Dez. 1915	schw. 12 cm Kan.	*DO 09.12.1915*
3. Bttr.	ab Febr. 1916	lange 15 cm Kan.	*DO 22.02.1916*
4. Bttr.	ab Dez. 1915	schw. 12 cm Kan.	*DO 09.12.1915*
4. Bttr.	ab April 1918	schw. Feldh.	*D.Fußa. 18.04.1918*
4. Bttr.	ab Sept. 1918	belg. schw. 12 cm Kan.	*D.Fußa. 09.09.1918*
5.–7. Bttr.	ab Sept. 1917	schw. 12 cm Kan.	*D.Fußa. 25.09.1917*
5. Bttr.	ab April 1918	schw. Feldh.	*D.Fußa. 18.04.1918*
5. Bttr.	ab Aug. 1918	belg. schw. 12 cm Kan.	*D.Fußa. 08.08.1918*
6. Bttr.	ab April 1918	lange 15 cm Kan.	*D.Fußa. 18.04.1918*
6. Bttr.	ab Aug. 1918	schw. Feldh.	*Krgl. 11.08.1918*
7. Bttr.	ab April 1918	schw. 10 cm Kan.	*D.Fußa. 18.04.1918*

Ersatztr. Teil: Ers.Btl./Fußart.Rgt. 1

Unterstellung:

Stab, 1.–4. Bttr.	[02.08.1914 – 22.02.1915]	Kriegsbes. Königsberg	*LÜO*
Stab	[03.09.1915]	XXXX. Res.Korps	*DO*

---
[1] Zu den Etats s. Fußartillerie Bd. 1, S. 349–357
[2] In FpÜb weiter unter alter Bezeichnung als 6. Bttr.

Stab	[10.09.1915 – 09.12.1915]	Njemen-Armee	*DO*
	[15.01.1916]	29. Ldw.Brig	*LÜO*
	[01.05.1916 – 01.06.1918]	8. Armee	*Krgl.*
	[06.06.1918]	Longuyon	*D.Fußa.*
	[03.07.1918 – 18.12.1918]	5. Armee	*D.Fußa./FpÜb*
1. Bttr.	[03.05.1915]	Truppen-Abt. Esebeck	*LÜO*
	[26.06.1915 – 09.12.1915]	Njemen-Armee	*Krgl./DO*
	[01.01.1916 – 01.08.1916]	Gouv. Kowno	*LÜO/Krgl.*
	[01.09.1916 – 07.10.1916]	A.Abt. Woyrsch	*LÜO/Üb.Fußa.*
	[09.10.1916 – 01.03.1917]	A.Abt. Scheffer	*D.Fußa./Krgl.*
	[27.03.1917 – 01.06.1918]	8. Armee	*D.Fußa./Krgl.*
	[06.06.1918]	Longuyon	*D.Fußa.*
	[03.07.1918 – 12.12.1918]	5. Armee	*D.Fußa./FpÜb*
2. Bttr.	[26.06.1915 – 22.10.1915]	Njemen-Armee	*Krgl./DO*
	[09.12.1915 – 01.03.1916]	Gouv. Libau	*DO/Krgl.*
3. Bttr.	[26.04.1915 – 02.06.1915]	Truppen-Abt. Esebeck	*KW*
	[06.07.1915]	Njemen-Armee	*DO*
	[06.08.1915 – 22.10.1915]	Gouv. Libau	*Krgl./LÜO*
	[09.12.1915]	Njemen-Armee	*DO*
	[15.01.1916]	6. Ldw.Brig	*LÜO*
	[01.05.1916 – 04.12.1918]	8. Armee	*Krgl./FpÜb*
4. Bttr.	[03.05.1915]	Truppen-Abt. Esebeck	*LÜO*
	[26.06.1915 – 09.12.1915]	Njemen-Armee	*Krgl./DO*
	[15.01.1916 – 15.09.1916]	A.Abt. Scholtz	*LÜO/Krgl.*
	[01.10.1916 – 10.05.1917]	HGr. Linsingen	*Krgl.*
	[10.05.1917 – 01.06.1918]	8. Armee	*Krgl.*
	[06.06.1918]	Longuyon	*D.Fußa.*
	[03.07.1918 – 12.12.1918]	5. Armee	*D.Fußa./FpÜb*
5. Bttr.	[25.09.1917 – 26.10.1917]	10. Armee	*D.Fußa./Krgl.*
	[09.11.1917 – 01.06.1918]	8. Armee	*Krgl.*
	[06.06.1918]	Longuyon	*D.Fußa.*
	[03.07.1918 – 12.12.1918]	5. Armee	*D.Fußa./FpÜb*
6. Bttr.	[25.09.1917]	HGr. Linsingen	*D.Fußa.*
	[24.10.1917 – 25.09.1918]	8. Armee	*Krgl./FpÜb*
	[01.10.1918]	Longuyon	*D.Fußa.*
	[09.10.1918 – 30.10.1918]	5. Armee	*FpÜb*
	[06.11.1918 – 18.12.1918]	A.Abt. A	*FpÜb*
7. Bttr.	[25.09.1917 – 24.10.1917]	A.Abt. D	*D.Fußa./Krgl.*
	[09.11.1917 – 09.10.1918]	8. Armee	*Krgl./FpÜb*
	[16.10.1918 – 18.12.1918]	HGr. Kiew	*Krgl./FpÜb*

Zuteilungen:

Btl. (Teile?)	27.10.1915 – 18.02.1917	29. Ldw.Brig.	*KW*
Btl. halb	16.02.1918 – 13.03.1918	3. Garde-Kav.Brig.	*KW*
4. Bttr.	[07.03.1916 – 01.09.1916]	77. Res.Div.	*DO/LÜO*

Demobil: ab Mitte Dez. 1918 in Königsberg, Mitte Jan. 1919 aufgelöst;[1] Abw.Stelle bei Fußart.Rgt. 1

---

[1] FpÜb v. 18.12.1918 – 15.01.1919

Landsturm-Fußartillerie-Bataillon II. AK (II. 1)

Formation:
Stab, 1.–4. Bttr.	02.08.1914 aufgestellt durch Fußart.Rgt. 2 (gem. Mob.Plan) 1. Bttr. seit 10.08.1914, 2. Bttr. seit 08.01.1915, 3. Bttr. seit 03.12.1915, 4. Bttr. seit 14.08.1914 mobil
Stab	31.12.1915 aufgelöst (gem. KM v. 31.12.1915)
5. Bttr.	01.09.1915 aufgestellt durch Gouv. Thorn (gem. KM v. 13.09.1915) aus 4. überpl. Bttr. XVII. AK Thorn, sogleich umgewandelt:
5. Bttr.	Anf. Sept. 1915 umgewandelt in Fußart.Bttr. 479

Bewaffnung:
1. Bttr.	ab Juni 1916	schw. 12 cm Kan.	*DW 01.06.1916*
2. u. 3. Bttr.	ab Jan. 1916	schw. 12 cm Kan.	*DW 22.02.1916*
4. Bttr.	ab Jan. 1916	schw. Feldh.	*DW 14.01.1916*

Ersatztr. Teil: Ers.Btl./Fußart.Rgt. 2

Unterstellung:
Stab, 1.–4. Bttr.	[Aug. 1914 – 01.09.1915]	Kriegsbes. Thorn	*LÜO/Ers.Üb*
1. Bttr.	[03.09.1915 – 22.02.1916]	Kriegsbes. Thorn	*DO*
	[17.05.1916]	Swinemünde	*DW*
	[01.06.1916]	OHL, Lüttich	*DW*
	[19.06.1916 – 04.03.1917]	6. Armee	*DW/Krgl.*
2. u. 3. Bttr.	[03.09.1915 – 09.12.1915]	Kriegsbes. Thorn	*DO*
	[01.01.1916 – 01.05.1916]	III. Res.Korps	*Krgl.*
	[01.05.1916 – 01.03.1917]	10. Armee	*Krgl.*
4. Bttr.	[31.08.1915 – 22.10.1915]	87. Inf.Div.	*DO*
	[09.12.1915]	Kriegsbes. Pillau	*DO*
	[10.01.1916 – 04.03. 1917]	6. Armee	*Krgl.*

Verbleib: Btl. 04.03.1917 aufgelöst:
1. Bttr.	04.03.1917 umgewandelt in 7. Bttr./Ldw.Fußart.Btl. 32
2. u. 3. Bttr.	01.03.1917 umgewandelt in 5. u. 6. Bttr./Ldw.Fußart.Btl. 36
4. Bttr.	04.03.1917 umgewandlet in 5. Bttr./Ldw.Fußart.Btl. 47

Landsturm-Fußartillerie-Bataillon III. AK (III. 1)

Formation:
Stab, 1.–4. Bttr.	02.08.1914 aufgestellt (gem. Mob.Plan) 1. Bttr. seit 20.05.1916, 2. Bttr. seit 06.03.1916, 3. u. 4. Bttr. seit 07.02.1916 mobil
Stab	Anf. Mai 1918 umgewandelt in Stab/Ldw.Fußart.Btl. 72 (gem. KM v. 29.04.1918)[1]
5. u. 6. Bttr.	17.05.1916 aufgestellt durch Kdtr. Diedenhofen (gem. KM v. 17.05.1916) aus Abgaben der 2.–4. Bttr.
5. Bttr.	27.05.1918 umgewandelt in Garnison-Bttr. 9
6. Bttr.	27.05.1918 umgewandelt in Garnison-Bttr. 10 (bestand trotzdem als 6. Bttr. weiter)

---

[1] *D.Fußa. v. 06.05.1918*

Bewaffnung:
1. Bttr.	ab Juni 1916	15 cm Ring-Kan.	*DW 01.06.1916*
1. Bttr.	ab Juli 1917	schw. Feldh.	*D.Fußa. 11.07.1917*
2. Bttr.	ab Febr. 1916	15 cm Ring-Kan.	*DW 22.02.1916*
2. Bttr.	ab Juli 1917	schw. Feldh.	*D.Fußa. 11.07.1917*
3. u. 4. Bttr.	ab Febr. 1916	schw. Feldh.	*DW 22.02.1916*

Ersatztr. Teil: Ers.Abt./Feldart.Rgt. 54, ab Okt. 1915 Ers.Btl./Fußart.Rgt. 16, seit 01.01.1918 Ers.Btl./Fußart.Rgt. 26

Unterstellung:
Stab, 1.–4. Bttr.	17.08.1914 – 30.09.1915	Kriegsbes. Küstrin	*Üb.Beh.*
	[03.10.1915 – 01.02.1916]	Kriegs-Bes. Diedenhofen	*Üb.Beh.*
Stab	[01.02.1916 – 01.02.1917]	Kriegs-Bes. Diedenhofen	*DW/Üb.Fußa.*
	[25.05.1917 – 03.07.1917]	1. Armee	*Krgl.*
1. Bttr.	[01.02.1916 – 10.05.1916]	Kriegs-Bes. Diedenhofen	*DW*
	[17.05.1916]	Königsberg	*DW*
	[01.06.1916]	OHL, Lüttich	*DW*
	[19.06.1916 – 10.07.1917]	4. Armee	*DW/Krgl.*
2. Bttr.	[01.02.1916 – 06.03.1916]	OHL	*DW*
	[11.03.1916 – 15.06.1916]	6. Armee	*DW/Krgl.*
	[19.06.1916 – 10.07.1917]	4. Armee	*DW/Krgl.*
3. u. 4. Bttr.	[22.02.1916 – 10.07.1917]	5. Armee	*DW/Krgl.*
St., 1.–4. Bttr.	[11.07.1917 – 30.07.1917]	Longuyon	*D.Fußa./Krgl.*
	[07.08.1917 – 12.12.1917]	7. Armee	*D.Fußa./Krgl.*
	[15.12.1917 – 11.02.1918]	HGr. Linsingen	*D.Fußa./Krgl.*
	[17.02.1918]	Hirson	*D.Fußa.*
	[19.03.1918 – 20.04.1918]	7. Armee	*Krgl.*
1.–4. Bttr.	[26.04.1918]	18. Armee	*D.Fußa.*
1.–4. Bttr.	[19.06.1918]	Hirson	*D.Fußa.*
1.–3. Bttr.	[28.07.1918]	Longuyon	*D.Fußa.*
5. u. 6. Bttr.	[01.06.1916 – 01.02.1917]	Kriegsbes. Diedenhofen	*DW/Üb.Fußa.*
5. Bttr.	[26.06.1917 – 27.05.1918]	Bayer. Werkstatt d. Belag.-Art. 2 (6. Armee)	*D.Fußa./Krgl.*
6. Bttr.	[23.05.1917 – 28.12.1918]	Werkstatt der Belag.Art. 5 (5. Armee)	*Krgl./FpÜb*

Verbleib:
1.–3. Bttr. Mitte Aug. 1918 aufgelöst[1]
4. Bttr. 22.07.1918 aufgelöst (gem. KM v. 17.07.1918)
Abw.Stelle bei Fußart.Rgt. 26

---

[1] D.Fußa. 19.08.1918; noch bis 13.11.1918 in der FpÜb bei 9. u. 7. Armee

Landsturm-Fußartillerie-Bataillon IV. AK (IV. 1)

Formation:
Stab, 1.–4. Bttr. 02.08.1914 aufgestellt durch Fußart.Rgt. 4 in Magdeburg (gem. Mob.Plan)
 1., 2. u. 4. Bttr. mobil seit 16.08.1914, 3. Bttr. seit 31.12.1915
Stab 31.12.1915 aufgelöst (gem. KM v. 31.12.1915)
2. Bttr. 03.09.1916 umgewandelt in 3. Bttr./Ldw.Fußart.Btl. 33

Bewaffnung:
1. Bttr.	ab Aug. 1916	schw. Feldh.	*DW 10.08.1916*
3. Bttr.	ab April 1916	russ. leichte 15 cm Kan.	*DO 05.04.1916*
4. Bttr.	ab Juni 1916	12 cm Kan.	*DO 01.06.1916*

Ersatztr. Teil: Ers.Btl./Fußart.Rgt. 4

Unterstellung:
Stab	[22.08.1914 – 03.09.1915]	Kriegsbes. Küstrin	*LÜO/DO*
	[22.10.1915 – 18.06.1916]	Kriegsbes. Danzig	*DO/Krgl.*
1. Bttr.	[22.08.1914 – 22.02.1916]	Kriegsbes. Küstrin	*Üb.Beh.*
	[11.03.1916 – 18.06.1916]	Kriegsbes. Danzig	*DW/Krgl.*
	[10.08.1916 – 10.09.1916]	6. Armee	*DW/Krgl.*
	[24.09.1916 – 19.02.1917]	4. Armee	*DW/Krgl.*
2. Bttr.	22.08.1914 – 30.09.1915	Kriegsbes. Küstrin	*Üb.Beh.*
	[16.10.1915 – 01.09.1916]	Kriegsbes. Danzig	*DO/LÜO*
3. Bttr.	[22.08.1914 – 22.10.1915]	Kriegsbes. Glatz	*LÜO/DO*
	[01.01.1916 – 15.01.1916]	Kriegsbes. Kowno, zgt. Gen.Gouv. Warschau	*Krgl./LÜO*
	[30.03.1916 – 14.04.1916]	Posen	*DO*
	[20.04.1916 – 19.02.1917]	8. Armee	*DO/Krgl.*
4. Bttr.	[22.08.1914 – 15.01.1916]	Kriegsbes. Glatz	*LÜO*
	[21.01.1916 – 17.05.1916]	Gen.Gouv. Warschau	*Krgl.*
	[19.05.1916]	Gouv. Thorn	*DO*
	[01.06.1916]	OHL, Lüttich	*DW*
	[19.06.1916 – 04.03.1917]	6. Armee	*DW/Krgl.*

Zuteilungen:
3. Bttr.	[20.04.1916 – 28.05.1916]	I. Res.Korps	*DO*

Verbleib: Btl. 04.03.1917 aufgelöst:
 1. Bttr. umgewandelt in 11. Bttr./1. Ldw.Fußart.Btl. 8
 3. Bttr. umgewandelt in 5. Bttr./Ldst.Fußart.Btl. XVII. AK
 4. Bttr. umgewandelt in 6. Bttr./Ldst.Fußart.Btl. VIII. AK

Landsturm-Fußartillerie-Bataillon V. AK (V. 1)

Formation:

Stab, 1.–4. Bttr.	02.08.1914 aufgestellt durch Fußart.Rgt. 5 in Posen (gem. Mob.Plan) 1. Bttr. seit 29.11.1915, 2. Bttr. seit 07.12.1915, 3. Bttr. seit 26.11.1915, 4. Bttr. seit 11.12.1915 mobil
Stab	23.06.1917 umgewandelt in Stab/Ldw.Fußart.Btl. 69
5. Bttr.	April 1915 aufgestellt durch Stellv. Gen.Kdo. V. AK (gem. Oberost v. 11.05.1915) aus Abgaben der 1. u. 2. Bttr., mobil seit 20.04.1915
6. Bttr.	16.05.1915 aufgestellt durch Stellv. Gen.Kdo. V. AK (gem. Oberost v. 16.05.1915) aus Abgaben der 3. u. 4. Bttr., sogleich mobil
7. u. 8. Bttr.	29.11.1915 aufgestellt durch Kdtr. Glogau (gem. Stellv. Gen.Kdo. V. AK v. 29.11.1915) aus Abgaben der 3. u. 4. Bttr.
7. Bttr.	30.08.1917 umgewandelt in 5. Bttr./Ldw.Fußart.Btl. 40
8. Bttr.	05.05.1917 umgewandelt in 6. Bttr./Ldw.Fußart.Btl. 60
9. u. 10. Bttr.	19.01.1916 aufgestellt durch Gouv. Straßburg (gem. KM v. 19.01.1916), sogleich mobil
9. Bttr.	30.08.1917 umgewandelt in 6. Bttr./Ldw.Fußart.Btl. 40
10. Bttr.	30.08.1917 umgewandelt in 6. Bttr./Ldw.Fußart.Btl. 70

Bewaffnung:

1.–4. Bttr.	ab Dez. 1915	schw. 12 cm Kan.	*DO 09.12.1915*
5. u. 6. Bttr.	ab Dez. 1915	9 cm Kan.	*DO 09.12.1915*
7. Bttr.	ab Juli 1916	franz. 155 mm Kan.	*Krgl. 01.07.1916*
7. Bttr.	ab März 1917	9 cm Kan.	*D.Fußa. 27.03.1917*
8. u. 9. Bttr.	ab Juli 1916	schw. 12 cm Kan.	*DW 23.07.1916*
10. Bttr.	ab Juli 1916	15 cm Ring-Kan.	*Krgl. 01.07.1916*
10. Bttr.	ab Juli 1917	franz. 155 mm Kan.	*D.Fußa. 30.07.1917*

Ersatztr. Teil: Ers.Btl./Fußart.Rgt. 5

Unterstellung:

Stab, 1.–4. Bttr.	[Aug. 1914 – Jan.1915]	Kriegsbes. Glogau	*Ers.Üb*
Stab	[Jan. 1915 – 03.11.1915]	Kriegsbes. Glogau	*Ers.Üb*
	[26.01.1916 – 01.06.1917]	Kriegsbes. Straßburg	*DW/Krgl.*
1. u. 2. Bttr.	[22.02.1915 – 22.10.1915]	Kriegsbes. Posen	*DO*
	[15.01.1916]	I. Res.Korps	*LÜO*
	[01.05.1916 – 08.10.1917]	8. Armee	*Krgl.*
	[20.10.1917 – 09.05.1918]	10. Armee	*D.Fußa./Krgl.*
2. Bttr.	[24.03.1916]	76. Res.Div.	*DO*
	[30.03.1916 – 05.06.1916]	36. Res.Div.	*DO*
	[07.10.1916]	8. Armee	*Üb.Fußa.*
3. u. 4. Bttr.	[Jan. 1915 – 22.10.1915]	Kriegsbes. Glogau	*LÜO/DO*
	[18.12.1915 – 22.02.1916]	Bugarmee	*DW*
	[01.07.1916]	9. Armee	*Krgl.*
	[09.07.1916 – 17.09.1916]	AGr. Gronau	*Krgl./LÜO*
	[17.09.1916 – 05.03.1918]	A.Abt. Gronau	*Krgl.*
	[01.04.1918]	HGr. Linsingen	*Krgl.*
4. Bttr.	[20.07.1916]	Garde-Kav.Div.	*DO*
	[07.10.1916 – 01.02.1917]	A.Abt. Gronau	*Üb.Fußa.*

5. Bttr.	[04.06.1915]	XXI. AK	*DO*
	[03.09.1915]	Ldw.Div. Königsberg	*DO*
	[27.09.1915 – 22.10.1915]	Gouv. Kowno	*DO*
	[09.12.1915 – 01.05.1916]	XXI. AK	*DO/Krgl.*
	[01.05.1916 – 07.10.1916]	10. Armee	*Krgl./Üb.Fußa.*
	[25.11.1916]	öst.ung. 2. Armee	*D.Fußa.*
	[01.02.1917 – 25.02.1918]	10. Armee	*Üb.Fußa./Krgl.*
	[24.03.1918 – 26.04.1918]	A.Abt. D	*Krgl.*
	[01.05.1918]	Gouv. Posen	*Krgl.*
6. Bttr.	[04.06.1915 – 03.09.1915]	XXXX. Res.Korps	*DO*
	[22.10.1915]	Gouv. Grodno	*DO*
	[09.12.1915 – 01.05.1916]	XXI. AK	*DO/Krgl.*
	[01.05.1916 – 01.08.1916]	10. Armee	*Krgl.*
	[01.09.1916 – 12.03.1918]	HGr. Linsingen	*Krgl.*
7.–10. Bttr.	[26.01.1916 – 22.02.1916]	Kriegsbes. Straßburg	*DW*
7. Bttr.	[01.07.1916 – 12.03.1917]	4. Armee	*Krgl.*
	[12.04.1917 – 20.08.1917]	2. Armee	*D.Fußa./Krgl.*
	[27.08.1917 – 04.09.1917]	4. Armee	*Krgl./AB*
8. Bttr.	[05.07.1916 – 01.08.1916]	Gouv. Straßburg	*Krgl.*
	[01.09.1916 – 29.11.1916]	A.Abt. A	*Krgl.*
	[09.01.1917 – 01.05.1917]	A.Abt. B	*D.Fußa./Krgl.*
9. Bttr.	[05.07.1916 – 01.08.1916]	Gouv. Straßburg	*Krgl.*
	[01.09.1916]	A.Abt. A	*Krgl.*
	[01.10.1916 – 05.09.1917]	4. Armee	*Krgl.*
10. Bttr.	[01.07.1916 – 21.08.1917]	4. Armee	*Krgl.*
	[26.08.1917]	Metz	*D.Fußa.*

Zuteilungen:
3. Bttr.	[20.07.1916]	Garde-Kav.Div.	*DO*
6. Bttr.	[09.09.1916]	bayer. Kav.Div.	*DO*

Verbleib: Anf. Mai 1918 1.–6. Bttr. aufgelöst (gem. KM v. 08.05.1918)

Landsturm-Fußartillerie-Bataillon VI. AK (VI. 1)

Formation:
Stab, 1.–4. Bttr. 02.08.1914 aufgestellt durch Fußart.Rgt. 6 in Breslau (gem. Mob.Plan)
    1. Bttr. ab 15.12.1915, 2. Bttr. seit 24.12.1915, 3. Bttr. seit 21.12.1915, 4. Bttr. seit 09.12.1915 mobil
Stab 31.12.1915 aufgelöst (gem. KM v. 31.12.1915)
Stab (neu) 15.11.1917 aufgestellt durch Oberost bei HGr. Linsingen) (gem. KM v. 15.11.1917), sogleich mobil
Stab (neu) April 1918 umgewandelt in Stab/Ldw.Fußart.Btl. 73 (gem. KM v. 29.04.1918)
5. Bttr. 09.11.1915 aufgestellt durch Ers.Btl./Fußart.Rgt. 6 (gem. KM v. 09.11.1915), mobil seit 09.12.1915
6. Bttr. 15.11.1917 aufgestellt (gem. KM v. 15.11.1917) aus 5. Bttr./3. Garde-Ldw.-Fußart.-Btl., sogleich mobil

Bewaffnung:
1. Bttr.	ab Jan. 1916	schw. 12 cm Kan.	*DW 22.02.1916*
1. Bttr.	ab Juli 1918	franz. 120 mm Kan.	*D.Fußa. 03.07.1918*
2. Bttr.	ab Jan. 1916	schw. 12 cm Kan.	*DW 22.02.1916*
2. Bttr.	ab Juli 1918	russ. 10 cm Kan.	*D.Fußa. 03.07.1918*
3. Bttr.	ab Jan. 1916	schw. 12 cm Kan.	*DW 22.02.1916*
3. Bttr.	ab Juli 1918	belg. 12 cm Kan. 11	*D.Fußa. 03.07.1918*
4. Bttr.	ab Dez. 1915	schw. 12 cm Kan.	*DW 18.12.1915*
4. Bttr.	ab Mai 1917	russ. leichte 15 cm Kan.	*Krgl. 25.05.1917*
5. Bttr.	ab Dez. 1915	schw. 12 cm Kan.	*DW 18.12.1915*
5. Bttr.	ab Juli 1918	franz. 120 mm Kan.	*D.Fußa. 14.07.1918*
6. Bttr.	ab Nov. 1917	lange 15 cm Kan.	*D.Fußa. 20.11.1917*
1.–6. Bttr.	ab Okt. 1918	ohne Geschütze	*D.Fußa. 01.10.1918*

Ersatztr. Teil: Ers.Btl./Fußart.Rgt. 6

Unterstellung:
Stab, 1.–4. Bttr.	[06.08.1914 – 03.09.1915]	Kriegsbes. Breslau	*Üb.Beh./DO*
1. Bttr.	[21.09.1915 – 09.12.1915]	Gouv. Kowno	*DO*
2. Bttr.	[03.09.1915 – 09.12.1915]	Kriegsbes. Breslau	*DO*
1. u. 2. Bttr.	[13.01.1916 – 07.10.1916]	12. Armee	*Krgl./Üb.Fußa.*
	[15.10.1916 – 09.09.1917]	A.Abt. Scheffer	*Krgl.*
	[26.09.1917 – 20.10.1916]	10. Armee	*Krgl.*
3. Bttr.	[03.09.1915 – 09.12.1915]	Kriegsbes. Breslau	*DO*
	[15.01.1916 – 15.09.1916]	A.Abt. Scholz	*LÜO/Krgl.*
	[01.10.1916 – 27.10.1917]	HGr. Linsingen	*Krgl.*
4. Bttr.	[21.09.1915 – 09.12.1915]	Gouv. Kowno	*DO*
	[18.12.1915 – 07.10.1916]	Südarmee	*DW/Üb.Fußa.*
	[25.11.1916 – 01.02.1917]	öst.ung. 2. Armee	*D./Üb.Fußa.*
	[25.05.1917 – 20.10.1917]	Südarmee	*Krgl.*
5. Bttr.	[18.12.1915 – 01.02.1917]	Südarmee	*DW/Üb.Fußa.*
St.,1.–5. Bttr.	[27.10.1917 – 01.03.1918]	HGr. Linsingen	*Krgl.*
6. Bttr.	[10.11.1917 – 01.04.1918]	HGr. Linsingen	*Krgl.*
St.,1.–6. Bttr.	[01.04.1918 – 09.10.1918]	19. Armee	*Krgl./FpÜb*
St.,1.–6. Bttr.	[16.10.1918 – 20.11.1918]	A.Abt. C	*FpÜb*

Zuteilungen:
1. u. 2. Bttr.	[15.01.1916]	HKK 3	*LÜO*
3. Bttr.	[07.03.1916]	2. Kav.Div	*DO*
	[21.07.1916 – 01.09.1916]	3. Inf.Div.	*DO/LÜO*

Demobil: 1.–4. u. 6. Bttr. am 02./04.12.1918 in Neiße, 5. Bttr. am 23.11.1918 in Bebra aufgelöst;[1] Abw.Stelle bei Fußart.Rgt. 6

---

[1] Demob.Üb. VI. AK v. 01.03.1919; nicht mehr in FpÜb v. 04.12.1918

Landsturm-Fußartillerie-Bataillon VII. AK (VII. 1)
Ab 02.11.1916 1. Landsturm-Fußartillerie-Bataillon VII. AK (VII. 1)

Formation:
Stab, 1.–4. Bttr. 02.08.1914 aufgestellt durch Fußart.Rgt. 7 in Köln (gem. Mob.Plan)
                     1. u. 2. Bttr. seit 23.08.1914, 3. Bttr. seit 21.08.1914, 4. Bttr. seit 10.09.1914 mobil

Stab   Juni 1916 aufgelöst (gem. KM v. 27.05.1915)[1]

1. Ers.Bttr.   Jan. 1915 (?) aufgestellt, am 26.03.1918 aufgegangen in Garnison-Bttr. beim Ers.Btl./Fußart.Rgt. 10

2. Ers.Bttr.   04.01.1915 aufgestellt durch Kdtr. Wesel (gem. Stellv. Gen.Kdo. VII. AK v. 26.12.1914)

2. Ers.Bttr.   01.09.1915 umgewandelt in Fußart.Bttr. 435

Bewaffnung:

1. Bttr.	ab Dez. 1915	15 cm Ring-Kan.	*DW 27.12.1915*
2. u. 3. Bttr.	ab Dez. 1915	schw. Feldh.	*DW 27.12.1915*
4. Bttr.	ab Dez. 1915	15 cm Ring-Kan.	*DW 27.12.1915*
4. Bttr.	ab Febr. 1917	schw. Feldh.	*D.Fußa. 22.02.1917*

Ersatztr. Teil: Ers.Btl./Fußart.Rgt. 7, für 2. Ers.Bttr. Ers.Btl./Fußart.Rgt. 9

Unterstellung:

Stab, 1.–4. Bttr.	[Aug. 1914]	Kdtr. Wesel	*Krgl.*
Stab, 1.–4. Bttr.	[27.08.1914 – 09.08.1915]	Gouv. Namur	*Krgl./LÜW*
Stab, 3.,4. Bttr.	[21.09.1915 – 12.10.1915]	Kriegsbes. Straßburg	*DW*
Stab	[12.10.1915 – 01.06.1916]	Kriegsbes. Straßburg	*DW*
1. u. 2. Bttr.	[21.09.1915]	Namur	*DW*
1. u. 2. Bttr.	[12.10.1915]	Kriegsbes. Straßburg	*DW*
1. Bttr.	[27.12.1915]	5. Armee	*DW*
	[26.01.1916 – 25.04.1916]	A.Abt. Falkenhausen	*DW/Krgl.*
	[25.04.1916 – 29.11.1916]	A.Abt. A	*Krgl.*
	[09.01.1917 – 01.03.1917]	A.Abt. B	*D.Fußa./Krgl.*
2. Bttr.	[27.12.1915 – 10.09.1916]	6. Armee	*DW/Krgl.*
	[07.10.1916 – 15.02.1917]	1. Armee	*Üb.Fußa./Krgl.*
3. Bttr.	[27.12.1915 – 01.01.1917]	6. Armee	*DW/Krgl.*
	[22.01.1917 – 19.02.1917]	4. Armee	*D.Fußa.*
4. Bttr.	[27.12.1915]	5. Armee	*DW*
	[26.01.1916 – 25.04.1916]	A.Abt. Falkenhausen	*DW/Krgl.*
	[25.04.1916 – 01.08.1916]	A.Abt. A	*Krgl.*
	[27.08.1916 – 03.03.1917]	7. Armee	*DW/Krgl.*
1. Ers.Bttr.	[11.03.1916 – 26.03.1916]	Kriegsbes. Straßburg	*DW/Krgl.*

Verbleib: Btl. 04.03.1917 aufgelöst:
1. Bttr. umgewandelt in 5. Bttr./Ldst.Fußart.Btl. XIV. AK
2. Bttr. umgewandelt in 6. Bttr./Ldw.Fußart.Btl. 48
3. Bttr. umgewandelt in 12. Bttr./1. Ldw.Fußart.Btl. 8
4. Bttr. umgewandelt in 5. Bttr./Ldw.Fußart.Btl. 57

---

[1] DW v. 19.06.1916

2. Landsturm-Fußartillerie-Bataillon VII. AK (VII. 2)
Ab 04.03.1917 **Landsturm-Fußartillerie-Bataillon VII. AK (VII. 1)**

Formation:
Stab, 1.–6. Bttr. 02.11.1916 aufgestellt (gem. KM v. 02.11.1916)
Stab durch Gouv. Straßburg bei Ers.Btl./Fußart.Rgt. 10
1.–6. Bttr. durch Ers.Btl./Fußart.Rgt. 13 aus 5. u. 6. Bttr./Ldst.Fußart.Btl. XV.
AK u. einer Garnison-Bttr. des 1. Ers.Btl./Fußart.Rgt. 13

Bewaffnung:
1.–6. Bttr.	ab Nov. 1916	belg. 12 cm Kan.	*D. Fußa. 05.11.1916*
1.–6. Bttr.	ab April 1917	belg. 8,7 cm Kan.	*D.Fußa. 12.04.1917*
1.–6. Bttr.	ab Aug. 1917	9 cm Kan.	*D.Fußa. 07.08.1917*

Ersatztr. Teil: Ers.Btl./Fußart.Rgt. 7

Unterstellung:
St., 1.–6. Bttr.	[05.11.1916]	OHL Wesel	*D.Fußa.*
St., 1.–6. Bttr.	[18.11.1916 – 01.06.1917]	Oberkdo. d. Küstenvtdg.	*D./Üb.Fußa.*
St., 4.–6. Bttr.	[26.06.1917 – 10.07.1917]	A.Abt. B	*D.Fußa./Krgl.*
St., 1.–6. Bttr.	[07.08.1917]	Köln	*D.Fußa.*
St.,1.–6. Bttr.	[15.08.1917]	Oberkdo. d. Küstenvtdg.	*D.Fußa.*
1. u. 2. Bttr.	[15.09.1917]	Wahn	*D.Fußa.*
St.,1.–6. Bttr.	[11.10.1917 – 13.12.1917]	4. Armee	*D.Fußa./Krgl.*
St.,1.–3. Bttr.	[15.12.1917 – 06.02.1918]	6. Armee	*Krgl./AB*
1.–3. Bttr.	[15.12.1917 – 15.01.1918]	6. Armee	*Krgl.*
4.–6. Bttr.	[15.12.1917]	2. Armee	*D.Fußa.*
4. Bttr.	[01.01.1918 – 03.02.1918]	18. Armee	*Krgl.*

Zuteilungen:
1.–3. Bttr.	[10.01.1917 – 01.06.1917]	252. Inf.Div.	*KW*
4.–6. Bttr.	[10.01.1917 – 01.06.1917]	253. Inf.Div.	*KW*

Verbleib: Febr. 1918 aufgelöst (gem. KM v. 25.02.1918)[1]

1. Landsturm-Fußartillerie-Bataillon VIII. AK (VIII. 1)
Ab März 1916 **Landsturm-Fußartillerie-Bataillon VIII. AK (VIII. 1)**

Formation:
Stab,1.–4. Bttr. 02.08.1914 aufgestellt durch Fußart.Rgt. 9 in Köln (gem. Mob.Plan)
1. u. 3. Bttr. seit 16.08.1914, 2. u. 4. Bttr. seit 20.02.1915 mobil

2. u. 4. Bttr. 05.02.1915 – 10.03.1916 beim 2. Ldst.Fußart.Btl. VIII. AK (VIII. 2)

5. Bttr. 29.05.1916 aufgestellt (gem. KM v. 29.05.1916) aus Abgaben der 4. Bttr., sogleich mobil

6. Bttr. 04.03.1917 aufgestellt (gem. KM v. 04.03.1917) aus 4. Bttr./Ldst.Fußart.Btl. IV. AK, sogleich mobil

Ers.Bttr. 02.08.1914 aufgestellt (gem. Mob.Plan), blieb immobil
26.03.1918 aufgegangen in Garnison-Bttr. beim Ers.Btl./Fußart.Rgt. 10

---
[1] Nicht mehr in Üb.Fußa. v. 10.02.1918

Bewaffnung:

1. Bttr.	ab Juni 1916	9 cm Kan.	*DW 19.06.1916*
1. Bttr.	ab Okt. 1917	russ. leichte 15 cm Kan.	*Krgl. 24.10.1917*
1. Bttr.	ab Aug. 1918	schw. Feldh.	*Krgl. 11.08.1918*
2. Bttr.	ab April 1916	15 cm Ring-Kan.	*Krgl. 09.04.1916*
2. Bttr.	ab Juni 1917	10 cm Kan.	*D.Fußa. 26.06.1917*
2. Bttr.	ab Jan. 1918	russ. leichte 15 cm Kan.	*D.Fußa. 26.01.1918*
3. Bttr.	ab Mai 1916	9 cm Kan.	*Krgl. 05.05.1916*
3. Bttr.	ab Juni 1917	belg. 15 cm Kan.	*D.Fußa. 26.06.1917*
3. Bttr.	ab Aug. 1917	15 cm Ring-Kan.	*Krgl. 15.08.1917*
3. Bttr.	ab Jan. 1918	lange 15 cm Kan.	*D.Fußa. 26.01.1918*
4. Bttr.	ab Okt. 1915	Beutegeschütze	*DW 04.10.1915*
4. Bttr.	ab Dez. 1915	schw. 12 cm Kan.	*Krgl. 01.12.1915*
4. Bttr.	ab Nov. 1917	russ. leichte 15 cm Kan.	*Krgl. 09.11.1917*
5. Bttr.	ab Juni 1916	schw. 12 cm Kan.	*DW 19.06.1916*
5. Bttr.	ab Nov. 1917	russ. leichte 15 cm Kan.	*Krgl. 09.11.1917*
6. Bttr.	ab Jan. 1917	schw. 12 cm Kan.	*D.Fußa. 30.01.1917*
6. Bttr.	ab Nov. 1917	russ. schw. 15 cm Kan.	*Krgl. 09.11.1917*
6. Bttr.	ab Aug. 1918	schw. Feldh.	*Krgl. 11.08.1918*

Ersatztr. Teil: Ers.Btl./Fußart.Rgt. 9

Unterstellung:

Stab, 1.–4. Bttr.	[Aug. 1914]	Gouv. Köln	*Krgl.*
Stab, 1.–4. Bttr.	[07.10.1914 – 09.08.1915]	Gouv. Lüttich	*Krgl./LÜW*
Stab	[22.02.1916]	Kriegsbes. Lüttich	*DW*
	[15.06.1916 – 15.10.1917]	6. Armee	*Krgl.*
	[29.10.1917 – 25.09.1918]	8. Armee	*D.Fußa./FpÜb*
	[01.10.1918 – 23.10.1918]	Köln	*D.Fußa./FpÜb*
	[25.10.1918 – 30.10.1918]	2. Armee	*D.Fußa./FpÜb*
	[06.11.1918 – 04.12.1918]	17. Armee	*FpÜb*
1. Bttr.	[22.02.1916]	Gouv. Lüttich	*DW*
	[15.06.1916 – 01.02.1917]	6. Armee	*Krgl.*
	[01.03.1917 – 23.05.1917]	5. Armee	*Krgl.*
	[01.06.1917 – 15.09.1917]	6. Armee	*Krgl.*
	[24.10.1917 – 06.11.1918]	8. Armee	*Krgl./FpÜb*
	[13.11.1918 – 04.12.1918]	Köln	*FpÜb*
2. Bttr.	[01.01.1916 – 01.04.1916]	Gouv. Kowno	*Krgl./DW*
	[20.04.1916 – 02.05.1917]	6. Armee	*Krgl./AB*
	[02.05.1917 – 28.06.1917]	4. Armee	*AB/Krgl.*
	[01.07.1917 – 10.07.1917]	4. Armee	*Krgl.*
	[20.07.1917 – 01.10.1917]	6. Armee	*Krgl.*
	[24.10.1917 – 04.12.1918]	8. Armee	*Krgl./FpÜb*
3. Bttr.	[22.02.1916]	Gouv. Lüttich	*DW*
	[05.05.1916 – 05.05.1917]	6. Armee	*Krgl.*
	[19.05.1917 – 31.05.1917]	Maubeuge	*AB/D.Fußa.*
	[15.06.1917 – 10.10.1917]	6. Armee	*Krgl./AB*
	[24.10.1917 – 04.12.1918]	8. Armee	*Krgl./FpÜb*

4. Bttr.	[04.10.1915 – 26.10.1917]	6. Armee	*DW/Krgl.*
	[09.11.1917 – 25.09.1918]	8. Armee	*Krgl.*
	[10.10.1918]	Sewastopol	*D.Fußa.*
	[16.10.1918 – Febr. 1919]	HGr. Kiew	*Krgl./FpÜb*
5. Bttr.	[19.06.1916 – 26.10.1917]	6. Armee	*DW/Krgl.*
	[09.11.1917 – 20.11.1918]	8. Armee	*Krgl./FpÜb*
6. Bttr.	[30.01.1917 – 15.10.1917]	6. Armee	*D.Fußa./Krgl.*
	[09.11.1917 – 09.10.1918]	8. Armee	*Krgl./FpÜb*
	[16.10.1918 – 04.12.1918]	Köln	*FpÜb*
Ers.Bttr.	[01.03.1915]	Koblenz	*Ers.Üb*
	[11.03.1916 – 26.03.1918]	Kriegsbes. Straßburg	*DW/Krgl.*

Zuteilungen:

Stab	15.05.1918 – 24.06.1918	94. Inf.Div.	*KW*
2. Bttr.	[15.01.1916 – 01.04.1916]	Gen.Gouv. Warschau	*LÜO/DW*
3. Bttr.	16.02.1918 – 13.03.1918	3. Garde-Kav.Brig.	*KW*

Demobil: 1. Bttr. u. 6. Bttr. Anf. Dez. 1918 aufgelöst;[1] Stab ab Mitte Febr. 1919 in Bersenbrück, 2., 3. u. 5. Bttr. ab Anf. Dez. 1918 in Hannover, März 1919 (?) aufgelöst;[2] Abw.Stelle bei Fußart.Rgt. 9

2. Landsturm-Fußartillerie-Bataillon VIII. AK (VIII. 2)

Formation:
Stab   05.02.1915 aufgestellt durch Ers.Btl./Fußart.Rgt. 9 (gem. KM v. 05.02.1915), sogleich mobil
2. u. 4. Bttr.   des 1. Ldst.Fußart.Btl. VIII. AK (VIII. 1) zgt.

Bewaffnung: Festungsgeschütze

Ersatztr. Teil: Ers.Btl./Fußart.Rgt. 9

Unterstellung:

Stab, 2., 4. Bttr.	[11.02.1915 – 10.03.1916]	Gouv. Lille	*DW/LÜW*

Verbleib: Stab Mitte März 1916 aufgelöst (gem. KM v. 10.03.1918), 2. u. 4. Bttr. zurück zu 1. Ldst.Fußart.Btl. VIII. AK[3]

---

[1] Nicht mehr in Ers.FpÜb v. 12.12.1918
[2] FpÜb v. 04.12.1918 – 12.03.1919
[3] DW v. 16.03.1916

Landsturm-Fußartillerie-Bataillon IX. AK (IX. 1)

Formation:
Stab, 1.–4. Bttr.	02.08.1914 aufgestellt durch Fußart.Rgt. 20 (gem. Mob.Plan), seit 30.10.1914 mobil
2. Bttr.	Herbst 1915 (?) aufgelöst u. zur Aufstellung von Park-Kompanien verwendet
4. Bttr.	01.11.1915 umgewandelt in Fußart.Bttr. 575

Bewaffnung:
1. Bttr.	ab Juni 1917	schw. 12 cm Kan.	*D.Fußa. 26.06.1917*
3. Bttr.	ab Juni 1917	schw. Feldh.	*D.Fußa. 26.06.1917*
3. Bttr.	ab Aug. 1917	lange schw. Feldh. 13	*Krgl. 01.08.1917*

Ersatztr. Teil: Ers.Btl./Fußart.Rgt. 20

Unterstellung:
St., 1.,3.,4. Bttr.	[Aug. 1914]	Kdtr. Wesel	*Krgl.*
2. Bttr.	[Aug. 1914]	Ehrenbreitstein	*Krgl.*
Stab, 1.–4. Bttr.	[05.01.1915]	Gen.Gouv. Belgien	*LÜW*
Stab, 1.u.3. Bttr.	[26.01.1915 – 22.02.1916]	Gen.Gouv. Belgien	*DW*
2. u. 4. Bttr.	[26.01.1915 – 09.08.1915]	5. Armee (als Parkkomp.)	*LÜW*
Stab	[01.07.1916 – 01.12.1916]	Gouv. Antwerpen	*Krgl.*
	[11.12.1916 – 11.10.1917]	6. Armee	*D.Fußa./AB*
	[11.10.1917]	Maubeuge	*D.Fußa.*
1. Bttr.	[01.07.1916 – 01.04.1917]	Gouv. Antwerpen	*Krgl.*
	[20.04.1917 – 28.05.1917]	6. Armee	*Krgl.*
	[26.06.1917]	Jurbise	*D.Fußa.*
	[02.07.1917 – 01.10.1917]	6. Armee	*AB/Krgl.*
	[05.10.1917 – 20.10.1917]	Neubreisach	*D.Fußa.*
3. Bttr.	[01.07.1916 – 01.10.1916]	Gouv. Antwerpen	*Krgl.*
	[18.10.1916 – 18.11.1916]	6. Armee	*Krgl.*
	[26.06.1917 – 02.07.1917]	Jurbise	*D.Fußa./AB*
	[11.07.1917 – 01.10.1917]	6. Armee	*D.Fußa./Krgl.*
	[05.10.1917 – 20.10.1917]	Neubreisach	*D.Fußa.*
4. Bttr.	[01.12.1915 – 01.03.1916]	6. Armee	*Krgl.*

Zuteilungen:
2. Bttr.	08.04.1915 – 29.07.1915	44. Ldw.Brig.	*KW*

Verbleib: Btl. Mitte Okt. 1917 aufgelöst:
Stab	ca. 20.10.1917 umgewandelt in Stab/Fußart.Btl. 101 (gem. KM v. 14.10.1917)
1. u. 3. Bttr.	Mitte Okt. 1917 aufgelöst (gem. KM v. 08.10.1917)

Landsturm-Fußartillerie-Bataillon X. AK (X. 1)

Formation:
Stab, 1.–4. Bttr. 02.08.1914 aufgestellt (gem. Mob.Plan)
Stab u. 1. Bttr. seit 14.08.1914, 2. Bttr. seit 26.11.1915, 3. u. 4. Bttr. seit 01.12.1915 mobil
Stab 31.12.1915 aufgelöst (gem. KM v. 31.12.1915)
1. Bttr. 03.09.1916 umgewandelt in 4. Bttr./Ldw.Fußart.Btl. 33

Bewaffnung:
1.–4. Bttr. ab Dez. 1915 schw. 12 cm Kan. *DO 09.12.1915*

Ersatztr.Teil: Ers.Abt./Feldart.Rgt. 10; ab Herbst 1915 (?) Ers.Btl./Fußart.Rgt. 11

Unterstellung:
Stab, 1.–4. Bttr.	[Aug. 1914 – 22.10.1915]	Kriegsbes. Kulm	*LÜO/DO*
Stab	[09.12.1915]	Kriegsbes. Graudenz	*DO*
1. Bttr.	[22.10.1915]	Kriegsbes. Kulm	*DO*
	[01.06.1916 – 01.09.1916]	Stellv. Gen.Kdo. XVII. AK	*DW/LÜO*
2. Bttr.	[15.01.1916 – 30.09.1917]	10. Armee	*LÜO/Krgl.*
3. Bttr.	[15.01.1916 – 01.08.1916]	A.Abt. Scholtz	*LÜO/Krgl.*
	[01.09.1916 – 30.09.1917]	HGr. Linsingen	*Krgl.*
4. Bttr.	[15.01.1916 – 01.01.1917]	A.Abt. Scholtz	*LÜO/Krgl.*
	[10.01.1917 – 30.09.1917]	A.Abt. D	*Krgl.*

Zuteilungen:
2. Bttr.	[15.01.1916]	XXI. AK	*LÜO*
	[07.04.1916]	III. Res.Korps	*DO*
	[10.08.1916]	XXI. AK	*DO*
3. Bttr.	[07.03.1916]	87. Inf.Div.	*DO*
	[01.09.1916]	22. Inf.Div.	*LÜO*
	[11.07.1917 – 30.09.1917]	Abschnitt Buzany	*KW*
4. Bttr.	[07.03.1916 – 01.09.1916]	3. Inf.Div.	*DO*

Verbleib:
2.–4. Bttr. 30.09.1917 umgewandelt in 5.–7. Bttr./Ldst.Fußart.Btl. I. AK

Landsturm-Fußartillerie-Bataillon XI. AK (XI. 1)

Formation:
Stab, 1.–4. Bttr. 02.08.1914 aufgestellt durch Fußart.Rgt. 18 in Mainz (gem. Mob.Plan), seit 18.08.1914 mobil
5. u. 6. Bttr. 09.12.1916 aufgestellt (gem. KM v. 09.12.1916) aus Fußart.Bttr. 425 u. 231, sogleich mobil
Ers.Bttr. Herbst 1914 (?) aufgestellt; am 26.10.1916 umgewandelt in neue 4. Bttr./Ldw.-Fußart.Btl. 7

Bewaffnung:
1. Bttr.	ab Juni 1916	9 cm Kan.	*DW 19.06.1916*
1. Bttr.	ab Mai 1917	franz. 120 mm Kan.	*Krgl. 28.05.1917*
1. Bttr.	ab Okt. 1917	9 cm Kan.	*D.Fußa. 29.10.1917*
1. Bttr.	ab April 1918	schw. 12 cm Kan.	*D.Fußa. 18.04.1918*
1. Bttr.	ab Mai 1918	schw. Feldh.	*D.Fußa. 31.05.1918*

2. Bttr.	ab Juli 1916	schw. 12 cm Kan.	*DW 23.07.1916*
2. Bttr.	ab Mai 1917	franz. 120 mm Kan.	*Krgl. 28.05.1917*
2. Bttr.	ab Okt. 1917	9 cm Kan.	*D.Fußa. 29.10.1917*
2. Bttr.	ab April 1918	schw. 12 cm Kan.	*D.Fußa. 18.04.1918*
2. Bttr.	ab Mai 1918	schw. Feldh.	*D.Fußa. 31.05.1918*
3. Bttr.	ab Juni 1916	9 cm Kan.	*DW 19.06.1916*
3. Bttr.	ab April 1918	schw. 12 cm Kan.	*D.Fußa. 18.04.1918*
3. Bttr.	ab Mai 1918	schw. Feldh.	*D.Fußa. 31.05.1918*
3. Bttr.	ab Sept. 1918	russ. 10 cm Kan.	*D.Fußa. 09.09.1918*
4. Bttr.	ab Okt. 1915	Beutegeschütze	*DW 04.10.1915*
4. Bttr.	ab Dez. 1915	schw. 12 cm Kan.	*Krgl. 01.12.1915*
4. Bttr.	ab Okt. 1917	9 cm Kan.	*D.Fußa. 29.10.1917*
4. Bttr.	ab April 1918	schw. 12 cm Kan.	*D.Fußa. 18.04.1918*
4. Bttr.	ab Mai 1918	franz. 120 mm Kan.	*D.Fußa. 31.05.1918*
5. u. 6. Bttr.	ab Dez. 1916	9 cm Kan.	*D.Fußa. 19.12.1916*
5. u. 6. Bttr.	ab Mai 1917	franz. 120 mm Kan.	*Krgl. 28.05.1917*
5. u. 6. Bttr.	ab Nov. 1917	9 cm Kan.	*Krgl. 01.11.1917*
5. u. 6. Bttr.	ab April 1918	schw. 12 cm Kan.	*D.Fußa. 18.04.1918*
5. u. 6. Bttr.	ab Mai 1918	franz. 120 mm Kan.	*D.Fußa. 31.05.1918*

Ersatztr. Teil: Ers.Btl./Fußart.Rgt. 18

Unterstellung:

St., 1.–4. Bttr.	[Aug. 1914]	Gouv. Ulm	*Mob.Plan*
St., 1.–4. Bttr.	[07.10.1914 – 09.08.1915]	Gouv. Lüttich	*Krgl./LÜW*
St., 1.,3. Bttr.	[22.02.1916]	Gouv. Lüttich	*LÜW*
St., 1.,3. Bttr.	[19.06.1916 – 01.11.1917]	6. Armee	*DW/Krgl.*
2. Bttr.	[03.02.1916 – 01.08.1916]	Gouv. Straßburg	*DW/Krgl.*
2. Bttr.	[16.08.1916 – 01.10.1916]	A.Abt. A	*DW/Krgl.*
2. Bttr.	[07.10.1916 – 15.10.1917]	6. Armee	*Krgl.*
4. Bttr.	[04.10.1915 – 01.11.1917]	6. Armee	*DW/Krgl.*
5. u. 6. Bttr.	[19.12.1916 – 01.11.1917]	6. Armee	*D.Fußa./Krgl.*
St.,1.–6. Bttr.	[26.11.1917 – 25.02.1918]	10. Armee	*Krgl.*
1.–3. Bttr.	[25.02.1918 – 09.05.1918]	10. Armee	*Krgl.*
St.,4.–6. Bttr.	[24.03.1918 – 26.04.1918]	A.Abt. D	*Krgl.*
St.,1.–6. Bttr.	[09.05.1918 – 26.05.1918]	10. Armee	*Krgl.*
St.,1.–6. Bttr.	[31.05.1918]	Köln	*D.Fußa.*
St.,1.–6. Bttr.	[03.07.1918 – 20.11.1918]	A.Abt. B	*D.Fußa./FpÜb*
Ers.Bttr.	[März 1915]	Mainz	*Ers.Üb*
Ers.Bttr.	[22.06.1915 – 20.10.1916]	Gouv. Metz	*Krgl.*

Demobil: 2. u. 4. Bttr. am 06.12.1918 in Kassel aufgelöst; 1., 3., 5. u. 6. Bttr. am 16.12.1918 in Kassel, Stab am 31.12.1918 in Kassel aufgelöst;[1] Abw.Stelle bei Fußart.Rgt. 18

---

[1] Demob.Üb. XI. AK v. 15.08.1920; nicht mehr in FpÜb v. 12.12.1918

Sächs. Landsturm-Fußartillerie-Bataillon XII. AK (XII. 1)

Formation:
Stab, 1.–4. Bttr. 02.08.1914 aufgestellt durch Fußart.Rgt. 19 (gem. Mob.Plan), mobil seit 01.08.1915
4. Bttr. 06.04.1918 aufgelöst (gem. sächs. KM v. 06.04.1918)

Bewaffnung:
1.–4. Bttr.	ab Dez. 1915	schw. Feldh.	*DO 09.12.1915*
1.–3. Bttr.	ab April 1918	schw. Feldh. 02	*D.Fußa. 26.04.1918*
1.–3. Bttr.	ab Aug. 1918	belg. 12 cm Kan.	*D.Fußa. 30.08.1918*
1.–3. Bttr.	ab Okt. 1918	ohne Geschütze	*D.Fußa. 01.10.1918*

Ersatztr. Teil: Ers.Btl./Fußart.Rgt. 19

Unterstellung:
St.,1.–4. Bttr.	[Aug. 1914 – 03.05.1915]	Kriegsbes. Posen	*Krgl./LÜO*
St.,1.–4. Bttr.	[03.09.1915]	XXI. AK	*DO*
St.,1.–4. Bttr.	[22.10.1915 – 15.01.1916]	Gouv. Kowno	*DO/LÜO*
St., 2., 3. Bttr.	[24.03.1916 – 10.01.1917]	A.Abt. Scholtz	*DO/Krgl.*
St., 2., 3. Bttr.	[10.01.1917 – 26.04.1918]	A.Abt. D	*Krgl.*
1. u. 4. Bttr.	[01.05.1916 – 25.02.1918]	10. Armee	*Krgl.*
1. u. 4. Bttr.	[24.03.1918 – 26.04.1918]	A.Abt. Scholtz	*Krgl.*
St., 1.–3. Bttr.	[31.05.1918]	Metz	*D.Fußa.*
St., 1.–3. Bttr.	[08.06.1918 – 15.08.1918]	2. Armee	*AB/Krgl.*
St., 1.–3. Bttr.	[19.08.1918]	Longuyon	*D.Fußa.*
Stab	[13.09.1918]	19. Armee	*D.Fußa.*
Stab	[18.09.1918]	2. Armee	*FpÜb*
Stab	[25.09.1918 – 04.12.1918]	19. Armee	*FpÜb*
1. u. 3. Bttr.	[13.09.1918]	Metz	*D.Fußa.*
1.–3. Bttr.	[18.09.1918]	5. Armee	*FpÜb*
1.–3. Bttr.	[25.09.1918 – 04.12.1918]	19. Armee	*FpÜb*

Zuteilungen:
Stab	[24.03.1916 – 01.09.1916]	3. Inf.Div.	*DO/LÜO*
1. Bttr.	[24.03.1916]	XXI. AK	*DO*
2. Bttr.	[24.03.1916 – 01.09.1916]	3. Inf.Div.	*DO/LÜO*
3. Bttr.	[24.03.1916]	2. Kav.Div.	*DO*
3. Bttr.	[21.07.1916 – 01.09.1916]	87. Inf.Div.	*DO/LÜO*
4. Bttr.	[24.03.1916]	HKK 6	*DO*

Demobil: Anf. Dez. 1918 aufgelöst;[1] Abw.Stelle bei Fußart.Rgt. 19

---
[1] Nicht mehr in FpÜb v. 12.12.1918

Württ. Landsturm-Fußartillerie-Bataillon XIII. AK (XIII. 1)

Formation:
Stab, 1.–4. Bttr 07.08.1914 aufgestellt durch Fußart.Rgt. 13 in Ulm (gem. Mob.Plan), mobil seit 24.08.1914
1. Bttr. 05.01.1918 umgewandelt in 8. Bttr./württ. Fußart.Rgt. 13

Bewaffnung:
1. Bttr.	ab Juli 1917	schw. Feldh.	*D.Fußa. 10.07.1917*
1. Bttr.	ab Dez. 1917	10 cm Kan. 04	*D.Fußa. 05.12.1917*
2. Bttr.	ab Juli 1917	9 cm Kan.	*D.Fußa. 11.07.1917*
2. Bttr.	ab Febr. 1918	schw. Feldh.	*Üb.Fußa. 10.02.1918*
3. u. 4. Bttr.	ab Juli 1917	9 cm Kan.	*D.Fußa. 11.07.1917*

Ersatztr. Teil: Ers.Btl./Fußart.Rgt. 13

Unterstellung:
St.,1.–4. Bttr.	07.08.1914 – 15.09.1914	Gouv. Ulm	*Ziegler/Schaal*
St.,1.–4. Bttr.	16.09.1914 – 01.05.1917	Gouv. Namur	*Ziegler/Schaal*
St.,2.–4. Bttr.	01.05.1917 – 24.06.1917	Gouv. Namur	*Ziegler/Schaal*
1. Bttr.	[08.05.1917 – 01.12.1917]	A.Abt. B	*Ziegler/Schaal*
1. Bttr.	[05.12.1917 – 05.01.1918]	Gouv. Straßburg	*D.Fußa.*
St., 2.,3. Bttr.	25.06.1917 – 10.12.1918	Art.Fliegerschule II Groß Auz (8. Armee)[1]	*Ziegler/Schaal*
4. Bttr.	12.07.1917 – 10.12.1918	Art.Fliegerschule II Groß Auz (8. Armee)	*Ziegler/Schaal*

Demobil: ab 13.12.1918 in Ulm, am 20.12.1918 aufgelöst; Abw.Stelle bei Fußart.Rgt. 13

Quellen: Ziegler/Schaal, Landsturm vor! Stuttgart 1929, S. 159–167

Landsturm-Fußartillerie-Bataillon XIV. AK (XIV. 1)

Formation:
Stab, 1.–4. Bttr. 02.08.1914 aufgestellt durch Fußart.Rgt. 14 in Straßburg (gem. Mob.Plan), seit 14.08.1914 mobil
Stab 27.05.1916 aufgelöst (gem. KM v. 27.05.1916)
Stab (neu I) 04.03.1917 aufgestellt durch A.Abt. B (gem. KM v. 04.03.1917) aus Stab/Ldst.Fußart.Btl. XV. AK, sogleich mobil
Stab (neu I) Anf. Mai 1918 umgewandelt in Stab/Ldw.Fußart.Btl. 74
Stab (neu II) 13.06.1918 aufgestellt durch Gouv. Straßburg (gem. KM v. 13.06.1918 u. 25.06.1918) aus Stab/Ldw.Fußart.Btl. 23, sogleich mobil
1. u. 2. Bttr. 27.07.1918 aufgelöst (gem. KM v. 27.07.1918)
5. u. 6. Bttr. 04.03.1917 aufgestellt (gem. KM v. 04.03.1917)
  5. Bttr. aus 1. Bttr./1. Ldst.Fußart.Btl. VII. AK
  6. Bttr. aus 1. Bttr./Ldst.Fußart.Btl. XV. AK
3.–6. Bttr. Anf. Nov. 1918 befohlene Umbenennung in Garnison-Bttr. 22, 25–27 (gem. KM v. 05.11.1918) wurde nicht mehr vollzogen[2]

---
[1] Als Übungstruppe der Fliegerschule
[2] In FpÜb weiter als 4.–6. Bttr. des Ldst.Fußart.Btl. XIV. AK

Bewaffnung:

1. Bttr.	ab Jan. 1917	schw. Feldh.	*D.Fußa. 30.01.1917*
2. Bttr.	ab Febr. 1916	15 cm Ring-Kan.	*DW 22.02.1916*
2. Bttr.	ab Juli 1917	schw. Feldh.	*D.Fußa. 11.07.1917*
2. Bttr.	ab Febr. 1918	15 cm Ring-Kan.	*Üb.Fußa. 10.02.1918*
3. Bttr.	ab Febr. 1916	15 cm Ring-Kan.	*DW 22.02.1916*
3. Bttr.	ab Juli 1918	13 cm Kan.	*Krgl. 30.07.1918*
4. Bttr.	ab Juli 1916	schw. Feldh.	*DW 23.07.1916*
5. Bttr.	ab Jan. 1917	15 cm Ring-Kan.	*D.Fußa. 30.01.1917*
5. Bttr.	ab Juli 1917	9 cm Kan.	*Krgl. 10.07.1917*
5. Bttr.	ab Okt. 1917	franz. 90 mm Kan.	*D.Fußa. 11.10.1917*
5. Bttr.	ab Nov. 1917	belg. schw. 15 cm Kan.	*D.Fußa. 20.11.1917*
5. Bttr.	ab Juli 1918	21 cm Mörser	*Krgl. 30.07.1918*
6. Bttr.	ab Jan. 1917	15 cm Ring-Kan.	*D.Fußa. 30.01.1917*
6. Bttr.	ab Aug. 1917	belg. 12 cm Kan.	*D.Fußa. 15.08.1917*
6. Bttr.	ab Febr. 1918	belg. 15 cm Kan.	*Üb.Fußa. 10.02.1918*
6. Bttr.	ab Juli 1918	13 cm Kan.	*Krgl. 30.07.1918*

Ersatztr. Teil: Ers.Btl./Fußart.Rgt. 14

Unterstellung:

Stab	14.08.1914 – 31.01.1917	Gouv. Straßburg	*WGM*
1. Bttr.	14.08.1914 – 31.03.1915	Gouv. Straßburg	*WGM*
	01.04.1915 – 31.01.1916	Kdtr. Bitsch	*WGM*
	01.02.1916 – 22.07.1916	5. Armee	*WGM*
	23.07.1916 – 28.09.1916	Gouv. Straßburg	*WGM*
	29.09.1916 – 27.10.1916	A.Abt. Strantz	*WGM*
	28.10.1916 – 12.12.1916	5. Armee	*WGM*
	13.12.1916 – 03.02.1917	A.Abt. Strantz	*WGM*
2. Bttr.	14.08.1914 – 17.01.1916	Gouv. Straßburg	*WGM*
	18.01.1916 – 06.09.1916	A.Abt. Gaede	*Krgl./WGM*
	06.09.1916 – 04.02.1917	A.Abt. B	*Krgl./WGM*
3. Bttr.	14.08.1914 – 31.01.1916	Gouv. Straßburg	*WGM*
	01.02.1916 – 06.09.1916	A.Abt. Gaede	*Krgl./WGM*
	06.09.1916 – 04.02.1917	A.Abt. B	*Krgl./WGM*
4. Bttr.	21.05.1915 – 05.07.1916	Gouv. Straßburg	*WGM*
	06.07.1916 – 17.07.1916	A.Abt. A	*WGM*
	18.07.1916 – 07.08.1916	Gouv. Straßburg	*WGM*
	08.08.1916 – 17.12.1916	A.Abt. A	*Krgl./WGM*
	18.12.1916 – 04.02.1917	A.Abt. B	*D.Fußa./Krgl.*
St.,1.–4. Bttr.	04.02.1917 – 04.05.1918	A.Abt. B	*WGM*
5. Bttr.	04.03.1917 – 04.05.1918	A.Abt. B	*WGM*
6. Bttr.	16.03.1917 – 01.02.1918	A.Abt. B	*WGM/Krgl.*
6. Bttr.	02.02.1918 – 04.05.1918	A.Abt. A	*WGM/Krgl.*
St.,1.–6. Bttr.	05.05.1918 – 13.07.1918	Gouv. Straßburg	*WGM*
1. u. 2. Bttr.	[20.07.1918]	6. Armee	*Krgl.*
St.,3.–6. Bttr.	[30.07.1918 – 10.08.1918]	6. Armee	*Krgl.*
St.,3.–6. Bttr.	[01.09.1918 – 18.09.1918]	17. Armee	*Krgl./FpÜb*
St.,3.–6. Bttr.	[18.09.1918 – 25.10.1918]	Straßburg	*WGM/D.Fußa.*
St.,3.–6. Bttr.	[30.10.1918 – 18.12.1918]	A.Abt. A	*FpÜb*

Zuteilungen:

Stab	01.02.1917 – 06.02.1917	Gen.Kdo. 64	*WGM*
	07.02.1917 – 03.05.1917	XV. AK	*WGM*
	04.05.1917 – 19.05.1917	6. bayer. Ldw.Div.	*WGM*
	20.05.1917 – 04.05.1918	7. Kav.Div.	*WGM*
1. Bttr.	01.02.1916 – 26.03.1916	XVIII. AK	*WGM*
	27.03.1916 – 06.04.1916	X. Res.Korps	*WGM*
	07.04.1916 – 25.04.1916	XVIII. AK	*WGM*
	26.04.1916 – 25.05.1916	X. Res.Korps	*WGM*
	26.05.1916 – 22.07.1916	I. bayer. AK	*WGM*
	29.09.1916 – 27.10.1916	V. AK	*WGM*
	28.10.1916 – 12.12.1916	XIV. AK	*WGM*
	13.12.1916 – 03.02.1917	V. AK	*WGM*
	04.02.1917 – 19.05.1917	6. bayer. Ldw.Div.	*WGM*
	20.05.1917 – 04.05.1918	7. Kav.Div.	*WGM*
2. Bttr.	18.01.1916 – 18.01.1918	6. bayer. Ldw.Div.	*WGM*
	19.01.1918 – 04.05.1918	7. Kav.Div.	*WGM*
3. Bttr.	01.02.1916 – 02.07.1916	8. bayer. Res.Div.	*WGM*
	03.07.1916 – 04.10.1916	12. Ldw.Div.	*WGM*
	05.10.1916 – 18.10.1916	222. Inf.Div.	*WGM*
	19.10.1916 – 14.05.1917	12. Ldw.Div.	*WGM*
	15.05.1917 – 04.05.1918	7. Kav.Div.	*WGM*
	14.07.1918 – 17.09.1918	Gen.Kdo. 55	*WGM*
4. Bttr.	06.07.1916 – 17.07.1916	39. bayer. Res.Div.	*WGM*
	08.08.1916 – 27.08.1916	13. Ldw.Div.	*WGM*
	28.08.1916 – 17.12.1916	1. bayer. Ldw.Div.	*WGM*
	18.12.1916 – 06.10.1917	6. bayer. Ldw.Div.	*WGM*
	07.10.1917 – 04.05.1918	7. Kav.Div.	*WGM*
5. Bttr.	04.03.1917 – 14.03.1917	39. bayer. Res.Div.	*WGM*
	15.03.1917 – 15.07.1917	26. Ldw.Div.	*WGM*
	16.07.1917 – 17.08.1917	240. Inf.Div.	*WGM*
	18.08.1917 – 28.09.1917	3. Garde-Inf.Div.	*WGM*
	29.09.1917 – 23.10.1917	28. Inf.Div.	*WGM*
	24.10.1917 – 04.05.1918	44. Ldw.Div.	*WGM*
	14.07.1918 – 30.07.1918	187. Inf.Div.	*WGM*
	31.07.1918 – 02.08.1918	36. Res.Div.	*WGM*
6. Bttr.	16.03.1917 – 26.04.1917	26. Ldw.Div.	*WGM*
	27.04.1917 – 03.05.1917	37. Inf.Div.	*WGM*
	04.05.1917 – 02.08.1917	25. Ldw.Div.	*WGM*
	03.08.1917 – 22.04.1918	39. bayer. Res.Div.	*WGM*
	23.04.1918 – 04.05.1918	7. Kav.Div.	*WGM*
	14.07.1918 – 30.07.1918	187. Inf.Div.	*WGM*
	31.07.1918 – 16.09.1918	36. Res.Div.	*WGM*
Demobil:	Ende Dez. 1918 aufgelöst;[1] Abw.Stelle bei Fußart.Rgt. 24		
Quellen:	WGM Archiv, Abt. V Nr. 592		

---

[1] Nicht mehr in FpÜb v. 28.12.1918

Landsturm-Fußartillerie-Bataillon XV. AK (XV. 1)

Formation:

Stab, 1.–4. Bttr.	02.08.1914 aufgestellt durch Fußart.Rgt. 10 in Straßburg (gem. Mob.Plan), seit 04.08.1914 mobil
5.–7. Bttr.	01.02.1916 aufgestellt durch Gouv. Straßburg (gem. KM v. 01.02.1916)
5. u. 6. Bttr.	02.11.1916 aufgegangen in 1.–6. Bttr./2.Ldst.Fußart.Bttr. VII. AK

Bewaffnung:

1. Bttr.	ab Dez. 1915	15 cm Ring-Kan.	*DW 27.12.1915*
2. u. 3. Bttr.	ab Dez. 1915	schw. 12 cm Kan.	*DW 27.12.1915*
4. Bttr.	ab Dez. 1915	schw. Feldh.	*DW 27.12.1915*
7. Bttr.	ab Mai 1916	9 cm Kan.	*DW 17.05.1916*

Ersatztr. Teil: Ers.Btl./Fußart.Rgt. 10

Unterstellung:

Stab, 1.–4. Bttr.	[02.08.1915 – 09.08.1915]	Gouv. Straßburg	*Krgl./LÜW*
Stab	[27.12.1915 – 01.02.1917]	Gouv. Straßburg	*DW/Krgl.*
Stab	[20.02.1917 – 04.03.1917]	A.Abt. B	*Krgl.*
1. Bttr.	[27.12.1915 – 01.11.1916]	2. Armee	*DW/Krgl.*
	[18.11.1916]	OHL Straßburg	*D.Fußa.*
	[01.12.1916 – 04.03.1917]	A.Abt. B	*D.Fußa./Krgl.*
2. u. 3. Bttr.	[27.12.1915 – 19.10.1916]	5. Armee	*DW/Krgl.*
	[01.12.1916 – 01.03.1917]	3. Armee	*D.Fußa./Krgl.*
4. Bttr.	[27.12.1915 – 04.03.1917]	6. Armee	*DW*
5. u. 6. Bttr. (Garnison-Bttr.)	[22.02.1916 – 01.11.1916]	Gouv. Straßburg	*DW/Krgl.*
7. Bttr.	[22.02.1916]	Gouv. Straßburg	*DW*
	[17.05.1916 – 01.03.1917]	A.Abt. Woyrsch	*DW/Krgl.*

Verbleib: Btl. 04.03.1917 aufgelöst:

Stab	umgewandelt in Stab/Ldst.Fußart.Btl. XIV. AK
1. Bttr.	umgewandelt in 6. Bttr./Ldst.Fußart.Btl. XIV. AK
2. Bttr.	umgewandelt in 5. Bttr./Ldw.Fußart.Btl. 55
3. Bttr.	umgewandelt in 6. Bttr./Ldw.Fußart.Btl. 55
4. Bttr.	umgewandelt in 6. Bttr./Ldw.Fußart.Btl. 47
7. Bttr.	umgewandelt in 5. Bttr./4. Garde-Ldw.Fußart.Btl.

Landsturm-Fußartillerie-Bataillon XVII. AK (XVII. 1)

Formation:

Stab, 1.–4. Bttr.	02.08.1914 aufgestellt durch Fußart.Rgt. 17 in Danzig (gem. Mob.Plan), seit 15.07.1915 mobil
5. Bttr.	04.03.1917 aufgestellt (gem. KM v. 04.03.1917) aus 3. Bttr./Ldst.Fußart.Btl. IV. AK, sogleich mobil
6. Bttr.	30.09.1917 aufgestellt (gem. KM v. 30.09.1917) aus 4. Bttr./Ldw.Fußart.Btl. 11, sogleich mobil
3. überpl. Ldst.Bttr. XVII. AK	02.08.1914 aufgestellt (gem. Mob.Plan), blieb immobil Ende Juni 1918 aufgelöst (gem. KM v. 25.06.1918)

Bewaffnung:

1.–4. Bttr.	ab Febr. 1916	russ. 10 cm Kan.	*DW 22.02.1916*
5. Bttr.	ab Dez. 1916	russ. 10 cm Kan. u. 24 cm Kan.	*D.Fußa. 01.12.1916*
5. Bttr.	ab Febr. 1917	russ. leichte 15 cm Kan.	*Üb.Fußa. 01.02.1917*
5. Bttr.	ab April 1917	russ. 10,67 cm Kan. 77	*Krgl. 23.04.1917*
5. Bttr.	ab Dez. 1917	15 cm Ring-Kan.	*D.Fußa. 05.12.1917*
5. Bttr.	ab Mai 1918	schw. Feldh.	*D.Fußa. 31.05.1918*
5. Bttr.	ab Aug. 1918	russ. 10 cm Kan.	*D.Fußa. 19.08.1918*
6. Bttr.	ab Sept. 1917	schw. 12 cm Kan.	*D.Fußa. 25.09.1917*
6. Bttr.	ab Mai 1918	franz. 120 mm Kan.	*D.Fußa. 31.05.1918*
6. Bttr.	ab Aug. 1918	russ. 10 cm Kan.	*D.Fußa. 19.08.1918*

Ersatztr. Teil: Ers.Btl./Fußart.Rgt. 17

Unterstellung:

Stab,1.–3. Bttr.	[Aug. 1914 – 03.05.1915]	Kriegsbes. Graudenz	*Krgl./LÜO*
4. Bttr.	[Aug. 1914 – 03.05.1915]	Kriegsbes. Marienburg	*Krgl./LÜO*
St.,1.–4. Bttr.	[28.07.1915 – 22.10.1915]	10. Armee	*DO*
St.,1.–4. Bttr.	[20.11.1915 – 15.01.1916]	Gouv. Kowno	*Krgl./LÜO*
St.,1.–4. Bttr.	[01.05.1916 – 01.01.1917]	8. Armee	*Krgl./Üb.Fußa.*
St.,1.–3. Bttr.	[01.01.1917 – 10.09.1918]	8. Armee	*DO*
4. Bttr.	[01.02.1917 – 24.10.1917]	A.Abt. D	*Krgl.*
4. Bttr.	[09.11.1917 – 10.09.1918]	8. Armee	*Krgl.*
5. Bttr.	[04.03.1917 – 25.05.1918]	8. Armee	*D.Fußa./Krgl.*
6. Bttr.	[30.09.1917 – 25.05.1918]	8. Armee	*D.Fußa./Krgl.*
5. u. 6. Bttr.	[31.05.1918]	Köln	*D.Fußa.*
Stab	[18.09.1918 – 25.09.1918]	8. Armee	*FpÜb*
1. Bttr.	[18.09.1918 – 18.12.1918]	Gouv. Oesel	*FpÜb*
2. Bttr.	[18.09.1918 – 25.09.1918]	8. Armee	*FpÜb*
3. Bttr.	[18.09.1918 – 25.09.1918]	5. Ers.Div.	*FpÜb*
4. Bttr.	[18.09.1918 – 25.09.1918]	5. Ers.Div.	*FpÜb*
St.,2.–4. Bttr.	[01.10.1918]	Insmingen	*D.Fußa.*
St.,2.–4. Bttr.	[09.10.1918 – 18.12.1918]	19. Armee	*FpÜb*
5. u. 6. Bttr.	[03.07.1918 – 18.12.1918]	19. Armee	*D.Fußa./FpÜb*

Zuteilungen:

Stab	[30.03.1916]	76. Res.Div.	*DO*
Stab	19.11.1917 – 13.03.1918	3. Garde-Kav.Brig.	*KW*
1. Bttr.	[24.03.1916]	76. Res.Div.	*DO*
	[14.04.1916]	Gouv. Kowno	*DO*

1. Bttr.	[06.05.1916]	76. Res.Div.	*DO*
	[28.05.1916]	1. Kav.Div.	*DO*
	[20.06.1916]	6. Ldw.Brig.	*DO*
2. Bttr.	04.03.1916 – 13.10.1916	6. Kav.Div.	*KW*
	19.11.1917 – 13.03.1918	3. Garde-Kav.Brig.	*KW*
3. Bttr.	[24.03.1916]	Gouv. Kowno	*DO*
	[30.03.1916]	76. Res.Div.	*DO*
4. Bttr.	[15.07.1915]	Div. Breugel	*DO*
	[24.03.1916 – 30.03.1916]	8. Kav.Div.	*DO*

Demobil: ab Ende Dez. 1918 in Thorn, 1. Bttr. in Danzig; Btl. Ende Jan. 1919 aufgelöst;[1] Abw.Stelle bei Fußart.Rgt. 17

Landsturm-Fußartillerie-Bataillon XVIII. AK (XVIII. 1)

Formation:
Stab, 1.–4. Bttr.	13.08.1914 aufgestellt durch Fußart.Rgt. 3 in Mainz (gem. Mob.Plan), seit 26.10.1914 mobil
5. u. 6. Bttr.	30.09.1917 aufgestellt (gem. KM v. 30.09.1917) aus 3. u. 4. Bttr./Ldw.Fußart.-Btl. 15, sogleich mobil

Bewaffnung:
1. u. 2. Bttr.	ab Juni 1917	schw. Feldh.	*D.Fußa. 26.06.1917*
3. u. 4. Bttr.	ab Juni 1917	schw. 12 cm Kan.	*D.Fußa. 26.06.1917*
5. u. 6. Bttr.	ab Sept. 1917	schw. 12 cm Kan.	*D.Fußa. 25.09.1917*

Ersatztr. Teil: Ers.Btl./Fußart.Rgt. 3

Unterstellung:
St.,1.–4. Bttr.	13.08.1914 – 28.10.1914	Gouv. Mainz	*RG*
	[30.10.1914 – 01.07.1917]	Gouv. Antwerpen	*RG/Krgl.*
	[11.07.1917 – 21.07.1917]	5. Armee	*D.Fußa./Krgl.*
	[30.07.1917 – 01.08.1917]	OHL Longuyon	*D.Fußa./Krgl.*
	[07.08.1917]	A.Abt. C	*D.Fußa.*
	[15.08.1917]	Oberost	*D.Fußa.*
St.,3.,4. Bttr.	[26.08.1917 – 26.10.1917]	10. Armee	*Krgl.*
St.,3.,4. Bttr.	[09.11.1917 – 25.04.1918]	8. Armee	*Krgl.*
1. u. 2. Bttr.	[05.09.1917 – 25.04.1918]	8. Armee	*Krgl.*
5. Bttr.	[25.09.1917 – 25.04.1918]	8. Armee	*D.Fußa./Krgl.*
6. Bttr.	[25.09.1917]	HGr. Linsingen	*D.Fußa.*
6. Bttr.	[24.10.1917 – 25.04.1918]	8. Armee	*Krgl.*

Zuteilungen:
1. Bttr.	01.09.1917 – 23.09.1917	77. Res.Div.	*KW*

Verbleib: Btl. Anf. Mai 1918 aufgelöst (gem. KM v. 06.05.1918): Stab 28.05.1918 umgewandelt in Stab/Fußart.Btl. 162; 1.–6. Bttr. aufgelöst

Quellen: Rgt.Gesch. Fußart.Rgt. 3

---
[1] FpÜb v. 28.12.1918 – 29.01.1919

Sächs. Landsturm-Fußartillerie-Bataillon XIX. AK (XIX. 1)

Formation:

Stab, 1.–4. Bttr.	02.08.1914 aufgestellt durch Fußart.Rgt. 12 (gem. Mob.Plan) Stab, 1., 3. u. 4. Bttr. seit 24.09.1915 mobil; 2. Bttr. seit 18.08.1915 mobil
2. Bttr.	30.01.1917 umgewandelt in Fußart.Bttr. 1024
5. Bttr.	13.06.1918 aufgestellt (gem. KM v. 20.06.1918 u. sächs. KM v. 13.06.1918) aus sächs. Fußart.Garnison-Bttr. 1, sogleich mobil

Bewaffnung:

1. u. 2. Bttr.	ab Febr. 1916	russ. 10 cm Kan.	*DW 22.02.1916*
1. Bttr.	ab April 1918	schw. Feldh.	*D.Fußa. 26.04.1918*
3. Bttr.	ab März 1916	russ. schw. 15 cm Kan.	*DW 24.03.1916*
3. Bttr.	ab April 1918	schw. Feldh.	*D.Fußa. 26.04.1918*
4. Bttr.	ab März 1916	russ. schw. 15 cm Kan.	*DW 24.03.1916*
4. Bttr.	ab Aug. 1918	belg. schw. 12 cm Kan.	*D.Fußa. 08.08.1918*
5. Bttr.	ab Juli 1918	10 cm Kan. 04	*D.Fußa. 03.07.1918*
6. Bttr.	ab Sept. 1918	lange Mörser	*D.Fußa. 09.09.1918*

Ersatztr. Teil: Ers.Btl./Fußart.Rgt. 12

Unterstellung:

Stab, 1.–4. Bttr.	[25.09.1914 – 03.09.1915]	Kriegsbes. Posen	*Krgl./DO*
Stab	[06.10.1915 – 15.01.1916]	Gouv. Kowno	*DO/LÜO*
Stab	[05.07.1916]	XXI. AK	*DO*
Stab	[01.09.1916 – 01.04.1917]	10. Armee	*LÜO/Krgl.*
Stab	[09.04.1917 – 01.10.1917]	A.Abt. D	*Krgl.*
1. u. 2. Bttr.	[06.10.1915 – 15.01.1916]	Gouv. Kowno	*DO/LÜO*
1. u. 2. Bttr.	[24.03.1916 – 10.01.1917]	A.Abt. Scholtz	*DO/Krgl.*
1. Bttr.	[10.01.1917 – 24.09.1917]	A.Abt. D	*Krgl.*
2. Bttr.	[10.01.1917 – 30.01.1917]	A.Abt. D	*Krgl.*
3. u. 4. Bttr.	[04.10.1915 – 22.10.1915]	Kdtr. Nowo-Georgiewsk	*DW/DO*
3. u. 4. Bttr.	[09.12.1915 – 22.02.1916]	Gen.Gouv. Warschau	*DO/DW*
3. u. 4. Bttr.	[30.03.1916]	Gouv. Posen	*DO*
3. u. 4. Bttr.	[01.05.1916 – 10.01.1917]	A.Abt. Scholtz	*Krgl.*
3. u. 4. Bttr.	[10.01.1917 – 24.09.1917]	A.Abt. D	*Krgl.*
St.,1.,3.,4. Bttr.	[20.10.1917 – 10.02.1918]	Südarmee	*D./Üb.Fußa.*
St.,1.,3.,4. Bttr.	[10.02.1918 – 26.03.1918]	XXVII. Res.K.	*Krgl.*
St.,1.,3.,4. Bttr.	[09.04.1918]	Et.Kdo. 22	*Krgl.*
St.,1.,3.,4. Bttr.	[26.04.1918 – 27.05.1918]	Metz	*D.Fußa./AB*
St.,1.,3.,4. Bttr.	[31.05.1918 – 02.08.1918]	17. Armee	*D.Fußa./AB*
St.,1.,3.,4. Bttr.	[08.08.1918]	18. Armee	*D.Fußa.*
St.,1.,3.,4. Bttr.	[19.08.1918 – 31.08.1918]	17. Armee	*D.Fußa./AB*
St.,1.,3.,4. Bttr.	[09.09.1918 – 18.09.1918]	Gouv. Metz	*D.Fußa./FpÜb*
St.,1.,3.,4. Bttr.	[25.09.1918 – 09.10.1918]	Gruppe Metz (19. Armee)	*FpÜb*
St.,1.,3.,4. Bttr.	[16.10.1918 – 20.11.1918]	Gruppe Metz (A.Abt. C)	*FpÜb*
5. Bttr.	[25.06.1918 – 09.09.1918]	Gouv. Metz	*Krgl./D.Fußa.*
5. Bttr.	[18.09.1918 – 09.10.1918]	19. Armee	*FpÜb*
6. Bttr.	[09.09.1918 – 01.10.1918]	Gouv. Metz	*D.Fußa./Krgl.*
5. u. 6. Bttr.	[16.10.1918 – 30.10.1918]	A.Abt. C	*FpÜb*
5. u. 6. Bttr.	[06.11.1918 – 20.11.1918]	Gruppe Metz (A.Abt. C)	*FpÜb*

Zuteilungen:

1. Bttr.	[24.03.1916]	2. Kav.Div.	*DO*
1. Bttr.	[21.07.1916 – 01.09.1916]	87. Inf.Div.	*DO/LÜO*
2. Bttr.	[24.03.1916 – 01.09.1916]	88. Inf.Div.	*DO/LÜO*
3. Bttr.	[09.12.1915 – 22.02.1916]	Kdtr. Modlin	*DO/DW*
3. Bttr.	[07.04.1916 – 01.09.1916]	77. Res.Div.	*DO/LÜO*
4. Bttr.	[09.12.1915 – 22.02.1916]	Kdtr. Modlin	*DO/DW*
4. Bttr.	[07.04.1916 – 01.09.1916]	88. Inf.Div.	*DO*

Demobil: ab Ende Nov. 1918 in Chemnitz, Dez. 1918 aufgelöst;[1]
Abw.Stelle bei Fußart.Rgt. 19

Landsturm-Fußartillerie-Bataillon XX. AK (XX. 1)

Formation:

Stab, 1.–4. Bttr.	02.08.1914 aufgestellt (gem. Mob.Plan)
	Stab, 1. u. 4. Bttr. seit 02.08.1914 mobil; 2. Bttr. seit 09.12.1915 u. 3. Bttr. seit 15.12.1915 mobil
Stab	31.12.1915 aufgelöst (gem. KM v. 31.12.1915)
5. Bttr.	31.12.1915 aufgestellt durch Ers.Btl./Fußart.Rgt. 11 (gem. KM v. 31.12.1915)
5. Bttr.	08.10.1917 aufgelöst (gem. KM v. 08.10.1917)
6. Bttr.	31.12.1915 aufgestellt durch Ers.Btl./Fußart.Rgt. 6 (gem. KM v. 31.12.1915)
6. Bttr.	27.05.1918 umgewandelt in Garnison-Bttr. 8
7. Bttr.	09.07.1917 aufgestellt in Metz (gem. KM v. 09.07.1917)

Bewaffnung:

1.–3. Bttr.	ab Dez. 1915	schw. 12 cm Kan.	*DO 09.12.1915*
1.–3. Bttr.	ab Juni 1918	russ. 10 cm Kan.	*D.Fußa. 19.06.1918*
4. Bttr.	ab Dez. 1915	schw. 12 cm Kan.	*DO 09.12.1915*
4. Bttr.	ab Dez. 1917	russ. leichte 15 cm Kan.	*D.Fußa. 15.12.1917*
4. Bttr.	ab Juni 1918	schw. Feldh.	*D.Fußa. 19.06.1918*
5. Bttr.	ab März 1917	schw. Feldh.	*D.Fußa. 13.03.1917*
5. Bttr.	ab Juli 1917	russ. 9 cm Kan.	*Krgl. 03.07.1917*
6. Bttr.	ab März 1917	schw. Feldh.	*D.Fußa. 13.03.1917*
7. Bttr.	ab Juli 1917	russ. leichte Feldh.	*D.Fußa. 11.07.1917*
7. Bttr.	ab Jan. 1918	9 cm Kan.	*D.Fußa. 03.01.1918*
7. Bttr.	ab März 1918	russ. 8,69 cm leichte Feldh. 77	*Krgl. 23.03.1918*
7. Bttr.	ab Juli 1918	schw. Feldh.	*Krgl. 10.07.1918*
7. Bttr.	ab Sept. 1918	russ. 10 cm Kan.	*D.Fußa. 09.09.1918*

Ersatztr. Teil: Ers.Btl./Fußart.Rgt. 22

Unterstellung:

Stab, 1.–4. Bttr.	[Aug. 1914 – 22.10.1915]	Kriegsbes. Kulm	*Krgl./DO*
1. u. 2. Bttr.	[15.01.1916]	Ldw.Div. Bredow	*LÜO*
3. Bttr.	[15.01.1916]	47. Res.Div.	*LÜO*
1.–3. Bttr.	[01.04.1916 – 15.12.1917]	A.Abt. Woyrsch	*Krgl.*
1.–3. Bttr.	[25.12.1917 – 12.03.1918]	HGr. Linsingen	*D.Fußa./Krgl.*
1.–3. Bttr.	[23.03.1918 – 10.04.1918]	10. Armee	*Krgl.*
1.–3. Bttr.	[19.06.1918 – 20.11.1918]	A.Abt. B	*D.Fußa./FpÜb*

---

[1] Ers.FpÜb v. 04.12.1918

2. Bttr.	[04.12.1918 – 18.12.1918]	4. Kav.Div.	*FpÜb*
3. Bttr.	[04.12.1918 – 18.12.1918]	26. Ldw.Div.	*FpÜb*
4. Bttr.	[15.01.1916 – 30.07.1916]	9. Armee	*LÜO/Krgl.*
4. Bttr.	[12.08.1916 – 07.10.1916]	12. Armee	*Krgl./Üb.Fußa.*
4. Bttr.	[15.10.1916 – 09.09.1917]	A.Abt. Scheffer	*Krgl.*
4. Bttr.	[20.11.1917]	A.Abt. Woyrsch	*D.Fußa.*
4. Bttr.	[03.01.1918 – 12.03.1918]	HGr. Linsingen	*D.Fußa./Krgl.*
4. Bttr.	[23.03.1918 – 10.04.1918]	10. Armee	*Krgl.*
4. Bttr.	[19.06.1918 – 04.12.1918]	A.Abt. B	*D.Fußa./FpÜb*
5. u. 6. Bttr.	[22.02.1916 – 01.02.1917]	Kriegsbes. Lötzen	*DW/Üb.Fußa.*
5. u. 6. Bttr.	[13.03.1917 – 01.05.1917]	Gouv. Metz	*D.Fußa./Krgl.*
5. u. 6. Bttr.	[31.05.1917]	A.Abt. A	*Krgl.*
5. Bttr.	[26.06.1917 – 02.10.1917]	1. Armee	*D.Fußa./Krgl.*
5. Bttr.	[05.10.1917]	Metz	*D.Fußa.*
6. Bttr. (Garnison-Bttr.)	[26.06.1917 – 01.06.1918]	Antwerpen	*D.Fußa./Krgl.*
7. Bttr.	[11.07.1917 – 07.12.1917]	1. Armee	*D.Fußa./Krgl.*
7. Bttr.	[03.01.1918 – 10.02.1918]	Linsingen	*D./Üb.Fußa.*
7. Bttr.	[23.03.1918 – 10.04.1918]	10. Armee	*Krgl.*
7. Bttr.	[19.06.1918 – 04.12.1918]	A.Abt. B	*D.Fußa./FpÜb*

Zuteilungen:

2. Bttr.	[19.05.1916]	47. Res.Div.	*DO*
3. Bttr.	18.08.1917 – 19.12.1917	93. Res.Inf.Brig.	*KW*
4. Bttr.	[24.02.1916 – 07.03.1916]	5. Res.Div.	*DO*
4. Bttr.	[06.05.1916]	49. Res.Div.	*DO*
4. Bttr.	[05.07.1916]	84. Inf.Div.	*DO*
4. Bttr.	[18.09.1918 – 09.10.1918]	6. bayer. Ldw.Div.	*FpÜb*
4. Bttr.	[12.12.1918 – 18.12.1918]	6. bayer. Ldw.Div.	*FpÜb*

Demobil: Mitte Dez. 1918 aufgelöst;[1] Abw.Stelle bei Fußart.Rgt. 22

Bayer. 1. Landsturm-Fußartillerie-Bataillon I. bayer. AK (I. B. 1)

Formation:
Stab, 1.–4. Bttr. u. Ers.Bttr. 15.08.1914 aufgestellt durch 1. bayer. Fußart.Rgt. in München (gem. Mob.Plan), seit 26.08.1914 mobil

Ersatztr. Teil: Ers.Btl./1. bayer. Fußart.Rgt.

Bewaffnung: –

Unterstellung: 25.08.1914 – 25.10.1914 Gouv. Germersheim *Bayer. WGB*

Verbleib: Btl. 25.10.1914 umgeformt und in 2. Ldst.Fußart.Btl. I. bayer. AK umbenannt:
Stab, 2. u. 4. Bttr. sowie Ers.Bttr. bildeten neues 2. Ldst.Fußart.Btl. I. bayer. AK
1. Bttr. umgewandelt in bayer. Ldst.Fußart.Bttr. Germersheim Nr. 1
3. Bttr. wurde 1. Bttr./1. Ldst.Fußart.Btl. I. bayer. AK (neu)

Quellen: Bayer. WGB

---

[1] Nicht mehr in FpÜb v. 18.12.1918

Bayer. 1. Landsturm-Fußartillerie-Btl. I. bayer. AK (I. B. 1) (neu)
seit 27.12.1916: **Bayer. Landsturm-Fußartillerie-Btl. I. bayer. AK (I. B. 1)**

Formation:

Stab, 1.–6. Bttr. 26.10.1914 aufgestellt durch Gouv. Germersheim (gem. bayer. KM v. 26.10.1914) aus den Ldst.Fußart.Btl. in Germersheim zu mobiler Verwendung:
    Stab aus Stab/2. Ldst.Fußart.Btl. I. bayer. AK
    1. Bttr. aus 3. Bttr./1. Ldst.Fußart.Btl. I. bayer. AK
    2. Bttr. aus 7. Bttr./2. Ldst.Fußart.Btl. I. bayer. AK
    3. Bttr. aus 4. Bttr./Ldst.Fußart.Btl. II. bayer. AK
    4. Bttr. aus 4. Bttr./Ldst.Fußart.Btl. III. bayer. AK
    5. Bttr. aus 5. Bttr./2. Ldst.Fußart.Btl. I. bayer. AK
    6. Bttr. aus 6. Bttr./2. Ldst.Fußart.Btl. I. bayer. AK

4. Bttr.	17.12.1916 umgewandelt in 2. Bttr./bayer. Fußart.Btl. 11
4. Bttr. (neu)	27.12.1916 umbenannt aus bisheriger 7. Bttr.
5. Bttr.	03.09.1916 umgewandelt in 3. Bttr./bayer. Fußart.Btl. 10
5. Bttr. (neu)	06.01.1917 aufgestellt aus 2. Bttr./2. Ldst.Fußart.Btl. I. bayer. AK (gem. KM v. 06.01.1917 u. bayer. KM v. 27.12.1916)
7. Bttr.	26.05.1916 aufgestellt aus Teilen der 6. Bttr. (gem. bayer. KM v. 09.05.1916)
7. Bttr.	27.12.1917 umbenannt in 4. Bttr. (neu)

Bewaffnung:

1. Bttr.	ab Juni 1917	9 cm Kan.	*Krgl. 10.06.1917*
1. Bttr.	ab Okt. 1917	franz. 9 cm Kan.	*Krgl. 10.10.1917*
1. Bttr.	ab Jan. 1918	schw. Feldh.	*D.Fußa. 03.01.1918*
2. Bttr.	ab Sept. 1915	belg. 15 cm Haub. u. 8,7 cm Kan.	*Bayer. WGB*
2. Bttr.	ab Febr. 1916	russ. 10,67 cm Kan.	*DW 03.02.1916*
2. Bttr.	ab Juni 1917	schw. 12 cm Kan.	*Bayer. WGB*
2. Bttr.	ab April 1918	russ. 10,67 cm Kan.	*D.Fußa. 18.04.1918*
3. Bttr.	ab Okt. 1914	belg. 8,7 cm Kan.	*Bayer. WGB*
3. Bttr.	ab Juni 1917	9 cm Kan.	*D.Fußa. 26.06.1917*
3. Bttr.	ab Sept. 1917	franz. 90 mm Kan.	*D.Fußa. 15.09.1917*
3. Bttr.	ab Dez. 1917	schw. Feldh.	*D.Fußa. 15.12.1917*
4. Bttr.	ab Okt. 1915	Beutegeschütze	*DW 04.10.1915*
4. Bttr.	ab Okt. 1916	belg. 8,7 cm Kan.	*Üb.Fußa. 07.10.1916*
4. Bttr.	ab Dez. 1916	franz. 90 mm Kan.	*Bayer. WGB*
4. Bttr.	ab Jan. 1918	schw. Feldh.	*D.Fußa. 03.01.1918*
5. Bttr.	ab Nov. 1914	schw. Feldh.	*Bayer. WGB*
5. Bttr.	ab Jan. 1917	15 cm Ring-Kan.	*D.Fußa. 09.01.1917*
5. Bttr.	ab Mai 1917	schw. 12 cm Kan.	*D.Fußa. 31.05.1917*
5. Bttr.	ab April 1918	russ. 10 cm Kan.	*D.Fußa. 18.04.1918*
6. Bttr.	ab Dez. 1914	schw. Feldh.	*Bayer. WGB*
6. Bttr.	ab Nov. 1915	franz. 90 mm Kan.	*Bayer. WGB*
6. Bttr.	ab Jan. 1918	schw. Feldh.	*D.Fußa. 03.01.1918*
7. Bttr.	ab Mai 1916	Beutegeschütze	*DW 17.05.1916*
7. Bttr.	ab Okt. 1916	franz. 90 mm Kan.	*Üb.Fußa. 07.10.1916*

Ersatztr. Teil: Ers.Btl./1. bayer. Fußart.Rgt.

Unterstellung:

St.,1.–6. Bttr.	28.10.1914 – 01.09.1915	Gouv. Antwerpen	*Bayer. WGB*
Stab	01.09.1915 – 02.05.1917	Gouv. Antwerpen	*DW/Krgl.*
Stab	03.05.1917 – 20.05.1917	6. Armee	*Bayer. WGB*

Stab	21.05.1917 – 03.06.1917	Hirson	*Bayer. WGB*
	04.06.1917 – 10.01.1918	A.Abt. B	*Bayer. WGB*
	11.01.1918 – 30.04.1918	A.Abt. A	*Bayer. WGB*
	01.05.1918 – 13.11.1918	A.Abt. B	*Bayer. WGB*
1. Bttr.	01.09.1915 – 11.05.1917	Gouv. Antwerpen	*DW/Krgl.*
	12.05.1917 – 29.05.1917	Maubeuge	*Bayer. WGB*
	30.05.1917 – 20.09.1918	A.Abt. B	*Bayer. WGB*
	21.09.1917 – 03.10.1918	Neubreisach	*Bayer. WGB*
2. Bttr.	29.09.1915 – 01.02.1916	7. Armee	*Bayer. WGB*
	10.02.1916 – 28.02.1916	Königsberg	*Bayer. WGB*
	29.02.1916 – 10.01.1917	A.Abt. Scholtz	*Krgl./Bayer. WGB*
	10.01.1917 – 10.06.1917	A.Abt. D	*Krgl./Bayer. WGB*
	[15.06.1917 – 25.06.1917]	Insmingen	*Bayer. WGB*
	26.06.1917 – 23.09.1918	A.Abt. B	*D.Fußa./FpÜb*
3. Bttr.	01.09.1915 – 13.06.1917	Gouv. Antwerpen	*DW/Krgl.*
	[14.06.1917 – 29.09.1918]	A.Abt. B	*Bayer. WGB*
4. Bttr.	01.09.1915 – 03.12.1916	Gouv. Antwerpen	*DW/Üb.Fußa.*
	04.12.1916 – 26.12.1916	OHL Mainz	*Bayer. WGB*
	27.12.1916 – 10.05.1917	7. Armee	*Krgl./Bayer. WGB*
	11.05.1917 – 03.06.1917	Hirson	*Bayer. WGB*
	04.06.1917 – 10.01.1918	A.Abt. B	*Krgl./Bayer. WGB*
	11.01.1918 – 20.04.1918	A.Abt. A	*Krgl./Bayer. WGB*
	21.04.1918 – 09.09.1918	A.Abt. B	*Krgl./Bayer. WGB*
	10.09.1918 – 20.09.1918	Üb.Pl. Jurbise	*Bayer. WGB*
5. Bttr.	01.09.1915 – 04.09.1916	Gouv. Antwerpen	*Bayer. WGB*
	[05.09.1916]	Köln	*Bayer. WGB*
	06.01.1917 – 26.05.1917	7. Armee	*Krgl./ Bayer. WGB*
	27.05.1917 – 14.06.1917	Longuyon	*Krgl./ Bayer. WGB*
	17.06.1917 – 23.09.1918	A.Abt. B	*Krgl./ Bayer. WGB*
	23.09.1918 – 30.09.1918	Üb.Pl. Jurbise	*Bayer. WGB*
6. Bttr.	01.09.1915 – 26.09.1915	Gouv. Antwerpen	*Bayer. WGB*
	[27.09.1915 – 01.04.1917]	7. Armee	*Krgl./Bayer. WGB*
	[21.04.1917 – 07.05.1917]	1. Armee	*Krgl.*
	10.05.1917 – 02.06.1917	Hirson	*Bayer. WGB*
	03.06.1917 – 08.09.1918	A.Abt. B	*Krgl./ Bayer. WGB*
	09.09.1918 – 14.09.1918	Üb.Pl. Jurbise	*Bayer. WGB*
7. Bttr.	[26.05.1916 – 27.12.1916]	7. Armee	*DW/Krgl.*
Zuteilungen:			
Stab	04.06.1917 – 01.05.1918	Div.Kdo. z.b.V. 301	*Bayer. WGB*
	01.05.1918 – 15.09.1918	44. Ldw.Div.	*Bayer. WGB*
1. Bttr.	01.06.1917 – 27.10.1917	26. Ldw.Div.	*Bayer. WGB*
	28.08.1918 – 20.09.1918	44. Ldw.Div.	*Bayer. WGB*
2. Bttr.	[29.02.1916 – 01.09.1916]	3. Inf.Div.	*Bayer. WGB/LÜO*
4. Bttr.	13.06.1917 – 12.02.1918	Div.Kdo. z.b.V. 301	*Bayer. WGB*
	01.03.1918 – 20.04.1918	61. Ldw.Brig.	*Bayer. WGB*
	21.04.1918 – 04.09.1918	44. Ldw.Div.	*Bayer. WGB*

Verbleib:

Stab	15.09.1918 umgewandelt in einen Stab für schwerstes Flachfeuer bei A.Abt. B, geplante Umwandlung in Stab/bayer. Fußart.Btl. 30 nicht mehr durchgeführt
1.–3. Bttr.	1. Bttr. ab 04.10.1918, 2. Bttr. ab 23.09.1918 und 3. Bttr. ab 29.09.1918 in Neu-Ulm, sogleich aufgelöst (gem. Bayer. Immob. Fußart.Brig. v. 21.09.1918)
4.–6. Bttr.	4. Bttr. am 20.09.1918, 5. Bttr. am 30.09.1918 und 6. Bttr. am 14.09.1918 aufgelöst (gem. bayer. KM v. 03.09.1918), Personal an Fußart.Ers.-Abt. 1 in Jurbise
Quellen:	Bayer. WGB

Bayer. 2. Landsturm-Fußartillerie-Bataillon I. bayer. AK (I. B. 2)

Formation:
Stab, 5.–8. Bttr. 16.08.1914 aufgestellt durch 1. bayer. Fußart.Rgt. in München (gem. Mob.Plan)

Bewaffnung: –

Ersatztr. Teil: Ers.Btl./1. bayer. Fußart.Rgt.

Unterstellung: 25.08.1914 – 25.10.1914   Kriegsbes. Germersheim   *KA*

Verbleib: Btl. 25.10.1914 umgeformt und in 1. Ldst.Fußart.Btl. I. bayer. AK umbenannt:
Stab, 5.–7. Bttr. bildeten das neue 1. Ldst.Fußart.Btl. I. bayer. AK
8. Bttr. umgewandelt in bayer. Ldst.Fußart.Btl. Germersheim Nr. 2

Quellen: Bayer. WGB

Bayer. 2. Landsturm-Fußartillerie-Btl. I. bayer. AK (I. B. 2) (neu)

Formation:

Stab, 1.u.2. Bttr. sowie Ers.Bttr.	26.10.1914 aufgestellt durch Gouv. Germersheim (gem. bayer. KM v. 25.10.1914) durch Umbenennung des 1. Ldst.Fußart.Btl. I. bayer. AK, seit 03.02.1915 mobil: Stab, 1. u. 2. Bttr. aus Stab, 2. u. 4. Bttr./1. Ldst.Fußart.Btl. I. bayer. AK Ers.Bttr. aus Ers.Bttr./1. Ldst.Fußart.Btl. I. bayer. AK
2. Bttr.	03.12.1914 umgewandelt in 3. Bttr./Ldst.Fußart.Btl. III. bayer. AK
2. u. 3. Bttr.	09.01.1915 neu aufgestellt (gem. bayer. KM v. 31.12.1914)
Stab	11.06.1916 aufgelöst (gem. bayer. KM v. 11.06.1916)
Ers.Bttr.	11.08.1916 aufgelöst (gem. bayer. KM v. 31.07.1916)

Bewaffnung:

1. u. 3. Bttr.	ab Dez. 1915	schw. Feldh.	*DW 27.12.1915*
2. Bttr.	ab April 1915	franz. 9 cm Kan.	*Bayer. WGB*
2. Bttr.	ab Dez. 1915	15 cm Ring-Kan.	*DW 27.12.1915*

Ersatztr. Teil: Ers.Btl./1. bayer. Fußart.Rgt.

Unterstellung:

St.,1.–3. Bttr.	Okt. 1914 – Jan. 1915	Gouv. Germersheim	*Bayer. WGB*
	Jan. 1915 – April 1915	Gouv. Straßburg	*LÜW*
Stab	05.04.1915 – 11.06.1916	Kriegsbes. Straßburg	*Bayer. WGB*
1. Bttr.	[05.04.1915 – 29.10.1915]	Kriegsbes. Straßburg	*DW/Bayer. WGB*
	[27.12.1915 – 28.07.1916]	2. Armee	*DW/Krgl.*
	[04.09.1916]	7. Armee	*DW*

1. Bttr.	[01.10.1916 – 01.12.1916]	5. Armee	*Üb.Fußa./Krgl.*
	[01.12.1916 – 04.12.1916]	3. Armee	*D.Fußa./Krgl.*
2. Bttr.	[05.04.1915 – 09.08.1915]	A.Abt. Falkenhausen	*DW/LÜW*
	[27.12.1915 – 15.06.1916]	2. Armee	*DW/Krgl.*
	[28.08.1916 – 15.10.1916]	1. Armee	*Krgl.*
	[27.10.1916 – 05.11.1916]	7. Armee	*Krgl./D.Fußa.*
	[04.12.1916]	3. Armee	*Krgl.*
3. Bttr.	05.04.1915 – 09.08.1915	Kriegsbes. Straßburg	*DW*
	[27.12.1915 – 15.06.1916]	2. Armee	*DW/Krgl.*
	[28.08.1916 – 01.12.1916]	1. Armee	*Krgl.*
	[04.12.1916]	3. Armee	*Krgl.*
Ers.Bttr.	[05.04.1915 – 11.08.1916]	Kriegsbes. Straßburg	*DW/Krgl.*

Verbleib: Btl. Anf. Jan. 1917 aufgelöst (gem. bayer. KM v. 27.12.1916):
1. Bttr. 27.12.1916 umgewandelt in 6. Bttr./bayer. Ldw.Fußart.Btl. 3
2. Bttr. 06.01.1917 umgewandelt in 5. Bttr./1. Ldst.Fußart.Btl. I. bayer. AK
3. Bttr. 01.01.1917 umgewandelt in 6. Bttr./bayer. Fußart.Btl. 18

Quellen: Bayer. WGB

Bayer. Landsturm-Fußartillerie-Bataillon II. Bayer. AK (II. B. 1)

Formation:
Stab, 1.–4. Bttr. u. Ers.Bttr. 02.08.1914 aufgestellt durch Gouv. Germersheim (gem. Mob.Plan)

2. Bttr.	25.10.1914 umgewandelt in bayer. Ldst.Fußart.Bttr. Germersheim Nr. 3
3. Bttr.	25.10.1914 umbezeichnet in 2. Bttr.
4. Bttr.	26.10.1914 umgewandelt in 3. Bttr./1. Ldst.Fußart.Btl. I. bayer. AK (neu)
Ers.Bttr.	03.12.1914 umgewandelt in 4. Bttr./Ldst.Fußart.Btl. III. bayer. AK,
Ers.Bttr.	31.12.1914 wieder neu aufgestellt
3.–5. Bttr. (neu)	27.12.1916 aufgestellt (gem. bayer. KM v. 27.12.1916), sogleich mobil:
	3. Bttr. aus bayer. Fußart.Bttr. 282
	4. Bttr. aus bayer. Fußart.Bttr. 410
	5. Bttr. aus bayer. Fußart.Bttr. 411
	6. Bttr. aus bayer. Fußart.Bttr. 412
Ers.Bttr.	31.07.1916 aufgelöst (gem. bayer. KM v. 31.07.1916)

Bewaffnung:

1. u. 2. Bttr.	ab Dez. 1915	15 cm Ring-Kan.	*DW 27.12.1915*
1. u. 2. Bttr.	ab Febr. 1917	russ. leichte 15 cm Kan.	*D.Fußa. 08.02.1917*
2. Bttr.	ab März 1918	schw. Feldh.	*D.Fußa. 29.03.1918*
3. Bttr.	ab Jan. 1917	russ. 10 cm Kan.	*D.Fußa. 09.01.1917*
3. Bttr.	ab Okt. 1917	belg. 15 cm Haub. 90	*D.Fußa. 29.10.1917*
3. Bttr.	ab März 1918	schw. Feldh.	*D.Fußa. 12.03.1918*
4. Bttr.	ab Jan. 1917	9 cm Kan.	*D.Fußa. 09.01.1917*
4. Bttr.	ab Aug. 1917	franz. 95 mm Kan.	*D.Fußa. 26.08.1917*
4. Bttr.	ab Okt. 1917	belg. 15 cm Haub. 90	*D.Fußa. 29.10.1917*
4. Bttr.	ab März 1918	belg. schw. 15 cm Kan.	*D.Fußa. 12.03.1918*
5. u. 6. Bttr.	ab Jan. 1917	franz. 155 mm Kan.	*D.Fußa. 09.01.1917*
5. u. 6. Bttr.	ab Febr. 1917	franz. 95 mm Kan.	*Üb.Fußa. 01.02.1917*
5. Bttr.	ab Dez. 1917	belg. 15 cm Haub. 90	*D.Fußa. 15.12.1917*

5. Bttr.	ab März 1918	belg. schw. 15 cm Kan.	*D.Fußa. 12.03.1918*
6. Bttr.	ab Dez. 1917	russ. leichte 15 cm Kan.	*D.Fußa. 15.12.1917*
6. Bttr.	ab März 1918	schw. Feldh.	*D.Fußa. 29.03.1918*

Ersatztr. Teil: 2. mob. Ers.Btl./2. bayer. Fußart.Rgt.

Unterstellung:

Stab, 1.u.2. Bttr.	16.08.1914 – 05.02.1915	Kriegsbes. Germersheim	*Bayer. WGB*
	06.02.1915 – 29.10.1915	Gouv. Straßburg	*Bayer. WGB*
Stab	29.10.1915 – 22.11.1916	Gouv. Straßburg	*Bayer. WGB*
1. Bttr.	[29.10.1915 – 20.12.1915]	Gouv. Straßburg	*DW*
	[27.12.1915 – 15.04.1916]	2. Armee	*DW/Krgl.*
	[28.08.1916 – 07.10.1916]	1. Armee	*Krgl./Üb.Fußa.*
	[15.10.1916 – 23.11.1916]	2. Armee	*Krgl./Bayer. WGB*
2. Bttr.	30.10.1915 – 30.12.1915	A.Abt. Falkenhausen	*Bayer. WGB*
	31.12.1915 – 08.01.1916	Gouv. Straßburg	*Bayer. WGB*
	09.01.1916 – 23.11.1916	2. Armee	*Bayer. WGB/Krgl.*
St.,1.u.2. Bttr.	24.11.1916 – 06.05.1917	Gouv. Metz	*Bayer. WGB*
	[07.05.1917 – 01.09.1917]	Gruppe Metz (A.Abt. A)	*Bayer. WGB*
	[05.09.1917 – 01.04.1918]	A.Abt. C	*D.Fußa./Krgl.*
3.–6. Bttr.	[27.12.1916 – 02.02.1917]	A.Abt. Strantz	*Bayer. WGB*
3.–6. Bttr.	[02.02.1917 – 01.04.1918]	A.Abt. C	*Üb.Fußa./Krgl.*
St.,1.–6. Bttr.	27.04.1918 – 10.06.1918	Gouv. Metz	*Bayer. WGB*
Stab	[10.06.1918 – 09.10.1918]	Gouv. Metz	*FpÜb*
Stab	[16.10.1918 – 05.02.1919]	A.Abt. C	*FpÜb*
Ers.Bttr.	31.12.1914 – 31.07.1916	Kriegsbes. Straßburg	*Bayer. WGB*

Verbleib: 1.–6. Bttr. 10.06.1918 aufgelöst (gem. bayer. KM v. 27.04.1918)
Stab blieb offenbar bestehen, ab Mitte Febr. 1919 in Weißenburg, März 1919 (?) aufgelöst[1]

Quellen: Bayer. WGB

Bayer. Landsturm-Fußartillerie-Bataillon III. bayer. AK (III. B. 1)

Formation:
Stab, 1.–4. Bttr. u. Ers.Bttr. 02.08.1914 aufgestellt durch 3. bayer. Fußart.Rgt. in Ingolstadt (gem. Mob.Plan)

1. Bttr. 25.10.1914 umgewandelt in bayer. Ldst.Fußart.Bttr. Germersheim Nr. 4
4. Bttr. 26.10.1914 abgegeben an 1. Ldst.Fußart.Btl. I. bayer. AK (neu) als 4. Bttr.

Bewaffnung: –

Ersatztr. Teil: Ers.Btl./3. bayer. Fußart.Rgt.

Unterstellung: 25.08.1914 – 07.12.1914   Gouv. Germersheim   *Bayer. WGB*

Verbleib: Btl. 07.12.1914 aufgelöst und in mobiles Ldst.Fußart.Btl. III. bayer. AK (neu) umgewandelt: Stab, 2 u. 3. Bttr. sowie Ers.Bttr. bildeten das neue Btl.

Quellen: Bayer. WGB

---

[1] FpÜb v. 19.02.1919 – 12.03.1919

Mobiles Bayer. Landsturm-Fußartillerie-Btl. III. bayer. AK (III. B. 1)
Seit 28.01.1915: **1. Bayer. Landsturm-Fußartillerie-Btl. III. Bayer. AK**
Seit 27.12.1916: **Bayer. Landsturm-Fußartillerie-Btl. III. Bayer. AK**

Formation:
Stab, 1.–4. Bttr. u. Ers.Bttr. 03.12.1914 neu aufgestellt durch Gouv. Germersheim (gem. bayer. KM v. 03.12.1914) aus bisherigem Ldst.Fußart.Btl. III. bayer. AK, sogleich mobil:
Stab wie bisher, 1. Bttr. aus bisheriger 2. Bttr., 2. Bttr. aus bisheriger 3. Bttr.
3. Bttr. aus 2. Bttr./2. Fußart.Btl. I. bayer. AK
4. Bttr. aus Ers.Bttr./Ldst.Fußart.Btl. II. bayer. AK
Ers.Bttr. aus bisheriger Ers.Bttr., am 11.07.1916 umgewandelt in 5. Bttr.
5. Bttr.   11.07.1916 aufgestellt aus Ers.Bttr. (gem. bayer. KM v. 23.06.1916)

Bewaffnung:
1.–5. Bttr.	ab Juli 1916	franz. 120 mm Kan.	*DW 02.07.1916*
1.–3. Bttr.	ab Jan. 1918	28 cm Kan. L/40	*D.Fußa. 03.01.1918*

Ersatztr. Teil: Ers.Btl./3. bayer. Fußart.Rgt.

Unterstellung:
Stab, 1.–4. Bttr.	[09.12.1914 – 22.02.1916]	Gouv. Lille	*Krgl./DW*
Stab	[01.03.1916 – 20.04.1917]	6. Armee	*Krgl.*
	[24.05.1917 – 10.06.1917]	4. Armee	*Krgl.*
	[01.07.1917 – 08.01.1918]	6. Armee	*Krgl.*
1. Bttr.	[11.03.1916 – 02.05.1917]	6. Armee	*DW/Krgl./AB*
	[24.05.1917 – 10.06.1917]	4. Armee	*Krgl.*
	[15.06.1917 – 08.01.1918]	6. Armee	*AB/Krgl.*
2. Bttr.	[11.03.1916 – 08.01.1918]	6. Armee	*DW/Krgl.*
3. Bttr.	[11.03.1916 – 02.05.1917]	6. Armee	*DW/Krgl./AB*
	[24.05.1917 – 10.06.1917]	4. Armee	*Krgl.*
	[15.06.1917 – 08.01.1918]	6. Armee	*AB/Krgl.*
4. Bttr.	[11.03.1916 – 20.04.1917]	6. Armee	*DW/Krgl.*
	[11.05.1917 – 10.06.1917]	4. Armee	*D.Fußa./Krgl.*
	[15.06.1917 – 08.01.1918]	6. Armee	*Krgl.*
5. Bttr.	[15.07.1916 – 08.01.1917]	6. Armee	*Krgl.*
St.,1.–5. Bttr.	[09.01.1918 – 29.01.1918]	Grafenwöhr	*D.Fußa.*
Ers.Bttr.	[07.02.1915 – 22.02.1916]	Gouv. Lille	*LÜW/DW*
Ers.Bttr.	[11.03.1916 – 15.07.1916]	6. Armee	*DW/Krgl.*

Zuteilungen:
Stab, 1.–4. Bttr.	03.05.1916 – 10.08.1916	50. Inf.Div.	*Bayer. WGB*
Stab, 1.–4. Bttr.	11.08.1916 – 22.09.1916	11. Res.Div.	*Bayer. WGB*
Stab, 1.–4. Bttr.	23.09.1916 – 21.03.1917	3. bayer. Inf.Div.	*Bayer. WGB*
Stab, 1.–4. Bttr.	22.03.1917 – 09.05.1917	49. Inf.Div.	*Bayer. WGB*
Stab, 1.–4. Bttr.	10.05.1917 – 21.06.1917	16. bayer. Inf.Div.	*Bayer. WGB*

Verbleib:
Stab, 1.–3. Bttr.   29.01.1918 umgewandelt in Stab, 1.–3. Bttr./bayer. Fußart.Btl. 29
4. u. 5. Bttr.   10.01.1918 aufgelöst (gem. bayer. KM v. 10.01.1918)

Quellen: Bayer. WGB

Bayer. 2. Landsturm-Fußartillerie-Bataillon III. bayer. AK (III. B. 2)

Formation:
Stab, 1.u.2. Bttr. 28.01.1915 aufgestellt durch Ers.Btl./3. bayer. Fußart.Rgt. in Ingolstadt (gem. bayer. KM v. 22./31.12.1914), seit 05.02.1915 mobil

Bewaffnung:
1. u. 2. Bttr.   ab Juli 1916   franz. 120 mm Kan.   *DW 02.07.1916*

Ersatztr. Teil: Ers.Btl./3. bayer. Fußart.Rgt.

Unterstellung:
Stab, 1.u.2. Bttr.	06.02.1915 – 24.03.1915	Gouv. Straßburg	*Bayer. WGB*
	25.03.1915 – 02.03.1916	Gouv. Lille	*Bayer. WGB*
	03.03.1916 – 26.09.1916	6. Armee	*DW/Bayer. WGB*
	27.09.1916 – 31.12.1916	1. Armee	*Bayer. WGB/Krgl.*

Verbleib: 01.01.1917 umgewandelt in Stab, 1. u. 2. Bttr./bayer. Fußart.Btl. 18

Quellen: Bayer. WGB

Bayer. Landsturm-Fußartillerie-Batterie Germersheim Nr. 1

Formation: 25.10.1914 aufgestellt durch Gouv. Germersheim aus 1. Bttr./1. Ldst.Fußart.Btl. I. bayer. AK (gem. bayer. KM v. 25.10.1914), seit 26.10.1914 mobil

Bewaffnung: 9 cm Kan.

Ersatztr. Teil: Ers.Btl./1. bayer. Fußart.Rgt.

Unterstellung:
[25.10.1914 – 11.11.1914]	Gouv. Germersheim	*Bayer. WGB/KA*
[12.11.1914 – 09.08.1915]	1. Armee	*KA/LÜW*
[30.09.1915]	7. Armee	*DW*

Verbleib: 22.11.1915 umgewandelt in bayer. Fußart.Bttr. 466

Quellen: Bayer. WGB

Bayer. Landsturm-Fußartillerie-Batterie Germersheim Nr. 2

Formation: 25.10.1914 aufgestellt durch Gouv. Germersheim aus 8. Bttr./2. Ldst.Fußart.Btl. I. bayer. AK (gem. bayer. KM v. 25.10.1914), seit 26.10.1914 mobil

Bewaffnung: 9 cm Kan.

Ersatztr. Teil: Ers.Btl./1. bayer. Fußart.Rgt.

Unterstellung:
[25.10.1914 – 11.11.1914]	Gouv. Germersheim	*Bayer. WGB/KA*
[12.11.1914 – 09.08.1915]	1. Armee	*KA/LÜW*
[20.09.1915 – 30.09.1915]	2. Armee	*Krgl./DW*

Verbleib: 22.11.1915 umgewandelt in bayer. Fußart.Bttr. 467

Quellen: Bayer. WGB

Bayer. Landsturm-Fußartillerie-Batterie Germersheim Nr. 3

Formation:	25.10.1914 aufgestellt durch Gouv. Germersheim aus 2. Bttr./Ldst.Fußart.Btl. II. bayer. AK (gem. bayer. KM v. 25.10.1914), seit 26.10.1914 mobil
Bewaffnung:	9 cm Kan.
Ersatztr. Teil:	Ers.Btl./2. bayer. Fußart.Rgt.
Unterstellung:	[25.10.1914 – 11.11.1914] Gouv. Germersheim *KA*
	[12.11.1914 – 30.09.1915] 2. Armee *KA/DW*
Verbleib:	25.10.1915 umgewandelt in bayer. Fußart.Bttr. 468
Quellen:	Bayer. WGB

Bayer. Landsturm-Fußartillerie-Batterie Germersheim Nr. 4

Formation:	25.10.1914 aufgestellt durch Gouv. Germersheim aus 1. Bttr./Ldst.Fußart.Btl. III. bayer. AK (gem. bayer. KM v. 25.10.1914), seit 26.10.1914 mobil
Bewaffnung:	9 cm Kan.
Ersatztr. Teil:	Ers.Btl./3. bayer. Fußart.Rgt.
Unterstellung:	[25.10.1914 – 11.11.1914] Gouv. Germersheim *KA*
	[12.11.1914 – 30.09.1915] 2. Armee *KA/DW*
Verbleib:	25.10.1915 umgewandelt in bayer. Fußart.Bttr. 469
Quellen:	Bayer. WGB

7. Garnisontruppen

Fußartillerie-Garnison-Bataillone

In den Jahren 1916 bis 1918 wurden in einigen größeren Garnisonen die bestehenden Garnison-Batterien zu eigenen Fußartillerie-Garnison-Bataillonen zusammengefasst, wobei die Batterien in Straßburg ihre bisherige Bezeichnung beibehielten.

Fußartillerie-Garnison-Bataillon Jüterbog

Formation:
Stab, 1.–4. Bttr. 27.06.1916 aufgestellt (gem. KM v. 27.06.1916)
   Stab durch Gen.Insp. der Fußart. neu aufgestellt
   1. u. 2. Bttr. durch Gen.Insp. der Fußart. aus 1. u. 2. Garnison-Bttr. Jüterbog
   3. u. 4. Bttr. durch Ers.Btl./2. Garde-Fußart.Rgt. aus 3. u. 4. Garnison-Bttr. Jüterbog

Ersatztr. Teil:	Ers.Btl./2. Garde-Fußart.Rgt.
Unterstellung:	Kdtr. Tr.Üb.Pl. Jüterbog
Demobil:	Anf. Dez. 1918 aufgelöst;[1] Abw.Stelle bei Fußart.Schießschule

---

[1] Nicht mehr in Ers.FpÜb v. 12.12.1918

Fußartillerie-Garnison-Bataillon Thorn

Formation:
Stab, 1.–4. Bttr.   Mitte Jan. 1917 aufgestellt (gem. KM v. 13.01.1917)
Stab durch Gen.Insp. der Fußart. neu aufgestellt
1.–4. Bttr. aus 1.–4. Garnison-Bttr. des Ers.Btl./Fußart.Rgt. 11

Ersatztr. Teil: Ers.Btl./Fußart.Rgt. 11

Unterstellung: Gouv. Thorn; 4. Bttr. auf Schießplatz Thorn

Demobil: März 1919 (?) aufgelöst, 4. Bttr. Anf. Febr. 1919 aufgelöst[1]
Abw.Stelle bei Fußart.Rgt. 11

Fußartillerie-Garnison-Bataillon Wahn

Formation:
Stab, 1.–4. Bttr.   13.01.1917 aufgestellt (gem. KM v. 13.01.1917)
Stab durch Gen.Insp. der Fußart. neu aufgestellt
1.–4. Bttr. aus 1.–4. Garnison-Bttr. des Ers.Btl./Fußart.Rgt. 18

Ersatztr. Teil: Ers.Btl./Fußart.Rgt. 9

Unterstellung: Kdtr. Schießplatz Wahn

Demobil: ab Anf. Dez. 1918 in Löningen, Anf. Febr. 1919 aufgelöst[2]
Abw.Stelle bei Fußart.Rgt. 9

1. Fußartillerie-Garnison-Bataillon Straßburg

Formation: Mitte Okt. 1918 aufgestellt durch Gouv. Straßburg (gem. KM v. 28.09.1918), bestehend aus Stab (neu aufgestellt) und Garnison-Bttr. 11, 17, 18, 20 u. 21

Ersatztr. Teil: Ers.Btl./Fußart.Rgt. 10

Unterstellung: Gouv. Straßburg; Garnison-Bttr. 11 in Marlen, 17 in Ostwald, 18 in Straßburg, 20 u. 21 in Lingolsheim[3]

Demobil: Anf. Dez. 1918 aufgelöst;[4] Abw.Stelle bei Fußart.Rgt. 10

2. Fußartillerie-Garnison-Bataillon Straßburg

Formation: Nov. 1918 geplante Aufstellung durch Gouv. Straßburg (gem. KM v. 05.11.1918) mit Stab (neu aufgestellt) und Garnison-Bttr. 22, 25, 26, 27 u. 28 wurde nicht mehr vollzogen[5]

---

[1] Ers.FpÜb v. 19.02.1919 – 12.03.1919
[2] Ers.FpÜb v. 12.12.1918 – 05.02.1919
[3] Ers.FpÜb v. 13.11.1918
[4] Nicht mehr in Ers.FpÜb v. 12.12.1918
[5] In den FpÜb u. Ers.FpÜb nicht aufgeführt

Fußartillerie-Garnison-Batterien

Um die Ersatz-Batterien von Arbeits- und Wachdiensten zu entlasten, entstanden seit Ende des Jahres 1915 in allen Korpsbezirken besondere Garnison-Batterien der Fußartillerie, die einen Bestandteil der Ersatz-Bataillone bildeten. In der Regel gehörten sie zu den Festungsbesatzungen, fanden aber teilweise auch im Küstenschutz und als Besatzungstruppen in den Generalgouvernements Belgien und Warschau Verwendung. Daneben entstanden im Mai 1918 selbstständige Garnison-Batterien, die mit laufenden Nummern versehen waren und nicht mehr zu den Ersatz-Bataillonen gehörten.[1] Außerdem verfügten die Fußartillerie-Ersatz-Abteilungen an der Westfront seit Juni 1918 über eigene Garnison-Batterien; diese sind bei den entsprechenden Ersatz-Abteilungen aufgeführt.

Garde-Korps

1. Garnison-Batterie Jüterbog

Aufstellung:	31.12.1915 durch Ers.Btl./2. Garde-Fußart.Rgt. (gem. Gen.Insp. der Fußart. v. 24.11.1915)
Ersatztr. Teil:	Ers.Btl./2. Garde-Fußart.Rgt.
Unterstellung:	Stellv. Gen.Kdo. Garde-Korps
Verbleib:	27.06.1916 umgewandelt in 1. Bttr./Garnison-Btl. Jüterbog

2. Garnison-Batterie Jüterbog

Aufstellung:	18.01.1916 durch Ers.Btl./2. Garde-Fußart.Rgt. (gem. Gen.Insp. der Fußart. v. 24.11.1915)
Ersatztr. Teil:	Ers.Btl./2. Garde-Fußart.Rgt.
Unterstellung:	Stellv. Gen.Kdo. Garde-Korps
Verbleib:	27.06.1916 umgewandelt in 2. Bttr./Garnison-Btl. Jüterbog

3. u. 4. Garnison-Batterie Jüterbog

Aufstellung:	27.06.1916 durch Ers.Btl./2. Garde-Fußart.Rgt. (gem. KM v. 27.06.1916)
Ersatztr. Teil:	Ers.Btl./2. Garde-Fußart.Rgt.
Unterstellung:	Stellv. Gen.Kdo. Garde-Korps
Verbleib:	27.06.1916 umgewandelt in 3. u. 4. Bttr./Garnison-Btl. Jüterbog

---

[1] Cron, Geschichte des deutschen Heeres, S. 304; Bayer. WGB, S. 695–697

I. Armee-Korps

Garnison-Batterie beim Ers.Btl./Fußart.Rgt. 1

Formation:	22.12.1915 durch Ers.Btl./Fußart.Rgt. 1 (gem. KM v. 12.11.1915 u. Gen.Insp. der Fußart. v. 24.11.1915)
Ersatztr. Teil:	Ers.Btl./Fußart.Rgt. 1
Unterstellung:	Kdtr. Pillau
Verbleib:	22.02.1916 umbenannt in Küsten-Garnison-Bttr. Pillau (gem. Gen.Insp. der Fußart. v. 24.11.1915 sowie. KM v. 15.09.1915 u. 10.02.1916)

Küsten-Garnison-Batterie Pillau

Formation:	22.02.1916 (gem. KM v. 10.02.1916) durch Umbenennung der Garnison-Bttr. beim Ers.Btl./Fußart.Rgt. 1
Ersatztr. Teil:	Ers.Btl./Fußart.Rgt. 1
Unterstellung:	Kdtr. Pillau
Verbleib:	03.09.1916 umgewandelt in 3. Bttr./Ldw.Fußart.Btl. 31

1. Küsten-Garnison-Batterie I. AK

Aufstellung:	27.05.1918 durch Kdtr. Pillau (gem. KM v. 27.05.1918) aus 1. Bttr./Ldw.-Fußart.Btl. 31
Bewaffnung:	10 cm Küsten-Kan.
Ersatztr. Teil:	Ers.Btl./Fußart.Rgt. 1
Unterstellung:	Kdtr. Pillau
Verbleib:	20.10.1918 umgewandelt in 5. Bttr./Ldw.Fußart.Btl. 25

2. Küsten-Garnison-Batterie I. AK

Aufstellung:	11.07.1918 durch Kdtr. Borkum (gem. KM v. 11.07.1918) aus 4. Bttr./Ldw.-Fußart.Btl. 31		
Bewaffnung:	ab Sept. 1918	russ. 10 cm Kan.	*Krgl. 10.09.1918*
Ersatztr. Teil:	Ers.Btl./Fußart.Rgt. 1		
Unterstellung:	[28.07.1918]	Kdtr. Dünamünde	*D.Fußa.*
	[10.09.1918 – 08.10.1918]	8. Armee	*Krgl.*
	[16.10.1918 – 28.12.1918]	HGr. Kiew	*Krgl./FpÜb*
Verbleib:	Ende Dez. 1918 aufgelöst;[1] Abw.Stelle bei Fußart.Rgt. 1		

---

[1] Nicht mehr in FpÜb v. 03.01.1919

II. Armee-Korps
1. Küsten-Garnison-Batterie II. AK
(auch 1. Küsten-Garnison-Bttr. Borkum genannt)

Aufstellung:	19.02.1916 durch Ers.Btl./Fußart.Rgt. 2 (gem. KM v. 10.02.1916)
Ersatztr. Teil:	Ers.Btl./Fußart.Rgt. 2
Unterstellung:	Kdtr. Borkum
Verbleib:	Jan. 1917 aufgelöst und in Fußart.Rgt. 2 eingegliedert;[1] Abw.Stelle bei Fußart.Rgt. 2

2. Küsten-Garnison-Batterie II. AK
(auch 2. Küsten-Garnison-Bttr. Swinemünde genannt)

Aufstellung:	18.02.1916 durch Ers.Btl./Fußart.Rgt. 2 (gem. KM v. 10.02.1916)
Bewaffnung:	15 cm Kan. in Küsten-Lafette
Ersatztr. Teil:	Ers.Btl./Fußart.Rgt. 2
Unterstellung:	Kdtr. Swinemünde
Verbleib:	Anf. Nov. 1918 umgewandelt in 4. Bttr./Ldw.Fußart.Btl. 29

Hafen-Batterie Sassnitz

Aufstellung:	06.10.1915 durch III. Btl./Fußart.Rgt. 2 (gem. Stellv. Gen.Kdo. II. AK v. 06.10.1915)
Ersatztr. Teil:	Ers.Btl./Fußart.Rgt. 2
Unterstellung:	Stellv. Gen.Kdo. II. AK
Verbleib:	03.04.1918 aufgelöst (gem. KM v. 17.03.1918)

Garnison-Batterie beim Ersatz-Btl./Fußart.Rgt. 2

Aufstellung:	Nov. 1915 durch Ers.Btl./Fußart.Rgt. 2 (gem. KM v. 12.11.1915 u. Gen.Insp. der Fußart. v. 24.11.1915)
Ersatztr. Teil:	Ers.Btl./Fußart.Rgt. 2
Unterstellung:	Kdtr. Swinemünde
Demobil:	März 1919 (?) aufgelöst[2]

---

[1] Rgt.Gesch. Fußart.Rgt. 2
[2] Noch in Ers.FpÜb v. 12.03.1919

Garnison-Batterie beim Ersatz-Btl./Fußart.Rgt. 15

Aufstellung:	01.08.1916 durch Ers.Btl./Fußart.Rgt. 15 (gem. KM v. 12.11.1915 u. Gen.Insp. der Fußart. v. 24.11.1915)
Ersatztr. Teil:	Ers.Btl./Fußart.Rgt. 2
Unterstellung:	Gouv. Graudenz
Demobil:	Anf. Febr. 1919 aufgelöst[1]

Garnison-Batterie Antwerpen

Formation:	25.06.1917 durch Kdtr. Swinemünde bei Ers.Btl./Fußart.Rgt. 2 (gem. KM v. 09.07.1917), mobil seit 30.06.1917
Ersatztr. Teil:	Ers.Btl./Fußart.Rgt. 2
Unterstellung:	Gouv. Antwerpen
Verbleib:	Juli 1918 umbenannt in Garnison-Bttr. 16

III. Armeekorps
Garnison-Batterie beim Ersatz-Btl./Fußart.Rgt. 26

Formation:	18.12.1917 durch Gouv. Thorn u. Stellv. Gen.Kdo. XVII. AK (gem. KM v. 10.12.1917)
Ersatztr. Teil:	Ers.Btl./Fußart.Rgt. 26
Unterstellung:	Gouv. Thorn
Demobil:	März 1919 (?) aufgelöst[2]

IV. Armee-Korps
Garnison-Batterie beim Ersatz-Btl./Fußart.Rgt. 4

Formation:	08.02.1916 durch Ers.Btl./Fußart.Rgt. 4 (gem. KM v. 12.11.1915 u. Gen.Insp. der Fußart. v. 24.11.1915)
Ersatztr. Teil:	Ers.Btl./Fußart.Rgt. 4
Unterstellung:	Stellv. Gen.Kdo. IV. AK
Demobil:	08.01.1919 in Magdeburg aufgelöst[3]

---

[1] Nicht mehr in Ers.FpÜb v. 19.02.1919
[2] Noch in Ers.FpÜb v. 12.03.1919
[3] Demob.Üb. IV. AK v. 25.09.1919; noch in Ers.FpÜb v. 12.03.1919

V. Armee-Korps
Garnison-Batterie beim Ersatz-Btl./Fußart.Rgt. 5
Formation:	am 17.02.1916 durch Ers.Btl./Fußart.Rgt. 5 (gem. KM v. 12.11.1915 u. Gen.Insp. der Fußart. v. 24.11.1915)
Ersatztr. Teil:	Ers.Btl./Fußart.Rgt. 5
Unterstellung:	Gouv. Posen
Demobil:	Nov. 1918 (?) aufgelöst

Garnison-Batterie beim Ersatz-Btl./Fußart.Rgt. 23
Formation:	16.11.1916 durch Gouv. Posen (gem. KM v. 16.11.1916)
Ersatztr. Teil:	Ers.Btl./Fußart.Rgt. 5
Unterstellung:	Gouv. Posen
Demobil:	Nov. 1918 (?) aufgelöst

VI. Armee-Korps
Garnison-Batterie beim Ersatz-Btl./Fußart.Rgt. 6
Formation:	07.02.1916 durch Ers.Btl./Fußart.Rgt. 6 (gem. KM v. 12.11.1915 u. Gen.Insp. der Fußart. v. 24.11.1915)
Ersatztr. Teil:	Ers.Btl./Fußart.Rgt. 6
Unterstellung:	Kdtr. Breslau
Demobil:	Jan./Febr. 1919 (?) in Neiße aufgelöst[1]

VII. Armee-Korps
1. Garnison-Batterie beim Ersatz-Btl./Fußart.Rgt. 7
Formation:	24.11.1915 durch Ers.Btl./Fußart.Rgt. 7 (gem. KM v. 12.11.1915 u. Gen.Insp. der Fußart. v. 24.11.1915) aus 2. Bttr. des Ers.Btl./Fußart.Rgt. 7		
Ersatztr. Teil:	Ers.Btl./Fußart.Rgt. 7		
Unterstellung:	[24.11.1915]	Gouv. Köln	*Üb.Beh.*
	[07.05.1916 – 01.07.1916]	Gouv. Kowno	*DO/Krgl.*
	[01.07.1916 – 25.08.1916]	Gouv. Warschau	*Krgl.*
Verbleib:	03.09.1916 umgewandelt in 1. Bttr./Ldw.Fußart.Btl. 31		

---

[1] Demob.Üb. VI. AK v. 01.03.1919; noch in Ers.FpÜb v. 12.03.1919

2. Garnison-Batterie beim Ersatz-Btl./Fußart.Rgt. 7

Formation: 24.11.1915 durch Ers.Btl./Fußart.Rgt. 7 (gem. KM v. 12.11.1915 u. Gen.Insp. der Fußart. v. 24.11.1915) aus 6. Bttr. des Ers.Btl./Fußart.Rgt. 7

Ersatztr. Teil: Ers.Btl./Fußart.Rgt. 7

Unterstellung:
[24.11.1915]   Gouv. Köln   *Üb.Beh.*
[07.03.1916]   Gouv. Kowno   *DO*
[01.09.1916]   Heimat   *LÜO*

Verbleib: 14.02.1918 umgewandelt in Garnison-Bttr. des Ers.Btl./Fußart.Rgt. 9

VIII. Armee-Korps

1. Garnison-Batterie beim Ersatz-Btl./Fußart.Rgt. 9

Formation: 24.11.1915 durch Ers.Btl./Fußart.Rgt. 9 (gem. KM v. 12.11.1915 u. Gen.Insp. der Fußart. v. 24.11.1915)

Ersatztr. Teil: Ers.Btl./Fußart.Rgt. 9

Unterstellung: Kdtr. Koblenz-Ehrenbreitstein

Verbleib: 09.06.1916 umgewandelt in 1. Bttr./Ldw.Fußart.Btl. 24

2. Garnison-Batterie beim Ersatz-Btl./Fußart.Rgt. 9
ab Juni 1916 **Garnison-Batterie beim Ersatz-Btl./Fußart.Rgt. 9**

Formation: 24.11.1915 durch Ers.Btl./Fußart.Rgt. 9 (gem. KM v. 12.11.1915 u. Gen.Insp. der Fußart. v. 24.11.1915)

Ersatztr. Teil: Ers.Btl./Fußart.Rgt. 9

Unterstellung: Kdtr. Koblenz-Ehrenbreitstein, seit 1917 (?) Kdtr. Schießplatz Wahn

Demobil: ab Anf. Dez. 1918 in Löningen, Anf. Jan. 1919 aufgelöst[1]

Garnison-Batterie des Ersatz-Btl./Fußart.Rgt. 9 (neu)

Formation: 14.02.1918 (gem. KM v. 14.02.1918) aus 2. Garnison-Bttr. des Fußart.Rgt. 7

Ersatztr. Teil: Ers.Btl./Fußart.Rgt. 9

Unterstellung: Kdtr. Koblenz-Ehrenbreitstein

Verbleib: 27.02.1918 umgewandelt in Garnison-Bttr. beim Ers.Btl./Fußart.Rgt. 28

---

[1] Ers.FpÜb v. 12.12.1918 – 03.01.1919

IX. Armeekorps
1. u. 2. Garnison-Batterie beim Ersatz-Btl./Fußart.Rgt. 20

Formation:	24.11.1915 durch Ers.Btl./Fußart.Rgt. 20 (gem. KM v. 12.11.1915 u. Gen.Insp. der Fußart. v. 24.11.1915)
Ersatztr. Teil:	Ers.Btl./Fußart.Rgt. 20
Unterstellung:	Kdtr. Neubreisach
Demobil:	Nov.1918 (?) aufgelöst

3. Garnison-Batterie beim Ersatz-Btl./Fußart.Rgt. 20

Formation:	März 1917 durch Ers.Btl./Fußart.Rgt. 20 (gem. KM v. 12.03.1917)
Bewaffnung:	russ. 28 cm Küsten-Kan.
Ersatztr. Teil:	Ers.Btl./Fußart.Rgt. 20
Unterstellung:	[10.04.1917 – 27.05.1918] Kdtr. Oberrheinbef. (Feste Istein) *Krgl.*
Verbleib:	27.05.1918 umbenannt in Garnison-Bttr. 13

X. Armee-Korps
Garnison-Batterie beim Ersatz-Btl./Fußart.Rgt. 25

Formation:	20.12.1917 durch Ers.Btl./Fußart.Rgt. 10 (gem. KM v. 10.12.1917)
Ersatztr. Teil:	Ers.Btl./Fußart.Rgt. 25
Unterstellung:	Gouv. Straßburg
Demobil:	Nov. 1918 (?) aufgelöst

XI. Armee-Korps
Garnison-Batterie beim Ersatz-Btl./Fußart.Rgt. 18
(= 6. Bttr. des Ers.Btl./Fußart.Rgt. 18)

Formation:	24.11.1915 durch Ers.Btl./Fußart.Rgt. 18 (gem. KM v. 12.11.1915 u. Gen.Insp. der Fußart. v. 24.11.1915)
Ersatztr. Teil:	Ers.Btl./Fußart.Rgt. 18
Unterstellung:	Gouv. Mainz
Demobil:	Mitte Jan. 1919 aufgelöst[1]

1.–4. Garnison-Batterie beim Ersatz-Btl./Fußart.Rgt. 18

Formation:	1916 (?) aufgestellt durch Ers.Btl./Fußart.Rgt. 18[2]
Ersatztr. Teil:	Ers.Btl./Fußart.Rgt. 18
Unterstellung:	Gouv. Mainz
Demobil:	13.01.1917 umbezeichnet in 1.–4. Bttr./Fußart.Garnison-Btl. Wahn

---

[1] Nicht mehr in Ers.FpÜb v. 29.01.1919
[2] In Üb.Beh.u.Tr. keine Angaben

XII. (sächs.) Armeekorps
1. Garnison-Batterie beim Ersatz-Btl./sächs. Fußart.Rgt. 19

Formation:	24.02.1916 durch Ers.Btl./Fußart.Rgt. 19 (gem. Stellv. Gen.Kdo. XII. AK v. 15.01.1916)
Ersatztr. Teil:	Ers.Btl./Fußart.Rgt. 19
Unterstellung:	Gouv. Posen, ab 01.12.1916 Kdtr. Dresden
Demobil:	Ende Febr. 1919 aufgelöst[1]

2. Garnison-Batterie beim Ersatz-Btl./sächs. Fußart.Rgt. 19

Formation:	20.03.1916 durch Ers.Btl./Fußart.Rgt. 19 (gem. Stellv. Gen.Kdo. XII. AK v. 15.01.1916)
Ersatztr. Teil:	Ers.Btl./Fußart.Rgt. 19
Unterstellung:	Gouv. Posen
Verbleib:	19.06.1916 aufgelöst (gem. Stellv. Gen.Kdo. XII. AK v. 17.06.1916), in 1. Garnison-Bttr. eingegliedert

XIII. (württ.) Armeekorps
Garnison-Batterie beim 2. (württ.) Ersatz-Btl./Fußart.Rgt. 13
(auch 3. Garnison-Bttr. beim Ers.Btl./Fußart.Rgt. 13 genannt)
ab Jan. 1918 **Garnison-Batterie beim Ersatz-Btl./württ. Fußart.Rgt. 13**

Formation:	17.08.1916 durch Gouv. Straßburg u. Stellv. Gen.Kdo. XIII. AK (gem. württ. KM v. 17.08.1916) als 3. Bttr. des 2. Ers.Btl./Fußart.Rgt. 13, sogleich mobil
Ersatztr. Teil:	Ers.Btl./Fußart.Rgt. 13
Unterstellung:	Gouv. Straßburg
Verbleib:	12.09.1918 umbenannt in württ. Garnison-Bttr. 19

XIV. Armee-Korps
Garnison-Batterie beim Ersatz-Btl./Fußart.Rgt. 14 (I)

Formation:	24.11.1915 durch Ers.Btl./Fußart.Rgt. 14 (gem. KM v. 12.11.1915 u. Gen.Insp. der Fußart. v. 24.11.1915)
Ersatztr. Teil:	Ers.Btl./Fußart.Rgt. 14
Unterstellung:	Gouv. Straßburg
Verbleib:	09.06.1916 umgewandelt in 3. Bttr./Ldw.Fußart.Btl. 24

---

[1] Nicht mehr in Ers.FpÜb v. 12.03.1919

Garnison-Batterie beim Ersatz-Btl./Fußart.Rgt. 14 (II)
Formation:	März 1917 durch Ers.Btl./Fußart.Rgt. 14 (gem. KM v. 12.03.1917)
Bewaffnung:	russ. 28 cm Küsten-Kan.
Ersatztr. Teil:	Ers.Btl./Fußart.Rgt. 14
Unterstellung:	[10.04.1917 – 27.05.1918] Kdtr. Oberrheinbefest. (Feste Istein) *Krgl.*
Verbleib:	27.05.1918 umbenannt in Garnison-Bttr. 12

Garnison-Batterie beim Ersatz-Btl./Fußart.Rgt. 14 (III)
Formation:	April 1918 durch Ers.Btl./Fußart.Rgt. 14 (gem. KM v. 23.04.1918)
Ersatztr. Teil:	Ers.Btl./Fußart.Rgt. 14
Unterstellung:	Gouv. Straßburg
Verbleib:	27.05.1918 umbenannt in Garnison-Bttr. 18

1. u. 2. Garnison-Batterie beim Ersatz-Btl./Fußart.Rgt. 24
Formation:	19.12.1917 (gem. KM v. 19.12.1917) aus 1. u. 2. Garnison-Bttr. beim 1. Ers.Btl./Fußart.Rgt. 13
Ersatztr. Teil:	Ers.Btl./Fußart.Rgt. 24
Unterstellung:	Gouv. Straßburg
Verbleib:	Nov. 1918 (?) aufgelöst

XV. Armee-Korps

1. Garnison-Batterie beim Ersatz-Btl./Fußart.Rgt. 10
Formation:	12.08.1915 durch Ers.Btl./Fußart.Rgt. 10 (gem. Gouv. Straßburg v. 06.08.1915), sogleich mobil
Ersatztr. Teil:	Ers.Btl./Fußart.Rgt. 10
Unterstellung:	Gouv. Straßburg
Demobil:	ab Ende Nov. 1918 in Arolsen. Mitte Jan. 1919 aufgelöst[1]

2. Garnison-Batterie beim Ersatz-Btl./Fußart.Rgt. 10
Formation:	01.02.1916 durch Ers.Btl./Fußart.Rgt. 10 (gem. Gen.Insp. der Fußart. v. 24.11.1915), sogleich mobil
Ersatztr. Teil:	Ers.Btl./Fußart.Rgt. 10
Unterstellung:	Gouv. Straßburg
Demobil:	ab Ende Nov. 1918 in Arolsen. Mitte Jan. 1919 aufgelöst[2]

---
[1] Ers.FpÜb v. 04.12.1918 – 15.01.1919
[2] Ers.FpÜb v. 04.12.1918 – 15.01.1919

3. Garnison-Batterie beim Ersatz-Btl./Fußart.Rgt. 10

Formation:	16.07.1916 durch Ers.Btl./Fußart.Rgt. 10 (gem. Gouv. Straßburg v. 12.07.1916), sogleich mobil
Ersatztr. Teil:	Ers.Btl./Fußart.Rgt. 10
Unterstellung:	Gouv. Straßburg
Demobil:	ab Ende Nov. 1918 in Arolsen. Mitte Jan. 1919 aufgelöst[1]

Garnison-Batterie beim Ersatz-Btl./Fußart.Rgt. 10

Formation:	26.03.1918 durch Ers.Btl./Fußart.Rgt. 10 (gem. KM v. 26.03.1918) aus Ers.Bttr. des Ldst.Fußart.Btl. VII. AK u. VIII. AK
Ersatztr. Teil:	Ers.Btl./Fußart.Rgt. 10
Unterstellung:	Gouv. Straßburg
Verbleib:	27.05.1918 umbenannt in Garnison-Bttr. 17

1. u. 2. Garnison-Batterie beim Ersatz-Btl./Fußart.Rgt. 13
ab Juli 1916 **1. u. 2. Garnison-Batterie beim 1. Ersatz-Btl./Fußart.Rgt. 13**

Formation:	24.11.1915 durch Ers.Btl./Fußart.Rgt. 13 (gem. KM v. 12.11.1915 u. Gen.Insp. der Fußart. v. 24.11.1915), sogleich mobil
Ersatztr. Teil:	Ers.Btl./Fußart.Rgt. 13
Unterstellung:	Gouv. Straßburg
Verbleib:	19.12.1917 umgewandelt in 1. u. 2. Garnison-Bttr. beim Ers.Btl./Fußart.Rgt. 24

XVI. Armee-Korps
Garnison-Batterie beim Ersatz-Btl./Fußart.Rgt. 8

Formation:	28.12.1914 durch Ers.Btl./Fußart.Rgt. 8 als Ballonabwehr-Kan.Bttr., am 24.11.1915 umbezeichnet (gem. KM v. 12.11.1915 u. Gen.Insp. der Fußart. v. 24.11.1915)
Ersatztr. Teil:	Ers.Btl./Fußart.Rgt. 8
Unterstellung:	Gouv. Metz
Demobil:	Nov. 1918 (?) aufgelöst

Garnison-Batterie beim Ersatz-Btl./Fußart.Rgt. 16

Formation:	15.02.1916 durch Ers.Btl./Fußart.Rgt. 16 (gem. KM v. 12.11.1915 u. Gen.Insp. der Fußart. v. 24.11.1915)
Ersatztr. Teil:	Ers.Btl./Fußart.Rgt. 16
Unterstellung:	Kdtr. Diedenhofen
Demobil:	Nov. 1918 (?) aufgelöst

---

[1] Ers.FpÜb v. 04.12.1918 – 15.01.1919

XVII. Armee-Korps
1. Garnison-Batterie des Ersatz-Btl./Fußart.Rgt. 11
Formation: 25.10.1916 durch Ers.Btl./Fußart.Rgt. 11 (gem. KM v. 16.10.1916) aus Garnison-Bttr. Modlin
Ersatztr. Teil: Ers.Btl./Fußart.Rgt. 11
Unterstellung: Gouv. Thorn (Schießpl. Thorn)
Verbleib: Mitte Jan. 1918 umbezeichnet in 1. Bttr./Fußart.Garnison-Btl. Thorn

2. Garnison-Batterie des Ersatz-Btl./Fußart.Rgt. 11
Formation: 25.10.1916 durch Ers.Btl./Fußart.Rgt. 11 (gem. KM v. 16.10.1916)
Ersatztr. Teil: Ers.Btl./Fußart.Rgt. 11
Unterstellung: Gouv. Thorn (Schießpl. Thorn)
Verbleib: Mitte Jan. 1918 umbezeichnet in 2. Bttr./Fußart.Garnison-Btl. Thorn

3. Garnison-Batterie des Ersatz-Btl./Fußart.Rgt. 11
Formation: 13.01.1917 durch Ers.Btl./Fußart.Rgt. 11 (gem. KM v. 13.01.1917)
Ersatztr. Teil: Ers.Btl./Fußart.Rgt. 11
Unterstellung: Gouv. Thorn
Verbleib: Mitte Jan. 1918 umbezeichnet in 3. Bttr./Fußart.Garnison-Btl. Thorn

4. Garnison-Batterie des Ersatz-Btl./Fußart.Rgt. 11
(bis 24.05.1916 als 2. Garnison-Bttr. bezeichnet)
Formation: 21.04.1916 durch Ers.Btl./Fußart.Rgt. 11 (gem. KM v. 12.11.1915 u. Gen.Insp. der Fußart. v. 24.11.1915)
Ersatztr. Teil: Ers.Btl./Fußart.Rgt. 11
Unterstellung: Gouv. Thorn
Verbleib: Mitte Jan. 1918 umbezeichnet in 4. Bttr./Fußart.Garnison-Btl. Thorn

Fußartillerie-Garnison-Batterie Lodz
Formation: 27.02.1916 durch Ers.Btl./Fußart.Rgt. 11 (gem. KM v. 25.02.1916), mobil seit 28.02.1916
Ersatztr. Teil: Ers.Btl./Fußart.Rgt. 11
Unterstellung: Gen.Gouv. Warschau
Verbleib: Anf. Mai 1918 aufgelöst (gem. Gen.Gouv. Warschau v. 05.05.1918)

Fußartillerie-Garnison-Batterie Modlin

Formation: 09.02.1916 durch Ers.Btl./Fußart.Rgt. 11 (gem. KM v. 09.02.1916), mobil seit 15.02.1916
Ersatztr. Teil: Ers.Btl./Fußart.Rgt. 11
Unterstellung: Gen.Gouv. Warschau
Verbleib: 25.10.1916 umgewandelt in 1. Garnison-Bttr. des Ers.Btl./Fußart.Rgt. 11

Küsten-Garnison-Batterie 1 u. 2 Danzig

Formation: 10.02.1916 durch Ers.Btl./Fußart.Rgt. 17 (gem. KM v. 10.02.1916)
Ersatztr. Teil: Ers.Btl./Fußart.Rgt. 17
Unterstellung: Stellv. Gen.Kdo. XVII. AK, Standort Danzig
Verbleib: 03.09.1916 umgewandelt in 5. u. 6. Bttr./Ldw.Fußart.Btl. 33

Fußartillerie-Garnison-Batterie Graudenz

Formation: Frühjahr 1916 (?) durch Ers.Btl./Fußart.Rgt. 17[1]
Ersatztr. Teil: Ers.Btl./Fußart.Rgt. 17
Unterstellung: [01.07.1916 – 24.08.1916]   Gen.Gouv. Warschau   *Krgl.*
Verbleib: 03.09.1916 umgewandelt in 1. Bttr./Ldw.Fußart.Btl. 33

Garnison-Batterie beim Ersatz-Btl./Fußart.Rgt. 17

Formation: 24.11.1915 durch Ers.Btl./Fußart.Rgt. 17 (gem. KM v. 12.11.1915 u. Gen.Insp. der Fußart. v. 24.11.1915)
Ersatztr. Teil: Ers.Btl./Fußart.Rgt. 17
Unterstellung: Stellv. Gen.Kdo. XVII. AK (Standort Marienwerder)
Demobil: Ende Nov. 1918 aufgelöst

Garnison-Batterie beim Ersatz-Btl./Fußart.Rgt. 21

Formation: 16.11.1916 durch Stellv. Gen.Kdo. XVII. AK (gem. KM v. 16.11.1916)
Ersatztr. Teil: Ers.Btl./Fußart.Rgt. 21
Unterstellung: Gouv. Graudenz
Demobil: März 1919 (?) aufgelöst[2]

---

[1] In der Üb.Beh.u.Tr. ohne nähere Angaben
[2] Noch in Ers.FpÜb v. 12.03.1919

XVIII. Armeekorps
1. u. 2. Garnison-Batterie beim Ersatz-Btl./Fußart.Rgt. 3

Formation:	18.01.1916 durch Ers.Btl./Fußart.Rgt. 3 (gem. KM v. 12.11.1915 u. Gen.Insp. der Fußart. v. 15.01.1916) aus 7. u. 8. überpl. Bttr. des Ers.Btl./Fußart.Rgt. 3
Ersatztr. Teil:	Ers.Btl./Fußart.Rgt. 3
Unterstellung:	Gouv. Mainz
Demobil:	ab Ende Nov. 1918 in Gelnhausen, März 1919 (?) aufgelöst[1]

XIX. (sächs.) Armee-Korps
Sächs. Fußartillerie-Garnison-Batterie Nr. 1

Formation:	30.01.1916 durch Ers.Btl./Fußart.Rgt. 12 (gem. sächs. KM v. 16.01.1916), sogleich mobil		
Bewaffnung:	ab Jan. 1918	10 cm Kan. 04	*D.Fußa. 15.01.1918*
Ersatztr. Teil:	Ers.Btl./Fußart.Rgt. 12		
Unterstellung:	[01.02.1916 – 10.02.1918]	Gouv. Metz	*Krgl./Üb.Fußa.*
	[01.03.1918 – 01.06.1918]	19. Armee	*Krgl./D.Fußa.*
Verbleib:	13.06.1918 umgewandelt in 5. Bttr./sächs. Ldst.Fußart.Btl. XIX. AK		

XX. Armee-Korps
Garnison-Batterie beim Ersatz-Btl./Fußart.Rgt. 22

Formation:	24.11.1915 durch Ers.Btl./Fußart.Rgt. 22 (gem. KM v. 12.11.1915 u. Gen.Insp. der Fußart. v. 24.11.1915)
Ersatztr. Teil:	Ers.Btl./Fußart.Rgt. 22
Unterstellung:	Kdtr. Lötzen
Demobil:	März 1919 (?) aufgelöst[2]

XXI. Armee-Korps
Garnison-Batterie beim Ersatz-Btl./Fußart.Rgt. 28

Formation:	27.02.1918 durch Stellv. Gen.Kdo. XXI. AK (gem. KM v. 27.02.1918) aus Garnison-Bttr. des Ers.Btl./Fußart.Rgt. 9
Ersatztr. Teil:	Ers.Btl./Fußart.Rgt. 28
Unterstellung:	Stellv. Gen.Kdo. XXI. AK (Standort Saarbrücken)
Demobil:	ab Ende Nov. 1918 in Sangerhausen, März 1919 (?) aufgelöst[3]

---

[1] Ers.FpÜb v. 04.12.1918 – 12.03.1919
[2] Noch in Ers.FpÜb v. 12.03.1919
[3] Ers.FpÜb v. 04.12.1918 – 12.03.1919

II. bayer. Armeekorps
1.–3. Garnison-Batterie des 2. mobilen Ersatz-Btl./2. bayer. Fußartillerie-Rgt.

Formation:
1. Garnison-Bttr.   12.02.1916 aufgestellt durch 2. Ers.Btl./2. bayer. Fußart.Rgt. (gem. Stellv. Gen.Kdo. II. bayer. AK v. 12.02.1916), sogleich mobil
2. Garnison-Bttr.   04.01.1917 aufgestellt 2. Ers.Btl./2. bayer. Fußart.Rgt. (gem. Immob. bayer. Fußart.Brig. v. 02.01.1917), sogleich mobil
3. Garnison-Bttr.   21.03.1918 aufgestellt 2. Ers.Btl./2. bayer. Fußart.Rgt. (gem. Stellv. Gen.Kdo. II. bayer. AK v. 10.03.1918), sogleich mobil

Ersatztr. Teil: 2. Ers.Btl./2. bayer. Fußart.Rgt.
Unterstellung: Gouv. Metz
Demobil: ab 25.11.1918 nach Grafenwöhr, am 20.03.1919 aufgelöst[1]

III. bayer. Armeekorps
1. u. 2. Garnison-Batterie des Ersatz-Btl./3. Bayer. Fußartillerie-Rgt.

Formation: Juli 1918 (?) aufgestellt durch Ers.Btl./3. bayer. Fußart.Rgt.[2]
Ersatztr. Teil: Ers.Btl./3. bayer. Fußart.Rgt.
Unterstellung: Kdtr. Üb.Pl. Grafenwöhr
Demobil: März 1919 (?) aufgelöst[3]
Quellen: Bayer. WGB

Garnison-Batterien mit laufender Nummer

Bayer. Garnison-Batterie Nr. 1

Formation: 23.08.1915 durch Ers.Btl./1. bayer. Fußart.Rgt (gem. bayer. KM v. 16.08.1915)
Ersatztr. Teil: 1. bayer. Fußart.Rgt.
Unterstellung:
[23.08.1915 – 01.05.1917]   Gouv. Straßburg   *Krgl.*
[24.05.1918 – 06.11.1918]   bayer. Werkstatt der Belag.Art. Nr. 4 (Hirson)   *Krgl./FpÜb*
[13.11.1918 – 20.11.1918]   Gouv. Lüttich   *FpÜb*
Demobil: 27.11. – 02.12.1918 im Lager Lechfeld aufgelöst[4]
Abw.Stelle bei 1. bayer. Fußart.Rgt.

---

[1] Demob.Meldung II. bayer. AK v. 24.03.1919; noch in Ers.FpÜb v. 12.03.1919
[2] Nicht in der Üb.Beh.u.Tr. enthalten
[3] Noch in Ers.FpÜb v. 12.03.1919
[4] Demob.Meldung I. bayer. AK v. 09.12.1918; noch in FpÜb v. 12.03.1919

Bayer. Garnison-Batterie Nr. 2

Formation:	27.08.1915 durch Ers.Btl./3. bayer. Fußart.Rgt (gem. bayer. KM v. 16.08.1915), mobil seit 01.09.1915		
Ersatztr. Teil:	Ers.Btl./3. bayer. Fußart.Rgt.		
Unterstellung:	[27.08.1915 – 01.05.1917]	Gouv. Straßburg	*Krgl.*
	[26.06.1917 – 08.08.1918]	Werkstatt der Belag.Art. Nr. 4 (Gent)	*D.Fußa./Krgl.*
	[08.08.1918 – 18.09.1918]	9. Armee	*D.Fußa./FpÜb*
	[25.09.1918 – 09.10.1918]	7. Armee	*FpÜb*
	[16.10.1918 – 30.10.1918]	Gembloux	*FpÜb*
	[06.11.1918 – 04.12.1918]	2. Armee	*FpÜb*
Demobil:	19.12.1918 in Grafenwöhr aufgelöst;[1] Abw.Stelle bei 3. bayer. Fußart.Rgt.		

Bayer. Garnison-Batterie Nr. 3

Formation:	27.08.1915 durch Ers.Btl./3. bayer. Fußart.Rgt. (gem. bayer. KM v. 16.08.1915)		
Ersatztr. Teil:	Ers.Btl./3. bayer. Fußart.Rgt.		
Unterstellung:	[27.08.1915 – 01.04.1917]	Gouv. Straßburg	*Krgl.*
	[01.05.1917]	A.Abt. B	*Krgl.*
	[31.05.1917 – 01.09.1918]	Bayer. Werkstatt der Belag.Art. Nr. 3 (Valenciennes)	*D./Üb.Fußa.*
	[18.09.1918 – 02.10.1918]	18. Armee	*FpÜb*
	[09.10.1918 – 06.11.1918]	2. Armee	*FpÜb*
	[13.11.1918 – 20.11.1918]	Gouv. Lüttich	*FpÜb*
Demobil:	04.12.1918 in Grafenwöhr aufgelöst;[2] Abw.Stelle bei 3. bayer. Fußart.Rgt.		

Bayer. Garnison-Batterie Nr. 4

Formation:	21.01.1916 durch 2. Ers.Btl./2. bayer. Fußart.Rgt. (gem. bayer. KM v. 24.12.1915)		
Ersatztr. Teil:	Ers.Btl./2. bayer. Fußart.Rgt.		
Unterstellung:	[21.01.1916 – 06.06.1917]	Gouv. Metz	*Krgl.*
	[20.06.1917 – 28.06.1917]	4. Armee	*Krgl.*
	[01.07.1917 – 06.11.1918]	Gouv. Antwerpen	*Krgl./FpÜb*
	[13.11.1918 – 04.12.1918]	4. Armee	*FpÜb*
Demobil:	ab Ende Dez. 1918 in München, März 1919 (?) aufgelöst[3] Abw.Stelle bei 2. bayer. Fußart.Rgt.		

---

[1] Demob.Üb. III. bayer. AK v. 15.07.1919; FpÜb v. 12.12.1918 – 29.01.1919
[2] Demob.Üb. III. bayer. AK v. 15.07.1919; FpÜb v. 12.12.1918 – 18.12.1918
[3] FpÜb v. 28.12.1918 – 12.03.1919

Bayer. Garnison-Batterie Nr. 5

Formation:	21.01.1916 durch 2. Ers.Btl./2. bayer. Fußart.Rgt. (gem. bayer. KM v. 24.12.1915)
Ersatztr. Teil:	Ers.Btl./2. bayer. Fußart.Rgt.
Unterstellung:	[27.08.1915 – 17.06.1917] Gouv. Metz *Krgl.*
	[26.06.1917 – 13.11.1918] Werkstatt der Belag.Art. Nr. 4 (Gent) *D.Fußa./FpÜb*
Demobil:	23.12.1918 in München aufgelöst;[1] Abw.Stelle bei 2. bayer. Fußart.Rgt.

Bayer. Garnison-Batterie Nr. 6

Formation:	15.01.1916 durch Ers.Btl./3. bayer. Fußart.Rgt. (gem. bayer. KM v. 12.01.1916), sogleich mobil
Ersatztr. Teil:	Ers.Btl./3. bayer. Fußart.Rgt.
Unterstellung:	[15.01.1916 – 01.02.1917] Gouv. Straßburg *Krgl./Üb.Fußa.*
	[01.05.1917 – 26.06.1917] A.Abt. B *Krgl./D.Fußa.*
	[11.07.1917 – 20.11.1918] Gouv. Lüttich *D.Fußa./FpÜb*
Demobil:	04.12.1918 in Grafenwöhr aufgelöst;[2] Abw.Stelle bei 3. bayer. Fußart.Rgt.

Garnison-Batterie Nr. 7

Formation:	27.05.1918 (gem. KM v. 27.05.1918) aus Fußart.Bttr. 444
Bewaffnung:	belg. 8,7 cm Kan.
Ersatztr. Teil:	Ers.Btl./Fußart.Rgt.5
Unterstellung:	[01.06.1918 – 13.11.1918] Gen.Gouv. Belgien *Krgl./FpÜb*
Demobil:	ab Ende Jan. 1919 in Bülowstal (Kreis Obornik), März 1919 (?) aufgelöst[3] Abw.Stelle bei Fußart.Rgt. 5

Garnison-Batterie Nr. 8

Formation:	17.05.1918 (gem. KM v. 27.05.1918) aus 6. Bttr./Ldst.Fußart.Btl. XX. AK
Ersatztr. Teil:	Ers.Btl./Fußart.Rgt. 20
Unterstellung:	[01.07.1918 – 13.11.1918] Gouv. Lüttich *Krgl./FpÜb*
Demobil:	ab Mitte Febr. 1919 in Altona, März 1919 (?) aufgelöst[4] Abw.Stelle bei Fußart.Rgt. 20

---

[1] Demob.Meldung III. bayer. AK v. 13.01.1919
[2] Demob.Üb. III. bayer. AK v. 15.07.1919; nicht mehr in FpÜb v. 12.12.1918
[3] FpÜb v. 05.02.1919 – 12.03.1919
[4] FpÜb v. 19.02.1919 – 12.03.1919

Garnison-Batterie Nr. 9

Formation:	27.05.1918 (gem. KM v. 27.05.1918) aus 5. Bttr./Ldst.Fußart.Btl. III. AK	
Ersatztr. Teil:	Ers.Btl./Fußart.Rgt. 26	
Unterstellung:	[01.06.1918 – 20.11.1918] Bayer. Werkstatt d. Belag.-Art. Nr. 2 (6. Armee)	*Krgl./FpÜb*
Demobil:	28.11.1918 in Landsberg (Warthe) aufgelöst[1] Abw.Stelle bei Fußart.Rgt. 26	

Garnison-Batterie Nr. 10

Formation:	27.05.1918 (gem. KM v. 27.05.1918) aus 6. Bttr./Ldst.Fußart.Btl. III. AK	
Ersatztr. Teil:	Ers.Btl./Fußart.Rgt. 26	
Unterstellung:	[01.06.1918 – 28.12.1918] Werkstatt der Belag.Art. Nr. 5 (Longuyon)	*Krgl./FpÜb*
Demobil:	Ende Jan. 1919 aufgelöst;[2] Abw.Stelle bei Fußart.Rgt. 26	

Garnison-Batterie Nr. 11

Formation:	Juni 1918 (gem. KM v. 27.05.1918) aus Fußart.Bttr. 758
Bewaffnung:	10 cm Kan. 04 (Ballonabwehr-Kan.)
Ersatztr. Teil:	Ers.Btl./Fußart.Rgt. 14
Unterstellung:	Gouv. Straßburg; ab Okt. 1918 zu 1. Fußart.Garnison-Btl. Straßburg (Standort Marlen)
Demobil:	Anf. Dez. 1918 aufgelöst;[3] Abw.Stelle bei Fußart.Rgt. 14

Garnison-Batterie Nr. 12

Formation:	27.05.1918 (gem. KM v. 27.05.1918) aus Garnison-Bttr. beim Ers.Btl./Fußart.Rgt. 14	
Bewaffnung:	russ. 28 cm Küsten-Kan.	
Ersatztr. Teil:	Ers.Btl./Fußart.Rgt. 14	
Unterstellung:	[10.06.1918 – 12.12.1918] Kdtr. Oberrheinbefest. (Feste Istein)	*Krgl./FpÜb*
Demobil:	ab Mitte Dez. 1918 in Ehingen (Württ.), Ende Dez. 1918 aufgelöst[4] Abw.Stelle bei Fußart.Rgt. 14	

---

[1] Demob.Üb. III. AK v. 01.06.1919; nicht mehr in FpÜb v. 18.12.1918
[2] Nicht mehr in FpÜb v. 05.02.1919
[3] Nicht mehr in Ers.FpÜb v. 12.12.1918
[4] FpÜb v. 18.12.1918, nicht mehr 28.12.1918

Garnison-Batterie Nr. 13

Formation:	27.05.1918 (gem. KM v. 27.05.1918) aus 3. Garnison-Bttr. beim Ers.Btl./Fußart.Rgt. 20
Bewaffnung:	russ. 28 cm Küsten-Kan.
Ersatztr. Teil:	Ers.Btl./Fußart.Rgt. 14
Unterstellung:	[10.06.1918 – 12.12.1918] Kdtr. Oberrheinbefest. (Feste Istein) *Krgl./FpÜb*
Demobil:	ab Mitte Dez. 1918 in Ehingen (Württ.), Ende Dez. 1918 aufgelöst[1] Abw.Stelle bei Fußart.Rgt. 14

Garnison-Batterie Nr. 14

Formation:	27.05.1918 (gem. KM v. 27.05.1918) aus 1. Bttr./Ldw.Fußart.Btl. 46
Bewaffnung:	24 cm Kan. L/35
Ersatztr. Teil:	Ers.Btl./Fußart.Rgt. 20
Unterstellung:	Oberkdo. Küstenverteidg. (Standort Flensburg)
Demobil:	Anf. Jan. 1919 aufgelöst;[2] Abw.Stelle bei Fußart.Rgt. 20

Garnison-Batterie Nr. 15

Formation:	27.05.1918 (gem. KM v. 27.05.1918) aus 2. Bttr./Ldw.Fußart.Btl. 46
Bewaffnung:	24 cm Kan. L/35
Ersatztr. Teil:	Ers.Btl./Fußart.Rgt. 20
Unterstellung:	Oberkdo. Küstenverteidg. (Standort Flensburg, ab Ende Jan. 1919 Toftlund, Kreis Hadersleben)
Demobil:	März 1919 (?) aufgelöst;[3] Abw.Stelle bei Fußart.Rgt. 20

Garnison-Batterie Nr. 16

Formation:	Juli 1918 (gem. KM v. 27.05.1918) aus Garnison-Bttr. Antwerpen
Ersatztr. Teil:	Ers.Btl./Fußart.Rgt. 2
Unterstellung:	[01.07.1918 – 06.11.1918] Gouv. Antwerpen *Krgl./FpÜb* [13.11.1918 – 28.12.1918] 4. Armee *FpÜb*
Demobil:	Ende Dez. 1918 aufgelöst;[4] Abw.Stelle bei Fußart.Rgt. 2

---

[1] FpÜb v. 18.12.1918, nicht mehr 28.12.1918
[2] Nicht mehr in Ers.FpÜb v. 15.01.1919
[3] Noch in Ers.FpÜb v. 12.03.1919
[4] Nicht mehr in FpÜb v. 03.01.1919

Garnison-Batterie Nr. 17

Formation:	27.05.1918 (gem. KM v. 27.05.1918) aus Garnison-Bttr. beim Ers.Btl./Fußart.Rgt. 10
Ersatztr. Teil:	Ers.Btl./Fußart.Rgt. 10
Unterstellung:	Gouv. Straßburg; ab Okt. 1918 zu 1. Fußart.Garnison-Btl. Straßburg (Standort Ostwald/Elsass)
Demobil:	10.11.1918 in Arolsen aufgelöst;[1] Abw.Stelle bei Fußart.Rgt. 10

Garnison-Batterie Nr. 18

Formation:	27.05.1918 (gem. KM v. 27.05.1918) aus Garnison-Bttr. beim Ers.Btl./Fußart.Rgt. 14
Ersatztr. Teil:	Ers.Btl./Fußart.Rgt. 14
Unterstellung:	Gouv. Straßburg; ab Okt. 1918 zu 1. Fußart.Garnison-Btl. Straßburg
Demobil:	Anf. Dez. 1918 aufgelöst;[2] Abw.Stelle bei Fußart.Rgt. 14

Württ. Garnison-Batterie Nr. 19

Formation:	12.09.1918 durch Stellv. Gen.Kdo XIII. AK (gem. KM v. 29.07.1918 u. württ. KM v. 12.09.1918) aus 3. Bttr. (Garnison-Bttr.) des Ers.Btl./Fußart.Rgt. 13
Ersatztr. Teil:	Ers.Btl./Fußart.Rgt. 13
Unterstellung:	[19.09.1918 – 01.11.1918] Gouv. Straßburg *D.Fußa./Krgl.* (Standort Illkirch-Grafenstaden)
Demobil:	Anf. Dez. 1918 in Ulm aufgelöst;[3] Abw.Stelle bei Fußart.Rgt. 13

Garnison-Batterie Nr. 20

Formation:	Aug. 1918 durch Gouv. Straßburg (gem. KM v. 10.08.1918)
Ersatztr. Teil:	Ers.Btl./Fußart.Rgt. 10
Unterstellung:	Gouv. Straßburg; ab Okt. 1918 zu 1. Fußart.Garnison-Btl. Straßburg (Standort Lingolsheim/Elsass)
Demobil:	14.12.1918 aufgelöst;[4] Abw.Stelle bei Fußart.Rgt. 10

---

[1] Demob.Üb. XV. AK 1. Nachtrag v. 15.03.1919; nicht mehr in Ers.FpÜb v. 12.12.1918
[2] Nicht mehr in Ers.FpÜb v. 12.12.1918
[3] Nicht mehr in Ers.FpÜb v. 12.12.1918
[4] Demob.Üb. XV. AK v. 25.04.1919; nicht mehr in Ers.FpÜb v. 12.12.1918

Garnison-Batterie Nr. 21

Formation: Aug. 1918 durch Gouv. Straßburg (gem. KM v. 10.08.1918)
Ersatztr. Teil: Ers.Btl./Fußart.Rgt. 10
Unterstellung: Gouv. Straßburg; ab Okt. 1918 zu 1. Fußart.Garnison-Btl. Straßburg (Standort Lingolsheim/Elsass)
Demobil: 14.12.1918 aufgelöst;[1] Abw.Stelle bei Fußart.Rgt. 10

Garnison-Batterie Nr. 22

Formation: Anf. Nov. 1918 durch Gouv. Straßburg geplante Aufstellung (gem. KM v. 05.11.1918) durch Umbenennung der 3. Bttr./Ldst.Fußart.Btl. XIV. AK wurde nicht mehr vollzogen[2]
Unterstellung: 2. Fußart.Garnison-Btl. Straßburg (geplant)

Garnison-Batterie Nr. 23

Formation: Okt. 1918 durch Kdtr. Neubreisach (gem. KM v. 21.10.1918)
Ersatztr. Teil: Ers.Btl./Fußart.Rgt. 14
Unterstellung: Kdtr. Neubreisach
Demobil: Ende Nov. 1918 aufgelöst;[3] Abw.Stelle bei Fußart.Rgt. 14

Garnison-Batterie Nr. 24

Formation: Okt. 1918 durch Kdtr. Neubreisach (gem. KM v. 21.10.1918) aus 5. Ers.Bttr./Fußart.Rgt. 14
Ersatztr. Teil: Ers.Btl./Fußart.Rgt. 14
Unterstellung: Kdtr. Neubreisach
Demobil: Ende Nov. 1918 aufgelöst;[4] Abw.Stelle bei Fußart.Rgt. 14

Garnison-Batterie Nr. 25–28

Formation: Anf. Nov. 1918 durch Gouv. Straßburg beabsichtigte Aufstellung (gem. KM v. 05.11.1918) durch Umbenennung von Ldst.Fußart.Bttr. wurde nicht mehr vollzogen:[5]
Garnison-Bttr. 25–28 aus 4.–6. Bttr./Ldst.Fußart.Btl. XIV. AK
Garnison-Bttr. 29 aus 6. Bttr./Ldst.Fußart.Btl. I. AK
Unterstellung: 2. Fußart.Garnison-Btl. Straßburg (geplant)

---

[1] Demob.Üb. XV. AK v. 25.04.1919; nicht mehr in Ers.FpÜb v. 12.12.1918
[2] In den FpÜb u. Krgl. werden die Bttr. weiter unter ihrer alten Bezeichnung aufgeführt.
[3] Nicht mehr in FpÜb v. 04.12.1918
[4] Nicht mehr in FpÜb v. 04.12.1918
[5] In den FpÜb u. Krgl. werden die Bttr. weiter unter ihrer alten Bezeichnung aufgeführt.

Brückenschutz-Batterien

In der Festung Germersheim wurden seit Oktober 1914 insgesamt drei unbespannte Brückenschutz-Batterien zum Schutz der Rheinbrücke und der Festungsanlagen aufgestellt. Sie besaßen nur eine geringe Stärke von 4 Offizieren sowie 88 Unteroffizieren und Mannschaften.[1] Bereits im Februar 1916 erfolgte ihre Umbenennung in Flak-Batterien.

Bayer. Brückenschutz-Batterie Germersheim Nr. 1
(auch Flak-Bttr. Oggersheim genannt)

Formation:	30.10.1914 durch Gouv. Germersheim (gem. Mob.Plan)
Bewaffnung:	10 cm Kan., seit Juni 1915 9 cm Kan.
Ersatztr. Teil:	Ers.Btl./1. bayer. Fußart.Rgt.
Unterstellung:	Gouv. Gemersheim, ab 18.06.1915 in Ludwigshafen
Verbleib:	28.02.1916 umgewandelt in bayer. Flak-Bttr. 43 u. 44
Quellen:	Bayer. WGB

Bayer. Brückenschutz-Batterie Germersheim Nr. 2

Formation:	07.07.1915 durch Ers.Btl./1. bayer. Fußart.Rgt. (gem. bayer. KM v. 27.06.1915)
Bewaffnung:	9 cm Kan.
Ersatztr. Teil:	Ers.Btl./1. bayer. Fußart.Rgt.
Unterstellung:	Gouv. Germersheim
Verbleib:	28.02.1916 umgewandelt in bayer. Flak-Bttr. 43
Quellen:	Bayer. WGB

Bayer. Brückenschutz-Batterie Germersheim Nr. 3

Formation:	27.01.1916 durch Gouv. Germersheim
Bewaffnung:	9 cm Kan.
Ersatztr. Teil:	Ers.Btl./1. bayer. Fußart.Rgt.
Unterstellung:	Gouv. Germersheim
Verbleib:	28.02.1916 umgewandelt in bayer. Flak-Bttr. 44
Quellen:	Bayer. WGB

---

[1] Bayer. KM Nr. 58.139 vom 27.06.1915. KA, MKr 13.483, Prod. 471

8. Parks für Zugmaschinen

Dampfpflug-Lokomotiv-Parks

Für die Beförderung der schwersten Batterien standen zu Beginn des Krieges nur in geringem Umfang Schlepper in Form von Dampfpflug-Lokomotiven zur Verfügung. Hierbei handelte es sich um schwerfällige Dampftraktoren verschiedener Fabrikate, die vor allem aus der Landwirtschaft stammten. Trotz des umständlichen Dampfantriebs, der viel Wasser und Kohle erforderte, waren diese Schlepper im Betrieb noch zuverlässiger als die verfügbaren Schlepper mit Benzinmotoren. Bei der Mobilmachung kamen drei Dampfpflug-Lokomotiv-Parks zur Aufstellung: zwei für die schweren Küsten-Mörser-Batterien 1 und 2 sowie einer für den Transport von 15 cm-Kanonen in Schirmlafette. Mit der Einführung leistungsstarker Kraftzugmaschinen 1915/16 verloren die Dampfpflug-Lokomotiven an Bedeutung und wurden zunehmend durch die Kraftzugschlepper ersetzt.[1]

Bei der Mobilmachung wurden die Dampfpflug-Lokomotiv-Parks in folgender Stärke aufgestellt:

Dampfpflug-Lokomotiv-Park Nr. 1 u. 2 (für schwere Küstenmörser) 1914	Dampfpflug-Lokomotiv-Park Nr. 3 (für 15 cm-Kanonen in Schirmlafette) 1914
1 Hauptmann oder Leutnant (Führer) 1 Leutnant oder vertraglich verpflichteter Ingenieur 1 Feldwebel 5 Unteroffiziere 55 Gefreite, Gemeine oder vertraglich verpflichtete Zivilpersonen als Lokomotivführer 1 Schirrmeister 2 Trainsoldaten 6 Führer und Begleiter von Kleinautos 25 Dampfpfluglokomotiven 3 Kleinautos 3 große Tenderwagen 12 (bzw. 14) kleine Tenderwagen	1 Hauptmann oder Leutnant (Führer) 1 Leutnant oder vertraglich verpflichteter Ingenieur 1 Feldwebel 2 Unteroffiziere 29 Gefreite, Gemeine oder vertraglich verpflichtete Zivilpersonen als Lokomotivführer 2 Schirrmeister 2 Trainsoldaten 6 Führer und Begleiter von Kleinautos 11 Dampfpfluglokomotiven 1 Straßenlokomotive 3 Kleinautos 2 große Tenderwagen 6 kleine Tenderwagen
Gesamtstärke: 2 Offz., 70 Unteroffz. u. Mannsch.	2 Offz., 42 Unteroffz. u. Mannsch.

Da die mit 15 cm-Kanonen in Schirmlafette ausgestatteten Batterien bald getrennt eingesetzt wurden, teilte das KM am 09.12.1915 den Dampfpflugpark Nr. 3 in zwei kleinere Parks Nr. 3 und 4 mit neuer Stärke:[2]

---

[1] EB der schw. Art. Bd. II, S. 426 f.; Schindler, Eine 42 cm Mörser-Batterie im Weltkrieg, S. 69–72
[2] KM Nr. 1020/11.15 A 5. BA-MA, PH 3/1847, Bl. 173

Dampfpflug-Lokomotiv-Park Nr. 3 1915	Dampfpflug-Lokomotiv-Park Nr. 4 1915
1 Oberleutnant oder Leutnant (Führer) 1 Feldwebel 1 Schirrmeister 3 Unteroffiziere 6 Gefreite 26 Gemeine 1 Trainsoldat 3 Kraftwagenführer 1 Sanitätssoldat 9 Dampfpfluglokomotiven 12 Anhängewagen 2 Personenkraftwagen	1 Oberleutnant oder Leutnant (Führer) 2 Unteroffiziere 1 Gefreiter 12 Gemeine 1 Trainsoldat 1 Kraftwagenführer 1 Sanitätssoldat 6 Dampfpfluglokomotiven 13 Anhängewagen 1 Personenkraftwagen 4 Wasserwagen 1 Pumpe auf Wagen
Gesamtstärke: 1 Offz., 42 Unteroffz. u. Mannsch.	1 Offz., 18 Unteroffz. u. Mannsch.

Für die Reparatur der Schlepper wurde ein Zugmaschinen-Park in Essen, später Opladen eingerichtet, der zunächst 60 Mann umfasste, 1916 aber mit Reparaturwerkstätten und Ersatzteillager bereits über 1000 Mann umfasste. Neben der Bereitstellung von Zugmaschinen sorgte er mit eigenen Fahrschulen für die Ausbildung der Kraftfahrer und führte auch besondere Lehrkurse für die Offiziere und Mannschaften der schwersten Batterien durch.[1]

Dampfpflug-Lokomotiv-Park Nr. 1
(für schw. Küsten-Mörser-Bttr. Nr. 1, später Nr. 5)

Aufstellung: 02.08.1914 durch VIII. AK in Köln (gem. Mob.Plan)

Ersatztr.Teil: Ers.Btl./Fußart.Rgt. 9

Unterstellung: [08.08.1914 – 18.08.1914] schw. Küsten-Mörser-Bttr. 1 *Krgl.*
  [05.01.1915 – 09.08.1915] schw. Küsten-Mörser-Bttr. 5 *LÜW*

Verbleib: Herbst 1915 (?) aufgelöst

Dampfpflug-Lokomotiv-Park Nr. 2
(für schw. Küsten-Mörser-Bttr. Nr. 2)

Aufstellung: 02.08.1914 durch XV. AK in Straßburg (gem. Mob.Plan)

Ersatztr.Teil: Ers.Btl./Fußart.Rgt. 10

Unterstellung: [18.08.1914 – 09.08.1915] schw. Küsten-Mörser-Bttr. 2 *Krgl./LÜW*

Verbleib: Febr. 1916 aufgelöst (gem. KM v. 09.02.1916)

---

[1] EB der schw. Art. Bd. II, S. 426 f.; Schindler, Eine 42 cm Mörser-Batterie im Weltkrieg, S. 71 f.

Dampfpflug-Lokomotiv-Park Nr. 3
(für 15 cm Kan. in Schirmlafette)

Aufstellung:	02.08.1914 durch XVI. AK in Metz (gem. Mob.Plan),		
	09.12.1915 Teile abgegeben zur Aufstellung des Dampfpflug-Lok-Parks Nr. 4		
Ersatztr.Teil:	Ers.Btl./Fußart.Rgt. 8		
Unterstellung:	[02.08.1914 – 01.10.1914]	OHL, Metz	*Krgl.*
	[05.01.1915 – 08.09.1916]	4. Armee	*LÜW/Krgl.*
	[19.09.1916 – 01.06.1918]	5. Armee	*Krgl.*
	[03.07.1918]	A.Abt. B	*D.Fußa.*
Zuteilungen:	[09.08.1915 – 01.02.1917]	7. Bttr./Fußart.Rgt. 8	*LÜW/Üb.Fußa.*
Verbleib:	Dez. 1918 (?) aufgelöst; Abw.Stelle bei Fußart.Rgt. 8		

Dampfpflug-Lokomotiv-Park Nr. 4
(für 15 cm Kan. in Schirmlafette)

Aufstellung:	09.12.1915 durch Armee-Abt. Strantz (gem. KM v. 09.12.1915) aus Teilen des Dampfpflug-Lok-Parks Nr. 3		
Ersatztr.Teil:	Ers.Btl./Fußart.Rgt. 8		
Unterstellung:	[09.12.1915 – 02.02.1917]	A.Abt. Strantz	*DW/Krgl.*
	[02.02.1917 – 03.11.1918]	A.Abt. C	*LÜW/Krgl.*
Zuteilungen:	[07.10.1916 – 01.02.1917]	8. Bttr./Fußart.Rgt. 8	*Üb.Fußa.*
Verbleib:	Dez. 1918 (?) aufgelöst; Abw.Stelle bei Fußart.Rgt. 8		

Zugmaschinen-Park der Fußartillerie (Opladen)

Aufstellung:	Herbst 1914 (?) durch Art.Prüf.Komm.
Ersatztr.Teil:	?
Unterstellung:	Gouv. Köln
Verbleib:	ab Ende Nov. 1918 in Bielefeld, März 1919 (?) aufgelöst;[1] Abw.Stelle bei Art.Prüf.Komm.

---

[1] Ers.FpÜb v. 04.12.1918 – 12.03.1919

Armee-Fußartillerie-Kraftzug-Parks

Nachdem 1915/16 leistungsfähige Schlepper mit Benzolmotoren entwickelt worden waren, konnten zunehmend Batterien mit Kraftschleppern ausgestattet werden. Dampfpflug-Lokomotiven wurden nicht mehr beschafft. Außerdem schuf die OHL als Reserve für die Beförderung schwerer unbespannter Geschütze, besonders der langen 15 cm-Kanonen und 21 cm-Mörser, 1916/17 insgesamt zehn Fußartillerie-Kraftzug-Parks, sodass allmählich jede Armee im Westen ihren eigenen Park besaß. Ein Park verfügte über neun Armeelastzüge mit Anhänger, eingerichtet für Lastenverteilergerät, in dem die Geschütze zwischen Lastzug und Anhänger aufgehängt wurden. In diesem Trägergerüst konnten alle Arten der schweren, ungefederten Geschütze auf Straßen transportiert werden, wobei das Gewicht auf mehrere Achsen verteilt war.[1] Die Kraftzug-Parks wurden von den Kraftfahrtruppen aufgestellt, von denen auch überwiegend das Personal stammte, doch gehörten sie ebenso zur Fußartillerie. Um Verwechslungen mit den Kraftzuparks der Batterien zu vermeiden, führten sie seit 16.09.1916 die Bezeichnung „Armee-Kraftzug-Parks."[2]

Ein Park hatte nach Erl. vom 03.02.1916 etwa die gleiche Stärke wie die Kraftwagenstaffel eines Fußartillerie-Bataillons:[3]

Fußartillerie-Kraftzug-Park 1916	1918

1 Leutnant (Führer)
 1 Feldwebel
 1 Unterzahlmeister oder Unteroffizier
 4 Unteroffiziere ⎫ der Kraftfahrtruppen,
 4 Gefreite ⎬ darunter: 2 Kraftradfahrer
 24 Gemeine ⎭ 12 Kraftwagenführer,
                12 Begleiter, 2 Monteure
 	
 2 Unteroffiziere ⎫ der Fußartillerie, darunter:
 4 Gefreite ⎬ 11 Bremser, 1 Schreiber
 22 Gemeine ⎭ 8 Handwerker
 1 Sanitätsunteroffizier
 	
 9 Armeelastzüge, eingerichtet für Lastenverteiler, mit Trägergerüsten zum Lastenverteiler
 9 Anhänger zur Beförderung von Munition usw.
 1 Armeelastzug für Betriebsstoffe und Vorräte
 1 Armeekraftwagen als Werkstatt
 1 Personenkraftwagen
 2 Krafträder
	1 Hauptmann oder Leutnant (Führer)
	 1 Leutnant
	 1 Unterzahlmeister
	 1 Feldwebel
	 9 Unteroffiziere
	 8 Gefreite
	 56 Gemeine, darunter:
	   39 Kraftwagenführer
	   10 Begleiter (davon 9 Fußartilleristen)
	   2 Kraftradfahrer
	   9 Fachhandwerker (zugleich Bremser)
	   4 Handwerker (Schneider usw.)
	 1 Sanitätsunteroffizier
	 2 Trainsoldaten (Burschen)
	
	 9 Armeelastzüge, eingerichtet für Lastenverteiler
	 2 Artillerie-Kraftzugmaschinen
	 9 schwere Lastkraftwagen für Nutzlast (oder Artillerie-Kraftschlepper)
	 3 schwere Lastkraftwagen (für Betriebsstoff, Werkstatt und Geräte)
	 1 Anhänger-Feldküche
	 1 Personenkraftwagen
	 2 Kleinkraftwagen
	 2 Krafträder

Gesamtstärke: 1 Offz., 63 Unteroffz. u. Mannsch.	2 Offz., 78 Unteroffz. u. Mannsch.

Nach der am 25.02.1918 ausgegebenen Stärkenachweisung – nunmehr unter Kraftfahrtruppen – war eine Verstärkung der Mannschaften und Lastkraftwagen eingetreten.[1]

---

[1] Wrisberg, Wehr und Waffen, S. 51, 61; vgl. Fußartillerie Bd. 1, S. 360 f.
[2] KM Nr. 2358/8. 16 A 5. BA-MA, PH 3/1848, Bl. 322
[3] KM Nr. 1516/1. 16 A 5. KA, MKr 13.487, Prod. 1145

Mit Erl. vom 17.04.1916 legte das KM die Ausstattung mit Lastenverteilergerät für die Armeen in folgender Weise fest:[2]

3. Armee 20 Lastenverteiler für russ. lange 15 cm Kan.
4. Armee 8 Lastenverteiler für lange 15 cm Kan. und 4 für russ. lange 15 cm Kan.
5. Armee 40 Lastenverteiler für Mörser
6. Armee 8 Lastenverteiler für Mörser

Für die Ausbildung am Lastenverteilergerät wurde am 08.01.1917 ein besonderer Lehrgang bei der Ersatz-Abteilung 5 des Kraftfahr-Bataillons in Düsseldorf eingerichtet.[3]

Mit der Einführung von Artillerie-Kraftzugmaschinen für die schweren Batterien im Jahre 1917 gewann die Motorisierung der Fußartillerie mehr und mehr an Bedeutung. Zur Überwachung des gesamten Geräts wurde am 01.05.1918 die Stelle eines „Inspizienten des Fußartillerie-Kraftzuggeräts" mit folgender Stärke geschaffen:[4]

1 Inspizient, 1 Leutnant (Adjutant), 1 Maschinenmeister, 1 Unteroffizier, 2 Trainsoldaten.

Inspizient des Fußartillerie-Kraftzuggeräts

Aufstellung: 01.05.1918 (gem. KM v. 01.05.1918)

Ersatztr.Teil: Ers.Btl./1. Garde-Fußart.Rgt.

Unterstellung: Kriegsministerium

Verbleib: Dez. 1918 (?) aufgelöst; Abw.Stelle bei Garde-Fußart.Rgt.

Armee-Fußartillerie-Kraftzug-Park Nr. 1

Aufstellung: 03.02.1916 durch Ers.Abt. 5 des Kraftfahr-Btl. (gem. KM v. 03.02.1916), mobil seit 14.03.1916

Ersatztr.Teil: Zugmaschinen-Park Opladen

Unterstellung:
[22.02.1916 – 01.03.1917] 5. Armee *DW/Krgl.*
[13.03.1917 – 01.04.1917] 7. Armee *D.Fußa./Krgl.*
[07.05.1917 – 01.03.1918] 1. Armee *Krgl.*
[01.04.1918 – 18.04.1918] 7. Armee *Krgl./D.Fußa.*
[27.04.1918 – 11.08.1918] 1. Armee *Krgl.*
[19.08.1918] 9. Armee *D.Fußa.*
[30.08.1918 – 03.01.1919] 1. Armee *D.Fußa./Krgl.*

Verbleib: Anf. Jan. 1919 aufgelöst;[5] Abw.Stelle bei Kraftfahr-Ers.Abt. 3 in Guben

---

[1] KM Nr. 1600. 2. 18 A 7 V. Vorschrift „Mobile Kraftfahrverbände"
[2] KM Nr. 2887/3. 16 A 5. KA, MKr 13.488, Prod. 1332
[3] Artillerie-Prüfungskommission vonm 08.01.1917. KA, MKr 13.491, Prod. 1960
[4] KM Nr. 3706/1. 18 A 5. KA, Stellv. Gen.Kdo. I. bayer. AK, Bd. 210
[5] Nicht mehr in FpÜb v. 15.01.1919

Armee-Fußartillerie-Kraftzug-Park Nr. 2

Aufstellung:	15.02.1916 durch Ers.Abt. 5 des Kraftfahr-Btl. (gem. KM v. 15.02.1916), mobil seit 29.03.1916
Ersatztr.Teil:	Zugmaschinen-Park Opladen

Unterstellung:	[22.02.1916 – 18.09.1918]	7. Armee	*DW/FpÜb*
	[01.10.1918 – 10.10.1918]	3. Armee	*Krgl./D.Fußa.*
	[15.10.1918 – 23.10.1918]	1. Armee	*Krgl./FpÜb*
	[30.10.1918 – 04.12.1918]	3. Armee	*FpÜb*

Verbleib:	Anf. Dez. 1918 aufgelöst;[1] Abw.Stelle bei Kraftfahr-Ers.Abt. 10 in Hannover

Armee-Fußartillerie-Kraftzug-Park Nr. 3 (bayer.)

Aufstellung:	09.04.1916 durch Insp. des Kraftfahrwesens (gem. KM v. 29.03.1916 u. bayer. KM v. 12.04.1916), mobil seit 11.05.1916
Ersatztr.Teil:	Zugmaschinen-Park Opladen u. Ers.Btl./3. bayer. Fußart.Rgt.

Unterstellung:	[22.02.1916 – 25.09.1918]	6. Armee	*DW/Krgl./FpÜb*
	[30.09.1918 – 13.11.1918]	4. Armee	*Krgl./FpÜb*

Verbleib:	Mitte Nov. 1918 aufgelöst;[2] Abw.Stelle bei 3. bayer. Fußart.Rgt.

Armee-Fußartillerie-Kraftzug-Park Nr. 4

Aufstellung:	17.04.1916 durch Ers.Abt. 5 des Kraftfahr-Btl. (gem. KM v. 17.04.1916)
Ersatztr.Teil:	Zugmaschinen-Park Opladen

Unterstellung:	[01.05.1916 – 01.09.1916]	3. Armee	*DW/Krgl.*
	[01.10.1916 – 07.10.1916]	8. Armee	*Krgl./Üb.Fußa.*
	[05.11.1916 – 01.04.1917]	3. Armee	*D.Fußa./Krgl.*
	[12.04.1917 – 03.06.1917]	1. Armee	*D.Fußa./Krgl.*
	[15.08.1917 – 01.05.1918]	3. Armee	*D.Fußa./Krgl.*
	[06.06.1918 – 19.06.1918]	1. Armee	*D.Fußa./Krgl.*
	[03.07.1918 – 01.09.1918]	3. Armee	*D.Fußa./Krgl.*
	[09.09.1918 – 25.09.1918]	2. Armee	*D.Fußa./FpÜb*
	[01.10.1918 – 12.11.1918]	A.Abt. B	*D.Fußa./Krgl.*
	[13.11.1918 – 12.12.1918]	6. Armee	*D.Fußa./FpÜb*

Verbleib:	Mitte Dez. 1918 aufgelöst;[3] Abw.Stelle bei Fußart.Rgt. 7

---

[1] Nicht mehr in FpÜb v. 12.12.1918
[2] Nicht mehr in FpÜb v. 20.11.1918
[3] Nicht mehr in FpÜb v. 18.12.1918

Armee-Fußartillerie-Kraftzug-Park Nr. 5

Aufstellung:	17.04.1916 durch Ers.Abt. 5 des Kraftfahr-Btl. (gem. KM v. 17.04.1916)		
Ersatztr.Teil:	Zugmaschinen-Park Opladen		
Unterstellung:	[01.05.1916 – 01.09.1918]	4. Armee	*DW/Krgl.*
	[13.09.1918 – 22.01.1919]	5. Armee	*D.Fuβa./FpÜb*
Verbleib:	ab Ende Jan. 1919 in Apen (Oldenburg), März 1919 (?) aufgelöst;[1] Abw.Stelle bei Fußart.Rgt. 7		

Armee-Fußartillerie-Kraftzug-Park Nr. 6

Aufstellung:	02.06.1916 durch Ers.Abt. 5 des Kraftfahr-Btl. (gem. KM v. 02.06.1916), mobil seit 14.07.1916		
Ersatztr.Teil:	Zugmaschinen-Park Opladen		
Unterstellung:	[19.06.1916 – 12.12.1916]	A.Abt. Strantz	*DW/Krgl.*
	[09.01.1917 – 09.03.1917]	A.Abt. A	*D.Fuβa./Krgl.*
	[01.04.1917 – 01.08.1917]	7. Armee	*Krgl.*
	[26.08.1917 – 01.10.1917]	5. Armee	*D.Fuβa./Krgl.*
	[01.11.1917 – 01.12.1917]	7. Armee	*Krgl.*
	[15.12.1917]	Hirson	*D.Fuβa.*
	[01.01.1918 – 01.07.1918]	18. Armee	*Krgl.*
	[28.07.1918]	7. Armee	*D.Fuβa.*
	[10.08.1918 – 12.12.1918]	18. Armee	*AB/FpÜb*
Verbleib:	ab Mitte Dez. 1918 in Frankfurt (Main), März 1919 (?) aufgelöst;[2] Abw.Stelle bei Kraftfahr-Ers.Abt. 18 in Lich (Oberhessen)		

Armee-Fußart. Kraftzug-Park Nr. 7

Aufstellung:	02.06.1916 durch Ers.Abt. 5 des Kraftfahr-Btl. (gem. KM v. 02.06.1916)		
Ersatztr.Teil:	Zugmaschinen-Park Opladen		
Unterstellung:	[19.06.1916 – 15.03.1918]	A.Abt. A	*DW/Krgl.*
	[07.04.1918 – 01.06.1918]	6. Armee	*D.Fuβa./Krgl.*
	[06.06.1918 – 18.12.1918]	7. Armee	*D.Fuβa./FpÜb*
Verbleib:	ab Ende Dez. 1918 in Weinheim (Bergstr.), Ende Jan. 1919 aufgelöst;[3] Abw.Stelle bei Kraftfahr-Ers.Abt. 14 in Durlach		

---

[1] FpÜb v. 29.01.1919 – 12.03.1919
[2] FpÜb v. 18.12.1918 – 12.03.1919
[3] FpÜb v. 28.12.1918 – 22.01.1919

Armee-Fußartillerie-Kraftzug-Park Nr. 8

Aufstellung:	14.03.1917 durch Ers.Abt. 5 des Kraftfahr-Btl. (gem. KM v. 14.03.1917)		
Ersatztr.Teil:	Zugmaschinen-Park Opladen		
Unterstellung:	[17.04.1917 – 01.09.1918]	2. Armee	*Krgl.*
	[09.09.1918 – 04.12.1918]	3. Armee	*D.Fußa./FpÜb*
Verbleib:	Anf. Dez. 1918 aufgelöst;[1] Abw.Stelle bei Kraftfahr-Ers.Abt. 2 in Stettin		

Armee-Fußartillerie-Kraftzug-Park Nr. 9

Aufstellung:	29.03.1917 durch Ers.Abt. 5 des Kraftfahr-Btl. (gem. KM v. 29.03.1917)		
Ersatztr.Teil:	Zugmaschinen-Park Opladen		
Unterstellung:	[12.04.1917 – 01.02.1918]	A.Abt. B	*D.Fußa./Krgl.*
	[01.03.1918 – 01.09.1918]	3. Armee	*Krgl.*
	[18.09.1918 – 25.09.1918]	17. Armee	*FpÜb*
	[02.10.1918 – 03.01.1919]	A.Abt. C	*FüÜb*
Verbleib:	Anf. Jan. 1919 aufgelöst;[2] Abw.Stelle bei Art.Prüf.Komm.		

Armee-Fußartillerie-Kraftzug-Park Nr. 10

Aufstellung:	07.05.1917 durch Ers.Abt. 5 des Kraftfahr-Btl. (gem. KM v. 07.05.1917)		
Ersatztr.Teil:	Zugmaschinen-Park Opladen		
Unterstellung:	[03.06.1917 – 13.07.1917]	1. Armee	*Krgl.*
	[07.08.1917 – 01.06.1918]	5. Armee	*D.Fußa./Krgl.*
	[06.06.1918 – 14.06.1918]	7. Armee	*D.Fußa./Krgl.*
	[11.07.1918]	1. Armee	*Krgl.*
	[20.07.1918 – 09.10.1918]	9. Armee	*Krgl./FpÜb*
	[10.10.1918 – 15.10.1918]	18. Armee	*D.Fußa./Krgl.*
	[16.10.1918 – 20.11.1918]	1. Armee	*FpÜb*
	[04.12.1918 – 18.12.1918]	7. Armee	*FpÜb*
Verbleib:	Ende Dez. 1918 aufgelöst;[3] Abw.Stelle bei Kraftfahr-Ers.Abt. 11 in Apolda		

---

[1] Nicht mehr in FpÜb v. 12.12.1918
[2] Nicht mehr in FpÜb v. 15.01.1919
[3] Nicht mehr in FpÜb v. 28.12.1918

9. Parkformationen der Belagerungsartillerie

Bei der Belagerung größerer Festungen wurden im Kriege besondere Belagerungsarmeen mit zugeteilten Fußartillerieverbänden gebildet, wie dies im August bis September 1914 vor Namur, Lüttich, Maubeuge und Antwerpen der Fall war. Die eingesetzten Formationen sollten abschnittsweise Fußartillerie-Brigade-Kommandos unterstellt werden. Zu jeder Brigade gehörte ein Parkkomando mit einem Park-Bataillonsstab, dem nach Bedarf mehrere Park-Kompanien unterstellt wurden.

Das Parkkomando sorgte für die Anlage eines Belagerungsparks und überwachte dessen Dienstbetrieb. In dem Park wurden die erforderlichen Geschütze, Fahrzeuge, Geräte und Munitonsvorräte der Fußartillerie bereitgestellt, sofern sie nicht zur Truppe gehörten. Neben einem Munitons- und Gerätepark gehörte hierzu auch eine Werkstatt der Belagerungsartillerie. Für die nötigen Arbeitskräfte sorgten die unterstellten Park-Kompanien, die alle Tätigkeiten in den Parks verrichteten.[1]

Von dem möglichst an einem Eisenbahngleis angelegten Park führten Feld- oder Förderbahnen zu den Übernahmestellen, an denen die Feldtruppen ihre Munition in Empfang nahmen, von den Übernahmestellen wiederum Förderbahnen zu den Feuerstellungen. Die Förderbahnen (mit Pferdezug) wurden von den Park-Kompanien angelegt und betrieben, denen ein besonderer Förderbahntrupp zugeteilt war.[2]

Hierzu entstanden bei der Mobilmachung für jedes Fußartillerie-Brigade-Kommando ein Parkkommando, mehrere Stäbe für Park-Bataillone und eine große Anzahl von Parkkompanien bei den Fußartillerie-Bataillonen, zu denen im August 1914 noch einige Parkkolonnen kamen.

Durch den Übergang zum Stellungskrieg verlor diese auf Brigaden beruhende Organsation ihre Bedeutung. Daher wurden im Sommer 1915 die Stäbe für Parkkommandos und Park-Bataillone sowie die Parkkolonnen wieder aufgelöst. Seit Januar 1916 entstanden aber die Artillerie-Park-Kommandos erneut als Armeetruppe.

Stäbe für Parkkommandos

Bei der Mobilmachung wurden für die Fußartillerie-Brigade-Kommandos Nr. 1–7 und bayer. Nr. 1 Parkkommandos mit gleicher Nummer in folgender Stärke aufgestellt:[3]

Parkkommando einer Fußartillerie-Brigade 1914	1914
1 Kommandeur (Regimentskommandeur)	2 Zeugfeldwebel (oder Feuerwerker)
1 Leutnant (Adjutant)	9 Oberfeuerwerker oder Feuerwerker
1 Zeughauptmann	6 Schirrmeister
1 Zeugleutnant	11 Trainsoldaten
1 Feuerwerkshauptmann	4 Kraftwagenführer und Begleiter
2 Feuerwerksleutnante	2 zweispännige Packwagen
1 Zahlmeister	2 Personenkraftwagen
Gesamtstärke: 8 Offz., 32 Unteroffz. u. Mannsch.; 11 Reit- u. 4 Zugpferde	

Die Parkkommandos sorgten für die Einrichtung von Artillerieparks, verwalteten deren Bestände und organisierten die Transportwege des Munitionsnachschubs. Dazu waren ihnen Stäbe der Park-Bataillone, Parkkompanien, Werkstätten der Belagerungsartillerie und Munitions-Kolonnen

---

[1] Reichsarchiv, Kriegsrüstung und Kriegswirtschaft, Anlagenband, S. 401
[2] Exerzier-Reglement für die Fußartillerie, Berlin 1908, S. 138 f., 143–145
[3] Zu den Fußartillerie-Brigadekommandos vgl. Fußartillerie Bd. 1, S. 5–7

unterstellt.[1] Zunächst blieben die Kommandos immobil in ihren Aufstellunsorten und rückten erst später ins Feld. Mit Erl. vom 31.07.1915 mussten alle Parkkommandos wieder aufgelöst werden, da das Zeug- und Feuerwerkspersonal dringender bei den Feldtruppen und zur Munitionsfertigung in der Heimat benötigt wurde.[2]

Bereits seit Januar 1916 entstanden erneut insgesamt 14 „Artillerie-Parkkommandos", nunmehr unter den Armeeoberkommandos, um die Lagerung und den Transport der Munition zu überwachen. Nach Erl. vom 14.07.1917 sollten sie folgende Stärke umfassen:[3]

Artillerie-Parkkommando 1917	
1 Stabsoffizier oder Hptm. 1 Leutnant (Adjutant) 1 Zeug- oder Feuerwerksoffizier 1 Zahlmeister	8 Unteroffiziere, Gefreite oder Gemeine der Feld- und Fußartillerie 4 Trainsoldaten 1 Kraftwagenführer 1 Kleinkraftwagen
Summe: 4 Offz., 13 Unteroff. u. Mannsch.	

Parkkommando des Fußartillerie-Brigadekommandos Nr. 1

Aufstellung: 02.08.1914 durch III. AK in Spandau (gem. Mob.Plan)
Ersatztr.Teil: Ers.Btl./Fußart.Rgt. 2
Unterstellung: [05.01.1915 – 20.03.1915]   Gen.Gouv. Belgien   *LÜW*
Verbleib: 22.07.1915 aufgelöst (gem. KM v. 22.07.1915)[4]

Parkkommando des Fußartillerie-Brigadekommandos Nr. 2

Aufstellung: 02.08.1914 durch XVII. AK in Thorn (gem. Mob.Plan)
Ersatztr.Teil: Ers.Btl./Fußart.Rgt. 11
Unterstellung: [22.02.1915]   Gouv. Thorn   *LÜO*
                  [01.03.1915 – 03.05.1915]   8. Armee   *DO/LÜO*
Zuteilungen: [03.05.1915]   XX. AK   *LÜO*
Verbleib: 31.08.1915 aufgelöst (gem. KM v. 31.07.1915)

---

[1] Zur Tätigkeit vgl. Schoen, Geschichte des Deutschen Feuerwerkswesens, S. 802–806; Bayer. WGB, S. 676
[2] KM Nr. 1274.15 geh. A 5. KA, MKr 13.483, Prod. 548
[3] KM Nr. 4889/6. 17 A 5. KA, MKr 13.494, Prod. 2571
[4] KM Nr. 1620/7. 15 A 5. BA-MA, PH 3/1846, Bl. 111

Parkkommando des Fußartillerie-Brigadekommandos Nr. 3

Aufstellung:	02.08.1914 durch XVI. AK in Metz (gem. Mob.Plan)		
Ersatztr.Teil:	Ers.Btl./Fußart.Rgt. 8		
Unterstellung:	[31.08.1914 – 14.09.1915]	6. Armee	*Schoen*
	[19.10.1914 – 10.08.1915]	5. Armee	*Krgl./Schoen*
Verbleib:	31.08.1915 aufgelöst (gem. KM v. 31.07.1915)		
Quellen:	Schoen, Geschichte des Deutschen Feuerwerkswesens, S. 803		

Parkkommando des Fußartillerie-Brigadekommandos Nr. 4

Aufstellung:	02.08.1914 durch XV. AK in Straßburg (gem. Mob.Plan)		
Ersatztr.Teil:	Ers.Btl./Fußart.Rgt. 10		
Unterstellung:	[19.10.1914 – 20.03.1915]	5. Armee	*Krgl./LÜW*
Verbleib:	31.08.1915 aufgelöst (gem. KM v. 31.07.1915)		

Parkkommando des Fußartillerie-Brigadekommandos Nr. 5

Aufstellung:	02.08.1914 durch VII. AK in Köln (gem. Mob.Plan)		
Ersatztr.Teil:	Ers.Btl./Fußart.Rgt. 7		
Unterstellung:	[05.01.1915 – 20.03.1915]	Gen.Gouv. Belgien	*LÜW*
Verbleib:	31.08.1915 aufgelöst (gem. KM v. 31.07.1915)		

Parkkommando des Fußartillerie-Brigadekommandos Nr. 6

Aufstellung:	02.08.1914 durch IV. AK in Magdeburg (gem. Mob.Plan)		
Ersatztr.Teil:	Ers.Btl./Fußart.Rgt. 4		
Unterstellung:	[08.12.1914 – 25.07.1915]	6. Armee	*Krgl.*
Verbleib:	31.08.1915 aufgelöst (gem. KM v. 31.07.1915)		

Parkkommando des Fußartillerie-Brigadekommandos Nr. 7

Aufstellung:	02.08.1914 durch V. AK in Posen (gem. Mob.Plan)		
Ersatztr.Teil:	Ers.Btl./Fußart.Rgt. 5		
Unterstellung:	[22.02.1915]	Gouv. Posen	*LÜO*
	[01.03.1915]	8. Armee	*DO*
	[03.05.1915]	11. Ldw.Div.	*LÜO*
Verbleib:	31.08.1915 aufgelöst (gem. KM v. 31.07.1915)		

1. Parkkommando des bayer. Fußartillerie-Brigadekommandos Nr. 1

Aufstellung:	04.09.1914 durch Stellv. Gen.Kdo. I. bayer. AK in München (gem. bayer. KM v. 31.08.1914), mobil seit 23.10.1914
Ersatztr.Teil:	Ers.Btl./1. bayer. Fußart.Rgt.
Unterstellung:	04.09.1914 – 22.10.1914 Art.Depot München *Bayer. WGB*
	26.10.1914 – 30.10.1914 5. Armee *Bayer. WGB*
Verbleib:	30.10.1914 umbenannt in Parkkdo. Nr. 1 des bayer. Fußart.Brig.Kdo. Nr. 2
Quellen:	Bayer. WGB

Parkkommando Nr. 1 des bayer. Fußartillerie-Brigadekommandos Nr. 2

Aufstellung:	30.10.1914 (gem. bayer. KM v. 30.10.1914) durch Umbenennung des Parkkommandos des bayer. Fußart.Brig.Kdo. Nr. 1
Ersatztr.Teil:	2. mob. Ers.Btl./2. bayer. Fußart.Rgt.
Unterstellung:	30.10.1914 – 17.08.1915 5. Armee *Bayer. WGB*
Verbleib:	17.08.1915 aufgelöst (gem. KM v. 31.07.1915 u. bayer. KM v. 08.08.1915)
Quellen:	Bayer. WGB

Artillerie-Parkkommando Nr. 1

Aufstellung:	Anf. Jan. 1916 durch 5. Armee (gem. KM v. 05.01.1916), sogleich mobil
Ersatztr.Teil:	Ers.Btl./Fußart.Rgt. 1
Unterstellung:	[22.02.1916 – 20.07.1916] 5. Armee *DW/Krgl.*
	[23.07.1916 – 04.11.1917] 2. Armee *DW/Krgl.*
	[31.12.1917 – 22.06.1918] 18. Armee *D.Fußa./Krgl.*
	[28.07.1918 – 18.09.1918] 9. Armee *D.Fußa./FpÜb*
	[25.09.1918 – 27.09.1918] 7. Armee *Krgl.*
	[27.09.1918 – 20.11.1918] 19. Armee *D.Fußa./FpÜb*
Verbleib:	Ende Nov. 1918 aufgelöst;[1] Abw.Stelle bei Fußart.Rgt. 1

---

[1] Nicht mehr in FpÜb v. 04.12.1918

Artillerie-Parkkommando Nr. 2

Aufstellung: Anf. Jan. 1916 durch 5. Armee (gem. KM v. 05.01.1916), sogleich mobil
Ersatztr.Teil: Ers.Btl./Fußart.Rgt. 17
Unterstellung:
[22.02.1916 – 26.07.1916]	5. Armee	*DW/Krgl.*
[23.07.1916]	2. Armee	*DW*
[27.08.1916 – 24.03.1917]	1. Armee	*DW/Krgl.*
[12.04.1917 – 01.09.1917]	6. Armee	*D.Fußa./Krgl.*
[25.09.1917]	OHL, Diedenhofen	*D.Fußa.*
[15.10.1917 – 01.01.1918]	14. Armee	*D.Fußa./Krgl.*
[26.01.1918 – 10.02.1918]	Gouv. Straßburg	*D.Fußa./Krgl.*
[13.02.1918]	Diedenhofen	*D.Fußa.*
[17.02.1918 – 24.02.1918]	HGr. Rupprecht	*D.Fußa.*
[12.04.1918 – 04.12.1918]	17. Armee	*Krgl./FpÜb*

Verbleib: Anf. Dez. 1918 aufgelöst;[1] Abw.Stelle bei Fußart.Rgt. 17

Artillerie-Parkkommando Nr. 3

Aufstellung: Anf. Jan. 1916 durch 5. Armee (gem. KM v. 05.01.1916), sogleich mobil
Ersatztr.Teil: Ers.Btl./Fußart.Rgt. 16
Unterstellung:
[22.02.1916 – 20.07.1916]	5. Armee	*DW/Krgl.*
[23.07.1916]	2. Armee	*DW*
[27.08.1916 – 01.02.1917]	1. Armee	*DW/Üb.Fußa.*
[27.03.1917]	A.Abt. B	*D.Fußa.*
[28.04.1917 – 18.12.1918]	1. Armee	*D.Fußa./FpÜb*

Verbleib: 12.12.1918 in Stockhausen durch Gen.Kdo. XXIV. Res.Korps aufgelöst;[2] Abw.Stelle ab Ende Dez. 1918 in Olvenstedt (bei Magdeburg) bei Fußart.Rgt. 16

Artillerie-Parkkommando Nr. 4

Aufstellung: Ende Juli 1916 durch 5. Armee (gem. KM v. 23.07.1916), sogleich mobil
Ersatztr.Teil: Ers.Btl./Fußart.Rgt. 10
Unterstellung:
[10.08.1916 – 19.10.1916]	5. Armee	*DW/Krgl.*
[11.12.1916 – 22.01.1917]	HGr. Mackensen	*D.Fußa./Krgl.*
[01.02.1917]	A.Abt. B	*Üb.Fußa.*
[01.04.1917 – 18.12.1918]	7. Armee	*Krgl./FpÜb*

Verbleib: ab Ende Dez. 1918 in Arolsen, März 1919 (?) aufgelöst;[3] Abw.Stelle bei Fußart.Rgt. 10

---

[1] Nicht mehr in FpÜb v. 12.12.1918
[2] Demob.Üb. XVI. AK v. 09.05.1919; FpÜb v. 28.12.1918 – 22.01.1919
[3] FpÜb v. 28.12.1918 – 12.03.1919

Artillerie-Parkkommando Nr. 5

Aufstellung:	Ende Juli 1916 durch 5. Armee (gem. KM v. 23.07.1916), sogleich mobil		
Ersatztr.Teil:	Ers.Btl./Fußart.Rgt. 7		
Unterstellung:	[10.08.1916 – 21.03.1917]	5. Armee	*DW/Krgl.*
	[06.05.1917 – 01.09.1917]	7. Armee	*Krgl.*
	[01.09.1917 – 01.04.1918]	5. Armee	*Krgl.*
	[12.04.1918 – 01.05.1918]	17. Armee	*Krgl.*
	[01.05.1918 – 01.07.1918]	5. Armee	*Krgl.*
	[14.07.1918 – 01.10.1918]	3. Armee	*D.Fußa./Krgl.*
	[09.10.1918]	19. Armee	*FpÜb*
	[16.10.1918 – 23.10.1918]	A.Abt. C	*FpÜb*
	[30.10.1918 – 12.12.1918]	3. Armee	*FpÜb*
Verbleib:	17.12.1918 bei Fulda aufgelöst;[1] Abw.Stelle bei Fußart.Rgt. 7		

Artillerie-Parkkommando Nr. 6

Aufstellung:	Ende Juli 1916 durch 5. Armee (gem. KM v. 23.07.1916), sogleich mobil		
Ersatztr.Teil:	Ers.Btl./Fußart.Rgt. 4		
Unterstellung:	[10.08.1916 – 19.10.1916]	5. Armee	*DW/Krgl.*
	[28.10.1916 – 31.05.1917]	1. Armee	*D.Fußa./Krgl.*
	[31.05.1917 – 26.06.1917]	A.Abt. B	*D.Fußa.*
	[11.07.1917]	Südarmee	*D.Fußa.*
	[26.08.1917 – 01.12.1917]	8. Armee	*D.Fußa./Krgl.*
	[05.12.1917]	Mainz	*D.Fußa.*
	[11.12.1917 – 10.02.1918]	A.Abt. B	*Krgl./Üb.Fußa.*
	[04.03.1918]	HGr. Rupprecht	*D.Fußa.*
	[12.04.1918 – 01.05.1918]	17. Armee	*Krgl.*
	[19.06.1918 – 30.08.1918]	4. Armee	*D.Fußa./Krgl.*
	[09.09.1918 – 04.12.1918]	17. Armee	*D.Fußa./FpÜb*
Verbleib:	09.12.1918 selbstständig in Köln aufgelöst;[2] Abw.Stelle bei Fußart.Rgt. 4		

---

[1] Demob.Üb. VII. AK v. 06.01.1919; FpÜb v. 28.12.1918 – 29.01.1919
[2] Demob.Üb. IV. AK v. 25.09.1919; nicht mehr in FpÜb v. 12.12.1918

Artillerie-Parkkommando Nr. 7

Aufstellung:	Mitte Aug. 1916 (gem. KM v. 14.08.1916), sogleich mobil		
Ersatztr.Teil:	Ers.Btl./Fußart.Rgt. 5		
Unterstellung:	[27.08.1916 – 24.03.1917]	1. Armee	*DW/Krgl.*
	[27.03.1917 – 01.04.1917]	3. Armee	*D.Fußa./Krgl.*
	[28.04.1917 – 31.05.1917]	1. Armee	*D.Fußa./Krgl.*
	[26.06.1917 – 01.10.1917]	5. Armee	*D.Fußa./Krgl.*
	[20.10.1917]	3. Armee	*D.Fußa.*
	[28.10.1917 – 05.12.1917]	7. Armee	*Krgl.*
	[05.12.1917 – 10.04.1918]	A.Abt. B	*D.Fußa./Krgl.*
	[09.05.1918 – 01.06.1918]	7. Armee	*Krgl.*
	[03.06.1918 – 06.06.1918]	1. Armee	*Krgl./D.Fußa.*
	[03.07.1918 – 02.10.1918]	7. Armee	*D.Fußa./Krgl.*
	[10.10.1918 – 16.10.1918]	3. Armee	*D.Fußa./FpÜb*
	[23.10.1918 – 04.12.1918]	5. Armee	*D.Fußa./FpÜb*
Verbleib:	ab Anf. Jan. 1919 in Posen, März 1919 (?) aufgelöst;[1] Abw.Stelle bei Fußart.-Rgt. 5		

Bayer. Artillerie-Parkkommando Nr. 8

Aufstellung:	Febr. 1917 durch Ers.Btl./1. bayer. Fußart.Rgt. (gem. KM v. 17.02.1917 und bayer. KM v. 12.02.1917), sogleich mobil		
Ersatztr.Teil:	Ers.Btl./1. bayer. Fußart.Rgt.		
Unterstellung:	[09.03.1917 – 20.11.1918]	6. Armee	*Krgl./FpÜb*
Verbleib:	ab 03.12.1918 in Schwabmünchen, am 13.12.1918 aufgelöst;[2] Abw.Stelle bei 1. bayer. Fußart.Rgt.		

Artillerie-Parkkommando Nr. 9

Aufstellung:	Febr. 1917 durch 4. Armee (gem. KM v. 17.02.1917), sogleich mobil		
Ersatztr.Teil:	Ers.Btl./Fußart.Rgt. 2		
Unterstellung:	[19.02.1917 – 18.02.1918]	4. Armee	*Krgl.*
	[24.02.1918 – 04.03.1918]	HGr. Rupprecht	*D.Fußa.*
	[13.04.1918 – 20.11.1918]	2. Armee	*Krgl./FpÜb*
	[04.12.1918 – 12.12.1918]	17. Armee	*FpÜb*
Verbleib:	ab Mitte Dez. 1918 in Swinemünde, März 1919 (?) aufgelöst;[3] Abw.Stelle bei Fußart.Rgt. 2		

---

[1] FpÜb v. 15.01.1919 – 12.03.1919
[2] Demob.Meldung I. bayer. AK v. 09./15.12.1918; noch in FpÜb v. 12.03.1919
[3] FpÜb v. 18.12.1918 – 12.03.1919

Sächs. Artillerie-Parkkommando Nr. 10

Aufstellung: 26.02.1917 durch 3. Armee (gem. sächs. KM v. 26.02.1917), sogleich mobil

Ersatztr.Teil: Ers.Btl./Fußart.Rgt. 12

Unterstellung:
[26.02.1917 – 01.04.1917]	3. Armee	*Krgl.*
[21.04.1917 – 14.06.1917]	1. Armee	*Krgl.*
[11.07.1917 – 01.01.1918]	öst.ung. 2. Armee	*D.Fußa./Krgl.*
[15.01.1918 – 10.02.1918]	Magdeburg	*D.Fußa./Krgl.*
[24.02.1918]	HGr. Dt. Kronprinz	*D.Fußa.*
[11.07.1917 – 01.01.1918]	öst.ung. 2. Armee	*D.Fußa./Krgl.*
[01.03.1917 – 09.04.1918]	18. Armee	*Krgl.*
[16.05.1918 – 10.09.1918]	7. Armee	*Krgl.*
[15.09.1918 – 12.12.1918]	18. Armee	*Krgl./FpÜb*

Verbleib: ab Mitte Dez. 1918 in Limbach (Sachsen), Ende Dez. 1918 aufgelöst;[1] Abw.Stelle bei Fußart.Rgt. 12

Artillerie-Parkkommando Nr. 11

Aufstellung: Mai 1917 durch Ers.Btl./Fußart.Rgt. 4 (gem. KM v. 16.05.1917), mobil seit 11.05.1917

Ersatztr.Teil: Ers.Btl./Fußart.Rgt. 4

Unterstellung:
[31.05.1917]	A.Abt. B	*D.Fußa.*
[01.06.1917]	3. Armee	*Krgl.*
[10.06.1917 – 11.08.1917]	A.Abt. B	*Krgl.*
[25.09.1917]	Gouv. Straßburg	*D.Fußa.*
[01.11.1917 – 01.12.1917]	3. Armee	*Krgl.*
[12.12.1917 – 10.06.1918]	A.Abt. B	*Krgl.*
[19.06.1918 – 20.09.1918]	4. Armee	*D.Fußa./Krgl.*
[23.09.1918 – 12.12.1918]	A.Abt. C	*Krgl./FpÜb*

Verbleib: 14.12.1918 in Magdeburg aufgelöst;[2] Abw.Stelle bei Fußart.Rgt. 4

Artillerie-Parkkommando Nr. 12

Aufstellung: Mai 1917 durch Ers.Btl./Fußart.Rgt. 10 (gem. KM v. 16.05.1917), sogleich mobil

Ersatztr.Teil: Ers.Btl./Fußart.Rgt. 10

Unterstellung:
[28.05.1917 – 20.07.1917]	6. Armee	*Krgl.*
[24.07.1917 – 19.09.1918]	4. Armee	*Krgl./AB*
[27.09.1918 – 29.01.1919]	5. Armee	*D.Fußa./FpÜb*

Verbleib: Ende Jan. 1919 aufgelöst;[3] Abw.Stelle bei Fußart.Rgt. 10

---

[1] FpÜb v. 18.12.1918 – 28.12.1918
[2] Demob.Üb. IV. AK v. 25.09.1919; FpÜb v. 18.12.1918 – 12.03.1919
[3] Nicht mehr in FpÜb v. 05.02.1919

Artillerie-Parkkommando Nr. 13

Aufstellung: 12.05.1917 durch Ers.Btl./Fußart.Rgt. 3 (gem. KM v. 16.05.1917), mobil seit 15.05.1917

Ersatztr.Teil: Ers.Btl./Fußart.Rgt. 3

Unterstellung:
[24.05.1917 – 01.11.1917]	4. Armee	*Krgl.*
[05.11.1917 – 15.11.1917]	6. Armee	*Krgl./AB*
[01.12.1917 – 18.12.1918]	4. Armee	*Krgl./FpÜb*

Verbleib: ab 25.11.1918 in Gelnhausen, am 05.12.1918 aufgelöst;[1] Abw.Stelle bei Fußart.Rgt. 3

Artillerie-Parkkommando Nr. 14

Aufstellung: Mai 1917 durch Ers.Btl./Fußart.Rgt. 9 (gem. KM v. 16.05.1917), sogleich mobil

Ersatztr.Teil: Ers.Btl./Fußart.Rgt. 9

Unterstellung:
[26.06.1917 – 01.01.1918]	5. Armee	*D.Fußa./Krgl.*
[01.02.1918 – 01.05.1918]	3. Armee	*Krgl.*
[31.05.1918 – 15.08.1918]	7. Armee	*D.Fußa.*
[19.08.1918 – 01.09.1918]	9. Armee	*D.Fußa./Krgl.*
[15.09.1918 – 03.01.1919]	18. Armee	*Krgl./FpÜb*

Verbleib: ab Anf. Jan. 1919 in Bersenbrück, März 1919 (?) aufgelöst;[2] Abw.Stelle bei Fußart.Rgt. 9

---

[1] Demob.Üb. XVIII. AK v. 20.11.1919; nicht mehr in FpÜb v. 28.12.1918
[2] FpÜb v. 15.01.1919 – 12.03.1919

Stäbe für Park-Bataillone

Zur Überwachung der Arbeiten in Artillerieparks wurden bei der Mobilmachung zehn Stäbe für Park-Bataillone aufgestellt, denen je nach Bedarf Parkkompanien unterstellt werden konnten. Die Bataillonsstäbe unterstanden wiederum den Parkkommandos. Die Stäbe waren schwächer als ein Fußartillerie-Bataillonsstab und wiesen folgende Stärke auf:

Stab eines Park-Bataillons 1914
1 Bataillonskommandeur
1 Leutnant (Adjutant)
1 Bataillonsarzt
1 Oberarzt oder Assistenzarzt
1 Zahlmeister
1 Unteroffizier (Schreiber)
11 Trainsoldaten
1 Waffenmeister
2 vierspännige Schanzzeugwagen, 1 zweispänniger Packwagen
Gesamtstärke: 5 Offz., 13 Unteroffz. u. Mannsch.; 8 Reit- u. 10 Zugpferde

Die Stäbe blieben zunächst immobil in ihren Aufstellungsorten und rückten erst später ins Feld. Da sie durch den Stellungskrieg ihre Aufgabe verloren, befahl das KM am 12.08.1915 die Auflösung aller Bataillonsstäbe.[1]

Park-Bataillonsstab Nr. 1

Aufstellung: 02.08.1914 durch V. AK in Posen (gem. Mob.Plan)
Ersatztr.Teil: Ers.Btl./Fußart.Rgt. 5
Unterstellung: [01.03.1915 – 03.08.1915]   8. Armee   *DO*
Zuteilungen: [03.05.1915 – 03.08.1915]   11. Ldw.Div.   *LÜO*
Verbleib: 31.08.1915 aufgelöst (gem. KM v. 12.08.1915)

Park-Bataillonsstab Nr. 2

Aufstellung: 02.08.1914 durch XVII. AK in Thorn (gem. Mob.Plan)
Ersatztr.Teil: Ers.Btl./Fußart.Rgt. 11
Unterstellung: [03.05.1915 – 03.08.1915]   Gouv. Thorn   *LÜO/DO*
Verbleib: 31.08.1915 aufgelöst (gem. KM v. 12.08.1915)

---

[1] KM Nr. 1364/15 geh. A 5. KA, MKr 13.484, Prod. 634

Park-Bataillonsstab Nr. 3

Aufstellung:	02.08.1914 durch I. AK in Königsberg (gem. Mob.Plan)
Ersatztr.Teil:	Ers.Btl./Fußart.Rgt. 1
Unterstellung:	[03.05.1915] 8. Armee *LÜO*
	[21.05.1915 – 03.08.1915] Gouv. Königsberg *DO*
Verbleib:	31.08.1915 aufgelöst (gem. KM v. 12.08.1915

Park-Bataillonsstab Nr. 4

Aufstellung:	02.08.1914 durch VII. AK in Köln (gem. Mob.Plan)
Ersatztr.Teil:	Ers.Btl./Fußart.Rgt. 7
Unterstellung:	[05.01.1915 – 09.08.1915] 5. Armee *LÜW*
Verbleib:	31.08.1915 aufgelöst (gem. KM v. 12.08.1915)

Park-Bataillonsstab Nr. 5

Aufstellung:	02.08.1914 durch XV. AK in Straßburg (gem. Mob.Plan)
Ersatztr.Teil:	Ers.Btl./Fußart.Rgt. 10
Unterstellung:	[05.01.1915 – 09.08.1915] 5. Armee *LÜW*
Verbleib:	31.08.1915 aufgelöst (gem. KM v. 12.08.1915)

Park-Bataillonsstab Nr. 6

Aufstellung:	02.08.1914 durch XVI. AK in Metz (gem. Mob.Plan)
Ersatztr.Teil:	Ers.Btl./Fußart.Rgt. 8
Unterstellung:	[05.01.1915 – 09.08.1915] 5. Armee *LÜW*
Verbleib:	31.08.1915 aufgelöst (gem. KM v. 12.08.1915)

Park-Bataillonsstab Nr. 7

Aufstellung:	02.08.1914 durch XVI. AK in Metz (gem. Mob.Plan)
Ersatztr.Teil:	Ers.Btl./Fußart.Rgt. 8
Unterstellung:	[05.01.1915 – 09.08.1915] 5. Armee *LÜW*
Verbleib:	31.08.1915 aufgelöst (gem. KM v. 12.08.1915)

Park-Bataillonsstab Nr. 8

Aufstellung:	02.08.1914 durch XV. AK in Straßburg (gem. Mob.Plan)		
Ersatztr.Teil:	Ers.Btl./Fußart.Rgt. 10		
Unterstellung:	[05.01.1915 – 09.08.1915]	5. Armee	*LÜW*
Verbleib:	31.08.1915 aufgelöst (gem. KM v. 12.08.1915)		

Park-Bataillonsstab Nr. 9

Aufstellung:	02.08.1914 durch XVIII. AK in Mainz (gem. Mob.Plan)		
Ersatztr.Teil:	Ers.Btl./Fußart.Rgt. 4		
Unterstellung:	[05.01.1915 – 31.08.1915]	Gen.Gouv. Belgien	*LÜW*
Verbleib:	31.08.1915 aufgelöst (gem. KM v. 12.08.1915)		

Bayer. Park-Bataillonsstab Nr. 1

Aufstellung:	02.08.1914 durch II. bayer. AK in Metz (gem. Mob.Plan)		
Ersatztr.Teil:	2. mob. Ers.Btl./2. bayer. Fußart.Rgt.		
Unterstellung:	[02.08.1914 – 25.11.1914]	Gouv. Metz	*Krgl.*
	[05.01.1915 – 20.03.1915]	5. Armee	*LÜW*
	[09.08.1915]	A.Abt. Strantz	*LÜW*
Verbleib:	Sept. 1915 aufgelöst (gem. bayer. KM v. 05.09.1915)		

Parkkompanien der Fußartillerie-Regimenter

Für den Aufbau und den Betrieb von Artillerie-Belagerungsparks wurde bei der Mobilmachung eine große Anzahl von Parkkompanien aufgestellt. Ihre Aufstellung erfolgte bei allen Fußartillerie-Bataillonen, die nicht zur schweren Artillerie des Feldheeres, sondern zu Festungsbesatzungen vorgesehen waren, nämlich bei:
– 12 Fußartillerie-Regimentern (2. Garde, Nr. 1, 2, 8, 11, 12, 13, 14, 15, 16 , 17, 2. bayer.), teilweise bei zwei Bataillonen,
– allen Reserve-Fußartillerie-Regimentern (bei Nr. 7 und 10 bei jeweils drei Bataillonen),
– allen Landwehr-Fußartillerie-Bataillonen.

Die Parkkompanien verblieben zunächst in den Festungen, um die Munitionsversorgung der einzelnen Festungsabschnitte zu organisieren. Fallweise konnten sie für den Aufbau von Belagerungsparks im Felde herangezogen und dazu den Park-Bataillonsstäben bzw. Park-Kommandos der Fußartillerie-Brigade-Kommandos unterstellt werden. Zur Anlage von Förderbahnen (mit Pferdezug) führten sie eine Förderbahneinheit für Belagerungszwecke mit 6 km Gleis und 45 Förderbahnwagen mit sich; dazu konnte noch ein Gleisvorrat für Belagerungen von 12 km Länge treten.[1]

Nachdem die zugehörigen Fußartillerie-Bataillone ins Feld ausgerückt waren, verließen auch die Parkkompanien Ende 1914 die Festungen und traten zu den Armeen. Die Parkkompanien galten zwar als Teil eines Fußartillerie-Bataillons, doch erfolgte ihr Einsatz fast stets getrennt vom Bataillon. Im Felde betrieben sie Munitionslager und Munitions-Depots, arbeiteten am Bau von Feldbahnen und Straßen zu den Artilleriestellungen oder waren im Munitionstransport tätig.[2]

Bei Mobilmachung erfolgte ihre Aufstellung in folgender Stärke:

Parkkompanie eines Fußartillerie-Bataillons	1914
1 Kompanieführer	
4 Leutnante	
1 Feldwebel	
1 Vizefeldwebel	
15 Unteroffiziere	
15 Gefreite	einschließlich: 2 Signaltrompeter
208 Gemeine	und 2 Radfahrer
7 Trainsoldaten	
1 Sanitätsunteroffizier	
1 zweispänniger Packwagen	
1 zweispänniger Lebensmittelwagen	
1 zweispännige Feldküche	
Gesamtstärke: 5 Offz., 248 Unteroffz. u. Mannsch.; 3 Reit- u. 6 Zugpferde	

Mit Erl. vom 29.10.1915 wurde die Anzahl der Leutnante auf zwei herabgesetzt; auch sollten nur noch 4 Unteroffiziere und 40 Mannschaften von der Fußartillerie stammen.[3] Am 07.07.1916 befahl das KM, die 40 Mannschaften der Fußartillerie von allen Kompanien abzuziehen und durch Mannschaften anderer Waffengattungen zu ersetzen, die nur arbeitsdienstfähig sein mussten.[4]

---

[1] Reichsarchiv, Kriegsrüstung und Kriegswirtschaft, Anlagenband, S. 431
[2] Vgl. Rgt.Gesch. Fußart.Rgt. 2, S. 285–290
[3] KM Nr. 2066/15 geh. A 5. KA, MKr 13.486, Prod. 856
[4] KM Nr. 1136/16 geh. A 5. KA, MKr 13.489, Prod. 1460

Um Personal für die Feldtruppen zu gewinnen, ließ die OHL 15 Parkkompanien vorzeitig auflösen und 22 in Fußartillerie-Batterien umwandeln. Alle übrigen wurden mit Erl. vom 19.12.1917 endgültig von ihren Bataillonen getrennt und in „Artillerie-Parkkompanien" mit laufender Nummer umbenannt, wobei die bisherige Stärke unverändert blieb.[1]

Parkkompanie des II. Btl./2. Garde-Fußartillerie-Rgt.

Aufstellung:	02.08.1914 durch Lehr-Rgt. der Fußart.Schießschule in Jüterbog (gem. Mob.Plan)		
Ersatztr.Teil:	Ers.Btl./2. Garde-Fußart.Rgt.		
Unterstellung:	[09.08.1915]	Gouv. Antwerpen	*LÜW*
Verbleib:	01.09.1915 umgewandelt in Fußart.Bttr. 436		

Parkkompanie des II. Btl./Fußartillerie-Rgt. Nr. 1

Aufstellung:	02.08.1914 durch II. Btl./Fußart.Rgt. 1 in Lötzen (gem. Mob.Plan)		
Ersatztr.Teil:	2. Ers.Btl./Fußart.Rgt. 1		
Unterstellung:	[03.05.1915]	XX. AK	*LÜO*
	[03.09.1915]	8. Armee	*DO*
	[20.11.1915 – 15.01.1916]	Et.Insp. 10	*Krgl./LÜO*
	[07.03.1916]	HKK 6	*DO*
	[01.05.1916 – 19.12.1917]	10. Armee	*LÜO/Krgl.*
Verbleib:	19.12.1917 umgewandelt in Art.Park-Komp. 1		

Parkkompanie des I. Btl./Fußartillerie-Rgt. Nr. 2

Aufstellung:	02.08.1914 durch I. Btl./Fußart.Rgt. 2 in Swinemünde (gem. Mob.Plan)		
Ersatztr.Teil:	Ers.Btl./Fußart.Rgt. 2		
Unterstellung:	23.01.1915 – 14.03.1915	III. Btl./Fußart.Rgt. 2	*RG*
	15.03.1915 – 19.12.1917	4. Armee	*RG/Krgl.*
Zuteilungen:	15.03.1915 – 19.04.1915	Marine-Korps	*RG*
	19.04.1915 – 08.01.1916	XV. AK	*RG*
	08.01.1916 – 07.02.1916	XIII. AK	*RG*
	12.06.1917 – 19.12.1917	Art.Park-Kdo. 9	*RG*
Verbleib:	19.12.1917 umgewandelt in Art.Park-Komp. 2		
Quellen:	Rgt.Gesch. Fußart.Rgt. 2		

---

[1] KM Nr. 2480/17 geh. A 5. KA, MKr. 13,497, Prod. 3035

Parkkompanie des II. Btl./Fußartillerie-Rgt. Nr. 2

Aufstellung:	02.08.1914 durch II. Btl./Fußart.Rgt. 2 in Emden (gem. Mob.Plan)
Ersatztr.Teil:	Ers.Btl./Fußart.Rgt. 2

Unterstellung: 04.08.1914 – 28.03.1916   Inselkdtr. Borkum   *RG*
  [16.03.1916 – 01.03.1917]   5. Armee   *DW/Krgl.*
  [05.03.1917 – 21.01.1918]   A.Abt. A   *D.Fußa./RG*

Verbleib: 21.01.1918 umgewandelt in Art.Park-Komp. 3
Quellen: Rgt.Gesch. Fußart.Rgt. 2

Parkkompanie des III. Btl./Fußartillerie-Rgt. Nr. 2

Aufstellung: 25.04.1915 durch Ers.Btl./Fußart.Rgt. 2 in Swinemünde (gem. KM v. 13.04.1915), mobil seit 15.03.1916
Ersatztr.Teil: Ers.Btl./Fußart.Rgt. 2
Unterstellung: [25.04.1915 – 22.02.1916]   Kdtr. Swinemünde   *LÜW/DW*
  18.03.1916 – 22.02.1917   5. Armee   *DW/RG*
  22.02.1917 – 02.01.1918   A.Abt. B   *RG/Krgl.*

Verbleib: 02.01.1918 umgewandelt in Art.Parkkomp. 4
Quellen: Rgt.Gesch. Fußart.Rgt. 2

1. und 2. überplanmäßige Parkkompanie des Fußartillerie-Rgt. Nr. 3

In FpÜb vom Sept. bis Dez. 1918 mit Standort Mainz aufgeführt, sonst kein Nachweis[1]

Parkkompanie des I. Btl./Fußartillerie-Rgt. Nr. 8

Aufstellung: 02.08.1914 durch I. Btl./Fußart.Rgt. 8 in Metz (gem. Mob.Plan)
Ersatztr.Teil: Ers.Btl./Fußart.Rgt. 8
Unterstellung: [02.08.1914 – 19.12.1917]   Gouv. Metz   *LÜW/Krgl.*
Verbleib: 19.12.1917 umgewandelt in Art.Parkkomp. 5

Parkkompanie des II. Btl./Fußartillerie-Rgt. Nr. 8

Aufstellung: 02.08.1914 durch II. Btl./Fußart.Rgt. 8 in Metz (gem. Mob.Plan)
Ersatztr.Teil: Ers.Btl./Fußart.Rgt. 8
Unterstellung: [02.08.1914 – 01.09.1915]   A.Abt. Strantz   *LÜW*
Verbleib: 01.09.1915 aufgegangen in Fußart.Bttr. 402–409

---

[1] FpÜb v. 18.09.1918 – 04.12.1918, nicht in der Üb.Beh.u.Tr.

Parkkompanie des II. Btl./Fußartillerie-Rgt. Nr. 11

Aufstellung:	02.08.1914 durch II. Btl./Fußart.Rgt. 11 in Thorn (gem. Mob.Plan)		
Ersatztr.Teil:	Ers.Btl./Fußart.Rgt. 11		
Unterstellung:	[22.02.1915]	Korps Dickhuth	*LÜO*
	[03.05.1915 – 22.02.1916]	Kriegsbes. Thorn	*LÜO/DW*
	[26.07.1916 – 01.02.1917]	5. Armee	*Krgl./Üb.Fußa.*
	[01.03.1917 – 01.04.1917]	3. Armee	*Krgl.*
	[12.04.1917 – 31.05.1917]	1. Armee	*D.Fußa./Krgl.*
	[12.06.1917 – 21.07.1917]	5. Armee	*Krgl.*
	[01.08.1917 – 15.10.1917]	4. Armee	*Krgl.*
	[01.11.1917 – 19.12.1917]	7. Armee	*Krgl.*
Verbleib:	19.12.1917 umgewandelt in Art.Park-Komp. 6		

Parkkompanie des I. Btl./sächs. Fußartillerie-Rgt. Nr. 12

Aufstellung:	02.08.1914 durch I. Btl./Fußart.Rgt. 12 in Metz (gem. Mob.Plan)		
Ersatztr.Teil:	Ers.Btl./Fußart.Rgt. 12		
Unterstellung:	[02.08.1914 – 01.09.1916]	Gouv. Metz	*Krgl.*
	[07.10.1916]	1. Armee	*Üb.Fußa.*
	[10.12.1916 – 20.03.1917]	2. Armee	*Krgl.*
	[17.04.1917 – 01.08.1917]	6. Armee	*D.Fußa./Krgl.*
	[15.08.1917 – 11.01.1918]	4. Armee	*D.Fußa./Krgl.*
Verbleib:	11.01.1918 umgewandelt in sächs. Art.Park-Komp. 60		

Parkkompanie des II. Btl./Fußartillerie-Rgt. Nr. 13

Dez. 1914 – Juli 1915: **1. Parkkompanie des II. Btl./Fußartillerie-Rgt. Nr. 13**
ab Ende Juli 1915: **Parkkompanie des II. Btl./Fußartillerie-Rgt. Nr. 13**

Aufstellung:	02.08.1914 durch II. Btl./Fußart.Rgt. 13 in Breisach (gem. Mob.Plan)		
Ersatztr.Teil:	1. Ers.Btl./Fußart.Rgt. 13		
Unterstellung:	[22.02.1915 – 03.05.1915]	Kdtr. Lötzen	*LÜO*
	[30.06.1915 – 03.09.1915]	8. Armee	*Krgl.*
	[22.10.1915 – 07.10.1916]	12. Armee	*DO/Üb.Fußa.*
	[11.10.1916 – 15.12.1917]	A.Abt. Woyrsch	*D.Fußa./Krgl.*
	[15.12.1917 – 19.12.1917]	Abschnitt Slonim	*Krgl.*
Verbleib:	19.12.1917 umgewandelt in Art.Parkkomp. 7		

2. Parkkompanie des II. Btl./Fußartillerie-Rgt. Nr. 13

Aufstellung:	15.12.1914 durch II. Btl./Fußart.Rgt. 13 (gem. KM v. 26.11.1914), mobil seit 21.12.1914
Ersatztr.Teil:	1. Ers.Btl./Fußart.Rgt. 13

Unterstellung: [05.01.1915]   Neubreisach   *LÜW*
                    [20.03.1915 – 22.07.1915]   A.Abt. Gaede   *LÜW/DW*

Verbleib: 22.07.1915 umgewandelt in 7. Bttr./Fußart.Rgt. 13 (gem. KM v. 22.07.1915)

Parkkompanie des I. Btl./Fußartillerie-Rgt. Nr. 14

Aufstellung: 02.08.1914 durch I. Btl./Fußart.Rgt. 14 in Straßburg (gem. Mob.Plan)
Ersatztr.Teil: Ers.Btl./Fußart.Rgt. 14

Unterstellung: 04.08.1914 – 02.09.1914   Gouv. Straßburg   *WGM*
                    03.09.1914 – 13.09.1914   II. bayer. AK   *WGM*
                    14.09.1914 – 16.10.1914   Gouv. Straßburg   *WGM*
                    17.10.1914 – 22.10.1914   II. bayer. AK   *WGM*
                    [23.10.1914 – 01.09.1917]   6. Armee   *WGM/Krgl.*
                    [15.09.1917]   OHL, Diedenhofen   *D.Fußa.*
                    [05.10.1917 – 19.12.1917]   14. Armee   *D.Fußa./Krgl.*

Verbleib: 19.12.1917 umgewandelt in Art.Parkkomp. 8
Quellen: WGM Archiv, Abt. V Nr. 592

Parkkompanie des II. Btl./Fußartillerie-Rgt. Nr. 15

Aufstellung: 02.08.1914 durch II. Btl./Fußart.Rgt. 15 in Graudenz (gem. Mob.Plan)
Ersatztr.Teil: Ers.Btl./Fußart.Rgt. 15

Unterstellung: [02.08.1915 – 22.02.1915]   Gouv. Graudenz   *LÜO*
                    [03.05.1915]   I. AK   *LÜO*
                    [03.09.1915 – 22.10.1915]   Et.Insp. 12   *DO*
                    [09.12.1915 – 07.10.1916]   12. Armee   *DO/Üb.Fußa.*
                    [15.10.1916 – 01.04.1917]   A.Abt. Scheffer   *Krgl.*
                    [26.09.1917 – 19.12.1917]   10. Armee   *Krgl.*

Verbleib: 19.12.1917 umgewandelt in Art.Parkkomp. 9

Parkkompanie des I. Btl./Fußartillerie-Rgt. Nr. 16

Aufstellung: 02.08.1914 durch I. Btl./Fußart.Rgt. 1 in Müllheim (Baden) (gem. Mob.Plan)
Ersatztr.Teil: Ers.Btl./Fußart.Rgt. 16

Unterstellung: [09.08.1915 – 06.09.1916]   A.Abt. Gaede   *LÜW/Krgl.*
                    [06.09.1916 – 10.10.1917]   A.Abt. B   *Krgl.*
                    [29.10.1917 – 29.11.1917]   4. Armee   *D.Fußa./Krgl.*

Verbleib: 07.12.1917 aufgelöst (gem. KM v. 07.12.1917)

Parkkompanie des II. Btl./Fußartillerie-Rgt. Nr. 16

Aufstellung:	02.08.1914 durch II. Btl./Fußart.Rgt. 16 in Diedenhofen (gem. Mob.Plan)		
Ersatztr.Teil:	Ers.Btl./Fußart.Rgt. 16		
Unterstellung:	[09.08.1915 – 22.02.1916]	3. Armee	*LÜW/DW*
	[16.08.1916]	A.Abt. Gaede	*DW*
	[01.10.1916 – 01.04.1917]	3. Armee	*Krgl.*
	[07.05.1917 – 19.12.1917]	1. Armee	*Krgl.*
Verbleib:	19.12.1917 umgewandelt in Art.Parkkomp. 10		

Parkkompanie des I. Btl./Fußartillerie-Rgt. Nr. 17
ab Febr. 1916 **1. Parkkompanie des I. Btl./Fußartillerie-Rgt. Nr. 17**

Aufstellung:	02.08.1914 durch I. Btl./Fußart.Rgt. 17 in Danzig (gem. Mob.Plan)		
Ersatztr.Teil:	Ers.Btl./Fußart.Rgt. 17		
Unterstellung:	[03.05.1915]	I. AK	*LÜO*
	[03.09.1915 – 22.10.1915]	Et.Insp. 12	*DO*
	[09.12.1915 – 07.10.1916]	12. Armee	*LÜO/Üb.Fußa.*
	[15.10.1916 – 01.04.1917]	A.Abt. Scheffer	*Krgl.*
	[20.09.1917 – 20.11.1917]	A.Abt. Woyrsch	*Krgl./D.Fußa.*
	[19.12.1917]	10. Armee	*Krgl.*
Zuteilungen:	[15.01.1916 – 07.03.1916]	HKK 3	*LÜO/DO*
Verbleib:	19.12.1917 umgewandelt in Art.Parkkomp. 11		

2. Parkkompanie des I. Btl./Fußartillerie-Rgt. Nr. 17

Aufstellung:	22.02.1916 durch Ers.Btl./Fußart.Rgt. 17 (gem. KM v. 22.02.1916), mobil seit 10.03.1916		
Ersatztr.Teil:	Ers.Btl./Fußart.Rgt. 17		
Unterstellung:	[16.03.1916 – 01.02.1917]	5. Armee	*DW/Üb.Fußa.*
	[05.03.1917 – 10.10.1917]	A.Abt. B	*D.Fußa./Krgl.*
	[20.10.1917]	Spandau	*D.Fußa.*
Verbleib:	Dez. 1917 aufgelöst (gem. KM v. 19.12.1917)		

Parkkompanie des II. Btl./Fußartillerie-Rgt. Nr. 17

Aufstellung:	02.08.1914 durch II. Btl./Fußart.Rgt. 17 in Pillau (gem. Mob.Plan)		
Ersatztr.Teil:	Ers.Btl./Fußart.Rgt. 17		
Unterstellung:	[02.02.1914 – 22.02.1916]	Kriegsbes. Pillau	*LÜO/DW*
	[27.04.1916 – 21.03.1917]	5. Armee	*Krgl.*
	[01.04.1917 – 12.04.1917]	3. Armee	*Krgl./D.Fußa.*
	[21.04.1917 – 02.10.1917]	1. Armee	*Krgl.*
	[20.10.1917 – 19.12.1917]	3. Armee	*D.Fußa./Krgl.*
Verbleib:	19.12.1917 umgewandelt in Art.Parkkomp. 12		

Parkkompanie des I. Btl./2. bayer. Fußartillerie-Rgt.

Aufstellung:	02.08.1914 durch I. Btl./2. bayer. Fußart.Rgt. in Metz (gem. Mob.Plan)
Ersatztr.Teil:	2. mob. Ers.Btl./2. bayer. Fußart.Rgt.
	seit Jan. 1918 Ers.Btl./1. bayer. Fußart.Rgt.

Unterstellung:
[02.08.1914 – 12.10.1915]	Gouv. Metz	*LÜW*
[11.05.1916 – 01.02.1917]	5. Armee	*Krgl./Üb.Fußa.*
[09.03.1917 – 01.09.1917]	A.Abt. A	*Krgl.*
[29.10.1917 – 23.11.1917]	4. Armee	*D.Fußa./Krgl.*
[25.11.1917 – 05.01.1918]	2. Armee	*AB/Krgl.*

Zuteilungen:
[09.08.1915 – 22.02.1916]	halb 5. Armee	*LÜW/DW*

Verbleib: 05.01.1918 umgewandelt in bayer. Art.Park-Komp. 1

Parkkompanie des II. Btl./2. bayer. Fußartillerie-Rgt.

Aufstellung:	02.08.1914 durch II. Btl./2. bayer. Fußart.Rgt. in Metz (gem. Mob.Plan)
Ersatztr.Teil:	2. mob. Ers.Btl./2. bayer. Fußart.Rgt.
	seit Jan. 1918 Ers.Btl./1. bayer. Fußart.Rgt.

Unterstellung:
[02.08.1914 – 01.09.1916]	Gouv. Metz	*LÜW/Krgl.*
[15.09.1917]	Gouv. Straßburg	*D.Fußa.*
[01.10.1917 – 05.01.1918]	14. Armee	*Krgl.*

Verbleib: 05.01.1918 umgewandelt in bayer. Art.Park-Komp. 2

Parkkompanien der Reserve-Fußartillerie-Regimenter

Parkkompanie des I. Btl./1. Garde-Reserve-Fußartillerie-Rgt.

Aufstellung:	02.08.1914 durch 1. Garde-Fußart.Rgt. in Spandau (gem. Mob.Plan)		
Ersatztr.Teil:	Ers.Btl./1. Garde-Fußart.Rgt.		
Unterstellung:	[02.08.1914]	Gouv. Königsberg	*Krgl.*
	[22.02.1915 – 22.10.1915]	8. Armee	*LÜO/DO*
	[20.11.1915 – 15.01.1916]	Et.Insp. 10	*Krgl./LÜO*
	[01.05.1916 – 01.09.1917]	10. Armee	*Krgl.*
	[25.09.1917 – 01.11.1917]	6. Armee	*D.Fußa./Krgl.*
	[04.11.1917 – 19.12.1917]	2. Armee	*Krgl.*
Zuteilungen:	[03.09.1915]	10. Ldw.Div.	*DO*
	[07.03.1916 – 14.04.1916]	HKK 6	*LÜO*
Verbleib:	19.12.1917 umgewandelt in Art.Park-Komp. 13		

Parkkompanie des II. Btl./1. Garde-Reserve-Fußartillerie-Rgt.

Aufstellung:	02.08.1914 durch 1. Garde-Fußart.Rgt. in Spandau (gem. Mob.Plan)		
Ersatztr.Teil:	Ers.Btl./1. Garde-Fußart.Rgt.		
Unterstellung:	[02.08.1914]	Gouv. Königsberg	*Krgl.*
	[22.02.1915]	1. Ldw.Div.	*LÜO*
	[01.03.1915 – 03.09.1915]	8. Armee	*DO*
	[22.10.1915]	12. Armee	*DO*
	[20.11.1915 – 09.12.1915]	Et.Insp. 10	*Krgl./DO*
	[15.01.1916 – 07.10.1916]	10. Armee	*LÜO/Üb.Fußa.*
	[11.10.1916 – 01.03.1917]	2. Armee	*D.Fußa./Krgl.*
	[01.04.1917]	7. Armee	*Krgl.*
	[28.04.1917 – 13.07.1917]	1. Armee	*D.Fußa./Krgl.*
	[30.07.1917 – 01.10.1917]	5. Armee	*D.Fußa./Krgl.*
	[20.10.1917 – 19.12.1917]	3. Armee	*D.Fußa./Krgl.*
Verbleib:	19.12.1917 umgewandelt in Art.Park-Komp. 14		

Parkkompanie des I. Btl./2. Garde-Reserve-Fußartillerie-Rgt.

Aufstellung:	02.08.1914 durch Garde-Korps in Jüterbog (gem. Mob.Plan)		
Ersatztr.Teil:	Ers.Btl./2. Garde-Fußart.Rgt.		
Unterstellung:	[02.08.1914 – 22.02.1915]	Kriegsbes. Thorn	*Krgl./LÜO*
	[03.05.1915]	Korps Dickhuth	*LÜO*
	[31.08.1915 – 03.09.1915]	Kriegsbes. Nowo-Georgiewsk	*DO*
	[30.09.1915 – 01.02.1917]	Gen.Gouv. Warschau	*DO/Krgl.*
	[15.02.1917 – 24.03.1917]	1. Armee	*Krgl.*
	[12.04.1917 – 01.06.1917]	6. Armee	*D.Fußa./Krgl.*
	[26.06.1917 – 19.12.1917]	4. Armee	*D.Fußa./Krgl.*
Verbleib:	19.12.1917 umgewandelt in Art.Parkkomp. 15		

Parkkompanie des II. Btl./2. Garde-Reserve-Fußartillerie-Rgt.

Aufstellung: 02.08.1914 durch Garde-Korps in Jüterbog (gem. Mob.Plan)
Ersatztr.Teil: Ers.Btl./2. Garde-Fußart.Rgt.
Unterstellung:
[02.08.1914 – 22.02.1915]	Kriegsbes. Thorn	*Krgl./LÜO*
[03.05.1915]	Korps Dickhuth	*LÜO*
[03.09.1915 – 09.12.1915]	Et.Insp. 12	*DO*
[09.12.1915]	12. Armee	*DO*
[15.01.1916 – 10.01.1917]	A.Abt. Scholtz	*LÜO/Krgl.*
[10.01.1917 – 08.12.1917]	A.Abt. D	*Krgl.*

Verbleib: aufgelöst am 31.12.1917 (gem. KM v. 07.12.1917)

Parkkompanie des I. Btl./Reserve-Fußartillerie-Rgt. Nr. 1

Aufstellung: 02.08.1914 durch Fußart.Rgt. 1 in Königsberg (gem. Mob.Plan)
Ersatztr.Teil: Ers.Btl./Fußart.Rgt. 1
Unterstellung:
[02.08.1914]	Gouv. Königsberg	*Krgl.*
[03.05.1915 – 03.09.1915]	8. Armee	*LÜO/DO*
[22.10.1915 – 09.12.1915]	12. Armee	*DO*
[15.01.1916 – 10.01.1917]	A.Abt. Scholtz	*LÜO/Krgl.*
[10.01.1917 – 19.12.1917]	A.Abt. D	*Krgl.*

Verbleib: 19.12.1917 umgewandelt in Art.Park-Komp. 16

Parkkompanie des II. Btl./Reserve-Fußartillerie-Rgt. Nr. 1

Aufstellung: 02.08.1914 durch Fußart.Rgt. 1 in Königsberg (gem. Mob.Plan)
Ersatztr.Teil: Ers.Btl./Fußart.Rgt. 1
Unterstellung:
[02.08.1914]	Gouv. Königsberg	*Krgl.*
[22.02.1915 – 03.09.1915]	8. Armee	*LÜO/DO*
[22.10.1915]	12. Armee	*DO*
[09.12.1915 – 01.01.1917]	10. Armee	*DO/Krgl.*
[15.01.1917 – 08.03.1917]	8. Armee	*Krgl.*
[25.04.1917 – 10.06.1917]	10. Armee	*Krgl.*
[26.06.1917 – 06.11.1917]	7. Armee	*D.Fußa./Krgl.*
[10.11.1917 – 19.12.1917]	1. Armee	*D.Fußa./Krgl.*

Zuteilungen:
[03.05.1915]	11. Ldw.Div.	*LÜO*

Verbleib: 19.12.1917 umgewandelt in Art.Park-Komp. 17

Parkkompanie des I. Btl./Reserve-Fußartillerie-Rgt. Nr. 2

Aufstellung:	02.08.1914 durch Fußart.Rgt. 2 in Emden (gem. Mob.Plan)		
Ersatztr.Teil:	Ers.Btl./Fußart.Rgt. 2		
Unterstellung:	[07.08.1914]	Gouv. Köln	*RG*
	[09.08.1915]	Gouv. Lüttich	*LÜW*
Verbleib:	Ende Aug. 1915 aufgelöst (gem. KM v. 24.08.1915) aufgegangen in Sammel-Komp. beim Gen.Gouv. Belgien		

Parkkompanie des II. Btl./Reserve-Fußartillerie-Rgt. Nr. 2
(zeitweise Park-Komp. der schw. Küsten-Mörser-Bttr. Nr. 1 genannt)

Aufstellung:	02.08.1914 durch Fußart.Rgt. 2 in Emden (gem. Mob.Plan)		
Ersatztr.Teil:	Ers.Btl./Fußart.Rgt. 2		
Unterstellung:	[02.08.1914]	Gouv. Köln	*RG*
	[09.08.1915]	Gouv. Lüttich	*LÜW*
	[31.08.1915]	schw. Küsten-Mörser-Bttr. 1	*DW*
	[03.09.1915 – 22.10.1915]	10. Armee	*DO*
	[18.11.1915]	schw. Küsten-Mörser-Bttr. 1	*KM-Erl.*
	[18.12.1915 – 01.03.1917]	5. Armee	*DW/Krgl.*
	[13.03.1917 – 01.12.1917]	7. Armee	*D.Fußa./Krgl.*
	[05.12.1917 – 19.12.1917]	A.Abt. B	*D.Fußa./Krgl.*
Verbleib:	19.12.1917 umgewandelt in Art.Park-Komp. 18		

Parkkompanie des I. Btl./Reserve-Fußartillerie-Rgt. Nr. 3
(zeitweise Park-Komp. der kurzen Marine-Kan.Bttr. Nr. 3 genannt)

Aufstellung:	02.08.1914 durch Fußart.Rgt. 3 in Mainz (gem. Mob.Plan)		
Ersatztr.Teil:	Ers.Btl./Fußart.Rgt. 3		
Unterstellung:	[02.08.1914]	Gouv. Mainz	*Krgl.*
	[09.08.1915 – 22.02.1916]	kurze Marine-Kan.Bttr. 3	*LÜW/DW*
	[11.05.1916]	5. Armee	*Krgl.*
	[28.07.1916 – 20.03.1917]	2. Armee (bei schw. Küsten-Mörser-Bttr. 9	*Krgl./DW*
	[12.04.1917 – 19.12.1917]	6. Armee	*D.Fußa./Krgl.*
Verbleib:	19.12.1917 umgewandelt in Art.Park-Komp. 19		

Parkkompanie des II. Btl./Reserve-Fußartillerie-Rgt. Nr. 3
(zeitweise Park-Komp. der schw. Küsten-Mörser-Bttr. Nr. 2 genannt)

Aufstellung:	02.08.1914 durch Fußart.Rgt. 3 in Mainz (gem. Mob.Plan)		
Ersatztr.Teil:	Ers.Btl./Fußart.Rgt. 3		
Unterstellung:	[02.08.1914]	Gouv. Mainz	*Krgl.*
	[03.08.1915 – 03.09.1915]	8. Armee	*DO*
	[22.10.1915]	12. Armee	*DO*
	[18.11.1915 – 01.10.1916]	schw. Küsten-Mörser-Bttr. 2	*KM-Erl./Krgl.*
	[01.10.1916 – 01.12.1916]	5. Armee	*Krgl.*
	[11.12.1916]	HGr. Mackensen	*D.Fußa.*
	[01.02.1917]	A.Abt. B	*Üb.Fußa.*
	[01.04.1917 – 01.06.1917]	7. Armee	*Krgl.*
	[12.06.1917 – 19.12.1917]	5. Armee	*Krgl.*
Verbleib:	19.12.1917 umgewandelt in Art.Park-Komp. 20		

Parkkompanie des I. Btl./Reserve-Fußartillerie-Rgt. Nr. 4

Aufstellung:	02.08.1914 durch Fußart.Rgt. 4 in Magdeburg (gem. Mob.Plan)		
Ersatztr.Teil:	Ers.Btl./Fußart.Rgt. 4		
Unterstellung:	[02.08.1914]	Gouv. Königsberg	*Krgl.*
	[03.05.1915 – 01.09.1916]	Kdtr. Lötzen	*LÜO*
	[07.10.1916 – 01.02.1917]	A.Abt.Scholtz	*Üb.Fußa.*
	[13.03.1917 – 01.04.1917]	7. Armee	*D.Fußa./Krgl.*
	[12.04.1917 – 04.08.1917]	1. Armee	*D.Fußa./Krgl.*
	[15.08.1917 – 19.12.1917]	6. Armee	*Krgl.*
Verbleib:	19.12.1917 umgewandelt in Art.Park-Komp. 21		

Parkkompanie des II. Btl./Reserve-Fußartillerie-Rgt. Nr. 4

Aufstellung:	02.08.1914 durch Fußart.Rgt. 4 in Magdeburg (gem. Mob.Plan)		
Ersatztr.Teil:	Ers.Btl./Fußart.Rgt. 4		
Unterstellung:	[02.08.1914]	Gouv. Königsberg	*Krgl.*
	[22.02.1915 – 03.09.1915]	Kdtr. Lötzen	*LÜO/DO*
Verbleib:	Anf. Dez. 1915 aufgelöst[1]		

---

[1] DW v. 06.12.1915

Parkkompanie des I. Btl./Reserve-Fußartillerie-Rgt. Nr. 5

Aufstellung:	02.08.1914 durch Fußart.Rgt. 5 in Posen (gem. Mob.Plan)		
Ersatztr.Teil:	Armierungs-Btl. 28		
Unterstellung:	[02.08.1914]	Gouv. Posen	*Krgl.*
	[03.05.1915 – 03.09.1915]	8. Armee	*LÜO/DO*
	[22.10.1915]	12. Armee	*DO*
	[20.11.1915 – 01.04.1916]	Et.Insp. 10	*Krgl.*
	[01.05.1916 – 10.12.1917]	10. Armee	*Krgl.*
Verbleib:	24.12.1917 aufgelöst (gem. KM v. 07.12.1917)		

Parkkompanie des II. Btl./Reserve-Fußartillerie-Rgt. Nr. 5

Aufstellung:	02.08.1914 durch Fußart.Rgt. 5 in Posen (gem. Mob.Plan)		
Ersatztr.Teil:	Armierungs-Btl. 28		
Unterstellung:	[02.08.1914]	Gouv. Posen	*Krgl.*
	[11.05.1915 – 03.09.1915]	8. Armee	*DO*
	[22.10.1915]	12. Armee	*DO*
	[29.10.1915 – 01.12.1917]	Gouv. Kowno	*DO/Krgl.*
Zuteilungen:	[11.05.1915]	11. Ldw.Div.	*DO*
Verbleib:	19.12.1917 umgewandelt in Art.Parkkomp. 22		

Parkkompanie des I. Btl./Reserve-Fußartillerie-Rgt. Nr. 6

Aufstellung:	02.08.1914 durch Fußart.Rgt. 6 in Neiße (gem. Mob.Plan)		
Ersatztr.Teil:	8. Ldst.Inf.Ers.Btl. VI. AK (VI. 31)		
Unterstellung:	[02.08.1914]	Gouv. Posen	*Krgl.*
	[01.03.1915 – 03.09.1915]	8. Armee	*DO*
	[22.10.1915]	12. Armee	*DO*
	[20.11.1915 – 09.12.1915]	Et.Insp. 10	*Krgl./DO*
	[15.01.1916 – 19.12.1917]	10. Armee	*LÜO/Krgl.*
Zuteilungen:	[15.01.1916]	XXXX. Res.Korps	*LÜO*
	[21.07.1916]	XXI. AK	*DO*
Verbleib:	19.12.1917 umgewandelt in Art.Park-Komp. 23		

Parkkompanie des II. Btl./Reserve-Fußartillerie-Rgt. Nr. 6

Aufstellung:	02.08.1914 durch Fußart.Rgt. 6 in Neiße (gem. Mob.Plan)		
Ersatztr.Teil:	8. Ldst.Inf.Ers.Btl. VI. AK (VI. 31)		
Unterstellung:	[02.08.1914]	Gouv. Posen	*Krgl.*
	[01.03.1915 – 03.09.1915]	8. Armee	*DO*
	[22.10.1915]	12. Armee	*DO*
	[09.12.1915 – 10.10.1916]	10. Armee	*DO/Krgl.*
	[11.12.1916 – 01.03.1917]	HGr. Mackensen	*D.Fußa./Krgl.*
	[13.03.1917 – 01.12.1917]	7. Armee	*D.Fußa./Krgl.*
	[12.12.1917 – 15.12.1917]	A.Abt. B	*Krgl.*
Zuteilungen:	[03.05.1915]	11. Ldw.Div.	*LÜO*
Verbleib:	19.12.1917 umgewandelt in Art.Park-Komp. 24		

Parkkompanie des I. Btl./Reserve-Fußartillerie-Rgt. Nr. 7

Aufstellung:	02.08.1914 durch Fußart.Rgt. 7 in Köln (gem. Mob.Plan)		
Ersatztr.Teil:	Ers.Btl./Fußart.Rgt. 7		
Unterstellung:	[02.08.1914]	Gouv. Köln	*Krgl.*
	[09.08.1915 – 01.11.1915]	5. Armee	*LÜW/Üb.Beh.*
Verbleib:	01.11.1915 umgewandelt in Fußart.Bttr. 568		

Parkkompanie des II. Btl./Reserve-Fußartillerie-Rgt. Nr. 7

Aufstellung:	02.08.1914 durch Fußart.Rgt. 7 in Köln (gem. Mob.Plan)		
Ersatztr.Teil:	Ers.Btl./Fußart.Rgt. 7		
Unterstellung:	[02.08.1914]	Gouv. Köln	*Krgl.*
	[09.08.1915 – 01.11.1915]	5. Armee	*LÜW/Üb.Beh.*
Verbleib:	01.11.1915 umgewandelt in Fußart.Bttr. 569		

Parkkompanie des III. Btl./Reserve-Fußartillerie-Rgt. Nr. 7
(zeitweise Park-Komp. der schw. Küsten-Mörser-Bttr. Nr. 6 genannt)

Aufstellung:	02.08.1914 durch Fußart.Rgt. 7 in Köln (gem. Mob.Plan)		
Ersatztr.Teil:	Ers.Btl./Fußart.Rgt. 7		
Unterstellung:	[02.08.1914]	Gouv. Köln	*Krgl.*
	[09.08.1915]	schw. Küsten-Mörser-Bttr. 1	*LÜW*
	[31.08.1915]	halb Gen.Gouv. Belgien	*DW*
	[18.12.1915 – 07.10.1916]	schw. Küsten-Mörser-Bttr. 6	*DW/Üb.Fußa.*
	[07.10.1916 – 01.02.1917]	5. Armee	*Krgl./Üb.Fußa.*
	[28.04.1917 – 01.06.1917]	6. Armee	*D.Fußa./Krgl.*
	[20.06.1917 – 07.11.1917]	4. Armee	*Krgl.*
	[09.11.1917 – 19.12.1917]	6. Armee	*Krgl.*
Verbleib:	19.12.1917 umgewandelt in Art.Park-Komp. 25		

Parkkompanie des I. Btl./Reserve-Fußartillerie-Rgt. Nr. 8

Aufstellung:	02.08.1914 durch Fußart.Rgt. 8 in Metz (gem. Mob.Plan)		
Ersatztr.Teil:	3. Ldst.Inf.Ers.Btl. St. Avold (XVI. 24)		
Unterstellung:	[02.08.1914]	Gouv. Metz	*Krgl.*
	[09.08.1915 – 01.12.1916]	5. Armee	*LÜW/Krgl.*
	[01.12.1916 – 01.12.1917]	3. Armee	*D.Fußa./Krgl.*
Verbleib:	19.12.1917 umgewandelt in Art.Park-Komp. 26		

Parkkompanie des II. Btl./Reserve-Fußartillerie-Rgt. Nr. 8

Aufstellung:	02.08.1914 durch Fußart.Rgt. 8 in Metz (gem. Mob.Plan)		
Ersatztr.Teil:	3. Ldst.Inf.Ers.Btl. St. Avold (XVI. 24)		
Unterstellung:	[02.08.1914]	Gouv. Metz	*Krgl.*
	[25.06.1915 – 01.02.1917]	5. Armee	*Krgl./Üb.Fußa.*
	[07.03.1917 – 01.10.1917]	A.Abt. C	*Krgl.*
	[29.10.1917 – 29.11.1917]	4. Armee	*D.Fußa./Krgl.*
Verbleib:	31.12.1917 aufgelöst (gem. KM v. 07.12.1917)		

Parkkompanie des I. Btl./Reserve-Fußartillerie-Rgt. Nr. 9
(zeitweise Park-Komp. der kurzen Marine-Kan.Bttr. Nr. 2 genannt)

Aufstellung:	02.08.1914 durch Fußart.Rgt. 9 in Köln (gem. Mob.Plan)		
Ersatztr.Teil:	Ers.Btl./Fußart.Rgt. 9		
Unterstellung:	[02.08.1914]	Gouv. Köln	*Krgl.*
	[09.08.1915 – 22.02.1916]	Kurze Marine-Kan.Bttr. 2	*LÜW/DW*
	[27.04.1916]	5. Armee	*Krgl.*
	[01.09.1916 – 24.03.1917]	1. Armee	*Krgl.*
	[17.04.1917 – 19.12.1917]	2. Armee	*Krgl.*
Verbleib:	19.12.1917 umgewandelt in Art.Park-Komp. 27		

Parkkompanie des II. Btl./Reserve-Fußartillerie-Rgt. Nr. 9
(zeitweise Park-Komp. der schw. Küsten-Mörser-Bttr. Nr. 5 genannt)

Aufstellung:	02.08.1914 durch Fußart.Rgt. 9 in Köln (gem. Mob.Plan)		
Ersatztr.Teil:	Ers.Btl./Fußart.Rgt. 9		
Unterstellung:	[02.08.1914]	Gouv. Köln	*Krgl.*
	[09.08.1915 – 07.10.1916]	schw. Küsten-Mörser-Bttr. 5	*LÜW/Üb.Fußa.*
	[11.12.1916]	HGr. Mackensen	*D.Fußa.*
	[19.12.1916]	5. Armee	*D.Fußa.*
	[31.12.1916 – 01.09.1917]	A.Abt. A	*D.Fußa./Krgl.*
	[29.10.1917 – 19.12.1917]	4. Armee	*D.Fußa./Krgl.*
Verbleib:	19.12.1917 umgewandelt in Art.Park-Komp. 28		

Parkkompanie des I. Btl./Reserve-Fußartillerie-Rgt. Nr. 10

Aufstellung:	02.08.1914 durch Fußart.Rgt. 10 in Straßburg (gem. Mob.Plan)		
Ersatztr.Teil:	Ers.Btl./Fußart.Rgt. 10		
Unterstellung:	[02.08.1914]	Gouv. Straßburg	*Krgl.*
	[01.10.1914]	6. Armee	*Krgl.*
	[09.08.1915]	halb A.Abt. Falkenhausen,	*LÜW*
		halb A.Abt Gaede	*LÜW*
	[12.10.1915 – 19.12.1917]	5. Armee	*DW/Krgl.*
Verbleib:	19.12.1917 umgewandelt in Art.Park-Komp. 29		

Parkkompanie des II. Btl./Reserve-Fußartillerie-Rgt. Nr. 10

Aufstellung:	02.08.1914 durch Fußart.Rgt. 10 in Straßburg (gem. Mob.Plan)		
Ersatztr.Teil:	Ers.Btl./Fußart.Rgt. 10		
Unterstellung:	[02.08.1914]	Gouv. Straßburg	*Krgl.*
	[09.08.1915 – 01.11.1915]	5. Armee	*LÜW/Üb.Beh.*
Verbleib:	01.11.1915 umgewandelt in Fußart.Bttr. 570		

Parkkompanie des III. Btl./Reserve-Fußartillerie-Rgt. Nr. 10

Aufstellung:	02.08.1914 durch Fußart.Rgt. 10 in Straßburg (gem. Mob.Plan)		
Ersatztr.Teil:	Ers.Btl./Fußart.Rgt. 10		
Unterstellung:	[02.08.1914]	Gouv. Straßburg	*Krgl.*
	[09.08.1915 – 01.11.1915]	5. Armee	*LÜW/Üb.Beh.*
Verbleib:	01.11.1915 umgewandelt in Fußart.Bttr. 571		

Parkkompanie des I. Btl./Reserve-Fußartillerie-Rgt. Nr. 11

Aufstellung:	02.08.1914 durch Fußart.Rgt. 11 in Thorn (gem. Mob.Plan)		
Ersatztr.Teil:	Ers.Btl./Fußart.Rgt. 11		
Unterstellung:	[02.08.1914 – 22.02.1915]	Kriegsbes. Thorn	*Krgl./LÜO*
	[03.05.1915]	Korps Dickhuth	*LÜO*
	[03.09.1915 – 05.09.1915]	Et.Insp. 12	*DO/Krgl.*
	[22.11.1915 – 09.12.1915]	Njemen-Armee	*DO*
	[15.01.1916 – 19.12.1917]	8. Armee	*LÜO/Krgl.*
Zuteilungen:	[09.11.1915]	1. Res.Div.	*DO*
Verbleib:	19.12.1917 umgewandelt in Art.Park-Komp. 30		

Parkkompanie des II. Btl./Reserve-Fußartillerie-Rgt. Nr. 11

Aufstellung:	02.08.1914 durch Fußart.Rgt. 11 in Thorn (gem. Mob.Plan)		
Ersatztr.Teil:	Ers.Btl./Fußart.Rgt. 11		
Unterstellung:	[02.08.1914 – 22.02.1915]	Kriegsbes. Thorn	*Krgl./LÜO*
	[03.05.1915]	Korps Dickhuth	*LÜO*
	[22.11.1915 – 09.12.1915]	Njemen-Armee	*DO*
	[15.01.1916 – 19.12.1917]	8. Armee	*LÜO/Krgl.*
Zuteilungen:	[03.09.1915 – 22.10.1915]	87. Inf.Div.	*DO*
	[09.11.1915]	1. Res.Div.	*DO*
Verbleib:	19.12.1917 umgewandelt in Art.Park-Komp. 31		

Parkkompanie des sächs. Reserve-Fußartillerie-Btl. Nr. 12

Aufstellung:	02.08.1914 durch sächs. Fußart.Rgt. 12 in Metz (gem. Mob.Plan)		
Ersatztr.Teil:	Ers.Btl./Fußart.Rgt. 12		
Unterstellung:	[02.08.1914]	Gouv. Metz	*Krgl.*
	[09.08.1915 – 01.11.1915]	5. Armee	*LÜW/Üb.Beh.*
Verbleib:	01.11.1915 umgewandelt in Fußart.Bttr. 576		

Parkkompanie des I. Btl./Reserve-Fußartillerie-Rgt. Nr. 13
(zeitweise Park-Komp. der schw. Küsten-Mörser-Bttr. Nr. 2 genannt)

Aufstellung:	02.08.1914 durch Fußart.Rgt. 13 in Ulm (gem. Mob.Plan)		
Ersatztr.Teil:	Ers.Btl./Fußart.Rgt. 13		
Unterstellung:	[02.08.1914]	Gouv. Straßburg	*Krgl.*
	[03.08.1915]	10. Armee	*DO*
	[09.08.1915 – 22.10.1915]	schw. Küsten-Mörser-Bttr. 2	*LÜW/DO*
	[18.11.1915]	schw. Küsten-Mörser-Bttr. 3	*KM-Erl.*
	[22.02.1916 – 01.02.1917]	5. Armee	*DW/Krgl.*
	[13.03.1917 – 01.12.1917]	7. Armee	*D.Fußa./Krgl.*
	[05.12.1917 – 19.12.1917]	A.Abt. B	*D.Fußa./Krgl.*
Verbleib:	19.12.1917 umgewandelt in Art.Park-Komp. 32		

Parkkompanie des II. Btl./Reserve-Fußartillerie-Rgt. Nr. 13

Aufstellung:	02.08.1914 durch Fußart.Rgt. 13 in Ulm (gem. Mob.Plan)		
Ersatztr.Teil:	Ers.Btl./Fußart.Rgt. 13		
Unterstellung:	[02.08.1914]	Gouv. Straßburg	*Krgl.*
	[09.08.1915 – 01.03.1917]	5. Armee	*LÜW/Krgl.*
	[13.03.1917 – 01.04.1917]	7. Armee	*D.Fußa./Krgl.*
	[12.04.1917 – 19.12.1917]	1. Armee	*D.Fußa./Krgl.*
Verbleib:	19.12.1917 umgewandelt in Art.Park-Komp. 33		

Parkkompanie des I. Btl./Reserve-Fußartillerie-Rgt. Nr. 14

Aufstellung:	02.08.1914 durch Fußart.Rgt. 14 in Straßburg (gem. Mob.Plan)		
Ersatztr.Teil:	Ers.Btl./Fußart.Rgt. 14		
Unterstellung:	02.08.1914 – 25.10.1914	Gouv. Straßburg	*WGM*
	26.10.1914 – 19.12.1917	5. Armee	*WGM/Krgl.*
Zuteilungen:	26.10.1914 – 13.05.1916	VI. Res.Korps	*WGM*
	14.05.1916 – 11.07.1916	XXII. Res.Korps	*WGM*
	12.07.1916 – 30.09.1917	VII. AK	*WGM*
Verbleib:	19.12.1917 umgewandelt in Art.Park-Komp. 34		
Quellen:	WGM Archiv, Abt. V Nr. 592		

Parkkompanie des II. Btl./Reserve-Fußartillerie-Rgt. Nr. 14

Aufstellung:	02.08.1914 durch Fußart.Rgt. 14 in Straßburg (gem. Mob.Plan)		
Ersatztr.Teil:	Ers.Btl./Fußart.Rgt. 14		
Unterstellung:	[02.08.1914]	Gouv. Straßburg	*Krgl.*
	[01.10.1914]	6. Armee	*Krgl.*
	[09.08.1915 – 01.11.1915]	5. Armee	*LÜW/Üb.Beh.*
Verbleib:	01.11.1915 umgewandelt in Fußart.Bttr. 572		

Parkkompanie des I. Btl./Reserve-Fußartillerie-Rgt. Nr. 15
(zeitweise Park-Komp. der kurzen Marine-Kan.Bttr. Nr. 5 genannt)

Aufstellung:	02.08.1914 durch Fußart.Rgt. 15 in Thorn (gem. Mob.Plan)		
Ersatztr.Teil:	Ers.Btl./Fußart.Rgt. 15		
Unterstellung:	[02.08.1914 – 22.02.1915]	Kriegsbes. Thorn	*Krgl./LÜO*
	[03.05.1915]	Korps Dickhuth	*LÜO*
	[05.09.1915]	Et.Insp. 12	*Krgl.*
	[25.10.1915 – 18.11.1915]	OHL, Diedenhofen	*DO/KM-Erl.*
	[06.01.1916 – 15.01.1916]	8. Armee	*Krgl./LÜO*
	[26.01.1916 – 22.02.1916]	kurze Marine-Kan.Bttr. 5	*DW*
Unterstellung:	[27.04.1916 – 01.12.1916]	5. Armee	*Krgl.*
	[11.12.1916 – 20.01.1917]	HGr. Mackensen	*D.Fußa.*
	[01.02.1917]	A.Abt. B	*Üb.Fußa.*
	[13.03.1917 – 19.12.1917]	7. Armee	*D.Fußa./Krgl.*
Zuteilungen:	[03.09.1915 – 22.10.1915]	87. Inf.Div.	*DO*
Verbleib:	19.12.1917 umgewandelt in Art.Park-Komp. 35		

Parkkompanie des II. Btl./Reserve-Fußartillerie-Rgt. Nr. 15

Aufstellung:	02.08.1914 durch Fußart.Rgt. 15 in Thorn (gem. Mob.Plan)		
Ersatztr.Teil:	Ers.Btl./Fußart.Rgt. 15		
Unterstellung:	[02.08.1914 – 22.02.1915]	Kriegsbes. Thorn	*Krgl./LÜO*
	[03.05.1915]	Korps Dickhuth	*LÜO*
	[03.09.1915]	8. Armee	*DO*
	[09.12.1915]	A.Abt. Scholtz	*DO*
	[06.01.1916 – 15.01.1916]	8. Armee	*Krgl./LÜO*
	[01.05.1916 – 03.11.1916]	A.Abt. Scholtz	*Krgl.*
	[11.12.1916 – 01.03.1917]	HGr. Mackensen	*D.Fußa./Krgl.*
	[13.03.1917 – 01.08.1917]	7. Armee	*D.Fußa./Krgl.*
	[01.09.1917 – 19.12.1917]	5. Armee	*Krgl.*
Zuteilungen:	[08.02.1916]	37. Inf.Div.	*DO*
Verbleib:	19.12.1917 umgewandelt in Art.Park-Komp. 36		

Parkkompanie des I. Btl./Reserve-Fußartillerie-Rgt. Nr. 16

Aufstellung:	02.08.1914 durch Fußart.Rgt. 16 in Diedenhofen (gem. Mob.Plan)		
Ersatztr.Teil:	3. Ldst.Inf.Ers.Btl. St. Avold (XVI. 24)		
Unterstellung:	[02.08.1914 – 01.03.1917]	Gouv. Metz	*Krgl.*
	[13.03.1917]	7. Armee	*D.Fußa.*
	[19.03.1917 – 01.04.1917]	3. Armee	*Krgl.*
	[12.04.1917 – 19.12.1917]	1. Armee	*D.Fußa./Krgl.*
Verbleib:	19.12.1917 umgewandelt in Art.Park-Komp. 37		

Parkkompanie des II. Btl./Reserve-Fußartillerie-Rgt. Nr. 16

Aufstellung:	02.08.1914 durch Fußart.Rgt. 16 in Diedenhofen (gem. Mob.Plan)		
Ersatztr.Teil:	3. Ldst.Inf.Ers.Btl. St. Avold (XVI. 24)		
Unterstellung:	[02.08.1914]	Gouv. Metz	*Krgl.*
	[09.08.1915 – 01.11.1915]	5. Armee	*LÜW/Üb.Beh.*
Verbleib:	01.11.1915 umgewandelt in Fußart.Bttr. Nr. 573		

Parkkompanie des I. Btl./Reserve-Fußartillerie-Rgt. Nr. 17

Aufstellung:	02.08.1914 durch Fußart.Rgt. 17 in Danzig (gem. Mob.Plan)		
Ersatztr.Teil:	Ers.Btl./Fußart.Rgt. 17		
Unterstellung:	[02.08.1914 – 22.02.1915]	Graudenz	*LÜO*
	[07.03.1915 – 03.09.1915]	8. Armee	*DO/Krgl.*
	[22.10.1915]	12. Armee	*DO*
	[20.11.1915 – 01.09.1916]	Et.Insp. 10	*Krgl./LÜO*
	[20.09.1916 – 19.12.1917]	10. Armee	*Krgl.*
Verbleib:	19.12.1917 umgewandelt in Art.Park-Komp. 38		

Parkkompanie des II. Btl./Reserve-Fußartillerie-Rgt. Nr. 17

Aufstellung:	02.08.1914 durch Fußart.Rgt. 17 in Danzig (gem. Mob.Plan)		
Ersatztr.Teil:	Ers.Btl./Fußart.Rgt. 17		
Unterstellung:	[02.08.1914]	Kdtr. Marienburg	*Krgl.*
	[01.03.1915 – 03.09.1915]	8. Armee	*DO/Krgl.*
	[22.10.1915]	12. Armee	*DO*
	[20.11.1915 – 09.12.1915]	Et.Insp. 10	*Krgl./DO*
	[15.01.1916 – 11.08.1917]	10. Armee	*Krgl.*
	[21.08.1917 – 19.12.1917]	8. Armee	*Krgl.*
Zuteilungen:	[03.05.1915]	XX. AK	*LÜO*
	[15.01.1916]	XXXX. Res.Korps	*LÜO*
	[21.07.1916]	XXI. AK	*DO*
Verbleib:	19.12.1917 umgewandelt in Art.Park-Komp. 39		

Parkkompanie des I. Btl./Reserve-Fußartillerie-Rgt. Nr. 18

Aufstellung:	02.08.1914 durch Fußart.Rgt. 18 in Mainz (gem. Mob.Plan)		
Ersatztr.Teil:	Ers.Btl./Fußart.Rgt. 18		
Unterstellung:	[02.08.1914]	Gouv. Köln	*Krgl.*
	[09.08.1915]	1. Armee	*LÜW*
Verbleib:	01.09.1915 aufgegangen in Fußart.Bttr. 453–460		

Parkkompanie des II. Btl./Reserve-Fußartillerie-Rgt. Nr. 18

Aufstellung:	02.08.1914 durch Fußart.Rgt. 18 in Mainz (gem. Mob.Plan)		
Ersatztr.Teil:	Ers.Btl./Fußart.Rgt. 18		
Unterstellung:	[02.08.1914]	Gouv. Straßburg	*Krgl.*
	[09.08.1915 – 01.02.1917]	5. Armee	*LÜW/Üb.Fußa.*
	[13.03.1917 – 01.08.1917]	7. Armee	*D.Fußa./Krgl.*
	[07.08.1917 – 19.12.1917]	5. Armee	*D.Fußa./Krgl.*
Verbleib:	19.12.1917 umgewandelt in Art.Park-Komp. 40		

Parkkompanie des sächs. Reserve-Fußartillerie-Btl. Nr. 19
ab 15.01.1917 **Parkkompanie des I. Btl./sächs. Reserve-Fußartillerie-Btl. Nr. 19**

Aufstellung:	02.08.1914 durch sächs. Fußart.Rgt. 19 in Dresden (gem. Mob.Plan)		
Ersatztr.Teil:	2. Ers.Btl./sächs. Gren.Ldw.Rgt. 100		
Unterstellung:	[02.08.1914 – 22.02.1915]	Gouv. Posen	*Krgl./LÜO*
	[07.03.1915 – 03.09.1915]	8. Armee	*DO/Krgl.*
	[22.10.1915]	12. Armee	*DO*
	[18.11.1915]	Brest-Litowsk	*KM-Erl.*
	[20.11.1915 – 01.07.1917]	Gouv. Kowno	*Krgl.*
	[15.07.1917 – 15.11.1917]	öst.ung. 2. Armee	*Krgl.*
Verbleib:	20.12.1917 aufgelöst (gem. sächs. KM v. 24.11.1917)		

Parkkompanie des I. Btl./Reserve-Fußartillerie-Rgt. Nr. 20
(zeitweise Park-Komp. der schw. Küsten-Mörser-Bttr. Nr. 4 genannt)

Aufstellung:	02.08.1914 durch Fußart.Rgt. 20 auf Tr.Üb.Pl. Lockstedt (gem. Mob.Plan)		
Ersatztr.Teil:	Ers.Btl./Fußart.Rgt. 20		
Unterstellung:	[02.08.1914]	Gouv. Mainz	*Krgl.*
	[09.08.1915]	schw. Küsten-Mörser-Bttr. 4	*LÜW*
	[12.10.1915 – 20.04.1917]	5. Armee	*DW/Krgl.*
	[06.05.1917 – 22.11.1917]	7. Armee	*Krgl.*
	[27.11.1917 – 19.12.1917]	5. Armee	*D.Fußa./Krgl.*
Verbleib:	19.12.1917 umgewandelt in Art.Park-Komp. 41		

Parkkompanie des II. Btl./Reserve-Fußartillerie-Rgt. Nr. 20

Aufstellung:	02.08.1914 durch Fußart.Rgt. 20 auf Tr.Üb.Pl. Lockstedt (gem. Mob.Plan)		
Ersatztr.Teil:	Ers.Btl./Fußart.Rgt. 20		
Unterstellung:	[02.08.1914]	Gouv. Mainz	*Krgl.*
	[23.02.1915 – 22.02.1916]	6. Armee	*Krgl./DW*
	[01.05.1916 – 27.11.1917]	4. Armee	*Krgl.*
	[05.12.1917 – 19.12.1917]	2. Armee	*D.Fußa./Krgl.*
Verbleib:	19.12.1917 umgewandelt in Art.Parkkomp. 42		

Parkkompanie des I. Btl./Reserve-Fußartillerie-Rgt. Nr. 24
(= Parkkomp. des I. Btl./Res.Fußart.Rgt. 13)

Parkkompanie des I. Btl./bayer. Reserve-Fußartillerie-Rgt. Nr. 1

Aufstellung:	02.08.1914 durch 1. bayer. Fußart.Rgt. in München (gem. Mob.Plan)		
Ersatztr.Teil:	Ers.Btl./1. bayer. Fußart.Rgt.		
Unterstellung:	[10.08.1914 – 31.08.1914]	Gouv. Germersheim	*Bayer. WGB*
	[01.09.1914 – 01.10.1914]	6. Armee	*Bayer. WGB*
	[14.10.1914 – 01.09.1915]	Gouv. Lille	*Krgl./Bayer. WGB*
Verbleib:	01.09./11.11.1915 aufgegangen in bayer. Fußart.Bttr. 380 u. 580		
Quellen:	Bayer. WGB		

Parkkompanie des II. Btl./bayer. Reserve-Fußartillerie-Rgt. Nr. 1

Aufstellung:	02.08.1914 durch 1. bayer. Fußart.Rgt. in München (gem. Mob.Plan)		
Ersatztr.Teil:	Ers.Btl./1. bayer. Fußart.Rgt.		
Unterstellung:	11.08.1914 – 31.08.1914	Gouv. Germersheim	*Bayer. WGB*
	02.09.1914 – 17.10.1914	6. Armee	*Bayer. WGB*
	19.10.1914 – 01.09.1915	Gouv. Lille	*Bayer. WGB*
Verbleib:	01.09./01.11.1915 aufgegangen in bayer. Fußart.Bttr. 381 u. 581		
Quellen:	Bayer. WGB		

Parkkompanie des I. Btl./bayer. Reserve-Fußartillerie-Rgt. Nr. 2

Aufstellung:	02.08.1914 durch 2. bayer. Fußart.Rgt. in Metz (gem. Mob.Plan)		
Ersatztr.Teil:	2. mob. Ers.Btl./2. bayer. Fußart.Rgt.		
Unterstellung:	[02.08.1914]	Gouv. Metz	*Krgl.*
	[09.08.1915 – 01.02.1917]	A.Abt. Strantz	*LÜW/Krgl.*
	[01.02.1917 – 05.01.1918]	A.Abt. C	*Üb.Fußa./Krgl.*
Verbleib:	05.01.1918 umgewandelt in bayer. Art.Park-Komp. 3		

Parkkompanie des II. Btl./bayer. Reserve-Fußartillerie-Rgt. Nr. 2

Aufstellung:	02.08.1914 durch 2. bayer. Fußart.Rgt. in Metz (gem. Mob.Plan)		
Ersatztr.Teil:	2. mob. Ers.Btl./2. bayer. Fußart.Rgt.		
Unterstellung:	[02.08.1914]	Gouv. Metz	*Krgl.*
	[09.08.1915 – 10.11.1915]	5. Armee	*LÜW/DW*
Verbleib:	ca. 10.11.1915 umgewandelt in bayer. Fußart.Bttr. 577		

Parkkompanie des I. Btl./bayer. Reserve-Fußartillerie-Rgt. Nr. 3

Aufstellung:	02.08.1914 durch 3. bayer. Fußart.Rgt. in Ingolstadt (gem. Mob.Plan)		
Ersatztr.Teil:	Ers.Btl./3. bayer. Fußart.Rgt.		
Unterstellung:	[10.08.1914]	Gouv. Metz	*Bayer. WGB*
	[09.08.1915 – 22.02.1916]	Gouv. Lille	*LÜW/DW*
	[09.03.1916 – 05.01.1918]	Et.Insp. 6	*Krgl.*
Verbleib:	05.01.1918 umgewandelt in Bayer. Art.Park-Komp. 4		

Parkkompanie des II. Btl./bayer. Reserve-Fußartillerie-Rgt. Nr. 3

Aufstellung:	02.08.1914 durch 3. bayer. Fußart.Rgt. in Ingolstadt (gem. Mob.Plan)		
Ersatztr.Teil:	Ers.Btl./3. bayer. Fußart.Rgt.		
Unterstellung:	[10.08.1914]	Gouv. Metz	*Bayer. WGB*
	[09.08.1915 –10.11.1915]	5. Armee	*LÜW/DW*
Verbleib:	17.11.1915 umgewandelt in bayer. Fußart.Bttr. 578		

Parkkompanien der Landwehr-Fußartillerie-Bataillone

Parkkompanie des 1. Garde-Landwehr-Fußartillerie-Btl.

Aufstellung:	02.08.1914 durch 1. Garde-Fußart.Rgt. in Spandau (gem. Mob.Plan)		
Ersatztr.Teil:	Ers.Btl./1. Garde-Fußart.Rgt.		
Unterstellung:	[22.02.1915 – 22.10.1915]	Kdtr. Lötzen	*LÜO/DO*
	[20.11.1915 – 31.05.1917]	Gouv. Kowno	*Krgl./D.Fußa.*
	[15.06.1917 – 19.12.1917]	6. Armee	*AB/D.Fußa.*
Verbleib:	19.12.1917 umgewandelt in Art.Park-Komp. 43		

Parkkompanie des 2. Garde-Landwehr-Fußartillerie-Btl.

Aufstellung:	02.08.1914 durch Lehr-Rgt. der Fußart.Schießschule in Jüterbog (gem. Mob.Plan)		
Ersatztr.Teil:	Ers.Btl./2. Garde-Fußart.Rgt.		
Unterstellung:	[07.03.1915 – 22.10.1915]	8. Armee	*DO*
	[09.12.1915 – 01.07.1917]	10. Armee	*DO/LÜO*
	[23.11.1917 – 19.12.1917]	Et.Insp. 14	*Krgl.*
Zuteilungen:	[03.05.1915 – 22.10.1915]	11. Ldw.Div.	*LÜO/DO*
Verbleib:	19.12.1917 umgewandelt in Art.Park-Komp. 44		

Parkkompanie des Landwehr-Fußartillerie-Btl. Nr. 1
ab 18.12.1915: Parkkompanie des 1. Landwehr-Fußartillerie-Btl. Nr. 1

Aufstellung:	02.08.1914 durch Fußart.Rgt. 1 in Königsberg (gem. Mob.Plan)		
Ersatztr.Teil:	Ers.Btl./Fußart.Rgt. 1		
Unterstellung:	[22.02.1915 – 21.05.1915]	8. Armee	*LÜO/Krgl.*
	[03.09.1915 – 22.10.1915]	Et.Insp. 12	*DO*
	[20.11.1915 – 01.04.1916]	Et.Insp. 10	*Krgl.*
	[01.05.1916 – 25.07.1917]	10. Armee	*Krgl.*
	[25.09.1917]	Gouv. Straßburg	*D.Fußa.*
Verbleib:	Anf. Dez. 1917 aufgelöst (gem. KM v. 06.12.1917)		

Parkkompanie des Landwehr-Fußartillerie-Btl. Nr. 2

Aufstellung:	02.08.1914 durch Fußart.Rgt. 2 in Emden (gem. Mob.Plan)		
Ersatztr.Teil:	Ers.Btl./Fußart.Rgt. 2		
Unterstellung:	[09.08.1915 – 23.11.1917]	4. Armee	*LÜW/Krgl.*
	[25.11.1917 – 11.12.1917]	2. Armee	*AB/Krgl.*
Verbleib:	19.12.1917 umgewandelt in Art.Park-Komp. 45		

Parkkompanie des Landwehr-Fußartillerie-Btl. Nr. 3

Aufstellung:	02.08.1914 durch Fußart.Rgt. 3 in Mainz (gem. Mob.Plan)		
Ersatztr.Teil:	Ers.Btl./Fußart.Rgt. 3		
Unterstellung:	[09.08.1915 – 01.09.1917]	5. Armee	*LÜW/Krgl.*
Verbleib:	Mitte Sept. 1917 aufgelöst (gem. KM v. 15.09.1917)		

Parkkompanie des Landwehr-Fußartillerie-Btl. Nr. 4
ab 18.12.1915: Parkkompanie des 1. Landwehr-Fußartillerie-Btl. Nr. 4

Aufstellung:	02.08.1914 durch Fußart.Rgt. 4 in Magdeburg (gem. Mob.Plan)		
Ersatztr.Teil:	Ers.Btl./Fußart.Rgt. 4		
Unterstellung:	[22.02.1915 – 03.05.1915]	Kriegsbes. Königsberg	*LÜO*
	[03.09.1915 – 15.01.1916]	Gouv. Libau	*DO/LÜO*
	[15.01.1916 – 19.12.1917]	8. Armee	*Krgl.*
Verbleib:	19.12.1917 umgewandelt in Art.Park-Komp. 46		

Parkkompanie des Landwehr-Fußartillerie-Btl. Nr. 5

Aufstellung:	02.08.1914 durch Fußart.Rgt. 5 in Posen (gem. Mob.Plan)		
Ersatztr.Teil:	Armierungs-Btl. 28		
Unterstellung:	[22.02.1915 – 03.05.1915]	Kriegsbes. Posen	*LÜO*
	[03.09.1915 – 09.12.1915]	Et.Insp. 9	*DO*
	[15.01.1916]	XXV. Res.Korps	*LÜO*
	[02.04.1916 – 30.07.1916]	9. Armee	*Krgl.*
	[12.08.1916 – 07.10.1916]	12. Armee	*Krgl./Üb.Fußa.*
	[11.10.1916 – 15.02.1917]	1. Armee	*D.Fußa./Krgl.*
	[20.04.1917 – 02.05.1917]	6. Armee	*Krgl./AB*
	[24.05.1917 – 01.12.1917]	4. Armee	*Krgl.*
	[05.12.1917]	2. Armee	*D.Fußa.*
Verbleib:	19.12.1917 umgewandelt in Art.Park-Komp. 47		

Parkkompanie des Landwehr-Fußartillerie-Btl. Nr. 6
ab 01.03.1916: Parkkompanie des 1. Landwehr-Fußartillerie-Btl. Nr. 6

Aufstellung:	02.08.1914 durch Fußart.Rgt. 6 (gem. Mob.Plan)		
Ersatztr.Teil:	11. Ldst.Inf.Ers.Btl. VI. AK (VI. 37)		
Unterstellung:	[22.02.1915 – 03.05.1915]	Div. Menges	*LÜO*
	[15.07.1915 – 21.07.1915]	Et.Insp. Gallwitz	*DO*
	[03.09.1915 – 05.09.1915]	Et.Insp. 12	*DO/Krgl.*
	[09.12.1915 – 10.01.1917]	A.Abt. Scholtz	*DO*
	[10.01.1917 – 19.12.1917]	A.Abt. D	*Krgl.*
Zuteilungen:	[14.04.1916 – 01.09.1916]	XXXIX. Res.Korps	*DO/LÜO*
Verbleib:	19.12.1917 umgewandelt in Art.Park-Komp. 48		

Parkkompanie des Landwehr-Fußartillerie-Btl. Nr. 7

Aufstellung:	02.08.1914 durch Fußart.Rgt. 7 in Köln (gem. Mob.Plan)
Ersatztr.Teil:	Ers.Btl./Fußart.Rgt. 7
Unterstellung:	Gouv. Köln
Verbleib:	06.09.1914 aufgelöst

Parkkompanie des Landwehr-Fußartillerie-Btl. Nr. 7 (neu)

Aufstellung: April 1915 durch Gen.Kdo. XXVI. Res.Korps (auf Befehl des Kdr. der schw. Artillerie des XXVI. Res.Korps), sogleich mobil
Ersatztr.Teil: Ers.Btl./Fußart.Rgt. 7
Unterstellung: [20.04.1915 – 01.09.1915] 4. Armee *DW/LÜW*
Zuteilungen: [09.08.1915] halb Gouv. Brüssel *LÜW*
Verbleib: 01.09.1915 aufgegangen in Fußart.Bttr. 453–460

Parkkompanie des Landwehr-Fußartillerie-Btl. Nr. 8

Aufstellung: 02.08.1914 durch Fußart.Rgt. 8 in Metz (gem. Mob.Plan)
Ersatztr.Teil: Ers.Btl./Fußart.Rgt. 8
Unterstellung: [09.08.1915 – 01.11.1915] 5. Armee *LÜW/Üb.Beh.*
Verbleib: 01.11.1915 umgewandelt in Fußart.Bttr. 574

Parkkompanie des Landwehr-Fußartillerie-Btl. Nr. 9

Aufstellung: 02.08.1914 durch Fußart.Rgt. 9 in Köln (gem. Mob.Plan)
Ersatztr.Teil: Ers.Btl./Fußart.Rgt. 9
Unterstellung: [09.08.1915 – 01.09.1915] A.Abt. Strantz *LÜW/DW*
Verbleib: 01.09.1915 umgewandelt in Fußart.Bttr. 413

Parkkompanie des Landwehr-Fußartillerie-Btl. Nr. 10

Aufstellung: 02.08.1914 durch Fußart.Rgt. 10 in Straßburg (gem. Mob.Plan)
Ersatztr.Teil: Ers.Btl./Fußart.Rgt. 10
Unterstellung:
[09.08.1915 – 01.04.1917] Gouv. Straßburg *LÜW/Krgl.*
[01.05.1917 – 10.10.1917] A.Abt. B *Krgl.*
[29.10.1917 – 23.11.1917] 4. Armee *D.Fußa./Krgl.*
[25.11.1917 – 19.12.1917] 2. Armee *AB/Krgl.*
Verbleib: 19.12.1917 umgewandelt in Art.Park-Komp. 49

Parkkompanie des Landwehr-Fußartillerie-Btl. Nr. 11

Aufstellung:	02.08.1914 durch Fußart.Rgt. 11 in Thorn (gem. Mob.Plan)		
Ersatztr.Teil:	Ers.Btl./Fußart.Rgt. 11		
Unterstellung:	[22.02.1915 – 03.05.1915]	Kriegsbes. Thorn	*LÜO*
	[31.08.1915 – 03.09.1915]	Brückenkopf Plock	*DO*
	[23.10.1915 – 01.02.1917]	Gen.Gouv. Warschau	*Krgl.*
	[15.02.1917 – 24.03.1917]	1. Armee	*Krgl.*
	[17.04.1917 – 23.05.1917]	2. Armee	*Krgl.*
	[31.05.1917]	A.Abt. B	*D.Fußa.*
	[26.06.1917 – 19.12.1917]	4. Armee	*D.Fußa./Krgl.*
Verbleib:	19.12.1917 umgewandelt in Art.Park-Komp. 50		

Parkkompanie des sächs. Landwehr-Fußartillerie-Btl. Nr. 12

Aufstellung:	19.04.1917 durch Ers.Btl./Fußart.Rgt. 12 (gem. sächs. KM v. 17.04.1917), sogleich mobil		
Ersatztr.Teil:	Ers.Btl./Fußart.Rgt. 12		
Unterstellung:	[31.05.1917 – 11.01.1918]	4. Armee	*D.Fußa./Krgl.*
Verbleib:	11.01.1918 umgewandelt in sächs. Art.Park-Komp. 61		

Parkkompanie des Landwehr-Fußartillerie-Btl. Nr. 13

Aufstellung:	02.08.1914 durch Fußart.Rgt. 13 in Ulm (gem. Mob.Plan)		
Ersatztr.Teil:	Ers.Btl./Fußart.Rgt. 13		
Unterstellung:	[27.01.1915 – 01.10.1915]	Kdtr. Oberrheinbefest.	*Krgl.*
Verbleib:	01.10.1915 aufgegangen in Fußart.Bttr. 509–511		

Parkkompanie des Landwehr-Fußartillerie-Btl. Nr. 14

Aufstellung:	02.08.1914 durch Fußart.Rgt. 14 in Straßburg (gem. Mob.Plan)		
Ersatztr.Teil:	Ers.Btl./Fußart.Rgt. 14		
Unterstellung:	[09.08.1915 – 01.02.1917]	Gouv. Straßburg	*LÜW/Üb.Fußa.*
	[01.05.1917 – 10.11.1917]	A.Abt. B	*Krgl.*
	[15.12.1917]	Gouv. Straßburg	*Krgl.*
Zuteilungen:	13.02.1916 – 13.09.1916	1. bayer. Ldw.Div.	*WGM*
Verbleib:	31.12.1917 aufgelöst (gem. KM v. 07.12.1917)		
Quellen:	WGM Archiv, Abt. V Nr. 592		

Parkkompanie des Landwehr-Fußartillerie-Btl. Nr. 15

Aufstellung:	02.08.1914 durch Fußart.Rgt. 15 (gem. Mob.Plan)		
Ersatztr.Teil:	Ers.Btl./Fußart.Rgt. 15		
Unterstellung:	[22.02.1915]	Kriegsbes. Thorn	*LÜO*
	[03.05.1915]	Korps Dickhuth	*LÜO*
	[05.09.1915]	Et.Insp. 12	*Krgl.*
	[09.11.1915]	A.Gr. Scholtz	*DO*
	[22.11.1915 – 09.12.1915]	Njemen-Armee	*DO*
	[06.01.1916 – 19.12.1917]	8. Armee	*Krgl.*
Verbleib:	19.12.1917 umgewandelt in Art.Park-Komp. 51		

Parkkompanie des Landwehr-Fußartillerie-Btl. Nr. 16

Aufstellung:	02.08.1914 durch Fußart.Rgt. 16 in Diedenhofen (gem. Mob.Plan)		
Ersatztr.Teil:	3. Ldst.Inf.Ers.Btl. St. Avold (XVI. 24)		
Unterstellung:	[09.08.1915 – 01.02.1917]	5. Armee	*LÜW/Üb.Fuβa.*
	[01.04.1917 – 06.05.1917]	7. Armee	*Krgl.*
	[31.05.1917 – 01.09.1917]	A.Abt. B	*D.Fuβa./Krgl.*
	[15.09.1917]	OHL, Diedenhofen	*Krgl.*
Verbleib:	Ende Sept. 1917 aufgelöst (gem. KM v. 26.09.1917)		

Parkkompanie des Landwehr-Fußartillerie-Btl. Nr. 17
seit 01.02.1916: **1. Parkkompanie des Landwehr-Fußartillerie-Btl. Nr. 17**

Aufstellung:	02.08.1914 durch Fußart.Rgt. 17 in Danzig (gem. Mob.Plan)		
Ersatztr.Teil:	Ers.Btl./Fußart.Rgt. 17		
Unterstellung:	[22.02.1915]	Kriegsbes. Danzig	*LÜO*
	[03.05.1915]	I. AK	*LÜO*
	[03.09.1915 – 01.10.1917]	Et.Insp. 12	*DO/Krgl.*
	[10.10.1917 – 10.12.1917]	10. Armee	*Krgl.*
Verbleib:	31.12.1917 aufgelöst (gem. KM v. 07.12.1917)		

2. Parkkompanie des Landwehr-Fußartillerie-Btl. Nr. 17

Aufstellung:	01.02.1916 durch Kdtr. Danzig (gem. KM v. 30.01.1916)		
Ersatztr.Teil:	Ers.Btl./Fußart.Rgt. 17		
Unterstellung:	[16.02.1916 – 22.02.1916]	Kriegsbes. Danzig	*DW*
	[16.03.1916]	5. Armee	*DW*
	[12.07.1916 – 19.12.1917]	2. Armee	*DW/Krgl.*
Verbleib:	19.12.1917 umgewandelt in Art.Park-Komp. 52		

Parkkompanie des Landwehr-Fußartillerie-Btl. Nr. 18

Aufstellung:	02.08.1914 durch Fußart.Rgt. 18 in Mainz (gem. Mob.Plan)		
Ersatztr.Teil:	Ers.Btl./Fußart.Rgt. 18		
Unterstellung:	[09.08.1915 – 25.04.1916]	A.Abt. Falkenhausen	*LÜW/Krgl.*
	[25.04.1916 – 01.09.1916]	A.Abt. A	*Krgl.*
	[09.09.1916 – 05.12.1916]	1. Armee	*Krgl.*
	[20.01.1917 – 31.03.1917]	A.Abt. A	*Krgl.*
	[28.04.1917 – 15.09.1917]	6. Armee	*D.Fußa./Krgl.*
Verbleib:	30.09.1917 aufgelöst (gem. KM v. 20.09.1917)		

Parkkompanie des sächs. Landwehr-Fußartillerie-Btl. Nr. 19

Aufstellung:	02.08.1914 durch Fußart.Rgt. 19 in Dresden (gem. Mob.Plan)		
Ersatztr.Teil:	2. Ers.Btl./Gren.Ldw.Rgt. 100		
Unterstellung:	[07.03.1915 – 03.09.1915]	8. Armee	*DO/Krgl.*
	[22.10.1915]	12. Armee	*DO*
	[10.11.1915 – 22.11.1915]	Gen.Gouv. Warschau	*DW/DO*
	[09.12.1915]	Gouv. Brest-Litowsk	*DO*
	[15.01.1916]	HKK 3	*LÜO*
	[01.05.1916 – 10.12.1917]	10. Armee	*Krgl.*
Verbleib:	20.12.1917 aufgelöst (gem. sächs. KM v. 24.11.1917)		

Parkkompanie des Landwehr-Fußartillerie-Btl. Nr. 20

Aufstellung:	02.08.1914 durch Fußart.Rgt. 20 (gem. Mob.Plan)		
Ersatztr.Teil:	Ers.Btl./Fußart.Rgt. 20		
Unterstellung:	[27.02.1915 – 15.09.1916]	Kdtr. Neubreisach	*LÜW/Krgl.*
	[24.09.1916 – 11.12.1917]	2. Armee	*DW/Krgl.*
Verbleib:	19.12.1917 umgewandelt in Art.Park-Komp. 53		

Parkkompanie des Landwehr-Fußartillerie-Btl. Nr. 35

Aufstellung:	24.11.1916 durch Ers.Btl./Fußart.Rgt. 9 (gem. KM v. 24.11.1916) aus 6. Komp./Park-Btl. 4, sogleich mobil		
Ersatztr.Teil:	2. Ers.Btl./Ldw.Inf.Rgt. 37		
Unterstellung:	[01.12.1916 – 19.12.1917]	3. Armee	*D.Fußa./Krgl.*
Verbleib:	19.12.1917 umgewandelt in Art.Park-Komp. 54		

Parkkompanie des Landwehr-Fußartillerie-Btl. Nr. 39

Aufstellung:	27.04.1917 durch Ers.Btl./Fußart.Rgt. 10 (gem. KM v. 22.04.1917), sogleich mobil
Ersatztr.Teil:	Ers.Btl./Fußart.Rgt. 10
Unterstellung:	[28.04.1917 – 28.05.1917] 6. Armee *D.Fuβa./Krgl.*
	[01.07.1917 – 19.12.1917] 4. Armee *Krgl.*
Verbleib:	19.12.1917 umgewandelt in Art.Park-Komp. 55

Parkkompanie des Landwehr-Fußartillerie-Btl. Nr. 47

Aufstellung:	22.04.1917 durch Ers.Btl./1. Garde-Fußart.Rgt. (gem. KM v. 22.04.1917)
Ersatztr.Teil:	Ers.Btl./1. Garde-Fußart.Rgt.
Unterstellung:	[28.04.1917 – 19.12.1917] 6. Armee *D.Fuβa./Krgl.*
Verbleib:	19.12.1917 umgewandelt in Art.Park-Komp. 56

Parkkompanie des Landwehr-Fußartillerie-Btl. Nr. 50

Aufstellung:	22.06.1917 durch 1. Ers.Btl./Fußart.Rgt. 13 (gem. KM v. 22.06.1917)
Ersatztr.Teil:	1. Ers.Btl./Fußart.Rgt. 13
Unterstellung:	[26.06.1917 – 01.09.1917] A.Abt. A *D.Fuβa./Krgl.*
	[29.10.1917 – 23.11.1917] 4. Armee *D.Fuβa./Krgl.*
	[25.11.1917 – 11.12.1917] 2. Armee *AB/Krgl.*
Verbleib:	19.12.1917 umgewandelt in Art.Park-Komp. 57

Parkkompanie des Landwehr-Fußartillerie-Btl. Nr. 55

Aufstellung:	22.04.1917 durch Ers.Btl./Fußart.Rgt. 7 (gem. KM v. 22.04.1917)
Ersatztr.Teil:	Ers.Btl./Fußart.Rgt. 7
Unterstellung:	[28.04.1917 – 03.06.1917] 1. Armee *D.Fuβa./Krgl.*
	[12.06.1917 – 01.09.1917] 5. Armee *Krgl.*
	[15.09.1917] Kdtr. Diedenhofen *D.Fuβa.*
	[05.10.1917 – 19.12.1917] 14. Armee *D.Fuβa./Krgl.*
Verbleib:	19.12.1917 umgewandelt in Art.Park-Komp. 58

Parkkompanie des Landwehr-Fußartillerie-Btl. Nr. 58

Aufstellung:	22.04.1917 durch Ers.Btl./Fußart.Rgt. 11 (gem. KM v. 22.04.1917)
Ersatztr.Teil:	Ers.Btl./Fußart.Rgt. 11
Unterstellung:	[31.05.1917 – 23.07.1917] 1. Armee *Krgl.*
	[07.08.1917 – 01.10.1917] 5. Armee *D.Fuβa./Krgl.*
	[29.10.1917 – 19.12.1917] 7. Armee *D.Fuβa./Krgl.*
Verbleib:	19.12.1917 umgewandelt in Art.Park-Komp. 59

Parkkompanie des bayer. Landwehr-Fußartillerie-Btl. Nr. 1

Aufstellung: 02.08.1914 durch 1. bayer. Fußart.Rgt. in Neu-Ulm (gem. Mob.Plan)
Ersatztr.Teil: Ers.Btl./1. bayer. Fußart.Rgt.
Unterstellung: [09.08.1915 – 28.11.1915]   A.Abt. Falkenhausen   *LÜW*
Verbleib: 28.11.1915 aufgegangen in bayer. Fußart.Bttr. 582 u. 583

Parkkompanie des bayer. Landwehr-Fußartillerie-Btl. Nr. 2

Aufstellung: 02.08.1914 durch 2. bayer. Fußart.Rgt. in Metz (gem. Mob.Plan)
Ersatztr.Teil: 2. mob. Ers.Btl./2. bayer. Fußart.Rgt.
Unterstellung: [02.08.1914 – 05.01.1918]   Gouv. Metz   *LÜW/Krgl.*
Verbleib: 05.01.1918 umgewandelt in bayer. Art.Park-Komp. 5

Parkkompanie des bayer. Landwehr-Fußartillerie-Btl. Nr. 3

Aufstellung: 02.08.1914 durch 3. bayer. Fußart.Rgt. in Ingolstadt (gem. Mob.Plan)
Ersatztr.Teil: Ers.Btl./3. bayer. Fußart.Rgt.
Unterstellung: [01.11.1914 – 10.11.1915]   5. Armee   *Bayer. WGB/DW*
Verbleib: ca. 10.11.1915 umgewandelt in bayer. Fußart.Bttr. 579

Parkkompanie des bayer. Landwehr-Fußartillerie-Btl. Nr. 3 (neu)

Aufstellung: 08.06.1917 durch Ers.Btl./3. bayer. Fußart.Rgt. (gem. KM v. 03.05.1917 u. bayer. KM v. 25.04.1917), mobil seit 15.06.1917
Ersatztr.Teil: Ers.Btl./3. bayer. Fußart.Rgt.
Unterstellung: [15.06.1917 – 20.07.1917]   6. Armee   *Krgl.*
 [24.07.1917 – 05.01.1918]   4. Armee   *Krgl.*
Verbleib: 05.01.1918 umgewandelt in Bayer. Art.Park-Komp. 6

Artillerie-Parkkompanien

Mit Erl. vom 19.12.1917 wurden die Parkkompanien endgültig von ihren Bataillonen getrennt und in „Artillerie-Parkkompanien" mit laufender Nummer umbenannt, wobei die bisherige Stärke unverändert blieb.[1]

Artillerie-Parkkompanie Nr. 1

Aufstellung: 19.12.1917 (gem. KM v. 19.12.1917) aus Park-Komp. des II. Btl./Fußart.Rgt. 1
Ersatztr.Teil: Ers.Btl./Fußart.Rgt. 1
Unterstellung:
[10.01.1918 – 25.02.1918] 10. Armee *Krgl.*
[24.03.1918 – 07.04.1918] A.Abt. D *Krgl.*
[10.05.1918 – 18.12.1918] 7. Armee *Krgl./FpÜb*
Verbleib: Ende Dez. 1918 aufgelöst;[2] Abw.Stelle bei Fußart.Rgt. 1

Artillerie-Parkkompanie Nr. 2

Aufstellung: 19.12.1917 (gem. KM v. 19.12.1917) aus Park-Komp. des I. Btl./Fußart.Rgt. 2
Ersatztr.Teil: Ers.Btl./Fußart.Rgt. 2
Unterstellung:
[24.07.1917 – 21.08.1918] 4. Armee *Krgl./AB*
[30.08.1918 – 06.11.1918] 17. Armee *D.Fußa./FpÜb*
[13.11.1918 – 04.12.1918] 6. Armee *FpÜb*
Verbleib: ab Ende Dez. 1918 in Stettin, Mitte Jan. 1919 aufgelöst;[3] Abw.Stelle bei Fußart.Rgt. 2

Artillerie-Parkkompanie Nr. 3

Aufstellung: 21.01.1918 (gem. KM v. 19.12.1917) aus Park-Komp. des II. Btl./Fußart.Rgt. 2
Ersatztr.Teil: Ers.Btl./Fußart.Rgt. 2
Unterstellung: [21.01.1918 – 12.12.1918] A.Abt. A *Krgl./FpÜb*
Verbleib: Mitte Dez. 1918 aufgelöst;[4] Abw.Stelle bei Fußart.Rgt. 2

Artillerie-Parkkompanie Nr. 4

Aufstellung: 02.01.1918 (gem. KM v. 19.12.1917) aus Park-Komp. des III. Btl./Fußart.Rgt. 2
Ersatztr.Teil: Ers.Btl./Fußart.Rgt. 6
Unterstellung: [02.01.1918 – 04.12.1918] A.Abt. B *Krgl./FpÜb*
Verbleib: 08.12.1918 in Neiße aufgelöst;[5] Abw.Stelle bei Fußart.Rgt. 6

---

[1] KM Nr. 2480/17 geh. A 5. KA, MKr. 13,497, Prod. 3035
[2] Nicht mehr in FpÜb v. 28.12.1918
[3] FpÜb v. 28.12.1918 – 05.02.1919
[4] Nicht mehr in FpÜb v. 18.12.1918
[5] Demob.Üb. VI. AK v. 01.03.1919; nicht mehr in FpÜb v. 04.12.1918

Artillerie-Parkkompanie Nr. 5

Aufstellung:	19.12.1917 (gem. KM v. 19.12.1917) aus Park-Komp. des I. Btl./Fußart.Rgt. 8		
Ersatztr.Teil:	Ers.Btl./Fußart.Rgt. 8		
Unterstellung:	[19.12.1917 – 20.11.1918]	Gouv. Metz	*Krgl./FpÜb*
Verbleib:	23.12.1918 selbstständig in Bebra aufgelöst;[1] Abw.Stelle bei Fußart.Rgt. 8		

Artillerie-Parkkompanie Nr. 6

Aufstellung:	19.12.1917 (gem. KM v. 19.12.1917) aus Park-Komp. des II. Btl./Fußart.Rgt. 11		
Ersatztr.Teil:	Ers.Btl./Fußart.Rgt. 11		
Unterstellung:	[01.01.1918 – 06.07.1918]	7. Armee	*Krgl.*
	[14.07.1918 – 20.07.1918]	9. Armee	*D.Fußa./Krgl.*
	[28.07.1918 – 02.10.1918]	7. Armee	*D.Fußa./Krgl.*
	[09.10.1918]	3. Armee	*FpÜb*
	[16.10.1918 – 29.01.1919]	5. Armee	*FpÜb*
Verbleib:	Ende Jan. 1919 aufgelöst;[2] Abw.Stelle bei Fußart.Rgt. 11		

Artillerie-Parkkompanie Nr. 7

Aufstellung:	19.12.1917 (gem. KM v. 19.12.1917) aus Park-Komp. des II. Btl./Fußart.Rgt. 13		
Ersatztr.Teil:	Ers.Btl./Fußart.Rgt. 24		
Unterstellung:	[27.01.1918 – 11.02.1918]	HGr. Linsingen	*Krgl.*
	[24.02.1918]	HGr. Rupprecht	*D.Fußa.*
	[14.03.1918 – 12.12.1918]	2. Armee	*AB/Krgl./FpÜb*
Verbleib:	ab Mitte Dez. 1918 in Bühl (Baden), Ende Jan. 1919 aufgelöst;[3] Abw.Stelle bei Fußart.Rgt. 24		

Artillerie-Parkkompanie Nr. 8

Aufstellung:	19.12.1917 (gem. KM v. 19.12.1917) aus Park-Komp. des I. Btl./Fußart.Rgt. 14		
Ersatztr.Teil:	Ers.Btl./Fußart.Rgt. 14		
Unterstellung:	[19.12.1917 – 21.02.1918]	14. Armee	*Krgl.*
	[01.03.1918 – 20.11.1918]	Kdo. dt. Truppen in Italien	*Krgl./FpÜb*
Verbleib:	ab Ende Nov. 1918 in Freiburg, Anf. Jan. 1919 aufgelöst;[4] Abw.Stelle bei Fußart.Rgt. 14		

---

[1] Demob.Üb. XVI. AK v. 09.05.1919; nicht mehr in FpÜb v. 04.12.1918
[2] Nicht mehr in FpÜb v. 05.02.1919
[3] FpÜb v. 18.12.1918 – 29.01.1919
[4] Ers.FpÜb v. 04.12.1918 – 03.01.1919

Artillerie-Parkkompanie Nr. 9

Aufstellung:	19.12.1917 (gem. KM v. 19.12.1917) aus Park-Komp. des II. Btl./Fußart.Rgt. 15		
Ersatztr.Teil:	Ers.Btl./Fußart.Rgt. 15		
Unterstellung:	[10.01.1918 – 23.03.1918]	10. Armee	*Krgl.*
	[10.05.1918 – 10.09.1918]	7. Armee	*Krgl.*
	[13.09.1918 – 18.09.1918]	9. Armee	*D.Fußa./FpÜb*
	[25.09.1918 – 10.10.1918]	7. Armee	*Krgl./D.Fußa*
	[16.10.1918 – 23.10.1918]	3. Armee	*FpÜb*
	[30.10.1918 – 18.12.1918]	5. Armee	*FpÜb*
Verbleib:	ab Ende Dez. 1918 in Bromberg, Mitte Jan. 1919 aufgelöst;[1] Abw.Stelle bei Fußart.Rgt. 15		

Artillerie-Parkkompanie Nr. 10

Aufstellung:	19.12.1917 (gem. KM v. 19.12.1917) aus Park-Komp. des II. Btl./Fußart.Rgt. 16		
Ersatztr.Teil:	Ers.Btl./Fußart.Rgt. 16		
Unterstellung:	[10.02.1918 – 28.12.1918]	1. Armee	*Üb.Fußa./FpÜb*
Verbleib:	28.12.1918 in Wetzlar durch AOK 1 aufgelöst;[2] Abw.Stelle bei Fußart.Rgt. 16		

Artillerie-Parkkompanie Nr. 11

Aufstellung:	19.12.1917 (gem. KM v. 19.12.1917) aus 1. Park-Komp. des I. Btl./Fußart.-Rgt. 17		
Ersatztr.Teil:	Ers.Btl./Fußart.Rgt. 17		
Unterstellung:	[10.01.1918 – 20.02.1918]	10. Armee	*Krgl.*
	[22.02.1918 – 25.09.1918]	2. Armee	*AB/Krgl./FpÜb*
	[01.10.1918 – 20.11.1918]	A.Abt. B	*Krgl./FpÜb*
Verbleib:	ab Mitte Jan. 1919 in Thorn, Anf. Febr. 1919 aufgelöst;[3] Abw.Stelle bei Fußart.Rgt. 17		

Artillerie-Parkkompanie Nr. 12

Aufstellung:	19.12.1917 (gem. KM v. 19.12.1917) aus Park-Komp. des II. Btl./Fußart.Rgt. 17		
Ersatztr.Teil:	Ers.Btl./Fußart.Rgt. 18		
Unterstellung:	[10.02.1918 – 01.05.1918]	3. Armee	*Üb.Fußa./Krgl.*
	[16.05.1918 – 04.12.1918]	7. Armee	*Krgl./FpÜb*
Verbleib:	ab Anf. Dez. 1918 in Kassel, am 18.12.1918 aufgelöst;[4] Abw.Stelle bei Fußart.Rgt. 18		

---

[1] FpÜb v. 28.12.1918 – 15.01.1919
[2] Demob.Üb. XVI. AK v. 09.05.1919; FpÜb v. 28.12.1918 – 22.01.1919
[3] FpÜb v. 22.01.1919 – 05.02.1919
[4] Demob.Üb. XI. AK v. 15.08.1920; FpÜb v. 12.12.1918–18.12.1918

Artillerie-Parkkompanie Nr. 13

Aufstellung: 19.12.1917 (gem. KM v. 19.12.1917) aus Park-Komp. des I. Btl./1. Garde-Res.Fußart.Rgt.

Ersatztr.Teil: Ers.Btl./1. Garde-Fußart.Rgt.

Unterstellung: [08.02.1918 – 04.12.1918]　　17. Armee　　　　　　　*Krgl./FpÜb*

Verbleib: ab Ende Jan. 1919 in Hannover, Mitte Febr. 1919 aufgelöst;[1] Abw.Stelle bei Garde-Fußart.Rgt.

Artillerie-Parkkompanie Nr. 14

Aufstellung: 19.12.1917 (gem. KM v. 19.12.1917) aus Park-Komp. des II. Btl./1. Garde-Res.Fußart.Rgt.

Ersatztr.Teil: Ers.Btl./1. Garde-Fußart.Rgt.

Unterstellung:
[10.02.1918 – 01.05.1918]　　3. Armee　　　　　　　*Üb.Fußa./Krgl.*
[16.05.1918 – 10.07.1918]　　7. Armee　　　　　　　*Krgl.*
[20.07.1918 – 18.09.1918]　　9. Armee　　　　　　　*Krgl./FpÜb*
[25.09.1918 – 25.10.1918]　　7. Armee　　　　　　　*Krgl.*
[03.11.1918 – 28.12.1918]　　3. Armee　　　　　　　*D.Fußa./FpÜb*

Verbleib: ab Ende Dez. 1918 in Bersenbrück, ab Mitte Jan. 1919 in Döberitz Üb.Pl., Mitte Febr. 1919 aufgelöst;[2] Abw.Stelle bei Garde-Fußart.Rgt.

Artillerie-Parkkompanie Nr. 15

Aufstellung: 19.12.1917 (gem. KM v. 19.12.1917) aus Park-Komp. des I. Btl./2. Garde-Res.Fußart.Rgt.

Ersatztr.Teil: Ers.Btl./2. Garde-Fußart.Rgt.

Unterstellung: [17.01.1918 – 15.01.1919]　　4. Armee　　　　　　　*Krgl./FpÜb*

Zuteilungen: [18.09.1918 – 15.01.1919]　　Marine-Korps　　　　　*FpÜb*

Verbleib: Mitte Jan. 1919 aufgelöst;[3] Abw.Stelle bei Lehr-Rgt. der Fußart.Schießschule

---

[1] FpÜb v. 29.01.1919 – 05.02.1919
[2] FpÜb v. 03.01.1919 – 05.02.1919
[3] Nicht mehr in FpÜb v. 22.01.1919

Artillerie-Parkkompanie Nr. 16

Aufstellung:	19.12.1917 (gem. KM v. 19.12.1917) aus Park-Komp. des I. Btl./Res.Fußart.-Rgt. 1
Ersatztr.Teil:	Ers.Btl./Fußart.Rgt. 1

Unterstellung:

[08.01.1918 – 07.04.1918]	A.Abt. D	*Krgl.*
[10.05.1918 – 01.06.1918]	7. Armee	*Krgl./D.Fußa.*
[03.06.1918 – 01.07.1918]	1. Armee	*Krgl.*
[03.07.1918 – 01.08.1918]	7. Armee	*D.Fußa./Krgl.*
[19.08.1918 – 01.09.1918]	9. Armee	*D.Fußa./Krgl.*
[15.09.1918 – 18.12.1918]	18. Armee	*Krgl./FpÜb*

Verbleib: ab Ende Dez. 1918 in Königsberg, Ende Jan. 1919 aufgelöst;[1] Abw.Stelle bei Fußart.Rgt. 1

Artillerie-Parkkompanie Nr. 17

Aufstellung:	19.12.1917 (gem. KM v. 19.12.1917) aus Park-Komp. des II. Btl./Res.Fußart.-Rgt. 1
Ersatztr.Teil:	Ers.Btl./Fußart.Rgt. 1

Unterstellung:

[10.02.1918 – 16.02.1918]	1. Armee	*Üb.Fußa./Krgl.*
[24.02.1918]	HGr. Dt. Kronprinz	*D.Fußa.*
[21.03.1918 – 22.06.1918]	18. Armee	*Krgl.*
[11.07.1918 – 04.12.1918]	1. Armee	*Krgl./FpÜb*

Verbleib: ab Anf. Dez. 1918 in Königsberg, Mitte Febr. 1919 aufgelöst;[2] Abw.Stelle bei Fußart.Rgt. 1

Artillerie-Parkkompanie Nr. 18

Aufstellung:	19.12.1917 (gem. KM v. 19.12.1917) aus Park-Komp. des II. Btl./Res.Fußart.-Rgt. 2
Ersatztr.Teil:	Ers.Btl./Fußart.Rgt. 3

Unterstellung:

[12.01.1918 – 12.08.1918]	A.Abt. B	*Krgl.*
[18.09.1918 – 20.11.1918]	19. Armee	*FpÜb*

Verbleib: ab 13.12.1918 in Neuenhaßlau (bei Gelnhausen), am 24.12.1918 aufgelöst;[3] Abw.Stelle bei Fußart.Rgt. 3

---

[1] FpÜb v. 28.12.1918 – 29.01.1919
[2] FpÜb v. 12.12.1918 – 05.02.1919
[3] Demob.Üb. XVIII. AK v. 20.11.1919; FpÜb v. 04.12.1918 – 12.03.1919

Artillerie-Parkkompanie Nr. 19

Aufstellung:	19.12.1917 (gem. KM v. 19.12.1917) aus Park-Komp. des I. Btl./Res.Fußart.-Rgt. 3
Ersatztr.Teil:	Ers.Btl./Fußart.Rgt. 3
Unterstellung:	[10.02.1918 – 20.11.1918]　　6. Armee　　　　　　*Üb.Fußa./FpÜb*
Verbleib:	ab 30.11.1918 in Altenhaßlau (bei Gelnhausen), am 30.12.1918 aufgelöst;[1] Abw.Stelle bei Fußart.Rgt. 3

Artillerie-Parkkompanie Nr. 20

Aufstellung:	19.12.1917 (gem. KM v. 19.12.1917) aus Park-Komp. des II. Btl./Res.Fußart.-Rgt. 3
Ersatztr.Teil:	Ers.Btl./Fußart.Rgt. 3
Unterstellung:	[01.01.1918 – 04.12.1918]　　5. Armee　　　　　　*Krgl./FpÜb*
Verbleib:	ab 09.12.1918 in Gelnhausen, am 15.12.1918 aufgelöst;[2] Abw.Stelle bei Fußart.Rgt. 3

Artillerie-Parkkompanie Nr. 21

Aufstellung:	19.12.1917 (gem. KM v. 19.12.1917) aus Park-Komp. des I. Btl./Res.Fußart.-Rgt. 4
Ersatztr.Teil:	Ers.Btl./Fußart.Rgt. 4
Unterstellung:	[10.02.1918 – 12.12.1918]　　6. Armee　　　　　　*Üb.Fußa./FpÜb*
Verbleib:	21.12.1918 in Magdeburg aufgelöst;[3] Abw.Stelle bei Fußart.Rgt. 4

Artillerie-Parkkompanie Nr. 22

Aufstellung:	19.12.1917 (gem. KM v. 19.12.1917) aus Park-Komp. des II. Btl./Res.Fußart.-Rgt. 5		
Ersatztr.Teil:	Ers.Btl./Fußart.Rgt. 5		
Unterstellung:	[10.02.1918]	10. Armee	*Üb.Fußa.*
	[25.02.1918 – 09.05.1918]	Gouv. Kowno	*Krgl.*
	[31.05.1918]	Gouv. Lüttich	*D.Fußa.*
	[20.06.1918 – 21.08.1918]	4. Armee	*Krgl./AB*
	[30.08.1918 – 20.11.1918]	18. Armee	*D.Fußa./FpÜb*
Verbleib:	05.12.1918 in Posen aufgelöst;[4] Abw.Stelle ab Ende Jan. 1919 in Obornik bei Fußart.Rgt. 5		

---

[1] Demob.Üb. XVIII. AK v. 20.11.1919; nicht mehr in FpÜb v. 28.12.1918
[2] Demob.Üb. XVIII. AK v. 20.11.1919; FpÜb v. 05.02.1919 – 12.03.1919
[3] Demob.Üb. IV. AK v. 25.09.1919; FpÜb v. 28.12.1918 – 12.03.1919
[4] Demob.Üb. V. AK v. 15.06.1919; FpÜb v. 12.12.1918 – 12.03.1919

Artillerie-Parkkompanie Nr. 23

Aufstellung:	19.12.1917 (gem. KM v. 19.12.1917) aus Park-Komp. des I. Btl./Res.Fußart.-Rgt. 6
Ersatztr.Teil:	Ers.Btl./Fußart.Rgt. 6
Unterstellung:	[10.01.1918]　　　　　10. Armee　　　　　*Krgl.*
Verbleib:	Anf. Jan. 1918 aufgelöst (gem. KM v. 05.01.1918)

Artillerie-Parkkompanie Nr. 24

Aufstellung:	19.12.1917 (gem. KM v. 19.12.1917) aus Park-Komp. des II. Btl./Res.Fußart.-Rgt. 6
Ersatztr.Teil:	Ers.Btl./Fußart.Rgt. 6
Unterstellung:	[31.12.1917 – 12.12.1918]　　7. Armee　　　　*Krgl./FpÜb*
Verbleib:	ab Mitte Dez. 1918 in Breslau, am 21.12.1918 aufgelöst;[1] Abw.Stelle bei Fußart.Rgt. 6

Artillerie-Parkkompanie Nr. 25

Aufstellung:	19.12.1917 (gem. KM v. 19.12.1917) aus Park-Komp. des III. Btl./Res.Fußart.-Rgt. 7
Ersatztr.Teil:	Ers.Btl./Fußart.Rgt. 7
Unterstellung:	[10.02.1918 – 07.05.1918]　　6. Armee　　　　*Üb.Fußa./Krgl.*
	[17.05.1918 – 12.12.1918]　　4. Armee　　　　*Krgl./FpÜb*
Verbleib:	16.12.1918 im Sennelager aufgelöst;[2] Abw.Stelle bei Fußart.Rgt. 7

Artillerie-Parkkompanie Nr. 26

Aufstellung:	19.12.1917 (gem. KM v. 19.12.1917) aus Park-Komp. des I. Btl./Res.Fußart.-Rgt. 8
Ersatztr.Teil:	Ers.Btl./Fußart.Rgt. 8
Unterstellung:	[10.02.1918 – 01.10.1918]　　3. Armee　　　　*Üb.Fußa./Krgl.*
	[10.10.1918 – 04.12.1918]　　5. Armee　　　　*D.Fußa./FpÜb*
	[12.12.1918 – 03.01.1919]　　3. Armee　　　　*FpÜb*
Verbleib:	ab Anf. Jan. 1919 in Loburg (Bez. Magdeburg), Mitte Febr. 1919 aufgelöst;[3] Abw.Stelle bei Fußart.Rgt. 8

---

[1] Demob.Üb. VI. AK v. 01.03.1919; FpÜb v. 18.12.1918 – 03.01.1919
[2] Demob.Üb. VII. AK v. 06.01.1919; nicht mehr in FpÜb v. 28.12.1918
[3] FpÜb v. 15.01.1919 – 05.02.1919

Artillerie-Parkkompanie Nr. 27

Aufstellung:	19.12.1917 (gem. KM v. 19.12.1917) aus Park-Komp. des I. Btl./Res.Fußart.-Rgt. 9
Ersatztr.Teil:	Ers.Btl./Fußart.Rgt. 9
Unterstellung:	[05.02.1918 – 12.12.1918] 2. Armee *Krgl./FpÜb*
Verbleib:	ab Mitte Dez. 1918 in Bersenbrück, März 1919 (?) aufgelöst;[1] Abw.Stelle bei Fußart.Rgt. 9

Artillerie-Parkkompanie Nr. 28

Aufstellung: 19.12.1917 (gem. KM v. 19.12.1917) aus Park-Komp. des II. Btl./Res.Fußart.-Rgt. 9

Ersatztr.Teil: Ers.Btl./Fußart.Rgt. 9

Unterstellung:
[17.01.1918 – 12.02.1918]	4. Armee	*Krgl.*
[24.02.1918]	HGr. Rupprecht	*D.Fußa.*
[07.03.1918 – 05.05.1918]	2. Armee	*Krgl.*
[14.05.1918 – 21.08.1918]	4. Armee	*D.Fußa./AB*
[30.08.1918 – 04.12.1918]	17. Armee	*D.Fußa./FpÜb*

Verbleib: ab Mitte Dez. 1918 in Bersenbrück, März 1919 (?) aufgelöst;[2] Abw.Stelle bei Fußart.Rgt. 9

Artillerie-Parkkompanie Nr. 29

Aufstellung: 19.12.1917 (gem. KM v. 19.12.1917) aus Park-Komp. des I. Btl./Res.Fußart.-Rgt. 10

Ersatztr.Teil: Ers.Btl./Fußart.Rgt. 10

Unterstellung:
[01.01.1918 – 01.07.1918]	5. Armee	*Krgl.*
[14.07.1918]	3. Armee	*D.Fußa.*
[20.07.1918 – 18.09.1918]	9. Armee	*Krgl./FpÜb*
[25.09.1918 – 02.10.1918]	7. Armee	*Krgl./FpÜb*
[09.10.1918 – 06.11.1918]	9. Armee	*Krgl./FpÜb*
[13.11.1918 – 18.12.1918]	7. Armee	*FpÜb*

Verbleib: 20.12.1918 in Arolsen aufgelöst;[3] Abw.Stelle bei Fußart.Rgt. 10

Artillerie-Parkkompanie Nr. 30

Aufstellung: 19.12.1917 (gem. KM v. 19.12.1917) aus Park-Komp. des I. Btl./Res.Fußart.-Rgt. 11

Ersatztr.Teil: Ers.Btl./Fußart.Rgt. 26

Unterstellung: [19.12.1917]   8. Armee   *Krgl.*

Verbleib: 11.03.1918 aufgelöst (gem. KM v. 05.01.1918)

---

[1] FpÜb v. 18.12.1918 – 12.03.1919
[2] FpÜb v. 18.12.1918 – 12.03.1919
[3] Demob.Üb. XV. AK v. 11.01.1919; nicht mehr in FpÜb v. 28.12.1918

Artillerie-Parkkompanie Nr. 31

Aufstellung:	19.12.1917 (gem. KM v. 19.12.1917) aus Park-Komp. des II. Btl./Res.Fußart.-Rgt. 11		
Ersatztr.Teil:	Ers.Btl./Fußart.Rgt. 26		
Unterstellung:	[08.01.1918 – 13.05.1918]	8. Armee	*Krgl.*
	[31.05.1918]	Gouv. Lüttich	*D.Fußa.*
	[20.06.1918 – 03.07.1918]	4. Armee	*Krgl./D.Fußa.*
	[28.07.1918]	Maubeuge	*D.Fußa.*
	[18.09.1918 – 02.10.1918]	18. Armee	*FpÜb*
	[09.10.1918 – 20.11.1918]	2. Armee	*FpÜb*
Verbleib:	28.11.1918 in Landsberg (Warthe) aufgelöst;[1] Abw.Stelle bei Fußart.Rgt. 26		

Artillerie-Parkkompanie Nr. 32

Aufstellung:	19.12.1917 (gem. KM v. 19.12.1917) aus Park-Komp. des I. Btl./Res.Fußart.-Rgt. 13		
Ersatztr.Teil:	Ers.Btl./Fußart.Rgt. 24		
Unterstellung:	[12.01.1918 – 10.02.1918]	A.Abt. B	*Krgl./Üb.Fußa.*
	[21.03.1918 – 08.06.1918]	18. Armee	*Krgl.*
	[23.06.1918 – 04.12.1918]	4. Armee	*Krgl./FpÜb*
Verbleib:	ab Mitte Jan. 1919 in Bühl (Baden), Ende Febr. 1919 aufgelöst;[2] Abw.Stelle bei Fußart.Rgt. 24		

Artillerie-Parkkompanie Nr. 33

Aufstellung:	19.12.1917 (gem. KM v. 19.12.1917) aus Park-Komp. des II. Btl./Res.Fußart.-Rgt. 13		
Ersatztr.Teil:	Ers.Btl./Fußart.Rgt. 14		
Unterstellung:	[10.02.1918 – 19.06.1918]	1. Armee	*Üb.Fußa./Krgl.*
	[16.07.1918]	7. Armee	*Krgl.*
	[11.08.1918]	1. Armee	*Krgl.*
	[30.08.1918 – 08.09.1918]	9. Armee	*D.Fußa./Krgl.*
	[18.09.1918 – 02.10.1918]	1. Armee	*FpÜb*
	[09.10.1918 – 04.12.1918]	7. Armee	*FpÜb*
Verbleib:	ab Anf. Dez. 1918 in Heidelberg, Mitte Jan. 1919 aufgelöst;[3] Abw.Stelle bei Fußart.Rgt. 14		

---

[1] Demob.Üb. III. AK v. 01.06.1919; nicht mehr in FpÜb v. 12.12.1918
[2] FpÜb v. 22.01.1919 – 19.02.1919
[3] Ers.FpÜb v. 12.12.1918 – 15.01.1919

Artillerie-Parkkompanie Nr. 34

Aufstellung:	19.12.1917 (gem. KM v. 19.12.1917) aus Park-Komp. des I. Btl./Res.Fußart.-Rgt. 14
Ersatztr.Teil:	Ers.Btl./Fußart.Rgt. 7
Unterstellung:	[01.01.1918 – 30.10.1918] 5. Armee *Krgl./FpÜb*
Verbleib:	04.11.1918 in Müllheim (Baden) durch I. Btl./Inf.Rgt. 169 aufgelöst;[1] Abw.Stelle bei Fußart.Rgt. 7

Artillerie-Parkkompanie Nr. 35

Aufstellung:	19.12.1917 (gem. KM v. 19.12.1917) aus Park-Komp. des I. Btl./Res.Fußart.-Rgt. 15
Ersatztr.Teil:	Ers.Btl./Fußart.Rgt. 26
Unterstellung:	[30.12.1917 – 01.06.1918] 7. Armee *Krgl.*
	[03.06.1918 – 06.06.1918] 1. Armee *Krgl./D.Fuβa.*
	[03.07.1918 – 18.12.1918] 7. Armee *D.Fuβa./FpÜb*
Verbleib:	ab Ende Dez. 1918 in Landsberg (Warthe), am 23.01.1919 aufgelöst;[2] Abw.Stelle bei Fußart.Rgt. 26

Artillerie-Parkkompanie Nr. 36

Aufstellung:	19.12.1917 (gem. KM v. 19.12.1917) aus Park-Komp. des II. Btl./Res.Fußart.-Rgt. 15
Ersatztr.Teil:	Ers.Btl./Fußart.Rgt. 18
Unterstellung:	[01.01.1918 – 12.12.1918] 5. Armee *Krgl./FpÜb*
Verbleib:	18.12.1918 in Kassel-Niederzwehren aufgelöst;[3] Abw.Stelle bei Fußart.Rgt. 18

Artillerie-Parkkompanie Nr. 37

Aufstellung:	19.12.1917 (gem. KM v. 19.12.1917) aus Park-Komp. des I. Btl./Res.Fußart.-Rgt. 16
Ersatztr.Teil:	Ers.Btl./Fußart.Rgt. 16
Unterstellung:	[10.02.1918 – 28.12.1918] 1. Armee *Üb.Fuβa./FpÜb*
Verbleib:	ab Ende Dez. 1918 in Olvenstedt (Kreis Wolmirstedt), Ende Jan. 1919 aufgelöst;[4] Abw.Stelle bei Fußart.Rgt. 16

---

[1] Demob.Üb. VII. AK v. 06.01.1919; noch in FpÜb v. 15.01.1919 – 29.01.1919
[2] Demob.Üb. III. AK v. 01.06.1919; FpÜb v. 28.12.1918, nicht mehr in FpÜb v. 03.01.1919
[3] Demob.Üb. XI. AK v. 15.08.1920; noch in FpÜb v. 05.02.1919 – 19.02.1919
[4] FpÜb v. 03.01.1919 – 29.01.1919

Artillerie-Parkkompanie Nr. 38

Aufstellung:	19.12.1917 (gem. KM v. 19.12.1917) aus Park-Komp. des I. Btl./Res.Fußart.-Rgt. 17		
Ersatztr.Teil:	Ers.Btl./Fußart.Rgt. 22		
Unterstellung:	[10.01.1918 – 25.02.1918]	10. Armee	*Krgl.*
	[19.03.1918 – 01.07.1918]	7. Armee	*Krgl.*
	[20.07.1918 – 01.09.1918]	9. Armee	*Krgl.*
	[18.09.1918 – 25.09.1918]	7. Armee	*Krgl./FpÜb*
	[27.09.1918 – 28.12.1918]	A.Abt. C	*D.Fußa./FpÜb*
Verbleib:	Ende Dez. 1918 aufgelöst;[1] Abw.Stelle bei Fußart.Rgt. 22		

Artillerie-Parkkompanie Nr. 39

Aufstellung:	19.12.1917 (gem. KM v. 19.12.1917) aus Park-Komp. des II. Btl./Res.Fußart.-Rgt. 17		
Ersatztr.Teil:	Ers.Btl./Fußart.Rgt. 22		
Unterstellung:	[08.01.1918 – 25.08.1918]	8. Armee	*Krgl.*
	[30.08.1918]	Maubeuge	*D.Fußa.*
	[18.09.1918 – 02.10.1918]	18. Armee	*FpÜb*
	[09.10.1918 – 16.10.1918]	2. Armee	*FpÜb*
	[23.10.1918 – 13.11.1918]	Gouv. Lüttich	*FpÜb*
Verbleib:	Mitte Jan. 1919 in Lötzen aufgelöst;[2] Abw.Stelle bei Fußart.Rgt. 22		

Artillerie-Parkkompanie Nr. 40

Aufstellung:	19.12.1917 (gem. KM v. 19.12.1917) aus Park-Komp. des II. Btl./Res.Fußart.-Rgt. 18		
Ersatztr.Teil:	Ers.Btl./Fußart.Rgt. 18		
Unterstellung:	[01.01.1918 – 01.07.1918]	5. Armee	*Krgl.*
	[14.07.1918 – 18.12.1918]	3. Armee	*D.Fußa./FpÜb*
Verbleib:	18.12.1918 in Kassel-Niederzwehren aufgelöst;[3] Abw.Stelle bei Fußart.Rgt. 18		

Artillerie-Parkkompanie Nr. 41

Aufstellung:	19.12.1917 (gem. KM v. 19.12.1917) aus Park-Komp. des I. Btl./Res.Fußart.-Rgt. 20		
Ersatztr.Teil:	Ers.Btl./Fußart.Rgt. 20		
Unterstellung:	[01.01.1918 – 01.05.1918]	5. Armee	*Krgl.*
	[14.05.1918 – 11.08.1918]	1. Armee	*D.Fußa./Krgl.*
	[19.08.1918 – 12.12.1918]	3. Armee	*D.Fußa./FpÜb*
Verbleib:	Mitte Dez. 1918 aufgelöst;[4] Abw.Stelle bei Fußart.Rgt. 20		

---

[1] Nicht mehr in FpÜb v. 03.01.1919
[2] FpÜb v. 22.01.1919, nicht mehr in FpÜb v. 29.01.1919
[3] Demob.Üb. XI. AK v. 15.08.1920; noch in FpÜb v. 28.12.1918 – 12.03.1919
[4] Nicht mehr in FpÜb v. 18.12.1918

Artillerie-Parkkompanie Nr. 42

Aufstellung:	19.12.1917 (gem. KM v. 19.12.1917) aus Park-Komp. des II. Btl./Res.Fußart.-Rgt. 20
Ersatztr.Teil:	Ers.Btl./Fußart.Rgt. 20
Unterstellung:	[08.02.1918 – 04.12.1918] 17. Armee *Krgl./FpÜb*
Verbleib:	ab Mitte Dez. 1918 in Hamburg, März 1919 (?) aufgelöst;[1] Abw.Stelle bei Fußart.Rgt. 20

Artillerie-Parkkompanie Nr. 43

Aufstellung:	19.12.1917 (gem. KM v. 19.12.1917) aus Park-Komp. des 1. Garde-Ldw.-Fußart.Btl.
Ersatztr.Teil:	Ers.Btl./Fußart.Rgt. 3
Unterstellung:	[08.02.1918 – 06.11.1918] 17. Armee *Krgl./FpÜb*
	[13.11.1918 – 04.12.1918] 6. Armee *FpÜb*
Verbleib:	12.12.1918 aufgelöst;[2] Abw.Stelle bei Fußart.Rgt. 3

Artillerie-Parkkompanie Nr. 44

Aufstellung:	19.12.1917 (gem. KM v. 19.12.1917) aus Park-Komp. des 2. Garde-Ldw.-Fußart.Btl.
Ersatztr.Teil:	Ers.Btl./2. Garde-Fußart.Rgt.
Unterstellung:	[03.01.1918 – 23.02.1918] 7. Armee *D.Fußa./Krgl.*
	[01.03.1918 – 08.06.1918] 18. Armee *Krgl.*
	[11.07.1918 – 18.12.1918] 1. Armee *Krgl./FpÜb*
Verbleib:	ab Ende Dez. 1918 in Jüterbog, Ende Jan. 1919 aufgelöst;[3] Abw.Stelle bei Lehr-Rgt. der Fußart.Schießschule

Artillerie-Parkkompanie Nr. 45

Aufstellung:	19.12.1917 (gem. KM v. 19.12.1917) aus Park-Komp. des Ldw.Fußart.Btl. 2
Ersatztr.Teil:	Ers.Btl./Fußart.Rgt. 4
Unterstellung:	[31.12.1917 – 12.12.1918] 18. Armee *Krgl./FpÜb*
Verbleib:	12.12.1918 in Magdeburg aufgelöst;[4] Abw.Stelle bei Fußart.Rgt. 4

---

[1] FpÜb v. 18.12.1918 – 12.03.1919
[2] Demob.Üb. XVIII. AK v. 20.11.1919; nicht mehr in FpÜb v. 28.12.1918
[3] FpÜb v. 28.12.1918 – 22.01.1919
[4] Demob.Üb. IV. AK v. 25.09.1919; nicht mehr in FpÜb v. 28.12.1918

Artillerie-Parkkompanie Nr. 46

Aufstellung: 19.12.1917 (gem. KM v. 19.12.1917) aus Park-Komp. des 1. Ldw.Fußart.Btl. 4
Ersatztr.Teil: Ers.Btl./Fußart.Rgt. 4
Unterstellung: [01.02.1918 – 10.02.1918]   8. Armee   *Krgl./Üb.Fußa.*
                    [01.04.1918 – 28.12.1918]   1. Armee   *Krgl./FpÜb*
Verbleib: 30.12.1918 in Klein-Ottersleben aufgelöst;[1] Abw.Stelle bei Fußart.Rgt. 4

Artillerie-Parkkompanie Nr. 47

Aufstellung: 19.12.1917 (gem. KM v. 19.12.1917) aus Park-Komp. des Ldw.Fußart.Btl. 5
Ersatztr.Teil: Ers.Btl./Fußart.Rgt. 5
Unterstellung: [17.01.1918 – 20.11.1918]   4. Armee   *Krgl./FpÜb*
Verbleib: Ende Nov. 1918 in Posen aufgelöst;[2] Abw.Stelle ab Ende Jan. 1919 in Obornik bei Fußart.Rgt. 5

Artillerie-Parkkompanie Nr. 48

Aufstellung: 19.12.1917 (gem. KM v. 19.12.1917) aus Park-Komp. des 1. Ldw.Fußart.Btl. 6
Ersatztr.Teil: Ers.Btl./Fußart.Rgt. 6
Unterstellung: [08.01.1918 – 11.05.1918]   A.Abt. D   *Krgl.*
                    [06.06.1918 – 04.12.1918]   18. Armee   *D.Fußa./FpÜb*
Verbleib: Mitte Dez. 1918 in Breslau, am 21.12.1918 in Glogau aufgelöst;[3] Abw.Stelle bei Fußart.Rgt. 6

Artillerie-Parkkompanie Nr. 49

Aufstellung: 19.12.1917 (gem. KM v. 19.12.1917) aus Park-Komp. des Ldw.Fußart.Btl. 10
Ersatztr.Teil: Ers.Btl./Fußart.Rgt. 10
Unterstellung: [05.02.1918 – 31.03.1918]   2. Armee   *Krgl.*
                    [12.04.1918 – 22.06.1918]   17. Armee   *Krgl.*
                    [08.08.1918 – 12.12.1918]   18. Armee   *D.Fußa./FpÜb*
Verbleib: 15.12.1918 in Meneringhausen aufgelöst;[4] Abw.Stelle bei Fußart.Rgt. 10

---

[1] Demob.Üb. IV. AK v. 25.09.1919; FpÜb v. 03.01.1919 – 12.03.1919
[2] Demob.Üb. V. AK v. 15.06.1919; FpÜb v. 05.02.1919 – 12.03.1919
[3] Demob.Üb. VI. AK v. 01.03.1919; FpÜb v. 18.12.1918 – 03.01.1919
[4] Demob.Üb. XV. AK v. 11.01.1919; nicht mehr in FpÜb v. 03.01.1919

Artillerie-Parkkompanie Nr. 50

Aufstellung:	19.12.1917 (gem. KM v. 19.12.1917) aus Park-Komp. des Ldw.Fußart.Btl. 11		
Ersatztr.Teil:	Ers.Btl./Fußart.Rgt. 25		
Unterstellung:	[17.01.1917 – 12.02.1918]	4. Armee	*Krgl.*
	[17.02.1918 – 04.12.1918]	17. Armee	*D.Fußa./FpÜb*
Verbleib:	ab Mitte Dez. 1918 in Oldenburg, März 1919 (?) aufgelöst;[1] Abw.Stelle bei Fußart.Rgt. 25		

Artillerie-Parkkompanie Nr. 51

Aufstellung:	19.12.1917 (gem. KM v. 19.12.1917) aus Park-Komp. des Ldw.Fußart.Btl. 15		
Ersatztr.Teil:	Ers.Btl./Fußart.Rgt. 25		
Unterstellung:	[08.01.1918 – 20.11.1918]	8. Armee	*Krgl./FpÜb*
Verbleib:	ab Ende Nov. 1918 in Oldenburg, Anf. Febr. 1919 aufgelöst;[2] Abw.Stelle bei Fußart.Rgt. 25		

Artillerie-Parkkompanie Nr. 52

Aufstellung:	19.12.1917 (gem. KM v. 19.12.1917) aus 2. Park-Komp. des Ldw.Fußart.Btl. 17		
Ersatztr.Teil:	Ers.Btl./Fußart.Rgt. 9		
Unterstellung:	[05.02.1918 – 20.11.1918]	2. Armee	*Krgl./FpÜb*
	[04.12.1918 – 12.12.1918]	17. Armee	*FpÜb*
Verbleib:	ab Mitte Dez. 1918 in Bersenbrück, März 1919 (?) aufgelöst;[3] Abw.Stelle bei Fußart.Rgt. 9		

Artillerie-Parkkompanie Nr. 53

Aufstellung:	19.12.1917 (gem. KM v. 19.12.1917) aus Park-Komp. des Ldw.Fußart.Btl. 20		
Ersatztr.Teil:	Ers.Btl./Fußart.Rgt. 20		
Unterstellung:	[31.12.1917 – 22.06.1918]	18. Armee	*D.Fußa./Krgl.*
	[14.07.1918]	3. Armee	*D.Fußa.*
	[28.07.1918]	7. Armee	*D.Fußa.*
	[08.08.1918]	18. Armee	*D.Fußa.*
	[11.08.1918 – 02.10.1918]	7. Armee	*Krgl./FpÜb*
	[09.10.1918 – 18.12.1918]	3. Armee	*D.Fußa./FpÜb*
Verbleib:	ab Ende Dez. 1918 in Altona-Bahrenfeld, Anf. Febr. 1919 aufgelöst;[4] Abw.Stelle bei Fußart.Rgt. 20		

---

[1] FpÜb v. 18.12.1918 – 12.03.1919
[2] FpÜb v. 04.12.1918 – 05.02.1919
[3] FpÜb v. 18.12.1918 – 12.03.1919
[4] FpÜb v. 28.12.1918 – 05.02.1919

Artillerie-Parkkompanie Nr. 54

Aufstellung: 19.12.1917 (gem. KM v. 19.12.1917) aus Park-Komp. des Ldw.Fußart.Btl. 35
Ersatztr.Teil: Ers.Btl./Fußart.Rgt. 23
Unterstellung: [01.01.1918 – 28.12.1918]   3. Armee   *Krgl./FpÜb*
Verbleib: ab Ende Dez. 1918 in Posen, März 1919 (?) aufgelöst;[1] Abw.Stelle bei Fußart.Rgt. 23

Artillerie-Parkkompanie Nr. 55

Aufstellung: 19.12.1917 (gem. KM v. 19.12.1917) aus Park-Komp. des Ldw.Fußart.Btl. 39
Ersatztr.Teil: Ers.Btl./Fußart.Rgt. 25
Unterstellung: [17.01.1918 – 20.11.1918]   4. Armee   *Krgl./FpÜb*
[04.12.1918 – 18.12.1918]   Garde-Ers.Div.   *FpÜb*
Verbleib: Ende Dez. 1918 aufgelöst;[2] Abw.Stelle bei Fußart.Rgt. 25

Artillerie-Parkkompanie Nr. 56

Aufstellung: 19.12.1917 (gem. KM v. 19.12.1917) aus Park-Komp. des Ldw.Fußart.Btl. 47
Ersatztr.Teil: Ers.Btl./Fußart.Rgt. 7
Unterstellung: [10.02.1918 – 04.12.1918]   6. Armee   *Krgl./FpÜb*
Verbleib: 11.12.1918 im Sennelager aufgelöst;[3] Abw.Stelle bei Fußart.Rgt. 7

Artillerie-Parkkompanie Nr. 57

Aufstellung: 19.12.1917 (gem. KM v. 19.12.1917) aus Park-Komp. des Ldw.Fußart.Btl. 50
Ersatztr.Teil: Ers.Btl./Fußart.Rgt. 25
Unterstellung: [31.12.1917 – 09.04.1918]   18. Armee   *Krgl.*
[03.05.1918 – 01.07.1918]   Et.Insp. 18   *Krgl.*
[16.07.1918 – 25.09.1918]   7. Armee   *Krgl./FpÜb*
[27.09.1918 – 28.12.1918]   A.Abt. C   *D.Fußa./FpÜb*
Verbleib: ab Ende Dez. 1918 in Oldenburg, Mitte Febr. 1919 aufgelöst;[4] Abw.Stelle bei Fußart.Rgt. 25

---

[1] FpÜb v. 03.01.1919 – 12.03.1919
[2] Nicht mehr in FpÜb v. 28.12.1918
[3] Demob.Üb. VII. AK v. 06.01.1919; nicht mehr in FpÜb v. 18.12.1918
[4] FpÜb v. 03.01.1919 – 05.02.1919

Artillerie-Parkkompanie Nr. 58

Aufstellung:	19.12.1917 (gem. KM v. 19.12.1917) aus Park-Komp. des Ldw.Fußart.Btl. 55		
Ersatztr.Teil:	Ers.Btl./Fußart.Rgt. 7		
Unterstellung:	[01.01.1918]	14. Armee	*Krgl.*
	[26.01.1918 – 10.02.1918]	Kdtr. Diedenhofen	*D./Üb.Fußa.*
	[09.04.1918 – 18.09.1918]	6. Armee	*Krgl./FpÜb*
	[19.09.1918 – 12.12.1918]	A.Abt. C	*D.Fußa./FpÜb*
Verbleib:	ab 17.12.1918 im Sennelager, März 1919 (?) aufgelöst;[1] Abw.Stelle bei Fußart.Rgt. 7		

Artillerie-Parkkompanie Nr. 59

Aufstellung:	19.12.1917 (gem. KM v. 19.12.1917) aus Park-Komp. des Ldw.Fußart.Btl. 58		
Ersatztr.Teil:	Ers.Btl./Fußart.Rgt. 21		
Unterstellung:	[30.12.1917 – 06.07.1918]	7. Armee	*Krgl.*
	[14.07.1918 – 18.09.1918]	9. Armee	*D.Fußa./FpÜb*
	[25.09.1918 – 20.11.1918]	7. Armee	*Krgl./FpÜb*
	[04.12.1918 – 18.12.1918]	26. Inf.Div.	*FpÜb*
Verbleib:	ab Ende Dez. 1918 in Graudenz, März 1919 (?) aufgelöst;[2] Abw.Stelle bei Fußart.Rgt. 21		

Sächs. Artillerie-Parkkompanie Nr. 60

Aufstellung:	11.01.1918 (gem. KM v. 15.01.1918 u. sächs. KM v. 11.01.1918) aus Park-Komp. des I. Btl./Fußart.Rgt. 12		
Ersatztr.Teil:	Ers.Btl./Fußart.Rgt. 12		
Unterstellung:	[15.01.1918 – 04.12.1918]	4. Armee	*D.Fußa./FpÜb*
	[12.12.1918 – 28.12.1918]	36. Res.Div.	*FpÜb*
Verbleib:	Ende Dez. 1918 aufgelöst;[3] Abw.Stelle bei Fußart.Rgt. 12		

Sächs. Artillerie-Parkkompanie Nr. 61

Aufstellung:	11.01.1918 (gem. KM v. 15.01.1918 u. sächs. KM v. 11.01.1918) aus Park-Komp. des Ldw.Fußart.Btl. 12		
Ersatztr.Teil:	Ers.Btl./Fußart.Rgt. 12		
Unterstellung:	[15.01.1918 – 30.03.1918]	4. Armee	*D.Fußa./Krgl.*
	[31.03.1918 – 01.06.1918]	2. Armee	*AB/Krgl.*
	[01.07.1918 – 12.12.1918]	6. Armee	*Krgl./FpÜb*
Verbleib:	ab Ende Dez. 1918 in Chemnitz, Mitte Febr. 1919 aufgelöst;[4] Abw.Stelle bei Fußart.Rgt. 12		

---

[1] Demob.Üb. VII. AK v. 21.12.1918; FpÜb v. 28.12.1918 – 12.03.1919
[2] FpÜb 03.01.1919 – 12.03.1919
[3] Nicht mehr in FpÜb v. 03.01.1919
[4] FpÜb v. 28.12.1918 – 05.02.1919

Bayer. Artillerie-Parkkompanie Nr. 1

Aufstellung:	05.01.1918 durch AOK 2 (gem. KM v. 08.01.1918 u. bayer. KM v. 05.01.1918) aus Park-Komp. des I. Btl./2. bayer. Fußart.Rgt.		
Ersatztr.Teil:	Ers.Btl./1. bayer. Fußart.Rgt.		
Unterstellung:	[05.01.1918 – 22.11.1918]	2. Armee	*D.Fußa./FpÜb*
	[04.12.1918 – 03.01.1919]	18. Armee	*FpÜb*
Verbleib:	ab Anf. Jan. 1919 in Neu-Ulm, März 1919 (?) aufgelöst;[1] Abw.Stelle bei 2. bayer. Fußart.Rgt.		

Bayer. Artillerie-Parkkompanie Nr. 2

Aufstellung:	05.01.1918 durch AOK 14 (gem. KM v. 08.01.1918 u. bayer. KM v. 05.01.1918) aus Park-Komp. des II. Btl./2. bayer. Fußart.Rgt.		
Ersatztr.Teil:	2. Ers.Btl./2. bayer. Fußart.Rgt.		
Unterstellung:	[05.01.1918]	14. Armee	*D.Fußa.*
	[26.01.1918 – 10.02.1918]	Gouv. Straßburg	*D./Üb.Fußa.*
	[04.03.1918 – 29.03.1918]	HGr. Rupprecht	*D.Fußa.*
	[12.04.1918 – 01.06.1918]	17. Armee	*Krgl.*
	[19.06.1918 – 14.09.1918]	4. Armee	*D.Fußa./Krgl.*
	[19.09.1918 – 05.02.1919]	A.Abt. C	*D.Fußa./FpÜb*
Verbleib:	ab Mitte Febr. 1919 im Lager Lechfeld, März 1919 (?) aufgelöst;[2] Abw.Stelle bei 2. bayer. Fußart.Rgt.		

Bayer. Artillerie-Parkkompanie Nr. 3

Aufstellung:	05.01.1918 durch A.Abt. C (gem. KM v. 08.01.1918 u. bayer. KM v. 05.01.1918) aus Park-Komp. des I. Btl./bayer. Res.Fußart.Rgt. 2		
Ersatztr.Teil:	2. Ers.Btl./2. bayer. Fußart.Rgt.		
Unterstellung:	[05.01.1918 – 18.02.1918]	A.Abt. C	*D.Fußa./Krgl.*
	[04.03.1918]	HGr. Dt. Kronprinz	*D.Fußa.*
	[21.03.1918 – 12.12.1918]	18. Armee	*Krgl./FpÜb*
Verbleib:	21.01.1919 aufgelöst;[3] Abw.Stelle bei 2. bayer. Fußart.Rgt.		

---

[1] FpÜb v. 15.01.1919 – 12.03.1919
[2] FpÜb v. 19.02.1919 – 12.03.1919
[3] Demob.Meldung II. bayer. AK v. 03.02.1919; nicht mehr in FpÜb v. 18.12.1918

Bayer. Artillerie-Parkkompanie Nr. 4

Aufstellung:	05.01.1918 durch AOK 6 (gem. KM v. 08.01.1918 u. bayer. KM v. 05.01.1918) aus Park-Komp. des I. Btl./bayer. Res.Fußart.Rgt. 3
Ersatztr.Teil:	2. Ers.Btl./2. bayer. Fußart.Rgt.
Unterstellung:	[05.01.1918 – 20.11.1918] 6. Armee *D.Fußa./FpÜb*
Verbleib:	ab Ende Nov. 1918 in Pressath (Lager Grafenwöhr), am 11.01.1919 aufgelöst;[1] Abw.Stelle bei 3. bayer. Fußart.Rgt.

Bayer. Artillerie-Parkkompanie Nr. 5

Aufstellung:	05.01.1918 durch Gouv. Metz (gem. KM v. 08.01.1918 u. bayer. KM v. 05.01.1918) aus Park-Komp. des bayer. Ldw.Fußart.Btl. 2
Ersatztr.Teil:	Ers.Btl./3. bayer. Fußart.Rgt.
Unterstellung:	[05.01.1918] Gouv. Metz *D.Fußa.*
	[20.01.1918 – 10.02.1918] A.Abt. A *Krgl.*
	[21.03.1918 – 09.04.1918] 18. Armee *Krgl.*
	[09.05.1918 – 01.08.1918] Et.Insp. 18 *Krgl.*
	[20.08.1918 – 25.09.1918] 18. Armee *Krgl./FpÜb*
	[28.09.1918 – 20.11.1918] 19. Armee *Krgl./FpÜb*
Verbleib:	ab Ende Nov. 1918 in Weißenburg, am 12.12.1918 aufgelöst;[2] Abw.Stelle bei 2. bayer. Fußart.Rgt.

Bayer. Artillerie-Parkkompanie Nr. 6

Aufstellung:	05.01.1918 durch AOK 4 (gem. KM v. 08.01.1918 u. bayer. KM v. 05.01.1918) aus Park-Komp. des bayer. Ldw.Fußart.Btl. 3
Ersatztr.Teil:	Ers.Btl./3. bayer. Fußart.Rgt.
Unterstellung:	[05.01.1918 – 12.02.1918] 4. Armee *D.Fußa./Krgl.*
	[17.02.1918 – 20.11.1918] 17. Armee *D.Fußa./FpÜb*
Verbleib:	ab Ende Nov. 1918 im Lager Grafenwöhr, am 15.12.1918 aufgelöst;[3] Abw.Stelle bei 3. bayer. Fußart.Rgt.

Heeres-Park-Komp. Nr. 1 und 6

In FpÜb vom Dez. 1918 bis März 1919 mit Standort Meppen aufgeführt, sonst kein Nachweis[4]

---

[1] Demob.Üb. III. bayer. AK v. 15.07.1919; Ers.FpÜb u. FpÜb v. 04.12.1918 – 29.01.1919
[2] Demob.Meldung II. bayer. AK v. 18.12.1918; Ers.FpÜb v. 04.12.1918 – 18.12.1918
[3] Demob.Üb. III. bayer. AK v. 15.07.1919; Ers.FpÜb u. FpÜb v. 04.12.1918 – 05.02.1919
[4] Ers.FpÜb u. FpÜb v. 12.12.1918 – 12.03.1919; nicht in der Üb.Beh.u.Tr.

Parkkolonnen

Zum Betreiben der Parks wurde erst ab Ende August 1914 für jedes Parkkommando eine Parkkolonne aufgestellt. Sie sollte mit 10 Packwagen das für einen Artillerie-Belagerungspark benötigte Gerät transportieren. Dazu gehörten das Schanzzeug, das Mastfernrohr des Brigadestabes und das Gerät der Förderbahneinheit. Im Felde waren die Kolonnen vor allem mit Munitionstransporten beschäftigt.[1]

Nach Erl. des bayer. KM vom 16.08.1914 hatte eine Parkkolonne folgende Stärke:[2]

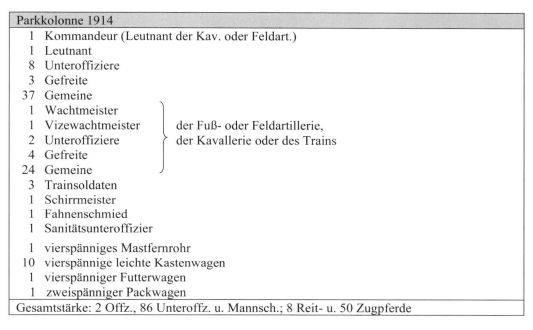

Als im Sommer 1915 die bisherige Organisation der Parks als überholt galt, befahl das KM am 12.08.1915 die Auflösung aller Parkkolonnen (wie auch aller Bataillonsstäbe).[3]

Parkkolonne Nr. 1

Aufstellung: 11.10.1914 durch 2. Ers.Btl./1. Garde-Fußart.Rgt. (gem. KM v. 27.09.1914), sogleich mobil

Ersatztr.Teil: Ers.Btl./1. Garde-Fußart.Rgt.

Unterstellung: [05.01.1915 – 09.08.1915]   6. Armee   *LÜW*

Verbleib: 31.08.1915 aufgelöst (gem. KM v. 12.08.1915)

---

[1] Vgl. Bayer. WGB, S. 677
[2] Bayer. KM Nr. 26.385. KM, MKr. 13.481, Prod. 10
[3] KM Nr. 1364/15 geh. A 5. KA, MKr 13.484, Prod. 634

Parkkolonne Nr. 2

Aufstellung: 03.10.1914 durch Ers.Btl./Fußart.Rgt. 11 (gem. KM v. 27.09.1914), sogleich mobil
Ersatztr.Teil: Ers.Btl./Fußart.Rgt. 11
Unterstellung: [22.02.1915 – 03.05.1915]   Gouv. Posen   *LÜO*
Verbleib: 31.08.1915 aufgelöst (gem. KM v. 12.08.1915)

Parkkolonne Nr. 3

Aufstellung: 24.08.1914 durch Ers.Btl./Fußart.Rgt. 8 (gem. KM v. 27.09.1914), sogleich mobil
Ersatztr.Teil: Ers.Btl./Fußart.Rgt. 8
Unterstellung: [05.01.1915 – 09.08.1915]   A.Abt. Strantz   *LÜW*
Verbleib: 31.08.1915 aufgelöst (gem. KM v. 12.08.1915)

Parkkolonne Nr. 4

Aufstellung: 27.08.1914 durch Ers.Btl./Fußart.Rgt. 10 (gem. KM v. 27.09.1914), sogleich mobil
Ersatztr.Teil: Ers.Btl./Fußart.Rgt. 10
Unterstellung: [05.01.1915 – 09.08.1915]   5. Armee   *LÜW*
Verbleib: 31.08.1915 aufgelöst (gem. KM v. 12.08.1915)

Parkkolonne Nr. 5

Aufstellung: 30.08.1914 durch Ers.Btl./Fußart.Rgt. 7 (gem. KM v. 27.09.1914), sogleich mobil
Ersatztr.Teil: Ers.Btl./Fußart.Rgt. 7
Unterstellung: [05.01.1915 – 09.08.1915]   5. Armee   *LÜW*
Verbleib: 31.08.1915 aufgelöst (gem. KM v. 12.08.1915)

Parkkolonne Nr. 6

Aufstellung: 03.10.1914 durch 2. Ers.Btl./Fußart.Rgt. 4 (gem. KM v. 27.09.1914), sogleich mobil
Ersatztr.Teil: Ers.Btl./Fußart.Rgt. 4
Unterstellung: [05.01.1915 – 09.08.1915]   5. Armee   *LÜW*
Verbleib: 31.08.1915 aufgelöst (gem. KM v. 12.08.1915)

Parkkolonne Nr. 7

Aufstellung:	20.10.1914 durch Ers.Btl./Fußart.Rgt. 5 (gem. KM v. 27.09. u. 07.10.1914), sogleich mobil
Ersatztr.Teil:	Ers.Btl./Fußart.Rgt. 5
Unterstellung:	[22.02.1915 – 03.05.1915] Gouv. Posen *LÜO*
Verbleib:	31.08.1915 aufgelöst (gem. KM v. 12.08.1915)

Bayer. Parkkolonne für die Bayer. Fußartillerie-Brigade
ab 27.08.1914: **Bayer. Parkkolonne Nr. 1**

Aufstellung:	20.08.1914 durch Ers.Btl./3. bayer. Fußart.Rgt. (gem. bayer. KM v. 16.08.1914), mobil seit 02.09.1914
Ersatztr.Teil:	Ers.Btl./1. bayer. Fußart.Rgt.
Unterstellung:	02.09.1914 – 31.10.1914 Bayer. Fußart.Brig.Kdo. 2 *Bayer. WGB*
	01.11.1914 – 31.08.1915 5. Armee *Bayer. WGB*
Verbleib:	17.09.1915 aufgelöst (gem. bayer. KM v. 05.09.1915)
Quellen:	Bayer. WGB

10. Werkstätten

Werkstätten der Belagerungsartillerie

Zur Instandsetzung von beschädigtem Geschützmaterial und Feldgerät in Frontnähe, soweit dies nicht von den Waffenmeistern und Batterieschlossern der Einheiten ausgeführt werden konnte, entstanden bei der Mobilmachung sieben Werkstätten der Belagerungsartillerie. Zunächst blieben die Werkstätten immobil in ihren Aufstellungsorten und rückten erst später ins Feld. Ursprünglich nur für die Fußartillerie gedacht, übernahmen sie bald auch die Instandsetzung von Maschinengewehren, Feldartilleriegerät und Fahrzeugen aller Art; sie entwickelten sich damit zu Universalwerkstätten.[1]

Da ihre geringe Anzahl angesichts der zunehmenden Zerstörungen des Geschützmaterials durch schwere Kämpfe bereits 1915 nicht mehr ausreichte, schufen sich mehrere Armeen eigene Artillerie-Werkstätten, von denen einige mit Erl. vom 04.06.1917 in die etatmäßigen Belagerungswerkstätten Nr. 8–15 umgewandelt wurden.[2]

Zwar war für die bei der Mobilmachung aufgestellten Werkstätten Nr. 1–7 wie auch für die später aufgestellten bayer. Nr. 1–3 eine einheitliche Stärke vorgesehen, doch wuchs die Anzahl ihrer Handwerker im Verlauf des Krieges bei jeder Werkstatt unterschiedlich stark an. So wurden der bayer. Belagerungswerkstatt Nr. 1 mit Erl. vom 25.03.1915 208 Unteroffiziere und Mannschaften zugestanden.[3]

Werkstatt der Belagerungsartillerie 1914			
1	Vorstand (Hauptmann der Techn. Institute der Art.)	1	Feldwebel
1	Leutnant (der Techn. Institute der Art.)	1	Vizefeldwebel
1	Zeugleutnant	1	Sanitätsunteroffizier
1	Feuerwerksleutnant	7	Unteroffiziere
2	Zeugfeldwebel (oder Feuerwerker)	57	Obergefreite, Gefreite u. Gemeine
4	Oberfeuerwerker oder Feuerwerker	13	Trainsoldaten
		4	vierspännige Schmiedewagen
		1	zweispänniger Packwagen
Gesamt: 4 Offz., 86 Unteroffz. u. Mannsch.; 5 Reit- u. 18 Zugpferde			

An Funktionen waren 1914 vorgesehen:
– Bei den Unteroffizieren jeweils ein Meister des Geschützrohr-, Holzarbeiter-, Schmiede-, Schlosser- u. Sattlerhandwerks.
– Unter den Mannschaften 2 Trompeter, 2 Radfahrer, 12 Mechaniker oder Schlosser, 8 Stellmacher oder Tischler, 14 Schmiede, 12 Schlosser, 4 Sattler, 1 Schneider und 2 Schuhmacher.

Am 25.03.1916 legte das KM für die Werkstätten Nr. 1–7 ihren besonderen, nach den jeweiligen Bedürfnissen ausgerichteten Etat fest.[4] Hiernach blieb der Etat im Wesentlichen unverändert, nur die Anzahl der Mannschaften wurde teilweise erheblich verstärkt. Allgemein traten ein Schirrmeister und zwei Waffenmeister-Stellvertreter dazu, während die Anzahl der Feldwebel und Unteroffiziere schwankte.

---

[1] Vgl. Bayer. WGB, S. 678–682; Wrisberg, Wehr und Waffen, S. 61
[2] KM Nr. 4309/5. 17 A 5. KA, MKr 13.494, Prod. 2521
[3] Bayer. KM Nr. 26.783. KA, MKr 13.482, Prod. 355
[4] KM Nr. 1951/3. 16 A 5 II Ang. KA, MKr 13.488, Prod. 1293

Als im Juni 1917 die Werkstätten Nr. 8–15 zur Aufstellung kamen, gab das KM am 28.08.1917 eine neue Regelung aus, die nun mit Mindest- und Höchststärken den verschiedenen Bedürfnissen Rechnung trug.[1]

Werkstatt der Belagerungsart. 1917	
1 Vorstand (Hauptmann)	2 Waffenmeister
1 Leutnant	1 Sanitätsunteroffizier
1 Zeugoffizier	7–24 Unteroffiziere
1 Feuerwerksoffizier	14–36 Gefreite
2 Zeugfeldwebel (oder Feuerwerker)	46–236 Gemeine
1–4 Oberfeuerwerker oder Feuerwerker	3–9 Trainsoldaten
1 Unterzahlmeister	1–4 Pferdewärter
1 Schirrmeister	
1 Feldwebel	4 vierspännige Schmiedewagen
1 Vizefeldwebel	1 zweispänniger Packwagen
Gesamt: 4 Offz., 81–322 Unteroffz. u. Mannsch.; 4–5 Reitpferde, 6–18 Zugpferde	

Nach dem Erl. vom 25.03.1916 besaßen die Werkstätten folgende Stärke:

Werkstatt der Belag.Art.	Gesamtstärke	davon Mannsch. (ohne Trainsoldaten)
Nr. 1	4 Offz., 98 Unteroffz. u. Mannsch.	63
Nr. 2	4 Offz., 134 Unteroffz. u. Mannsch.	102
Nr. 3	3 Offz., 82 Unteroffz. u. Mannsch.	57
Nr. 4	7 Offz., 312 Unteroffz. u. Mannsch.	280
Nr. 5	4 Offz., 137 Unteroffz. u. Mannsch.	112
Nr. 6	5 Offz., 176 Unteroffz. u. Mannsch.	141
Nr. 7	6 Offz., 77 Unteroffz. u. Mannsch.	55
bayer. Nr. 1 u. 2	4 Offz., 300 Unteroffz. u. Mannsch.	260

Auch die bayer. Belagerungswerkstätten verfügten über unterschiedliche Etats und wiesen im März 1918 folgende Stärken auf:[2]

Werkstatt der Belag.Art.	etatmäßige Gesamtstärke	zusätzlich zugeteilt
bayer. Nr. 1	4 Offz., 369 Unteroffz. u. Mannsch.	359 Mann
bayer. Nr. 2	4 Offz., 304 Unteroffz. u. Mannsch.	81 Mann
bayer. Nr. 3	4 Offz., 191 Unteroffz. u. Mannsch.	88 Mann
bayer. Nr. 4	4 Offz., 295 Unteroffz. u. Mannsch.	–

Darüber hinaus stellten die Werkstätten in größerem Umfang Handwerker an, teils durch zugeteilte Soldaten, teils durch einheimische Zivilarbeiter. Dadurch umfassten zum Beispiel die Werkstätten Nr. 2 und 6 im Jahre 1916 insgesamt rund 600 Mitarbeiter. Die Werkstatt Nr. 4 in Gent beschäftigte 1916 – als eine der größten – neben 400 Soldaten sogar 700 belgische Zivilhandwerker.[3]

---

[1] KM Nr. 1628/17. geh. A 5. KA, MKr 13.495, Prod. 2738
[2] Bayer. KM v. 05.03.1918. KA, MKr 13.498, Prod. 3360
[3] Schoen, Geschichte des Deutschen Feuerwerkswesens, S. 956–967

Werkstatt der Belagerungsartillerie Nr. 1

Aufstellung:	02.08.1914 durch Gen.Kdo. XVII. AK in Danzig (gem. Mob.Plan), zunächst immobil
Ersatztr.Teil:	Ers.Btl./Fußart.Rgt. 17

Unterstellung:

[22.02.1915 – 03.08.1915]	Lodz	*LÜO/DO*
[21.01.1916 – 22.02.1916]	Gen.Gouv. Warschau	*Krgl./DW*
[11.03.1916 – 12.09.1916]	Et.Insp. 5 (Stenay)	*DW/Krgl.*
[01.10.1916 – 01.12.1916]	HGr. Mackensen (Sofia)	*Krgl.*
[31.12.1916 – 01.05.1918]	HGr. Mackensen (Bukarest)	*D.Fußa./Krgl.*
[01.08.1918 – 04.12.1918]	Oberkdo. Besatzungsheer in Rumänien (Sofia)	*Krgl./FpÜb*

Verbleib: ab Anf. Dez. 1918 in Ohra (Kreis Danzig), am 13.02.1919 aufgelöst;[1] Abw.Stelle bei Fußart.Rgt. 17

Werkstatt der Belagerungsartillerie Nr. 2

Aufstellung:	02.08.1914 durch Gen.Kdo. III. AK in Spandau (gem. Mob.Plan), zunächst immobil
Ersatztr.Teil:	Ers.Btl./1. Garde-Fußart.Rgt.

Unterstellung:

[04.10.1914 – 01.12.1917]	2. Armee (St. Quentin)	*Schoen/Krgl.*
[01.01.1918 – 02.10.1918]	18. Armee (Ferrière la Grande)	*Krgl.*
[09.10.1918 – 23.10.1918]	2. Armee	*FpÜb*
[30.10.1918 – 13.11.1918]	Lüttich	*FpÜb*

Verbleib: ab Ende Dez. 1918 in Spandau, Mitte Febr. 1919 aufgelöst;[2] Abw.Stelle bei Garde-Fußart.Rgt.

Quellen: Schoen, Geschichte des Deutschen Feuerwerkswesens, S. 956–961

---

[1] Demob.Üb. XVII. AK v. 15.07.1919; FpÜb v. 12.12.1918 – 12.03.1919
[2] FpÜb v. 03.01.1919 – 05.02.1919

Werkstatt der Belagerungsartillerie Nr. 3

Aufstellung:	02.08.1914 durch Gen.Kdo. III. AK in Spandau (gem. Mob.Plan), zunächst immobil
Ersatztr.Teil:	Ers.Btl./1. Garde-Fußart.Rgt.

Unterstellung:
[05.01.1915 – 09.08.1915]	5. Armee	*LÜW*
[02.10.1915 – 22.02.1916]	11. Armee	*Krgl./DW*
[07.03.1916]	A.Abt. Scholtz	*DO*
[01.07.1916 – 01.01.1917]	HGr. Mackensen (Nisch)	*Krgl.*
[01.02.1917 – 18.12.1918]	11. Armee (Nisch)	*Üb.Fußa./FpÜb*

Verbleib: Ende Dez. 1918 aufgelöst;[1] Abw.Stelle bei Garde-Fußart.Rgt.

Werkstatt der Belagerungsartillerie Nr. 4

Aufstellung:	02.08.1914 durch Gen.Kdo. VIII. AK in Köln (gem. Mob.Plan), zunächst immobil
Ersatztr.Teil:	Ers.Btl./Fußart.Rgt. 9

Unterstellung:
[05.01.1915 – 20.03.1915]	Gen.Gouv. Belgien	*LÜW*
[09.08.1915 – 22.02.1916]	Gen.Gouv. Belgien u. 4. Armee (Gent)	*LÜW/DW*
[01.05.1916 – 13.11.1918]	4. Armee (Gent)	*Krgl./FpÜb*

Zweigstellen: [01.05.1916 – 01.02.1917] Roulers, Menin u. Zedelghem *Krgl./Üb.Fußa.*

Verbleib: ab Ende Dez. 1918 in Bersenbrück, März 1919 (?) aufgelöst;[2] Abw.Stelle bei Fußart.Rgt. 9

Quellen: Schoen, Geschichte des Deutschen Feuerwerkswesens, S. 966 f.

Werkstatt der Belagerungsartillerie Nr. 5

Aufstellung:	02.08.1914 durch Gen.Kdo. XV. AK in Straßburg (gem. Mob.Plan), zunächst immobil
Ersatztr.Teil:	Ers.Btl./Fußart.Rgt. 10
Unterstellung:	[05.01.1915 – 13.11.1918] 5. Armee (Longuyon) *LÜW/FpÜb*
Verbleib:	19.11.1918 in Lippstadt aufgelöst;[3] Abw.Stelle bei Fußart.Rgt. 10

---

[1] Nicht mehr in FpÜb v. 28.12.1918
[2] FpÜb v. 28.12.1918 – 12.03.1919
[3] Demob.Üb. XV. AK v. 11.01.1919; nicht mehr in FpÜb v. 22.01.1919

Werkstatt der Belagerungsartillerie Nr. 6

Aufstellung:	02.08.1914 durch Gen.Kdo. III. AK in Spandau (gem. Mob.Plan), zunächst immobil
Ersatztr.Teil:	Ers.Btl./1. Garde-Fußart.Rgt.
Unterstellung:	[05.01.1915 – 13.11.1918]　　3. Armee (Sedan)　　　*LÜW/FpÜb*
Verbleib:	ab Ende Dez. 1918 in Döberitz, März 1919 (?) aufgelöst;[1] Abw.Stelle bei Garde-Fußart.Rgt.

Werkstatt der Belagerungsartillerie Nr. 7

Aufstellung:	02.08.1914 durch Gen.Kdo. III. AK in Spandau (gem. Mob.Plan), zunächst immobil		
Ersatztr.Teil:	Ers.Btl./1. Garde-Fußart.Rgt.		
Unterstellung:	[05.01.1915 – 20.03.1915]	Gouv. Lille	*LÜW*
	[27.03.1915 – 22.02.1916]	Osten	*DW*
	[01.05.1916 – 01.09.1918]	10. Armee (Kowno, Zweigstelle Wilna)	*Krgl./Üb.Fußa.*
	[18.09.1918 – 28.12.1918]	Mil.Gouv. Litauen-Nord	*FpÜb*
Verbleib:	ab Ende Dez. 1918 in Spandau, März 1919 (?) aufgelöst;[2] Abw.Stelle bei Garde-Fußart.Rgt.		

Werkstatt der Belagerungsartillerie Nr. 8

Aufstellung:	04.06.1917 bei A.Abt. A (gem. KM v. 04.06.1917) aus Art.Inst.Werkstatt Bischheim, sogleich mobil
Ersatztr.Teil:	Ers.Btl./Fußart.Rgt. 10
Unterstellung:	[04.06.1917 – 20.11.1918]　　A.Abt. A (Bischheim)　　*Krgl./FpÜb*
Verbleib:	05.12.1918 durch Et.Insp. 12 in Tübingen aufgelöst;[3] Abw.Stelle bei Fußart.Rgt. 10

Werkstatt der Belagerungsartillerie Nr. 9

Aufstellung:	04.06.1917 bei A.Abt. B (gem. KM v. 04.06.1917) aus Art.Inst.Werkstatt Mülhausen, sogleich mobil
Ersatztr.Teil:	Ers.Btl./Fußart.Rgt. 4
Unterstellung:	[04.06.1917 – 20.11.1918]　　A.Abt. B (Mülhausen, ab Juli 1917 Freiburg)　　*Krgl./FpÜb*
Verbleib:	25.11.1918 in Magdeburg aufgelöst;[4] Abw.Stelle bei Fußart.Rgt. 4

---

[1] FpÜb v. 03.01.1919 – 12.03.1919
[2] FpÜb v. 03.01.1919 – 12.03.1919
[3] Demob.Üb. XV. AK v. 11.01.1919; nicht mehr in FpÜb v. 04.12.1918
[4] Demob.Üb. IV. AK v. 25.09.1919; nicht mehr in FpÜb v. 18.12.1918

Werkstatt der Belagerungsartillerie Nr. 10

Aufstellung:	04.06.1917 bei A.Abt. C (gem. KM v. 04.06.1917) aus Art.Inst.Werkst. der A.Abt. C, sogleich mobil
Ersatztr.Teil:	Ers.Btl./Fußart.Rgt. 9
Unterstellung:	[04.06.1917 – 13.11.1919] A.Abt. C (Jarny, ab Nov. 1917 Künzig bei Diedenhofen) *Krgl./FpÜb*
Verbleib:	ab Mitte Febr. 1919 in Bersenbrück, März 1919 aufgelöst;[1] Abw.Stelle bei Fußart.Rgt. 9

Werkstatt der Belagerungsartillerie Nr. 11

Aufstellung:	04.06.1917 bei 8. Armee (gem. KM v. 04.06.1917) aus Art.Inst.Werkst. Mitau, sogleich mobil
Ersatztr.Teil:	Ers.Btl./Fußart.Rgt. 17
Unterstellung:	[04.06.1917 – 11.06.1918] 8. Armee (Mitau) *Krgl.*
	[24.07.1918 – 13.11.1918] 18. Armee (Ham) *Krgl./FpÜb*
Verbleib:	Mitte Dez. 1918 aufgelöst;[2] Abw.Stelle bei Fußart.Rgt. 17
Quellen:	Schoen, Geschichte des Deutschen Feuerwerkswesens, S. 963 f.

Werkstatt der Belagerungsartillerie Nr. 12

Aufstellung:	04.06.1917 bei A.Abt. Scheffer (gem. KM v. 04.06.1917) aus Art.Inst.Werkst. Grodno, sogleich mobil
Ersatztr.Teil:	Ers.Btl./Fußart.Rgt. 5
Unterstellung:	[04.06.1917 – 10.01.1918] 10. Armee (Grodno) *Krgl.*
	[10.02.1918] Mainz *D.Fußa.*
	[24.02.1918] HGr. Rupprecht *D.Fußa.*
	[22.04.1918 – 01.07.1918] 2. Armee *Krgl.*
	[28.07.1918] 7. Armee *D.Fußa.*
	[08.08.1918 – 09.10.1918] 9. Armee *D.Fußa./FpÜb*
	[16.10.1918 – 30.10.1918] Gembloux (Belgien) *FpÜb*
	[06.11.1918 – 12.12.1918] 2. Armee *FpÜb*
Verbleib:	ab Mitte Dez. 1918 in Posen, Mitte Febr. 1919 aufgelöst;[3] Abw.Stelle bei Fußart.Rgt. 5

---

[1] FpÜb v. 19.02.1919 – 12.03.1919
[2] Nicht mehr in FpÜb v. 18.12.1918
[3] FpÜb v. 18.12.1919 – 05.02.1919

Werkstatt der Belagerungsartillerie Nr. 13

Aufstellung:	04.06.1917 bei A.Abt. Woyrsch (gem. KM v. 04.06.1917) aus Art.Inst.Werkst. Wolkowysk, sogleich mobil
Ersatztr.Teil:	Ers.Btl./Fußart.Rgt. 5

Unterstellung:

[04.06.1917 – 15.12.1917]	A.Abt. Woyrsch	*Krgl.*
[31.12.1918]	18. Armee	*D.Fußa.*
[15.12.1917 – 01.01.1918]	Abschnitt Slonim	*Krgl.*
[05.01.1918 – 27.09.1918]	Et.Insp. 2 (Busigny)	*Krgl.*

Verbleib: Ende Sept. 1918 umgewandelt in Art.Inst.Werkst. Nr. 57

Werkstatt der Belagerungsartillerie Nr. 14

Aufstellung:	04.06.1917 bei HGr. Linsingen (gem. KM v. 04.06.1917) aus Art.Inst.Werkst. der HGr. Linsingen, sogleich mobil
Ersatztr.Teil:	Ers.Btl./Fußart.Rgt. 23

Unterstellung:

[04.06.1917 – 01.04.1918]	HGr. Linsingen (Brest-Litowsk)	*Krgl.*
[01.04.1918 – 08.08.1918]	HGr. Eichhorn	*Krgl.*
[08.08.1918 – 03.01.1919]	HGr. Kiew	*Krgl./FpÜb*

Verbleib: Anf. Jan. 1919 selbstständig in Küstrin aufgelöst;[1] Abw.Stelle bei Fußart.Rgt. 23

Werkstatt der Belagerungsartillerie Nr. 15

Aufstellung:	04.06.1917 bei Abschnitt Zloczow (gem. KM v. 04.06.1917) aus Art.Inst.-Werkst. des Abschnitts Zloczow, sogleich mobil
Ersatztr.Teil:	Ers.Btl./Fußart.Rgt. 4

Unterstellung:

[04.06.1917 – 10.02.1918]	Abschnitt Zloczow (öst.ung. 2. Armee)	*Krgl./Üb.Fußa.*
[01.03.1918 – 13.03.1918]	XXVII. Res.Korps (öst.ung. 2. Armee)	*Krgl.*
[01.04.1918 – 13.11.1918]	17. Armee	*Krgl./FpÜb*

Verbleib: 23.11.1918 in Magdeburg aufgelöst;[2] Abw.Stelle bei Fußart.Rgt. 4

Werkstatt der Belagerungsartillerie Nr. 16

Aufstellung:	05.04.1918 durch AOK 1 (gem. KM v. 05.04.1918) aus Art.Inst.Werkst. Nr. 26, sogleich mobil
Ersatztr.Teil:	Ers.Btl./Fußart.Rgt. 4

Unterstellung:

[05.04.1918 – 06.11.1918]	1. Armee (Rethel)	*Krgl./FpÜb*

Verbleib: 14.11.1918 selbstständig im Felde aufgelöst;[3] Abw.Stelle bei Fußart.Rgt. 4

---

[1] Demob.Üb. V. AK v. 15.06.1919; nicht mehr in FpÜb v. 15.01.1919
[2] Demob.Üb. IV. AK v. 25.09.1919; FpÜb v. 18.12.1918 – 03.01.1919
[3] Demob.Üb. IV. AK v. 25.09.1919; nicht mehr in FpÜb v. 15.01.1919

Werkstatt der Belagerungsartillerie Nr. 17

Aufstellung:	01.07.1918 durch AOK 8 (gem. KM v. 01.07.1918), sogleich mobil		
Ersatztr.Teil:	Ers.Btl./Fußart.Rgt. 17		
Unterstellung:	[01.07.1918 – 04.12.1918]	8. Armee	*Krgl./FpÜb*
Verbleib:	Dez. 1918 durch AOK 8 in Riga aufgelöst;[1] Abw.Stelle bei Fußart.Rgt. 17		

Bayer. Werkstatt der Belagerungsartillerie Nr. 1

Aufstellung:	06.09.1914 durch Ers.Btl./3. bayer. Fußart.Rgt. (gem. bayer. KM v. 31.08.1914), sogleich mobil		
Ersatztr.Teil:	Ers.Btl./3. bayer. Fußart.Rgt.		
Unterstellung:	[20.10.1914 – 15.01.1918]	6. Armee (Douai)	*Krgl.*
	[08.02.1918 – 13.11.1918]	17. Armee (Douai)	*Krgl./FpÜb*
Zweigstelle:	[05.01.1915 – 01.11.1915]	Hellemes	*LÜW/DW*
Verbleib:	20.12.1918 in Ingolstadt durch Geschützgießerei aufgelöst;[2] Abw.Stelle bei 3. bayer. Fußart.Rgt.		

Bayer. Werkstatt der Belagerungsartillerie Nr. 2

Aufstellung:	Mitte Nov. 1915 durch AOK 6 (gem. bayer. KM v. 06.11.1915) aus Zweigwerkstatt der bayer. Werkstatt der Belag.Art. Nr. 1 in Hellemes, sogleich mobil		
Ersatztr.Teil:	Ers.Btl./1. bayer. Fußart.Rgt.		
Unterstellung:	[16.11.1915 – 13.11.1918]	6. Armee (Hellemes)	*DW/FpÜb*
Verbleib:	ab 27.11.1918 in Neu-Ulm, am 02.12.1918 aufgelöst;[3] Abw.Stelle bei 1. bayer. Fußart.Rgt.		

Bayer. Werkstatt der Belagerungsartillerie Nr. 3

Aufstellung:	Febr. 1916 (gem. bayer. KM v. 06.03.1916) aus Werkstatt beim Fahrzeugpark des Alpenkorps, sogleich mobil		
Ersatztr.Teil:	2. Ers.Btl./2. bayer. Fußart.Rgt.		
Unterstellung:	[18.02.1916 – 14.04.1916]	9. Armee	*Krgl./DO*
	[21.04.1916 – 19.09.1916]	Et.Insp. 5 (Longuyon)	*DW/Krgl.*
	[07.10.1916 – 24.03.1917]	Et.Insp. 1 (Valenciennes)	*DW/Krgl.*
	[26.04.1917 – 09.10.1918]	Et.Insp. 2 (Valenciennes)	*DW/FpÜb*
	[16.10.1918 – 13.11.1918]	Lüttich	*FpÜb*
Verbleib:	16.01.1919 aufgelöst;[4] Abw.Stelle bei 2. bayer. Fußart.Rgt.		
Quellen:	Bayer. WGB		

---

[1] Demob.Üb. XVII. AK v. 15.07.1919; noch in FpÜb v. 12.03.1919
[2] Demob.Üb. III. bayer. AK v. 15.07.1919; FpÜb v. 18.12.1918 – 12.03.1919
[3] Demob.Meldung I. bayer. AK v. 09.12.1918; FpÜb v. 28.12.1918 – 12.03.1919
[4] Demob.Meldung II. bayer. AK v. 27.01.1919; nicht mehr in FpÜb v. 12.12.1918

Bayer. Werkstatt der Belagerungsartillerie Nr. 4

Aufstellung:	31.03.1917 durch Ers.Btl./1. bayer. Fußart.Rgt. (gem. bayer. KM v. 31.03.1917), sogleich mobil
Ersatztr.Teil:	2. Ers.Btl./1. bayer. Fußart.Rgt.

Unterstellung:

[12.04.1917 – 01.07.1918]	7. Armee (Hirson)	*D.Fußa./Krgl.*
[28.07.1918]	9. Armee	*D.Fußa.*
[08.09.1918 – 06.11.1918]	7. Armee	*D.Fußa./FpÜb*
[13.11.1918]	Lüttich	*FpÜb*

Verbleib: ab 27.11.1918 in Neu-Ulm, am 02.12.1918 aufgelöst;[1] Abw.Stelle bei 1. bayer. Fußart.Rgt.

---

[1] Demob.Meldung I. bayer. AK v. 09.12.1918; nicht mehr in FpÜb v. 12.12.1918

Artillerie-Instandsetzungswerkstätten

Bedingt durch den immensen Verschleiß an Geschützen und Artilleriegerät schufen sich mehrere Armeen seit 1915 eigene Artilleriewerkstätten, die näher an der Front lagen als die Belagerungswerkstätten. So entstand beim IX. Armeekorps eine Instandsetzungswerkstatt, die während der Schlacht an der Somme wertvolle Dienste leistete und im November 1916 vom KM als Vorbild für alle anderen Armeen empfohlen wurde, sodass bald andere Armeen hierin folgten.[1]

Mit Erl. vom 04.06.1917 regelte das KM das gesamte Werkstättenwesen neu und stellte neben weiteren Belagerungswerkstätten die Artillerie-Instandsetzungswerkstätten Nr. 1–54 neu auf.[2] Auf diese Weise sollte jede Gruppe bzw. jedes Generalkommando innerhalb einer Armee eine eigene ortsfeste Werkstatt unmittelbar hinter der Front erhalten. Die bisherigen Artilleriewerkstätten an der Front gingen in diesen neuen Formationen auf. Neben der Instandsetzung des Artilleriematerials übernahmen sie noch die Fertigung von Ersatz- und Vorratsteilen im Artilleriewesen.

Zunächst wurde für die Werkstätten Nr. 1–15 ein niedriger und für Nr. 16–54 ein höherer Etat vorgesehen, doch galt nach der Stärkenachweisung von 1918 der höhere Etat für alle Werkstätten.

Art.Instandsetzungswerkstatt Nr. 1–15	Art.Instandsetzungswerkstatt Nr. 16–54
1 Hauptmann oder Leutnant (Leiter)	1 Hauptmann oder Leutnant (Leiter)
1 Oberfeuerwerker	1 Oberfeuerwerker
1 Waffenmeister	1 Waffenmeister
	1 Waffenmeistergehilfe
3 Unteroffiziere	4 Unteroffiziere
3 Gefreite	8 Gefreite
20 Gemeine	42 Gemeine
2 Trainsoldaten	2 Trainsoldaten
1 zweispänniger Wirtschaftswagen	1 zweispänniger Wirtschaftswagen
Gesamt: 1 Offz., 30 Unteroffz. u. Mannsch.; keine eigenen Zugpferde	Gesamt: 1 Offz., 59 Unteroffz. u. Mannsch.; keine eigenen Zugpferde

---

[1] Schoen, Geschichte des Deutschen Feuerwerkswesens, S. 827–831
[2] KM Nr. 4309/5. 17 A 5. KA, MKr 13.494, Prod. 2521

Artillerie-Instandsetzungs-Werkstatt Nr. 1

Aufstellung:	04.06.1917 durch A.Abt. B (gem. KM v. 04.06. u. 28.08.1917) aus Art.Inst.Werkst. Rothau, sogleich mobil
Ersatztr.Teil:	Ers.Btl./Fußart.Rgt. 4

Unterstellung:		
[01.07.1917 – 10.02.1918]	A.Abt. B (Rothau)	*Krgl./Üb.Fußa.*
[18.03.1918 – 01.07.1918]	A.Abt. A (Rothau)	*D.Fußa./Krgl.*
[20.07.1918 – 18.09.1918]	9. Armee	*D.Fußa./FpÜb*
[19.09.1918 – 29.10.1918]	18. Armee	*D.Fußa./Krgl.*
[06.11.1918 – 20.11.1918]	3. Armee	*FpÜb*

Verbleib: 26.11.1918 in Magdeburg aufgelöst;[1] Abw.Stelle bei Fußart.Rgt. 4

Artillerie-Instandsetzungs-Werkstatt Nr. 2

Aufstellung:	04.06.1917 durch A.Abt. B (gem. KM v. 04.06. u. 28.08.1917) aus Art.Inst.Werkst. Schlettstadt, sogleich mobil
Ersatztr.Teil:	Ers.Btl./Fußart.Rgt. 4

Unterstellung:		
[01.07.1917 – 01.01.1918]	A.Abt. B (Schlettstadt)	*Krgl.*
[08.02.1918 – 20.11.1918]	A.Abt. A (Schlettstadt)	*Krgl./FpÜb*

Verbleib: Mitte Nov. 1918 selbstständig im Felde aufgelöst;[2] Abw.Stelle bei Fußart.Rgt. 4

Artillerie-Instandsetzungs-Werkstatt Nr. 3

Aufstellung:	04.06.1917 durch A.Abt. B (gem. KM v. 04.06. u. 28.08.1917) aus Art.Inst.Werkst. Colmar-Logelbach, sogleich mobil
Ersatztr.Teil:	Ers.Btl./Fußart.Rgt. 4

Unterstellung:		
[01.07.1917 – 20.11.1918]	A.Abt. B (Colmar-Logelbach, seit Juni 1918 Neubreisach)	*Krgl./FpÜb*

Verbleib: 21.11.1918 selbstständig in Zell (Baden) aufgelöst;[3] Abw.Stelle bei Fußart.Rgt. 4

---

[1] Demob.Üb. IV. AK v. 25.09.1919; nicht mehr in FpÜb v. 15.01.1919
[2] Demob.Üb. IV. AK v. 25.09.1919; nicht mehr in FpÜb v. 04.12.1918
[3] Demob.Üb. IV. AK v. 25.09.1919; nicht mehr in FpÜb v. 04.12.1918

Artillerie-Instandsetzungs-Werkstatt Nr. 4

Aufstellung:	04.06.1917 durch A.Abt. B (gem. KM v. 04.06. u. 28.08.1917) aus Art.Inst.Werkst. Mülhausen, sogleich mobil		
Ersatztr.Teil:	Ers.Btl./Fußart.Rgt. 4		
Unterstellung:	[01.07.1917 – 10.07.1918]	A.Abt. B (Mülhausen)	*Krgl.*
	[20.07.1918 – 01.09.1918]	9. Armee	*Krgl.*
	[18.09.1918 – 25.09.1918]	18. Armee	*FpÜb*
	[01.10.1918 – 16.10.1918]	9. Armee	*FpÜb*
	[23.10.1918 – 20.11.1918]	7. Armee	*FpÜb*
	[04.12.1918 – 12.12.1918]	3. Marine-Div.	*FpÜb*
Verbleib:	ab Mitte Dez. 1918 in Magdeburg, am 23.12.1918 aufgelöst;[1] Abw.Stelle bei Fußart.Rgt. 4		

Artillerie-Instandsetzungs-Werkstatt Nr. 5

Aufstellung:	04.06.1917 durch A.Abt. B (gem. KM v. 04.06. u. 28.08.1917) aus Art.Inst.Werkst. Haltingen, sogleich mobil		
Ersatztr.Teil:	Ers.Btl./Fußart.Rgt. 4		
Unterstellung:	[01.07.1917 – 20.11.1918]	A.Abt. B (Haltingen)	*Krgl./FpÜb*
Verbleib:	29.11.1918 in Haltingen (Baden) selbstständig aufgelöst;[2] Abw.Stelle bei Fußart.Rgt. 4		

Artillerie-Instandsetzungs-Werkstatt Nr. 6

Aufstellung:	04.06.1917 durch A.Abt. D (gem. KM v. 04.06. u. 28.08.1917) aus Art.Inst.Werkst. Nr. 1 der A.Abt. D, sogleich mobil		
Ersatztr.Teil:	Ers.Btl./Fußart.Rgt. 22		
Unterstellung:	[24.06.1917 – 07.04.1918]	A.Abt. D (Dukschty)	*Krgl.*
	[26.04.1918]	Maubeuge	*D.Fußa.*
	[Mai 1918 – Sept. 1918]	?	
	[18.09.1918 – 02.10.1918]	18. Armee	*FpÜb*
	[09.10.1918 – 30.10.1918]	2. Armee	*FpÜb*
	[06.11.1918 – 20.11.1918]	Lüttich	*FpÜb*
Verbleib:	Anf. Dez. 1918 aufgelöst;[3] Abw.Stelle bei Fußart.Rgt. 22		

---

[1] Demob.Üb. IV. AK v. 25.09.1919; FpÜb v. 18.12.1918 – 12.03.1919
[2] Demob.Üb. IV. AK v. 25.09.1919; FpÜb v. 04.12.1918 – 12.12.1918
[3] Nicht mehr in FpÜb v. 12.12.1918

Artillerie-Instandsetzungs-Werkstatt Nr. 7

Aufstellung:	04.06.1917 durch A.Abt. D (gem. KM v. 04.06. u. 28.08.1917) aus Art.Inst.Werkst. Nr. 2 der A.Abt. D, sogleich mobil
Ersatztr.Teil:	Ers.Btl./Fußart.Rgt. 22
Unterstellung:	[24.06.1917 – 01.02.1918] A.Abt. D (Nowo Alexandrowsk) *Krgl.*
	[01.02.1918 – 09.05.1918] 10. Armee *Krgl.*
	[31.05.1918 – 12.12.1918] 18. Armee *D.Fußa./FpÜb*
Verbleib:	ab Mitte Dez. 1918 in Königsberg, März 1919 (?) aufgelöst;[1] Abw.Stelle bei Fußart.Rgt. 22

Artillerie-Instandsetzungs-Werkstatt Nr. 8

Aufstellung:	04.06.1917 durch AOK 10 (gem. KM v. 04.06. u. 28.08.1917) aus Neben-Werkst. Wilna, sogleich mobil
Ersatztr.Teil:	Ers.Btl./1. Garde-Fußart.Rgt.
Unterstellung:	[26.06.1917 – 23.03.1918] 10. Armee (Wilna) *Krgl.*
	[09.04.1918 – 22.04.1918] 18. Armee *Krgl.*
	[26.04.1918 – 01.06.1918] Longuyon *D.Fußa./Krgl.*
	[06.06.1918] Longwy *D.Fußa.*
	[19.06.1918 – 11.08.1918] 1. Armee *D.Fußa./Krgl.*
	[30.08.1918 – 30.10.1918] 7. Armee *D.Fußa./FpÜb*
	[06.11.1918 – 20.11.1918] 1. Armee *FpÜb*
	[04.12.1918 – 18.12.1918] 7. Armee *FpÜb*
Verbleib:	Ende Dez. 1918 aufgelöst;[2] Abw.Stelle bei Garde-Fußart.Rgt.

Artillerie-Instandsetzungs-Werkstatt Nr. 9

Aufstellung:	04.06.1917 durch HGr. Linsingen (gem. KM v. 04.06. u. 28.08.1917), sogleich mobil
Ersatztr.Teil:	Ers.Btl./Fußart.Rgt. 23
Unterstellung:	[24.06.1917 – 10.02.1918] HGr. Linsingen *D./Üb.Fußa.*
	[24.02.1918] HGr. Rupprecht *D.Fußa.*
	[12.04.1918 – 01.09.1918] 17. Armee *Krgl.*
	[09.09.1918] 18. Armee *D.Fußa.*
	[18.09.1918 – 20.11.1918] 17. Armee *FpÜb*
Verbleib:	30.11.1918 in Magdeburg aufgelöst;[3] Abw.Stelle bei Fußart.Rgt. 23

---

[1] FpÜb v. 18.12.1918 – 12.03.1919
[2] Nicht mehr in FpÜb v. 28.12.1918
[3] Demob.Üb. V. AK v. 15.06.1919; FpÜb v. 18.12.1918 – 12.03.1919

Artillerie-Instandsetzungs-Werkstatt Nr. 10

Aufstellung: 04.06.1917 durch HGr. Linsingen (gem. KM v. 04.06. u. 28.08.1917), sogleich mobil

Ersatztr.Teil: Ers.Btl./Fußart.Rgt. 23

Unterstellung:
[24.06.1917 – 01.04.1918] HGr. Linsingen (Kowel) *Krgl.*
[01.04.1918 – 08.08.1918] HGr. Eichhorn *Krgl.*
[08.08.1918 – 20.01.1919] HGr. Kiew *Krgl./FpÜb*

Verbleib: ab Ende Jan. 1919 in Fürstenwalde/Spree, März 1919 (?) aufgelöst;[1] Abw.Stelle bei Fußart.Rgt. 23

Artillerie-Instandsetzungs-Werkstatt Nr. 11

Aufstellung: 04.06.1917 durch HGr. Linsingen (gem. KM v. 04.06. u. 28.08.1917), sogleich mobil

Ersatztr.Teil: Ers.Btl./Fußart.Rgt. 23

Unterstellung:
[24.06.1917 – 01.04.1918] HGr. Linsingen *Krgl.*
[26.04.1918] Charleroi *D.Fußa.*
[01.05.1918 – 01.07.1918] 6. Armee *Krgl.*
[11.07.1918 – 01.09.1918] 4. Armee *Krgl.*
[09.09.1918 – 25.09.1918] 9. Armee *D.Fußa./FpÜb*
[01.10.1918 – 04.12.1918] 7. Armee *D.Fußa.*

Verbleib: Anf. Dez. 1918 durch AOK 4 aufgelöst;[2] Abw.Stelle bei Fußart.Rgt. 23

Artillerie-Instandsetzungs-Werkstatt Nr. 12

Aufstellung: 04.06.1917 durch HGr. Linsingen (gem. KM v. 04.06. u. 28.08.1917), sogleich mobil

Ersatztr.Teil: Ers.Btl./Fußart.Rgt. 23

Unterstellung:
[24.06.1917 – 01.01.1918] HGr. Linsingen *Krgl.*
[10.02.1918 – 20.11.1918] 6. Armee (Hellemes) *Üb.Fußa./FpÜb*

Verbleib: 30.11.1918 in Friedrichshagen aufgelöst;[3] Abw.Stelle bei Fußart.Rgt. 23

---

[1] FpÜb v. 05.02.1919 – 12.03.1919
[2] Demob.Üb. V. AK v. 15.06.1919; nicht mehr in FpÜb v. 12.12.1918
[3] Demob.Üb. V. AK v. 15.06.1919; FpÜb v. 05.02.1919, nicht mehr 19.02.1919

Artillerie-Instandsetzungs-Werkstatt Nr. 13

Aufstellung:	04.06.1917 durch HGr. Linsingen (gem. KM v. 04.06. u. 28.08.1917), sogleich mobil
Ersatztr.Teil:	Ers.Btl./Fußart.Rgt. 23

Unterstellung:

[24.06.1917 – 28.12.1917]	HGr. Linsingen	*Krgl.*
[10.02.1918]	Maubeuge	*Üb.Fußa.*
[24.02.1918]	HGr. Rupprecht	*D.Fußa.*
[01.03.1918 – 04.12.1918]	2. Armee	*Krgl./FpÜb*

Verbleib: Anf. Dez. 1918 aufgelöst;[1] Abw.Stelle bei Fußart.Rgt. 23

Artillerie-Instandsetzungs-Werkstatt Nr. 14

Aufstellung:	04.06.1917 durch Südarmee (gem. KM v. 04.06. u. 28.08.1917), sogleich mobil
Ersatztr.Teil:	Ers.Btl./Fußart.Rgt. 4

Unterstellung:

[01.07.1917 – 10.01.1918]	Südarmee	*Krgl.*
[10.02.1918]	Mainz	*Üb.Fußa.*
[24.02.1918]	HGr. Rupprecht	*D.Fußa.*
[12.04.1918 – 04.12.1918]	17. Armee	*Krgl./FpÜb*

Verbleib: 11.12.1918 durch 113. Inf.Div. aufgelöst;[2] Abw.Stelle bei Fußart.Rgt. 4

Artillerie-Instandsetzungs-Werkstatt Nr. 15

Aufstellung:	04.06.1917 durch Karpathenkorps (gem. KM v. 04.06. u. 28.08.1917), sogleich mobil
Ersatztr.Teil:	Ers.Btl./Fußart.Rgt. 4

Unterstellung:

[10.07.1917 – 01.12.1917]	öst.ung. 7. Armee	*Krgl.*
[10.02.1918]	Lüttich	*Üb.Fußa.*
[24.02.1918]	HGr. Deutscher Kronprinz	*D.Fußa.*
[01.03.1918 – 16.10.1918]	18. Armee	*Krgl./FpÜb*
[23.10.1918 – 13.11.1918]	7. Armee	*FpÜb*

Verbleib: 18.11.1918 selbstständig in Siegburg aufgelöst;[3] Abw.Stelle bei Fußart.Rgt. 4

---

[1] Nicht mehr in FpÜb v. 12.12.1918
[2] Demob.Üb. IV. AK v. 25.09.1919; FpÜb v. 18.12.1918 – 12.03.1919
[3] Demob.Üb. IV. AK v. 25.09.1919; nicht mehr in FpÜb v. 12.12.1918

Artillerie-Instandsetzungs-Werkstatt Nr. 16

Aufstellung:	04.06.1917 durch A.Abt. C (gem. KM v. 04.06. u. 28.08.1917), sogleich mobil		
Ersatztr.Teil:	Ers.Btl./Fußart.Rgt. 9		
Unterstellung:	[01.07.1917 – 05.02.1919]	A.Abt. C (Joinville, ab Nov. 1917 Jarny)	*Krgl./FpÜb*
Verbleib:	ab Mitte Febr. 1919 in Bersenbrück, März 1919 (?) aufgelöst;[1] Abw.Stelle bei Fußart.Rgt. 9		

Artillerie-Instandsetzungs-Werkstatt Nr. 17

Aufstellung:	04.06.1917 durch A.Abt. C (gem. KM v. 04.06. u. 28.08.1917), sogleich mobil		
Ersatztr.Teil:	Ers.Btl./Fußart.Rgt. 9		
Unterstellung:	[01.07.1917 – 05.02.1919]	A.Abt. C (Vigneulles, ab Sept. 1917 Mars-la-Tour	*Krgl./FpÜb*
Verbleib:	ab Mitte Febr. 1919 in Bersenbrück, März 1919 (?) aufgelöst;[2] Abw.Stelle bei Fußart.Rgt. 9		

Artillerie-Instandsetzungs-Werkstatt Nr. 18

Aufstellung:	04.06.1917 durch A.Abt. C (gem. KM v. 04.06. u. 28.08.1917), sogleich mobil		
Ersatztr.Teil:	Ers.Btl./Fußart.Rgt. 9		
Unterstellung:	[01.07.1917 – 28.12.1918]	A.Abt. C (Rembercourt, ab Nov. 1917 Chambley)	*Krgl./FpÜb*
Verbleib:	ab Ende Dez. 1918 in Koblenz, März 1919 (?) aufgelöst;[3] Abw.Stelle bei Fußart.Rgt. 9		

Artillerie-Instandsetzungs-Werkstatt Nr. 19

Aufstellung:	04.06.1917 durch HGr. Mackensen (gem. KM v. 04.06. u. 28.08.1917) aus fahrbarer Art.Inst.Werkst. Nr. 4, sogleich mobil		
Ersatztr.Teil:	Ers.Btl./Fußart.Rgt. 17		
Unterstellung:	[04.06.1917 – 20.04.1918]	9. Armee (Rimnicul-Sarat)	*Krgl.*
	[26.04.1918]	Lüttich	*D.Fußa.*
	[14.07.1918]	3. Armee	*D.Fußa.*
	[20.07.1918 – 01.09.1918]	9. Armee	*Krgl.*
	[18.09.1918 – 20.11.1918]	Lüttich	*FpÜb*
Verbleib:	Anf. Dez. 1918 in Brühl aufgelöst;[4] Abw.Stelle bei Fußart.Rgt. 17		

---

[1] FpÜb v. 19.02.1919 – 12.03.1919
[2] FpÜb v. 19.02.1919 – 12.03.1919
[3] FpÜb v. 03.01.1919 – 12.03.1919
[4] Demob.Üb. XVII. AK v. 15.07.1919; nicht mehr in FpÜb v. 12.12.1918

Artillerie-Instandsetzungs-Werkstatt Nr. 20

Aufstellung:	04.06.1917 durch HGr. Mackensen (gem. KM v. 04.06. u. 28.08.1917) aus Art.Inst.Werkst. der 9. Armee, sogleich mobil
Ersatztr.Teil:	Ers.Btl./Fußart.Rgt. 17
Unterstellung:	[04.06.1917 – 01.02.1918] 9. Armee (Ploesti) *Krgl.*
	[10.02.1918] Straßburg *D.Fußa.*
	[13.02.1918 – 20.11.1918] 19. Armee (St. Avold) *D.Fußa./FpÜb*
Verbleib:	15.11.1918 durch Soldatenrat bei St. Avold aufgelöst;[1] Abw.Stelle bei Fußart.Rgt. 17

Artillerie-Instandsetzungs-Werkstatt Nr. 21

Aufstellung:	04.06.1917 durch A.Abt. D (gem. KM v. 04.06. u. 28.08.1917) aus Art.Inst.Werkst. Nr. 3 der A.Abt. D, sogleich mobil
Ersatztr.Teil:	Ers.Btl./Fußart.Rgt. 22
Unterstellung:	[24.06.1917 – 25.09.1918] A.Abt. D (Abeli) *Krgl./FpÜb*
	[01.10.1918 – 09.10.1918] 8. Armee *FpÜb*
	[23.10.1918 – 20.11.1918] Lüttich[2] *FpÜb*
Verbleib:	ab Mitte Dez. 1918 in Berlin, Mitte Jan. 1919 aufgelöst;[3] Abw.Stelle bei Fußart.Rgt. 22

Artillerie-Instandsetzungs-Werkstatt Nr. 22

Aufstellung:	04.06.1917 durch A.Abt. A (gem. KM v. 04.06. u. 28.08.1917), sogleich mobil
Ersatztr.Teil:	Ers.Btl./Fußart.Rgt. 10
Unterstellung:	[01.07.1917 – 10.02.1918] A.Abt. A (Monteningen) *Krgl./Üb.Fußa.*
	[13.02.1918 – 11.10.1918] 19. Armee *D.Fußa./Krgl.*
	[16.10.1918 – 05.02.1919] A.Abt. C *FpÜb*
Verbleib:	ab Mitte Febr. 1919 in Arolsen, März 1919 (?) aufgelöst;[4] Abw.Stelle bei Fußart.Rgt. 10

---

[1] Demob.Üb. XVII. AK v. 15.07.1919; nicht mehr in FpÜb v. 04.12.1918
[2] Schon in D.Fußa. v. 27.09.1918
[3] FpÜb v. 18.12.1918 – 22.01.1919
[4] FpÜb v. 19.02.1919 – 12.03.1919

Artillerie-Instandsetzungs-Werkstatt Nr. 23

Aufstellung:	04.06.1917 durch A.Abt. A (gem. KM v. 04.06. u. 28.08.1917), sogleich mobil		
Ersatztr.Teil:	Ers.Btl./Fußart.Rgt. 10		
Unterstellung:	[01.07.1917 – 10.02.1918]	A.Abt. A (Mörchingen)	*Krgl./Üb.Fußa.*
	[13.02.1918 – 12.12.1918]	19. Armee	*D.Fußa./FpÜb*
Neben-Art.Inst.Werkst. 23 a:			
	[01.02.1918 – 27.08.1918]	19. Armee	*Krgl.*
Verbleib:	12.12.1918 in Celle aufgelöst;[1] Abw.Stelle bei Fußart.Rgt. 10		

Artillerie-Instandsetzungs-Werkstatt Nr. 24

Aufstellung:	04.06.1917 durch A.Abt. A (gem. KM v. 04.06. u. 28.08.1917), sogleich mobil		
Ersatztr.Teil:	Ers.Btl./Fußart.Rgt. 10		
Unterstellung:	[01.07.1917 – 10.02.1918]	A.Abt. A (Lauterfingen)	*Üb.Fußa.*
	[13.02.1918 – 30.10.1918]	19. Armee	*D.Fußa./FpÜb*
	[06.11.1918 – 22.01.1919]	5. Armee	*FpÜb*
Neben-Art.Inst.Werkst. 24 a:			
	[08.02.1918 – 01.03.1918]	19. Armee	*Krgl.*
Verbleib:	ab Mitte Jan. 1919 in Arolsen, März 1919 (?) aufgelöst;[2] Abw.Stelle bei Fußart.Rgt. 10		

Artillerie-Instandsetzungs-Werkstatt Nr. 25

Aufstellung:	04.06.1917 durch A.Abt. A (gem. KM v. 04.06. u. 28.08.1917), sogleich mobil		
Ersatztr.Teil:	Ers.Btl./Fußart.Rgt. 10		
Unterstellung:	[01.07.1917 – 20.11.1918]	A.Abt. A (Héming)	*Krgl./FpÜb*
Verbleib:	05.12.1918 durch A.Abt. A aufgelöst;[3] Abw.Stelle bei Fußart.Rgt. 10		

Artillerie-Instandsetzungs-Werkstatt Nr. 26

Aufstellung:	04.06.1917 durch AOK 1 (gem. KM v. 04.06. u. 28.08.1917), sogleich mobil		
Ersatztr.Teil:	Ers.Btl./Fußart.Rgt. 18		
Unterstellung:	[01.08.1917 – 05.04.1918]	1. Armee	*Krgl.*
Verbleib:	05.04.1918 umgewandelt in Werkst. d. Belagerungs-Art. Nr. 16		

---

[1] Demob.Üb. XV. AK v. 11.01.1919; FpÜb v. 18.12.1918 – 28.12.1918
[2] FpÜb v. 29.01.1919 – 12.03.1919
[3] Demob.Üb. XV. AK v. 25.04.1919; nicht mehr in FpÜb v. 04.12.1918

Sächs. Artillerie-Instandsetzungs-Werkstatt Nr. 27

Aufstellung:	04.06.1917 durch AOK 1 (gem. KM v. 04.06. u. 05.08.1917 sowie sächs. KM v. 11.09.1917), sogleich mobil
Ersatztr.Teil:	Ers.Btl./Fußart.Rgt. 19
Unterstellung:	[01.07.1917 – 20.11.1918] 1. Armee *Krgl./FpÜb*
Verbleib:	Ende Nov. 1918 aufgelöst;[1] Abw.Stelle bei Fußart.Rgt. 19

Artillerie-Instandsetzungs-Werkstatt Nr. 28

Aufstellung:	04.06.1917 durch AOK 1 (gem. KM v. 04.06. u. 28.08.1917), sogleich mobil
Ersatztr.Teil:	Ers.Btl./Fußart.Rgt. 18
Unterstellung:	[01.07.1917 – 03.01.1919] 1. Armee *Krgl./FpÜb*
Verbleib:	Anf. Jan. 1919 aufgelöst;[2] Abw.Stelle bei Fußart.Rgt. 18

Artillerie-Instandsetzungs-Werkstatt Nr. 29

Aufstellung:	04.06.1917 durch AOK 1 (gem. KM v. 04.06. u. 28.08.1917), sogleich mobil
Ersatztr.Teil:	Ers.Btl./Fußart.Rgt. 18
Unterstellung:	[01.07.1917 – 03.01.1919] 1. Armee *Krgl./FpÜb*
Verbleib:	Anf. Jan. 1919 aufgelöst;[3] Abw.Stelle bei Fußart.Rgt. 18

Artillerie-Instandsetzungs-Werkstatt Nr. 30

Aufstellung:	04.06.1917 durch AOK 2 (gem. KM v. 04.06. u. 28.08.1917), sogleich mobil		
Ersatztr.Teil:	Ers.Btl./1. Garde-Fußart.Rgt.		
Unterstellung:	[01.07.1917 – 31.03.1918]	2. Armee	*Krgl.*
	[12.04.1918 – 18.04.1918]	17. Armee	*Krgl./D.Fußa.*
	[22.04.1918 – 04.12.1918]	Et.Insp. 2	*Krgl./FpÜb*
Verbleib:	ab Mitte Dez. 1918 in Döberitz, Mitte Febr. 1919 aufgelöst;[4] Abw.Stelle bei Garde-Fußart.Rgt.		

---

[1] Nicht mehr in FpÜb v. 04.12.1918
[2] Nicht mehr in FpÜb v. 15.01.1919
[3] Nicht mehr in FpÜb v. 15.01.1919
[4] FpÜb v. 18.12.1918 – 05.02.1919

Artillerie-Instandsetzungs-Werkstatt Nr. 31

Aufstellung:	04.06.1917 durch AOK 2 (gem. KM v. 04.06. u. 28.08.1917), sogleich mobil
Ersatztr.Teil:	Ers.Btl./1. Garde-Fußart.Rgt.
Unterstellung:	[01.07.1917 – 31.03.1918] 2. Armee *Krgl.*
	[22.04.1918 – 04.12.1918] Et.Insp. 2 *Krgl./FpÜb*
Verbleib:	Anf. Dez. 1918 aufgelöst;[1] Abw.Stelle bei Garde-Fußart.Rgt.

Artillerie-Instandsetzungs-Werkstatt Nr. 32

Aufstellung:	04.06.1917 durch AOK 2 (gem. KM v. 04.06. u. 28.08.1917), sogleich mobil
Ersatztr.Teil:	Ers.Btl./1. Garde-Fußart.Rgt.
Unterstellung:	[01.07.1917 – 12.12.1918] 18. Armee *Krgl./FpÜb*
Verbleib:	Mitte Dez. 1918 aufgelöst;[2] Abw.Stelle bei Garde-Fußart.Rgt.

Artillerie-Instandsetzungs-Werkstatt Nr. 33

Aufstellung:	04.06.1917 durch AOK 2 (gem. KM v. 04.06. u. 28.08.1917), sogleich mobil
Ersatztr.Teil:	Ers.Btl./1. Garde-Fußart.Rgt.
Unterstellung:	[01.07.1917 – 01.12.1917] 2. Armee *Krgl.*
	[01.01.1918 – 12.12.1918] Et.Insp. 18 *Krgl./FpÜb*
Verbleib:	ab Mitte Dez. 1918 in Döberitz, Mitte Febr. 1919 aufgelöst;[3] Abw.Stelle bei Garde-Fußart.Rgt.

Artillerie-Instandsetzungs-Werkstatt Nr. 34

Aufstellung:	04.06.1917 durch AOK 2 (gem. KM v. 04.06. u. 28.08.1917), sogleich mobil
Ersatztr.Teil:	Ers.Btl./1. Garde-Fußart.Rgt.
Unterstellung:	[01.07.1917 – 01.12.1917] 2. Armee *Krgl.*
	[01.01.1918 – 17.05.1918] Et.Insp. 18 *Krgl.*
	[22.06.1918 – 18.09.1918] 18. Armee *Krgl./FpÜb*
	[19.09.1918 – 20.11.1918] A.Abt. B (Müllheim) *D.Fußa./Krgl.*
Verbleib:	Mitte Dez. 1918 in Müllheim (Baden) aufgelöst;[4] Abw.Stelle bei Garde-Fußart.Rgt.

---

[1] Nicht mehr in FpÜb v. 12.12.1918
[2] Nicht mehr in FpÜb v. 18.12.1918
[3] FpÜb v. 18.12.1918 – 05.02.1919
[4] Ers.FpÜb v. 04.12.1918 – 12.12.1918

Artillerie-Instandsetzungs-Werkstatt Nr. 35
(auch Gruppen-Inst.Werkstatt genannt)

Aufstellung:	04.06.1917 durch AOK 3 (gem. KM v. 04.06. u. 28.08.1917), sogleich mobil
Ersatztr.Teil:	Ers.Btl./1. Garde-Fußart.Rgt.
Unterstellung:	[01.07.1917 – 18.12.1918] 3. Armee (Attigny) *Krgl./FpÜb*
Verbleib:	ab Ende Dez. 1918 in Graudenz, März 1919 (?) aufgelöst;[1] Abw.Stelle bei Garde-Fußart.Rgt.

Artillerie-Instandsetzungs-Werkstatt Nr. 36
(auch Gruppen-Inst.Werkstatt genannt)

Aufstellung:	04.06.1917 durch AOK 3 (gem. KM v. 04.06. u. 28.08.1917), sogleich mobil
Ersatztr.Teil:	Ers.Btl./1. Garde-Fußart.Rgt.
Unterstellung:	[01.07.1917 – 15.01.1919] 3. Armee (Savigny) *Krgl./FpÜb*
Verbleib:	Mitte Jan. 1919 aufgelöst;[2] Abw.Stelle bei Garde-Fußart.Rgt.

Artillerie-Instandsetzungs-Werkstatt Nr. 37
(auch Gruppen-Inst.Werkstatt genannt)

Aufstellung:	04.06.1917 durch AOK 3 (gem. KM v. 04.06. u. 28.08.1917), sogleich mobil
Ersatztr.Teil:	Ers.Btl./1. Garde-Fußart.Rgt.
Unterstellung:	[01.07.1917 – 09.10.1918] 3. Armee (Authé) *Krgl./FpÜb*
	[16.10.1918 – 04.12.1918] 5. Armee *FpÜb*
Verbleib:	ab Anf. Dez. 1918 in Duisburg, März 1919 (?) aufgelöst;[3] Abw.Stelle bei Garde-Fußart.Rgt.

Artillerie-Instandsetzungs-Werkstatt Nr. 38

Aufstellung:	04.06.1917 durch AOK 4 (gem. KM v. 04.06. u. 28.08.1917), sogleich mobil
Ersatztr.Teil:	Ers.Btl./Fußart.Rgt. 9
Unterstellung:	[01.07.1917 – 04.12.1918] 4. Armee (Zedelghem) *Krgl./FpÜb*
Verbleib:	Anf. Dez. 1918 aufgelöst;[4] Abw.Stelle bei Fußart.Rgt. 9

---

[1] FpÜb v. 28.12.1918 – 12.03.1919
[2] Nicht mehr in FpÜb v. 22.01.1919
[3] FpÜb v. 12.12.1918 – 12.03.1919
[4] Nicht mehr in FpÜb v. 12.12.1918

Artillerie-Instandsetzungs-Werkstatt Nr. 39

Aufstellung: 04.06.1917 durch AOK 4 (gem. KM v. 04.06. u. 28.08.1917), sogleich mobil
Ersatztr.Teil: Ers.Btl./Fußart.Rgt. 9
Unterstellung: [01.07.1917 – 04.12.1918]   4. Armee (Roulers)   *Krgl./FpÜb*
Verbleib: ab Ende Dez. 1918 in Bersenbrück, März 1919 (?) aufgelöst;[1]

Artillerie-Instandsetzungs-Werkstatt Nr. 40

Aufstellung: 04.06.1917 durch AOK 4 (gem. KM v. 04.06. u. 28.08.1917), sogleich mobil
Ersatztr.Teil: Ers.Btl./Fußart.Rgt. 9
Unterstellung: [01.07.1917 – 04.12.1918]   4. Armee (Iseghem)   *Krgl./FpÜb*
Verbleib: Anf. Dez. 1918 aufgelöst;[2] Abw.Stelle bei Fußart.Rgt. 9

Artillerie-Instandsetzungs-Werkstatt Nr. 41

Aufstellung: 04.06.1917 durch AOK 4 (gem. KM v. 04.06. u. 28.08.1917), sogleich mobil
Ersatztr.Teil: Ers.Btl./Fußart.Rgt. 9
Unterstellung: [01.07.1917 – 04.12.1918]   4. Armee (Tourcoing)   *Krgl./FpÜb*
Verbleib: Anf. Dez. 1918 aufgelöst;[3] Abw.Stelle bei Fußart.Rgt. 9

Artillerie-Instandsetzungs-Werkstatt Nr. 42

Aufstellung: 04.06.1917 durch AOK 5 (gem. KM v. 04.06. u. 28.08.1917), sogleich mobil
Ersatztr.Teil: Ers.Btl./Fußart.Rgt. 10
Unterstellung: [01.07.1917 – 18.12.1918]   5. Armee (Stenay)   *Krgl./FpÜb*
Verbleib: 20.12.1918 in Arolsen aufgelöst;[4] Abw.Stelle bei Fußart.Rgt. 10

Artillerie-Instandsetzungs-Werkstatt Nr. 43

Aufstellung: 04.06.1917 durch AOK 5 (gem. KM v. 04.06. u. 28.08.1917), sogleich mobil
Ersatztr.Teil: Ers.Btl./Fußart.Rgt. 10
Unterstellung: [01.07.1917 – 04.12.1918]   5. Armee (Dimblay)   *Krgl./FpÜb*
Verbleib: 09.12.1918 in Arolsen aufgelöst;[5] Abw.Stelle bei Fußart.Rgt. 10

---

[1] FpÜb v. 28.12.1918 – 12.03.1919
[2] Nicht mehr in FpÜb v. 12.12.1918
[3] Nicht mehr in FpÜb v. 12.12.1918
[4] Demob.Üb. XV. AK v. 11.01.1919; FpÜb v. 29.01.1919, nicht mehr 05.02.1919
[5] Demob.Üb. XV. AK v. 11.01.1919; nicht mehr in FpÜb v. 22.01.1919

Artillerie-Instandsetzungs-Werkstatt Nr. 44

Aufstellung: 04.06.1917 durch AOK 5 (gem. KM v. 04.06. u. 28.08.1917), sogleich mobil
Ersatztr.Teil: Ers.Btl./Fußart.Rgt. 10
Unterstellung: [01.07.1917 – 29.01.1918]   5. Armee (Amermont)   *Krgl./FpÜb*
Verbleib: ab Ende Jan. 1918 in Arolsen, März 1919 (?) aufgelöst;[1] Abw.Stelle bei Fußart.Rgt. 10

Artillerie-Instandsetzungs-Werkstatt Nr. 45

Aufstellung: 04.06.1917 durch AOK 6 (gem. KM v. 04.06. u. 28.08.1917), sogleich mobil
Ersatztr.Teil: Ers.Btl./Fußart.Rgt. 18
Unterstellung: [01.07.1917 – 12.12.1918]   6. Armee (Seclin)   *Krgl./FpÜb*
Verbleib: Mitte Dez. 1918 aufgelöst;[2] Abw.Stelle bei Fußart.Rgt. 18

Artillerie-Instandsetzungs-Werkstatt Nr. 46

Aufstellung: 04.06.1917 durch AOK 6 (gem. KM v. 04.06. u. 28.08.1917), sogleich mobil
Ersatztr.Teil: Ers.Btl./Fußart.Rgt. 18
Unterstellung: [01.07.1917 – 22.01.1919]   6. Armee (Carvin)   *Krgl./FpÜb*
Verbleib: Ende Jan. 1919 aufgelöst;[3] Abw.Stelle bei Fußart.Rgt. 18

Artillerie-Instandsetzungs-Werkstatt Nr. 47

Aufstellung: 04.06.1917 durch AOK 6 (gem. KM v. 04.06. u. 28.08.1917), sogleich mobil
Ersatztr.Teil: Ers.Btl./Fußart.Rgt. 18
Unterstellung: [01.07.1917 – 29.01.1919]   6. Armee (Bignies)   *Krgl./FpÜb*
Verbleib: ab Ende Jan. 1919 in München, Mitte Febr. 1919 aufgelöst;[4] Abw.Stelle bei Fußart.Rgt. 18

Artillerie-Instandsetzungs-Werkstatt Nr. 48

Aufstellung: 04.06.1917 durch AOK 6 (gem. KM v. 04.06. u. 28.08.1917), sogleich mobil
Ersatztr.Teil: Ers.Btl./Fußart.Rgt. 18
Unterstellung: [01.07.1917 – 10.02.1918]   6. Armee (Douai)   *Krgl./Üb.Fußa.*
            [13.02.1918 – 12.12.1918]   17. Armee   *D.Fußa./FpÜb*
Verbleib: ab Mitte Dez. 1918 in Kassel, Mitte Febr. 1919 aufgelöst;[5] Abw.Stelle bei Fußart.Rgt. 18

---

[1] FpÜb v. 05.02.1919 – 12.03.1919
[2] Nicht mehr in FpÜb v. 18.12.1918
[3] Nicht mehr in FpÜb v. 29.01.1919
[4] FpÜb v. 05.02.1919, nicht mehr 19.02.1919
[5] FpÜb v. 18.12.1918 – 05.02.1919

Artillerie-Instandsetzungs-Werkstatt Nr. 49

Aufstellung:	04.06.1917 durch AOK 6 (gem. KM v. 04.06. u. 28.08.1917), sogleich mobil
Ersatztr.Teil:	Ers.Btl./Fußart.Rgt. 18
Unterstellung:	[01.07.1917 – 29.01.1919] 6. Armee (Douai) *Krgl./FpÜb*
Verbleib:	ab Ende Jan. 1919 in München, Mitte Febr. 1919 aufgelöst;[1] Abw.Stelle bei Fußart.Rgt. 18

Artillerie-Instandsetzungs-Werkstatt Nr. 50

Aufstellung: 04.06.1917 durch AOK 6 (gem. KM v. 04.06. u. 28.08.1917), sogleich mobil
Ersatztr.Teil: Ers.Btl./Fußart.Rgt. 18
Unterstellung:
[01.07.1917 – 01.11.1917]   6. Armee   *Krgl.*
[01.12.1917 – 04.01.1918]   2. Armee   *Krgl.*
[01.02.1918 – 12.12.1918]   17. Armee (Fressain)   *Krgl./FpÜb*
Verbleib: ab Mitte Dez. 1918 in Kassel, Mitte Febr. 1919 aufgelöst;[2] Abw.Stelle bei Fußart.Rgt. 18

Artillerie-Instandsetzungs-Werkstatt Nr. 51

Aufstellung: 02.05.1917 durch AOK 7 (gem. KM v. 18.04.1917) aus Art.Inst.Werkst. Nr. 763, sogleich mobil
Ersatztr.Teil: Ers.Btl./Fußart.Rgt. 7
Unterstellung:
[01.07.1917 – 01.07.1918]   7. Armee (Crépy, dann Aulnoy sous Laon)   *Krgl.*
[14.07.1918 – 25.09.1918]   9. Armee   *D.Fußa./FpÜb*
[27.09.1918 – 30.10.1918]   7. Armee   *D.Fußa./FpÜb*
[06.11.1918 – 20.11.1918]   1. Armee   *FpÜb*
[04.12.1918 – 18.12.1918]   4. Garde-Inf.Div.   *FpÜb*
Verbleib: Ende Dez. 1918 aufgelöst;[3] Abw.Stelle bei Fußart.Rgt. 7

Artillerie-Instandsetzungs-Werkstatt Nr. 52

Aufstellung: 14.04.1917 durch AOK 7 (gem. KM v. 18.04.1917) aus Art.Inst.Werkst. Gruppe Vailly, sogleich mobil
Ersatztr.Teil: Ers.Btl./Fußart.Rgt. 7
Unterstellung: [01.07.1917 – 04.12.1918]   7. Armee (Vailly)   *Krgl./FpÜb*
Verbleib: Anf. Dez. 1918 aufgelöst;[4] Abw.Stelle bei Fußart.Rgt. 7

---

[1] FpÜb v. 05.02.1919, nicht mehr 19.02.1919
[2] FpÜb v. 18.12.1918 – 05.02.1919
[3] Nicht mehr in FpÜb v. 28.12.1918
[4] Nicht mehr in FpÜb v. 12.12.1918

Artillerie-Instandsetzungs-Werkstatt Nr. 53

Aufstellung:	01.05.1917 durch AOK 7 (gem. KM v. 18.04.1917), aus Art.Inst.Werkst. Gruppe Liesse, sogleich mobil
Ersatztr.Teil:	Ers.Btl./Fußart.Rgt. 7
Unterstellung:	[01.07.1917 – 13.11.1918] 7. Armee (Liesse) *Krgl./FpÜb*
	[20.11.1918] Lüttich *FpÜb*
Verbleib:	Anf. Dez. 1918 aufgelöst;[1] Abw.Stelle bei Fußart.Rgt. 7

Artillerie-Instandsetzungs-Werkstatt Nr. 54

Aufstellung:	06.05.1917 durch AOK 7 (gem. KM v. 18.04.1917), aus Art.Inst.Werkst. Gruppe Sissone, sogleich mobil
Ersatztr.Teil:	Ers.Btl./Fußart.Rgt. 7
Unterstellung:	[01.07.1917 – 04.12.1918] 7. Armee (Sissonne) *Krgl./FpÜb*
Verbleib:	Anf. Dez. 1918 aufgelöst;[2] Abw.Stelle bei Fußart.Rgt. 7

Artillerie-Instandsetzungs-Werkstatt Nr. 55

Aufstellung:	28.08.1917 durch A.Abt. Gronau (gem. KM v. 28.08.1917), sogleich mobil
Ersatztr.Teil:	Ers.Btl./Fußart.Rgt. 23
Unterstellung:	[05.09.1917 – 05.03.1918] A.Abt. Gronau (Iwanowo) *D.Fußa./Krgl.*
	[01.04.1918 – 08.08.1918] HGr. Eichhorn *Krgl.*
	[08.08.1918 – 20.11.1918] HGr. Kiew *Krgl./FpÜb*
Verbleib:	30.11.1918 in Posen aufgelöst;[3] Abw.Stelle bei Fußart.Rgt. 23

Artillerie-Instandsetzungs-Werkstatt Nr. 56

Aufstellung:	Mitte Febr. 1918 durch AOK 14 (gem. KM v. 20.02.1918), sogleich mobil
Ersatztr.Teil:	Ers.Btl./1. Garde-Fußart.Rgt.
Unterstellung:	[29.03.1918 – 13.11.1918] Et.Insp. 2 *D.Fußa./FpÜb*
	[20.11.1918 – 12.12.1918] 18. Armee *FpÜb*
Verbleib:	Mitte Dez. 1918 aufgelöst;[4] Abw.Stelle bei Garde-Fußart.Rgt.

---

[1] Nicht mehr in FpÜb v. 12.12.1918
[2] Nicht mehr in FpÜb v. 12.12.1918
[3] Demob.Üb. V. AK v. 15.06.1919; nicht mehr in FpÜb v. 18.12.1918
[4] Nicht mehr in FpÜb v. 18.12.1918

Artillerie-Instandsetzungs-Werkstatt Nr. 57

Aufstellung:	Ende Sept. 1918 durch AOK 2 (gem. KM v. 23.09.1918) aus Werkst. der Belagerungs-Art. 13, sogleich mobil
Ersatztr.Teil:	Ers.Btl./Fußart.Rgt. 5
Unterstellung:	[01.10.1918 – 04.12.1918] 2. Armee *D.Fußa./FpÜb*
Verbleib:	Anf. Dez. 1918 auf dem Rückmarsch aufgelöst;[1] Abw.Stelle bei Fußart.Rgt. 5

Artillerie-Instandsetzungs-Werkstatt Nr. 957 (überpl.)

Aufstellung:	Juli 1917 (?) durch HGr. Mackensen[2]		
Ersatztr.Teil:	?		
Unterstellung:	[01.08.1917 – 02.05.1918]	9. Armee	*Krgl.*
	[01.07.1918 – 01.08.1918]	Oberkdo. Besatzungstruppen in Rumänien	*Krgl.*
Verbleib:	Aug. 1918 aufgelöst		

Artillerie-Instandsetzungs-Werkstatt Nr. 959 (überpl.)

Aufstellung:	Juli 1917 (?) durch HGr. Mackensen[3]		
Ersatztr.Teil:	?		
Unterstellung:	[01.08.1917 – 02.05.1918]	9. Armee	*Krgl.*
	[01.07.1918 – 01.08.1918]	Oberkdo. Besatzungstruppen in Rumänien	*Krgl.*
Verbleib:	Aug. 1918 aufgelöst		

Artillerie-Instandsetzungs-Werkstatt der 9. Armee

Aufstellung:	Juni 1916 (?) durch AOK 9 [4]		
Ersatztr.Teil:	?		
Unterstellung:	[17.06.1916 – 04.06.1917]	9. Armee (Ploesti)	*DW /Krgl.*
Verbleib:	04.06.1917 umgewandelt in Art.Inst.Werkst. Nr. 20		

---

[1] Demob.Üb. V. AK v. 15.06.1919; nicht mehr in FpÜb v. 12.12.1918
[2] Nur in Krgl., nicht in der Üb.Beh.u.Tr.
[3] Nur in Krgl., nicht in der Üb.Beh.u.Tr.
[4] DO v. 17.06.1916

Artillerie-Instandsetzungs-Werkstatt der Armee-Abt. Falkenhausen
seit 25.04.1916: **Art.Inst.Werkst. der Armee-Abt. A**

Aufstellung:	06.09.1915 (gem. KM v. 06.09.1915) als Art.Werkstatt Bischheim, sogleich mobil; später umbenannt
Ersatztr.Teil:	?
Unterstellung:	[06.09.1915 – 25.04.1916] A.Abt. Falkenhausen *Krgl.*
	[25.04.1916 – 04.06.1917] A.Abt. A *Krgl.*
Verbleib:	04.06.1917 umgewandelt in Werkst. der Belag.Art. Nr. 8

Artillerie-Instandsetzungs-Werkstatt der Armee-Abt. Gaede
seit 06.09.1916: **Art.Inst.Werkst. der Armee-Abt. B**

Aufstellung:	Mai 1915 (gem. KM v. 03.08.1915) als Art.Werkstatt in Mülhausen, sogleich mobil; später umbenannt
Ersatztr.Teil:	?
Unterstellung:	[20.05.1915 – 06.09.1916] A.Abt. Gaede *Krgl.*
	[06.09.1916 – 04.06.1917] A.Abt. B *Krgl.*
Verbleib:	04.06.1917 umgewandelt in Werkst. der Belag.Art. Nr. 9

Artillerie-Instandsetzungs-Werkstatt der Armee-Abt. Strantz
seit 02.02.1917: **Art.Inst.Werkst. der Armee-Abt. C**

Aufstellung:	Aug. 1915 (gem. KM v. 21.09.1915) als Art.Werkstatt in Jarny, sogleich mobil; später umbenannt
Ersatztr.Teil:	?
Unterstellung:	[05.08.1915 – 02.02.1917] A.Abt. Strantz *Krgl.*
	[02.02.1917 – 04.06.1917] A.Abt. C *Krgl.*
Verbleib:	04.06.1917 umgewandelt in Werkst. der Belag.Art. Nr. 10

Artillerie-Instandsetzungs-Werkstätten der Armee-Abt. Scholtz
seit 10.01.1917: **Art.Inst.Werkst. der Armee-Abt. D**

Aufstellung:	Art.Werkstatt in Nowo-Alexandrowsk am 30.12.1915 (gem. OHL v. 19.11.1915 u. A.Abt. Scholtz v. 21.11.1915)[1]
	Art.Werkstatt in Duktschy u. Abele im Aug. 1916 durch A.Abt. Scholtz
	ab Febr. 1917 bezeichnet als Art.Inst.Werkstatt Nr. 1–3
Ersatztr.Teil:	?
Unterstellung:	[01.09.1916 – 10.01.1917] A.Abt. Scholtz *Krgl.*
	[10.01.1917 – 04.06.1917] A.Abt. D *Krgl.*
Verbleib:	04.06.1917 umgewandelt in Art.Inst.Werkst. Nr. 6, 7 u. 21

---

[1] Schoen, Geschichte des Deutschen Feuerwerkswesens, S. 836

Artillerie-Instandsetzungs-Werkstatt Metz

Aufstellung:	Frühjahr 1916 (?) durch Gouv. Metz als Festungs-Art.Werkstatt, Juli 1917 umbenannt in Art.Inst.Werkstatt[1]
Ersatztr.Teil:	?
Unterstellung:	[01.07.1916 – 01.10.1918] Gouv. Metz *Krgl.*
Verbleib:	04.06.1917 umgewandelt in Werkstatt der Belag.Art. Nr. 11

Artillerie-Instandsetzungs-Werkstatt Mitau

Aufstellung:	April 1915 (?) durch AOK 8 [2]
Ersatztr.Teil:	?
Unterstellung:	[01.05.1916 – 04.06.1917] 8. Armee *Krgl.*
Verbleib:	04.06.1917 umgewandelt in Werkstatt der Belag.Art. Nr. 11

Artillerie-Instandsetzungs-Werkstatt Grodno

Aufstellung:	Juni 1916 (?) durch Gouv. Grodno, etatisiert gem. KM v. 03.01.1917
Ersatztr.Teil:	?
Unterstellung:	[01.07.1916 – 23.09.1916] 12. Armee *Krgl.*
	[15.10.1916 – 04.06.1917] A.Abt. Scheffer *Krgl.*
Verbleib:	04.06.1917 umgewandelt in Werkstatt der Belag.Art. Nr. 12

Artillerie-Instandsetzungs-Werkstatt Thorn

Aufstellung:	15.06.1917 durch Art.Depot Thorn (gem. KM v. 25.08.1917) aus Festungs-Art.Werkstatt Thorn
Ersatztr.Teil:	–
Unterstellung:	Gouv. Thorn
Verbleib:	Nov. 1918 (?) durch Gouv. Thorn aufgelöst[3]

Artillerie-Instandsetzungs-Werkstatt Köln

Aufstellung:	1915 (?) durch Art.Depot Köln als Festungs-Art.Werkstatt
Ersatztr.Teil:	–
Unterstellung:	Gouv. Köln
Verbleib:	ab Anf. Dez. 1918 in Meppen, März 1919 (?) aufgelöst[4]

---

[1] Nur in Krgl., nicht in der Üb.Beh.u.Tr.
[2] Nur in Krgl., nicht in der Üb.Beh.u.Tr.; vgl. DW v. 28.05.1916
[3] Demob.Üb. XVII. AK v. 15.07.1919
[4] Ers.FpÜb v. 12.12.1918 – 12.03.1919

Artillerie-Instandsetzungs-Werkstatt Mainz

Aufstellung:	1915 (?) durch Art.Depot Mainz als Festungs-Art.Werkstatt
Ersatztr.Teil:	–
Unterstellung:	Gouv. Mainz
Verbleib:	ab Ende Nov. 1918 in Lippstadt, März 1919 (?) aufgelöst[1]

Artillerie-Instandsetzungs-Werkstatt Wolkowysk

Aufstellung:	Sept. 1916 (?) durch A.Abt. Woyrsch		
Ersatztr.Teil:	?		
Unterstellung:	[01.10.1916 – 04.06.1917]	A.Abt. Scheffer	*Krgl.*
Verbleib:	04.06.1917 umgewandelt in Werkstatt der Belag.Art. Nr. 13		

Artillerie-Instandsetzungs-Werkstatt der HGr. Linsingen

Aufstellung:	März 1917 durch HGr. Linsingen (gem. KM v. 13.03.1917)		
Ersatztr.Teil:	?		
Unterstellung:	[01.04.1917 – 04.06.1917]	HGr. Linsingen (Brest Litowsk)	*Krgl.*
Verbleib:	04.06.1917 umgewandelt in Werkstatt der Belag.Art. Nr. 14		

Artillerie-Instandsetzungs-Werkstatt des Abschnitts Zloczow

Aufstellung:	Febr. 1917 durch Abschnitt Zloczow (gem. KM v. 06.02.1917)
Ersatztr.Teil:	?
Unterstellung:	Abschnitt Zloczow
Verbleib:	04.06.1917 umgewandelt in Werkstatt der Belag.Art. Nr. 11

---

[1] Ers.FpÜb v. 04.12.1918 – 12.03.1919

Fahrbare Artillerie-Instandsetzungs-Werkstätten

Infolge der zunehmenden Beschädigungen von Geschützmaterial wurden 1915/16 bei einigen Armeen fahrbare Artillerie-Werkstätten eingerichtet, denen das KM am 05.02.1916 folgende Stärke genehmigte:[1] 1 Oberfeuerwerker als Leiter, 1 Unteroffizier und 4 Gefreite oder Gemeine als Handwerker (1 Schlosser, 2 Schmiede, 1 Stellmacher, 1 Sattler). Der Motorzug bestand aus einem Kraftwagen als Werkstattwagen mit Anhänger und Dynamoprotze. Mit der Licht- und Kraftanlage konnte eine Werkstatt auch nachts arbeiten.[2]

Im Rahmen der Neuordnung des Werkstattwesens befahl das KM am 04.06.1917 die Aufstellung von 21 fahrbaren Artillerie-Instandsetzungs-Werkstätten mit Motorzug oder auf Eisenbahnwagen, zu denen die bestehenden fahrbaren Werkstätten umbenannt wurden.[3] Später kamen noch sechs weitere Werkstätten hinzu, wobei die Stärke noch um einen Kraftfahrer vermehrt wurde.

Fahrbare Artillerie-Werkstatt Nr. 1
ab 04.06.1917 **Fahrbare Artillerie-Inst.Werkstatt mit Motorzug Nr. 1**

Aufstellung:	25.06.1915 durch Feldzeugmeisterei (gem. KM v. 25.06.1915), sogleich mobil		
Ersatztr.Teil:	Ers.Btl./Fußart.Rgt. 4		
Unterstellung:	[09.08.1915 – 22.11.1917]	Et.Insp. 11 (Hudova)	*LÜW/Krgl.*
	[28.11.1917 – 01.09.1918]	11. Armee	*Krgl.*
	[18.09.1918 – 09.10.1918]	HGr. Scholtz	*FpÜb*
	[16.10.1918]	Et.Insp. 11	*FpÜb*
	[23.10.1918 – 18.12.1918]	Dt. Dienststelle in Budapest	*FpÜb*
Verbleib:	Ende Dez. 1918 aufgelöst;[4] Abw.Stelle bei Fußart.Rgt. 4		

Fahrbare Artillerie-Werkstatt Nr. 2
ab 04.06.1917 **Fahrbare Artillerie-Inst.Werkstatt mit Motorzug Nr. 2**

Aufstellung:	05.02.1916 durch Feldzeugmeisterei (gem. KM v. 05.02.1916), sogleich mobil		
Ersatztr.Teil:	Ers.Btl./Fußart.Rgt. 16		
Unterstellung:	[22.02.1916]	Bugarmee	*DW*
	[10.04.1916 – 01.05.1917]	HGr. Linsingen	*Krgl.*
	[11.05.1917 – 01.07.1917]	1. Armee (Sedan)	*D.Fußart./Krgl.*
	[01.08.1917 – 01.09.1917]	5. Armee	*Krgl.*
	[05.09.1917 – 01.01.1918]	14. Armee	*Krgl.*
	[10.02.1918]	Diedenhofen	*Üb.Fußa.*
	[24.02.1918]	HGr. Rupprecht	*D.Fußa.*
	[01.04.1918 – 12.04.1918]	17. Armee	*Krgl.*
	[08.08.1918 – 04.12.1918]	4. Armee	*D.Fußa./FpÜb*
Verbleib:	ab Ende Jan. 1919 in Olvenstedt (Kreis Wolmirstedt), März 1919 (?) aufgelöst;[5] Abw.Stelle bei Fußart.Rgt. 16		

---

[1] KM Nr. 502.2.16 A 5. KA, MKr 13.493, Prod. 2238
[2] Zur Tätigkeit vgl. Schoen, Geschichte des Deutschen Feuerwerkswesens, S. 832–834
[3] KM Nr. 4309/15. 17 A 5. KA, MKr 13.494, Prod. 2521
[4] Nicht mehr in FpÜb v. 28.12.1918
[5] FpÜb v. 05.02.1919 – 12.03.1919

Fahrbare Artillerie-Werkstatt Nr. 3
ab 04.06.1917 Fahrbare Art.Instandsetzungs-Werkstatt mit Motorzug Nr. 3

Aufstellung:	05.02.1916 durch Feldzeugmeisterei (gem. KM v. 05.02.1916), sogleich mobil		
Ersatztr.Teil:	Ers.Btl./Fußart.Rgt. 16		
Unterstellung:	[24.03.1916]	I. AK (A.Abt. Scholtz)	DO
	[01.05.1916 – 20.04.1917]	5. Armee	DW/Krgl.
	[28.04.1917 – 01.08.1917]	1. Armee	D.Fußa./Krgl.
	[26.08.1917 – 01.09.1917]	5. Armee	D.Fußa./Krgl.
	[15.09.1917 – 01.01.1918]	14. Armee	Krgl.
	[10.02.1918]	Diedenhofen	Üb.Fußa.
	[24.02.1918]	HGr. Rupprecht	D.Fußa.
	[01.04.1918 – 16.04.1918]	17. Armee	Krgl./AB
	[26.04.1918]	4. Armee	D.Fußa.
	[01.06.1918 – 12.12.1918]	17. Armee	Krgl./FpÜb
Verbleib:	ab Mitte Dez. 1918 in Olvenstedt (Kreis Wolmirstedt), März 1919 (?) aufgelöst;[1] Abw.Stelle bei Fußart.Rgt. 16		

Fahrbare Artillerie-Werkstatt Nr. 4
ab 04.06.1917 Fahrbare Art.Instandsetzungs-Werkstatt mit Motorzug Nr. 4

Aufstellung:	07.12.1916 durch AOK 9 (gem. KM v. 07.12.1916), sogleich mobil		
Ersatztr.Teil:	–		
Unterstellung:	[01.02.1917 – 15.04.1917]	9. Armee	Üb.Fußa./Krgl.
Verbleib:	04.06.1917 umgewandelt in Art.Inst.Werkst. Nr. 19		

Fahrbare Artillerie-Werkstatt Nr. 5
ab 04.06.1917 Fahrbare Art.Instandsetzungs-Werkstatt mit Motorzug Nr. 5

Aufstellung:	20.12.1916 durch Waffen- u. Munitions-Beschaffungsamt (gem. KM v. 20.12.1916), sogleich mobil		
Ersatztr.Teil:	Ers.Btl./Fußart.Rgt. 23		
Unterstellung:	[01.02.1917 – 24.06.1917]	HGr. Linsingen	Üb.Fußa./Krgl.
	[01.07.1917]	8. Armee	Krgl.
	[01.08.1917 – 01.10.1917]	HGr. Linsingen	Krgl.
	[23.10.1917 – 09.12.1917]	Südarmee	Krgl.
	[15.12.1917 – 10.03.1918]	A.Abt. B	D.Fußa./Krgl.
	[01.04.1918 – 22.10.1918]	2. Armee	Krgl.
	[29.10.1918 – 12.12.1918]	18. Armee	Krgl./FpÜb
Verbleib:	Mitte Dez. 1918 aufgelöst;[2] Abw.Stelle bei Fußart.Rgt. 23		

---

[1] FpÜb v. 18.12.1918 – 12.03.1919
[2] Nicht mehr in FpÜb v. 18.12.1918

Fahrbare Artillerie-Werkstatt Nr. 6
ab 04.06.1917 **Fahrbare Art.Instandsetzungs-Werkstatt mit Motorzug Nr. 6**

Aufstellung:	20.12.1916 durch Waffen- u. Munitions-Beschaffungsamt (gem. KM v. 20.12.1916), sogleich mobil		
Ersatztr.Teil:	Ers.Btl./Fußart.Rgt. 23		
Unterstellung:	[01.02.1917 – 20.09.1917]	A.Abt. Gronau	*Üb.Fußa./Krgl.*
	[01.10.1917 – Dez. 1917]	HGr. F	*Krgl.*
Verbleib:	Ende 1917 an die Türkei abgegeben;[1] Abw.Stelle bei Fußart.Rgt. 23		

Fahrbare Artillerie-Werkstatt Nr. 7
ab 04.06.1917 **Fahrbare Art.Instandsetzungs-Werkstatt mit Motorzug Nr. 7**

Aufstellung:	20.12.1916 durch Waffen- u. Munitions-Beschaffungsamt (gem. KM v. 20.12.1916), sogleich mobil		
Ersatztr.Teil:	Ers.Btl./Fußart.Rgt. 4		
Unterstellung:	[01.02.1917 – 10.01.1918]	Südarmee	*Üb.Fußa./Krgl.*
	[10.02.1918]	Mainz	*Üb.Fußa.*
	[17.02.1918 – 01.05.1918]	18. Armee	*D.Fußa./Krgl.*
	[31.05.1918]	7. Armee	*D.Fußa.*
	[19.06.1918]	1. Armee	*D.Fußa.*
	[01.07.1918 – 01.09.1918]	18. Armee	*Krgl.*
	[18.09.1918 – 04.12.1918]	7. Armee	*FpÜb*
Verbleib:	Anf. Dez. 1918 aufgelöst;[2] Abw.Stelle bei Fußart.Rgt. 4		

Fahrbare Artillerie-Werkstatt Nr. 8
ab 04.06.1917 **Fahrbare Art.Instandsetzungs-Werkstatt mit Motorzug Nr. 8**

Aufstellung:	20.12.1916 durch Waffen- u. Munitions-Beschaffungsamt (gem. KM v. 20.12.1916), sogleich mobil		
Ersatztr.Teil:	Ers.Btl./1. Garde-Fußart.Rgt.		
Unterstellung:	[01.02.1917 – 01.11.1917]	Heeresfront Erzherzog Joseph	*Üb.Fußa.*
	[25.11.1917]	Straßburg	*D.Fußa.*
	[01.02.1918 – 01.03.1918]	A.Abt. C	*Krgl.*
	[29.03.1918 – 22.06.1918]	18. Armee	*D.Fußa./Krgl.*
	[14.07.1918]	3. Armee	*D.Fußa.*
	[01.08.1918 – 18.09.1918]	9. Armee	*Krgl./FpÜb*
	[25.09.1918 – 04.12.1918]	7. Armee	*D.Fußa./FpÜb*
Verbleib:	Anf. Dez. 1918 aufgelöst;[3] Abw.Stelle bei Garde-Fußart.Rgt.		

---

[1] Demob.Üb. V. AK v. 15.06.1919
[2] Nicht mehr in FpÜb v. 12.12.1918
[3] Nicht mehr in FpÜb v. 12.12.1918

Fahrbare Artillerie-Instandsetzungs-Werkstatt mit Motorzug Nr. 9

Aufstellung:	04.06.1917 durch Waffen- u. Munitions-Beschaffungsamt (gem. KM v. 03.06.1917), sogleich mobil
Ersatztr.Teil:	Ers.Btl./Fußart.Rgt. 10

Unterstellung:		
[01.07.1917 – 01.08.1917]	A.Abt. B	*Krgl.*
[26.08.1917 – 03.12.1917]	4. Armee	*D.Fußa./Krgl.*
[05.12.1917 – 01.05.1918]	A.Abt. B	*D.Fußa./Krgl.*
[14.05.1918]	Jurbise	*D.Fußa.*
[09.09.1918 – 09.10.1918]	9. Armee	*D.Fußa./FpÜb*
[10.10.1918 – 06.11.1918]	3. Armee	*D.Fußa./FpÜb*
[13.11.1918 – 20.11.1918]	Gouv. Lüttich	*FpÜb*

Verbleib:	03.12.1918 in Spandau aufgelöst;[1] Abw.Stelle bei Fußart.Rgt. 10

Fahrbare Artillerie-Instandsetzungs-Werkstatt mit Motorzug Nr. 10

Aufstellung:	04.06.1917 durch Waffen- u. Munitions-Beschaffungsamt (gem. KM v. 03.06.1917), sogleich mobil
Ersatztr.Teil:	Ers.Btl./Fußart.Rgt. 10

Unterstellung:		
[01.09.1917]	5. Armee	*Krgl.*
[01.10.1917 – 01.05.1918]	A.Abt. A	*Krgl.*
[14.05.1918 – 03.01.1919]	1. Armee	*D.Fußa./FpÜb*

Verbleib:	Anf. Jan. 1919 aufgelöst;[2] Abw.Stelle bei Fußart.Rgt. 10

Fahrbare Artillerie-Instandsetzungs-Werkstatt mit Motorzug Nr. 11

Aufstellung:	04.06.1917 durch Waffen- u. Munitions-Beschaffungsamt (gem. KM v. 03.06.1917), sogleich mobil
Ersatztr.Teil:	Ers.Btl./Fußart.Rgt. 7
Unterstellung:	[01.07.1917 – 04.12.1918] 4. Armee *Krgl./FpÜb*
Verbleib:	Anf. Dez. 1918 aufgelöst;[3] Abw.Stelle bei Fußart.Rgt. 7

Fahrbare Artillerie-Instandsetzungs-Werkstatt mit Motorzug Nr. 12

Aufstellung:	04.06.1917 durch Waffen- u. Munitions-Beschaffungsamt (gem. KM v. 03.06.1917), mobil seit 27.06.1917
Ersatztr.Teil:	Ers.Btl./Fußart.Rgt. 7

Unterstellung:		
[01.07.1917 – 12.03.1918]	4. Armee	*Krgl.*
[08.08.1918 – 20.11.1918]	6. Armee	*D.Fußa./FpÜb*

Verbleib:	05.12.1918 durch Soldatenrat in Elberfeld aufgelöst;[4] Abw.Stelle bei Fußart.-Rgt. 7

---

[1] Demob.Üb. XV. AK v. 25.04.1919; nicht mehr in FpÜb v. 12.12.1918
[2] Nicht mehr in FpÜb v. 15.01.1919
[3] Nicht mehr in FpÜb v. 12.12.1918
[4] Demob.Üb. VII. AK v. 06.01.1919; nicht mehr in FpÜb v. 05.02.1919

Fahrbare Artillerie-Instandsetzungs-Werkstatt mit Motorzug Nr. 13

Aufstellung: 04.06.1917 durch Waffen- u. Munitions-Beschaffungsamt (gem. KM v. 03.06.1917), sogleich mobil
Ersatztr.Teil: Ers.Btl./Fußart.Rgt. 17
Unterstellung:
[01.07.1917 – 15.12.1917] Südarmee *Krgl./Schoen*
[31.12.1917 – 01.04.1918] Lüttich *D.Fußa./Schoen*
[07.04.1918 – 12.12.1918] 6. Armee *D.Fußa./FpÜb*
Verbleib: Mitte Dez. 1918 aufgelöst;[1] Abw.Stelle bei Fußart.Rgt. 17
Quellen: Schoen, Geschichte des Deutschen Feuerwerkswesens, S. 833 f.

Fahrbare Artillerie-Instandsetzungs-Werkstatt mit Motorzug Nr. 14

Aufstellung: 04.06.1917 durch Waffen- u. Munitions-Beschaffungsamt (gem. KM v. 03.06.1917), sogleich mobil
Ersatztr.Teil: Ers.Btl./Fußart.Rgt. 17
Unterstellung:
[15.07.1917 – 12.03.1918] öst.ung. 2. Armee *Krgl.*
[01.04.1918 – 12.12.1918] 17. Armee *Krgl./FpÜb*
Verbleib: ab Mitte Dez. 1918 in Thorn, März 1919 (?) aufgelöst;[2] Abw.Stelle bei Fußart.Rgt. 17

Fahrbare Artillerie-Instandsetzungs-Werkstatt auf Eisenbahnwagen Nr. 15

Aufstellung: 04.06.1917 durch Waffen- u. Munitions-Beschaffungsamt (gem. KM v. 03.06.1917), sogleich mobil
Ersatztr.Teil: Ers.Btl./Fußart.Rgt. 4
Unterstellung:
[01.07.1917 – 10.09.1917] 4. Armee *Krgl.*
[15.09.1917] Diedenhofen *D.Fußa.*
[01.10.1917 – 29.01.1919] 5. Armee *Krgl./FpÜb*
Verbleib: ab Ende Jan. 1919 in Magdeburg, März 1919 (?) aufgelöst;[3] Abw.Stelle bei Fußart.Rgt. 4

---

[1] Nicht mehr in FpÜb v. 18.12.1918
[2] FpÜb v. 18.12.1918 – 12.03.1919
[3] FpÜb v. 05.02.1919 – 12.03.1919

Fahrbare Artillerie-Instandsetzungs-Werkstatt auf Eisenbahnwagen Nr. 16

Aufstellung:	04.06.1917 durch Waffen- u. Munitions-Beschaffungsamt (gem. KM v. 03.06.1917), sogleich mobil		
Ersatztr.Teil:	Ers.Btl./Fußart.Rgt. 4		
Unterstellung:	[01.07.1917 – 01.12.1917]	4. Armee	*Krgl.*
	[05.12.1917 – 01.02.1918]	2. Armee	*D.Fußa./Krgl.*
	[08.02.1918 – 04.12.1918]	17. Armee	*Krgl./FpÜb*
Verbleib:	ab Mitte Dez. 1918 in Magdeburg, März 1919 (?) aufgelöst;[1] Abw.Stelle bei Fußart.Rgt. 4		

Fahrbare Artillerie-Instandsetzungs-Werkstatt auf Eisenbahnwagen Nr. 17

Aufstellung:	04.06.1917 durch Waffen- u. Munitions-Beschaffungsamt (gem. KM v. 03.06.1917), sogleich mobil		
Ersatztr.Teil:	Ers.Btl./Fußart.Rgt. 4		
Unterstellung:	[01.07.1917]	7. Armee	*Krgl.*
	[01.08.1917 – 01.09.1917]	5. Armee	*Krgl.*
	[15.09.1917]	Diedenhofen	*D.Fußa.*
	[05.10.1917 – 01.09.1918]	5. Armee	*D.Fußa./Krgl.*
	[13.09.1918 – 20.11.1918]	A.Abt. A	*D.Fußa./FpÜb*
Verbleib:	Ende Nov. 1918 aufgelöst;[2] Abw.Stelle bei Fußart.Rgt. 4		

Fahrbare Artillerie-Instandsetzungs-Werkstatt auf Eisenbahnwagen Nr. 18

Aufstellung:	04.06.1917 durch Waffen- u. Munitions-Beschaffungsamt (gem. KM v. 03.06.1917), sogleich mobil		
Ersatztr.Teil:	Ers.Btl./Fußart.Rgt. 4		
Unterstellung:	[01.07.1917 – 04.12.1918]	7. Armee	*Krgl./FpÜb*
Verbleib:	Anf. Dez. 1918 aufgelöst;[3] Abw.Stelle bei Fußart.Rgt. 4		

---

[1] FpÜb v. 18.12.1918 – 12.03.1919
[2] Nicht mehr in FpÜb v. 04.12.1918
[3] Nicht mehr in FpÜb v. 12.12.1918

Fahrbare Artillerie-Instandsetzungs-Werkstatt auf Eisenbahnwagen Nr. 19

Aufstellung: 04.06.1917 durch Waffen- u. Munitions-Beschaffungsamt (gem. KM v. 03.06.1917), sogleich mobil

Ersatztr.Teil: Ers.Btl./Fußart.Rgt. 5

Unterstellung:
[01.08.1917]	2. Armee	*Krgl.*
[26.08.1917 – 01.05.1918]	5. Armee	*D.Fußa./Krgl.*
[31.05.1918 – 14.07.1918]	7. Armee	*D.Fußa.*
[28.07.1918 – 18.09.1918]	9. Armee	*D.Fußa./FpÜb*
[27.09.1918 – 20.11.1918]	7. Armee	*D.Fußa./FpÜb*

Verbleib: 21.11.1918 in Posen aufgelöst;[1] Abw.Stelle bei Fußart.Rgt. 5

Fahrbare Artillerie-Instandsetzungs-Werkstatt auf Eisenbahnwagen Nr. 20

Aufstellung: 04.06.1917 durch Waffen- u. Munitions-Beschaffungsamt (gem. KM v. 03.06.1917), sogleich mobil

Ersatztr.Teil: Ers.Btl./Fußart.Rgt. 5

Unterstellung:
[01.08.1917 – 01.09.1917]	6. Armee	*Krgl.*
[15.09.1917]	Diedenhofen	*D.Fußa.*
[01.10.1917 – 10.02.1918]	5. Armee	*Krgl./Üb.Fußa.*
[31.05.1918]	Insmingen	*D.Fußa.*
[18.09.1918 – 23.10.1918]	19. Armee	*FpÜb*
[25.10.1918 – 20.11.1918]	Üb.Pl. Beverloo	*D.Fußa./FpÜB*

Verbleib: Anf. Dez. 1918 aufgelöst;[2] Abw.Stelle bei Fußart.Rgt. 5

Fahrbare Artillerie-Instandsetzungs-Werkstatt mit Motorzug Nr. 21

Aufstellung: 28.08.1917 durch A.Abt. C (gem. KM v. 28.08.1917) aus Fahrbarer Art.Werkst. der A.Abt. C, sogleich mobil[3]

Ersatztr.Teil: Ers.Btl./1. Garde-Fußart.Rgt.

Unterstellung:
[15.08.1917]	A.Abt. C	*D.Fußa.*
[26.08.1917 – 01.09.1917]	5. Armee	*D.Fußa./Krgl.*
[15.09.1917 – 01.01.1918]	14. Armee	*Krgl.*
[26.01.1918 – 10.02.1918]	Diedenhofen	*D./Üb.Fußa.*
[24.02.1918]	HGr. Rupprecht	*D.Fußa.*
[01.04.1918 – 16.04.1918]	17. Armee	*Krgl./AB*
[26.04.1918]	4. Armee	*D.Fußa.*
[08.08.1918 – 12.12.1918]	18. Armee	*D.Fußa./FpÜb*

Verbleib: Mitte Dez. 1918 aufgelöst;[4] Abw.Stelle bei Garde-Fußart.Rgt.

---

[1] Demob.Üb. V. AK v. 15.06.1919;
[2] Nicht mehr in FpÜb v. 12.12.1918
[3] Gehörte gem. Krgl. zur A.Abt. C, war aber ständig abkommandiert
[4] Nicht mehr in FpÜb v. 18.12.1918

Fahrbare Artillerie-Instandsetzungs-Werkstatt mit Motorzug Nr. 22

Aufstellung:	30.01.1918 durch Waffen- u. Munitions-Beschaffungsamt (gem. KM v. 30.01.1918), mobil seit 23.01.1918		
Ersatztr.Teil:	Ers.Btl./Fußart.Rgt. 7		
Unterstellung:	[30.01.1918 – 10.02.1918]	Jurbise	*D.Fußa.*
	[17.02.1918 – 22.06.1918]	18. Armee	*D.Fußa./Krgl.*
	[14.07.1918]	3. Armee	*D.Fußa.*
	[09.09.1918 – 18.09.1918]	9. Armee	*D.Fußa./FpÜb*
	[19.09.1918 – 12.12.1918]	18. Armee	*D.Fußa./FpÜb*
Verbleib:	Mitte Dez. 1918 aufgelöst;[1] Abw.Stelle bei Fußart.Rgt. 7		

Fahrbare Artillerie-Instandsetzungs-Werkstatt mit Motorzug Nr. 23

Aufstellung:	30.01.1918 durch Waffen- u. Munitions-Beschaffungsamt (gem. KM v. 30.01.1918), mobil seit 26.02.1918		
Ersatztr.Teil:	Ers.Btl./Fußart.Rgt. 7		
Unterstellung:	[30.01.1918 – 10.02.1918]	Jurbise	*D./Üb.Fußa.*
	[24.02.1918]	HGr. Rupprecht	*D./Üb.Fußa.*
	[01.04.1918 – 12.12.1918]	2. Armee	*Krgl./FpÜb*
Verbleib:	ab Mitte Dez. 1918 in Sennelager, März 1919 (?) aufgelöst;[2] Abw.Stelle bei Fußart.Rgt. 7		

Fahrbare Artillerie-Instandsetzungs-Werkstatt mit Motorzug Nr. 24

Aufstellung:	30.01.1918 durch Waffen- u. Munitions-Beschaffungsamt (gem. KM v. 30.01.1918), sogleich mobil		
Ersatztr.Teil:	Ers.Btl./Fußart.Rgt. 16		
Unterstellung:	[30.01.1918 – 10.02.1918]	Hirson	*D./Üb.Fußa.*
	[24.02.1918]	HGr. Rupprecht	*D.Fußa.*
	[01.04.1918 – 18.09.1918]	2. Armee	*Krgl./FpÜb*
	[19.09.1918 – 20.11.1918]	19. Armee	*D.Fußa./FpÜb*
Verbleib:	Ende Nov. 1918 aufgelöst;[3] Abw.Stelle bei Fußart.Rgt. 16		

---

[1] Nicht mehr in FpÜb v. 18.12.1918
[2] FpÜb v. 18.12.1918 – 12.03.1919
[3] Nicht mehr in FpÜb v. 04.12.1918

Fahrbare Artillerie-Instandsetzungs-Werkstatt mit Motorzug Nr. 25

Aufstellung:	30.01.1918 durch Waffen- u. Munitions-Beschaffungsamt (gem. KM v. 30.01.1918), sogleich mobil
Ersatztr.Teil:	Ers.Btl./Fußart.Rgt. 16

Unterstellung:		
[30.01.1918 – 10.02.1918]	Hirson	*D./Üb.Fußa.*
[24.02.1918]	HGr. Rupprecht	*D.Fußa.*
[01.04.1918 – 20.11.1918]	2. Armee	*Krgl./FpÜb*
[04.12.1918]	17. Armee	*FpÜb*

Verbleib:	ab Mitte Dez. 1918 in Oldenburg, März 1919 (?) aufgelöst;[1] Abw.Stelle bei Fußart.Rgt. 16

Fahrbare Artillerie-Instandsetzungs-Werkstatt mit Motorzug Nr. 26

Aufstellung:	30.01.1918 durch Waffen- u. Munitions-Beschaffungsamt (gem. KM v. 30.01.1918), sogleich mobil
Ersatztr.Teil:	Ers.Btl./Fußart.Rgt. 3

Unterstellung:		
[30.01.1918 – 10.02.1918]	Longuyon	*D./Üb.Fußa.*
[24.02.1918]	HGr. Kronprinz	*D.Fußa.*
[21.03.1918 – 22.06.1918]	18. Armee	*Krgl.*
[01.07.1918 – 11.08.1918]	Hirson	*Krgl.*
[01.09.1918 – 25.09.1918]	9. Armee	*Krgl./FpÜb*
[27.09.1918 – 09.10.1918]	7. Armee	*D.Fußa./FpÜb*
[10.10.1918 – 03.01.1919]	3. Armee	*D.Fußa./FpÜb*

Verbleib:	Anf. Jan. 1919 aufgelöst;[2] Abw.Stelle bei Fußart.Rgt. 3

Fahrbare Artillerie-Instandsetzungs-Werkstatt mit Motorzug Nr. 27

Aufstellung:	30.01.1918 durch Waffen- u. Munitions-Beschaffungsamt (gem. KM v. 30.01.1918), sogleich mobil
Ersatztr.Teil:	Ers.Btl./Fußart.Rgt. 3

Unterstellung:		
[30.01.1918 – 10.02.1918]	Longuyon	*D./Üb.Fußa.*
[27.02.1918]	HGr. Kronprinz	*D.Fußa.*
[31.05.1918 – 06.11.1918]	7. Armee	*D.Fußa./FpÜb*

Verbleib:	Anf. Nov. 1918 aufgelöst;[3] Abw.Stelle bei Fußart.Rgt. 3

---

[1] FpÜb v. 18.12.1918 – 12.03.1919
[2] Nicht mehr in FpÜb v. 15.01.1919
[3] Nicht mehr in FpÜb v. 13.11.1918

Werkstättenkommandos

Im Oktober 1918 entstanden auf den Fußartillerie-Übungsplätzen im Westen insgesamt zehn Werkstättenkommandos in Stärke von 1 Leutnant, 4 Unteroffizieren, 4 Gefreiten und 42 Mann.[1] Sie waren den Garnison-Batterien auf den Übungsplätzen angegliedert und konnten vorübergehend zur Verstärkung der Werkstattbetriebe im Felde herangezogen werden.

Werkstättenkommando Nr. 1 u. 2 in Maubeuge

Aufstellung: Okt. 1918 durch Kdtr. des Fußart.Üb.Pl. Maubeuge (gem. KM v. 09.10.1918), sogleich mobil
Ersatztr.Teil: Ers.Btl./Fußart.Rgt. 9
Unterstellung: Kdtr. Fußart.Üb.Pl. Maubeuge
Verbleib: Ende Nov. 1918 aufgelöst; Abw.Stelle bei Fußart.Rgt. 9

Werkstättenkommando Nr. 3 u. 4 in Hirson

Aufstellung: Okt. 1918 durch Kdtr. des Fußart.Üb.Pl. Hirson (gem. KM v. 09.10.1918), sogleich mobil
Ersatztr.Teil: Ers.Btl./Fußart.Rgt. 7
Unterstellung: Kdtr. Fußart.Üb.Pl. Hirson
Verbleib: Ende Nov. 1918 aufgelöst; Abw.Stelle bei Fußart.Rgt. 7

Werkstättenkommando Nr. 5 u. 6 in Jurbise

Aufstellung: Okt. 1918 durch Kdtr. des Fußart.Üb.Pl. Jurbise (gem. KM v. 09.10.1918) sogleich mobil
Ersatztr.Teil: Ers.Btl./Fußart.Rgt. 4
Unterstellung: Kdtr. Fußart.Üb.Pl. Jurbise
Verbleib: 24.11.1918 in Magdeburg aufgelöst;[2] Abw.Stelle bei Fußart.Rgt. 4

Werkstättenkommando Nr. 7–10 in Insmingen

Aufstellung: Okt. 1918 durch Kdtr. des Fußart.Üb.Pl. Jnsmingen (gem. KM v. 09.10.1918), sogleich mobil
Ersatztr.Teil: Ers.Btl./1. Garde-Fußart.Rgt.
Unterstellung: Kdtr. Fußart.Üb.Pl. Jurbise
Verbleib: Ende Nov. 1918 aufgelöst; Abw.Stelle bei Garde-Fußart.Rgt.

---

[1] KM Nr. 4251. 9. 18 A 5 vom 09.10.1918. BA-MA, PH 3/1239, Bl. 332
[2] Demob.Üb. IV. AK v. 25.09.1919

Anhang 1: Die Geschütze der Fußartillerie

Angaben zu Kaliber, Gewicht, Schussweiten und Anzahl der Geschütze[1]

a) Deutsche Geschütze

Geschütz	Rohr-länge in Kalibern	Gewicht Geschütz in Feuer-stellung kg	Gewicht Geschütz marsch-fertig kg	Anfangs-geschwin-digkeit m/sec.	Größte Schuss-weite m	Anzahl 1914 / Herbst 1918
3,7 cm Rolverkanone	32,2	367		400	3000	
3,7 cm Schützen-grabenkanone	21,8	571		400	1500	
5 cm Kanone in Panzerlafette	24,5	2240		457	3000	
5 cm Kanone in Kasemattenlafette	24,5	422		457	3000	
9 cm Kanone	23,9	1308		442	6600-7100	
10 cm Kanone	30	2640	3400	551	12.700	
10 cm Kanone 04	30	2807	3509	560	12.700	216 / 484
10 cm Kanone 14	35	2814	3400	585	13.100	– / 368
10 cm Kanone 17	45	3300	5900	650	14.100	– / 90
10 cm Kanone 17/04	45	3150	3800	650	14.100	– / 20
10 cm Turm-Kanone	35	78.500	–	586	13.100	
10 cm Kanone 97 und 10 cm Kanone in Schirmlafette	35	4180	4930	583	13.100	
kurze 10 cm Turm-Kanone	20	78.500	–	499	9700	
10 cm Küsten-Kanone in Radlafette	53,14	6500	7140	876	14.200-21.600	
schwere 10 cm Kanone (Marine-Schnelllade-Kanone L/35)	35	3900	4650	600	12.000	
schwere 12 cm Kanone	25,42	2455	3375	398	7900	
13 cm Kanone	35	6730	7580/ 8340	695	16.500	32 / 120
15 cm Ringkanone	23	4930	5803	396	8050	
lange 15 cm Ringkanone	25,81	9345	–	413	8300	
lange 15 cm Kanone	29,97	6032	8430	483	12.000	
15 cm Kanone in Schirmlafette	39,42	12.360	22.100	688	15.600	

---

[1] Angaben nach Schirmer, Gerät der schweren Artillerie, S. 20–25; EB schweren Artillerie Bd. II, Tabelle S. 410 f.

Geschütz	Rohrlänge in Kalibern	Gewicht Geschütz in Feuerstellung kg	Gewicht Geschütz marschfertig kg	Anfangsgeschwindigkeit m/sec.	Größte Schussweite m	Anzahl 1914 / Herbst 1918
15 cm Kanone in Küstenlafette	40	4120	–	750	15.800	
15 cm Kanone 16 Kp. u. Rh.	43	10.140 Kp. 9240 Rh.	14.405 Kp. 11.950 Rh.	749	22.800	– / 212 – / 22
schwere 15 cm Kanone (15 cm Schnelllade-Kanone L/40 in Radlafette)	40	18.950	21.150	750	18.700	– / 52
15 cm Kanone L/30 in Radlafette	30	9350	11.050	609	12.100	
schwere Feldhaubitze	10,86	2035	2800	280	6050	
Versuchs-Haubitze 99	12	2035	3055	325	7450	– / 12
schwere Feldhaubitze 02	12	1990	2710	325	7450	840 / 584
schwere Feldhaubitze 13	14	2135	2930	365	8500	– / 488
lange schwere Feldhaubitze 13 und 13/02	17	2230 2210	3030 3000	377	8800	– / 1172 – / 40
15 cm Turm-Haubitze	11,57	–	–	329	7200	
17 cm Schnelllade-Kanone L/40 in Radlafette und auf Eisenbahn	39,97	23.500	42.750	815	24.020	– / 10 – / 16
21 cm Ringkanone	22,49	2650	–	515	9800	
21 cm Schnelllade-Kanone L/40 auf Eisenbahn	40,13	110.430	110.500	770	25.580	– / 1
21 cm Schnelllade-Kanone L/45 auf Eisenbahn	45	107.850	110.500	800	26.400	– / –
21 cm Mörser	10	4820	10.650	350/394	8200	
Mörser	12	7380	11.865	367	9400	252 / 219
langer Mörser	14,52	7550	8705	394	10.200	– / 489
24 cm Schnelllade-Kanone L/35 (Marine) auf Eisenbahn	35,29	–	120.000	670	16.700	
24 cm Schnelllade-Kanone L/40 auf Eisenbahn	40,12	–	109.000	810	26.600	– / 12
24 cm Schnelllade-Kanone L/30 auf Eisenbahn	30,25	–	113.000	640	18.700	
28 cm Küstenhaubitze	12	41.100	–	379	11.400	

Geschütz	Rohrlänge in Kalibern	Gewicht Geschütz in Feuerstellung kg	Gewicht Geschütz marschfertig kg	Anfangsgeschwindigkeit m/sec.	Größte Schussweite m	Anzahl 1914 / Herbst 1918
28 cm Haubitze in Radlafette (schwerer Küstenmörser)	11,87	13.800	17.000	346	9700	1 / 1
28 cm Schnelllade-Kanone L/40 auf Eisenbahn	39,57	16.600	Eisenbahn	715	27.750	– / 1
30,5 cm Haubitze L/25	25	29.600	40.500	525	16.000	
schwerer Küstenmörser (Beta = 30,5 cm)	8,59	10.850	30.000	336	8800	8 / –
schwerer Küstenmörser 09 (Beta 09 = 30,5 cm)	16	26.500	45.000	418	11.900	2 / –
schwerer Küstenmörser in Radlafette (Beta-Gerät)	16,9	20.000	24.500	420	11.900	1 / –
Kurze Marinekanone 14 mit 30,5 cm Rohr L/30 (Beta-M-Gerät)	30	36.420	47.000	600	16.500	– / 2
35,5 cm Schnelllade-Kanone L/52,5	52,6	240.000	Eisenbahn	1165	62.200	
38 cm Schnelllade-Kanone L/45	45	240.000	Eisenbahn	1040	47.500	– / 1
Kurze Marinekanone 12 (Gamma = 42 cm)	16	57.000	150.000	440	14.200	5 / –
Kurze Marinekanone 14 (M = 42 cm)	11.9	42.600	93.600	466	12.250	2 / –

b) Beutegeschütze

Französische Geschütze	Rohrweite (Kaliber)	Gewicht Geschütz in Feuerstellung kg	Gewicht Geschütz marschfertig kg	Größe Schussweite dt. Munition m	Anzahl an der Front 1916	Anzahl an der Front Herbst 1918
80 mm Kanone	8,0	1200	2100	-	31	-
90 mm Kanone	9,0	1250	2120	8000	260	-
95 mm Kanone	9,5	1400	2215	8200	56	-
Lange 120 mm Kanone M 1878	12,0 (L/27,1)	2700	3300	8800	15	40
Lange 155 mm Kanone M 1877	15,5 (L/27,1)	5800	6622	11500	28	24
Kurze 120 mm Kanone M 1890	12,0 (L/14,1)	1475	2365	7000	120	-
Kurze 155 mm Kanone M 1881	15,5	2235	2 x 3300	7600	-	-

Belgische Geschütze	Rohrweite (Kaliber)	Gewicht Geschütz in Feuerstellung kg	Gewicht Geschütz marschfertig kg	Größe Schussweite dt. Munition m	Anzahl an der Front 1916	Anzahl an der Front Herbst 1918
5,7 cm Kanone in Kasematt-Lafette	5,7	10900	-	6400	Zus. 450	-
5,7 cm Kanone in Schirm-Lafette	5,7	860	1467	6400		-
8,7 cm Feldkanone	8,7	1575	2400	5000	100	-
12 cm Kanone	12,01 (L/25)	2950	3626	8600	50	48
12 cm Kanone K 11	12,01 (L/24,3)	2655	3250	9100	41	
Schw. 12 cm Kanone	12,01 (L/25)	3600	3929	8600	57	
15 cm Kanone 86 u. 90	14,91	4870	2950	11500	19	24
Schwere 15 cm Kanone	14,91	5700	6104	11500	71	
12 cm Haubitze 06 u. 08	12,01	2260	2700	6950	-	-
15 cm Haubitze 87	14,91	2850	3625	7000	50	-
15 cm Haubitze 90	14,91	2350	3027	7000		
21 cm Haubitze	20,9 (L/11,8)	9260	9822	9100	31	12
21 cm Turmhaubitze L/12 (in Radlafette)	20,9 (L/11,8)	8780	9150	9100	31	-

Englische Geschütze	Rohrweite (Kaliber)	Gewicht Geschütz in Feuerstellung kg	Gewicht Geschütz marschfertig kg	Größe Schussweite dt. Munition m	Anzahl an der Front 1916	Anzahl an der Front Herbst 1918
8,4 cm Feldkanone	8,4	1320	2100	-	-	-
Leichte Feldhaubitze	11,43	1368	2450	-	-	-
12,7 cm Kanone	12,7 (L/33,6)	3910	4510	-	-	-
12,7 cm Schnellfeuerkanone L/41 (umgeändert in 10,5 cm SK L/47)	12,7 (L/14)	4010	4610	-	10	-
Schwere Feldhaubitze	15,24 (L/14,5)	3693	5352	9500	-	45
Kurze 20 cm Haubitze	20,3 (L/15/9)	9850	10300	9144	-	-
Lange 20 cm Haubitze	20,3 (L/18,5)	-	-	11000	-	-
30,5 cm Haubitze auf Eisenbahn	30,5	-	-	-	-	3

Italienische Geschütze	Rohrweite (Kaliber)	Gewicht Geschütz in Feuerstellung kg	Gewicht Geschütz marschfertig kg	Größe Schussweite dt. Munition m	Anzahl an der Front 1916	Anzahl an der Front Herbst 1918
10,5 cm Kanone (Schneider)	10,5 (L/28)	3500	3710	11400	-	-
10 cm Kraftwagen-Kanone	10,2 (L/35)	2600	7100	11400	-	4
Lange 15 cm Kanone (Schneider)	14,9 (L/37)	5775	4040 + 3760	1200	-	-
Schwere Feldhaubitze (Krupp)	15,2	2200	3000	-	-	-

Russische Geschütze, die nur vorübergehend Verwendung fanden:

Russische Geschütze	Größte Schussweite mit dt. Munition in m
5,7 cm Kaponnier-Kanone	6400
7,62 cm Sturmabwehrkanone	4000
7,62 cm Feldkanone 00	9600
7,62 cm Feldkanone 02	7500
Leichte Feldkanone 66 und 92/95	6400
Leichte Feldkanone für reitende Batterien	6000 (russ. Munition)
10 cm Kanone (42 Linien Kanone)	6000
Feldmörser C/86	3850 (russ. Munition)
20 cm Haubitze 67 (verstärkt)	8800
20 cm Haubitze 67 (unverstärkt)	8800

Russische Geschütze	Rohr-weite (Kaliber)	Gewicht Geschütz in Feuer-stellung kg	Gewicht Geschütz marsch-fertig kg	Größe Schuss-weite dt. Munition m	Anzahl an der Front 1916	Anzahl an der Front Herbst 1918
5,7 cm Küsten-Schnellfeuerkanone	5,7	860	1467	6000	260	-
Leichte Feldhaubitze (48 Linien) (Schneider)	12,19 (L/13,7)	1324	2400	7200	26	-
Leichte Feldhaubitze (48 Linien) (Krupp)	12,19 (L/12,5)	1300	2358	7200		-
10 cm Schnellfeuer-kanone (42 Linien Kan.)	10,67 (L/28)	3500	3725	10400	4	92
10 cm Kanone (42 Linien Kan.) M 77	10,57 (L/28)	-	-	9900	360	
Leichte 15 cm Kanone (leichte 6 Linien) M 77	15,24	-	4500	7900	230	-
Schwere 15 cm Kanone (schw. 6 Linien) M 77	15,24	-	5500	7700	82	4
Lange 15 cm Kanone (6 Linien Kan.) M 77	15,24 (L/30)	-	5800	14200	40	32
15 cm Küstenkanone L/45 (6 Linien Kan.)	15,24 (L/45)	18000	-	15500	18	-
25 cm Küstenkanone L/45 (M. Ganet)	25,4 (L/45)	-	-	23575	8	-
28 cm Küstenkanone L/21	28,0 (L/21,8)	-	-	14400	4	-
Schwere Feldhaubitze L/12	15,24 (L/12)	-	-	8300	56	36
Schwere Feldhaubitze L/14	15,24 (L/14)	-	2457	8300		
20 cm Haubitze 77 (8 Linien Stahlkan. 77)	20,32	-	8500	9600	50	24
20 cm Haubitze 92	20,32 (L/17)	-	5576	9100	92	
Schwere Feldhaubitze Küste	15,24 (L/14,8)	-	5400	7900	6	-

Japanische Geschütze	Rohrweite (Kaliber)	Gewicht Geschütz in Feuer-stellung kg	Gewicht Geschütz marsch-fertig kg	Größe Schuss-weite dt. Mun. m	Anzahl an der Front 1916	Anzahl an der Front Herbst 1918
Leichte Feldhaubitze	12,0	-	-	6700	4	-
Schwere Feldhaubitze (Krupp)	15,0	2200	3000	7450	2	-

Anhang 2: Zeichen für Geschütze

Die 1911 festgelegten taktischen Zeichen für Geschütze – auch „Signaturen" genannt – erfuhren im Verlauf des Krieges eine erhebliche Erweiterung und wurden am 27.08.1917 in einer neuen Vorschrift „Geschützzeichen" zusammengefasst. Einige Zeichen, besonders der schwersten Geschütze, wurden Anfang 1918 nochmals geändert, wie sich aus den Übersichten der Fußartillerie ablesen lässt. In der nachfolgenden Übersicht sind beide Versionen aufgeführt.

a) Deutsche Geschütze

	3,7 cm Revolverkanone		schwere 12 cm Kanone
	3,7 cm Schützengraben-Kanone		13 cm Kanone
	5 cm Kanone in Panzerlafette		15 cm Ringkanone
	5 cm Kanone in Kasemattlafette		lange 15 cm Ringkanone
	9 cm Kanone		lange 15 cm Kanone
	10 cm Kanone		lange 15 cm Kanone in Schirmlafette
	10 cm Kanone 04		lange 15 cm Kanone auf Eisenbahn
	10 cm Kanone 14		schwere 15 cm Kanone (1916/17)
	10 cm Kanone 17		schwere 15 cm Kanone (1918)
	10 cm Kanone 97		15 cm Kanone 16
	10 cm Kanone in Schirmlafette		schwere Feldhaubitze
	10 cm Küstenkanone in Radlafette		schwere Feldhaubitze 02
	10 cm Turmkanone		schwere Feldhaubitze 13
	Kurze 10 cm Turmkanone		lange schwere Feldhaubitze 13

15 cm Turm-Haubitze	
17 cm Schnelllade-Kanone in Radlafette (von der Marine übernommen) 1917	
17 cm Schnelllade-Kanone in Radlafette (1918)	
17 cm Schnelllade-Kanone auf Eisenbahn (1917)	
17 cm Schnelllade-Kanone auf Eisenbahn (1918)	
21 cm Schnelllade-Kanone (1917)	
21 cm Schnelllade-Kanone (1918)	
21 cm Schnelllade-Kanone auf Eisenbahn (1918)	
21 cm Mörser	
Mörser	
langer Mörser	
24 cm Schnellladekanone in Bettung (1917)	
24 cm Schnellladekanone auf Eisenbahn (1917)	
24 cm Schnellladekanone in Bettung (1918)	
24 cm Schnellladekanone auf Eisenbahn (1918)	
28 cm Schnellladekanone (1917)	
28 cm Schnellladekanone (1918)	
28 cm Schnellladekanone auf Eisenbahn (1918)	
38 cm Schnellladekanone (1918)	
28 cm Haubitze in Radlafette	
schwerer Küstenmörser (30,5 cm)	
schwerer Küstenmörser 09 (30,5 cm)	
kurze Marinekanone 12 (42 cm)	
kurze Marinekanone 14 (42 cm)	

b) Beutegeschütze

Französische Geschütze

- Franz. 80 mm Kanone
- Franz. 90 mm Kanone
- Franz. 95 mm Kanone
- Franz. kurze 120 mm Kanone
- Franz. lange 120 mm Kanone
- Franz. kurze 155 mm Kanone

Belgische Geschütze

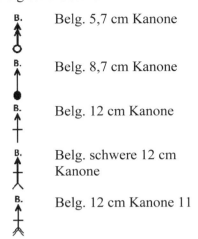

Belg. 5,7 cm Kanone	Belg. 12 cm Haubitze
Belg. 8,7 cm Kanone	Belg. 15 cm Kanone
Belg. 12 cm Kanone	Belg. schwere 15 cm Kanone
Belg. schwere 12 cm Kanone	Belg. schwere Feldhaubitze
Belg. 12 cm Kanone 11	Belg. 21 cm Haubitze

Russische Geschütze

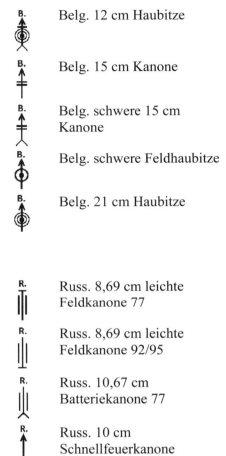
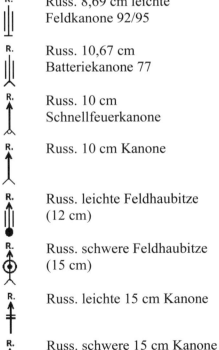

Russ. 5,7 cm Kaponnierenkanone	Russ. 8,69 cm leichte Feldkanone 77
Russ. 5,7 cm Küsten-Schnellfeuerkanone	Russ. 8,69 cm leichte Feldkanone 92/95
Russ. 7,62 cm Sturmabwehrkanone	Russ. 10,67 cm Batteriekanone 77
Russ. 7,62 cm Feldkanone 00 für reit. Batterien	Russ. 10 cm Schnellfeuerkanone
Russ. 7,62 cm Feldkanone 00	Russ. 10 cm Kanone
Russ. 7,62 cm Schnellfeuer-Feldkanone 02	Russ. leichte Feldhaubitze (12 cm)
Russ. 7,62 cm Schnellfeuer-Feldkanone 02 für reit. Batterien	Russ. schwere Feldhaubitze (15 cm)
Russ. 8,69 cm leichte Feldkanone 77 für reit. Batterien	Russ. leichte 15 cm Kanone
Russ. 8,69 cm leichte Feldkanone 92/95 für reit. Batterien	Russ. schwere 15 cm Kanone

⊥	Russ. lange 15 cm Kanone	⊥	Russ. 25 cm Küstenkanone
⊥	Russ. 15 cm Küstenkanone	⊥	Russ. 28 cm Küstenkanone
⊙	Russ. 20 cm Haubitze 77		Japanische Geschütze
⊙	Russ. 20 cm Haubitze 92	⊥	Japan. leichte Feldhaubitze
⊙	Russ. 20 cm schwere Feldhaubitze der Küste	⊙	Japan. schwere Feldhaubitze
⊙	Russ. Feldmörser		

Abkürzungen

A.Abt.	Armee-Abteilung
Abt.	Abteilung
Abw.Stelle	Abwicklungsstelle
AB	Armeebefehl
AGr.	Armeegruppe
AK	Armeekorps
AOK	Armeeoberkommando
Art.Prüf.Komm.	Artillerie-Prüfungs-Kommission
AVBl.	Armee-Verordnungsblatt
bad.	badisch
BAK	Ballon-Abwehrkanone
BA-MA	Bundesarchiv-Militärarchiv Freiburg
bayer.	bayerisch
Bayer. WGB	Waffen-Gedenkbuch der K. B. Schweren Artillerie
Befest.	Befestigungen
belg.	belgisch
Brig.	Brigade
Btl.	Bataillon
Bttr.	Batterie
bulg.	bulgarisch
Demob.	Demobilmachung
Demob.Üb.	Demobilmachungsübersicht
Det.	Detachement
D.Fußa.	Deckblatt zur Übersicht der Formationen der Fußartillerie
Div.	Division
DO	Deckblatt Ost
D.V.	Druckvorschrift
D.V.E.	Druckvorschriften-Etat
DW	Deckblatt West
EB	Ehrenbuch
Eisenb.	Eisenbahngeschütz
Eisenb.u.Bettg.	Eisenbahn- und Bettungsgeschütz
Ers.	Ersatz
Ers.FpÜb	Verzeichnis der nicht beim Feldheer befindlichen Stäbe und Truppen (Kriegsbesatzungen und Ersatzformationen)
Et.Insp.	Etappen-Inspektion
Feldh.	Feldhaubitze
Fest.	Festung
FpÜb	Feldpostübersicht
franz.	französisch
Freiw.	Freiwillige
gem.	gemäß
Gen.Gouv.	Generalgouvernement
Gen.Insp.	Generalinspektion
Gen.Kdo.	Generalkommando
Gouv.	Gouvernement
Haub.	Haubitze
HGr.	Heeresgruppe

Honv.	Honved
Inf.	Infanterie
Inf.Tr.Div.	Infanterie-Truppen-Division
KA	Kriegsarchiv München
Kan.	Kanone
Kav.Div.	Kavallerie-Division
Kdo.	Kommando
Kdtr.	Kommandantur
KM	Kriegsministerium
komb.	kombiniert
Komp.	Kompanie
Kp.	Krupp
Krgl.	Kriegsgliederung
KTB	Kriegstagebuch
KW	Kriegswerk
Laf.	Lafette
Ldst.	Landsturm
Ldw.	Landwehr
LÜO	Leitübersicht Ost
LÜW	Leitübersicht West
Mannsch.	Mannschaften
Mar.Div.	Marine-Division
MG	Maschinengewehr
Mun.Kol.	Munitionskolonne
Oberost	Oberbefehlshaber Ost
OHL	Oberste Heeresleitung
öst.ung.	österreichisch-ungarisch
Offz.	Offizier
osman.	osmanisch
preuß.	preußisch
Prod.	Aktenprodukt
RA	Reichsarchiv
Res.	Reserve
RG	Regimentsgeschichte
Rgt.	Regiment
Rgt.Gesch.	Regimentsgeschichte
Rgt.Stab	Regimentsstab
Res.	Reserve
Rh.	Rheinmetall
RMA	Reichsmarineamt
russ.	russisch
Rw.	Reichswehr
sächs.	sächsisch
schw.	schwere
selbst.	selbstständig
türk.	türkisch
Üb.Beh.u.Tr.	Übersicht der Behörden und Truppen
Üb.Ers.	Übersicht der Ersatzverbände
überpl.	überplanmäßig
Üb.Fußa.	Übersicht über die Formationen der Fußartillerie
ung.	ungarisch

Unteroffz.	Unteroffizier
Vfg.	Verfügung
WGM	Wehrgeschichtliches Museum Rastatt
württ.	württembergisch
z.b.V.	zur besonderen Verwendung
zgs.	zusammengesetzt
zgt.	zugeteilt

Quellen und Literatur

1. Ungedruckte Quellen (Akten)

a) Bundesarchiv-Militärarchiv Freiburg (BA-MA)
   Bestand W-10 (Kriegsgeschichtliche Forschungsanstalt des Heeres)
      Nr. 1498–1545 (Kriegsgliederungen), jetzt neu signiert unter RH 18
   PH 3/1239, PH 3/1846–1848 (Fußartillerie)

b) Bayerisches Hauptstaatsarchiv Abt. IV Kriegsarchiv (KA)
   Bestand Kriegsministerium (MKr)
      Bd. 1612 (Mobilmachungsvorarbeiten)
      Bd. 1760, 1761 (Demobilmachung)
      Bd. 12.889–12.895 (Übersichten der Ersatztruppen)
      Bd. 13.484–13.499 (Fußartillerie)
      Bd. 17.120 (Übersicht der Fußartillerie-Formationen)
      Bd. 18.137–18.201 (Kriegsgliederungen)
   Stellv. Generalkommando I. bayer. Armeekorps
      Bd. 209, 210 (Fußartillerie)
   Stellv. Generalkommando III. bayer. Armeekorps
      Bd. 128/I (Demobilmachungs-Übersichten)
   Fußartillerie-Formationen (WK)
      Bd. 9235–9237, 9252, 9257, 9260
   AOK 6, Bd. 2006–2008 (Fußartillerie)

e) Württembergisches Hauptstaatsarchiv Stuttgart (HstA Stg.)
   M 1/11 Bü 352–390 (Kriegsgliederungen)

d) Wehrgeschichtliches Museum Rastatt (WGM)
   Archiv Abt. V, Nr. 592 u. 593 (Truppen des XIV. u. XV. AK)

e) Zentralarchiv des Verteidigungsministeriums der Russischen Föderation
   Bestand 500, Findbuch 12519: Akte 15, 58, 59, 63, 64, 107, 108
   (http://www.tsamo.germandocsinrussia.org/de)

2. Gedruckte Quellen

Exerzier-Reglement der Fußartillerie vom 19. November 1908 (D.V.E. 200), Berlin 1908

Feldpostübersicht Ausgabe B (Truppen) Nr. 253 (18.09.1918) – 273 (12.03.1919)

Feldpostübersicht: Grenzschutztruppen im Osten Nr. 273 (12.03.1919) – 283 (13.12.1919)

Kriegsgliederung des K. Bayerischen Heeres bei Kriegsbeginn sowie der K. Bayer. Divisionen während des Krieges bis zu ihrer Auflösung, bearb. vom Bayer. Kriegsarchiv, München (Ms.) 1922

Mobilmachungsplan für das Deutsche Heer vom 9. Okt. 1913 (Mob. Pl.), Berlin 1913 (D.V.E. Nr. 219)

Stärkenachweisungen der Behörden und Truppen in der Kriegsformation (St. N.), Beiheft zum Mobilmachungsplan, Neudr. vom 1. Juni 1911, Berlin 1911 (D.V.E. Nr. 219 a), dazu Deckblätter 1–357 (bis Okt. 1913)
   desgl., Neudr. Berlin 1918 (Entwurf)

Übersicht der Behörden und Truppen in der Kriegsformation, Teil 7 Fußartillerie, Berlin 1918

Übersicht der Formationen des Ostheeres, hrsg. vom Chef des Stellv. Generalstabes
  Nr. 1 vom 22.02.1915 mit Deckbl. 1–6
  Nr. 2 vom 03.05.1915 mit Deckbl. 1–39
  Nr. 3 vom 15.01.1916 mit Deckbl. 1–25
  Nr. 4 vom 01.09.1916 mit Deckbl. 1–9
  Nr. 5 vom Nov. 1916 mit Deckbl. 1–60

Übersicht der Formationen des Westheeres, hrsg. vom Chef des Stellv. Generalstabes
  Nr. 1 vom 05.01.1915 mit Deckbl. 1–6
  Nr. 2 vom März 1915 mit Deckbl. 1–14
  Nr. 3 vom 09.08.1915 mit Deckbl. 1–42

Übersicht der Formationen des Heeres, hrsg. vom Chef des Generalstabes des Feldheeres vom 24.10.1916 mit Deckbl. 1–253

Übersicht der nicht zu veröffentlichenden Behörden, Truppen usw. des deutschen Heeres und deren Ersatzverbände nach dem Stande Ende November 1914, hrsg. vom Kriegsministerium, Berlin 1914
  desgl. nach dem Stande Anfang März 1915, Berlin 1915
  desgl. nach dem Stande Ende August 1916, Berlin 1916
  desgl. nach dem Stande Ende September 1917, Berlin 1917

Übersicht über die Entwicklung des Reichsheeres aus den Verbänden des alten Heeres, der Freiwilligen-Truppen, der vorläufigen Reichswehr und des Übergangsheeres, hrsg. vom Reichswehrministerium, Teil II (Infanterie), Berlin 1920

Übersicht über die Formationen der Fußartillerie
  (Nr. 1) vom 07.10.1916 mit Deckblatt 1–16
  (Nr. 2) vom 01.02.1917 mit Deckblatt 1–31
  (Nr. 3) vom 10.02.1918 mit Deckblatt 1–28

Verzeichnis der Abwicklungsstellen des deutschen Heeres, Heft 6, Berlin 1920

Verzeichnis der nicht beim Feldheer befindlichen Stäbe und Truppen (Kriegsbesatzungen und Ersatzformationen) Nr. 253 (18.09.1918) – 273 (12.03.1919)

3. Literatur

Cardona, Ricardo Recio, Artillerie allemande de la grande guerre (1914–1918). Organisation, armement et équipement, Bayeux 2017

Cron, Hermann, Geschichte des deutschen Heeres im Weltkriege 1914–1918, Berlin 1937; Neudr. Osnabrück 1990

Dumbsky, Walter, Die deutschen Festungen von 1871 bis 1914: Strategische Bedeutung und technische Entwicklung (Erlanger Historische Studien Bd. 11), Frankfurt am Main 1987

Ehret, Thierry/Schalich, Günter, Paris-Kanonen. Die Fernbeschießung der Festung Paris im Jahre 1918 (IBA Informationen Sonderheft 28), Aachen 1997

Fleischer, Wolfgang, Deutsche Artillerie 1914–1918 (Typenkompass), Stuttgart 2013

Forschungsanstalt für Kriegs- und Heeresgeschichte (Hrsg.), Die Rückführung des Ostheeres (Darstellungen aus den Nachkriegskämpfen deutscher Truppen und Freikorps Bd. 1), Berlin 1936

Friedag, B., Führer durch Heer und Flotte, Berlin Jg. 11 (1914)

Goes, Gustav/Cron, Hermann, Kriegskalender des Deutschen Heeres 1914–1918, Berlin 1935

Hottenroth, Edmund/Baumgarten-Crusius, Artur, Sachsen in großer Zeit. Geschichte der Sachsen im Weltkrieg, 3 Bde., Leipzig 1919–21

Kaiser, Franz Nikolaus (Bearb.), Das Ehrenbuch der Deutschen Schweren Artillerie. Hrsg. vom Waffenring der ehemaligen Deutschen Schweren Artillerie, Bd. I u. II, Berlin 1931/34

Linnenkohl, Hans, Vom Einzelschuß zur Feuerwalze. Der Wettlauf zwischen Technik und Taktik im Ersten Weltkrieg, Koblenz 1990

Militärgeschichtliches Forschungsamt (Hrsg.), Handbuch zur deutschen Militärgeschichte 1648–1939, Bd. V u. VI, Frankfurt a. M. 1968/70

Reichsarchiv (Hrsg.), Der Weltkrieg 1914–1918. 14 Bde., Berlin 1926–1956

Reichsarchiv (Hrsg.), Kriegsrüstung und Kriegswirtschaft, Bd. I, Anlagen (Ergänzungsband zu: Der Weltkrieg 1914–1918), Berlin 1930

Schindler, Eine 42 cm Mörser-Batterie im Weltkrieg, Breslau 1934

Schirmer, Hermann, Das Gerät der schweren Artillerie vor, in und nach dem Weltkrieg (Das Gerät der Artillerie vor, in und nach dem Weltkrieg Teil V), Berlin 1937

Schlachten des Weltkrieges. In Einzeldarstellungen bearbeitet und hrsg. im Auftrage des Reichsarchivs. 36 Bde., Oldenburg und Berlin 1921–1930

Schoen, Erich, Geschichte des Deutschen Feuerwerkswesens der Armee und der Marine mit Einschluß des Zeugwesens, Berlin 1936

Schwarte, Max, Die militärischen Lehren des Großen Krieges, 2. Aufl., Berlin 1923

Tessin, Georg, Deutsche Verbände und Truppen 1918–1939. Altes Heer, Freiwilligenverbände, Reichswehr, Heer, Luftwaffe, Landespolizei. Osnabrück 1974

Waffen-Gedenkbuch der K. B. Schweren Artillerie. Die K. B. Schwere Artillerie im Großen Kriege 1914–1918 (Erinnerungsblätter deutscher Regimenter, Bayer. Armee Bd. 55), München 1928

Wrisberg, Ernst von, Heer und Heimat 1914–1918, Leipzig 1921

Ders., Wehr und Waffen 1914–1918, Leipzig 1922

Württembergs Heer in Weltkrieg:
- Bd. 4: Wilhelm von Urach, Die 26. Infanterie-Division im Weltkrieg, Stuttgart 1927
- Bd. 5: Adolf Deutelmoser, Die 27. Infanterie-Division im Weltkrieg, Stuttgart 1925
- Bd. 6: Frhr. von Soden/Stühmke, Die 26. (württ.) Reserve-Division im Weltkrieg, Stuttgart 1935
- Bd. 7: Ernst Reinhardt, Die 54. (württ.) Reserve-Division im Weltkrieg, Stuttgart 1934
- Bd. 8: Erich Berger, Die 204. Infanterie-Division im Weltkrieg, Stuttgart 1922
- Bd. 9: Hellmut Gnamm, Die 242. Infanterie-Division im Weltkrieg, Stuttgart 1922
- Bd. 10: Ludwig Uland, Die 243. Infanterie-Division im Weltkrieg, Stuttgart 1926
- Bd. 11: A. Franke, Die 2. (württ.) Landwehr-Division im Weltkrieg, Stuttgart 1921
- Bd. 13: K. v. Teichmann, Die 26. (württ.) Landwehr-Division im Weltkrieg, Stuttgart 1922
- Bd. 16 b: Richard Landauer, Württembergs Fußartillerie, Stuttgart 1930
- Bd. 19: A. v. Haldenwang, Feldverwaltung, Etappe und Ersatzformationen im Weltkrieg, Stuttgart 1925

4. Truppengeschichten

Zu den bibliographischen Daten der ausgewerteten Truppengeschichten vgl. die Bibliographie von Eike Mohr, Bibliographie zur Heeres- und Truppengeschichte des Deutschen Reiches und seiner Länder 1806–1933, 2. Aufl., Bissendorf 2004

Ortsregister
(Aufstellungs- und Demobilmachungsorte)

Abele 490
Altenhaßlau 448
Altona 12, 188, 277, 283, 296, 322, 387, 456
Antwerpen 6, 81 f., 375, 389
Apen 399
Apolda 400
Arolsen 145, 230, 260, 307, 317, 380, 390, 405, 450, 480 f., 485 f.

Barmen 183
Bebra 345, 444
Berlin 480
Bersenbrück 140, 275, 307, 316, 349, 409, 446, 450, 456, 467, 469, 479, 485
Bischheim 468, 490
Borkum 212, 244, 251, 253, 373 f.
Brabant 81, 83
Brauweiler 264
Breisach 307, 319, 416
Breslau 53 f., 250, 262, 266, 268, 279, 281, 285, 314 f., 337, 344, 376, 449, 455
Bromberg 174, 210, 285, 304, 320, 445
Brühl 479
Büdingen 269
Bühl 189, 271, 326, 444, 451
Bülowstal 387

Celle 481
Chemnitz 46, 153, 318, 361, 458
Colmar 474
Cuxhaven 49

Dahlenwarsleben 118
Danzig 150, 177, 239, 253, 321, 358 f., 383, 418, 431, 439, 466
Diedenhofen 50, 59, 81 f., 89, 175, 210, 216, 239, 250, 277, 279, 286, 307, 320, 340, 381, 418, 430, 439, 469
Döberitz 97, 265, 308, 446, 468, 482 f.
Donon 56, 91
Dresden 185, 201, 241, 322, 379, 432, 440
Duisburg 484
Duktschy 490
Durlach 399

Eckbolsheim 317
Ehingen 388 f.

Ehrenbreitstein 31, 307, 316
Elberfeld 496
Emden 106, 220, 415, 422, 435
Essen 27, 29, 43–45, 394

Filehne 174
Flensburg 389
Frankenberg 153
Frankfurt (Main) 399
Freiburg 171, 307, 319, 444, 468
Friedrichshagen 477
Friedrichsort 48 f.
Fürstenwalde 256, 325, 477
Fulda 406

Gehrde 275
Gelnhausen 113, 263, 290, 307, 312, 384, 409, 447 f.
Gent 465
Germersheim 81, 83, 211, 307, 331 f., 363, 365–370, 392
Glogau 343, 455
Grafenwöhr 91, 199, 300, 333, 337, 385–387, 460
Graudenz 9, 180, 253, 266, 269, 272, 279, 296, 302, 307 f., 320, 323 f., 327, 375, 383, 417, 458, 484
Grodno 469, 491
Großenhain 185
Groß-Ottersleben 114, 223
Guben 397

Hadersleben 389
Haltingen 475
Hamburg 454
Hammelburg 195
Hannover 253, 349, 398, 446
Heidelberg 451
Hellemes 471
Hesseldorf 113
Hirson 22, 336, 502
Hohenwarsleben 118

Illkirch 318 f., 390
Ingelheim 332
Ingolstadt 196, 202, 299, 333, 367, 369, 434, 442, 471

519

Insmingen 21 f., 337, 502

Jarny 469, 479, 490
Jüterbog 30 f., 38 f., 98, 102, 211, 215, 218, 256, 309, 370, 372, 414, 420 f., 435, 454
Jurbise 335, 365, 502

Karlsruhe 189
Kassel 11, 183, 212, 245, 282, 287, 304, 321, 352, 445, 452 f., 486 f.
Kaufering 192
Klein-Ottersleben 19, 254, 455
Koblenz 275, 282, 316, 377, 479
Köln 7–16, 32–34, 38, 46, 50, 54 f., 66–69, 81 f., 87, 98, 114, 126 f., 136, 157, 180, 186, 208, 225, 229, 254, 256, 258, 260 f., 270, 276, 304, 307, 315, 336, 346 f., 376 f., 394, 403, 406, 411, 425 f., 437, 467, 491
Königsberg 50–53, 103, 106, 207, 218, 220, 250, 274, 282, 296, 300, 307, 309 f., 312, 328, 329, 338 f., 411, 421, 435, 447, 476
Küstrin 302, 311, 314, 470
Künzig 469
Kummersdorf 26–29, 33, 41 f., 45, 330

Lage (Lippe) 315
Landsberg (Warthe) 242, 284, 328, 388, 451 f.
Lechfeld, Lager 331, 385, 459
Leipzig 318
Libau 61
Lich (Oberhessen) 399
Lieblos 113
Liesse 488
Lille 81, 87
Limbach 408
Lippstadt 467, 492
Loburg 135, 245, 303, 307, 316, 449
Lockstedter Lager 186, 432
Lodz 382
Löningen 371, 377
Lötzen 61, 244, 247, 274, 294, 323 f., 384, 414, 453
Longuyon 110, 274, 296, 337
Ludwigshafen 392
Lüttich 295, 337

Magdeburg 114, 118, 135, 208, 221, 245, 303, 313, 316, 320, 342, 375, 403, 405, 408, 423, 436, 448 f., 454, 468, 470, 474 f., 476, 497 f.
Mainz 39 f., 50, 61–65, 81, 88, 110, 180, 207, 221, 240, 265, 269 f., 278, 287, 303, 307, 312, 321, 331, 351, 359, 378, 384, 412, 415, 422 f., 431, 436, 440, 492
Marienburg 177, 244, 266, 272, 308, 321
Marienwerder 321, 383
Marlen 371, 388
Maubeuge 81, 83, 279, 336, 502
Meerholz 113
Meitzendorf 118
Meneringhausen 455
Meppen 460
Metz 2, 50, 57–59, 81, 85 f., 127, 133, 151, 177, 180, 193, 200, 208, 227, 260–262, 264, 297, 303, 307, 315 f., 318, 321, 331, 361, 381, 384–387, 395, 403, 411 f., 415, 416, 419, 426, 428, 433, 437, 442, 460, 491
Mitau 469, 491
Modlin 382 f.
Mülhausen (Elsass) 468, 475, 490
Müllheim (Baden) 417, 452, 483
München 190, 304, 331, 362, 365, 386 f., 404, 433, 486 f.
Munsterlager 228

Namur 81, 88
Neiße 122, 126, 266, 285, 314, 335, 345, 376, 424 f., 443
Neubreisach 9, 50, 56 f., 81, 83, 277, 282, 322, 378, 391
Neuenhaßlau 447
Neustadt a. Kulm 300
Neu-Ulm 192, 297, 331, 365, 442, 459, 471
Norderney 249
Nowo- Alexandrowsk 490

Obornik 387
Offenburg 171
Oggersheim 392
Ohra 466
Oldenburg 272, 279, 291, 327, 399, 456 f., 501
Olsberg 30
Olvenstedt 176, 307, 320, 405, 452, 493 f.
Opladen 394 f.

Pellworm 311
Pillau 251, 373, 418
Podgorz 321, 328
Posen 50, 53, 102, 119, 208, 224, 251, 255–257, 267, 278, 284, 286, 301–303, 314, 322, 325 f., 337, 343, 376, 379, 403, 407, 410, 424, 436, 448, 455, 457, 463, 469, 488, 499

Riga 471
Rodenkirchen 315
Rogasen 121
Roth 113
Rothau 474

Saarbrücken 307, 330, 384
Sangerhausen 294 f. 307, 330, 384
St. Avold 480
Sassnitz 374
Schlettstadt 474
Schlierbach 113
Schwabmünchen 407
Sennelager 132, 227, 276, 293, 307, 315, 336, 449, 457 f., 500
Siegburg 478
Sissonne 488
Spandau 94, 214, 308, 402, 420, 435, 466–468, 496
Stettin 400, 443
Stockhausen 405
Straßburg 3, 50, 55 f., 80 f., 84–85, 90 f., 141, 157, 196, 209, 211, 230, 234 f., 259, 269–271, 280–282, 303 f., 307, 317–319, 326 f., 331, 333, 343, 347, 354, 357, 370 f., 378–381, 385–388, 390 f., 394, 403, 411, 412, 417, 427, 429, 437 f., 467
Striegau 102
Swinemünde 107, 109, 246, 267, 278, 283, 311, 374 f., 407, 414 f.
Sylt 246

Thorn 50, 59–61, 146, 150, 172, 180, 209, 231, 240, 278, 288, 302, 317, 328 f., 340, 359, 371, 375, 382, 402, 410, 416, 427–430, 438, 445, 491, 497
Toftlund 267, 389
Tübingen 468

Ulm 154, 233, 319, 354, 390, 428, 438

Wahn 91, 276, 321, 371
Warschau 382 f.
Weilers 113
Weinheim 399
Weißenburg 398, 307, 333, 367, 460
Wetzlar 445
Wilhelmshaven 47 f.
Wilna 476
Wolmirstedt 176, 452, 493 f.
Wolkowysk 470, 492

Zell 474
Zloczow 470, 492
Zwiesel 513, 528

Namensregister
(mit Namen bezeichnete Formationen)

Aust 189
Bolte 315
Breitenbach 308
Burchardi 315
Eyles 315
Falkenried 47
Goebel 308
Grach 146, 148, 150
Hasse 180
Hueveler 57
Kadler 315
Kluempen 58
Küntzel 307
Loßnitzer 47 f.
Lueckmann 189

Lüddemann 52
Nitsche 157
Randow 310
Reger 322
Ritter 58
Roeseler 183
Ruppel 53
Scherrer 175
Schiele 58
Schulte 47–49
Sembach 106
Senftleben 205
Splittgerber 300
Treutler 52
Zabikowo 201
Zoche 61